João Ernesto Christófolo

PRINCÍPIOS CONSTITUCIONAIS DE RELAÇÕES INTERNACIONAIS: SIGNIFICADO, ALCANCE E APLICAÇÃO

João Ernesto Christófolo

PRINCÍPIOS CONSTITUCIONAIS DE RELAÇÕES INTERNACIONAIS: SIGNIFICADO, ALCANCE E APLICAÇÃO

Del Rey editora

Belo Horizonte
2019

EDITORA DEL REY LTDA
www.editoradelrey.com.br

Editor: Arnaldo Oliveira

Editor Adjunto: Ricardo A. Malheiros Fiuza

Diagramação: Alfstudio

Revisão: Responsabilidade do autor

Capa: Alfstudio

Editora
Rua dos Goitacazes, 71 – Loja 24A – Centro
Belo Horizonte-MG – CEP 30190-909

Comercial:
Tel.: (31) 3293 8233
vendas@editoradelrey.com.br

Editorial:
editorial@editoradelrey.com.br

C556p
Christófolo, João Ernesto
Princípios constitucionais de relações internacionais: significado, alcance e aplicação / João Ernersto Christófolo. – Belo Horizonte: Del Rey, 2019. xxvi, 684 p. – Inclui bibliografia.

ISBN: 978-85-384-0532-0

1. Relações internacionais 2. Direito internacional 3. Direito comparado 4. Direitos humanos 5. Igualdade de estados I. Título

CDU 327

Ficha catalográfica elaborada pela bibliotecária Meire Luciane Lorena Queiroz CRB 6/2233

As opiniões veiculadas nesta obra são de responsabilidade do autor e não representam, necessariamente, o posicionamento oficial do Ministério das Relações Exteriores.

A Cláudia e crianças

Sumário

XIII

XIV

Lista de casos

CIJ

Accordance with International Law of the Unilateral Declaration of Independence in Respect of Kosovo, Request for Advisory Opinion, ICJ Reports 2010.

Advisory Opinions on Judgments of the Administrative Tribunal of the International Labour Organisation (ILO) upon complaints made against the United Nations Educational, Scientific and Cultural Organization (UNESCO), ICJ Reports 1956.

Aegean Sea Continental Shelf (Greece v. Turkey), ICJ Reports 1978.

Appeal Relating to the Jurisdiction of the ICAO Council (India v. Pakistan), Judgment, ICJ Reports 1972.

Applicability of Article VI, Section 22, of the Convention on the Privileges and Immunities of the United Nations, Advisory Opinion of 15 December 1989, ICJ Reports (1989).

Application for Review of Judgment No. 333 of the United Nations Administrative Tribunal, ICJ Reports 1987.

Application of the International Convention on the Elimination of All Forms of Racial Discrimination (Georgia v. Russian Federation), Preliminary Objections, Judgment, ICJ Reports 2011.

Armed Activities on the Territory of the Congo (Democratic Republic of the Congo v. *Uganda), (Judgment),* ICJ Reports 2005.

Asylum (Colombia v. Peru), Judgment, ICJ Reports 1950.

Barcelona Traction Light and Power Company, Limited (Second Phase) (Judgment), ICJ Reports 1970.

Border and Transborder Armed Actions (Nicaragua v. Honduras), Jurisdiction and Admissibility, Judgment, ICJ Reports 1988.

Case concerning Right of Passage over Indian Territory (Merits), Judgment of 12 April 1960: ICJ Reports 1960.

Continental Shelf (Tunisia/Libyan Arab Jamahiriya) ICJ Reports 1982.

Continental Shelf (Libyan Arab Jamahiriya /Malta), Judgment, ICJ Reports 1985.

Corfu Channel (Merits), ICJ Reports 1949.

East Timor case *(Portugal* v. *Australia)* (Judgment), ICJ Reports 1995.

Fisheries Jurisdiction (United Kingdom v. Iceland) (Merits), ICJ Reports 1974.

Haya de la Torre (Colombia *v.* Peru), I.C.J. Reports 1951.

Interpretation of Peace Treaties with Bulgaria, Hungary and Romania, Advisory Opinion, ICJ Reports, 1950.

Land and Maritime Boundary (Cameroon v. Nigeria), Preliminary Objections, Judgment, ICJ Reports 1998.

Land, Island and Maritime Frontier Dispute (El Salvador/Honduras), Judgment, ICJ Rcports 1987.

Legal Consequences for States of the Continued Presence of South Africa in Namibia (South West Africa) Notwithstanding Security Council Resolution 276 (1970, ICJ Reports 1971.

Legal Consequences of the Construction of a Wall in the Occupied Palestinian Territory, Advisory Opinion, ICJ Reports 2004.

Legality of the Threat or Use of Nuclear Weapons, Advisory Opinion, ICJ Reports 1996, p. 66 (request by the WHO), p. 226 (request by the UN General Assembly).

Military and Paramilitary Activities in and Against Nicaragua (Nicaragua v. U.S.)) (Jurisdiction and Admissibility), ICJ Reports 1984, 392; (Merits) ICJ Reports 1986.

North Sea Continental Shelf Cases (Federal Republic of Germany/Denmark; F.R.G./Netherlands) (Judgment), ICJ Reports 1969.

Nottebohm Case (second phase), Judgment of April 6th, 1955, I.C.J. Reports 1955, p. 4.

Nuclear Tests (New Zealand v. France), Judgment, I.C.J. Reports 1974, p. 457.

Questions of Interpretation and Application of the 1971 Montreal Convention arising from the Aerial Incident at Lockerbie (Libyan Arab Jamahiriya v. United

States of America), Provisional Measures, Order of 14 April1992, ICJ Reports 1992.

Pulp Mills on the River Uruguay (Argentina v. Uruguay), Judgment, ICJ Reports 2010.

Reparation for injuries suffered in the service of the United Nations, Advisory Opinion, ICJ Reports 1949.

Request for interpretation of the Judgment on the Asylum case of 20 November 1950 (Colombia *v.* Peru), I.C.J Reports 1950.

Reservations to the Convention on the Prevention and Punishment of the Crime of Genocide, Advisory Opinion, ICJ Reports 1951.

South West Africa Case, *(Ethiopia. v. S. Africa; Liberia v. South Africa)* (Second Phase), ICJ Reports 1966.

US Diplomatic and Consular Staff in Teheran (United States v. Iran), ICJ Reports 1980.

Western Sahara, Advisory Opinion, ICJ Reports 1975.

Corte Interamericana de Direitos Humanos

CtIDH, *Caso familia Pacheco Tineo Vs. Estado Plurinacional de Bolivia*. Excepciones Preliminares, Fondo, Reparaciones y Costas. Sentencia de 25 de noviembre de 2013. Serie C No. 272.

IACtHR, *Advisory Opinion No. 18 on The Juridical Condition and the Rights of the Undocumented Migrants* (17.9.2003).

IACtHR, *case of the Five Pensioners v. Peru* (Judgment of 28.2.2003).

IACtHR, *Advisory Opinion No. 17, on the Juridical Condition and Human Rights of the Child* (28.8.2002).

IACtHR, *Advisory Opinion No. 16, on The Right to Information on Consular Assistance in the Framework of the Guarantees of the Due Process of Law* (1.10.1999).

IACtHR, *Yean and Bosico Girls v The Dominican Republic*, Preliminary Objections, Merits, Reparations and Costs, Judgment of 8 September 2005, Series C No .130.

Supremo Tribunal Federal

STF, *Apelação Cível n. 9696/89*, Relator Ministro Sydney Sanches, Julgado em 31.05.1989.

STF, *Pedido de Extradição n. 232*, Relator Ministro Victor Nunes, Acórdão de 9.10.1963.

STF, *Extradição nº 524/DF*, Relator Ministro Celso de Mello, DJU 08.03.1993.

STF, *Extradição n. 1.008*, Relator Ministro Sepúlveda Pertence, DJU de 17.8.2007.

Outros casos

An Arbitral Tribunal Constituted Under Annex VII to the 1982 United Nations Convention on the Law of the Sea, PCA Case Nº 2013-19, Award on Jurisdiction and Admissibility, 29 October 2015.

Arbitral award relating to the question of the boundaries between Brazil and French Guyana, decision of 1 December 1900, in *Reports of International Arbitral Awards (RIAA)*, United Nations publication, 2006, vol. XXVIII.

Argentina-Chile Frontier Case (1966), *RIAA*, *idem*, vol. XVI, pp. 109-182.

Award for the settlement of the disputed boundary between Argentina and Brazil at Uruguay and Yguazu Rivers, decision of 5 February 1895, in *Reports of International Arbitral Awards (RIAA)*, United Nations publication, 2006, vol. XXVIII.

Case concerning the Indo-Pakistan Western boundary (Rann of Kutch) between India and Pakistan (Tribunal constituted pursuant to Agreement of 30 June 1965), in *Reports of International Arbitral Awards (RIAA)*, United Nations publication, 2006, vol. XVII, pp. 1-576.

Conciliation Commission on the Continental Shelf area between Iceland and Jan Mayen: Report and recommendations to the governments of Iceland and Norway, decision of June 1981. In *Reports of International Arbitral Awards*, United Nations, June 1981, vol. XXVII, pp.1-34.

Dispute between Argentina and Chile concerning the Beagle Channel (1977), *RIAA*, United Nations publication, 2006, vol. XXI, pp. 57-223.

Dispute between Brazil and Great Britain in the case of the Forte, 18 June 1863, in *Reports of International Arbitral Awards (RIAA),* United Nations publication, 2006, vol. XXIX.

Island of Palmas case (Netherlands/USA), 1928, RIAA II, 829-871.

The Alaska Boundary Case (Great Britain, United States of America) (1903), *RIAA,* United Nations publication, 2006, vol. XV, pp. 481-540.

The *Boundary case between Costa Rica and Panama,* United Nations publication, 2006, pp. 519-547.

The case concerning the delimitation of the continental shelf between the United Kingdom and France (1977-1978), *RIAA,* United Nations publication, 2006, vol. XVIII, pp. 3-129.

The Cordillera of the Andes Boundary Case, Argentina, Chile (1902), *RIAA,* United Nations publication, 2006, vol. IX, pp. 29-49.

The Guiana Boundary Case (Brazil, Great Britain), 6 June 1904, vol. XII.

Comité Haitiano de Derechos Humanos et al. contra Estados Unidos, Caso 10.675, Comissão Interamericana de Direitos Humanos (CIDH), 13 de março de 1997. Informe No. 51/96, Inter-Am. C.H.R., OEA/Ser.L/V/II.95 Doc. 7. rev. en 550 (1997).

Abreviações

ACNUDH.......... Alto Comissário das Nações Unidas para Direitos Humanos
ACNUR.......................... Alto Comissário das Nações Unidas para Refugiados
AIEA .... Agência Internacional de Energia Atômica
AFDI.. *Annuaire français de droit international*
AGNU .... Assembléia Geral das Nações Unidas
AJIL .... *American Journal of International Law*
ASDI.. *Annuaire suisse de droit international*
BVerfGE .... *Entscheidungen des Bundesverfassungsgerichts*
BYIL .... *British Yearbook of International Law*
CEDH... Convenção Européia de Direitos Humanos
CDH .... Conselho de Direitos Humanos das Nações Unidas
CDI .... Comissão de Direito Internacional das Nações Unidas
CPA (PCA) .... Corte Permanente de Aribtragem (*Permanent Court of Arbitration*)
CPJI .... Corte Permanente de Justiça Internacional
CSNU .... Conselho de Segurança das Nações Unidas
CtIDH (IACtHR)......................... Corte Interamericana de Direitos Humanos (*Inter-American Court of Human Rights*)
CIJ.. Corte Internacional de Justiça
EACDH (OHCHR) .... Escritório do Alto Comissário das Nações Unidas para Direitos Humanos (*Office of the High Comissioner for Human Rights*)
ECOSOC .... Conselho Econômico e Social das Nações Unidas
ECtHR.. *European Court of Human Rights*
EJIL.. *European Journal of International Law*
ECJ .... *European Court of Justice* (Corte de Justiça Européia)
FUNAG.. Fundação Alexandre de Gusm*ão*

ICLQ..*International and Comparative Law Quarterly*
ICTY........................*International Criminal Tribunal for the Former Yugoslavia*
IIL..*Institute of International Law*
ILA..*International Law Association*
IRRC..*International Review of the Red Cross*
MRE ....Ministério das Relações Exteriores
NILR...*Netherlands International Law Review*
NYIL..*Netherlands Yearbook of International Law*
OEA...Organização dos Estados Americanos
OIC...*Organization of the Islamic Conference* (Organização da Conferência Islâmica)
OIT...Organização Internacional do Trabalho
OMC...Organização Mundial do Comércio
OMS ....Organização Mundial da Saúde
ONU (UN) ....Organização das Nações Unidas (*United Nations*)
PMA (WFP).........Programa Mundial de Alimentos (*World Food Programme*)
R.C.A.D.I. .....*Recueil des cours de l'Académie de droit international de La Haye*
RGDIP...*Revue générale de droit international public*
RIAA ....*Reports of International Arbitral Awards*
SERE...Secretaria de Estado das Relações *Exteriores*
SGONU...Secretário-Geral das Nações Unidas
STF ....Supremo Tribunal Federal
TPI..Tribunal Penal Internacional
TPR.......................................Tribunal Permanente de Revisão do MERCOSUL
UA..União Africana
UE...União Européia
UNCIO ....United Nations Conference on International Organization
YbILC..*Yearbook of the International Law Commission*

Prefácio

É com grata satisfação que acedo ao gentil convite para prefaciar o presente livro, *Princípios Constitucionais de Relações Internacionais: Significado, Alcance e Aplicação*, de autoria do Dr. João Ernesto Christófolo. Faço-o por razões de ordem tanto pessoal como conceitual. No plano pessoal, tenho acompanhado a trajetória do autor desde seus estudos no Instituto Rio Branco, quando eu lá lecionava, seguidos da conclusão de sua tese de doutorado em direito internacional, cuja banca examinadora integrei, na Universidade de Genebra em 2015.

Desde então o Dr. João Ernesto Christófolo deu início a seu novo projeto de pesquisa, que resultou no presente livro. Teve a idéia de passar a estudar o novo tema ainda em Genebra, mas elaborou grande parte do livro durante o período seguinte, em que esteve em Hanói, Vietnã, onde voltamos a nos encontrar no início de 2016. Aí dialogamos por três dias, quando lhe relatei minha experiencia dando mostra da importância que sempre atribuí e dediquei aos princípios gerais do direito.

Passo aqui ao plano conceitual. Com satisfação constato no presente livro a abertura do Dr. João Ernesto Christófolo ao direito internacional, abarcando o Direito Internacional dos Direitos Humanos, ao desenvolver seu trabalho sobre os princípios constitucionais de relações internacionais. Em nosso diálogo em Hanói, lhe recordei que, no segundo meado da década de oitenta, ao atuar como Consultor Jurídico do Itamaraty, emiti alguns Pareceres históricos hoje por ele publicados (*Pareceres dos Consultores Jurídicos do Itamaraty* [1985-1990 - Pareceres de A.A. Cançado Trindade], vol. VIII, Brasília, MRE/ Senado Federal, 2004, pp. 7-679), como, e.g., os Pareceres em que suscitei e apresentei os fundamentos para a decisão de adesão do Brasil aos tratados gerais de direitos humanos (com os Pactos de Direitos Humanos das Nações Unidas e a Convenção Americana de Direitos Humanos) e para sua aceitação da competência contenciosa da Corte Interamericana de Direitos Humanos em matéria contenciosa.

Sou, efetivamente, a pessoa responsável pela fundamentação jurídica da decisão do Brasil de inserção no *corpus juris* do Direito Internacional dos Direitos Humanos de nossos tempos, - o que se encontra devidamente documentado, para os estudiosos da matéria. Ademais, apresentei à Assembléia Nacional Constituinte em 1987 a proposta, por ela aceita, que se tornou o artigo 5(2) de nossa Constituição Federal de 1988, - o que se encontra também documentado (*Assembléia Nacional Constituinte - Atas das Comissões*, vol. I, n. 66 - supl., audiência pública de 27.05.1987, pp. 108-119). Na época, me concentrei no artigo 5 de nossa Constituição; hoje, três décadas depois, João Ernesto se concentra no artigo 4 de nossa Constituição.

Apraz-me constatar a atenção hoje dispensada pelo autor da presente obra aos princípios gerais do direito, tal como venho fazendo por quase quatro décadas. A atenção é a mesma, ao passo que os objetos de estudo são distintos e complementares. Quando eu era jovem como João Ernesto hoje, concentrei-me nos *princípios do direito internacional*, tendo produzido um clássico em 1981, hoje atualizado e reeditado (*Princípios do Direito Internacional Contemporâneo*, 2ª. ed. rev., Brasília, FUNAG, 2017, pp. 13-463). Por sua vez, João Ernesto se concentra nos *princípios constitucionais de relações internacionais*, na presente obra que hoje dá a público.

Trata-se de um tema ainda insuficientemente explorado em nosso país, não obstante o fato de ter raízes históricas no direito brasileiro. Como se sabe, nossa tradição constitucionalista é marcada pela existência de dispositivos que se voltam à regulamentação das relações exteriores. Há artigos que lidam com aspectos de política exterior desde a primeira Carta outorgada em 1824. Essa tendência se consolidou ao longo do período republicano, sempre com o propósito subjacente de manter equilíbrio entre o universalismo e o nacionalismo na política externa brasileira.

Seguiu-se a mesma lógica no processo deliberativo que conduziu à promulgação da Constituição de 1988, inclusive com referências, mais explícitas que nas Constituições anteriores, ao direito internacional (como, e.g., em seu já referido artigo 5(2)), de modo a compor o universo normativo dos princípios que regem o Brasil nas relações internacionais. Esta nova postura tem várias implicações para o direito brasileiro.

A primeira delas reside na superação do debate doutrinário anacrônico sobre a prevalência do monismo ou do dualismo jurídico (superação esta que venho sustentando há anos) para a aplicação das normas desenvolvidas no plano externo, com a abertura do ordenamento jurídico brasileiro ao direito internacional. Como se depreende do presente livro do Dr. João Ernesto Christófolo, os princípios consignados no artigo 4 da Constituição, embora formalmente de direito constitucional, correspondem a princípios básicos do direito internacional. Por isso é imprescindível recorrer às fontes do *jus gentium* e examinar com atenção sua constante evolução para a percepção do conteúdo material de cada princípio regente das relações internacionais do Brasil.

A segunda delas reside na importância da prática diplomática brasileira para a compreensão dos contornos mais precisos desses princípios em relação ao Brasil. Tenho insistido há anos na importância de sistematizar a prática do direito internacional em meio à complexidade cada vez maior da vida internacional de um país como o nosso. Assim o fiz ao elaborar sozinho, ao longo de toda a década de oitenta, o volumoso *Repertório da Prática Brasileira do Direito Internacional Público* (em seis tomos), cobrindo o período 1889-1981, obra também recentemente reeditada (Brasília, FUNAG, 2012). O autor do presente livro a toma em devida conta.

A prática diplomática requer a atenção constante ao desenvolvimento progressivo do direito internacional, para os fins de interpretação das normas que normas que regulam nossas relações internacionais em um mundo crescentemente interdependente, e no qual a dimensão temporal do direito é mais visível e marcante que no passado. A presença dos princípios básicos do direito em nossa Constituição reflete o *status conscientiae* dos sujeitos do *jus gentium*. São tais princípios que fornecem as bases para a evolução das relações internacionais no sentido da justiça e da promoção da paz, do desenvolvimento e dos direitos humanos.

Como se sabe, muitas são as obras sobre constitucionalismo existentes no Brasil, mas não necessariamente voltadas às relações internacionais. A presente obra do Dr. João Ernesto Christófolo, *Princípios Constitucionais de Relações Internacionais: Significado, Alcance e Aplicação*, inova, ao enfatizar a prática diplomática. Seus 14 capítulos (acrescidos da introdução e conclusão) têm uma sequência lógica. De início, examina o autor os princípios constitucionais de relações internacionais em sua conceitualização, materialidade, presença no direito comparado e no constitucionalismo brasileiro (capítulos I-IV). Em seguida, passa o autor ao exame de seu conteúdo temático (capítulos V-XII). Enfim, aborda os tópicos da cooperação internacional e do asilo político (capítulos XIII-XIV).

Os princípios encontram-se nos próprios fundamentos do direito das gentes (*droit des gens*). São os princípios que zelam para que o direito prevaleça sobre a força e o arbítrio no plano internacional. A fonte material última do direito internacional reside na consciência humana, na consciência jurídica universal. Assim tem expressão o novo *jus gentium*, o direito internacional para a humanidade, como desenvolvi em meu Curso Geral de Direito Internacional Público, que ministrei em 2005 na Academia de Direito Internacional de Haia (publicado nos tomos 316 e 317 de seu *Recueil des Cours*), que é também tomado em conta pelo autor do presente livro.

Nas conclusões do presente livro, relaciona o autor a matéria tratada precisamente com o direito internacional em desenvolvimento progressivo, e com a busca do primado do Direito sobre a força e arbitrariedade; ademais examina sua incidência na ação diplomática brasileira. Não obstante a atenção de nosso país às rápidas transformações do cenário internacional nas últimas décadas, a natureza particular dos princípios consignados no artigo 4 de nossa Constituição Federal de 1988 ainda não havia sido tratada de forma sistemática e aprofundada na bibliografia jurídica brasileira. O presente estudo haverá de contribuir para preencher essa lacuna ainda persistente entre nós.

Haia, 27 de abril de 2018.

Antônio Augusto CANÇADO TRINDADE

Juiz da Corte Internacional de Justiça; Ex-Presidente da Corte Interamericana de Direitos Humanos; Professor Emérito de Direito Internacional da Universidade de Brasília (UnB); Doutor *Honoris Causa* de diversas Universidades na América Latina, Europa, e Ásia

Introdução

Tem-se assistido, no passado mais recente, ao crescente interesse da sociedade brasileira por assuntos da agenda internacional e pelas relações do Brasil com o resto do mundo. A revolução tecnológica a um só tempo permitiu contato com volume antes inacessível de informações e aproximou atores separados pela distância, língua e classes sociais. Esse fenômeno promoveu a progressiva internacionalização de indivíduos e empresas e resultou no aprofundamento das relações da sociedade com outros povos ao redor do globo. A política externa ingressou na pauta cotidiana do Congresso Nacional e dos principais meios de comunicação, deixando de restringir-se a círculos governamentais e acadêmicos para ser objeto de acompanhamento contínuo da sociedade.

Esse processo teve desdobramentos importantes no Direito. Em meio ao crescente número de análises sobre questões externas e a ação diplomática brasileira, são cada vez mais comuns referências ao artigo 4º da Constituição Federal, em que se enumeram os princípios que regem o Brasil em suas relações internacionais. Se da perspectiva política e social essas referências à lei fundamental relacionam-se com a maior abertura e interlocução do Governo e da sociedade brasileira com outros países, no plano jurídico esse fenômeno aponta para o fortalecimento do Estado Democrático de Direito, cujo bom funcionamento pressupõe o respeito à ordem jurídica pelos poderes constituídos, inclusive em matéria de política exterior. É dessa síntese entre Direito e Política que se extrai a legitimidade da ação externa do Brasil à luz de princípios que embutem valores e objetivos que a sociedade brasileira decidiu dar expressão jurídica.

Em que pese ao caráter alvissareiro desse interesse renovado sobre a política externa, observa-se, não sem algum desconforto, que esse debate tem sido marcado por aparente desconhecimento, pelo público em geral, a respeito da natureza jurídica dos princípios constitucionais de relações internacionais.

Concorre para esse quadro geral de confusão e imprecisão a falta de estudos sobre as particularidades dos princípios que regem o Brasil em suas relações exteriores. São praticamente inexistentes análises especializadas sobre o significado, o alcance e a aplicação dessas normas no ordenamento jurídico brasileiro. Entre as poucas obras que sistematizaram de alguma forma a matéria, merecem menção os estudos de Celso Lafer,[1] Pedro Dallari[2] e Albuquerque Mello,[3] este último no contexto mais amplo do direito constitucional internacional, além de artigos e teses universitárias sobre o tema. Impõe-se, portanto, exame sistemático de maior fôlego.

O estudo que aqui se pretende está assentado em uma premissa: os princípios enumerados no art. 4º da Constituição possuem uma característica própria e singular: sua dupla natureza jurídica. Quanto à forma, são princípios de direito constitucional; quanto à matéria regulada, são de direito internacional público. Essa premissa, deduzida da própria lei fundamental ("princípios que regem o Brasil nas relações internacionais"), significa que, para além da análise sobre a aplicação dos princípios do art. 4º em relação à sua forma, isto é, enquanto princípios constitucionais, essas normas consagram materialidade específica de *ius gentium*, pois se dirigem à regulação de condutas do Brasil no exterior e originam-se, dogmática e positivamente, no seio de uma comunidade jurídica que ultrapassa os limites do ordenamento interno.

Tais proposições acarretam a sobreposição de dois corolários metodológicos. Há que determinar, por um lado, a tipologia e as características normativas particulares desses princípios no plano do direito constitucional; por outro, sua materialidade no plano do direito internacional em sua relação específica com o Brasil. A primeira dessas dimensões traduz-se na tarefa de definir, no plano formal da Constituição, a natureza e a aplicabilidade dos princípios do art. 4º. O objetivo é examiná-los à luz das categorias de normas constitucionais desenvolvidas pela doutrina, com ênfase no caráter programático dessas normas. A segunda é a busca pelo conteúdo vinculante de cada princípio segundo as fontes reconhecidas pelo art. 38 do Estatuto da Corte Internacional de Justiça

---

1 Celso Lafer, 'A Constituição de 1988 e as Relações Internacionais: reflexões sobre o art. 4o e sua relevância para os direitos humanos', *Revista da Academia Brasileira de Direito Constitucional*, n. 7, Curitiba, 2005, p. 111.

2 Pedro Dallari, *Constituição e Relações Exteriores*, São Paulo, Saraiva, 2002.

3 Celso D. de Albuquerque Mello, *Direito Constitucional Internacional*, Rio de Janeiro, Renovar, 2003, 2ª ed.

(CIJ), levando em consideração a prática consuetudinária do Brasil, isto é, a interpretação e a aplicação desses princípios na prática diplomática brasileira.

Em domínios por si sós tão amplos e complexos como o direito constitucional e o direito internacional, a concisão e a objetividade impõem o dever de delimitar o objeto de estudo. Primeiramente, não se buscará perscrutar o conceito jurídico e político de Constituição. Será suficiente aceitar a visão majoritária na doutrina segundo a qual o texto constitucional é a fonte escrita que estabelece as normas supremas do ordenamento jurídico doméstico e que desempenha politicamente a função de programa de ação para a realização dos objetivos estabelecidos pelo constituinte por meio da normatização da organização estatal, da racionalização dos poderes públicos e da fundamentação da ordem jurídica.[4] Privilegia-se perspectiva dogmática orientada pela busca das dimensões formal e programática[5] da Constituição, como o texto jurídico que estabelece as diretrizes fundamentais para o funcionamento e as ações do Estado brasileiro, inclusive em matéria de política exterior.[6] Pelas mesmas razões, não se examinará o universo normativo do denominado "direito constitucional internacional", o qual, embora contenha igualmente o universo normativo dos princípios constitucionais de relações internacionais, estende-se para além dos dispositivos do art. 4º.[7] São muitas outras as normas constitucionais que regulam, direta ou indiretamente, relações jurídicas que guardam laços com o plano externo.[8] Esse é caso das normas relativas à aquisição de

---

4 José Afonso da Silva, *Aplicabilidade das Normas Constitucionais*, São Paulo, Malheiros, 2007, 7a ed., p. 29. Cf. J.J. Gomes Canotilho, *Direito Constitucional*, Coimbra, Almedina, 1993, 6a ed., pp. 72 e ss.

5 J.J. Gomes Canotilho, *idem*, p. 75. Cf. José Afonso da Silva, *supra* nota 4, pp. 38-39.

6 Sem deixar de reconhecer a vinculação desses princípios com a organização política e social brasileira, bem como seu entrecruzamento com o tema proposto, o objetivo aqui será circunscrito ao plano jurídico. Eventual recurso a elementos oriundos do universo político e social brasileiros só ocorrerá como imposição da própria análise sobre a forma e a natureza material de cada um dos princípios estabelecidos no art. 4º.

7 Encontrada nos "confins" do direito constitucional e do direito internacional, o direito constitucional internacional são "as normas da Constituição que repercutem na ordem jurídica internacional, vez que limitam e regulamentam as atividades externas do estado". Celso D. de Albuquerque Mello, *supra* nota 3, p. 6.

8 Essas normas "podem ser de três tipos: aquelas que explicitamente procuram fixar parâmetros para as relações externas do Estado; as que, tratando de pessoas, físicas e jurídicas, e de situações que tenham algum atributo de internacionalidade, acabam por interferir nas relações externas; as que, por fixarem os paradigmas fundamentais da organização social e estatal, influenciam as relações exteriores". Pedro Dallari, *supra* nota 2, p. 16.

nacionalidade, dos dispositivos que disciplinam as competências institucionais dos poderes constituídos em matéria de política exterior[9] e até mesmo daqueles princípios do Estado relacionados ao sistema de governo, organização da ordem econômica e direitos fundamentais da pessoa humana, os quais contribuem, em interpretação sistemática da Constituição, para a melhor compreensão do significado e do alcance dos princípios constitucionais de relações internacionais. Outras normas constitucionais que lidam com temas atinentes à seara internacional serão apenas utilizadas na medida em que contribuam para a compreensão do sentido e do significado daqueles dispositivos, em linha, portanto, com a noção de unidade hermenêutica da Constituição.[10]

Feitas essas ressalvas e exposta, *grosso modo*, a metodologia que se buscará seguir, o presente estudo organiza-se em duas partes. Na primeira, de natureza geral e abstrata, buscam-se uma definição e uma proposta hermenêutica para os princípios constitucionais de relações internacionais. Propõe-se, no Capítulo I, conceito próprio a essa categoria de princípios constitucionais com base no exame doutrinário sobre a noção de *princípio* nas Ciências Jurídicas, no direito constitucional e no direito internacional público. Normas programáticas, os princípios do art. 4º são tipos normativos gerais, indeterminados e abertos. Sua aplicação e eficácia exigem densificação específica – processo que requer a articulação entre subprincípios e regras obtidos a partir do desenvolvimento de cada princípio no direito internacional e na prática diplomática brasileira.

O Capítulo II discorre sobre a metodologia aplicada à obtenção das normas densificadoras de cada princípio constitucional de relações internacionais. Cuida-se aí de apresentar o processo de densificação dessas normas em subprincípios e regras oriundas do direito internacional público por meio da análise (i) do processo deliberativo da Assembléia Constituinte, (ii) do desenvolvimento de cada norma no direito internacional e (iii) da prática diplomática brasileira, de forma a extrair-lhes um conteúdo normativo próprio.

O Capítulo III dedica-se ao estudo de direito comparado tendo em vista a prática de outros países com constituições escritas em matéria de princípios de direito internacional. No Capítulo IV, que encerra a discussão teórica, é

---

[9] O chefe do Poder Executivo detém competência privativa na matéria (art. 84, VII da Constituição Federal).

[10] A respeito da pluralidade de significados da Constituição, cf. J.J. Gomes Canotilho, *supra* nota 4, pp. 72 e ss.

analisada a evolução dos princípios de relações internacionais no constitucionalismo brasileiro, desde nossa primeira Lei Maior, de 1824, até o processo deliberativo sobre o tema na Assembléia Nacional Constituinte. Em exercício de interpretação estática, extraem-se desse capítulo a visão e os objetivos gerais almejados pelo constituinte ao positivar princípios jurídicos oriundos do direito internacional na Constituição.

A Segunda Parte volta-se à análise da materialidade de cada um dos princípios constitucionais de relações internacionais. Serão aplicados, em cada capítulo, os elementos alinhavados anteriormente com vistas a determinar o significado, o alcance e a aplicação de cada princípio positivado pelo constituinte. Ao final dessa tarefa, serão reveladas as balizas objetivas que, do ponto de vista material, permitem conhecer as condutas juridicamente necessárias à realização do estado ideal de coisas colimado pelo constituinte brasileiro em cada inciso do art. 4º. Mais do que isso, serão obtidos os parâmetros jurídicos a serem utilizados na elaboração e na execução da política exterior brasileira.

O exame do universo normativo do art. 4º permite verificar que a Constituição Federal encerra uma tensão axiológica da política externa: o particularismo inerente à defesa dos interesses nacionais em face do humanismo universalista que caracteriza a identidade internacional do Brasil. Por um lado, princípios consagram visão de mundo idealista, como a defesa da paz e a prevalência dos direitos humanos; por outro, normas expressam viés realista e soberanista, como a não intervenção, a independência nacional e a autodeterminação dos povos. Essa tensão requer a ponderação contínua dos princípios constitucionais de relações internacionais pela diplomacia brasileira. A aplicação absoluta de qualquer um dos princípios de maneira dissociada da consideração dos demais e das circunstâncias factuais envolvidas em cada caso da realidade internacional será, muito provavelmente, não só juridicamente equivocada, como politicamente contrária aos interesses nacionais.

Capítulo I
O CONCEITO DE PRINCÍPIOS CONSTITUCIONAIS DE RELAÇÕES INTERNACIONAIS

O art. 4º da Constituição Federal representa a superação, ao menos em relação a esse universo normativo específico, da dicotomia monista e dualista entre as ordens jurídicas doméstica e internacional. No lugar da prevalência de um plano normativo sobre o outro, ambos os ordenamentos são coincidentes em relação a esse universo materialmente definido pelos princípios constitucionais de relações internacionais. A positivação dessa norma com *status* constitucional[11] teve o condão de abrir o direito interno ao direito internacional por meio da recepção de princípios, subprincípios e regras desenvolvidos historicamente no direito das gentes. Ao formalismo constitucional dessas normas agregou-se materialidade do direito internacional. Essa premissa é retirada da redação do art. 4º: os princípios em apreço se inscrevem nos Princípios Fundamentais do Título I da Constituição, mas se dirigem à regulação de condutas do Brasil em suas relações internacionais, isto é, em sua ação como sujeito de direito internacional público.

---

[11] "O art. 4º da Constituição de 1988 é indicativo desta abertura, pois os princípios nele positivados estão próximos dos que basicamente regem, de acordo com o Direito Internacional Público, *ex vi* do artigo 2º da Carta da ONU, a comunidade internacional. São muito semelhantes aos codificados, na época da coexistência pacífica da guerra-fria, na Declaração Relativa aos Princípios do Direito Internacional referentes às relações de amizade e cooperação entre os Estados aprovada pela Assembléia Geral em 24 de outubro de 1970, na celebração dos 25 anos da Carta da ONU. O art. 4º aponta, assim, para a complementaridade entre o Direito Internacional Público e o Direito Constitucional e indica a irradiação de conceitos elaborados no âmbito do Direito das Gentes no plano do Direito Público Interno". Celso Lafer, *supra* nota 1, p. 113.

Em termos doutrinários, a distinção ora proposta entre forma e materialidade obedece à lógica de um sistema jurídico tendo a Constituição como ápice. Em sentido formal, os planos de existência e de validade dos princípios de relações internacionais decorrem da autoridade conferida ao constituinte para a promulgação da lei fundamental escrita com regras hierarquicamente superiores e das quais derivam a validade das demais normas do ordenamento. Em sentido material, a Constituição representa o conjunto de normas jurídicas que regulam os órgãos do Estado quanto às suas composições, competências, relações e funcionamento.[12] A dimensão formal impõe, assim, determinar qual é a função específica dos princípios do art. 4º como normas de hierarquia constitucional. Já a dimensão material revela a força da Constituição no pós-positivismo, em que os princípios desempenham papel central na realização dos valores consagrados no texto máximo do ordenamento.[13]

A tese de que os princípios do art. 4º se desdobram nessas duas dimensões está amparada, igualmente, no entendimento de que a materialidade da constituição é dada, de forma genérica, pelo conjunto de normas e fins estabelecidos pelo legislador constituinte,[14] ao passo que o caráter formal é resultado da inserção positiva dessas normas na lei fundamental, a despeito da área do direito relativa à respectiva matéria regulada por um determinado dispositivo constitucional.[15] Isso se observa não só no direito internacional, mas também no direito administrativo, processual, econômico e tributário, entre outros.[16] O contrário é igualmente verdadeiro: há normas de conteúdo constitucional fora do diploma fundamental, a exemplo de princípios implícitos, como o princípio da proporcionalidade.[17] O fato de que princípios constitucionais de

---

12 Celso D. de Albuquerque Mello, *supra* nota 3, p. 8.

13 Bonavides sustenta o advento da teoria material da Constituição, cujo seria o "Estado principialista". Paulo Bonavides, *Curso de Direito Constitucional*, São Paulo, Malheiros, 1994, 5a ed., p. 17.

14 "A constituição material designa as normas constitucionais escritas que regulam a estrutura do Estado, a organização de seus órgãos e os direitos fundamentais do homem". José Afonso da Silva, *supra* nota 4, p. 38.

15 "Todas as normas insertas nesse documento-ato do poder constituinte são constitucionais, pouco importando seu conteúdo". *Idem*, p. 39.

16 *Ibidem*, pp. 42-43.

17 O conceito de constituição formal (legislada, escrita e rígida) "não exclui o reconhecimento de normas constitucionais materiais, dentro como fora do documento supremo". José Afonso da Silva, *supra* nota 4, p. 40.

relações internacionais sejam formalmente constitucionais tampouco significa que pertençam ao universo material do direito constitucional. Esses princípios mantêm sua materialidade de direito internacional não obstante sua natureza formalmente constitucional.[18]

Noção de Princípio nas Ciências Jurídicas[19]

A noção de princípio, comum às Ciências Humanas em geral, relaciona-se à sua etimologia. Oriundo do latim *principium*, começo e causa primária, fim almejado e proposição fundamental, o conceito de *princípio* corresponde, no Direito, a um conteúdo polissêmico que revela parâmetros fundamentais da ordem jurídica.[20] Tal amplitude semântica traduz-se em noções nem sempre coincidentes. O termo é utilizado indistintamente para referir-se a tipos específicos de normas jurídicas (princípios constitucionais, por exemplo), a normas válidas a despeito de um ordenamento positivo (princípios gerais do direito) ou ainda à própria noção de fundamento e ápice da ordem jurídica (*ratio iuris* e substrato axiológico).[21]

Hodiernamente, é comum apresentar o conceito de princípio com base na comparação com a noção de regras, ambas espécies do gênero *norma* nas Ciências Jurídicas.[22] *Grosso modo*, essa distinção foi desenvolvida em duas

---

18 Essa distinção é abstrata, pois terão a mesma juridicidade das demais normas inscritas na Constituição.

19 Não é aqui o objetivo esgotar o debate acadêmico sobre o conceito de princípios.

20 Carmem Lúcia Antunes Rocha, *Princípios Constitucionais da Administração Pública*, Belo Horizonte, Del Rey, 1994, p. 21. Cf. também Celso Antônio Bandeira de Mello, *Curso de Direito Administrativo*, São Paulo, Malheiros, 1994, p. 450. Na doutrina internacionalista, Cançado Trindade leciona que "nor can one study the foundations of International Law-making abstraction of its basic principles, which form the substratum of the legal order itself. It is indeed the principles of International Law which, permeating the *corpus juris* of the discipline, render it a truly normative system". A. A. Cançado Trindade, *International Law for Humankind: Towards a New Jus Gentium*, The Hague Academy of International Law Monographs, Martinus Nijhoff, 2010, pp. 85 e 86.

21 Cf. Genaro Carrió, *Principios Jurídicos y Positivismo Jurídico*, Buenos Aires, Abeledo-Perrot, 1970, pp. 34-38.

22 Eros Roberto Grau, *A Ordem Econômica na Constituição de 1988 (Interpretação e Crítica)*, São Paulo, RT, 1990, p. 76. Cf. também Paulo Bonavides, *supra* nota 13, p. 259; G.F. Mendes, I.M. Coelho e P.G.G. Branco, *Curso de Direito Constitucional*, São Paulo, Ed. Saraiva, 5a ed., 2010, p. 97.

linhas doutrinárias[23] que refletem percepções diferentes, mas complementares, quanto (i) ao grau de aplicabilidade de ambos os tipos normativos, (ii) ao caráter hipotético-condicional de cada um, (iii) aos modos de solução de antinomias entre tais tipos normativos e (iv) ao substrato axiológico no ordenamento.[24]

A primeira corrente, presente no Direito Público e no Direito Constitucional de meados do século XX, definia o conceito de princípios em termos de generalidade (número indeterminado de pessoas), abstração (número indeterminado de situações) e valor intrínseco desse tipo normativo.[25] O elevado grau de subjetividade dos princípios prejudicaria, porém, sua aplicação imediata, ao passo que o grau de determinação concreta das regras diminuiria a subjetividade em sua aplicação. Em marco epistemológico na matéria, Esser sustentou que os princípios propriamente ditos (*Grundsätze*) se distinguiam das normas (*Normen*) em razão de exibirem estruturas lógicas diferentes, a saber, os princípios não veiculariam recomendação em si mesmos, mas funcionariam como critério racional de justificação jurídica para a prescrição normativa.[26] Os princípios ofereceriam apenas diretrizes gerais e, por isso, lhes caberia a função de indicar o fundamento da regra a ser aplicada no caso concreto.[27] Por conseqüência, os princípios confeririam ampla margem de discricionariedade ao intérprete, pois seriam ajustáveis às especificidades de cada situação.[28] Sob

---

[23] Ávila classifica essas duas correntes doutrinárias como "definição fraca" e "definição forte" entre princípios e regras. "Na primeira haverá aplicação com alto grau de subjetividade em função da elevada abertura da norma; na segunda haverá uma ponderação que irá atribuir um peso aos princípios colidentes no caso concreto". Humberto Ávila, *Teoria dos Princípios*, São Paulo, Malheiros, 7ª ed., 2007, pp. 84-91.

[24] Humberto Ávila, *supra* nota 23, p. 39.

[25] No Brasil, prevaleceu durante muito tempo noção genérica de "princípios", definidos em termos de sua função supletiva (integração) e que colocava em dúvida a própria força vinculante do conceito.

[26] Esser distingue os princípios no sentido material (*Prinzipien des Rechts*), os quais são incorporados no direito positivo (princípio da responsabilidade civil, por exemplo), dos chamados princípios gerais do Direito (*Juristische Prinzipien*), que presidem o processo de aplicação e interpretação jurídica.

[27] Sua aplicabilidade ocorreria de forma mediata no processo de decisão jurídica. Essa diferença tipológica estrita, na qual se separam Direito e Moral, decorreria da função de cada tipo normativo na decisão jurídica.

[28] Josef Esser, *Grundsatz und Norm in der richterlichten Fortbildung des Privatrechts*, Tübingen, J.C.B. Mohr (Paul Siebeck), 1956, p. 394. Nessa obra, que em realidade recai

perspectiva axiológica, mas não obstante igualmente pautada por critérios de generalidade e abstração, Larenz definiu princípios como normas diretamente associadas à idéia de Direito.[29] Para o jurista alemão, os princípios se caracterizariam como normas que, embora veiculassem diretivas a respeito da conduta juridicamente regulada, não seriam aplicáveis imediatamente pois careceriam do que Ávila descreveu como "caráter formal de proposições jurídicas" (conexão entre hipótese de incidência e conseqüência jurídica).[30] Dada, porém, a importância inerente dos princípios na ordem jurídica, Larenz entendia que sua função residia na dimensão interpretativa e integradora do direito. Os princípios seriam vetor teleológico da norma jurídica, cuja precisão aplicável ao fato regulado seria encontrada no momento da obtenção de uma regra.[31] Nessa mesma linha, Canaris assevera que os princípios servem como referências axiológicas que conformam o ordenamento jurídico e que, positivados ou implícitos, delimitam e dotam o ordenamento de racionalidade sistêmica. A distinção entre princípios e regras seria, assim, resultado da maneira pela qual interagem com outras normas.[32]

Embora não totalmente contraposta às visões anteriores, uma segunda vertente doutrinária sustentou a normatividade plena dos princípios.[33] Os princípios se diferenciariam das regras em razão (i) da função que desempenham no ordenamento jurídico e (ii) da forma pela qual eventuais antinomias entre

---

sob o domínio do Direito Privado, Esser faz estudo comparativo quanto à função dos princípios em sistemas jurídicos de tradição romano-germânica e de *common law*. Sua preocupação é demonstrar a função dos princípios enquanto guias à decisão judicial. Nesse sentido, aproxima-se de Dworkin em sua análise sobre a função dos princípios. Curiosamente, no entanto, Esser mostra-se cético quanto à utilização universal dos princípios no direito internacional em razão da diversidade das tradições jurídicas ao redor do mundo. A validade desse recurso só seria possível, segundo ele, na medida em que houvesse semelhança axiológica entre os sistemas jurídicos em exame.

29 Karl Larenz, *Richtiges Recht: Grundzüge e. Rechtsethik*, München, C.H. Beck Verlag, 1979, pp. 23-26.

30 Humberto Ávila, *supra* nota 23, p. 36. Dessa mesma opinião, entre os doutrinadores brasileiros, veja G.F. Mendes, I.M. Coelho e P.G.G. Branco, *supra* nota 22, p. 100.

31 Para a crítica da utilização do caráter hipotético-condicional como critério para distinguir princípios e regras, veja Humberto Ávila, *supra* nota 23, pp. 40 e ss.

32 Humberto Ávila, *idem*, p. 51.

33 N. Bobbio, *Teoria do Ordenamento Jurídico* (trad. Cláudio di Cicco e M.C.C.J. Santos), São Paulo/Brasília, Polis/UnB, 1989. Para análise sobre esse debate no Brasil, cf. Paulo Bonavides, *supra* nota 13, pp. 229 e ss.

normas do mesmo tipo são solucionadas pelo operador do Direito.[34] Uma das principais referências nessa linha é o *interpretivism* norte-americano. Em crítica ao positivismo hartiano,[35] Ronald Dworkin definiu o conceito de princípios em função do papel desempenhado pela noção de peso (*weight*) no momento de sua aplicação a fatos concretos. As regras prescrevem conseqüências jurídicas precisas e por isso devem ser aplicadas de forma absoluta (*all-or-nothing*). Uma vez verificados os fatos descritos na hipótese de incidência, cumpriria ao operador aplicar a regra válida. Eventuais antinomias implicariam a nulidade de uma das regras simultaneamente aplicáveis com sentido contrário. Os princípios, por sua vez, estabeleceriam objetivos e orientações de caráter genérico, tanto para a regulação de condutas quanto para a produção normativa, pois seriam a expressão dos valores de justiça (*justice and fairness*) em determinada ordem jurídica. Isso significa que os princípios seriam aplicados de acordo com a atribuição de um peso específico a cada situação, razão pela qual eventual antinomia entre eles não seria solucionada com a nulidade de um dos princípios em conflito, mas em exercício de ponderação a ser definido por meio da análise do peso (*weight*) específico dos respectivos comandos normativos prescritos por cada um dos princípios.[36] Se princípios colidentes dão origem a comandos contrapostos, apenas um deles pode prevalecer no caso concreto após sua ponderação mútua, mas sem que isso acarrete na nulidade do princípio não aplicado.[37] As regras, ao contrário, devem ou não ser aplicadas (*all or nothing*), sendo impossível ao aplicador ponderá-las à luz das circunstâncias jurídicas e fáticas *in casu*.[38]

---

34 Bonavides denomina essa fase de "pós-positivismo". *Idem*, p. 237.

35 A teoria de Dworkin é uma crítica ao positivismo jurídico de H. L. A. Hart, segundo o qual a argumentação lógico-literal baseada em normas primárias e secundárias seria suficiente para solucionar conflitos normativos. R. Dworkin, *Taking Rights Seriously*, Cambridge, Harvard University Press, 1978, p. 81.

36 R. Dworkin, *supra* nota 35, pp. 23 e ss. Ao invés de criar nova norma aplicável retroativamente, o intérprete deve identificar o princípio prevalecente e justificar sua aplicação com base no seu peso específico em face de outro princípio igualmente aplicável naquela circunstância.

37 Humberto Ávila, *supra* nota 23, pp. 87-88.

38 Dworkin rejeita o poder discricionário absoluto outorgado ao intérprete pelo positivismo jurídico em casos de antinomia entre princípios (que seria um problema de lacuna sob o positivismo). R. Dworkin, *supra* nota 35, pp. 122-123. Cf. também R. Dworkin, *A Matter of Principle*, Clarendon Press, Oxford, 1986; R. Dworkin, 'Judicial Discretion', (1963) 60 (21) *The Journal of Philosophy*, pp. 624-638; e R. Dworkin, 'Hard Cases', (1965) 88 (6) Harvard Law Review, pp. 1057-1109.

No mesmo diapasão, Robert Alexy definiu os princípios como "mandatos de otimização" (*Optimierung*) aplicáveis à luz das circunstâncias jurídicas e factuais específicas.[39] Embora elaborada sob a influência da noção de *weight*, Alexy rejeita a distinção dworkiniana de que as regras, ao contrário dos princípios, são aplicadas de forma absoluta e sugere, com lista extensiva de exemplos, que ambos os tipos normativos seriam suscetíveis de exceções.[40] A principal diferença entre princípios e regras se daria no momento da solução de antinomias: a resolução de conflitos entre os primeiros não enseja a nulidade de uma das normas antinômicas[41] e tampouco implica a existência de regra de prevalência normativa absoluta, mas apenas casuística e condicionada de acordo com técnicas de ponderação (*weighing and balancing*).[42] Os princípios tendem a coexistir harmonicamente no plano abstrato do ordenamento, havendo colisão apenas no momento de aplicação a fatos concretos. Na base dessa teoria de otimização reside a hipótese de que os princípios podem ser aplicados em graus variáveis, a depender das condicionalidades fácticas e jurídicas do caso em concreto.

Em definição de princípios inspirada na idéia de otimização proposta por Alexy,[43] Gomes Canotilho agrega, à luz das características de abstração, indeterminação, axiologia e natureza normogenética (fundamento para a produção normativa), que os princípios distinguem-se objetiva e qualitativamente de outros tipos normativos pelo caráter "multifuncional argumentativo"

---

39 "Principles require that something be realized to the greatest extent legally and factually possible. They are thus not definitive but only *prima facie* requirements". R. Alexy, *A Theory of Constitutional Rights*, trans. by Julian Rivers, New York, Oxford University Press, 2010, pp. 57 e 67.

40 As regras têm caráter de "tudo-ou-nada" somente quando um dispositivo estabelece limites à sua aplicação em casos de não haver outro princípio aplicável exigindo comportamento distinto, ou quando nenhuma outra razão jurídica essencial exigir algo diverso. O problema é que até mesmo os princípios poderiam ter caráter de aplicação absoluta nessa hipótese, o que comprovaria a inadequação de distinguir ambos os tipos normativos com base nesse critério. R. Alexy, 'On the Structure of Legal Principles' (2000) 13:3 *Ratio Juris*, 294.

41 "The tension between two competing principles was not to be resolved by giving one of these duties absolute precedence, for neither principle enjoyed precedence per se. On the contrary, the conflict was to be resolved by balancing the conflicting interests." R. Alexy, *A Theory of Constitutional Rights*, trans. by Julian Rivers, New York, Oxford University Press, 2010, pp. 50-51.

42 R. Alexy, *idem*, p. 52. Cf. também R. Alexy, *supra* nota 40, p. 294.

43 J.J. Gomes Canotilho, *supra* nota 4, p. 545.

(natureza retórica no discurso jurídico, que denota "a *ratio legis* de uma disposição", ou natureza integradora, que revela "normas que não são expressas por qualquer enunciado legislativo").[44] Para o constitucionalista português, a concretização dos princípios constitucionais se dá mediante "metódica jurídico-constitucional", que estabelece "modos ou regras de densificação para que os aplicadores das normas constitucionais (legislador, administrador, juiz) possam realizar a Constituição". A margem de discricionariedade do operador associa-se à densidade normativa do princípio: quanto mais densa a norma, menor o espaço de "discricionariedade" ou de "liberdade de conformação" do princípio à conduta em exame.

Na doutrina brasileira, Ávila define princípios como "normas imediatamente finalísticas, primariamente prospectivas e com pretensão de complementaridade e de parcialidade, para cuja aplicação se demanda uma avaliação da correlação entre o estado de coisas a ser promovido e os efeitos decorrentes da conduta havida como necessária à sua promoção".[45] Embora rejeite a suposição de que os princípios não têm força vinculante, pois sua existência pressupõe a adoção de comportamentos a eles necessários, o autor reconhece que os princípios não indicam *prima facie* os comportamentos necessários à realização do estado de coisas colimado pela espécie normativa.[46] A especificação dessas condutas (isto é, sua densificação, como se argüirá a seguir) seria o resultado daquilo que Ávila denomina de "reconstrução normativa" dos princípios: o processo de interpretação e de aplicação dessas normas à realidade fática,[47] isto é, a mediação entre a hipótese normativa abstrata e o fato concreto por meio de argumentação jurídica na qual se avalia a "correlação entre os efeitos da conduta a ser adotada e a realização gradual do estado de coisas exigido" pelo princípio em exame.[48]

Ávila[49] sugere, como critérios de dissociação entre princípios e regras: (i) a natureza do comportamento prescrito (regras são normas imediatamente

---

44 J.J. Gomes Canotilho, *supra* nota 4, pp. 166-168.

45 Humberto Ávila, *supra* nota 23, pp. 78-79.

46 *Idem*, p. 63

47 "Sentidos são construídos no processo de interpretação". Humberto Ávila, *supra* nota 23, p. 32

48 *Idem*, pp. 74-75.

49 Ávila rejeita a distinção dual entre princípios e regras e defende o caráter pluridimensional dos enunciados normativos. Com isso, os princípios podem assumir uma "dimensão

descritivas e princípios, finalísticas, isto é, estabelecem estado ideal de coisas cuja realização requer a adoção de determinados comportamentos);[50] (ii) a justificação exigida (a interpretação e a aplicação dos princípios demanda avaliar a correlação entre o estado de coisas posto como fim e os efeitos decorrentes da conduta havida como necessária); e (iii) a medida da contribuição para a decisão. Os princípios seriam, assim, "normas primariamente complementares e preliminarmente parciais", pois "não têm a pretensão de gerar uma solução específica, mas contribuir, ao lado de outras razões, para a tomada da decisão".[51] Essa distinção revelaria outra característica, a interdependência entre si, porque "princípios estabelecem diretrizes valorativas a serem atingidas, sem descrever, de antemão, qual o comportamento adequado a essa realização. Essas diretrizes valorativas cruzam-se reciprocamente, em várias direções, não necessariamente conflitantes".[52] Em caso de antinomias, admite, como Alexy, a ponderação não só de princípios, mas também de regras,[53] que seriam passíveis, em algum grau, de ponderação no momento da aplicação.[54]

O exame da literatura permite afirmar que princípios são normas que se distinguem por maior generalidade, abstração e indeterminação. Tais características não implicam menor grau de juridicidade em relação a outros tipos normativos.[55] São apenas normas que, conquanto dotadas de normatividade, indicam um estado ideal de coisas (caráter finalístico) que pode assumir graus distintos de concretização (aplicabilidade). Por terem "densidade" e "abertura" variada, a determinação das hipóteses de condutas ("densificação") necessárias à realização ("concretização") desse estado ideal de coisas impõe a análise do conteúdo material de cada mandato de otimização a fim de identificar seus

---

imediatamente comportamental (regra), finalística (princípio) e/ou metódica (postulado)". Humberto Ávila, *supra* nota 23, pp. 68-71.

50 "Os princípios estabelecem um estado ideal de coisas a ser atingido (*state of affairs, Idealzustand*), em virtude do qual deve o aplicador verificar a adequação do comportamento a ser escolhido ou já escolhido para resguardar tal estado de coisas". Humberto Ávila, *idem*, p. 72.

51 *Ibidem*, p. 76.

52 *Ibidem*, p. 77

53 Para Ávila, regras também podem ser ponderadas, sendo inexata a sugestão de que se aplicam *in modo* "tudo ou nada". *Idem*, p. 45-47.

54 *Idem*, pp. 88-89.

55 Essa suposição poderia levar ao paroxismo de que qualquer comportamento seria aceitável conquanto não fosse manifestamente contrário à norma positiva.

corolários lógico-jurídicos (subprincípios e regras) e os vários graus de concretização possíveis no caso concreto. Em havendo aplicação simultânea de vários princípios a uma mesma conduta juridicamente regulada (antinomia real ou aparente), cumpre ao intérprete ponderar os pesos específicos de cada princípio à luz dos condicionantes fáticos e jurídicos em casos concretos.

Os princípios também se caracterizam por expressarem valores caros a uma sociedade juridicamente organizada. Mas a ênfase excessiva no exame dos valores como qualidade distintiva dos princípios em contraposição às regras (pretensamente neutras) tende a negligenciar o substrato axiológico do ordenamento como um todo.[56] Toda norma jurídica está imbuída, em algum grau, de um valor aplicado pelo legislador à conduta regulada. No caso de princípios constitucionais,[57] a presença axiológica é ainda mais acentuada, pois se trata de normas formalmente superiores e que têm efeitos para a análise da legalidade e validade de outras normas do ordenamento.[58] Mas reduzir o conceito de princípio a sua carga axiológica pode conduzir a apreciação por definição subjetiva.[59] No mais das vezes, essa via leva a interpretações baseadas apenas na afirmação de que determinados valores são fundamentais ou que representam alicerces da ordem jurídica, sem a preocupação de analisar de que modo condutas específicas podem ou não contribuir para a realização do estado ideal de coisas positivado em cada princípio à luz de seus subprincípios e regras densificadores. A objetividade cede lugar à especulação e às preferências individuais do intérprete, em prejuízo da previsibilidade e da segurança jurídicas.[60]

---

[56] Humberto Ávila, *supra* nota 23, p. 85.

[57] "As Constituições são tributárias de um conjunto de opções axiológicas. Não há Constituição neutra". Celso Ribeiro Bastos, *Hermenêutica e Interpretação Constitucional*, São Paulo, Celso Bastos Editor/Instituto Brasileiro de Direito Constitucional, 1997, p. 131.

[58] Carmem Lúcia Antunes Rocha, *supra* nota 20, pp. 25-26. Cf. Ruy Samuel Espíndola, *Conceito de Princípios Constitucionais*, São Paulo, Ed. Revista dos Tribunais, 2002, 2a ed., p. 64.

[59] "Enfim, os valores, porque dependem de apreciação subjetiva, seriam ateoréticos, sem valor de verdade, sem significação objetiva". Humberto Ávila, *supra* nota 23, p. 64.

[60] Luís Roberto Barroso, 'A Efetividade das Normas Constitucionais Revisitada', *Revista de Direito Administrativo*, Rio de Janeiro, Ed. Renovar, n. 197, jul./set. 1994, pp. 30-60.

Noção de Princípios Constitucionais[61]

Os princípios são de particular relevância no direito constitucional. Se para o positivismo jurídico os princípios se caracterizavam por baixa normatividade, com funções de natureza supletiva e integradora com aplicação concentrada no direito privado, a inserção de princípios em textos constitucionais alçou-os formalmente ao ápice do ordenamento. A chamada "principiologia constitucional"[62] acompanhou a superação das Constituições-garantia pelas Constituições-programáticas, que vão além da distribuição de competências entre os Poderes constituídos e da enumeração de direitos e liberdades fundamentais, ao indicar princípios gerais reveladores do sentido geral da ordem jurídica.[63] O próprio argumento de justificação do ordenamento jurídico passou a ser buscado nas funções[64] e características intrínsecas dos princípios constitucionais.[65] Mas vez que os princípios constitucionais particulares (positivados na Constituição) não se confundem com os princípios gerais do Direito,[66] quais seriam as características fundamentais desse tipo normativo na ordem jurídica? Nas últimas décadas, o assunto tem atraído crescente atenção na doutrina. Tem-se apontado, com relativa coincidência de visões, para as seguintes caraterísticas definidoras dos princípios constitucionais:[67]

---

61 A análise do conceito de "princípio constitucional" não supõe o estudo do conceito de Constituição em relação às suas funções, estrutura e sentido normativo, ou a seu caráter fundador da ordem jurídica.

62 "Os princípios, desde sua constitucionalização (...) se convertem igualmente em *norma normarum*, ou seja, norma das normas". Paulo Bonavides, *supra* nota 13, pp. 260-261.

63 J.J. Gomes Canotilho, *Direito Constitucional e Teoria da Constituição*, Coimbra, Almedina, 2002, 6ª.ed., pp. 217-218; e Celso Lafer, *supra* nota 1, pp. 111-112.

64 Os princípios constitucionais servem para (i) "embasar as decisões políticas fundamentais tomadas pelo constituinte e expressar valores superiores que inspiram a criação ou organização de um dado Estado", (ii) ser "o fio condutor dos diferentes seguimentos do texto constitucional, dando unidade ao sistema normativo" e (iii) condicionar "a atuação dos poderes públicos" e pautar "a interpretação e aplicação de todas as normas jurídicas vigentes". Luís Roberto Barroso, 'Princípios Constitucionais Brasileiros', *Revista Trimestral de Direito Público*, São Paulo, Malheiros, n.1, 1993, p. 175.

65 Ruy Samuel Espíndola, *supra* nota 58, p. 35.

66 Eros Grau, *supra* nota 22, pp. 95-97.

67 "Esse elenco de características evidencia, de modo amplo, a natureza peculiar dos princípios constitucionais enquanto norma de direito e, mais, como norma constitucional dotada de efetiva e complexa juridicidade". Carmem Lúcia Antunes Rocha, *supra* nota 20, p. 43.

(i) *generalidade, abstração e indeterminação*: são características essenciais derivadas do próprio conceito de princípio definido em comparação com as regras nas Ciências Jurídicas. Esses predicados são descritos em termos de inexistência de hipóteses de regulação jurídica imediata pelos princípios ao caso concreto, pois apenas estabelecem um determinado sentido a um conteúdo normativo cuja densidade será obtida por meio de outras normas (subprincípios e regras).[68]

(ii) *fundamento da ordem jurídica*: os princípios constitucionais funcionam, a um só tempo, como fundamentos e ápice normativo do ordenamento jurídico, com os quais as demais normas guardam relação de dependência lógico-jurídica tanto no plano da existência e validade formal, quanto na determinação de seu sentido e significado.[69] Os princípios constitucionais informam todo o sistema jurídico.[70] Por um lado, desempenham papel na gênese normativa (normogenética de Canotilho), pois "deles se desdobram não poucos princípios, cuja obediência é tão obrigatória como as premissas que os contêm".[71] Por outro, exercem função no processo hermenêutico não só da Constituição, mas do ordenamento como um todo, reforçando a unidade do sistema jurídico.[72] Com isso delimitam a validade de outras normas, atos e leis

---

[68] Sampaio Dória definiu a generalidade dos princípios constitucionais em termos de "normas que não se medem a metro, com rigor e precisão", razão pela qual "se corporificam em formulas syntheticas". A. Sampaio Dória, *Princípios Constitucionais*, São Paulo, Ed. São Paulo, 1926, p. 107. Na mesma linha, Barroso sustenta que "as normas-princípio, ou simplesmente princípios, têm normalmente, maior teor de abstração". Luís Roberto Barroso, *Interpretação e Aplicação da Constituição*, São Paulo, Saraiva, 1996, p. 141. Cf. também Carmem Lúcia Antunes Rocha, *supra* nota 20, p. 29; José Eduardo Faria, 'A Eficácia do Direito na Consolidação Democrática', in *Lua Nova*, n. 30, 1993, São Paulo, CEDEC, p. 62; e Celso Ribeiro Bastos, *supra* nota 57, p. 147.

[69] A. Sampaio Dória, *supra* nota 68. Os princípios constitucionais são "primários e primeiros no interior do sistema constitucional, pois deles decorrem outros princípios, que são subprincípios em relação aos anteriores e que se podem conter, expressa ou explicitamente, nesse sistema". Carmem Lúcia A. Rocha, *supra* nota 20, pp. 31-32.

[70] *Idem*, p. 41.

[71] A. Sampaio Dória, *supra* nota 68, p. 132.

[72] Celso Ribeiro Bastos, *supra* nota 57, p. 148; Celso Antônio Bandeira de Mello, 'Pró-Dogmática: Por uma hierarquização dos princípios constitucionais', *Revista Trimestral de Direito Público*, São Paulo, Malheiros, n. 1, 1994, 140-146, p. 143.

infraconstitucionais, servindo como parâmetro para o controle de constitucionalidade.[73] Mas os princípios não são hierarquicamente superiores às demais normas de estatura constitucional.[74] A noção de superioridade das normas constitucionais é diferente da supremacia interpretativa dos princípios, pois esta última se circunscreve à sua função informativa e integradora do sistema e não implica, *ipso iure*, prevalência em caso de antinomia com outra norma constitucional.[75] Trata-se apenas de reconhecer-lhes preponderância no plano hermenêutico, pois determinam o sentido da interpretação.[76] Da mesma forma, não há identidade ontológica entre princípios constitucionais e valores supremos do ordenamento.[77] Os valores estão subjacentes ao ordenamento jurídico como um todo e seria difícil, quando não mesmo inadequado, estabelecer hierarquia axiológica abstrata e rígida com base apenas na estrutura formal das normas constitucionais.[78]

(iii) *juridicidade* ou *normatividade*: intimamente relacionada às características anteriores, essa propriedade revela o caráter juridicamente vinculante dos princípios constitucionais.[79] A existência positiva dos princípios constitucionais na lei fundamental, aí incluídos aqueles de natureza programática ou

---

[73] Gilmar Ferreira Mendes, *Jurisdição Constitucional*, São Paulo, Saraiva, 1996, pp. 112-113; Ruy Samuel Espíndola, *supra* nota 58, p. 85; J.J. Gomes Canotilho e Vital Moreira, *Constituição da República Portuguesa Anotada*, Coimbra, 1993, 3a ed., p. 53-54.

[74] *Per contra*, Ivo Dantas sugere hierarquia entre normas constitucionais deduzida da disposição dessas normas no texto. Ivo Dantas, *Princípios Constitucionais e Interpretação Constitucional*, Rio de Janeiro, Lumen Juris, 1995, p. 86. No mesmo sentido, cf. José Souto Maior Borges, 'Pró-dogmática: por uma hierarquização dos princípios constitucionais', *Revista Trimestral de Direito Público*, São Paulo, Malheiros, n. 1, 1993.

[75] Celso Ribeiro Bastos, *supra* nota 57, p. 147.

[76] Celso Ribeiro Bastos, *supra* nota 57, p. 137; José Afonso da Silva, *supra* nota 4, p. 157.

[77] "O maior problema reside na "equiparação" dos princípios aos "valores". Efetivamente, parcela considerável dos juristas optou por considerar os princípios constitucionais como um sucedâneo dos princípios gerais do direito ou como sendo o 'suporte dos valores da sociedade' (o que seria isso, ninguém sabe e tampouco houve alguém que se arriscasse a dizê-lo)". Lenio Luiz Streck, Hermenêutica *jurídica e(m) crise: uma exploração hermenêutica da construção do direito*, Porto Alegre, Livraria do Advogado, 2011, 10a ed., p. 147. Para Barroso, os princípios constituem a "síntese dos valores principais da ordem jurídica". Luís Roberto Barroso, *supra* nota 68, p. 141.

[78] "É equivocado pensar que os princípios constitucionais representam a positivação dos valores". Lenio Luiz Streck, *supra* nota 77, p. 145.

[79] A. Sampaio Dória, *supra* nota 68, p. 132; Luís Roberto Barroso, *supra* nota 64, p. 169.

socioideológica, afastou qualquer dúvida quanto à sua normatividade.[80] Em virtude dessa qualidade jurídica, os princípios constitucionais são "vinculantes e vinculados",[81] pois "não adstringem somente a ação do legislador constituído, mas também a do administrador, do juiz e dos demais cidadãos da sociedade política".[82] A juridicidade implica o reconhecimento de que os princípios constitucionais têm materialidade própria, cujos conteúdo e sentido reguladores de condutas não estão sujeitos à discricionariedade do aplicador do direito.[83] Ao contrário do que propugnava o constitucionalismo em meados do século passado sob influência do positivismo, os princípios constitucionais não se caracterizam por um vazio normativo, pois a objetividade "tem por fim impedir que plurivocidades interpretativas do texto frustrem a força normativa dos princípios constitucionais e, mais, da própria Constituição".[84] Além disso, o caráter vinculante dos princípios constitucionais tem como corolário a regra de aderência, segundo a qual "nenhum comportamento estatal ou particular poderá refugir, de forma exceptiva, ao quanto foi constitucionalmente positivado nas normas principais".[85] Por essa razão, os princípios constitucionais não são vinculantes somente no momento de sua aplicação enquanto normas reguladoras de conduta, mas também no ato de interpretação das demais normas jurídicas. Nessa mesma ordem de idéias, a natureza vinculante dos princípios constitucionais se reflete na inter-relação dessas normas no ordenamento, o que faz com que os princípios constitucionais sejam interpretados e aplicados necessariamente de forma conjunta.[86]

---

80 José Afonso da Silva, *supra* nota 4, p. 70; Luís Roberto Barroso, *supra* nota 64, p. 169. "Uma norma jurídica adquire verdadeira normatividade quando com a 'medida de ordenação' nela contida se decide um caso jurídico, ou seja, quando o processo de concretização se completa através da sua aplicação ao caso jurídico a decidir mediante: (1) a criação da disciplina regulamentadora (concretização legislativa, regulamentar etc.); (2) através de uma sentença ou decisão judicial (concretização judicial); (3) através da prática de actos individuais pelas autoridades (concretização administrativa)". J.J. Gomes Canotilho, *supra* nota 4, p. 229.

81 Carmem Lúcia Antunes Rocha, *supra* nota 20, pp. 39-40.

82 Carmem Lúcia Antunes Rocha, *supra* nota 20, p. 26.

83 Carmem Lúcia Antunes Rocha, *supra* nota 20, pp. 33-34.

84 Ruy Samuel Espíndola, *supra* nota 58, p. 84; Carmem Lúcia A. Rocha, *supra* nota 20, p. 37.

85 Ruy Samuel Espíndola, *supra* nota 58, p. 87; Carmem Lúcia Antunes Rocha, *supra* nota 20, p. 40.

86 "Nenhum princípio constitucional deve ser considerado isolado ou auto-suficiente". *Idem*, p. 39-40.

Normatividade dos Princípios Constitucionais: Alcance e Aplicabilidade

A positivação[87] dos princípios na Constituição afastou qualquer dúvida em relação à sua normatividade.[88] Sob a influência de doutrinas pós-positivistas,[89] passou-se a reconhecer a força normativa dos princípios constitucionais e a identificá-los como os alicerces do sistema jurídico vigente, fortalecendo, assim, sua normatividade concreta enquanto normas reguladoras de condutas.[90] O resultado foi um processo dialético entre a primazia normativa da Constituição e a centralidade dos princípios constitucionais na interpretação do sistema jurídico.[91] Apesar da normatividade indiscutível dos princípios constitucionais,[92] da qual decorrem corolários como seu caráter vinculante e jurídico,[93] um dos problemas encontrados no tratamento desse conceito é que suas propriedades (normas generalíssimas, abstratas e indeterminadas)[94] dificultam a determinação precisa das condutas necessárias à realização dos fins colimados pelo tipo normativo em exame.[95] Reflexo dessa dificuldade é a própria utilização pelo constituinte do termo "princípios" na Lei Fundamental de forma difusa e polissêmica, como reflexo da intenção do legislador originário de lidar com funções e finalidades diversas das normas constitucionais.[96] A

---

87 José Afonso da Silva, *supra* nota 4, p. 65.

88 Celso Ribeiro Bastos, *supra* nota 57, p. 147. Cf. também J.J. Gomes Canotilho, *Fundamentos da Constituição*, Coimbra, Almedina, 1991, p. 43; Paulo Bonavides, *supra* nota 13, pp. 231-232; e José Afonso da Silva, *supra* nota 4, p. 79.

89 J.J. Gomes Canotilho, *supra* nota 4, p. 346.

90 "A orientação doutrinária moderna é no sentido de reconhecer a eficácia plena e aplicabilidade imediata à maioria das normas constitucionais". José Afonso da Silva, *supra* nota 4, p. 76.

91 A. Sampaio Dória, *supra* nota 68, p. 19.

92 Carmem Lúcia Antunes Rocha, *supra* nota 20, p. 45.

93 José Afonso da Silva, *supra* nota 4, p. 49.

94 Celso Ribeiro Bastos, *supra* nota 57, p. 132.

95 Bastos afirma que os princípios constitucionais não traçam "uma conduta a ser obedecida pelos cidadãos", pois "seu nível de abstração é tão alto que não nos indicam quais os momentos em que devem ser aplicados e a quem devem ser dirigidos". Celso Ribeiro Bastos, *idem*, p. 148. Cf. também Francisco Cavalcanti Pontes de Miranda. *Comentários à Constituição de 1967, com a Emenda n. 1, de 1969*, tomo 1, 2ª edição, São Paulo, RT, 1970, p. 127.

96 Luís Roberto Barroso, *supra* nota 64, pp. 176-177 e pp. 178-181. Albuquerque Mello afirma, a respeito do Título I, que "a Constituição neste particular está mal redigida. No título é 'princípios fundamentais' e nos artigos ora fala em 'fundamentos', 'objetivos

imprecisão da terminologia adotada pelo constituinte em relação aos princípios afeta a eficácia semântica dos princípios, na medida em que dificulta o cotejo entre a hipótese normativa e o fato da realidade cuja subsunção é requisito necessário à aplicação da norma.[97]

Dada a evolução hermenêutica sob a égide do "constitucionalismo principiológico", não é possível negar a normatividade dos princípios constitucionais, fruto de uma visão "imperativística".[98] Essa postura equivaleria a um retrocesso doutrinário na direção de noções herdadas do constitucionalismo norte-americano, que qualificava os princípios constitucionais como normas *self-executing* e *not self-executing*, ou "mandatórias" e "diretórias".[99] Os princípios constitucionais são normas que o constituinte projetou com o objetivo de realizar um estado ideal de coisas, ou um ideal de Justiça material.[100] Mas a normatividade concreta dessas normas reside em seu universo material, que não se extingue no dispositivo constitucional, mas antes se estende e abarca subprincípios e regras densificadores esparsos no ordenamento jurídico. A diferença fundamental entre os princípios e as demais normas constitucionais encontra-se, assim, nas condições de aplicabilidade dos princípios, as quais dependem do universo normativo correspondente a cada princípio, isto é, de sua densificação material e objetiva.[101]

Com base na premissa de que "não há norma constitucional destituída de eficácia", Afonso da Silva distingue as normas constitucionais em três categorias quanto ao grau de seus efeitos jurídicos:[102]

---

fundamentais' e 'princípios'. Para o constituinte parece que tudo é a mesma coisa". Celso D. de Albuquerque Mello, *supra* nota 3, p. 127. Para José Afonso da Silva, o enunciado das normas constitucionais "assumiu, muitas vezes, grande imprecisão, comprometendo sua eficácia e aplicabilidade imediata, por requerer providências ulteriores para incidir concretamente". José Afonso da Silva, *supra* nota 4, p. 137. Streck denominou essa abertura hermenêutica de "panprincipiologismo", em que "o intérprete passou a deduzir princípios alegadamente constitucionais muitas vezes sem base concreta e explícita em dispositivos da lei fundamental". Lenio Luiz Streck, *supra* nota 77, p. 146.

97 Paulo Roberto Lyrio Pimenta, 'As Normas constitucionais programáticas e a reserva do possível', in *Revista de Informação Legislativa*, Brasília a. 49 n. 193 jan/mar 2012, p. 8.

98 Ruy Samuel Espíndola, *supra* nota 58, p. 148.

99 Cf. a esse respeito a crítica de José Afonso da Silva, *supra* nota 4, pp. 73-75.

100 Carmem Lúcia Antunes Rocha, *supra* nota 20, p. 28.

101 José Afonso da Silva, *supra* nota 4, p. 80.

102 *Idem*, p. 91.

(i) *normas constitucionais de eficácia plena e aplicabilidade direta, imediata e integral*, as quais "desde a entrada em vigor da constituição, produzem, ou têm possibilidade de produzir, todos os efeitos essenciais, relativamente aos interesses, comportamentos e situações, que o legislador constituinte, direta e normativamente, quis regular". Trata-se aí de normas constitucionais que "(a) contenham vedações ou proibições; (b) confiram isenções, imunidades e prerrogativas; (c) não designem órgãos ou autoridades especiais a quem incumbam especificamente sua execução; (d) não indiquem processos especiais de sua execução; (e) não exijam a elaboração de novas normas legislativas que lhes completem o alcance e o sentido, ou lhes fixem o conteúdo, porque já se apresentam suficientemente explícitas na definição dos interesses nelas regulados".[103] São por conseguinte autoaplicáveis ("aplicam-se só pelo fato de serem normas jurídicas") na medida em que sua aplicabilidade pressupõe apenas a existência do Estado e de seus órgãos.

(ii) *normas constitucionais de eficácia contida e aplicabilidade direta e imediata, mas possivelmente não integral* "são aquelas em que o legislador constituinte regulou suficientemente os interesses relativos a determinada matéria, mas deixou margem à atuação restritiva por parte da competência discricionária do Poder Público, nos termos que a lei estabelecer ou nos termos de conceitos gerais nelas enunciados". Isso significa que sua eficácia independe "da interferência do legislador ordinário, sua aplicabilidade não fica condicionada a uma normação ulterior, mas fica dependente dos limites (daí eficácia contida) que ulteriormente se lhe estabeleçam mediante lei, ou de que as circunstâncias restritivas, constitucionalmente admitidas, ocorram". São exemplos dessas normas constitucionais aquelas que instituem direitos e garantias fundamentais cuja eficácia pode ser afastada pela incidência de outras normas constitucionais, caso ocorram certos pressupostos fáticos (direitos em situação de estado de sítio, por exemplo).

(iii) *normas constitucionais de eficácia limitada ou reduzida*, que podem ser (a) declaratórias de princípios institutivos ou organizativos (exigem "legislação futura que lhes complete a eficácia e lhes dê efetiva aplicação", como os arts. 33 e 113 da Constituição) ou (b) declaratórias de princípio programático ("o constituinte, em vez de regular, direta e imediatamente, determinados interesses, limitou-se a traçar os princípios para serem cumpridos pelos seus órgãos

---

[103] *Ibidem*, p. 101.

(...), como programas das respectivas atividades").[104] Por não disporem de aplicação imediata, as chamadas normas programáticas dependem de emissão de normatividade futura por legislação específica ou medida administrativa.[105]

Segundo Pimenta, as normas programáticas, que serão de especial interesse para o estudo dos princípios constitucionais de relações internacionais, são "regras constitucionais que buscam conciliar interesses de grupos políticos e sociais antagônicos, apresentado conteúdo econômico-social e função eficacial de programa, obrigando os órgãos públicos mediante a determinação das diretrizes que estes devem cumprir".[106] São normas constitucionais que estabelecem apenas um fim abstrato, sem impor *prima facie* um comportamento objetivamente determinado. Dessa característica decorre a ampla margem discricionária quanto às medidas legislativas ou administrativas necessárias à satisfação dos fins estabelecidos pelo constituinte. Essas normas constitucionais programáticas de eficácia limitada seriam, por excelência, aquelas versando sobre direitos sociais, econômicos e culturais, por exemplo.[107] Para Barroso, essa característica tem uma conseqüência fundamental para o funcionamento

---

104 José Afonso da Silva, *supra* nota 4, p. 138. De forma similar, Pimenta qualifica as normas programáticas em quatro tipos: (i) normas programáticas em sentido estrito (mencionam legislação futura); (ii) meramente definidoras de programas (não mencionam necessidade de legislação futura), (iii) enunciativas ou declaratórias de direitos (enunciam direitos, sem estabelecer como deverão ser implementados, art. 6º) e (iv) normas programáticas definidoras dos fins organizacionais, econômicos e sociais do Estado (arts. 170 e 193). Paulo Roberto Lyrio Pimenta, *Eficácia e aplicabilidade das Normas Constitucionais Programáticas*, São Paulo, Max Limonad, 1999, pp. 142-145.

105 Segundo Crisafulli, as normas constitucionais de princípio programático podem ser de simples escopo (prescrevem fim mais ou menos específico a alcançar, cabendo aos próprios órgãos a liberdade de adotar os meios que julgarem mais idôneos nesse sentido) ou prescreverem o fim a atingir e indicar, em linhas gerais, os meios aptos a isso, limitando o âmbito da discricionariedade legislativa. Vezio Crisafulli, *La Constituzione e le sue disposizioni di principio*, Milão, 1952, pp. 62-63, *apud* José Afonso da Silva, *supra* nota 4, p. 138.

106 Paulo Roberto Lyrio Pimenta, *supra* nota 104, p. 173.

107 "As normas programáticas impõem ao Estado o cumprimento de certos fins, a consecução de certas tarefas de forma a realizar certos princípios ou objetivos, fazendo surgir, por conseqüência, a necessária proteção dos interesses subjetivos que daí dimanam, proteção esta que pode ocorrer ora de modo direto, quando o interesse geral coletivo fica em segundo plano; ora indiretamente, quando o interesse coletivo encontra-se em primeiro plano, e o individual só será protegido reflexamente, em decorrência da promoção do interesse geral." Regina Maria Macedo Nery Ferrari, *Normas Constitucionais Programáticas – Normatividade, Operatividade e Efetividade*, São Paulo, Ed. Revista dos Tribunais, 2001, pp. 153 e ss.

das normas programáticas na Constituição: "delas não resulta para o indivíduo o direito subjetivo, e sua versão positiva, de exigir uma determinada prestação. Todavia, fazem nascer um direito subjetivo "negativo" de exigir do Poder Público que se abstenha de praticar atos que contravenham seus ditames".[108]

A natureza programática de uma norma constitucional não afasta a necessidade de que o ente responsável por sua execução garanta aquilo que a doutrina tem chamado de "mínimo existencial".[109] *Grosso modo*, pressupõe-se o dever do Poder Público de assegurar um mínimo de dignidade aos indivíduos em relação aos interesses juridicamente protegidos por essas normas constitucionais que, do contrário, teriam prejudicada sua normatividade.[110] Essa interpretação, vale dizer, tem sido respaldada pela jurisprudência do STF, no qual a teoria do mínimo existencial é cotejada com limites orçamentários à disposição da Administração Pública à luz do conceito de "reserva do possível".[111] Com isso se assegura, no plano mais amplo das competências de cada poder, o respeito aos limites impostos à ingerência do Poder Judiciário em seara do Poder Executivo, ao mesmo tempo em que se afasta a possibilidade de que as normas programáticas sejam fadadas a uma mera promessa, com riscos para a normatividade da lei fundamental.

O grau de aplicabilidade das normas constitucionais e, por conseguinte, também dos princípios constitucionais, está relacionado à sua densidade normativa, que por sua vez se relaciona com a articulação desses princípios com outras normas do ordenamento jurídico.[112] Trata-se, em essência, daquilo que Canotilho denominou de diferentes graus de "concretização" e "densificação" dos princípios constitucionais. O sistema da Constituição assenta-se, verticalmente, em princípios estruturantes, subprincípios (princípios consti-

---

[108] Luís Roberto Barroso, *O Direito Constitucional e a Efetividade de suas Normas*, Rio de Janeiro, Renovar, 2ª ed., 1993, p. 113.

[109] Essa hermenêutica no constitucionalismo brasileiro associa-se ao imperativo de garantir direitos subjetivos criados por direitos econômicos, sociais e culturais (os chamados "direitos humanos de segunda geração").

[110] J.J. Gomes Canotilho, *Direito Constitucional e Teoria da Constituição*, Ed. Almedina, 7ª ed., 2003.

[111] Na ADPF n. 45, o STF reconheceu a eficácia de normas programáticas, como os direitos econômicos e sociais, de forma condicionada à chamada "reserva do possível" (vínculo financeiro subordinado às possibilidades orçamentárias do Estado) e ao "mínimo essencial".

[112] Celso Ribeiro Bastos, *supra* nota 57, p. 149.

tucionais gerais e princípios constitucionais especiais) e regras constitucionais. Os princípios estruturantes, que indicam as diretrizes básicas e estruturais do Estado, ganham concretização, isto é, materialidade normativa, por meio de outros subprincípios.[113] Os princípios constitucionalmente estruturantes[114] apresentam uma dimensão constitutiva, na medida em que expressam um sentido ("compreensão global") da ordem constitucional, e uma dimensão declarativa, pois assumem a natureza de "superprincípios" utilizados para extrair outros "subprincípios" e outras "concretizações normativas constitucionalmente plasmadas".[115] São esses subprincípios "que 'densificam' os princípios estruturantes, iluminando o seu sentido jurídico e político-constitucional, formando, ao mesmo tempo, com eles, um sistema interno".[116] Por exemplo, tomem-se os princípios fundamentais do Estado de Direito (art. 1º), do princípio democrático (arts. 1º e 14), do princípio republicano (arts. 1º, 12 e 13), que são "densificados" em sua articulação com outros princípios constitucionais gerais, como os princípios de constitucionalidade dos atos normativos (arts. 5º, LIV, 23, 52, entre vários outros) e de legalidade (art. 5º, II), os quais, por sua vez, se densificam por outros princípios e regras igualmente previstos na Lei Fundamental (legalidade tributária (art. 150, I), legalidade dos atos da administração pública (art. 37, caput), entre outros.[117]

Em suma, os princípios constitucionais são normas obrigatórias. Mas sua generalidade e abstração implicam a existência de vários comportamentos possíveis para a realização dos fins (estado ideal de coisas) colimados pelo constituinte. A determinação do comportamento necessário ("resposta correta") dependerá da densificação normativa de cada princípio em subprincípios e regras, e do exame das circunstâncias fáticas e jurídicas do caso concreto, no qual muitas vezes incidem outras normas e até mesmo outros princípios de estatura igualmente constitucional.

---

[113] J.J. Gomes Canotilho, *supra* nota 4, p. 180.

[114] Os princípios fundamentais são "princípios constitucionalmente estruturantes", que "designam os princípios constitutivos do 'núcleo essencial da Constituição'". J.J. Gomes Canotilho, *supra* nota 4, p. 345.

[115] *Idem*, p. 345.

[116] *Ibidem*, p. 177. "Os princípios estruturantes ganham densidade e transparência através das suas concretizações (em princípios gerais, princípios especiais ou regras), e estas formam com os primeiros uma unidade material (unidade da Constituição)". *Ibidem*, pp. 188-189.

[117] Ruy Samuel Espíndola, *supra* nota 58, pp. 230-213.

Noção de Princípios no Direito Internacional

O termo *princípio* é utilizado, igualmente, de forma polissêmica no direito internacional. Designando normas de natureza diversa e com funções distintas no sistema jurídico, o termo pode referir-se aos princípios gerais do direito ou aos princípios materiais do direito internacional.[118] Em ambas as acepções, os princípios são compreendidos como normas gerais[119] que servem tanto como substrato normativo para o desenvolvimento progressivo do direito internacional por meio de outras regras específicas, quanto como marcos interpretativos e integrativos dessas últimas no sistema jurídico interestatal.[120]

Pauwelyn aponta a existência de quatro tipos de princípios que se enquadram na nomenclatura utilizada no artigo 38 do Estatuto da CIJ.[121] Primeiramente, há os chamados "metaprincípios" ou princípios necessários, que são normas inerentes e necessárias ao funcionamento de todo ordenamento jurídico. Esse seria o caso de princípios como *pacta sunt servanda*, cuja validade decorre não só de sua positivação pela norma escrita, mas também de sua existência intrínseca a qualquer ordenamento jurídico. Em segundo lugar, existem os princípios do direito doméstico que são recepcionados pelo direito internacional. Tais princípios *in foro domestico* relacionam-se, em sua maioria, a regras de procedimentos judiciais e outras normas de natureza operacional, como aquelas relativas ao exercício da jurisdição, ao ônus da prova em processos acusatórios, aos princípios relacionados à teoria geral da responsabilidade ou a noção de *res judicata*. Trata-se, portanto, de direito essencialmente adjetivo, uma vez que a arguição de normas do direito interno não pode ser evocada, à luz da Convenção de Viena sobre o Direito dos Tratados (*pacta tertiis*) - ela própria resultado de codificação de um princípio comum à teoria geral do

---

118 "General principles of law encompass the principles of International Law, and express the *opinio juris communis* of the international community". A. A. Cançado Trindade, *supra* nota 20, p. 121.

119 Os "principes généraux" indicam "des standards". Jean-Pierre Cot, Alain Pellet, 'Préambule', in Jean-Pierre Cot, Alain Pellet & Mathias Forteau (eds.), *La Charte des Nations Unies, Commentaire article par article*, Paris, Economica, 3rd. ed., 2005, 287-312, p. 288.

120 A. Verdross, "Les principes généraux de droit dans le système des sources du droit international public", in *Recueil d'études de droit international en hommage à Paul Guggenheim*, Geneva, IUHEI, 1968, p. 202.

121 J. Pauwelyn, *Conflict of Norms in Public International Law – How WTO Law relates to other Rules of International Law*, Cambridge University Press, 2003, pp. 125-126.

direito ocidental -, como fundamento para o estabelecimento de obrigações a terceiros.[122] Em seguida, há os princípios que decorrem da própria lógica do Direito. Inseridos no mesmo plano de existência da primeira tipologia mencionada (meta-princípios), essa categoria se distingue pela natureza essencialmente técnica. Esse é o caso de regras tradicionais de solução de antinomia jurídica (*lex superior*, *lex posterior* e *lex specialis*) ou princípios de equidade (*ex aequo et bono*).[123] São cânones utilizados em processos de interpretação jurídica, que se caracterizam não por seu caráter absoluto, mas por serem ferramentas no processo de decisão sobre normas em conflito. Por fim, surgem os princípios materiais do direito internacional geral propriamente ditos,[124] categoria em que se enquadram vários dos dispositivos do art. 4º da Constituição. Órgãos jurisdicionais internacionais têm interpretado a produção dessas normas como resultado de processo indutivo de outras normas positivas do direito internacional (tratados e costume internacional).[125] Essa última categoria, que nos interessa em particular, será analisada mais detidamente a seguir.

Os Princípios Fundamentais do Direito Internacional Público

Os chamados princípios fundamentais do direito internacional público têm papel central no sistema internacional contemporâneo. Além de cumprir relevante papel na interpretação e na integração do direito internacional geral, esses princípios formam a pedra angular do ordenamento jurídico internacional.[126] Eles oferecem tanto marcos jurídicos positivos e obrigatórios para os Estados, quanto plataforma normativa para a progressiva codificação do *corpus iuris*.[127] A generalidade e a amplitude de escopo de aplicação lhes

---

122 Pauwelyn concorda que os direitos humanos são um exemplo de princípio recepcionado pelo direito internacional. No entendimento do autor, porém, tais normas se enquadram na terceira categoria de princípios desenvolvidos pelo direito internacional positivo (convencional e consuetudinário).

123 Utilizam-se, por exemplo, em controvérsias internacionais relativas a limites pelo direito do mar.

124 A. A. Cançado Trindade, *supra* nota 20, p. 95.

125 J. Pauwelyn, *supra* nota 121, p. 126.

126 Até mesmo um realista como Kissinger os reconhece como "a set of commonly accepted rules that define the limits of permissible action, and a balance of power that enforces restraint when rules break down, preventing one political unit from subjugating all others." Henry Kissinger, *World Order*, New York, Penguin Books, 2014, p. 9.

127 A. A. Cançado Trindade, *supra* nota 20, p. 85.

permitem funcionar como base normativa sobre a qual se imbricam outras normas de caráter especial oriundas da contínua produção consuetudinária e convencional. Contribuem, ademais, à expansão dos horizontes de gênese normativa para além do paradigma do positivismo estrito, consubstanciado nas noções de consentimento expresso e autolimitação do poder soberano dos Estados.[128]

Curiosamente, a atenção conferida ao estudo dos princípios na ordem constitucional contrasta com a pouca importância dada atualmente à "principiologia" pela doutrina internacionalista. A progressiva expansão material do direito internacional em anos recentes não tem sido acompanhada pelo interesse doutrinário quanto à função e ao papel dos princípios fundamentais no direito internacional público.[129] Essa diferença se explica em parte pelo fato de, em âmbito doméstico, os princípios constitucionais representarem não só fundamento axiológico da ordem jurídica, mas também normas hierarquicamente superiores às demais para efeitos de validade e aplicação. Já no direito internacional, esse exame passa por regras igualmente válidas aos princípios estabelecidos de forma genérica, como na Convenção de Viena sobre o Direitos dos Tratados, de 1969, ou específica, como na Carta das Nações Unidas.

Antes da Carta das Nações Unidas, o tema suscitou debate importante entre internacionalistas tanto no exterior,[130] quanto no Brasil.[131] Nas décadas seguintes à II Guerra, o assunto voltou a atrair atenção doutrinária, com ápice nos anos imediatamente anteriores e posteriores à Declaração de 1970.[132] Mais

---

[128] Brierly já antevia essa função expansionista para os princípios do direito internacional. J. Brierly, *The Law of Nations*, Oxford, Clarendon Press, 1963, p. 63. *Per contra*, cf. W. Czaplinsky & G. Danilenko, 'Conflicts of Norms in International Law', (1990) 21 *Netherlands Yearbook of International Law*, p. 6.

[129] A. A. Cançado Trindade, *supra* nota 20, p. 95.

[130] A. Álvarez, *Exposé de motifs et Déclaration des grands principes du droit international moderne*, 2nd ed., Paris, Eds. internationales, 1938, pp. 8-9, 16-23, 27 e 51; Ch. Rousseau, *Principes généraux du droit international public*, Vol. I, Paris, Pedone, 1944; G. Scelle, *Précis de droit des gens — principes et systématique*, Paris, Rec. Sirey, 1934.

[131] L. Rodrigues Pereyra, *Princípios de Direito Internacional*, Vols. I e II, Rio de Janeiro, J. Ribeiro dos Santos Ed., 1902 e 1903; C. Bevilaqua, *Direito Público Internacional* (A Synthese dos Princípios e a Contribuição do Brasil), Rio de Janeiro, Livr. Fr. Alves, 1911.

[132] Bin Cheng, *General Principles of Law as Applied by International Courts and Tribunals*, London, Stevens, 1953; H. Rolin, "Les principes de droit international public", 77 *R.C.A.D.I.* (1950), pp. 309-479; G. Schwarzenberger, "The Fundamental Principles of International Law", 87 *R.C.A.D.I.* (1955), pp. 195-385; P. Guggenheim, "Les principes de

recentemente, o tema tem sido objeto de estudos esporádicos na doutrina[133] e as referências em casos tramitando junto a instâncias jurisdicionais têm sido orientadas em sentido específico, enquanto marcos fundamentais e interpretativos *ratione materiae*.[134] Já na prática dos Estados, os princípios da Carta são muitas vezes negligenciados no tratamento de problemas centrais da realidade internacional. O desapego aos princípios fundamentais do direito internacional parece estar diretamente associado à própria incapacidade de instâncias multilaterais em lidar de forma tempestiva e adequada com temas urgentes da agenda internacional. Esse é o caso do recurso unilateral à força como meio para prevenir ou interromper graves violações de direito humanos, ou mesmo das dificuldades em reformar a composição dos principais órgãos do sistema multilateral em linha com o princípio de igualdade entre as nações. Agrega-se, ainda, a criação de regimes específicos e sobrepostos cuja inter-relação é potencialmente antinômica.[135] A conseqüência mais visível, da perspectiva jurídica, é a debilidade do direito internacional como sistema regulador de condutas.

---

droit international public", 80 *R.C.A.D.I.* (1952), pp. 5-189; Ch. Rousseau, "Principes de droit international public", 93 *R.C.A.D.I.* (1958), pp. 369-549; M. Sørensen, "Principes de droit international public", 101 *R.C.A.D.I.* (1960), pp. 1-251; R. Y. Jennings, "General Course on Principles of International Law", 121 *R.C.A.D.I.* (1967), pp. 327-600; L. Delbez, *Les principes généraux du droit international public*, 3ème ed., Paris, LGDJ, 1964; M. Virally, "Le rôle des 'principes' dans le développement du droit international", *Recueil d'études de droit international en hommage à Paul Guggenheim*, Geneva, IUHEI, 1968, pp. 531-554; B. Vitanyi, "La signification de la 'généralité' des principes de droit", 80 *Revue générale de droit international public* (1976), pp. 536-545.

133 I. Brownlie, *Principles of Public International Law*, 6th ed., Oxford, Clarendon Press, 2003; A. A. Cançado Trindade, *Princípios do Direito Internacional Contemporâneo*, Brasilia, Edit. Universidade de Brasília, 1981, p. 246; e G. Abi-Saab, "Cours général de droit international public", 207 *R.C.A.D.I.* (1987), pp. 328-416.

134 Cf. M. Lachs, "Le vingt-cinquième anniversaire du traité régissant les principes du droit de l'espace extra-atmosphérique, 1967-1992", 184 *Revue française de droit aérien et spatial* (1992), No. 4, pp. 365-373, pp. 370 e 372. O recurso aos princípios fundamentais tem ocorrido, sobretudo, em sistemas de solução de controvérsias especializados, como na OMC.

135 A adoção da Declaração de Direitos Humanos pela Associação das Nações do Sudeste Asiático (ASEAN), por exemplo, gerou receios quanto à diminuição de padrões universais à luz da Declaração Universal de 1948. Essa preocupação levou o Comitê de Coordenação dos Procedimentos Especiais do CDH a enviar missiva à ASEAN, em que se assinalava: "it is imperative that, as a minimum, ASEAN's landmark human rights instrument maintains international standards to complement the work of the UN human rights system", bem como a necessidade de que a Declaração da ASEAN reafirmasse "the duty of States to promote and protect all human rights and fundamental freedoms regardless

Mas o eventual desrespeito dos princípios fundamentais do direito internacional pelos Estados não deve levar à conclusão de que se esteja diante de um processo de derrogação de natureza consuetudinária desses princípios, como resultado de práticas contrárias às prescrições normativas. A violação de uma norma significa apenas o potencial surgimento de uma relação causal entre ato e dano, gerando responsabilidade internacional.[136] Essa constatação não permite concluir pela derrogação de princípios. Pelo contrário, realça a necessidade de fortalecer o sistema e assim promover a eficácia normativa do *ius gentium*. Os próprios princípios exercem função fundamental de integração da ordem jurídica internacional. É dessa forma que a ordem jurídica jurisdicional terá a capacidade de canalizar interesses juridicamente protegidos de forma universal e compulsória. Nos termos do preâmbulo da Carta das Nações Unidas, a aceitação de princípios pelos Estados representa o fundamento da ordem jurídica internacional.[137]

Função dos Princípios Fundamentais no Direito Internacional Público

Se no plano interno não parece haver dúvidas quanto às funções hierárquicas dos princípios constitucionais em relação à legislação infraconstitucional, o mesmo não se observa no plano internacional. Em sistema caracterizado por relações de cooperação[138] e de coordenação[139] entre entes soberanos, a gênese normativa depende primariamente do consentimento dos Estados. Um dos

of their particular political, economic and cultural systems - one of the key principles of the Vienna Declaration and Programme of Action" (http://www.ohchr.org/Documents/HRBodies/SP/LetterASEAN_Nov2012.doc).

[136] A. A. Cançado Trindade, *supra* nota 20, p. 110.

[137] Com o objetivo de realizar os fins da organização, o preâmbulo estabelece que os Estados concordam em "unir as nossas forças para manter a paz e a segurança internacionais, e a garantir, pela aceitação de princípios e a instituição dos métodos, que a força armada não será usada a não ser no interesse comum".

[138] J. Pauwelyn, *supra* nota 121, p. 17.

[139] Ch. Rousseau, 'De la compatibilité des normes juridiques contradictoires dans l'ordre international', (1932) 39 *Revue Générale de Droit International Public*, pp. 150-151. Cf. também J.-A. Salmon, 'Les antinomies en droit international public', in Ch. Perelman (ed.), *Les antinomies en droit*, Bruxelles, Bruylant, p. 289; e Christina Voigt, *Sustainable Development as a Principle of International Law - Resolving Conflicts between Climate Measures and WTO Law*, Leiden, Martinus Nijhoff Publishers, 2009, p. 195.

reflexos desse processo de produção normativa, fragmentado por definição,[140] é a dificuldade em determinar a sobreposição entre duas normas igualmente válidas. Antinomias podem surgir entre normas pertencentes a regimes diferentes, mas não obstante aplicáveis como proibições, comandos ou permissões contraditórios a uma mesma situação juridicamente regulada.[141] O mesmo objeto pode ser tratado com corolários lógico-jurídicos distintos,[142] senão conflitivos, por domínios e sujeitos diferentes de *ius gentium*.[143] O crescente papel das organizações internacionais, com composições diferentes de Estados Membros, contribui para a expansão do universo normativo do direito internacional, mas aumenta o potencial de normas conflitivas.[144] E, vale lembrar novamente, todo esse processo tem lugar no bojo de um sistema jurídico carente de autoridade que concentre ou ao menos coordene as funções legislativa e jurisdicional compulsória.[145] Em uma controvérsia internacional, pode-se chegar a uma situação hipotética na qual um Estado é capaz de invocar dispositivo válido de um regime específico a seu favor enquanto a contraparte poderá alegar norma contrária retirada de outro regime, porém igualmente válido e obrigatório *inter partes*.[146] Vejam-se, por exemplo, os conflitos potenciais que podem emergir entre regras do direito internacional ambiental e do direito do comércio internacional, do direito de imunidades diplomáticas e do direito internacional dos direitos humanos, de regras de propriedade intelectual e do

---

[140] O maior problema desse processo é a suposição de que haveria "self-contained islands" no direito internacional geral. Cf. "Fragmentation of International Law: Difficulties Arising from the Diversification and Expansion of International Law", *Report of the ILC on the works of its fifty-fifth session*, A/CN.4/L.644, Chapter X, 2003. Cf. também C. Voigt, *supra* nota 149, pp. 557-558.

[141] J. Pauwelyn, *supra* nota 121, p. 90.

[142] Sobre a noção de "self-contained regimes", cf. S. Krasner, *International Regimes*, Ithaca, London, Cornell University Press, 1983.

[143] Em vários desses casos, o critério *lex specialis* não é apropriado para solucionar antinomias porque "today the typical conflict between norms is, indeed, that between norms deriving from different treaty-based systems." J J. Pauwelyn, *supra* nota 121, p. 18.

[144] Com relação ao potencial a ser explorado na área de consultas entre diferentes organizações internacionais, veja-se o *Administrative Committee on Co-ordination of the United Nations and the Specialized Agencies*.

[145] C. W. Jenks, 'The Conflict of Law-Making Treaties', (1953) 30 *BYIL*, p. 401.

[146] "On se trouve donc en présence de réseaux d'accords quasi universels, nord-atlantique, européens, intéraméricains, moyen-orientaux, etc (...), qui s'entrecoupent et se superposent." J.-A. Salmon, *supra* nota 139, p. 305.

direito à saúde, de regras protetivas dos direitos da criança e do livre comércio, ou ainda dos direitos humanos e de obrigações comerciais em matéria de venda de armamentos.[147] O elemento comum, em cada um desses casos, é que a ausência de relações de hierarquia formal entre os regimes prejudica o recurso aos princípios fundamentais do direito internacional geral quando comparados com as funções desempenhadas por essas mesmas normas no plano constitucional doméstico.

Há autores, porém, que sustentam que os princípios se encontram em posição hierarquicamente superior na estrutura do direito internacional. Alegam, em perspectiva metapositiva, que os princípios encerram valores fundamentais para a comunidade internacional e que, por essa razão, revestem-se de grau hierárquico implícito (não escrito). Conseqüentemente, haveria ordem hierárquica entre as fontes enumeradas pelo artigo 38 do Estatuto da CIJ, na qual os princípios gerais teriam *status* superior às demais normas convencionais e consuetudinárias.[148] Há que se fazer, nesse ponto, distinção entre a hipótese de prevalência dos chamados princípios gerais do direito e a hipótese de prevalência dos princípios fundamentais do direito internacional. Quanto à primeira, a regra de prevalência aplicável na relação entre princípios gerais do direito e demais normas gerais (convencionais ou consuetudinárias) é no sentido inverso, isto é, aplica-se, pelo critério de especialidade, a norma positiva no caso de antinomia com um princípio geral do direito.[149] Isso ocorre, sobretudo, em se tratando de princípios gerais do direito cuja função no direito internacional é essencialmente secundária, isto é, impõem obrigações e

---

[147] Ao lidar com essa área cinzenta na Conferência de Viena, Sinclair argüiu que a noção de "same subject-matter" deveria ser interpretada de maneira estrita. Ele alegava não haver conflito genuíno (*generalia specialibus non derogant*) quando disposições de caráter geral se sobrepoem apenas indiretamente em relação a uma mesma matéria regulada de forma específica por outra norma. *Official Records of the Vienna Conference*, vol. 2, p. 222, mencionado por J. Pauwelyn, *supra* nota 121, p. 364. Com mais pragmatismo, Vierdag aduzia que, enquanto a determinação da sobreposição material pode ser difícil em termos abstratos, ela pode mostrar-se relativamente simples em casos concretos. E.W. Vierdag, 'The Time of the "Conclusion" of a Multilateral Treaty: Art. 30 of the Vienna Convention on the Law of Treaties and Related Provisions', (1989) 60 *BYIL*, p. 100.

[148] B. Cheng, *supra* nota 142, p. 393. Para muitos internacionalistas, esse seria o caso de princípios de caráter imperativo (*ius cogens*). Cf. A. A. Cançado Trindade, *supra* nota 20, pp. 96-97.

[149] J. Pauwelyn, *supra* nota 121, p. 128.

criam direitos por meio de outras normas primárias.[150] Podem, assim, ser consideradas normas secundárias, na medida em que servem como base para a ampliação do direito material, e normas primárias, enquanto fontes de direitos e obrigações específicas no direito internacional.[151] Esse é o caso, por exemplo, das regras relacionadas ao direito dos tratados, do regime de responsabilidade internacional, das regras de prevalência (meta-princípios) e de solução pacífica de controvérsias.[152] Se uma manifestação de vontade por meio de tratado ou de costume posterior modificou, ainda que parcialmente, regra anterior de caráter geral, chega-se, por silogismo, que a regra especial e posterior terá validade, à exceção de vício na expressão da vontade ou de derrogação de norma imperativa (situação em que prevalecerá, em relação normativa horizontal e não vertical, o regime de *ius cogens*).[153] Essa é a interpretação majoritária na jurisprudência e[154] na doutrina.[155]

---

[150] No que toca às fontes do direito internacional, os princípios materiais são, em geral, tanto princípios gerais do direito, nos termos do artigo 38 (1) (c), quanto normas positivas de natureza convencional ou consuetudinária, à luz das alíneas (a) e (b) do mesmo dispositivo do Estatuto da CIJ. Essa espécie de princípios detém, na lição de Hart, tanto a função de normas secundárias quanto de normas primárias no direito internacional. João Ernesto Christófolo, *Solving antinomies between peremptory norms in public international law*, Zürich, Schulthess Verlag (Collection Genevoise), 2016.

[151] Por essa razão, a regra *lex specialis* não funciona necessariamente como regra de solução de antinomias em circunstâncias que envolvam princípios materiais do direito internacional.

[152] Os princípios gerais do direito têm função de direito supletivo (*droit supplétif*), cuja aplicação se dá quando o direito convencional ou consuetudinário silencia ou é ambíguo quanto à aplicação da matéria regulada. Mas diante de um conflito entre um princípio geral (norma secundária) e uma norma específica prevista em tratado internacional ou estabelecida por meio de costume, esta última deverá prevalecer à luz da meta-regra de especialidade (*lex specialis*). J. Pauwelyn, *supra* nota 121, p. 129.

[153] Na formulação de R. Kolb, o regime de *ius cogens* é uma exceção ao critério de especialidade que poderia ser descrito como *lex specialis non derogat generali*. R. Kolb, *Théorie du ius cogens international, Essai de relecture du* concept, Presses Universitaires de France, 2011.

[154] No caso *Right of Passage*, a CIJ reconheceu o direito de passagem no território indiano como regra de natureza consuetudinária entre Índia e Portugal. A CIJ afirmou que "such a particular practice must prevail over general rules". *Case concerning Right of Passage over Indian Territory* (Merits), Judgment of 12 April 1960: I.C.J. Reports 1960, p. 40.

[155] M. Akehurst, 'The Hierarchy of the Sources of International Law' (1974-75) 47 *BYIL*, p. 279; Nguyen Quoc Dinh, *Droit International Public*, 2e éd. (revue et augmentée par P. Daillier et A. Pellet), Paris, LGDJ, 1980, paras. 60. e 220; e H. Mosler, 'General Principles of Law', in R. Bernhardt (ed.), *Encyclopedia of Public International Law*, Amsterdam, North-Holland, 1984, VII, p. 97.

Para além da discussão sobre a existência de hierarquia no direito internacional,[156] os princípios fundamentais inscritos na Carta das Nações Unidas terão, por efeito de aplicação da regra de prioridade estabelecida pelo art. 103, prevalência em face de qualquer outra norma de direito convencional ou consuetudinário.[157] O regime estabelecido pelos arts. 102 e 103 funciona como cláusula de compatibilidade definida em termos de precedência e de não oponibilidade na relação entre as obrigações da Carta e direitos e obrigações estabelecidos por outros instrumentos convencionais que tratem da mesma material (*ratione materiae*).[158] Como conseqüência, os Estados não podem argüir obrigações de outras fontes normativas como justificativas aceitáveis para não observar as obrigações decorrentes dos regimes da Carta, a exemplo de resoluções do Conselho de Segurança, nos termos dos artigos 24 (1) e 25.[159] Ao criar relação de precedência, o artigo 103 instituiu regime para solucionar antinomias entre normas do direito internacional e as obrigações sob a Carta.[160] Esse dispositivo[161] estabelece a prioridade de um tratado – a Carta - sobre acordos

---

156 A fórmula do art. 38 "expresses different degrees of clarity and specialty of norms originating from different sources." W. Czaplinsky & G. Danilenko, *supra* nota 128, p. 7.

157 Nos termos do artigo 103 da Carta, "no caso de conflito entre as obrigações dos Membros das Nações Unidas, em virtude da presente Carta e as obrigações resultantes de qualquer outro acordo internacional, prevalecerão as obrigações assumidas em virtude da presente Carta".

158 "Article 103 is a compatibility (priority) clause, and does not designate the Charter as a superior law". W. Czaplinsky & G. Danilenko, *supra* nota 128, pp. 16-17. Para Virally, o art. 103 pode ter definido a natureza constitucional da Carta não em termos de hierarquia formal ou material, mas de hierarquia limitada à inter-relação entre instrumentos convencionais. M. Virally, 'Reflexions sur le "jus cogens"', (1966) 12 *Annuaire français de droit international*, p. 27.

159 A CDI "viewed article 103, like similar provisions found in certain ther treaties, as directed to establishing the priority of the obligations of Members under the Charter rather than the invalidity of treaty clauses incompatible with those obligations." YbILC, 1963-II, p. 24. Mas alguns autores sustentam que a distinção entre hierarquia e não oponibilidade é de pouca relevância em vista do escopo universal de aplicação da Carta. E. Schwelb, 'Some Aspects of International *Jus Cogens* as formulated by the International Law Commission,' (1967) 61 *AJIL*, p. 959.

160 Para cláusulas explícitas de antinomia no direito internacional, cf. J. Pauwelyn, *supra* nota 121, pp. 172-174.

161 Podem-se mencionar as respectivas cláusulas das Convenção de Genebra de 1949.

futuros no direito internacional.[162] Ao reproduzir a mesma lógica estabelecida pelo art. 20 do Pacto da Liga das Nações de 1919,[163] o art. 103 prescreve, em termos explícitos e inequívocos, a prevalência das obrigações oriundas da Carta no evento de conflito normativo com obrigações "under any other international agreement".[164] O art. 30 (1) da Convenção de Viena de 1969 reforçou essa regra ao reconhecer o art. 103 como exceção à regra de *lex posterior* ("the rights and obligations of States parties to successive treaties").[165]

Essas características induziram muitos autores ao equívoco de confundir as funções do art. 103 com o regime de *ius cogens*, ao advogarem a tese de que as normas da Carta teriam hierarquia superior à de outros dispositivos convencionais ou consuetudinários.[166] O regime do art. 103 estaria associado

---

162 Para interpretação do art. 103 da Carta da ONU como regra específica de *lex superior*, cf. C. W. Jenks, *supra* nota 145, pp. 436-442; e J.-A. Salmon, *supra* nota 139, pp. 291-292.

163 "Article 20 - The Members of the League severally agree that this Covenant is accepted as abrogating all obligations or understandings inter se which are inconsistent with the terms thereof, and solemnly undertake that they will not hereafter enter into any engagements inconsistent with the terms thereof."

164 A regra de prioridade estabelecida pelo art. 103 aplica-se para tratados anteriores (efeitos *ex tunc*) e posteriores (*ex nunc*), bem como a direitos e obrigações de outras fontes, como o direito consuetudinário.

165 A regra de prioridade estabelecida pelo art. 103 se aplica não só aos dispositivos da Carta, como também aos regimes jurídicos dela resultantes, como resoluções do CSNU e decisões da CIJ. Nos casos Lockerbie, a CIJ reconheceu a obrigação de aceitar e executar as decisões do CSNU nos termos do art. 25 no caso de um conflito com dispositivos de outros tratados internacionais. A CIJ rejeitou ainda as alegações apresentadas pela Líbia de que os dispositivos da Convenção de Montreal de 1971 deveriam prevalecer sobre a Carta como *lex posterior* e *lex specialis*, e sentenciou que a regra de prioridade do art. 103 prevalece sobre outras regras de solução de antinomia, como *lex posterior* e *lex specialis*. *Questions of Interpretation and Application of the 1971 Montreal Convention arisingfrom the Aerial Incident at Lockerbie* (Libyan Arab Jamahiriya v. United States ofAmerica), Provisional Measures, Order of 14 April1992, I.C.J. Reports 1992, para. 42, p. 126.

166 E. Suy, 'The Concept of *Jus Cogens* in Public International Law,' in *The Concept of Jus Cogens in International Law*, 2 Lagonissi Conference on International Law, 3–8 April 1966, Geneva, IUHEI, 1967, pp. 72-3. "L'introduction la plus nette du principe de hiérarchie, justifié par le caractère constitutionnel de l'acte, se trouve dans le Pacte de la Société des Nations et dans la Charte des Nations Unies." J.-A. Salmon, *supra* nota 139, p. 291. Cf. tb. E. Schwelb, *supra* nota 159, pp. 957-959. Na CDI, porém, prevaleceu a posição de Ago de que nem todas as normas da Carta detêm caráter de norma imperativa, nem a Carta tem o "monopólio" de criar normas de *ius cogens*. Cf A. von Verdross, 'Jus Dispositivum and Jus Cogens in International Law,' (1966) 60 *AJIL*, p. 60; e B. Conforti, *Diritto* internazionale, 4ed. Napoli, Ed. Scientifica, 1992, pp. 181-184.

a uma hierarquia normativa de caráter imperativo (*ius cogens*) baseado em relação de precedência[167] estabelecida voluntariamente pelos Estados. Nessa ordem de idéias, o argumento de que o artigo 103 só teria efeitos vinculantes sobre os membros das Nações Unidas seria inútil ou ineficaz, na medida em que o alcance universal da ONU implicaria, na prática, hierarquia entre os dispositivos da Carta e outras obrigações convencionais. O art. 103 seria, nessa lógica, exemplo concreto de direito imperativo (*ius cogens*), potencialmente sua norma mais importante.[168] Mas essa visão é incorreta. Descrever o regime estabelecido pela Carta em termos de uma hierarquia implícita no direito internacional significa reconhecer funções derrogatórias ao universo normativo da Carta.[169] No entanto, seus efeitos limitam-se a garantir que, no caso de antinomia, as obrigações da Carta prevaleçam sobre aquelas provenientes de outros tratados.[170] *In extremis*, a própria Carta e seus regimes jurídicos (resoluções do CSNU, por exemplo) estão sujeitos ao regime jurídico de *ius cogens*.[171] O art. 103 não implica a natureza imperativa da Carta como um todo na medida em que não enseja a nulidade de normas antinômicas, mas simplesmente um regime de solução de antinomias entre obrigações da Carta e as estabelecidas sob outros instrumentos. Ao invés de norma hierarquicamente superior, o art. 103

---

167 Na CDI, El-Erian afirmou que o art. 103 da Carta teria estabelecido claramente a supremacia dos dispositivos da Carta sobre quaisquer outros acordos internacionais subscritos pelos Estados Membros da ONU. *YbILC*, 1963-I, p. 17. Cf. também. B. Conforti, *supra* nota 166; e E. Schwelb, *supra* nota 159, p. 957.

168 Para Suy, a restrição imposta pelo art. 102 (2) era exemplo do regime de *ius cogens*, em que pese não ensejar a nulidade. E. Suy, *supra* nota 166, p. 65. Por sua vez, a regra de precedência estabelecida pelo Artigo 103 levou MacNair a sustentar que os Estados Membros não poderiam contrair obrigações contrárias à Carta da ONU, e que qualquer tratado dessa natureza deveria ser declarado nulo por efeito do regime de *ius cogens*. A.D. McNair, *The Law of Treaties*, Oxford, Oxford University Press, 1961, p. 217.

169 J. Sztucki, *Jus cogens and the Vienna Convention on the Law of Treaties*, Wien - New York, 1974, p. 29. Cf. também Gerald Fitzmaurice, Third Report on the Law of Treaties, *YbILC*, 1958-II, p. 43; e Waldock, Second Report on the Law of Treaties, *YbILC*, 1963-II, pp. 55-56.

170 "Article 30 - Application of successive treaties relating to the same subject matter - 1. Subject to Article 103 of the Charter of the United Nations, the rights and obligations of States Parties to successive treaties relating to the same subject matter shall be determined in accordance with the following paragraphs".

171 O regime do art. 103 sujeita-se à liberdade contratual dos Estados, pois a Carta pode ser objeto de emendas ou modificações. A validade de tais acordos estaria, de qualquer forma, sujeita ao regime do *ius cogens*.

é regra de precedência,[172] embora se crie uma hierarquia no âmbito do direito das organizações internacionais, em particular das Nações Unidas.[173] Dada a ausência de hierarquia positiva inequívoca entre as normas de *ius gentium*, a função primária dos princípios fundamentais do direito internacional reside em suas capacidades de integração e de interpretação normativa para o sistema como um todo.[174] Haverá, porém, sempre prevalência horizontal daqueles princípios que possam ser reconduzidos materialmente à Carta, em linha com a regra de prioridade estabelecida pelo art. 103. Esse é o caso de vários dos princípios constitucionais de relações internacionais, como se verá a seguir.

Conceito de Princípios Constitucionais de Relações Internacionais

Em vista do exame anterior, resta estabelecer uma definição própria ao conceito de princípios constitucionais de relações internacionais. Essa tarefa supõe realçar os elementos caraterísticos desse tipo normativo por meio de uma síntese hermenêutica dos conceitos de princípio obtidos nas demais searas das Ciências Jurídicas. Como não poderia deixar de ser, o ponto de partida é o art. 4º da Lei Fundamental. Sua inserção entre os Princípios Fundamentais do Título I da Constituição determina sua normatividade e natureza formal, a saber, seu *status* constitucional em face de outras normas igualmente válidas, como os tratados internacionais ratificados e internalizados no ordenamento que concorrem para densificar materialmente os princípios constitucionais de relações internacionais.

A análise do art. 4º da Constituição permite verificar, em primeiro lugar, que o objeto regulado são as condutas da "República Federativa do Brasil". Não se trata, portanto, da União enquanto ente federativo no direito interno, mas

---

172 J. Pauwelyn, *supra* nota 121, pp. 337-338. Orakhelashvili distingue a hierarquia do *ius cogens* de outros regimes, como o art. 103. A. Orakhelashvili, *Peremptory Norms in International Law*, Oxford University Press, 2006, pp. 7-8.

173 "Sur le plan des Nations Unies (...) les différences entre non-opposabilité et nullité se réduisent en pratique à fort peu de chose", R. Kolb, *supra* nota 153, p. 129. Uma alegada hierarquia introduzida pelo Artigo 103 resultaria no "divórcio" entre dois elementes essenciais do conceito de normas imperativas: inderrogabilidade e nulidade. *Idem*, p. 135. Cf. também A. Orakhelashvili, *supra* nota 172, p. 7.

174 A. A. Cançado Trindade, *supra* nota 20, pp. 96-97. Cf. também C. Wilfred Jenks, *The Common Law of Mankind*, London, Stevens, 1958, pp. 120-121.

do Brasil enquanto sujeito de direito internacional público. É a partir dessa constatação que se devem interpretar as competências concentradas na figura do chefe do Poder Executivo em matéria de política exterior, prática também observada na quase totalidade de países com regime republicano e sistema presidencialista.[175] Resguardadas as competências previstas na legislação brasileira, os princípios constitucionais de relações internacionais balizam as ações da Presidência da República e, em especial, do Ministério das Relações Exteriores como o ente que executa a ação e vocaliza a opinião do País no exterior.[176]

Em segundo lugar e de maneira intimamente associada ao comentário anterior, a circunscrição, pelo constituinte, do objeto regulado por essas normas às condutas do Brasil em suas relações internacionais significa que o plano de realização dos fins almejados pelo legislador é o exterior. Isso importa dizer que os comportamentos necessários à consecução do estado ideal de coisas prescrito pelos princípios constitucionais se dão no bojo das relações mantidas pelo Brasil no plano internacional. Os princípios constitucionais de relações internacionais regulam, assim, as condutas do Brasil em suas relações com outros sujeitos de direito internacional público, aí incluídos Estados, organizações internacionais, territórios aduaneiros e indivíduos, tanto nacionais quanto estrangeiros.

Por fim, as normas que objetivamente regulam a ação do Brasil no exterior, ao menos em relação ao universo definido pelo art. 4º, são princípios materialmente do direito internacional público. É do direito das gentes de onde se devem retirar os respectivos subprincípios e regras que densificam cada um dos incisos enumerados no dispositivo constitucional. Como interface formal e material entre o direito interno e o direito internacional, o artigo 4º pressupõe a superação da dicotomia entre monismo e dualismo jurídico,[177] na medida em que consagra a abertura da lei fundamental – e, por conseguinte, do

---

[175] "As normas de competência comportam, muitaz vezes, um conteúdo material que diz respeito não só ao dever de garantir a competência constitucionalmente fixada, mas também à própria razão de ser da delimitação da competência". J.J. Gomes Canotilho, *supra* nota 83, pp. 181-182.

[176] "O art. 4º representa um marco normativo a partir do qual o Executivo, no exercício de suas competências, traduz os interesses nacionais em ação diplomática do país, individualizando sua realização à luz da conjuntura internacional". Celso Lafer, *supra* nota 1, pp. 144-115.

[177] Deve-se superar a dicotomia entre dualismo e monismo jurídico. A tendência majoritária na doutrina tem sido a aceitação da abertura do ordenamento doméstico ao direito internacional não mais sobre as premissas de uma suposta prevalência de um sobre o outro, mas sim de influência contínua e recíproca.

ordenamento interno em relação a essa janela normativa específica - ao direito internacional.[178]

Generalidade, Abstração e Indeterminação

A exemplo do que ocorre com os princípios jurídicos em geral, os princípios constitucionais de relações internacionais caracterizam-se pelas propriedades de generalidade, abstração e indeterminação quando comparados com outras normas jurídicas. A análise individual desses dispositivos indica também a existência de graus diversos de abertura normativa, o que traz implicações para a regulação mediata ou imediata de relações jurídicas por cada um desses princípios. De um lado, há dispositivos de textura manifestamente aberta, isto é, de pouca densidade normativa aparente em sua formulação no texto constitucional ("prevalência dos direitos humanos" e "defesa da paz", por exemplo); de outro, há princípios cuja densificação normativa em subprincípios e regras é mais evidente, pois correspondem *prima facie* a normas positivadas na ordem jurídica internacional (solução pacífica de controvérsias, autodeterminação dos povos e não-intervenção, por exemplo). Há também princípios quase carentes de densificação jurídica imediata, como o repúdio ao terrorismo e ao racismo, os quais, embora comandos objetivos (dever de expressar repúdio), têm aplicação sujeita a interpretações distintas *in concreto*. Por fim, há norma que não é princípio, mas objetivo político: a "formação de uma comunidade latino-americana de nações",[179] razão pela qual não será tratada no presente estudo.

Em que pesem esses matizes, o elemento comum aos princípios do art. 4º é o caráter finalístico (*state of affairs* ou *Idealzustand*). São normas que prescrevem um estado de coisas a ser perseguido por meio de determinados comportamentos que não são identificáveis *prima facie* na norma positiva.[180] Com base na tipologia funcional dos princípios constitucionais de relações

---

178 "La interdependencia internacional ha aumentado de manera notable en los últimos tiempos y todavía debe aumentar la recepción de contenidos internacionales en los documentos fundamentales". Pablo Lucas Verdú, *La Constitución Abierta y sus "enemigos"*, Madrid, Universidad Complutense e Ediciones Beramar, 1993, p. 26. Cf. Também Celso D. de Albuquerque Mello, *supra* nota 3, p. 6.

179 "Não é preceito, regra de conduta ou norma jurídica no sentido de algo que deve ser realizado". Celso D. de Albuquerque Mello, *supra* nota 3, p. 125.

180 Ao contrário de regras, os princípios não estabelecem "obrigações, permissões e proibições mediante a descrição da conduta a ser adotada". Humberto Ávila, *supra* nota 23, p. 71.

internacionais proposto por Brotons,[181] verifica-se que o constituinte brasileiro privilegiou normas que estimulam determinados comportamentos, em oposição ao que ocorria em constituições anteriores com proibições expressas, como a vedação à guerra de conquista.[182] A realização do estado ideal de coisas preconizado pelos princípios do art. 4º pressupõe graus distintos de efetividade à luz de cada caso concreto, em que se mesclam tanto elementos que compõem o interesse nacional quanto à própria conjuntura internacional na qual se dá a ação diplomática.[183] É possível retirar-lhes um sentido geral (teleológico) que funciona como comando abstrato e indeterminado.[184] Mas é difícil e muitas vezes até mesmo impossível determinar, com base apenas no texto constitucional, quais obrigações, direitos e proibições regulam situações específicas. Sua densificação normativa impõe o recurso ao exame de sua materialidade específica no direito internacional.

Normatividade dos Princípios Constitucionais de Relações Internacionais

Da perspectiva formal, os princípios constitucionais de relações internacionais se enquadram entre os "princípios político-constitucionais" que revelam decisões gerais e fundamentais tomadas pelo constituinte em relação à conformação do sistema jurídico brasileiro.[185] São "normas-princípio"[186] das

---

181 Antonio Remiro Brotons, *La acción exterior del Estado*, Madrid, Technos, 1984, pp. 93-103.

182 "Brotons identifica três funções básicas nas normas constitucionais de relações exteriores que não se vinculam propriamente à organização da gestão da política externa: a fixação de marcos normativos da gestão da política externa; o estabelecimento de limites para a política externa, em razão da expressa referência a proibições; e a formulação de estímulos voltados para o direcionamento da política externa em razão de determinados objetivos. A constitucionalização de princípios de relações exteriores viabiliza o controle político da ação externa do Estado pelo Poder Legislativo e o controle jurídico pelo Poder Judiciário". Pedro Dallari, *supra* nota 2, p. 17.

183 Celso Lafer, *supra* nota 1, p. 116.

184 "Separation of law from politics in the presentation of national or international problems is possible in so far as law is not an end in itself, but a means or, what amounts to the same, a specific social technique for the achievement of ends determined by politics". Hans Kelsen, *The Law of the United Nations (A Critical Analysis of its Fundamental Problems)*, New York, Frederick A. Praeger, Lawbook Exchange Edition, 2011, p. xxiii.

185 José Afonso da Silva, 'Os Princípios Constitucionais Fundamentais', *Revista do Tribunal Regional Federal 1a Região*, Brasília, v. 6, n. 4, p.17-22, out/dez 1994, pp. 18-19. Cf. também Pedro Dallari, *supra* nota 2, pp. 20-21.

186 Vezio Crisafulli, *La Constituzione e le Disposizioni di Principio*, Milano, Giuffrè, 1952, p. 38.

quais derivam normas particulares (subprincípios e regras) que regularão imediatamente as relações intersubjetivas da vida internacional do Brasil. Em consequência das características de generalidade, abstração e indeterminação, a exigibilidade de comportamentos hipoteticamente prescritos por esses princípios é proporcional ao grau de densificação dessas normas em subprincípios e regras desenvolvidas no direito internacional e recebidas pelo ordenamento doméstico.

Veja-se, por exemplo, o princípio de prevalência dos direitos humanos. A inserção dessa norma no rol dos demais princípios denota clara intenção política por parte do constituinte: indicar os direitos humanos como eixo fundamental sobre o qual se devem desenvolver as relações com outros sujeitos de direito internacional público. Concretamente, porém, sua objetividade reside em sua densificação em normas gerais do direito internacional, em especial o princípio de proteção e promoção dos direitos humanos, e, de forma ainda mais imediata, nas obrigações e faculdades do Brasil à luz dos diversos instrumentos convencionais dos quais o País é parte. A abertura textual desse princípio, embora não implique menor normatividade, requer sua densificação em subprincípios e regras objetivas e determináveis à luz tanto do desenvolvimento progressivo dessa matéria no plano externo quanto das obrigações assumidas pelo Estado brasileiro nas convenções internacionais que versam sobre o mesmo tema.

Os princípios do art. 4º revelam duas dimensões: um sentido teleológico a ser seguido no processo hermenêutico (dimensão constitutiva) e uma materialidade obtida por meio da densificação positiva do conteúdo normativo dessas normas (dimensão declarativa). A dimensão constitutiva indica o peso específico de um princípio para a compreensão da realidade internacional pela diplomacia brasileira. É aí que se revela a textura aberta dos princípios enquanto comandos genéricos e indeterminados,[187] o que se traduz, na prática, no grau de discricionariedade concedido ao operador diplomático no momento de sua aplicação. Lastreada formalmente em sua natureza de preceito jurídico positivado na Constituição Federal, a dimensão constitutiva reforça a função fundamentadora dos princípios no tocante à política exterior brasileira,[188] isto é,

---

187 "O art. 4º constitucionaliza princípios nesta matéria que são muito abrangentes". Celso Lafer, *supra* nota 1, p. 112.

188 Pedro Dallari, *supra* nota 2, p. 18.

sua referência jurídica fundamental.[189] A dimensão constitutiva significa que, enquanto princípios fundamentais, essas normas oferecem meio de interpretação e de integração do sistema jurídico. Elas repercutem necessariamente na interpretação dos demais princípios, cuja densidade normativa estará sujeita, no momento de sua aplicação, à análise teleológica sobre a medida de sua contribuição para aquele estado ideal de coisas.[190] A dimensão declarativa, a seu turno, é reveladora de quais normas específicas compõem o universo material de um determinado princípio constitucional de relações internacionais. Tomando-se como exemplo o princípio de autodeterminação, o caráter abstrato da dimensão constitutiva (capacidade de propugnar pelo fim do colonialismo e de ocupações estrangeiras) cede lugar a deveres objetivamente definidos (abster-se de qualquer ação coercitiva que prive povos não autogovernados do direito à autodeterminação).[191]

A questão central da normatividade dos princípios constitucionais de relações internacionais reside, assim, não apenas em saber se os princípios vinculam ou não as ações do Poder Executivo no plano externo,[192] mas sim em determinar quais são os comportamentos necessários para a realização do estado de coisas desejado à luz dos fins por eles estabelecidos, isto é, as regras densificadoras de cada princípio. O conceito de princípio constitucional de relações internacionais deve ir além de uma definição baseada exclusivamente nos critérios de generalidade, abstração e relevância axiológica. No caso do art. 4º, esse processo depende da densificação de cada princípio em subprincípios e regras que concretizam o significado normativo de princípios constitucio-

---

[189] Essa interpretação se alinha com a prática jurisprudencial em outros países. Em relação à aparente oposição entre generalidade e caráter recomendatório dos princípios, cite-se a interpretação dada pela Corte Européia de Justiça (CEJ), cujas funções assemelham-se a uma corte constitucional, sobre a função e o escopo normativo dos princípios. A CEJ declarou que "dans la langage du traité, cette expression est précisément utilisée pour marquer le caractère fondamental de certaines dispositions", de modo "qu'en atténuant cette notion, au point de la réduire au rang d'une indication vague, on toucherait ainsi indirectement aux fondements mêmes de la Communauté et à la cohérence de ses rélations extérieures." Caso *Defrenne*, ECJ, 8 April 1976, Case 43/75 [1976], ECR, p. 455, p. 475.

[190] José Afonso da Silva, *supra* nota 185, p. 21. Cf. também Jorge Miranda, *Manual de Direito Constitucional*, 2a ed., Coimbra, Coimbra Ed., 1993, t. II, p. 199.

[191] *Declaration on Principles of International Law Concerning Friendly Relations and Co-operation among States in accordance with the Charter of the United Nations*, G.A. res. 2625, Annex, 25 UN GAOR, Supp. (No. 28), U.N. Doc. A/5217 at 121 (1970).

[192] Pedro Dallari, *supra* nota 2, p. 154.

nalmente estruturantes. No presente estudo, essa premissa implica que a densificação de cada dispositivo do art. 4o seja analisado *prima facie* a partir de sua existência externa, não só segundo o direito internacional, como também a partir da análise da prática diplomática do Brasil enquanto sujeito de direito internacional público.

Densificação dos Princípios Constitucionais de Relações Internacionais

Superado a questão de normatividade dos princípios constitucionais de relações internacionais, cumpre estabelecer como se podem determinar, materialmente, os comportamentos necessários à realização do estado de coisas condizente com os fins almejados por cada uma dessas normas. Nesse processo de "densificação", a generalidade, a indeterminação e a abstração dos princípios dão lugar a vínculos objetivamente determináveis na ordem jurídica. Nessa tarefa, o primeiro a fazer é distinguir os princípios constitucionais dos demais princípios igualmente positivados na Constituição. Os princípios constitucionais de relações internacionais não são princípios gerais do Direito, nem princípios gerais do direito constitucional. Tanto no direito constitucional quanto no direito internacional, os princípios gerais do Direito são caracterizados como normas utilizadas para a integração do Direito, sob perspectiva metapositiva ou positiva.[193]

No âmbito formal da Constituição, os princípios de relações internacionais correspondem à categoria de "princípios político-constitucionais", dos quais se derivam outras normas (subprincípios e regras) que regularão imediatamente as condutas do Brasil na realidade internacional. Se, em termos formais, os princípios constitucionais encontram-se positivados na Lei Fundamental sob o Título de "princípios fundamentais", a densidade material necessária à sua normatividade por meio dos subprincípios e regras só será obtida a partir da análise da existência dessas normas no direito internacional. Somente a partir da articulação do direito doméstico com o direito internacional poder-se-á obter a densificação das diretivas vinculantes dos princípios constitucionais de

---

[193] Os princípios gerais do direito constitucional são deduzidos da realidade histórica-constitucional de cada povo, a exemplo dos princípios da supremacia das normas constitucionais, do federalismo, da autonomia dos entes federativos, do controle da constitucionalidade das leis e da independência entre os Poderes, entre outros. No plano material, no entanto, distinguem-se dos princípios constitucionais de relações internacionais, cujo desenvolvimento normativo deu-se no contexto das relações interestatais.

relações internacionais. No caso do art. 4º, esse processo é reconduzido ao direito internacional, de onde advém, no plano dogmático, a materialidade dessas normas.[194] Objetivamente falando, essas normas densificadoras consistem (i) nos tratados internacionais subscritos pelo Brasil, (ii) no desenvolvimento progressivo dessas normas no direito internacional consuetudinário e, finalmente, (iii) na maneira pela qual essas normas foram interpretadas e aplicadas na prática diplomática brasileira,[195] tendo presente as competências privativas do Poder Executivo nessa matéria.

Essa proposta teórica faz face também à questão da aplicabilidade das normas do direito internacional no ordenamento jurídico interno brasileiro. É majoritária a opinião de que normas do direito das gentes só têm eficácia e aplicabilidade na medida em que sejam internalizadas no direito doméstico. Se em relação aos tratados internacionais dos quais o Brasil é parte não parece haver qualquer dificuldade, o que dizer, no entanto, das demais fontes do direito internacional público, que igualmente concorrem para a densificação dos princípios de relações internacionais? Uma resposta para esse problema pode ser encontrada no Estatuto da CIJ e na Convenção de Viena sobre o Direito dos Tratados, os quais indicam, respectivamente, o rol de fontes e os modos de interpretação admitidos no direito internacional. Da perspectiva da aplicabilidade dessas normas no direito interno, a internalização desses instrumentos jurídicos abriu janela de acesso do ordenamento doméstico ao direito internacional, por meio da qual o progressivo desenvolvimento dessas normas pode ser acolhido pelo operador doméstico com a mesma eficácia e aplicabilidade das leis ordinárias vigentes no País.

Da perspectiva dogmática-constitucional, por conseguinte, a densificação do conteúdo normativo dos princípios enumerados pelo art. 4º, isto é, o universo de enunciados normativos específicos (subprincípios) cuja materialidade é de direito internacional, pode ser explicada com base em duas premissas. A primeira é que esses subprincípios e regras correspondem positivamente a disposições convencionais de tratados internacionais dos quais o Brasil é parte. A validade *prima facie* dessas normas na ordem jurídica brasileira é logicamente confirmada pela internalização de tratados internacionais, dos quais

---

[194] Celso D. de Albuquerque Mello, *supra* nota 3, p. 6.

[195] Essa proposta metodológica alinha-se com a lição de Ávila, que sugere várias diretrizes para a determinação dos comportamentos necessários à obtenção do estado ideal de coisas colimado pelos princípios. Cf. Humberto Ávila, *supra* nota 23, pp. 91-94.

os exemplos mais paradigmáticos são a Carta das Nações Unidas e o próprio Estatuto da CIJ, cujo art. 37 estabelece as fontes formais do direito internacional. No plano material, ao menos no que toca ao universo normativo correspondente aos subprincípios e regras densificadores do art. 4º, essas normas oriundas do direito internacional são recebidas pela ordem interna por meio dessa janela de abertura oferecida pela Constituição. Dessa forma é possível alcançar o significado concreto e o sentido tanto de princípios de textualidade aberta, como "prevalência dos direitos humanos" e "defesa da paz", como de outros mais explícitos, como "solução pacífica de controvérsias" e "autodeterminação dos povos".

A segunda premissa é que esses subprincípios e regras correspondem também a normas implícitas, isto é, a corolários extraídos a partir de interpretação sistemática do ordenamento. Essa hipótese permite, do ponto de vista formal, admitir a validade da recepção pelo direito brasileiro de subprincípios e regras que densificam esses princípios fundamentais com base em fontes não convencionais do direito internacional, tais como o costume, a jurisprudência e, sobretudo, a prática diplomática brasileira. Embora não se confundam com os princípios gerais do direito (princípio da proporcionalidade, por exemplo), esses subprincípios e regras que densificam materialmente os princípios que regem o Brasil em suas relações internacionais podem ser considerados constitucionalmente válidos enquanto "subprincípios implícitos", pois, embora não expressamente recebidos ou positivados pelo constituinte, são válidos em razão de seu respectivo desenvolvimento progressivo no direito internacional. Esse tema será objeto de exame pormenorizado no Capítulo II.

Aplicabilidade dos Princípios Constitucionais de Relações Internacionais

A busca de conceito próprio e condizente com as especificidades dos princípios de relações internacionais exige também análise sobre a aplicabilidade dessas normas na ordem jurídica brasileira. Como visto acima, as normas constitucionais, aí incluídos os princípios fundamentais, podem assumir diversas funções e apresentar materialidade própria, com características intrínsecas que refletem sua especificidade em relação ao funcionamento na ordem jurídica.[196]

---

[196] Os princípios constitucionais de relações internacionais não correspondem aos princípios gerais do Direito e tampouco aos chamados princípios gerais do Direito Constitucional. Os primeiros, expressos ou implícitos na Constituição, são oriundos da própria cultura e herança jurídica de uma determinada sociedade juridicamente organizada, ao passo que

Segundo a tipologia sugerida por José Afonso da Silva sobre a eficácia e a aplicabilidade das normas constitucionais, os princípios constitucionais podem ser divididos em normas de eficácia plena, contida ou limitada. Os princípios de relações internacionais dificilmente poderiam ser qualificados como sendo de eficácia plena.[197] As normas do art. 4º não definem de forma "suficientemente explícita" as relações juridicamente reguladas, o que implica a necessidade de haver outras normas (subprincípios e regras) que complementem seu alcance e significado na ordem jurídica (densificação). Basta, para ficar clara a diferença, a comparação com princípios fundamentais como a separação entre os poderes e o princípio federativo, que detêm eficácia plena e aplicabilidade imediata.[198] A mesma negativa se aplica às normas constitucionais de "eficácia contida", as quais implicam a existência ou inexistência (caso de estado de sítio para as liberdades fundamentais, por exemplo) de determinadas condições fáticas para seu exercício. Os princípios do art. 4º tampouco foram regulados suficientemente pelo constituinte, pois dependem de densificação material obtida no plano externo. Não obstante, há características que aproximam os princípios constitucionais de relações internacionais das normas de eficácia contida. A partir dos princípios do art. 4º, é possível derivar subprincípios e regras relativos a cada matéria regulada. Ainda assim, são normas de aplicabilidade concreta e positiva, tendo apenas sua eficácia sujeita à margem de discricionariedade por parte do Poder Público, nos limites estabelecidos pelo legislador.[199] No caso dos princípios de relações internacionais, essa intervenção do legislador ordinário faz-se pela internalização das normas do direito internacional no direito doméstico. Mas não só: a eficácia

esses últimos referem-se materialmente a normas próprias da estrutura e funcionamento do Estado (princípio federativo, etc).

197 A norma de eficácia plena é autoexecutável "quando completa no que determina", "pois define "situações, comportamentos ou interesses vinculados a determinada matéria" e permite "saber, com precisão, qual a conduta positiva ou negativa a seguir". José Afonso da Silva, *supra* nota 4, p. 99.

198 As "normas-princípios" ou "normas constitucionais de princípios gerais" distinguem-se das denominadas "normas constitucionais de princípio ou de esquema", pois estas últimas "são de eficácia limitada e de aplicabilidade indireta, isto é, dependentes de legislação ou outra providência, enquanto aquelas são de eficácia plena e aplicabilidade imediata - autoaplicáveis, na terminologia norte-americana". José Afonso da Silva, *supra* nota 4, p. 120. Isso parece óbvio para os demais princípios fundamentais do Título I, mas não para os do art. 4º, cuja densificação depende de recurso ao direito internacional.

199 José Afonso da Silva, *supra* nota 4, p. 104.

dos princípios de relações internacionais depende também de sua densificação à luz do desenvolvimento dessas normas no direito internacional e da prática diplomática brasileira.[200] Já entre as normas constitucionais de eficácia limitada, deve-se afastar, de pronto, a hipótese de os princípios de relações internacionais serem normas declaratórias de princípios institutivos ou organizativos, pois não exigem legislação complementar específica. Resta saber se podem ser caracterizados como normas programáticas.

Vejamos. No art. 4º o constituinte não regulou, direta e imediatamente, determinados interesses, mas simplesmente prescreveu fins genéricos a serem alcançados sem indicar os meios aptos a realizá-los.[201] Além disso, os princípios do art. 4º têm eficácia limitada e reduzida, na medida em que são normas cuja aplicabilidade assemelha-se às normas "declaratórias de princípio programático" (normas programáticas), as quais não foram reguladas direta e imediatamente pelo constituinte e/ou legislador e por isso não têm um conteúdo concreto definido pelo constituinte. Como tampouco regulam situação definida e específica, aproximam-se conceitualmente de normas que apenas prescrevem um fim a atingir, sem indicar, no entanto, os meios aptos a alcançá-los. Sua normatividade é alcançada por meio da articulação com outras normas que, embora se encontrem dispersas e autônomas no ordenamento (normas oriundas do direito internacional público válidas na ordem jurídica brasileira), podem ser sistematizadas em um todo normativo coerente que corresponda à sua materialidade objetiva. Por fim, não são normas autoaplicáveis, pois dependem de normatividade futura ou infraconstitucional. No caso dos princípios do art. 4º, essas outras providências consistem na densificação material não consubstanciada na Constituição.[202]

---

200 Esse processo associa-se à atuação do legislador ordinário em matéria de direito internacional, área em que, por definição, só toma parte de forma mediata e ulterior, segundo suas competências ao avalizar, na íntegra, os instrumentos negociados e assinados pelo Poder Executivo no plano internacional.

201 A Constituição estabelece as competências previstas em política exterior no Chefe do Executivo, mas isso é algo discernível em interpretação sistêmica e não quanto à matéria juridicamente regulada.

202 O caráter programático dos princípios constitucionais de relações internacionais também se revela na medida em que (i) condicionam a atividade discricionária da Administração, (ii) informam a concepção de Estado e da sociedade e inspiram sua ordenação jurídica e (iii) constituem sentido teleológico para a interpretação, integração e aplicação das normas jurídicas. José Afonso da Silva, *supra* nota 4, p. 164.

Nessa ordem de idéias, os princípios constitucionais de relações internacionais podem ser considerados normas programáticas porquanto (i) não incidem diretamente sobre relações jurídicas definidas, isto é, não regulam *de per se* comportamentos determinados; e (ii) não têm aplicabilidade imediata, pois não são dotados, em si mesmos, de todos os meios e elementos necessários à sua executoriedade. Isso não implica prejuízo à sua juridicidade, pois na condição de princípios constitucionais incidem de forma vinculante sobre as matérias respectivamente reguladas em corolário lógico-jurídico da eficácia formal da Constituição.[203] Mas sua realização e eficácia dependem de densificação material e, num segundo momento, de sua execução pelo Poder Público nos marcos de sua margem de discricionariedade em matéria de política exterior.[204]

Vez que os princípios constitucionais de relações internacionais são normas programáticas,[205] resta saber até que ponto esses princípios protegem interesses juridicamente relevantes à luz da eficácia limitada dessas normas no ordenamento constitucional. Já foi dito que as normas programáticas condicionam a atividade discricionária da Administração, assim como sua aplicação pelo Poder Judiciário. Isso significa dizer que as atividades do Poder Público não podem ir de encontro aos fins e objetivos estabelecidos pelos princípios constitucionais programáticos, aí incluídos, como já se sabe, aqueles inscritos no art. 4º. Aí reside, como observado por José Afonso da Silva, a "situação subjetiva de vínculo imposta por tais normas".[206] Isso não significa que toda ação do Poder Público revele interesse juridicamente relevante, isto é, uma "situação jurídica subjetiva" que condiciona a hipótese de tutela jurisdicional.[207] Os interesses aí estabelecidos podem receber proteção direta, plena e específica, caso em que constituem direitos subjetivos, ou proteção indireta,

---

[203] Os princípios políticos constitucionalmente conformadores são também programáticos. Paulo Roberto Lyrio Pimenta, *supra* nota 104, p. 173.

[204] Celso Lafer, 'A Constituição de 1988 e as relações internacionais: reflexões sobre o art. 4º', in Heleno Taveira Torres (org.), *Direito e poder nas instituições e nos valores do público e do privado contemporâneos: estudos em homenagem a Nelson Saldanha*, 2005, pp. 219-20.

[205] Georges Burdeau, 'Une survivance: la notion de Constitution', in *L'évolution du droit public, études en l'honneur d'Achille Mestre*, Paris, Sirey, 1956, pp. 55-56; Celso D. de Albuquerque Mello, *supra* nota 3, p. 8.

[206] José Afonso da Silva, *supra* nota 4, p. 175.

[207] As normas programáticas "nem sempre têm capacidade para tutelar diretamente direitos particulares desde logo exigíveis". José Afonso da Silva, *supra* nota 4, p. 170.

limitada e genérica, quando o interesse protegido revela situações jurídicas como o interesse simples, o interesse legítimo, a expectativa de direito ou o direito condicionado.[208]

Comparem-se, para esse fim, a eficácia e a aplicabilidade dos princípios de relações internacionais com outros princípios constitucionais, sejam de eficácia plena e aplicabilidade imediata, como a grande maioria dos direitos fundamentais do artigo 5º, sejam de aplicabilidade programática, como aqueles relativos à educação "como um direito de todos e dever do Estado" ou ainda ao dever de garantir "o pleno exercício dos direitos culturais". Esses últimos, embora de natureza programática, criam direitos subjetivos concretos e juridicamente exigíveis na ordem doméstica.[209] Já os princípios constitucionais de relações internacionais não criam, via de regra, direitos subjetivos na ordem interna, pois a realização do estado ideal de coisas prescrito por essas normas não está ao alcance da ação individual do Brasil no plano externo. Em última análise, como os princípios do art. 4º são materialmente do direito internacional, os potenciais titulares de direitos subjetivos criados pela matéria regulada tendem a estar igualmente no plano internacional, isto é, outros Estados, organizações internacionais e indivíduos estrangeiros no exterior. Da mesma forma, os princípios de relações internacionais não são nem instituidores de programas (não exigem uma lei, mas simplesmente pressupõem a existência de uma densificação em subprincípios e regras), nem enunciativos ou declaratórios de direitos, a exemplo dos direitos fundamentais sociais, cuja satisfação exige medidas normativas ou fáticas.[210]

---

208 "Nem todo interesse juridicamente protegido se inclui na categoria dos direitos subjetivos". José Afonso da Silva, *supra* nota 4, p. 169.

209 "Tal direito de fruição, para ocorrer, depende de que a norma constitucional haja desenhado uma conduta de outrem (geralmente do Estado) em termos que permitam reconhecer qual o comportamento específico deste terceiro capaz de dar concreta satisfação à utilidade deferida ao administrado". Celso Antônio Bandeira de Mello, 'Eficácia das Normas Constitucionais Sobre Justiça Social', *Revista de Direito Público*, São Paulo, RT, ano XIV, vol. 57/58, jan./jun. de 1981, p. 238-239.

210 Os princípios do art. 4º "certamente protegem um interesse geral, mas não conferem aos beneficiários desse interesse o poder de exigir sua satisfação; não delimitando seu objeto, nem fixando sua extensão, não fornecem os meios para sua realização (...) No máximo, aí se verifica um interesse simples, não exigível positivamente pelos eventuais beneficiários, que podem ter uma expectativa de sua concretização através da legislação integrativa ou de outra atividade do Poder Público". José Afonso da Silva, *supra* nota 4, p. 175.

Aí reside a característica particular dos princípios constitucionais de relações internacionais na ordem jurídica doméstica. Embora sejam normas constitucionais programáticas, não se confundem com o funcionamento de outros princípios constitucionais programáticos, como os direitos econômicos e sociais, que são determináveis e cujos titulares encontram-se sob a jurisdição brasileira.[211] O art. 4º regula, via de regra, tão somente interesses simples e legítimos, pois não têm, em princípio, o condão de criar direitos subjetivos para fins de tutela jurisdicional no plano interno. Isso se deve ao fato de que os comportamentos necessários à realização dos fins prescritos pelos princípios constitucionais de relações internacionais dificilmente criam efeitos jurídicos na ordem interna, isto é, não transformam ou restringem direitos protegidos sob a jurisdição do Estado brasileiro. A razão para isso não é outra que a materialidade de direito internacional dos princípios de relações internacionais. São normas cuja relação sinalagmática se dá, no plano fático, com outros sujeitos de direito internacional.[212]

Tais constatações têm dois corolários lógico-jurídicos para a compreensão da normatividade dos princípios constitucionais de relações internacionais. *Primo*, o comportamento típico juridicamente exigível traduz-se, fundamental e concretamente, em deveres de abstenção de ações prejudiciais à obtenção dos fins prescritos pelo conteúdo programático dessas normas.[213] Pela própria natureza do sistema internacional, está implícito que a realização do estado ideal de coisas colimado por esses princípios (paz, direitos humanos, autodeterminação, cooperação, etc.) independe da ação individual do Brasil, já que implica relação factual entre outros sujeitos de direito no plano externo em relação aos quais não alcança a jurisdição do Estado brasileiro. Do Brasil, individualmente, só se pode esperar, enquanto mandamento constitucional, que ao menos não contribua para um estado de coisas contrário àquele prescrito pelo universo normativo correspondente aos princípios de relações internacionais. Esse é um dever genérico e essencialmente negativo, de abstenção, pois o princípio em si não obriga, faculta ou proíbe, mas sim as normas que o densificam.

---

[211] Muitos estudos doutrinárias e posições jurisprudenciais em matéria de normas programáticas dedicam-se ao objetivo de garantir-lhes eficácia na ordem jurídica brasileira. Vejam-se, acima, os comentários a respeito do chamado "mínimo existencial" e "reserva do possível" de normas programáticas como aquelas relativas à proteção de direitos econômicos, sociais e culturais. *Supra* notas 109 e 111.

[212] José Afonso da Silva, *supra* nota 185, p. 22.

[213] Luís Roberto Barroso, *supra* nota 108, p. 113.

Secondo, a tutela jurisdicional dos princípios constitucionais de relações internacionais é geralmente prejudicada pela inexistência *prima facie* de interesses juridicamente protegidos em âmbito interno, mas apenas situações jurídicas subjetivas. Esses princípios regulam condutas do Brasil no plano externo, entre entes com personalidade jurídica de *ius gentium*. Da perspectiva do direito internacional, a tutela jurisdicional dos deveres e direitos oriundos dessas normas deve ocorrer, via de regra, no plano externo. A existência de interesses juridicamente protegidos na ordem interna implicaria, como resultado de lógica jurídica, o reconhecimento da titularidade do interesse juridicamente regulado por esses princípios a outros Estados estrangeiros ou até mesmo a indivíduos estrangeiros no exterior[214] em face do Brasil no âmbito da ordem jurídica interna, uma vez serem aqueles os titulares dos direitos subjetivos materialmente regulados por essas normas. Seria algo como uma cláusula facultativa de jurisdição obrigatória (cláusula Raul Fernandez) às avessas, pela qual o Judiciário brasileiro seria o repositório natural para julgar ações impetradas por outros sujeitos de direito internacional (que são os titulares dos direitos subjetivos) em matéria dos princípios constitucionais do art. 4º em face do próprio Estado brasileiro.[215] Seria, ainda, regra de reciprocidade às avessas, em que a ordem jurídica brasileira reconheceria capacidades universais a terceiros sujeitos de direito internacional sem que o mesmo benefício fosse reconhecido ao Brasil no exterior, em contrariedade ao princípio de igualdade jurídica entre os Estados.[216]

A eficácia limitada dos princípios constitucionais, enquanto normas programáticas, é explicada, portanto, não tanto por sua natureza formal de direito constitucional, mas sim por sua materialidade de direito internacional. Isso significa que se aplicam em um sistema jurídico ainda marcado por deficiências intrínsecas, como a ausência de autoridade jurisdicional obrigatória de escopo universal e a múltipla sobreposição de regimes e processos normativos. Em última análise, a própria inscrição desses princípios na Constituição revela a debilidade da ordem jurídica internacional, pois sua positivação no

---

214 Aí não se incluem estrangeiros que se encontrem, sob qualquer condição, sob a jurisidição brasileira, aos quais são estendidos todos os direitos e prerrogativas garantidos pelo art. 5º da Constituição.

215 Não confundir aqui a possibilidade de controvérsia iniciada por Estado estrangeiro em face do Estado brasileiro nos termos das competências do STF estabelecidas pelo Art. 102, alínea "e" da Constituição.

216 *Contrario sensu*, essa regra se expressa na máxima de que nossa Constituição é soberana, mas da mesma maneira que não aceita a imposição de outras ordens jurídicas sobre a nossa, tampouco deve impor-se sobre outros Estados igualmente soberanos. Celso D. de Albuquerque Mello, *supra* nota 3, p. 52.

ordenamento interno seria desnecessária na eventualidade de haver um sistema jurisdicional em âmbito externo com eficácia e validade universais.[217]

Há, naturalmente, em linha com o inciso XXXV do art. 5º da Constituição Federal,[218] a possibilidade de controle de legalidade de quaisquer atos da Administração Pública na hipótese de que os fatos juridicamente regulados pelas normas densificadoras dos princípios de relações internacionais estejam sob a jurisdição do Estado brasileiro.[219] Mas a tutela desses princípios na ordem doméstica pressupõe a hipótese de que essas normas produzam efeitos no âmbito da jurisdição do Estado brasileiro, isto é, que afetem interesses juridicamente protegidos em âmbito doméstico e que criem situações subjetivas de vínculo, na lição de José Afonso da Silva.[220] Nos termos da proposta teórica de Alexy, essas situações jurídicas subjetivas poderiam criar direitos a ações negativas (*Rechte auf negative Handlungen*) e ações positivas (*Rechte auf positive Handlungen*), em corolário da tese de que as normas programáticas geram direitos subjetivos a prestações positivas (*Rechte auf positive Handlungen*).[221]

É possível, com efeito, imaginar casos hipotéticos, sempre com base na premissa de que existam efeitos juridicamente determináveis e, portanto, objetivamente tuteláveis no ordenamento jurídico brasileiro. Tome-se o exemplo do engajamento do Brasil na intervenção interamericana na República

---

[217] O anterior não significa que os princípios do art. 4º não regulem interesses legítimos, mas simplesmente que os titulares desses interesses juridicamente protegidos são, na maior parte das situações, outros sujeitos de direito internacional público com os quais o Brasil mantém relações diplomáticas.

[218] Artigo 5o, XXXV - a lei não excluirá da apreciação do Poder Judiciário lesão ou ameaça a direito. "A inconstitucionalidade consiste na violação do 'disposto na Constituição' ou dos princípios nela consignados" incluindo-se aí tanto "a violação das normas-disposição (sejam imediatamente preceptivas, sejam programáticas), mas também a violação dos princípios constitucionais, sejam eles expressos (normas-princípio), sejam eles apenas implícitos (na medida que sejam admissíveis)". J.J. Gomes Canotilho, *supra* nota 88, p. 264.

[219] "O marco normativo do art. 4º também pode ensejar o controle jurídico, pelo Judiciário, de iniciativas de política externa, na medida em que se traduzem em normas suscetíveis de apreciação de constitucionalidade". Celso Lafer, *supra* nota 1, p. 115.

[220] José Afonso da Silva, *supra* nota 4, p. 170.

[221] Há, entre os primeiros, três espécies: direito ao não embaraço de ações, direitos à não afetação de características e situações, e direitos à não eliminação de posições jurídicas. Por sua vez, as ações positivas podem ser direitos cujo objeto é ação fática (*faktische Handlung*) ou ação normativa (*normative Handlung).*

Dominicana,[222] em 1965.[223] Naquela ocasião, 1130 militares brasileiros[224] participaram da chamada "Força de Paz Interamericana" (Operação *Push Ahead*) da Organização dos Estados Americanos (OEA). Juridicamente, a operação ocorreu ao arrepio não só da Carta das Nações Unidas (inexistência de autorização do CSNU ou de consentimento do Estado concernido) como da Carta da OEA, que não só silencia, como proíbe o uso da força unilateral nas relações hemisféricas. Analisando o caso da perspectiva dos princípios constitucionais de relações internacionais, podem-se identificar efeitos objetivamente determináveis na ordem jurídica brasileira: toda a sucessão de atos normativos (decretos, portarias e outros atos do que seria hoje o Ministério da Defesa e então dos respectivos Ministérios do Exército, da Marinha e da Aeronáutica[225]) e administrativos (aprovação de recursos financeiros, remoções, etc.) necessários

---

[222] Após o assassinato do Presidente dominicano Rafael Trujillo, em 1961, o escritor Juan Bosch foi eleito à presidência em dezembro de 1962. Essas eleições são consideradas como o primeiro pleito livre e justo no país caribenho após anos do regime opressivo de Trujillo. De viés esquerdista, Bosch deu início a uma séria de reformas no país, a exemplo de uma nova constituição de caráter liberal (garantia dos direitos fundamentais), reformas econômicas (reforma agrária, por exemplo) e a autorização à criação de sindicatos de trabalhadores. Bosch sofreu um golpe liderado por setores ligados a Trujillo, dando início a um período de instabilidade institucional, com ações armadas em ambos os campos do espectro político e ideológico.

[223] Alegava-se que os objetivos da intervenção eram "manter a segurança dos habitantes e a inviolabilidade dos direitos humanos na República Dominicana", em *Ad Hoc Committee for the Restoration of the Democratic Order in the Dominican Republic*, June 2, 1963, reprinted in O.A.S. Annual Report of the Secretary General, Fiscal Year 1964-1956, OEA/Ser.D/III.16, p. 6. Politicamente, a intervenção deve ser interpretada no contexto mais amplo da Guerra Fria e da política externa dos EUA sob Lyndon Johnson, na qual a "ameaça comunista" exercia, na opinião pública daquele país, influência determinante. Com receio de uma "nova Cuba na soleira de sua porta" (*doorstep*), Johnson autorizou o envio de 42 mil *marines* com o objetivo de "manter a ordem" na República Dominicana. A mesma lógica subjacente à então chamada "teoria do dominó" justificou, política e moralmente, junto à opinião pública norte-americana, o envolvimento dos Estados Unidos no Vietnã. A operação *Push Ahead*, da OEA, inseria-se, portanto, na estratégia norte-americana de reduzir efetivos no país caribenho, não só devido ao objetivo de conferir maior legitimidade internacional à ação militar, como também em razão da crescente necessidade de militares no Sudeste Asiático.

[224] Após os EUA (12.400 militares), o Brasil foi o país que mais contribuiu com tropas para a Força Interamericana, cujo comando ficou, inclusive, a cargo do General brasileiro Hugo Alvim. Os demais foram Honduras (250), Paraguai (184), Nicarágua (160), Costa Rica (21) e El Salvador (3).

[225] A participação brasileira foi criada, no plano jurídico interno, por meio de decreto do então Presidente Castelo Branco, a chamada "Força Armada Interamericana Brasileira" (FAIBRAS).

à preparação e execução, por parte dos militares brasileiros, de uma operação dessa natureza. Dado que esses efeitos determináveis no âmbito da jurisdição do Estado brasileiro contrariam, objetivamente, subprincípios e regras que densificam o princípio da não intervenção (a começar pela proibição do uso da força à margem da Carta das Nações Unidas e pela ausência desse mandato na Carta da OEA), é possível admitir que a constitucionalidade sobre eventual participação do Brasil em operação nos moldes da *Push Ahead* da OEA pudesse ser examinada, em nossos dias, à luz da Constituição Federal, na medida em que afetaria interesses juridicamente protegidos de particulares (seis militares brasileiros se feriram na operação) e do Estado brasileiro (custos econômicos e humanos, e o desrespeito à proibição expressa na Carta da OEA internalizada no direito brasileiro).[226]

São os subprincípios e regras densificadores que oferecem, portanto, o referencial básico para verificar a existência de efeitos jurídicos para o direito brasileiro com a finalidade de analisar eventual controle de constitucionalidade.[227] Essa hipótese pressupõe a subsunção do fato (ação diplomática) à norma positiva (subprincípio ou regra) correspondente à densificação de cada um dos princípios constitucionais de relações internacionais. Isso pode ocorrer seja pela via de proteção ou garantia de interesses juridicamente determináveis em um caso específico e concreto por parte dos próprios titulares, seja pelo controle de constitucionalidade de um tratado internacional na ordem jurídica brasileira, tal como se deu na análise do STF sobre o Pacto de San José da Costa Rica.[228] Do contrário, a avaliação sobre os efeitos de uma determinada conduta no plano externo é por natureza política e, por isso, eventual controle externo sobre esses atos deve privilegiar outros meios de proteção de interesses, com destaque para o sistema de freios e contrapesos do Congresso Nacional (Comissões de Relações Exteriores do Senado Federal e da Câmara) e, em última análise, o acompanhamento da opinião pública em geral.[229]

---

[226] Vários ex-combatentes da FAIBRAS ingressaram com ações de dano moral na justiça brasileira com o objetivo de obter reparações por dano moral. Em geral a decisão dos tribunais não tratou do mérito, encerrando a ação com base na prescrição da causa.

[227] Essa é a prática majoritária em todo o mundo, em especial em sistemas jurídicos comparáveis formal e materialmente com o brasileiro, como Alemanha, Bélgica, Estados Unidos, França, Itália e Portugal.

[228] Tratar-se-ia de mais um reflexo da "judicialização da política".

[229] Paulo Roberto de Almeida, 'As relações internacionais na ordem constitucional, *Revista de Informação Legislativa*, n.101, jan./mar. 1989, ano 26, p. 61. Cf. também Celso Lafer, *supra* nota 1, p. 115.

Conclusão

Os princípios constitucionais de relações internacionais oferecem as balizas primárias e fundamentais para a ação do Brasil no exterior em defesa dos interesses nacionais. Mas é a densificação dessas normas gerais, abstratas e indeterminadas em subprincípios e regras positivas, cuja materialidade remete via de regra ao direito internacional, que confere aplicabilidade aos princípios constitucionais de relações internacionais.[230] O processo de densificação tem como premissa que o art. 4º é uma interface entre as ordens jurídicas doméstica e externa. Por um lado, são normas constitucionais quanto à forma na medida em que estão inscritas no Título I da Constituição, dos Princípios Fundamentais. Como normas caracterizadas por natureza genérica, abstrata e indeterminada, esses princípios são normas programáticas da perspectiva do direito interno. Por outro lado, os princípios constitucionais do art. 4º são normas materialmente do direito internacional, na medida em que se voltam à regulação de condutas do Brasil enquanto sujeito de direto na ordem jurídica externa. Ao se densificarem como subprincípios e regras de exigências, faculdades, proibições e estímulos, essas normas indicam não só parâmetros fundamentais para a ação exterior do Brasil, como também critérios para a aplicação e a avaliação, à luz das respectivas competências dos Poderes constituídos, quanto à condução das relações exteriores. Com isso, sai fortalecido o Estado Democrático de Direito, muito provavelmente o aspecto mais auspicioso desses princípios para a democratização da política externa brasileira.[231]

Mas não se deve jamais perder de vista que, em se tratando de relações internacionais, as condutas juridicamente reguladas pelos princípios constitucionais se dão no plano externo, à luz de circunstâncias que em nada se assemelham à dimensão interna da aplicação das demais normas constitucionais. À generalidade, à abstração e à indeterminação dos princípios do art. 4º, contrapõem-se as realidades jurídica e política do sistema internacional, onde (i) não há jurisdição supranacional universal e obrigatória; (ii) a produção

[230] A objetividade "tem por fim impedir que plurivocidades interpretativas do texto frustrem a força normativa dos princípios constitucionais e, mais, da própria Constituição". Ruy Samuel Espíndola, *supra* nota 58, p. 84; Carmem Lúcia Antunes Rocha, *supra* nota 20, p. 37.

[231] "Estes princípios, ao estabelecerem padrões de comportamento, estímulos e limites, balizam, como é o caso do Brasil, a conduta externa do Estado e têm, no plano interno, o mérito adicional indiscutível de fornecer a necessária transparência para que a cidadania controle a ação do governo no sistema internacional". Celso Lafer, 'Prefácio', in Pedro Dallari, *supra* nota 2, p. xvi.

normativa é fragmentada em regimes jurídicos bilaterais, regionais, plurilaterais e multilaterais, os quais muitas vezes se sobrepõem, aumentando o potencial de antinomias, e (iii) a observância das normas jurídicas não é garantida por meio do monopólio do uso da força, mas sim por um sistema de paz e segurança baseado na cooperação e na posição desigual dos Estados no CSNU. Para o operador da política externa, o primeiro e principal intérprete desses princípios constitucionais, os riscos de uma postura que negligencie aspectos que não são teóricos nem abstratos, mas antes reais e verificáveis nas relações internacionais, ultrapassam os limites da epistemologia jurídica e ingressam no campo concreto dos interesses nacionais, cujas defesa e realização são o valor ulterior e subjacente da própria razão de ser da política externa brasileira.

Capítulo II
A MATERIALIDADE DOS PRINCÍPIOS CONSTITUCIONAIS DE RELAÇÕES INTERNACIONAIS

Normas hierarquicamente superiores da perspectiva doméstica, os princípios constitucionais do art. 4º expressam fins que se referem materialmente a condutas reguladas pelo *ius gentium*. A abertura promovida pelo art. 4º impõe o recurso ao direito internacional para a obtenção do conteúdo normativo dos princípios constitucionais de relações internacionais.[232] Essa característica nos remete ao problema das fontes materiais desses princípios na ordem externa. Alguns casos são facilmente identificáveis em textos convencionais. Na Carta das Nações Unidas e em outros instrumentos convencionais de que o Brasil é parte, encontram-se positivados princípios como igualdade entre as nações, não intervenção, solução pacífica de controvérsias, autodeterminação dos povos e cooperação internacional. O princípio de concessão de asilo político também pode ser densificado por meio do recurso a instrumentos convencionais que regulam a matéria no direito das gentes, em especial os dois tratados sobre asilo diplomático e territorial concluídos em Caracas, em 1954. Outros princípios, por criatividade do constituinte brasileiro, apresentam maior elasticidade conceitual e abertura interpretativa. Embora possam ser remetidos ao direito internacional, requerem exegese levando em consideração não só normas do direito das gentes, como também seu significado mais amplo para o sistema internacional e o ordenamento jurídico brasileiro. Esse é caso de princípios como prevalência dos direitos humanos e defesa da paz. Por essa razão, a análise do processo

[232] Celso Lafer, *supra* nota 1, p. 113.

deliberativo durante a Assembléia Nacional Constituinte e, em especial, da prática diplomática brasileira, é fundamental para a obtenção do significado e do sentido dos princípios constitucionais de relações internacionais.

Este capítulo tem o objetivo de descrever as fontes materiais dos princípios constitucionais de relações internacionais. A tese aqui proposta é que as fontes primárias desses princípios devem ser buscadas nos principais instrumentos convencionais e consuetudinários do direito internacional público, além de fontes subsidiárias, como a jurisprudência e a doutrina, que regulam, por meio de subprincípios e regras específicas, cada um dos dispositivos genéricos e abstratos consignados no art. 4º da Constituição Federal. É nesse sentido que, tomando por base o universo normativo desenvolvido no direito internacional, cada princípio deve ser examinado também a partir tanto da interpretação dada pelo Brasil no contexto de sua prática diplomática (interpretação dinâmica), quanto da visão do legislador ao inscrever essas normas na Constituição Federal na Assembléia Nacional Constituinte (interpretação estática).

As Fontes dos Princípios Fundamentais do Direito Internacional

Uma das maiores dificuldades no estudo dos princípios fundamentais do direito internacional decorre da sobreposição de fontes em um sistema jurídico no qual coexistem processos normativos autônomos e independentes.[233] Os princípios fundamentais do direito internacional emergem, simultaneamente, de fontes convencionais e consuetudinárias. Em alguns casos, a própria positivação de uma norma em um tratado internacional deriva de um processo de codificação originário no direito consuetudinário.[234] Em outros, a natureza

---

[233] Alguns internacionalistas rejeitam que uma mesma norma de direito internacional possa advir de várias fontes jurídicas. Sugerem, alternativamente, que as fontes seriam mutuamente exclusivas. Cf. Charles de Visscher, 'Cours Général de Droit International Public, 136 *R.C.A.D.I.* (1972), p. 116.

[234] Muito têm contribuído os trabalhos da Comissão de Direito Internacional (CDI) das Nações Unidas. Nos termos do art. 15 do Estatuto da CDI, "the expression "progressive development of international law" is used for convenience as meaning the preparation of draft conventions on subjects which have not yet been regulated by international law or in regard to which the law has not yet been sufficiently developed in the practice of States. Similarly, the expression "codification of international law" is used for convenience as meaning the more precise formulation and systematization of rules of international law in fields where there already has been extensive State practice, precedent and doctrine".

costumeira dos princípios advém da positivação de normas em acordos multilaterais, nos quais o número e a composição dos Estados partes podem variar significativamente.[235] A importância conferida pelos Estados a determinadas normas convencionais e costumeiras pode levar, ainda, ao reconhecimento dessas normas como princípios gerais do direito internacional, como é o caso da maior parte dos princípios fundamentais do direito das gentes.[236]

Em que pese a sua natureza geral e abstrata, os princípios fundamentais do direito internacional desenvolvem-se primordialmente por meio de normas específicas de caráter convencional e costumeiro no direito internacional geral (alíneas (a) e (b) do artigo 38 do Estatuto da CIJ). A maior certeza jurídica proporcionada por fontes convencionais e consuetudinárias justifica a preferência por esses instrumentos na determinação da materialidade de cada princípio fundamental.[237] Para os princípios constitucionais de relações internacionais, que refletem, no plano doméstico, princípios fundamentais do direito internacional, as fontes jurídicas mais importantes enquanto instrumentos positivos são, no direito convencional, as cartas constitutivas das principais organizações internacionais das quais o Brasil é parte, com destaque para a Carta das Nações Unidas e da OEA, e, no direito consuetudinário, resoluções da AGNU que promovem a densificação desses princípios, como a Declaração das Nações Unidas sobre os Princípios do Direito Internacional, de 1970, e a Declaração da Cúpula Mundial de 2005, adotada no marco do 60º aniversário da ONU. Nos termos do art. 38 do Estatuto da CIJ, o recurso à jurisprudência e à doutrina é meio subsidiário e fundamentalmente interpretativo para confirmar e determinar os contornos materiais mais precisos desses princípios retirados do direito positivo.

Na Carta da ONU, sobressai a natureza genérica e o caráter finalista dos princípios fundamentais. Além de referências genéricas no Preâmbulo, eles

---

[235] Esse fenômeno se observa no caso do princípio de promoção e de respeito dos direitos humanos. Inicialmente estabelecido de forma genérica na Carta da ONU, esse princípio foi desenvolvido e codificado por meio de tratados específicos (Convenções de 1966 de Direitos Civis e Políticos e Direitos Econômicos, Sociais e Culturais, por exemplo) ou declarações dos principais órgãos do sistema multilateral, como a Assembléia Geral (Declaração Universal dos Direitos Humanos de 1948).

[236] Observa-se também o desenvolvimento de princípios em domínios específicos do direito internacional (*ratione materiae*). Cf. A. A. Cançado Trindade, *supra* nota 20, p. 87.

[237] J. Pauwelyn, *supra* nota 121, p. 131.

são definidos ora como propósitos (art. 1), ora como princípios (art. 2).[238] Em termos semânticos, há diferença entre os termos utilizados. Embora se admitisse, no processo negociador em São Francisco, a virtual impossibilidade de estabelecer distinção clara e precisa entre ambos, os "propósitos" foram reconhecidos como a *raison d'*être da Organização, isto é, os fins comuns subjacentes à vontade dos Estados no momento da criação das Nações Unidas, sendo sua causa e objeto para a ação coletiva dos Estados Membros, ao passo que "princípios" se referiam a métodos e a normas reguladoras de direitos e obrigações dos Estados Membros à luz daqueles objetivos.[239] Alguns autores sustentam que a diferença fundamental entre ambos consiste no fato de que o art. 1 não criaria nenhum direito ou obrigação *de per se*, nem para a Organização, nem para seus Estados Membros. Os propósitos refletiriam a natureza política da ONU.[240] Seriam objetivos demasiado abstratos e indeterminados cuja utilização, no plano jurídico, tal como ocorre com o Preâmbulo,[241] dar-se-ia

---

[238] Essa característica já se fazia presente no projeto inicial de Dumbarton Oaks, cujos dois primeiros capítulos tratavam dos propósitos (*purposes*) e princípios (*principles*) da nova Organização. "The resulting coexistence of this preamble and provisions concerning principles and purposes is somewhat inharmonious, since the former represents an occasionally inaccurate duplication of the Purposes and the enumeration of governing Principles found in Arts. 1 and 2", Rüdiger Wolfrum, 'Preamble', in Bruno Simma (ed.), *The Charter of the United Nations - A Commentary*, München, C.H. Beck Verlag, 1995, 45-48, p. 45.

[239] "General Remarks. I. It was very difficult, practically impossible, to draw a sharp and clear-cut distinction between what should be included under "Purposes", Principles," or "Preamble." (...) It was, however, considered and clearly understood that: (a) The "Preamble" introduces the Charter and sets forth the declared common intentions which brought us together in this Conference and moved us to unite our wills and efforts, and made us harmonize, regulate, and organise our international action to achieve our common ends. (b) The "Purposes" constitute the *raison d'être* of the Organisation. They are the aggregation of the common ends on which our minds met; hence, the cause and object of the Charter to which member states collectivelly and severally subscribe. (c) The chapter on "Principles" sets, in the same order of ideas, the methods and regulating norms according to which the Organisation and its members shall do their duty and endeavour to achieve the common ends. Their understandings should serve as actual standards of international conduct. - The purposes and Principles constitute, in practice, the test for the effectiveness of the Organisation and the expected faithful compliance with the provisions of the Charter". *Report of the Rapporteur of the Committee I to Commission I*, UNCIO Doc. 944, I/I/34 (I).

[240] Benedetto Conforti, *The Law and Practice of the United Nations*, 3a ed. rev., Leiden/Boston, Martinus Nijhoff, 2005, p. 7.

[241] Segundo Kelsen, a validade jurídica do preâmbulo é a mesma dos demais capítulos da Carta. Mas "the meaning of the Preamble if not to establish by itself obligations", as quais "are to be found in other portions of the text". H. Kelsen, *supra* nota 184, p. 9.

para fins hermenêuticos, isto é, para a interpretação de outras normas da Carta como o próprio art. 2 ou ainda art. 55. Já a noção de princípios imporia direitos e obrigações, a despeito de serem densificados por meio de outras normas na Carta.[242] A relação entre ambos os dispositivos consistiria, portanto, na necessidade de interpretar as obrigações e os direitos criados pelo art. 2 à luz dos propósitos enumerados no art. 1.[243]

Não há, porém, nenhuma distinção de relevo, para fins hermenêuticos da Carta, entre *purposes* e *principles*.[244] Embora não reflita a melhor técnica legislativa, a repetição de termos e objetivos em diferentes partes do documento reforça a centralidade e o sentido teleológico dessas normas na ordem jurídica internacional. Ao invés de tensão hermenêutica, tais referências sobrepostas podem ser interpretadas como densificação de conteúdos normativos ao longo do texto. As referências ao princípio de solução pacífica de controvérsias nos art. 1(1) e 2(3) põem em relevo, por exemplo, o imperativo de buscar a legítima defesa dos interesses nacionais por vias pacíficas. Essas normas gerais são densificadas, por sua vez, em subprincípios e regras codificadas no Capítulo VI relativo à Pacífica de Controvérsias. Da mesma forma, a prevenção de ameaças e rupturas da paz está associada à supressão de atos de agressão e outras formas de ruptura da paz e da segurança internacionais, tal como refletido nos arts. 1(1) e 2(4). No mesmo diapasão, o propósito de desenvolver relações amistosas entre as nações com base na igualdade de direitos (art. 1(2)) é reforçado pelo princípio de igualdade soberana inscrito no art. 2(1).[245] A distinção baseada apenas na terminologia utilizada tampouco é compatível com a prática estatal no âmbito dos órgãos das Nações Unidas. Na prática onusiana, "Propósitos e Princípios" não só são interpretados indistintamente, como têm seus conteú-

---

[242] São sete os princípios enumerados no art. 2: a igualdade de todos os membros das Nações Unidas, o princípio da boa-fé no cumprimento das obrigações assumidas internacionalmente, a solução pacífica de controvérsias internacionais, a não utilização e a não ameaça da força contra a integridade territorial ou a independência política de qualquer Estado; a assistência às Nações Unidas; a garantia de que os Estados não-membros ajam de acordo com tais princípios; e a não-intervenção em assuntos domésticos dos Estados.

[243] Albrecht Randelzhofer, 'Article 2', in Bruno Simma (ed.), *The Charter of the United Nations - A Commentary*, München, C.H. Beck Verlag, 1995, 72-78, p. 72.

[244] Albrecht Randelzhofer, *supra* nota 243, p. 72.

[245] Outros princípios só aparecem em um ou outro dispositivo. No artigo 1º, encontram-se referências aos princípios de autodeterminação dos povos (art. 1(2)) e de cooperação internacional, ao passo que o princípio de não intervenção é explicitado como norma autônoma no art. 2(7).

dos normativos progressivamente densificados no bojo das atividades e funções de cada órgão das Nações Unidas de forma indiferente.[246] Resoluções da AGNU e do CSNU fazem referências indistintas a ambas e, no mais das vezes, de forma conjunta, como se constituíssem uma mesma expressão portadora de conteúdo normativo ontologicamente único. A distinção semântica entre os termos não afeta, por conseguinte, a natureza positiva dessas normas enquanto princípios fundamentais do direito internacional.[247]

Já no plano consuetudinário,[248] há várias resoluções da AGNU que concorrem para a densificação dos princípios constitucionais de relações internacionais.[249] Esse é o caso, sobretudo, de resoluções adotadas por ampla maioria

---

[246] "Each decision taken by a UN organ is evidence of the application and interpretation in practice of the Purposes of the Charter". Rüdiger Wolfrum, 'Article 1', in Bruno Simma (ed.), *The Charter of the United Nations - A Commentary*, München, C.H. Beck Verlag, 1995, 49-56. p. 50.

[247] "'Ends' or 'aims' means the same as 'purposes'." Hans Kelsen, *supra* nota 184, p. 10.

[248] O caráter vinculante das resoluções da AGNU é tema controverso na doutrina. Alguns internacionalistas defendem o caráter vinculante *per se* das resoluções da AGNU. Para visão geral, cf. O.Y. Asamoah, *The Normative Role of the General Assembly of the United Nations*, The Hague, M. Nijhoff, 1966, pp. 1-245; B. Cheng, 'United Nations Resolutions on Outer Space: 'Instant International Customary Law', 5 *Indian Journal of International Law* (1965), p. 36; e Blaine Sloan, 'General Assembly Resolutions Revisited' 58 *B.Y.I.L.* (1987), 39-50. Entre os críticos, G. Fitzmaurice, 'The Future of Public International Law', in *Livre du Centenaire 1873-1973 du Institut de Droit International* - Evolution et perspectives du Droit international, Basel, Editions S. Karger, 1973, p. 233. Schachter, por sua vez, sustenta que a força normativa de resoluções da AGNU é essencialmente interpretativa. O. Schachter, 'General Course in Public International Law', 178 *R.C.A.D.I.*, (1982-V), p. 116-117. Rosenstock agrega que "the juridical value of such texts is directly dependent on the general support they command". R. Rosenstock, 'The Declaration of Principles of International Law Concerning Friendly Relations: A Survey', 65 *AJIL*, 1971, p. 714-715. Uma ótima fonte analítica sobre as funções das resoluções da AGNU é o relatório de Kryzysztof Skubiszewski para o Instituto de Direito Internacional intitulado "Resolutions of the General Assembly", in *Annuaire de l'Institut de Droit International*, vol. 61-I (1985), pp. 29-358. Cf. também I. Sinclair, 'The Significance of the Friendly Relations Declaration', in C. Warbrick & V. Lowe (eds.), *The United Nations and the Principles of International Law*, London/New York, Routledge, 1994, pp. 1-32.

[249] Em estudo sobre o tema, Arango-Ruiz enumera a Declaração sobre a Outorga de Independência aos Países e Povos Coloniais (resolução 1514 (XV) da AGNU), a Declaração sobre a Eliminação de Todas as Formas de Discriminação Racial (res. 1904 (XVIII)) e a Declaração sobre a Inadmissibilidade de Intervenção nos Assuntos Internos dos Estados e a Proteção de sua Independência e Soberania (res. 2131 (XX) de 1965). G. Arango-Ruiz, 'The Normative Role of the General Assembly of the United Nations and the Declaration of Principles of Friendly Relations', 137 *R.C.A.D.I.* (1972), pp. 431-432. Sohn menciona outras

ou unanimidade.[250] Nesta última categoria, uma das peças de maior interesse é a *Declaração sobre os Princípios de Direito Internacional relativos às Relações Amistosas e de Cooperação entre Estados de acordo com a Carta das Nações Unidas*. Adotada em 1970 pela AGNU, a Declaração sobre Princípios associa-se ao objetivo de promover o desenvolvimento e a codificação do direito internacional na Sexta Comissão das Nações Unidas.[251] Em contexto político

---

resoluções aprovadas por unanimidade, como a Declaração dos Princípios Jurídicos que regem as Atividades dos Estados na Exploração e no Uso do Espaço Exterior (res. 1721 (XVI), de 1961). L.B. Sohn, 'The Development of the Charter of the United Nations: the Present State", in *The Present State of International Law and Other Essays*, (International Law Association Centenary 1873-1973), Deventer, Kluwer, 1973, p. 53. Hambro, a seu turno, alude à Declaração sobre Soberania Permanente sobre sua Riqueza e seus Recursos Naturais (resolução 1803 (XVII) de 1962), a Declaração sobre a Proibição do Uso de Armas Nucleares e Termonucleares (resolução 1653 (XVI) de 1961), a Declaração Universal dos Direitos Humanos (resolução 217A (III) de 1948) e a resolução 95(I) da AGNU, sobre os Princípios do Direito Internacional Incorporados na Carta do Tribunal de Nuremberg. E. Hambro, 'Some Notes on the Development of the Sources of International Law", 17 *Scandinavian Studies in Law* (1973), p. 93. Cf. O.Y. Asamoah, *supra* nota 248, pp. 1-245. Segundo Cançado Trindade, a essas declarações muitas vezes seguiu-se processo de codificação por meio de tratados, a exemplo da Convenção para a Eliminação de Todas as Formas de Discriminação Racial, de 1966, e dos Pactos de Direitos Humanos, de 1966. A. A. Cançado Trindade, 'Princípios do Direito Internacional que regem as relações amistosas entre os Estados, e sua significação para o exame das fontes do Direito Internacional', in *O Direito Internacional Contemporâneo em um Mundo em Transformação*, São Paulo/Rio de Janeiro, Editora Renovar, 2002, p. 97-98.

250 A. A. Cançado Trindade, *supra* nota 249, p. 97. Para Conforti, embora em princípio *non-binding*, "their value as elements in the formative practice of customary law is higher when they are adopted by unanimity or by consensus or at least by a very wide majority". B. Conforti, *supra* nota 240, p. 301. Quanto à natureza de declarações aprovadas por consenso e/ou unanimidade, O.Y. Asamoah, *supra* nota 248, p. 46.

251 A Declaração resultou dos trabalhos do Comitê Especial estabelecido pela AGNU em 1963. Em 1961, doze delegações haviam proposto, sob o item *Future work in the field of the codification and progressive development of international law*, a inclusão na AGNU do tópico *Consideration of principles of international law relating to peaceful coexistence of States* (a expressão *peaceful coexistence of States* originalmente constante do projeto de resolução seria substituída, na versão aprovada, por *friendly relations and co-operation among States in accordance with the Charter of the United Nations*). No ano seguinte, a AGNU aprovou a resolução 1815 (XVII), na qual reconheceu a "importância fundamental" (*paramount importance*) dos sete princípios do direito internacional relativos às relações de amizade e cooperação entre Estados e decidiu pela realização de estudo sobre esses princípios com vistas a sua codificação e desenvolvimento progressivo. Finalmente, em 16/12/1963, a AGNU adotou a resolução 1966 (XVIII), que estabeleceu o Comitê Especial sobre os Princípios do Direito Internacional relativos às Relações de Amizade e Cooperação entre Estados, a fim de promover sua codificação e progressivo desenvolvimento de modo

conturbado,[252] tratava-se de "reduzir a distância entre a realidade social e o ordenamento jurídico internacional".[253] Pela primeira vez, nações recém-independentes do mundo em desenvolvimento manifestaram-se a respeito desses princípios.[254] Ao invés da lógica dos vencedores do conflito mundial em 1945, fortaleciam-se as premissas de uma ordem internacional no centro da qual havia um sistema multilateral entre Estados soberanos e independentes sob o marco formal da Carta das Nações Unidas.[255]

Embora de natureza consuetudinária,[256] a Declaração da AGNU de 1970 se reveste de grande importância para a compreensão do significado e do sentido

a assegurar sua efetiva aplicação. Além de representantes dos Estados, o Comitê contou com a participação de ilustres internacionalistas como Michel Virally, Gaetano Arangio-Ruiz, Hisashi Owada, Willem Riphagen, Hans Blix e Mohammed el-Baradei. Inicialmente, o mandato do Comitê era reduzido a apenas quatro princípios: proibição sobre o uso da força, solução pacífica de controvérsias, não intervenção e igualdade soberana dos Estados. A dinâmica observada na primeira sessão do Comitê levou a AGNU a aumentar sua composição com maior número de países em desenvolvimento. Também foi expandido o universo material do mandato com a inclusão de três outros princípios: dever de cooperação, princípio da boa fé e direito à autodeterminação dos povos. Após sessões em que os debates foram dominados pelos princípios de proibição do uso da força e de autodeterminação dos povos, os membros do Comitê lograram obter consenso sobre um projeto de resolução a ser submetido à AGNU (*Report 4, A/7326, Report 5, A/7619 e Report 6, A/8018*). O projeto de resolução, constante do relatório final do Comitê, foi levado à consideração da VI Comissão com o copatrocínio de 64 Estados, onde foi aprovado sem objeção. Sob recomendação da VI Comissão, a AGNU aprovou, em 24/10/1970, por unanimidade, a resolução 2625 (XXV) com a Declaração sobre os Princípios Fundamentais do Direito Internacional. Os trabalhos que culminaram na adoção da Declaração de 1970 "constituem exemplo dos mais pujantes da formação e consagração dos princípios do direito internacional contemporâneo". A. A. Cançado Trindade, *supra* nota 249, pp. 91 e 92.

252 O Comitê Especial e a VI Comissão conduziram seus trabalhos em meio a "eventos da política de poder", como a guerra do Vietnã, o conflito árabe-israelense, as crises da República Dominicana e da Tchecoslováquia, e o problema cubano, dentre outros. A. A. Cançado Trindade, *supra* nota 249, p. 104.

253 Doc. A/6955, par. 31.

254 "In the early 1960's many non-Western nations showed a strong desire to draw up instruments with which to reassess some of the fundamental assumptions of international law". P.-H. Houben, 'Principles of International Law Concerning Friendly Relations and Co-Operation Among States", 61 *AJIL* (1967), p. 703.

255 A. A. Cançado Trindade, *supra* nota 249, p. 129.

256 A importância da Declaração de 1970 reside em seu papel hermenêutico dos princípios fundamentais do direito internacional e não em sua natureza vinculante. A. A. Cançado Trindade, *idem*, p. 130; e I. M. Sinclair, *supra* nota 248, pp. 1-32.

dos princípios fundamentais do direito internacional público.[257] Precedida de outras resoluções da AGNU de "inegável valor jurídico",[258] a Declaração de 1970 foi obtida com base na técnica de consenso,[259] o que reforça sua função interpretativa dos princípios fundamentais do direito internacional,[260] em linha com os princípios de boa fé e de *pacta sunt servanda*. Por um lado, avançou na densificação normativa em relação a princípios já existentes (não intervenção, solução pacífica de controvérsias, igualdade, determinação e boa-fé, por exemplo); por outro, deu contornos mais claros a princípios de pouca densidade normativa nos termos da Carta.[261] Cristalizava-se o caráter de *lex lata* desses princípios no direito internacional por meio da definição concreta e consensual sobre sete princípios fundamentais do direito internacional, vários dos quais delineados genericamente na Carta.

Fruto de seu tempo, a Declaração pode parecer, aos olhos atuais, aquém das necessidades mais prementes da realidade internacional. As principais críticas que se lhe podem ser feitas dizem respeito à maneira genérica com que alguns temas foram tratados, ou a temas que ficaram de fora,[262] como o princípio da proteção e da promoção dos direitos humanos, que justificaria dispositivo

---

[257] "By accepting the respective texts, states have acknowledge that the principles represent their interpretations of the obligations of the Charter". R. Rosenstock, *supra* nota 248, p. 714.

[258] A. A. Cançado Trindade, *supra* nota 249, p. 95.

[259] Na primeira sessão do Comitê Especial, em 1964, o consenso foi justificado pelo objetivo de formular "textos que, aceitáveis à maioria esmagadora de membros das Nações Unidas, poderiam desse modo tornar-se evidência da prática dos Estados e assim uma fonte do direito internacional" (A/6165, para. 68).

[260] Vários Estados assinalaram esse aspecto ao final dos debates no Comitê Especial. A delegação argentina afirmou que o documento seria a "expressão mais atualizada do escopo e da interpretação da Carta das Nações Unidas". K. Skubiszewski, "Resolutions of the General Assembly", in *Annuaire de l'Institut de Droit International*, vol. 61-I (1985), pp. 29-358. Na mesma linha, H. Blix, 'The Helsinki Declaration on Principles Guiding Relations Between States in Europe', 31 *Revue egyptienne de droit international* (1975), p. 4; L.B. Sohn, *supra* nota 249, pp. 50-52; e R. Rosenstock, *supra* nota 248, p. 715.

[261] O Comitê Especial não se contentou com a simples reavaliação dos princípios do art. 2, "mas se decidiu pelo estudo também de princípios cuja natureza jurídica estava ainda em plena evolução". A. A. Cançado Trindade, *supra* nota 249, p. 123.

[262] R. Rosenstock, *supra* nota 248, p. 733. Para visão crítica da Declaração, cf. G.Arangio-Ruiz, 'The Normative Role of the General Assembly of the United Nations and the Declaration of Principles of Friendly Relations', *R.C.A.D.I.*, 137 (1972-III), pp. 419-742. Em visão oposta, M. Sahovic, 'Codification des principes du droit international des relations amicales et de la co-operation entre les Etats', *R.C.A.D.I.* 137 (1972-III), pp. 243-310.

próprio. Três razões de natureza política ajudam a entender o que ocorreu. Muitos países haviam obtido havia pouco tempo sua independência. Entre 1945 e 1970, o número de Estados Membros das Nações Unidas saltou de 51 para 127. Além disso, o período compreendido entre as décadas de 1960 e 1970 foi marcado pela tensão no embate ideológico entre os blocos comunista e ocidental.[263] Nessa conjuntura, muitos países, sobretudo nações recém-independentes, buscaram assegurar a proteção de sua soberania há pouco conquistada diante da tendência intervencionista de potências estrangeiras em ambos os espectros ideológicos à época. Por fim, o próprio processo negociador que conduziu à aprovação por unanimidade da Declaração resultou de complexo labor interpretativo dos princípios fundamentais consagrados na Carta. No final dos anos 1950, os países do bloco soviético insistiam na noção jurídica de "coexistência pacífica",[264] enquanto o mundo ocidental resistia ao reconhecimento da natureza vinculante de princípios como autodeterminação dos povos, não intervenção e proibição do uso da força. Essas circunstâncias em nada diminuem a importância da Declaração enquanto marco interpretativo, codificador e densificador dos princípios da Carta.[265] Pelo contrário, o realismo negociador das delegações permitiu a obtenção de consenso interpretativo (*opinio iuris*)[266] sobre o significado e o escopo normativo de princípios que se encontravam positivados de forma genérica na Carta.[267]

---

[263] Esse fenômeno pôde ser observado em guerras civis que marcaram o processo de independência no mundo em desenvolvimento (Angola, Argélia, Camboja, Namíbia e Vietnã, entre outros) e que tiveram lugar em países nos quais a instabilidade política associava-se à ação de forças externas.

[264] P.-H. Houben, *supra* nota 254, p. 732.

[265] E. Jimenez de Arechaga. 'International Law in the Past third of a Century', 159 *R.C.A.D.I.* (1978-I), p. 32; I. Sinclair, 'Principles of International Law concerning Friendly Relations and Cooperation among States', in M.K. Nawaz (ed.) *Essays in International Law in Honour of Krishna Rao*, Leyden, Sithoff, 1976, pp. 110; O. Schachter, *supra* nota 248 p. 113; e R. Rosenstock, *supra* nota 248, p. 735.

[266] Autores críticos quanto à força normativa de resoluções da AGNU reconhecem que estas últimas, quando adotadas por unanimidade ou consenso, constituem inegável expressão da *opinio iuris* dos Estados. M. Thirlway, *International Customary Law and Codification*, Leiden, Sijthoff, 1972, pp. 66-67.

[267] "Se, por um lado, o texto final da Declaração de 1970 pudesse ter parecido a alguns talvez excessivamente orientado à "preservação e proteção da soberania estatal", por outro foi precisamente por ter fielmente refletido as teses avançadas pelos Estados participantes que a Declaração de 1970 pôde vir a ser de real utilidade para a identificação da *opinio juris* então prevalecente e, assim, para um reexame da "fontes" do direito internacional na época".

O caráter vinculante da Declaração de 1970 foi amplamente reconhecido nos anos vindouros. Na CIJ, há referências à resolução 2625 (XXV) nos casos do *Saara Ocidental*, quanto ao escopo do princípio de autodeterminação,[268] e da *Nicarágua*, em relação à natureza consuetudinária dos princípios de não intervenção e de proibição do uso da força.[269] Na prática dos Estados, a Declaração foi referência normativa fundamental durante o processo negociador que conduziu à adoção dos dois Protocolos Adicionais de 1977 às Convenções de Genebra de 1949 sobre Direito Internacional Humanitário,[270] bem como à adoção do Ato Final de Helsinque que deitou as bases para a subsequente criação da futura Organização sobre Segurança e Cooperação da Europa (OSCE). Anos antes, o documento servira também de referência aos trabalhos preparatórios que levaram à adoção da Definição da Agressão pela Assembléia Geral, em 1974.[271] Da mesma forma, o documento foi reconhecido pela doutrina como marco do direito positivo para a interpretação sistemática de outras normas à luz da Carta das Nações Unidas. Os resultados obtidos no Comitê Especial permanecem, assim, de atualidade e relevância para o correto entendimento dos princípios fundamentais do direito internacional, como uma das peças de maior autoridade a respeito da interpretação (*opinio iuris*) dos princípios constantes na Carta da ONU.[272] É talvez nos dias atuais que a Declaração alcança seu real significado para o direito internacional, na medida em que as divisões ideológicas da Guerra Fria foram em grande medida

---

A. A. Cançado Trindade, *supra* nota 249, p. 132. Para Sinclair, a Declaração "represents on many points (...) an accommodation between conflicting and strongly-held views, between the exigences of the *lex lata* and the pressures for recognition of an emerging *lex ferenda* and, above all, between antinomies of stability and change". I. Sinclair, *supra* nota 265, p. 137.

268 *Western Sahara*, Advisory Opinion, ICJ Reports (1975), p. 33, para. 58.

269 "The effect of consent to the text of such resolutions (...) may be understood as an acceptance of the validity of the rule or set of rules declared by the resolution by themselves". *Nicaragua* case (*Military and Paramilitary Activities in and Against Nicaragua (Nicaragua v. U.S.)*) (Jurisdiction and Admissibility), ICJ Reports (1984), 392; (Merits) ICJ Reports 1986, pp. 99-100, para. 188.

270 "Conférence Diplomatique sur la Reaffirmation et le Développement du Droit International Humanitaire applicable dans les conflits armés – Résumé des travaux de la quatrième session", 703 *Revue internationale de la Croix Rouge* (juillet de 1977), pp. 381-418.

271 Resolução A/9890. Em especial, as duas referências expressas à Declaração no preâmbulo e no artigo 7º.

272 A. A. Cançado Trindade, *supra* nota 249, p. 140; A. A. Cançado Trindade, *supra* nota 20, pp. 109-110.

superadas. Vale recordar, igualmente, que a Declaração de 1970 exerceu influência decisiva no tratamento da temática de relações internacionais no curso da Assembléia Nacional Constituinte. O primeiro anteprojeto preparado na Subcomissão da Nacionalidade, da Soberania e das Relações Internacionais fazia referência específica à resolução 2625 (XXV) da AGNU ao lado da Carta das Nações Unidas e da Organização dos Estados Americanos. Tal como percebido pelo constituinte, a Declaração explicitava os princípios da Carta, isto é, conferia-lhes a densidade normativa necessária à sua aplicação na realidade internacional.

Não obstante a importância de documentos como a Declaração de 1970 para a codificação de princípios em subprincípios e regras objetivamente "densificadas", o desenvolvimento progressivo do direito internacional indica a necessidade de agregar outros princípios que exercem papel igualmente fundamental na ordem jurídica contemporânea e que, por essa razão, devem estar incluídos em qualquer listagem, mesmo que meramente tentativa, de normas pertencentes a essa categoria no direito internacional. Em linha com autores como Cassese[273] e Rawls, esse é o caso, sobretudo, do princípio de promoção e de proteção dos direitos humanos.[274] O estabelecimento de um novo Comitê encarregado de interpretar os princípios fundamentais do direito internacional seria, idealmente a melhor maneira de obter indícios inequívocos sobre o estado da arte sobre a interpretação dessas normas. Mas dada a improbabilidade de que isso ocorra em futuro próximo, cabe ao intérprete percorrer as fontes primárias que se encontram, de forma esparsa, na prática dos Estados e da *opinio iuris*, além é claro, de forma subsidiária, analisar a maneira com que cada um desses princípios tem sido aplicado na prática jurisprudencial e avaliados pela doutrina internacionalista.

São esclarecedores, quanto à *opinio iuris* dos Estados na matéria, dois documentos adotados mais recentemente. Adotada por consenso pela AGNU em 2000, a *Declaração do Milênio das Nações Unidas* afirma que os princípios da Carta "have proved timeless and universal" e reafirma o compromisso com os propósitos e princípios das Nações Unidas, a saber: "the sovereign equality

[273] Para Cassese, o artigo 38 (1) (c) do Estatuto da CIJ significa "those fundamental principles of international law which govern international relations (substantially, the seven principles embodied in the 1970 Declaration on Friendly Relations, plus the principle of respect for human rights)." A. Cassese e Joseph Weiler (eds.) *Change and Stability in International Law-Making*, Berlin, De Gruyter, 1988, p. 170.

[274] O mesmo se poderia dizer da proteção no meio ambiente, que deveria ser mencionado entre os fins do princípio de cooperação internacional. Cf. I. Sinclair, *supra* nota 248, p. 28.

of all States, respect for their territorial integrity and political independence, resolution of disputes by peaceful means and in conformity with the principles of justice and international law, the right to self-determination of peoples which remain under colonial domination and foreign occupation, non-interference in the internal affairs of States, respect for human rights and fundamental freedoms, respect for the equal rights of all without distinction as to race, sex, language or religion and international cooperation in solving international problems of an economic, social, cultural or humanitarian character".[275] Nesse mesmo diapasão, a Declaração da Cúpula Mundial de 2005 (*World Summit Outcome*),[276] reafirma os princípios da Carta, incluindo o princípio da boa-fé,[277] e faz referência ao dever dos Estados de respeitar os princípios enumerados pela Declaração de 1970.[278] A menção aos direitos humanos supriu, assim, da perspectiva estrita do direito positivo, lacuna jurídica, em sintonia com o constituinte brasileiro no inciso II do art. 4º.

O Desafio Hermenêutico

A interpretação dos princípios constitucionais de relações internacionais traz um problema específico para a dogmática do direito brasileiro, a saber, a necessidade de harmonizar elementos e métodos típicos de interpretação constitucional com os cânones hermenêuticos próprios do direito internacional.

---

[275] Resolução 55/2 da AGNU, adotada em 18 de setembro de 2000, parágrafos 3 e 4.

[276] Resolução 60/1 da AGNU, adotada em 15 de setembro de 2005, por ocasião do 60º aniversário da ONU.

[277] "5. We are determined to establish a just and lasting peace all over the world in accordance with the purposes and principles of the Charter. We rededicate ourselves to support all efforts to uphold the sovereign equality of all States, respect their territorial integrity and political independence, to refrain in our international relations from the threat or use of force in any manner inconsistent with the purposes and principles of the United Nations, to uphold resolution of disputes by peaceful means and in conformity with the principles of justice and international law, the right to self-determination of peoples which remain under colonial domination and foreign occupation, non-interference in the internal affairs of States, respect for human rights and fundamental freedoms, respect for the equal rights of all without distinction as to race, sex, language or religion, international cooperation in solving international problems of an economic, social, cultural or humanitarian character and the fulfilment in good faith of the obligations assumed in accordance with the Charter".

[278] "73. All States should act in accordance with the Declaration on Principles of International Law concerning Friendly Relations and Cooperation among States in accordance with the Charter of the United Nations".

Se no direito internacional tem peso específico o sentido e o significado dos termos tal como compreendidos pelas partes no momento da celebração de um tratado internacional (interpretação estática) – o que significa que o papel de intérprete é sobremaneira reduzido quando comparado com suas capacidades hermenêuticas no direito interno –, no direito constitucional prevalece o entendimento de que a justificativa da decisão deve assentar-se no sentido e no significado da norma no momento de sua aplicação (interpretação dinâmica).[279] A dupla dimensão constitucional e internacional dos princípios constitucionais de relações internacionais parece, assim, levar-nos a um paradoxo. Por um lado, como evitar os excessos de um atavismo hermenêutico, se a compreensão do significado dessas normas associa-se a normas de direito internacional cuja evolução e concretização se dá no plano externo, no qual as visões dos Estados têm peso específico no processo interpretativo? Por outro, como impedir, no plano interno, interpretação potencialmente dissociada do desenvolvimento dessas normas no direito internacional, ou, de forma ainda mais problemática, sem levar em conta a vontade objetivamente manifestada

[279] Gadamer propugnava processo interpretativo dinâmico por definição, no qual a subjetividade é algo não só inerente como indissociável da exegese jurídica. A interpretação estaria sob a influência das idéias preconcebidas do intérprete, de onde resultariam possibilidades diversas de compreensão no tempo e no espaço. Nessa lógica, exerce influência decisiva a tradição do conhecimento na qual tanto o intérprete quanto o objeto estão inseridos, algo que o filósofo alemão denominou de "círculo hermenêutico". A influência das idéias e valores pré-concebidos do intérprete (o universo gnosiológico no qual se dá sua subjetividade) deixaria de ser algo inconsciente para transformar-se em elemento compartilhado por uma comunidade científica unida no seio de uma tradição comum. Nega-se, portanto, o originalismo entendido como a submissão do processo hermenêutico à vontade original do legislador, pois tanto o historiador (reconstrução do sentido original) quanto o operador (aplicação da norma) do Direito se encontrariam na mesma "situação hermenêutica": a expectativa de um significado. Não haveria dissociação entre o passado da norma e sua continuidade no presente. Em corolário, a decisão do juiz, embora deva ser a correta e não aplicação arbitrária da lei, pressupõe intermediação histórica entre o passado (gênese normativa) e o presente (momento da aplicação) que só é possível por meio da própria interpretação. Não se trata, porém, de admitir que a interpretação esteja reduzida à discricionariedade intérprete, mas simplesmente que é necessário ter consciência dessa influência a fim de permitir que o próprio texto possa se apresentar em todo seu significado e sentido numa determinada comunidade epistêmica. É aí que Gadamer faz referência à autoridade do intérprete, cuja legitimidade decorre da presunção de seu maior conhecimento científico sobre a matéria em exame. Em Gadamer, interpretação é aplicação, e vice-versa, pois a compreensão do objeto, embora do interesse primário da ciência, pertence ao plano da experiência. Hans-Georg Gadamer, *Reason in the Age of Science* (trad. Frederick G. Lawrence), Cambridge, The MIT Press, Massachusetts, 1992, pp. 154-157; e Hans-Georg Gadamer, *Truth and Method* (trad. Joel Weinshheimer e Donald G. Marshall), Nova York: 1993, 2nd. ed., pp. 22-23, p. 279 e pp. 332-333.

pelas partes de um tratado internacional no qual está inscrita a norma em exame? Se "todo intérprete, assim como todo juiz, embora jamais esteja vinculado pelo 'espírito da lei' ou pela 'vontade do legislador', estará sempre vinculado pelas normas jurídicas - e, em especial, pelos princípios -, que deve interpretar",[280] como observar, no caso do art. 4º, o dever de ter presente a vontade das partes segundo os cânones do direito das gentes?

Da perspectiva exclusivamente dogmática, parte da resposta pode ser encontrada na chamada "interpretação pragmática", que permite o recurso do intérprete à análise da vontade do legislador com vistas à obtenção dos contornos hermenêuticos mais precisos da norma em exame. Desenvolvida por Joseph Raz,[281] essa via interpretativa não significa atavismo hermenêutico orientado pela busca de uma objetividade histórica inalterável e, portanto, contrária à evolução das normas no relacionamento interestatal. Sem reconduzir a um originalismo radical que pudesse impedir qualquer evolução interpretativa e, ao mesmo tempo, sem subordinar a hermenêutica a considerações morais e ideológicas individuais, Raz reconhece nas intenções originais do legislador um vetor teleológico subjacente à legislação, mas sem negligenciar a evolução interpretativa de uma norma para a correta aplicação do direito positivo. A busca pela intenção do legislador deixa, assim, de ser critério determinante do processo hermenêutico para remeter o intérprete às "convenções interpretativas prevalecentes ao tempo da legislação em causa, as quais podem apontar para uma interpretação continuada".[282] Ao invés de circunscrever o juízo interpretativo atual de um determinado dispositivo jurídico a pretenso "consenso intencional historicamente demonstrável", busca-se, alternativamente, nas referências à intenção original, elemento justificativo e plausível para reforçar a decisão com base na evolução interpretativa da norma em exame, de forma a contextualizá-la às circunstâncias atuais do momento de sua aplicação. Com isso é respeitada a juridicidade da norma, que pressupõe sua institucionalidade normativa, isto é, a existência de processo normogenético realizado pela autoridade competente (legislador),[283] ao mesmo tempo em que se reconhece a

---

280 Eros Roberto Grau, *supra* nota 22, p. 76.

281 Joseph Raz, 'Authority and Justification', in Joseph Raz, (ed.), *Authority*, New York, New York University Press, 1990, pp. 115 e ss; J. Raz, *The Morality of Freedom*, Oxford, Oxford University Press, 1988, pp. 23 e ss.

282 Miguel Nogueira de Brito, 'Originalismo e Interpretação Constitucional', in Virgílio Afonso da Silva (org.), Interpretação Constitucional, São Paulo, Malheiros Editores, 2005, p. 96.

283 Sobre o conceito de "tese da justificação normal", cf. J. Raz, *The Morality of Freedom*, pp. 43 e ss.

natureza dinâmica do direito. Potencializa-se a "melhor interpretação" ao evitar tanto decisão circunscrita à intenção original do legislador, que acentuaria a tensão intergeneracional entre passado e presente sob a influência da contínua produção normativa por diferentes atores e intenções (caso em que a única solução possível e juridicamente admissível seria a reforma constitucional), quanto a redução do processo hermenêutico a um exercício baseado em considerações pessoais do intérprete potencialmente dissociadas dos comandos prescritos pela norma jurídica.[284] No caso dos princípios constitucionais de relações internacionais, evita-se ainda negligenciar aspecto central do processo hermenêutico das normas no direito internacional, a saber, a interpretação dadas pelos Estados, enquanto partes e legisladores, na aplicação de princípios que não só representam os alicerces sobre os quais se imbrica a ordem jurídica internacional, com seus limites e debilidades, como também servem como referências para a interpretação das demais normas do direito das gentes.[285]

Essa opção hermenêutica prevaleceu, implicitamente, no processo negociador da Declaração sobre os Princípios do Direito Internacional de 1970. Na ocasião, nações recém-independentes do mundo asioafricano sustentavam interpretação ampla do termo "força" no artigo 2(4) da Carta. Desejavam, com isso, que o escopo de "proteção da independência política" dos Estados cobrisse, igualmente, a pressão econômica e política da mesma forma que se dá, para fins de aplicação, com o uso da força armada. A solução encontrada foi uma interpretação restritiva do dispositivo sobre o uso da força, em linha com a vontade original das partes em 1945, deixando para o escopo mais amplo do princípio de não intervenção nos assuntos domésticos (art. 2(7)) outras formas de coerção que pudessem atentar contra a soberania e a integridade territorial de um país.

Essa alternativa alinha-se, ademais, com a premissa fundamental do presente estudo. Diferentemente do que se poderia admitir sob o *interpretivism* dworkiano[286] em relação aos princípios do direito constitucional *stricto sensu*,

---

[284] Miguel Nogueira de Brito, *supra* nota 282, p. 113.

[285] A. A. Cançado Trindade, *supra* nota 20, p. 110.

[286] Essa teoria hermenêutica, avançada no constitucionalismo norte-americano por Ronald Dworkin, sustenta a legitimidade de o intérprete imputar à norma em exame sentido e significado atuais, sem a necessidade de recorrer às intenções do legislador original (o chamado "originalismo" constitucional). Dworkin preconiza um processo de interpretação constitucional baseado na "dimensão do ajustamento" (*dimension of fit*), segundo o qual decisões políticas anteriores são examinadas à luz de sua consistência em face dos princípios

os princípios constitucionais de relações internacionais correspondem, materialmente, a princípios fundamentais do direito internacional. Qualquer processo hermenêutico a respeito do alcance e do significado dessas normas, tanto em perspectiva estática quanto dinâmica, é, assim, reconduzido ao exame do desenvolvimento e da evolução progressiva dessas normas no *ius gentium*. Dadas as deficiências intrínsecas do sistema jurídico internacional, o peso específico conferido à vontade das partes oferece garantia mínima de que haverá respeito à força do direito e não ao direito da força na aplicação das obrigações internacionalmente assumidas pelos Estados. Essa atividade é facilitada pelos procedimentos próprios do direito internacional. Sobretudo após a criação das Nações Unidas, as normas do direito convencional (tratados internacionais) e consuetudinário (resoluções da AGNU) são acompanhadas de seus respectivos *travaux préparatoires*, que permitem, com necessária e inequívoca clareza, determinar não só a intenção, mas também como dispositivos convencionais ou consuetudinários eram interpretados juridicamente pelas partes no momento da negociação e da conclusão dessas normas. É com base nos *records*, ademais, que se configuram os precedentes da prática diplomática de cada país, os quais são elementos fundamentais, como prova de *opinio iuris*, para determinar o estado da arte do costume internacional.[287]

Não se deve negar, porém, a necessidade de interpretar o direito internacional em sua evolução normativa.[288] Mas para os princípios do art. 4º essa tarefa é igualmente remetida a seu desenvolvimento normativo no *ius gentium*, a fim de determinar não seu significado, mas o sentido e o alcance de cada subprincípio e regra densificadora no momento de aplicação ao caso concreto. Embora o resultado desse processo hermenêutico não deva jamais

---

constitucionais. Trata-se, portanto, de uma teoria que funde o direito constitucional com a teoria política e moral: o direito - e sua interpretação e aplicação - não pode estar dissociado dos valores morais vigentes na sociedade liberal. Importa, sobretudo, identificar o princípio moral que justifique, no caso concreto, a decisão do intérprete pela aplicação da norma em exame a partir daquela determinada linha interpretativa, pois qualquer direito ou obrigação podem ser explicados ulteriormente por aqueles princípios morais (*justice as fairness*). R. Dworkin, *supra* nota 35, pp. 81 e ss; e R. Dworkin, *Law's Empire*, London, Fontana Press, 1986, pp. 65 e ss; e p. 359. A preocupação fundamental de Dworkin é evitar que a vontade da maioria prevaleça sobre a vontade da minoria. R. Dworkin, *A Matter of Principle*, Clarendon Press, Oxford, 1986, pp. 48 e ss.

[287] É por essa razão que a diplomacia brasileira dá tanto valor aos precedentes. Se no Direito os precedentes constituem elementos de prova do costume, na política exterior são marcos de coerência.

[288] A. A. Cançado Trindade, *supra* nota 20, pp. 85-86.

ser contrário, teleologicamente, ao vetor normativo original da espécie em exame,[289] nem tampouco extrapolar os limites estabelecidos pela própria norma positiva, o que equivaleria a nova gênese normativa, as características de generalidade e abstração dos princípios oferecem ao intérprete margem ampla o suficiente para admitir a evolução da norma ao longo do tempo.[290] Isso significa a tarefa de verificar como a espécie em exame tem sido aplicada à luz das fontes do direito internacional, com destaque para a prática dos Estados (costume internacional), a jurisprudência dos tribunais internacionais e, de forma subsidiária, a doutrina internacionalista.

Para melhor compreensão desse fenômeno, devem-se ter presente as duas dimensões hermenêuticas do direito intertemporal, quais sejam, os princípios de contemporaneidade e de evolução normativa. O primeiro requer que a interpretação da norma em exame leve em consideração o sentido da norma e do sistema jurídico como um todo no momento de sua positivação. O segundo exige que a norma seja interpretada à luz de seu significado atual e de outras normas válidas no sistema jurídico no momento de aplicação. O equilíbrio entre ambos os vetores hermenêuticos permite afastar tanto implicações restritivas de um originalismo radical que limitaria as possibilidades de revisão constitucional aos parâmetros das intenções do legislador constituinte,[291] quanto indesejável recaída positivista que conferiria ao intérprete capacidades hermenêuticas absolutamente discricionárias quanto aos dispositivos em exame. Por essa razão, é lícito recorrer à interpretação tanto dinâmica quanto estática em relação a duas dimensões da expressão da *opinio iuris* do Brasil em relação à matéria. A primeira delas, de natureza dinâmica, é a prática diplomática brasileira, cuja validade enquanto fonte normativa decorre, *prima facie*, das competências funcionais determinadas pela Constituição Federal em matéria de relações exteriores. A segunda, de natureza estática, é o exame do processo deliberativo sobre os princípios consignados no art. 4º no curso da Assembléia Nacional Constituinte. Embora não constituam fontes primárias, ambas servem como meios subsidiários para a determinação dos contornos materiais mais precisos desses princípios em sua relação específica com a ordem jurídica brasileira.

---

[289] Inadmissibilidade de interpretação *contra legem*.

[290] "Those principles are a manifestation of the international juridical conscience, they reflect the *status conscientiae* of the subjects of International Law". A. A. Cançado Trindade, *supra* nota 20, pp. 85-86.

[291] Cf., a esse respeito, Miguel Nogueira de Brito, *supra* nota 282, p. 55 e ss.

Prática Diplomática brasileira

A dinâmica própria dos princípios constitucionais de relações internacionais impõe à tarefa hermenêutica complexidade sem correspondência no plano doméstico, pois a obtenção dos conteúdos normativos de cada dispositivo do art. 4º transcende os limites da ordem jurídica interna. Em linha com as competências previstas pela Constituição na matéria, esse aspecto põe em realce o peso específico das posições assumidas pelo Brasil em sua prática diplomática no processo de interpretação sobre quais são os comportamentos necessários à obtenção do estado ideal de coisas prescrito pelos princípios de relações internacionais.[292] Uma vez que cabe à diplomacia brasileira interpretar o sentido e o significado para o Brasil, enquanto sujeito de direito internacional público, dos princípios constitucionais de relações internacionais no plano interestatal, a prática diplomática brasileira oferece baliza fundamental para a determinação dos contornos hermenêuticos dessas normas no plano interno. Isso se deve porquanto a prática diplomática e a *opinio iuris* dos Estados oferecem os parâmetros objetivos para a determinação da existência de uma norma costumeira no direito internacional.[293] Para além dos instrumentos convencionais dos quais o Brasil é parte e que se aplicam no processo de densificação dos princípios de relações internacionais pelo fato de serem válidos no ordenamento doméstico, cabe ao intérprete buscar na prática diplomática brasileira as nuances interpretativas sobre aspectos específicos do universo normativo correspondente a cada um dos princípios do art. 4º,[294] pois são a voz

---

[292] Cançado Trindade identifica, nos últimos anos, "a maior consciência da influência que o exame e a difusão dos dados relativos à prática dos Estados podem exercer na evolução do próprio direito internacional consuetudinário" Segundo ele, "a sistematização da prática dos Estados em matéria de direito internacional (...) pode ademais contribuir em muito para uma melhor fundamentação de suas posições e para o aperfeiçoamento da construção de normas jurídicas com vistas a sua maior eficácia". A. A. Cançado Trindade, 'Introdução: A Emergência da Prática do Direito Internacional', *Repertório da prática brasileira do direito internacional público* (período 1919-1940), 2ª ed., Brasília, FUNAG, 2012, p. 37.

[293] Sendo "fonte" do direito internacional "o costume internacional [serve] como prova de uma prática geral aceita como sendo o direito", podendo o direito internacional consuetudinário ser caracterizado como "a generalização da prática dos Estados". A. A. Cançado Trindade, *idem*, p. 35.

[294] "A prática dos Estados em matéria de direito internacional público é importante não só por assegurar a memória histórica do percurso diplomático e jurídico de um país, mas também porque constitui, quando acompanhado da *opinio juris* e apoiado na doutrina, uma das fontes de constituição do direito internacional costumeiro (...) É pois de suma importância que a opinião e a prática brasileiras sobre questões de direito internacional,

e a ação diplomática que revelam a consciência do Brasil a respeito do direito internacional ao longo do tempo.[295]

As posições do Brasil em relação à matéria juridicamente regulada por esses princípios assumem peso específico para efeitos de sua interpretação no plano doméstico. É a prática diplomática no direito internacional que indica o sentido e, em última análise, a medida de aplicação dessas normas em relação ao País enquanto sujeito jurídico no plano externo.[296] Isso ocorre não só em relação ao entendimento do significado, do sentido e do alcance de uma determinada norma no direito internacional, como também em eventuais manifestações da diplomacia em questões como expressão de consentimento ao costume *in fieri* ou à declaração de objeção persistente (*persistent objector*) em relação à sujeição do Brasil a regra ou relação consuetudinária. Se no plano externo a diplomacia é a voz pela qual o Estado veicula sua opinião e vontade em relação ao direito internacional, no plano interno a prática diplomática funciona como as lentes através das quais o ordenamento jurídico doméstico

---

hoje pouco conhecidas, sejam levadas em conta pelos internacionalistas, tanto no terreno acadêmico como no âmbito dos tribunais de outros países e das cortes internacionais". Gilberto Vergne Saboia, 'Apresentação à 2ª edição', in A. A. Cançado Trindade, *Repertório da prática brasileira do direito internacional público* (período 1919-1940), 2ª. ed., Brasília, FUNAG, 2012, p. 8.

[295] "A necessidade do exame da prática dos Estados se prende à preocupação destes últimos em fundamentar bem e corretamente as posições que assumem, sobre certas questões, em determinado momento histórico. Os próprios esforços de codificação se atêm à consideração de regras do direito internacional em combinação com dados da prática. Não se trata de um estudo da prática pela prática, de uma simples questão de método; há que identificar o que está *além* da prática, ou seja, os seus dados que revelam a *consciência* do direito internacional, levando a posições fundamentadas no direito internacional. (...) a busca consciente de soluções jurídicas para novos problemas do presente e do futuro, pressupõe o conhecimento sólido de soluções do passado". A. A. Cançado Trindade, 'Prefácio à 2ª Edição', *Repertório da prática brasileira do direito internacional público* (período 1919-1940), 2ª. ed., Brasília, FUNAG, 2012, pp. 16 e 17.

[296] "Os discursos deixam entrever algumas das principais dicotomias que caracterizam o processo de formulação de política externa no Brasil: nacionalismo e internacionalismo; realismo e idealismo; pragmatismo e utopia; reivindicação e invenção; ocidentalismo e terceiromundismo; universalismo e particularismo; fatalismo e esperança; subjetivismo e objetivismo; democracia e autoritarismo; continuidade e mudança; e assim por diante. Essas dicotomias refletem as ambivalências das múltiplas e muitas vezes contraditórias dimensões do Brasil. Mas não obscurecem jamais a escala de valores éticos mediante a qual a diplomacia brasileira se propõe a apreciar os fatos e distinguir o real do irreal, a ilusão da realidade". Luiz Felipe Seixas Corrêa (org.), *O Brasil nas Nações Unidas*, Brasília, FUNAG, 2007, prefácio à Primeira Edição, p. 27.

percebe o desenvolvimento progressivo das normas do direito das gentes, aí incluídos os conteúdos materiais correspondentes aos princípios do art. 4º. Da perspectiva exclusivamente jurídico-constitucional, essa é uma função intermediadora entre os planos externo e doméstico. Observa-se algo talvez único na ordem constitucional: as características dos princípios do art. 4º (materialidade de direito internacional e concretização nas relações do Brasil no exterior) implicam a existência de um fenômeno sintético, em que os atos do Brasil são a um só tempo pacientes e sujeitos do processo de densificação do conteúdo prescritivo dessas normas no ordenamento jurídico. Da mesma forma que se observa, por analogia, na prática jurisprudencial do Poder Judiciário em relação ao direito em geral em âmbito interno,[297] é a atividade diplomática do Brasil que permite consolidar e alcançar os contornos precisos das normas de direito internacional em relação ao ordenamento jurídico brasileiro.[298]

O caráter vinculante das posições do Brasil no plano exterior em qualquer exercício hermenêutico a respeito do conteúdo e do escopo de aplicação dos princípios enumerados no art. 4º também se justifica à luz do texto constitucional. Da perspectiva exclusivamente formal, as capacidades hermenêuticas da diplomacia brasileira advêm das competências privativas do Poder Executivo na execução da política exterior.[299] As competências para a concretização dos princípios de relações internacionais estão concentradas no Poder Executivo, nos termos previstos na Constituição Federal.[300] Como norma constitucional de eficácia plena,[301] a competência privativa da Presidência da República nessa matéria é autoexecutória. Isso significa, por um lado, a identificação do Poder

---

[297] Para Lafer, a prática diplomática brasileira equivale, no Direito Internacional Público, "à jurisprudência no plano interno". Celso Lafer, 'Prefácio', in Pedro Dallari, *supra* nota 2, p. xxii.

[298] A interpretação de uma norma consuetudinária está relacionada com sua validade no ordenamento jurídico internacional, pois a *opinio iuris* é um elemento de prova de sua existência, seja no plano positivo (declarações expressas), seja negativo (atos de abstenção). Charles de Visscher, *Problèmes d'interprétation judiciaire en droit international public*, Paris, Editions A. Pédone, 1963, p. 219.

[299] Vale aqui lembrar a máxima de Gadamer: "interpretar é aplicar; aplicar é interpretar".

[300] Em termos de direito comparado, trata-se de prática quase universal, sendo pouquíssimos os Estados que facultam capacidades jurídicas para entes federativos e outros Poderes.

[301] São normas como aquelas que definem competências de entidades federativas ou órgão do governo, as quais "implicam, por um lado, a proibição de outras entidades ou órgãos exercerem aquelas atribuições e, por outro lado, impõem ao titular da competência uma conduta na forma prevista, se ocorrerem certos pressupostos, visto que tais atribuições

Executivo como ente com a capacidade privativa para determinar os meios necessários à realização do estado ideal de coisas colimado pelos princípios inscritos no art. 4º. Por outro lado, essa competência formal exclui, quanto à formulação e execução da política exterior, a capacidade - e logo vinculação - de outros Poderes e entes federativos. Nos termos da Constituição, as competências nessa área conferidas pelo legislador originário para outros entes e Poderes são de natureza essencialmente acessória (não confundir com residuais) ou de controle político (caso do Poder Legislativo), na medida em que estão circunscritas a temas e tarefas especificamente regulados *ratione materiae*, o que impõe, como regra de exceção, interpretação restritiva quanto a seu escopo de aplicação. Por isso se relacionam vezes à necessidade de conferir legitimidade política à ação do Brasil no exterior (caso das sabatinas no Senado Federal para a designação de Chefes de Missão Diplomática no exterior, que são representantes plenipotenciários do Estado brasileiro), vezes ao controle de legalidade, como em pedidos de extradição e ações envolvendo Estado estrangeiro. Em ambas, não se revelam sobreposições de competências com o Poder Executivo, mas o exercício de prerrogativas juridicamente previstas, de forma excepcional, em matéria de política exterior.[302] Essa lógica funcional foi reconhecida na doutrina internacionalista por meio da tese de desdobramento funcional de Georges Scelle, segundo a qual os órgãos do Estado exercem atividades segundo as competências de cada ordenamento doméstico e veiculam, a opinião e a ação dos Estados no direito internacional.[303]

Se o anterior é evidente no caso da concretização administrativa, a mesma relação se observa nas duas outras categorias propostas por Canotilho para a concretização dos princípios na ordem jurídica. A chamada *concretização regulamentadora* dos princípios constitucionais de relações internacionais se dá, por exemplo, no plano dos tratados e acordos celebrados pelo Brasil com outros sujeitos de direito internacional público, os quais se submetem ao exame do legislador ordinário apenas num segundo momento, isto é, na etapa de sua

constituem atividades ínsitas no conjunto de fins que justificam a existência do Estado". José Afonso da Silva, *supra* nota 4, p. 89.

302 "A política externa é conduzida pelo Poder Executivo e caberá a ele aplicar tais princípios, bem como ver da oportunidade para a sua concretização. Eles são muito amplos e, como vimos, passíveis de diferentes interpretações. No Poder Legislativo eles servem como uma espécie de "guia" para controlar a política externa desenvolvida pelo Poder Executivo". Celso D. de Albuquerque Mello, *supra* nota 3, p. 171.

303 Georges Scelle, *supra* nota 130, p. 21.

aprovação pelo Congresso Nacional (art. 49 (1) da Constituição). Já no caso da *concretização judicial*, a interpretação pelo juiz a respeito da aplicação de um princípio do art. 4º se sujeita à análise da prática diplomática brasileira na matéria em exame, sob o risco de contrariar não só competências constitucionais na área, como também o desenvolvimento progressivo de uma determinada norma de direito internacional em sua relação específica com o Brasil.

Em termos teóricos, a função interpretativa da prática diplomática brasileira na obtenção dos contornos normativos dos princípios constitucionais de relações internacionais também se justifica pela "tese da justificação normal" do exercício da autoridade proposta por Raz.[304] No caso particular do Brasil, a diplomacia brasileira detém autoridade legitimadora em razão de características históricas[305] e atuais. A primeira delas é a especialização da diplomacia brasileira em se tratando de relações internacionais e direito das gentes. O corpo diplomático brasileiro é reconhecido pelo compromisso histórico com a defesa e a promoção dos interesses do país, a despeito das circunstâncias conjunturais inerentes à sucessão de governos à frente do Poder Executivo. Em segundo lugar, no Brasil a carreira diplomática é uma carreira de Estado especializada e estruturada sobre as bases de um serviço exterior profissionalizado e estável, cujo acesso se dá por meio de concursos públicos e rigorosos.[306] A existência de uma carreira diplomática organizada nesses termos garante que a prática diplomática ocorra segundo procedimentos e comunicações formais, aspecto fundamental não só para a manutenção da memória da ação diplomática brasileira como fonte normativa dos princípios do art. 4º, como também para

---

304 A questão de quais instituições são legítimas para o exercício da autoridade é solucionada em Raz não só por outras normas que estabelecem a autoridade em um determinado ordenamento – a Constituição, por exemplo – mas sobretudo porque "an authority is justified (...) if it is more likely than its subjects to act correctly for the right reasons". Em outras palavras, a prática de determinadas instituições pode ser considerada como normativa e moralmente obrigatória em razão do reconhecimento sobre a legitimidade do exercício da autoridade. Joseph Raz, *The Morality of Freedom*, Oxford, Clarendon Press, 1986, p. 61.

305 A "obra diplomática" do Barão do Rio Branco "foi sempre guiada pelo respeito ao Direito Internacional Público à luz da prática brasileira, o que permitiu trazer soluções pacíficas e duradouras para consolidar nossos limites territoriais". Gilberto Vergne Saboia, *supra* nota 294, p. 7.

306 A tese da justificação normal supõe que (i) a autoridade tem acesso privilegiado às razões atinentes a uma determinada questão e (ii) a autoridade se encontra melhor situada do que os que lhe estão submetidos para tomar a decisão pertinente". Miguel Nogueira de Brito, *supra* nota 282, pp. 69-70.

o acesso à informação por parte da opinião pública em geral, em linha com o princípio de publicidade dos atos da administração. Essas características, nas quais sobressai a especialização de uma carreira pública no conhecimento não só jurídico, mas também histórico, político, cultural e econômico da realidade internacional, reforçam a autoridade da prática diplomática brasileira enquanto meio hermenêutico dos princípios constitucionais de relações internacionais. Essa visão alinha-se, ademais, com a tese de Gadamer quanto à autoridade do intérprete, cuja legitimidade é decorrente da presunção de seu maior conhecimento científico sobre a matéria em exame.[307]

Em suma, a concretização dos princípios constitucionais de relações internacionais tem lugar, *prima facie*, na prática diplomática do Brasil. A ação do País no exterior funciona como o diapasão fundamental para a interpretação sobre o significado, sentido e alcance dos subprincípios e regras que densificam materialmente cada dispositivo enumerado pelo art. 4º. É a prática diplomática que permite a superação de uma interpretação exclusivamente estática ou originalista, na medida em que vincula uma à outra por meio de fio condutor comum que veicula, ao longo do tempo, a interpretação do Brasil sobre o direito internacional.[308]

Assembléia Nacional Constituinte

Na mesma linha de interpretação pragmática, porém sob o signo da interpretação estática, ganha força, ainda que como meio interpretativo subsidiário, o recurso à análise do processo deliberativo na Assembléia Nacional Constituinte.[309] Aqui se observa de forma igualmente acentuada a distinção hermenêutica dos princípios de relações internacionais na comparação com

---

307 Gadamer nega o originalismo entendido como submissão da interpretação à vontade original do legislador, pois tanto o historiador (reconstrução do sentido original) quanto o operador (aplicação da norma) se encontrariam na mesma "situação hermenêutica": a expectativa de um significado. Hans-Georg Gadamer, *supra* nota 279, pp. 279.

308 "A obra de sistematização da prática dos Estados jamais é exaustiva, prosseguindo indefinidamente à medida que novas fontes e dados revelados e novos desenvolvimentos se desencadeiam". A.A. Cançado Trindade, *supra* nota 292, p. 35. Celso Amorim observa que a prática diplomática brasileira constitui "porta de entrada para quem deseja estudar a evolução da política externa brasileira, em seus aspectos de continuidade e mudança". Celso Amorim, 'Apresentação da Segunda Edição', in Luiz Felipe Seixas Corrêa (org.), *O Brasil nas Nações Unidas*, Brasília, FUNAG, 2007, p. 13.

309 "O procedimento adotado para a elaboração da Constituição é elemento relevante para a compreensão do significado de seus dispositivos. É na gênese da norma constitucional que

as demais normas constitucionais. O exame do processo deliberativo nas várias etapas da Constituinte permite retirar corolários fundamentais não só de cada norma individualmente, mas também de sua inserção sistêmica no texto constitucional. Em analogia com o que ocorre com os *travaux préparatoires* no direito das gentes, as atas da Assembléia Nacional Constituinte e as muitas justificativas que acompanhavam as emendas propostas pelos legisladores ao longo desse processo, são fontes valiosas sobre a intenção e o entendimento do constituinte pátrio sobre esses princípios. Em especial, a análise estática da vontade do legislador desempenha papel relevante à correta compreensão do significado e do sentido normativo dos princípios constitucionais de relações internacionais que não correspondem *prima facie* a um princípio fundamental positivado no direito internacional. Permitem, por exemplo, verificar que a prevalência dos direitos humanos associa-se ao princípio de proteção e de promoção dos direitos humanos tal como desenvolvido ao longo das últimas décadas no direito internacional geral, ou que a inclusão do dispositivo de repúdio ao racismo associava-se à influência da questão do *apartheid* sobre o constituinte naquele momento histórico. No tocante à defesa da paz, ver-se-á que o conceito não se confunde com a noção de neutralidade da política exterior brasileira, da mesma forma que a cooperação entre os povos liga-se, sobretudo, à dimensão de promoção do desenvolvimento socioeconômico.

Em que pese às chamadas *atualidade* e *poliformia* dos princípios constitucionais de forma geral,[310] a natureza excepcional dos princípios constitucionais de relações internacionais inscritos no art. 4º justificam, assim, o recurso à sua interpretação estática como instrumento válido para a obtenção, de forma mais precisa, do significado e do sentido dessas normas no ordenamento jurídico brasileiro. Pois a ponderação dessa ferramenta hermenêutica com o desenvolvimento progressivo de cada princípio no direito internacional e na prática diplomática brasileira é a garantia de que o intérprete não incorrerá em originalismo atávico, imutável e contrário à melhor prática do constitucionalismo brasileiro.

---

repousa a explicação da intenção de seus mentores e autores". Pedro Dallari, *supra* nota 2, p. 25.

[310] "A atualização dos princípios constitucionais manifesta-se na força interpretativa do texto e do contexto constitucional; na força redefinidora dos significados jurídicos e políticos dos princípios". Já "a poliformia principiológica na Constituição é que possibilita a multiplicidade de sentidos que se acrescentam e se sucedem". Carmem Lúcia Antunes Rocha, *supra* nota 20, pp. 85-86 e p. 39.

Conclusão

Diante do desafio de buscar a densificação normativa dos princípios do art. 4º, propõe-se metodologia condensada em três etapas fundamentais. A primeira consiste na delimitação do âmbito de aplicação de cada norma, isto é, na determinação do conteúdo e do escopo material de cada princípio à luz do ordenamento jurídico positivo. Como a matéria juridicamente regulada pelos princípios do art. 4º é *prima facie* de direito internacional, a tarefa nessa etapa corresponde ao exame do desenvolvimento de cada norma à luz das fontes do *ius gentium* estabelecidas pelo art. 38 do Estatuto da CIJ, a saber: o direto convencional (tratados internacionais), o direito consuetudinário, a jurisprudência dos principais órgãos jurisdicionais internacionais e a doutrina internacionalista. Em uma segunda etapa, dadas as características excepcionais do processo hermenêutico dos princípios constitucionais de relações internacionais, sugere-se o recurso à interpretação pragmática. Isso implica analisar o conteúdo normativo obtido no exame de cada princípio à luz da prática e da interpretação dada pelo Brasil enquanto sujeito de direito internacional público. Este último aspecto confere não apenas a dimensão particularista sobre a forma pela qual cada princípio tem sido aplicado pelo País no plano externo, como se justifica à luz competência privativa do Poder Executivo em matéria de política exterior, garantindo, assim, unidade e coerência imprescindíveis à realização dos fins e a preservação dos valores consubstanciados nesses princípios constitucionais. Na terceira e última etapa, buscar-se-á o significado da materialidade de cada um desses princípios a partir da *mens legis* prevalecente em 1988, com base na Assembléia Nacional Constituinte. Essa metodologia será utilizada nos capítulos a seguir, onde se examinarão cada um dos princípios constitucionais de relações internacionais inscritos no art. 4º da Constituição Federal. Antes disso, porém, há breve estudo comparativo com outras ordens jurídicas que prescrevem, em textos constitucionais, em analogia com o ordenamento brasileiro, princípios de direito internacional como reguladores das relações internacionais, seguido da análise histórica desses princípios no constitucionalismo brasileiro.

Capítulo III
DIREITO COMPARADO: PRINCÍPIOS CONSTITUCIONAIS DE RELAÇÕES INTERNACIONAIS EM OUTRAS ORDENS JURÍDICAS

A Constituição brasileira não é a única a prescrever princípios ou referências explícitas ao direito internacional com o objetivo de regular as relações internacionais de um determinado Estado a partir do texto constitucional.[311] Nossa prática se inscreve em tendência mais ampla de países com constituições escritas contendo disposições programáticas na matéria. Embora, em sua maior parte, os textos constitucionais disponham sobre temas como a competência dos entes estatais em política exterior, como no tocante à conclusão de acordos internacionais ou à declaração de guerra, têm sido cada vez mais comuns referências sejam a normas positivas de direito internacional, como é o caso do Brasil, sejam à relação do ordenamento jurídico doméstico com o direito internacional.[312] O direito comparado permite verificar que essas normas podem lidar com a supremacia do direito internacional sobre o direito interno,[313] a transferência de poderes soberanos

---

[311] Não serão analisarão as distintas modalidades de internalização de obrigações internacionalmente assumidas.

[312] Alberto Cassese, 'Modern Constitutions and International Law' (1985-II) 192, *R.C.A.D.I.*, pp. 331-475; e Anne Peters, 'Supremacy Lost: International Law Meets Domestic Constitutional Law', (2009) 3 *Vienna Online Journal on International Constitutional Law* 170.

[313] Constituição da Federação Russa de 1993, por exemplo.

a ente supranacional (União Européia), ou até mesmo ao reconhecimento da jurisdição de órgãos como o Tribunal Penal Internacional (TPI). É igualmente freqüente a remissão a direitos humanos protegidos por instrumentos internacionais, muitas vezes estabelecendo a prioridade do regime externo sobre o doméstico. Esse fenômeno revela, antes de tudo, uma lógica observada no constitucionalismo contemporâneo consistente na passagem das chamadas Constituições-garantia dos séculos XVIII e XIX para as Constituições-programáticas, que, no século XX, passaram a ir além da mera distribuição de competências entre os Poderes constituídos para dispor, por meio de princípios gerais, sobre programas de ação e linhas de orientação em matéria de política exterior.[314] O resultado é a convergência material entre os ordenamentos doméstico e internacional,[315] na medida em que a interação formalmente reconhecida do direito interno com o direito internacional pressupõe que ambos os ordenamentos sejam inter-relacionados.[316]

Direito Comparado

Historicamente, um dos precedentes mais significativos em matéria de positivação de princípios de direito internacional em textos constitucionais se deu com a Constituição francesa de 1793, que dedicava capítulo às relações da República francesa com as nações estrangeiras. Nesse documento já se percebiam princípios como a não intervenção, a concessão de asilo político e a condenação à guerra de conquista territorial.[317] Seria, porém, sobretudo no pós-Guerra, que várias constituições escritas passaram a inscrever princípios ou

---

314 Celso Lafer, *supra* nota 1, pp. 111-112.

315 "International law and domestic constitutional law are converging, and thereby also the state constitutions *inter se*". Anne Peters, 'Supremacy Lost: International Law Meets Domestic Constitutional Law', (2009) 3 *Vienna Online Journal on International Constitutional Law* 170, p. 173.

316 El-Erian, *YbILC* 1963, para. 42.

317 "*Des rapports de la République française avec les nations étrangères.* Article 118. - Le Peuple français est l'ami et l'allié naturel des peuples libres. Article 119. - Il ne s'immisce point dans le gouvernement des autres nations ; il ne souffre pas que les autres nations s'immiscent dans le sien. Article 120. - Il donne asile aux étrangers bannis de leur patrie pour la cause de la liberté. - Il le refuse aux tyrans. Article 121. - Il ne fait point la paix avec un ennemi qui occupe son territoire". Cf. também G.F. de Martens, *Précis du droit des gens moderne de l'Europe fondé sur les traités et l'usage*, Gottingue, de Dieterich, 1821 (3eme ed. rev. et augm.)

até mesmo noções materialmente oriundas do direito internacional. No caso da França, a Constituição da *quatrième République*, de 1946, especifica, em seu preâmbulo, que se conforma ao direito internacional,[318] bem como consente a limitações de sua soberania, sob reserva de reciprocidade, para a defesa da paz.[319] A Constituição de 1974 da antiga Iugoslávia enumerava extenso rol de princípios que guiavam o país em suas relações internacionais,[320] com destaque para os princípios preconizados na Carta das Nações Unidas. Da mesma forma, constituições de vários países referem-se explicitamente à Declaração Universal dos Direitos Humanos de 1948 como marco normativo a guiar suas ações no plano externo.

A Constituição francesa da *cinquième République* é menos assertiva, ao menos explicitamente, em relação ao texto de 1946 em matéria de direito internacional. Não obstante, o preâmbulo do texto de 1958, nos termos de sua última revisão em 2008, veicula o respeito aos "Direitos Humanos e aos princípios de soberania nacionais tais como definidos pela Declaração de 1789, confirmada e completada pelo preâmbulo da Constituição de 1946, assim como pelos direitos e deveres definidos pela Carta do meio ambiente de 2004".[321] Sobre este documento, de hierarquia constitucional, a revisão de 2008 assevera que "inspirará a ação européia e internacional da França" (art. 10 da Carta em apreço) e vai além ao estender aos povos dos territórios d´além-mar, com base no direito à autodeterminação, a faculdade de aderir à *République*.[322]

---

318 "La République française, fidèle à ses traditions, se conforme aux règles du droit public international. Elle n'entreprendra aucune guerre dans des vues de conquête et n'emploiera jamais ses forces contre la liberté d'aucun peuple".

319 "Sous réserve de réciprocité, la France consent aux limitations de souveraineté nécessaires à l'organisation et à la défense de la paix".

320 Coexistência pacífica, cooperação ativa entre Estados, adesão aos princípios da Carta das Nações Unidas, respeito aos compromissos internacionalmente assumidos, participação ativa em organizações internacionais, não interferência nos assuntos domésticos de outros países, internacionalismo socialista, rejeição do uso da força, direito à autodeterminação dos povos, independência e livre escolha da organização social e política, a proteção dos direitos das minorias, relações econômicas igualitárias e respeito ao direito internacional.

321 "Le peuple français proclame solennellement son attachement aux Droits de l'homme et aux principes de la souveraineté nationale tels qu'ils ont été définis par la Déclaration de 1789, confirmée et complétée par le préambule de la Constitution de 1946, ainsi qu'aux droits et devoirs définis dans la Charte de l'environnement de 2004".

322 Note-se o objetivo do constituinte francês em acentuar o direito à integração dos povos que não dispõem de governo próprio, ao invés de seu direito à independência.

Manteve-se, assim, ao menos para fins de aplicação, o dever de respeito às normas gerais do direito internacional público, algo que refletiria, segundo o preâmbulo, a "fidelidade às tradições" francesas na matéria.

A Constituição italiana, aprovada em 1947 no imediato pós-guerra, reproduz, *grosso modo*, dispositivos utilizados pelo constituinte francês da *quatrième République*. O artigo 10 estabelece que "o ordenamento jurídico italiano adequa-se às normas do direito internacional geralmente reconhecidas"[323] e o art. 11 dispõe que a Itália (note-se que o constituinte italiano não utiliza *Repubblica*, mas sim *l'Italia* como denominação do Estado enquanto sujeito de direito internacional) "consente, em condições de paridade com os outros Estados, nas limitações de soberania necessárias para um ordenamento que assegure a paz e a justiça entre as nações".[324] Nesse mesmo diapasão, esse dispositivo veicula o repúdio "à guerra como instrumento de ofensa à liberdade dos outros povos e como meio de resolução das controvérsias internacionais" e prevê, como mandamento político, a promoção e o favorecimento de organizações internacionais com vistas à defesa da paz. A *Constituzione* estabelece ainda que "a condição jurídica do estrangeiro é regulamentada pela lei, em conformidade com as normas e os tratados internacionais" e que o direito de asilo em território italiano será concedido aos estrangeiros que sejam impedidos "no seu país o efectivo exercício das liberdades democráticas garantidas pela Constituição italiana" (art. 10). Proíbe, ademais, a extradição de estrangeiros por crimes políticos, dos quais exclui, expressamente, o crime de genocídio.

Na Alemanha, o art. 25 da *Grundgesetz für die Bundesrepublik* prescreve que "as normas gerais do direito internacional público constituem parte integral da lei federal", bem como "têm precedência sobre estatutos (normas infraconstitucionais) e criam direitos e deveres diretamente aos habitantes do território federal".[325] A lei básica alemã dispõe também sobre o direito de asilo (no caso estendido a pessoas sob perseguição por razões políticas, à exceção de indivíduos de país comunitário ou de outros Estados onde é garantida a aplicação da Convenção sobre o Status Jurídico dos Refugiados e a Pacto de Direitos Civis e

---

323 "L'ordinamento giuridico italiano si conforma alle norme del diritto internazionale generalmente riconosciute".

324 "L'Italia consente, in condizioni di parità con gli al tri Stati, alle limitazioni di sovranità necessarie ad un ordinamento che assicuri la pace e la giustizia fra le Nazioni".

325 "Die allgemeinen Regeln des Völkerrechtes sind Bestandteil des Bundesrechtes. Sie gehen den Gesetzen vor und erzeugen Rechte und Pflichten unmittelbar für die Bewohner des Bundesgebietes".

Políticos),[326] o engajamento da Alemanha em um sistema de segurança coletivo (24 (1), (1a) e (2)), inclusive por meio da transferência de poderes soberanos a instituições intergovernamentais (leia-se, OTAN), a adesão a mecanismos de solução pacífica de controvérsias (24(3)) e, finalmente, a declaração não só da inconstitucionalidade *a priori* de quaisquer atos que possam perturbar as relações pacíficas entre as nações, especialmente atos preparatórios para a guerra de agressão, como também da natureza antijurídica dessas ações.[327]

A Constituição de 1999 da Confederação Suíça adotou modelo original na medida em que inscreveu o respeito ao direito internacional entre os princípios fundamentais do Estado de Direito.[328] Esse macroprincípio se insere, por sua vez, em marco preambular de natureza política, em que os Cantões confederados renovam sua aliança no seio da Confederação com vistas a reforçar a liberdade, a democracia, a independência e a paz em um espírito de solidariedade e de abertura em relação ao mundo.

Entre os países asiáticos, a Constituição da Índia[329] lida com o tema das relações internacionais a partir da perspectiva de uma "Política de Estado". Ao lado de outros "princípios diretivos", como o dever de proteger e de melhorar o meio ambiente e de salvaguardar as florestas e a vida selvagem do país

---

[326] "Art 16a - (1) Politisch Verfolgte genießen Asylrecht. (2) Auf Absatz 1 kann sich nicht berufen, wer aus einem Mitgliedstaat der Europäischen Gemeinschaften oder aus einem anderen Drittstaat einreist, in dem die Anwendung des Abkommens über die Rechtsstellung der Flüchtlinge und der Konvention zum Schutze der Menschenrechte und Grundfreiheiten sichergestellt ist. Die Staaten außerhalb der Europäischen Gemeinschaften, auf die die Voraussetzungen des Satzes 1 zutreffen, werden durch Gesetz, das der Zustimmung des Bundesrates bedarf, bestimmt. In den Fällen des Satzes 1 können aufenthaltsbeendende Maßnahmen unabhängig von einem hiergegen eingelegten Rechtsbehelf vollzogen werden".

[327] "Art. 26 - (1) Handlungen, die geeignet sind und in der Absicht vorgenommen werden, das friedliche Zusammenleben der Völker zu stören, insbesondere die Führung eines Angriffskrieges vorzubereiten, sind verfassungswidrig. Sie sind unter Strafe zu stellen. (2) Zur Kriegführung bestimmte Waffen dürfen nur mit Genehmigung der Bundesregierung hergestellt, befördert und in Verkehr gebracht werden. Das Nähere regelt ein Bundesgesetz".

[328] "Art. 5 - Principes de l'acitivité de l'Etat régi par le droit: 1. Le droit est la base et la limite de l'activité de l'Etat.2. L'activité de l'Etat doit répondre à un intérêt public et être proportionnée au but visé. 3. Les organes de l'Etat et les particuliers doivent agir de manière conforme aux règles de la bonne foi. 4. La Confédération et les cantons respectent le droit international".

[329] Nos termos do preâmbulo, a Índia é uma república soberana, socialista, secular e democrática.

(art. 48A),[330] a lei máxima indiana inclui, no art. 51, como normas reitoras do Estado, a promoção da paz e da segurança internacionais, a manutenção de relações justas e honrosas entre as nações, a promoção do respeito ao direito internacional e das obrigações convencionais nas relações de "povos organizados uns com os outros" e o incentivo à solução pacífica de controvérsias.[331]

De igual interesse é a Constituição da República Popular da China. Pautada na premissa de um Estado unitário e multinacional sob a primazia do Partido Comunista Chinês, o tema das relações internacionais é tratado no preâmbulo, onde se associam princípios fundamentais do direito internacional e preceitos de natureza política.[332] Quanto ao primeiro grupo, sobressai acentuado viés soberanista, tal como refletido nos cinco princípios fundamentais do direito internacional para a China (os chamados princípios de "coexistência pacífica"), a saber, respeito mútuo à soberania e integridade territorial dos Estados, não agressão, não interferência nos assuntos domésticos de terceiros Estados e igualdade jurídica. No plano político, a China associa sua política exterior à luta contra o imperialismo, o hegemonismo e o colonialismo, no marco da luta pelos direitos das nações pobres e oprimidas pela independência e desenvolvimento nacionais, bem como ao objetivo de salvaguardar a paz mundial.

Na África do Sul pós-*apartheid*, a Constituição de 1996 proclama, no preâmbulo, o objetivo de construir país unido e democrático capaz de assumir o lugar que lhe cabe (*to take its rightful place*) na família das nações como um Estado soberano. A Constituição sul-africana traz também um modelo

---

330 Incluído em emenda constitucional de 1976.

331 "Part IV. Directive Principles of State Policy. Art. 51. The State shall endeavour to (a) promote international peace and security; (b) maintain just and honourable relations between nations; (c) foster respect for international law and treaty obligations in the dealings of organized peoples with one another; and (d) encourage settlement of international disputes by arbitration".

332 "China's achievements in revolution and construction are inseparable from the support of the people of the world. The future of China is closely linked to the future of the world. China consistently carries out an independent foreign policy and adheres to the five principles of mutual respect for sovereignty and territorial integrity, mutual non-aggression, non-interference in each other's internal affairs, equality and mutual benefit, and peaceful coexistence in developing diplomatic relations and economic and cultural exchanges with other countries. China consistently opposes imperialism, hegemonism and colonialism, works to strengthen unity with the people of other countries, supports the oppressed nations and the developing countries in their just struggle to win and preserve national independence and develop their national economies, and strives to safeguard world peace and promote the cause of human progress".

original ao incluir Capítulo específico dedicado ao direito internacional, no qual, após elaboração minuciosa sobre o sistema jurídico relativo aos instrumentos convencionais de que a África do Sul é parte,[333] estabelece a abertura *a priori* do ordenamento jurídico sul-africano à recepção do direito internacional consuetudinário[334] e indica a preferência por via hermenêutica que esteja em consonância com o direito internacional.[335] Verifica-se, portanto, o objetivo do constituinte sul-africano não só de criar interface normativa entre o direito internacional e o direito doméstico, como também de torná-la operacional por meio de sua abertura em relação ao desenvolvimento progressivo do *ius gentium*. É através dessa janela de abertura normativa que ingressam os princípios fundamentais do direito internacional público.

Na América Latina, a Constituição argentina estabeleceu regime peculiar no tocante ao relacionamento entre normas do direito internacional e a ordem jurídica interna. Por um lado, o art. 75 (22) dispõe, de forma genérica, que todos os tratados internacionais devidamente ratificados pela Argentina têm hierarquia superior às leis ordinárias. Esse é o caso da Carta das Nações Unidas e dos instrumentos constitutivos dos mecanismos regionais de integração, como o MERCOSUL. Essas normas têm estatura jurídica intermediária entre a Constituição e a legislação ordinária. Por outro lado, o mesmo

---

[333] "International agreements 231. (1) The negotiating and signing of all international agreements is the responsibility of the national executive. (2) An international agreement binds the Republic only after it has been approved by resolution in both the National Assembly and the National Council of Provinces, unless it is an agreement referred to in subsection (3). (3) An international agreement of a technical, administrative or executive nature, or an agreement which does not require either ratification or accession, entered into by the national executive, binds the Republic without approval by the National Assembly and the National Council of Provinces, but must be tabled in the Assembly and the Council within a reasonable time. (4) Any international agreement becomes law in the Republic when it is enacted into law by national legislation; but a self-executing provision of an agreement that has been approved by Parliament is law in the Republic unless it is inconsistent with the Constitution or an Act of Parliament. (5) The Republic is bound by international agreements which were binding on the Republic when this Constitution took effect".

[334] "232. Customary international law is law in the Republic unless it is inconsistent with the Constitution or an Act of Parliament".

[335] "Application of international law - 233. When interpreting any legislation, every court must prefer any reasonable interpretation of the legislation that is consistent with international law over any alternative interpretation that is inconsistent with international law".

dispositivo elevou lista exaustiva[336] de tratados internacionais da área dos direitos humanos à hierarquia constitucional.[337] Dessa forma, criou-se regime no qual se estabelece uma hierarquia, ao menos para os fins de interpretação e de aplicação na ordem jurídica local, em que as normas internacionais de direitos humanos se sobrepõem às demais normas do direito internacional geral, seja de natureza convencional ou consuetudinária.

Já a Constituição uruguaia apenas estipula, em seu art. 6º, que o país deverá propor cláusula em tratados internacionais no sentido de que quaisquer disputas que surjam sobre sua aplicação deverão ocorrer pela via pacífica. Estabelece, ainda, que a República Oriental deverá promover a integração social e econômica dos Estados latino-americanos, especialmente na área de promoção comercial.[338]

Entre os países latino-americanos, a Constituição mexicana é a que mais se aproxima, em sua versão mais recente, da fórmula consagrada no art. 4º da lei fundamental brasileira. Na linguagem adotada após reforma constitucional de 2011, o art. 89 (X) estabelece que compete ao titular do Poder Executivo a direção da política exterior, que deve ser conduzida segundo "os seguintes princípios normativos: a autodeterminação dos povos, a não intervenção, a solução pacífica de controvérsias, a igualdade jurídica dos Estados, a cooperação internacional para o desenvolvimento, o respeito, a proteção e a promoção dos

---

[336] Outros tratados de direitos humanos só terão status constitucional após sua aprovação pelo Congresso por dois terços da totalidade dos membros de cada Câmara do Congresso argentino.

[337] "La Declaración Americana de los Derechos y Deberes del Hombre; la Declaración Universal de Derechos Humanos; la Convención Americana sobre Derechos Humanos; el Pacto Internacional de Derechos Económicos, Sociales y Culturales; el Pacto Internacional de Derechos Civiles y Políticos y su Protocolo Facultativo; la Convención sobre la Prevención y la Sanción del Delito de Genocidio; la Convención Internacional sobre la Eliminación de todas las Formas de Discriminación Racial; la Convención sobre la Eliminación de todas las Formas de Discriminación contra la Mujer; la Convención contra la Tortura y otros Tratos o Penas Crueles, Inhumanos o Degradantes; la Convención sobre los Derechos del Niño; en las condiciones de su vigencia, tienen jerarquía constitucional, no derogan artículo alguno de la primera parte de esta Constitución y deben entenderse complementarios de los derechos y garantías por ella reconocidos".

[338] "Artículo 6º.- En los tratados internacionales que celebre la República propondrá la cláusula de que todas las diferencias que surjan entre las partes contratantes, serán decididas por el arbitraje u otros medios pacíficos. La República procurará la integración social y económica de los Estados Latinoamericanos, especialmente en lo que se refiere a la defensa común de sus productos y materias primas. Asimismo, propenderá a la efectiva complementación de sus servicios públicos".

direitos humanos e a luta pela paz e a segurança internacionais".[339] Fica claro, na expressão utilizada nesse dispositivo, o entendimento explícito do constituinte mexicano de que essas normas constituem "princípios normativos", isto é, normas juridicamente válidas e obrigatórias. Outro ponto de interesse na análise comparativa com o Brasil é que a Constituição mexicana, originalmente de 1917, passou por diversos processos de reformas constitucionais desde então. Da mesma forma que houve modificação no rol de princípios constitucionais de relações internacionais nas sucessivas leis fundamentais brasileiras no século passado, no México esse fenômeno também teve reflexos sobre os princípios de política exterior. No texto original promulgado por Vestutiano Carranza, o dispositivo em apreço mencionava apenas, entre as competências do Chefe do Poder Executivo, "dirigir as relações diplomáticas e celebrar tratados". Somente na reforma de 1988 foram enumerados princípios a serem observados na condução das relações internacionais do Estado mexicano. Havia, porém, na versão de 1988, o princípio de "proscrição da ameaça ou do uso da força nas relações internacionais". Na reforma constitucional de 2007 esse princípio foi retirado e substituído por outro que, embora lide com a mesma matéria, foi reformulado em termos bem mais genéricos relativos "à luta pela paz e a segurança internacionais". Finalmente, na reforma de 2011, foi incluída a referência explícita ao respeito, à promoção e à proteção dos direitos humanos, a exemplo do que ocorrera anos antes no Brasil.

Embora, no plano formal, não seja propriamente um tratado constitucional, o Tratado de Lisboa, de 2007, consiste no marco jurídico que regula o funcionamento da ação internacional da União Européia na seara das relações internacionais. No plano do direito positivo, o legislador europeu teve o cuidado de distinguir os princípios fundamentais que regem a ação externa da UE dos objetivos políticos a serem perseguidos no bojo desse esforço junto a terceiros Estados e organizações internacionais. O inciso (1) do art. 21 do Tratado

---

[339] "Artículo 89. Las facultades y obligaciones del Presidente, son las siguientes: (...) X. Dirigir la política exterior y celebrar tratados internacionales, así como terminar, denunciar, suspender, modificar, enmendar, retirar reservas y formular declaraciones interpretativas sobre los mismos, sometiéndolos a la aprobación del Senado. En la conducción de tal política, el titular del Poder Ejecutivo observará los siguientes principios normativos: la autodeterminación de los pueblos; la no intervención; la solución pacífica de controversias; la proscripción de la amenaza o el uso de la fuerza en las relaciones internacionales; la igualdad jurídica de los Estados; la cooperación internacional para el desarrollo; el respeto, la protección y promoción de los derechos humanos y la lucha por la paz y la seguridad internacionales".

de Lisboa enumera, como os princípios que presidiram a criação, o desenvolvimento e o alargamento da EU, "democracia, Estado de direito, universalidade e indivisibilidade dos direitos do Homem e das liberdades fundamentais, respeito pela dignidade humana, princípios da igualdade e solidariedade e respeito pelos princípios da Carta das Nações Unidas e do direito internacional". O mesmo art. 21 (1) prossegue ao afirmar que tais princípios, que correspondem materialmente a normas desenvolvidas no direito internacional público e no direito comunitário europeu, devem ser promovidos em todo o mundo como um objetivo da UE. No mesmo diapasão, o inciso 21 (2) indica metas políticas concretas a serem perseguidos pela ação internacional da UE nas quais se mesclam elementos jurídicos densificadores daqueles princípios e linhas políticas genéricas em relação a temas os mais variados, como direitos humanos, comércio internacional, meio ambiente, assistência humanitária e cooperação internacional.[340]

A maior similaridade é encontrada entre o conteúdo principiológico positivado na Constituição brasileira e dispositivos análogos da constituição portuguesa.[341] A influência do texto constitucional português reflete não só a proxi-

---

340 "Art. 21 (2). A União define e prossegue políticas comuns e acções e diligencia no sentido de assegurar um elevado grau de cooperação em todos os domínios das relações internacionais, a fim de: a) Salvaguardar os seus valores, interesses fundamentais, segurança, independência e integridade; b) Consolidar e apoiar a democracia, o Estado de direito, os direitos do Homem e os princípios do direito internacional; c) Preservar a paz, prevenir conflitos e reforçar a segurança internacional, em conformidade com os objectivos e os princípios da Carta das Nações Unidas, com os princípios da Acta Final de Helsínquia e com os objectivos da Carta de Paris, incluindo os respeitantes às fronteiras externas; d) Apoiar o desenvolvimento sustentável nos planos económico, social e ambiental dos países em desenvolvimento, tendo como principal objectivo erradicar a pobreza; e) Incentivar a integração de todos os países na economia mundial, inclusivamente através da eliminação progressiva dos obstáculos ao comércio internacional; f) Contribuir para o desenvolvimento de medidas internacionais para preservar e melhorar a qualidade do ambiente e a gestão sustentável dos recursos naturais à escala mundial, a fim de assegurar um desenvolvimento sustentável; g) Prestar assistência a populações, países e regiões confrontados com catástrofes naturais ou de origem humana; e h) Promover um sistema internacional baseado numa cooperação multilateral reforçada e uma boa governação ao nível mundial".

341 O art. 10 do Projeto de Constituição da Comissão de Sistematização tinha como fonte direta de inspiração o art. 7º, nº 2 da Constituição de Portugal, a cujo teor foram acrescidas outras hipóteses (incisos I, II, III e VII a IX). Como exemplo de influência da Constituição portuguesa, vejam-se as referências feitas a esse documento por Carlos Roberto Siqueira Campos, em Ata da 13a Reunião, em 13/5/1987, Subcomissão da Nacionalidade, da Soberania e das Relações Internacionais, Comissão da Soberania e dos Direitos e das Garantias do Homem e da Mulher, *Diário da Assembléia Nacional Constituinte*, Suplemento, 25/6/1987, p. 10. No mesmo sentido, cf. Celso Lafer, *supra* nota 1, p. 113.

midade entre as comunidades jurídicas dos dois países, como também aspecto político digno de registro: a Constituição portuguesa, tal como a brasileira, foi promulgada em 1976, na esteira da restauração democrática após a queda do regime de Salazar. Materialmente, essa mesma circunstância histórica (fim de um regime ditatorial e inauguração de um regime democrático) refletiu-se no texto constitucional por meio de dispositivos de axiologia humanista e universalista, fundamentados na defesa dos direitos humanos e da cidadania. Para além da mesma terminologia empregada quanto à qualificação da ação ("rege-se nas relações internacionais"), a análise do art. 7º da lei fundamental de Portugal[342] permite identificar, embora de forma menos sistemática que no art. 4º da lei maior brasileira, vários princípios fundamentais do direito internacional. O inciso 1º do art. 7o da Constituição portuguesa enumera os princípios de "independência nacional, do respeito dos direitos do homem, dos direitos dos povos, da igualdade entre os Estados, da solução pacífica dos conflitos internacionais, da não ingerência nos assuntos internos dos outros Estados e da cooperação com todos os outros povos para a emancipação e o progresso da humanidade". Em seguida, o inciso (3) "reconhece o direito dos

[342] "Artigo 7.º Relações internacionais - 1. Portugal rege-se nas relações internacionais pelos princípios da independência nacional, do respeito dos direitos do homem, dos direitos dos povos, da igualdade entre os Estados, da solução pacífica dos conflitos internacionais, da não ingerência nos assuntos internos dos outros Estados e da cooperação com todos os outros povos para a emancipação e o progresso da humanidade. 2. Portugal preconiza a abolição do imperialismo, do colonialismo e de quaisquer outras formas de agressão, domínio e exploração nas relações entre os povos, bem como o desarmamento geral, simultâneo e controlado, a dissolução dos blocos político-militares e o estabelecimento de um sistema de segurança colectiva, com vista à criação de uma ordem internacional capaz de assegurar a paz e a justiça nas relações entre os povos. 3. Portugal reconhece o direito dos povos à autodeterminação e independência e ao desenvolvimento, bem como o direito à insurreição contra todas as formas de opressão. 4. Portugal mantém laços privilegiados de amizade e cooperação com os países de língua portuguesa. 5. Portugal empenha-se no reforço da identidade europeia e no fortalecimento da acção dos Estados europeus favor da democracia, da paz, do progresso económico e da justiça nas relações entre os povos. 6. Portugal pode, em condições de reciprocidade, com respeito pelos princípios fundamentais do Estado de direito democrático e pelo princípio da subsidiariedade e tendo em vista a realização da coesão económica, social e territorial, de um espaço de liberdade, segurança e justiça e a definição e execução de uma política externa, de segurança e de defesa comuns, convencionar o exercício, em comum, em cooperação ou pelas instituições da União, dos poderes necessários à construção e aprofundamento da união europeia. 7. Portugal pode, tendo em vista a realização de uma justiça internacional que promova o respeito pelos direitos da pessoa humana e dos povos, aceitar a jurisdição do Tribunal Penal Internacional, nas condições de complementaridade e demais termos estabelecidos no Estatuto de Roma".

povos à autodeterminação e independência e ao desenvolvimento, bem como o direito à insurreição contra todas as formas de opressão", já ingressando no conteúdo material desse princípio à luz do direito internacional.

No plano material, enquanto princípios "político-constitucionais" (normas-princípio, conforme Crisafulli), o texto constitucional português também se orientou no sentido de consagrar mandatos normativos que, embora não se encontrem entre os princípios enumerados no inciso I, contêm alta carga axiológica e política. Esse é o caso, por exemplo, dos laços de amizade com países lusófonos (inciso 4), da identidade européia (incisos 5 e 6), dos valores da democracia, da paz, do progresso econômico e da justiça como marcos da atuação junto a outros povos (inciso 5), da preconização da "abolição do imperialismo, do colonialismo e de quaisquer outras formas de agressão, domínio e exploração nas relações entre os povos, bem como o desarmamento geral, simultâneo e controlado, a dissolução dos blocos político-militares e o estabelecimento de um sistema de segurança colectiva, com vista à criação de uma ordem internacional capaz de assegurar a paz e a justiça nas relações entre os povos" (inciso 2), e da aceitação da jurisdição do TPI sob o regime de complementaridade (inciso 8). O objetivo do constituinte português parece ter sido o de indicar linhas fundamentais que, embora políticas e, portanto, não da mesma natureza jurídica que os princípios de direito internacional, servem para balizar a ação diplomática de Portugal.

Conclusão

Embora não exaustiva, a análise de textos constitucionais indica que a experiência brasileira não é prática isolada. Pelo contrário, trata-se de traço cada vez mais comum no ordenamento jurídico de países com tradição de constituições escritas. A positivação de normas ou princípios retirados do direito internacional na ordem interna ocorre de diversas maneiras. Alguns países, como Alemanha, França, Itália e Suíça, optaram por referências genéricas ao compromisso de respeito e aplicação do direito internacional. Em outros, como Brasil e México, o constituinte preferiu enumerar princípios do direito internacional como marcos que orientam a condução dos negócios estrangeiros. Essas diferenças revelam tradições jurídicas distintas.[343] Da mesma forma,

[343] Tendência de maior especificação na constitucionalização de normas a reger relações internacionais é indicativa de tradições jurídicas, mesmo entre os países ocidentais.

indicam o reconhecimento implícito do constituinte de que seria estéril qualquer tentativa de estabelecer "camisa de força" jurídica à ação diplomática, haja vista à natureza anárquica da vida interestatal.[344] Esse é o caso, sobretudo, de países que concentram as competências das relações exteriores nas mãos do Poder Executivo. Ao invés de desapego ao direito internacional, essa preferência é reveladora de realismo político do constituinte.[345]

A tendência de referências a princípios fundamentais ou ao próprio direito internacional no texto da Constituição indica, igualmente, o objetivo de inscrever a atuação externa dos Estados no marco do direito internacional. Mesmo entre Estados que não apresentam, internamente, regime democrático, ainda assim se observa o objetivo de explicitar o reconhecimento de que o direito internacional constitui o marco para o desenvolvimento de relações pacíficas e amistosas com outros Estados soberanos. O que se retira dessa prática estatal é a convicção (*opinio iuris*) de que o Direito Internacional oferece o marco fundamental para as relações interestatais. Entre regimes democráticos, as raízes desse fenômeno remetem à visão kantiana de paz entre democracias. A existência de constituições escritas em países democráticos pressupõe um processo constituinte cujos representantes foram escolhidos direta ou indiretamente pelo povo, de forma que a promulgação da Constituição por assembléia soberana implica a presunção de legitimidade democrática.[346] A referência explícita a normas do direito internacional enquanto marcos determinados pelo constituinte reflete a crença no Direito, só que no plano externo, enquanto sistema regulador de condutas e mecanismo natural para a solução pacífica de controvérsias entre os sujeitos que compõem uma determinada sociedade juridicamente regulada. Em outras palavras, o direito internacional é percebido como garantia da paz social no âmbito externo, da mesma forma que o respeito à ordem jurídica constitucional é garantia do Estado Democrático de Direito. A

Países ibéricos, por exemplo, tendem a adotar maior juridicismo em texto mais prolixos e longos, ao passo que países germânicos em geral apenas fazem referência ao respeito ao direito internacional, sem a necessidade de indicar normas específicas, pois assim evitam hierarquização implícita em nível interno que não se observa no direito internacional.

344 Um sistema anárquico compreende Estados independentes sem autoridade supranacional.

345 Pelo contrário, mesmo países com dispositivos constitucionais mais genéricos e abstratos, caso dos países europeus, por exemplo, submetem-se *a priori* à jurisdição da CIJ para a solução de controvérsias mútuas.

346 Apesar de exemplos em contrário nas últimas décadas, no caso brasileiro e de outras democracias é possível levar adiante essa hipótese.

existência de referências explícitas ao direito internacional em textos constitucionais relaciona-se, portanto, com o próprio enraizamento da democracia no plano doméstico desses Estados na contemporaneidade.[347] As injunções dessa dinâmica vão além da relação entre ordem externa e interna, pois a tendência à institucionalização, pela via constitucional, de parâmetros positivos permite não só o balizamento da política exterior, como também seu acompanhamento e controle por parte da sociedade, em linha com os pressupostos básicos de um Estado democrático de Direito.[348] Nas palavras de Auby, trata-se de *intrusion massive des normes et standards externes dans les droits publics internes.*[349]

Esse fenômeno deslinda, ademais, um relacionamento contínuo entre as ordens externa e interna, que ultrapassa o debate sobre monismo e dualismo jurídico. A influência se dá também em sentido contrário: é no direito constitucional onde se encontra a fonte primária de normas que serão, com o passar dos anos, objeto de progressiva codificação no plano externo. Esse é o caso do direito internacional dos direitos humanos, cuja origem remonta ao constitucionalismo da Revolução Francesa e da Constituição norte-americana, de fins do século XVIII, e que foram progressivamente universalizados no bojo de novas constituições e, posteriormente, por meio de tratados internacionais. Para além dessa tendência à convergência vertical entre as dimensões externa e interna, observa-se também outra, tendente à horizontalização entre ambas, com maior homogeneidade entre os textos constitucionais ou mesmo migração de noções consagradas em um determinado ordenamento para outro.[350] Isso se observa, por exemplo, em relação a temas como a organização do Estado (separação entre os Poderes) e o universo de proteção dos direitos humanos e liberdades fundamentais.[351] O resultado desse processo é que os limites entre

---

347 "A delimitação da "razão-de-Estado" e da discricionariedade do poder no plano externo, através de princípios constitucionais, é uma contribuição para a paz que resulta do aprofundamento democrático". Celso Lafer, 'Prefácio', in Pedro Dallari, *supra* nota 2, p. xvi.

348 Pedro Dallari, *supra* nota 2, p. 17.

349 Jean-Bernard Auby, 'Globalisation et droit public' (2002) 14 *European Review of Public Law*, 1219-1247, p. 1232.

350 O princípio de proporcionalidade originado no direito constitucional alemão é um bom exemplo, que migrou não só para outros ordenamentos nacionais, como no Brasil e na França, como também para regimes supranacionais, como a Corte Européia de Justiça e a Corte Européia de Direitos Humanos.

351 Ruti Teitel, 'Comparative Constitutional Law in a Global Age' (2004) 117 *Harvard Law Review*, 2570. Na UE, esse fenômeno assumiu o formato de condição para o processo de adesão de novos membros.

as ordens interna e externa tornam-se cada vez menos claros e cada vez mais comuns seja o recurso ao direito internacional ou ao direito comparado como fonte para a interpretação e a integração do direito no plano interno,[352] seja, em sentido contrário, a internacionalização de normas e conceitos desenvolvidos no seio de uma determinada comunidade jurídica.

É lícito dizer, nessa ordem de idéias, que a existência de princípios fundamentais do direito internacional em textos constitucionais concorre para a tese formulada por Kant no sentido de que a existência de governos republicanos ou democráticos, na interpretação hodierna mais comum da obra kantiana, contribui para a estabilidade e a paz internacionais na medida em que esses sujeitos circunscrevem suas ações ao *corpus iuris* internacional como mandamento máximo de seus próprios ordenamentos jurídicos.[353] Ao livre consentimento expresso pelos Estados no plano externo à obrigatoriedade dos princípios fundamentais do direito internacional público, com destaque aí para aqueles desenvolvidos no âmbito das Nações Unidas sob o marco da Carta de 1945, vem somar-se, da perspectiva doméstica de cada ordem jurídica estatal, o dever autoimposto pelos respectivos textos constitucionais no sentido de observar e respeitar esses mesmos princípios em suas relações exteriores. Como resultado, a própria eficácia do direito internacional passar a relacionar-se à eficácia do ordenamento interno dos Estados, cujos governos democráticos seriam a própria garantia de estabilidade e paz social.

---

352 Isso consistiria em *constitutional cross-fertilization* na definição de Anne-Marie Slaughter, 'Judicial Globalization' (2000) 40 *Virginia Journal of International Law* 1103-1119, Part IV, pp. 1116-1119.

353 "A teoria política vê uma associação positiva entre a expansão generalizada da democracia no plano interno dos Estados, e um internacionalismo de vocação pacífica, pois existe uma homologia entre as práticas democráticas de lidar com os conflitos e a diplomacia concebida como um processo contínuo de diálogo e negociação". Celso Lafer, 'Prefácio', in Pedro Dallari, *supra* nota 2, p. xvi. Esse "internacionalismo de vocação pacífica" seria "guiado pelos princípios de coexistência e cooperação com os demais membros da sociedade internacional", da mesma forma que, no plano interno, a democracia se revela "pelo respeito ao outro, pela tolerância, pelos princípios da legalidade, do controle e da responsabilidade do poder - pressupostos da organização democrática do Estado e da sociedade". Celso Lafer, 'Diplomacia e transparência: o arquivo do Itamarati', *Acervo - Revista do Arquivo Nacional*. Brasília, Imprensa Nacional, v. 4, n. 2, jul./dez. 1989, v. 5, n.1, jan./jun. 1990, p. 38.

Capítulo IV
OS PRINCÍPIOS CONSTITUCIONAIS DE RELAÇÕES INTERNACIONAIS NO CONSTITUCIONALISMO BRASILEIRO

A existência de princípios de relações internacionais nas constituições brasileiras é uma constante em nossa tradição jurídica. Normas dessa natureza estão presentes, ainda que em formatos variados, desde a primeira lei fundamental outorgada no Primeiro Império, em 1824. A evolução do tratamento da matéria foi influenciada pelo imperativo do desenvolvimento nacional e pela conjuntura internacional, em que guerras de proporções mundiais se sucederam em meio à emergência de novas potências e nações. Para o presente estudo, a análise da evolução desses princípios nas constituições brasileiras revela não só uma prática do direito brasileiro que se aperfeiçoou e se expandiu ao longo das décadas, mas também percepções sobre a identidade internacional do Brasil. Entre esses traços definidores sobressaem, como vetores permanentes de nosso constitucionalismo internacionalista, o universalismo expresso no apego ao direito internacional e o realismo nacionalista orientado pela salvaguarda da soberania do País em uma ordem externa desigual. O esforço de equilibrar esses dois vetores é a síntese axiológica que caracteriza a existência de princípios de relações internacionais no constitucionalismo brasileiro.

Perspectiva histórica - A evolução dos princípios nas constituições anteriores

Na Constituição de 1824, o único parâmetro relativo às relações do Brasil com o exterior consistia no princípio de independência nacional, refletido, ainda que de forma indireta, no art. 1º da primeira lei fundamental: "O Império do Brasil é a associação política de todos os cidadãos brasileiros. Eles formam uma nação livre e independente que não admite com qualquer outro laço algum de união ou federação, que se oponha à sua independência". Esse marco de relações exteriores, característico de uma nação que havia pouco adquirira sua independência, denota três objetivos fundamentais. Primeiro, resguardar a independência política do País em face de tendências regressistas coloniais por parte de setores da sociedade que defendiam a reunificação com a coroa portuguesa em meio à dinâmica sucessória em Lisboa.[354] Segundo, manter a unidade territorial diante da ameaça de secessão em províncias do país. O exemplo da fragmentação na América espanhola se fazia ainda mais presente em razão das revoltas que se sucederam à declaração de independência em 1822, das quais a Confederação do Equador, em 1824, foi o exemplo de maior relevo. Por fim, esse dispositivo tinha o condão de vedar, de forma peremptória, qualquer iniciativa voltada à integração – ou anexação - territorial do Brasil com países limítrofes da América espanhola.[355]

A primeira constituição do período republicano, de 1891, não enumerou princípios voltados às relações exteriores. Preparada por inspiração no constitucionalismo norte-americano, a temática das relações internacionais é tratada apenas em seus aspectos formais, relativos à distribuição de competências entre os Poderes.[356] Materialmente, no entanto, é possível identificar

---

[354] "A palavra independência refere-se a nossa liberdade externa, e quer dizer que a Nação brasileira não reconhece outra que lhe seja superior, pode exercer livremente quanto julgar necessário a sua conservação, sem que alguém a possa perturbar no exercício de seus direitos, nem obrigá-la a dar contas de suas ações, ou analisar os seus atos; governa-se pelas suas leis, exerce livremente todos os direitos majestáticos, todas as funções da soberania, e a respeito das outras nações está no estado de uma perfeita igualdade natural". Lourenço José Ribeiro, 'Análise da Constituição Política do Império do Brasil', *Arquivos do Ministério da Justiça*, Rio de Janeiro, n. 142, abr./jun., 1977, ano 34, p. 7.

[355] Tenha-se presente a confederação latinoamericana propugnada por Simón Bolívar em 1824, na convocatória para o Congresso do Panamá, em 1826. Cf. também Pedro Dallari, *supra* nota 2, pp. 29-30.

[356] Historicamente, essa tendência se justificava pela organização do Estado brasileiro em torno do federalismo, em oposição ao regime unitário e centralizador do Império.

dois dispositivos que ofereciam parâmetros, explícita ou implicitamente, para a ação exterior do Brasil. O art. 88 proibia a guerra de conquista[357] e o art. 34, n. 11, previa, entre as competências privativas do Congresso Nacional, a faculdade de "autorizar o governo a declarar a guerra, se não tiver lugar ou malograr-se o recurso do arbitramento, e a fazer a paz". A leitura de ambos os dispositivos indica que o constituinte republicano já percebia a tensão idealista e realista que seria o eixo fundamental da visão jurídico-política sobre a ação exterior do Brasil. Lançava-se uma identidade internacional caracterizada por pacifismo intrínseco, mas não irresponsável, que se revelava juridicamente tanto pela proibição da aquisição territorial por meio da força e pelo recurso à arbitragem, quanto pela permanente possibilidade de recorrer à guerra como direito soberano, inalienável e necessário à defesa dos interesses nacionais em meio a uma ordem internacional anárquica e imprevisível.[358]

A Constituição promulgada em 1934 foi preparada em meio à ascensão de Getúlio Vargas ao poder em 1930 e à Revolução Constitucionalista de 1932. Em matéria de política exterior, além de resguardar as competências privativas da União na matéria, deu-se melhor sistematização às referências sobre relações internacionais. Entre as disposições gerais, o art. 4º estabelecia que o "Brasil só declarará guerra se não couber ou malograr-se o recurso do arbitramento; e não se empenhará jamais em guerra de conquista, direta ou indiretamente, por si ou em aliança com outra nação". Embora não houvesse inovação substantiva em relação a constituições anteriores, a lei de 1934 vedava de forma explícita a guerra de conquista, bem como fortalecia a relação condicional entre recurso à força e arbitramento. Segundo comentaristas da época, esse novo dispositivo tinha repercussão direta no direito brasileiro na medida em que regulava condutas ao proibir comportamentos tipificando-os como "crimes" e implicava, por silogismo, que desrespeito da norma pelo Poder Público teria efeitos administrativos e cíveis.[359]

---

357 "Os Estados Unidos do Brasil, em caso algum, se empenharão em guerra de conquista, direta ou indiretamente, por si ou em aliança com outra nação".

358 O recurso à arbitragem era interpretado à época como condição preliminar, mas não obrigatória ao recurso à força na defesa dos interesses nacionais.

359 "A infracção tem as conseqüências das infracções da Constituição, assim no Direito público interno como no direito privado. O dano causado pela declaração inconstitucional de guerra é ressarcível". Francisco Cavalcanti Pontes de Miranda, *Comentários à Constituição da República dos Estados Unidos do Brasil*, Rio de Janeiro, Ed. Guanabara, 1936, p. 191.

Com o recrudescimento das tensões que caracterizaram a década de 1930 no mundo e que conduziram ao Estado Novo no Brasil, foi aprovada, em 1937, Constituição sob inspiração fascista.[360] Ao contrário do anterior, o novo texto não prescrevia parâmetros à ação do Brasil no exterior. A única referência à seara internacional dispunha sobre a possibilidade de ampliação do território nacional conforme o direito internacional.[361] Na observação precisa de Pedro Dallari, "admitindo a aquisição de novos territórios pelo País e sendo omissa na afirmação de restrições vigorosas à opção da guerra, deixa margem à avaliação possível de que o Governo da época, responsável pela outorga do texto constitucional, não estaria insensível à perspectiva de um envolvimento do Brasil no conflito bélico mundial que se avizinhava, o qual, eventualmente, poderia até mesmo redundar no prolongamento do território nacional sobre áreas limítrofes".[362]

Com o fim da II Guerra Mundial, o Brasil voltou a inserir-se no campo ideológico liberal ao lado das potências vencedoras. No âmbito interno, esse fenômeno, aliado às demandas sociais por maior democratização, conduziu à instalação, em 1946, de Assembléia Constituinte que promulgou a Constituição dos Estados Unidos do Brasil. Inspirada nas leis fundamentais de 1891 e de 1934, retomou-se a prática de prescrever, no mesmo art. 4º, princípios relativos à proibição da guerra de conquista e à arbitragem internacional.[363] A comparação com o dispositivo de 1934 revela o surgimento no constitucionalismo brasileiro do apego às instâncias multilaterais, com destaque para a então recém criada Organização das Nações Unidas. É a esta última, e a seu Conselho de Segurança, que se refere, implicitamente, o art. 4º ao mencionar "órgão internacional de segurança". Além disso, o constituinte de 1946 teve a intenção de ir além da mera referência ao arbitramento e, em linha com o desenvolvimento doutrinário e convencional na matéria, aludiu a "meios pacíficos de solução de conflito".

---

360 Pedro Dallari, *supra* nota 2, pp. 41-42.

361 "Art 4º - O território federal compreende os territórios dos Estados e os diretamente administrados pela União, podendo acrescer com novos territórios que a ele venham a incorporar-se por aquisição, conforme as regras do direito internacional".

362 Pedro Dallari, *supra* nota 2, pp. 45-46.

363 "Art 4º - O Brasil só recorrerá à guerra, se não couber ou se malograr o recurso ao arbitramento ou aos meios pacíficos de solução do conflito, regulados por órgão internacional de segurança, de que participe; e em caso nenhum se empenhará em guerra de conquista, direta ou indiretamente, por si ou em aliança com outro Estado".

A ruptura institucional provocada pelo golpe militar em 1964 teve efeitos diretos sobre a ordem constitucional. No exterior vivia-se o auge da Guerra Fria e da rivalidade ideológica entre o Ocidente e o bloco comunista. No plano interno, ganhava força o centralismo do regime e o controle do processo político pela cúpula militar. Diminuíam-se sensivelmente os espaços para a participação democrática e o Brasil se tornava uma ditadura nos moldes de outros países da região e do mundo, no contexto mais amplo dos esforços de contenção da "ameaça comunista". Em 1966, o Congresso Nacional foi convocado para deliberar sobre uma nova Constituição, que seria promulgada em 1967. Em matéria de relações internacionais, o novo art. 7º[364] não produziu alterações de monta em relação ao art. 4º de 1946. De um lado, reiterou a vedação à guerra de conquista; de outro, agregou a possibilidade de negociações diretas, ao lado da arbitragem e de outros meios pacíficos para a solução de controvérsias. Essa mudança refletiu a ampliação das relações do Brasil com o resto do mundo[365] na esteira do surgimento de novos Estados no processo de descolonização. A principal modificação à Constituição de 1946 consistiu na retirada da referência a órgão de segurança do sistema multilateral, havendo apenas menção genérica à cooperação com organismos internacionais de que o Brasil participasse. Além disso, deixava-se de associar, ao menos explicitamente, o recurso à força à solução de conflitos por meios pacíficos. Embora se possa interpretar a linguagem do novo dispositivo como norma que circunscrevia a resolução de quaisquer conflitos internacionais a meios pacíficos, a modificação foi vista como "atenuação da diretriz pacifista de restrição do recurso à guerra como meio de solução de conflito".[366]

---

364 "Art 7º - Os conflitos internacionais deverão ser resolvidos por negociações diretas, arbitragem e outros meios pacíficos, com a cooperação dos organismos internacionais de que o Brasil participe. Parágrafo único - É vedada a guerra de conquista".

365 "Tal acréscimo parece refletir (...) o fenômeno da intensificação do quadro de relações internacionais bilaterais e multilaterais no qual se inseriu o Brasil, principalmente em razão da chamada *política externa independente*". Pedro Dallari, *supra* nota 2, pp. 54-55.

366 Pedro Dallari, *supra* nota 2, p. 53. Dois anos depois, em meio ao enrijecimento da ditadura, junta militar outorgou, em 1969, a Emenda Constitucional n. 1 à Constituição de 1967. Manteve-se, de todo modo, sob a mesma numeração (art. 7º), redação idêntica no dispositivo relativo às relações internacionais.

A Assembléia Nacional Constituinte e a Constituição Federal de 1988

O art. 4º da Constituição Federal constitui o marco normativo no direito brasileiro em matéria de relações internacionais. Esse dispositivo resultou de processo legislativo mais amplo que se insere no movimento de redemocratização entre 1986 e 1988. O fim da ditadura militar, ocorrido de forma "lenta e gradual", exigia a transformação da ordem jurídica ainda enquadrada na moldura institucional da Constituição de 1967. Esse processo redundou na convocação da Assembléia Nacional Constituinte, finalmente instalada em fevereiro de 1987 após tortuoso e complexo processo negociador no Congresso Nacional.[367] Em termos procedimentais, a Constituinte foi marcada por uma série de etapas formais e informais permeáveis a sugestões e propostas de diversos segmentos da sociedade brasileira.[368] Inicialmente, elaborou-se anteprojeto que serviria como base para os trabalhos da Constituinte. Com esse objetivo, o então Presidente José Sarney criou, em 1985, a Comissão Provisória de Estudos Constitucionais, também conhecida como *Comissão dos Notáveis*,[369] ou ainda

---

[367] Após várias propostas de emendas à norma de 1967, foi aprovada, em 27/11/1985, a emenda n. 26, que convocou formalmente Assembléia Nacional Constituinte com o propósito de promulgar nova Carta.

[368] "Optou-se por um método da decantação, por meio do qual - com base em propostas oriundas da sociedade e dos Constituintes através de sucessivas etapas de triagem, que contaram com a participação do conjunto dos integrantes da Assembléia - se construiu paulatinamente um projeto destinado ao exame do Plenário. Resultou desse processo que o Projeto de Constituição formalmente apreciado pelo Plenário da Constituinte instalada em fevereiro de 1987 só tenha emergido em novembro daquele ano". Pedro Dallari, *supra* nota 2, p. 71.

[369] Afonso Arinos de Melo Franco, Joaquim de Arruda Falcão Neto, Alberto Venâncio Filho, Jorge Amado, Antonio Ermírio de Moraes, Josaphat Ramos Marinho, Barbosa Lima Sobrinho, José Afonso da Silva, Bolívar Lamounier, José Alberto de Assumpção, Candido Antonio Mendes de Almeida, José Francisco da Silva, Celso Furtado, José Meira, Cláudio Pacheco, José Paulo Sepúlveda Pertence, Cláudio Penna Lacombe, José Saulo Ramos, Clóvis Ferro Costa, Laerte Ramos Vieira, Cristovam Ricardo Cavalcanti Buarque, Luís Eulálio de Bueno Vidigal Filho, Edgar de Godoi Maramachado, Luís Pinto Ferreira, Eduardo Mattos Portella, Mário de Souza Martins, Evaristo de Moraes Filho, Mauro Santayana Fajardo, José Pereira Faria, Miguel Reale, Padre Fernando Bastos de Ávila, Miguel Reale Júnior, Florida Vrucci, Odilon Ribeiro Coutinho, Gilberto de Ulhoa Canto, Orlando M. de Carvalho, Gilberto Treyre, Paulo Brossard de Souza Pinto, Reverendo Guilhermino Cunha, Raphael de Almeida Magalhães, Helio Jaguaribe, Raul Machado Horta, Helio Santos Rosar Russomano, Hilton Ribeiro da Rocha, Sérgio Franklin Quintela, João Pedro Gouvea Vieira e Walter Barelli.

Comissão Afonso Arinos, em razão de seu Presidente. A Comissão divulgou seu anteprojeto em setembro de 1986, meses antes de a Assembléia Constituinte iniciar seus trabalhos. O anteprojeto, porém, não foi encaminhado oficialmente ao Congresso pelo Chefe do Poder Executivo e por isso serviu apenas como referência informal durante as deliberações seguintes.[370] Além disso, já durante as deliberações da Assembléia, o Partido dos Trabalhadores (PT) contava com projeto alternativo de Constituição elaborado por Fábio Konder Comparato. Esse documento, inserido em livro do mesmo autor intitulado *Muda Brasil! Uma Constituição para o desenvolvimento democrático*,[371] influenciou vários setores políticos na Constituinte.[372] Ambos os anteprojetos dispunham sobre princípios a guiar a política exterior brasileira.

Na chamada Comissão Afonso Arinos, que se reuniu na antiga sede do Ministério das Relações Exteriores no Rio de Janeiro, o Palácio Itamaraty, o assunto mereceu atenção especial.[373] A decisão de incluir dispositivo relativo a esses princípios diretores refletia "expectativa geral de toda a sociedade brasileira, a de que, inovando mais uma vez, a Constituição brasileira defina suas condições de vinculação à ordem internacional", pois dessa forma seria assegurada "nossa vinculação internacional, como uma decisão da coletividade, e não apenas como algo ao alvedrio ou à invocação do Poder Executivo".[374]

---

[370] A influência do anteprojeto da Comissão Afonso Arinos é observada em "vários dispositivos inspirados em sugestões contidas no texto da Comissão, inclusive no tocante à enumeração dos princípios norteadores das relações exteriores do Brasil". Pedro Dallari, *supra* nota 2, p. 74.

[371] Fábio Konder Comparato, *Muda Brasil! Uma Constituição para o desenvolvimento democrático*, São Paulo, Editora Brasiliense, 1986.

[372] "O objetivo maior de sua elaboração - seja ele aceito ou não, no todo ou em parte, pelo partido ao qual ele é oferecido - é colocar o debate constitucional no terreno das necessárias e inadiáveis transformações da sociedade brasileira". Fábio Konder Comparato, *idem*, p. 12.

[373] A influência de Afonso Arinos no texto também pode ser percebida ao se compararem os princípios consignados no art. 4º com pronunciamento que ele próprio proferira, em 1962, na AGNU, a respeito do art. 1º da Carta das Nações Unidas, cujos dispositivos "traçam para o futuro um programa de ação e de idéias tão vasto que a sua realização ideal fundir-se-ia nos horizontes do pensamento como uma espécie de Idade Dourada". Discurso do Ministro Affonso Arinos de Mello Franco na XVII Sessão Ordinária da AGNU, em 1962.

[374] É "necessário que a Constituição brasileira tenha um capítulo ligado à ordem internacional. E nós, na Comissão Afonso Arinos, propusemos exatamente esta colocação dizendo: o Brasil reger-se-á, nas relações internacionais, pelos princípios da defesa e promoção dos direitos humanos, condenação da tortura e de todas as formas de discriminação e de colonialismo; defesa da paz, repúdio à guerra, à competição armamentista e ao terrorismo,

Em seu Preâmbulo, o documento propugnava que, "na Ordem Internacional, o Brasil, sem descurar da defesa da sua Soberania, persevera na tradicional política de Paz em obediência às normas do Direito, do respeito aos tratados, da colaboração com as Nações Unidas em todas as iniciativas que visem à Tranqüilidade e à Segurança dos Povos, ao emprego de meios pacíficos para a solução das controvérsias, aos bons ofícios para evitar crises entre as Nações, mantendo, assim, a secular tradição jurídica e diplomática que assegurou ao Brasil a aquisição e permanência de seu território".[375] O anteprojeto associava, no art. 1º, a existência de ordem jurídica "fundada no Estado Democrático de Direito" e na "convivência pacífica" do Brasil "com todos os povos".[376]

O art. 5º do anteprojeto guardava várias semelhanças com o atual art. 4º da Constituição Federal. Ali se enumeravam, embora com maior imprecisão e generalidade, princípios explicitamente voltados à regulação das ações do Brasil no exterior. Eram eles os princípios de defesa e promoção dos direitos humanos; de condenação da tortura e de todas as formas de discriminação e de colonialismo; da defesa da paz, repúdio à guerra, à competição armamentista e ao terrorismo; de apoio às conquistas da independência nacional de todos os povos, em obediência aos princípios de autodeterminação e do respeito às minorias; e de intercâmbio das conquistas tecnológicas, do patrimônio científico e cultural da humanidade. A influência indireta desse anteprojeto sobre o texto que seria finalmente aprovado se revela, sobretudo, no caráter universalista e pacifista subjacente a esses princípios. A promoção dos direitos humanos é acompanhada do imperativo do desarmamento, do repúdio à guerra, da firme defesa do fim do colonialismo e da crença no início de uma era de cooperação entre os povos diante do fim da Guerra Fria, que já se anunciava na segunda metade da década de 1980. Essa mesma linha universalista se refletia nos dispositivos seguintes. O art. 6º, ao inscrever o relacionamento do Brasil com a

---

apelo às conquistas da independência nacional de todos os povos, em obediência aos princípios da autodeterminação e do respeito às minorias". Cândido Mendes, Ata da 8ª Reunião, em 24/4/1987, 2ª Reunião de Audiência Pública, Subcomissão dos Direitos e Garantias Individuais, Comissão da Soberania e dos Direitos e das Garantias do Homem e da Mulher, *Diário da Assembléia Nacional Constituinte*, Suplemento, 27/5/1987, Brasília, Gráfica do Senado Federal, p. 66.

375 Diário Oficial, Suplemento Especial ao nº 185, 26/9/1986, Brasília, Gráfica do Senado Federal, p. 3.

376 "Art. 1o – O Brasil é uma República Federativa, fundada no Estado Democrático de Direito e no governo representativo, para a garantia e a promoção da pessoa, em convivência pacífica com todos os povos".

comunidade internacional, não descuidava da ascensão das organizações da sociedade civil, as quais, embora carentes de personalidade jurídica no direito das gentes, já se mostravam interlocutores na agenda internacional.[377] O art. 7º, por fim, formalizava a internalização dos compromissos internacionalmente assumidos pelo Brasil no exterior, de modo a superar a dualidade entre as ordens jurídicas nos planos doméstico e externo.[378]

O anteprojeto alternativo preparado pelo PT realçava cores soberanistas e nacionalistas. Em meio a dispositivos voltados à salvaguarda da soberania sobre a base de direitos fundamentais, o art. 4º do anteprojeto em tela constituía, na visão de Comparato, "norma que se evidenciou da mais alta importância, nos últimos tempos, quando o Estado brasileiro, em razão de contratos de financiamento internacional ditados pelo estrangeiro e vergonhosamente aceitos por nossas autoridades, abdicou da soberania nacional".[379] O alvo da crítica não poderia ser mais explícito: a situação em que o Brasil se encontrava diante de organismos do sistema financeiro internacional, com destaque para o Fundo Monetário Internacional (FMI), no tocante às negociações sobre a dívida externa. É nesse contexto ideológico, característico do debate sobre política econômica naquele momento histórico, que se compreende o sentido buscado no anteprojeto de resguardar a soberania jurisdicional do Brasil sobre

---

377 "Art. 6º – O Brasil participa da sociedade internacional por meio de pactos, tratados e acordos com os Estados soberanos, com os organismos internacionais e com as associações de relevantes serviços à causa da humanidade e ao amparo e promoção da pessoa humana".

378 "Art. 7º – Os pactos, tratados e acordos internacionais dependem da ratificação do Congresso. Parágrafo único – O conteúdo dos compromissos de quem trata este artigo incorpora-se à ordem interna quando se tratar de disposições normativas, salvo emenda constitucional, se for o caso". Após notar "impropriedade" no *caput* do art. 7º, uma vez que é o País, por meio dos órgãos competentes do Poder Executivo, que ratifica um instrumento convencional na ordem externa, e não o Congresso Nacional, que apenas os aprova como condição imposta pela ordem interna para o ato de ratificação, Celio Borja afirma que "o parágrafo único (...) parece querer romper com o dualismo e fazer o Brasil ingressar na era do monismo jurídico - unidade da ordem jurídica internacional e interna (...). Não obstante a sofrida redação, entende-se a proposição integradora de norma internacional de origem convencional, no direito interno; mas, fica-se sem saber se isso obrigará, ou não, o Brasil a reformar ou emendar sua Constituição, toda vez que a disposição normativa de um compromisso externo for a ela contrário". Celio Borja, 'Apresentação', in *Constituição Federal - Anteprojeto da Comissão Afonso Arinos: índice analítico comparativo*, Rio de Janeiro, Editora Forense, 1987, p. VI e VII.

379 Fábio Konder Comparato, *supra* nota 371, pp. 12-13.

eventuais controvérsias em relação não só a Estados, mas também pessoas jurídicas e naturais estrangeiras.[380]

A Constituinte iniciou-se oficialmente com o estabelecimento de oito Comissões que se dividiam, cada uma, em três Subcomissões temáticas.[381] A temática de relações internacionais fez parte das atividades da Subcomissão da Nacionalidade, da Soberania e das Relações Internacionais, que estava inserida na I Comissão da Soberania e dos Direitos e Garantias do Homem e da Mulher. Sucederam-se ali audiências públicas para tratar, de perspectivas diversas, da temática de relações internacionais. A análise das atas das audiências na Subcomissão revela que as atenções principais dos constituintes se dirigiram para questões da atualidade da conjuntura brasileira e internacional daquele momento histórico. Entre as principais preocupações, destacam-se o protecionismo de países desenvolvidos em relação às exportações brasileiras, a negociação da dívida externa,[382] a definição de critérios para a aquisição da nacionalidade brasileira,[383] o papel do Legislativo em relação à aprovação de acordos internacionais negociados e firmados pelo Poder Executivo[384] e os

380 "Art. 4º - O Estado brasileiro submete-se, unicamente, à jurisdição de seus próprios juízes e tribunais, e à arbitragem e jurisdição de autoridades internacionais, reconhecidas pelo direito das gentes".

381 Sobre o processo que resultou na promulgação da Constituição "Cidadã" em 5 de outubro de 1988, cf. Pedro Dallari, *supra* nota 2, p. 77.

382 Em meados de 1987, o Presidente José Sarney declarou a moratória da dívida externa brasileira. O assunto perpassou não só os debates na Subcomissão de Soberania e Relações Internacionais, como também em outras Comissões. O que mais preocupava era o fato de que compromissos firmados pelo Poder Executivo em relação à dívida, que incluíam a submissão a jurisdição estrangeira em arbitragens com credores estrangeiros, não contavam com a autorização prévia do Congresso Nacional.

383 Cf., em especial, as audiências públicas com Francisco Rezek e Jacob Dollinger, respectivamente em 30 de abril e 4 de maio de 1987, na Subcomissão da Nacionalidade, da Soberania e das Relações Internacionais.

384 Vejam-se, a esse respeito, as audiências públicas com os internacionalistas Celso de Albuquerque Mello e Vicente Marotta Rangel (Ata da 3ª Reunião, em 28/4/1987, 2ª Reunião de Audiência Pública, Subcomissão da Nacionalidade, da Soberania e das Relações Internacionais, *supra* nota 374, pp. 2-11), e do então Ministro do STF, Francisco Rezek. Entre outros assuntos, como a necessidade de autorização prévia do Legislativo para a negociação e a assinatura de acordos internacionais, sobressaía nos debates a preocupação de o direito brasileiro vir a acolher a modalidade de *executive agreements* em matéria de dívida externa.

desafios para à então nascente sociedade da informação,[385] além do próprio relacionamento entre os Poderes Executivos e Legislativo em matéria de política exterior em sentido mais amplo. Com base em sugestões recebidas nas audiências realizadas pela Subcomissão, nas quais especialistas se mostraram favoráveis à estratégia de enumerar princípios do direito internacional na nova Carta,[386] foi apresentado um anteprojeto que, em sua versão revista, de maio de 1987, dispunha, em seu Título III, das Relações Internacionais:

---

385 Audiência pública com o Ministro de Ciência e Tecnologia, Renato Archer, Ata da 7ª Reunião, 5/5/1987, 6ª Reunião de Audiência Pública, Subcomissão da Nacionalidade, da Soberania e das Relações Internacionais, Comissão da Soberania e dos Direitos e das Garantias do Homem e da Mulher, *supra* nota 374, p. 49. O título de sua apresentação foi "Soberania e Desenvolvimento Científico e Tecnológico".

386 Ao participar da 1ª Audiência Pública da Constituinte para discutir o tema das relações internacionais, o então Secretário Geral do Itamaraty, Embaixador Paulo Tarso Flecha de Lima, considerou "não só válido como recomendável que incorporemos à Constituição alguns princípios reitores de nosso convívio internacional". Ata da 2a Reunião, em 22/4/1987, 1ª Reunião de Audiência Pública, Subcomissão da Nacionalidade, da Soberania e das Relações Internacionais, Comissão da Soberania e dos Direitos e das Garantias do Homem e da Mulher, *Diário da Assembléia Nacional Constituinte*, Suplemento, 1/5/1987, Brasília, Gráfica do Senado Federal, p. 11. Em sua visão, uma das tarefas centrais da Constituinte era "estabelecer e reiterar princípios que, incorporando o melhor de nossa tradição, dêem sinal claro da nossa boa disposição de convívio pacífico e amigável com todos os países. Nesse sentido, as normas, por exemplo, sobre proibição de guerra de conquista, recurso obrigatório a meios pacíficos para solução de controvérsias, são normas que transcendem muito os princípios meramente retóricos e que representam o verdadeiro perfil internacional do País". *Idem*, p. 10. Na Subcomissão, o então Chanceler Roberto de Abreu Sodré afirmou que "a inclusão desses princípios fundamentais na Constituição é relevante, apesar de já serem tradicionais as posições do Brasil, em face da ordem internacional e de estarem as mesmas consubstanciadas em diversos instrumentos internacionais, aos quais aderimos. (...) Esta é a nossa índole: o repúdio brasileiro à guerra. A solução pacífica das controvérsias está em toda a história da diplomacia brasileira, assim como o direito de todos os povos à autodeterminação e à independência, o princípio de não-ingerência nos assuntos internos de outros Estados e o princípio de igualdade soberana dos Estados. Esse são pontos genéricos que devem constar da nossa Carta Magna que V. Exas. começam a escrever, porque em consonância com a grande tradição da política diplomática brasileira". Ata da 9ª Reunião, em 7/5/1987, 7a Reunião de Audiência Pública, Subcomissão da Nacionalidade, da Soberania e das Relações Internacionais, Comissão da Soberania e dos Direitos e das Garantias do Homem e da Mulher, Diário da Assembléia Nacional Constituinte, Suplemento, Brasília, Gráfica do Senado Federal, 24/6/1987, p. 10. Já Albuquerque Mello sugeriu adotar os princípios "da Carta da ONU e os das declarações sobre relações amigáveis, aprovadas na ONU, em 1970. (...) são princípios genéricos, que em nada entravarão a ação do Executivo, mas que permitirão que amanhã o Legislativo cobre do Executivo o seu cumprimento. Por exemplo, o respeito aos direitos humanos é um dos fins da Carta da ONU". Celso de Albuquerque Mello, *supra* nota 384, p. 4.

Artigo 17. O Brasil manterá relações com Estados estrangeiros, organizações internacionais e outras entidades dotadas de personalidade jurídica internacional, em nome de seu povo, no respeito aos seus interesses e sob seu permanente controle.

Artigo 18. O Brasil não permitirá que conflitos internacionais em que não é parte, atinjam seu território nacional e nele se transformem em fatores de desagregação de sua gente.

Artigo 19. Nas relações internacionais, o Brasil adotará atitude de coexistência pacífica e se regerá pelos princípios constantes da Carta da Organização das Nações Unidas, tal como explicitados na Resolução 2625 (XXV) da Assembléia Geral.

Artigo 20. Nas relações interamericanas, o Brasil respeitará os princípios da Carta da Organização dos Estados Americanos.

Artigo 21. Na convivência com Estados estrangeiros e participando de organismos multilaterais, o Brasil favorecerá a obra de codificação progressiva do direito internacional, os movimentos de promoção dos direitos humanos e a instauração de uma ordem econômica justa e equitativa.

Artigo 22. O Direito Internacional faz parte do Direito Interno. O tratado revoga a lei e não é por ela revogado.

Artigo 23. A condução das relações internacionais é da competência privativa da União que a realizará de forma democrática, através dos Poderes Públicos Federais.

Como se percebe, misturavam-se, nos dispositivos do Título III, aspectos claramente normativos com outros de natureza intrinsicamente política. De um lado, as referências à Carta das Nações Unidas, à Resolução 2625 (XXV) da AGNU e à Carta da OEA ofereciam parâmetros jurídicos objetivos para a política exterior brasileira no marco do direito internacional público.[387] De outro, os arts. 22 e 23 dispunham, respectivamente, de forma procedimental, sobre a relação do direito interno com o direito internacional e sobre as competências dos Poderes da República nessa área. O art. 18, por sua vez, circunscrevia

[387] "A Resolução nº 2.625, da ONU, não é uma resolução de tipo qualquer. Isso ocorreu quando a ONU comemorou seu 25º aniversário. (...) Os princípios dessa resolução são, mais ou menos, os mesmos da Carta da ONU, porém, bastante aumentados, alargados, explicitados, em função, sobretudo, da luta contra o colonialismo etc. Eles são citados como uma verdadeira Carta de princípios da ONU. É claro que fazer referência a ela no texto constitucional pode parecer um tanto exagerado". Ana M. Vilela, *supra* nota 341, p. 10.

as relações exteriores aos laços com outros sujeitos dotados de personalidade jurídica no direito das gentes, ao passo que o art. 21 discorria genericamente sobre objetivos como a codificação do direito internacional, a promoção dos direitos humanos e a busca por ordem econômica mais justa. Em que pese à natureza abstrata de vários desses dispositivos, o Título III associava, em seu conjunto, a política exterior ao respeito do direito internacional tal como desenvolvido nas principais organizações internacionais. Essa linha subjacente ao texto revelava, já àquela altura, o apego dos constituintes ao multilateralismo como cerne da identidade internacional do País. Vislumbrava-se, também, a busca pelo equilíbrio entre tendências universalistas e soberanistas, na medida em que os artigos 6º e 7º previam a "soberania política e econômica permanente" sobre nosso território.[388]

Embora rejeitadas em sua maioria nessa primeira etapa da Constituinte (as mesmas propostas seriam reapresentadas e, muitas delas, aprovadas na Comissão seguinte), houve várias emendas apresentadas na Subcomissão com o objetivo de enumerar princípios de direito internacional a reger o Brasil nas relações internacionais. A Emenda 19, de Aluízio Bezerra, consignava o compromisso do Brasil com o princípio de não intervenção, à luz do precedente ocorrido na República Dominicana, em 1965.[389] A emenda 21, de Maurício Nasser, agregava parágrafo único ao art. 19 em que se afirmava que "a política externa do Brasil se orientará por I - Defesa de autodeterminação dos povos; II - Não ingerência em assuntos internos de outros povos; III - Respeito aos direitos humanos; IV - Condenação ao colonialismo sob todas as formas, à discriminação racial e ideológica, ao terrorismo, à tortura, ao armamentismo e à guerra".[390] Já Haroldo de Lima defendia explicitar quais princípios

---

[388] Artigo 6. A soberania exerce-se sobre todo o Território Nacional, que compreende o domínio terrestre, marítimo e aéreo, conforme definidos nas convenções internacionais e na legislação federal. Artigo 7. O Estado brasileiro exercerá soberania política e econômica permanente sobre todos os recursos naturais que se encontram no seu território e sobre os bens criados pelo empenho e pelo trabalho de seu povo.

[389] "A intervenção em São Domingos, da qual fizemos parte, constituindo uma página negra na História do nosso País". Aluízio Bezerra, Ata da 16ª Reunião, em 22/5/1987, Subcomissão da Nacionalidade, da Soberania e das Relações Internacionais, Comissão da Soberania e dos Direitos e das Garantias do Homem e da Mulher, *supra* nota 341, p. 19.

[390] Em sua justificativa, Nasser alegou que "cioso da sua própria soberania, o Brasil quer que seja respeitada também a dos outros povos, com direito deles de escolherem o caminho que melhor lhes pareça, segundo os princípios da coexistência pacífica, da solidariedade e da cooperação internacionais. Encontra, no respeito aos direitos humanos, motivação para a formação de um homem melhor, com uma vida melhor. Opõe-se energicamente a

regeriam o Brasil em suas relações internacionais, pois "não podemos atrelar estes princípios a resoluções de organismos internacionais sob pena de restringir a nossa soberania".[391] Materialmente, a análise das emendas apresentadas confirma o propósito de equilibrar universalismo e soberania nacional. Essa intenção se refletia em propostas que buscavam consagrar, de um lado, princípios como promoção dos direitos humanos, autodeterminação dos povos, repúdio ao racismo e defesa da paz[392] e, de outro, proibição de forças e bases militares estrangeiras em território nacional e não alinhamento. Como linha axiológica comum a esses princípios, despontava a repulsa do constituinte ao uso da força com base em relações de desigualdade entre os Estados,[393] bem

---

qualquer forma de exploração do homem pelo homem, do país mais fraco e mais pobre pelo país mais rico e mais rico e mais forte. Combate à discriminação racial e ideológica, fator de discórdia e de ódios, que levam à inimizade, à quebra da paz e à infelicidade dos seres humanos sobre a face da terra. O terrorismo e a tortura são manifestações concretas desse ódio e desse permanente estado de guerra entre indivíduos e povos, quando o respeito à pessoa humana e o sentimento de fraternidade inspiram o amor ao próximo e a harmonia entre as nações".

391 Na emenda 44, lia-se que "Art. 19. O Brasil rege-se, nas suas relações internacionais, pelos seguintes princípios: I - defesa e promoção dos direitos humanos; II - manutenção de relações amistosas com todos os governos e povos amantes da paz e da liberdade; III - não reconhecimento de governos que pratiquem discriminação racial ou adotem regime político fascista; IV - apoio à conquista da independência nacional de todos os povos, em obediência aos princípios da autodeterminação e do respeito às minorias nacionais e étnicas; e V - intercâmbio das conquistas tecnológicas, do patrimônio científico e cultural da humanidade". O mesmo constituinte sugeria a supressão do artigo 20 sobre a OEA, sob a justificativa de que "além de já terem sido fixados princípios mais amplos no artigo anterior, não podemos atrelar esses princípios à resolução da Carta da OEA sob pena de restringir a nossa soberania".

392 Uma delas foi de Sarney Filho, que buscava declarar o Brasil "potência neutra nos conflitos armados". Outros constituintes defendiam o fim do colonialismo e da ocupação estrangeira, com referências a situações na Namíbia, no Saara Ocidental e na Palestina. Cf. Aluízio Bezerra, Ata da 3ª Reunião, em 28/4/1987, 2ª Reunião de Audiência Pública, Subcomissão da Nacionalidade, da Soberania e das Relações Internacionais, Comissão da Soberania e dos Direitos e das Garantias do Homem e da Mulher, *supra* nota 374, p. 5.

393 A emenda 52, de Roberto Freire, parece sintetizar essa dinâmica: "Substituam-se os artigos que compõem o título "Das Relações Internacionais" pelos artigos seguintes: 'Art. O Brasil rege-se nas relações internacionais pelos seguintes princípios: I - Defesa da paz e da coexistência pacífica, do desarmamento geral e completo e da solução negociada dos conflitos; II - Defesa de uma nova ordem econômica internacional, mais justa e igual; III - Intercâmbio das conquistas tecnológicas, do patrimônio científico e cultural da humanidade; IV - Promoção dos direitos humanos, condenação da tortura e de todas as formas de discriminação; V - Defesa do não alinhamento permanente; VI - Apoio às conquistas da independência nacional de todos os povos, contra todas as formas de

como já se anunciavam interesses no sentido de propugnar pela integração latino-americana.[394]

O anteprojeto apresentado pela Comissão da Soberania e dos Direitos e Garantias do Homem e da Mulher foi o resultado de longo processo deliberativo em que temas relacionados à política exterior não ficaram restritos à apreciação da Subcomissão de Nacionalidade, da Soberania e das Relações Internacionais. Esse foi o caso, em particular, do direito ao asilo, cujo debate iniciou-se na Subcomissão dos Direitos e Garantias Individuais de forma associada ao instituto de extradição. Por essa razão, os dispositivos relativos à matéria estavam consignados em vários Títulos do texto apresentado pela Comissão em junho de 1987. No título I, "Dos direitos e liberdades fundamentais", previa-se, entre os "direitos e liberdades individuais invioláveis", o "asilo e a não-extradição", em termos bastante amplos e favoráveis aos solicitantes.[395] Embora não houvesse clareza quanto a institutos juridicamente distintos como asilo, refúgio e negativa de pedido de extradição, o conteúdo protetivo desse dispositivo indicava a influência do sofrimento causado a tantos brasileiros que, anos antes, haviam-se visto na contingência de buscar proteção em outros países diante da ameaça à sua incolumidade física pelo regime militar. No Título II, *Dos fundamentos da Nação*, respectivamente nos Capítulos III - Do Estado e de suas relações com a sociedade e no Capítulo IV Do Estado e de suas relações com os demais Estados e organismos internacionais, encontram-se os seguintes dispositivos:

---

colonialismo. VII - Valorização da ONU e dos seus organismos setoriais. VIII - Defesa da integração latino-americana e dos povos do terceiro-mundo'". Propunha, ainda, vedar "o estabelecimento de bases ou tropas militares estrangeiras, em território brasileiro, seja terrestre, marítimo ou aéreo". Na Subcomissão, vejam-se também as emendas 159, de Uldurico Pinto, e 193, de Brandão Monteiro.

[394] Aluizio Bezerra, *supra* nota 392, p. 6. O tema foi recorrente.

[395] XVI - O asilo e a não-extradição: a) Conceder-se-á asilo a estrangeiros perseguidos em razão de raça, nacionalidade e convicções políticas, filosóficas ou religiosas, ou em razão de defesa dos direitos e liberdades fundamentais da pessoa humana; b) nenhum brasileiro será extraditado, salvo o naturalizado, se a naturalização for posterior ao crime que houver motivado o pedido; c) o Brasil não faltará à condição de país de primeiro asilo, e só com a presença do refugiado em território nacional, poderá ser considerado pedido de extradição, d) a negativa de asilo e a expulsão de refugiado subordinar-se-ão a amplo controle jurisdicional, vedada a repatriação a país onde a vida e a liberdade do refugiado estejam ameaçadas, e) as representações diplomáticas e consulares do Brasil são obrigadas a prestar assistências e proteção aos brasileiros em exílio e aos seus familiares, vedada qualquer diferença de tratamento não definida em lei ou tratado de que o País seja signatário.

Art. 23 - São tarefas fundamentais do Estado:

I - garantir a independência nacional pela preservação de condições políticas, econômicas, científicas, tecnológicas e bélicas que lhe permitam rejeitar toda tentativa de interferência estrangeira na determinação e consecução de seus objetivos internos; (...)

Art. 24 - O Brasil participa da sociedade internacional por meio de tratados e compromissos com os Estados Soberanos, com os organismos internacionais e outras entidades dotadas de personalidade internacional, desde que não afetem a soberania de seu povo.

Art. 25 - O Brasil não permitirá que conflitos internacionais em que não é parte atinjam seu território e nele se transformem em fatores de desagregação de sua gente.

Art. 26 - A inviolabilidade desta Constituição rege as relações internacionais do Brasil, à luz dos princípios constantes de Declarações Internacionais de Direitos de que será signatário, com ênfase nos seguintes:

I - o da independência nacional; II - o da intocabilidade dos direitos humanos; III - o do direito dos povos à soberania e à autodeterminação; IV - o da igualdade entre os Estados; V - o da não ingerência nos assuntos internos de outros Estados; VI - o da solução pacífica dos conflitos internacionais VII - o da cooperação com todos os outros povos para a emancipação e o progresso da humanidade.

Art. 27 - Na ordem internacional o Brasil preconiza:

I - a codificação progressiva do Direito Internacional e a formação de um Tribunal Internacional dos Direitos Humanos com poder de decisão vinculatória, II :- a instauração de uma ordem econômica justa e eqüitativa, com a abolição de todas as formas de dominação de um Estado por outro; III - a união de todos os Estados Soberanos contra a competição armamentista e o terrorismo; IV - o desarmamento geral, simultâneo e controlado; v - a dissolução de todos os blocos político-militares; VI - o estabelecimento de um sistema universal de segurança, com vistas à criação de uma ordem internacional capaz de assegurar a paz e a justiça nas relações entre os povos; VII - o intercâmbio das conquistas tecnológicas e do patrimônio científico e cultural da humanidade, sem prejuízo do direito à reserva de mercado sempre que o controle tecnológico de nações estrangeiras possa implicar dominação política e perigo para a autodeterminação nacional; VIII - o direito universal de uso, reprodução e imitação, sem remuneração, das descobertas científicas e tecnológicas relativas a vida, à saúde e à alimentação dos seres humanos; IX - a suspensão do sigilo bancário, por decisão passada em julgada da Suprema Corte Constitucional ou de Justiça do País onde o titular da conta, encoberto ou não pela personalidade jurídica, tenha domicílio.

Art. 28 - Os tratados e compromissos internacionais dependem da aprovação do Congresso Nacional, excetuados os que visem simplesmente a executar, aperfeiçoar, interpretar ou prorrogar tratados pré-existentes e os de natureza meramente administrativa.

1o - Os tratados a que se refere a parte final deste artigo serão levados, dentro de trinta dias, ao conhecimento do Congresso Nacional.

2o - O conteúdo normativo dos tratados e compromissos internacionais se incorpora à ordem interna, revoga a lei anterior e está sujeito à revogação por lei nova ou Emenda Constitucional.

Em primeiro plano, a comparação com a proposta anterior da Subcomissão mostra novamente a tendência à explicitação de princípios de direito internacional a reger o Brasil nas relações internacionais (art. 26). Na base desse fenômeno residia forte sentimento soberanista pautado pelo receio de que referências genéricas a instrumentos internacionais deixassem a política exterior sujeita, por força constitucional, às injunções do que fosse decidido alhures.[396] Embora mantida a recondução da materialidade normativa a instrumentos positivos do direito internacional em termos genéricos ("Declarações Internacionais de Direito"), foi retirada a menção explícita às Cartas da ONU e da OEA[397], e à resolução 2625 (XXV) da AGNU.[398] Era flagrante, porém, enumeração excessiva

---

[396] Em justificativa à emenda 87 na Comissão, Farabulini Júnior alegava que "tudo o quanto diga respeito à soberania, não podemos delegar". Na mesma linha, Homero Santos aduzia, em justificativa à emenda 382, que "não deva constar da Constituição Federal a subordinação das Relações Internacionais a documentos de Organismos Internacionais, embora o país seja signatário e co-partícipe das disposições constantes destes Estatutos".

[397] Havia desconfiança dos constituintes quanto à OEA. Na Subcomissão, Aluízio Bezerra denunciou a "notória a falta de autoridade regional da Carta da Organização dos Estados Americanos. Sabemos que dela se utilizam para uma série de medidas antidemocráticas dentro do Continente". *Supra* nota 392, pp. 19-20. Na justificativa da emenda 35 na Comissão, Francisco Rollemberg aduzia que "a OEA é instituição atualmente muito contestada para se erigir em parâmetro da conduta brasileira em matéria de Relações Exteriores". A emenda 613, de Anna Maria Rattes, propunha (i) a inclusão de referência explícita à Declaração Universal dos Direitos Humanos, de 1949, na Constituição, (ii) a manutenção da Declaração da AGNU de 1970 e (iii) a retirada da Carta da OEA.

[398] Haroldo Lima insistiu na inclusão explícita da Declaração de 1970 em emenda ao substitutivo do relator da Comissão. Emenda (000037) no mesmo sentido foi apresentada por Homero

de objetivos de natureza política, cuja realização independe, por questão de fato e não de direito, da ação diplomática brasileira.[399] Isso tudo ao lado de dispositivos relacionados à dinâmica entre as ordens jurídica interna e externa e outros preceitos genéricos, como a obrigação tautológica de evitar que conflitos internacionais atingissem o território nacional. Embora o escopo demasiadamente amplo do anteprojeto da Comissão despertasse críticas quanto à falta de realismo e objetividade, algo remediado em seguida,[400] ganhava força a preferência do constituinte pela enumeração de princípios a reger o Brasil em suas relações internacionais.

Em seguida, o assunto foi objeto de deliberação na Comissão de Sistematização, cujo anteprojeto utilizou, sob nova numeração (arts. 8º a 12), o texto que havia sido aprovado anteriormente na Comissão da Soberania e dos Direitos e Garantias do Homem e da Mulher.[401] O primeiro projeto apresentado pela Comissão de Sistematização, que foi o primeiro documento formalmente aprovado pela Assembléia, serviu como referência básica para a apresentação de emendas pelos constituintes e pela sociedade brasileira.[402] Esse texto era quase idêntico ao anteprojeto, com mudanças tópicas e sob nova

---

Santos. Segundo parecer do relator, a proposta estaria prejudicada porquanto "o que pretende a iniciativa já está contemplado no texto do Anteprojeto em fase de elaboração".

399 Por essa razão, o art. 27, que viria a ser o art. 10 do anteprojeto da Comissão de Sistematização, foi retirado por emenda supressiva (Emenda 01970) de Tito Costa. Em sua justificativa, Costa afirma que o conteúdo dos artigos, em especial o art. 10, "é discursivo e caberia melhor num manifesto político ou num programa partidário, nunca num texto constitucional".

400 "O *Anteprojeto* causou certa polêmica (...) em face da circunstância de muitos Constituintes considerarem suas disposições, inclusive aquelas relacionadas com as relações exteriores do País, extremamente genéricas e movidas apenas pelo condão da utopia". Pedro Dallari, *supra* nota 2, p. 101.

401 O objetivo foi, nas palavras de seu relator, Bernardo Cabral, a "eliminação de conflitos e superposições, compatibilizando quando possível, optando quando imprescindível; proposição de regras supletivas de eventuais omissões, com vistas a dar coerência e consistência aos trabalhos das diversas Comissões Temáticas; pequenas correções técnicas ou formais, inevitáveis quando um trabalho da magnitude do presente se vê comprimido aos exíguos prazos de que dispuseram as Comissões". Bernardo Cabral, *Anteprojeto de Constituição (Comissão de Sistematização)*, 1987, p. 2.

402 Houve apenas uma emenda popular em matéria de relações exteriores que, apresentada conjuntamente pelas seções paulistas da Sociedade Brasileira para o Progresso da Ciência (SBPC/SP), da Sociedade Brasileira de Física (SBF/SP) e da Associação Brasileira de Antropologia (ABA/SP), propunha "envidar esforços em prol do desarmamento nuclear mundial" (Emenda PE00043-1/Emenda 1P20701-1).

numeração (arts. 7º a 11). Em relação aos princípios de relações internacionais, houve modificações de cunho formal, mantendo-se a matéria regulada em sua integralidade tal como recebida da Comissão Temática. Somente no Primeiro Substitutivo ao Projeto de Constituição, apresentado por Bernardo Cabral, houve "profunda inflexão"[403] e formato passou a aproximar-se do que seria a linguagem finalmente aprovada em 1988. Com o objetivo geral de reduzir o número de dispositivos constitucionais, o Primeiro Substitutivo enumerava normas entre os princípios fundamentais do Título I da Constituição, nos seguintes termos:

Art. 4. - São tarefas fundamentais do Estado:

I - garantir o desenvolvimento e a independência nacionais; (...)

Art. 5 - O Brasil fundamentará suas relações internacionais no princípio da independência nacional, na intocabilidade dos direitos humanos, no direito à autodeterminação dos povos, na igualdade dos Estados, na solução pacífica dos conflitos internacionais, na defesa da paz, no repúdio ao terrorismo e na cooperação com todos os povos, para a emancipação e o progresso da humanidade.

O projeto previa, ainda, no marco da garantia dos direitos individuais do Capítulo I do Título II, relativo aos direitos e liberdades fundamentais que:

§ 45 - conceder-se-á asilo político aos perseguidos em razão de defesa dos direitos e liberdades fundamentais da pessoa humana, não faltando o Brasil à condição de País de primeiro asilo.

A retirada da referência explícita a um determinado universo de princípios de direito internacional é indicativa da preferência do constituinte em face de outras normas que, embora válidas implicitamente, teriam prevalência no momento de aplicação na ação externa do Brasil. Além disso, as propostas apresentadas nessa fase da Assembléia Constituinte evidenciavam a preferência do legislador pela enumeração de princípios do direito internacional ao invés tanto de regras específicas,[404] quanto de objetivos políticos genéricos cuja

---

[403] Pedro Dallari, *supra* nota 2, p. 120.

[404] Em contraposição a essa tendência, que seria majoritária, Aluízio Bezerra chegou a propor, sem sucesso, a emenda substitutiva 34497, que agregava ao art. 5º do Substitutivo do Relator os seguintes parágrafos: "§ 1o. - O Brasil participa da sociedade internacional por meio de pactos, tratados e acordos com os Estados soberanos, com os organismos internacionais e com as associações de relevantes serviços à causa da humanidade e ao amparo e promoção da pessoa humana. § 2o. - O Brasil não manterá relações diplomáticas com países que exerçam domínio colonial pela força das armas ou que tenha a discriminação racial como política de Estado, conforme reconhecimento dos organismos internacionais competentes.

realização escaparia à própria política externa[405] e que poderiam não corresponder, necessariamente, aos interesses nacionais. O universalismo excessivamente voluntarista consubstanciado no art. 27 do anteprojeto da Comissão Temática e mantido no primeiro anteprojeto (sobretudo no antigo art. 10) cedia espaço à concisão imposta pelo senso de realismo prevalecente entre os constituintes quanto ao funcionamento da ordem internacional, na qual teria lugar, irremediavelmente, a ação diplomática brasileira.[406] Como resultado, o texto prolixo da Comissão foi substituído por dispositivo que consignava princípios de forma genérica e abstrata, a fim de garantir o espaço necessário

---

§ 3o. - Em respeito ao princípio de autodeterminação dos povos, da não intervenção em assuntos internos e da igualdade soberana dos Estados, o Brasil se oporá que organismos regionais dos quais faça parte utilizem a força contra qualquer de seus membros. § 4º. - O Brasil incentiva a integração latino-americana, sendo favorável à instauração de um mercado-comum, com todas as suas instancias".

[405] No *Primeiro Substitutivo* "reduz-se substancialmente o número de dispositivos; consolida-se a idéia de arrolamento dos princípios fundamentadores das relações exteriores, que sofrem, no entanto, uma forte seleção; abandona-se a perspectiva de normas relacionadas com propostas do Brasil para a disciplina da comunidade internacional". Pedro Dallari, *supra* nota 2, p. 120.

[406] Em emenda supressiva do art. 10, que viria a ser aprovada na Comissão de Sistematização (Emenda 01047), Wilson Martins alegou que "a Constituição está sendo elaborada para o Brasil. Os anseios expressos no dispositivo são coerentes com a nossa politica interna e externa. Mas não há necessidade de incluí-los no texto constitucional". Em seu parecer, o relator observou que "a emenda vem ao encontro da necessidade de enxugar-se o texto. Sua eliminação concorrerá ainda, para enxugar o texto constitucional, que deverá ser o mais sintético possível". Francisco Dorneles defendeu a supressão do art. 10 com a justificativa de que seriam "matérias circunstanciais não adequadas à texto Constitucional", "matérias de política internacional de caráter temporal" (emenda 04322). Sandra Cavalcanti observou que "trata-se apenas de uma plataforma de política ao longo do texto Constitucional" (emenda 05009). Álvaro Vale (PL/RJ) justificou a supressão desse dispositivo porquanto "o artigo pretende dizer o que o Brasil "preconiza" na ordem internacional. Os princípios que regem nossa politica externa são enunciados no artigo anterior. A sua aplicação dependerá de circunstâncias que se alteram, e que não têm porque serem enumeradas na Constituição" (emenda 05960, aprovada). Para Oscar Corrêa, a supressão desses dispositivos (artigos 8o, 10 e 11) se justificava (emenda 13002, aprovada) porque "representam mera sustentação de teses programáticas". Em seu parecer, o relator acolheu "a sugestão, que representa o nosso ponto de vista". Por fim, ao propor a emenda supressiva 19546 (parcialmente aprovada), Gerson Peres expunha a preferência por princípios gerais e abstratos nos seguintes termos: "convém trazer a redação do artigo à proporção adequada a uma norma Constitucional desta natureza (Relações Internacionais do Estado), até abonando-nos na melhor técnica adotada em termos de Direito Comparado, mercê da qual não se usa arrolar minuciosa e exaustivamente as metas preconizadas pelo Estado no plano externo".

à ponderação, pela diplomacia brasileira, da melhor forma de realização dos interesses nacionais à luz de determinadas balizas fundamentais.

O relator apresentou ainda um *Segundo Substitutivo* com base na apreciação prévia das emendas submetidas pelos constituintes. Em matéria de relações exteriores, houve apenas pequenas alterações na linguagem utilizada. Digna de nota foi a reincorporação do princípio de não intervenção que, embora presente no anteprojeto da Comissão Temática e no Projeto da Comissão de Sistematização, havia estado ausente, ao que tudo indica por negligência,[407] no *Primeiro Substitutivo*. Além disso, foi retirada a menção do Brasil como "País de primeiro asilo". Esse documento serviu como base para as deliberações que se seguiram na Comissão de Sistematização, onde, em matéria dos princípios de relações exteriores, houve quinze procedimentos de discussão e votação pelos Constituintes.[408] Entre as emendas aprovadas, mesmo que parcialmente, nessa etapa da Assembléia Constituinte, destaca-se a proposta de Antonio Mariz, "pela formação de um Tribunal Internacional dos Direitos Humanos", que daria origem ao art. 7º das disposições transitórias da nova Carta;[409] a emenda de Domingos Leonelli que incluiu o termo "racismo" ao lado de "terrorismo" como objetos de repúdio brasileiro no plano internacional;[410] o destaque de Marcondes Gadelha para a inserção de artigo, no Título I,

---

[407] Pedro Dallari, *supra* nota 2, p. 125.

[408] Pedro Dallari, *idem*, pp. 122-131.

[409] Ao justificar a emenda, que julgava "essencial à definição do próprio Estado brasileiro como Estado Democrático de Direito", o constituinte aduziu ser "da tradição diplomática brasileira compromisso nessa direção" e mencionou a atuação da diplomacia brasileira em favor do estabelecimento da Corte Interamericana de Direitos Humanos por meio do Pacto de San José, o qual, àquele momento, não havia ainda sido ratificado pelo Governo brasileiro. Mariz conclui seus comentários dizendo que "imaginaram-se os Direitos Universais como um tríptico, no qual o painel central seria a Declaração Universal, tal como se fez em Paris e em que dos demais painéis um seria a definição jurídica dos direitos humanos e o outro a instituição de órgãos jurisdicionais que assegurem a eficácia a esses direitos". Antonio Mariz, *Diário da Assembléia Nacional Constituinte*, Suplemento C, 27/1/1988, p. 910.

[410] Ao apresentar a emenda em nome de Leonelli, Paulo Ramos afirmou que "no Brasil, existem formas disfarçadas de racismo, mas, em outras partes do mundo, como por exemplo, na África do Sul, o racismo é praticado em toda a sua crueza; e é importante que o povo brasileiro, na Assembléia Nacional Constituinte, manifeste o repúdio ao que nega a Declaração Universal dos Direitos Humanos". Paulo Ramos, *Diário da Assembléia Nacional Constituinte*, Suplemento C, 27/1/1988, p. 910. Na mesma linha, Carlos Caó defendeu a emenda afirmando que "quando estabelecemos os princípios que balizam e embasam a política internacional brasileira a prevalência dos direitos humanos, não podemos deixar de colocar, específica e claramente, o nosso repúdio ao racismo. (...) Não creio que aqui alguém possa colocar-se a favor da política do *apartheid* da África do Sul. Não creio que aqui

estabelecendo que "o Brasil buscará a integração econômica, política, social e cultural dos povos da América Latina, com vistas à formação de uma comunidade latino-americana de nações",[411] e a emenda de Jovanni Massini que, com o objetivo de simplificar o tratamento do direito ao asilo, dispunha apenas que "conceder-se-á asilo político a estrangeiros perseguidos em razão de convicções políticas".[412]

Os resultados das votações sobre as emendas propostas indicavam preferências e sentidos claros no tocante às relações internacionais do Brasil. O sentido universalista da ação diplomática brasileira ganhava corpo na opção pela enumeração de princípios consagrados no direito internacional público a balizar a ação diplomática brasileira. O viés soberanista, tradicional tanto no constitucionalismo quanto na prática diplomática brasileira, era sopesado pela prioridade conferida à promoção dos direitos humanos, algo revelado também em dispositivos específicos estabelecendo o repúdio ao racismo como elemento central de nossa identidade internacional[413] e a defesa do princípio de autodeterminação dos povos, em nações colonizadas ou ocupadas pela força.[414] Essa identidade universalista não negligenciava, porém, o realismo do constituinte sobre a ordem internacional, tal como refletido na rejeição de emendas voltadas a estabelecer a neutralidade como princípio constitucional, ou a explicitar constrangimentos à discricionariedade da ação diplomática brasileira.[415] Ao final, a Comissão de Sistematização apresentou novo texto, conhecido como

---

alguém possa defender que o Governo brasileiro, a sociedade, o Estado e a Nação deixem de condenar, e condenar de forma candente, qualquer política de segregação estabelecida e desenvolvida por Estado-Nação". Carlos Alberto Caó, *Idem*, p. 911.

411 Destaque n. 7852/87 - Emenda 34239-8, aprovada por 88 votos favoráveis e apenas 4 contrários.

412 Emenda 22414.

413 O tema foi objeto de intenso debate em razão de emendas voltadas a estabelecer norma proibitiva de o Brasil manter relações diplomáticas com países onde houvesse políticas de segregação racial.

414 *Idem*, conferir capítulo abaixo o debate constitucional sobre o princípio de autodeterminação dos povos.

415 Nilson Gibson notava que "os incisos que se pretende suprimir criam impedimentos para o livre desenvolvimento da diplomacia brasileira, podendo causar constrangimentos desnecessários ao pleno cumprimento dos nossos compromissos internacionais" (emenda 01235). Sadie Hauache ponderou que "preconizar princípios que possam criar embaraços ou mesmo inviabilizar a diplomacia brasileira, não parece ser, no mínimo, de boa aparência. Os acordos internacionais já firmados, segundo os ditames da conveniência da conjuntura internacional sempre caracterizaram a eficiente diplomacia brasileira" (emenda 10642).

Projeto de Constituição (A), no qual a temática de relações internacionais foi regulada entre os Princípios Fundamentais do Título I em termos ainda mais próximos àqueles que constariam na versão final da Carta de 1988:

Art. 3º São objetivos fundamentais do Estado:

I - garantir a independência e o desenvolvimento nacionais; (...)

Art. 4º O Brasil fundamentará suas relações internacionais nos princípios da independência nacional, da prevalência dos direitos humanos, da autodeterminação dos povos, da igualdade dos Estados, da solução pacífica dos conflitos e da defesa da paz, bem como no repúdio ao terrorismo e ao racismo, e propugnará pela cooperação entre os povos, para a emancipação e o progresso da humanidade.

Art. 5º O Brasil buscará a integração econômica, política, social e cultural dos povos da América Latina, tendo em vista a formação de uma comunidade latino-americana de nações.[416]

Uma vez no *Plenário*, o *Projeto de Constituição (A)* foi objeto de emendas substitutivas que tinham o condão de promover modificações no texto que serviria de referência para a apreciação de destaques. Em matéria de relações internacionais, o novo documento, que constituía do texto-base do Título I, tinha a seguinte redação:

Art. 3º São objetivos fundamentais do Estado:

I -garantir a independência e o desenvolvimento nacionais;

(...)

Art. 4º O Brasil fundamentará suas relações internacionais nos princípios da independência nacional, da prevalência dos direitos humanos, da autodeterminação dos povos, da igualdade dos Estados, da solução pacífica dos conflitos e da defesa da paz, bem como no repúdio ao terrorismo e ao racismo, e propugnará pela cooperação entre os povos, para a emancipação e o progresso da humanidade.

Art. 5º O Brasil apoiará a livre integração econômica, social e cultural dos povos da América Latina.

O direito ao asilo manteve-se entre os direitos e garantias fundamentais do art. 6º, só que agora sob o § 38 com nova redação, que previa implicitamente

---

[416] Tratada ainda entre os direitos e garantias fundamentais, a temática do direito ao asilo se refletia no Art. 6º, § 45: *conceder-se-á asilo político aos estrangeiros perseguidos em razão de convicções políticas.*

a necessidade de uma lei complementar sobre a questão: *conceder-se-á asilo político, na forma da lei.*

Esse novo projeto foi objeto de destaques do bloco conhecido como "Centrão". Entre os mais importantes em matéria de relações exteriores, devem-se registrar a emenda de José Fogaça, que reinseriu o princípio de não-intervenção no rol de princípios fundamentais a guiar o Brasil em suas relações internacionais, pois fora novamente retirado, involuntariamente, de duas versões anteriores;[417] e o destaque de Marcondes Gadelha e de José Carlos Vasconcelos, para recuperar a redação originalmente mais ampla relativa ao processo de integração na América Latina, tal como se encontrava no *Projeto de Constituição (A)*. Ao final do primeiro turno das votações no *Plenário*, foi adotado o documento-base com os seguintes dispositivos em matéria de relações exteriores, muito próximo do texto anterior:

Art. 3º São objetivos fundamentais do Estado:

I -garantir a independência e o desenvolvimento nacionais; (...)

Art. 4º O Brasil fundamentará suas relações internacionais nos princípios da independência nacional, da prevalência dos direitos humanos, da autodeterminação dos povos, da não-intervenção, da igualdade dos Estados, da solução pacífica entre os conflitos e da defesa da paz, bem como no repúdio ao terrorismo e ao racismo, e propugnará pela cooperação entre os povos, para a emancipação e o progresso da humanidade.

Art. 5º O Brasil buscará a integração econômica, política, social e cultural dos povos da América Latina, tendo em vista a formação de uma comunidade latino-americana de nações.

O dispositivo sobre asilo político, a seu turno, reduzia-se à previsão, ainda no §38 do Art. 6º: *Conceder-se-á asilo político.*

Anteriormente às deliberações finais no *Plenário*, o relator da Comissão de Sistematização, Deputado Bernardo Cabral, elaborou novo texto, conhecido como *Projeto de Constituição (B)*, à luz dos debates realizados durante o primeiro turno de votações. Nesse documento foram introduzidas mudanças

---

417 Destaque 519, aprovado por 453 votos favoráveis, 5 contrários e uma abstenção. Com efeito, antes já havia sido aprovada, ao primeiro substitutivo do relator, a emenda aditiva 34615 do constituinte Adolfo Oliveira, que propunha acrescentar ao art. 5o., entre as expressões "no direito à autodeterminação dos povos" e "na igualdade dos Estados", a seguinte: "na não-intervenção". Em sua justificativa, Oliveira opinou tratar-se de "princípio salutar e tradicional da diplomacia brasileira". O relator, por sua, deu parecer favorável, indicando que "a emenda é adequada e vem convincentemente justificada".

formais em relação aos princípios de relações internacionais, sobretudo no tocante à sua disposição no texto constitucional,[418] como se observa a seguir:

Art. 3º Constituem objetivos fundamentais da República Federativa do Brasil:

I -garantir a independência e o desenvolvimento nacionais; (...)

Art. 4º A República Federativa do Brasil fundamenta suas relações internacionais nos seguintes princípios: I - independência nacional; II - prevalência dos direitos humanos; III - autodeterminação dos povos; IV - não-intervenção; V - igualdade entre os Estados; VI - a solução pacífica dos conflitos; VII - da defesa da paz; VIII - repúdio ao terrorismo e ao racismo; IX - cooperação entre os povos para o progresso da humanidade.

O dispositivo relativo à integração regional, por sua vez, foi transferido para o art. 8o do Ato das disposições transitórias, com a seguinte redação:

Art. 8º A República Federativa do Brasil buscará a integração econômica, política, social e cultural dos povos da América Latina, visando à formação de uma comunidade Latino-americana de nações.

O dispositivo relativo ao asilo político, a seu turno, manteve-se com a mesma redação, agora no inciso LXXX do novo art. 5º.

Foram poucas as emendas apresentadas em matéria de relações internacionais durante as deliberações do *Plenário*, no segundo turno da Assembléia Constituinte.[419] O tema que mais despertou atenção dizia respeito à inclusão, como objetivo permanente a guiar o Brasil em suas relações internacionais, o

---

[418] Nas palavras do relator, "desdobrei o enunciado em incisos, porque encerrava uma enumeração. Substituí a expressão 'Brasil' por 'República Federativa do Brasil', para uniformizar a menção ao nome oficial do Estado brasileiro. Ambos os procedimentos adotei nos demais dispositivos do Projeto que ensejaram sua aplicação".

[419] Por exemplo, a partir de emenda proposta por Roberto Balestra, foi feita pequena mudança na ordem dos incisos do art. 4º, pela inversão dos dispositivos VI e VII, a fim de que o princípio da "defesa da paz" precedesse o princípio de "solução pacífica de controvérsias". Mas não se trata de implícita hierarquização entre os princípios, mas de mero rearranjo por imposição lógica. Em sua justificativa à emenda 00622, o constituinte alegou que "a defesa da paz deve anteceder a afirmação de que se procura sempre a solução pacífica do conflito. Primeiro, deve-se procurar não se gerar conflitos, com a implantação de uma paz duradoura, e só usar a "solução pacífica dos conflitos" na resolução de possíveis cizânias". Além disso, Chagas Neto logrou suprimir (Emenda 01188) a expressão "independência nacional" do art. 3o, sob a justificativa que seria uma repetição tautológica, na medida em que "a independência nacional é dogma relativo ao conceito de Estado, embutido, portanto, no fundamento 'soberania' mencionado no artigo 1o e repetido no artigo 4º".

processo de integração regional. Com base em várias emendas tendentes à recolocação desse dispositivo no Título I, relativo aos princípios fundamentais, retirando-o das disposições transitórias, prevaleceu a posição de Sigmaringa Seixas reposicionando-o como parágrafo único do art. 4º. Além disso, por iniciativa de Chagas Neto, o dispositivo relativo à concessão do asilo político, que se encontrava entre os direitos e garantias fundamentais, foi transposto para o rol de princípios de relações internacionais do art. 4º.[420] A redação final desse inciso não incorporou, porém, a fórmula "solução pacífica de controvérsias", nos termos da emenda proposta por José Moura a fim de adequá-la à terminologia utilizada no direito internacional.[421] Consolidava-se a fórmula que seria finalmente aprovada, em 5 de outubro de 1988, na Constituição da República Federativa do Brasil:

Art. 4º A República Federativa do Brasil rege-se nas suas relações internacionais pelos seguintes princípios:

I - independência nacional;

II - prevalência dos direitos humanos;

III - autodeterminação dos povos;

IV - não-intervenção;

V - igualdade entre os Estados;

VI - defesa da paz;

VII - solução pacífica dos conflitos;

VIII - repúdio ao terrorismo e ao racismo;

IX - cooperação entre os povos para o progresso da humanidade;

X - concessão de asilo político.

Parágrafo único. A República Federativa do Brasil buscará a integração econômica, política, social e cultural dos povos da América Latina, visando à formação de uma comunidade latino-americana de nações.

---

420 Ao expor a Justificativa à emenda 01189, Chagas Neto afirmou que "o asilo político, diplomático ou territorial, não constitui direito ou garantia de brasileiro ou estrangeiro residente, matéria objeto do artigo 5º, mas princípio que tem a ver com as relações internacionais do Brasil, matéria versada no artigo 4º. A contradição decorrente da colocação do dispositivo é manifesta".

421 Alegou, em sua justificativa para a emenda 00185, que "a terminologia correta é a proposta, controvérsias, e não conflitos como na fórmula objetada".

Conclusão

A evolução da temática de relações internacionais na Assembléia Nacional Constituinte reflete a preferência do legislador pela enumeração de princípios gerais e abstratos oriundos do direito internacional, em lugar de objetivos políticos ou regras específicas a guiar o Brasil em suas relações exteriores. Mas tais características motivaram críticas na doutrina. Há autores que criticam o escopo tanto demasiado genérico quanto pouco abrangente dos princípios do art. 4º, pois dispõem "de forma principiológica e programática, repetindo no mais das vezes princípios já obsoletos que nenhuma referência necessitariam na própria Constituição, podendo no máximo constar de um programa político de governo". Vaticinam, ainda, que o constituinte deixou de estabelecer, de forma definitiva, a "posição hierárquica do direito internacional perante o direito interno".[422] Outra crítica diz respeito à suposta falta de coerência axiológica entre os princípios enumerados, evidenciada por visível ambigüidade decorrente de "inspirações nitidamente divergentes".[423]

É lícito indagar se o universo normativo enumerado pelo constituinte não estaria incompleto. Poder-se-iam identificar outros princípios igualmente relevantes, como em matéria de proteção ao meio ambiente (responsabilidades comuns, mas diferenciadas, por exemplo). Para alguns, a linguagem utilizada no substitutivo apresentado pelo relator na Comissão de Soberania e Relações Internacionais seria mais conveniente na medida em que dispunha apenas que a "inviolabilidade desta Constituição rege as relações internacionais do Brasil, à luz dos princípios constantes de Declarações Internacionais de Direitos de que seja signatário, com ênfase nos seguintes". Ao invés de uma lista exaustiva, abrir-se-ia o escopo material dos princípios de relações internacionais para outras normas do direito internacional, a exemplo do que fazem outras

---

422 Ribeiro Bastos e Ives Gandra opinam que o texto foi "surpreendentemente acanhado e tímido" em matéria de política exterior, bem como revelaria "extremado nacionalismo jurídico". Celso Ribeiro Bastos e Ives Gandra Martins, *Comentários à Constituição do Brasil*, v. 1, 2ª ed., São Paulo, Saraiva, 1997, pp. 450-451.

423 "Por um lado existe uma orientação nacionalista que se apega às idéias de independência nacional (item I), de não-intervenção (item IV), de igualdade entre os Estados (item V). Por outro lado, há uma linha internacionalista que se traduz na idéia de que o Brasil nas suas relações internacionais deverá bater-se pela prevalência dos direitos humanos (item II), da autodeterminação dos povos (item III) e do repúdio ao terrorismo e ao racismo (item VIII)". Manoel Gonçalves Ferreira Filho, *Comentários à Constituição brasileira de 1988: arts. 1º a 43*, São Paulo, Saraiva, 2000, v.1, p. 21.

democracias.[424] Essa mesma dúvida, sob outro enfoque, foi objeto de ponderação por especialistas na Subcomissão de Soberania, da Nacionalidade e das Relações Internacionais, que questionavam a conveniência de enumerar explicitamente princípios a reger o Brasil no plano externo.[425]

Não obstante, é inegável que a Constituição de 1988 inovou em relação a textos anteriores.[426] Embora houvesse referências a princípios de direito internacional em outras constituições, a Carta expandiu o rol de princípios e prescreveu novos comandos para o relacionamento do Brasil com o exterior no mais alto grau hierárquico de nosso ordenamento.[427] A ambição do texto constitucional na matéria se evidencia quando se compara a outras constituições, sejam de democracias ocidentais como a nossa, sejam de países de outras tradições jurídicas. Outro ponto de interesse é a relação entre as dimensões externa e interna da ordem jurídica. A ausência de clareza por parte do constituinte a respeito do relacionamento entre o direito internacional e o direito doméstico pode ser interpretada como possível preferência pela manutenção da tradição monista nacionalista do constitucionalismo brasileiro. Mas a despeito da relevância desse debate teórico,[428] a positivação de princípios materiais do direito internacional público no art. 4º teve o condão de superar essa dicoto-

---

424 "A incorporação do Direito Internacional ao Direito Interno seria para aqueles casos em que a manifestação de vontade do Brasil não fosse expressa". Celso de Albuquerque Mello, *supra* nota 384, p. 3.

425 Sobre o projeto da Comissão Afonso Arinos, Marotta Rangel recorda problemas, como omitir "no elenco o princípio da não intervenção, básico nas relações internacionais" e agrega que "o enunciado de princípios tem sempre o inconveniente de nos evocar a necessidade de completar esses princípios. E poderia ser uma cartilha imensa". Vicente Marotta Rangel, *supra* nota 384, pp. 6-7. Já Siqueira Campos observou que "não é da tradição constitucional brasileira a preparação, em matriz constitucional, de um capítulo inaugural, exaustivo e suficientemente abrangente, dos princípios respeitantes à soberania e aos fundamentos da organização nacional". Carlos Roberto de Siqueira Campos, *supra* nota 374, p. 19.

426 João Herrmann Neto afirmou que o objetivo do então capítulo sobre Relações Internacionais era não só inovar em relação à Constituição anterior, como também oferecer "o princípio das relações [internacionais] deste País". João Herrmann Neto, Ata da 11a Reunião, em 11/5/1987, Subcomissão da Nacionalidade, da Soberania e das Relações Internacionais, Comissão da Soberania e dos Direitos e das Garantias do Homem e da Mulher, *supra* nota 341, p. 3.

427 Para Dallari, esse fenômeno é irreversível no constitucionalismo brasileiro. Pedro Dallari, *supra* nota 2, p. 187.

428 George Rodrigo Bandeiro Galindo, 'Revisiting Monism's Ethical Dimension', in James Crawford e Sarah Nouwen (eds), *Select Proceedings of the European Society of International Law*, Oxford, Hart, 2012, pp 141-54; e Anne Peters, 'Supremacy Lost: International Law Meets Domestic Constitutional Law', (2009) 3 *Vienna Online Journal on International Constitutional Law* 170.

mia em relação a esse universo materialmente definido dos princípios ali consagrados, na medida em que abriu o direito interno à aplicação e à evolução material desses princípios no direito internacional.[429]

Da mesma forma, o rol de princípios do art. 4º certamente encerra tensão teleológica entre sentidos soberanistas e nacionalistas, de um lado, e universalistas e idealistas, de outro.[430] Os debates entre os constituintes para a Carta de 1988 expuseram o tradicional sentimento nacionalista e soberanista como algo comum em ambos os lados do espectro da política brasileira.[431] Esse fenômeno era explicado fosse pelo fim do regime militar, que foi acompanhado de profundo sentimento contrário à lógica intervencionista das potências mundiais que vigorava no período da Guerra Fria,[432] fosse pela percepção de que a vulnerabilidade externa representada pela crise da dívida, entre outros aspectos, era contrária à soberania e independência nacionais.[433] A novidade foi que ao lado da percepção soberanista ganhava corpo viés universalista e pacifista, que se refletia em propostas voltadas à proteção dos direitos humanos, ao apoio à autodeterminação dos povos, ao repúdio ao racismo, à integração regional, à proibição da guerra de conquista e à solução pacífica de controvérsias. Mas essa aparente ambiguidade não se deve a um equívoco de técnica legislativa ou à falta de unidade sistêmica do texto constitucional. O universo juridicamente regulado pelo art. 4º nada mais é que a expressão mais visível da convicção do constituinte brasileiro de que a generalidade e a abstração intrínsecas a princípios dessa natureza servem ao propósito de resguardar a margem

---

[429] "Não vejo como poderia sair dos trabalhos da Assembléia Constituinte (...) algo que venha a colidir com a Carta da ONU, com a Carta da Organização Internacional do Trabalho (...) ou com a Carta da Organização dos Estados Americanos". Francisco Rollemberg, Ata da 5a Reunião, em 30/4/1987, 4a Reunião de Audiência Pública, Subcomissão da Nacionalidade, da Soberania e das Relações Internacionais, Comissão da Soberania e dos Direitos e das Garantias do Homem e da Mulher, *supra* nota 374, p. 40.

[430] Essa ambigüidade aparente entre princípios de orientação nacionalista e internacionalista já havia sido notada por Ferreira Filho. Manoel Gonçalves Ferreira Filho, *supra* nota 423, p. 21.

[431] João Hermann Neto, *supra* nota 374, pp. 13-14.

[432] "O Brasil, País de grande dimensão econômica e política no contexto latino-americano e mundial (...), manteve, através de uma política anterior de submissão à política norte-americana, ditada - poderíamos dizer - pelo regime passado, um alinhamento automático que era determinado por interesses outros que não os do povo brasileiro". Aluízio Bezerra, Ata da 9ª Reunião, em 7/5/1987, 7ª Reunião de Audiência Pública, Subcomissão da Nacionalidade, da Soberania e das Relações Internacionais, Comissão da Soberania e dos Direitos e das Garantias do Homem e da Mulher, *Diário da Assembléia Nacional Constituinte*, Suplemento, 24/6/1987, p. 13.

[433] Carlos Roberto de Siqueira Campos, *supra* nota 374, pp.19-20.

de discricionariedade imprescindível à atuação da diplomacia brasileira. Essa prerrogativa é um pressuposto fundamental para viabilizar a consecução dos interesses nacionais no contexto tanto de uma ordem externa disfuncional, quanto de uma ordem interna complexa, em que o interesse nacional emerge, no mais das vezes, como a síntese de interesses particulares aparentemente contraditórios.[434] Pela mesma razão, a economicidade no tratamento das relações internacionais nos vários marcos constitucionais de democracias representativas como a nossa não parece ser outra senão a própria percepção de que a ordem internacional é injusta e pouco equilibrada, na qual a força e o poder insistem, com bastante freqüência, em sobrepor-se ao Direito. A densificação pormenorizada de normas na Constituição traria o risco de enrijecer demasiadamente a política externa diante de desafios e exigências de ordem internacional com as características conhecidas.

Em suma, a evolução do tema das relações internacionais no direito constitucional brasileiro reflete as transformações políticas, econômicas e sociais do Brasil ao longo do século passado. Ora com tendências autoritárias, ora com viés democrático, a evolução das sucessivas constituições revela percepções em relação ao mundo. A existência de princípios soberanistas ou universalistas indicam temores e expectativas da sociedade brasileira em relação à conformação da ordem internacional. A ênfase na soberania, compreendida como capacidade de autodeterminação e de atuação externa livre de contingenciamentos diante de relações desiguais, dá-se em contexto de instabilidade e receio quanto às formas de intervenção nos assuntos domésticos em meio a um sistema internacional que, tanto política quanto juridicamente, oferece escassas garantias de proteção aos direitos das nações mais desfavorecidas. Por outro lado, o viés soberanista foi temperado com princípios que veiculavam o espírito pacifista da política exterior brasileira, como a proibição da guerra de conquista. A repulsa à guerra de conquista e a previsão do recurso à arbitragem são indicativas do compromisso com o direito internacional como pressuposto para relações pacíficas e amistosas entre Estados soberanos. É, pois, no equilíbrio entre soberanismo e universalismo, que se encontra a teleologia hermenêutica do art. 4º em seu conjunto.

---

434 "Pela própria natureza da história de convivência internacional do Brasil, em que lidamos permanentemente com interesses contraditórios, em harmonização de posições contraditórias, muitas vezes somos obrigados a admitir que o país mais complicado ao negociar é o nosso País, justamente pela necessidade de harmonizar posições que enfim reflitam equilibradamente a vontade nacional". Paulo Tarso Flecha de Lima, *supra* nota 386, pp. 9-10.

Capítulo V
INDEPENDÊNCIA NACIONAL

O princípio de independência nacional determina a defesa da soberania do Brasil em suas relações internacionais. Reflete, talvez da forma mais nítida entre os princípios do art. 4º, a vertente nacionalista da política exterior. Em perspectiva sistêmica, o princípio de independência nacional é a contraface do dispositivo que consagra a soberania nacional como fundamento do Estado brasileiro (art. 1º). A independência como princípio regente de relações internacionais representa o pressuposto constitucional da soberania do Brasil, enquanto sujeito de direito internacional, sobre o conjunto de bens, pessoas e relações juridicamente sujeitas à jurisdição nacional. Não obstante, o conceito de independência nacional é polissêmico. Por definição indeterminado e abstrato, esse princípio corresponde a um universo materialmente diverso e amplo. É tanto mandamento imbuído de significado político, quanto norma positiva que se densifica por meio de subprincípios e regras consolidadas sobre a matéria no direito internacional público contemporâneo e na prática diplomática brasileira.

Independência Nacional na Constituição Federal

O princípio de independência nacional é o único dos dispositivos do art. 4º a constar, expressa ou implicitamente, em todas as constituições brasileiras. Explicitamente previsto na constituição do Império de 1824, essa norma podia ser deduzida nas constituições subseqüentes como princípio a regular as relações do Brasil com outros Estados até ser novamente resgatada, expressamente, 1988. Na Constituição Federal, esse princípio não se esgota na norma geral e abstrata do inciso I. Sua inclusão reflete o princípio fundamental de soberania inscrito no inciso I do art. 1º, que se desdobra no texto constitucional em outros dispositivos relacionados ao setor econômico (arts. 170-178), à cultura (art. 215), ao jornalismo (art. 222) e aos partidos políticos (inciso II, art. 17).[435]

O objetivo de resguardar a independência e a soberania nacionais foi uma constante na Assembléia Nacional Constituinte.[436] Além de dar nome à Subcomissão e à Comissão responsáveis pela elaboração do primeiro anteprojeto, o tema da soberania foi o valor subjacente a várias propostas de constituintes, ora como tarefa fundamental do Estado, ora como princípio a guiar o País nas relações internacionais. Em termos materiais, a preocupação com a defesa da independência e da soberania nacionais se expressava em emendas com o objetivo de proibir a presença de forças estrangeiras, sobretudo bases militares, em território nacional.[437] Brandão Monteiro, por exemplo, propôs destaque para acrescentar ao art. 4º a vedação constitucional de "realização de pactos e tratados militares" e a proibição da "fabricação, armazenamento e estacionamento de armas nucleares, bem como a instalação de bases militares estrangeiras em território nacional".[438] Roberto Freire propôs emenda para estabelecer, como princípio regente das relações internacionais, o não-alinhamento permanente do Brasil a blocos ideológicos e militares (OTAN e Pacto de Varsóvia, por exemplo), em linha com o princípio de política externa independente.[439] Com inspiração na Constituição portuguesa de 1974,[440] foram propostas emendas com o objetivo de incluir o dever de o Brasil preconizar

---

[435] José Cretella Júnior, *Comentários à Constituição brasileira de 1988*, Rio de Janeiro, Forense Universitária, 1998, p. 171.

[436] Recentes casos de espionagem confirmam que o constituinte tinha razão de preocupar-se com esse assunto.

[437] Veja, por exemplo, a emenda 57 de Roberto Freire, que propunha artigo vedando "o estabelecimento de bases ou tropas militares estrangeiras, em território brasileiro, seja terrestre, marítimo ou aéreo".

[438] Emenda 11137. Monteiro aduzia que "a proibição da instalação de bases militares estrangeiras em território nacional" deveria constar da Constituição por "ferir soberania do País".

[439] A mesma emenda 57 de Roberto Freire propunha a "defesa do não alinhamento permanente".

[440] O artigo 7 (2) da Constituição portuguesa estabelece que "Portugal preconiza a abolição do imperialismo, do colonialismo e de quaisquer outras formas de agressão, domínio e exploração nas relações entre os povos, bem como o desarmamento geral, simultâneo e controlado, a dissolução dos blocos político-militares e o estabelecimento de um sistema de segurança colectiva, com vista à criação de uma ordem internacional capaz de assegurar a paz e a justiça nas relações entre os povos".

pela abolição dos blocos militares,[441] tal como previsto no anteprojeto apresentado pela Comissão da Soberania e dos Direitos e Garantias do Homem e da Mulher. Embora não tenham sido aprovadas integralmente, tais emendas veiculavam o espírito predominante na Assembléia Constituinte: a defesa da soberania e da independência nacionais em oposição à lógica de alinhamento automático com potências estrangeiras.

A renovada importância conferida à proteção da independência e da soberania nacionais refletia a conjuntura doméstica à época. Viviam-se limitações reais ao exercício pleno de nossa soberania em razão da crise econômica e da dependência em relação a outros pólos de poder econômico e político. Mais do que algo abstrato e distante da realidade social e política brasileira, o cerceamento da capacidade decisória revelava-se na diminuta margem de manobra de que o Governo brasileiro dispunha para lidar com temas como a negociação da dívida externa. Nessa lógica, o conceito de soberania se relacionava à defesa da capacidade soberana da sociedade brasileira de dispor de seus recursos humanos e materiais sem submeter-se a constrangimentos impostos a partir de interesses externos.[442]

Em termos teóricos, a opção do constituinte pelo termo "independência" em vez de "soberania" indica uma tautologia da própria existência do Brasil como Estado na ordem internacional, isto é, enquanto sujeito dotado de personalidade jurídica plena no plano externo.[443] Para alguns, não haveria nem mesmo a necessidade desse termo na Constituição, pois a soberania é um atributo, *ipso facto*, da existência do País.[444] Não obstante, essa alternativa de independência nacional na ordem externa parece-nos adequada na medida em que

---

[441] Veja-se a emenda 19386 de Siqueira Campos na Comissão de Sistematização, em que defendia a preconização "do desarmamento geral e a dissolução dos blocos político-militares". Acabou prevalecendo a opinião de Gerson Peres (PDS/PA), que em sua justificativa para emenda a 19546, parcialmente aprovada na Comissão de Sistematização, alegava a inviabilidade desse dispositivo porquanto "Blocos político-partidários decorrem da própria dinâmica da vida internacional, sugerindo e dissolvendo-se a todo momento histórico".

[442] "O conceito de soberania é para nós não apenas uma figura jurídica, mas um conceito operacional, profundamente ligado ao processo de desenvolvimento". Renato Archer, *supra* nota 385, p. 48.

[443] "A rigor (...) o tema soberania, ou a própria expressão, não necessitaria estar explicitado na Constituição, porque o Brasil é o Estado e, por ser Estado, tem como característica própria a soberania". Vicente Marotta Rangel, *supra* nota 384, p. 6.

[444] Vicente Marotta Rangel, *idem*, pp. 6-7.

expressa a um só tempo tanto o dever de resguardar as competências e o regime estabelecido de forma soberana em 1988, quanto o reconhecimento de que as relações com outros sujeitos jurídicos devem ocorrer sobre bases reciprocamente acordadas. É por essa razão que, à luz das deliberações na Assembléia Constituinte, o conceito de "independência nacional" pode ser obtido a partir de dois elementos. Primeiro, a defesa do exercício soberano das competências jurisdicionais previstas ou reconhecidas pela Constituição sobre nosso território e indivíduos que nele se encontrem, sejam nacionais ou estrangeiros. A positivação do princípio de independência nacional consigna, assim, a visão de uma ordem jurídica internacional de coordenação entre Estados soberanos, em oposição à lógica de subordinação. Segundo, o comando genérico para resguardar a autonomia de atuação externa do Brasil, de forma que nossas relações com entes estrangeiros orientem-se pela realização dos interesses nacionais segundo as decisões políticas, econômicas, culturais e sociais determinadas em âmbito interno sob a égide do Estado Democrático de Direito. É a partir desses elementos que se devem buscar os corolários densificadores desse princípio no direito internacional e na prática diplomática brasileira.

Independência e Soberania

É majoritária na doutrina a opinião de que o conteúdo normativo do princípio de "independência nacional" (inciso I do art. 4º) associa-se ao conceito de soberania em sua dimensão externa. Se um Estado é independente, pressupõe-se a existência de um Governo que exerce jurisdição sobre um determinado território e sobre uma população por meio de uma autoridade domesticamente estabelecida.[445] Os limites da jurisdição soberana no plano externo são dados, via de regra, pelo universo de obrigações e direitos regulados pelo direito internacional, nos termos da vontade soberana de cada Estado. *Contrario sensu*, soberania significa a ausência de subordinação a outro poder soberano.[446]

---

[445] "Toute nation qui se gouverne à elle-même, sous quelque forme que ce soit, sans dépendance d'aucun étranger, est un Etat souverain". E. de Vattel, *Le droit des gens (ou Principes de la loi naturelle appliqués à la conduite et aux affaires des nations et souverains)*, Paris, J. P. Aillaud, 1835, Livre I, Chapitre I, § 4.

[446] Marcelo G. Kohen, 'Article 2, Paragraphe 1', in Jean-Pierre Cot, Alain Pellet & Mathias Forteau (eds.), *La Charte des Unies, Commentaire article par article*, Paris, Economica, 3rd. ed., 2005, 399-423, p. 407.

As raízes históricas da noção de soberania remetem à cidade-Estado da Grécia antiga.[447] Mas foi com o processo de formação dos Estados nacionais na Europa dos séculos XVI e XVII que o conceito adquiriu o significado vigente ainda hoje.[448] A soberania foi concebida como *suprema potestas* ou *summum imperio* que se desdobrava em duas dimensões: uma interna, na qual se aplicava como poder absoluto em face dos súditos do Estado, e outra externa, como poder incontrastável em face de outras soberanias.[449] A primeira dimensão refletia-se na concentração de poderes nas mãos de monarcas em detrimento da fragmentação do poder na Idade Média. Em sua dimensão externa, a soberania pressupunha monarcas absolutos, iguais e soberanos entre si.[450] A manutenção da ordem social, cuja alternativa era caos e guerra, repousava sobre o monopólio do uso da força em face de ameaças desagregadoras internas e externas. A unidade em torno do monarca transformava-se em condição para o êxito do próprio projeto de Estado-Nação,[451] como representação simbólica de uma herança cultural e linguística comum, sobre as bases de um território compartilhado historicamente por um mesmo povo.

O conceito de soberania passou por transformações de modo a adequar-se ao desenvolvimento das sociedades ocidentais sobre as bases teóricas do contratualismo liberal. Ao invés do monarca absoluto no ápice da pirâmide de poder, o povo passou a ser identificado com a base sobre a qual repousava a legitimidade do poder político e, por conseguinte, o atributo da soberania.[452]

---

447 "O que é fundamental no mundo grego é a autonomia (para regulamentar os assuntos internos) e a noção de independência (autonomia em matéria de política exterior)". Celso D. de Albuquerque Mello, *supra* nota 3, p. 51.

448 Jean Bodin (*Les six livres de la République*) e Thomas Hobbes (*Leviathan*) ofereceram a base teórica para a nova realidade política e social que se descortinava por meio da consolidação do poder estatal exercido de forma exclusiva sobre um determinado território e população.

449 "Soberania, dizia um velho professor da minha universidade é poder incontrastável de querer coercitivamente competências. E este poder o Brasil possui". Vicente Marotta Rangel, *supra* nota 384, pp. 6-7.

450 Essa lógica era traduzida, em Hobbes e Bodin, na visão de um pacto implícito no seio de um Estado nacional em que a concentração de poderes absolutos na figura do monarca atendia aos interesses gerais da coletividade. Para Hobbes, acima da soberania estava apenas o direito natural de origem divina.

451 "Le souverain représente sa Nation entière". E. Vattel, *supra* nota 445, para. 35.

452 Em Locke e, sobretudo, em Rousseau, a soberania se identificava com a legitimidade do poder popular, tendo como corolário mais imediato a teoria de divisão e independência entre os poderes.

Na esteira da revolução francesa e da independência dos Estados Unidos, o fim do século XVIII assistiu à emergência de movimentos insurrecionais que, embora nacionalistas da perspectiva externa, buscavam consagrar a soberania popular em face de regimes despóticos cuja legitimidade fora corroída pelo absolutismo que outrora lhes servira como sustentáculo político e social. Em meio a idas e vindas de fluxos revolucionários e restauradores no continente europeu, passando pelo Congresso de Viena de 1815 e pelas revoluções liberais da primeira metade do século XIX, espalharam-se as sementes da soberania enquanto direito inalienável dos povos à independência e à autodeterminação no seio de um Estado nacional. Universalizou-se a convicção de que o povo é o último depositário do poder soberano. Se na Europa essa dinâmica fez germinar novos Estados nacionais, como Alemanha e Itália, nas Américas os ventos de soberania varreriam, em sua quase integralidade, o anacrônico colonialismo europeu a partir do surgimento de Estados independentes. Um século e meio mais tarde, o processo de descolonização no pós-Guerra resgatou o conceito de soberania, agora expresso no direito internacional sob o princípio de autodeterminação dos povos: o poder soberano pertence ao povo que deve exercê-lo de forma incontrastável no universo físico de um determinado território que lhe corresponda geográfica, histórica e culturalmente, noção esta incompatível com as premissas do processo colonizador.

Já no plano externo, o conceito clássico de soberania relativizou-se ao longo do último século. De modelo que excluía toda e qualquer forma de limite externo ao exercício dos atributos de poder, à exceção talvez das obrigações decorrentes do consentimento do próprio Estado, a soberania abstratamente absoluta passou a ser percebida como impossibilidade lógica diante de uma ordem jurídica internacional que regula e limita o relacionamento interestatal.[453] Isso é perceptível nas limitações impostas às prerrogativas do Estado em recorrer à guerra.[454] Antes meio sujeito apenas à decisão soberana e individual de cada Estado, o uso da força foi restringido, como opção legítima de ação

---

453 Georges Scelle, *supra* nota 130, pp. 13-14.

454 "É uma soberania que continua a existir, mas não pode ignorar a realidade concreta dos tempos atuais e aquele direito de guerra, *jus belic*, como corolário que emergia do conceito de soberania. (...) Mas esta soberania, que não é absoluta, mas relativa, continua a sê-lo, porque o Brasil dispõe desse poder incontrastável de querer coercitivamente, fixar competências". Vicente Marotta Rangel, *supra* nota 384, pp. 6-7.

estatal, às exceções de legítima defesa e segurança coletiva.[455] Essa evolução do conceito de soberania pressupõe, assim, não só a crescente interdependência entre Estados, mas também o entendimento de que a soberania não decorre da mera existência de um Estado como entidade abstrata, mas sim devido à legitimidade do poder ali exercido em benefício de uma comunidade específica juridicamente organizada.

Se a soberania interna associa-se à noção de soberania popular, a soberania externa encontra limites na expansão e aprofundamento do direito internacional contemporâneo. É uma impossibilidade lógica sustentar a idéia de soberania externa absoluta e, ao mesmo tempo, admitir a existência de uma ordem jurídica internacional vinculante, com direitos e deveres recíprocos entre Estados.[456] Não obstante, alguns internacionalistas buscaram formas de conjugá-las, como a teoria de autolimitação de Jellinek. Sob forte influência voluntarista, o autor alemão alegava que o poder dos Estados só poderia ser limitado por sua própria vontade.[457] Para Kelsen, a utilização do termo soberania no direito internacional seria incorreta na medida em que pressupõe um poder ilimitado.[458] Scelle, a seu turno, rejeita tanto a idéia de soberania absoluta, pois seria o mesmo que aceitar poder jurídico incontrolável do Estado na ordem externa, quanto a de soberania ilimitada, pois o conceito de soberania pressupõe o exercício incondicionado da força coercitiva.[459] Sustenta, alternativamente, que o único termo possível a ser utilizado como substituto à soberania é o de *independência*, que consiste na "garantia das competências pelas regras do direito e sobretudo pela organização supraestatal" sobre as bases da

---

455 A decisão sobre os meios empregados em conflitos armados, no passado algo absoluto sob o signo da defesa da soberania nacional, foi objeto de contínua regulamentação, cerceando-se não só os meios empregáveis, como também os objetivos legitimamente reconhecidos pelo direito internacional humanitário.

456 "A noção do referido direito e a da soberania absoluta dos Estados são inconciliáveis entre si: esta seria a negação daquele". Hildebrando Accioly, *Tratado de Direito Internacional Público*, vol. I, São Paulo/Brasília, Quartier Latin/FUNAG, 2009, p. 270.

457 Na prática, essa visão em nada se diferenciava da soberania absoluta hegeliana, pois pressupunha soberania interna em termos absolutos e incondicionados. Segundo a crítica de Brierly, seria algo equivalente a aceitar um sistema internacional "anárquico", nos moldes de Hedley Bull. J. Brierly, *supra* nota 128, p. 46.

458 H. Kelsen, *Principles of International Law* (1967) (2nd ed., R.W. Tucker ed.), New York, Holt, Rinehart & Winston, 1996, p. 114.

459 "La souveraineté ne fut jamais et ne sera jamais que le droit du plus fort, c'est à dire la négation du Droit". Georges Scelle, *supra* nota 130, p. 81.

"igualdade formal" dos Estados perante a ordem jurídica.[460] Rousseau também prefere o uso da expressão *independência*, na medida em que veicula a noção de autonomia do Estado sobre as bases de um sistema jurídico regulador de relações interestatais.[461] À exceção da doutrina soviética, é majoritário o entendimento de que o atributo da soberania deve ser compreendido como o universo de competências reconhecido pelo direito internacional à ação do Estado em relação a outros sujeitos em condições de igualdade formal.[462] É justamente porque os Estados são igualmente soberanos que se faz necessário que esse universo de direitos e obrigações recíprocos seja claramente estabelecido, pois restrições à independência e à soberania de um Estado não podem ser presumidas no direito internacional, tal como reconhecido no caso *Lotus* pela CPJI.

Muitos têm sido aqueles a anunciar a chegada de um tempo em que a soberania terá sido extinta. Apregoam o fim dos limites jurisdicionais dos Estados nacionais e anunciam a conformação de uma nova ordem jurídica de escopo universal, cujas validade e eficácia terão derrogado a soberania westphaliana. A soberania estatal tem sido erodida por novas tecnologias, pelo aumento vertiginoso do fluxo de viajantes ao redor do mundo, pela internacionalização do capital e pela criação de regimes supranacionais.[463] No entanto, a soberania estatal não foi ab-rogada e permanece sendo o alicerce sobre o qual se erige o Estado na ordem internacional.[464] Em realidade, a validade desse conceito é ainda maior nos dias atuais, mesmo que de perspectiva distinta. Basta ver as deficiências do sistema internacional, em que a inexistência de poderes jurisdicionais obrigatórios de escopo universal impede qualquer abstração dessa natureza, mesma que de forma premonitória (*lex ferenda*). A prática dos Estados tem sido contínua e inequívoca no sentido de reiterá-la explicitamente em fóruns internacionais de escopo universal, como as Nações Unidas. Na raiz desse fenômeno encontra-se a convicção, sobretudo entre Estados mais débeis, de que a soberania deve permanecer sendo um valor fundamental a ser salva-

---

460 *Idem*, pp. 78-82.

461 Charles Rousseau, 'L'indépendance de l'État dans l'ordre international', 73 *R.C.A.D.I.* (1948-II), p. 213.

462 Hildebrando Accioly, *supra* nota 456, p. 268.

463 Dois aspectos reduzem o conceito tradicional de soberania: a "cooperação internacional" e o "transnacionalismo". Celso Lafer, *Paradoxos e Possibilidades*, Rio de Janeiro, Nova Fronteira, 1982, p. 71-83.

464 Celso Ribeiro Bastos e Ives Gandra da Silva Martins, *supra* nota 422, p. 454.

guardado pela ordem jurídica internacional, na medida em que oferece as bases sobre as quais relações factualmente desiguais têm lugar segundo direitos e deveres mutuamente acordados.[465]

Além disso, o processo de relativização da soberania no plano internacional está formalmente lastreado na vontade estatal, pois juridicamente pressupõe a existência de normas positivas do direito convencional e consuetudinário que tornam a soberania estatal permeável a limites válidos e, portanto, exigíveis na ordem jurídica. A relativização da soberania tem ocorrido com maior vigor sob a égide do multilateralismo, isto é, no marco de um processo político em que se ampliaram as competências políticas e jurisdicionais de instituições multilaterais, com destaque para as Nações Unidas e seu amplo sistema de agências especializadas, e regionais, como a União Européia, a União Africana, a OEA e o MERCOSUL.[466] A noção de soberania nos dias atuais tem, assim, como corolário, não a ab-rogação do princípio de soberania estatal e sua conseqüente relativização de princípios correlatos, como a não intervenção, a independência, a autodeterminação e a igualdade soberana entre os Estados, mas antes o fortalecimento de fóruns supranacionais. Se por um lado esses regimes garantem maior segurança à soberania do Estado diante da ameaça da força e de outras formas de intervenção, por outro promovem a abertura da soberania estatal ("domínio reservado") ao escrutínio da comunidade internacional sobre as bases do princípio de cooperação. Em vez de redução do universo de direitos do Estado, esse processo parece indicar a tendência de fortalecimento do Estado de Direito (*rule of law*) no sistema internacional, no seio do qual o exercício legítimo e válido da soberania em face de outros Estados igualmente soberanos pressupõe um sistema jurídico que tanto intermedeie essas relações por meio de procedimentos e competências mutuamente acordados, quanto exija a observância de comportamentos mínimos de cooperação a fim de que se possa dele fazer parte, tal como se observa nas regras para a admissão nas Nações Unidas.

O sistema internacional de comércio é um caso paradigmático de limites impostos à soberania e a independência externa como resultado do desenvolvimento do direito internacional. As capacidades em princípio soberanas e

---

465 Colin Warbrick, 'The principle of sovereign equality', in Colin Warbrick and Vaughan Lowe, *The United Nations and the Principles of International Law, Essays in Memory of Michael Akehurst*, London/New York, Routledge, 1994, p. 210.

466 Vicente Marotta Rangel, *supra* nota 384, pp. 6.

ilimitadas de cada Estado para regular, no âmbito da jurisdição doméstica, temas relativos ao comércio internacional, passaram a ser objeto de regulamentação por meio dos Acordos da Organização Mundial do Comércio (OMC). Esse universo materialmente amplo vai desde questões tarifárias, passando por temas fitossanitários, tributários, administrativos e econômicos, como o apoio à produção nacional e regimes de propriedade intelectual. Decisões em princípio soberanas tomadas em âmbito interno podem ser objeto de reclamação por parte de outros Estados Partes na OMC. Embora o Estado permaneça soberano para legislar e tomar medidas administrativas em âmbito doméstico nessas matérias, há sempre a possibilidade de que essas ações sejam objeto de disputa no âmbito do sistema de solução de controvérsias da OMC e, caso sejam consideradas ilegais à luz das obrigações assumidas em tratados internacionais, podem motivar decisões exigindo sua mudança em âmbito interno e, no caso de descumprimento pelo Estado, de medidas de retaliação por parte do Estado demandante. Não é, porém, a soberania do Estado que foi objetivamente limitada, pois em princípio cada Governo continua dispondo plenamente de suas capacidades decisórias para implantar um regime de comércio contrário à normativa acordada na OMC. A questão é que, caso tais medidas sejam declaradas ilegais sob o direito internacional do comércio, o Estado em questão pode sofrer sanções previstas por esse mesmo universo jurídico, sendo assim potencialmente prejudicado em suas relações com os demais Estados que fazem parte desse mesmo regime. É o interesse de beneficiar-se do sistema multilateral do comércio que explica a autolimitação dos Estados em relação à sua própria soberania.[467]

No plano externo, portanto, a limitação à soberania estatal nada mais é que a própria ordem jurídica internacional, isto é, o reconhecimento recíproco de outras soberanias e regimes supranacionais que, ao criarem concessões mútuas, limitam e condicionam o livre exercício da soberania individual.[468] A própria evolução das relações internacionais tem conduzido a um novo paradigma jurídico em que regimes criados em defesa de interesses coletivos em temas como meio ambiente, direitos humanos e proscrição da guerra resultam da vontade soberana dos Estados. É nesse sentido que se devem interpretar o princípio de complementaridade do TPI, as concessões recíprocas em matéria de imunidades

---

467 "La souveraineté internationale se définit aussi comme indépendance juridique". M. Virally, 'Une pierre d'angle qui résiste au temps: avatars et pérennité de l'idée de souveraineté', in Lorenzo Meyer, *Les relations internationales dans un monde en mutation*, Genève, IUHEI et Leyde, Sijthoff, 1977, p. 192.

468 Albrecht Randelzhofer, *supra* nota 243, p. 73.

diplomáticas ou ainda as regras que os Estados dispensam reciprocamente entre si no tocante ao tratamento de estrangeiros em seus respectivos territórios.[469] O mesmo ocorre em temas relativos a regimes de rios internacionais, direito do mar e espaço exterior. Os próprios Estados, fazendo uso de suas capacidades soberanas, têm pactuado normas e expandido o escopo de aplicação das competências de organizações internacionais com o efeito lógico-jurídico de restringir poderes pretensamente absolutos (a chamada *raison d'état* em Richelieu e Maquiavel que, à outrance, conduziria a um voluntarismo absoluto, como em Hegel, ou até à negação da natureza jurídica do direito internacional público).[470]

Mas embora o conceito contemporâneo de soberania no início deste século não possa ser interpretado em termos absolutos, sobretudo no tocante aos direitos humanos, o mesmo não se pode dizer de questões de paz e segurança, nos quais a defesa da soberania dos Estados é a única defesa de seus corolários lógico-jurídicos de integridade territorial e de independência política. Em tempos de pós-modernidade com tendências fragmentadoras, ao invés do falso dilema entre um voluntarismo absoluto e negacionista da alteridade e um jusnaturalismo negligente da dimensão e do papel do Estado, parece-nos mais correto interpretar o conceito de soberania como a convergência na qual os anseios universalistas em favor da justiça e do progresso da humanidade são também resultados da progressiva expansão do *corpus iuris* internacional sobre as bases do direito positivo, isto é, de tratados e costumes internacionais que conferem a certeza e a previsibilidade imprescindíveis ao bom funcionamento de qualquer sistema jurídico.

O Princípio de Independência no Direito Internacional Contemporâneo

Na ordem jurídica internacional, a noção de soberania corresponde ao conceito de "independência jurídica", que constitui elemento fundamental da existência do Estado.[471] Trata-se, na expressão de Albuquerque Mello, de um "feixe de direitos" que compreende um universo normativo de competências e

---

[469] Juridicamente, é mais adequado falar em diminuição do escopo de aplicação do "domínio exclusivo".

[470] Colin Warbrick, *supra* nota 465, p. 205.

[471] Ian Brownlie, *supra* nota 133, p. 71.

atributos próprios do Estado no sistema internacional[472] e que expressa, objetivamente, a capacidade de um Estado de exercer poder de forma exclusiva e absoluta em seus limites jurisdicionais (território e população).[473]

O conceito jurídico de "independência" desenvolveu-se com contornos mais precisos na Convenção sobre os Direitos e Deveres dos Estados, assinada em Montevidéu na VII Conferência Internacional Americana, em 1933. O art. 1º do instrumento definia, como requisitos da personalidade jurídica do Estado: (i) população permanente, (ii) território determinado, (iii) governo e (iv) capacidade de entrar em relações com os demais Estados. Nesses termos, o atributo da independência pressupõe a capacidade de um Estado de manter relações com outros membros da comunidade internacional de acordo com seus interesses e desígnios, tendo como limites objetivos as obrigações do *ius gentium*. O Estado soberano corresponderia, ao menos no plano formal, nos termos do art. 3º da Convenção de Montevidéu, ao reconhecimento pelo direito internacional de uma ordem jurídica doméstica composta de órgãos executivos, legislativos e judiciais com faculdades soberanas para a elaboração, execução e aplicação das normas válidas no interior de seu respectivo ordenamento jurídico, inclusive aquelas do direito internacional, tal como refletido, entre outras áreas, na política externa.[474]

No direito internacional contemporâneo, a principal fonte normativa do princípio de independência corresponde à noção de soberania inscrita no art. 2(1) da Carta das Nações Unidas. A ordem inaugurada em 1945 não alterou um fundamento vigente desde o século XVI: o reconhecimento mútuo da soberania entre os Estados.[475] A centralidade desse conceito para qualquer noção

---

[472] É "expressão que não possui definição no campo do direito a não ser que se entenda como sinônimo da palavra soberania no seu aspecto externo". Parece-lhe "um pleonasmo que o art. 4o fale em "independência nacional" quando o art. 1o já falara da soberania como fundamento, ou seja, de um modo mais grave, do que como 'princípio' de relações internacionais". Celso D. de Albuquerque Mello, *supra* nota 3, p. 134.

[473] Pedro Dallari, *supra* nota 2, p. 158.

[474] Artigo 3 - A existência política do Estado é independente do seu reconhecimento pelos demais Estados. Ainda antes de reconhecido, tem o Estado o direito de defender sua integridade e independência, prover a sua conservação e prosperidade, e conseguintemente, organizar-se como achar conveniente, legislar sôbre seus interesses, administrar seus serviços e determinar a jurisdição e competência dos seus tribunais.

[475] Albert Bleckmann, 'Article 2(1)', in Bruno Simma (ed.), *The Charter of the United Nations - A Commentary*, München, C.H. Beck Verlag, 1995, 78-89, p. 78; e Colin Warbrick, *supra* nota 465, p. 211.

relativa ao sistema jurídico internacional sobre as bases da Carta foi corroborada tanto em tratados constitutivos de organizações internacionais, quanto em instrumentos jurídicos convencionais e consuetudinários concluídos nas últimas décadas. Em âmbito regional, a Carta de Bogotá consagrou a tese de que a formação da OEA foi motivada, entre outros objetivos, pelo interesse de defender a soberania e a independência dos Estados Membros.[476] O art. 3(b) prescreve que "a ordem internacional é constituída essencialmente pelo respeito à personalidade, soberania e independência dos Estados". O art. 13 reitera o direito individual de cada Estado de defender sua independência e escolher seu modelo de organização política, econômica e cultural,[477] o que implica o exercício de sua jurisdição sobre seu respectivo território e os indivíduos que aí se encontrem, nacionais ou estrangeiros.[478] Há um consenso na ordem jurídica interamericana: os pressupostos de independência e de soberania estatal têm como contrapartida o reconhecimento de que os limites à soberania em suas dimensões externa e interna são dados pelo direito internacional, em linha com os arts. 13, 15, 17 e 18 da Carta de Bogotá.[479]

Durante o processo deliberativo da Declaração sobre os Princípios de Direito Internacional de 1970, a discussão sobre o tema da soberania teve tendências ora conservadoras, formuladas no pressuposto de que o ordenamento jurídico internacional serve para regular relações entre Estados soberanos

---

[476] O artigo 1º do Capítulo I, intitulado "Natureza e Propósitos", estabelece que "os Estados americanos consagram nesta Carta a organização internacional que vêm desenvolvendo para conseguir uma ordem de paz e de justiça, para promover sua solidariedade, intensificar sua colaboração e defender sua soberania, sua integridade territorial e sua independência".

[477] Artigo 13 - A existência política do Estado é independente do seu reconhecimento pelos outros Estados. Mesmo antes de ser reconhecido, o Estado tem o direito de defender a sua integridade e independência, de promover a sua conservação e prosperidade, e, por conseguinte, de se organizar como melhor entender, de legislar sobre os seus interesses, de administrar os seus serviços e de determinar a jurisdição e a competência dos seus tribunais. O exercício desses direitos não tem outros limites senão o do exercício dos direitos de outros Estados, conforme o direito internacional.

[478] Artigo 16 - A jurisdição dos Estados nos limites do território nacional exerce-se igualmente sobre todos os habitantes, quer sejam nacionais ou estrangeiros.

[479] Artigo 15 - O direito que tem o Estado de proteger e desenvolver a sua existência não o autoriza a praticar atos injustos contra outro Estado. (...) Artigo 17 - Cada Estado tem o direito de desenvolver, livre e espontaneamente, a sua vida cultural, política e econômica. No seu livre desenvolvimento, o Estado respeitará os direitos da pessoa humana e os princípios da moral universal. Artigo 18 - O respeito e a observância fiel dos tratados constituem norma para o desenvolvimento das relações pacíficas entre os Estados. Os tratados e acordos internacionais devem ser públicos.

sobre a base do consentimento, ora progressistas, no sentido de que a Carta reflete o ideal de uma comunidade internacional organizada em torno de valores e objetivos comuns que não estão sujeitos à discricionariedade dos Estados. Posto de outra forma, a ordem inaugurada com as Nações Unidas voltava-se à preservação dos Estados individualmente ou se se orientava para a realização do bem comum?[480] O resultado, embora não plenamente refletido na resolução, foi um equilíbrio entre ambas as visões, com ênfase nos direitos inerentes à independência e à soberania dos Estados como exigência de uma ordem factualmente desigual. Os dispositivos da resolução 2625 relativos à soberania e a independência - em especial os parágrafos (c) e (d) - contribuíram para densificar o princípio inscrito no art. 2(1) da Carta. Expressam, de forma inequívoca, a existência de direitos inerentes à soberania e de deveres recíprocos de respeito à personalidade jurídica dos Estados. De maior importância foi a consagração do direito dos Estados de escolherem livremente o desenvolvimento de seus respectivos sistemas políticos, sociais econômicos e culturais.[481] Essa visão, que foi consensual no Comitê Especial,[482] refletiu-se em linguagem que a um só tempo reconhecia direitos inerentes à soberania do Estado e reforçava o liberdade de escolha quanto ao modelo político, econômico e cultural, tendo como único limite objetivo a existência de obrigações impostas pelo direito internacional.[483] Na raiz dessa convicção encontrava-se o receio de que a soberania pudesse ser desrespeitada por terceiros países em função de critérios políticos e ideológicos a serem utilizados de acordo com seus interesses e conveniência.[484] A escolha de um modelo econômico, político ou cultural não

---

480 Colin Warbrick, *supra* nota 465, p. 212.

481 R. Rosenstock, *supra* nota 248, p. 733. Cf. também P.-H. Houben, *supra* nota 254, p. 718. A. A. Cançado Trindade, *supra* nota 20, p. 106.

482 UN Doc A/5746, paras. 293-352; A/6799, paras. 409-437 e A/6230, paras. 356-413.

483 "The principle of sovereign equality of States - All States enjoy sovereign equality. They have equal rights and duties and are equal members of the international community, notwithstanding differences of an economic, social, political or other nature. In particular, sovereign equality includes the following elements: (a) States are judicially equal; (b) Each State enjoys the rights inherent in full sovereignty; (c) Each State has the duty to respect the personality of other States; (d) The territorial integrity and political independence of the State are inviolable; (e) Each State has the right freely to choose and develop its political, social, economic and cultural systems; (f) Each State has the duty to comply fully and in good faith with its international obligations and to live in peace with other States".

484 Essa preocupação, mantida no texto aprovado, foi objeto de proposta da delegação da então Tchecoslováquia. P.-H. Houben, *supra* nota 254, p. 718.

poderia ser instrumentalizada como justificativa para impor sanções, intervir nos assuntos domésticos de outros Estados ou até mesmo impedir o acesso ou suspender a participação de um país em organizações internacionais.[485] No mesmo diapasão, foi reconhecida a capacidade de o Estado decidir de forma soberana sobre o uso e a exploração de seus recursos naturais, mesmo em áreas de propriedade de estrangeiros.[486] A existência de um Estado independente implicava o reconhecimento de direitos soberanos inerentes à personalidade jurídica, algo de particular importância no processo de descolonização.[487]

O documento final da Conferência de Helsinque de 1975, que lançou bases jurídicas para a reaproximação entre os blocos ocidental e comunista por meio da Organização para a Segurança e a Cooperação na Europa (OSCE), também reproduziu, em seu art. 1º, os consensos sobre o dever de respeitar a soberania estatal e o direito dos Estados à independência política.[488] Esse

---

485 Isso viria a ocorrer na Tchecoslováquia e no Chile, respectivamente em 1968 e 1972, nos dois extremos do espectro ideológico da Guerra Fria, e estaria também na raiz da suspensão de Cuba da OEA, uma década antes, e dos problemas relativos à representação da China nas Nações Unidas.

486 O direito dos Estados de dispor livremente de sua riqueza e de seus recursos naturais era corolário desse princípio na seara econômica, em linha com o desenvolvimento dessa matéria nos termos das resoluções 1803 (XVII), de 1962, 2158 (XXI) de 1966 e 2200 A(XXI) de 1966, e do Ato Final da Conferência das Nações Unidas sobre Comércio e Desenvolvimento (UNCTAD), de 1964 (UNCTAD, Geneva, 1964, E/CONF.46/191, Vol. 1, Second Part, p. 10). Em que pese à resistência de países desenvolvidos, a versão final consolidou o entendimento de que os conceitos de independência e autodeterminação dos povos prevêem tais faculdades.

487 Paralelamente ao debate e à aprovação da resolução 2625, a mesma AGNU condenava, de forma específica, o regime segregacionista de *apartheid* na África do Sul sob a justificativa de violação à Carta. Implicitamente, a prática na ONU indicava que o direito inerente à soberania do Estado em estabelecer seu modelo de organização política, econômica e social ("domínio reservado") era limitado pelo direito internacional especial (*lex specialis*) em matéria de direito humanos. Cf. Colin Warbrick, *supra* nota 465, p. 213.

488 "I. Sovereign equality, respect for the rights inherent in sovereignty The participating States will respect each other's sovereign equality and individuality as well as all the rights inherent in and encompassed by its sovereignty, including in particular the right of every State to juridical equality, to territorial integrity and to freedom and political independence. They will also respect each other's right freely to choose and develop its political, social, economic and cultural systems as well as its right to determine its laws and regulations. Within the framework of international law, all the participating States have equal rights and duties. They will respect each other's right to define and conduct as it wishes its relations with other States in accordance with international law and in the spirit of the present Declaration. They consider that their frontiers can be changed, in accordance with international law, by peaceful means and by agreement. They also have

dispositivo vai além da faculdade atribuída aos Estados de escolherem seu sistema político, econômico, cultural e social ao enumerar áreas e capacidades que correspondem a direitos inerentes à soberania estatal, como a formulação e a condução da política exterior, a capacidade de tornar-se membro de uma organização internacional, a faculdade de ser parte em tratados internacionais e até mesmo a decisão de optar por neutralidade em relação a pólos em conflito. Reconhecia-se, como regra geral, que a existência de um Estado não guardava relação com seu modelo de organização política, econômica, cultural e social. Pelo contrário, a escolha deste modelo era corolário dos direitos inerentes à personalidade jurídica do Estado, cujos limites seriam dados apenas pelas obrigações impostas pelo direito internacional.

Mesmo em instrumentos consuetudinários mais recentes, os princípios de soberania e independência têm sido reafirmados como parte fundamental da base axiológica e normativa da ordem internacional contemporânea. Isso não impediu, porém, avanços importantes quanto à interpretação (*opinio iuris*) do conceito de soberania no direito internacional. A *Declaração do Milênio* reafirmou a atualidade e a obrigatoriedade dos propósitos e princípios da Carta das Nações Unidas em um mundo crescentemente interconectado e interdependente, bem como reiterou o apego às normas de soberania e independência política na nova ordem internacional.[489] Ao mesmo tempo, veiculou a opinião dos Estados quanto à existência de valores "essenciais às relações internacionais no século XXI", entre os quais a liberdade, a igualdade entre indivíduos e nações, a solidariedade entre os Estados, a tolerância na diversidade, o respeito à natureza e a responsabilidade compartilhada no marco do multilateralismo. Por sua vez, o art. 5º do *Documento Final da Cúpula Mundial* de 2005 renovou o compromisso com a igualdade soberana e a independência política como valores e princípios fundamentais das Nações Unidas, ao mesmo tempo em que relacionou a liberdade soberana de escolha de um sistema político, econômico, social e cultural, com o valor universal da democracia.[490] O documento

the right to belong or not to belong to international organizations, to be or not to be a party to bilateral or multilateral treaties including the right to be or not to be a party to treaties of alliance; they also have the right to neutrality".

489 A/RES/55/2, *United Nations Millennium Declaration*, 18 September 2000.

490 135. We reaffirm that democracy is a universal value based on the freely expressed will of people to determine their own political, economic, social and cultural systems and their full participation in all aspects of their lives. We also reaffirm that while democracies share common features, there is no single model of democracy, that it does not belong to any

equilibrou o dever reciprocamente imposto aos Estados de respeito à soberania alheia com os limites ao exercício dessas faculdades soberanas em sua própria jurisdição ao reconhecer o compromisso de cada Estado com os direitos humanos na ordem doméstica.

Aspectos jurídicos do conceito de independência nacional foram também objeto de exame na jurisprudência internacional. Há três precedentes paradigmáticos na então CPJI. No primeiro, *Tunis and Morocco Nationality Decrees*, a Corte lidou com a questão da independência e da soberania nacionais no contexto de regimes de protetorados. A CPJI entendeu que um protetorado, como então era o Marrocos, era um exemplo de que a personalidade jurídica do Estado permanecia intacta não obstante o fato de que algumas das características fundamentais de sua soberania estivessem sob o controle de outro Estado.[491] Um segundo caso foi a opinião consultiva no caso *Austro-German Union*, em que a Corte analisou a relação entre a constituição de uma união aduaneira e a independência de um Estado.[492] Nessa ocasião, a CPJI entendeu, por maioria, que tal regime aduaneiro era incompatível com as obrigações assumidas pela Áustria em relação à manutenção de sua independência no tocante a esse universo específico de relações econômico-comerciais. Sentenciou, ainda, que tais obrigações não estariam circunscritas a deveres de abstenção da alienação real e completa de sua independência.[493] A obrigação de manter a independência implicava, portanto, o controle exclusivo do Estado austríaco sobre as relações comerciais com outros Estados. Finalmente, no caso *Lotus*, a CPJI asseverou que o direito internacional regula relações entre Estados independentes e que as restrições à independência dos Estados não podem ser presumidas. Em corolário, as obrigações impostas pelo direito internacional

country or region, and reaffirm the necessity of due respect for sovereignty and the right of self-determination. *Idem*.

491 Segundo a CPJI, os protetorados "have individual legal characteristics resulting from the special conditions under which they were created, and the stage of their development". *Tunis and Morocco Nationality Decrees*, PCIJ (1923), Ser. B, no. 4, p. 27.

492 A Áustria, sob protocolo assinado em 1922, havia contraído a obrigação de "não alienar sua independência" e "abster-se de qualquer negociação ou de qualquer engajamento econômico e financeiro calculado direta ou indiretamente a comprometer sua independência".

493 *Austro-German Customs Union* case, PCIJ (1931), Series A/B, No. 41, Advisory Opinion.

devem emanar de sua vontade livre tal como expressa no direito convencional e consuetudinário, além dos princípios gerais do direito.[494]

O laudo arbitral do caso *Island of Palmas* expôs, de forma ainda mais clara, o significado jurídico do conceito de independência em sua dimensão de soberania territorial. Essa arbitragem, que ocorreu sob os auspícios dos mecanismos de solução pacífica de controvérsias criados pelas Convenções da Haia de 1988 e 1907 e cujos procedimentos ficaram conhecidos como "Corte Permanente de Arbitragem", consolidou, na interpretação do árbitro Max Huber, a fórmula que se tornaria clássica para a noção de independência no direito internacional: *sovereignty in the relation between States signifies independence.*[495] Mais recentemente, o princípio de independência dos Estados na ordem internacional foi reafirmado pela CIJ no caso *Nicaragua* - com seus vários corolários lógico-jurídicos. Diante da insistência dos Estados Unidos em justificar o apoio e a atuação em operação paramilitares no país centroamericano com base na alegação de que o regime comunista seria contrário por definição aos direitos humanos e por isso deveria ser deposto, a Corte asseve-

---

[494] Em sua explicação de voto no Caso Lotus, o suíço Max Huber reconheceu a possibilidade de que a Turquia poderia exercer jurisdição em matéria penal em caso envolvendo oficial francês por atos cometidos em seu território. "International law governs relations between independent States. The rules of law binding upon States therefore emanate from their own free will as expressed in conventions or by usages generally accepted as expressing principles of law and established in order to regulate the relations between these co-existing independent communities or with a view to the achievement of common aims. Restrictions upon the independence of States cannot therefore be presumed". *France v. Turkey (SS Lotus)* (1927) P.C.I.J. Rep., Series A, No 10, p. 19. No caso *Las Palmas*, o mesmo Huber afirmou que 'le principe de l'independance des États exclut que leur politique intérieure ou extérieure fasse dans le doute l'objet de l'activité d'une juridiction internationale '. *Island of Palmas case (Netherlands/USA)*, RIAA II, p. 642. O caso *Las Palmas* se tornou referência em matéria de sucessão de Estados e soberania territorial. Os EUA se arvoravam como sucessores da Espanha em relação às Filipinas e reivindicavam direitos de soberania sobre o arquipélago, ao passo que os Países Baixos reivindicavam direitos com base na ocupação efetiva das ilhas após 1898.

[495] Na ocasião, Max Huber cunhou a paradigmática expressão de que um título de ocupação, para ser válido, requer como requisito a *continuous and peaceful display of territorial sovereignty*. O *decisium* prossegue nos seguintes termos: "Independence in regard to a portion of the globe is the right to exercise therein, to the exclusion of any other State, the functions of a State. (...) The development of the national organisation of States during the last few centuries and, as a corollary, the development of international law, have established this principle of the exclusive competence of the State in regard to its own territory in such a way as to make it the point of departure in settling most questions that concern international relations". *Caso Las Palmas, supra* nota 494, p. 838.

rou, preliminarmente, que o direito à independência e à integridade territorial afastava qualquer possibilidade de intervenção unilateral por parte de outros Estados,[496] pois a escolha do regime político e econômico era direito soberano de cada Estado.

A aplicação do princípio de independência dos Estados também assume importância no processo de admissão de novos membros em organizações internacionais. Nas Nações Unidas, esse processo é regulado pelo artigo 4º (1) da Carta, que estabelece, como condições, (i) ser um país amante da paz, (ii) aceitar os dispositivos da Carta e (iii) ter disposição para cumprir suas obrigações.[497] Embora não haja nesse dispositivo referência explícita aos elementos constitutivos do Estado, tem prevalecido na doutrina o entendimento de que é preciso haver um Governo minimamente efetivo e independente relativo a uma determinada comunidade populacional em um território determinado a fim de que um Estado possa ser admitido como novo membro da ONU.[498] Essa regra foi observada na totalidade dos casos dos novos membros que ingressaram nas Nações Unidas ao amparo do art. 4º da Carta: os 143 Estados que se somaram aos 51 signatários originais da Carta apresentam tais elementos constitutivos. Há, no entanto, alguns precedentes na prática mais ampla da Organização que permitem a relativização do conceito de independência para fins de reconhecimento de um Estado na ordem jurídica internacional. A concessão do *status* de Estados observadores é um bom exemplo dessa prática. Desde 1948, a partir do precedente da Suíça, a AGNU estendeu o *status* de observador[499] a dezessete Estados Não Membros,[500] que se tornaram membros

---

[496] "The right to sovereignty and to political independence possessed by the Republic of Nicaragua, like any other State of the region or of the world, should be fully respected and should not in any way be jeopardized by any military and paramilitary activities which are prohibited by the principles of international law", *Nicaragua* case, *supra* nota 269, p. 144, para. 288.

[497] A admissão é decidida pela AGNU mediante recomendação do CSNU (parágrafo 2º), sendo necessária maioria mínima de 2/3 dos membros para a decisão (art. 18 (2)). No CSNU, é preciso haver maioria qualificada, restando a possibilidade de membros permanentes exercerem poder de veto (Art. 27(3)).

[498] Benedetto Conforti, *supra* nota 240, pp. 24-25.

[499] A concessão do *status* de observador não está regulado na Carta. Desenvolveu-se na prática da AGNU.

[500] É a seguinte a lista, com os respectivos anos referentes à concessão do *status* de observador pela AGNU e à admissão como Estado Membro: Alemanha República Federal (1952-1973), Alemanha República Democrática (1972-1973), Áustria (1952-1955), Bangladesh

plenos anos depois. Já na União Africana, a situação do Saara Ocidental é um caso mais complexo.[501] Embora seja reconhecido como Estado Membro da UA desde 1984 (então Organização da Unidade Africana), ainda não se verifica, por parte da República Democrática Árabe Sahrawi, um governo efetivo sobre o território reivindicado pela Frente Polisário como correspondente ao povo saarauí sob o princípio de autodeterminação dos povos.[502]

Outra incidência do princípio de independência do Estado no âmbito das Nações Unidas diz respeito ao regime de tutela, cuja aplicação, nos termos do art. 78 da Carta, é vedada a Estados Membros sob a justificativa de que as relações mútuas entre Estados independentes devem "basear-se no respeito ao princípio da igualdade soberana". Além de demonstrar que o princípio de igualdade soberana não está restrito às relações entre a Organização e seus Estados Membros, esse dispositivo indica que o princípio de independência aplica-se unicamente a Estados soberanos, excluindo-se territórios e populações sob regimes de mandato, colonial, protetorado e outras formas de

(1973-1974), Coréia do Norte (1973-1991), Coréia do Sul (1949-1991), Espanha (1955-1955), Finlândia (1952-1955), Itália (1952-1955), Japão (1952-1956), Kuwait (1962-1963), Mônaco (1956-1993), Suíça (1946-2002) e Vietnã (1976-1977). O Vietnã do Sul teve *status* de Estado observador entre 1952-1976. Atualmente, são apenas dois Estados nessa situação: Palestina e Santa Sé. No caso palestino, a despeito das restrições ao exercício de um Governo efetivo devido à ocupação de seu território, a AGNU aprovou, por maioria, em 2012, o reconhecimento do *status* de observador das Nações Unidas. Também se mencionam os casos de Belarus e da Ucrânia, os quais embora sujeitos ao domínio da então U.R.S.S., foram considerados Estados para fins de sua participação, como membros originais, embora aí as circunstâncias específicas daquele momento expliquem essa exceção no regime onusiano. A AGNU também concede *status* de observador a organizações internacionais e outras entidades, como União Européia, Ordem Soberana de Malta e inúmeras organizações regionais e multilaterais, como OEA, UA e União Interparlamentar, entre outras. Essa lista é publicada anualmente pelo Secretariado das Nações Unidas. Sobre o assunto, cf. Legal Opinion of 15 August 2008, in *2008 United Nations Juridical Yearbook, New York, UN, p. 438, part B, paragraphs 8-11. Esse status de observador permanente não se confunde com a concessão de* status de observador a movimentos de libertação nacional, matéria regulada por resoluções da AGNU, em especial a A/RES/43/160. Essa categoria foi muito utilizada durante o processo de descolonização no mundo asioafricano, entre os anos 1950 e 1960, ao amparo do princípio de autodeterminação dos povos. Além disso, organizações da sociedade civil (ONGs) podem obter *status* consultativo junto ao ECOSOC, o que permite acreditação para participar como observadores, sob regime específico, em reuniões de órgãos como o CDH.

[501] O Saara Ocidental integra a lista das Nações Unidas dos territórios onde não se exerce autogoverno (*non-self governing territories*).

[502] Estima-se que o controle seja exercido sobre apenas 25% do território.

subordinação,[503] os quais, não obstante, têm os direitos de suas respectivas populações protegidos sob outras normas do direito internacional, em especial o princípio de autodeterminação dos povos.

A independência não constitui, porém, requisito formal imprescindível ao reconhecimento da personalidade jurídica de um Estado. Essa decisão é por definição subjetiva e está circunscrita à discricionariedade soberana de cada Estado de acordo com considerações que extrapolam os limites objetivos da norma de independência. Muitos são os países, por exemplo, que reconhecem o Estado da Palestina, apesar das restrições à sua soberania. O mesmo se observa em relação ao Saara Ocidental, reconhecido como membro da UA. Além disso, ao critério estritamente formal da norma de independência opõe-se uma realidade factual na qual forças externas incidem e afetam o exercício da autoridade em países formalmente soberanos.[504] Daí que a independência factual não deve ser interpretada rigidamente como exigência incontornável para o reconhecimento da personalidade jurídica do Estado. Do contrário, muitos seriam os países sem condições de atestar sua soberania plena em razão de limites reais impostos ao exercício de jurisdição sobre seu território e população.[505]

Agregue-se que o direito internacional prevê modalidades de mitigação da independência de um Estado sem que isso acarrete a extinção da soberania no plano externo. Isso pode ocorrer por vias convencionais, a exemplos dos chamados tratados de proteção, além de outras formas de consentimento em relação à representação e à condução dos interesses nacionais no plano externo. Isso ocorre atualmente na União Européia, ou ainda em regimes especiais criados por organizações internacionais, como se dava em relação aos protetorados sob a antiga Liga das Nações e, após a Carta de 1945, aos regimes de tutela nas Nações Unidas.[506] *Contrario sensu*, o mesmo se pode dizer de federações de estados, como ocorria com Ucrânia e Belarus no passado, as quais, embora parte da U.R.S.S., tinham capacidade jurídica no direito internacional

---

503 Marcelo G. Kohen, *supra* nota 446, p. 404.

504 Ian Brownlie, *supra* nota 133, p. 72.

505 Esse é o caso de países com bases militares estrangeiras em seus territórios mediante regimes específicos que representam, na prática, exercício de extraterritorialidade jurisdicional por outro Estado.

506 Há o precedente da Alemanha ao final da II Guerra Mundial, quando o país foi ocupado pelas potências aliadas sem que houvesse o fim de sua existência como Estado. Cf. Ian Brownlie, *supra* nota 133, p. 72.

para concluir tratados e eram membros das Nações Unidas. Outra possibilidade são vias especiais de associação amparadas pelo consentimento de seus membros, tal como se dava no seio da antiga *Communauté française* e atualmente na *British Commonwealth of Nations*. Em ambos os casos, a associação não implica a perda das capacidades jurídicas fundamentais dos Estados associados sob o direito internacional. Tais atos são considerados válidos desde que não tenham sido adotados mediante coerção ou outra modalidade de nulidade prevista pela Convenção de Viena de 1969.[507]

Prática Diplomática Brasileira

A defesa da independência nacional é pedra angular da diplomacia brasileira.[508] Traço fundamental de nossa identidade internacional, a defesa da independência e da soberania nacionais constitui não só o eixo central sobre o qual se construiu a tradição diplomática desde o Império, como também aspecto teleológico a guiar a interpretação sobre os parâmetros políticos e jurídicos aplicáveis à atuação do Brasil em uma ordem internacional imprevisível e muitas vezes desequilibrada.

Nos primeiros anos da República, o apego do Brasil a esse princípio revelou-se em meio a conjuntura externa complexa, em que ao esforço de definição dos limites territoriais com países vizinhos sobrepunham-se tensões decorrentes da expansão do imperialismo em fins do XIX e início do XX. Uma das primeiras expressões da prática diplomática em relação ao princípio de independência nacional deu-se na defesa da integridade territorial sobre a Ilha da Trindade, entre 1895 e 1897. Diante da ocupação da ilha pelo Reino Unido, o Governo brasileiro interveio, por canais diplomáticos, a fim de reivindicar, pacificamente, a soberania sobre a ilha. O posicionamento brasileiro orientou-se pela demonstração dos direitos soberanos sobre o território à luz de títulos históricos e da prática estatal ininterrupta pelo Reino de Portugal e, sucessivamente, pelo Brasil independente sob o Império e a República, desde a evacuação britânica e restituição da ilha a Lisboa, em 1782. Invalidava-se a alegação

---

[507] Marcelo G. Kohen, *supra* nota 446, p. 402

[508] "A soberania é o direito elementar por excelência dos Estados constituídos e independentes", Rui Barbosa, na II Conferência de Paz da Haia, sobre o Novo Tribunal Permanente de Arbitramento, em 9/10/1907. *In* A. A. Cançado Trindade, *Repertório da Prática Brasileira do Direito Internacional Público (Período 1899-1918)*, Brasília, FUNAG/MRE, 1986, p. 54.

britânica de que a ocupação era legítima por tratar-se de *res nullius*. Como forma de demonstrar que a posse britânica não era pacífica, o Brasil protestou contra a ilegalidade de quaisquer atos realizados por autoridades britânicas na ilha sob ocupação,[509] bem como contra qualquer presunção de reconhecimento da possessão inglesa junto a outros Estados[510]. O caso foi resolvido de forma favorável ao Brasil, com a desocupação e o reconhecimento definitivo pela Coroa britânica da soberania brasileira sobre a ilha de Trindade.[511]

Outra aplicação da norma de soberania deu-se pelo reconhecimento das capacidades do Estado em adotar medidas de suspensão, proibição e controle sobre o comércio de bens em suas respectivas jurisdições nacionais.[512] O principal caso diz respeito à atuação de cônsules britânicos no País, em meio à I Guerra Mundial, em razão do regime de proibições imposto pelo Reino Unido ao comércio com alemães. Diante de práticas inadmissíveis de autoridades britânicas em território nacional, o Governo brasileiro adotou posição baseada no princípio de independência e soberania. Por um lado, reconheceu o "direito incontestável" do Reino Unido em "regular, desenvolver ou restringir, por medidas de caráter interno e administrativo, as relações dos comerciantes ingleses", em linha com "o princípio, sempre seguido pelo Brasil, do mais escrupuloso respeito pelos atos inerentes à soberania e independência". Por outro, protestou contra condutas que extrapolavam o universo permitido

---

509 Cf. a correspondência e documentos diplomáticos com os protestos do Brasil contra a ocupação inglesa da Ilha da Trindade, em especial as Notas 21 e 22 do MRE à Legação Britânica, de 22/7/1895. *In* A.A. Cançado Trindade, *Repertório da Prática Brasileira do Direito Internacional Público (Período 1889-1898)*, Brasília, FUNAG/MRE, 2012, 2a. ed., pp. 50-52, 61-67 e 174-189. Nessas peças se expõe, com base na doutrina pandectista do Direito Privado, que a ocupação britânica "não era título legítimo de aquisição de domínio".

510 Após gestão pela diplomacia brasileira, o Governo português reconheceu a soberania do Brasil sobre a Ilha da Trindade à luz de títulos históricos e interveio junto a Londres em favor de nossas reivindicações.

511 O desfecho do episódio coroou de êxito os esforços da diplomacia brasileira em momento particularmente complexo da jovem República. Reforçou, também, o acerto da preferência por solução pacífica da controvérsia em meio a ambiente interno de clamor público, preservando assim o bom estado das relações bilaterais.

512 Em 1910, o Governo brasileiro já havia rejeitado o dever de indenizar particulares por prejuízos sofridos em decorrência da suspensão da liberdade de trânsito em rios nacionais para o comércio com a Bolívia. Hélio Lobo, *O Tribunal Arbitral Brasileiro-Boliviano*, Rio de Janeiro, Imprensa Nacional, 1910, p. 93.

pelo direito internacional ao exercício das funções consulares, em violação à soberania e independência do Brasil.[513]

Expressão particularmente relevante do princípio de independência e soberania na prática diplomática poder ser retirada do encaminhamento da questão do Acre. A posição brasileira baseou-se no reconhecimento de que o princípio de soberania tinha, como corolários, a legitimidade de ações voltadas à defesa da soberania territorial e a obrigatoriedade de que estrangeiros, a despeito de sua nacionalidade, obedecessem à autoridade do Estado.[514] Havia sérias deficiências quanto ao próprio exercício desse poder soberano pela Bolívia, a exemplo do pedido formulado pelas autoridades de La Paz para que o Governo brasileiro atuasse no território do Acre para reprimir atos praticados por estrangeiros (no caso brasileiro). Outro indício, ainda mais forte, foi o arrendamento pela Bolívia do território a empresa privada estrangeira, que ficaria incumbida até mesmo da tarefa de manter a ordem pela força.[515] Para o Brasil, que não admitia a hipótese de ver-se na contingência de buscar a defesa dos direitos de seus nacionais frente a entidade privada, tratava-se de medida baseada em direito soberano precário, tanto pela transação de um domínio litigioso junto a entidade privada, quanto pelo fato de que tal transação

---

513 Nota de 9/8/1916, à Legação Britânica, sobre a Questão da Aplicação da Chamada "Lista Negra" no Brasil, *in* A.A. Cançado Trindade, *supra* nota 508, pp. 39-40. Ainda na relação com o Reino Unido, o princípio de independência e soberania nacionais foi utilizado pouco antes como justificativa dos protestos brasileiros contra o aprisionamento, pela força, de súditos inimigos (alemães) em embarcações brasileiras (então país neutro no conflito mundial) em águas internacionais. Essa "ofensa à soberania do Estado" seria "abuso de força, pois os beligerantes não podem criar, a seu arbítrio, princípios de Direito Internacional, mormente contra os Estados estranhos à luta". Parecer do Consultor Jurídico do MRE, Clovis Bevilaqua emitido no Rio de Janeiro, em 2/1/1915, in A.A. Cançado Trindade, *supra* nota 508, pp. 45-46.

514 Apesar de atos tentativos de soberania pela Bolívia (estabelecimento de alfândega e expedição de decretos) em parte não litigiosa do território, o Governo brasileiro apontou sérias debilidades nesse exercício.

515 Em 1901, o Governo boliviano assinou, em Londres, protocolo pelo qual o Acre passaria à administração de uma empresa privada britânica pelo prazo de 30 anos. "Esse protocolo afigurou-se ao Brasil inquietante, na medida em que transferia para o *Bolivian Syndicate*, uma espécie de companhia colonial privilegiada, uma *chartered company*, como as existentes na África, a plenitude do governo civil do Acre, com direitos soberanos, entre os quais o de manter polícia e equipar uma força armada ou barcos de guerra, para a defesa dos rios ou conservação da ordem interna". Luiz Alberto Moniz Bandeira, 'O Barão de Rothschild e a questão do Acre', *Revista Brasileira de Política Internacional*, vol.43, no.2, Brasília, Jul./Dez. 2000.

indicava a incapacidade ou falta de vontade do Governo boliviano de exercer soberania naquele território.[516]

Já sob a égide das Nações Unidas, o Brasil voltou a expor sua *opinio iuris* sobre o conceito de soberania e independência nacionais, os quais eram interpretados na prática diplomática em sinonímia para fins de aplicação no direito internacional.[517] Na IX Conferência Internacional Americana, em Bogotá, em 1948, o Brasil defendeu relação direta, causal e necessária entre a existência do direito internacional e o propósito de estabelecer relações de igualdade entre Estados soberanos, a fim de que a "independência, integridade [territorial] e soberania sejam intangíveis".[518] Na mesma Conferência, João Neves da Fontoura elaborou essa visão em termos mais específicos ao vaticinar pela impossibilidade de que a soberania fosse ilimitada diante da "interdependência inevitável dos Estados".[519] Revelava-se premissa basilar da prática diplomática na segunda metade do século XX: o princípio da igualdade soberana entre Estados era conciliado com uma ordem jurídica internacional vinculante no marco das atribuições das organizações multilaterais. A partir de então, sobretudo nas Nações Unidas, o Brasil buscou ponderar a defesa da soberania estatal e o reconhecimento de que a hipótese de soberania externa ilimitada e absoluta é contrária a essa mesma ordem esboçada na Carta em torno de propósitos e princípios comuns. A solução para essa tensão foi encontrada, sob perspectiva tanto política quanto jurídica, na autoridade exercida no seio dos órgãos competentes do sistema internacional.[520] O Brasil, portanto, mostrava-se aberto ao reconhecimento de limites à sua soberania como condição necessária à preservação da paz e da segurança internacionais e esperava, reciprocamente, o mesmo comportamento dos demais Estados Membros da ONU

---

516 Cf. a documentação diplomática trocada entre o Itamaraty e a Legação da Bolívia no Rio de Janeiro, *in* A.A. Cançado Trindade, *supra* nota 508, pp. 42-45.

517 Parecer sobre a Reafirmação de Princípios Fundamentais do Direito Internacional pelo Comitê Jurídico Interamericano, do então consultor jurídico do MRE, Sebastião do Rêgo Barros. *In* A.A. Cançado Trindade, *Repertório da Prática Brasileira do Direito Internacional Público (Período 1941-1960)*, Brasília, FUNAG/MRE, 2012, 2a. ed., p. 46.

518 *In* A.A. Cançado Trindade, *supra* nota 517, p. 45.

519 "Nenhum problema (...) seja ele politico, social, econômico ou militar - encontra hoje solução dentro do recinto estritamente nacional". João Neves da Fontoura, IX Conferência Internacional Americana, 31/3/1948, *in* A.A. Cançado Trindade, *supra* nota 517, p. 47.

520 Luiz Martins de Souza Dantas na I Sessão Ordinária da AGNU, em 1946. *In* Luiz Felipe Seixas Corrêa (org.), *O Brasil nas Nações Unidas*, Brasília, FUNAG, 2007, p. 34. Essa unidade em torno das Nações Unidas correspondia à idéia de uma *communis humanitatis causa*.

sobre as bases de outros dois princípios fundamentais do direito internacional: a igualdade formal entre os Estados e o dever de cooperação internacional.[521]

Para além do posicionamento brasileiro em relação a casos específicos de ocupação e/ou invasão pela via militar de Estados soberanos, uma das aplicações mais paradigmáticas do princípio de independência nacional na prática diplomática durante a Guerra Fria se deu na chamada Política Externa Independente (PEI). Objeto de intenso debate entre teóricos de relações internacionais e estudiosos da política externa brasileira, a PEI pode ser interpretada, em termos jurídicos, como corolário do princípio de independência nacional na medida em que consagrava, como premissa e eixo fundamental da ação exterior, a defesa dos interesses nacionais a partir da perspectiva do Brasil, em contraposição a lógicas de alinhamento automático sob contingências ideológicas ou militares.[522] Em 1961, essa posição foi expressa por Affonso Arinos de Mello Franco na AGNU nos seguintes termos: "nações pacíficas e desarmadas [como o Brasil], as quais, embora não admitidas ao escasso grupo das que decidem das guerras, compõem a grande maioria das que sofrerão os seus funestos resultados, seria inevitável tomar posição independente no panorama mundial, no justo empenho de influir na atenuação das tensões, na solução das divergências e na conquista gradativa da paz".[523] Esse direito à independência da política exterior, que ensejava manter relações diplomáticas com países dos mais diversos perfis ideológicos, decorria do princípio de igualdade soberana do art. 2(1).[524] Agregava ainda que a lógica de soberania absoluta e ilimitada subjacente à corrida armamentista e à organização de poder em torno de blocos ideológicos antagônicos só poderia ser superada mediante o reconhecimento de limites acordados no âmbito de organizações como as

---

521 O Brasil defendia o avanço do direito internacional sobre as bases do "livre consentimento dos Estados" como caminho seguro "para que o respeito à soberania encontre o seu complemento natural no reconhecimento dos direitos humanos e nas salvaguardas apropriadas da segurança e da paz". João Neves da Fontoura, VII Sessão Ordinária da AGNU, em 1952, *in* Luiz Felipe Seixas Corrêa (org.), *supra* nota 520, p. 84.

522 Apresentação do programa de governo à Câmara de Deputados pelo então Presidente do Conselho de Ministros, Tancredo Neves, no interregno parlamentarista de 1961. San Tiago Dantas, *Política Externa Independente*, Rio de Janeiro, Civilização Brasileira, 1962, pp. 18-19.

523 Affonso Arinos de Mello Franco na XVI Sessão Ordinária da AGNU, em 1961, in Luiz Felipe Seixas Corrêa (org.), *supra* nota 520, pp. 151-152.

524 "As diferenças ideológicas não impedirão, por si mesmas, que o Brasil mantenha relações com outros Estados". *Idem*, p. 155.

Nações Unidas.[525] A soberania representava, assim, "pré-condição para a liberdade dos Estados dentro da comunidade internacional", a qual, por sua vez, era limitada "apenas pelo interesse geral da comunidade, dentro da qual todos os Estados são juridicamente iguais".[526] Os limites jurídicos à soberania estatal eram aqueles impostos por uma ordem internacional de cooperação entre Estados igualmente soberanos.[527]

A ameaça da proliferação nuclear e da corrida armamentista no auge da Guerra Fria levou a diplomacia brasileira a defender limites à lógica de soberania ilimitada propugnada pelas Grandes Potências em torno de seus respectivos blocos de poder. Em que pese à inflexão promovida pelo regime militar à política externa de não alinhamento (algo intensificado na retórica anticomunista em âmbito interamericano), a diplomacia brasileira ponderou o reconhecimento da soberania como fundamento normativo da ordem internacional com o imperativo de garantir a eficácia institucional dos órgãos competentes do sistema internacional. Em 1968 e em 1969, o Brasil reconheceu na AGNU o direito soberano de cada Estado em prover os meios e recursos necessários à sua segurança. Criticava, porém, o emprego da legítima defesa como pretexto à intervenção em terceiros países por parte de blocos militares.[528] Em 1970, além de qualificar como "esdrúxula" a chamada Doutrina Brezhnev de "soberania limitada" utilizada pelo URSS na tentativa de justificar a intervenção em satélites soviéticos, e de vaticinar que a "condição básica de toda esta construção – paz e segurança política e econômica – repousa essencialmente no desarmamento geral e completo", Gibson Barboza renovou essa posição ao defender a necessidade de observar os propósitos e princípios inscritos na Carta, pois "a interdependência legítima e duradoura não será atingida senão através da plena soberania e igualdade".[529]

---

[525] *Ibidem*, p, 152.

[526] *Ibidem*, p. 152.

[527] Em 1963, no discurso dos 3 "Ds" - Desenvolvimento, Descolonização e Desarmamento - Araújo Castro reafirmou essa visão ao sustentar que a progressiva interdependência entre os Estados exigia a superação de uma lógica de confrontação por outra de cooperação entre soberanias. João Augusto de Araújo Castro na XVIII Sessão Ordinária da AGNU, em 1963. *In* Luiz Felipe Seixas Corrêa (org.), *supra* nota 520, pp. 182-183.

[528] José de Magalhães Pinto na XXIII Sessão Ordinária da AGNU, em 1968, *idem*, pp. 236-237 e p. 245. Magalhães Pinto criticava, nominalmente, a invasão da Tchecoslováquia pela URSS sob a chamada "Doutrina Brezhnev".

[529] Mário Gibson Barboza na XXV Sessão Ordinária da AGNU, em 1970, *ibidem*, p. 261.

A aplicação do princípio de independência e soberania orientou igualmente o tratamento de novos temas da agenda internacional, como a capacidade soberana do Estado de decidir sobre o uso e a exploração dos recursos naturais situados no território nacional. Em debate sobre o tema no ECOSOC, em 1970, em preparação à Conferência de Estocolmo sobre Meio Ambiente, de 1972, Araújo Castro, reivindicou o direito "de todos os países explorarem livremente seus próprios recursos naturais", o qual "não admite qualificação".[530] Subjacente a esses comentários havia o esforço de contra-arrestar a estratégia de países desenvolvidos que buscavam impor obrigações vinculantes a países do mundo em desenvolvimento no então nascente regime internacional de proteção ao meio ambiente. Em outras palavras, o legítimo interesse de encontrar soluções para a premente questão ambiental se traduziria, nessa lógica, na imposição de medidas restritivas a países em desenvolvimento, a despeito das responsabilidades históricas e dos distintos graus de necessidade segundo o próprio nível de desenvolvimento de cada país.[531] Para o Brasil, porém, "é um direito inerente à soberania do Estado o livre uso e aproveitamento dos recursos naturais em seu território. Tal direito não pode aceitar restrições".[532]

O soberanismo do Brasil no processo preparatório para a Conferência de Estocolmo de 1972 foi ponderado com o posicionamento adotado em matéria da exploração e utilização dos recursos naturais em áreas internacionais além das soberanias nacionais, como o espaço exterior e os fundos marinhos. Na vanguarda da evolução do direito internacional do meio ambiente, o Brasil defendia, já em 1969, o conceito de "patrimônio comum da humanidade" concebido como espaços que, considerados em princípio como *res nullius* sob o direito internacional clássico, não eram passíveis de apropriação por nenhum Estado individualmente. Por corresponderem ao conjunto da humanidade,[533]

---

530 Araújo Castro, na 49ª Sessão do ECOSOC, 27/7/1970. *In* A.A. Cançado Trindade, *Repertório da Prática Brasileira do Direito Internacional Público (Período 1961-1981)*, Brasília, FUNAG/MRE, 2012, 2a. ed., p. 110.

531 Durante as negociações da Declaração sobre os Princípios do Direito Internacional de 1970, haviam fracassado tentativas de países industrializados de evitar o reconhecimento da relação lógica entre soberania, autodeterminação e uso e exploração dos recursos naturais.

532 Azeredo da Silveira na XXIX Sessão Ordinária da AGNU, em 1974, *in* Luiz Felipe Seixas Corrêa (org.), *supra* nota 520, p. 316; e Mário Gibson Barboza na XXV Sessão Ordinária da AGNU, em 1971, *idem*, pp. 275-276.

533 José de Magalhães Pinto na XXIV Sessão Ordinária da AGNU, em 1969, in Luiz Felipe Seixas Corrêa (org.), *supra* nota 520, p. 248. A posição brasileira viria a ser consagrada na

os benefícios eventualmente obtidos da exploração e utilização dos recursos nessas áreas deveriam ser compartilhados por todos os membros da comunidade internacional, favorecendo sobretudo Estado de menor desenvolvimento relativo e sem acesso ao mar. O Brasil reconhecia limites à soberania na medida das obrigações acordadas no direito internacional, em especial aquelas adotadas no seio dos órgãos competentes *ratione materiae* do sistema internacional, nos quais vigem os princípios de igualdade soberana e cooperação internacional.[534] Essa se tornou a espinha dorsal da posição do Brasil em temas ambientais[535] até os dias atuais: o equilíbrio entre a defesa da soberania brasileira sobre nossos recursos naturais e a disposição de acordar termos e regimes de uso e exploração desses recursos aplicáveis universalmente segundo critérios de igualdade e cooperação entre os Estados, tal como refletido no princípio de responsabilidades comuns, mas diferenciadas.

Na década de 1980, o Brasil aplicou essa estratégia de ponderação entre os princípios de independência nacional e de cooperação internacional por meio da criação da chamada Zona de Paz e Cooperação do Atlântico Sul (ZOPACAS). Criada mediante iniciativa brasileira na AGNU,[536] esse projeto estabeleceu zona livre de armas nucleares no Atlântico Sul entre países sul-americanos e africanos, evitando a expansão da lógica de blocos militares na região.[537] Em termos políticos, a ZOPACAS significou a renúncia à corrida

---

versão final aprovada em Montego Bay, em 1982, da Convenção das Nações Unidas sobre o Direito do Mar (CNUDM).

534 Antonio Francisco Azeredo da Silveira na XXXII Sessão Ordinária da AGNU, em 1977, in Luiz Felipe Seixas Corrêa (org.), *supra* nota 520, p. 346.

535 Ao referir-se à disposição brasileira de sediar, em 1992, a Conferência das Nações Unidas sobre meio Ambiente e Desenvolvimento (Rio 92), José Sarney disse que "estamos dispostos, como sempre estivemos, à cooperação. Contudo, nunca a imposições que atinjam nossa soberania". José Sarney, na XLIV Sessão Ordinária da AGNU, em 1989, in Luiz Felipe Seixas Corrêa (org.), *supra* nota 520, p. 512. No mesmo diapasão, "o aperfeiçoamento da cooperação internacional para o tratamento adequado e eficaz de temas globais, como os de caráter humanitário e ecológico, é objetivo que deve ser buscado dentro de parâmetros compatíveis com os princípios básicos do Direito Internacional, entre os quais se destaca o respeito à soberania dos Estados". Celso Lafer, XLVII Sessão Ordinária da AGNU, em 1992, *idem*, pp. 557-558.

536 Resolução 41/11 da AGNU, de 27/10/1986.

537 A resolução ia além da questão de desarmamento e não proliferação ao ensejar a cooperação em temas como meio ambiente, desenvolvimento socioeconômico e combate ao racismo.

armamentista e nuclear nos dois lados do Atlântico Sul[538] e a proibição, imposta a países de outros quadrantes, de não ingressar armamentos nucleares na região.[539] Para o Brasil, o compromisso voluntário com a não proliferação associava-se ao desarmamento dos demais atores.[540] Juridicamente, veiculava-se o compromisso recíproco de autolimitação do exercício de um atributo soberano em relação à defesa do território nacional (argumento então utilizado por países de outras regiões do globo para justificar seus respectivos programas nucleares).[541] Essa iniciativa assumiu posteriormente formato convencional por meio da constituição de uma rede de tratados internacionais (respectivamente, os Tratados de Tlatelolco, da Antártida e de Pelindaba) que criaram zonas livres de armas nucleares na América Latina e no Caribe, no continente antártico e na África.

Em suma, observa-se na *opinio iuris* do Brasil uma sinonímia entre o princípio de independência e o conceito de soberania no direito internacional,[542] a partir de dois pressupostos. Primeiro, a independência é elemento central da ordem internacional, na medida em que expressa o reconhecimento recíproco de direitos e deveres entre Estados sob condições formais de igualdade. Segundo, a soberania dos Estados encontra limites objetivos no direito internacional, tal como refletido nos instrumentos convencionais e consuetudinários e no universo de competências institucionais das organizações internacionais das quais o Brasil é parte. O esforço foi constante para ponderar esse princípio fundamental com a convicção de que uma interpretação à outrance dessa norma prejudicaria a constituição de uma ordem jurídica interestatal. Politicamente, essa visão se expressou na negação de relação excludente entre

---

538 África do Sul, Argentina e Brasil desenvolveram programas nucleares para fins militares.

539 Nos termos do art. 3o da resolução 41/11, os Estados de todas as demais regiões do globo ("in particular the militarily significant States") eram chamados a "scrupulously to respect the region of the South Atlantic as a zone of peace and co-operation, especially through the reduction and eventual elimination of their military presence there, the non-introduction of nuclear weapons or other weapons of mass destruction and the non-extension into the region of rivalries and conflicts that are foreign to it".

540 Roberto de Abreu Sodré, XLII Sessão Ordinária da AGNU, em 1987, in Luiz Felipe Seixas Corrêa (org.), *supra* nota 520, p. 484.

541 Mencionem-se, por exemplo, Índia, Israel e Paquistão.

542 "A soberania nacional no plano transnacional funda-se no princípio da independência nacional, efetivada pelo presidente da República, consoante suas atribuições previstas no artigo 84, VII e VIII, da Lei Maior", Reclamação no 11.243, Rel. Luiz Fux, julg. 8/6/2011, Plenário, *DJE* de 5/10/2011.

soberania estatal e interdependência entre os Estados, tensão esta a ser solucionada por meio da "cooperação das soberanias" preconizada por Araújo Castro.[543] A resultante hermenêutica dessa relação é o apego histórico do Brasil ao direito internacional, considerado como o parâmetro possível para balizar o exercício da soberania entre Estados desiguais em condições de igualdade formal. Eis aí, muito provavelmente, o corolário a ser retirado da prática diplomática brasileira sobre o princípio de independência nacional.

Conteúdo Normativo do Princípio de Independência Nacional

O princípio de independência nacional é definido como a norma que determina o zelo permanente, na ordem internacional, da soberania nacional sobre os elementos constitutivos do Estado brasileiro. Por isso pressupõe, na lição de Albuquerque Mello, o pleno exercício do "feixe de direitos" que corresponde ao Brasil enquanto sujeito de direito internacional público. Esse universo normativo se refere ao exercício da autoridade estatal sobre nossa população e território de forma desimpedida, à luz das obrigações assumidas e reconhecidas pelo País no direito internacional. O princípio de independência nacional implica também o reconhecimento de que os Estados são igualmente soberanos e que nenhum Estado deve subordinar-se à soberania de outro Estado ou ente com personalidade jurídica de direito internacional contra sua vontade expressa *a priori* ou *in casu*, segundo cada regime multilateral, plurilateral ou bilateral, uma vez ser impossível presumir limites à soberania dos Estados na ordem internacional.[544] Ao invés de subordinação, o princípio de independência nacional revela uma concepção da ordem jurídica

---

[543] Araujo Castro, *supra* nota 557, p. 183. Ao parafrasear os 3 "D"s de Araújo Castro, Celso Amorim disse que "O Brasil entende que o Estado nacional soberano é a base da ordem jurídica e política internacional e que seu debilitamento não pode ser promovido sob penas de solapar as bases da representação internacional e do multilateralismo. Uma relativização do princípio da soberania – que aliás nunca é argüida com relação aos países poderosos – levaria a retrocessos na democratização das relações internacionais". Celso Amorim na XLVIII Sessão Ordinária da AGNU, em 1993, in Luiz Felipe Seixas Corrêa (org.), *supra* nota 520, p. 575.

[544] Albert Bleckmann, *supra* nota 475, p. 80. Cf. também precedente sobre o tema no caso *Lotus*, *supra* nota 494.

internacional organizada em termos de cooperação e de coordenação entre Estados soberanos.[545]

A independência do Estado no direito internacional desdobra-se *prima facie* em direito subjetivo da mesma maneira que a personalidade jurídica opera em âmbito interno.[546] É o atributo da independência que confere a capacidade não só política, mas jurídica ao Estado para dispor e exercer direitos em condições de igualdade formal e livre autonomia em face de outros entes da comunidade internacional.[547] Por um lado, a independência do Estado se densifica em direitos subjetivos tais como (i) assumir direitos e obrigações no direito internacional por vias convencionais e consuetudinárias,[548] (ii) não ser objeto de agressão ou de sofrer ocupação estrangeira, (iii) promover a defesa da integridade e inviolabilidade do território nacional (em linha com os princípios de não-intervenção e de autodeterminação), (iv) zelar pela proteção de seus nacionais, (v) resguardar sua capacidade decisória em face de Estados estrangeiros, (vi) dispor dos recursos naturais sob sua jurisdição de forma soberana e (vii) exercer sua jurisdição sobre os indivíduos que se encontrarem em seu território, sejam nacionais ou estrangeiros. Implica, também, a impossibilidade de ser levado diante de tribunal internacional para cuja jurisdição não haja aquiescido. Por outro lado, a independência enquanto corolário da soberania não afasta os deveres impostos pela ordem jurídica internacional, entre os quais o imperativo de respeitar os direitos humanos fundamentais como pressuposto da legitimidade do exercício soberano do poder. Daí que o direito soberano de cada povo em escolher um modelo político, social e econômico depara-se com balizas oriundas do direito internacional, das quais é vedado ao Estado afastar-se: um regime de segregação racial, por exemplo, é incompatível com a idéia de soberania popular.[549]

---

545 Albert Bleckmann, *supra* nota 475, p. 81.

546 G.F. de Martens, *supra* nota 317, Livre IV, Chapitre II, para. 125, p. 232.

547 H. Accioly, *supra* nota 456, p. 264.

548 "The right of entering into international engagements is an attribute of State sovereignty". *S.S. Wimbledon* (U.K. et al. v. Japan et al.), 1923 P.C.I.J. (ser. A) No. 1 (Aug. 17), p. 21.

549 Tal fato reforça a natureza indissociável entre o conceito de soberania interna e a noção de soberania externa, por meio de relação de causa e conseqüência. Cf. Albert Bleckmann, *supra* nota 475, p. 80.

Dada sua natureza por definição genérica, indeterminada e abstrata, a incidência do princípio de independência nacional é mais bem compreendida casuisticamente, à luz de circunstâncias fáticas e jurídicas em cada situação em exame.[550] A face mais visível dessa norma é o direito de promover a defesa da integridade e da inviolabilidade do território nacional.[551] Algo arraigado na prática diplomática brasileira, essa dimensão revelou-se mais recentemente em questões como a demanda apresentada junto às Nações Unidas com o objetivo de assegurar o reconhecimento internacional, nos termos da CNUDM, dos limites exteriores da plataforma continental brasileira no Atlântico Sul para além das 200 milhas náuticas,[552] garantindo ao Brasil, nos termos do art. 77 daquele instrumento, exercer "direitos de soberania sobre a plataforma continental para efeitos de exploração e aproveitamento dos seus recursos naturais". Esse princípio também foi aplicado nas negociações para a COP 21, que resultou na obtenção de acordo global em matéria de mudança do clima que condicionou limites à soberania mediante contrapartidas e segundo critérios de igualdade material (responsabilidades comuns, mas diferenciadas e ajuda oficial ao desenvolvimento para países vulneráveis promoverem ações de mitigação e adaptação aos efeitos da mudança do clima). O traço comum em ambos os casos foi a ponderação entre o direito soberano à defesa do interesse nacional e o reconhecimento de deveres recíprocos acordados em âmbito multilateral, em condições de igualdade formal.

Outro desdobramento do princípio de independência nacional é o direito soberano de submeter-se apenas à jurisdição de órgão internacional cuja competência institucional tenha formalmente reconhecida. Isso se aplica tanto a órgãos políticos quanto jurisdicionais, em âmbito bilateral, regional ou multilateral. Tendo presente a regra geral de que limitações à soberania não podem ser presumidas no direito internacional,[553] a submissão do Brasil à competência de órgãos externos requer o consentimento expresso *a priori* ou *in casu*

---

550 I. Brownlie, *supra* nota 133, p. 73.

551 Caso *Las Palmas, supra* nota 494, p. 641.

552 Cf. Christiano Sávio Barros Figueirôa, *Limites exteriores da plataforma continental do Brasil conforme o direito do mar*, Brasília, FUNAG, 2014.

553 "Restrictions upon the independence of states cannot therefore be presumed". Caso *Lotus, supra* nota 494, p. 18. No caso *Las Palmas*, Huber diria ainda que 'le principe de l'independance des États exclut que leur politique intérieure ou extérieure fasse dans le doute l'objet de l'activité d'une juridiction internationale'. Caso *Las Palmas, supra* nota 494, p. 642.

como ato soberano e inalienável do Estado brasileiro.[554] Em última análise, o próprio reconhecimento da competência jurisdicional de órgão estrangeiro deve ser interpretado como exercício da independência e soberania nacionais, e não como sua limitação.

É possível também avaliar a aplicação do princípio de independência nacional negativamente, isto é, a partir da identificação de atos que porventura representem afronta a essa norma da perspectiva do direito brasileiro. Esse seria o caso da eventual renúncia unilateral e/ou da cessão do exercício da jurisdição nacional sobre relações jurídicas afetas à soberania nacional, a exemplo da exclusão da jurisdição penal brasileira para crimes cometidos por estrangeiros no País.[555] O mesmo se poderia dizer a respeito de eventuais regimes que excluam da jurisdição nacional atos cometidos por estrangeiros no País no caso de não se aplicar a regra de reciprocidade para brasileiros na jurisdição da contraparte, a exemplo do que ocorre com os regimes de privilégios e imunidades regulados pelas Convenções de Viena de 1961 e 1963 sobre relações diplomáticas e consulares, respectivamente. O anterior não implica a impossibilidade de reconhecer a aplicação de jurisdição externa sobre relações jurídicas em princípio submetidas exclusivamente à jurisdição nacional. Os regimes internacionais reconhecidos pelo Brasil em matéria de direitos humanos são um exemplo dessa possibilidade, na medida em que não excluem, mas antes reforçam os esforços voltados à promoção e à proteção dos direitos humanos sobre as bases dos princípios de complementaridade entre o direito internacional dos direitos humanos e o princípio de cooperação internacional.[556]

O anterior não obsta o reconhecimento de que o desenvolvimento progressivo do direito internacional tem o efeito de relativizar a noção de soberania exclusiva. Nossa prática diplomática está alinhavada à busca pelo equilíbrio entre, de um lado, a defesa da integridade territorial, do exercício da jurisdição nacional sobre nosso território e da premissa de independência do

[554] A submissão a mecanismo de solução de controvérsias é decisão discricionária sujeita aos interesses nacionais, "tendo sempre em vista a noção de soberania dos Estados". Parecer do Consultor Jurídico do MRE, Clovis Bevilaqua, sobre Tratado Geral de Arbitramento entre Brasil e Peru, emitido no Rio de Janeiro, em 9/7/1914. *In* A.A. Cançado Trindade, *supra* nota 508, pp. 39-41.

[555] À semelhança dos regimes de extraterritorialidade impostos à China no século XIX.

[556] Os arts. 55 e 56 da Carta ensejam nova forma de cooperação sob o princípio de igualdade soberana, no qual objetivos e valores comuns só podem ser perseguidos.

poder decisório da política externa brasileira segundo os interesses nacionais e, de outro, a aceitação de que o direito internacional estabelece limites, sobre bases de igualdade formal, à soberania estatal. Mas esse processo não levou à pulverização da soberania estatal, pois a ponderação da proteção dos direitos do Estado com os interesses e preocupações comuns à comunidade internacional é resolvida por meio do princípio de cooperação internacional, segundo o qual a abertura da soberania doméstica é regulada por obrigações criadas por vias convencionais e consuetudinárias, e não pelo unilateralismo regido por interesses e vontades individuais. Fortalece-se um sentido mínimo de Estado de Direito (*rule of law*) nas relações interestatais, com base na busca de interesses comuns. No direito internacional da cooperação, a soberania segue sendo um fundamento, talvez o seu mais importante, mas, ao invés de fim da ordem jurídica, passa a ser o meio pelo qual objetivos e interesses podem ser alcançados.[557] É nessa ordem de idéias que se reforça a noção de que um direito de coexistência entre Estados soberanos tem dado lugar a uma ordem jurídica de coordenação e de cooperação por meio da criação de organizações internacionais com capacidades supranacionais nas mais diversas áreas, sem no entanto afetar a independência e a vontade soberana de cada Estado em buscar a realização de seus interesses e objetivos nacionais.

Em termos políticos, porém, o princípio de independência nacional está assentado em uma premissa realista: a convicção de que outros Estados podem, a qualquer tempo, romper ou descumprir suas obrigações internacionais sem que haja, necessariamente, sanção ou mecanismo de satisfação de direitos subjetivos juridicamente protegidos. A independência soberana do Brasil implica o reconhecimento de que a realização dos interesses nacionais, aí incluídos aqueles juridicamente protegidos por normas válidas no direito internacional, não pode ficar à mercê de um sistema jurídico internacional que, diferentemente do que ocorre no plano interno, não oferece um nível de proteção minimamente necessária a interesses juridicamente regulados entre Estados factualmente desiguais. O corolário imediato dessa constatação é o cerne soberanista da política exterior brasileira, na qual o contrário de independência não é a interdependência, mas a dependência em relação a outros

---

[557] O efeito mais imediato desse fenômeno é a crescente regulação das relações interestatais por tratados multilaterais ao invés de instrumentos bilaterais, além do reconhecimento de normas imperativas (*jus cogens*) e de obrigações *erga omnes*. Albert Bleckmann, *supra* nota 475, p. 85.

Estados.[558] É por essa razão que a norma constitucional em exame pressupõe apego aos interesses nacionais, pois a obtenção do estado ideal de coisas colimado por esse princípio, isto é, o exercício da independência da política externa brasileira, orienta-se pela defesa da integridade do território nacional e pela realização de nosso potencial em termos políticos, econômicos, sociais e culturais.[559]

---

[558] M. Virally, *supra* nota 467, p. 192.

[559] "O Brasil tem de lutar para que os seus interesses estejam em primeiro lugar. (...) precisamos é saber conduzir esta política com coragem, altivez e sem preconceitos, que podem deformar a condução de uma política dessa natureza". Roberto de Abreu Sodré, *supra* nota 386, p. 17.

Capítulo VI
PREVALÊNCIA DOS DIREITOS HUMANOS

Uma das principais inovações em matéria de relações internacionais em nosso constitucionalismo,[360] o princípio de prevalência dos direitos humanos (inciso II do art. 4º) está imbricado[361] em um dos eixos fundamentais sobre os quais repousa a ordem política,[362] social e jurídica inaugurada pela Constituição Federal de 1988.[363] O objetivo de criar uma sociedade mais justa e desenvolvida, com oportunidades iguais para todos a despeito de raça, cor, religião, idade, gênero e condição social, fundamenta-se na primazia dos direitos humanos. Analisado individualmente, o princípio da prevalência dos direitos humanos, como norma de caráter aberto,[364] associa-se materialmente ao princípio de promoção e proteção dos direitos humanos no direito internacional contemporâneo.

---

360 Pedro Dallari, *supra* nota 2, p. 160.

361 "No art. 4º, a clara nota identificadora da passagem do regime autoritário para o Estado democrático de direito, é o princípio que assevera a prevalência dos direitos humanos (art. 4º - II)". Celso Lafer, *supra* nota 1, p. 113. Esse fenômeno não é exclusivo do Brasil, sendo comum em outras constituições preparadas no ocaso de regimes autoritários, como na Grécia (1975), Espanha (1978) e Portugal (1976).

362 Luiz Felipe Lampreia, 'Os Direitos Humanos e a Inserção Internacional do Brasil', in *Boletim da Sociedade Brasileira de Direito Internacional*, Ano LI (Jan./Dez. 1998), Nos 113/118, Brasília/Rio de Janeiro, SBDI/Ed. da UnB, 1998, p. 46.

363 Os muitos dispositivos constitucionais sobre direitos individuais e coletivos revelam o sentido axiológico dos direitos humanos enquanto elemento definidor da identidade nacional sob a égide da Nova República. Citem-se, por exemplo, o fundamento da dignidade da pessoa humana inscrito no art. 1o, inciso III, o extenso rol de direitos e garantias fundamentais do art. 5º, que têm aplicação imediata, e os direitos sociais do art. 6º. Flávia Piovesan, *Direitos Humanos e Direito Constitucional Internacional*, 4a. ed., São Paulo, Max Limonad, 2000.

364 "A 'prevalência dos direitos humanos' é outro princípio elaborado de um modo extremamente impreciso. (...) Parece-nos que se deveria ter colocado apenas no texto constitucional 'defesa dos direitos humanos'". Celso D. de Albuquerque Mello, *supra* nota 3, pp. 134-135.

Prevalência dos Direitos Humanos na Assembléia Nacional Constituinte

A temática dos direitos humanos fez-se presente como vis directiva da ação externa do Brasil ao longo de toda a Assembléia Constituinte.[365] No art. 21 do primeiro anteprojeto submetido à Subcomissão de Nacionalidade, Soberania e Relações Internacionais, lia-se que o Brasil "favorecerá a obra de codificação do direito internacional, *os movimentos de promoção dos direitos humanos* e a instauração de uma ordem econômica justa e equitativa".[366] Posteriormente, no projeto submetido pela Comissão da Soberania e dos Direitos e Garantias do Homem e da Mulher, esse princípio surgiria individualmente já em formulação muito próxima da atual ("intocabilidade dos direitos humanos"), até consagrar-se, a partir do Projeto de Constituição (A), como "prevalência dos direitos humanos". Houve, assim, evolução terminológica a partir de "promoção dos direitos humanos" para, sucessivamente, "intocabilidade" e, entre o Primeiro e o Segundo Substitutivo na Comissão de Sistematização, a fórmula "prevalência dos direitos humanos". Embora essas alterações tenham ocorrido em meio à tendência de reduzir o texto constitucional,[367] a evolução nas expressões utilizadas pelo constituinte teve implicações semânticas ao significado e o sentido do dispositivo. A idéia de "promoção" advém da linguagem consagrada no direito internacional dos direitos humanos a partir da Carta das Nações Unidas. A noção de "intocabilidade" tem sentido não regressivo: evitar a diminuição ou o enfraquecimento do universo de proteção dos direitos humanos salvaguardado pela ordem internacional. Já "prevalência" é mais amplo, na medida em que pressupõe a primazia dos direitos humanos no contexto de uma realidade internacional na qual exercem influência recíproca fatores e interesses diversos (econômicos, comerciais, políticos, ideológicos e culturais).

---

365 A primeira referência a um princípio de política exterior na área dos direitos humanos partiu do então Secretário Geral do Itamaraty, Paulo Tarso Flecha de Lima. "Creio que alguma coisa deveria ser feita em matéria de princípios que se relacionasse com a fidelidade e observância às normas dos direitos humanos". *Supra* nota 386, p. 13.

366 "O mundo é uma relação entre os Estados, entre os povos. De que maneira se faz esse ordenamento jurídico entre os povos? A luta pela democracia, pelos direitos humanos, em qualquer lugar onde eles se encontram. Esse é nosso princípio basilar dentro da Constituição brasileira". João Herrmann Neto, *supra* nota 426.

367 Privilegiou-se linguagem sucinta em vez de referências longas. A própria temática de relações internacionais, inicialmente disposta em vários dispositivos nos anteprojetos da Subcomissão e da Comissão de Soberania, foi condensada em um único artigo enumerando princípios de forma geral e abstrata.

A despeito dessas mudanças,[368] a inclusão do inciso II no art. 4º alçou a promoção e a proteção dos direitos humanos à condição de objetivo permanente do Brasil nas relações internacionais.

Na Constituinte, houve também várias tentativas de criar regras que vinculassem a manutenção de relações diplomáticas com governos estrangeiros com a ocorrência de violações de direitos humanos.[369] Emendas dessa natureza buscavam proibir o Brasil de manter relações diplomáticas com regimes autoritários, em especial regimes segregacionistas e colonialistas.[370] Essas propostas foram rejeitadas sob o argumento de que o rompimento de relações com esses Estados levaria ao isolamento e ao potencial recrudescimento dessas políticas, em prejuízo das próprias vítimas.[371] Prevalecia, dessa forma, a preferência do constituinte pelo diálogo e o engajamento construtivo, mas sem omissão, na busca de soluções para casos de violações em terceiros países.

---

368 Na Comissão de Sistematização, Marco Maciel propôs a emenda 29941, que, tendo como "finalidade a otimização conceitual da matéria", propunha substituir a expressão "intocabilidade" por "respeito aos Direitos Humanos", como linguagem mais "tradicional em textos jurídicos, mesmo internacionais, como o Pacto de São José da Costa Rica, da OEA, e a Declaração dos Direitos do Homem, da ONU". A emenda foi rejeitada porque o relator evitava reabrir o texto.

369 A emenda 00087 de Amaury Muller (PDT/RS) estabelecia que "o Brasil não manterá relações diplomáticas, comerciais e culturais com países onde prevaleçam regimes autoritários e cujos Poderes Legislativos não estejam funcionando normalmente". Em sua justificativa, aduzia que "o dever da solidariedade internacional (...) está a exigir atitude coerente do governo brasileiro. (...) Essa atitude coerente exige a ruptura do relacionamento normal, que é deferido a nações soberanas e democráticas, mas jamais aceito pela consciência nacional quando se tratam de governos despóticos, violentadores de direitos".

370 Nelson Wedeckin propunha a inclusão da regra de que "com os Estados onde, comprovadamente, sejam desrespeitados os direitos humanos, com ofensa ao princípio da não-discriminação racial, ou que hajam sido condenados pela Assembleia das Nações Unidas, por essa prática, o Brasil não manterá relações diplomáticas".

371 "O normal é o Brasil manter relações com todos os povos, inclusive como porta de entrada de nosso princípio de coexistência pacífica e promoção dos direitos humanos, onde deles houver falta". João Herrmann Neto, Redação Final do Anteprojeto, Parecer do Relator sobre as Emendas apresentadas ao anteprojeto, Subcomissão da Nacionalidade, da Soberania e das Relações Internacionais, Comissão da Soberania e dos Direitos e Garantias do Homem e da Mulher, Assembléia Nacional Constituinte, 22/5/1987. A mesma posição prevaleceu na Comissão de Sistematização. Segundo o relator Bernardo Cabral: "não cremos ser conveniente impedir o Brasil de manter relações diplomáticas com países que pratiquem o preconceito de raça e o colonialismo, principalmente pela ajuda que, em decorrência desse relacionamento possa ser oferecida a quem sofrer a discriminação".

Para além da extensão positiva e do próprio significado dos direitos humanos na ordem constitucional, o tema de direitos humanos enquanto norma de direito constitucional internacional desdobrou-se ainda no dever de propugnar pela "formação de um tribunal internacional dos direitos humanos". Essa proposta partiu de Antonio Mariz, que insistiu em sua aprovação, já no plenário da Constituinte, até sua inclusão entre as disposições transitórias.[372] Consagrava-se, em perspectiva mais ampla, o engajamento do Brasil com a criação de instituições jurisdicionais supranacionais que zelassem pelo cumprimento de obrigações internacionalmente assumidas na matéria. Na gênese desse compromisso reside o princípio da complementaridade do direito internacional dos direitos humanos, segundo a convicção de que a busca pela satisfação dos direitos salvaguardados não deve restringir-se ao plano das jurisdições nacionais.

Os Direitos Humanos na Ordem Jurídica Internacional

A evolução do direito internacional dos direitos humanos é marcada por uma tensão fundamental: a proteção das liberdades e dos direitos individuais e coletivos em face do poder soberano dos Estados. Ora com aparentes retrocessos ou sob paralisia, ora sob rápida e ambiciosa expansão, a promoção e a proteção dos direitos humanos incorpora os ideais de justiça e paz em oposição a uma realidade internacional marcada pelo poder e a força. O direito internacional dos direitos humanos consiste, ao lado da manutenção da paz e da segurança internacionais e da promoção do desenvolvimento, na expressão mais bem acabada de uma ordem jurídica internacional. Após o choque provocado pelas violações ocorridas durante a II Guerra Mundial, os direitos humanos passaram à condição de objetivo comum de todos os Estados, a despeito de fronteiras e particularidades culturais. Antes restrito a temas específicos, como proteção de estrangeiros e minorias, e obrigações impostas às partes beligerantes em conflitos armados (*ius in bellum*), o direito internacional dos direitos humanos tornou-se ramo autônomo do *ius gentium* de alto significado para a estabilidade da ordem jurídica.[373]

---

[372] Cf. a emenda 33513, também rejeitada na Comissão de Sistematização sob a justificativa de concisão, na qual se lia: "na ordem internacional o Brasil preconiza: I a codificação progressiva do Direito Internacional e a formação de um Tribunal Internacional dos Direitos Humanos com poder de decisão vinculatória". Ao final, restou a segunda parte do inciso.

[373] A.A. Cançado Trindade, 'O Legado da Declaração Universal dos Direitos Humanos', *in* A. Giovannetti (org.), *60 Anos da Declaração Universal dos Direitos Humanos: Conquistas do*

Ao contrário de outros princípios do art. 4º, porém, o inciso II ("prevalência dos direitos humanos") não está formulado na Constituição nos mesmos termos do princípio análogo encontrado no direito internacional contemporâneo: "promoção e proteção dos direitos humanos". Na Carta das Nações Unidas, as ações voltadas à promoção dos direitos humanos estão inscritas no macroprincípio de cooperação internacional. A temática aparece inicialmente no preâmbulo, onde se reafirma "a fé nos direitos fundamentais do homem, na dignidade e no valor do ser humano, na igualdade de direito dos homens e das mulheres". Na parte dispositiva, o tema surge nos incisos (3) e (4) do Artigo 1, que estabelecem, respectivamente, entre os propósitos e princípios da ONU, "conseguir uma cooperação internacional para resolver os problemas internacionais de caráter econômico, social, cultural ou humanitário, e para promover e estimular o respeito aos direitos humanos e às liberdades fundamentais para todos, sem distinção de raça, sexo, língua ou religião"; e "ser um centro destinado a harmonizar a ação das nações para a consecução desses objetivos comuns". O assunto volta a aparecer no art. 13 (1) entre as atribuições da AGNU, como faculdade para iniciar estudos e fazer recomendações destinados a: (a) "promover cooperação internacional no terreno político e incentivar o desenvolvimento progressivo do direito internacional e a sua codificação"; e (b) "promover cooperação internacional nos terrenos econômico, social, cultural, educacional e sanitário e favorecer o pleno gozo dos direitos humanos e das liberdades fundamentais, por parte de todos os povos, sem distinção de raça, sexo, língua ou religião". Mais adiante, nos artigos 55 e 56, que tratam de "Cooperação Econômica e Social Internacional", lê-se, em linguagem mais precisa, que "as Nações Unidas favorecerão o respeito universal e efetivo dos direitos humanos e das liberdades fundamentais para todos, sem distinção de raça, sexo, língua ou religião", propósito para cuja realização "todos os Membros da Organização se comprometem a agir em cooperação com esta, em conjunto ou separadamente". Na mesma linha, o art. 62 (1) confere ao ECOSOC a atribuição de "fazer recomendações destinadas a promover o respeito e a observância dos direitos humanos e das liberdades fundamentais para todos". Esse mandato foi aplicado concretamente com a criação da Comissão de Direitos Humanos em 1946, nos termos do art. 68.[374]

Brasil, Brasília, FUNAG, 2009, p. 15; e Louis B. Sohn, 'The Human Rights of the Charter', 12 *Texas International Law Journal* (1977), 129, p. 129.

374 Artigo 68. O Conselho Econômico e Social criará comissões para os assuntos econômicos e sociais e a proteção dos direitos humanos assim como outras comissões que forem necessárias para o desempenho de suas funções.

A Carta não estabelece, no entanto, imposições objetivas aos Estados por meio de normas reguladoras de direitos e liberdades fundamentais internacionalmente protegidos.[375] Posto de outra forma, a Carta não enumera quais seriam os direitos e liberdades fundamentais cuja promoção deve ser estimulada como um propósito da própria Organização (art. 1 (3)). Tampouco confere capacidade ativa aos indivíduos de postular, junto a órgão jurisdicional externo, o respeito aos direitos humanos. Objetivamente, o universo de obrigações previsto na Carta consiste no dever imposto aos Estados Membros de cooperar, no marco das Nações Unidas, para a promoção dos direitos humanos e liberdades fundamentais. Isso se explica porque, à época de redação da Carta, prevalecia o entendimento de que a promoção dos direitos humanos era assunto que se inscrevia no interior do chamado "domínio reservado" (jurisdição doméstica exclusiva) de cada Estado,[376] ao qual se aplicava, em termos absolutos, a regra de não intervenção prevista no art. 2(7) da Carta.[377] É nesse sentido que se interpretam as funções da Organização nessa matéria: obrigações convencionais de cooperação no marco das Nações Unidas.[378] Sob o artigo 14 da Carta, a AGNU tem a capacidade de "recomendar medidas para a solução pacífica de qualquer situação, qualquer que seja sua origem, que lhe pareça prejudicial ao bem-estar geral ou às relações amistosas entre as nações, inclusive em situações que resultem da violação dos dispositivos da presente Carta que estabelecem os Propósitos e Princípios das Nações Unidas". O ECOSOC, por meio de seu órgão subsidiário, a Comissão de Direitos Humanos, também detinha funções e competências recomendatórias, no sentido de persuadir os Estados, coletiva ou individualmente, a respeito de temas específicos de

375 H. Kelsen, *supra* nota 184, p. 19.

376 A respeito do artigo 1(3) da Carta, lê-se, no relatório do Subcomitê I/I/A da Conferência de São Francisco, que "The Subcommittee held that assuring or protecting such fundamental rights is primarily the concern of each state. If, however, such rights and freedoms were grievously outraged so as to create conditions which threaten peace or to obstruct the application of the provisions of the Charter, they cease to be the sole concern of each state". U.N.C.I.O. Doc. 723, I/I/A/19, p. 10. O tema dos direitos humanos esteve ausente das propostas analisadas no período anterior, em Dumbarton Oaks.

377 H. Kelsen, *supra* nota 184, pp. 29-30.

378 O compromisso do art. 56 "deixa clara a obrigação relativa aos direitos humanos". Gilberto Vergne Sabóia, 'Significado Histórico e Relevância Contemporânea da Declaração Universal dos Direitos Humanos para o Brasil', *in* A. Giovannetti (org.), *60 Anos da Declaração Universal dos Direitos Humanos: Conquistas do Brasil*, Brasília, FUNAG, 2009, p. 52.

direitos humanos,[379] atribuições transferidas ao CDH, nos termos da resolução 60/251 da AGNU. Embora sem caráter obrigatório, recomendações dessa natureza revelam tendências da *opinio iuris* e da prática estatal, pois é sob o aspecto consuetudinário que tais instrumentos adquirem normatividade na ordem jurídica internacional.

O direito internacional dos direitos humanos ganhou maior densidade material após a aprovação, pela AGNU, em 1948, da Declaração Universal dos Direitos Humanos (DUDH).[380] Documento de profundo significado na defesa dos direitos humanos,[381] inclusive no Brasil,[382] a DUDH foi preparada com o objetivo explícito de servir como referência a ser aplicada universalmente, isto é, como norma aplicável a todos os Estados a despeito do grau de desenvolvimento, do sistema econômico e do regime político vigente.[383] Em linguagem reveladora da intenção dos Estados de promulgar uma Carta de Direitos, a DUDH dispôs sobre direitos fundamentais, tanto civis e políticos, quanto econômicos, sociais e culturais, bem como afirmou sua função essencial à promoção do desenvolvimento e à garantia da paz. Ao fazê-lo, o respeito aos direitos humanos tornou-se condição fáctica e jurídica dos demais propósitos e princípios alinhavados no art. 1º da Carta das Nações Unidas. Mas o avanço normativo mais importante em relação à própria Carta foi o compromisso explícito dos Estados em promover "o respeito universal aos direitos e liberdades

---

379 Por exemplo, a Convenção sobre a Prevenção e a Punição do Crime de Genocídio foi preparada no âmbito do ECOSOC, nos termos do art. 62 da Carta, sendo posteriormente adotada pela AGNU em 1948.

380 Resolução 217/A (1948). A Declaração foi aprovada por 48 votos favoráveis (Brasil) e 8 abstenções (em sua maioria do bloco socialista), após consultas na UNESCO, em 1947. Cf. Mary Ann Glendon, *A World Made New - Eleanor Roosevelt and the Universal Declaration of Human Rights*, New Yok, Random House, 2001, pp. 76-77.

381 Gilberto Vergne Sabóia, *supra* nota 578, p. 48.

382 José Augusto Lindgren Alves, 'A Declaração Universal dos Direitos Humanos no Discurso Diplomático Brasileiro', *in* A. Giovannetti (org.), *60 Anos da Declaração Universal dos Direitos Humanos: Conquistas do Brasil*, Brasília, FUNAG, 2009, p. 63.

383 Nos termos do preâmbulo, a DUDH consiste em "ideal comum a atingir por todos os povos e todas as nações, a fim de que todos os indivíduos e todos os órgãos da sociedade, tendo-a constantemente no espírito, se esforcem, pelo ensino e pela educação, por desenvolver o respeito desses direitos e liberdades e por promover, por medidas progressivas de ordem nacional e internacional, o seu reconhecimento e a sua aplicação universais e efectivos tanto entre as populações dos próprios Estados membros como entre as dos territórios colocados sob a sua jurisdição".

humanas fundamentais".[384] Deu-se conteúdo concreto às normas da Carta que dispunham genericamente sobre a obrigação dos Estados de cooperarem na promoção dos direitos humanos, superando-se a visão de que esses dispositivos não teriam aplicabilidade imediata.[385]

Durante algum tempo, a Declaração despertou críticas devido à sua aparente debilidade formal. Inserida em resolução da AGNU, sua natureza jurídica positiva seria apenas recomendatória e não vinculante. Além disso, embora ali se tivessem estabelecidos direitos e liberdades fundamentais, não foram criados mecanismos de satisfação aos titulares em casos de violações em âmbito internacional (ausência de tribunal competente) ou doméstico (via de regra, resoluções da AGNU não são internalizadas no ordenamento interno sob forma de lei).[386] O documento tampouco dispunha de linguagem impositiva exigindo a pronta implantação por parte dos Estados, mas tão somente a aplicação "pela adoção de medidas progressivas de caráter nacional e internacional".[387] O processo político da DUDH refletiu o momento do pós Guerra, em que, sob a lógica do domínio reservado, Estados resistiam a reconhecer o acesso de indivíduos a jurisdições supranacionais, ainda que sob o princípio de complementaridade, como recurso legítimo à satisfação de direitos violados. Mas isso não impediu que nos anos subseqüentes a Declaração servisse como marco conceitual para o avanço dos direitos humanos no plano internacional. Esse processo iniciou-se pelo combate ao racismo, ao colonialismo e à ocupação estrangeira. O princípio de dignidade e igualdade da pessoa humana inscrito na DUDH forneceu o léxico normativo

---

[384] "From the provisions of the Charter referring to the human rights and fundamental freedoms it can be inferred that the legal obligation to respect human rights and fundamental freedoms is imposed on member States (...) the legislative imperfections in the definition of human rights and freedoms and the lack of mechanism for implementation, do not constitute a reason for denying their existence and the need for their legal protection (...). Furthermore, the Universal Declaration of Human Rights (...) although not binding in itself, constitutes evidence of the interpretation and application of the relevant Charter provisions". *South West Africa* Case, *(Ethiopia. v. S. Africa; Liberia v. South Africa)* (Second Phase), ICJ Reports 1966, p. 6.

[385] A. A. Cançado Trindade, *supra* nota 573, p. 21.

[386] Hans Kelsen, *supra* nota 184, p. 41.

[387] Em comparação, a Declaração Americana dos Direitos Humanos, que precedeu em alguns meses a DUDH, estipulava o direito a recurso eficaz ante tribunais nacionais e reconhecia os direitos humanos como garantia para o bom funcionamento do Estado de Direito. Cf. A.A. Cançado Trindade, 'Reflexiones sobre las Declaraciones Universal y Americana de Derechos Humanos de 1948 con Ocasión de su Cuadragésimo Aniversario', *Revista del Instituto Interamericano de Derechos Humanos* (1989), n. especial, pp. 121-129.

para o combate de práticas segregacionistas na África do Sul em relação ao tratamento de indianos e paquistaneses,[388] e, sobretudo, da população negra sob o regime de *apartheid*.[389] A Declaração sobre a Eliminação de Todas as Formas de Discriminação Racial, de 1963, dispunha que todos os Estados deveriam "observar plena e fielmente as disposições" da DUDH.[390] O próprio CSNU baseou decisão que exigia o fim do *apartheid* em razão de violações da Carta e da DUDH.[391] Da mesma forma, a DUDH favoreceu movimentos de descolonização com base na autodeterminação dos povos, tal como refletido na Declaração sobre a Concessão de Independência aos Países e Povos Coloniais, de 1960, que afirmava o dever de observar a DUDH.[392]

O arcabouço normativo do direito internacional dos direitos humanos também se aprofundou nas décadas seguintes sobre as bases lançadas pela DUDH.[393] Esse processo de codificação se desdobrou em convenções internacionais nas quais a função hermenêutica e integradora da Declaração se revelava por meio de referências explícitas na parte preambular desses instrumentos.[394] Além da importância quanto à matéria juridicamente regulada, tais convenções e declarações desempenharam importante função na codificação de conceitos dispostos de forma genérica na Carta e na DUDH. Tais acordos, multilaterais e regionais, ampliaram o universo de proteção de direitos e liberdades fundamentais tanto em âmbito internacional, por meio de órgãos de monitoramento, quanto doméstico, por meio da internalização de instrumentos convencionais nos ordenamentos nacionais. Nesse processo, sobressaem o Pacto Internacional dos Direitos Civis e Políticos (PIDCP), ao qual

---

388 Resolução 395 (V), Supp. (20), U.N. Doc. A/1775 (1950).

389 Na *South West Africa*, cf. G.A. Res. 1142B, 12 U.N. GAOR, Supp. (18) 25, U.N. Doc. A/3805 (1957) e, sobre o *apartheid*, G.A. Res. 1598, 15 U.N. GAOR, Supp. (16A) 5, U.N. Doc. A/4684/Add.1 (1961).

390 Resolução 1.904 (XVIII) de 20/11/1963.

391 Resolução 182, de 4/12/1963.

392 Resolução 1514 (XV) de 14/12/1960.

393 Luiz Felipe Lampreia, *supra* nota 562, p. 43.

394 Por exemplo, a Convenção para a Prevenção e a Repressão do Crime de Genocídio, aprovada também em 1948, as quatro Convenções de Genebra sobre o Direito Internacional Humanitário, de 1949, a Convenção Internacional sobre a Eliminação de Todas as Formas de Discriminação Racial (1965), a Convenção sobre a Eliminação de Todas as Formas de Discriminação contra as Mulheres (1979), a Convenção sobre os Direitos da Crianças (1989) e a Convenção sobre os Direitos das Pessoas com Deficiência (2006), entre outras.

se agregaram, posteriormente, dois Protocolos Opcionais (procedimento de queixas e proibição da pena de morte), e o Pacto Internacional dos Direitos Econômicos, Sociais e Culturais (PDESC), também acompanhado de protocolo opcional. Ambos os Pactos representaram mais uma etapa de codificação do direito internacional dos direitos humanos. Se a DUDH de 1948 enumerou, genericamente, direitos a serem observados de forma universal, esses dois instrumentos especificaram o conteúdo respectivo da maior parte desses direitos.[395] Do ponto de vista formal, os dois Pactos ofereciam também maior certeza jurídica na medida em que pressupunham internalização nos ordenamentos nacionais, o que contribuiu para sua eficácia normativa por meio de tutela no plano doméstico. Em perspectiva mais ampla, ambos os Pactos, embora vinculantes apenas às partes signatárias, fortaleceram a normatividade do direito internacional dos direitos humanos ao veicularem a interpretação majoritária dos Estados sobre o significado e o sentido de normas de direitos humanos. Essa dimensão integradora de ambos os instrumentos levaria ao reconhecimento da chamada *Carta Internacional dos Direitos Humanos*[396] como padrão mínimo, obrigatório e universal a ser aplicado por todos os Estados.

Nas décadas seguintes, essa base normativa dos direitos humanos foi sendo ampliada em âmbito multilateral e regional, além de constituições nacionais, por tratados internacionais relativos a áreas específicas.[397] A multiplicidade de instrumentos jurídicos vigentes no direito internacional dos direitos

---

395 A DUDH estabelece parâmetros para a conduta governamental, meios de proteção a direitos ameaçados e a identificação de circunstâncias em que tais direitos podem ser limitados por ordem pública. Estabelecem, igualmente, cláusula interpretativa mais favorável aos titulares dos direitos protegidos em caso de antinomia.

396 A idéia de um *International Bill of Rights* foi proposta pelo Presidente dos EUA Harry Truman na assinatura da Carta da ONU. Posteriormente, o tema foi uma das primeiras tarefas da criada Comissão de Direitos Humanos, como órgão subsidiário ao ECOSOC. Diante da dificuldade em obter instrumento vinculante, e "guiada pela combinação de idealismo e pragmatismo de Eleanor Roosevelt e alguns outros membros", a Comissão optou por uma declaração com princípios e normas básicas que reunisse apoio de países com "diferentes culturas, regimes políticos e sistemas sociais". Gilberto Vergne Sabóia, *supra* nota 578, pp. 53-54.

397 A ampliação do direito internacional dos direitos humanos associa-se a conceitos como as noções de *ius cogens* e obrigações *erga omnes*. Atualmente, é pacifico o entendimento sobre a existência de direitos humanos universalmente imperativos e inderrogáveis, a saber: as normas proibitivas relativas às mais graves violações do direito internacional humanitário, ao crime de genocídio, à discriminação racial, a prática de tortura e o desaparecimento forçado. Cf. João Ernesto Christófolo, *supra* nota 150.

humanos levou àquilo que Cançado Trindade denominou de *diversidade de meios e identidade de propósito.*[398] O efeito desse fenômeno é acumulativo em benefício do universo de proteção dos direitos humanos[399] sob a noção de complementaridade dos instrumentos e internacionais e regionais, que se reforçam mutuamente. Esse é o caso, em particular, dos órgãos de supervisão.[400] A aplicação desses corolários hermenêuticos permite substituir visão fragmentada por lógica de convergência em relação aos domínios materiais do direito internacional dos direitos humanos. É isso que ocorre com suas três principais espécies: o direito internacional dos direitos humanos *stricto sensu*, o direito internacional humanitário e o direito internacional dos refugiados. Eventual lacuna de proteção específica pelo direito internacional humanitário no contexto de conflitos armados pode ser superada por visão integral dos direitos humanos, segundo a qual é possível o recurso a normas da DUDH para salvaguardar direitos e liberdades fundamentais sob ameaça ou violação.[401]

As críticas quanto à natureza vinculante da Declaração Universal se mostram inócuas aos olhos de hoje. Se, para efeitos de aplicação jurídica, boa parte dos direitos e liberdades ali enumerados foi codificada por meio de instrumentos convencionais específicos, como os Pactos de 1966, o que por si só torna irrelevante o debate sobre sua natureza formal, é pacífico o entendimento não só de que a Declaração tem valor hermenêutico fundacional do direito internacional dos direitos humanos, como também que o universo de proteção ali consignado constitui obrigação *erga omnes* na medida em que representa, segundo prática e opinião consensual dos Estados, parâmetro normativo mínimo a ser respeitado por todos os membros da comunidade internacional.[402]

---

[398] Esse conceito se revela no princípio de aplicação da norma mais favorável ao indivíduo em casos de antinomia entre dispositivos convencionais, prevalecendo não necessariamente a regra de *lex specialis*.

[399] Louis B. Sohn, *supra* nota 573, pp. 136-137.

[400] A.A. Cançado Trindade, *supra* nota 573, p. 22.

[401] A.A. Cançado Trindade, *Derecho Internacional de los Derechos Humanos, Derecho Internacional de los Refugiados y Derecho Internacional Humanitario - Aproximaciones y Convergencia*, Genebra, CICV, 2000, pp. 1-66.

[402] Segundo a Declaração aprovada por unanimidade na Conferência Mundial de Direitos Humanos de Teerã, em 1968, a DUDH "states a common understanding of the peoples of the world concerning the inalienable rights of all members of the human family and constitutes an obligation for all members of the international community". Já o preâmbulo da Declaração e Programa de Ação da Conferência Mundial de Viena, de 1993, estabelece que a DUDH "constitui uma meta comum para todos os povos e todas as nações, é fonte

Essa característica da DUDH foi reconhecida em várias decisões de tribunais internacionais, em reforço de sua natureza formal como fonte de direitos e deveres no plano internacional.[403] A CIJ reconheceu o *status* vinculante da DUDH no direito internacional tanto de forma indireta, quando tratou da questão de obrigações *erga omnes* nos casos *Reservations to the Genocide Convention*[404] e *Barcelona Traction*,[405] quanto direta nos casos *South West Africa*[406] e *Hostages*[407]. Esse mesmo reconhecimento foi expresso em votos dissidentes ou separados de membros da CIJ, como os juízes Tanaka, Ammoun,[408] Guggenheim[409] e Evensen.[410]. Além disso, são muitas as constituições que, a exemplo da brasileira, inspiraram-se na Declaração para consagrar direitos e garantias fundamentais, bem como são numerosas as referências à DUDH na jurisprudência de cortes nacionais, com destaque para tribunais constitucionais encarregados de salvaguardar liberdades e garantias fundamentais.[411]

---

de inspiração e tem sido a base utilizada pelas Nações Unidas na definição das normas previstas nos instrumentos internacionais de direitos humanos existentes". Cf. Gilberto Vergne Sabóia, *supra* nota 578, pp. 55-56; Hurst Hannun, 'The Status of the Universal Declaration of Human Rights in National and International Law', 25 *Georgia Journal of International and Comparative Law* (1995/96), 287, pp. 355-376.

403 A.A. Cançado Trindade, 'La jurisprudence de la Cour Internationale de Justice sur les droits intangibles', *in* Daniel Prémont (ed.), *Droits intangibles et états d'exception* (ed. D. Pémont), Bruxelles, Bruylant, 1996, pp. 53-89.

404 *Reservations to the Convention of the Prevention and Punishment of the Crime of Genocide*, ICJ Reports (1951), 15, p. 23 (Advisory Opinion of May 28).

405 *Barcelona Traction, Light & Power Co., Ltd.*, ICJ Reports (1970), 3, p. 32, (Second Phase) (Judgment of Sept.5).

406 A Carta e a DUDH constituem "accepted international standards". *South West Africa* case, *supra* nota 584.

407 *Diplomatic and Consular Staff in Tehran (United States of America v. Iran)*, Judgment, I.C.J. Reports 1980, 3, p. 42 (Judgment of May 24).

408 *Legal Consequences for States of the Continued Presence of South Africa in Namibia (Namibia case) Notwithstanding Security Council Resolution 276 (1970*, ICJ Reports (1971), 16, p. 57, Advisory Opinion of June 21).

409 *Nottebohm Case (Liechtenstein vs. Guatemala)* (second phase), Judgment of April 6th, 1955, ICJ Reports (1955), 4, p. 63.

410 *Applicability of Article VI, Section 22, of the Convention on the Privileges and Immunities of the United Nations*, Advisory Opinion of 15 December 1989, ICJ Reports (1989), 204, p. 211.

411 Para lista de referências em constituições e tribunais nacionais, cf. Hurst Hannun, *supra* nota 602, p. 287.

O princípio de proteção e promoção dos direitos humanos ganhou renovado impulso político e maior densificação normativa com a Declaração de Viena, de 1993.[412] A Conferência de Viena permitiu a superação da dualidade que opunha a visão de países ocidentais, que circunscreviam a promoção e a proteção dos direitos humanos à seara dos direitos civis e políticos, às posições do bloco socialista, que favorecia apenas direitos econômicos, sociais e culturais, e de países que advogavam teses de relativismo cultural,[413] deixando os primeiros à esfera do "domínio reservado". Essa dicotomia foi substituída pelo reconhecimento consensual (*opinio iuris*) do caráter vinculante dos direitos humanos com base nos subprincípios de indivisibilidade, universalidade e interdependência de todos os direitos humanos,[414] incluído o direito ao desenvolvimento.[415] A Conferência explicitou ainda a inter-relação entre democracia, desenvolvimento e direitos humanos, em linha com o que já defendia à época a diplomacia brasileira.

A Declaração de Viena consagrou, assim, dois conceitos fundamentais para a compreensão do significado e do sentido do princípio de prevalência dos direitos humanos. Em primeiro lugar, o reconhecimento de que a promoção e a proteção dos direitos humanos, embora atividade a ser realizada sob o signo da cooperação, constitui preocupação global, isto é, requer a ação de todos os Estados, individual e coletivamente.[416] A própria expressão relativa aos direitos humanos consagrada em textos multilaterais, anteriormente restrita

---

412 José Augusto Lindgren Alves, 'A Desumanização do Humano', in *Os Direitos Humanos na Pós-Modernidade*, São Paulo, Ed. Perspectiva, 2005, p. 9.

413 Bilahari Kausikan, 'Asia's Different Standard', *Foreign Policy* (Fall 1993), pp. 24-41.

414 A resolução 32/130 da AGNU, de 16/12/1977, havia reconhecido que direitos civis e políticos, e direitos econômicos, sociais e culturais) eram de igual importância e interdependentes.

415 "Enfaticamente soerguidos na onda democrática associada ao fim da Guerra Fria e do "socialismo real", os direitos humanos, como substrato e fim da democracia, estabelecidos na Declaração Universal de 1948, foram, pela primeira vez, reconhecidos pelo conjunto completo de Estados de todo o planeta em 1993, na Declaração e Programa de Ação de Viena, adotada por consenso e sem reservas - embora com declarações interpretativas". José Augusto Lindgren Alves, *supra* nota 612, p. 9.

416 Artigo 4 da Declaração e Plano de Ação de Viena: "A promoção e proteção de todos os direitos humanos e liberdades fundamentais devem ser consideradas como um objetivo prioritário da Nações Unidas, em conformidade com seus propósitos e princípios, particularmente o propósito da cooperação internacional. No contexto desses propósitos e princípios, a promoção e proteção de todos os direitos humanos constituem uma preocupação legítima da comunidade internacional".

ao conceito de "promoção" foi acrescida da noção de "proteção". A aplicação absoluta do conceito de "domínio reservado" na seara dos direitos humanos foi superada sob a lógica de que a interação entre as ordens interna e externa obedece a um objetivo maior que se impõe universalmente a todos os Estados. A responsabilidade primária quanto à promoção e à proteção dos direitos humanos em uma determinada jurisdição manteve-se sob as competências soberanas de cada Estado. Mas os países se atribuíram faculdades recíprocas ao reconhecer que a superação das dificuldades e desafios na matéria exige esforço conjunto. Essa lógica de complementaridade se traduziu em mecanismos de prevenção e de seguimento (sistemas de petição e de relatórios) estabelecidos de forma específica (tratados internacionais) ou geral (relatorias e outros mecanismos de órgãos intergovernamentais) em instrumentos de natureza convencional ou consuetudinária, como resoluções da AGNU. Em segundo lugar, os Estados reconheceram o dever de pôr em marcha recursos internos (respectivas jurisdições) necessários à reparação de violações de direitos humanos, entre outras coisas por meio da adequação e do fortalecimento das instituições nacionais de justiça de acordo com padrões mínimos consagrados no direito internacional dos direitos humanos.

Na esteira da Declaração de Viena e de seu Plano de Ação de 1993, a "Década das Conferências"[417] testemunhou avanços importantes no fortalecimento do edifício institucional dos direitos humanos.[418] À luz do princípio de cooperação internacional inscrito na Carta, foi criado o Escritório do Alto Comissariado das Nações Unidas para Direitos Humanos (EACDH) com o mandato de (i) auxiliar na prevenção de violações, (ii) assegurar respeito a todos os direitos humanos, (iii) coordenar atividades relacionadas no âmbito das Nações Unidas e (iv) fortalecer a eficácia do sistema onusiano na área dos direitos humanos.[419] Assistiu-se, igualmente, ao estabelecimento, pelo CSNU, de dois tribunais *ad hoc* competentes para analisar e julgar responsáveis por

---

[417] A expressão faz alusão à intensidade da agenda multilateral dos 1990. Iniciada com a Conferência das Nações Unidas sobre Meio Ambiente e Desenvolvimento (Rio92 ou Eco92), os anos seguintes assistiram às Conferências de Viena sobre Direitos Humanos, em 1993; do Cairo sobre Populações, em 1994; de Copenhague sobre Desenvolvimento Social, em 1995; de Pequim sobre a situação da Mulher, em 1995; de Istambul sobre Cidades, em 1996; e finalmente de Durban contra o Racismo, em 2001. J. A. Lindgren Alves, *Relações internacionais e temas sociais: a década das conferências*, Brasília, FUNAG/IBRI, 2001.

[418] Essa imagem advém da representação da estrutura e do conteúdo da DUDH feita por René Cassin, um dos principais responsáveis por sua preparação e adoção.

[419] Cf. o art. 4º da Resolução 48/141 da AGNU, de 20/12/ 1993.

crimes de guerra, genocídio e crimes contra a humanidade cometidos na antiga Iugoslávia e em Ruanda. Em 1998, foi assinado o Estatuto de Roma, que deu origem ao Tribunal Penal Internacional (TPI) e que representa avanço significativo nos esforços de combate à impunidade dos responsáveis pelas mais graves violações de direitos humanos e do direito internacional humanitário.[420] Cristalizava-se, ademais, o reconhecimento da personalidade jurídica do indivíduo no direito internacional por meio de sua capacidade ativa (*locus standi*) de acesso direto a sistemas jurisdicionais de proteção dos direitos humanos (Corte Européia de Direitos Humanos, Corte Interamericana de Direitos Humanos e Corte Africana de Direitos Humanos e dos Povos) ou mecanismos especializados multilaterais e regionais (relatorias especiais e procedimento de queixa no CDH, por exemplo).[421] Os direitos humanos também se transversalizaram, sendo incorporados em operações de manutenção da paz,[422] e o EACDH aumentou consideravelmente suas atividades, sobretudo por meio do apoio que brinda aos mecanismos especiais do CDH e a órgãos de tratados do sistema onusiano de direitos humanos.[423] Além disso, em linha com a prescrição da Conferência de Viena de promover a ratificação universal e sem reservas dos principais acordos na matéria, cresceu

---

420 Lê-se, no preâmbulo do Estatuto do TPI, que "during this century millions of children, women and men have been victims of unimaginable atrocities that deeply shock the conscience of humanity" e que "the most serious crimes of concern to the international community as a whole must not go unpunished and that their effective prosecution must be ensured by taking measures at the national level and by enhancing international cooperation". Estatudo de Roma, A/CONF.183/9, de 17 de julho de 1998.

421 A defesa da personalidade jurídica dos indivíduos no direito internacional é uma das principais contribuições prestadas por Cançado Trindade em sua extensa obra, tanto como doutrinador quanto juiz da CtIDH e da CIJ. Cf. A.A Cançado Trindade, *Evolution du droit international au droit des gens - L'accès des particuliers à la justice internationale: le regard d'un juge*, Paris, Pédone, 2008, pp. 1-187.

422 No final de 2010, 14 operações de manutenção da paz, aí incluídas missões políticas especiais e missões de apoio à consolidação da paz, haviam incorporado componentes de proteção e de promoção dos direitos humanos em seus mandatos, nos seguintes países: Afeganistão, Burundi, Côte d'Ivoire, Darfur (Sudão), Guiné-Bissau, Haiti, Iraque, Libéria, República Centroafricana, República Democrática do Congo, Serra Leoa, Somália, Sudão e Timor-Leste.

423 No plano organizacional, esse processo se iniciou com a criação de uma pequena divisão na sede da ONU, em Nova York, nos anos 1940. Essa unidade foi transferida para Genebra, nos anos 1980, já com maior estrutura e denominada "Centro para os Direitos Humanos". Na Conferência de Viena de 1993, decidiu-se estabelecer mandato mais robusto para as Nações Unidas na área e, nesse intuito, foi aprovada a res. 48/141.

consideravelmente o número de adesões aos principais tratados de direitos humanos, bem como novos instrumentos foram concluídos, entre os quais alguns estabelecendo órgãos de monitoramento.[424] Passou-se, progressivamente, da fase de elaboração legislativa para a implantação do direito internacional dos direitos humanos sobre as bases convencionais dos chamados *core international human rights instruments.*[425]

No plano exclusivamente normativo, o princípio de proteção e de promoção dos direitos humanos consolidou-se como um dos pilares da ordem jurídica internacional por meio da Declaração da Cúpula Mundial de 2005. De natureza consuetudinária, esse instrumento refletiu a *opinio iuris* dos Estados (adoção por unanimidade) a respeito do significado e do sentido das obrigações e propósitos relativos à matéria estabelecidos na Carta das Nações Unidas e nos principais instrumentos do direito internacional dos direitos humanos. A Declaração consignou a natureza indissociável entre paz, desenvolvimento e direitos humanos,[426] cujas promoção e proteção persistem como

---

424 "Since 2004, the human rights treaty body system has grown enormously and doubled in size with the addition of four new treaty bodies (CMW, CRPD, SPT, and the CED), two new optional protocols for individual complaints (CRPD and ICESCR, the latter not yet having entered into force) and one in the making (CRC). (...) There have been increases in membership for the CRC, CMW, CRPD and the SPT bringing the total number of treaty body experts in 2011 to 172 (versus 97 in 2000 and 125 at the end of 2009)". *Requirements and implications of the ongoing growth of the treaty body system on the periodic reporting procedures, documentation and meeting time,* Background paper prepared by the Office of the UN High Commissioner for Human Rights (OHCHR) and circulated on the occasion of the Informal technical consultation for States parties to international human rights treaties, Sion, Switzerland, 12-13 May 2011.

425 Há, atualmente dez instrumentos desse tipo (nove tratados e um protocolo opcional), cada um estabelecendo comitê de especialistas encarregado de monitorar a implementação de obrigações convencionais pelas Partes (Convenção Internacional sobre a Eliminação de Todos as Formas de Discriminação Racial, o Pacto Internacional sobre Direitos Civis e Políticos, o Pacto Internacional sobre Direitos Econômicos, Sociais e Culturais, a Convenção sobre a Eliminação de Todas as Formas de Discriminação contra a Mulher, a Convenção contra a Tortura e Outras Formas de Tratamento e Punição Cruel, Desumana ou Degradante, a Convenção sobre os Direitos da Criança, a Convenção Internacional sobre a Proteção dos Direitos de Todos os Trabalhadores Migrantes e os Membros de suas Famílias, a Convenção Internacional para a Proteção de Todas as Pessoas de Desaparecimento Forçado, a Convenção dos Direitos das Pessoas com Deficiências e o Protocolo Opcional da Convenção contra a Tortura).

426 "We acknowledge that peace and security, development and human rights are the pillars of the United Nations system and the foundations for collective security and well-being. We recognize that development, peace and security and human rights are interlinked and mutually reinforcing." 2005 *World Summit Outcome*, para. 9.

responsabilidade primária dos Estados, mas não obstante constituem assunto de "preocupação global".[427] É nesse contexto hermenêutico do direito internacional que se deu a substituição da antiga Comissão pelo Conselho de Direitos Humanos. No marco mais amplo da reforma das Nações Unidas, a Cúpula Mundial de 2005 teve como um de seus principais resultados a criação do novo órgão, agora com *status* subsidiário da AGNU.[428] No plano substantivo, a resolução 60/261 que criou o Conselho reproduziu os subprincípios densificadores da norma de promoção e proteção dos direitos humanos que já se haviam consolidado no plano interestatal: (i) a universalidade, a indivisibilidade, a inter-relação e a interdependência dos direitos humanos, (ii) a responsabilidade de todos os Estados em promover e proteger os direitos humanos no marco da Carta Internacional dos Direitos Humanos e da Declaração e do Programa de Ação de Viena, além de outros tratados internacionais específicos,[429] (iii) a inadmissibilidade de relativismos como justificativa para o desrespeito dos direitos humanos[430] e (iv) o reconhecimento de que os direitos humanos, a paz e o desenvolvimento são os pilares indissociáveis da ordem internacional. As principais mudanças introduzidas pelo novo órgão se deram quanto ao modo de funcionamento, tendo em vista o objetivo de fortalecer o sistema de direitos humanos.[431] Tal como reafirmado na resolução 60/251 da AGNU e densificado nas resoluções 5/1 e 5/2 do CDH, que lidam com o funcionamento de seus mecanismos, o novo órgão foi criado sob o signo reforçado da cooperação internacional como a base fundamental para a promoção e a proteção dos direitos humanos sob a égide das Nações Unidas. Como pano de fundo, era necessário superar práticas de seletividade e instrumentalização que levaram à perda de credibilidade e eficácia da antiga Comissão, sobretudo em seus últimos anos de funcionamento. Para esse fim, buscou-se equilibrar o imperativo de encontrar soluções concretas e tempestivas para violações de direitos humanos[432] com a necessidade de respeitar, como subprincípios formais, critérios de

---

427 Louis B. Sohn, *supra* nota 573, p. 139.

428 2005 *World Summit Outcome*, paras. 157-160. O CDH foi instituído pela resolução 60/251 da AGNU e posteriormente operacionalizado pela resolução 5/1 do próprio órgão.

429 Preambular 5 da Declaração de Viena de 1993.

430 Preambular 4 da Declaração de Viena de 1993.

431 Parágrafos 157-160 da Resolução 60/1 da AGNU.

432 GA res. 60/251, art. 3: "the Council should address situations of violations of human rights, including gross and systematic violations, and make recommendations thereon".

universalidade, objetividade e não seletividade na consideração dessas questões, evitando-se, assim, a politização e os chamados *double standards*.[433]

Como se viu, a expressão "promoção e proteção dos direitos humanos" constitui atualmente não só princípio fundamental do direito internacional, como também um dos pilares da ordem jurídica e política internacional contemporânea. A partir das disposições gerais da Carta e da Declaração Universal, essa norma geral se densificou materialmente em subprincípios (universalidade, interdependência, indivisibilidade e inter-relação de todos os direitos humanos) e ganhou conteúdo vinculante por meio da progressiva codificação do direito internacional dos direitos humanos. O propósito inicialmente estabelecido na Carta de "promover os direitos humanos" evoluiu gradativamente até incluir a dimensão de "proteção". Como resultado, não só a Carta Internacional dos Direitos Humanos, mas também os chamados *core instruments* constituem padrão internacional mínimo a ser observado pelos Estados. Longe da perfeição, esse arcabouço jurídico não se traduz, *ipso facto*, em benefício no terreno. Em que pese à progressiva implantação desse sistema de proteção no ordenamento jurídico interno dos Estados, há ainda um hiato entre a validade abstrata dessas normas e sua eficácia e fruição pelos beneficiários.[434] Os esforços para a promoção e a proteção dos direitos humanos na ordem internacional permanecem a exigir atenção redobrada e acompanhamento permanente por parte de Governos, organizações internacionais e da sociedade civil. Passadas as fases de codificação e de implantação, o principal desafio ainda é a proteção.

Da Lógica do Domínio Reservado à Noção de Responsabilidade Compartilhada

Com base nos princípios de não intervenção e igualdade soberana,[435] prevaleceu, no imediato pós-Guerra, o entendimento de que o direito internacional proibia a ação por parte de terceiros Estados em relação à situação doméstica de outro país. O dever de respeito aos direitos humanos circunscrevia-se à jurisdição de cada Estado, na medida estrita das obrigações assumidas em marcos convencionais. O princípio de cooperação para a promoção dos

---

433 Preambular 9 da resolução 60/251 da AGNU.

434 Gilberto Vergne Sabóia, *supra* nota 578, p. 47.

435 Felix Ermacora, 'Article 2(7)', in Bruno Simma (ed.), *The Charter of the United Nations – A Commentary*, München, C.H. Beck Verlag, 1995, 139-154, pp. 146-147.

direitos humanos era compreendido como obrigação abstrata, de caráter mais moral que jurídico. Objetivamente, restringia-se ao compromisso genérico de os Estados cooperarem com os mecanismos estabelecidos pelas Nações Unidas em relação à sua própria situação - e não no tocante a terceiros países.[436] O tema de direitos humanos estaria sob o "domínio reservado" da soberania estatal, regra que tinha como contrapartida o dever de abstenção imposto a outros membros da comunidade internacional.[437] A promoção dos direitos humanos por parte de terceiros Estados em relação a países específicos circunscrevia-se a atividades de natureza transversal e difusa em órgãos multilaterais. Segundo essa lógica genérica, o mandato da ONU na área de promoção dos direitos humanos se relacionava, sobretudo, à obra de codificação (*standard-setting*).[438] Em corolário, interpretava-se que a Comissão de Direitos Humanos, criada em 1946 segundo o art. 68 da Carta, não tinha competência para tomar medidas em relação à violação dos direitos humanos em países específicos.[439] O sistema restringia-se à lógica de promoção, sem alcançar meios de implantação e, ainda menos, de proteção dos direitos humanos.

Antes mesmo das Nações Unidas, porém, houve casos de exceção à aplicação do regime de "domínio reservado" dos Estados em matéria de direitos humanos. O Pacto da Liga das Nações não dispunha sobre direitos humanos explicitamente, mas fazia referências a obrigações relativas a territórios sob mandato, tráfico de pessoas (sobretudo mulheres e crianças) e tratamento de minorias nas colônias.[440] Na antiga CPJI houve também precedente importante

---

[436] Jeroen Gutter, *Thematic Procedures of the United Nations Commission on Human Rights and International law: In Search of a Sense of Community*, Antwerpen/Oxford, Intersentia, 2006, pp.76-77.

[437] Tanto o Pacto da Liga das Nações (art. 15), quanto a Carta (artigo 2(7)) prescrevem a necessidade de respeitar a "jurisdição doméstica" dos Estados em relação a temas que recaiam no domínio reservado.

[438] Dominic McGoldrick, 'The Principle of non-intervention: human rights', in Colin Warbrick and Vaughan Lowe, *The United Nations and the Principles of International Law, Essays in Memory of Michael Akehurst*, London/New York, Routledge, 1994, p. 96.

[439] ECOSOC, Report of the Commission on Human Rights to the Economic and Social Council on the First Session of the Commission on Human Rights, Held at Lake Success, New York from 27th January to 10th February 1947, UN Doc. E/259. Cf. também T. Meron, *Human Rights Law-Making in the United Nations – A Critique of Instruments and Process*, Oxford, Oxford University Press, 1986.

[440] Em caráter pioneiro, previa o direito de petição individual para membros de minorias; algo que, no entanto, mostrou-se totalmente ineficaz.

em matéria de jurisdição doméstica. Em parecer consultivo em caso envolvendo a aplicabilidade de decretos franceses a súditos britânicos em Túnis e no Marrocos, a Corte entendeu que o escopo da "jurisdição doméstica exclusiva" era dado pelos limites impostos pelo *ius gentium*. Nos casos em que o direito internacional não regulasse esses limites, cada Estado seria, em princípio, "o único juiz". O "domínio reservado" seria algo relativo, a depender do estádio de evolução do direito internacional.[441]

A lógica restrita à "promoção" passou a incluir a "proteção" dos direitos humanos[442] após a adoção pelo ECOSOC da resolução 1235 (LVII), de 1967. Nos termos desse documento, de iniciativa de países recém-independentes do mundo em desenvolvimento,[443] a Comissão era autorizada a "examinar informações relevantes" e a fazer recomendações sobre *gross violations of human rights and fundamental freedoms* no regimes de segregação racial na África do Sul e nos territórios da atual Namíbia e Zimbábue.[444] Para além da importância específica em relação ao regime do *apartheid*, essa resolução transformou

---

441 "The words "solely within the domestic jurisdiction" seem rather to contemplate certain matters which, though they may very closely concern the interests of more than one State, are not, in principle, regulated by international law. As regards such matters, each State is sole judge". *Nationality Decrees, supra* nota 491. Cf. também M. McDougal, H. Lasswell e L Chen, *Human Rights and World Public Order*, Yale University Press, 1980, p. 211; e Dominic McGoldrick, *supra* nota 638, p. 86.

442 Há antecedente pouco lembrado, relativo à decisão da AGNU de enviar ao então Vietnã do Sul, wm 1963, missão chefiada pelo Presidente da Comissão de Direitos Humanos, com o objetivo de verificar a situação de direitos humanos. Cf. UN Doc. A/5489 (4th September 1963) e *Report of the United Nations Fact-Finding Mission to South Viet-Nam*, UN Doc. A/5630 (7th December 1963).

443 Essa resolução resultou da pressão de países do mundo em desenvolvimento para o ECOSOC lidar com violações de direitos humanos no mundo colonial e em países sob segregação racial. Após solitação do Comitê de Descolonização, o ECOSOC determinou à Comissão "to consider as a matter of importance and urgency the question of violation of human rights and fundamental freedoms, including policies of racial discrimination and segregation and of apartheid, in all countries, with particular reference to colonial and other dependent territories and countries" (ECOSOC resolution 1102 (Xl), 4 March 1966). Em resposta, a Comissão aprovou a resolução 2 (XXII), de 25/3/1966, segundo o qual o tratamento da questão exigia prerrogativas e instrumentos cabíveis. Em seguida, foram aprovadas a resolução 1164 (XLI), do ECOSOC, e a resolução 2144 A(XXI), da AGNU, que autorizavam a Comissão a criar mecanismos para encontrar "ways and means of improving the capacity of the UN to put a stop to violations of human rights wherever they may occur".

444 Os primeiros procedimentos especiais do sistema ONU foram o relator especial sobre *apartheid* e o Grupo de Trabalho *ad hoc* de especialistas sobre a África do Sul.

a interpretação dos Estados na medida em que serviu como precedente geral para a análise e o monitoramento de situações específicas de direitos humanos, sobretudo de violações graves e sistemáticas, por meio dos chamados "procedimentos especiais".[445] Em seguida à criação de mecanismos de monitoramento para casos de segregação racial na África meridional, em 1967, a Comissão criou grupos de trabalho para lidar com a ocupação israelense nos territórios palestinos, em 1969,[446] e com a situação de direitos humanos no Chile, em 1975.[447] Neste último, a análise não se relacionava a problemas de autodeterminação ou discriminação racial, mas a violações graves e sistemáticas de direitos civis e políticos.[448] Esse procedimento especial era público[449] e poderia ser proposto por um Estado Membro, por grupo de Estados ou pela Subcomissão de Direitos Humanos, cabendo a decisão final sobre sua instalação aos próprios Estados Membros da Comissão. Outro ponto de relevo é que esse procedimento pressupunha o dever de cooperação por parte do Estado concernido na medida em que se previam missões dos membros dos Grupos de Trabalho aos respectivos países sujeitos à medida.[450] No âmbito da Comissão, essa se tornaria tendência geral nos anos seguintes.[451] Mais importante ainda da perspectiva hermenêutica, argumentos no sentido de "falta de base jurídica", isto

---

[445] Por meio da Resolução 8 (XXIII), a agenda da Comissão passou a contar com item específico intitulado "Questions of the violation of human rights and fundamental freedoms, including policies of racial discrimination and segregation and of apartheid, in all countries, with particular reference to colonial and other dependent territories and countries". Cf. P. Alston (ed), *The United Nations and Human Rights - A Critical Appraisal*, Oxford, Oxford University Press, 1992, pp. 155-173.

[446] A criação do Grupo de Trabalho foi proposta por Índia, Paquistão, Mauritânia e a então Iugoslávia, sendo aprovada por 13 votos favoráveis, 1 contra (Israel) e 16 abstenções (países ocidentais e latino-americanos).

[447] UNCHR resolution 8 (XXXI).

[448] A DUDH desempenhou função normativa fundamental nesse processo. Na medida em que vários desses países (Chile, Israel e África do Sul), não haviam aderido aos Pactos Internacionais, a DUDH oferecia parâmetros mínimos e vinculantes à análise dessas situações específicas. Essa dimensão foi reconhecida nas respectivas resoluções adotadas pela AGNU sobre esses países.

[449] Tal fato expunha governos à pressão internacional à qual não estavam submetidos em âmbito interno.

[450] A visita dos membros do Grupo de Trabalho ao Chile, em 1978, foi a primeira missão de inquérito realizada no território de um Estado Membro, consistindo em valioso precedente.

[451] No ECOSOC, o recurso à regra do domínio reservado (art. 2(7)) prevaleceu nas situações no Afeganistão, Etiópia, Irã e Uruguai, cujos Governos recusavam-se a cooperar com relatores

é, de alegada lacuna de previsão específica na Carta para o estabelecimento desse tipo de mecanismo, não foram acolhidos pelos titulares dos mandatos, nem pelos Estados, tal como refletido nas resoluções adotadas na Comissão, no ECOSOC e na AGNU.[452] Em que pese à seletividade na escolha dos países que seriam objeto de monitoramento,[453] rompia-se implicitamente o até então inexpugnável "domínio reservado" dos Estados em matéria de direitos humanos. Seria inclusive diante da resistência oposta por países específicos que foi criado o primeiro procedimento especial temático: o Grupo de Trabalho sobre Desaparecimento Forçado ou Involuntário.[454] Essa solução, que teve grande impacto para o futuro do sistema multilateral, satisfazia tanto a necessidade de evitar que os Estados se escorassem no conceito de "domínio exclusivo" para impedir a análise de violações graves e sistemáticas de direitos humanos em seus países, quanto evitava críticas de seletividade do mecanismo. Da perspectiva das vítimas, ademais, o enfoque de monitoramento do grupo poderia ampliar-se a vários países.[455] Tinham início, assim, os procedimentos especiais temáticos, em que Estados eram examinados a partir de dimensões específicas dos direitos humanos, em linha com critérios de não seletividade (todos os Estados estão sujeitos) e objetividade (demanda segundo a gravidade de cada

especiais sob alegação de exclusividade da jurisdição doméstica. O mesmo ocorreu em Biafra, em meio à guerra civil na Nigéria.

452 Sobre a inadmissibilidade da oposição da regra do domínio reservado em relação à atuação dos órgãos e mecanismos onusianos em matéria de direitos humanos, cf. *Report of the United Nations Commission on the Racial Situation in the Union of South Africa (UNCORS)*, GAOR (VIII) Supp. No. 16 (A/2505 and 2505/Add 1.).

453 Esse fenômeno se intensificou nas décadas seguintes com a criação de relatorias especiais sobre El Salvador, Bolívia, Guatemala e Polônia (começo dos 1980), Afeganistão e Irã (1984), Haiti (1987), Romênia (1989), Iraque e territórios do Kuaite ocupados pelo Iraque (1991), Cuba (1991), Iugoslávia (1992), Myanmar (1992), Camboja, Somália e Sudão (1993), Ruanda, Congo e Bougainville Papua Nova Guiné (1994), Burundi (1995), Nigéria (1997), Libéria (2003), e Belarus, Coréia do Norte e Chade (2004). Curiosamente, os mandatos sobre as situações no Afeganistão e no Iraque foram desconstituídos após as invasões militares no início da década de 2000.

454 Argumentava-se que a criação de mecanismo sobre país específico seria discriminatória e contrária ao princípio de igualdade entre os Estados. Ironicamente, essa linha argumentativa canalizava hesitações de outros Estados pela adoção de mandatos temáticos, que lidavam com várias situações análogas.

455 No caso do GT sobre Desaparecimento Forçado, a Argentina recusou-se a aceitar o estabelecimento de mecanismo específico análogo àquele então existente sobre à situação no Chile. Com isso, vários outros países da região, então sob regime militar, foram objeto de monitoramento pelo GT, inclusive o Brasil.

situação).[456] Atualmente, sob a égide do CDH, o sistema de procedimentos especiais tem 50 mandatos, dos quais 31 temáticos, 6 especialistas independentes sobre situações de países sob enfoque de cooperação técnica e 7 relatorias sobre países específicos sob enfoque de monitoramento.

Uma vez superada a dicotomia bipolar da Guerra Fria,[457] a interpretação sobre o campo de direitos estendidos reciprocamente pelos Estados em relação à promoção e à proteção universal dos direitos humanos passou de um dever de abstenção imposto a atores externos em relação à situação doméstica de cada país para um dever de cooperação ativa com o sistema multilateral de direitos humanos. Essa evolução interpretativa tem como premissa o reconhecimento de que a responsabilidade de promover e proteger os direitos humanos é dever primário dos Estados, isto é, recai direta e precipuamente sobre os Estados sob cuja jurisdição se encontram os titulares dos direitos salvaguardados internacionalmente. Mas a comunidade internacional mantém legítimo interesse em sua promoção e proteção, ainda que de forma acessória e complementar, sob a égide do princípio de cooperação. Esse foi, com efeito, um dos resultados hermenêuticos de maior alcance obtidos na Conferência de Viena, de 1993: a noção de responsabilidade compartilhada. Emergia então uma consciência em torno de valores fundamentais à defesa da paz e à dignidade da pessoa humana, cujo efeito mais evidente foram as instituições e mecanismos supranacionais com competências na promoção e na proteção dos direitos humanos em todo o mundo. O universo restritivo do conceito de domínio reservado ("assuntos que dependam essencialmente da jurisdição

---

[456] Ao GT sobre Desaparecimento Forçado agregaram-se outros, como o Relator Especial sobre Execuções Sumárias e Extrajudiciais (1982), o Relator Especial sobre a Tortura e outros tratamentos cruéis, desumanos e degradantes (1985), o Relator Especial sobre Intolerância Religiosa (1986), o Relator Especial sobre Mercenários (1987), o Relator Especial sobre a venda de Crianças (1990) e o Grupo de Trabalho sobre Detenção Arbitrária (1991). Nos anos seguintes, essa dinâmica também tomou corpo por outras vias. Na Comissão, o procedimento de comunicações, criado pela resolução 1503 (1970) do ECOSOC, baseava-se em três etapas para o recebimento, pela Subcomissão, de queixas apresentadas por indivíduos ou organizações não governamentais. Com base em análise prévia de admissibilidade a respeito de "consistent pattern of gross and reliably attested violations of human rights", a Subcomissão poderia encaminhar o caso à Comissão, que poderia criar mecanismo de monitoramento nos termos da resolução 1235, ou então indicar comitê *ad hoc* para investigar a situação. Essa segunda hipótese supunha, porém, o consentimento do Estado concernido, razão pela qual nunca veio a concretizar-se. O procedimento permanecia confidencial até haver recomendação ao ECOSOC.

[457] Luiz Felipe Lampreia, *supra* nota 562, p. 46.

de qualquer Estado") era relativizado na medida das obrigações impostas aos Estados pelo direito convencional e consuetudinário em relação aos respectivos mandatos desses órgãos internacionais.[458]

Dessa constatação extrai-se corolário fundamental para a superação da tensão normativa entre os princípios de não intervenção e de promoção dos direitos humanos: é o princípio de cooperação internacional que permite a ponderação entre os vetores proibitivos do princípio de não intervenção e as faculdades e deveres do princípio de promoção e proteção dos direitos humanos. Objetivamente, a noção de responsabilidade compartilhada no marco do princípio de cooperação internacional se revela *prima facie* nas competências das diversas instituições jurisdicionais e intergovernamentais que compõem o sistema internacional de promoção e proteção dos direitos humanos. São vários os exemplos que podem ser mencionados a esse respeito, entre os quais os de maior relevo são o CDH (com seus vários procedimentos especiais e a RPU), o TPI, o Sistema Interamericano de Direitos Humanos e os vários órgãos de tratados encarregados de zelar pela observância das obrigações assumidas pelos Estados pela via convencional.[459] As atribuições desses órgãos oferecem parâmetros juridicamente objetivos para as ações dos Estados nessa área. Isso se dá porquanto tais mandatos foram estabelecidos por instrumentos convencionais ou consuetudinários e por isso pressupõem o respeito à vontade estatal de forma expressa ou implícita, em linha com a teoria dos poderes implícitos dos organismos internacionais.[460] Posto de outra forma, a capacidade

---

458 "Uma vez que os direitos humanos se realizam dentro das jurisdições nacionais, ao efetuarem a adesão, os Estados concordam com certas regras a serem seguidas por eles próprios na legislação e nas práticas internas. Não porque, caso contrário, corram o risco de ser invadidos, hipótese nunca abrigada em qualquer pacto ou convenção do ramo. Fazem-no porque, salvo exceções aberrantes, todos desejam ser vistos como respeitadores de direitos tão essenciais à existência humana". José Augusto Lindgren Alves, *supra* nota 582, p. 64.

459 O parágrafo operativo 3 (a) da resolução A/48/141 (1993), que estabeleceu o mandato do EACDH, prescreve explicitamente o dever de respeito à "soberania, à integridade territorial e ao domínio reservado dos Estados", ao mesmo tempo em que reconhece que "a promoção e a proteção dos direitos humanos é uma preocupação legítima da comunidade internacional".

460 A CIJ reconheceu como sendo direitos e deveres implícitos, "atribuídos pela necessária implicação de que são essenciais ao exercício de suas tarefas", pois tais poderes "devem depender dos propósitos ou funções especificados ou implícitos em seus documentos constitutivos e desenvolvidos na prática" de cada organismo. *Reparations for Injuries Suffered in the service of the United Nations.* Advisory Opinion, ICJ reports, 174, pp. 910. Cf. A. A. Cançado Trindade, *Direito das Organizações Internacionais*, Belo Horizonte, Del Rey, 2013, 5a. ed., pp. 15-24.

específica desses órgãos internacionais em analisar e monitorar o cumprimento das obrigações do direito internacional dos direitos humanos no seio de cada jurisdição doméstica baseia-se no consentimento prévio dos Estados, mesmo que em termos genéricos e indeterminados.[461] Essa via, ao pressupor interpretação harmônica e efetiva entre os princípios e propósitos da Carta das Nações em face do direito internacional dos direitos humanos, evita conflito normativo, pois a solução de antinomia nessa matéria remeteria a questão à regra do art. 103, por meio do qual as obrigações assumidas na Carta, entre as quais o art. 2(7), devem prevalecer sobre aquelas de outros instrumentos internacionais. Por conseqüência, a própria validade jurídica do conceito de "responsabilidade compartilhada" tem como pressuposto lógico sua interpretação harmônica em relação ao princípio de não intervenção. Da mesma forma, o exercício das funções reconhecidas a esses órgãos multilaterais e a atuação individual de Estados em relação à situação em terceiros países, desde que no seio dessas organizações e à luz de seus respectivos mandatos, estão amparados no direito internacional positivo, ficando prejudicada qualquer tentativa de alegar a aplicação do conceito do "domínio reservado" para excluir o exame de temas relacionados aos direitos humanos no interior de um Estado.[462]

Se não parece haver dúvidas quanto à inscrição do propósito de promover e proteger os direitos humanos no marco das competências previstas pelos mandatos respectivos desses órgãos, a questão pendente parece residir em que medida há ou não um dever imposto aos Estados de cooperar com os mecanismos do sistema multilateral de direitos humanos. Segundo visão mais tradicional, não haveria necessariamente um dever de cooperação imposto porquanto esse compromisso estaria disposto de forma genérica na Carta, bem como porque resoluções de órgãos como a AGNU, o ECOSOC e o CDH são de natureza recomendatória. De fato, essas resoluções têm natureza recomendatória e não criam *ipso facto* direitos e obrigações.[463] No entanto, podem

---

[461] Essa derrogação é apenas parcial pois, ao mesmo tempo em que se aplica restritivamente *ratione materiae* (direito internacional dos direitos humanos), não permite interpretação extensiva em relação à proibição do uso da força. A única exceção a essa regra geral é a hipótese de interpretar violações de direitos humanos como ameaças à paz e à segurança internacionais, para efeitos da regra prevista na parte final do próprio art. 2(7) da Carta. João Ernesto Christófolo, *supra nota 150.*

[462] Benedetto Conforti, *supra* nota 240, p. 254.

[463] Benedetto Conforti, *supra* nota 240, p. 253.

constituir prova da existência de costume international,[464] bem como influenciam a formação ou a identificação de norma consuetudinária emergente no direito internacional. Em se respeitando esses limites, pode-se dizer que esses instrumentos constituem *opinio juris sive necessitatis* dos Estados desde que geralmente aceitos e quando a linguagem utilizada é indicativa da intenção dos Estados em declarar a existência de direitos e obrigações na ordem internacional.[465] O dever de cooperação como corolário densificador do princípio de promoção e de proteção dos direitos humanos está, porém, amparado em norma convencional do direito internacional. Em que pese à inexistência objetivamente definida de qualquer tipo de sanção para seu descumprimento, trata-se, *prima facie*, de obrigação convencional oriunda do artigo 56 da Carta, onde se estabelece que "todos os Membros da Organização se comprometem a agir em cooperação com esta, em conjunto ou separadamente" (...) "para a realização dos propósitos enumerados no Artigo 55", cuja alínea "c" prevê "o respeito universal e efetivo dos direitos humanos e das liberdades fundamentais para todos, sem distinção de raça, sexo, língua ou religião".[466] Na mesma linha, a Declaração sobre Princípios 1970, onde o macroprincípio de cooperação aparece explicitamente como obrigação geral,[467] dispõe sobre o dever de os Estados cooperarem na promoção do respeito e observância dos direitos humanos e na eliminação de todas as formas de discriminação racial e de intolerância religiosa.[468] Mais recentemente, o princípio de cooperação foi o eixo

---

464 No caso das Nações Unidas, cada órgão é chamado para interpretar e aplicar o direito internacional no momento em que se adotam decisões, sob o constrangimento de tal ato ocorra de acordo com a própria Carta tanto em termos formais (competências respectivas) quanto materiais.

465 Cf. *Final Report of the Committee on Formation of Customary (General) International Law*, International Law Association, London Conference, 2000.

466 *Contrario senso*, a recusa em cooperar com as Nações Unidas na promoção e na proteção dos direitos humanos pode ser interpretada como violação das obrigações previstas na Carta. Embora genéricas, essas obrigações são vinculantes, criadas pela via convencional e, portanto, devem ser cumpridas segundo os princípios de *pacta sunt servanda* e de boa fé. Louis B. Sohn, *supra* nota 573, p. 131.

467 "States have the duty to co-operate with one another, irrespective of the differences in their political, economic and social systems, in the various spheres of international relations, in order to maintain international peace and security and to promote international economic stability and progress, the general welfare of nations and international co-operation free from discrimination based on such differences".

468 "States shall co-operate in the promotion of universal respect for, and observance of, human rights and fundamental freedoms for all, and in the elimination of all forms of racial discrimination and all forms of religious intolerance".

fundamental da reforma do sistema multilateral de direitos humanos posta em prática a partir do estabelecimento do Conselho de Direitos Humanos. A resolução 60/251 da AGNU consigna a centralidade do princípio de cooperação para o funcionamento do CDH na parte preambular (parágrafos 1o e 10[469]) e, na parte operativa (art. 4º), onde aparece como um dos princípios que guiam a promoção e a proteção dos direitos humanos ("diálogo construtivo e cooperação") ao lado da universalidade, imparcialidade, objetividade e não seletividade, além das referências específicas no art. 5(f)[470] e (h)[471]. O princípio de cooperação volta a aparecer como princípio fundamental na resolução 5/1 do Conselho. Esse documento, intitulado *Institutional Builging Package*, estabeleceu a estrutura normativa para o funcionamento do CDH e utilizou o princípio de cooperação como fundamento normativo para seus principais mecanismos: a Revisão Periódica Universal (arts. 3(b), 2 (e), 2(f), 27 (c) e 38), os procedimentos especiais (arts. 54, 63 e 64) e o procedimento de queixas (arts. 86, 104 e 109 (e)).[472]

Trata-se aí de dimensão sutil, mas de grande significado para o sistema de promoção e proteção dos direitos humanos. Cooperação significa o compromisso objetivo do Estado de engajar-se com os mecanismos intergovernamentais e jurisdicionais competentes nessa matéria, na medida das obrigações acordadas no direito convencional e consuetudinário. Esse subprincípio se desdobra, por sua vez, em regras específicas aplicáveis segundo o regime de cada fórum competente, como o compromisso de envio tempestivo de respostas e informações solicitadas pelos relatores especiais e grupos de trabalho[473] e participação em mecanismos como a RPU. No tocante à situação em terceiros países, esse princípio se desdobra no imperativo de não instrumentalização dos mecanismos existentes segundo interesses específicos alheios aos direitos humanos das vítimas no terreno. Sob ótica sistêmica, esses compromissos re-

---

[469] "The promotion and protection of human rights should be based on the principles of cooperation and genuine dialogue and aimed at strengthening the capacity of Member States to comply with their human rights obligations for the benefit of all human beings".

[470] "Contribute, through dialogue and cooperation, towards the prevention of human rights violations and respond promptly to human rights emergencies".

[471] "Work in close cooperation in the field of human rights with Governments, regional organizations, national human rights institutions and civil society".

[472] Resolução HRC/5/1 do Conselho de Direitos Humanos, de 18 de junho de 2007.

[473] O compromisso de cooperar com os procedimentos especiais está previsto como regra do Conselho nas resoluções 5/2 e 16/21 do órgão.

cíprocos convergem para a criação de um ambiente de diálogo construtivo e orientado exclusivamente pelo objetivo de promover a melhoria da situação de direitos humanos em exame. Com base no reconhecimento de que há violações em todos os Estados, embora em graus variados, a esse compromisso agrega-se a obrigação de respeito aos subprincípios de universalidade, objetividade e não seletividade nas atividades desses mecanismos. No tocante aos órgãos de tratados, o princípio de cooperação se desdobra nos deveres de fornecer informações e de submeter relatórios com a periodicidade prevista nos termos de seus respectivos instrumentos constitutivos. No caso de órgãos de monitoramento estabelecidos convencionalmente, emerge o compromisso de garantir condições para o exercício das atividades de inspeção, ainda que sob termos negociados previamente com as autoridades responsáveis. Prevalece, de qualquer forma, o princípio de boa fé, cuja aplicação nesses casos se traduz em premissa essencialmente abstencionista por parte do Estado sob monitoramento: não prejudicar a atuação dos titulares de mandatos e membros de órgãos de monitoramento.[474]

A tutela dos direitos humanos no hemisfério ocidental é reforçada ainda pelo sistema interamericano criado pela Convenção Americana sobre Direitos Humanos, de 1969. Esse instrumento consagra direitos e liberdades fundamentais e estabelece mecanismos e órgãos competentes para a proteção desse universo normativo entre os países da região, a saber, a Comissão e a Corte Interamericana de Direitos Humanos. Esta última, na condição de órgão jurisdicional com competências previstas por via convencional, constitui a garantia de maior relevância para a salvaguarda internacional dos direitos humanos na região. A partir das capacidades de monitoramento desempenhadas pela Comissão, a qual está incumbida de receber denúncias por parte de indivíduos e grupos a respeito de violações de direitos humanos na jurisdição dos Estados partes da Convenção de São José da Costa Rica, a Corte pode estabelecer medidas de reparação e de proteção às vítimas por meio de sentenças obrigatórias.

Em suma, a tensão normativa entre os princípios de não intervenção ("domínio reservado") e de promoção e proteção dos direitos humanos é resolvida no marco das competências dos órgãos do sistema internacional dos direitos

---

[474] Embora legítimo e justificado que cada Governo negocie os termos dessas atividades (datas, locais e agenda, por exemplo), impõe-se o respeito a critérios de razoabilidade nessas tratativas. As condições impostas não devem contrariar os objetivos e propósitos buscados por cada um dos instrumentos convencionais sobre os quais estão estabelecidos os respectivos mandatos dos grupos de monitoramento.

humanos.[475] Nesse contexto, a noção de domínio reservado não mais se aplica para impedir a análise de temas de direitos humanos por parte de órgãos e mecanismos multilaterais de natureza intergovernamental, como o CDH, ou de natureza jurisdicional, como a CItDH e o TPI. É no seio desses órgãos internacionais, e nos termos de seus respectivos mandatos estabelecidos por vias convencionais ou consuetudinárias, que o princípio de cooperação na área dos direitos humanos serve como interface jurídica onde se encontram, de forma complementar, a responsabilidade primária do Estado e a responsabilidade compartilhada pela comunidade internacional na matéria. O resultado é o fortalecimento da estrutura multilateral de promoção e de proteção universal dos direitos humanos, em oposição a uma lógica de instrumentalização, seletividade e unilateralismo.

Prática do Brasil em Direitos Humanos no Direito Internacional

A exemplo do que ocorreu com o direito internacional dos direitos humanos, a prática diplomática do Brasil na matéria não seguiu sempre linha coerente e unívoca. Sujeitas a avanços e retrocessos, as posições do Brasil sobre direitos humanos no pós-Guerra podem ser divididas em três períodos. O primeiro vai de 1945 a 1964; o segundo, correspondente ao regime militar, de 1964 a 1985; e o terceiro, de 1986 até hoje.[476] Embora associada aos desdobramentos da ordem internacional, essa divisão reflete transformações políticas e sociais domésticas que influenciaram as posições adotadas pelo País no âmbito externo.

No período compreendido entre a criação das Nações Unidas, em 1945, e o golpe militar de 1964, as posições do Brasil orientaram-se pelo favorecimento à obra de codificação do direito internacional dos direitos humanos.

---

[475] Essa interpretação prevaleceu na CIJ no caso *Nicaragua*, em que não só foi rejeitado o uso unilateral da força para a promoção dos direitos humanos, como também foi assinalado que mecanismos de monitoramento criados por instrumentos internacionais oferecem a forma adequada para a proteção dos direitos humanos no marco do direito internacional. *Supra* nota 269, para. 263.

[476] Essa metodologia reproduz a lógica subjacente a três subcapítulos (respectivamente intitulados *Variações Antes da "Longa Noite", De 1964 a 1984* e *Da Abertura Externa à Valorização do Sistema*) de artigo sobre a relação entre a DUDH e a política externa brasileira. José Augusto Lindgren Alves, *supra* nota 582, pp. 63-96.

O posicionamento brasileiro alinhava-se ao mandato conferido à AGNU, ao ECOSOC e à Comissão pela Carta, cuja interpretação e aplicação na prática dos Estados traduziam-se no enfoque temático, com ênfase na codificação, dado a questões de direitos humanos em âmbito multilateral. O compromisso genérico do Brasil com os esforços das Nações Unidas na promoção dos direitos humanos foi expresso por João Neves da Fontoura na AGNU, em 1952: a Carta de São Francisco havia elevado "todos os assuntos pertinentes à dignidade e ao respeito humano pelas liberdades individuais à categoria de objetivos internacionais supremos".[477] No processo preparatório da Declaração Universal, o Brasil, embora não fosse membro da Comissão de Direitos Humanos,[478] participou do Grupo de Trabalho formado para esse fim na UNESCO.[479] No plenário da AGNU, Raul Fernandes saudou, meses antes da adoção da Declaração, "a inclusão dos direitos fundamentais do homem na categoria dos que merecem proteção internacional".[480] O tema voltou a ser mencionado em discurso na AGNU, em 1949, ocasião em que Cyro de Freitas Valle reconheceu que a DUDH adotada no ano anterior seria "seguida pela Convenção sobre Direitos Humanos e medidas de implementação, e pela Codificação do Direito Internacional".[481] No mesmo período, em âmbito interamericano, o Brasil favoreceu a adoção da Declaração Americana de Direitos Humanos.[482] Em 1954, Ernesto Leme,[483] proferiu discurso de acentuada universalidade, ainda que em

---

477 João Neves da Fontoura, VII Sessão Ordinária da AGNU, 1952, in Luiz Felipe Seixas Corrêa (org.), *supra* nota 520, p. 84.

478 O GRULAC estava representado na Comissão por Chile, Panamá e Uruguai.

479 O Brasil fez-se representar por Austregésilo de Athayde, cuja atuação foi importante para atenuar posições contrárias à adoção do documento. Relatório da Delegação do Brasil à AGNU, Parte VIII b/1948/Anexo 20, Paris, 1948, *apud* José Augusto Lindgren Alves, *supra* nota 582, p. 68.

480 Luiz Felipe Seixas Corrêa (org.), *supra* nota 520, p. 55.

481 *Idem*, p. 70.

482 Em 1948, em Bogotá, na IX Conferência Internacional Americana, João Neves da Fontoura referiu-se com entusiasmo à adoção da Declaração e indicou, de forma vanguardista, a importância de reconhecer ao indivíduo sua personalidade jurídica de direito internacional e o apoio do Brasil ao estabelecimento de uma "Corte Internacional de Proteção às Franquias Individuais".

483 Recorro aqui ao relato de seu neto, o diplomata Rafael Leme, de quem tenho o privilégio de beneficiar-me da amizade, erudição e - sobretudo - fina ironia e bom humor. Ernesto Leme não era diplomata de carreira. Jurista, advogado e político paulista, havia-se colocado contra o Estado Novo, nos anos 1930, tendo sido perseguido pela polícia varguista. Quando

visão parcial dos direitos humanos,[484] ao afirmar que "a violação das liberdades e direitos fundamentais, onde quer que ocorra, constitui um ataque e uma ameaça à integridade de cada um de nós como indivíduo. Também ameaça os fundamentos dos direitos e liberdades em cada um de nossos países".[485] Em que pese a essa expressão geral de compromisso e reconhecimento da legitimidade do sistema multilateral, o País não se envolveu no início do processo negociador dos dois Pactos de Direitos Humanos, concluídos em 1966, pois não estava representado nos grupos de trabalho estabelecidos para esse fim na Comissão. A razão para o perfil relativamente baixo da diplomacia brasileira devia-se à crescente polarização estratégica que se aprofundava entre os blocos socialista e ocidental, na qual a temática de direitos humanos, aí compreendendo também questões de segregação racial e colonialismo, era terreno propício para o embate ideológico.[486]

Após alguns anos sem referências significativas sobre o tema,[487] os direitos humanos voltaram com novo ímpeto na Política Externa Independente (PEI) lançada durante o breve governo de Jânio Quadros. Em 1959, em meio ao acirramento da Guerra Fria,[488] San Tiago Dantas propôs, na V Reunião de Consultas dos Ministros de Relações Exteriores da OEA, a adoção de declaração política em defesa da democracia nas Américas, com base em seis princípios: primado da lei; eleições livres; limitação a mandatos no poder; proteção

---

Getúlio retorna ao poder eleito, em 1951, indicou o jurista Vicente Ráo como Chanceler. Buscava selar um *modus vivendi* com a *intelligentsia* paulista. É nesse contexto que convida Ernesto Leme, então Reitor da USP, para ser seu Embaixador junto às Nações Unidas em Nova York.

484 "O discurso brasileiro continha ainda vigorosas afirmações em favor dos direitos humanos e liberdades fundamentais. Em contrapartida, a descolonização continuava a ser minimizada e vista, de maneira paternalista, ligada à preparação dos povos dependentes para o autogoverno ou a independência, processo que o Embaixador Leme denomina sugestivamente de "a tarefa da civilização". *In* Luiz Felipe Seixas Corrêa (org.), *supra* nota 520, p. 96.

485 "O respeito pela dignidade humana e pelas liberdades fundamentais do homem é, ao nosso ver, uma condição necessária para a coexistência pacífica não apenas de indivíduos, mas também de nações". *Idem*, pp. 100-101.

486 A posição do Brasil foi definida por Cyro de Freitas Valle na AGNU, em 1955, nos seguintes termos: qualquer transformação de tais pactos em declarações radicais e fantasiosamente idealistas deve ser evitada.

487 Exceção feita à questão racial, com manifestações de censura a regimes segregacionistas.

488 Mencionem-se, como pano de fundo, a revolução cubana de 1959, a intervenção norte-americana na Guatemala e golpes militares em países da região.

dos direitos individuais; incorporação ao ordenamento interno da Declaração Americana dos Direitos e Deveres do Homem; e cooperação entre os países da região.[489] No mesmo diapasão, em discurso na AGNU, em 1961, Affonso Arinos do Mello Franco defendeu a universalidade dos direitos humanos ("leis garantidoras da liberdade e da dignidade humanas") em meio à heterogeneidade dos sistemas políticos, econômicos e sociais ao redor do mundo. Assinalava, em linha com a lógica independente da política externa brasileira, que os direitos humanos eram indissociáveis, noção que só viria a ser consagrada juridicamente décadas depois, na Conferência de Viena de 1993.[490] O então Chanceler, que desempenhou papel fundamental na Assembléia Constituinte, sugeriu ainda que o tratamento da temática dos direitos humanos se desse no marco da cooperação internacional, em contraposição à dinâmica de confrontação e instrumentalização de eficácia duvidosa para os titulares de direitos.[491] Tinham-se em mente práticas intervencionistas das potências mundiais em ambos os lados do espectro ideológico, que eram justificadas, no plano retórico, pela narrativa dos direitos humanos: a libertação dos povos fosse da ditadura do proletariado (*freedom fighters*), fosse da ditadura do capital (revolucionários). Em setembro de 1963, menos de um ano antes do golpe militar de março de 1964, o tema voltou a ser mencionado na AGNU por João Augusto de Araújo Castro. Embora os direitos humanos não fossem um dos três *Ds* (Desarmamento, Desenvolvimento e Descolonização) que constituíam as linhas mestras do discurso que se tornou marco da política externa brasileira, Araújo Castro relacionou a luta pela descolonização à "própria luta pela emancipação política, pela liberdade e pelos direitos humanos".[492] O Brasil reconhecia, de forma explícita, a natureza indissociável entre o direito internacional dos direitos humanos e o princípio de autodeterminação dos povos.

---

489 A mesma concepção de que a democracia consiste em condição fáctica para a promoção e a proteção de todos direitos humanos esteve na raiz de instrumentos adotados na OEA e o MERCOSUL.

490 "Os direitos humanos são também sociais". *In* Luiz Felipe Seixas Corrêa (org.), *supra* nota 520, p. 153.

491 "A crença e a prática desses valores não exige, porém, que façamos uma política rigidamente doutrinária, no plano externo, inclusive porque ela levaria fatalmente ao choque com as nações que não os conhecem, ou os aplicam em escala diferente, situação que impossibilitaria a negociação persuasiva, única capaz de levar ao reconhecimento gradativo dos direitos humanos". *Idem*, p. 152.

492 A "opressão política e colonial", que se manifestava em "condições humilhantes incompatíveis com a dignidade humana", deveria ser superada com base na DUDH. *Ibidem*, pp. 181-182.

A ruptura institucional de 1964 encerrou período em que o Brasil, embora com acanhamento, manteve mínimo de coerência no plano discursivo em relação ao papel dos direitos humanos no pós-Guerra. Com o início do regime militar, as restrições ao exercício das liberdades em âmbito interno tornavam improvável qualquer atuação mais vocal em favor de direitos civis e políticos no plano internacional. Já o alinhamento ideológico com o bloco ocidental afastava o Brasil de visões favoráveis aos direitos econômicos, sociais e culturais, bem como, ao menos num primeiro momento, da autodeterminação dos povos, cuja defesa em âmbito multilateral era associada ao comunismo. Como resultado, a prática diplomática brasileira nessa área reduziu-se significativamente no período.[493] Se no plano doméstico a repressão à dissidência se fazia cada vez mais severa, no exterior o compromisso anterior com a DUDH era solenemente ignorado.[494] Soava fundo nos porões da ditadura o silêncio do Brasil perante a comunidade internacional em relação aos dois Pactos de Direitos Humanos aprovados em 1966. Durante o regime militar, a questão do racismo foi o único tema de direitos humanos que, embora mantendo o que já era àquela altura posição consolidada, assumiu algum relevo na prática diplomática brasileira. Em 1966, o Brasil assinou a recém-adotada Convenção Internacional sobre a Eliminação de Todas as Formas de Discriminação Racial. A subscrição desse instrumento foi menção isolada à seara dos direitos humanos no discurso do General Juracy Magalhães na AGNU, em 1966, e ainda assim com soberba autolaudatória inadmissível, mesmo sob relativismo histórico, em vista do racismo estrutural na sociedade brasileira.[495]

A postura em relação aos direitos humanos deu sinais de mudança a partir de 1974. O tema foi tratado em discursos de Azeredo da Silveira, já no governo Geisel. Na AGNU, em 1974, o Brasil condenou o *apartheid*[496] e advogou pela

---

493 "A omissão discursiva não foi, porém, absoluta. Em alguns momentos particulares, os direitos humanos, mais especificamente alguns deles, foram objeto de iniciativa e menções, propagandísticas, mas úteis", em especial de combate ao racismo. J. A. Lindgren Alves, *supra* nota 582, p. 75.

494 *Idem*, p. 74.

495 "Dentro das fronteiras do Brasil, (..) tal documento não seria tão necessário, uma vez que o Brasil é há muito tempo um exemplo proeminente, e eu diria até o primeiro, de uma verdadeira democracia racial. (...) Embora a nova Convenção seja, portanto, supérflua no que concerne ao Brasil, nós a recebemos com alegria para servir de exemplo a ser seguido por outros países". *In* Luiz Felipe Seixas Corrêa (org.), *supra* nota 520, p. 221.

496 "O aparteísmo tem sido universalmente condenado em nome dos mais diversos princípios. Eticamente, ele se choca com os valores universais da consciência humana". Azeredo da Silveira, *idem*, p. 313.

ação, no marco das Nações Unidas, "junto aos Governos metropolitanos, para que se desliguem, com rapidez e convicção, de suas políticas de dominação colonial".[497] Em linha com o chamado "pragmatismo responsável" do período, a política externa rompia também com o alinhamento até então incondicional com o regime salazarista em Portugal, que se traduzira na postura hesitante e no mínimo negligente em relação a movimentos de autodeterminação em ex-colônias portuguesas.[498] Além do novo sentido conferido à ação diplomática em matéria de autodeterminação, assistiu-se à mudança paradigmática do engajamento do Brasil com o sistema multilateral de direitos humanos. Em 1976, em meio a um dos momentos mais severos da ditadura militar, o Governo brasileiro lançou candidatura à Comissão de Direitos Humanos, da qual o Brasil jamais havia participado. Essa decisão, que teve implicações diversas em matéria de direitos humanos, revelou contornos mais claros da interpretação do Brasil sobre o significado e o sentido dos direitos humanos na ordem internacional. Em discurso na AGNU, em 1977,[499] Silveira inscreveu a tarefa de promoção dos direitos humanos no marco da cooperação internacional, em linha com a Carta das Nações Unidas[500] e os respectivos mandatos dos mecanismos e procedimentos existentes na ONU. Reconheceu, ademais, a universalidade[501] e a interdependência dos direitos humanos em suas várias áreas e dimensões.[502] O Chanceler brasileiro rejeitava, porém, "tratamento discriminatório, com base no interesse nacional", pois isso significaria "destruir o próprio fundamental da defesa dos Direitos do Homem". Ponderava que a competência em matérias de direitos humanos era exclusiva de cada Estado,[503] e denunciava a instrumentalização[504] e o intervencionismo aberto ou velado sob a retórica dos direitos humanos. Eram a corrida armamentista nuclear e as

---

497 *Idem*, pp. 311-312.

498 Cf. abaixo capítulo sobre o princípio de autodeterminação dos povos.

499 A eleição do Presidente Carter nos EUA sinalizava que, em matéria de direitos humanos, mudaria o relacionamento de Washington com as ditaduras latino-americanas.

500 "A Carta coloca o tema dos Direitos do Homem precisamente no campo da cooperação internacional". *In* Luiz Felipe Seixas Corrêa (org.), *supra* nota 520, p. 346.

501 "A questão dos direitos humanos tem caráter universal". *Idem*, p. 346.

502 *Ibidem*, p. 346.

503 "A nenhum país ou conjunto de países pode ser atribuída a condição de juiz de outros em questões tão sérias e tão íntimas da vida nacional". *Ibidem*, p. 347.

504 *Ibidem*, p. 346.

desigualdades existentes que consistiam nos principais impedimentos à realização dos direitos humanos no mundo.[505]

O discurso de Silveira em 1977 foi um marco na prática diplomática sobre direitos humanos pela extensão e pelo detalhamento com que expôs a *opinio iuris* do Brasil. Se da perspectiva interna o impacto não foi imediato em benefício das vítimas de violações, mesmo no contexto da chamada "distensão" iniciada com Geisel, o discurso alinhavou elementos da interpretação do Brasil sobre as obrigações internacionais em matéria de direitos humanos. *Grosso modo*, essa visão se caracterizava pelos seguintes aspectos: (i) reconhecimento das competências dos órgãos multilaterais para lidar com esses temas nos termos de seus respectivos mandatos, e logo maior abertura hermenêutica em relação aos princípios de soberania e não intervenção; (ii) inscrição dessas competências institucionais no marco do princípio de cooperação internacional, em contraposição à lógica unilateral-intervencionista; (iii) universalidade e interdependência entre os direitos humanos e (iv) associação entre debilidades socioeconômicas e proteção dos direitos humanos. Algumas dessas linhas, que refletiam elementos do debate naquele momento nas Nações Unidas, serviram como bases sobre as quais, mesmo quando reformuladas (domínio exclusivo e presunção de condicionalidades), desenvolveram-se parâmetros fundamentais para a atuação dos Estados em matéria de direitos humanos. Como resultado dessa nova postura diplomática, foi assinada a Convenção sobre a Eliminação de Todas as Formas de Discriminação contra a Mulher, em 1979. A participação do Brasil na Comissão teve também o efeito de atenuar a posição refratária ao tratamento de temas de direitos humanos em âmbito multilateral, ainda que sob a perspectiva eminentemente temática.[506]

O tema dos direitos humanos voltou com força na prática diplomática brasileira a partir da redemocratização. Com a derrocada do regime militar, o Presidente José Sarney afirmou, na AGNU, em 1985, que o Brasil acabara de

---

505 "A criação de condições propícias ao respeito generalizado pelos Direitos do Homem dependerá da melhoria substancial da segurança política e econômica, em nível internacional". *Ibidem*, p. 346.

506 "A partir de 1978, o Brasil passou a ser membro ativo da CDH e (...) este engajamento não se fez apenas por um prisma defensivo. O conhecimento mais estreito da vertente internacional dos direitos humanos facilitou, de certa maneira, a familiarização do Brasil com tais temas e até permitiu uma colaboração construtiva na elaboração de instrumentos, como a Convenção contra a Tortura, de que o Brasil viria mais tarde a ser parte". Gilberto Vergne Sabóia, *supra* nota 578, p. 61.

"sair de uma longa noite".[507] Sarney, que assumira a Presidência em condições fortuitas, buscava dissociar-se do regime anterior e alinhar-se às renovadas aspirações democráticas da sociedade brasileira.[508] Essa visão indicava um novo sentido à ação diplomática que se traduziu na reafirmação do compromisso com o direito internacional dos direitos humanos. Nas Nações Unidas, Sarney reconheceu a natureza vinculante da Declaração Universal e anunciou a adesão do Brasil a instrumentos internacionais de direitos humanos,[509] tendência que se consolidou como regra geral da prática diplomática brasileira nas décadas seguintes.[510] Renovou ainda, embora indiretamente, a visão interdependente dos direitos humanos.[511] Em relação a terceiros países, Sarney repisou os paradigmas da autodeterminação dos povos, da não intervenção e do repúdio à discriminação racial, expressa na "total condenação do *apartheid*, em nosso apoio sem reservas à emancipação imediata da Namíbia" e na internalização das sanções impostas à África do Sul pelo CSNU.

A partir de então, os direitos humanos se tornaram tema recorrente dos discursos brasileiros nas Nações Unidas. Para além da condenação do *apartheid*, que já se tornara eixo central do posicionamento do Brasil nessa área, a ênfase passou a recair na dimensão doméstica, isto é, na centralidade dos direitos humanos na nova ordem democrática.[512] Em 1990, recém-eleito à Presidência,

---

[507] O discurso de Sarney "representaria a maior ruptura jamais registrada no discurso diplomático brasileiro na área dos direitos humanos". José Augusto Lindgren Alves, *supra* nota 582, p. 81.

[508] Essa nova visão dos direitos humanos inseria-se em contexto mais amplo de mudanças nas relações de poder mundiais, com destaque para as reformas realizadas por Mikhail Gorbachev na então União Soviética (*glasnost* e *perestroika*), a nova corrida nuclear impulsionada por Ronald Reagan, nos EUA, e o recrudescimento de práticas intervencionistas no hemisfério. Em particular, a intervenção dos EUA em Granada, em 1983, e as ações nesse mesmo período na Nicarágua, El Salvador, Honduras e Guatemala.

[509] O Brasil aderiu aos dois Pactos de 1966 (Direitos Civis e Políticos e Direitos Econômicos, Sociais e Culturais) e à Convenção contra a Tortura e outros Tratamentos ou Penas Cruéis, Desumanos.

[510] Essa ação refletia "o compromisso solene (...) com os princípios da Carta da ONU e com a promoção da dignidade humana". *In* Luiz Felipe Seixas Corrêa (org.), *supra* nota 520, p. 450.

[511] "O sentido da liberdade, para o homem contemporâneo, não é somente a ausência de coerção ou de interferência. (...) Daí a concepção de liberdade que se preocupa concretamente com as condições reais da vida livre e se esmera em promover a mais ampla igualdade de oportunidades". *Idem*, p. 457.

[512] Abreu Sodré, *Idem*, pp. 474-475.

Fernando Collor de Mello enfatizou a disposição do Brasil em cooperar com o sistema multilateral de direitos humanos. Ao assinalar a superação, em muitos países, de regimes autoritários na "trilha da democracia", Collor de Mello apontou as violações dos direitos humanos como um dos maiores desafios à estabilidade da ordem internacional e sentenciou que "a] afrontas aos direitos humanos devem ser denunciadas e combatidas com igual vigor, onde quer que ocorram". O Brasil apoiava a tendência de que fosse "cada vez mais incisivo e abrangente o tratamento internacional" dos direitos humanos com base no entendimento de que "a comunidade internacional muito poderá concorrer para que se criem condições mundiais de garantia do respeito aos direitos humanos em sua mais ampla concepção". Esses esforços teriam lugar no marco das Nações Unidas, na qual deveria emergir um "novo multilateralismo" a ser construído sobre as bases da Carta e da reforma de seus órgãos principais, com destaque para o CSNU, pois à democracia no interior dos Estados deveria corresponder a democratização das relações entre os Estados.[513] O discurso de Collor revelou nuances importantes nas posições brasileiras, sobretudo em relação ao papel mais robusto a ser desempenhado pela comunidade internacional na promoção dos direitos humanos. Ao mesmo tempo em que o Brasil abria-se ao diálogo com o sistema multilateral de direitos humanos,[514] também reconhecia a capacidade e a importância da ação em órgãos multilaterais em relação à situação em terceiros países. Mudava-se, na prática, a interpretação até então absoluta dos princípios de não intervenção e de soberania em relação aos direitos humanos. É nesse sentido que se devem interpretar a adesão do Brasil, em meio ao turbulento mandato de Collor, à Convenção sobre os Direitos da Criança, e as ratificações dos dois Pactos de Direitos Humanos de 1966, da Convenção contra a Tortura e da Convenção Americana de Direitos Humanos, a qual, entre outras coisas, ensejou em 1998 o reconhecimento da jurisdição da Corte Interamericana de Direitos Humanos.

No final do governo Collor, em 1992, Celso Lafer também enfatizou os direitos humanos em seu discurso na AGNU ao enumerar o respeito dos direitos humanos, ao lado do conceito de desenvolvimento sustentável, da justiça e da

---

[513] Celso Lafer desenvolveu a tese de articulação entre a democracia no plano doméstico e a legitimidade da ação internacional do Brasil em seu artigo 'Direitos Humanos e democracia nos planos interno e internacional', *Política Externa*, 3 (2), 68-76, set/out/nov, 1994.

[514] Collor menciona especificamente ações em benefício da situação dos indígenas no Brasil, assunto que à época motivava campanha internacional no contexto do surgimento de movimentos ambientalistas.

paz, como valores fundamentais a orientar a nova ordem internacional que se vislumbrava com o fim da Guerra Fria. Identificando as Nações Unidas como o *locus standi* para o exercício da cooperação entre os Estados, em estrito respeito aos princípios fundamentais do Direito Internacional, "entre os quais se destaca o respeito à soberania dos Estados",[515] Lafer assinalou a universalidade e a interdependência dos direitos humanos e associou sua realização à existência de condições objetivas como a superação da pobreza. Repisou, em linha com a tradição diplomática brasileira, a condenação a "todas as formas de discriminação" e inovou ao advogar pela proteção de grupos vulneráveis.[516] Mas seria em relação à dimensão interna que o discurso de Lafer ganharia relevo no conjunto mais amplo da prática diplomática brasileira. Além de reiterar o empenho do Governo brasileiro com a promoção dos direitos humanos, Lafer renovou o compromisso do Brasil em dialogar com a comunidade internacional.[517] Consagrava-se nova vertente fundamental da ação diplomática brasileira: o engajamento com o sistema internacional de direitos humanos em relação à nossa própria situação, sobre as bases da boa fé e à luz do princípio de complementariedade.[518]

Com o fim da Guerra Fria e o fortalecimento da democracia no Brasil, as linhas centrais da política exterior brasileira em matéria de direitos humanos foram atualizadas em discurso de Celso Amorim na AGNU, em 1993. Em paráfrase do pronunciamento proferido três décadas antes por Araújo Castro, o Chanceler de Itamar Franco indicou novamente três *Ds* como eixos fundamentais da ordem internacional: Democracia, Desenvolvimento e Desarmamento, os quais se desdobravam, respectivamente, nas áreas de direitos humanos, meio ambiente e segurança internacional. Em sua dimensão doméstica, Amorim (i) reafirmou a recepção pelo direito brasileiro da DUDH (cujo universo protetivo havia sido ampliado pelo constituinte), (ii) associou as dificuldades domésticas em matéria de direitos humanos a desequilíbrios

---

515 *In* Luiz Felipe Seixas Corrêa (org.), *supra* nota 520, pp. 557-558.

516 *Idem*, p. 558.

517 "O Governo brasileiro empenha todos os esforços a seu alcance em defesa e na promoção dos direitos humanos. Mantemos diálogo aberto com as organizações internacionais, governamentais e não-governamentais, e aderimos aos principais instrumentos convencionais que regulam a matéria". *Idem*, p. 558.

518 "As posições defendidas pelo Brasil nos foros multilaterais e as obrigações que assumimos com a adesão a tratados refletem as mais altas aspirações nacionais". Luiz Felipe Lampreia, *supra* nota 562, p. 47.

sociais (sugerindo vínculo entre democracia, direitos humanos e desenvolvimento),[519] e (iii) renovou a abertura do Brasil ao diálogo com a comunidade internacional. Reconheceu, ainda, relação de causalidade entre a promoção dos direitos humanos internamente e a ação diplomática do Brasil, tal como havia ocorrido, meses antes, na Conferência de Viena.[520] Ao reiterar os princípios de universalidade e interdependência dos direitos humanos, associou-os ao desafio mais amplo do desenvolvimento,[521] e sugeriu o mesmo diálogo com "abertura" e "ânimo construtivo" com a comunidade internacional como o modelo a guiar a cooperação do Brasil sobre questões de direitos humanos com outros países.[522]

Nos anos seguintes, referências explícitas à temática de direitos humanos se tornaram mais escassas em discursos na AGNU. Longe de significar menor atenção ao tema na política externa brasileira, essa mudança é explicada por duas razões. No plano interno, o País havia ultrapassado os momentos mais difíceis pós ditadura e a temática de direitos humanos se consolidava como eixo fundamental da nova ordem constitucional.[523] Além disso, as posições do Brasil sobre o tema assumiram enfoque cada vez mais especializado no bojo dos órgãos competentes das Nações Unidas, em especial a III Comissão da

---

519 Luiz Felipe Seixas Corrêa (org.), *supra* nota 520, p. 572.

520 O Embaixador Gilberto Vergne Sabóia presidiu o Comitê de Redação da Conferência e a atuação brasileira foi reconhecida por atores estatais e não governamentais como essencial à obtenção do consenso que permitiu a adoção, por unanimidade, da Declaração e do Programa de Ação de Viena, em 1993.

521 Luiz Felipe Seixas Corrêa (org.), *supra* nota 520, p. 573.

522 *Idem*, p. 572.

523 Como aponta Lindgren Alves, havia sido criada a Secretaria de Direitos Humanos e o então Conselho dos Direitos da Pessoa Humana (transformado em 2014 em Conselho Nacional de Direitos Humanos) foi fortalecido em linha com os princípios de Paris para as instituições nacionais de direitos humanos (Resolução A/48/134, de 20/12/1993). Em 1996, foi lançado o primeiro Programa Nacional de Direitos Humanos (haveria outros dois PNDHs, que foram fortalecidos por programas nacionais específicos sobre Crianças, Idosos e comunidade LGBT). No Legislativo, foi criada a Comissão de Direitos Humanos da Câmara dos Deputados e aprovada legislação de relevo nessa matéria, como a lei dos desaparecidos. Em paralelo, iniciava-se o engajamento do Brasil com mecanismos multilaterais de monitoramento, como órgãos de tratados e relatorias especiais da então Comissão. Esse processo teve impacto na estrutura do Itamaraty, onde foi criado o Departamento de Direitos Humanos e Temas Sociais. José A. Lindgren Alves, *supra* nota 582, p. 88.

AGNU, a antiga Comissão e o CDH,[524] os quais se tornaram fontes primárias da prática diplomática em direitos humanos.[525] Mas essa tendência indicava, acima de tudo, que as premissas fundamentais da prática diplomática brasileira (*opinio iuris*) a respeito do sistema multilateral de direitos humanos estavam em grande medida consolidadas, a despeito dos desafios concretos persistentes na realidade doméstica nessa área.[526]

Em 2005, Celso Amorim atualizou o discurso diplomático de direitos humanos tendo como pano de fundo o processo mais amplo de reforma das Nações Unidas lançado poucos dias antes, na Cúpula Mundial. Sobre as mesmas bases dos princípios de cooperação internacional, não intervenção e soberania, Amorim manifestou o apoio do Brasil à criação do CDH, agora elevado à categoria de órgão subsidiário à AGNU, e apontou os subprincípios que regem o funcionamento das estruturas multilaterais de direitos humanos: universalidade, diálogo e não seletividade. Defendeu, em oposição à lógica da confrontação seletiva imperante na já debilitada Comissão, a "elaboração de um relatório global sobre direitos humanos, a cargo do Alto Comissariado, que cubra todos os países e situações" e renovou a visão tradicional da diplomacia brasileira a respeito da associação entre justiça social e promoção dos direitos humanos,[527] algo que, na linguagem do direito internacional dos direitos humanos, refletia o princípio de que os direitos humanos são interdependentes e reforçam-se mutuamente.

O Chanceler brasileiro tratou também da relação entre direitos humanos e não intervenção em sua expressão mais cogente (proibição do uso unilateral da força) ao advogar a idéia de "não indiferença". Segundo essa visão, a proteção

---

524 O Brasil foi eleito para mandatos consecutivos na Comissão ao longo de 20 anos (1978 a 1998), retornando ao órgão entre 2000 e 2005. O mesmo ocorreu no CDH, onde o País recebeu, em 2006, a segunda maior votação na AGNU, após a Índia, para a primeira composição do órgão. Com mandato de três anos, foi reeleito em 2008 para novo mandato entre 2009 e 2012. O Brasil foi eleito novamente para mandato entre 2012-2015.

525 Referências na plenária da AGNU foram feitas de forma genérica, a exemplo da celebração dos 50 anos da DUDH, em 1998; da reafirmação da universalidade dos direitos humanos após os atentados terroristas nos EUA, em 2001; do reconhecimento pelo Brasil da jurisdição obrigatória da Corte Interamericana de Direitos Humanos, também em 1998; e da assinatura do Estatuto de Roma do TPI, em 2000. Ou ainda para saudar a nomeação do brasileiro Sérgio Vieira de Mello como Alto Comissário das Nações Unidas para Direitos Humanos, em 2002, e para expressar pesar com sua morte prematura, em 2003.

526 José Augusto Lindgren Alves, *supra* nota 582, p. 96.

527 Luiz Felipe Seixas Corrêa (org.), *supra* nota 520, pp. 752-753.

das vítimas de violações graves e sistemáticas dos direitos humanos no marco da cooperação internacional deve orientar-se pelo princípio da "responsabilidade coletiva", o qual se desdobra em conceitos como "segurança humana" e "responsabilidade de proteger". Nessa lógica, a premissa da responsabilidade coletiva no combate a graves violações de direitos humanos não autoriza implicitamente o uso unilateral da força ou a imposição de sanções unilaterais à margem da Carta. Pelo contrário, a solução para esses desafios deve ser buscada primordialmente por vias pacíficas, sendo a força o último e excepcional recurso diante do esgotamento de outros meios e, por essa razão, utilizado sempre no marco multilateral conforme as hipóteses previstas na Carta.[528] Juridicamente, o reconhecimento da responsabilidade coletiva não significa, portanto, derrogação de princípios fundamentais do direito internacional, em particular a proibição do uso unilateral da força, a não intervenção e a cooperação internacional no tratamento de questões de direitos humanos. A única e extraordinária exceção a esse regime é a interpretação pelo CSNU de graves violações de direitos humanos como ameaças à paz e à segurança internacionais. Do contrário, o desrespeito à Carta sob o argumento da "responsabilidade coletiva" pode conduzir, contraditoriamente, às mesmas violações de direitos humanos que a chamada comunidade internacional busca combater.[529]

O Brasil sempre viu com desconfiança exercícios unilaterais em matéria de direitos humanos. A razão é que esse tipo de atividade não só está sob a influência de interesses potencialmente desconexos da defesa dos direitos humanos (questões estratégicas, comerciais e militares, por exemplo), o que aumenta os riscos de instrumentalização,[530] como também negligencia dado fundamental da política de direitos humanos: todos os países têm desafios, embora em graus diferentes. É por essa razão, entre outras, que densificando a noção de "responsabilidade coletiva" no direito internacional dos direitos humanos, o Brasil passou a insistir cada vez mais na proposta de um relatório global de direitos humanos, cuja preparação ficaria a cargo do Alto Comissariado. Para além de tratar da instrumentalização política dos procedimentos especiais (uma das principais razões para o descrédito da antiga Comissão), na raiz dessa idéia estava a necessidade de garantir que o sistema multilateral funcionasse de forma não discriminatória, isto é, que operasse de acordo com o princípio

---

[528] *Idem*, pp. 752-753.

[529] José Augusto Lindgren Alves, *supra* nota 582, p. 93.

[530] Luiz Felipe Lampreia, *supra* nota 562, p. 53.

de igualdade entre as nações, o que exigia instrumento de escopo universal de aplicação.[531] Esse objetivo, que assegurava a um só tempo o respeito a vários princípios (direitos humanos, não intervenção e igualdade jurídica) e subprincípios (universalidade e não seletividade) foi alcançado, em algum grau, com o estabelecimento do mecanismo de Revisão Periódica Universal (RPU), no novo CDH[532] e da qual o Brasil foi um dos principais propugnadores.[533]

Seria já no marco institucional do Conselho, em 2008, na celebração dos 60 anos da DUDH, que as posições do Brasil em matéria de direitos humanos foram expressas em termos ainda mais precisos. Em novo discurso de Celso Amorim, renovou-se a interpretação consagrada em Viena, em 1993, de que os direitos humanos são "universais, interdependentes, inter-relacionados, indivisíveis e mutuamente sustentáveis", bem como se reafirmou a aplicação da noção de "responsabilidade compartilhada" na promoção e proteção dos direitos humanos. Defendeu-se, ainda, a importância dos direitos civis e políticos como substrato normativo da democracia e da igualdade racial ("a democracia e o racismo são incompatíveis") e de gênero, e recordou-se, em linha com a lógica de indivisibilidade e interdependência, que "a liberdade política e o progresso social estão intimamente ligados", razão pela qual era fundamental incrementar esforços para realizar os Objetivos de Desenvolvimento do Milênio. Quanto ao funcionamento do sistema, apontou para a centralidade do novo Conselho, saudou a criação da RPU, cuja origem se alinhava ao espírito da proposta brasileira de relatório global, e reforçou o compromisso de abertura do Brasil ao monitoramento externo.[534]

---

531 A proposta se inspirava, por analogia, nos mecanismos de *peer review* já existentes em outras áreas da, como na OMC e na OIT.

532 Após a criação do CDH, na qual o Brasil esteve engajado, teve grande impacto na prática diplomática, esse se tornou o fórum privilegiado para a ação do Brasil em matéria de direitos humanos em âmbito multilateral.

533 Embora correspondesse à idéia defendida historicamente pelo Brasil de um Relatório Global de Direitos Humanos, a RPU foi além ao prever não só a apresentação prévia ao exame de um relatório preparado pelo ACNUDH, onde se compilam contribuições de mecanismos especiais (relatores temáticos, por exemplo) e de órgãos de tratado a respeito da situação, como também outros dois relatórios: um do Governo concernido (o que supõe exercício de coordenação entre as autoridades competentes) e outro de organizações da sociedade civil, expandindo assim a capacidade de atuação dessas entidades em âmbito multilateral.

534 Além do convite permanente aos procedimentos especiais, o Brasil submeteu-se voluntariamente à primeira sessão da RPU, quando aceitou, de forma pioneira, todas as recomendações emanadas do exercício.

Amorim deu ainda novas nuances à opinião do Brasil a respeito do sistema multilateral de direitos humanos ao afirmar que "devemos ir além da mera crítica. A cooperação, o diálogo e a persuasão são os meios mais adequados de promover os direitos humanos". Estavam implícitos, nesse comentário, dois elementos fundamentais. *Primo*, que o respeito ao macroprincípio de cooperação, no qual está inscrito o princípio de promoção e proteção dos direitos humanos, implica o dever de observar, como ponto de partida, vias que ensejem o engajamento do Estado concernido. Trata-se aí de realçar a busca por soluções preventivas para desafios em direitos humanos, idéia que pode ser sintetizada no favorecimento do diálogo e da diplomacia. Subjacente a essa premissa reside o entendimento de que, quando circunscrita apenas à denúncia e à condenação de violações (desdobramentos sem dúvida cabíveis e porventura necessários em circunstâncias específicas), a ação da comunidade internacional pode mostrar-se ineficaz e até mesmo contraproducente. Embora Amorim não o tenha formulado nesses termos, é lícito supor, *contrario sensu*, que a recusa persistente de abertura ao diálogo por parte do país concernido deve ensejar, como corolário do dever de cooperação inscrito na Carta, o incremento nos níveis de monitoramento em relação a um país específico por meio dos mecanismos do CDH,[535] justificando, em última análise, o estabelecimento de um procedimento específico. *Secondo*, estava implícito que a mesma responsabilidade compartilhada que permite apontar violações em terceiros países deve ser acompanhada de compromisso com o fortalecimento das capacidades do CDH e do EACDH em oferecer soluções concretas para os problemas de violações de direitos humanos. Com isso, chamava-se atenção para outra dimensão do princípio de cooperação, a saber, a prestação de assistência para a superação de deficiências em Estados abertos e engajados com o

[535] Foi sobre essas bases conceituais que o Brasil propôs, no processo de revisão do Conselho, em 2010 e 2011, o estabelecimento de procedimentos que obedecessem a uma dinâmica de proporcionalidade, segundo critérios de necessidade (gravidade da situação) e tempestividade (urgência). A proposta brasileira previa, entre outras coisas, a capacidade de o ACNUDH iniciar (*trigger*) debates no Conselho sobre situações específicas (temáticas ou sobre países). Essa hipótese contribuiria para reduzir a margem de instrumentalização seletiva, fortalecer a independência e a autonomia do sistema, e aumentar a objetividade e a imparcialidade analítica, evitando-se, assim, as práticas que haviam minado a credibilidade e a eficácia da antiga Comissão. Embora a proposta não tenha sido aprovada, esse parâmetro - grau de engajamento com o sistema multilateral de direitos humanos (aceitação de visitas de relatorias especiais temáticas, por exemplo) - passou a servir como critério objetivo para os votos do Brasil no Conselho a respeito de mandatos específicos sobre países.

sistema. Esse aspecto é negligenciado nas atividades multilaterais de direitos humanos, onde ainda prevalece, sob outro viés,[536] a lógica da responsabilidade primária dos Estados individualmente. Isso se observa inclusive no caso de procedimentos especiais de países estabelecidos mediante pedido ou consentimento dos Estados.[537]

Em conclusão, mesmo em meio à hesitação e a termos genéricos e nem sempre precisos, é possível identificar elementos que se consolidaram na prática diplomática do Brasil em relação aos direitos humanos. O primeiro e mais importante deles é que a ação diplomática do Brasil se inscreve no universo normativo do princípio de cooperação internacional. Houve evolução interpretativa significativa tanto em relação aos princípios de não intervenção e soberania, quanto à promoção e proteção dos direitos humanos. De lógica inicialmente hesitante em relação a medidas que pudessem ser percebidas como intromissão nos assuntos domésticos, chegou-se ao entendimento de que os Estados devem cooperar, no marco do direito internacional, a fim de atingir o propósito inscrito na Carta de promover e proteger os direitos humanos. Isso se traduziu, sobretudo após a redemocratização, na premissa de engajamento e de diálogo como vias privilegiadas para soluções tanto em relação à nossa própria situação, quanto à nossa ação *vis-à-vis* de terceiros países. A cooperação com o sistema representa não só a base de nosso relacionamento com o sistema multilateral, como também a baliza fundamental para nossa ação junto a terceiros países. Para o Brasil, cooperar em direitos humanos não é faculdade, mas compromisso assumido na Carta das Nações Unidas.[538] É dessa forma que se pode compreender a preferência por abordagem sistêmica, com enfoque no fortalecimento das instituições competentes para lidar, independente e objetivamente, com situações de direitos humanos seja em sua

---

536 Agora são os países mais vocais que hesitam em reconhecer a responsabilidade compartilhada e assim evitam arcar com os custos financeiros dessas atividades.

537 Essa foi outra proposta do Brasil durante o processo de revisão: o fortalecimento do item 10 da agenda do Conselho, que lida com países específicos sob a vertente de *assistência técnica*.

538 "O Brasil tem a firme convicção de que todos os Estados membros das Nações Unidas têm a obrigação do respeito e da promoção dos direitos e liberdades enunciador na Declaração Universal dos Direitos Humanos de 1948, e têm o compromisso, decorrente da Carta de São Francisco, de cooperarem entre si e com a ONU para a proteção e promoção desses direitos. Juridicamente, decorre da Carta das Nações Unidas a legitimidade da preocupação e da cooperação da comunidade internacional com a situação dos direitos humanos em qualquer lugar". Luiz Felipe Lampreia, *idem*, p. 47.

dimensão temática, seja em relação a países específicos. Não é legítimo nem válido o recurso por qualquer Estado ao conceito de "domínio reservado" para evitar o escrutínio dos órgãos competentes do sistema multilateral de direitos humanos. A comunidade internacional pode e deve agir, sob o conceito de "responsabilidade coletiva", no marco do multilateralismo, a fim de prevenir e remediar violações de direitos humanos.[539] No entanto, essa tarefa deve ocorrer à luz dos subprincípios que proíbem a seletividade e a instrumentalização política desses mecanismos. Sob a lógica da responsabilidade compartilhada, tanto maior é a legitimidade da ação de um Estado quanto mais inequívoco é seu compromisso com o sistema multilateral de direitos humanos.[540]

O segundo aspecto, associado ao anterior, é a convicção de que o uso da força para a proteção dos direitos humanos só é admitido em condições excepcionais e como *ultima ratio*. No cerne desse entendimento está a realidade anárquica da ordem internacional. Não raro a força é utilizada à margem do direito internacional e o legítimo e nobre objetivo de interromper violações de direitos humanos termina dando azo a violações ainda mais graves e numerosas, fazendo vítimas sobretudo os mais vulneráveis (crianças, mulheres e idosos) em nome dos quais sempre começam a rufar os tambores da guerra.

Nessa mesma linha sistêmica, emerge um terceiro aspecto da prática diplomática: o apego aos subprincípios de universalidade, indivisibilidade e interdependência dos direitos humanos, os quais já faziam parte do repertório conceitual da diplomacia brasileira antes mesmo da Conferência de Viena, em 1993. O universalismo impede o recurso a relativismos históricos, religiosos e culturais para afastar a aplicação do direito internacional dos direitos humanos. As especificidades de cada país, inclusive em matéria de desenvolvimento socioeconômico, servem como elementos a orientar o processo de cooperação com o sistema internacional de promoção e de proteção dos direitos humanos; jamais para excluí-lo. Os subprincípios de indivisibilidade e interdependência, por sua vez, substituem lógica de condicionalidade (a ausência do exercício de um direito implica a impossibilidade do exercício de outro) que poderia ser interpretada como justificativa válida para o desrespeito dos direitos humanos, e servem como reforço mútuo entre direitos econômicos sociais e culturais,

---

[539] Na base dessa premissa estão os mandatos estabelecidos por via convencional ou consuetudinária dos principais órgãos multilaterais e regionais de direitos humanos, com destaque para o CDH, com seus procedimentos especiais e a RPU, órgãos de tratados e o sistema interamericano de direitos humanos.

[540] Luiz Felipe Lampreia, *supra* nota 562, p. 52.

direitos civis e políticos e direitos de terceira geração, colocando no centro do debate não as posições ideológicas de cada grupo de Estados, mas os titulares desses direitos.[541]

No plano substantivo, observa-se ainda um quarto e último aspecto da prática diplomática que é traço definidor da identidade internacional do Brasil: a prioridade conferida ao combate a todas as formas de discriminação. A partir do enfoque na promoção da igualdade racial, atualmente inclusive em seus corolários nos direitos civis e políticos (incompatibilidade entre racismo e democracia), o combate à discriminação passou progressivamente a lidar com a discriminação contra a mulher e, mais recentemente, a comunidade LGBT.[542]

Conteúdo Material do Princípio de Prevalência dos Direitos Humanos

Tendo em vista o desenvolvimento progressivo do princípio de "promoção e proteção dos direitos humanos" no direito internacional, bem como as deliberações da Assembléia Constituinte e a prática diplomática do Brasil na matéria, verifica-se que o princípio de prevalência dos direitos humanos se desdobra materialmente em duas dimensões de subprincípios e regras densificadoras.[543] A primeira refere-se ao marco normativo no qual se dá a ação do Brasil no exterior em relação à nossa própria ordem jurídica interna, isto é, a forma pela qual a ação externa do País pode contribuir para a promoção e a proteção dos direitos humanos em nossa jurisdição. A segunda diz respeito às balizas normativas que o Brasil, enquanto sujeito de direito internacional, pode e/ou deve observar no esforço de buscar a promoção e a proteção dos direitos humanos na jurisdição de terceiros países.

---

[541] Supera-se também a tendência de grupos regionais que detêm exclusividade no tratamento de certos temas. Além de contrário ao subprincípio de universalidade, essa lógica acentua tendências divisionistas e maximalistas em instituições multilaterais de direitos humanos.

[542] Foi com base no combate à discriminação por opção sexual que o Brasil passou a alavancar, na década de 1990, a temática do direito à saúde, cuja relatoria especial desde a antiga Comissão e agora no CDH originou-se em proposta brasileira. O País também propugnou a agenda de proteção dos direitos da criança, temática cujo segundo Protocolo Facultativo à Convenção sobre os Direitos da Criança se originou no MERCOSUL.

[543] O marco fundamental são os tratados internacionais de direitos humanos dos quais o Brasil é parte. Celso D. de Albuquerque Mello, *supra* nota 3, p. 136.

Situação de Direitos Humanos no Brasil

Na dimensão doméstica, o princípio de prevalência dos direitos humanos orienta-se por um corolário fundamental: o dever de cumprir com as obrigações assumidas em tratados internacionais que, internalizados no ordenamento doméstico, criam deveres específicos de proteção e de promoção dos direitos humanos a indivíduos que se encontrem sob a jurisdição nacional. Trata-se aí da face mais visível e concreta desse princípio para efeitos de sua aplicação no direito brasileiro: o Estado, por meio de seus poderes constituídos, deve garantir que os direitos protegidos pelo direito internacional não serão violados sob a jurisdição nacional. O princípio de prevalência de direitos humanos não se confunde, porém, com as obrigações específicas estabelecidas em cada tratado internalizado, mas antes opera como meio de integração e interpretação desses regimes no ordenamento brasileiro ao exigir prestação objetiva por parte das autoridades públicas em relação a esse universo normativo.[544] Essa função foi reforçada por duas alterações promovidas pela emenda constitucional 45, de 2004. A primeira deu nova redação ao parágrafo 4º do art. 5º da Constituição ("O Brasil se submete à jurisdição do Tribunal Penal Internacional a cuja criação tenha manifestado adesão"), com o objetivo de atualizar o texto constitucional após a ratificação do Estatuto de Roma. A segunda foi o novo parágrafo 3º do mesmo artigo 5º, que estabelece que os tratados e as convenções internacionais sobre Direitos Humanos que forem aprovados seguindo a mesma exigência das emendas constitucionais (três quintos dos votos em dois turnos nas duas Casas do Congresso Nacional) terão status constitucional.[545]

São vários os exemplos dessa abertura hermenêutica do direito brasileiro ao direito internacional dos direitos humanos através da função integradora e interpretativa comum aos princípios em geral,[546] tal como o dever de

---

[544] "Ao ratificarem os tratados de direitos humanos, os Estados Partes contraem, a par das obrigações convencionais atinentes a cada um dos direitos protegidos, também obrigações gerais da maior importância, consignadas naqueles tratados. Uma delas é a de respeitar e assegurar o respeito dos direitos protegidos - o que requer medidas positivas por parte dos Estados, - e outra é a de adequar o ordenamento jurídico interno à normativa internacional de proteção". A. A. Cançado Trindade, *supra* nota 573, p. 32.

[545] Superou-se, assim, imbróglio doutrinário e jurisprudencial que se havia tornado ultrapassado na matéria.

[546] Trata-se de corolário lógico da função interpretativa dos princípios na ordem jurídica. Essa mesma função foi dada na Itália à DUDH. O artigo 10 da Constituição italiana determina que o direito doméstico deve adequar-se aos princípios reconhecidos no direito internacional. A jurisprudência italiana utilizou-se desse dispositivo para ampliar o escopo interpretativo

proteção, de assistência e de acesso à Justiça às vítimas de violações no Brasil.[547] Enseja também, no plano hermenêutico, a aplicação da norma mais favorável às vítimas de violações[548] como injunção imperativa do direito internacional. No direito internacional dos refugiados, essa abertura permite a aplicação de subprincípios desenvolvidos nos planos convencional (Convenção de Cartagena de 1951) e consuetudinário (Declaração de Cartagena de 1984 e subseqüente prática estatal),[549] como o princípio de *non-refoulement*, atualmente reconhecido como norma imperativa (*jus cogens*) e cuja aplicação prescinde da determinação do *status* de refugiado ao beneficiário.[550] Já no direito internacional humanitário, o princípio de prevalência dos direitos humanos fundamenta a aplicação de subprincípios como os princípios de humanidade, (respeito à pessoa humana em quaisquer situações no contexto de um conflito armado) e de proporcionalidade (restrição do uso da força armada à luz dos objetivos estratégicos e do universo de proteção à população civil).[551] Em matéria migratória, o subprincípio da dignidade humana inscrito na DUDH[552] tem-se desdobrado em deveres de proteção aos direitos de migrantes em situação irregular ao redor do mundo, uma vez que toda pessoa humana deve ter

---

sobre normas de direitos humanos. A Declaração foi assim reconhecida como princípio geral que serve como baliza para aplicação dos direitos humanos na jurisdição daquele país. O mesmo fenômeno de recurso à DUDH para funções hermenêuticas ocorreu na Nova Zelândia, Canadá, Irlanda, Nigéria e Estados Unidos. Cf. Hurst Hannun, *supra* nota 602, p. 296.

547 G. Cohen-Jonathan, "Le rôle des principes généraux dans l'interprétation et l'application de la Convention européenne des droits de l'homme", in *Mélanges en hommage à L. E. Pettiti*, Brussels, Bruylant, 1998, pp. 192-193.

548 "A primazia é da norma mais favorável à vítima, seja ela norma de direito internacional ou de direito interno". A.A. Cançado Trindade, 'A Interação entre o Direito Internacional e o Direito Interno na Proteção dos Direitos Humanos', in *Arquivos do Ministério da Justiça*, Ano 46, Número 182, julho/dezembro, Brasília, MJ, 1993, p. 49.

549 Cf. *Diez Años de la Declaración de Cartagena sobre Refugiados (Memoria del Coloquio Internacional*, San José, Costa Rica, 1994), San José, Costa Rica, UNHCR, IIHR, 1995, pp. 11-470; e UNHCR, *Principios y Criterios para la Protección y Asistencia a los Refugiados, Repatriados y Desplazados Centroamericanos en América Latina*/II. Evaluación de la Puesta en Práctica de las Disposiciones de Dicho Documento, San José, Costa Rica, 1994.

550 A. A. Cançado Trindade, *supra* nota 20, pp. 86-87.

551 J. Pictet, *Développement et principes du droit international humanitaire*, Geneva, Paris, Inst. H.-Dunant, Pedone, 1983.

552 "All human beings are born free and equal in dignity and rights. They are endowed with reason and conscience and should act towards one another in a spirit of brotherhood."

seus direitos fundamentais respeitados independentemente de sua condição, cidadania ou *status* migratório.[553] Enfim, são vários os conceitos jurídicos que, positivados ou desenvolvidos no direito internacional dos direitos humanos, podem ser aplicados internamente para fins de integração e interpretação através dessa janela de abertura proporcionada pelo princípio de prevalência dos direitos humanos.

O princípio de prevalência dos direitos humanos também é densificado no compromisso de participar, em boa fé, dos mecanismos internacionais de monitoramento de direitos humanos sobre a situação no Brasil. Essa obrigação emerge, *prima facie*, do princípio de cooperação inscrito na Carta (arts. 55 e 56), mas também é reforçada, sob o princípio de *pacta sunt servanda*, por instrumentos de natureza consuetudinária e convencional dos quais o Brasil é parte e que estabelecem formatos e procedimentos específicos de cooperação com órgãos de monitoramento. No contexto de órgãos intergovernamentais, merecem destaque os procedimentos especiais e a revisão periódica universal (RPU) do CDH. A prática brasileira recente na matéria é significativa, ao menos enquanto demonstração de abertura ao escrutínio por órgãos externos. O Brasil estende, desde 1998, convite permanente aos relatores especiais temáticos do CDH, sendo hoje um dos países que mais recebeu visitas de titulares de mandatos nas Nações Unidas.[554] O Brasil voluntariou-se, também, para ser um dos primeiros países a se submeterem à RPU,

---

[553] Essa interpretação é pacífica na Corte Interamericana de Direitos Humanos. Cf. Inter-American Court of Human Rights (IACtHR), *Advisory Opinion No. 18 on The Juridical Condition and the Rights of the Undocumented Migrants* (17.9.2003), para. 157; IACtHR, *case of the Five Pensioners v. Peru* (Judgment of 28.2.2003), para. 156; IACtHR, *Advisory Opinion No. 17, on the Juridical Condition and Human Rights of the Child* (28.8.2002), paras. 66 and 87; IACtHR, Advisory Opinion No. 16, on *The Right to Information on Consular Assistance in the Framework of the Guarantees of the Due Process of Law* (1.10.1999), paras. 58, 113 and 128. A. A. Cançado Trindade, *Tratado de Direito Internacional dos Direitos Humanos*, Vol. III, Porto Alegre, Brazil, S.A. Fabris Ed., 2003, pp. 524-525.

[554] Segundo dados independentes divulgados em 2014 pelo *Brookings Institute*, 88% das visitas solicitadas por titulares de mandatos já se teriam realizado, algo que colocaria o País atrás apenas do Haiti (92%, mas que conta com relatoria específica) e à frente de países como Estados Unidos (75%) e Rússia (40%).

em 2005.[555] A partir dos compromissos assumidos no primeiro ciclo,[556] foram ratificados a Convenção sobre os Direitos das Pessoas com Deficiência e seu Protocolo Optativo (2008), o Primeiro e o Segundo Protocolos Optativos do Pacto sobre Direitos Civis e Políticos (2009), e a Convenção Internacional para a Proteção de todas as Pessoas do Desaparecimento Forçado (2010). Tais mecanismos têm cumprido papel importante na promoção dos direitos humanos no País, seja pelo encaminhamento de soluções, seja pela conscientização do setor público e da sociedade em geral quanto à ocorrência de violações de direitos humanos.

Com relação aos órgãos de monitoramento estabelecidos por tratados específicos, o Brasil é não só parte da quase totalidade dos principais instrumentos internacionais de direitos humanos (*core treaties*), como também tem sido um dos principais propugnadores da criação de novos órgãos de monitoramento.[557] Além disso, o Brasil reconhece o acesso direto de indivíduos aos procedimentos de queixas estabelecidos em matéria de discriminação racial (ICERD, art. 14), tortura (CAT, art. 22), discriminação contra a mulher (Protocolo Opcional CEDAW), direitos civis e políticos (OP - ICCPR) e pessoas com deficiência (Protocolo Opcional - CRPD).[558] O Brasil participa

---

555 O processo preparatório do relatório nacional, em que se envolveram diversos órgãos dos três poderes, serviu de exemplo para outros países. A experiência brasileira foi compartilhada com países africanos lusófonos e latino-americanos por meio de conferências organizadas conjuntamente com o EACDH.

556 O Brasil, em atitude inédita e surpreendente para muitos observadores, aceitou todas as recomendações feitas no primeiro ciclo da RPU.

557 Atualmente, o Brasil reconhece as competências do Comitê sobre a Eliminação de Todas as Formas de Discriminação Racial; do Comitê sobre Direitos Econômicos, Sociais e Culturais; do Comitê de Direitos Humanos (Pacto de Direitos Civis e Políticos); do Comitê sobre a Eliminação de Todas as Formas de Discriminação contra a Mulher; do Comitê contra a Tortura e de seu Subcomitê; do Comitê sobre os Direitos das Pessoas com Deficiência; do Comitê sobre Desaparecimento Forçado e do Comitê sobre os Direitos da Criança e dos seus protocolos optativos 1 e 2. Na prática, esse quadro significa que o único órgão ainda não reconhecido é aquele previsto pela Convenção sobre os Direitos dos Trabalhadores Migrantes, por sua vez o único dos chamados *core treaties* ainda não ratificado pelo País.

558 As recomendações proferidas por esses órgãos não são vinculantes, isto é, não criam, *de per se*, vínculos subjetivos juridicamente tuteláveis no direito brasileiro. A obrigação estritamente jurídica decorrente desses tratados internacionais se limita ao dever de participar, com a periodicidade correspondente ou sempre que solicitado, os relatórios exigidos nos termos de seus respectivos instrumentos convencionais. Em que pese seu caráter recomendatório, porém, esses documentos, emitidos especificamente em

ainda do sistema interamericano de direitos humanos, no âmbito do qual reconhece a jurisdição contenciosa da CtIDH.[559] Sob o princípio de complementaridade, a Corte oferece, a exemplo do sistema europeu, o máximo possível de garantias à proteção dos direitos humanos na ordem internacional contemporânea. A execução de suas decisões é obrigatória no ordenamento brasileiro e os indivíduos têm acesso direto ao sistema interamericano, isto é, independentemente da intermediação do Estado, em reconhecimento de sua personalidade jurídica no direito internacional. Esse conjunto de medidas, às quais o País se submeteu voluntariamente, faz com que sejamos hoje um dos Estados mais abertos ao escrutínio externo em matéria de direitos humanos.[560] Tal grau de abertura tem o efeito de reforçar a legitimidade da voz do Brasil no exterior, na medida em que, sobre as bases da imparcialidade, da não seletividade e da objetividade, propugnamos a outros Estados aquilo que aceitamos a nós mesmos.[561] Há ainda, porém, hiato entre a cooperação com entidades supranacionais de monitoramento e a realidade doméstica, marcada ainda por graves violações de direitos humanos. Diante desse fato, a postura das autoridades brasileiras não deve ser outra, à luz do art. 4º, II, senão o engajamento com o sistema internacional de promoção e de proteção dos direitos humanos.[562]

---

relação ao Brasil ou genericamente a toda a comunidade internacional, como se dá com os Comentários Gerais, servem à função interpretativa do significado e do alcance dos direitos ali estabelecidos e das medidas necessárias à sua proteção ou realização em âmbito interno.

559 "A decisão de reconhecer a competência obrigatória da Corte Interamericana de Direitos Humanos (...) sintetiza de certa forma o padrão de relacionamento entre Estado e sociedade que passou a prevalecer no Brasil". Luiz Felipe Lampreia, *supra* nota 562, p. 47.

560 Cf. também os relatórios preparados pelo EACDH que compilam as informações sobre a situação no Brasil recebidas dos diversos mecanismos de monitoramento do sistema para o primeiro (A/HRC/WG.6/1/BRA/2) e segundo (A/HRC/WG.6/13/BRA/2) ciclos da RPU.

561 Gilberto Vergne Sabóia, *supra* nota 578, pp. 62-63; Celso Lafer, 'Direitos humanos e democracia nos planos interno e internacional', *Política Externa* 3 (2), 68-76, set/out/nov, 1994, p. 76.

562 "O Brasil aceita hoje sem hesitação o diálogo e a discussão internacionais sobre problemas de direitos humanos, assim como a realização de visitas e missões dos relatores especiais do CDH, aos quais estendeu convite aberto. (...) o diálogo construtivo com estes mecanismos se trava em torno de objetivos comuns, consagrados na Constituição e nas leis do Brasil, e contribui para o melhor esclarecimento nas diferentes esferas governamentais da necessidade de atender a compromissos que, afinal, correspondem a obrigações assumidas para com a sociedade brasileira". Gilberto Vergne Sabóia, *supra* nota 578, pp. 62-63.

O princípio de prevalência de direitos humanos fundamenta ainda a atuação do Brasil em favor da ampliação e do aprofundamento do universo normativo dos direitos humanos.[563] Em linha com o art. 13 (1) da Carta, isso se observa, sobretudo, no tocante à codificação do direito internacional dos direitos humanos, com base no entendimento de que esse processo contribui para a proteção e promoção dos direitos humanos em âmbito interno. Por conseqüência, a prevalência dos direitos humanos serve também para orientar a política externa no sentido de incentivar, de forma permanente, tanto a adesão do Brasil a instrumentos internacionais da seara dos direitos humanos, em linha com as prescrições da Declaração e do Programa de Ação de Viena, de 1993, quanto de participar, de forma ativa, de processos negociadores voltados à expansão e ao aprofundamento do universo normativo nessa área, ainda que sujeito a interesses e linhas da política externa. Essa vertente deve ser cotejada, igualmente, com as atribuições de órgãos como a AGNU e o CDH, onde é possível avançar essa agenda por meio de estudos e da progressiva codificação do costume internacional em várias searas dos direitos humanos.

O princípio constitucional de prevalência dos direitos humanos desdobra-se, por fim, no dever de assistência a brasileiros no exterior. Embora, em princípio, a atividade estritamente consular não seja propriamente de natureza interestatal, na medida em que o vínculo de subjetividade é estabelecido pela relação de nacionalidade entre o indivíduo e o Estado brasileiro (do ponto de vista do direito público, portanto, a relação é regulada precipuamente pelo direito brasileiro, enquanto prestação de um serviço público), há várias hipóteses em que o recurso à prevalência dos direitos humanos pode desdobrar-se em obrigação de assistência, sempre em respeito a outros princípios do direito internacional.[564] Há casos mais evidentes, como cidadãos brasileiros condenados a penas consideradas desumanas, cruéis e degradantes pelo direito internacional dos direitos humanos (pena capital, prisão perpétua e castigos físicos, etc.), mas há também outras situações, a exemplo de nacionais que estejam em situação de desvalia, que requerem assistência consular na forma cabível prevista na legislação ordinária.

---

[563] Um exemplo foi a aprovação pelo Congresso Nacional do Pacto de São José". Celso Lafer, 'Prefácio', in Pedro Dallari, *supra* nota 2, p. xix.

[564] Em matéria de assistência a brasileiros no exterior, o princípio de prevalência dos direitos humanos é ponderado à luz do princípio de não intervenção nos assuntos domésticos de outros Estados, nos termos da Convenção de Viena sobre Relações Consulares, de 1963.

Direitos Humanos no Plano Externo

A segunda dimensão do princípio de prevalência dos direitos humanos diz respeito à atuação do Brasil em favor da promoção e da proteção dos direitos humanos no resto do mundo, seja na vertente específica em terceiros países, seja de forma genérica e indeterminada por meio do tratamento temático. A compreensão dessa vertente normativa enquanto *vis directiva* da ação diplomática implica saber em que medida e sob quais condições o direito internacional obriga, faculta ou proíbe esse tipo de ação nas relações interestatais. Trata-se aí de questão das mais difíceis e complexas, na medida em que se sobrepõem não só considerações de ordem política e jurídica, mas também diferentes princípios de mesma hierarquia constitucional e internacional.

Como visto acima, a substituição da noção de "domínio reservado" pela lógica de "responsabilidade compartilhada" no domínio dos direitos humanos significou, em termos jurídicos, dois elementos. Primeiro, o dever imposto aos Estados de cooperar com o sistema multilateral de direitos humanos. A medida desse dever é dada, objetivamente, pelos instrumentos convencionais (tratados internacionais de direitos humanos) e consuetudinários (declarações e resoluções de órgãos como a AGNU e o CDH) que estabelecem mecanismos e procedimentos para o monitoramento do cumprimento pelos Estados dessas obrigações sobre bases não seletivas. Segundo, o propósito de "promoção e proteção dos direitos humanos" é uma tarefa de todos os Estados a ser buscada, primordialmente, no marco dos respectivos mandatos dos órgãos que compõem o sistema internacional de direitos humanos. Isso significa que, embora a responsabilidade primária recaia sobre cada Estado individualmente, os Estados têm capacidade para envidar esforços, coletiva ou individualmente, a fim de contribuir para a promoção e a proteção dos direitos humanos em terceiros países. O exercício dessas faculdades está inscrito no princípio de cooperação internacional em sua ponderação com outros princípios igualmente válidos, como não intervenção e igualdade soberana entre as nações.[565] Diante disso, a primeira regra densificadora do princípio de prevalência dos direitos

---

565 A única exceção (*lex specialis*) a essa regra geral se dá no contexto das mais sérias e graves violações do direito internacional dos direitos humanos e do direito internacional humanitário, as quais podem ser interpretadas, restritiva e extraordinariamente, como ameaças à paz e à segurança internacionais para efeitos de ação do sistema de segurança coletivo das Nações Unidas. Tal interpretação permite que sejam utilizadas como justificativas válidas para o uso da força, nos termos do artigo 39 da Carta. Mas exceções não devem ser interpretadas extensivamente, sobretudo quando as hipóteses de aplicação extensiva vão de encontro a princípios como não-intervenção e proibição do uso da força.

humanos em sua dimensão externa emerge como um dever de abstenção, materializado na premissa de que o País deve eximir-se de atividades que contribuam para a deterioração da situação de direitos humanos em terceiros países.

A segunda regra densificadora é a preferência por mecanismos de cooperação multilaterais e regionais, os quais oferecem o *locus standi* adequado para a ação diplomática em relação a terceiros países. A via institucional é não só corolário lógico da convergência normativa entre os princípios de cooperação internacional e de promoção e de proteção dos direitos humanos, como também pressupõe o respeito a outros princípios igualmente aplicáveis (não intervenção, igualdade soberana, *pacta sunt servanda* e boa fé). A opção pela via multilateral, no mais alinhavada com a tradição diplomática brasileira, também se deve à convicção de que a tarefa de monitorar a situação de direitos humanos em Estados soberanos deve ser exercida preferencialmente por mecanismos independentes e dotados da autonomia necessária para conduzir essas atribuições de forma objetiva, não seletiva e despolitizada, à luz das circunstâncias específicas de cada caso e com o único propósito de melhorar a situação das vítimas de violações no terreno. Quando exercida por Estados, que invariavelmente também são responsáveis por violações em suas jurisdições, essa função se sujeita ao risco de instrumentalização segundo interesses que não se relacionam, necessariamente, ao benefício das vítimas de violações. Tome-se novamente o marco institucional do CDH. Sua criação deveu-se, em grande medida, à necessidade de reformular o sistema multilateral de direitos humanos com vistas a torná-lo mais eficaz diante de violações em todo o mundo. Ao mesmo tempo em que se realçavam as responsabilidades dos Estados em promover e proteger os direitos humanos, bem como se negavam argumentos de relativismo cultural, acordou-se que a atuação do novo órgão deveria pautar-se por critérios de universalidade, não seletividade, imparcialidade e objetividade sob a égide mais ampla do princípio de cooperação internacional. A convergência desses elementos se traduziu em um mandato que não só manteve o sistema de procedimentos especiais (temáticos e países específicos) e o procedimento de queixas, tal como havia na Comissão, como também lançou as bases da RPU. Os primeiros ensejam a atuação de titulares de mandato sob critérios de imparcialidade, objetividade e universalidade.[566] Já a segunda

---

566 Como na antiga Comissão, os marcos institucionais do Conselho (resoluções 60/251 da AGNU e resolução 5/1 do próprio CDH) prevêm a deliberação sobre temas de direitos humanos em países seja pela via temática, seja de forma específica, como na RPU, nos procedimentos especiais e no procedimento de queixas.

representa o *locus* ideal, à luz dos princípios enumerados, para a identificação e a proposição, por cada Estado, de medidas voltadas à superação de desafios em direitos humanos em terceiros países, em linha como os princípios de cooperação internacional e de promoção e proteção dos direitos humanos. A RPU contribui para a promoção dos direitos humanos em plena observância do princípio de igualdade entre os Estados; já mecanismos especiais constituem recurso legítimo para lidar, casuisticamente, com situações de maior gravidade que exijam atenção particular dos membros do CDH.

A prática diplomática brasileira no RPU tem-se caraterizado pelo engajamento no exercício também em relação à situação em terceiros países. No primeiro ciclo do mecanismo, o compromisso com o subprincípio de não seletividade traduziu-se no fato de que o Brasil foi um dos únicos Estados a tomar a palavra em relação à análise da situação de todos os demais membros das Nações Unidas. Defendeu, ainda, junto a terceiros Estados hesitantes, a necessidade de que participassem do mecanismo à luz do princípio de cooperação com o sistema de direitos humanos.[567] Já a partir do segundo ciclo, quando houve mudanças no processo de inscrição dos países que tomariam a palavra durante as sessões do RPU, o Brasil postulou sua inclusão na lista dos participantes a serem sorteados aleatoriamente pelo Secretariado do CDH. Como referência para comentários e recomendações no exercício, o Brasil se utilizou, para além dos insumos transmitidos pela rede diplomática ao redor do mundo, dos relatórios preparados pelo Estado concernido, por organizações da sociedade civil e, sobretudo, pelo EACDH, no qual são compiladas informações de órgãos de tratados e procedimentos especiais.

Se a via multilateral emerge como caminho mais lógico de perspectiva tanto jurídica quanto política, a ação diplomática no âmbito estritamente bilateral também pode mostrar-se, em determinadas situações, alternativa viável no exercício das faculdades reconhecidas pelo direito internacional para a promoção dos direitos humanos alhures. Essa modalidade pode prestar-se à persuasão de terceiros países a respeito de questões genéricas (assumir obrigações em direitos humanos por meio da assinatura de instrumentos internacionais, por exemplo) ou pontuais, como a situação de indivíduos ou grupos

---

567 No 1º ciclo da RPU, o Brasil atuou para convencer Coreia do Norte e Israel a participarem do exercício.

específicos.[568] Igualmente submetida ao princípio de cooperação internacional, essa via é mais estreita pois exige, como condição fáctica para sua aplicação, o consentimento do Estado concernido a fim de que se possam avançar temas relacionados aos direitos humanos no plano bilateral sem incorrer em desrespeito às normas de não intervenção e de igualdade soberana. Nessa hipótese, a discricionariedade é ainda maior, pois envolve juízo de conveniência e oportunidade não só da perspectiva das capacidades do Brasil em influir sobre a realidade interna de terceiros países, como também da própria efetividade de medida dessa natureza, que pode mostrar-se contraproducente para as vítimas de violações.[569] Tanto na vertente bilateral quanto multilateral, trata-se, de qualquer forma, de faculdade estendida ao Brasil pelo princípio de cooperação internacional. No plano administrativo doméstico, esse exercício recai no universo das competências discricionárias do Poder Executivo, segundo juízo de oportunidade e conveniência a ser realizado à luz das circunstâncias *in casu*.

Recorrendo mais uma vez à prática no CDH, o exercício dessa faculdade pode ser observado nas votações sobre resoluções relativas à situação de direitos humanos em países específicos, sob o item 4 da agenda do órgão.[570] A *raison d'Etat* não é mais aceita para afastar o escrutínio externo e a regra do domínio reservado não se aplica em temas de direitos humanos no contexto das competências específicas dos fóruns multilaterais e regionais nessa matéria. Por isso a regra geral de igualdade, cujo corolário seria impedir o tratamento discriminatório de um determinado país, é derrogada parcial e casuisticamente em exercício de ponderação mútua com o princípio de promoção e proteção dos direitos humanos, conforme o grau de violações do caso em exame. Todo Estado Membro das Nações Unidas tem, portanto, a faculdade de posicionar-se de forma contrária a outro governo sem que isso acarrete violação dos

---

568 Por essa razão, esse tipo de ação é usual e realizada preferencialmente de forma sigilosa, a fim de evitar instrumentalização política em âmbito interno e externo, em prejuízo da solução almejada.

569 O Brasil mantém diálogos em matéria de direitos humanos com alguns países, seja em contexto específico, isto é, de mecanismos bilaterais nos quais só se examinam temas de direitos humanos, seja no contexto de mecanismos de consultas políticas gerais, nos quais os direitos humanos estão inseridos em agenda mais ampla que contempla outros temas afetos ao relacionamento bilateral.

570 Item 4 - *Human rights situations that require the Council's attention*, conforme agenda aprovada pela resolução 5/1 do CDH, de 18 de junho de 2007.

princípios de igualdade soberana e não intervenção.[571] Porém, à exceção do repúdio à prática de racismo, o princípio de prevalência dos direitos humanos não tem, como corolário lógico, postura necessariamente antagônica a Estados onde há violações de direitos humanos. Não há norma do direito internacional ou do direito interno[572] que permita densificar esse princípio geral e abstrato ("promover e proteger os direitos humanos" ou mesmo "prevalência dos direitos humanos") em termos objetivos de uma obrigação imposta juridicamente ao Brasil, ou a qualquer outro Estado, de condenar terceiros países por violações de direitos humanos. Tal interpretação seria contrária a outros princípios igualmente recebidos pelo art. 4º, como a igualdade soberana e a própria lógica subjacente ao princípio de cooperação internacional, no qual está inscrito normativamente o princípio de promoção e de proteção dos direitos humanos no direito internacional público.[573] O anterior não significa, absolutamente,

---

[571] Gilbert Guillaume, 'Article 2, paragraphe 7', in Jean-Pierre Cot, Alain Pellet & Mathias Forteau (eds.), *La Charte des Nations Unies, Commentaire article par article*, Paris, Economica, 3rd. ed., 2005, 485-509, p. 501.

[572] Na Assembléia Constituinte não prosperaram tentativas de criar regras específicas para a política externa brasileira inspiradas por esse mesmo propósito. Na emenda 17972, Nelson Wedekin estabelecia relação causal e necessária entre a norma geral e esse corolário proibitivo: "necessário se torna (...)que se estabeleça preceito constitucional impedindo que o Brasil mantenha relações com estados onde sejam desrespeitados os direitos humanos". Indo além, a emenda 22620 de Mário Maia, também rejeitada, propunha o seguinte dispositivo: "Art. 5o. - Nas relações internacionais, o Brasil rege-se pelos princípios de defesa da paz, repúdio à guerra, condenação de toda forma de discriminação racial e colonialismo, e preservação e promoção dos direitos humanos. Parágrafo único. Na defesa desses postulados, a nação brasileira abster-se-á de manter relações diplomáticas com países que não adotem ou que flagrantemente os violem". Em sua justificativa, alegava que "o Brasil, como vanguardeiro da luta contra esses preconceitos, não pode negar seu apoio às nações que lutam pela extirpação dessas nódoas sociais, inadmissíveis nos dias atuais". A mesma regra foi defendida por Percival Muniz na emenda aditiva 30613, também foi rejeitada na Comissão de Sistematização. Em sua justificativa, dizia que "o atual art. 5º do Projeto de Constituição da Comissão de Sistematização, diz que o Brasil fundamentará suas relações internacionais na intocabilidade dos direitos humanos; e, portanto, um contra senso de deixar de acatar, a presente emenda que visa a resguardar o Brasil de manter relações com países totalitários que violentam e desrespeitam os direitos humanos". Prevaleceu, no entanto, a opinião do relator, em cujo parecer pela rejeição lia-se que "o art. 5o. já disciplina convenientemente as relações internacionais do País. Ademais, a medida proposta, contraria nossa tradição no âmbito do Direito Internacional".

[573] Em termos políticos, posicionar-se "contrariamente" a um Estado traz o risco de tomar partido em relação às forças sociais em terceiros países, o que pode significar intromissão indevida nos assuntos internos de terceiros Estados, em contraposição. O único lado legítimo é o das vítimas de violações de direitos humanos.

que o direito internacional proíba a condenação de terceiros países. A prática das Nações Unidas (AGNU e CDH) oferece inúmeros exemplos de resoluções condenatórias a violações de direitos humanos em países específicos, a maioria das quais contou com o voto favorável do Brasil. No limite, o próprio Brasil pode vir a ser objeto de condenação por outros Estados. Ao invés de dizer que, por força de norma jurídica, o Brasil deve ser "contra Estados que violem direitos humanos", o que significaria dizer sermos "contra" todos os Estados, mais correto seria dizer que o País deve preconizar, para além da cooperação de terceiros com o sistema, soluções eficazes e tempestivas para violações onde quer que elas ocorram,[574] a começar pela melhoria da situação em nossa própria jurisdição. Como premissa fundamental, há violações de direitos humanos em todos os Estados, a despeito do grau de desenvolvimento e do sistema político e econômico de cada um. Variam sobremaneira, porém, tanto a gravidade e a extensão das violações em cada país, quanto a responsabilidade do Governo por ação ou negligência.[575]

Por fim, resta saber quais são os parâmetros materiais do direito internacional dos direitos humanos que podem ser utilizados pelo Brasil em sua ação diplomática em relação a terceiros países. A análise depende de cada circunstância específica, mas ainda assim é possível identificar elementos que servem como balizas gerais para o exercício da faculdade de fazer recomendações. Esses parâmetros correspondem, *grosso modo*, àquilo que o direito internacional reconhece como sendo obrigatório a todos os Estados. O primeiro deles, de natureza formal, consiste no dever de os Estados cumprirem com o compromisso estabelecido na Carta das Nações Unidas de cooperarem com o sistema onusiano de promoção e de proteção dos direitos humanos. Isso se traduz

---

574 "Uma dimensão mais tradicional é a pura reivindicação, ou das demandas contra o Estado, o qual seria considerado um adversário a ser combatido ou simplesmente denunciado. Nesse diapasão, ao identificar *a priori* o Estado como o responsável direito por todos os abusos cometidos em seu território, perde-se de vista a complexidade de situações cuja transformação escapa ao alcance imediato ou exclusivo dos Governos". Luiz Felipe Lampreia, *supra* nota 562, p. 47.

575 O exercício das prerrogativas do Poder Executivo nessa matéria implica avaliação de natureza diplomática sobre o potencial de que determinada opção contribua ou, no mínimo, não prejudique, a promoção e a proteção dos direitos humanos. Essa tarefa envolve elementos relativos à circunstância específica (avaliação sobre a gravidade e a natureza sistemática das violações, existência de conflito armado e grau de engajamento do Governo com o sistema de monitoramento de direitos humanos) e ao contexto internacional mais amplo (envolvimento de terceiros países ou eventual instrumentalização seletiva do mecanismo, por exemplo).

na licitude da ação diplomática realizada com o objetivo de persuadir outros Estados a cooperarem com mecanismos multilaterais e regionais de direitos humanos, em linha com a convicção aplicada pelo próprio País no sentido de que o monitoramento da situação de direitos humanos deve ser exercido preferencialmente por instituições supranacionais com bases nos princípios de independência, objetividade e não seletividade consignados na Declaração e no Plano de Ação de Viena. O segundo parâmetro densificador, também coerente com os objetivos estabelecidos em Viena, consiste na defesa (i) da universalização da assinatura e da ratificação dos *core instruments*; (ii) da integralidade desses instrumentos (isto é, do estímulo à retirada de reservas apresentadas pelos Estados Partes)[576] e (iii) da adequação da legislação e das estruturas de justiça domésticas ao direito internacional dos direitos humanos.[577] Nesse aspecto, ganha realce, nos fóruns institucionais competentes, a recomendação para que outros Estados reconheçam a competência jurisdicional de tribunais internacionais de direitos humanos e que fortaleçam mecanismos domésticos de proteção e de promoção dos direitos humanos, em linha com o princípio de responsabilidade primária dos Estados. O terceiro, de natureza material, corresponde ao universo normativo vinculante aos Estados seja em razão do escopo universal *erga omnes* de normas como a *Carta Internacional dos Direitos Humanos*, seja em virtude do consentimento individual do Estado.[578] A decisão sobre o peso a ser dado e a matéria a ser priorizada no exercício dessa faculdade é capacidade discricionária segundo critérios de necessidade (situação específica de cada país) e oportunidade (*locus* institucional) à luz das circunstâncias específicas. Mas comentários e recomendações feitas por mecanismos multilaterais de monitoramento, como titulares de mandatos e órgãos de tratados, oferecem fonte valiosa e independente de informações.

---

[576] Essas reservas podem mostrar-se incompatíveis com seu objeto e propósito, contrárias, portanto, à Convenção de Viena sobre o Direito dos Tratados, de 1969. A. A. Cançado Trindade, 'The Interpretation of the International Human Rights Law of Human Rights by the Two Regional Human Rights Courts', in *Contemporary International Law Issues: Conflicts and Convergence* (Proceedings of the III Hague Conference, July 1995), The Hague, ASIL/NVIR, 1996, pp. 157-167.

[577] Pedro Dallari, *supra* nota 2, p. 162.

[578] Dallari sugere, como referência para a atuação do Brasil em relação a terceiros países, uma associação hermenêutica entre a norma geral e abstrata do inciso II do art. 4° e o parágrafo 2° do art. 5°, que confere vigência plena aos tratados internacionais de que o Brasil é parte. Pedro Dallari, *idem*, p. 162.

Questão mais complexa refere-se à utilização de padrões domésticos como referência em relação à situação em terceiros países. Embora essa premissa esteja implícita na atuação sobre a agenda temática,[579] a resposta é menos evidente em se tratando de situações específicas. Há aí duas questões distintas, embora associadas. A primeira é a utilização da experiência brasileira como exemplo para a superação de desafios análogos em terceiros países. É possível e até mesmo recomendável o recurso à analogia para lidar com desafios em direitos humanos.[580] A analogia pode mostrar-se útil e eficaz na medida em que ajuda a dissipar receios e desconfianças junto a Governos estrangeiros em matéria de direitos humanos. Ao fundamentar a crítica na própria experiência de superação de debilidades internas, diminui-se a percepção de interferência indevida nos assuntos domésticos de outro Estado.[581] A segunda questão é sobre a capacidade reconhecida pelo direito internacional de exigir de outros Estados padrões que não estejam consolidados no direito internacional dos direitos humanos.[582] O direito internacional geral não outorga o direito de exigir juridicamente de outro Estado soberano o cumprimento de obrigações às quais este último não haja aquiescido pela via convencional ou às quais não esteja obrigado pela via consuetudinária. Segundo juízo de oportunidade e conveniência, há, assim, dois caminhos possíveis no esforço de universalização de padrões domésticos em terceiros países. Primeiro, fazer recomendações nos foros internacionais competentes, com destaque aí para a RPU, com o objetivo de que outros Estados adiram a instrumentos do direito internacional dos direitos humanos ou que promovam modificações legislativas com esse objetivo. Segundo, buscar o desenvolvimento consuetudinário e a progressiva codificação dessas normas com o objetivo de buscar a adesão posterior de outros Estados.[583]

---

579 No bojo de negociações sobre instrumentos jurídicos internacionais em matéria de direitos humanos, por exemplo, os quais dispõem de forma abstrata e indeterminada a seus respectivos Estados Partes.

580 A experiência no combate à violência contra a mulher, por meio da criação de delegacias especializadas e da Lei Maria da Penha, pode servir como exemplo para outros países com problemas análogos.

581 Está-se aí, porém, no plano da política e não há regra jurídica, mas apenas o ônus eventual no plano bilateral decorrente da recusa ou do mau recebimento desse tipo de ação.

582 Cite-se a pena de morte, ainda presente no ordenamento de países com distintas tradições jurídicas.

583 Além da RPU, há exemplos paradigmáticos nessa área: a propositura de resoluções na AGNU e no CDH em defesa do acesso a medicamentos, dos direitos da comunidade LGBTI (A/HRC/RES/27/33), da incompatibilidade entre democracia e racismo e da moratória à aplicação da pena de morte.

Capítulo VII
AUTODETERMINAÇÃO DOS POVOS

O princípio de autodeterminação remonta a um processo político mais amplo de afirmação dos direitos dos povos em face do poder absoluto do Estado. No cerne dessa norma, cujas dimensões jurídica e política[584] são indissociáveis, encontra-se valor a inspirar gerações ao redor do mundo: a busca pela independência e pela autonomia política.[585] As dimensões soberanista e universalista da política exterior se confundem nesse princípio, na medida em que a autodeterminação tanto promove a luta pela emancipação dos povos sob dominação ou ocupação estrangeira, quanto assegura o direito de cada Estado decidir, como expressão da soberania popular, sobre um modelo de organização social, política e econômica.

Autodeterminação na Assembléia Nacional Constituinte

O princípio de autodeterminação dos povos atraiu grande interesse durante a Assembléia Constituinte. Presente em todo o itinerário deliberativo que levou ao art. 4º da Constituição, sua inclusão entre os princípios regentes da política exterior conferiu vetor fundamental à ação diplomática em favor de povos que se encontram sob a ocupação estrangeira e o colonialismo. Várias emendas foram apresentadas na Constituinte com o objetivo de reconhecer

---

[584] Celso D. de Albuquerque Mello, *supra* nota 3, p. 137.

[585] "O processo de descolonização dos territórios mantidos pelos países europeus nas Américas, que se deu fundamentalmente no século XIX, bem como daqueles localizados na África e na Ásia, que teve lugar neste século, esteve respaldado pelo princípio de autodeterminação". Pedro Dallari, *supra* nota 2, p. 165.

um direito inerente e inalienável dos povos à autonomia em face da dominação e da ocupação estrangeira. Ainda no projeto da Comissão Afonso Arinos, lia-se, no inciso IV, que "o Brasil se rege nas relações internacionais pelo apoio às conquistas de independência nacional de todos os povos em obediência aos princípios de autodeterminação e de respeito às minorias".[586] Essa mesma intenção esteve presente em emendas propostas com o objetivo de permitir ao Brasil estabelecer relações diplomáticas com povos e com movimentos de libertação nacional que lutavam pela autodeterminação.[587] Embora a reação dos constituintes fosse de solidariedade à luta de "movimentos libertários" pela autodeterminação, prevaleceu o entendimento de que dispositivos específicos, além da norma geral, eram desnecessários ou inócuos, na medida em que dispunham sobre capacidade já reconhecida à diplomacia brasileira.[588]

O constituinte também associou o princípio de autodeterminação a outros princípios do direito internacional. O repúdio ao uso da unilateral da força, por exemplo, era visto como necessário à proteção dos princípios de

---

[586] "Respeito às minorias, princípio acoplado ao princípio do apoio às conquistas de independência nacional de todos os povos, tal junção apresenta (...) inconveniência de mérito, pois daria a entender que o Brasil, no plano internacional, está a favorecer a independência de coletividades minoritárias". Vicente Marotta Rangel, *supra* nota 384, pp. 2-11.

[587] Ao propor emenda (00087) na Comissão da Soberania ao então art. 22, em termos análogos ao dispositivo da Comissão Afonso Arinos, Amaury Muller alegou que "o País não pode se furtar do compromisso histórico de apoiar formal e decididamente todas as lutas de independência nacional, se pretende de fato ser fiel aos princípios da autodeterminação e dos direitos das minorias". José Genoíno propôs emenda (00550) estabelecendo que "o Brasil manterá relações diplomáticas com país ocupado pela força ou colonização, quando este país tiver uma entidade representativa reconhecida pelo Governo Brasileiro". Nelson Wedekin (emenda 00531) sugeriu incluir dispositivo que facultava ao Brasil "manter relações diplomáticas com países ou nações colonizadas ou ocupadas pela força, desde que essas tenham entidade representativa reconhecida pela Assembléia Geral da ONU ou pelo Governo brasileiro". Wedekin propunha acrescentar as "entidades dotadas de personalidade internacional em nome dos seus povos" entre os entes do direito internacional público com os quais o Brasil estabeleceria tratados e compromissos, ao lado de Estados soberanos, organismos internacionais e "associações de relevantes serviços prestados à causa da humanidade". Em sua justificativa, afirmava que "Em vários momentos se justifica esse relacionamento, de tal modo que seja permitido ao Brasil assumir gestos concretos de apoio à descolonização, à autodeterminação dos novos, e à força renovadora e inevitável dos movimentos de libertação, principalmente nos países do Terceiro Mundo". Mencionou explicitamente duas entidades, SWAPO, na Namíbia, e OLP, na Palestina.

[588] Em seu parecer, o relator Bernardo Cabral ponderou que "é um artigo inócuo, porque já pode através do Ministério das Relações Exteriores manter relações diplomáticas". *Diário da Assembléia Nacional Constituinte*, Suplemento C, 27/1/1988, p. 920. O Brasil já reconhecia a legitimidade da OLP e da SWAPO.

autodeterminação dos povos e não intervenção entre as nações.[589] O princípio de autodeterminação serviu ainda para articular o imperativo de defesa da soberania nacional diante da ameaça do controle estrangeiro sobre nossa autonomia decisória. Na visão de vários constituintes, a preservação de nossa autodeterminação exigia o domínio pelo País de determinadas tecnologias,[590] pois "a autodeterminação é um dos poderes da soberania".

Embora não tenham sido aprovadas em sua integralidade, essas propostas devem ser interpretadas no contexto axiológico mais amplo da Assembléia Constituinte, marcado pela tensão implícita entre as dimensões universalista e soberanista da política exterior. No contexto da redemocratização, era presente o sentimento de associação da sociedade brasileira a outros povos e nações sob dominação colonial, ocupação estrangeira, regimes de segregação racial e ditaduras, sobretudo à luz das interferências diretas ou indiretas de potências estrangeiras no contexto geopolítico da Guerra Fria. Nessa dimensão, as referências ao princípio de autodeterminação inspiravam-se na solidariedade universalista de que se nutriram outros princípios positivados no art. 4º, como repúdio ao racismo[591] e prevalência dos direitos humanos. Ao mesmo tempo, a ênfase conferida ao princípio de autodeterminação foi utilizada pelo constituinte em defesa da soberania nacional em face da desigualdade factual entre Estados, em linha com princípios de matiz soberanista como independência nacional e não intervenção.

---

589 Na emenda 00019 de Aluizio Bezerra na Comissão da Soberania e dos Direitos e Garantias do Homem e da Mulher, propunha-se incluir parágrafo único ao então art. 20, nos seguintes termos: "Em respeito ao princípio da autodeterminação dos povos, da não intervenção em assuntos internos e da igualdade soberana dos Estados, o Brasil se oporá que organismos regionais dos quais faça parte utilizem a força contra qualquer de seus membros". Haroldo de Lima propôs a emenda 00043 para retomar a proibição da guerra de agressão e de conquista. Ele sustentava que "o não envolvimento em guerra de agressão ou de conquista, bem como a não anexação de territórios pertencentes a outros países, é uma garantia do respeito à soberania e à autodeterminação dos outros povos".

590 Segundo o inciso VII do art. 27 do projeto submetido pela Comissão da Soberania e dos Direitos e Garantias do Homem e da Mulher, previa-se "intercâmbio das conquistas tecnológicas e do patrimônio científico e cultural da humanidade, sem prejuízo do direito à reserva de mercado sempre que o controle tecnológico de nações estrangeiras possa implicar dominação política e perigo para a autodeterminação nacional".

591 As propostas de incluir dispositivo proibitivo quanto ao estabelecimento de relações diplomáticas com "países ou nações colonizadas ou ocupadas pela força" consistiam na contraface lógica das emendas voltadas a proibir o Brasil de manter relações com regimes segregacionistas.

Autodeterminação no Direito Internacional Público

As raízes contemporâneas do princípio de autodeterminação remontam à Declaração de Independência dos Estados Unidos, de 1776, e à Revolução Francesa, de 1789, com a subseqüente formação de Estados nacionais no século XIX. Na Independência dos EUA, reconheceu-se que a legitimidade da autoridade estatal decorria e devia ser exercida pelo povo soberano e não por um monarca, sobretudo quando estrangeiro.[592] Na Revolução Francesa, o princípio de autodeterminação associou-se à proibição da intervenção estrangeira nos assuntos internos de outro Estado como forma de usurpar a legitimidade popular.[593] A noção política de nacionalidade atrelava-se, assim, a um direito inerente dos povos a um Estado soberano (território e soberania).

Essas idéias centrais do princípio de autodeterminação foram utilizadas como ferramentas discursivas no final do século XIX e início do XX na luta contra o imperialismo. No discurso socialista, Lenin argüia que a emancipação dos povos deveria ser exercida em oposição ao imperialismo capitalista. Já para a corrente liberal, a idéia de autodeterminação apareceu em versão transformadora, mas menos radical do *status quo*, nos 14 pontos de Woodrow Wilson, de 1918.[594] No processo negociador do Pacto da Liga das Nações, a visão liberal prevaleceu sobre a socialista, tal como refletido no regime de mandatos criado pelo art. 22.[595] Esse sistema, que esteve na origem do regime de

---

[592] A Declaração da Filadélfia consagra o direito à liberdade e à participação no exercício do poder estatal, bem como de alterar ou abolir forma de governo que não garanta ou desrespeite tais liberdades fundamentais.

[593] A primeira Constituição Francesa, de 1791, consagrou a renúncia à guerra de conquista como compromisso republicano com o direito primário de cada povo em escolher e organizar livremente seu governo.

[594] O então Presidente dos EUA sugeria o "desenvolvimento autônomo" de regiões que se encontravam sob domínio do Império turco-otomano e de povos no leste europeu sob o Império Austro-Húngaro.

[595] "Article 22 –those colonies and territories which as a consequence of the late war have ceased to be under the sovereignty of the States which formerly governed them and which are inhabited by peoples not yet able to stand by themselves under the strenuous conditions of the modern world, there should be applied the principle that the well-being and development of such peoples form a sacred trust of civilisation and that securities for the performance of this trust should be embodied in this Covenant. The best method of giving practical effect to this principle is that the tutelage of such peoples should be entrusted to advanced nations who by reason of their resources, their experience or their geographical position can best undertake this responsibility, and who are willing to accept it, and that this tutelage should be exercised by them as Mandatories on behalf of the

tutela replicado nas Nações Unidas, tinha o objetivo de proteger minorias nacionais sob a supervisão da Liga. Sem reconhecer-lhes personalidade jurídica, esse regime previa a proteção de alguns direitos fundamentais pelo Conselho e pela CPJI. Os mandatos reconheciam o dever das potências administradoras de "guiar" os povos não autônomos à independência. Esse sistema fracassou na tarefa de garantir a proteção dessas populações no interior dos impérios então existentes, em grande medida por condicionar a salvaguarda desses direitos às prerrogativas das potências coloniais que eram responsáveis pelas violações. Não obstante, estavam lançadas as bases para a codificação do princípio de autodeterminação no direito internacional.

O princípio de autodeterminação dos povos se tornou realidade com a Carta das Nações Unidas. Isso ocorreu apesar da oposição das antigas potências coloniais, que se negavam a aceitar um "direito à independência" dos povos sob dominação estrangeira e rejeitavam quaisquer obrigações em favor dessas populações. Superada a resistência, o art. 1(2) da Carta se tornou o marco normativo do princípio de autodeterminação no direito internacional. Posicionado entre os propósitos fundamentais das Nações Unidas, esse dispositivo estabelece que o desenvolvimento de "relações amigáveis entre as nações [está] baseado no respeito ao princípio de igualdade de direitos e de autodeterminação dos povos". O art. 55 reproduz a mesma lógica ao sujeitar a promoção da cooperação econômica e social internacional, incluindo os direitos humanos, ao princípio de igualdade de direitos e de autodeterminação dos povos.[596]

No direito onusiano, o princípio de autodeterminação se aplica, como regime especial, aos mandatos relativos à administração de territórios sem governo próprio (Capítulo XI) e a territórios sob tutela internacional (Capítulo XII). Para esse fim, o art. 73 da Carta dispõe sobre ampla gama de direitos dos povos não autônomos e estabelece os correspondentes deveres impostos às potências

---

League. The character of the mandate must differ according to the stage of the development of the people, the geographical situation of the territory, its economic conditions and other similar circumstances. (...)".

596 Artigo 55. Com o fim de criar condições de estabilidade e bem estar, necessárias às relações pacíficas e amistosas entre as Nações, baseadas no respeito ao princípio da igualdade de direitos e da autodeterminação dos povos, as Nações Unidas favorecerão: a) níveis mais altos de vida, trabalho efetivo e condições de progresso e desenvolvimento econômico e social; b) a solução dos problemas internacionais econômicos, sociais, sanitários e conexos; a cooperação internacional, de caráter cultural e educacional; e c) o respeito universal e efetivo dos direitos humanos e das liberdades fundamentais para todos, sem distinção de raça, sexo, língua ou religião.

administradoras: obrigação de respeito à cultura dos povos administrados; dever de assegurar-lhes o progresso político, econômico, social e educacional; criar condições para que esses povos possam desenvolver governo próprio, e prestar informações regulares ao Secretário-Geral das Nações Unidas.[597] Como corolário dos objetivos políticos subjacentes à Carta, esses regimes baseiam-se na premissa de que, caso os povos não hajam obtido autogoverno ("povos dependentes"), a administração de seus territórios deve orientar-se pela satisfação dos interesses dessas populações.[598] Os interesses dos habitantes desses territórios, cujas proteção e realização consistem no objetivo central do princípio de autodeterminação, prevaleceu, assim, sobre aqueles das entidades administradoras como condição de legalidade e legitimidade de qualquer regime envolvendo esse princípio.[599]

Posteriormente, vários outros instrumentos fizeram referências explícitas ao princípio de autodeterminação, em especial convenções de direitos humanos. O art. 1º de ambos os Pactos Internacionais de direitos humanos de 1966, respectivamente sobre Direitos Civis e Políticos (PDCP) e sobre Direitos

---

[597] Artigo 73. Os Membros das Nações Unidas, que assumiram ou assumam responsabilidades pela administração de territórios cujos povos ainda não tenham atingido a plena capacidade de se governarem a si mesmos, reconhecem o princípio de que os interêsses dos habitantes dêsses territórios são da, mais alta importância, e aceitam, como missão sagrada, a obrigação de promover no mais alto grau, dentro do sistema de paz e segurança internacionais estabelecido na presente Carta, o bem-estar dos habitantes dêsses territórios e, para tal fim, a) assegurar, com o devido respeito à cultura dos povos interessados, o seu desenvolvimento político, econômico, social e educacional, o seu justo tratamento e a sua proteção contra abusos; b) desenvolver sua capacidade de govêrno próprio, tomar devida nota das aspirações políticas dos povos, auxiliá-los no desenvolvimento progressivo de suas instituições politicas livres, de acôrdo com as circunstâncias peculiares a cada território e seus povos, e suas diferentes fases de evolução; c) favorecer a paz e a segurança internacionais; d) promover medidas construtivas do desenvolvimento, estimular pesquisas, cooperar uns com os outros e, quando fôr o caso com entidades internacionais especializadas, tendo em vista a realização prática dos propósitos de ordem social, econômica ou científica enumerados neste artigo; e e) transmitir regularmente ao Secretário Geral para fins de informação sujeitas às reservas impostas por considerações de segurança e de ordem constitucional, informações estatísticas ou de outro caráter técnico, relativas às condições econômicas, sociais e educacionais dos territórios sob sua respectiva responsabilidade, que não estejam incluídas entre aquêles territórios a que se referem os Capítulos XII e XIII

[598] Cf. também Artigo 1 (3) de ambos os Pactos de Direitos Humanos de 1966 (PDCP e PDESC).

[599] Cf. também o artigo 76 da Carta das Nações Unidas.

Econômicos Sociais e Culturais (PDESC), reproduzem a mesma linguagem[600] ao reconhecer a autodeterminação como norma fundamental do direito internacional dos direitos humanos. Ambos os Pactos foram além do reconhecimento genérico do direito dos povos à autodeterminação e especificaram elementos do conteúdo material desse princípio. Esses tratados positivaram o direitos dos povos à livre disposição de sua riqueza e recursos naturais,[601] bem como reforçaram o caráter compulsório dessas obrigações à comunidade internacional como um todo (*erga omnes*), em especial os Estados responsáveis pela administração de territórios sem governo próprio ou sob tutela.[602] Já no direito internacional humanitário, o Protocolo Adicional I de 1977 às Convenções de Genebra de 1949, sobre a proteção de vítimas de guerra, incluiu *fighting against colonial domination and alien occupation and against racist regimes in the exercise of their right of self-determination* entre as situações sob o escopo de aplicação da definição de "conflito armado".[603]

A prática das Nações Unidas, particularmente no âmbito da AGNU, cumpre papel central na interpretação e na aplicação do princípio de autodeterminação.[604] Nesse processo se revela, em primeiro plano, o compromisso

---

600 "All peoples have the right of self-determination. By virtue of that right they freely determine their political status and freely pursue their economic, social and cultural development."

601 Artigo 1 (2) do PDCP e do PDESC, idênticos: "All peoples may, for their own ends, freely dispose of their natural wealth and resources without prejudice to any obligations arising out of international economic co-operation, based upon the principle of mutual benefit, and international law. In no case may a people be deprived of its own means of subsistence."

602 Artigo 1 (3) do PDCP e do PDSEC, também idênticos: "The States Parties to the present Covenant, including those having responsibility for the administration of Non-Self-Governing and Trust Territories, shall promote the realization of the right of self-determination, and shall respect that right, in conformity with the provisions of the Charter of the United Nations."

603 "Article 1 (4): The situations referred to in the preceding paragraph include armed conflicts in which peoples are fighting against colonial domination and alien occupation and against racist régimes in the exercise of their right of self-determination, as enshrined in the Charter of the United Nations and the Declaration on Principles of International Law concerning Friendly Relations and Co-operation among States in accordance with the Charter of the United Nations.". O acordo sobre o texto não ocorreu, porém, sem controvérsias.

604 Países ocidentais se opunham à aplicação do princípio de autodeterminação a casos de dominação colonial e estrangeira. Argüiam que o art. 1(2) da Carta era mero "princípio geral" sem valor jurídico. A progressiva prática estatal e a *opinio iuris* dos Estados prevaleceu sobre essa linha argumentativa. Jean-François Dobelle, "Article 1, Paragraphe 2", in Jean-Pierre Cot, Alain Pellet & Mathias Forteau (eds.), *La Charte des Nations Unies, Commentaire article par article*, Paris, Economica, 3rd. ed., 2005, pp. 340-341.

com o término do colonialismo e de todas as formas de dominação estrangeira de territórios sem governo próprio. A primeira peça fundamental de *opinio iuris* sobre a questão foi a Declaração de 1960 sobre a Garantia da Independência a Povos e Países Coloniais,[605] que estabeleceu o predicado de que a sujeição de um povo à subjugação estrangeira (*alien*) (i) constitui negação dos direitos humanos fundamentais, (ii) é contraria aos princípios e propósitos da Carta da ONU e (iii) representa impedimento à promoção da paz e da cooperação mundiais. A Declaração também conclama (*calls upon*) Estados administradores a transferirem, "sem condições ou reservas", todos os poderes aos povos de territórios sem governo próprio a fim de habilitá-los a usufruir completa independência e autodeterminação, bem como exige que "toda ação armada ou medida repressiva de quaisquer tipos dirigidas contra povos dependentes deve cessar". Consagrava-se a primazia dos direitos dos povos não autônomos, que seria utilizada a partir de então como fundamento jurídico e político nos esforços para erradicar regimes segregacionistas e coloniais, como o *apartheid*.

A Declaração sobre Princípios do Direito Internacional de 1970 reforçou essa interpretação[606] ao estabelecer relação direta entre o princípio de autodeterminação e a manutenção da paz e da segurança internacionais.[607] Por meio da Declaração, esse princípio ganhou maior densidade normativa[608]

---

605 Resolução 1514 (XV) da AGNU, de 14/12/1960, adotada por 89 votos favoráveis e 9 abstenções.

606 O preâmbulo declara que o princípio de direitos iguais e autodeterminação "constitutes a significant contribution to contemporary international law, and that its effective application is of paramount importance for the promotion of friendly relations among States," bem como conclama os Estados a promover a realização do princípio de autodeterminação a fim de "to bring a speedy end to colonialism, having due regard to the freely expressed will of the peoples concerned", uma vez que "the subjection of peoples to alien subjugation constitutes a violation of the principle, as well as a denial of fundamental human rights, and is contrary to the Charter." O artigo 1 (4) do Protocolo Adicional I de 1977 às Convenções de Genebra de 1949 aceita a definição de autodeterminação "as enshrined in the Charter of the United Nations and the Declaration on Principles of International Law concerning Friendly Relations and Co-operation among States in accordance with the Charter of the United Nations."

607 Nos termos da declaração, "the subjection of peoples to alien subjugation, domination and exploitation constitutes a major obstacle to the promotion of international peace and security."

608 "The principle of equal rights and self-determination of peoples - By virtue of the principle of equal rights and self-determination of peoples enshrined in the Charter of the United Nations, all peoples have the right freely to determine, without external interference, their

e deixou definitivamente de ser um "simples postulado político carente de juridicidade", como alguns doutrinadores ainda faziam crer. As tratativas sobre o princípio de autodeterminação dos povos foram das mais difíceis no processo negociador da Declaração de 1970.[609] Já em 1966, porém, havia

---

political status and to pursue their economic, social and cultural development, and every State has the duty to respect this right in accordance with the provisions of the Charter. Every State has the duty to promote, through joint and separate action, realization of the principle of equal rights and self-determination of peoples, in accordance with the provisions of the Charter, and to render assistance to the United Nations in carrying out the responsibilities entrusted to it by the Charter regarding the implementation of the principle, in order: To promote friendly relations and co-operation among States; and To bring a speedy end to colonialism, having due regard to the freely expressed will of the peoples concerned; and bearing in mind that subjection of peoples to alien subjugation, domination and exploitation constitutes a violation of the principle, as well as a denial of fundamental human rights, and is contrary to the Charter. Every State has the duty to promote through joint and separate action universal respect for and observance of human rights and fundamental freedoms in accordance with the Charter. The establishment of a sovereign and independent State, the free association or integration with an independent State or the emergence into any other political status freely determined by a people constitute modes of implementing the right of self-determination by that people. Every State has the duty to refrain from any forcible action which deprives peoples referred to above in the elaboration of the present principle of their right to self-determination and freedom and independence. In their actions against, and resistance to, such forcible action in pursuit of the exercise of their right to self-determination, such peoples are entitled to seek and to receive support in accordance with the purposes and principles of the Charter. The territory of a colony or other Non-Self-Governing Territory has, under the Charter, a status separate and distinct from the territory of the State administering it; and such separate and distinct status under the Charter shall exist until the people of the colony or Non-Self-Governing Territory have exercised their right of self-determination in accordance with the Charter, and particularly its purposes and principles. Nothing in the foregoing paragraphs shall be construed as authorizing or encouraging any action which would dismember or impair, totally or in part, the territorial integrity or political unity of sovereign and independent States conducting themselves in compliance with the principle of equal rights and self-determination of peoples as described above and thus possessed of a government representing the whole people belonging to the territory without distinction as to race, creed or colour. Every State shall refrain from any action aimed at the partial or total disruption of the national unity and territorial integrity of any other State or country".

[609] O momento histórico era particularmente complexo durante o processo negociador da Declaração de 1970. Havia forte receio no mundo ocidental quanto à influência socialista em movimentos revolucionários e países independentes. Antigas metrópoles relutavam em aceitar proibição expressa relativa a povos sem autogoverno e argüiam que o colonialismo se baseava no direito consuetudinário. Já países do mundo em desenvolvimento afirmavam que o direito à autodeterminação criava não só o direito ao uso da força na luta por seu exercício, mas também dever de outros Estados de prover a assistência para esse fim, inclusive militar. UN Doc A/6955, para. 71. Cf. R. Rosenstock, *supra* nota 248, pp. 715 e 730; e P.-H. Houben, *supra* nota 254, p. 723.

consenso em torno (i) do reconhecimento de que o princípio constituía uma regra do direito internacional e não era um mero preceito moral, e (ii) de que o termo "povos" aplicava-se não apenas a Estados mas também a outras entidades, particularmente povos sob regimes coloniais.[610] A interpretação conferida ao princípio de autodeterminação na Declaração de 1970 representou importante avanço no processo de codificação do princípio de autodeterminação, na medida em que, após décadas de embate hermenêutico entre metrópoles coloniais e países do mundo em desenvolvimento, consagrou visão (*opinio iuris*) consensual em relação ao conteúdo material do princípio de autodeterminação dos povos, até então visto por muitos apenas como um "propósito" abstrato inscrito no artigo 1(2) da Carta.[611]

No contexto do processo de descolonização, a AGNU adotou uma série de resoluções condenando o colonialismo, apesar da oposição resoluta de metrópoles coloniais e aliados ocidentais.[612] Foi sobre essas bases consuetudinárias que o CSNU tomou decisões a respeito de situações específicas na década de 1970. Na resolução 322 (1972), relativa aos territórios sob administração portuguesa, o CSNU reconheceu a legitimidade da luta pela independência e autodeterminação em Angola, Guiné Bissau, Cabo Verde e Moçambique, e conclamou as partes a entrarem em negociações para encontrar uma solução para o conflito armado a fim de obter a independência desses países. O resultado desse processo foi significativo: desde 1945, oitenta ex-colônias adquiriram sua independência e onze territórios sob tutela alcançaram autodeterminação

---

610 UN Doc A/6547 para. 69.

611 "A formulação do princípio de autodeterminação figurou entre as grandes conquistas do Comitê Especial, não apenas pela contribuição ao desenvolvimento progressivo do direito internacional como também tendo-se em mente que muitos Estados jamais aceitaram a autodeterminação como um direito dos povos anteriormente". A. A. Cançado Trindade, *supra* nota 249, p. 126.

612 Citem-se as resoluções 1514 (XV) de 1960, 2105 (XX) de 1965 (apoio a movimentos de libertação nacional) e 2160 (XXI) de 1966, 1541 (XV) de 1960 e 2131 (XX) de 1965, 2621 (XXV), 2270 (XXII); 2184 (XXI) e 3103 (XXVIII). Em geral, essas resoluções declararam a legalidade da luta contra a dominação colonial e estrangeira, e contra regimes racistas. Lê-se, no Artigo 1 da res. 3103 (XXVIII) da AGNU, que "the struggle of peoples under colonial and alien domination and racist régimes for the implementation of their right to self-determination and independence is legitimate and in full accordance with the principles of international law". Esses instrumentos também denunciavam violações de direitos humanos e do direito internacional humanitário perpetradas no contexto da repressão por Estados administradores, bem como consideravam ilegal o uso da força contra à autodeterminação, declarando que tais ações geravam responsabilidade internacional.

por meio da independência ou livre associação a um Estado independente.[613] Mais recentemente,[614] a Resolução 55/2 (2000) (Declaração do Milênio das Nações Unidas) e a Resolução 60/1 (2005) (Declaração da Cúpula Mundial) reiteraram *inter alia* o direito à autodeterminação dos povos sob dominação colonial e ocupação estrangeira.[615]

No plano jurisprudencial, a CIJ tratou de diversos aspectos relativos à natureza jurídica do princípio de autodeterminação. Na Opinião Consultiva sobre a *Namíbia*, a Corte declarou a aplicabilidade do princípio de autodeterminação a todas as situações de territórios sem governo próprio,[616] bem como fez referência à Declaração sobre a Descolonização como *a further important stage* no desenvolvimento dessa norma jurídica no direito convencional e consuetudinário. Mais tarde, em Opinião Consultiva sobre o *Saara Ocidental*, a Corte afirmou que a Resolução 3292 (XXIX) era a última em longa série de resoluções adotadas pela AGNU no processo de descolonização de territórios sem governo próprio e, com base em fontes convencionais (Artigo 1(2) da Carta), consuetudinárias (Declaração sobre Descolonização de 1960 e a Declaração sobre Princípios de 1970) e jurisprudenciais (Opinião Consultiva sobre o *Sudeste da África*), confirmou a aplicação do princípio de autodeterminação à situação no Saara Ocidental.[617] No caso *Timor Leste*, a Corte reiterou

---

[613] De acordo com as Nações Unidas, em 1945, 750 milhões de pessoas (quase um terço da população mundial à época) viviam como povos dependentes de potências estrangeiras. Hoje, menos de dois milhões de pessoas vivem em tais territórios. O Comitê de Descolonização (*Special Committee on the Situation with regard to the Implementation of the Declaration on the Granting of Independence of Colonial Countries and Peoples* ou G-24) desempenhou papel de relevo como fórum para o encaminhamento dessas situações, com respeito ao princípio de solução pacífica de controvérsias e em linha com o objetivo de manter a paz e a segurança internacionais. A agenda do G-24 inclui 16 situações de territórios sem governo próprio: uma na África (Saara Ocidental), nove no Atlântico e Caribe (Anguilla, Bermuda, British Virgin Islands, Cayman Islands, Malvinas/Falkland, Montserrat, St. Helena, Turks and Caicos e United States Virgin Islands), uma na Europa (Gibraltar) e cinco na Ásia e Pacífico (American Samoa, Guam, Nova Caledônia, Pitcairn e Tokelau).

[614] A III Comissão da AGNU aprova resoluções anuais sobre o tema.

[615] A Declaração de Durban de 2001, adotada na Conferência Mundial contra o Racismo, a Discriminação Racial, a Xenofobia e a Intolerância Correlata, também reafirmou o princípio de autodeterminação dos povos. UN A/CONF.189/12, de 8/9/2001.

[616] *Namibia* case, *supra* nota 608, p. 31.

[617] *Western Sahara* case, *supra* nota 268, pp. 31-33.

que o princípio de autodeterminação dos povos era um *essential principle of contemporary international law* e declarou a natureza *erga omnes* da dimensão subjetiva desse princípio.[618] Em Opinião Consultiva mais recente, sobre o *Muro*,[619] a Corte observou mais uma vez que o princípio de autodeterminação dos povos inscrito na Carta foi reafirmado por vários instrumentos de natureza convencional, como o PIDCP e o PIDESC, e consuetudinária, como as resoluções da AGNU, sendo ainda reconhecido como norma obrigatória em diversas passagens jurisprudenciais pela própria CIJ (*Sudeste da África*, *Saara Ocidental* e *Timor Leste*).[620]

O caso de Timor Leste é assaz representativo da aplicação do princípio de autodeterminação no direito internacional contemporâneo.[621] Em 1975, o país sofreu a invasão de tropas indonésias e em seguida, em 1976, teve seu território anexado ao país vizinho. Até então, o Timor era considerado território sem governo próprio, nos termos do Capítulo XI da Carta. A reação na AGNU às ações da Indonésia foi imediata. Com base no direito à autodeterminação, várias resoluções condenaram a intervenção armada, bem como reconheceram a integridade territorial do Timor Leste[622] e o *status* de "potência administradora" por parte de Portugal. Essa condição conferia a Lisboa capacidade jurídica para iniciar demanda junto à CIJ, à luz do direito do mar,[623] em face da Austrália, em relação ao tratado celebrado entre Camberra e Jacarta para a exploração de petróleo em zona marítima (plataforma continental) pertencente ao Timor Leste. O argumento fundamental utilizado foi, precisamente, que o povo timorense não teria exercido seu direito à autodeterminação.

---

618 *East Timor* case *(Portugal* v. *Australia)* (Judgment), ICJ Reports 1995, p. 90.

619 *Legal Consequences of the Construction of a Wall in the Occupied Palestinian Territory*, Advisory Opinion, ICJ Reports 2004, p. 136.

620 *Idem*, pp. 171-173.

621 A. A. Cançado Trindade, 'Parecer: O Caso do Timor-Leste (1999): O Direito de Autodeterminação do Povo Timorense', 1 *Revista de Derecho de la Universidad Católica del Uruguay* (2000), pp. 63-83.

622 Cf. as resoluções 384 (XXX) e 385 (XXX), de 1975, e 389 (XXXI) de 1976.

623 R. S. Clark, "The 'Decolonisation' of East Timor and the United Nations Norms on Self-Determination and Aggression", *International Law and the Question of East Timor*, London, CIIR, IPJET, 1995, pp. 90-91.

Autodeterminação na Prática Diplomática Brasileira

Mais uma inovação introduzida na Carta de 1988 em relação às constituições anteriores, o princípio de autodeterminação já constituía, à altura da Assembléia Constituinte, vetor diretivo da política externa brasileira. Embora norma positivada na legislação nacional desde a ratificação da Carta das Nações Unidas, esse princípio foi relativizado na prática diplomática até 1961, com a Política Externa Independente, e passou a ser aplicado de forma consistente na década de 1970, após o reconhecimento definitivo do processo de descolonização na África lusófona. Até então, o assunto havia sido tratado com cautela e hesitação em meio à disputa ideológica da Guerra Fria e à influência de interesses portugueses sobre o Governo brasileiro. Isso ocorreu porque o direito à autodeterminação era não só compreendido como sinônimo da emancipação de povos vivendo sob o jugo colonial, mas também percebido como sinal de apoio a grupos insurrecionais do mundo em desenvolvimento sob influência do bloco socialista.

No imediato pós-Guerra (1946 a 1960), o posicionamento do Brasil foi de apoio reticente ao princípio de autodeterminação. De um lado, a diplomacia brasileira manifestava-se favoravelmente à codificação desse princípio em termos gerais e abstratos na nova ordem jurídica, e realçava o compromisso com a soberania dos povos em face do colonialismo no mundo em desenvolvimento. De outro, essa posição era matizada na interpretação e na aplicação dos subprincípios e regras que densificam o princípio de autodeterminação. Em particular, o Brasil matizava a legitimidade da luta dos povos pela autodeterminação direcionando-a à via pacífica, preferencialmente nos marcos existentes nas Nações Unidas, como regimes de tutela e outros afins. Ao invés de ruptura brusca e imediata com o colonialismo, como em movimentos revolucionários de libertação nacional, favorecia-se implicitamente, processo gradual, pacífico e negociado.

Essa posição de difícil equilíbrio político e jurídico, sobretudo para um país do mundo em desenvolvimento, foi articulada por Neves da Fontoura em debate sobre o direito à autodeterminação na IX Conferência Internacional Americana, em Bogotá, em 1948. Tendo presente a conjuntura hemisférica, em que diversos territórios não eram autogovernados, o Chanceler brasileiro expressou apego ao princípio de autodeterminação[624] e estendeu apoio à

---

[624] João Neves da Fontoura, IX Conferência Internacional Americana, Bogotá, março-maio de 1948, *in* A.A. Cançado Trindade, *supra* nota 517, pp. 58-60.

"supressão do regime colonial nas Américas", isto é, à "emancipação política dos povos não soberanos". Mas ponderou que "as providências necessárias ao cumprimento dessa aspiração" vinculavam-se "aos processos de emancipação definidos na Carta das Nações Unidas". Não caberia à OEA, nessa visão, competências para lidar com o tema, sobretudo porque afetava interesses de países extracontinentais.[625] A solução da questão ficaria relegada ao plano das negociações diretas ou a mecanismos existentes nas Nações Unidas para territórios não autônomos ou sob tutela.[626]

Foi no tocante à questão da descolonização, no início da Guerra Fria, que o Brasil encontrou maior dificuldade em dar coerência às suas posições. *Grosso modo*, o Brasil buscou circunscrever o tratamento do tema aos mecanismos existentes nas Nações Unidas, em especial ao Conselho de Tutela, como aperfeiçoamento do modelo insatisfatório vigente sob os arts. 22 e 23 do Pacto da Liga das Nações. Para isso, o País afirmava o mandato das Nações Unidas ao defender que o encaminhamento da situação dos territórios não autônomos era de interesse da comunidade internacional. Em corolário, realçava também a obrigação imposta às potências administradoras de resguardar os direitos fundamentais das populações nativas e de adotar medidas de proteção coletiva. Ainda mais importante, o Brasil se pautava pelo entendimento de que "o texto do artigo 73 tornou inequívoco o propósito de encaminhar todos os povos sem governo próprio para o pleno exercício da autodeterminação".[627] Embora contrariados os interesses das potências colonizadoras, a diplomacia brasileira não se associava plenamente ao movimento em defesa da imediata descolonização, sobretudo em se tratando do apoio à rebelião de povos não autônomos como via legítima à autodeterminação.[628] O Brasil buscava conciliar

---

625 MRE, *Relatório do Ministro João Neves da Fontoura, Chefe da Delegação do Brasil à IV Reunião de Consulta dos Ministros das Relações Exteriores das Repúblicas Americanas*, MRE/Serviço de Publicações, 1951, p. 50.

626 Neves da Fontoura também distinguiu questões relacionadas a reivindicações de soberania territorial (casos das Malvinas e de Belize/Guatemala) daquelas relacionadas aos povos que não gozavam de emancipação política, em relação aos quais se aplicava o princípio de autodeterminação.

627 Deputado José Joffily, Membro da Delegação do Brasil, sobre a Questão da Descolonização, na IV Comissão da AGNU, XIII Sessão, Nova York, 2/12/1958, *in* A.A. Cançado Trindade, *supra* nota 517, pp. 65-66.

628 "O problema era assegurar a autodeterminação e ao mesmo tempo prevenir medidas contrárias por parte dos poderes coloniais, assim como intervenção agressiva de outros Estados". Jayme de Barros, nos *Travaux Préparatoires* dos Pactos Internacionais de Direitos

visão principiológica favorável à emancipação desses povos com posições conjunturais alinhadas a potências colonialistas (casos de Portugal e França) e contrárias ao bloco comunista.[629] Tal posicionamento favorecia, ainda que temporariamente, a manutenção precária do edifício colonial em vez de sua imediata demolição.[630]

A opção juridicista da diplomacia brasileira se materializou na estratégia de pôr em marcha mecanismo para a execução do regime relativo a territórios não autônomos. Estabelecido genericamente pelo Capítulo XI da Carta, o modelo previa, como alternativas de emancipação, a independência, outros sistemas separados de autogoverno e associação ao Estado metropolitano. Eleito em 1947 para o Comitê Especial criado pela AGNU para acompanhar a transmissão de informações exigidas das potências coloniais nos termos do art. 73 da Carta,[631] o País buscou conciliar a pressão anticolonialista por meio da denúncia da gravidade da situação nesses territórios com a recusa de potências coloniais em aceitar o tratamento no órgão de temas relacionados à situação política (leiam-se direitos civis e políticos).[632] Aprovada no Comitê, a resolução 742 (V) da AGNU cumpriu papel decisivo no desenvolvimento progressivo do direito à autodeterminação ao enumerar uma lista de fatores

Humanos, III Comissão da AGNU, IX Sessão, Nova York, 10/11/1954, *in* A.A. Cançado Trindade, *supra* nota 517, p. 69.

[629] Sobre as ambiguidades da posição brasileira, cf. Rafael Souza Campos de Moraes Leme, *Absurdos e milagres: um estudo sobre a política externa do Lusotropicalismo (1930-1960)*, Brasília, FUNAG, 2011, p. 112.

[630] Meira Penna afirmou na AGNU que o Brasil "apoiava inequivocamente o direito de todos os povos da terra, inclusive os povos de Territórios sem Governo Próprio e sob Tutela, à autodeterminação; no entanto, seus votos seriam sempre motivados pelo bom senso". *In* A.A. Cançado Trindade, *supra* nota 517, p. 68.

[631] Estabelecido pela resolução A/146/II, com apoio do Brasil, o Comitê Especial tinha o mandato de examinar as informações solicitadas pelo art. 73 da Carta sobre as condições sociais, econômicas e educacionais em territórios não autônomos. O Brasil foi fundamental para estender o mandato do Comitê Especial de um ano original para três anos, a partir de 1949, bem como contribuiu com o projeto da resolução 742 (VIII).

[632] A AGNU aprovou, em 12/12/1950, a resolução 446 (V) intitulada *Information on Human Rights on Non-Self-Governing Territories*, que instava os Estados administradores a enviarem informações sobre a implantação da DUDH em territórios não autônomos sob suas respectivas jurisdições.

concretos para orientar a decisão da AGNU sobre se um determinado território não autônomo teria ou não alcançado autogoverno.[633]

Ainda que sob essa lógica conciliatória e juridicista, houve nuances na posição do País sobre o processo de descolonização.[634] No início, o Brasil foi mais vocal em favor de teses anticolonialistas. Em discurso na AGNU, em 1949, Cyro de Freitas-Valle[635] reconheceu expressamente o direito à independência dos povos coloniais de "forma acelerada" e favoreceu a participação de representantes dos habitantes autóctones de territórios não autônomos no Conselho de Tutela. Não obstante, o sentido de cautela permanecia presente na posição de circunscrever esse processo ao Conselho de Tutela, órgão que, na visão do Governo brasileiro, teria a capacidade de coibir tentativas de potências metropolitanas de reduzir a área de supervisão internacional.[636]

Entre 1950 e 1953, no Governo Vargas, predominaram "posições de condenação ao colonialismo em abstrato e apoio à conciliação concretamente", com ligeira simpatia à "obra de civilização das metrópoles", conforme expressão utilizada por Vicente Rao no Comitê de Tutela. A simpatia pela causa da descolonização era ponderada por posição favorável à solução da questão colonial por vias pacíficas, a começar por negociações diretas e apenas em último caso por submissão às Nações Unidas. O Brasil se distanciava da opinião cada vez mais forte de que o direito à autodeterminação justificava a rebelião como *ultima ratio* dos povos na luta pela autonomia política.[637] Realçava, porém, a tese de que a legitimidade da ação das potências administradoras baseava-se na "primazia dos interesses dos habitantes dos territórios não autônomos e sob

---

633 Resolução 742 (V) da AGNU, de 27/11/1953. Esse instrumento serviu como parâmetro nas décadas seguintes. Antonio Cassese, *Self-Determination of Peoples: A Legal Reappraisal*, Cambridge, CUP, 1995.

634 Rafael Souza Campos de Moraes Leme, *supra* nota 829.

635 Trata-se de uma das figuras que mais defendeu, *interna corporis*, a causa da descolonização.

636 Cyro de Freitas-Valle na IV Sessão Ordinária da AGNU, em 1949, *in* Luiz Felipe Seixas Corrêa (org.), *supra* nota 520, pp. 64-65.

637 A lógica conciliadora foi defendida por Mário de Pimentel Brandão na AGNU, em 1951. A sobrevivência do colonialismo era algo "indesejável na vida internacional", porém era preciso "prudência e calma" dos "novos povos aspirantes de liberdade total". A solução para descolonização deveria ser buscada primeiramente por "acordos compensatórios mediante negociação amistosa" e, somente no caso de "serem exauridos todos os meios de solução pacífica, poderia uma situação específica ser levada às Nações Unidas.

tutela".[638] A hesitação brasileira se refletiu em discurso na AGNU de Ernesto Leme: a "preparação dos povos dependentes para o auto-governo ou a independência" deveria ser confiada às "administrações coloniais" como "tarefa da civilização".[639] Essa proposta teórica foi aplicada no caso da Tunísia. Embora defendesse a inclusão da questão na agenda de debates da ONU, o Brasil atuou para evitar que o tema fosse levado ao CSNU. Para isso, a diplomacia brasileira apresentou o projeto que deu origem à resolução 611 (VII) da AGNU, na qual, ao invés de reivindicar o direito à independência do povo tunisiano como pleiteado pelos países árabes, instou as partes a negociarem com vistas à autonomia tunisiana.

O paradoxo do esforço conciliador ficou exposto em sua face mais visível com Juscelino Kubitschek. A partir de então, o Brasil passou a favorecer, "sem rodeios e hesitações públicas", as posições do colonialismo português. Portugal, que ingressara nas Nações Unidas em 1955 mediante firme apoio brasileiro, recusava-se a reconhecer seus "territórios ultramarinos" como "territórios não autônomos", pois esta categoria implicava a subsunção das colônias ao regime do art. 73 da Carta. Sob o verniz discursivo do lusotropicalismo de Gilberto Freyre, o Governo salazarista argüia que a realidade dos povos ultramarinos não consistia em regime colonial. Utilizava a suposta "democracia racial" do Brasil como exemplo do excepcionalismo do colonialismo português. Sob a influência de diversos fatores, entre os quais sobressaíam receios quanto ao avanço do comunismo com a desagregação do edifício colonial, laços históricos com Lisboa e a força da comunidade portuguesa sobre a classe política brasileira,[640] o Brasil auxiliou Portugal a evitar, na IV Comissão, que as províncias ultramarinas fossem caracterizadas como colônias nos termos do art. 73

---

[638] MRE, *Relatório Apresentado ao Presidente da República dos Estados Unidos do Brasil pelo Ministro de Estado das Relações Exteriores* – 1952 MRE/Serviço de Publicações, p. 25.

[639] Ernesto Leme na IX Sessão Ordinária da AGNU, em 1954, *in* Luiz Felipe Seixas Corrêa (org.), *supra* nota 520, p. 101. Essa noção, que evocava o *white man's burden* preconizado por Rudyard Kipling, inspirava-se no regime vigente sob a Liga das Nações. A mesma ambigüidade conciliadora se deu no breve Governo Café Filho.

[640] Portugal tinha apoio dentro do Governo brasileiro, bem como era forte a influência da comunidade portuguesa, sobretudo no Rio de Janeiro. Cf. o Capítulo "O Brasil e a Política Externa do Lusotropicalismo", in Rafael Souza Campos de Moraes Leme, *supra* nota 829, pp. 108-145.

da Carta sob "a tese de que tais territórios portugueses não são dependentes, mas constituem províncias de um Estado unitário".[641]

Vale o reparo de que ao longo de todo esse período de hesitação, cautela e ambigüidade quanto ao princípio de autodeterminação, houve forte resistência dentro Itamaraty, Vários setores da diplomacia brasileira defendiam o apoio à causa da descolonização[642] com base tanto em razões principiológicas (caráter inadmissível do regime colonial), quanto em motivações específicas de ordem política (características multiculturais que nos aproximavam do mundo asioafricano) e econômica (por exemplo, os prejuízos às exportações brasileiras causados pela manutenção do exclusivismo colonial).[643] Na raiz dessa postura em defesa da autodeterminação residia leitura realista do sistema internacional: o colonialismo estava fadado ao fim. Caberia ao Brasil posicionar-se do lado "correto" da História e reconhecer a legitimidade dos novos Estados que haviam adquirido a independência no ocaso do colonialismo europeu. Prenunciava-se, ademais, oportunidade para o País ocupar o papel de vanguarda no mundo em desenvolvimento. Teria sido essa visão enraizada em setores da diplomacia brasileira que permitiu ao Brasil atuar e votar favoravelmente à "Declaração sobre Concessão da Independência aos Povos e Países Coloniais"[644] e que se tornou marco consuetudinário na codificação do princípio de autodeterminação.

Somente no contexto da PEI, o Brasil passou a defender de forma inequívoca a descolonização com base no princípio de autodeterminação. Em marco da prática diplomática na matéria, Affonso Arinos deixou para trás a hesitação anterior e manifestou na AGNU, em 1961, apoio explícito à causa da descolonização e ao fim de regimes segregacionistas. Na visão brasileira, tratava-se de exigência para a manutenção da paz mundial: o respeito ao princípio da autodeterminação contribuía para evitar que o legítimo sentimento a inspirar

---

641 MRE, *Relatório do Ministério das Relações Exteriores* – 1960, MRE/Seção de Publicações do Serviço de Documentação, p.15.

642 "O Itamaraty foi constantemente municiado, por diplomatas, com argumentos econômicos e políticos em favor da inequívoca defesa da descolonização"; "se a posição brasileira sobre o tema da descolonização foi errática, um fenômeno foi constante: a crítica a essa mesma posição nos bastidores de um Itamaraty dividido". *Supra* nota 829, p. 145.

643 Rafael Souza Campos de Moraes Leme, *supra* nota 829, p. 114.

644 "O Brasil, coerente com suas tradições, não poderia deixar de defender tal princípio". MRE, *Relatório do Ministério das Relações Exteriores* – 1960, MRE/Seção de Publicações do Serviço de Documentação, p. 15.

novos povos soberanos não fosse instrumentalizado segundo interesses estratégicos em meio à Guerra Fria. O novo posicionamento era justificado não só em termos principiológicos, mas também por sentimento de solidariedade à luz do passado comum e pelo sentido teleológico da história, que condenava o sistema colonial ao ocaso.[645] O Brasil favoreceu explicitamente a independência da Argélia e de Angola, além de todo o continente africano, corrigindo a posição anterior restrita a mecanismos onusianos. Em linha com os eixos centrais da PEI, Affonso Arinos ponderou a defesa do princípio de autodeterminação com a obrigação imposta aos novos países independentes de respeitar os direitos humanos e liberdades fundamentais de nacionais e estrangeiros. Por um lado, o Brasil se aproximava do bloco soviético na defesa da autodeterminação dos povos; por outro, acenava ao bloco ocidental ao exigir das novas nações independentes o respeito à democracia representativa e aos direitos dos nacionais das antigas metrópoles. O próprio princípio de autodeterminação (art. 1(2) da Carta) foi o fundamento político e jurídico utilizado pelo Brasil para exercer seu direito soberano ao não alinhamento com nenhum bloco, nem mesmo com o Movimento dos Países Não Alinhados, cuja primeira cúpula se realizou naquele mesmo ano. Interpretavam-se os princípios de autodeterminação e não intervenção de forma complementar: o respeito a ambos consistia na garantia mais segura para a manutenção da paz em meio à conjuntura de acentuada polarização à época, na medida em que a livre escolha por um povo de um sistema político, econômico, social e cultural pressupunha, como contraface lógica no direito internacional, o dever imposto aos demais Estados de não intervenção.[646]

Em 1963, a defesa da descolonização foi um dos três eixos do histórico discurso "Três Ds", de Araújo Castro. O Brasil via no "desenlace racional e pacífico" da ação descolonizadora, ao lado do desarmamento e do desenvolvimento, condição para a manutenção da paz mundial. O "conceito de libertação colonial e autodeterminação dos povos (...) é uma realidade de tal modo indisputável, que sua implementação prática tem e ser precipitada". Por isso deveriam ser refutados com vigor ainda maior quaisquer argumentos protelatórios, pois "a liquidação e erradicação do arcaísmo histórico e sociológico

---

[645] Affonso Arinos de Mello Franco na XVI Sessão da AGNU, em 1961, *in* Luiz Felipe Seixas Corrêa (org.), *supra* nota 520, p. 153.

[646] "A não-intervenção e a autodeterminação não se excluem mutuamente, mas sim complementam-se". Affonso Arinos de Mello Franco na XVII Sessão Ordinária da AGNU, em 1962, *in* Luiz Felipe Seixas Corrêa (org.), *supra* nota 520, p. 166.

do colonialismo" é "a finalidade por atingir no mundo inteiro em matéria de territórios e povos a quaisquer títulos dependentes", em corolário inclusive dos direitos humanos. O risco era o neocolonialismo disfarçado, em que o antigo regime fosse sucedido pela dependência das novas nações soberanas em relação às potências nucleares.[647]

Com a instauração do regime militar no Brasil, houve recaída hesitante em relação ao princípio de autodeterminação dos povos. Embora não se deixasse de dar ênfase à necessidade de avançar na tarefa de descolonização, àquela altura dado inarredável da realidade, retomou-se o tom conciliador do período anterior à PEI. A preferência pela natureza pacífica do processo de emancipação no mundo colonial recuperava sua força. Esse retrocesso ficou patente já no primeiro discurso brasileiro na AGNU sob o regime de exceção. Em 1964, Vasco Leitão da Cunha reconheceu a necessidade de assegurar "a todos os povos o exercício de seu direito de autodeterminação, eliminando-se os últimos remanescentes de um colonialismo que chega historicamente ao seu fim". Mas ponderou que a marcha dos povos à independência deveria ocorrer de forma ordeira e pacífica, no marco dos mecanismos e regimes das Nações Unidas. Em referência ao apoio do bloco comunista a movimentos de libertação nacional, o Brasil via com "apreensão e reserva" iniciativas para "injetar violência" no processo de descolonização, que não deveria afastar-se do método previsto pela Carta. Realçava-se novamente a associação entre o princípio de autodeterminação dos povos e o princípio de não intervenção, que tinha como corolário lógico o pressuposto de que a vontade dos povos só seria expressa livremente se ocorresse sem interferências externas. Embora correta em termos genéricos, essa interpretação restringia-se, nesse período inicial da ditadura militar, à situação na Alemanha Oriental,[648] tendo sido ignorada não só em relação à luta pela descolonização na África lusófona, como também em nossa região (Cuba e República Dominicana).[649] A razão subjacente ao ajuste no posicionamento brasileiro era o receio do apoio - inclusive militar - do bloco soviético à

---

[647] João Augusto de Araujo Castro, na XVIII Sessão Ordinária da AGNU, em 1963, *in* Luiz Felipe Seixas Corrêa (org.), *supra* nota 520, pp. 171-188.

[648] Cf. os discursos de Vasco Leitão da Cunha na XIX e na XX Sessões Ordinárias da AGNU, respectivamente em 1964 e 1965, *in* Luiz Felipe Seixas Corrêa (org.), *supra* nota 520, pp. 193-199 e 203-211.

[649] Em 1967, Magalhães Pinto se vangloriou da participação do Brasil na intervenção patrocinada pela OEA no país caribenho, mesmo após reafirmar adesão ao princípio de autodeterminação.

propagação de regimes comunistas no mundo em desenvolvimento, em especial na América Latina, a autodeterminação tornava-se instrumento de crítica e resistência retórica ao comunismo internacional.

Somente em 1974 o Brasil superou as contradições intrínsecas à estratégia que buscava conciliar o apoio à descolonização com o receio do avanço comunista no mundo em desenvolvimento.[650] Pela voz de Azeredo da Silveira, a "posição de absoluta clareza" foi definida nos seguintes termos: (i) o caráter inaceitável de protelações e subterfúgios à realização da descolonização; (ii) o apoio do Brasil à independência dos povos ainda sujeitos a formas de dominação colonial; e (iii) a obrigação imposta aos Estados metropolitanos de desmontar políticas de dominação colonial.[651] A aceleração do processo descolonizador foi fundamental para que esse processo ocorresse de forma relativamente pacífica. Azeredo da Silveira mencionou, em particular, os casos de Angola, Guiné Bissau e Moçambique, cuja independência, afirmou, o Brasil desejava ver concluída.[652] O rompimento definitivo com a postura hesitante permitiu à diplomacia brasileira tornar-se ainda mais vocal na denúncia de regimes segregacionistas, utilizando-se para isso da herança africana como elemento de aproximação política com as novas nações independentes do outro lado do Atlântico Sul.[653] Para além da denúncia sobre a natureza inadmissível desses regimes à luz de regras fundamentais do direito internacional dos direitos humanos (igualdade e dignidade da pessoa humana), o Brasil recorreu também ao princípio de autodeterminação dos povos para advogar pelo fim do regime do *apartheid* e pela independência de povos

650 À época, a posição do Itamaraty foi criticada por setores conservadores do Governo e da sociedade, que viam não posição de princípio e realismo político, mas recaída ideológica ou "erro de cálculo" nas relações históricas com as potências coloniais.

651 "O Brasil acredita, sem restrições, que não se justificam protelações ou subterfúgios na condução do processo descolonizatório, no próprio Continente americano e em todo o mundo. O Brasil prestará o seu apoio a que os povos ainda sujeitos a formas de dominação colonial possam alcançar, no mais curto prazo possível, a independência nacional a que aspiram". Antonio Francisco Azeredo da Silveira na XXIX Sessão Ordinária da AGNU, em 1974, *in* Luiz Felipe Seixas Corrêa (org.), *supra* nota 520, pp. 311-312.

652 A descolonização das províncias ultramarinas portuguesas só foi possível por rebelião popular organizada por movimentos de independência nacional. Mas devido à falta de unidade e à interferência de potências externas, esses países passaram por conflitos civis que se prolongaram nas décadas seguintes.

653 Antonio Francisco Azeredo da Silveira na XXIX Sessão Ordinária da AGNU, em 1974, *in* Luiz Felipe Seixas Corrêa (org.), *supra* nota 520, p. 312.

que ainda se encontravam sob o jugo da dominação ou ocupação estrangeira, como na Namíbia, Zimbábue e Palestina.[654]

Nos anos seguintes, o princípio de autodeterminação consolidou-se como critério a orientar a ação diplomática brasileira em relação a situações específicas ao redor do mundo. Em 1979, na esteira do precedente de Azeredo da Silveira, a quem sucedeu no Itamaraty, Saraiva Guerreiro aplicou o princípio de autodeterminação dos povos ao reivindicar a desocupação dos territórios ocupados pela força na Palestina e defender o direito à soberania e à independência do povo palestino, cuja representatividade era reconhecida na figura da Organização para a Libertação da Palestina (OLP). Na visão do Brasil, algo que permaneceu sendo o eixo central da posição brasileira até os dias atuais, tratava-se não só de um corolário lógico jurídico dos princípios inscritos na Carta, entre os quais o art. 1 (2), mas também condição fáctica para a obtenção de paz justa, duradoura e abrangente no Oriente Médio.[655] Em 1980, a Declaração de Outorga de Independência aos Países e Povos Coloniais, "instrumento básico de afirmação do direito de autodeterminação, soberania e independência", que naquele ano completava vinte anos, foi utilizada pelo Brasil para sustentar a aplicação do princípio de autodeterminação à situação na Palestina e na Namíbia, "cujo povo é representado pela SWAPO".[656] Em 1981, a mesma interpretação foi aplicada em crítica à invasão soviética do Afeganistão, ação que representava, na visão brasileira, violação dos princípios de não intervenção e autodeterminação dos povos.[657] Em 1984, renovou-se a necessidade de assegurar o direito à autodeterminação na Palestina e na Namíbia, bem como fez-se

---

654 Antonio Francisco Azeredo da Silveira na XXXIII Sessão Ordinária da AGNU, em 1978, *in* Luiz Felipe Seixas Corrêa (org.), *supra* nota 520, p. 355.

655 Ramiro Saraiva Guerreiro na XXXIV Sessão Ordinária da AGNU, em 1979, in Luiz Felipe Seixas Corrêa (org.), *supra* nota 520, pp. 363-364. Sobre a defesa pelo Brasil do direito à autodeterminação do povo palestino, cf. também os discursos na AGNU de Sarney (1985), Abreu Sodré (1986, 1987 e 1988), Fernando Henrique Cardoso (2001, "a constituição de um Estado Palestino democrático, coeso e economicamente viável" era "dívida moral das Nações Unidas" e "tarefa inadiável"), Celso Lafer (2002) e Lula (2004).

656 Guerreiro defendeu o respeito à resolução 435 do Conselho de Segurança e denunciou a agressão militar do regime sul-africano do *apartheid* contra Angola e Zâmbia, ambos países que apoiavam abertamente a causa do povo namibiano pela autodeterminação. *In* Luiz Felipe Seixas Corrêa (org.), *supra* nota 520,.

657 "Não pode haver legitimidade imposta externamente". Ramiro Saraiva Guerreiro na XXXVI Sessão Ordinária da AGNU, em 1981, in Luiz Felipe Seixas Corrêa (org.), *supra* nota 520, p. 399.

uso desse princípio, ao lado do princípio de não intervenção, para justificar a posição brasileira em relação às situações no Afeganistão, na América Central e no Camboja.

Com a redemocratização, esses elementos foram mantidos como pontos cardeais da ação diplomática em relação à interpretação e à aplicação do princípio de autodeterminação. Em 1985, no discurso "Sentimento de Mundo",[658] Sarney afirmou que o Brasil era "paladino" dos princípios de autodeterminação dos povos, do dever de não-intervenção e da solução pacífica de controvérsias", cujo respeito seria fundamental para a "distensão nas relações Leste-Oeste". Após advogar pela aplicação dos três princípios aos casos concretos de Afeganistão, Camboja, América Central e Palestina, sentenciou que "não haverá fim para a violência nesses países enquanto persistisse a presença de tropas estrangeiras e não fossem reconhecidos expressamente os direitos de seus povos à livre manifestação de sua vontade".[659] A articulação entre os princípios de autodeterminação e não intervenção consolidava-se como binômio normativo na análise das intervenções praticadas por ambos os lados do espectro ideológico. Em 1999, essa mesma lógica foi aplicada por Lampreia na defesa da autodeterminação do povo timorense em face da recalcitrância repressora da Indonésia em aceitar o referendo patrocinado pelas Nações Unidas e favorável à independência do Timor Leste. Ao invés de intervenção unilateral, como sugeriam alguns países, a solução advogada pelo Brasil consistia na criação de operação de manutenção da paz para "ajudar o povo do Timor Leste a garantir o direito, claramente expresso em votação livre, de decidir o seu próprio futuro como nação independente".[660]

Também merece destaque na prática diplomática brasileira a chamada iniciativa de Contadora.[661] Por meio de consultas, diálogo e concertação, foi

---

[658] Título inspirado em livro de poemas de mesmo nome de Carlos Drummond de Andrade.

[659] José Sarney na XL Sessão Ordinária da AGNU, em 1985, *in* Luiz Felipe Seixas Corrêa (org.), *supra* nota 520, p. 448 e pp. 451-452.

[660] Luiz Felipe Lampreia na LIV Sessão Ordinária da AGNU, em 1999, *in* Luiz Felipe Seixas Corrêa (org.), *supra* nota 520, p. 655.

[661] Integrada originalmente por Colômbia, México, Panamá e Venezuela, esse mecanismo político foi criado com o objetivo de promover a paz na América Central, onde interferências recíprocas de países centroamericanos e de potências estrangeiras nas décadas de 1960 e de 1970 haviam levado a região à beira de um conflito armado generalizado. Em 1985, somaram-se à iniciativa Argentina, Brasil, Peru e Uruguai (Grupo de Apoio a Contadora) a fim de auxiliar o processo de implantação do acordo na América Central.

assinado, em 1983, acordo entre os países do Grupo Contadora e cinco países centroamericanos. Esse instrumento estabelecia 21 pontos sobre as bases de dois princípios fundamentais: proscrição de bases e instrutores militares estrangeiros e proibição do uso dos respectivos territórios para promover a desestabilização de um país vizinho. A iniciativa se originou na preferência de países latinoamericanos pelos princípios de autodeterminação dos povos, não intervenção e solução pacífica de controvérsias em oposição ao uso da força favorecido por pressões intervencionistas que viam no mecanismo um favorecimento ao Governo sandinista nicaragüense. Ao privilegiar o diálogo, aumentavam-se os custos políticos na aposta do intervencionismo.[662]

Em que pese a períodos de hesitação, ambigüidade e até mesmo retrocesso, a análise da prática diplomática permite identificar uma visão própria (*opinio iuris*) do Brasil a respeito do princípio de autodeterminação dos povos que pode ser definida em torno de alguns elementos centrais e recorrentes. Primeiro, trata-se de direito inerente e inalienável dos povos vivendo sob regimes coloniais ou ocupação estrangeira. Motivado tanto por sentimento universalista de solidariedade, quanto por cálculo e interesses nacionais, o Brasil considera a realização do direito à autodeterminação como um dever a ser assegurado pela comunidade internacional organizada. Essa visão geral se densificou, na ação diplomática, por meio da defesa de mandatos e competências para lidar com a questão por parte de órgãos e mecanismos em âmbito multilateral, sobretudo nas Nações Unidas, embora os limites dessa posição principiológica se dessem em circunstâncias específicas, como no caso dos territórios ultramarinos portugueses. Segundo, o direito à autodeterminação relaciona-se com outros princípios fundamentais do direito internacional, em especial os princípios de não intervenção e solução pacífica de controvérsias. Na visão brasileira, o exercício da autodeterminação pressupõe a livre expressão da vontade dos povos não autônomos. O exercício dessa faculdade requer a ausência de interferências indevidas por parte de potências estrangeiras. Em termos sistêmicos, a ingerência sobre o exercício do direito à autodeterminação pode representar ameaça à paz e à segurança e contrariar os propósitos subjacentes à ordem internacional contemporânea. Por fim, o Brasil sempre privilegiou solução pacífica para o encaminhamento de amparadas no direito à autodeterminação dos

---

662 A iniciativa de Contadora esteve na origem do chamado Grupo do Rio, criado em 1986 para a consolidação do processo de redemocratização na América Latina.

povos. Aí reside, muito provavelmente, um dos aspectos mais complexos e que explica, ao menos parcialmente, a hesitação em relação ao apoio irrestrito a movimentos de emancipação nacional. No cerne dessa posição residiu, durante muito tempo, a dificuldade em aceitar o recurso à força por parte desses povos como *ultima ratio* na luta contra o colonialismo e a ocupação estrangeira. A partir dos casos de Palestina e Namíbia, houve uma mudança de paradigma na medida em que o Brasil passou a reconhecer a legitimidade de movimentos insurrecionais (OLP e SWAPO) que lutavam pela independência de povos não autônomos sob o domínio estrangeiro.[663] Em ambos os casos, porém, estavam presentes outros elementos em relação aos quais a diplomacia brasileira era tradicionalmente contrária: respectivamente, ocupação estrangeira e racismo estrutural, além do uso unilateral da força e do desrespeito a decisões adotadas nas Nações Unidas. Mesmo nesses casos, porém, não houve o reconhecimento explícito pelo Brasil da legitimidade da opção pela via armada, embora ambos propagassem abertamente essa alternativa diante das restrições ao exercício da autodeterminação desses povos em seus respectivos territórios. O que se viu foi um chamado a todas as partes - povos não autônomos e potências ocupantes - a privilegiar vias pacíficas para a solução dessas questões. Concretamente, o Brasil se opunha ao uso da força pela potência estrangeira com o objetivo de frustrar o direito à autodeterminação de povos não autônomos, porém não reconhecia explicitamente e *ipso iure* o direito ao recurso à força por parte desses mesmos povos como *ultima ratio* na luta pela autodeterminação.[664] A despeito das críticas que possam existir a essa opção, houve de qualquer forma uma ponderação entre princípios à luz das circunstâncias jurídicas e políticas de cada caso concreto, em que se mesclavam não só várias normas do direito internacional, mas também interesses nacionais específicos, pressões externas das potências mundiais e impactos sistêmicos sobre a manutenção da paz e da segurança internacionais.

---

[663] Abreu Sodré, *supra* nota 386, p. 15.

[664] Havia receio de que, em vista da desproporção de forças entre ambas as partes, haveria grande risco não só para a escalada do conflito - e por conseqüência para a paz e estabilidade mundiais, como de fato ocorreu em várias ocasiões -, como também para a integridade física de populações civis da potência ocupante (ocorrência de atentados terroristas) e dos povos não autônomos (desrespeito do direito internacional dos direitos humanos e do direito internacional humanitário no contexto de ações repressoras).

O Conteúdo Normativo do Princípio de Autodeterminação

À luz do anterior, vê-se que o princípio de autodeterminação dos povos é norma central do direito internacional contemporâneo. Após sua codificação por algumas das mais importantes fontes do direito convencional e consuetudinário contemporâneo, nomeadamente a Carta das Nações Unidas e os Pactos de Direitos Humanos de 1966, o princípio de autodeterminação foi reconhecido e aceito como norma imperativa de direito internacional geral (*ius cogens*)[665] na prática dos Estados (sobretudo no contexto do processo de descolonização),[666] na jurisprudência dos tribunais internacionais,[667] na doutrina[668] e na prática de órgãos multilaterais especializados.[669] Porém, à primeira

---

[665] O caráter de *ius cogens* do princípio de autodeterminação é um dos mais pacíficos no direito internacional. *Per contra*, J. Crawford, *Creation of States in International Law*, Oxford, Clarendon Press, 1979, p. 81.

[666] Para além da resolução 2625 (XXV) da AGNU, aprovada por unanimidade, é evidência da *opinio iuris* dos Estados na matéria a aprovação anual pela AGNU de resoluções intituladas "Universal realization of the right of peoples to self-determination," nas quais é reafirmado seu escopo universal de aplicação. Na antiga Comissão de Direitos Humanos, as resoluções 1997/4, 1998/4, 2003/3 reconheceram sua imperatividade: "the right to self-determination as an international principle" é um "right of all peoples in the world, as it is a *jus cogens* in international law."

[667] No caso *South West Africa*, Ammoun sustentou que o uso da força para frustrar o direito à autodeterminação é "all the more grave" porque "the right of self-determination is a norm of the nature of *jus cogens*, derogation from which is not permissible under any circumstances." *Namibia* case, *supra* nota 608, Separate Opinion of Judge Ammoun, para. 12, pp. 89-90.

[668] K. Doehring, "Self-Determination" *in* B. Simma (ed.), *The Charter of the United Nations: A Commentary*, New York: Oxford University Press, 1994, p. 70; R. McCorquodale, 'Self-Determination: A Human Rights Approach', (1994) 43 *I.C.L.Q.*, p. 858; S. James Anaya, 'Indigenous Rights Norms in Contemporary International Law' (1991) 8 *Arizona Journal of International and Comparative Law*, pp. 29-30; L. Alexidze, 'Legal Nature of *Jus Cogens* in Contemporary International Law' (1981-III) 172 *R.C.A.D.I.*, p. 262; A. Gómez Robledo, *El Ius Cogens Internacional, Estudio histórico-crítico*, México, Universidad Nacional Autónoma de México, 2003, pp. 174-75; e I. Brownlie, *supra* nota 133, p. 489.

[669] Durante os *travaux préparatoires* da CVDT de 1969, vários membros da CDI reconheceram o princípio de autodeterminação como exemplo de norma imperativa. *YbILC*, 1963-I, pp. 4 e 155. Anos depois, nos comentários finais sobre o *Draft articles on Responsibility of States for Internationally Wrongful Acts*, a CDI incluiu o princípio de autodeterminação entre as normas aceitas e reconhecidas pela comunidade internacional como *ius cogens*. *YbILC*, 2001-II, Part Two. pp. 86 e 113. Essa posição também foi defendida na Subcomissão de Direitos Humanos, em 1977. H. Gros Espiell, *The Right to Self-Determination*, U.N. Doc. E/CN.4/Sub.2/405/Rev.1, (vol. I), 20 June 1978, p. 14, para. 78.

vista os contornos dessa norma se mostram pouco precisos devido à diversidade de referências e acepções utilizadas política e juridicamente. Ora norma convencional explícita, ora prática estatal, o conteúdo do princípio de autodeterminação é determinável a partir da análise dessas fontes normativas,[670] das quais se extrai o universo material correspondente em suas dimensões objetiva (obrigações) e subjetiva (direitos).

Com relação à dimensão subjetiva, o conteúdo material do princípio de autodeterminação pode ser definido pelos direitos dos povos (i) a determinar livremente seu *status* político sem interferência externa, bem como de perseguir seu desenvolvimento econômico, social e cultural;[671] (ii) ao *status* separado ou independente dos territórios correspondentes aos povos não autônomos (*non-self-governing peoples*); (iii) à luta desses povos pela realização do direito à autodeterminação, inclusive pelo recurso à força armada quando sob jugo estrangeiro (dominação colonial ou ocupação estrangeira);[672] (iv) ao recebimento de assistência externa para a realização do direito à autodeterminação; e (v) ao controle dos recursos naturais existentes em seus respectivos territórios. Esses direitos constituem o cerne da dimensão subjetiva do princípio de autodeterminação. Embora não disponham de personalidade jurídica plena no direito internacional, povos de territórios sem governo próprio podem exercer esses direitos em oposição não somente ao Estado Administrador ou Potência Ocupante, nos termos do direito internacional humanitário, como também perante qualquer outro Estado ou sujeito de direito internacional que possam obstruir a realização do direito à autodeterminação.[673]

Nos termos da resolução 1541 (XV) da AGNU, há essencialmente três modalidades para um povo sem governo próprio alcançar autonomia em relação a seu território, isto é, determinar livremente seu *status* político sem interferência externa: (i) a emergência como Estado soberano e independente; (b) a livre associação a um Estado independente ou (c) a integração a um Estado independente. Não há, porém, norma convencional que estabeleça clara e

---

670 Além da 1960 *Declaration on the Granting of Independence to Colonial Countries and Peoples* e da Declaração de 1970, cf. também as resoluções 2621 (XXV), 2270 (XXII), 2184 (XXI) e 3103 (XXVIII) da AGNU.

671 "The nucleus of the right of dependent peoples to self-determination is their free determination of their political status". L. Hannikainen, *Peremptory Norms (Jus Cogens) in International Law: Historical development, Criteria, Present Status*, Helsinki, 1981, p. 376.

672 H. Gros Espiell, *supra* nota 869, p. 14. Cf. também *supra* nota 808.

673 A. A. Cançado Trindade, *supra* nota 20, p. 120.

previamente mecanismos e modalidades de consulta a povos sem governo próprio quanto à modalidade de autonomia desejada.[674] A prática internacional oferece exemplos de como povos sem governo próprio podem expressar a vontade de forma livre e sem interferência externa, tanto em relação a Estados administradores, quanto a potências ocupantes.[675] Sem excluir outras possibilidades, tais como a eleição *a priori* de representantes com a capacidade de engajar-se em acordos internacionais com outros Estados, a prática internacional tem-se baseado em exercícios como plebiscitos e *referenda*.[676] No âmbito das Nações Unidas, há vários precedentes em países da África e da Ásia durante o processo de descolonização: Togo (1956), Cameroon (1959 and 1961), Samoa Ocidental (1961) e Timor Leste (1999).[677] Também podem ser mencionados os processos independentes de consulta na Eslovênia (plebiscito em 1990), Croácia (*referendum* de 1991) e Bósnia e Herzegovina (plebiscito de 1992) durante a dissolução da ex-Iugoslávia.[678]

O direito consuetudinário confere aos povos sem governo próprio o direito de procurar e receber ajuda, inclusive meios militares, para a autodeterminação. Sempre submetido à lógica dos princípios e propósitos da Carta das

---

[674] Segundo a CIJ, o consentimento de um povo sem governo próprio "requires a free and genuine expression of the will of the peoples concerned." *Western Sahara, supra* nota 268, para. 55, p. 32.

[675] Jean-François Dobelle, *supra* nota 804, p. 352.

[676] O princípio de autodeterminação não foi enunciado no Pacto, mas há precedentes importantes de prática estatal na Liga das Nações, como os tratados sobre minorias e plebiscitos de limites territoriais que poderiam ser considerados, por analogia, relativos a povos sem governo próprio. Cf. Erin Janne, 'National Self-Determination: a Deadly Mobilizing Force', in Hurst Hannun & Eileen F. Babbit (eds.), *Negotiating Self-Determination*, Lanham, Lexington Books, 2006, p. 12.

[677] O caso da Caxemira não foi exemplo exitoso, apesar da resolução 47 do CSNU (21/4/1948), em grande medida devido à relutância da Índia em aceitar consulta livre e imparcial à população predominantemente islâmica da região. O situação no Saara Ocidental também é questão pendente de solução na agenda da ONU, não obstante a existência de operação de manutenção da paz estabelecida com o objetivo de organizar e supervisionar *referendum* sobre a autodeterminação do território.

[678] As consulta na antiga Iugoslávia não ocorreram sem percalços. A Corte Constitucional iugoslava declarou essas iniciativas inconstitucionais, enquanto a população sérvia boicotou o plebiscito de 1992 na Bósnia e Herzegovina. Isso não evitou o reconhecimento internacional dos novos Estados emergentes nos Balcãs. Hurst Hannun, *supra* nota 876, pp 61-63; H. Hannum, *Autonomy, Sovereignty, and Self-Determination: The Accommodation of Conflicting Rights*, Philadelphia, University of Pennsylvania Press, 1990, p. 34.

Nações Unidas,[679] o exercício desse direito está vinculado a alguns pressupostos, a saber, que as circunstâncias fácticas para a legalidade da ajuda externa indiquem que o povo beneficiário esteja sendo impedido ou reprimido pela Metrópole colonial ou pelo Estado ocupante. O envio de armas implica, obrigatoriamente, a existência de um regime repressor, por meio da força, de povos que lutam por autonomia sob dominação estrangeira (colonialismo ou ocupação). A lógica subjacente é simples: o recurso à força como *ultima ratio* por parte de povos que lutam pelo autogoverno associa-se a um direito inerente à autodefesa diante da repressão estrangeira em seu território.[680] Do contrário, o apoio com armas se tornaria desrespeito a outro princípio fundamental do direito internacional: a não intervenção em Estados soberanos.[681] A assistência a povos sob dominação estrangeira (colonialismo ou ocupação), como corolário do princípio de autodeterminação dos povos, é, assim, exceção (derrogação parcial) admitida somente como último recurso em uma série de esforços, inclusive sob o princípio de solução pacífica de controvérsias, voltados à defesa do princípio da autodeterminação,[682] sobretudo no contexto dos principais fóruns multilaterais, como o Comitê de Descolonização, a AGNU e o CSNU.[683]

Embora controversa e subjetiva por definição, ao menos para fins jurídicos, a existência do elemento *estrangeiro* é aspecto central, senão até mesmo condicional, para o entendimento e a aplicação do princípio de autodeterminação dos povos. É com base nessa relação que se pode afirmar que o escopo

---

[679] J. Zourek, *L'interdiction de l'emploi de la force en droit international*, Leiden/Genève, Sithoff/Institut H.-Dunant, 1974, chapitre XI, pp. 93-112; D. Touret, 'La Déclaration universelle des droits des peuples', 55 *Revue de droit international de sciences diplomatiques et politiques* (1977), pp. 296-297.

[680] O direito à autodefesa não se confunde com o direito à rebelião, este último noção política que vai além de circunstâncias envolvendo dominação estrangeira. R. Rosenstock, *supra* nota 248, pp. 732-733.

[681] Nas negociações da Declaração de 1970, Países Não-Alinhados sugeriram a emenda: "aid and assistance given to people under any form of colonial domination do not constitute intervention". UN Doc. L.12/Rev.1.

[682] Também nas negociações da Declaração de 1970, sugeria-se que a via militar, como medida legítima do direito de autodeterminação, condicionava-se ao esgotamento dos demais recursos. UN Doc A/7831, para. 30.

[683] Após várias decisões reconhecendo a legitimidade da luta armada pelo povo sul-africano contra o regime do *apartheid*, a AGNU adotou nuance importante na resolução 44/27 (22/11/1989), que veiculou a preferência de que movimentos de libertação nacional atingissem seus objetivos por meios pacíficos.

do princípio de autodeterminação abrange não só a luta de povos contra a dominação colonial, mas também os direitos de todos aqueles que vivem sob a ocupação estrangeira.[684] Essa interpretação abrangente alinha-se com os propósitos da Carta das Nações Unidas,[685] dos Pactos de Direitos Humanos de 1966 e do I Protocolo Adicional de 1977 às Convenções de Genebra, bem com a jurisprudência da CIJ no caso *Timor Leste*[686] e na Opinião Consultiva sobre o *Muro*.[687] É por isso que o princípio de autodeterminação não enseja direito inerente à secessão em Estados multiétnicos ou com minorias étnicas. No processo negociador da Declaração de 1970, foi traçada distinção entre casos típicos de autodeterminação, como no contexto colonial, e aquelas hipóteses em que grupos étnicos buscam secessão de um Estado já independente. Os direitos das minorias devem ser resguardados à luz das normas aplicáveis do direito internacional dos direitos humanos. Mas a aplicação do princípio de autodeterminação não deve estender-se a movimentos de secessão de grupos tribais, étnicos e religiosos em países já independentes.[688] Daí o corolário prevalecente até hoje no sentido de que o princípio de autodeterminação não justifica a secessão territorial em Estados já independentes, pois inexiste a presença do elemento "estrangeiro" na forma de administração ou ocupação. O princípio de autodeterminação não implica, portanto, derrogação válida do princípio de soberania e de integridade territorial de Estados independentes.

No mesmo diapasão, o direito à assistência como corolário do princípio de autodeterminação deve ser interpretado restritivamente, pois é exceção à regra de não-intervenção. Esse direito subjetivo só é válido a povos que lutam pela autodeterminação em face da dominação estrangeira. Essa exceção não alcança outras formas de lutas internas nas quais esse tipo de ação externa por parte de terceiros países constituiria, via de regra, violação ao princípio

---

684 A. Orakhelashvili, *supra* nota 172, p. 52. *Per contra*, Craven alude à declaração do juiz Dillard no caso *Namíbia* como prova da aplicação restritiva do princípio de autodeterminação à descolonização. C.R. Craven, 'The European Community Arbitration Commission on Yugoslavia', (1995) 66 *BYIL*, pp. 380-381.

685 Segundo as resoluções 55/2, de 8/9/2000 (Declaração do Milênio das Nações Unidas) e 60/1, de 16/9/2005 (*World Summit Outcome*), o direito à autodeterminação dos povos se aplica à dominação colonial e à ocupação estrangeira.

686 *East Timor* case, *supra* nota 818, paras. 105-106.

687 *Legal Consequences of the Construction of a Wall in the Occupied Palestinian Territory*, *supra* nota 819, para. 88, p. 122.

688 UN Doc A/7831, para. 26 e A/6955, para. 68.

de não-intervenção. O princípio de autodeterminação não enseja, portanto, assistência à chamada "guerra revolucionária", qualquer seja seu matiz ideológico.[689] Ao invés da exportação de movimentos revolucionários, o princípio de autodeterminação visa a resguardar direitos de povos que não exercem autogoverno, um pressuposto para a proteção e a promoção dos direitos humanos em qualquer Estado. O direito à assistência tampouco enseja interpretação no sentido de que o princípio de autodeterminação permite a intervenção militar por terceiros Estados, isto é, de uso da força por Estados estrangeiros em apoio a um determinado grupo. O direito à assistência no âmbito do princípio de autodeterminação se limita ao envio de meios para grupos que lutam pela autodeterminação em face da repressão oposta pelo colonialismo ou pela ocupação estrangeira. A participação direta de militares ou qualquer outro tipo de uso unilateral da força constituiria violação da proibição do uso da força. Isso ocorre porque a proibição do uso da força se dá nas relações interestatais, ao passo que "as relações entre um Estado metrópole e seus territórios dependentes não [pertencem] à categoria de relações internacionais a que se aplica o artigo 2(4)" da Carta.[690] Outro ponto de interesse em relação ao direito à assistência no contexto do princípio de autodeterminação é que os povos beneficiados de meios materiais em sua luta contra a dominação estrangeira estão obrigados a respeitar o direito internacional humanitário, em especial no tocante à proteção de civis (IV Convenção de Genebra). Nesse ponto, observa-se síntese normativa entre os princípios de autodeterminação e de proteção e promoção dos direitos humanos, nos quais ambos se reforçam e complementam mutuamente: de um lado, o princípio de autodeterminação é visto como pressuposto

---

[689] A centralidade do elemento "estrangeiro" para a aplicação do princípio de autodeterminação assume maior clareza em vista dos *travaux préparatoires* da Declaração de 1970. Para além da questão do colonialismo em si, os países ocidentais resistiam a reconhecer a legalidade do uso da força na busca pela autodeterminação devido ao receio de que esse direito extrapolasse a luta contra a dominação colonial e a ocupação estrangeira e viesse a justificar a "guerra revolucionária". À época, países do bloco soviético tratavam de forma indissociada a luta pela autodeterminação e a luta da classe trabalhadora. Os movimentos de libertação nacional seriam elementos orgânicos do processo revolucionário para o socialismo. O tema é complexo e a repressão das ex-metrópoles na Ásia e na África fez com que a retórica comunista se confundisse ao processo de descolonização. Somente após a superação dessa disputa, por meio da compreensão de que o direito à autodeterminação aplicava-se restritivamente às situações de colonialismo e de ocupação, foi possível obter consenso.

[690] UN Doc A/7831, para. 29. Cf. também A. A. Cançado Trindade, *supra* nota 249, pp. 125-126.

fático para garantir os direitos humanos dos povos sob dominação estrangeira; de outro, os direitos humanos não só regulam, como estabelecem limites objetivos às ações, inclusive militares, na luta desses povos pela autonomia.[691]

Por fim, o direito permanente sobre os recursos naturais é um elemento integral do princípio de autodeterminação. Os Estados podem dispor livremente de seus recursos naturais no exercício de sua soberania.[692] Isso implica, *inter alia*, a faculdade de nacionalizar a propriedade privada (estrangeira ou nacional) sobre recursos naturais no interior de seu território. A legalidade dessa prática, muito comum no ocaso da colonização em países recém independentes, goza atualmente de reconhecimento e aceitação generalizada na comunidade internacional.[693] Esse entendimento tem sido reiterado continuamente pela AGNU como efeito lógico-jurídico tanto dos direitos soberanos de um Estado sobre seu território, quanto da natureza imperativa (*jus cogens*) do direito à autodeterminação dos povos. Embora juridicamente válido, o exercício desse direito não impede o surgimento de vínculo causal entre a decisão soberana de expropriação e a constituição de dano a particulares, algo que pode justificar tanto demanda das partes interessadas sob efeito de responsabilidade civil no plano doméstico, quanto de responsabilidade internacional do Estado no plano externo.[694] Em outras palavras, o exercício juridicamente válido dos

---

691 Atentados terroristas contra a população civil são proibidos na luta pela autodeterminação dos povos.

692 A resolução 1803 (XVII) da AGNU, intitulada *Permanent Sovereignty over Natural Resources*, constitui marco de *opinio iuris* sobre o assunto ao declarar o princípio de soberania sobre os recursos naturais como um "basic constituent of the right to self-determination." Essa resolução foi adotada em 14/12/1962 por 87 votos favoráveis, 2 contrários e 12 abstenções. A. Kilangi, *'Introductory note' to General Assembly Resolution 1803 (XVII) of 14 December 1962, Permanent Sovereignty over Natural Resources*, New York, United Nations. Para vários autores, os corolários do direito à autodeterminação, como a soberania permanente sobre os recursos naturais, constituem parte do *jus cogens*. A. Orakhelashvili, *supra* nota 172, pp. 52-53; e I. Brownlie, *supra* nota 133, p. 489.

693 Esse direito é reconhecido também por Estados de nacionalidade das empresas expropriadas. Boa parte das reclamações e demandas nessa área se relacionam à responsabilidade civil ou internacional decorrente do exercício desse direito, em particular no tocante a questões como denegação de acesso à justiça aos prejudicados, inobservância do devido processo legal de acordo com o princípio de tratamento nacional, ou falta de indenizações proporcionais à expropriação. Mencione-se a reação da Espanha a medidas de nacionalização de empresas com capital espanhol na Argentina e na Bolívia em anos recentes.

694 Além da possibilidade de os Estados estenderem proteção diplomática às empresas de sua nacionalidade, investidores privados também podem recorrer, no caso de países signatários, a mecanismos como o *International Centre for Settlement of Investment Disputes* (ICSID).

direitos contidos no universo normativo do princípio de autodeterminação não afasta potencial responsabilidade decorrente da execução dessas medidas, e vice-versa. Não há, porém, derrogação do princípio de autodeterminação quando Estados ou povos não autônomos estabelecem contratos relativos à exploração de recursos naturais em seus territórios; há, antes, exercício dos direitos garantidos pelo regime jurídico dessa norma. A nulidade operada pelo regime jurídico de *jus cogens* só se aplica em situações nas quais o Estado tenha alienado a soberania sobre seus recursos naturais.[695]

Na dimensão objetiva, sobressai, em primeiro plano, o fato de que o princípio de autodeterminação cria obrigações *erga omnes*, pois são devidas à comunidade internacional como um todo.[696] Os deveres são assim oponíveis a todos os membros da comunidade internacional, em especial a Estados Administradores, Potências Ocupantes e eventuais terceiras partes (Estados e Organizações Internacionais). Esse universo de obrigações consiste, materialmente, (i) na proibição geral da ameaça e do uso da força com o objetivo de privar um povo de seu direito à autodeterminação; (ii) no dever de abster-se de obstruir, por qualquer meio, o direito à autodeterminação; (iii) na obrigação de acelerar a realização do direito à autodeterminação em conformidade com a vontade dos povos concernidos; e (iv) na proibição imposta a terceiros Estados de explorar recursos naturais de um território sem governo próprio, sem beneficiar ou garantir a participação dos povos concernidos sobre essa decisão. Essas obrigações se impõem a todos os Estados não só em suas relações com os povos concernidos, mas também com terceiros Estados, principalmente aqueles que detêm mandato ou exerçam a administração real de territórios sem governo próprio. Objetivamente, o princípio de autodeterminação implica o dever imposto a todos os Estados de abster-se de quaisquer medidas, sobretudo aquelas que envolvam o uso da força, que possam porventura prejudicar o gozo e o exercício do direito à autodeterminação dos povos. Esse dever

---

Estabelecido por tratado multilateral sob os auspícios do Banco Mundo, o ICSID serve como meio de conciliação e arbitragem para controvérsias entre Estados e nacionais estrangeiros envolvendo investimentos. Boa parte das expropriações conduzidas na Argentina resultaram em procedimentos iniciados por investidores estrangeiros junto ao ICSID.

695 Caso *Texaco*, para. 78, 53 ILR 482.

696 *Namibia* case, *supra* nota 608, Separate Opinion of Judge Ammoun, para. 12, pp. 89-90; *East Timor* case, *supra* nota 818, p. 102, para. 29; *Legal Consequences of the Construction of a Wall in the Occupied Palestinian Territory*, *supra* nota 819, Separate Opinion of Judge Elaraby, pp. 171-172, para. 88; e *Inter-American Commission on Human Rights*, Organization of American States, Press Communique no. 13/93 (May 25, 1993).

de abstenção cobre todas as situações hipotéticas em que a força é utilizada de forma contrária aos direitos subjetivos protegidos por esse princípio.[697] O respeito aos direitos dos povos sem governo próprio é imperativo e inderrogável em quaisquer circunstâncias, isto é, não só nas relações desses povos com Estados administradores e Potências Ocupantes, mas também com quaisquer outros Estados ou sujeitos de direito que de alguma maneira estabeleçam relações jurídicas que surtam efeitos sobre os bens e indivíduos que se encontrem nesses territórios.

É proibido o reconhecimento de títulos ou pretensos direitos emanados de atos contrários ao princípio de autodeterminação dos povos realizados por Estados administradores ou Potências Ocupantes em territórios sem governo próprio. Esse regime foi reconhecido pela CIJ[698] e aplicado pelo CSNU em várias ocasiões.[699] Não só é peremptória a obrigação de evitar a ameaça ou o uso da força contra a autodeterminação dos povos, como também, por efeito da natureza imperativa desse princípio, circunstâncias de necessidade e de emergência não podem ser utilizadas como excludentes do dever de cumprir com essas obrigações.[700] Finalmente, é vedado estabelecer regime particular *inter partes* derrogatório da obrigação de não afetar negativamente os direitos juridicamente protegidos dos povos em territórios sem governo próprio. O aspecto não derrogável do princípio de autodeterminação se traduz, assim, na sanção de nulidade imposta a tratados ou atos unilaterais contrários ou derrogatórios do direito dos povos de territórios sem governo próprio à luz do princípio de autodeterminação.[701] Tratados estabelecendo a exploração de recursos naturais de territórios sem governo próprio podem ser declarados nulos caso

---

697 R. Rosenstock, *supra* nota 248, p. 731.

698 *Namibia* case, *supra* nota 608, p. 55; *Legal Consequences of the Construction of a Wall in the Occupied Palestinian Territory, supra* nota 819, p. 200, para. 159.

699 Cf. S/RES/465 (1980), S/RES/312 e S/RES/322 (1972).

700 Dificuldades econômicas e orçamentárias não podem ser utilizadas por Potências Ocupantes ou Estados administradores como justificativa para desrespeitar a vontade livre e informada dos povos em *referenda* de independência, ou decisões sobre a exploração de recursos naturais em territórios sem governo próprio.

701 Poder-se-ia imaginar acordo para o fornecimento de armas a serem utilizadas na repressão a povos não autônomos lutando pelo direito à autodeterminação. Nesse caso, pode-se utilizar o mesmo raciocínio que prevaleceu no CSNU quando se impôs embargo à África do Sul durante o regime de *apartheid*.

não se observem ou não sejam resguardados os direitos dos povos concernidos.[702] Também são considerados nulos os atos executados por Estados administradores que visem à transferência ilegal e fraudulenta de populações autóctones de territórios sem governo próprio,[703] bem como acordos relativos a eleições carentes de representatividade ou de *referenda* sem credibilidade.[704]

O direito subjetivo à assistência não enseja, porém, dever objetivo de assistência, isto é, uma obrigação imposta à outros Estados de prover meios materiais à luta dos povos pela autodeterminação. Eventuais ações nessa matéria estão sujeitas a juízo soberano de conveniência e oportunidade à luz dos interesses de cada Estado. Há, sim, o dever de promover a realização desse direito, entre outras coisas pelo fim do colonialismo com pleno respeito à vontade livremente expressada pelos povos que ainda não exercem autogoverno. Isso significa, em termos concretos, os imperativos de abster-se de ações que possam contribuir para a supressão desse direito (reconhecimento de territórios ocupados, por exemplo) e de implantar medidas para assegurar a livre manifestação da vontade dos povos em relação a seu direito de autodeterminação, sobretudo nos fóruns competentes do sistema multilateral, como a AGNU e o Comitê de Descolonização.

Há dois corolários retirados desse universo normativo, a saber: a integridade territorial dos territórios sem governo próprio e o caráter ilegal do uso da força contra o exercício do direito à autodeterminação. Em relação ao primeiro, o princípio de integridade territorial constitui elemento fundamental à determinação dos limites das unidades territoriais às quais têm direito os povos

---

[702] Essa visão foi confirmada pela AGNU em várias resoluções que declararam como inválidas todas as permissões que haviam sido emitidas para a exploração de recursos naturais na Namíbia durante a ocupação sul-africana. Cf. as res. 3399 (XXX) e res. 37/31 and 38/50 da AGNU.

[703] Cf. as resoluções 2548 (XXIX) e 3481 (XXX) da AGNU. O remanejamento populacional também contradiz o art. 49 da IV Convenção de Genebra relativa à Proteção dos Civis em Tempo de Guerra, de 1949.

[704] Tanto a AGNU (res. 2708 (XXV)), quanto o CSNU (res. 435 e 439 (1978)) declararam a invalidade de atos executados pelo África da Sul em relação à Namíbia, como a realização de eleições, e exigiu de todos os Estados que tais atos não fossem reconhecidos, pois obstruíam o direito à autodeterminação do povo namibiano. Da mesma forma, o desrespeito pelo Marrocos da obrigação de observar a vontade livre e informada do povo sarauí justificou a nulidade de "consulta" realizada com representantes de Yema, em 1976.

sem governo próprio.[705] Objetivamente, Estados administradores e Potência Ocupantes são proibidos de desagregar o território correspondente a povo sem governo próprio.[706] A fragmentação territorial promovida por Estados administradores ou Potências Ocupantes pode levar a situações nas quais os interesses dos povos concernidos são colocados em risco, tendo em vista a eventual independência desse território e os benefícios aferidos da exploração de seus recursos naturais.

O princípio de integridade territorial não é, porém, absoluto; há exceções juridicamente válidas a essa regra geral. A premissa é que o propósito fundamental é garantir que o direito a um determinado território pertencente a um povo sem governo próprio esteja protegido sob o direito internacional de toda e qualquer forma de aquisição ou anexação ilegal por terceiros Estados, sobretudo mediante o uso da força. Essa regra reproduz, *grosso modo*, a lógica subjacente à regra geral do direito internacional que protege os direitos soberanos de um Estado de quaisquer formas de ameaça à sua integridade territorial, em linha com o artigo 2(4) da Carta. O princípio de autodeterminação visa à proteção dos direitos de soberania em estado latente dos povos sem governo próprio. Há circunstâncias além das possibilidades previstas pelo princípio XI da Resolução 1541 (livre associação com um Estado independente ou integração com um Estado independente) nas quais um território pode ser fragmentado de acordo com a vontade e os interesses dos povos sem governo próprio.[707] Porém, como já se disse, o anterior não implica direito inerente à secessão sob o princípio de autodeterminação, pois esse conceito opera em circunstâncias

---

705 O princípio de integridade territorial foi particularmente relevante no processo de descolonização, no qual antigos limites coloniais forneceram o critério objetivo para a determinação das fronteiras entre os novos Estados soberanos e independentes. L. Hannikainen, *supra* nota 871, p. 370.

706 A prática estatal nas Nações Unidas revela padrão consistente de condenação e de rejeição de tentativas de fragmentação territorial. Veja-se a repulsa da comunidade internacional aos planos da África do Sul, durante o regime de *apartheid*, de criar territórios para a comunidade negra (Bantustões) em áreas pobres e menos produtivas, e a rejeição, pela AGNU, de tentativas da França em separar a ilha de Mayottte do arquipélago de Comores. Cf. res. 181 (II) da AGNU.

707 Esse foi o caso da partição dos Territórios sob Tutela do Cameroon Britânico e de Ruanda-Urundi, após o fracasso das Nações Unidas em manter a unidade territorial das antigas colônias.

distintas no interior de Estado já independente.[708] Mesmo em se tratando de territórios descontínuos, há suposição de que o controle sobre o território é legal, em oposição à noção de "dominação estrangeira" que define o conceito de autodeterminação.[709] Eventuais conflitos entre grupos étnica ou culturalmente diferentes devem ser interpretados, segundo as circunstâncias, à luz do direito internacional dos direitos humanos ou do princípio de autodeterminação.[710]

Um segundo corolário é a ilegalidade do uso da força utilizado de forma contrária à realização do direito à autodeterminação. Essa ilicitude afeta quaisquer atos decorrentes de ameaça e de uso da força tendo como objeto a regulação de direitos e deveres atinentes a povos sem governo próprio e a seu território correspondente. Estados administradores e potências ocupantes são obrigados não só a promover o desenvolvimento socioeconômico e os direitos humanos dos povos sem governo próprio, como também não devem obstruir o desenvolvimento das capacidades de autogoverno com vistas à independência e soberania.[711] O uso da força para reprimir o exercício do direito à autodeterminação, ou para promover a integração forçada de um território sem governo ao território do Estado administrador ou Potência Ocupante é peremptoriamente proibido e ilegal.[712] Igualmente, acordos contrários à inte-

---

[708] *Primo*, o princípio de integridade é aplicado a contextos de domínio colonial sobre territórios sem governo próprio, enquanto a noção de secessão envolve Estados já independentes. *Secondo*, o princípio de autodeterminação afeta a legitimidade de ações contrárias à integridade territorial ou a unidade politica de povos sem governo próprio. Essa foi a *opinio iuris* majoritária nas tentativas de secessão no Congo (Katanga), Nigéria (Biafra) e Chipre (Norte do Chipre). Cf. E. Jiménez de Aréchaga, 'International law in the Past Third of a Century', *R.C.A.D.I.* (1978-I), pp. 109-11; e J. Crawford, *supra* nota 865, pp. 257-268.

[709] Em 1972, um novo Estado (Bangladesh) emergiu por secessão do Paquistão em meio à discriminação contra a população etnicamente bangladeshi. Nesse caso, a regra da integridade territorial não se aplicava como corolário do princípio de autodeterminação, porque o Governo paquistanês desrespeitava, de forma flagrante, suas obrigações de representar e proteger, sem distinção de raça, credo e cor, todos os povos pertencentes a seu território. No entanto, as circunstâncias reais nem sempre são tão claras e inequívocas.

[710] Essa questão diz respeito à distinção entre autodeterminação "externa" e "interna", como se verá a seguir.

[711] L. Hannikainen, *supra* nota 871, p. 359.

[712] Cf. *Declaration on the Strengthening of International Security*, de 1970, e a *Declaration of Aggression*, de 1974. Resoluções da AGNU aprovadas anualmente sobre o tema têm reafirmado o desacordo dos Estados em relação à ameaça e o uso da força contra o exercício do direito à autodeterminação. O último documento adotado na AGNU sobre a questão (res. 66/145) declara a "*firm opposition* to acts of foreign military intervention, aggression

gridade territorial de territórios sem governo próprio são nulos perante o direito internacional.[713] A AGNU e o CSNU têm declarado, de forma persistente, a ilegalidade e a nulidade de assentamentos em territórios ocupados,[714] não só como consequência da proibição da aquisição territorial por meio do uso da força, como também por força do subprincípio de integridade dos territórios de povos sem governo próprio protegido pelo direito à autodeterminação.

Autodeterminação e Direitos Humanos

Na visão de alguns doutrinadores, o princípio de autodeterminação teria duas dimensões: uma externa, consistente no direito de todos os povos a viverem livremente de quaisquer formas de dominação estrangeira, e outra interna, relativa ao direito dos povos a participar do processo político decisório no interior de Estados já independentes.[715] A diferença fundamental entre ambas seria a existência de um elemento externo ou estrangeiro. O conceito de autodeterminação "externa" corresponderia à noção consagrada de "povos dependentes", como populações que vivem em territórios sob domínio colonial ou dominação estrangeira. Pressupõe a falta de elemento fundamental do Estado: a soberania de um povo sobre um determinado território. A essa concepção contrapor-se-ia uma autodeterminação "interna", em que governos de Estados independentes não seriam representativos das populações residentes. Essa distinção teria implicações jurídicas, como o direito de assistência em circunstâncias de conflitos civis *vis-à-vis* de outros princípios fundamentais do direito internacional, bem como em relação à secessão em face da integridade territorial de Estados já independentes.

---

and occupation, since these have resulted in the suppression of the right of peoples to self-determination and other human rights in certain parts of the world."

713 Esse foi o caso do tratado firmado entre Marrocos e Mauritânia sobre a delimitação de suas supostas fronteiras comuns no Saara Ocidental, instrumento aquele que foi considerado ilegal e nulo por ser contrário ao direito à autodeterminação do povo sarauí. L. Hannikainen, *supra* nota 871, p. 407.

714 Cf. a resolução 465 (1980) do CSNU.

715 A. Cassese, *supra* nota 833, pp. 1-365; P. Thornberry, "The Democratic or Internal Aspect of Self-Determination with Some Remarks on Federalism", *Modern Law of Self-Determination* (ed. Ch. Tomuschat), Dordrecht, Nijhoff, 1993, pp. 101-138; Ch. Tomuschat, "Self-Determination in a Post-Colonial World", *idem*, pp. 1-20; A. Rosas, "Internal Self-Determination", *ibidem*, pp. 225-251.

A hipótese de um princípio de autodeterminação "interno" parece confundir o dever de respeito aos direitos humanos, em especial direitos civis e políticos, e as características desse princípio tal como desenvolvido no direito internacional. Como visto acima, no cerne da norma de autodeterminação encontra-se a tensão entre a luta pela autonomia de um povo e o domínio estrangeiro, razão pela qual se retira o corolário de integridade dos territórios dos povos sem governo próprio. É a existência do elemento "estrangeiro" que caracteriza a hipótese de incidência do princípio de autodeterminação a fatos concretos. Por isso o princípio à autodeterminação é não só um direito humano fundamental dos povos, isto é, de titularidade subjetiva coletiva, mas também requisito material para o gozo e respeito dos direitos humanos.[716] A seu turno, a chamada autodeterminação "interna" corresponde ao próprio direito internacional dos direitos humanos, em particular às garantias necessárias à participação política dos indivíduos em processos decisórios em Estados independentes. A dimensão interna consiste nos deveres impostos ao Estado soberano de promover e proteger os direitos humanos de todos aqueles indivíduos que estiverem sob sua jurisdição, a despeito de nacionalidade, cidadania ou *status* migratório (princípio da dignidade).[717] Seria, ademais, a representação ulterior do princípio de Estado Democrático de Direito[718]. Essa interpretação não deixa de reconhecer direitos a grupos coletivos (e logo deveres correlatos de proteção)[719] em face ou mediante a ação do Estado independente em cujo território esses povos estejam presentes, mas o faz na seara do direito internacional dos direitos humanos *stricto sensu*.

A solução encontrada pelo Comitê Especial responsável pela preparação da Declaração de Princípios 1970 sobre a aplicação do princípio de autodeterminação no interior de um Estado já independente aplica-se até os dias

---

716 O princípio de autodeterminação é requisito para a promoção e proteção dos direitos humanos. L. Hannikainen, *supra* nota 871, pp. 357-358, e Jean-François Dobelle, *supra* nota 804, p. 341.

717 A. A. Cançado Trindade, *supra* nota 20, pp. 117-118.

718 J. Salmon, "Internal Aspects of the Right to Self-Determination: Towards a Democratic Legitimacy Principle?", *Modern Law of Self-Determination* (ed. Ch. Tomuschat), Dordrecht, Nijhoff, 1993, pp. 253-282.

719 Cf., por exemplo, a Carta Africana de Direitos Humanos e dos Povos, de 1982, que estabelece direitos civis e políticos (Arts. 3-14); econômicos, sociais e culturais (Arts. 15-18), e direitos dos povos (Arts. 19-24) mediante um mesmo mecanismo de implementação (Arts. 46-59 and 62).

de hoje. No parágrafo 7º da Declaração afirmou-se a necessidade de que os Governos sejam representativos de suas populações. Sem negar a aplicação do princípio de autodeterminação no plano doméstico, o Comitê circunscreveu essa obrigação ao universo normativo dos direitos humanos e das liberdades fundamentais, de acordo com o parágrafo 3º da mesma Declaração. Com isso, evitou-se confundir o princípio de autodeterminação com um direito à secessão de populações etnicamente distintas vivendo em um mesmo território. A regra fundamental é que minorias e outros povos étnicos devem gozar plenamente dos direitos humanos e das liberdades fundamentais, inclusive por meio de mecanismos de representação que lhes garanta o exercício desses direitos. O justo equilíbrio entre os direitos humanos e o princípio de autodeterminação povos é diretamente proporcional à observância, no plano fático, do exercício desses direitos por minorias étnicas.[720]

[720] "In the short run, expediency may incline a government toward silence. In the long run silence is inimical to a just and lasting peace". R. Rosenstock, *supra* nota 248, p. 732.

Capítulo VIII
NÃO INTERVENÇÃO

O princípio da não intervenção é um dos pilares sobre os quais se erigiu a ordem jurídica internacional contemporânea. Essa norma regula, de forma proibitiva, o relacionamento interestatal por meio do reconhecimento recíproco de um universo de relações no interior de um Estado em que é vedada a interferência de terceiros países. O princípio de não intervenção tem duas dimensões.[721] A objetiva consiste no dever de abstenção[722] em relação a esse universo normativo que corresponde, materialmente, aos elementos constitutivos do Estado (indivíduos, território e soberania). A dimensão subjetiva consiste no direito de um Estado à escolha sobre a forma de Governo e o modelo de desenvolvimento de maneira desimpedida de forças externas. Nessa dimensão, o princípio de não intervenção se associa aos princípios de igualdade, independência e autodeterminação dos povos, como proteção ao exercício da autonomia pelos Estados no plano internacional.

Não intervenção na Assembléia Nacional Constituinte

A inclusão do princípio de não-intervenção no art. 4° alinha-se com a tradição do constitucionalismo brasileiro de vedar a guerra de conquista. O art. 88 da constituição republicana de 1891 dispunha sobre a proibição da guerra de conquista, "direta ou indiretamente, por si ou em aliança com

[721] Vaughan Lowe, 'The principle of non-intervention: use of force', in Colin Warbrick and Vaughan Lowe, *The United Nations and the Principles of International Law, Essays in Memory of Michael Akehurst*, London/New York, Routledge, 1994, p. 68.

[722] Pedro Dallari, *supra* nota 2, p. 165.

outra nação". A mesma regra proibitiva foi reproduzida, em formulações distintas, nas Constituições de 1934 (art. 4º),[723] 1946 (art. 4º)[724] e 1967 (art. 7º, parágrafo único[725]).

Mas foi somente na Constituição de 1988 que esse valor arraigado historicamente na identidade internacional do Brasil foi positivado na ordem jurídica doméstica sob a norma de não intervenção consagrada no direito internacional público. Esse princípio foi utilizado pelo constituinte como direção à ação do Brasil tanto como proibição de engajamento em políticas intervencionistas, quanto como dever de zelar para que ações de outros Estados não constituam ingerência indevida em nossa soberania.[726] A emenda proposta com o objetivo de incluir o princípio de não intervenção associava-se a essa percepção prevalecente entre os legisladores,[727] tal como refletido no repúdio de vários

---

723 Art 4º - O Brasil só declarará guerra se não couber ou malograr-se o recurso do arbitramento; e não se empenhará jamais em guerra de conquista, direta ou indiretamente, por si ou em aliança com outra nação.

724 Art 4º - O Brasil só recorrerá à guerra, se não couber ou se malograr o recurso ao arbitramento ou aos meios pacíficos de solução do conflito, regulados por órgão internacional de segurança, de que participe; e em caso nenhum se empenhará em guerra de conquista, direta ou indiretamente, por si ou em aliança com outro Estado.

725 Art 7º - Os conflitos internacionais deverão ser resolvidos por negociações diretas, arbitragem e outros meios pacíficos, com a cooperação dos organismos internacionais de que o Brasil participe. Parágrafo único - É vedada a guerra de conquista.

726 A participação do Brasil na intervenção na República Dominicana sob o manto da OEA, em 1965, foi mencionada por vários constituintes como caso paradigmático de obrigação de não fazer. Para Aluizio Bezerra, "o Brasil, naquela ocasião, serviu de braço armado aos interesses norte-americanos". *Supra* nota 384, p. 6. Vilson Souza afirmou que "a Ditadura chegou a invadir, com uma força militar, a República Dominicana, em 1965, para, juntamente com tropas norte-americanas, impedir a reintegração do presidente eleito, Juan Bosch, acusado de esquerdista. É, portanto, preciso completar as formulações pacificas Constituição, para que não permaneçam figuras de retórica e de efeito acadêmico".

727 Emenda 00019 ao Anteprojeto do Relator da Subcomissão: "Parágrafo único. Em respeito ao princípio da autodeterminação dos povos, da não intervenção em assuntos internos e da igualdade soberana dos Estados, o Brasil se oporá que organismos regionais dos quais faça parte utilizem a força contra qualquer de seus membros". A justificativa dada à proposta foi a seguinte: "esta (ONU), e somente a esta organização mundial, e depois de ouvido o seu Conselho de Segurança, será licito utilizar tropas depois de ouvido o seu Conselho de Segurança, será licito utilizar tropas multinacionais para garantir a paz e dissuadir ameaças de utilização da força". Nesse mesmo sentido, já na Comissão de Sistematização, Jamil Haddad propôs a emenda aditiva 09201 ao projeto 1 para incluir, entre os princípios fundamentais, o seguinte artigo: "O Brasil não participará de forças internacionais de caráter intervencionista". Em sua justificativa, aduziu que "a Constituição deve deixar

constituintes a intervenções unilaterais em países soberanos à margem da Carta das Nações Unidas.[728]

Na Assembléia Constituinte, as deliberações sobre o princípio de não intervenção nos assuntos domésticos refletiam a tensão entre as dimensões soberanista e universalista da política externa brasileira. Essa norma representava o sentimento de repulsa, bastante presente na redemocratização, quanto à ingerência de potências estrangeiras em nosso processo político, econômico e social, em contrariedade não só ao princípio de não intervenção, mas também ao princípio de autodeterminação dos povos. Para o constituinte, a aplicabilidade dessa norma deveria aplicar-se não só à diplomacia brasileira no plano externo, mas igualmente a relações públicas e privadas sob a jurisdição brasileira, isto é, enquanto norma proibitiva em relação à eventual interferência indevida de terceiros Estados sobre decisões soberanas.

O Princípio de Não intervenção na Ordem Jurídica Internacional

A codificação do princípio de não intervenção acompanhou a formação de uma ordem jurídica internacional de cooperação entre os Estados.[729] Na gênese desse processo residia o interesse de assegurar respeito mútuo à autonomia de cada Estado por meio da regulação e da limitação recíproca do uso da força armada e de outras formas de pressão e coerção que atentam contra a soberania estatal. No direito internacional moderno, a origem do conceito de não intervenção associa-se ao reconhecimento de um dever de abstenção

claro que o Brasil não participará de forças intervencionistas de caráter internacional (...) O dispositivo proposto visa a impedir que situações políticas excepcionais ensejam aventuras que tanto discrepam do nosso passado histórico. Que a intervenção na República Dominicana jamais se repita". Em seu parecer, o relator julgou que a emenda estava prejudicada, porquanto já se previa, entre os princípios de relações internacionais, "a autodeterminação, não ingerência e solução pacífica dos conflitos".

728 Essa dinâmica também se observava em propostas para proibir a participação do Brasil em blocos militares.

729 "'Non-intervention' is laid down as a constitutional principle of the Charter of the world community". Felix Ermacora, *supra* nota 635, p. 143. Cf. Celso D. de Albuquerque Mello, *supra* nota 3, p. 139.

considerado como obrigação natural e necessária,[730] segundo o entendimento de que nenhum Estado tem o direito de intervir ou de julgar outro Governo soberano. *Contrario sensu*, as nações têm o direito de não sofrerem a intervenção de potências estrangeiras, hipótese em que estas últimas incorreriam em "injúria".[731] Tal como observado por Vattel, o direito de utilizar a força e de intervir sob outros formatos em outro Estado, estaria condicionado à proteção do direito à segurança e por isso só poderia ser exercido em legítima defesa em casos de agressão real e imediata.[732]

No século XIX, o conceito de não intervenção foi retomado por pensadores liberais. Cobden articulou o princípio de não intervenção com a defesa do livre comércio entre as nações. Em sua visão, os Estados teriam tendência natural à intervenção; quanto maior seu poder e abrangência, maior seu potencial de ingerência.[733] Outro expoente do liberalismo inglês, John Stuart Mill levou o princípio de não intervenção às últimas conseqüências ao sugerir

---

730 Na obra de Emmerich Vattel, esse princípio desempenhava papel central na definição do chamado *droit nécéssaire*, em particular no tocante aos princípios gerais (*lois générales*) de assistência mútua, liberdade e independência das Nações (" aucune Nation n'a le moindre droit de se mêler du gouvernement d'une autre"). E. de Vattel, *supra* nota 445, Livre II, Chapitre IV, §§ 54 e 55, pp. 356-357.

731 O autor suíço critica o jusnaturalismo de Grotius, em termos de que um terceiro Estado (*souverain*) teria o direito de utilizar legalmente a força contra outra Nação em razão do descumprimento de obrigações do Direito Natural, mesmo na ausência de vínculo direto e de não haver ameaça a seu direito de segurança (*sûrété*). E. de Vattel, *supra* nota 445, Livre II, Chapitre I, § 7, p. 327, e § 18, p. 334. Grotius defendia a legitimidade do uso da força por Nações "civilizadas" contra povos "bárbaros" (indígenas americanos e africanos, por exemplo) em casos de violação do Direito Natural contra si próprios. H. Grotius, *De Iure Belli et Pacis (On the Law of War and Peace)* (William Whewell ed. & trans.), London, John W. Parker, 2009, book II, chap. XX, § XI.

732 Vattel admitia apenas uma exceção à regra geral de não intervenção: casos de tirania e opressão, como direito à assistência de povos oprimidos. E. Vattel, *supra* nota 445, Livre II, Chapitre IV, § 56, p. 358. Mas Vattel anteviu a ação coletiva como meio adequado para interromper a injustiça no direito internacional. Ele exemplifica com caso hipotético de um Estado agressor que aberta e continuamente desrespeita o direito internacional e os direitos de outros Estados. Nessa situação, os interesses da comunidade internacional como um todo (*l'intérêt de la société humaine*) autorizariam ação coletiva. Mas essa asserção é ponderada com a observação de que nenhuma Nação está na condição de julgar a outra e que tal exceção deve ser analisada escrupulosamente, pois tem grande risco de incorrer no desrespeito ao próprio valor de Justiça e na violação dos direitos de outras Nações.

733 Criava-se relação direta e proporcional entre Estado mínimo e o princípio de não-intervenção. Richard Cobden, *Free Trade as the Best Human Means for Securing Universal and Permanent Peace*, London, 1842.

que se tratava não só de corolário fundamental do direito à autodeterminação dos povos, mas também de ônus a ser superado na realização da liberdade política; caso falhassem, era vedada a assistência externa em apoio à sua luta pela autonomia.[734]

O princípio de não intervenção foi alçado ao ápice do sistema internacional a partir da reinstalação da balança de poder westphaliana no Congresso de Viena, em 1815. No novo concerto das nações, sua função era assegurar o *status quo* restaurador diante da ameaça revolucionária dos movimentos de independência e de nacionalismo da primeira metade do século XIX. Esse interesse político se refletiu na interpretação e na prática jurídica dos países centrais do sistema internacional nas décadas subseqüentes. No Reino Unido, Castlereagh defendeu, em 1821, a existência de um direito natural dos Estados de intervir nos assuntos domésticos de terceiras nações por razões de segurança e interesses essenciais.[735] Poucos depois, seu sucessor Canning propôs interpretação distinta, em que negava a existência de um direito geral e abstrato à intervenção por razões puramente domésticas em uma nação estrangeira, porém reconhecia o direito de intervir no caso de um Estado "revolucionário" propagar seus princípios no exterior.[736] Embora com vetores distintos (Castlereagh privilegiava o direito à intervenção, Canning enfatizava a dimensão proibitiva como regime de exceção) sobressaía em ambos a discricionariedade de um Estado, no caso o império britânico, em decidir sobre a intervenção em terceiros países.[737] Essa mesma lógica intervencionista foi utilizada pelos Estados Unidos, em 1823, como justificativa para a autodeclarada liderança hemisférica por

---

[734] J.S. Mill, 'A Few Words on Non-Intervention', publicado originalmente em *Fraser's Magazine*, em 1859.

[735] "It should be clearly understood that no government can be more prepared than the British government is to uphold the right of any state or states to interfere, where their own immediate security or essential interests are seriously endangered by the internal transactions of another state". *In* L. Oppenheim (ed.) *The Collected Papers of John Westlake on Public International Law,* Cambridge, Cambridge University Press, 1914, p. 125.

[736] *Idem*, p. 126.

[737] As ameaças de fechamento do porto do Rio de Janeiro durante a Questão Christie e a intervenção britânica na China no contexto das Guerras do Ópio, além de vários outros exemplos da "diplomacia das canhoneiras" na África, na Ásia e na América Latina, são episódios que ilustram como os "interesses essenciais" eram interpretados na prática do expansionismo do imperialismo no final do século XIX e início do XX.

meio da "Doutrina Monroe".[738] O resultado, em ambos os casos, foi o aumento de intervenções em todo o mundo.[739]

---

[738] Sob a alegação da ameaça restauradora das antigas metrópoles europeias, a Doutrina Monroe foi uma declaração unilateral dos EUA aplicada no hemisfério. Não só não impediu sucessivas intervenções de potências estrangeiras, como motivou ingerências dos EUA em países latino-americanos e caribenhos. No Congresso do Panamá, em 1826, repúblicas independentes da América espanhola propuseram a adoção do princípio de não intervenção, nos moldes elaborados por James Monroe, como norma recíproca entre os países do hemisfério. Os EUA, porém, se opuseram a essa idéia ao alegar abertamente o caráter unilateral da doutrina, reservando-se o direito de intervir em outros países de acordo com seus interesses. Segundo Kolb, houve aproximadamente 70 intervenções dos EUA entre 1813 e 1927. R. Kolb, *Ius contra bellum, Le droit international relatif au maintien de la paix*, Bruxelles, Bruylant, 2e édition, 2009, p. 316. Cf. também Jesús María Yepes, *Les Problèmes Fondamentaux du Droit des Gens en Amérique. Le Problème de L'Intervention*, Paris, 1935, p. 55-56.

[739] Mencionem-se o bloqueio marítimo imposto pela França na Argentina, em 1838, alegadamente em defesa de seus nacionais; a intervenção francesa no México, em 1938, para a cobrança de dívidas a seus nacionais; o novo bloqueio dos portos argentinos em 1845, por França e Reino Unido, com o propósito de proteção a interesses de seus nacionais (nesse caso embarcações argentinas foram capturadas); a intervenção e anexação do Texas pelos Estados Unidos, em 1845, após longo período de intervenção nos assuntos domésticos mexicanos que levou à guerra entre os dois países; e a intervenção armada de Alemanha, Itália e Reino Unido na Venezuela, em 1902-1903, para cobrar dívidas. Essas três potências ainda teriam reconhecido, pela Corte Permanente de Arbitragem da Haia, em 1904, direitos preferenciais para o pagamento das dívidas pelo recolhimento de tributos aduaneiros em portos venezuelanos. Cf. *The Venezuelan Preferential Case* (Germany, Great Britain, Italy, Venezuela et al), *Reports of International Awards* (Permanent Court of Arbitration), 22 February 1904, vol. IX, pp. 107-110. A intervenção na Venezuela levou o Presidente norte-americano Theodor Roosevelt a propor, a fim de evitar intervenções de potências extrarregionais, que os EUA teriam o direito de intervir nos assuntos domésticos dos países do hemisfério para garantir a estabilidade e o pagamento das dívidas. Essa política ficou conhecida como o "Corolário Roosevelt" da "Doutrina Monroe". A premissa fundamental do corolário era o chamado *big stick* (porrete): uma diplomacia coercitiva amparada na ameaça iminente de intervenção pela força militar sob a afirmação explícita da supremacia dos EUA no hemisfério ocidental. Mais uma vez, tais interesses se traduziram em nova onda de intervenções dos EUA no continente, a exemplo da secessão e independência do Panamá, em 1903. Em 1914, o então Secretário de Estado norte-americano Elihu Root reinterpretou a Doutrina Monroe em termos de um "destino manifesto": o direito natural dos EUA ao controle do hemisfério ocidental. Elihu Root, 'The Real Monroe Doctrine', in *Proceedings of the American Society of International Law at Its Annual Meeting*, (1907-1917), Vol. 8 (April 22-25, 1914), pp. 6-22. Como esperado, sucederam-se novas intervenções na região, sobretudo na América Central e no Caribe (Panamá, Cuba, Haiti e República Dominicana). Cf. José J. Caicedo Castilla, *El Derecho Internacional en el Sistema Interamericano*, Madrid, 1970, pp. 139-141.

Em reação a essa dinâmica intervencionista, desenvolveu-se na América Latina o princípio de não intervenção[740] pela articulação, por parte das novas repúblicas independentes, do princípio de igualdade soberana com o respeito à independência e à autodeterminação dos povos. O princípio de não intervenção emergiu com a finalidade de proteger juridicamente a soberania desses países em face de potências estrangeiras que dispunham de meios de poder superiores para fazer prevalecer seus interesses, mesmo quando essa intervenção não se voltasse para o restabelecimento do regime colonial. O desenvolvimento progressivo do princípio de não intervenção associou-se, assim, à prática jurídica da região,[741] onde serviu como fundamento para o sistema interamericano. Sobressaem, nesse processo, a doutrina Calvo sobre a igualdade entre nacionais e estrangeiros em matéria de direitos civis, a doutrina Stimson[742] relativa ao não reconhecimento do domínio sobre territórios adquiridos pela força e, sobretudo, a doutrina Drago, que proibia a utilização da força como meio legítimo de cobrança de dívidas de um Estado.[743]

Assinada em 1933, inclusive pelo Brasil, no marco da VII Conferência Internacional dos Estados Americanos, a Convenção de Montevidéu sobre os

---

740 "A desigualdade de poder e de direitos que caracterizou as relações entre os grandes poderes e as jovens repúblicas latino-americanas (...) explicou as duas concepções conflitantes de não-intervenção que emergiram: por um lado, a concepção européia, que distinguia entre intervenção legítima (intervenção para assegurar controle financeiro de Estados devedores insolventes, intervenção humanitária, intervenção para proteger nacionais no exterior, e mesmo intervenção para manter a balança de poder) e intervenção ilegítima, e, por outro lado, a concepção latino-americana, rejeitando qualquer forma de intervenção". Representante do México, Jorge Castañeda, no *Special Committee on Principles of International Law concerning Friendly Relations and Co-operation among States.* UN Doc A/AC.119/SR.30, p. 4 (trad. livre). Cf. também Dominic McGoldrick, *supra* nota 638, p. 96; e Ann Van Wynen Thomas e A.J. Thomas A.J. Thomas, *Non-Intervention: The Law and its Import in the Americas,* Dallas, Southern Methodist University Press, 1956.

741 *Nicaragua* case, *supra* nota 269, Separate Opinion of Judge Jennings, pp. 534. Cf. também o abrangente estudo histórico de G. Arangio-Ruiz, *supra* nota 262, pp. 547–9.

742 Em 7/1/1932, o então Secretário de Estado Henry Stimson enviou notas verbais à China e Japão nas quais os EUA declaravam não reconhecer qualquer situação, tratado ou acordo resultado da força militar, em alusão à invasão japonesa da Manchúria após o incidente Mukden, em 1931. A Doutrina Stimson foi ecoada em março de 1932 na Assembléia da Liga das Nações, onde se adotou, por unanimidade, resolução antijaponesa incorporando-a como norma de não-reconhecimento.

743 A doutrina Drago foi consagrada na II Convenção de Haia de 1907 relativa à *Limitation of the Employment of Force for the Recovery of Contract Debts*, pela qual as Partes se comprometiam a não recorrer à força para recuperar dívidas de países estrangeiros.

Direitos e Deveres dos Estados[744] foi o principal tratado regional na matéria até a constituição das Nações Unidas e da OEA.[745] Nesse instrumento, o princípio de não intervenção se desdobrava tanto como direito oponível a outros Estados, quanto como dever de abstenção reconhecido entre os signatários. No art. 8º, a Convenção de Montevidéu estabelece que "Nenhum Estado tem o direito de intervir nos assuntos internos ou externos de outro". Prevê ainda, no art. 3º, que "o exercício desses direitos não encontra nenhum limite além do exercício dos direitos de outros Estados de acordo com o direito internacional" (noção clássica de "domínio reservado") e estabelece que "os direitos fundamentais dos Estados não estão sujeitos a serem afetados de nenhuma maneira" (art. 5º). Esse princípio foi reafirmado na Conferência Interamericana para a Manutenção da Paz de Buenos Aires, em 1936. Como expressão da *opinio iuris* dos Estados americanos na matéria, o art. 3º da Declaração de Princípios de Solidariedade e Cooperação Interamericana reconhece a proscrição da guerra de conquista territorial; a condenação da intervenção por um Estado nos assuntos internos e externos de outro Estado; a ilegalidade da cobrança de dívidas pela força e a obrigação de recorrer a meios pacíficos para resolver disputas entre as nações americanas.[746] Em paralelo, foi aprovado Protocolo de Não Intervenção com o objetivo de dotar o nascente sistema jurídico do hemisfério de instrumento vinculante em que as Partes declaravam (art. 1º) a "inadmissibilidade de qualquer uma delas [intervir], direta ou indiretamente, e por quaisquer razões, nos assuntos internos e externos de outra Parte".

O princípio de não intervenção se cristalizou como norma de escopo universal para além do hemisfério interamericano após sua inscrição no art.

---

744 O instrumento foi aprovado com o voto do então Secretário de Estado norte-americano Kordell Hull, sob a reserva de que os EUA resguardavam suas prerrogativas "segundo o direito das nações universalmente reconhecido". Essa reserva foi mantida pelo Senado dos EUA quando foi aprovada a Convenção.

745 Em 1928, na Conferência Interamericana de Havana, os países da região rechaçaram a proposta dos EUA de distinguir juridicamente intervenção e interposição de caráter temporário. Em 1933, em Montevidéu, o princípio de não intervenção foi pela primeira vez formalmente mencionado e, em 1935, na Conferência de Buenos Aires, foi finalmente reconhecido no Protocolo Adicional Relativo à Não-Intervenção. O princípio foi reiterado nas Conferências de Lima (1938) e Chapultepec (1945), até sua consagração definitiva no Pacto de Bogotá de 1948 e na Carta da OEA (arts. 15 e 16). Cf. C. Sepúlveda, *Las Fuentes del Derecho Internacional Americano*, México, Ed. Porrúa, 1975, pp. 77-84; R. Rosenstock, *supra* nota 248, p. 729.

746 Cf. *Declaration of Principles of Inter-American Solidarity and Cooperation*; adotada por ocasião da Conferência Interamericana para a Manutenção da Paz de Buenos Aires de 1936.

2(7) da Carta da ONU. Ao contrário do que ocorria no regime da Liga, que pressupunha o consentimento do Estado concernido em relação à temática de soluções pacíficas de controvérsias,[747] mas não necessariamente em relação às atividades da Assembléia,[748] o art. 2(7) da Carta foi redigido de forma abrangente ao impor obrigação geral, *ex officio*, a todos os órgãos das Nações Unidas. Ao invés de referir-se a assuntos *solely* da jurisdição doméstica (art. 15(8) do Pacto), o escopo do novo dispositivo visava à exclusão das atividades da Organização, como regra geral, de todos os assuntos pertencentes *essentially* ao domínio reservado dos Estados.[749]

Num primeiro momento, o escopo de aplicação *ratione personae* do art. 2(7) foi interpretado apenas em relação às competências dos órgãos das Nações Unidas, que estariam impedidos de lidar com o domínio reservado dos Estados.[750] Essa era, com efeito, a intenção inicialmente prevalecente, tal

---

[747] Felix Ermacora, *supra* nota 635, p. 142.

[748] Gilbert Guillaume, *supra* nota 771, p. 485. Durante o processo negociador da Carta, o delegado norte-americano e então Secretário do Departamento de Estado, J.F. Dulles, que exerceu grande influência na formulação da Carta, afirmou que o escopo de aplicação desse princípio cobria todas as atividades da organização e não somente questões relacionadas à solução de controvérsias, tal como na Liga das Nações. US Dept. of State (ed.), *Charter of the United Nations, Report to the President on the Results of the San Francisco Conference by the Chairman of the United States Delegation*, Publication 2349, Conference Series 71 (1945), p. 45. A preocupação central dos EUA residia na possibilidade de que órgãos onusianos tivessem ingerência em temas econômicos e sociais. Cf. L. Preuss, 'Article 2, Paragraph 7 of the Charter of the United Nations and Matters of Domestic Jurisdiction', *R.C.A.D.I.* 74, (1949-I), 550-653.

[749] Felix Ermacora, *supra* nota 635, p. 142. As potências de então rejeitaram a ponderação feita por países latino-americanos, entre os quais o Brasil, de que a análise casuística sobre quais temas se inseriam no domínio reservado dos Estados deveria caber a órgão multilateral e independente, como a CIJ. A mesma posição contou com o apoio da Bélgica e Grécia. Cf. Gilbert Guillaume, *supra* nota 771, pp. 486 e 498.

[750] Cf. Hans Kelsen, *supra* nota 184, pp. 796-770. Essa questão se evidenciou no tratamento dado pela AGNU à presença de tropas britânicas na Grécia, em 1946, e, pelo CSNU, à intervenção norte-americana na República Dominicana, em 1965. Nesta última, o representante do Uruguai no CSNU defendeu a interpretação de que o escopo *ratione personae* da regra de não intervenção se aplicava também nas relações entre Estados, ao passo que o representante norte-americano alegava sua restrição às ações das Nações Unidas. Por vias indiretas, a própria CIJ chegou a reconhecer sua submissão, como órgão da ONU, à regra do art. 2(7). *Interpretation of Peace Treaties with Bulgaria, Hungary and Romania*, Advisory Opinion (Second Phase), 1950 ICJ Reports, p. 221. Cf. também Gilbert Guillaume, *supra* nota 771, p. 486.

como indicam os *travaux préparatoires* da Carta.[751] Essa interpretação só foi afastada, tanto em relação à proibição de atuação dos órgãos onusianos, quanto ao limite restritivo a esses órgãos *ratione personae*, por meio da prática estatal nos órgãos onusianos nas décadas seguintes.[752] A AGNU, o ECOSOC e a Comissão de Direitos Humanos[753] passaram a lidar com aspectos em princípio circunscritos exclusivamente às jurisdições nacionais. Ao mesmo tempo, porém, avançava a visão de que a proibição do art. 2 (7) aplicava-se também no plano das relações entre Estados. Embora já se reconhecesse na doutrina que o dever geral de abstenção nas relações interestatais estivesse implícito na Carta,[754] assentava-se a opinião de que a regra de não ingerência codificava norma já consolidada no direito consuetudinário, como corolário do conceito de soberania e independência entre as nações.[755]

Em 1948, na IX Conferência Internacional Americana, em Bogotá, retomou-se o processo de codificação do princípio de não intervenção desenvolvido nas décadas anteriores no sistema interamericano por meio de sua inscrição como um dos pilares fundamentais da Carta da OEA.[756] Nesse instrumento, o princípio foi consagrado em termos ainda mais amplos que aqueles previstos na Carta das Nações Unidas. Tal como na Convenção de Montevidéu de 1933, o artigo 15 da Carta de Bogotá reconhece a proibição de praticar atos injustos (mais correto seria dizer "ilegais") contra outros Estados.[757] O art. 19, por sua vez, veda qualquer tipo de intervenção nos assuntos internos e externos de um Estado membro (direta e indiretamente e a despeito da motivação), bem como

---

751 UN Doc. n. 1070 I, 134, 18 June 1945.

752 A Carta não dispôs, porém, sobre qual órgão teria competência de determinar condutas contrárias ao princípio de não intervenção. Felix Ermacora, *supra* nota 635, p. 143; e Hans Kelsen, *supra* nota 184, pp. 783-791.

753 Dominic McGoldrick, *supra* nota 638, 85-119.

754 Hans Kelsen, *supra* nota 184, p. 490; e M. Virally, 'Panorama du droit international contemporain, Cours général de droit international public', *R.C.A.D.I.*, 1983-v, p. 109.

755 I. Brownlie, *supra* nota 133, p. 290.

756 Em estudo de 1962 sobre a "Contribution of the American Continent to the Principles of International Law concerning the Responsibility of the State", o Comitê Jurídico Interamericano da OEA considerou, *inter alia*, que o princípio de não intervenção consistia na norma mais fundamental do sistema interamericano por ser "contractually binding for 21 American Republics". OAS, doc. OEA/Ser.I/VI.2 — CIJ-61, Chap. IV, pp. 9-12.

757 Artigo 15 - O direito que tem o Estado de proteger e desenvolver a sua existência não o autoriza a praticar atos injustos contra outro Estado.

estabelece, expressamente, que essa proibição exclui não só a utilização da força armada, como também qualquer outra forma de ingerência contrária à soberania estatal em seus aspectos políticos, econômicos e culturais.[758] O art. 20 proíbe a aplicação ou o estímulo de medidas coercitivas de caráter econômico e político, isto é, pressões ou sanções unilaterais, com o objetivo de obter vantagens de qualquer natureza. Na mesma linha proibitiva, o art. 21 reconhece a inviolabilidade territorial e condena, como o tipo mais grave possível, a intervenção armada e outros meios de uso da força, isto é, qualquer outra forma de coerção, direta ou indireta.[759] A partir dos movimentos de redemocratização na América Latina na década de 1980, a Carta da OEA foi objeto de reformas promovidas com o objetivo de reforçar o compromisso com a democracia e os direitos humanos, ao mesmo tempo em que se mantinha o apego inequívoco com o princípio de não intervenção.[760] Densificava-se ainda mais a relação entre soberania e não intervenção, mesmo que sob o imperativo da democracia representativa, ao afirmar-se, de um lado, o direito dos Estados de escolher, livre de ingerências externas, o sistema político, econômico e social, bem como sua organização estatal; de outro lado, o dever de não intervenção.[761]

O princípio de não intervenção recebeu novo impulso a partir das demandas das nações recém-independentes pós-descolonização. Se para países

---

[758] Artigo 19 - Nenhum Estado ou grupo de Estados tem o direito de intervir, direta ou indiretamente, seja qual for o motivo, nos assuntos internos ou externos de qualquer outro. Este princípio exclui não somente a força armada, mas também qualquer outra forma de interferência ou de tendência atentatória à personalidade do Estado e dos elementos políticos, econômicos e culturais que o constituem.

[759] Artigo 20 - O território de um Estado é inviolável; não pode ser objeto de ocupação militar, nem de outras medidas de força tomadas por outro Estado, direta ou indiretamente, qualquer que seja o motivo, embora de maneira temporária. Não se reconhecerão as aquisições territoriais ou as vantagens especiais obtidas pela força ou por qualquer outro meio de coação.

[760] O Protocolo de Cartagena de 1985 reafirmou o objetivo de promover e consolidar a democracia representativa, reconhecida como "condição indispensável para a estabilidade, a paz e o desenvolvimento da região", porém "respeitando ao princípio de não intervenção". O Protocolo de Washington, de 1992, estabeleceu mecanismo para suspender membros das sessões dos órgãos da OEA no caso de interrupção do governo pela força (art. 9 da Carta), algo reforçado na Carta Democrática interamericana, de 2001.

[761] Artigo 3 (e) - Todo Estado tem o direito de escolher, sem ingerências externas, seu sistema político, econômico e social, bem como de organizar-se da maneira que mais lhe convenha, e tem o dever de não intervir nos assuntos de outro Estado. Sujeitos ao acima disposto, os Estados americanos cooperarão amplamente entre si, independentemente da natureza de seus sistemas políticos, econômicos e sociais.

centrais o princípio de não intervenção era norma cuja aplicação restringia-se a relações entre iguais, pois na prática vigia a lógica de ingerência diante de países mais débeis, para os países do então chamado "Terceiro Mundo" o princípio de não intervenção servia à defesa da recém-conquistada soberania jurídica. Essa evolução conceitual ganhou força com o acirramento da Guerra Fria e da luta por influência pelos dois pólos ideológicos de poder. O binômio soberania negativa e princípio de não intervenção foi utilizado como ferramenta jurídica por parte de países do mundo em desenvolvimento para contra-arrestar efeitos da rivalidade entre as superpotências[762] por meio de estratégias de neutralidade e de não alinhamento. Na Conferência de Bandung, de 1955, onde o princípio de não intervenção ocupou posição central, a Declaração Final estabeleceu como um dos princípios fundamentais dos países não alinhados, o dever de "abstenção da intervenção ou da interferência nos assuntos domésticos de outro Estado". Prescreveu, ainda, deveres de abstenção de pressão sobre outros países e de uso de mecanismos de defesa coletiva em proveito de interesses particulares de qualquer superpotência. O mesmo princípio de não intervenção foi incluído entre os *Cinco Princípios de Coexistência Pacífica*, acordados pouco antes entre China e Índia,[763] bem como esteve nos Acordos de Genebra de 1954 sobre a Indochina, que resultaram na partição do território vietnamita. Foi ainda em razão dos altos custos de práticas intervencionistas na região que o dever recíproco de não intervenção nos assuntos domésticos se tornou um dos pilares da estrutura jurídica da Associação do Sudeste Asiático (ASEAN).

Não obstante, a natureza genérica e indeterminada do princípio de não intervenção tal como formulado na Carta ensejou desafios à sua normatividade na prática de direito internacional. Alguns Estados, sobretudo do mundo desenvolvido, alegavam que o art. 2(7) não dispunha sobre obrigação geral de não fazer, ao contrário do que ocorria com a Carta da OEA, onde o dever de abstenção havia sido codificado de forma inequívoca. Devido a dúvidas quanto ao significado e o escopo de aplicação desse princípio, assistiu-se, no bojo de processo de

762 Mencione-se, por exemplo, a constituição em 1954 da SEATO (*The Southeast Asia Treaty Organization*) com o objetivo de contra-arrestar o avanço do comunismo no Sudeste Asiático. Essa organização foi dissolvida em 1977. Curiosamente, os países da região eram minoritários entre os membros da SEATO, que reunia Austrália, Estados Unidos, França, Nova Zelândia, Paquistão, Filipinas, Reino Unido e Tailândia.

763 Os cinco princípios de coexistência pacífica são (i) respeito à integridade territorial e soberania de cada país; (ii) não agressão; (iii) não interferência nos asuntos domésticos; (iv) igualdade e benefícios mútuos e (v) coexistência pacífica. Até hoje, a China apega-se aos princípios de coexistência pacífica.

descolonização e da conseqüente ampliação dos Membros das Nações Unidas, a esforço voltado à densificação consuetudinária dessa norma por meio de resoluções da AGNU. Em pouco menos de duas décadas, foram aprovadas três resoluções que tiveram impacto decisivo sobre a densificação normativa desse princípio no direito internacional, tal como reconhecido pela CIJ.[764]

A primeira formulação mais precisa se deu na resolução 2131 (XX), de 1965, intitulada *Declaração sobre a Inadmissibilidade de Intervenção nos Assuntos Internos dos Estados e Proteção de sua Independência e Soberania.*[765] Materialmente, esse instrumento estabelece, como princípio geral, que *No State has the right to intervene, directly or indirectly, for any reason whatever, in the internal or external affairs of any other State. Consequently, armed intervention and all other forms of interference or attempted threats against the personality of the State or against its political, economic and cultural elements are condemned.* Ao contrário do que defendiam à época países do bloco ocidental, cujas propostas buscavam limitar o conceito de intervenção a situações de guerra civil e instabilidade (*unrest*), a mesma resolução condenava o uso de medidas econômicas e políticas para coagir outro país, além da incitação a atividades armadas e subversivas voltadas a golpes de Estado.

A mesma linguagem prevaleceu na Declaração dos Princípios de 1970[766] devido, sobretudo, à ação dos países latino-americanos.[767] A resolução foi explícita ao reconhecer que qualquer tentativa de perturbação da soberania territorial e da independência política de um Estado era contrária à Carta.[768]A codificação do princípio de não intervenção foi um dos resultados de maior relevo obtidos pelo Comitê Especial responsável pela preparação da Declaração.[769] Juridicamente, sua aprovação por unanimidade teve o efeito de fortalecer a

---

[764] *Nicaragua* case, *supra* nota 269, para. 202 *et seq.*

[765] UN doc. A/6547, para. 54, aprovada por 22 votos, 8 contrários e 1 abstenção.

[766] *Nicaragua* case, *supra* nota 269, para. 188.

[767] A. A. Cançado Trindade, *supra* nota 249, p. 112. A delegação dos EUA defendia que o escopo do princípio de não intervenção (art. 2(7)) limitava-se à intervenção nos assuntos domésticos de outros Estados somente quando "it was accompanied by the threat or use of force". UN Doc. A/AC.119/SR.32 (1964).

[768] "*Convinced* in consequence that any attempt aimed at the partial or total disruption of the national unity and territorial integrity of a State or country or at its political independence is incompatible with the purposes and principles of the Charter".

[769] R. Rosenstock, *supra* nota 248, p. 726.

opinio iuris sobre o princípio de não intervenção consagrada em 1965.[770] Para além da definição geral que reproduziu, em termos categóricos,[771] a linguagem da resolução 2131, o universo material do princípio de não intervenção foi densificado em subprincípios que discriminavam deveres e direitos dos Estados na ordem internacional, a saber: (i) a proibição da intervenção armada e todas as formas de interferências ou atentados contra a personalidade do Estado ou contra seus elementos políticos, econômicos e culturais; (ii) a proibição de usar ou encorajar o uso de medidas econômicas, políticas, ou de qualquer outro tipo, para coagir outro Estado para dele obter a subordinação do exercício de seus direitos soberanos e dele extrair vantagens de qualquer tipo; e (iii) o direito inalienável de todo Estado a escolher seus próprios sistemas político, econômico e cultural sem a interferência de qualquer tipo de outro Estado. Essa linguagem ofereceu o que muitos autores consideraram a definição do conceito de "intervenção".[772]

Anos mais tarde, em 1981, a AGNU voltou a lidar com o tema por meio da resolução 36/103, intitulada *Declaration on the Inadmissibility of Intervention and Interference in the Internal Affairs of States*.[773] Esse instrumento avançou

---

770 "The principle concerning the duty not to intervene in matters within the domestic jurisdiction of any State, in accordance with the Charter. No State or group of States has the right to intervene, directly or indirectly, for any reason whatever, in the internal or external affairs of any other State. Consequently, armed intervention and all other forms of interference or attempted threats against the personality of the State or against its political, economic and cultural elements, are in violation of international law. No State may use or encourage the use of economic political or any other type of measures to coerce another State in order to obtain from it the subordination of the exercise of its sovereign rights and to secure from it advantages of any kind. Also, no State shall organize, assist, foment, finance, incite or tolerate subversive, terrorist or armed activities directed towards the violent overthrow of the regime of another State, or interfere in civil strife in another State. The use of force to deprive peoples of their national identity constitutes a violation of their inalienable rights and of the principle of non-intervention. Every State has an inalienable right to choose its political, economic, social and cultural systems, without interference in any form by another State. Nothing in the foregoing paragraphs shall be construed as reflecting the relevant provisions of the Charter relating to the maintenance of international peace and security".

771 "The formulation by the Special Committee of the duty of non-intervention was categorical in condemning intervention in all its forms". A. A. Cançado Trindade, *supra* nota 20, p. 104.

772 A. A. Cançado Trindade, *supra* nota 20, p. 336.

773 A resolução foi adotada por 120 votos favoráveis, 22 contrários e 6 abstenções. Vários países ocidentais, como Alemanha Ocidental, Austrália, Canadá, Estados Unidos, França, Países Baixos e Reino Unido votaram contra a resolução. Cf. *UN Yearbook* (1981) 35, pp. 145–9.

no processo de densificação desse princípio pela via consuetudinária. No campo político, foi consagrado *the right of States and peoples to have free access to information and to develop fully, without interference, their system of information and mass media.* A intervenção militar é proibida também em sua vertente de agrupamentos[774] e a intervenção econômica, limitada pelo dever de abstenção imposto aos Estados de utilizar ajuda ao desenvolvimento e bloqueios econômicos como instrumento de pressão ou coerção sobre outros Estados.[775] A mesma resolução esclarece que o conceito de intervenção não se limita à intervenção militar e abrange medidas, inclusive de natureza econômica ou política, tomadas para coagir outro Estado a fim de obter subordinação ou vantagens de quaisquer tipos.[776]

A densificação normativa do princípio de não intervenção foi acompanhada do reconhecimento de seu papel integrativo no direito internacional. No contexto da *détente* entre os países reunidos, respectivamente, na OTAN e no Pacto de Varsóvia, foi realizada em Helsinque, em 1975, a Conferência sobre Segurança e Cooperação na Europa. Em grande medida inspirada na Declaração adotada na AGNU em 1970,[777] a chamada "Ata Final de Helsinque"[778] estabeleceu dez princípios sobre as relações interestatais, entre os quais o princípio de não intervenção. O art. VI prevê explicitamente o dever geral de abstenção de intervir direta e indiretamente, individual e coletivamente nos assuntos internos e externos de outros Estados. O documento vai

---

[774] "The duty of States to refrain from any measure which would lead to the strengthening of existing military blocs or the creation or strengthening of new military alliances, interlocking arrangements, the deployment of interventionist forces or military bases and other military installations conceived in the context of great-Power confrontation".

[775] "The duty of a State not to use its external economic assistance programme or adopt any multilateral or unilateral economic reprisal or blockade and to prevent the use of transnational and multilateral corporations under its jurisdiction and control as instruments of political pressure or coercion against another State, in violation of the Charter of the United Nations".

[776] "No State may use or encourage the use of economic, political or any other type of measures to coerce another State in order to obtain from it the subordination of the exercise of its sovereign rights and to secure from it advantages of any kind".

[777] A principal exceção diz respeito aos direitos humanos, que consta na Ata de Helsinque.

[778] Embora de natureza jurídica não convencional a Ata Final de Helsinque contribui, segundo a CIJ, para determinar o estádio do direito internacional. Cf. *Nicaragua case, supra* nota 269, p. 100, para. 189; e *Accordance with International Law of the Unilateral Declaration of Independence in Respect of Kosovo,* Request for Advisory Opinion, ICJ Reports 2010, p. 437, para. 80.

além ao proibir qualquer tipo de intervenção militar, política e econômica, ou outra forma coerção com o objetivo de subordinar interesses de outros Estados a fim de obter vantagens de qualquer tipo, bem como veda o apoio direto e indireto a atividades terroristas ou subversivas com a intenção de mudar, de forma violenta, o regime de outro Estado.

Ao longo das últimas décadas, a normatividade e o escopo material do princípio de não intervenção foram reforçados pela jurisprudência internacional. Na CIJ, prevalece interpretação abrangente sobre o caráter ilegal da intervenção. No contencioso do estreito de Corfu, a operação de minagem conduzida pelo Reino Unido em águas territoriais da Albânia foi considerada ato ilegal de intervenção. Além da ilegalidade, a Corte advertiu sobre os riscos de abuso desses atos e de seus efeitos contrários à justiça internacional, pois na prática é algo que beneficia os países mais poderosos em detrimentos dos mais débeis. Seria inadmissível presumir a existência de um direito à intervenção na ordem jurídica internacional contemporânea.[779] No contencioso entre Nicarágua e EUA, a Corte deu interpretação ainda mais ampla ao escopo proibitivo e a natureza ilegal de atos de intervenção ao reafirmar a normatividade do princípio de não intervenção a despeito da freqüência com que essa norma era desrespeitada pelos Estados.[780] Além disso, definiu seu escopo de aplicação *ratione materiae* a todos os assuntos em que o direito internacional permite aos Estados decidir de forma soberana e livre.[781] Embora a coerção fosse a dimensão mais visível desse fenômeno (a CIJ afirmou que não só o uso da força, como também o apoio a forças opositoras constitui ato ilegal de intervenção nos assuntos domésticos de terceiros Estados), outras formas de intervenção seriam igualmente proibidas pelo direito internacional. Mais recentemente,

---

779 "The alleged right of intervention as the manifestation of a policy of force, such as has, in the past, given right to the most serious abuses and as such cannot, whatever be the present defects in international organization, find a place in international law", pois "reserved for the most powerful States (...) might easily lead to perverting the administration of international justice itself". *Corfu Channel* case (Merits, 1949), ICJ Reports 1949, p. 35.

780 "The principle of non-intervention involves the right of every sovereign State to conduct its affairs without outside interference; though examples of trespass against this principle are not infrequent, the Court considers that it is part and parcel of customary international law". *Nicaragua* case, *supra* nota 269, para. 202.

781 "Intervention is wrongful when it uses methods of coercion in regard to such choices which must remain free ones. The element of coercion which defines and indeed forms the very essence of prohibited intervention is particularly obvious in the case of intervention which uses force". *Idem*, para. 205.

em controvérsia envolvendo a República Democrática do Congo e Uganda, a CIJ repisou o entendimento explicitamente tomado no caso *Nicaragua* de que o princípio de não intervenção proíbe um Estado de intervir, direta ou indiretamente, com ou sem uso da força armada, em apoio a grupos opositores em outro Estado soberano.[782]

O desenvolvimento normativo desse princípio na prática estatal e na jurisprudência da CIJ não deixa dúvidas de que a intervenção nos assuntos domésticos de outros Estados é ato proibido e ilegal no direito internacional contemporâneo.[783] Não obstante, a realidade internacional é marcada por formas variadas de intervenção, em que pese à objeção de que a prática estatal não permite derrogação quando frontalmente contrária ao direito. Nos séculos XVI e XVII, foram inúmeros os casos de ingerência nos assuntos domésticos de outras nações no bojo das disputas por influência e sucessão nas monarquias absolutistas européias. A mesma prática se seguiu na balança de poder nos séculos XVIII e início do XIX, sendo que, em alguns casos, sob argumentação humanitária. Mesmo após a constituição das Nações Unidas, o grande número de intervenções à margem da Carta indicava a dificuldade em fazer observar esse princípio no sistema internacional. Durante a Guerra Fria, houve muitos casos de intervenção nos dois lados do espectro político e ideológico. No bloco socialista, a URSS interveio em satélites do regime soviético sob a "doutrina Brezhnev": na Hungria, em 1956; na então Tchecoslováquia, em 1968, e no Afeganistão, em 1980. Já os EUA, somente no hemisfério americano, onde vigia a regra do art. 18 da Carta da OEA, forças norte-americanas intervieram na Guatemala (1952), Cuba (1961), República Dominicana (1965), Granada (1983) e Panamá (1989).[784] A prática intervencionista pelas grandes potências também assumiu forma indireta por meio das "guerras por procuração", que consistiam no fornecimento de armas e recursos financeiros em apoio às partes em conflitos de terceiros países segundo alinhamentos

---

[782] O caso *Nicaragua* "made it clear that the principle of non-intervention prohibits a State to intervene, directly or indirectly, with or without armed force, in support of the internal opposition within a State". *Armed Activities on the Territory of the Congo (Democratic Republic of the Congo* v. *Uganda), (Judgment), ICJ Reports* 2005, para. 164.

[783] Vaughan Lowe, *supra* nota 921, p. 67.

[784] Nos 1980, as intervenções patrocinadas pelos EUA eram corolários da chamada "Doutrina Reagan".

ideológicos.[785] Tal prática, contrária às regras densificadoras do princípio de não intervenção, fomentou, por décadas, conflitos civis em países do mundo em desenvolvimento.[786]

Nesse mesmo período, o debate político e jurídico sobre o princípio de não intervenção sujeitou-se a tentativas de instrumentalização pelas superpotências. O bloco socialista adotava posição contraditória ao advogar escopo amplo e permissivo ao direito de assistência a movimentos que lutavam pela autodeterminação dos povos no contexto de colonialismo e ocupação estrangeira, mas defendia escopo amplo para o domínio reservado, a fim de evitar o escrutínio externo em matéria de violações de direitos humanos e liberdades fundamentais no interior de países comunistas. Já países ocidentais advogavam a tese de que o princípio de não intervenção não deveria ser interpretado como derrogatório do direito dos Estados de influenciar as políticas e as ações de outros Estados, tanto no plano externo quanto doméstico.[787] Negligenciavam, portanto, que na maior parte dos casos a pressão é feita em sentido único, sobre nações mais débeis, em geral do mundo em desenvolvimento, nas quais é difícil determinar até que ponto a pressão externa é ação legítima do Estado estrangeiro ou coerção e aliciamento segundo os interesses de terceiros países. Em ambos os casos o objetivo era o mesmo: aumentar a esfera de influência. Mas o problema das intervenções tampouco se restringiu à lógica bipolar Leste-Oeste, ou mesmo Norte-Sul. Tanto no mundo desenvolvido quanto em desenvolvimento houve episódios de intervenção por meio da força em terceiros Estados.[788] A despeito das razões políticas e estratégicas mais profundas

---

785 Na América Latina esse fenômeno ficou conhecido como a "diplomacia do dólar", iniciada pelo Secretário de Estado norte-americano Philander C. Knox no mandato do Presidente William Howard Taft. Os casos mais notórios, devido ao grau de violações de direitos humanos, ocorreram sob os regimes de Anastasio Somoza, na Nicarágua, e Fulgencio Baptista, em Cuba.

786 Citem-se Angola, Bolívia, Camboja, Chile, Colômbia, Etiópia, Laos, Nicarágua, Peru, Vietnã e Zaire.

787 *Special Committee on Principles of International Law concerning Friendly Relations and Co-operation among States.* UN Doc. A/AC.125/SR.114. Durante o processo negociador, grupo de seis países ocidentais propôs emenda nos seguintes termos: "nothing in the formulation of the principle shall be construed as derogating from the generally recognized freedom of states to seek to influence the policies and actions of other states, in accordance with international law, established practice, the principle of sovereign equality and the duty to co-operate". Cf. P.-H. Houben, *supra* nota 254, pp. 718-719.

788 Mencionem-se, por exemplo, a intervenção de França e Reino Unido no Egito, em 1956; da Bélgica no Congo (1960 e 1964) e no Zaire (1978), da Índia em Bangladesh (1971), da

envolvidas em cada um deles, esses casos foram justificados retoricamente pelos países interventores pelos mais diversos motivos, os quais incluíam desde a proteção de nacionais no exterior (caso de Israel em Uganda),[789] até preocupações humanitárias (Índia em Bangladesh). Em todos eles, o traço comum foi a ausência de autorização prévia do CSNU, nos termos do Capítulo VII da Carta, em desrespeito à exceção do art. 2(7).

Com o fim da Guerra Fria, alguns países, com o apoio inclusive de doutrinadores, buscaram esvaziar o conteúdo normativo do princípio de não intervenção. Essa estratégia se verificou, sobretudo, no contexto do uso da força e de outras formas de coerção à margem do sistema multilateral de paz e segurança. Sanções foram aplicadas unilateralmente e tentativas de "mudanças de regime" (*regime change*) foram patrocinadas em países cujos Governos eram antagônicos às potências interventoras. Proliferaram casos de instabilidade em várias regiões do globo, em tendência fragmentadora cujos efeitos ainda se fazem sentir com custos altos para a defesa dos direitos humanos.[790] Politicamente, isso tudo revela que as ações de um Estado estrangeiro em terceiros países estão sob influência de interesses políticos e econômicos, mesmo quando se orientam, alegadamente, por sentimento altruísta e universalista. Negligenciar ou, ainda pior, ignorar esse dado da realidade, pode afetar de forma irremediável a compreensão sobre o princípio de não intervenção não só em sua aplicação jurídica, mas também na formulação e na execução da política exterior.

Prática Diplomática Brasileira

O princípio de não intervenção incorpora valor arraigado na experiência do Brasil no direito internacional: a defesa da autonomia nacional. Há manifestações favoráveis a essa norma na prática diplomática brasileira desde o início da República, em 1889. Em relato sobre o período à frente do Itamaraty no Governo provisório, o primeiro Chanceler republicano, Quintino Bocayuva, refutou a intervenção de potências estrangeiras na região ao afirmar que "nas

---

Turquia no Chipre (1974), de Israel em Uganda (1978), do Egito no Chipre (1978), do Vietnã no Camboja (1978), de Israel no Líbano (1982) e da Índia no Sri Lanka (1982) e nas Maldivas (1987).

[789] Esse tipo de ação militar - proteção e resgate de nacionais em território estrangeiro - é considerada possível em determinadas circunstâncias.

[790] Os efeitos para os direitos humanos decorrentes do desrespeito à não intervenção é algo negligenciado.

Américas são os povos os únicos soberanos que entre si se relacionam e que entre si têm de resolver as suas discordâncias ou contendas ocasionais".[791]

O tema surgiu com força no discurso de Rui Barbosa na II Conferência de Paz da Haia, em 1907. O Chefe da Delegação brasileira defendeu o respeito ao princípio de não intervenção e de não uso da força. Tendo presente o que ocorria em vários países da região na virada do século XIX para o XX, asseverou, ecoando Drago, que o "emprego da força em promover a cobrança de tais dívidas" era "inconciliável com a independência e soberania dos Estados".[792] Rui Barbosa prosseguiu com o repúdio do Brasil à intervenção de potências européias na Venezuela[793] e considerou como "irrefragáveis" argumentos no sentido de tornar legítima a intervenção arbitrária pela força com o objetivo de cobrar dívidas em Estados soberanos. Além de apontar a contradição dessa hipótese com a Doutrina Monroe, vaticinou que "esta não é a teoria do direito da soberania; é a do abuso da soberania".[794] Não seria outra a alternativa à cobrança de dívidas que a via do arbitramento obrigatório, ficando o recurso a vias coercitivas restrito à hipótese excepcional de flagrante recusa ou desobediência à sentença arbitral.[795] O representante do Brasil na Conferência propôs, ainda, resolução "contra o flagelo da conquista", em linha com a primeira Constituição republicana, pois receava que a intervenção, mesmo sob a alegação de dívidas, poderia acobertar "outras evasivas", e reconheceu como

---

[791] Publicado no jornal O Paiz, no Rio de Janeiro, em 13/1/1892. *In* A.A. Cançado Trindade (org.), *Repertório da Prática Diplomática Brasileira do Direito Internacional (Período 1889-1898)*, Brasília, FUNAG, 1988, p. 53.

[792] Rui Barbosa, 'A Segunda Conferência da Paz', in *Obras Completas de Rui Barbosa*, tomo II, vol. XXXIV (1907), Rio de Janeiro, Ministério da Educação e Cultura, 1966, 77-98, p. 77.

[793] *Idem*, pp. 77-78.

[794] "Aplicada à vida interior dos Estados, ela anularia a ordem jurídica, como a destruirá, se for admitida, nas relações internacionais", em analogia entre a intervenção e a prisão por dívidas. *Ibidem*, p. 78-79.

[795] Nesse ponto o Brasil se afastava de corolários maximalistas da Doutrina Drago, tal como defendido na Haia por países da região, no sentido de que se negariam aos credores estrangeiros todos os meios de execução coercitivos contra os Estados devedores. Embora "espetáculo melancólico", seria a força "o derradeiro tribunal de apelação" no caso de que uma decisão arbitral fosse "menosprezada pelos rebeldes às vias de conciliação e às formas da justiça". *Ibidem*, pp. 82-96. Essa fórmula intermediária prevaleceu ao final da Conferência de Paz de 1907. Cf. Telegrama 8 de Rui Barbosa, de 18/6/1907, in Carlos Henrique Cardim (ed.), *II Conferência da Paz da Haia, 1907 - A correspondência telegráfica entre o Barão do Rio Branco e Rui Barbosa*, Centro de História e Documentação Diplomática, Brasília, FUNAG, 2014, pp. 40-41.

principal corolário jurídico da proibição da guerra a nulidade jurídica dos títulos territoriais alienados pelas armas.[796]

Na Conferência de São Francisco, em 1945, a adoção do princípio de não intervenção esteve entre as emendas apresentadas pelo Brasil para o texto da Carta das Nações Unidas. Em linha com a evolução da matéria no sistema interamericano,[797] a delegação brasileira defendeu escopo materialmente amplo para o conceito de coerção a fim de garantir que a proibição de uso da força codificada abrangesse também a força econômica. Diante da resistência de outros países,[798] redigiu-se, como solução alternativa, o art. 2(7) sob o entendimento de que cobriria outras formas de intervenção, conforme defendia a delegação brasileira. Essa mesma defesa do princípio de não intervenção nos assuntos domésticos se refletiu nas posições do País a partir de então. Na agenda da OEA, o tema da não intervenção voltou com força devido à crescente pressão dos EUA sobre os países da região diante do avanço do socialismo na América Latina e no Caribe. No plano jurídico, o resultado mais imediato desse processo foi a assinatura, em 1948, do Tratado Interamericano de Assistência Recíproca (TIAR), com o objetivo de arregimentar a solidariedade dos países da região em face de intervenções de potências extrarregionais.

O princípio de não intervenção regressou ao repertório da prática diplomática em 1960.[799] Ainda sob conjuntura interna que propiciava maior espaço de autonomia à política externa, Horácio Lafer defendeu a premissa de "coexistência pacífica" (apesar de conotação de não alinhamento)[800] entre regimes e ideologias distintas e a aceitação "do compromisso de nenhuma interferência, direta ou indireta, de uma ideologia no campo da outra",[801] a fim de garantir a paz no ambiente de crescente polarização nuclear da Guerra Fria. No ano seguinte, Affonso Arinos de Mello Franco renovou o apego do Brasil à "posição

---

[796] "No terreno humanitário, não poderia excluir a sanção da força". Rui Barbosa, *supra* nota 992, p. 80.

[797] MRE, *Relatório da Delegação do Brasil à Conferência das Nações Unidas para a Organização Internacional*, 1945, p. 14.

[798] Apesar do apoio de latino-americanos, a proposta enfrentou oposição de EUA, Reino Unido e U.R.S.S.

[799] Luiz Felipe Seixas Corrêa (org.), *supra* nota 520, p. 140

[800] Em 1950, Henry Truman aprovou memorando do Conselho de Segurança Nacional dos EUA ("NSC 68"), cuja premissa era a impossibilidade de convivência pacífica com a URSS.

[801] *In* Luiz Felipe Seixas Corrêa (org.), *supra* nota 520, p. 142.

de que o respeito à soberania, baseado no princípio da não-intervenção, é uma obrigação indeclinável na convivência internacional e condição indispensável para o restabelecimento da harmonia continental". Disse, diante da revolução cubana, que o princípio de soberania, autodeterminação e independência política deveriam ser respeitados, ao mesmo tempo em que manifestava a expectativa do Governo brasileiro de que tal processo ocorresse com respeito aos "ideais e princípios democráticos que norteiam o pan-americanismo".[802]

No plano conceitual, a mesma orientação foi observada na IV (Washington, 1951) e VII (São José da Costa Rica, 1960) Reuniões de Consultas de Ministros de Relações Exteriores, ambas convocadas ao amparo dos artigos 30 e 40 da Carta de Bogotá com o propósito de lidar com a "ameaça comunista" na região. Nessas conferências, o Brasil, embora com Governos contrários à implantação de regimes socialistas, defendeu a inter-relação entre democracia e não intervenção tanto de potências extrarregionais, quanto de países da região.[803] No discurso diplomático, esse objetivo se expressou em duas idéias que revelavam o interesse de conciliar a resistência ao avanço comunista e a defesa da soberania nacional diante do recrudescimento de tendências intervencionistas por parte de Washington, cujo Governo defendia, paradoxalmente, que a intervenção extracontinental só poderia ser debelada por meio de intervenções intracontinentais. O Brasil propugnava, por um lado, pela "solidariedade continental ante ameaças extracontinentais" em referência explícita ao regime do TIAR;[804] por outro – e é nisso que o posicionamento do Brasil se destacava

---

[802] *In* Luiz Felipe Seixas Corrêa (org.), *supra* nota 520, p. 154. O mesmo Affonso Arinos voltou a defender, em 1962, na AGNU, o princípio de não intervenção em sua relação indissociável com os princípios de soberania, igualdade entre as nações e autodeterminação dos povos, evidenciando esforço de equilíbrio em meio a conjuntura internacional cada vez mais polarizada. *Idem*, p. 166.

[803] Em Declaração Conjunta Brasil/México, firmada em janeiro de 1960, os dois países expressaram "claro repúdio de toda e qualquer ingerência de um Estado ou grupo de Estados nos negócios internos ou externos dos demais", pois "o princípio de não intervenção é de estrita observância para todas as Repúblicas deste Continente. (...) A conquista da democracia é prerrogativa exclusiva de cada povo, a que assiste o direito de escolher sua forma de Governo e suas instituições, sem interferências externas, por bem intencionadas que sejam".

[804] MRE, *Relatório do Ministro João Neves da Fontoura, Chefe da Delegação do Brasil, IV Reunião de Consulta dos Ministros de Relações Exteriores das Repúblicas Americanas*, MRE/Serviço de Publicações, 1951, p. 28; e MRE, *Gestão do Ministro Lafer na Pasta de Relações Exteriores* (1959-1961), Departamento de Imprensa Nacional, 1961, p. 19. *In* A.A. Cançado Trindade (org.), *supra* nota 517, p. 54.

– afirmava a "relação de causalidade entre o subdesenvolvimento econômico e social e a penetração e infiltração de doutrinas extremistas estranhas aos valores e princípios vigentes no Continente americano".[805] A defesa da democracia diante da chamada ameaça comunista só poderia ser eficaz na medida em que se superassem dificuldades socioeconômicas que acometiam os países da região. Ao invés da intervenção militar, ou da ingerência política a partir da atuação de grupos alinhados a Washington, o Brasil, com o apoio de outros países, defendeu o financiamento ao desenvolvimento.[806]

Em 1960, o TIAR foi aplicado em caso envolvendo a ditadura de Trujillo na República Dominicana. Em decisão adotada pela VI Reunião de Consultas de Ministros de Relações Exteriores,[807] os países da OEA decidiram pela ruptura de relações diplomáticas e pela interrupção parcial de relações econômicas com o Governo de Santo Domingo em razão de atos intervencionistas na Venezuela.[808] O Brasil cumpriu com as disposições adotadas na OEA e rompeu relações diplomáticas com a República Dominicana "por atos de intervenção e agressão a uma República irmã do Continente".[809] Da mesma forma, o Brasil justificou o rompimento de relações diplomáticas com Cuba, em maio de 1964, em linha com decisão adotada na XIX Reunião de Consultas de Chanceleres,[810] em razão da "ingerência nos assuntos internos dos países

---

805 Propôs, inclusive, que se lançasse um Protocolo Adicional ao TIAR "que tornasse mais explícitas as obrigações de cooperação econômicas presentes na Carta da OEA". Cf. *Gestão de Lafer*, *idem*, p. 55.

806 Ao invés da Operação Panamericana solicitada por Juscelino Kubitschek, a região ganhou a "Aliança para o Progresso" do Governo Kennedy, em 1961.

807 O encontro foi convocado pela Venezuela com base no artigo 6 do TIAR. A Venezuela acusava o Governo dominicano de intervenção e agressão devido ao atentado contra o Presidente Betancourt, em junho de 1960.

808 A VI Reunião de Consultas foi presidida por Horacio Lafer, que na ocasião afirmou que as sanções aplicadas ao regime de Trujillo criavam jurisprudência em matéria de defesa da democracia nas Américas.

809 MRE, *Gestão do Ministro Lafer na Pasta das Relações Exteriores* (1959-1961), Departamento de Imprensa Nacional, 1961, p. 18, in A.A. Cançado Trindade (org.), *supra* nota 517, p. 54.

810 Convocada novamente sob o art. 6 do TIAR, a IX Reunião de Consultas de Chanceleres da OEA aprovou, sob o art. VIII do TIAR, o rompimento das relações diplomáticas com Cuba e a imposição de embargo comercial e de transporte marítimo a Havana sob a justificativa de intervenção nos assuntos domésticos da Venezuela. Acta Final, *IX Reunión de Consultas de Ministros de Relaciones Exteriores para Servir de Órgano de Consulta en la Aplicación del Tratado Interamericano de Asistencia Recíproca*, Washington D.C., 21 a 26/6/1964.

americanos, em violação ao princípio de não-intervenção".[811] O Governo brasileiro apontou violações desse princípio pelo Governo cubano tanto na Venezuela, à luz das conclusões da Comissão de Investigação criada pela OEA para apurar denúncias de fornecimento de armas para grupos revolucionários,[812] quanto no Brasil, onde "tal interferência em assuntos internos (...) não mais podia ser tolerada sem graves riscos para a ordem pública e sem ofensa aos verdadeiros sentimentos nacionais".[813]

Os limites da posição brasileira foram expostos na intervenção militar na República Dominicana,[814] em 1965, sob os auspícios da OEA. Já sob a ditadura militar, o Governo brasileiro apoiou moção apresentada pelos EUA[815] e enviou forças militares sob o argumento de tratar-se de "missão de paz" com o objetivo de "manter a segurança dos habitantes e a inviolabilidade dos direitos humanos na República Dominicana".[816] Em discurso na AGNU, em 1966, o então Chanceler do regime, general e ex-senador Juracy Magalhães, defendeu a intervenção realizada sob os auspícios da OEA com a justificativa de restabelecer a democracia.[817] Trata-se, de perspectiva exclusivamente jurídica, de

---

811 Nota do MRE, em 13/5/1964, sobre o Rompimento de Relações Diplomáticas com Cuba. MRE, *Textos e Declarações sobre Política Externa* (abril de 1964 a abril de 1965), 1965, pp. 50-51.

812 Cuba foi acusada de atos "encaminados abiertamente a subvertir sus instituciones y a derrocar al Gobierno democrático de Venezuela por medio de terrorismo, sabotaje, as altos y guerrillas". Acta Final, p. 311.

813 *Supra* nota 1011, p. 51

814 Após o assassinato do Presidente dominicano Rafael Trujillo, em 1961, o escritor Juan Bosch foi eleito em dezembro de 1962. Essas eleições são consideradas como o primeiro pleito livre e justo no país após anos do regime opressivo de Trujillo. De viés esquerdista, Bosch deu início a uma série de reformas, como nova constituição (garantia de direitos fundamentais), reformas econômicas (reforma agrária) e autorização à criação de sindicatos. Bosch sofreu golpe liderado por setores ligados a Trujillo, dando início a um período de instabilidade institucional, com ações armadas de ambos os campos do espectro político.

815 Apenas Haiti e Paraguai - também sob ditaduras militares – apoiaram a moção norte-americana.

816 *Ad Hoc Committee for the Restoration of the Democratic Order in the Dominican Republic*, June 2, 1963, reprinted in *O.A.S. Annual Report of the Secretary General* (1964-1956), OEA/Ser.D/III.16, p. 6. Politicamente, a intervenção na República Dominicana deve ser interpretada no contexto mais amplo da Guerra Fria e da política externa dos EUA sob Lyndon Johnson, em que a "ameaça comunista" exercia influência determinante.

817 *In* Luiz Felipe Seixas Corrêa (org.), *supra* nota 520, p. 216.

mácula à prática do Brasil em matéria de não intervenção.[818] Para além do significado político,[819] a operação ocorreu ao arrepio não só da Carta das Nações Unidas (inexistência de autorização do CSNU ou de consentimento do Estado, em linha ainda com os arts. 2(4), 2(7) e 33 da Carta da ONU), como também da Carta da OEA, que proíbe expressamente o uso da força nas relações hemisféricas (arts. 5º, 15 e 17).

Sob essa lógica de "solidariedade hemisférica" então prevalecente nas Américas, o Brasil condenou invasões soviéticas em países sob a cortina de ferro. Tendo como pano de fundo o acirramento das tensões bipolares, o Brasil já havia expressado contrariedade à intervenção soviética na Hungria, em 1956, ao mesmo tempo em que favoreceu, na AGNU, a resolução *Uniting for Peace* que autorizou a intervenção militar liderada pelos EUA na Coréia, em 1950.[820] Em discurso na AGNU em 1956, Cyro de Freitas-Valle renovou o alinhamento brasileiro com o bloco ocidental e condenou "a ação efetuada pelas forças armadas da União Soviética para esmagar e aniquilar as aspirações legítimas do povo galante da Hungria".[821] Já em 1969, Magalhães Pinto estendeu o "apoio mais consciente e mais firme" do Brasil ao princípio de não intervenção nos assuntos domésticos[822] e condenou a chamada "Doutrina Brezhnev" de soberania limitada então utilizada pela URSS como recurso retórico para

---

818 Estima-se que 1.130 militares brasileiros participaram da chamada "Força de Paz Interamericana" (Operação *Push Ahead*) da OEA. Após os EUA (12.400 militares), o Brasil foi o país que mais contribuiu com tropas para a Força Interamericana, cujo comando ficou, inclusive, a cargo do General brasileiro Hugo Alvim. Os demais foram Honduras (250), Paraguai (184), Nicarágua (160), Costa Rica (21) e El Salvador (3).

819 Cf. debate no Senado Federal, em maio de 1965. *Anais do Senado Federal*, maio de 1965, vol. I, 39ª a 50ª sessões. *In* A.A. Cançado Trindade (org.), *supra* nota 530, pp. 72-79.

820 Resolução 377 A (V), adotada pela AGNU em 3 de novembro de 1950.

821 *General Assembly Official Records*, Eleventh Session, Plenary Meetings, vol. I, 1956-1957, p. 86. Essa "posição firme de repúdio contra a intervenção armada dos russos e mongóis na Hungria" orientaria o apoio do Brasil a resoluções sobre o tema na AGNU. Além de posicionar-se favoravelmente à condenação da intervenção soviética, o Brasil também fez doação ao ACNUR e recebeu três mil refugiados húngaros. MRE, *Relatório do Ministério das Relações Exteriores - 1956*, MRE/Seção de Publicações do Serviço de Documentação, p. 56.

822 José de Magalhães Pinto na XXIV Sessão Ordinária da AGNU, em 1969. *In* Luiz Felipe Seixas Corrêa (org.), *supra* nota 520, p. 251

legitimar a invasão e a ocupação soviética na Tchecoslováquia.[823] Em discurso no CSNU, Araújo Castro afirmou que a "intervenção constitui (...) violação flagrante e deliberada da Carta das Nações Unidas e do Direito Internacional" e sentenciou que "a Carta das Nações Unidas conferiu prerrogativas especiais às grandes potências, mas de maneira alguma está incluído em tais prerrogativas o direito de intervenção militar".[824]

A defesa pelo Brasil do princípio de não intervenção nos assuntos domésticos se refletiu também nas negociações da Declaração de Princípios de 1970. O então representante brasileiro na VI Comissão, Embaixador Gilberto Amado, defendeu a codificação do princípio de não intervenção em termos amplos o bastante para cobrir outras hipóteses igualmente proibidas sob o art. 2(7) da Carta, como a intervenção pela força econômica, em linha com o posicionamento tradicional do Brasil desde a Conferência de São Francisco.[825] O princípio de não intervenção nos assuntos internos de outros Estados, visto como "pedra de toque do bom relacionamento internacional" e cuja aplicação "deve ser a preocupação rigorosa de todos os países americanos, acima de quaisquer considerações de maior ou menor poder dos Estados", foi novamente utilizado pelo Governo brasileiro, em 1974, durante a XV Reunião de Consultas de Chanceleres, como justificativa para o voto contrário à revogação da suspensão de Cuba da OEA.[826]

O princípio de não intervenção voltou com força na narrativa diplomática do "pragmatismo responsável" sob a distensão do Governo Geisel. Em 1975, Azeredo da Silveira defendeu a aplicação do princípio de não ingerência à conjuntura de Angola pós-independência diante das pressões dos blocos

---

823 *Idem*, p. 245. No ano seguinte, Gibson Barboza voltou a condenar a Doutrina Brezhnev, qualificando-a de "esdrúxula", pois representava "a negação do Direito Internacional e da liberdade das Nações". Mário Gibson Barboza na XXV Sessão Ordinária da AGNU, em 1970, *idem*, p. 260.

824 *Araújo Castro*, Coleção Itinerários, Brasília, Editora Universidade de Brasília, 1982, p. 134.

825 "Collective political security had no reality in the midst of economic anarchy, for underdevelopment, wherever it existed, was a threat to the prosperity of all." Gilberto Amado, *Special Committee on Principles of International Law concerning Friendly Relations and Co-operation among States*, UN Doc. A/AC.125/SR.114, 817th meeting, 21 november, 1963, pp. 206-207.

826 Antonio F. Azeredo da Silveira na XV Reunião de Consulta dos Ministros de Relações Exteriores da OEA, em Quito, em 12/11/1974. MRE, *Resenha de Política Exterior do Brasil* n. III (out.-dez. 1974), pp. 25-27.

comunista e ocidental sobre as forças políticas do país.[827] Depois, em 1977, o mesmo Azeredo da Silveira posicionou o respeito ao princípio da não interferência nos assuntos internos como pressuposto político de uma ordem internacional de cooperação e igualdade entre Estados soberanos, e classificou o dever de não ingerência "patrimônio inestimável" do sistema interamericano.[828] Da mesma forma, em 1980, Saraiva Guerreiro defendeu o princípio de não intervenção como imperativo para a manutenção da paz e da estabilidade de uma ordem internacional crescentemente interdependente.[829] O mesmo Guerreiro inseriu "a ciosa defesa do princípio de não-intervenção" como um dos pilares do ideário de cooperação e diálogo propugnado pelo Brasil nas relações internacionais.[830] Tendo como pano de fundo a questão das Malvinas e a defesa pelo Brasil de que os conflitos na América Central fossem resolvidos sem a intervenção estrangeira, Guerreiro renovou, em 1983, a inter-relação dos princípios fundamentais ao afirmar que "a convivência internacional deve pautar-se pela rigorosa observância dos princípios de autodeterminação e de não-intervenção e deve orientar-se para a busca de soluções pacíficas".[831]

A mesma ênfase ao princípio de não intervenção foi mantida na redemocratização. Em 1985, o Presidente Sarney, manteve na AGNU linha de continuidade em relação ao compromisso do Brasil com os princípios fundamentais do direito internacional inscritos na Carta, com destaque para a autodeterminação dos povos, o dever de não intervenção e a solução pacífica de controvérsias.[832] No ano seguinte, Abreu Sodré aplicou o princípio de

---

[827] Antonio Francisco Azeredo da Silveira na XXX Sessão Ordinária da AGNU, 1975, in Luiz Felipe Seixas Corrêa (org.), *supra* nota 520, p. 321.

[828] Antonio Francisco Azeredo da Silveira na XXXII Sessão Ordinária da AGNU, em 1977, in Luiz Felipe Seixas Corrêa (org.), *supra* nota 520, pp. 342-345.

[829] Ramiro Saraiva Guerreiro na XXXV Sessão Ordinária da AGNU, 1980, in Luiz Felipe Seixas Corrêa (org.), *supra* nota 520, p. 377.

[830] Mencionou as situações em El Salvador e no Afeganistão, ambas condenadas pela diplomacia brasileira como "violação dos princípios da não intervenção e da autodeterminação dos povos". *Idem*, pp. 397-399.

[831] Ramiro Saraiva Guerreiro na XXXVIII Sessão Ordinária da AGNU, 1980, in Luiz Felipe Seixas Corrêa (org.), *supra* nota 520, p. 426. Discurso no mesmo teor foi repisado por Guerreiro em 1984: "o princípio da não-intervenção não pode admitir desvios em sua aplicação". *Idem*, p. 433.

[832] "Somos paladinos do princípio da autodeterminação dos povos e do dever de não-intervenção, da solução pacífica de controvérsias". José Sarney na XL Sessão Ordinária da AGNU, em 1985, in Luiz Felipe Seixas Corrêa (org.), *supra* nota 520, p. 448.

não intervenção para lidar com a situação na América Central, então sob forte pressão intervencionista.[833] Em 1987, o próprio Sodré diria que a inserção *inter alia* desse princípio na nova Constituição era a reafirmação pelo Brasil de "sua adesão histórica aos ideais mais elevados da convivência internacional, e fiel à vontade e à índole de seu povo".

No pós-Guerra Fria, as referências ao princípio de não intervenção ocorreram de forma casuística, ao analisarem-se situações específicas, ou como expressão de compromisso com as normas fundamentais do sistema internacional. Na AGNU, em 1994, Celso Amorim recorreu ao princípio de não intervenção para ponderar a condenação do golpe democrático no Haiti, que levou à deposição do Presidente Jean Bertrand Aristide, com a necessidade de evitar ações militares que, sob o manto da defesa da democracia, obedecessem a interesses intervencionistas.[834] Sinalizava-se, dessa forma, a contrariedade do Brasil à tendência intervencionista com fins de *regime change*. Uma década depois, o mesmo Celso Amorim regressou ao tema ao tratar da relação entre o princípio de não intervenção e a proteção dos direitos humanos segundo a idéia de "não indiferença".[835]

Em matéria de não intervenção, o Brasil confere atenção prioritária à obrigação de abster-se da ameaça e do uso da força contra a integridade territorial e a independência política de qualquer Estado, nos termos do art. 2(4) da Carta. Tradicionalmente, o Brasil aceita apenas, como exceções a esse regime geral, a participação em ação coletiva nos termos previstos pelo Capítulo VII e a legítima defesa individual ou coletiva, conforme o art. 51 da Carta. Há vários precedentes relativos à *opinio iuris* do Brasil nessa matéria. Em 1976, por ocasião da Adoção de uma resolução propondo um "Tratado Mundial sobre o Não-Uso da Força nas Relações Internacionais" no âmbito da VI Comissão da AGNU, Sette Câmara afirmou, com base no direito internacional, que "seria impensável que nos opuséssemos a uma resolução que condene o uso da força",

---

833 Roberto de Abreu Sodré na XLI Sessão Ordinária da AGNU, em 1986, *idem*, p. 472.

834 "É motivo de inquietação para nós que os princípios da não-intervenção e da autodeterminação sejam objeto de interpretações incompatíveis com as Cartas da ONU e da OEA". Celso Amorim da XLIX Sessão Ordinária da AGNU, em 1994, in Luiz Felipe Seixas Corrêa (org.), *supra* nota 520, p. 582.

835 "O princípio da não-intervenção em assuntos internos dos Estados deve ser acompanhado pela idéia da "não indiferença"". Celso Amorim na LX Sessão Ordinária da AGNU, *idem*, p. 582. Cf. também Breno Hermann, *Soberania, não intervenção e não indiferença: reflexões sobre o discurso diplomático brasileiro*, Brasília, FUNAG, 2011.

sentenciando, ao final, o reconhecimento do Brasil quanto à natureza de *jus cogens* dessa norma.[836] Para a diplomacia brasileira, a proibição de uso da força era a própria *raison d'être* da Organização e sua interpretação deveria dar-se não de forma isolada, mas à luz de outros dispositivos da Carta, em especial os princípios de solução pacífica de controvérsias, igualdade soberana, não interferência nos assuntos internos dos Estados, cooperação internacional, desenvolvimento econômico, autodeterminação dos povos e independência nacional. De forma particularmente relevante para a compreensão do escopo material do princípio de não intervenção, o delegado brasileiro assinalou que a análise sobre o uso da força "deveria ir além do problema concernente ao emprego das forças armadas e considerar outras formas de coerção frequentemente tão eficazes quantos os meios militares, tais como as de caráter econômico e outros tipos de agressão", em indicação da contrariedade quanto à imposição de sanções unilaterais.[837]

O Brasil sempre adotou visão restritiva quanto às hipóteses de exceção ao princípio de não intervenção, rejeitando tentativas de deixá-la à discricionariedade política e casuística dos Estados. Para a diplomacia brasileira, "se a interpretação política da regra do não uso da força pudesse ser tão flexível a ponto de fazer com que alguns Estados se sentissem autorizados a recorrer à força armada em suas relações, poder-se-ia indagar qual era o sentido

---

[836] Sette Câmara enumerou detalhadamente o quadro jurídico reconhecido pelo Brasil quanto à proibição do uso da força, desde o Pacto Briand-Kellog, de 1928, passando pelos instrumentos do sistema interamericano, os Estatutos dos Tribunais Militares Internacionais criados para julgar os crimes cometidos durante a II Guerra, a prática internacional nessa matéria (com destaque para os Princípios de Coexistência Pacífica e as várias resoluções aprovadas na AGNU) e a doutrina internacionalista. *Statement by the Representative of Brazil on Item 24 – Conclusion of a World Treaty on the Non-Use of Force in International Relations*, VI Committee, XXXI Session of the General Assembly, N.Y., 1976, pp. 1-14. *In* A.A. Cançado Trindade (org.), *supra* nota 530, pp. 86-88.

[837] *Statement by the Brazilian Delegate in the General Debate of the Special Committee on Enhancing the Effectiveness of the Principle of Non-Use of Force in International Relations* N.Y., 1978, pp. 1-3. *In* A.A. Cançado Trindade (org.), *supra* nota 530, pp. 88-89. A necessidade de interpretar os princípios da Carta de forma sistêmica, à luz dos demais princípios igualmente válidos no direito internacional foi novamente defendida na mesma Comissão, em 1980. Na ocasião, o representante brasileiro afirmou que seria útil considerar o inter-relacionamento entre os vários princípios incorporados na Declaração de 1970 (res. 2625 (XXV)). UN, *Report of the Special Committee on Enhancing the Effectiveness of the Principle of Non-Use of Force in International Relations*, GAOR, 35th session, suppl. n. 41 (A/35/41), 1980, pp. 27-28.

daquela regra" enquanto norma jurídica.[838] Amparado na Carta e em resoluções adotadas na ONU sobre o assunto[839], o Brasil defendeu que os membros das Nações Unidas são "não apenas concitados a evitarem o uso da força como também a se absterem de quaisquer atos, diretos ou indiretos, que visassem pôr em risco a liberdade, a independência ou integridade de qualquer Estado, ou fomentar a guerra civil e subverter a vontade do povo".[840] A relação entre a proibição da ameaça e do uso da força com o princípio de não intervenção não poderia ser mais clara.[841]

A repulsa em relação ao uso da força à margem do direito internacional também se observou na reação do Brasil a casos de ocupação e de aquisição territorial pela via militar. Em linha com a oposição à guerra de conquista, presente já na primeira Constituição republicana, um primeiro exemplo do padrão de conduta nessa matéria se deu durante a ocupação alemã da Bélgica, na I Guerra Mundial (1914-1917). Na ocasião, o Governo brasileiro não cedeu às pressões do *II Reich* para que funcionários consulares brasileiros reconhecessem a autoridade da potência ocupante a fim de que continuassem a operar em território belga.[842] O Brasil se recusava a reconhecer a legitimidade da autoridade factualmente exercida num território sob ocupação, de forma a evitar qualquer possível ilação no sentido de reconhecimento do *status quo*. Outro precedente se deu em 1952, mediante solicitação da Áustria, quando o Brasil promoveu, na AGNU, a aprovação de resolução que recomendava a desocupação do território austríaco pelas potências vencedoras da II Guerra Mundial (EUA, França, Reino Unido e URSS). Sem ingressar no histórico da situação, a diplomacia brasileira atuou na defesa do direito à "independência política e

---

838 UN, *Report of the Special Committee on Enhancing the Effectiveness of the Principle of Non-Use of Force in International Relations*, GAOR, 36th session, suppl. n. 41 (A/36/41), 1981, pp. 22-23.

839 Cf. a Declaração de 1970 (res. 2625 (XXV)), a resolução 290 (IV) intitulada "Elementos Essenciais da Paz"e a Declaração sobre a Definição do Crime de Agressão (res. 3314 (XXIX)).

840 *Supra* nota 1038, p. 22.

841 "Desde que se tornou um país soberano, o Brasil tem condenado consistentemente o uso da força nas relações internacionais e defendido o recurso aos meios pacíficos para solução de controvérsias". MRE, *Statement by the Representative of Brazil on Agenda Item 86 - Report of the Special Committee on the Question of Defining Aggression*, VI Committee, XXIX General Assembly, 1974, pp. 1-2.

842 Em Mensagem ao Congresso em 1917, o então Presidente Wenceslau Braz assinalou que "a ocupação não significa soberania". *In* A.A. Cançado Trindade, *supra* nota 508, p. 38.

à integridade territorial" da Áustria, àquela altura prestes a ser admitida como Estado Membro das Nações Unidas.[843] Para o Brasil, o regime especial ao qual a Áustria estava sujeita constituía "flagrante desrespeito aos ideais proclamados na Carta das Nações Unidas".[844] Essa linha se repetiu na defesa pela desocupação de territórios palestinos. Tal como assinalado por Azeredo da Silveira em favor da Resolução 242 do CSNU, "a objeção à guerra de conquista é uma constante na História do Brasil e um preceito inscrito em nossa Lei fundamental".[845] A desocupação de territórios ocupados seria, inclusive, condição indispensável para alcançar paz e segurança em situações de conflito.[846] Essa posição revelava "princípio diretor da nossa nacionalidade",[847] a saber, o "princípio da não aquisição de territórios pela força".[848] A defesa da desocupação de territórios ocupados pela força foi, ainda, elemento recorrente nos discursos do Brasil com Saraiva Guerreiro (1979,[849] 1980[850] e 1981)[851] e Abreu Sodré (1986) em relação aos territórios palestinos;[852] e com os Presidentes Figueiredo

---

843 MRE, *Relatório Apresentado ao Presidente da República dos Estados Unidos do Brasil pelo Ministro de Estado das Relações Exteriores*, 1952, MRE/Serviço de Publicações, pp. 29-30. A Áustria ingressou na ONU em 1955.

844 João Neves da Fontoura na VII Sessão Ordinária da AGNU, em 1952, in Luiz Felipe Seixas Corrêa (org.), *supra* nota 520, pp. 84-85.

845 Antonio Francisco Azeredo da Silveira na XXIX Sessão Ordinária da AGNU, em 1974, in Luiz Felipe Seixas Corrêa (org.), *supra* nota 520, p. 314.

846 *Idem*, 315.

847 Antonio Francisco Azeredo da Silveira na XXXII Sessão Ordinária da AGNU, em 1977, *idem*, p. 344.

848 Antonio Francisco Azeredo da Silveira na XXXIII Sessão Ordinária da AGNU, em 1978, *idem*, p. 355.

849 Ramiro Saraiva Guerreiro na XXXIV Sessão Ordinária da AGNU, em 1979, *idem*, pp. 363-364.

850 Ramiro Saraiva Guerreiro na XXXV Sessão Ordinária da AGNU, em 1980, *idem*, pp. 377.

851 Guerreiro repisou as condições "indispensáveis para a paz: a retirada completa das forças de ocupação de todos os territórios árabes; o exercício do direito de o povo palestino retornar à Palestina e o reconhecimento de seu direito à autodeterminação, à independência e à soberania; a participação da Organização da Libertação da Palestina nas negociações de paz; e o reconhecimento do direito de todos os Estados da região de existirem em paz dentro de fronteiras reconhecidas". Ramiro Saraiva Guerreiro na XXXV Sessão Ordinária da AGNU, em 1981, *idem*, p. 398.

852 Roberto de Abreu Sodré na XLI Sessão Ordinária da AGNU, em 1986, *idem* p. 472.

(1982)[853] e Sarney (1985)[854], e o Ministro Abreu Sodré (1986), em relação à soberania argentina sobre as Malvinas.

O exame da prática diplomática brasileira indica o esforço contínuo de evitar interpretação que pudesse dar azo a tendências intervencionistas. Mesmo nos anos mais críticos da rivalidade bipolar, o Brasil, embora alinhado ao bloco ocidental, manteve a interpretação (*opinio iuris*) de que a coexistência pacífica entre países com Governos ideologicamente contrários só seria possível por meio do respeito aos princípios de não intervenção, autodeterminação dos povos e não uso da força. Ao sustentar tais posições, a diplomacia brasileira buscava a um só tempo manter a paz e a estabilidade internacionais, e assegurar espaço de autonomia. Esse esforço não ocorreu sem contradições, como se viu na aplicação no hemisfério americano e em relação à situação do País em matéria de direitos humanos. Em que pese a tais críticas, sobretudo na conjuntura da Guerra Fria, a prática diplomática do Brasil republicano é inequívoca no sentido da interpretação, de forma geral, ampla e imperativa, de que o princípio de não intervenção é um dos sustentáculos da ordem política e jurídica interamericana e internacional.

O compromisso do Brasil com a defesa desse princípio se revelou em circunstâncias que envolviam não somente o uso e a ameaça da força, mas também outras modalidades de ingerência nas searas política e econômica. Subjacente ao apego ao princípio de não intervenção reside a convicção de que a intervenção é não só juridicamente contrária a outros princípios igualmente fundamentais do direito internacional,[855] como também prejudicial ao desenvolvimento político, social, econômico e cultural de uma nação soberana. A defesa intransigente do princípio de não intervenção não impediu, porém, que a prática diplomática acompanhasse – e muitas vezes estivesse em sua dianteira - na evolução progressiva do direito internacional em diversos aspectos relacionados à matéria.[856] Em se tratando de não intervenção, o Brasil só não

---

[853] João Baptista de Oliveira Figueiredo na XXXVII Sessão Ordinária da AGNU, em 1982, *idem*, p. 422.

[854] "Desde 1833 o Brasil apóia a justa reivindicação argentina da soberania sobre as ilhas Malvinas encarecendo uma solução negociada como única forma de resolver o problema". José Sarney na XL Sessão Ordinária da AGNU, em 1985, *idem*, p. 452.

[855] Sobretudo, igualdade soberana, independência e autodeterminação dos povos.

[856] Na temática de direitos humanos e democracia, o Brasil reconhece a legitimidade da ação da comunidade internacional e regional, no caso da OEA e do MERCOSUL, por meio dos mecanismos e órgãos criados por vias convencionais e consuetudinárias. O Brasil também

tergiversa em relação a tentativas de relativizar a imperatividade da proibição do uso da força.[857] Trata-se aí do núcleo duro dessa norma no direito internacional e da própria posição brasileira na área em apreço.

Definição do Princípio de Não Intervenção

O princípio de não intervenção está disposto de forma genérica e indeterminada no art. 2(7) na Carta das Nações Unidas. Não obstante, podem-se identificar nesse dispositivo três aspectos centrais: (i) o conceito de domínio reservado ("assuntos que dependam essencialmente da jurisdição de qualquer Estado"), (ii) a natureza proibitiva ("nenhum dispositivo autorizará (...) a intervirem") e (iii) a regra de exceção quanto às medidas coercitivas previstas pelo Capítulo VII.

Domínio reservado

Com base na linguagem do art. 2 (7) da Carta ("assuntos que dependam essencialmente da jurisdição de qualquer Estado"), o princípio de não intervenção é definido como um dever recíproco de abstenção em relação aos assuntos inscritos no âmbito da jurisdição doméstica de um Estado soberano (art. 2(1)).[858] Essa fórmula corresponde à noção de "domínio reservado", cuja expressão é dada pelo universo de relações jurídicas que se insere na esfera de soberania de cada Estado em relação ao qual é vedada a intromissão de terceiros.[859] O escopo desse dever de abstenção pode ser determinado por limites estabelecidos *ratione personae* ou *ratione materiae*. Os limites *ratione personae* estabelecidos pela Carta se aplicam tanto às funções das Nações Unidas, quanto às relações interestatais em geral. Quanto à matéria, prevalece a visão de que os limites são dados pelo direito internacional, isto é, pelo universo de obriga-

---

passou a reconhecer a legalidade e a legitimidade de operações de manutenção da paz aprovadas pelo CSNU sob o Capítulo VII, uma vez presentes os três requisitos desse tipo de atividade (imparcialidade em relação às partes em conflito, consentimento do Estado anfitrião e uso da força somente no exercício do mandato e em legítima defesa).

857 Ramiro Saraiva Guerreiro na XXXIX Sessão Ordinária da AGNU, em 1984, in Luiz Felipe Seixas Corrêa (org.), *supra* nota 520, p. 432.

858 Felix Ermacora, *supra* nota 635, p. 143.

859 Galina G. Shinkaretskaya, 'Content and Limits of "Domaine Reservée', in G.Tunkin e R.Wulfrum (eds), *International Law and Municipal Law*, Berlin, Duncker & Humblot, 1988, 121–31, p.123.

ções impostas a cada Estado em relação a seu respectivo domínio reservado. Mas a ausência no art. 2(7) tanto de um critério material quanto de indicação clara sobre a autoridade competente para determinar os limites desse universo tem provocado intenso debate.[860]

O conceito de "domínio reservado" tem precedente no art. 15 (8) do Pacto da Liga das Nações,[861] onde se lia que "se uma das Partes pretender e se o Conselho reconhecer que o litígio implica uma questão que o direito internacional deixa à competência exclusiva dessa Parte, o Conselho constatará isso num parecer, mas sem recomendar solução alguma". Esse dispositivo limitava o escopo *ratione personae* de atuação do Conselho como órgão responsável pelo encaminhamento de disputas entre os Estados por vias pacíficas.[862] Ao mesmo tempo, estabelecia, como limites *ratione materiae*, o universo de obrigações impostas a um determinado Estado por meio do direito internacional. O Pacto retirava, assim, os assuntos relativos ao domínio reservado das competências da Liga,[863] salvo na hipótese de solicitação ou consentimento por parte do Estado concernido.[864]

Ainda sob o regime da Liga, o conceito de "domínio reservado" foi objeto de análise pela então CPJI. Em 1923, a Corte confirmou a natureza negativa (dever de abstenção) dessa norma ao afirmar a natureza excludente de um determinado universo de assuntos em que o Estado estaria livre de obrigações de quaisquer tipos; somente nessas questões o Estado seria exclusivamente *maître de ses décisions*.[865] Essa definição expunha as duas faces do conceito de

---

860 Cf. Gilbert Guillaume, *supra* nota 771, p. 497.

861 *Idem*, p. 485.

862 Essa lógica foi reproduzida nas propostas de Dumbarton Oaks para a nova Organização, novamente com relação à atuação do Conselho em matéria de solução pacífica de controvérsias (Capítulo VI da Carta), com a diferença de que seria retirada a autoridade do Conselho para decidir sobre o assunto.

863 Vaughan Lowe, *supra* nota 921, p. 72.

864 O caso *Bernheim* é paradigmático quanto aos riscos da aplicação absoluta do regime de domínio reservado. Em 1933, Franz Bernheim, alemão de descendência judaica, apresentou denúncia ao Comitê para a Proteção de Minorias da Liga em relação às leis raciais de Nuremberg aprovadas na Alemanha nazista. A demanda foi rejeitada com base nas alegações apresentadas pelo representante alemão, no sentido de que o tema seria "a matter essentially within the domestic jurisdiction of the state".

865 *Mavromatis* caso, PCJI, *Series B*, no. 4, p. 7; e confirmada no julgamento de 30/9/1924, PCJI, *Series* A, no. 2.

"domínio reservado" (*ratione personae* e *materiae*) ao realçar que os limites dependeriam de cada regime regulado pelo direito internacional, fosse pela via convencional, o que implicaria obrigações apenas *inter partes*, ou consuetudinária, onde se aplicariam regras como a de objeção persistente. Não obstante a prevalência de visão rígida, o conceito negativo de não intervenção foi definido em termos de deveres de abstenção ou de prestação que restringem o escopo do "domínio reservado" no direito internacional.[866]

Com base na expressão em inglês, a comparação entre a fórmula da Liga das Nações e a linguagem utilizada na Carta indica, em primeiro lugar, a substituição da expressão *solely* do art. 15 do Pacto pela palavra *essentially*. Tal como reconhecido na doutrina,[867] o exame dos *travaux préparatoires* revela que o objetivo dessa mudança não foi o de reduzir o escopo do conceito de domínio reservado mas, pelo contrário, de reafirmá-lo e até mesmo de ampliá-lo. Tinha-se em vista a perspectiva, que viria a confirmar-se nas décadas seguintes, de que o universo normativo do direito internacional positivo expandir-se-ia por meio de sua progressiva codificação.[868] A ampliação do direito internacional por normas convencionais e costumeiras teria o efeito de estabelecer novos direitos e obrigações e assim diminuiria a esfera negativa do domínio reservado. A intenção dos Estados na redação da Carta alinhava-se, dessa forma, com a interpretação de que o "domínio reservado" corresponde ao universo normativo que não é regulado, por meio de direitos e obrigações recíprocas, no direito internacional.[869]

No auge da Guerra Fria, assistiu-se a verdadeiro cabo de guerra hermenêutico sobre o escopo do "domínio reservado".[870] Estados reunidos no bloco socialista defendiam posições maximalistas que implicavam dever de abstenção

---

866 Essa noção foi consolidada no art. 3 da Convenção de Montevidéu de 1933 sobre os Direitos e Deveres dos Estados: "The exercise of these rights has no other limitation than the exercise of the rights of other states according to international law".

867 M.S. Rajan, *United Nations and Domestic Jurisdiction*, 2nd ed., London, Asia Publishing House, 1961, pp. 42-44.

868 Cf. a opinião do representante dos EUA Conferência de São Francisco. U.N.C.I.O., vol. 6, p. 507.

869 "The formula "matters *essentially* [and no longer solely] within the domestic jurisdiction" was deemed the most suitable for expressing this intention". Benedetto Conforti, *supra* nota 240, pp. 134-135.

870 Gilbert Guillaume, *supra* nota 771, p. 498.

absoluto.[871] Excluía-se, por consequência, toda e qualquer legalidade da ação estrangeira em relação a questões domésticas de outro Estado quando ausente o consentimento expresso de forma casuística, ou geral e prévia. Em corolário, outros Estados, individual ou coletivamente nas Nações Unidas, não poderiam discutir temas relacionados "essencialmente" à jurisdição de um terceiro Estado soberano.[872] Sob essa lógica, a norma de não intervenção evitaria que o ECOSOC e o próprio CSNU (salvo na hipótese de recurso ao Capítulo VII) lidassem com temas como o cumprimento de obrigações internacionais em matéria de direitos humanos. Por outro lado, Estados do mundo ocidental esposavam visão minimalista, senão até mesmo negativista, em relação à normatividade do princípio de não intervenção, inclusive no tocante ao uso da força. Para alguns não existiria limite definido para a atuação da Organização,[873] enquanto para outros a regra do art. 2(7) restringia-se à limitação das atividades das Nações Unidas e não se aplicava para as relações interestatais.[874] Visões mais radicais sugeriam a revogação da norma de não intervenção com base em "ética social internacional"[875] ou sua derrogação à luz do interesse de outros Estados.[876] Ambas interpretações afastavam-se do significado juridicamente definido em termos dos limites estabelecidos pelo direito internacional, a começar pela própria Carta, que dispõe sobre princípios e propósitos cuja realização pressupõe, como condição fática, relações com os elementos inscritos na jurisdição doméstica estatal. Tais dispositivos conferem às Nações Unidas competências nos campos social e econômico, tornando difícil o exercício das funções dos órgãos onusianos sem que possam lidar, ainda que de forma apenas recomendatória, com aspectos em princípio inscritos no "domínio reservado" dos Estados.[877] Esse é o caso, por exemplo, do princípio de autodeterminação dos povos (art. 1 (3)), objetivo cuja realização implica o tratamento de questões

---

[871] Cf., por exemplo, as resoluções da AGNU sobre países como Bulgária, Hungria e Romênia (res. 272 (III), 249 (IV) e 385 (V)) e, na antiga Comissão de Direitos Humanos, sobre a Polônia (res. 26/1982).

[872] Na então chamada "doutrina soviética" do direito internacional, cf. N. Ouchakov, 'La compétence interne de l'Etat', 141 *R.C.A.D.I.* (1974-I), 5-85.

[873] Benedetto Conforti, *supra* nota 240, p. 131.

[874] G. Arangio-Ruiz, '*Le domaine réservé*, l'organisation internationale et *le* rapport entre droit international et droit interne', *R.C.A.D.I.*, vol. 225, *1990*, pp. 9 e ss.

[875] G. Sperduti, *Il dominio riservato*, Milano, Giuffrè, 1970.

[876] Alf Ross, 'La notion de "compétence nationale" dans la pratique des Nations Unies', in *Mélanges offerts à Henry Rollin*, Paris, Pédone, 1964, p. 284.

[877] Hans Kelsen, *supra* nota 184, p. 773.

que se inscreviam no seio da jurisdição das antigas metrópoles coloniais. No mesmo diapasão, a promoção dos direitos humanos e das liberdades fundamentais (arts. 1(3) e 55 (c)) dirige-se a relações jurídicas entre Estados e indivíduos dadas no interior de suas respectivas jurisdições nacionais.

Para solucionar essa tensão normativa, Conforti sugere a ponderação da regra do domínio reservado inscrita no artigo 2 (7) com as competências dos órgãos das Nações Unidas. Nessa ordem de idéias, resoluções de natureza recomendatória de órgãos como a AGNU, o ECOSOC e a CDH não representam afronta ao princípio de não intervenção quando sua aplicação *ratione personae* se dirigir de modo abstrato e indeterminado a todos os Estado Membros.[878] *Contrario sensu*, seria vedada a adoção de decisões sobre países específicos, à exceção da hipótese de ação do CSNU prevista no próprio art. 2(7).[879] Como resultado, ao menos no tocante ao exercício de suas funções, os demais órgãos das Nações Unidas deveriam abster-se não só de discutir, como também de lidar, por meio de resoluções e recomendações, com situações específicas relativas ao domínio reservado de um Estado Membro.[880] Na avaliação de Lowe, isso equivaleria a dizer que "matters of domestic jurisdiction are *ultra vires* the organisation".[881]

Embora, sob interpretação estática, essa fosse a visão prevalecente na Conferência de São Francisco,[882] percepção no mais compartilhada por países dos dois lados do espectro político-ideológico naquele momento,[883] a

---

[878] Refere-se, implicitamente, às chamadas resoluções temáticas.

[879] B. Conforti, *supra* nota 240, p. 139. Essa visão alinhava-se com a interpretação prevalecente no momento da redação da Carta, tal como disposto no relatório final da Conferência de São Francisco, onde se lê, a respeito do art. 55, que trata da cooperação entre os Estados Membros em relação a temas como direitos humanos, que "The members of Committee 3 of Commission II are in full agreement that nothing contained in Chapter IX can be construed as giving authority to the Organization to intervene in the domestic affairs of the Member States". U.N.C.I.O., vol. 10, p. 57 ff. and p. 83.

[880] Benedetto Conforti, *supra* nota 240, pp. 144-45.

[881] Vaughan Lowe, *supra* nota 921, p. 72.

[882] L.M. Goodrich & E. Hambro, *Commentaire de la Charte des Nations Unies,* Neuchâtel, Eds. de la Bâconnière, 1946, p. 135.

[883] Países do bloco soviético desejavam evitar o tratamento de questões relacionadas a direitos civis e políticos; no bloco ocidental, vários países queriam evitar que a AGNU e o ECOSOC tivessem a capacidade de deliberar e regular questões pertinentes à "domestic life and the social economy of each one of the member-states". Cf. intervenção dos delegados dos EUA (U.N.C.I.O., vol. 6, p. 511) e da União Soviética (U.N.C.I.O., vol. 5, pp. 522-535). Cf. Benedetto Conforti, *supra* nota 240, p. 138.

prática das Nações Unidas nas décadas subseqüentes orientou-se no sentido de interpretar as atribuições dos órgãos onusianos de forma ampla, isto é, no sentido de que a regra de exclusão do conceito de domínio reservado não impede o tratamento de questões específicas, mesmo quando relativas a aspectos do "domínio reservado".[884] Essa prática se observou, de forma acentuada, no tocante aos temas de autodeterminação dos povos, direitos humanos e ameaças à paz e à segurança internacionais, dando fundamento político e jurídico à adoção de resoluções não só no CSNU, onde esses temas foram tratados ora sim, ora não sob a regra de exceção do art. 2(7),[885] mas também, sob os Capítulos IX, X e XI na AGNU, no ECOSOC,[886] na antiga Comissão e, mais recentemente, no Conselho de Direitos Humanos.[887] Protestos apresentados por Estados individualmente com base no art. 2(7) quanto ao tratamento de temas pela AGNU (inclusão de situações específicas de países na agenda, por exemplo) foram reiterada e categoricamente ignorados ou rejeitados.[888] Essa prática estatal refletiu o desenvolvimento progressivo do direito internacional, cuja normatividade passou a lidar, de forma crescente, com vários aspectos relacionados aos elementos essenciais do Estado (população, território e governo). É pacífica, atualmente, a interpretação de que o tratamento de questão relativa ao domínio reservado dos Estados no marco dos respectivos mandatos e dos órgãos onusianos não constitui afronta ao princípio de não intervenção.[889]

---

[884] Dominic McGoldrick, *supra* nota 638, p. 88; e I. Brownlie, *supra* nota 133, pp. 553-4.

[885] Quando da invasão do Kuaite pelo Iraque, no início da década de 1990, o CSNU adotou resoluções sob o capítulo VII da Carta nos termos da exceção explícita do art. 2(7), como a resolução 687 (1991), e sem fazer referência à exceção, como a resolução 688 (1991), em que há apenas alusão genérica ao princípio de não intervenção na parte preambular.

[886] Para uma lista extensiva da prática na ONU a esse respeito, cf. Felix Ermacora, *supra* nota 635, pp. 144-145.

[887] I. Brownlie, *supra* nota 133, p. 293.

[888] A. A. Cançado Trindade, *supra* nota 249, p. 120. Cf. também A.A. Cançado Trindade, *O Estado e as Relações Internacionais: O Domínio Reservado dos Estados na Prática das Nações Unidas e Organizações Regionais*, Brasília, Ed. da Universidade de Brasília, 1979, p. 43; e Felix Ermacora, *supra* nota 635, pp. 146-147.

[889] Em corolário, a inclusão, por iniciativa de um Estado Membro, de tema relativo à situação doméstica de outro Estado na agenda de órgão onusiano tampouco constitui violação do princípio de não intervenção. Cf. Q. Wright, 'Is Discussion Intervention?', *AJIL* 50 (1956), 102-110, p. 102; e P. Dailler & A. Pellet, *Droit international public*, Paris, LGDJ, 1999, p. 443.

Mas permanece válida a definição tradicional de domínio reservado em termos dados pelos limites impostos pelo direito internacional positivo, que passou a lidar com vários aspectos anteriormente circunscritos à jurisdição exclusiva dos Estados. A profunda transformação dos mandatos dos órgãos principais das Nações Unidas, o surgimento de regimes em âmbito regional nos mais diversos campos e a rápida expansão do universo normativo regulado por normas convencionais e consuetudinárias diminuíram o escopo de aplicação do conceito de domínio reservado.[890] A tensão - e a necessidade de ponderação - entre o "domínio reservado" e a crescente expansão do direito internacional se revela, por exemplo, na análise da questão da nacionalidade.[891] Em princípio, a concessão da nacionalidade é decisão soberana de cada Estado, com corolários diversos como em matéria de proteção diplomática e extradição (o Brasil, por exemplo, não extradita seus nacionais). No entanto, o direito internacional contemporâneo impõe condicionalidades à concessão e à oposição da nacionalidade em face de terceiros Estados.[892] Limites à soberania estatal nessa matéria podem ser encontrados não só em sua dimensão subjetiva, isto é, enquanto direito do Estado em conceder nacionalidade,[893] mas também em sua dimensão objetiva, como deveres correspondentes aos indivíduos,

---

[890] A abertura do domínio reservado é observável não só em questões de direitos humanos, mas também em áreas como desarmamento, desenvolvimento econômico, comércio internacional, política de drogas e meio ambiente. Nas negociações da Declaração de 1970, já se atentava para o fato de que esse princípio não poderia ser construído de modo a significar que um país pudesse violar os direitos fundamentais de seus cidadãos sem que tais violações se tornassem preocupação de toda a comunidade internacional. UN Doc. A/6955, para. 91.

[891] Celso D. de Albuquerque Mello, *supra* nota 3, p. 211.

[892] O art. 1º da Declaração da Conferência de Codificação da Haia, de 1930, reconhece o direito soberano dos Estados em "determinar por sua legislação quais serão seus nacionais", porém condiciona esse exercício ao respeito às "convenções internacionais e os princípios de direito geralmente reconhecidos em matéria de nacionalidade". Entre estes últimos, pode-se mencionar a impossibilidade de "exercer a sua proteção diplomática em proveito de um seu nacional contra outro Estado de que o mesmo seja também nacional".

[893] Em decisão paradigmática no caso *Nottebohm*, de 1955, a CIJ estabeleceu limites aos efeitos internacionais da concessão de nacionalidade (conceito de "nacionalidade efetiva"). *Nottebohm* case, *supra* nota 609.

como os direitos à nacionalidade e à mudança de nacionalidade[894] e obrigações relativas a casos de apatridia.[895]

O conceito de "domínio reservado" inscrito no princípio de não intervenção não foi, portanto, revogado, mas parcialmente derrogado. Como *lex specialis*, essa derrogação deve ser interpretada restritivamente. Se tomarmos como ponto de partida os três elementos fundamentais do Estado, vê-se que boa parte desse processo de derrogação se deu em relação ao elemento humano, isto é, como resultado da expansão de normas do direito internacional dos direitos humanos que regulam a relação entre Estado e indivíduos sob a jurisdição doméstica. Porém, a evolução do direito internacional dos direitos humanos não derrogou nenhum aspecto da proibição do uso da força inscrita no art. 2(4), o que implica a ilegalidade de intervenções humanitárias unilaterais. Da mesma forma, os Estados não são obrigados a submeter controvérsias relativas a assuntos que se encontrem "essencialmente" sob a jurisdição doméstica a mecanismos previstos no Capítulo VI da Carta. O que ocorreu foi tão somente interpretação inovadora sobre o conteúdo das obrigações impostas aos Estados e as respectivas competências dos órgãos multilaterais.[896] A extensão do domínio reservado alcança os limites das obrigações impostas aos Estados pelo direito internacional.[897] É, pois, no bojo do desenvolvimento convencional e consuetudinário nos mais diversos ramos que se devem buscar os limites derrogatórios *ratione personae* e *materiae* da noção de domínio reservado inscrita no princípio de não intervenção.

---

894 O artigo XV da Declaração Universal de 1948 prevê que "todo homem tem direito a uma nacionalidade" e que "ninguém será arbitrariamente provado de sua nacionalidade". No mesmo sentido, o art. 24 do PIDCP determina que "toda criança tem direito a adquirir uma nacionalidade" e a Convenção Interamericana de Direitos Humanos vai ainda além ao estabelecer que "toda pessoa tem direito a uma nacionalidade", "toda pessoa tem direito à nacionalidade do Estado em cujo território nasceu se não tem direito a outra nacionalidade" e "ninguém será privado arbitrariamente de sua nacionalidade, nem do direito de mudá-la".

895 Convenção de 1954 sobre o Estatuto dos Apátridas e a Convenção de 1961 para Reduzir os Casos de Apatridia.

896 "In relation to other articles and specially Articles 55, 56 and 73 (e), the interpretation of the provisions [art. 2(7)] by organs of the United Nations has had important effects on the reserved domain: but here we must again scape from tautology. What has happened is simply that a new content has been given to the obligations and legal competences of states through the medium of the Charter". I. Brownlie, *supra* nota 133, pp. 293-294.

897 Gilbert Guillaume, *supra* nota 771, p. 504.

O Universo Proibitivo da Não Intervenção

A contraface jurídica do direito subjetivo de um Estado ao "domínio reservado" consiste no dever de abstenção inscrito na norma de não intervenção. Ao direito subjetivo de cada Estado de regular um universo de relações jurídicas no seio de sua jurisdição soberana sem a ingerência externa corresponde um dever objetivo de abster-se de intervir em terceiros Estados. Materialmente, esse universo proibitivo é amplo e cobre comportamentos nas mais diversas dimensões: militar (uso da força), econômica e política. Alguns tipos de intervenção são facilmente identificáveis, como o uso unilateral da força, o apoio e a organização de grupos armados, o fomento ao terrorismo e práticas de espionagem. Em outros, o desrespeito a essa norma é menos claro, tal como nas hipóteses de financiamento a grupos e partidos políticos em Estados estrangeiros ou de aliciamento de funcionários públicos. O elemento comum em todos esses casos é que a ingerência externa interfere na capacidade de um Estado soberano em fazer valer seus interesses e opiniões de forma autônoma interna e externamente.[898]

Não há consenso sobre os limites objetivos do "domínio reservado".[899] Com a crescente interdependência entre Estados e povos ao redor do globo, torna-se cada vez mais difícil determinar, com precisão, a natureza antijurídica de atividades conduzidas em outras nações soberanas. Nem toda ação em outro Estado sem o consentimento expresso deste último consiste em intervenção.[900] A pressão inerente a negociações entre Estados não implica, via de regra, prática intervencionista.[901] Em outros casos, porém, há efeitos prejudiciais à soberania da ordem jurídica doméstica. Embora o direito internacional reconheça a hipótese de aquiescência do Estado para a atuação de forças estrangeiras em seu território ("intervenção por convite"), é possível que nessa

---

[898] Esses argumentos foram utilizados pelo então Representante norte-americano junto às Nações Unidas, Embaixador Goldberg, para criticar na AGNU a posição contraditória da URSS no tratamento do princípio de não-intervenção. *UN General Assembly*, 20th Session, Official Records, Supplement No. 14 (A/6014), p. 11.

[899] Gilbert Guillaume, *supra* nota 771, p. 505.

[900] Lassa Oppenheim, *International Law, a Treatise, Oppenheim's International Law*, (3rd ed.), London, R. F. Roxburgh ed., vol. I, 1920-1921, p. 222.

[901] Eduardo Jiménez de Aréchaga, *El Derecho Internacional Contemporáneo*, Madrid, Ed. Tecnos, 1980, p. 141.

prática ocorram abusos contrários ao princípio de não intervenção.[902] Em casos de países em conflito civil, em que o Governo central não exerce controle sobre seu território, torna-se difícil determinar a autoridade - e até mesmo a legitimidade - do grupo com a capacidade de aquiescer à atuação de forças militares estrangeiras.[903] O princípio de não intervenção proíbe a ação por meio da qual um Estado estrangeiro atua com o objetivo de determinar, para além das formas e práticas juridicamente aceitas de relacionamento interestatal, o comportamento, o funcionamento ou a própria dinâmica política, econômica, jurídica e social de outro Estado soberano em sua dimensão interna e em sua política exterior.[904]

Houve, no passado, tentativas de discriminar quais seriam as áreas do "domínio reservado" em relação às quais se aplicaria a vedação de ações por parte de outros Estados. A ênfase recaía no objeto da intervenção, o que implicava buscar quais áreas correspondiam "essencialmente" à jurisdição doméstica de cada Estado (*Wesenstheorie*).[905] No plano interamericano, o Conselho da OEA encomendou estudo ao Comitê Jurídico Interamericano com o objetivo explícito de densificar essa norma em subprincípios e regras (*precisar el contenido del principio de no intervención*).[906] Em 1961, o Comitê[907] apresentou projeto de convenção que enumerava, a título não exaustivo, casos que constituiriam vio-

---

902 Os casos de invasão militar da Tchecoslováquia, pela URSS, e de Granada, pelos EUA, ambos na Guerra Fria, são exemplos dessa possibilidade.

903 Recentemente, a ação militar da Arábia Saudita no Iêmem, em apoio a um Governo que se encontrava no exílio, expõe as dificuldades de lidar com esse tema sob perspectiva exclusivamente jurídica.

904 Para alguns autores, a determinação de quais medidas constituem intervenção dependeria da vontade do Estado interventor em obter algum benefício ou resultado. Vaughan Lowe, *supra* nota 921, p. 67.

905 Schwarzenberg sugeriu que os limites materiais do domínio reservado poderiam ser identificados em termos do exercício da jurisdição em seus aspectos pessoal, territorial, ou de forma exclusiva e/ou extraordinária. G. Schwarzenberg, *A Manual of Public International* Law, 1960, 4th ed., p. 85. Já Fawcett utiliza tratamento temático: administração pública, legislação trabalhista, direito civil e organização das forças armadas e policiais. J.E.S. Fawcett, 'General Course on Public International Law', *R.C.A.D.I.* 132 (1971-I), p. 392.

906 Resolução VII da V Reunião de Consultas de Ministros de Relações Exteriores, 1959, Santiago do Chile.

907 A composição do Comitê incluía notáveis da doutrina latino-americana como Raul Fernandes, Luis David Cruz Ocampo, José Joaquín Caicedo Castilla e Antonio Gomez Robledo.

lações ao princípio de não intervenção.[908] Para além das normas já positivadas no direito interamericano (arts. 15, 16 e 17 da Carta da OEA e Convenções de Montevidéu de 1933),[909] o resultado foi um artigo único de vários dispositivos em que não só se reafirma a proibição de qualquer forma de ingerência por meios diretos e indiretos de caráter coercitivo militar, econômico e político, como também se exemplificam modalidades de intervenção.[910] Embora não

---

[908] *Proyecto e Informe del Comité Jurídico Interamericano, Instrumento sobre Casos de Violaciones al Princípio de No Intervención*, Recomendaciones e Informes: documentos oficiales, Rio de Janeiro, GB, 1961, v. VI, pp. 267-286.

[909] O relatório alude à Convenção de 1928 sobre Direitos e Deveres dos Estados em casos de Guerras Civis.

[910] "Serán consideradas como violaciones por parte de un Estado al principio de no intervención, además de otros actos que eventualmente puedan caracterizarse como intervención, las siguientes: a) Cualquier forma de ingerencia o de tendencia atentatoria a la personalidad del Estado o a los elementos políticos económicos, sociales y culturales que lo constituyen. b) Aplicar o estimular medidas coercitivas de carácter económico o político para forzar la voluntad soberana de otro Estado y obtener ventajas de cualquier naturaleza. c) Permitir el tráfico de armas y material de guerra que se presuma destinado a iniciar, promover o ayudar una lucha civil en un Estado americano. d) Suministrar a cualquier título, armas de fabricación o propiedad oficial a personas o entidades distintas de los Estados, cuando se presuma que están destinadas a los fines enunciados en el ordinal anterior; e) Permitir que en las zonas bajo su jurisdicción cualquier persona, nacional o extranjera, participe en la preparación, organización y ejecución de una empresa militar que tenga como fin iniciar, promover o ayudar una rebelión o sedición en un Estado americano, aunque su gobierno no esté reconocido. La participación referida comprende entre otros actos: 1) La contribución, el suministro o la provisión de armas y material de guerra. 2) El equipo, el adiestramiento, la reunión o el transporte de miembros de una expedición militar; 3) El suministro o el recibo de dinero, a cualquier título, destinado a la empresa militar. f) Los actos por los que directamente un Estado se opone a que en otro prevalezca determinada forma o composición de Gobierno. g) Los actos de coacción que directamente tiendan a imponer a otro país organización o gobierno determinados, así como los actos destinados posteriormente a mantener la situación impuesta. h) La acción que pretenda obligar a un Estado a admitir la interferencia o actividades de otro Estado en su administración de justicia o en cualquiera otra esfera de su competencia exclusiva. i) Los actos por los cuales se pretenda imponer o se imponga a un Estado el reconocimiento de una situación privilegiada para los extranjeros, por encima de los derechos, recursos y garantías que conceda a los nacionales la legislación local. j) El empleo de la coacción para obtener arreglos territoriales o ventajas especiales de cualquiera naturaleza. k) El reconocimiento de las adquisiciones territoriales o las ventajas especiales obtenidas por cualquier medio de coacción. l) El ejercicio abusivo del reconocimiento de gobierno en contravención de las normas establecidas por el derecho internacional o como medio para obtener ventajas injustificadas".

aprovado,[911] esse projeto veiculava a *opinio iuris* prevalecente entre Estados latino-americanos, ao mesmo tempo em que refletia a opinião doutrinária majoritária na região.

Atualmente prevalece a visão de que o universo negativo de "domínio reservado" ao qual é vedado a ação de outros Estados nos assuntos domésticos, não é definido a partir da análise específica dos aspectos relacionados aos elementos constitutivos do Estado, mas sim pelas obrigações impostas pelo direito internacional.[912] Tal abordagem pressupõe análise casuística à luz do desenvolvimento progressivo do direito convencional e consuetudinário aplicável em cada domínio do *ius gentium*.[913] Em primeiro plano, a forma mais visível de intervenção é aquela que se dá por meio da coerção, definida em termos da ação militar, econômica ou política que constrange, de forma incontornável, outro Estado no sentido de uma determinada conduta, omissão ou benefício. No passado, o direito internacional clássico definia o universo de condutas coercitivas proibidas em termos de "interferência ditatorial".[914] Embora atualmente superada na doutrina,[915] essa terminologia corresponde ao significado mais comum e à própria essência do termo "intervenção", tal como reconhecido pela CIJ no caso *Nicaragua*.[916] As divergências entre concepção ampla ou restrita sobre a definição do termo "força" só foram superadas por meio de um acordo que fosse amplo o suficiente para cobrir outras formas de pressão ou coerção distintas da força militar *stricto sensu* mas não obstante igualmente proibidas, como consagrado na Declaração sobre Princípios de

---

[911] Os EUA se recusaram a aceitar instrumento vinculante que regulasse a matéria de forma precisa. Em *Dissenting Statement*, o membro norte-americano, James Oliver Murdock, descreve esse esforço como "impractible, illusory and misleading". In *Proyecto e Informe del Comité Jurídico Interamericano, Instrumento sobre Casos de Violaciones al Princípio de No Intervención*, *supra* nota 1108, p. 275.

[912] I. Brownlie, *supra* nota 133, p. 291.

[913] Cf. *Annuaire de l'Institut de Droit International* 45 (1954-II), p. 292.

[914] L. Oppenheim, *International Law, a Treatise*, Vol. I, 9th ed., 1992, p. 432. Hans Kelsen, *supra* nota 184, p. 770.

[915] Felix Ermacora, *supra* nota 635, p. 150.

[916] *Nicaragua* case, *supra* nota 269, para. 205.

1970.[917] Consolidava-se relação direta entre a proibição do uso da força e a não-intervenção.

A prática da intervenção vai além, portanto, da ação coercitiva.[918] O escopo proibitivo do princípio de não intervenção inclui, mas não se limita, à intervenção pela força, tal como consignado nas resoluções da AGNU de 1965 e de 1970 e reconhecido em mais de uma oportunidade pela CIJ.[919] Há outros meios que, embora, não constituam meio militares, constituem ingerência indevida nos assuntos domésticos de outros Estados,[920] como a pressão política e econômica dirigida contra outro Estado. Isso põe em relevo aspecto central da lógica subjacente ao escopo proibitivo desse princípio: intervenção significa ação externa na jurisdição de outro Estado soberano, impondo a este último um determinado comportamento ou resultado, a despeito de sua vontade ou interesse.[921] Seguindo a definição proposta na Declaração de Princípios de

---

[917] Muitas delegações, em particular do mundo em desenvolvimento, defendiam que a proibição do termo "força" englobava também a coerção política e econômica dirigida, uma vez que essas forças poderiam ser "tão eficazes quanto a força militar". Interpretação ampla do termo "força" para os efeitos do artigo 2(4) da Carta seria compatível, alegavam, com o desenvolvimento progressivo do direito internacional à luz de instrumentos como a Carta da OEA, o Programa para a Paz e Cooperação Internacional adotado pela II Cúpula dos Países Não-Alinhados, em 1964, e a resolução 2160 (XXI) da AGNU. Já outros países restringiam o princípio de não intervenção a meios coercitivos militares. Durante as negociações sobre esse tópico da Declaração de 1970, os EUA defendiam, com o apoio de outros países do WEOG, que o dever de não-intervenção restringia-se à força, a qual, por sua vez, só seria proibida quando contrária à integridade territorial ou à independência de um Estado. UN Doc A/AC.119/SR.30, p. 23. Cf. também UN Doc. A/6165, para. 25, UN Doc. A/7809, para. 20, A/6547, para. 38, e UN Doc. A/6955, para. 41. Para a delegação dos EUA, a Carta não lidava nem mesmo implicitamente com o tema da intervenção entre Estados, pois a proibição da intervenção estaria restrita às ações das Nações Unidas em assuntos domésticos de seus Membros. Essa posição só foi renunciada em 1965. *Summary Records*, 20th General Assembly, Sixth Committee, Nov. 17, 1965, p. 215.

[918] "A formulação pelo Comitê Especial do dever de não-intervenção foi peremptória ao condenar a intervenção em todas as suas formas". A. A. Cançado Trindade, *supra* nota 249, p. 121. Cf. também G. Arangio-Ruiz, *supra* nota 262, pp. 431-432.

[919] D. McGoldrick, *supra* nota 638, p. 89.

[920] Para muitos, os limites da não intervenção podem ser encontrados, a exemplo do que ocorria no século XIX, pelo êxito de ações interventoras. Celso D. de Albuquerque Mello, *supra* nota 3, p. 139.

[921] Antonio Remiro Brotóns y otros, *Derecho Internacional,* Valencia, Editorial Tirant lo blanch, 2007, p. 138.

1970 e reafirmada pela jurisprudência da CIJ,[922] pode-se dizer que tais condutas correspondem a três espécies de intervenção: (i) uso da força, (ii) intervenção econômica e (iii) intervenção política. Essas três modalidades serão brevemente analisadas a seguir, sem a pretensão de exaurir o universo de possibilidades relativo a cada uma, pois a ilegalidade de um ato sob o princípio de não intervenção só pode ser determinada à luz das circunstâncias fácticas e jurídicas *in casu.*

Ameaça e Uso da Força

A primeira e mais importante modalidade é a proibição do uso e da ameaça da força à margem da Carta das Nações. O uso da força é a forma extrema de intervenção nos assuntos domésticos de um Estado soberano.[923] Essa primeira dimensão corresponde ao significado típico do termo "intervenção": a ingerência direta de um Estado estrangeiro por meio da força ou de sua ameaça,[924] na qual sobressai o aspecto coercitivo da ação estrangeira. Embora norma autônoma, nos termos do art. 2(4) da Carta das Nações Unidas, e com natureza imperativa (*jus cogens*),[925] a proibição da ameaça e do uso da força abrange um universo material de condutas igualmente proibidas sob o princípio geral de não intervenção, tal como desenvolvido no direito convencional e consuetudinário, e reconhecido pela doutrina e a jurisprudência.

Em matéria de uso e ameaça da força militar, a determinação do universo de condutas proibidas ocorre de forma negativa: via de regra, são proibidas todas e quaisquer formas de intervenção, direta ou indireta. As exceções residuais são aquelas permitidas expressamente pelo direito internacional, a saber, a autorização do CSNU sob o Capítulo VII e a legítima defesa. Para além dessas possibilidades, são em princípio vedadas todas as demais modalidades de ingerência pela ameaça ou uso da força em relação aos elementos essenciais de outro Estado soberano (população, soberania e território).[926] O corolário mais

---

[922] *Nicaragua* case, supra nota 269, para. 205.

[923] G. Arangio-Ruiz, *supra* nota 262, pp. 547–9.

[924] D.R. Gilmour, 'The Meaning of "Intervene" within Article 2(7) of the UN Charter - An Historical Prospective', in *ICLQ*, 1967, p. 330 e ss.

[925] Para análise ampla sobre o princípio de não uso da força nas relações interestatais, cf. R. Kolb, *supra* nota 938; e I. Brownlie, *International Law and the Use of Force by States*, Oxford University Press, 1963.

[926] Nos termos do art. 9(2) do TIAR, "qualquer dos seguintes atos, independentemente de que haja ou não declaração de guerra, será caracterizado como ato de agressão: a) invasão,

imediato dessa proibição é a inviolabilidade territorial dos Estados e a natureza ilegal de qualquer ação que desrespeite essa regra densificadora da proibição do uso da força. A título exemplificativo, podem-se mencionar a intervenção humanitária unilateral, ações militares contra alvos em território estrangeiro em tempos de paz, operações de sabotagem de infraestrutura, incursões no território de outro Estado (aí incluídos o espaço aéreo e o mar territorial) fora das hipóteses permitidas pelo direito internacional (passagem inocente, por exemplo) e ameaças de uso da força em caso de descumprimento de exigências. Também é proibida a nacionalização ou naturalização forçada de estrangeiros, bem como o apoio, direto ou indireto, sob quaisquer formas, para grupos armados que lutam pelo poder em outro Estado soberano.[927] À exceção de grupos que lutem pelo direito à autodeterminação dos povos em casos de colonialismo e ocupação estrangeira, e ainda assim de forma restritiva (respeito ao direito internacional humanitário e observância de regimes aplicados

pelas forças armadas de um Estado, do território de outro Estado, mediante travessia das fronteiras demarcadas de acordo com um tratado, sentença judicial ou laudo arbitral ou, na falta de fronteiras assim demarcadas, invasão que afete uma região que esteja sob a jurisdição efetiva de outro Estado, ou ataque armado por um Estado, contra o território ou a população de outro Estado, ou toda ocupação militar, ainda que temporária, resultante de tal invasão ou ataque, ou toda anexação mediante o uso da força, do território de outro Estado ou de parte dele; b) bombardeio, pelas forças armadas de um Estado, do território de outro Estado, ou emprego de quaisquer armas por um Estado contra o território de outro Estado; c) bloqueio dos portos ou das costas de um Estado pelas forças armadas de outro Estado; d) ataque, pelas forças armadas de um Estado, contra as forças armadas terrestre, navais ou aéreas de outro Estado; e) uso das forças armadas de um Estado, que se encontrem no território de outro Estado com o consentimento deste, em violação das condições estabelecidas no acordo respectivo ou todo prolongamento de sua presença no referido território depois de terminado o acordo; f) ação de um Estado ao permitir que seu território posto a disposição de outro Estado, seja utilizado por este último para perpetrar ato de agressão contra um terceiro Estado; g) envio, por um Estado ou em seu nome de bandos armados, grupos irregulares ou mercenário que pratiquem, contra outro Estado, atos de força armada de tal gravidade que sejam equivalentes aos atos acima referidos, ou sua participação substancial nos referidos atos".

927 A Declaração sobre a Inadmissibilidade da Intervenção e Interferência nos Assuntos Domésticos dos Estados (resolução 103 (XXXVI) da AGNU) enumera várias hipóteses, como "(f) The duty of a State to refrain from the promotion, encouragement or support, direct or indirect, of rebellious or secessionist activities within other States, under any pretext whatsoever, or any action which seeks to disrupt the unity or to undermine or subvert the political order of other States; (g) The duty of a State to prevent on its territory the training, financing and recruitment of mercenaries, or the sending of such mercenaries into the territory of another State and to deny facilities, including financing, for the equipping and transit of mercenaries".

ao país em questão, como sanções do CSNU), o envio ou o financiamento de armas para grupos em rebelião contra a ordem constituída em outro Estado é proibida, tal como reconhecido pela CIJ no caso *Nicaragua*.[928]

Há, porém, situações complexas, como de operações unilaterais para resgatar nacionais mantidos reféns em território estrangeiro. Potências interventoras alegam que nacionais constituem parte integral ou extensão do próprio Estado, justificando, assim, o direito à legítima defesa diante da ameaça e da violência contra a vida, a integridade física e até mesmo a propriedade de seus nacionais.[929] Esse foi o argumento central para intervenções na América Latina no século XIX e em vários episódios na primeira metade do século XX.[930] Atualmente, a doutrina rejeita a legalidade de intervenções desse tipo quando se dão em larga escala, pois esse formato pode ser utilizado para fins outros que a proteção de nacionais.[931] Há dúvidas, porém, em casos de operações pontuais (*Blitz*) restritas ao resgate de nacionais em perigo. Em princípio, trata-se de violação à integridade territorial conforme os arts. 2(4) e 2(7) da Carta. Segundo o direito internacional, o Estado deve buscar a legítima proteção de seus nacionais pela via da cooperação com o Governo do Estado concernido, o que implica respeito à legislação e à integridade territorial do Estado em que se encontrem os indivíduos.[932] No caso de malogro, incapacidade ou falta de boa fé por parte deste último, alguns autores[933] admitem a legitimidade de

[928] *Nicaragua* case, *supra* nota 269, p. 108, para. 205.

[929] O argumento de legítima defesa sob o art. 51 da Carta foi utilizado pelos EUA para justificar o bombardeio da Líbia em 1986, após ataque terrorista em Berlim. R. Kolb, *supra* nota 938, p. 292.

[930] Citem-se as intervenções dos EUA na Nicarágua (1926/7), do Reino Unido na China (1926) e do Japão na Manchúria (1931/32).

[931] No caso da invasão norte-americana de Granada, a administração Reagan alegou a proteção de cidadãos norte-americanos, mas a ação serviu para retirar do poder governo socialista eleito. Voto de condenação no CSNU foi vetado pelos EUA, mas a AGNU condenou a invasão como "violação flagrante do direito internacional". Resolução 38/7 da AGNU, de 2/11/1983.

[932] Diferente é a hipótese de resgate de nacionais que se encontrem sob o poder das próprias forças militares ou policiais de um outro Estado.

[933] Waldock defende a legalidade da intervenção para a proteção de nacionais no exterior com base em três elementos: ameaça real contra os nacionais, ausência ou incapacidade de proteção pelo país concernido e limitação do uso da força à proteção de nacionais. Kolb também admite essa exceção como regra costumeira, desde que utilizada sob os princípios de proporcionalidade e necessidade. R. Kolb, *supra* nota 938, p. 319.

ações militares em território estrangeiro desde que conduzidas exclusivamente com o objetivo de liberar reféns nacionais.[934] Outra situação complexa, só que em sentido contrário, refere-se à presença de tropas estrangeiras no território. Essa hipótese é admissível em havendo consentimento do Estado concernido. Há casos, porém, em que sob a aparente legalidade esconde-se ação ilegítima: embora haja aquiescência, as autoridades nacionais não têm forças suficientes para denegá-la diante da pressão econômica, política e até mesmo militar de outro Estado. Da mesma forma, essa autorização pode ser dada por Governo sem legitimidade interna, algo ainda mais complexo no caso de tropas estrangeiras serem utilizadas para sufocar movimentos insurrecionais. Essas nuances indicam a tendência de ilegitimidade de intervenções pela força no contexto de conflitos internos quando carentes de autorização do CSNU.

Por fim, vale ainda dizer que, nos termos dos arts. 51, 52 e 53 da Convenção de Viena sobre o Direito dos Tratados, a ameaça e o uso da força se desdobra na nulidade de acordos firmados sob a coerção do Estado ou do agente responsável por sua assinatura. Trata-se aí da mesma lógica subjacente à nulidade de atos jurídico no direito privado: a coerção afeta de forma definitiva e irremediável a expressão soberana e livre da vontade estatal e por isso enseja a nulidade do tratado, que não pode criar nenhum efeito na ordem jurídica.

Intervenção Econômica

Uma segunda forma de intervenção nos assuntos internos de outros Estados dá-se por meios econômicos. Esse tipo de intervenção pode ocorrer tanto de forma direta, por meio da ação econômica do próprio Estado interventor com o objetivo de determinar certo estado de coisas em outro país, quanto indiretamente. Em ambos os casos, a ilegalidade prática advém da utilização da pressão econômica com o objetivo de obter benefícios por meio de ações ou abstenções de um Estado estrangeiro em contrariedade ou a despeito da vontade e dos interesses soberanos deste último.

Nos termos do art. II (k) da Declaração sobre a Inadmissibilidade da Intervenção e Interferência nos Assuntos Domésticos dos Estados (resolução 103 (XXXVI) da AGNU), os Estados têm o dever de abster-se de usar programas de assistência econômica, sanções econômicas ou empresas sob sua

[934] Vejam-se as operações da Bélgica no Congo, em 1960, a operação israelense em Entebbe, Uganda, em 1976, e a ação britânica em Serra Leoa, em 2002. Nesses casos, alegou-se falta de capacidade ou de vontade (e potencial cumplicidade) de cooperar para a proteção das vidas e da integridade física desses indivíduos.

jurisdição e controle como instrumentos de pressão e coerção contra outro Estado.[935] Para além dos dispositivos das Declarações de 1965 e de 1970 aplicáveis na matéria, a AGNU adotou, nas décadas seguintes, outras resoluções que proíbem a aplicação unilateral de sanções econômicas. Em 1995, em resolução intitulada *Economic Measures as a Means of Political and Economic Coercion against Developing Countries*,[936] a AGNU expressou grave preocupação de que *the use of coercive economic measures adversely affects the economy and development efforts of developing countries and has a general negative impact on international economic cooperation* e conclamou a comunidade internacional a elimiminar o uso unilateral de medidas coercitivas sem a autorização dos órgãos competentes das Nações Unidas.[937] Em 1997, a AGNU adotou por unanimidade a resolução *Unilateral Economic Measures as a Means of Political and Economic Coercion Against Developing Countries*, na qual repetia a linguagem utilizada nos dois instrumentos anteriores e agregava que tais medidas consistiam em contravenção aos *basic principles of the multilateral trading system.*[938] Sob esse impulso, o Secretariado da ONU reuniu, em 1997, grupo *ad hoc* de especialistas para debater o tema de *economic measures as a means of political and economic coercion against developing countries.* Entre suas conclusões, adveio o entendimento de que *the imposition of coercive economic measures* constitui *instruments of intervention in matters that are essentially within the domestic jurisdiction of any State.*[939] Como prática estatal, vale ainda mencionar

[935] "The duty of a State, in the conduct of its international relations in the economic, social, technical and trade fields, to refrain from measures which would constitute interference or intervention in the internal or external affairs of another State, thus preventing it from determining freely its political, economic and social development; this includes, inter alia, the duty of a State not to use its external economic assistance programme or adopt any multilateral or unilateral economic reprisal or blockade and to prevent the use of transnational and multinational corporations under its jurisdiction and control as instruments of political pressure or coercion against another State, in violation of the Charter of the United Nations".

[936] A/RES/50/96 (1995).

[937] No ano seguinte, com o mesmo objetivo, foi aprovada resolução similar sob o título *Elimination of Coercive Economic Measures as a Means of Political and Economic Compulsion*. A/RES/51/22 (1996); veja também A/RES/51/103 (1996).

[938] A/RES/52/181 (1997).

[939] As únicas exceções a essa proibição ampla e geral são (i) as sanções econômicas impostas pelo CSNU, (ii) as medidas recomendadas pela AGNU por consenso ou por ampla maioria, e (iii) casos específicos de organizações regionais em face de seus próprios membros. Não há consenso quando um ou mais Estados adotam medidas unilaterais em resposta a graves violações de normas aceitas universalmente, sob a condição de que não busquem vantagens

as resoluções adotadas anualmente contra o embargo econômico e comercial norte-americano a Cuba.

Dada a natureza por definição abstrata e indeterminada desse tipo de intervenção, a ilegalidade desses atos só pode ser auferida por meio do exame de cada caso específico.[940] Há situações que podem ser facilmente subsumidas à hipótese normativa em questão. A corrupção por meio do pagamento de propinas a agentes e representantes de um Estado estrangeiro, por exemplo, é uma delas. No caso de um tratado internacional, tal prática pode levar à nulidade do instrumento, nos termos da Convenção de Viena de 1969.[941] Há também outros meios econômicos que, embora não impliquem recurso à força, revelam natureza coercitiva na medida em que servem como instrumentos para a imposição da vontade em face de outro Estado. São as chamadas sanções econômicas ou represálias adotadas em tempos de paz, como o embargo,[942] o bloqueio comercial,[943] a boicotagem[944] e modalidades de retorsão.[945] Há três

---

para si mesmos e no entendimento de que essas medidas não violem a integridade territorial e a independência de outro Estado. Para visão menos restrita, cf. L. Boisson De Chazornes, 'Economic Countermeasures in an Independent World', *ASIL Proceedings* (1995) 337.

940 E. David, 'Quelques réflexions sur l'égalité économique des Etats', 10 *Revue belge de droit international* (1974), 399-423, p. 423.

941 Artigo 50 - Corrupção de Representante de um Estado: Se a manifestação do consentimento de um Estado em obrigar-se por um tratado foi obtida por meio da corrupção de seu representante, pela ação direta ou indireta de outro Estado negociador, o Estado pode alegar tal corrupção como tendo invalidado o seu consentimento em obrigar-se pelo tratado.

942 "O embargo é uma forma especial de represálias, que consiste, em geral, no seqüestro, em plena paz, de navios e cargas de nacionais de um Estado estrangeiro, ancorados nos portos ou em águas territoriais do Estado que lança mão desse meio coercitivo". Hildebrando Accioly, *supra* nota 456, vol. III, p. 106.

943 "Impedir, por meio da força armada, as comunicações com um porto ou as costas de um país ao qual se não declarou guerra, mas que se pretende obrigar a proceder de certo modo". *Idem*, p. 107.

944 "A boicotagem (da palavra inglesa *boycott*) é a interrupção de relações comerciais com um Estado considerado ofensor dos nacionais ou dos interesses de outro Estado." Hildebrando Accioly, *supra* nota 456, vol. III, p. 109.

945 "A retorsão é o ato pelo qual um Estado ofendido aplica ou ofensor as mesmas medidas ou os mesmos processos que este empregou ou emprega a seu respeito. É a aplicação da pena de talião". Accioly pondera, porém, que nem todo ato de retorsão é injusta, nem viola o direito internacional, pois "se inspira no princípio de reciprocidade e no respeito mútuo que toda nação deve ter para com as outras". *Idem*, p. 103. Esse é o caso das *countermeasures* lícitas sob o direito internacional, conforme o entendimento da CDI.

elementos comuns nessas medidas: adoção unilateral; ausência de conflito armado (o que afasta a hipótese de legítima defesa); e não constituem ações legalmente tomadas em retorsão (*countermeasures*) com o objetivo de fazer cessar ou reparar atos ilícitos opostos contra si por outro Estado, nos termos e critérios alinhavados pela CDI sobre responsabilidade internacional.[946] Tais medidas podem ser consideradas como afronta ao princípio de não intervenção na medida em que afetam a conjuntura doméstica de um Estado, em especial quando prejudicam as condições de vida da população civil em geral, em potencial violação do direito internacional humanitário.[947] Além disso, tendem a ser aplicadas de forma seletiva e instrumentalizada a partir dos interesses particulares dos Estados que as aplicam, em contrariedade aos propósitos de cooperação inscritos no direito internacional contemporâneo.[948] Mas a aplicação unilateral de sanções é ainda prática recorrente na realidade internacional.[949] Na maior parte dos casos, diante da dificuldade em fazer valer seus objetivos no seio de órgãos internacionais como o CSNU, as partes interessadas assumem a posição de juiz em causa própria na presunção de que detêm o direito de lançar mão de medidas coercitivas econômicas com o objetivo de forçar ou dissuadir outros Estados a adotarem determinadas condutas. Tais medidas são admitidas abertamente tanto no direito interno norte-americano[950], quanto no direito comunitário europeu[951], onde sanções econômicas unilaterais são

---

[946] Cf. art. 22 e o Capítulo II, arts. 49-54, no *Report of the International Law Commission on the Draft articles on Responsibility of States for Internationally Wrongful Acts, with commentaries*, *Yearbook of the International Law Commission*, 2001, vol. II, Part Two.

[947] Anna Segall, 'Economic sanctions: legal and policy constraints',*International Review of the Red Cross*, No. 836, Geneva, dez. 1999.

[948] "Sanções (...) só deveriam ser empregadas por um organismo internacional e não, individualmente, por um Estado". Hildebrando Accioly, *supra* nota 456, vol. III, p. 101.

[949] Hildebrando Accioly, *supra* nota 456, vol. III, p. 102.

[950] Nos EUA, tanto o Poder Executivo quanto o Poder Legislativo podem impor sanções econômicas a Estados, indivíduos, empresas e organizações estrangeiras. No primeiro caso, isso se dá por meio das chamadas "ordens executivas" (*executive order*); no segundo por legislação aprovada no Congresso.

[951] As chamadas medidas restritivas (*restrictive measures*) fazem parte da *Política Exterior e de Segurança Comum* e têm previsão legal no art. 215 do *Tratado sobre o Funcionamento da União Européia*. Na ausência de força militar conjunta, o recurso às sanções é um dos principais instrumentos de pressão utilizados pela UE. A imposição de sanções requer o consentimento unânime dos Estados Membros no Conselho Europeu. Desde 1992, a UE já aplicou sanções em mais de trinta oportunidades para além daquelas adotadas no âmbito

aplicadas com freqüência. Outros países, como China[952] e Rússia, entre outros, também aplicam sanções econômicas unilaterais, porém de forma menos transparente aos olhos da comunidade internacional.

Idealmente, o Estado prejudicado pode buscar a defesa de seus interesses por meio dos organismos internacionais competentes. No caso das Nações Unidas, esse é caso das medidas de segurança coletiva estipuladas pelos arts. 41 e 42 da Carta,[953] que podem ser adotadas pelo CSNU em casos de ameaças à paz e à segurança internacionais.[954] Já na OEA, o art. 8º do TIAR prevê, *inter alia*, a interrupção parcial ou total das relações econômicas como possível medida a ser adotada por Órgão de Consultas criado mediante a solicitação de um Estado Membros diante de ameaça à sua integridade territorial ou soberania. Mesmo na hipótese de sanções econômicas aplicadas em âmbito multilateral, é imperativo observar critérios de proporcionalidade e de necessidade à luz do direito internacional humanitário, em particular no tocante a possíveis impactos sobre a população civil.[955] Por essa razão, ao invés de aplicação ampla

---

das Nações Unidas, não só em face de outros Estados soberanos, mas também contra organizações consideradas terroristas.

[952] Há denúncias de que Pequim utiliza-se de sanções específicas *rationae temporis* e *personae* com o objetivo de punir ou demonstrar descontentamento em relação a outros países quanto às questões de Taiwan e Tibet.

[953] Artigo 41. O Conselho de Segurança decidirá sobre as medidas que, sem envolver o emprego de forças armadas, deverão ser tomadas para tornar efetivas suas decisões e poderá convidar os Membros das Nações Unidas a aplicarem tais medidas. Estas poderão incluir a interrupção completa ou parcial das relações econômicas, dos meios de comunicação ferroviários, marítimos, aéreos , postais, telegráficos, radiofônicos, ou de outra qualquer espécie e o rompimento das relações diplomáticas. Artigo 42. No caso de o Conselho de Segurança considerar que as medidas previstas no Artigo 41 seriam ou demonstraram que são inadequadas, poderá levar a efeito, por meio de forças aéreas, navais ou terrestres, a ação que julgar necessária para manter ou restabelecer a paz e a segurança internacionais. Tal ação poderá compreender demonstrações, bloqueios e outras operações, por parte das forças aéreas, navais ou terrestres dos Membros das Nações Unidas.

[954] Nos primeiros 45 anos das Nações Unidas, o CSNU impôs sanções econômicas em dois casos ligados a regimes segregacionistas: Rodésia (1966) e África do Sul (1977). Com o fim da Guerra Fria, o ativismo do CSNU aumentou com a aplicação de sanções econômicas tanto em tempos de paz, quanto de conflito armado, como no Iraque, ex-Iugoslávia, Haiti, Somália, Líbia, Libéria, Angola, Ruanda e Sudão.

[955] Anna Segall, *supra* nota 1147; H.-P. Gasser, 'Collective economic sanctions and international humanitarian law – An enforcement measure under the United Nations Charter and the right of civilians to immunity: an unavoidable clash of policy goals?', *Zeitscrift für ausländisches öffentliches Recht und Völkerrecht*, Vol. 56, 1996, pp. 871-904.

e indiscriminada, os regimes de sanções têm-se voltado cada vez mais a alvos específicos *ratione personae* e *materiae*, como o congelamento de recursos financeiros (*asset freezing*), a proibição de viagens (*travel bans*) e a imposição de embargo ao comércio de produtos específicos, como petróleo e armas.

A prática diplomática brasileira é contrária à aplicação unilateral de sanções, reconhecendo apenas a legitimidade e a legalidade da imposição desse tipo de medidas mediante a decisão de órgãos competentes do sistema multilateral.[956] A razão para isso é tanto de natureza política quanto jurídica. Órgãos como o CSNU contam com a legitimidade necessária para decidir quanto à imposição de sanções em face de um determinado país em razão de supostas ameaças à paz e à segurança internacionais. Trata-se, ademais, de órgão com mandato juridicamente previsto por meio de seus instrumentos constitutivos. No caso do CSNU, a Carta da ONU dispõe, de forma inequívoca, sobre sua capacidade de impor sanções nos termos do Capítulo VII. Em linha com o art. 103 da Carta, há dever de cumprimento das resoluções aprovadas pelo CSNU, inclusive aquelas que estabelecem sanções a terceiros países. O cumprimento dessa obrigação se desdobra na internalização do regime de sanções previsto pela respectiva resolução do CSNU. A prática brasileira nessa matéria tem sido inequívoca, com precedentes que comprovam a *opinio iuris* do Brasil quanto à legitimidade e a legalidade das sanções estabelecidas nos termos dos respectivos mandatos dos organismos multilaterais dos quais o Brasil é parte.

Outra modalidade de intervenção econômica freqüentemente mencionada é a utilização de recursos financeiros vinculados à cooperação internacional como meio de pressão ou persuasão ilícita para a obtenção de benefícios como mudanças na legislação nacional, posicionamentos em fóruns multilaterais, preferências e/ou tratamento diferenciado a empresas ou nacionais, ou aceitação de demandas a partir do exterior.[957] Há referência específica ao tema na resolução 103 (XXXVI) da AGNU, e essa prática é coibida igualmente pelas

---

[956] A prática brasileira em matéria de sanções relaciona-se também com o princípio de defesa da paz (art. 4o, VI). Celso Lafer, 'Prefácio', in Pedro Dallari, *supra* nota 2, pp. xxi e xxii.

[957] No caso dos EUA, vige o *US Foreign Assistance Act* ou *Hickenlooper amendment*, que estipula que se um país beneficiário da cooperação norte-americana nacionalizar ou expropriar bens pertencentes a pessoas naturais ou jurídicas norteamericanas e, no prazo de seis meses, não tiver adotado as providências cabíveis sob o direito internacional, a exemplo de arbitragem, para a indenização tempestiva e justa de seus nacionais, o Governo de Washington deverá suspender a assistência ao país questão.

resoluções 200 (III)[958] e 626 (VII)[959] da AGNU, que manifestam opinião contrária ao uso da assistência técnica e financeira como meio de interferência econômica e política nos assuntos internos do país recipiendário.[960] Há hipóteses, porém, em que esse tipo de cooperação pode mostrar-se legítimo sob o direito internacional. No contexto de um processo de paz, por exemplo, a vinculação da provisão de recursos financeiros à cessação das hostilidades pode mostrar-se estímulo válido para o fim do conflito.[961] Via de regra, no entanto, iniciativas de cooperação contam com a presunção de que não constituem violação ao princípio de não intervenção.

Intervenção Política

É a ingerência estrangeira sobre o amplo universo de atribuições e prerrogativas de um Estado soberano em áreas como escolha do sistema político, administração pública, organização governamental, produção legislativa, atividades jurisdicionais, poder de polícia e atuação das forças armadas, entre outras.[962] É devido a esse escopo tão abrangente quanto diverso de temas afetos à soberania estatal que os limites impostos pelo princípio de não intervenção se tornam menos evidentes, à primeira vista, em sua dimensão política.

A face mais nítida dessa vertente é a chamada "intervenção judicial", relativa à administração da Justiça. Essa prática era muito comum no século XIX por meio de tratados que previam a aplicação da jurisdição extraterritorial em outros Estados, inclusive em matéria penal. A intervenção judicial pressupõe

---

958 Intitulada *Technical Assistance for Economic Development*, de 4/12/1948, essa resolução estipula que "the technical assistance furnished shall: (i) not be a means of foreign economic and political interference in the internal affairs of the country concerned and not be accompanied by any considerations of a political nature; (ii) be given only to or through Governments; (iii) be designed to meet the needs of the country concerned; and (iv) be provided as far as possible in the form which that country desires".

959 Nos termos do art. 2 dessa resolução, intitulada *Right to exploit freely natural wealth and resources*, a AGNU aprovou recomendação aos Estados "to refrain from acts, direct and indirect, disigned to impede the exercise of the sovereignty of any State over its natural resources". A/RES/626/VII, aprovada em 21/12/1952.

960 A chamada cooperação com *strings* era muito comum na Guerra Fria. Mais recentemente, essa prática voltou a ter força na guerra contra o terror lançada pelo Ocidente, sendo particularmente acentuada no domínio de cooperação militar e de inteligência.

961 Mesmo nessa hipótese, esse tipo de ação deveria ocorrer idealmente no marco de um processo de paz sob acompanhamento de organização multilateral, como a Comissão para a Construção da Paz das Nações Unidas.

962 Benedetto Conforti, *supra* nota 240, p. 143.

a substituição da jurisdição nacional pela estrangeira, que passa a ter competências para investigar, processar e julgar questões em princípio inscritas no domínio reservado. A proibição da "intervenção judicial" volta-se, assim, à limitação das atividades jurisdicionais por atores externos. O exercício das competências por instâncias jurisdicionais externas (terceiros Estados e órgãos jurisdicionais internacionais) pressupõe o consentimento do Estado concernido *a priori* ou *in casu*. Com esse objetivo, antes mesmo do estabelecimento da Liga das Nações, acordos internacionais em matéria de solução de controvérsias passaram a conter cláusulas que excluíam a competência de órgãos externos em relação a temas inscritos no domínio reservado das Partes.[963] Atualmente, derrogações convencionais válidas dessa regra geral de não intervenção judicial podem ser verificadas a partir da ampliação das competências de jurisdições internacionais nos mais diversos ramos (direitos humanos, investimentos, etc.), ou na hipótese de recurso ao Capítulo VII nos termos do art. 2(7) da Carta, a exemplo dos tribunais *ad hoc* criados na década de 1990 e do envio pelo CSNU de casos para instâncias jurisdicionais como o TPI.

Outra aplicação mais evidente desse princípio em sua esfera política é a vedação de atividades subversivas que se voltem à rebelião, à mudança de regime ou à secessão territorial em outro Estado soberano.[964] Embora a natureza ilegal desse tipo de atividade só possa ser determinada casuisticamente[965], podem

---

[963] Dispositivos dessa natureza podem ser encontrados até hoje em instrumentos ainda válidos, como o art. 27 da Convenção Européia para a Solução Pacífica de Controvérsias, cuja alínea (b) estipula que "disputes concerning questions which by international law are solely within the domestic jurisdiction of States".

[964] O art. II da Declaração sobre a Inadmissibilidade da Intervenção e Interferência nos Assuntos Domésticos dos Estados (resolução 103 (XXXVI) da AGNU) dispõe sobre "(m) The duty of a State to refrain from using terrorist practices as state policy against another State or against peoples under colonial domination, foreign occupation or racist regimes and to prevent any assistance to or use of or tolerance of terrorist groups, saboteurs or subversive agents against third States" e "(n) The duty of a State to refrain from organizing, training, financing and arming political and ethnic groups on their territories or the territories of other States for the purpose of creating subversion, disorder or unrest in other countries".

[965] Durante os *travaux préparatoires* da Declaração de 1970, o representante britânico declarou que "Certain activities, such as the organization of hostile expeditions against a neighbouring State, undoubtedly fell within the prohibition imposed by the principle in question. However, where the activity of foreign State or of private persons was confined simply to the making of hostile propaganda the legal position might be more uncertain. It was clear, however, that all subversive activities of that nature, whether conducted by a foreign government or with the approval of that Government, were *prima facie* inconsistent with the principle of non-intervention." I. Sinclair, 822nd meeting, 29 November, 1963, p. 235.

ser consideradas atos subversivos as atividades realizadas direta ou indiretamente por um Estado estrangeiro com o objetivo de promover sabotagem, golpes de Estado, espionagem, terrorismo e propaganda política,[966] entre outras possibilidades.

Outras formas de intervenção política igualmente proibidas pelo direito internacional consistem em formas de pressão para a celebração de tratados e a obtenção de benefícios como concessões territoriais (instalação de bases militares, por exemplo), bem como reconhecimento ou não-reconhecimento de um novo Estado.[967] O elemento comum, em todos esses casos, é a atuação direta ou indireta do Estado interventor com a finalidade de gerar instabilidade política, econômica e social, ou obter benefícios a despeito da vontade e dos interesses do outro Estado. Por essa razão, é proibido o aliciamento de representantes de um Governo estrangeiro pela promessa ou extensão de benefícios pessoais. A Convenção de Viena sobre o Direito dos Tratados de 1969 estipula a sanção de nulidade a instrumentos convencionais para os quais o consentimento de uma das Partes tenha sido o resultado de práticas de corrupção.[968] Tampouco produzirá efeitos jurídicos o tratado internacional para o qual o consentimento do representante diplomático foi obtido mediante coação.[969]

Em se tratando de regimes totalitários e repressores, alguns países e doutrinadores defendem a tese de que haveria exceção derrogatória não positiva ao princípio de não intervenção. Embora haja casos de prática estatal nesse sentido,[970] permanecem proibidas atividades que promovam, incitem

---

[966] A chamada "guerra de propaganda" é proibida nos termos do parágrafo 3º sobre a proibição do uso da força inscrito da Declaração de 1970. A proibição se refere à ação do Estado e não envolve o direito à liberdade de expressão dos indivíduos. Cf. R. Rosenstock, *supra* nota 248, p. 718.

[967] Essas modalidades foram mencionadas no Comitê Especial para a Declaração de 1970. Durante a Guerra Fria, esta prática era comum na celebração de tratados de "assistência recíproca". Não por acaso, o tema foi muito debatido na criação do Movimento dos Países Não Alinhados, em Bandung, em 1956.

[968] Artigo 50 da CVDT, *supra* nota 1141.

[969] Artigo 51 - Coação de Representante de um Estado: Não produzirá qualquer efeito jurídico a manifestação do consentimento de um Estado em obrigar-se por um tratado que tenha sido obtida pela coação de seu representante, por meio de atos ou ameaças dirigidas contra ele.

[970] São muitos os casos, em todos os continentes e sob as mais diversas formas e intensidades. Em sua imensa maioria os Governos dos países interventores preferem não reconhecer publicamente esse tipo de atividade, normalmente conduzida por serviços secretos. Caso paradigmático foi a invasão norte-americana do Panamá, em 1989. Na ocasião, o Presidente

ou de alguma forma contribuam, direta ou indiretamente, na jurisdição de outro Estado, para a deposição de um Governo estrangeiro.[971] No caso específico de violações de direitos humanos, o direito internacional prevê duas alternativas para o tratamento do tema à luz da legítima preocupação da comunidade internacional nessa área. A primeira consiste na interpretação de que violações graves e sistemáticas de direitos humanos representam ameaça à paz e à segurança internacionais para fins de aplicação de medidas previstas pelo Capítulo VII da Carta. Embora admitida em circunstâncias excepcionais, há vários precedentes dessa prática no CSNU, como visto acima. Outra possibilidade é o recurso a fóruns intergovernamentais (multilaterais, plurilaterais, regionais ou bilaterais) e órgãos jurisdicionais para examinar denúncias de violações.[972] Em ambas, porém, não se vislumbra regra permissiva para atos voltados a *regime change* como imposição lógico-jurídica do direito internacional.[973]

No hemisfério ocidental, onde a defesa dos direitos humanos tem-se ampliado para a promoção e a consolidação de regimes democráticos, a evolução jurídica recente é no sentido inverso: o apoio externo a golpes e à instabilidade de um Estado soberano é contrário à democracia. Na gênese dessa tendência reside o objetivo de prevenir a reprodução dos fatos ocorridos em décadas anteriores, quando governos eleitos democraticamente foram apeados por golpes militares segundo alinhamentos ideológicos da Guerra Fria.[974] Embora as

---

George Bush defendeu a ação militar como sendo prática permitida pelo direito internacional, pois se dava com o objetivo de restaurar ou estabelecer a ordem democrática. No caso *Nicaragua*, os EUA alegaram que o apoio a grupos armados (*contras*) se devia ao interesse de zelar pelas obrigações internacionais de Manágua em matéria de direitos humanos.

971 Malcolm. N. Shaw, *International Law*, Cambridge, CUP, 2003, 5th ed., p. 1048. Em parecer sobre a resolução 678 do CSNU, o *Attorney General* britânico asseverou que "regime change cannot be the objective of military action." Lord Goldsmith, 7/3/2003. Cf. também Cf. D. McGoldrick, *supra* nota 638, p. 96.

972 Cf. Capítulo acima sobre o princípio de prevalência dos direitos humanos.

973 *Nicaragua* case, *supra* nota 269, paras. 263-268.

974 Há vários casos na América Latina. Mencionem-se, pelas violações de direitos humanos, os golpes no Brasil, em 1964, contra João Goulart; no Peru, em 1968, que derrubou Fernando Belaúnde; no Chile, 1973, que substitui Salvador Allende pelo General Augusto Pinochet; e na Argentina, em 1976, onde María Stella Martínez (Evita) Perón foi destituída pelas forças armadas.

origens dessa prática remontem à Declaração de Washington[975], de 1951, e à chamada "Doutrina Betancourt",[976] foi a partir da codificação das chamadas "cláusulas democráticas" em instrumentos convencionais adotados na OEA e no MERCOSUL, já no pós Guerra Fria, que foi possível avançar juridicamente nessa área. Tanto na OEA quanto no MERCOSUL, é hoje majoritário o entendimento de que a atuação política em defesa da democracia não constitui afronta ao princípio de não intervenção, desde que tais ações se dêem nos marcos institucionais estabelecidos e reconhecidos pelos Estados signatários desses instrumentos internacionais. Trata-se aí de derrogação específica (*lex specialis*) ao princípio de não intervenção aplicável no âmbito das competências institucionais do direito interamericano e comunitário sul-americano. Esse fenômeno tem como premissas fundamentais: (i) interpretar o objetivo de promover e fortalecer a democracia de forma harmônica com o princípio de não intervenção, o que afasta a possibilidade do uso da força[977]; (ii) o recurso à via diplomática como meio de persuasão do Governo em questão; e (iii) a previsão de suspensão do Estado concernido das atividades da Organização como máxima sanção aplicável, uma vez malogradas outras tentativas pacíficas de persuasão.

No caso da OEA, após décadas de seletividade e instrumentalização dos mecanismos existentes para a reação coletiva a golpes de Estado no hemisfério, retomou-se, na esteira da redemocratização na região, a preocupação legítima com a defesa e a promoção da democracia. Esse processo se reiniciou em 1985, com a subscrição do Protocolo de Cartagena, que resultou em reforma

---

[975] Lê-se na Declaração de Washington, adotada na IV Reunião de Consultas dos Ministros das Relações Exteriores da OEA, convocada oficialmente sob o "Perigo de agressão internacional comunista", que "tais atividades, em desconhecimento do princípio de não-intervenção, profundamente arraigado na América, perturbam a tranqüilidade dos povos deste continente e põem em perigo a liberdade e a democracia em que se fundam as suas instituições".

[976] Elaborada por Rómulo Betancourt na Venezuela entre 1959 e 1964, após a ditadura de Marcos Pérez Jiménez, essa doutrina buscava regulava o reconhecimento de governos de fato no hemisfério. Diante de sucessivos golpes militares, o Presidente venezuelano sustentava que governos não eleitos pelo voto popular não deveriam ser reconhecidos. Essa doutrina foi aplicada por Betancourt no rompimento de relações diplomáticas com os regimes de Trujillo na República Dominicana e Fulgencio Batista em Cuba.

[977] Cf. *supra* nota 1270 sobre *regime change*.

da Carta de Bogotá.[978] Em seguida, foi adotado, em 1991, o "Compromisso de Santiago".[979] Nesse documento, de natureza consuetudinária, a defesa e a promoção da democracia representativa foram consideradas "condição indispensável para a estabilidade, a paz e o desenvolvimento na região". Ali também se estabeleceram mecanismos (convocação de reunião de Chanceleres) para lidar com a "interrupção abrupta ou irregular do processo político-institucional democrático ou do legítimo exercício do poder por um governo democraticamente eleito em qualquer um dos Estados da Organização".[980] Nova reforma da Carta foi realizada pelo Protocolo de Washington, de 1992, com a criação de mecanismo intergovernamental que prevê a possibilidade de suspender um Estado Membro no caso de golpe militar a governo democraticamente

---

978 O novo art. 2 da Carta da OEA incluiu, entre os propósitos da Organização, "(b) Promover y consolidar la democracia representativa dentro del respeto al principio de no intervención". A alínea (e) do novo art. 3, por sua vez, agregou o princípio de pluralismo político em linha com o princípio de não intervenção: "todo Estado tiene derecho a elegir, sin injerencias externas, su sistema político, económico y social y a organizarse en la forma que más le convenga, y tiene el deber de no intervenir en los asuntos de otro Estado".

979 Resolução n. 1.080 intitulada "Compromisso com a Democracia e a Renovação do Sistema Interamericano" (AG/RES. n.º 1.080/91).

980 Esse procedimento foi aplicado no Haiti em reação ao golpe de Estado do General Raoul Cedras contra o presidente eleito Jean Bertrand Aristide. Em resolução adotada em 2/10/1991, os países da região condenaram a ruptura da ordem democrática e reclamaram a restauração do regime constitucional pela recondução de Aristide à presidência. O Conselho Permanente da OEA aprovou, em 10/11/1992, a Resolução 594 sobre o "Restabelecimento da Democracia no Haiti", que instava as Nações Unidas a renovar o apoio às medidas adotadas regionalmente com vistas ao restabelecimento da ordem institucional, ao funcionamento das instituições políticas e à aplicação de embargo econômico no fornecimento de equipamentos militares, armas, munições, petróleo e derivados no Haiti. Nenhum país do sistema interamericano reconheceu o Governo de Cedras. Diante de dificuldades encontradas pelos Secretários Gerais da OEA e da ONU em persuadir o novo Governo em Porto Príncipe, fortaleceram-se visões favoráveis ao encaminhamento da crise haitiana ao CSNU. Esse processou resultou na resolução 940/94, que autorizou o uso de "todos os meios necessários" com o objetivo de restaurar a democracia e proteger os direitos humanos no Haiti. Pouco antes do desdobramento de tropas na ilha caribenha, no entanto, pressão exercida pelo então Presidente dos EUA, Bill Clinton, obteve acordo com os detentores do poder no Haiti por meio do qual se previa a "colaboração" com a missão de paz onusiana (fato juridicamente equivalente ao consentimento do Estado anfitrião à presença dos capacetes azuis no território) e anistia geral aos envolvidos no *putch*. Após o exílio dos líderes golpistas em países vizinhos, o Presidente Aristide regressou ao Haiti em outubro de 1994. Cf. Irene Pessôa de Lima Câmara, *Em nome da democracia: a OEA e a crise haitiana – 1991-1994*, Coleção Curso de Altos Estudos do Instituto Rio Branco, Brasília, IRBR/FUNAG, 1998.

eleito.[981] Esse processo culminou na aprovação, em 2001, da chamada *Carta Democrática Interamericana*, onde a democracia é reconhecida como direito dos povos americanos e cuja promoção e defesa é obrigação dos Estados. A Carta enumera, como elementos da democracia representativa, "o respeito aos direitos humanos e liberdades fundamentais, o acesso ao poder e seu exercício sujeito ao Estado de Direito, a celebração de eleições periódicas, livres, justas e baseadas no sufrágio universal e secreto como expressão da soberania popular, o regime plural de partidos e organizações políticas, e a separação e independência entre os Poderes Públicos".[982]

No âmbito do MERCOSUL, a chamada cláusula democrática foi estabelecida pelo Protocolo de Ushuaia[983] e consiste na possibilidade de recurso a uma série de procedimentos análogos àqueles existentes na OEA no caso de "ruptura da ordem democrática" em um dos Estados signatários. Nos termos dos artigos 4 a 7, o Protocolo prevê a realização de consultas com o Estado afetado e, no caso de malogro das mesmas e à luz da gravidade da situação em exame, a possibilidade de aplicar, mediante consenso, sanções que abrangem desde a suspensão do direito de participação dos órgãos comunitários, até a plena suspensão de direitos e obrigações sob o bloco. Esse quadro procedimental foi regulamentado pelo Protocolo de Montevidéu (Ushuaia II), tanto em relação aos órgãos competentes do MERCOSUL para deliberar sobre essas

---

[981] Artículo 9 - Un Miembro de la Organización cuyo gobierno democráticamente constituido sea derrocado por la fuerza podrá ser suspendido del ejercicio del derecho de participación en las sesiones de la Asamblea General, de la Reunión de Consulta, de los Consejos de la Organización y de las Conferencias Especializadas, así como de las comisiones, grupos de trabajo y demás cuerpos que se hayan creado.

[982] Em caso de alteração da ordem constitucional que afete gravemente a ordem democrática de um Estado membro, a Carta Democrática prevê mecanismos intergovernamentais para a defesa da democracia. Esse procedimento se inicia por gestões diplomáticas com o objetivo de normalizar a situação e pode resultar na suspensão do Estado em exame da OEA. Tal procedimento foi aplicado em Honduras em reação ao golpe que retirou do poder o presidente constitucionalmente eleito Manuel Zelaya. Agindo sob os dispositivos da Carta Democrática, a Assembléia Geral da OEA decidiu pela suspensão de Honduras. Após a realização de novas eleições no país, em 2010, que resultaram na escolha de novo Presidente, Honduras foi readmitida na OEA.

[983] O "Protocolo de Ushuaia sobre Compromisso Democrático no MERCOSUL" foi aprovado em 24/7/1998.

situações,[984] quanto ao rito[985] e às sanções[986] aplicáveis em caso de ruptura da ordem democrática.[987]

A não intervenção em sua dimensão política tem também desdobramentos no direito diplomático. O art. 41 da Convenção de Viena sobre Relações Diplomáticas de 1961 estabelece o dever de abstenção de representantes diplomáticos em interferir nos assuntos domésticos do Estado acreditado. Além disso, circunscreve o tratamento de todos os assuntos oficiais do Estado acreditante "com o Ministério das Relações Exteriores ou por seu intermédio ou com outro Ministério em que se tenha convindo". Da mesma forma, é vedada a utilização da Missão diplomática de modo a atentar contra a soberania e a autodeterminação do Estado acreditado. Isso se traduz, na prática, na proibição de utilizar a missão e o pessoal diplomático, bem como seus recursos materiais e humanos, em atividades contrárias ao direito soberano de cada país de escolher livremente o sistema econômico, político, social e cultural,

---

[984] O Protocolo de Montevidéu indica, especificamente, a capacidade dos Presidentes do bloco ou, na falta destes, os Ministros das Relações Exteriores em sessão ampliada do Conselho do Mercado Comum.

[985] O art. 3º prevê, inicialmente, a realização de "*consultas imediatas* com as *autoridades constitucionais* da *Parte afetada, interporão seus bens ofícios* e *realizarão gestões diplomáticas* para *promover o restabelecimento* da *democracia* no *país afetado*". Estipula, em seguida, que "*caso* as *consultas mencionadas resultem infrutíferas ou* que as *autoridades constitucionais* da *Parte afetada se vejam impedidas* de *mantê-las*", *abre-se a possibilidade de que sejam aplicadas sanções, cuja natureza e alcance requer aprovação por consenso.*

[986] O art. 6 prevê, sob critérios de proporcionalidade e sem prejudicar o bem-estar da população e o gozo efetivo dos direitos humanos e liberdades fundamentais na Parte afetada, as seguintes medidas: (a) suspensão do direito de participar nos diferentes 6rgaos da estrutura institucional do MERCOSUL; (b) fechamento de forma total ou parcial as fronteiras terrestres; e suspensão ou limitação do comercio, do trafego aéreo e marítimo, das comunicações e do fornecimento de energia, serviços e abastecimento; (c) a suspensão da Parte afetada do gozo dos direitos e benefícios emergentes do Tratado de Assunção e seus Protocolos e dos Acordos de integração celebrados entre as Partes, conforme couber; (d) a promoção da suspensão da Parte afetada no âmbito de outras organizações regionais e internacionais. Promover junto a terceiros países ou grupos de países a suspensão da Parte afetada de direitos e/ou benefícios derivados dos acordos de cooperação dos quais seja parte; (e) o respaldo a esforços regionais e internacionais, em particular no âmbito das Nações Unidas, encaminhados a resolver e a encontrar uma solução pacifica e democrática para a situação ocorrida na Parte afetada; e (f) adoção de sanções políticas e diplomáticas adicionais.

[987] A cláusula democrática do MERCOSUL só foi aplicada uma vez, em reação à destituição do Presidente Fernando Lugo pelo Congresso paraguaio, em 2012. A suspensão foi adotada durante Cúpula Presidencial realizada em 29/6 do mesmo ano e oficializada pela Decisão n. 28/12 do Conselho do Mercado Comum.

bem como a formulação e a execução de sua política exterior.[988] Naturalmente, nem toda atuação de um Estado estrangeiro junto aos órgãos governamentais e à sociedade em geral do Estado acreditado constitui "interferência" ou "ingerência". O contato entre os representantes de um Estado e os vários setores da sociedade de um país são da própria essência da atividade diplomática, cujo êxito pressupõe o contato com o maior espectro possível de atores locais. O relacionamento de representantes diplomáticos com jornalistas, políticos, acadêmicos e líderes sociais em geral é, em princípio, ato legítimo e juridicamente permitido à luz do princípio de não intervenção e do Direito Diplomático. Essa tensão aparente é resolvida pela própria Convenção que estipula a necessidade de "respeitar as leis e os regulamentos do Estado acreditado".

A questão passa a adquirir maior complexidade quando se trata do financiamento, direto ou indireto, a entidades públicas e privadas no Estado estrangeiro. Em se tratando de entidades privadas, o financiamento é legítimo sob o pressuposto de que a atividade realizada por essas instituições se adeque à legislação nacional e, no que concerne ao direito internacional, não se oriente no sentido de promover a instabilidade institucional ou influenciar decisões governamentais segundo interesses dos financiadores, em linha com os princípios de independência nacional (soberania) e autodeterminação dos povos. Se há legitimidade e razoabilidade nesses interesses, o Estado estrangeiro deve buscar realizá-los pelos canais diplomáticos cabíveis, sobretudo em se tratando de países democráticos.

Em âmbito público, a proibição de interferência no sistema político de um país se desdobra na vedação de financiamento e apoio a partidos políticos por Estados e entidades privadas estrangeiros. A questão fica menos evidente quando se trata de manifestações públicas de apreço a candidatos e grupos políticos, ou de comentários relativos à situação interna de um país. Embora não haja regra específica a respeito, é possível dizer, à luz da Convenção de Viena de 1961, que representantes diplomáticos do Estado acreditante não devem manifestar-se publicamente quanto a grupos e posições no contexto político do Estado acreditado.[989] Ao tomar partido publicamente, o representante di-

---

[988] Em virtude da presunção de não intervenção nos assuntos políticos de outro Estado, a concessão do asilo político em sua vertente diplomática é discricionária e soberana. Cf. abaixo capítulo sobre asilo político.

[989] Em visita oficial ao Canadá, em 1967, o então Presidente Charles de Gaulle, fez pronunciamento em apoio ao movimento secessionista do Quebec. Tal ato foi considerado interferência indevida nos assuntos domésticos canadenses e, sob a reação das autoridades locais, de Gaulle encerrou a visita e deixou o país.

plomático pode influenciar a dinâmica política de outro país, sobretudo quando há desproporção de forças nas relações bilaterais.[990] Nesse caso, é possível incorrer em desrespeito ao princípio de não intervenção.[991] Em outros casos, a linha é ainda mais tênue. Em regimes autoritários, o apoio a grupos de defesa de direitos humanos ou do direito à autodeterminação pode mostrar-se prática legítima, desde que circunscrita objetivamente a esses fins. Nesse caso, é juridicamente admitida, não cabendo na hipótese de aplicação da norma proibitiva da intervenção em Estados estrangeiros. Diferente, porém, é o caso em que esse tipo de apoio é utilizado para mascarar interesses escusos, como o fomento à revolta e à ruptura institucional.

A linha é cruzada quando essa atividade, direta ou indireta, visa à desestabilização de um determinado Governo, de que são exemplos atividades realizadas na Guerra Fria em todos os campos do espectro ideológico. O fornecimento direto ou indireto de armas a esses grupos é forte indicativo de violação ao princípio de não intervenção. Não por acaso, a percepção de que houve violação ao dever de abstenção em relação aos assuntos domésticos tem sido utilizada com muita freqüência para que representantes do Estado acreditante sejam considerados *personae non gratae* pelo Estado acreditado, nos termos previstos no art. 9o da Convenção de Viena de 1961.[992] Há muitos exemplos dessa prática em todo o mundo, que ocorre de forma soberana e não requer explicações por parte do Estado acreditado. Durante a Guerra Fria, houve

---

[990] É inerente à atividade diplomática tecer juízos e considerações a respeito da situação interna de outro país, só que para o conhecimento do próprio Estado acreditante.

[991] Quanto a membros de outros Poderes e órgãos governamentais, bem como à sociedade em geral, não há qualquer impedimento, para além do que estabelece a própria legislação brasileira, à discussão e à análise da conjuntura doméstica de outro Estado soberano, inclusive por meio da manifestação de preferências. A agenda de reuniões da Comissão de Relações Exteriores do Senado Federal é exemplo dessa prática. Uma vez na condição de representante do Estado acreditante junto ao Estado acreditado, porém, aplica-se a qualquer indivíduo que goze de privilégios e imunidades as mesmas regras impostas a representantes diplomáticos.

[992] Artigo 9 - (1) O Estado acreditado poderá a qualquer momento, e sem ser obrigado a justificar a sua decisão, notificar ao Estado acreditante que o Chefe da Missão ou qualquer membro do pessoal diplomático da Missão é *persona non grata* ou que outro membro do pessoal da Missão não é aceitável. O Estado acreditante, conforme o caso, retirará a pessoa em questão ou dará por terminadas as suas funções na Missão. Uma Pessoa poderá ser declarada *non grata* ou não aceitável mesmo antes de chegar ao território do Estado acreditado. (2) Se o Estado acreditante se recusar a cumprir, ou não cumpre dentro de um prazo razoável, as obrigações que lhe incumbem, nos têrmos do parágrafo 1 dêste artigo, o Estado acreditado poderá recusar-se a reconhecer tal pessoa como membro da Missão.

casos envolvendo a concessão de asilo político,[993] atividades de inteligência e contrainteligência, ou simplesmente a insatisfação do Estado acreditado quanto a comentários feitos publicamente em relação a assuntos internos.[994] No hemisfério interamericano, exemplos dessa prática ocorreram recentemente na Bolívia,[995] nos Estados Unidos,[996] no Paraguai[997] e na Venezuela,[998] mas tam-

---

993 No Chile, o regime de Pinochet declarou *persona non grata* o então Embaixador sueco em Santiago, Gustav Harald Edelstam, por defender perseguidos políticos. Em 1973, em episódio diplomático incomum, Edelstam foi à Embaixada de Cuba na capital chilena, onde se encontravam dezenas de asilados sitiados sob ataques dos militares locais, e hasteou bandeira sueca com o objetivo de defender a inviolabilidade da missão cubana. Após esse incidente, o diplomata sueco retirou dezenas de pessoas de várias nacionalidades da Embaixada cubana e levou-as para a Embaixada sueca, de onde saíram com destino à Suécia, sob o *status* de refugiados.

994 Em 1952, o Embaixador dos EUA em Moscou, George F. Kennan, foi declarado *persona non grata* pela então U.R.S.S. após comentários que comparavam o regime soviético ao regime nazista.

995 Em 10 de setembro de 2008, o Governo boliviano declarou *persona non grata* o então Embaixador dos EUA em La Paz, Philip Goldberg. Embora sem menção específica no comunicado, o Governo boliviano, inclusive pelo Presidente Evo Morales, acusou o diplomata norte-americano de envolvimento na tentativa do chamado *golpe cívico-militar* ocorrido no dia anterior (9/11). Em novo comunicado de 9 de março de 2009, o *Ministerio de Relaciones Exteriores* boliviano declarou *persona non grata* um Segundo Secretário da Embaixada dos EUA em La Paz, Francisco Martínez, sob o argumento de que seria responsável por "numerosas acciones de injerencia (...) en asuntos de política interna de Bolivia, incluyendo articulación y coordinación de acciones inapropiada tendientes a alterar el orden legítimamente constituido en el país".

996 Em 2012, os Estados Unidos declararam a Cônsul da Venezuela em Miami, Livia Acosta Nogueira, *persona non grata*. A diplomata venezuelana foi acusada de envolvimento em complô de ataques cibernéticos. Em 2014, em resposta à expulsão de três diplomatas norte-americanos da Embaixada em Caracas, o Departamento de Estado declarou *personae non gratae* três diplomatas venezuelanos da Embaixada venezuelana em Washington.

997 Em 2012, o Paraguai declarou o então embaixador venezuelano em Assunção, José F. Javier Arrúe de Pablo, como *persona non grata* "ante las graves evidencias de intervención por parte de funcionarios de la República Bolivariana de Venezuela en asuntos internos de la República del Paraguay". Ministerio de Relaciones Exteriores, Comunicado sobre Declaración de "persona non grata", Asunción, 4 de Julio de 2012.

998 Há vários casos recentes na Venezuela. Em 2008, logo após a expulsão do Embaixador norte-americano de La Paz, o então Presidente Hugo Chávez declarou o Embaixador dos EUA em Caracas, Patrick Duddy, como *persona non grata* sob a justificativa de solidariedade com a ação tomada antes pelo Presidente boliviano Evo Morales. Em 2009, Israel declarou diplomatas venezuelanos como *personae non gratae* em retaliação à expulsão, pelo Governo venezuelano, de diplomatas israelenses devido à ofensiva na Faixa de Gaza. Em 17/2/2014, o Presidente Nicolás Maduro declarou, em rede nacional de televisão, três diplomatas

bém se observam com freqüência cada vez maior em outras partes do globo a despeito do grau de aproximação política e ideológica entre os governos dos Estados envolvidos.

No mundo atual, o princípio de não intervenção assume características ainda mais complexas. Novas realidades, como o advento da Internet, reforçam a necessidade de que a aplicação do princípio de não intervenção seja analisada com base em critérios de razoabilidade, oportunidade e conveniência, à luz tanto dos interesses nacionais. A questão parece residir na busca pelo equilíbrio entre a defesa inequívoca das liberdades fundamentais e o imprescindível resguardo da soberania nacional. Se não se deve incorrer na ingenuidade de imaginar que terceiros países atuam invariavelmente com inspiração altruísta e humanista, ainda mais quando se trata de recursos financeiros e militares,[999] a regra geral deve ser o livre fluxo e intercâmbio de idéias e informações. Essa postura decorre não só do imperativo de respeito às liberdades fundamentais, mas também de puro realismo: é impossível, nos dias atuais, cercear a livre transmissão de idéias e opiniões.

A exceção do Artigo 2(7) - a Ação do CSNU sob o Capítulo VII da Carta

O escopo proibitivo do "domínio reservado" não se aplica, nos termos da última parte do artigo 2(7) da Carta, às medidas coercitivas adotadas pelo CSNU sob o Capítulo VII. Essa hipótese excepcional implica que o tratamento de casos de ameaça e de ruptura da paz e da segurança internacionais prevalece sobre a regra geral de não intervenção.[1000] Tais medidas, nos termos dos arts. 41 e 42 da Carta,[1001] incluem sanções aplicáveis em face de ameaças ou

norte-americanos em Caracas como *personae non gratae* sob a acusação de participarem em "reuniones conspirativas contra el Gobierno venezolano". Em 6/3/2014, o Governo venezuelano declarou *personae non gratae* dois diplomatas da Embaixada do Panamá em Caracas e suspendeu as relações diplomáticas entre os dois países. Alegou que o Governo panamenho teria incorrido em "discurso y acciones injerencistas" consideradas como "inamistosas hacia Venezuela, así como una intromisión en los asuntos políticos internos".

999 São pouquíssimos os Estados com legislação de acesso à informação nos moldes da brasileira em matéria de política exterior. Inclusive democracias desenvolvidas, como EUA, França e Reino Unido, possuem as chamadas linhas de "crédito" secreto, com discricionariedade no dispêndio desses recursos.

1000 Hans Kelsen, *supra* nota 184, p. 19.

1001 Cf. *supra* nota 1153.

rupturas da paz e da segurança internacionais, nos termos do art. 39.[1002] Com base no art. 41, o CSNU pode adotar resoluções obrigatórias, ou limitar-se a fazer recomendações, as quais, não obstante, permanecem excluídas da hipótese da regra de não intervenção. O mesmo regime se aplica às eventuais medidas tomadas sob o art. 40,[1003] que faculta ao Conselho indicar medidas preliminares às partes envolvidas antes de o órgão tomar decisão a respeito da questão.[1004]

Recentemente, o CSNU tem recorrido com mais frequência ao Capítulo VII para justificar a intervenção em assuntos que se inscreveriam no "domínio reservado" dos Estados. Com a restauração da soberania do Kuaite após a invasão pelo Iraque em 1991, o CSNU impôs uma série de sanções ao regime iraquiano que afetavam aspectos centrais de seu "domínio reservado".[1005] No caso *Lockerbie*,[1006] o CSNU aprovou resoluções que determinavam a entrega

---

[1002] Artigo 39. O Conselho de Segurança determinará a existência de qualquer ameaça à paz, ruptura da paz ou ato de agressão, e fará recomendações ou decidirá que medidas deverão ser tomadas de acordo com os Artigos 41 e 42, a fim de manter ou restabelecer a paz e a segurança internacionais.

[1003] Artigo 40. A fim de evitar que a situação se agrave, o Conselho de Segurança poderá, antes de fazer as recomendações ou decidir a respeito das medidas previstas no Artigo 39, convidar as partes interessadas a que aceitem as medidas provisórias que lhe pareçam necessárias ou aconselháveis. Tais medidas provisórias não prejudicarão os direitos ou pretensões, nem a situação das partes interessadas. O Conselho de Segurança tomará devida nota do não cumprimento dessas medidas.

[1004] Essa interpretação foi aplicada em dois precedentes importantes da prática do CSNU durante o processo de descolonização. Na guerra de independência da Indonésia, os Países Baixos protestaram, com base no art. 2(7), contra as recomendações tomadas pelo órgão sob o art. 40 no sentido de um cessar fogo imediato entre as partes e da busca de uma solução por meio de arbitragem ou outra via pacífica. Em 1968, Israel protestou contra solicitação para postergar parada militar em Jerusalém a fim de evitar o recrudescimento das tensões na área. Em ambos os casos, as tentativas de evitar a aplicação das recomendações do CSNU sob o art. 40 foram infrutíferas e, atualmente, pedidos de cessar fogo feitos pelo órgão não geram mais nenhum tipo de protesto com base na regra de não intervenção do art. 2(7).

[1005] A resolução 687 (1991) faz menção explícita ao Capítulo VII ao exigir a aceitação incondicional pelo Iraque da destruição supervisionada de seu arsenal de armas nucleares, químicas e biológicas e de seus mísseis balísticos com alcance superior a 150 km. Impunha ainda *no fly zones* em zonas ao sul e ao norte do território iraquiano para a proteção, respectivamente, de populações xiitas e curdas, algo que ia muito além das obrigações convencionais assumidas pelo país. Cf. tb. Felix Ermacora, *supra* nota 635, p. 154.

[1006] *Lockerbie* case, *supra* nota 165. Cf. também F. Beveridge, The Lockerbie Affair' (1992) 41 *I.C.L.Q.* 907.

pela Líbia ao Reino Unido ou aos EUA de dois suspeitos de crimes de terrorismo relacionados ao atentado.[1007] Outro elemento de relevo na prática internacional quanto à exceção prevista no art. 2(7) foi a criação de tribunais penais internacionais *ad hoc* com competências para processar e julgar responsáveis por graves e sistemáticas violações de direitos humanos. Durante a década de 1990, o CSNU criou dois tribunais específicos com essas atribuições sob o Capítulo VII: para a ex-República da Iugoslávia e para Ruanda. Em ambos os casos, esses tribunais substituíram as jurisdições nacionais em relação ao julgamento desses crimes.[1008] Mais recentemente, essa hipótese foi utilizada pelo CSNU para o envio de casos à apreciação do TPI nos termos dos art. 13 (b) do Estatuto de Roma.[1009] Em 2005, o CSNU aprovou, sob o Capítulo VII, a resolução 1593,[1010] que remeteu caso envolvendo a situação em Darfur à competência jurisdicional do TPI. Em 2011, em meio aos primeiros movimentos da chamada "Primavera Árabe", o CSNU aprovou, por unanimidade, a resolução 1970, que enviou caso relativo à situação na Líbia ao exame do TPI.[1011] O mesmo se observa em relação ao terrorismo internacional, área em que o CSNU tem exercido atribuições em relação a domínios tradicionalmente ati-

[1007] Segundo Lowe, trata-se de regime derrogatório *lex specialis* a partir da regra de exceção do art. 2(7), pois a Convenção de Montreal para a Supressão de Atos Ilegais contra a Segurança da Aviação Civil faculta aos Estados Membros entregar ou julgar os suspeitos desses crimes. Retirava-se, por meio da exceção prevista pelo próprio art. 2(7), a discricionariedade do Governo líbio em optar pela via do julgamento, em flagrante diminuição do escopo de aplicação do "domínio reservado". Vaughan Lowe, *supra* nota 921, p. 80.

[1008] Resoluções 827, de 25/5/1992, e 955, de 8/11/1984, ambas do CSNU.

[1009] O Artigo 13 (b) do Estado de Roma estabelece que o TPI pode exercer jurisdição se a "situation in which one or more of such crimes appears to have been committed is referred to the Prosecutor by the Security Council acting under Chapter VII of the Charter of the United Nations".

[1010] A resolução 1593 de 31/3/2005 foi aprovada por 11 votos favoráveis (Argentina, Benim, Dinamarca, França, Grécia, Reino Unido e Tanzânia) e quatro abstenções (Argélia, Brasil, China e Estados Unidos). A abstenção do Brasil foi justificada com base na crítica sobre potencial instrumentalização do mecanismo, pois se incluiu dispositivo que excluía nacionais de Estados não Partes do Estatuto de Roma da jurisdição do TPI no caso de Darfur. Na prática, isso significava "carta branca" do CSNU para ações intervencionistas sem o risco de interpelação pelo Tribunal. Anos depois, o Brasil apoiou a resolução 1970 sobre a Líbia, não obstante fizesse observar sua contrariedade em relação à inclusão de dispositivo do mesmo teor.

[1011] A decisão no CSNU foi precedida de resolução aprovada dias antes no CDH, que criou comissão de inquérito para investigar fortes indícios de crimes contra a humanidade cometidos na Líbia.

nentes à jurisdição soberana de cada Estado por meio de resoluções aprovadas sob o Capítulo VII da Carta.[1012] O recurso ao Capítulo VII tem sido utilizado também em resoluções aprovadas pelo CSNU para o desdobramento de forças multinacionais de estabilização em meio a guerras civis.[1013] Essa tendência se acentuou após a Guerra Fria, tal como se depreende da prática do CSNU a partir da década de 1990. Podem-se mencionar os casos da Libéria entre 1990 e 1993, bem como em 2003[1014], na Somália em 1992 e 1993,[1015] na Bósnia e na Croácia[1016] em 1993 e 1995, no Haiti em 1994[1017], em Ruanda em 1994[1018], na Albânia em 1997[1019], em Serra Leoa em 1998[1020], no Timor Leste em 1999[1021], no Afeganistão em 2001[1022], e em Côte d'Ivoire[1023] e República Democrática do Congo[1024], em 2003. Em vários desses casos, a ruptura institucional e a ocorrência de violações de direitos humanos foram interpretadas como ameaças

---

1012 No caso da resolução 1373, adotada após os atentados de 11 de setembro de 2001, o CSNU tornou obrigatória a adoção de várias medidas no seio dos ordenamentos nacionais em linha com as obrigações previstas na Convenção para a Repressão do Financiamento do Terrorismo, de 2000.

1013 Gilbert Guillaume, *supra* nota 771, pp. 506-7.

1014 Resoluções 813 de 26/3/1993, 866 de 22/9/1993, 1497 de 1/8/ 2003 e 1509 de 19/9/2003.

1015 Resoluções 794 de 3/12/1992, 814 de 26/3/1993, 886 de 18/11/1993, 897 de 4/2/1994 e 954 de 4/11/1994.

1016 Resoluções 770 de 13/8/1992, 807 de 18/2/1993, 815 de 29/3/1993, 824 de 6/5/1993, 836 de 4/6/1993, 844 de junho de 1993, 847 de 30/6/1993, 869 de 30/9/1993, 870 e 871 de 1/10/1993, 908 de 31/3/1994, 914 de 26/4/1994, 947 de 30/9/1994, 958 de 19/11/1994, 981 e 982 de 31/3/1995, e 1031 de 15/12/1995.

1017 Resolução 940, de 31/6/1994.

1018 Resolução 929 de 22/6/1994.

1019 Resolução 1101 de 28/3/1997.

1020 Resoluções 1132 de 8/10/1997, 1156 de 16/3/1998, 1162 de 17/4/1998, 1181 de 13/7/1998, 1270 de 22/10/1999, 1289 de 7/2/ 2000, e 1389 de 16/1/2002.

1021 Resolução 1264 de 15/9/1999.

1022 Resolução 1386 de 21/12/2001.

1023 Resoluções 1464 de 4/2/2003 e 1498 de 4/8/2003.

1024 Resoluções 1080 de 15/11/1996, 1291 de 24/2/2000, 1484 de 30/5/2003 e 1501 de 26/8/2003.

à paz e à segurança internacionais, mesmo quando não tinham, *prima facie*, efeito desestabilizador para além das fronteiras nacionais.[1025]

Conclusão

O princípio de não intervenção inscrito no art. 4º da Constituição consiste em norma fundamental da ordem jurídica internacional contemporânea. Sua aplicação nos dias atuais pressupõe o difícil e necessário equilíbrio entre a salvaguarda da soberania estatal em face da ameaça desestabilizadora da ingerência estrangeira e a legítima ação da comunidade internacional em relação a temas inscritos no domínio reservado dos Estados. O escopo e os limites de um e de outra são tênues e permanecem em constante evolução devido à contínua expansão do direito internacional. Essa tarefa pressupõe a articulação com outros princípios fundamentais do direito internacional,[1026] por meio da constante ponderação recíproca dessas normas à luz da realidade internacional. Por um lado, a não intervenção é corolário lógico dos princípios de independência nacional e da igualdade soberana entre as nações. A ingerência estrangeira nos assuntos domésticos de um Estado atenta contra a soberania estatal na medida em que sugere a prevalência da vontade de Estados com maiores capacidades de poder. O princípio de não intervenção contribui na realização de uma ordem jurídica internacional minimamente estável entre nações soberanas, mas factualmente desiguais. Por outro lado, é contraface objetiva, como norma proibitiva, do direito subjetivo à autodeterminação dos povos.[1027] Tanto maior é o grau de autonomia de um povo na escolha de seu modelo político, econômico e social, quanto menor a ingerência externa. Os limites impostos externamente a essa esfera individual de autonomia (domínio reservado) advêm das obrigações de cada Estado no direito internacional.[1028]

[1025] No caso da Somália, o CSNU aprovou resolução que concedia às tropas internacionais mandato para a proteção da entegra de medicamentos e alimentos à população civil.

[1026] I. Brownlie, *supra* nota 133, p. 290.

[1027] José Cretella Júnior, *supra* nota 435, p. 173.

[1028] Nos dias atuais, tais limites se observam, sobretudo, em matéria de direitos humanos, cujos padrões mínimos impõem-se universalmente para além do domínio reservado dos Estados.

O princípio de não intervenção revela-se, também, como um dos elementos definidores da identidade jurídica do Brasil no plano externo. O princípio de não intervenção tem peso próprio e fundamental na *vis directiva* da ação diplomática brasileira.[1029] Expressa, de forma inequívoca, nossa contrariedade a qualquer forma de ingerência à margem do direito internacional. Longe de receio infundado, tal sentimento raízes históricas. Valor constante desde a primeira constituição republicana, de 1891, então na forma da proibição da guerra de conquista, a não intervenção representa posição tradicional não só do Brasil, mas do conjunto dos países da América Latina[1030] na defesa da soberania diante da constante ameaça de intervencionismo militar, econômico e político na região.[1031]

Em suma, o princípio de não intervenção é tributário da crença no direito como via segura para a realização da justiça nas relações internacionais. A própria ocorrência de intervenções não obstante a norma proibitiva do art. 2 (7) da Carta contraria visão idealista sobre o funcionamento do sistema internacional.[1032] A desproporção de meios econômicos, políticos e militares entre as nações expõe, como característica iniludível do sistema internacional, a desigualdade factual entre os Estados.[1033] Em muitos casos, o recurso ao princípio de não intervenção resta como única alternativa possível para a defesa dos interesses nacionais em face da ingerência externa.[1034] Por isso negar a validade

---

[1029] "A não intervenção é um princípio do DIP ao qual o Brasil já estava obrigado em virtude da ratificação das Cartas da ONU e da OEA, bem como por ser na ordem jurídica internacional uma norma costumeira. A nossa Lei Magna apenas o constitucionalizou, mostrando sua importância para nós". Celso D. de Albuquerque Mello, *supra* nota 3, p. 140.

[1030] Sua inclusão na Carta deveu-se, em grande medida, à ação conjunta de países latino-americanos. G. Arangio-Ruiz, *supra* nota 262, pp. 549 e 560.

[1031] Durante as negociações da Declaração de 1970, representante do GRULAC afirmou que "a história da América Latina era a história do princípio da não-intervenção nos assuntos internos dos Estados. Para os povos da América Latina, o princípio, longe de ser uma mera cláusula formal, refletia suas profundas convicções e constituía a principal defesa jurídica de sua independência e soberania". UN Doc. A/6955, para. 89.

[1032] Vaughan Lowe, *supra* nota 921, p. 67.

[1033] "Interventions in inter-State relations disclose the disparities of power among States, unilaterally decided by the same power which executes them, acting unjustifiably as "judge and party in each case", perpetrating "acts of force against those who cannot defend themselves". Interventions become the privilege, and monopoly, of the great powers". A. A. Cançado Trindade, *supra* nota 20, pp. 127-128.

[1034] Celso D. de Albuquerque Mello, *supra* nota 3, p. 140.

desse princípio não só enfraquece um ordenamento já carente de instituições supranacionais que detenham, sob regime igualitário, o monopólio do uso da força e competências jurisdicionais universais capazes de coibir e eventualmente punir essa prática, como também negligencia uma realidade injusta em que a intervenção é um atributo dos mais fortes. Tratar-se-ia, como bem observou Cançado Trindade, e em linha com o que a CIJ já o fez em mais de uma ocasião, de reconhecer às nações mais poderosas capacidade ilegítima de ser a um só tempo juiz e parte interessada, algo contrário aos princípios mais básicos de qualquer sistema jurídico digno desse nome.[1035]

[1035] A. A. Cançado Trindade, *supra* nota 20, pp. 127-128.

Capítulo IX
IGUALDADE ENTRE OS ESTADOS

O princípio de igualdade entre os Estados é um dos fundamentos sobre o qual repousa a ordem internacional contemporânea.[1036] Sua codificação implica o reconhecimento da igualdade jurídica dos Estados sob o direito internacional. Embora exigência lógica de um sistema jurídico organizado por relações horizontais, a aplicação do princípio de igualdade soberana depara-se incessantemente com a realidade de relações verticais de poder. O princípio de igualdade *de iure* constitui, assim, contrapeso à desigualdade *de facto*.[1037] Como norma geral e abstrata, esse princípio ignora desequilíbrios de poder ao proteger capacidades soberanas do Estado, a despeito das condições reais de seu exercício.[1038]

Ao expressar o paradoxo entre a deontologia da justiça e a ontologia do poder nas relações internacionais, o princípio de igualdade entre os Estados é tema doutrinário controverso.[1039] Raymond Aron considerava a igualdade entre os Estados mera "ideologia" empregada pelos Estados mais fracos em face da posição privilegiada das Grandes Potências.[1040] Sob outra perspectiva,

---

[1036] G. Abi-Saab, 'Cour général de droit international public', *R.C.A.D.I.*, 1987, 247, pp. 328, 330 e 333. Para Dallari, trata-se de um "paradigma do sistema de relações em nível global". Pedro Dallari, *supra* nota 2, p. 168.

[1037] Marcelo G. Kohen, *supra* nota 446, p. 404.

[1038] Dalmo de Abreu Dallari, *Elementos de teoria geral do Estado*, São Paulo, Saraiva, p. 24.

[1039] "Le principe de l'égalité souveraine (...) est perçu comme un vœux pieux qui ne résiste pas à la comparaison des inégalités flagrantes qui frappent les Etats dans les domaines économique, politique, militaire ou autre ". Marcelo G. Kohen, *supra* nota 446, p. 399.

[1040] Raymond Aron, *Paix et Guerre entre les Nations*, Paris, Calmann-Lévy, 8e ed., 1962 (réimp. 1985), p. 729.

John Rawls sugeria que os Estados não estariam em nível de igualdade nem mesmo no plano formal do direito internacional.[1041] Em classificação na qual os povos[1042] se dividem em sociedades liberais (*liberal well-ordered societies*), decentes (*non-liberal societies*) e fora da lei (*outlaw*), Rawls restringiu a aplicação do princípio de igualdade apenas à celebração de pactos, rejeitando sua extensão aos princípios fundamentais do direito internacional, a começar pelo respeito recíproco à independência.

Igualdade entre os Estados na Constituição

O princípio de igualdade jurídica entre os Estados não suscitou debates acalorados na Assembléia Nacional Constituinte. Talvez porque o constituinte entendesse que já constituísse pedra angular da prática diplomática brasileira, ou então pelo reconhecimento do estádio de desenvolvimento dessa norma no direito internacional, em especial na Carta das Nações Unidas, o tema foi tratado tangencialmente em discussões sobre outros assuntos. Esse foi o caso, em particular, do debate sobre a imunidade do Estado brasileiro em face de outras jurisdições. À época, o tema se revestia de particular importância devido à crise da dívida externa. Durante a Assembléia Constituinte, prevaleceu posição soberanista, baseada no princípio de igualdade e orientada pela rejeição à aceitação de acordos celebrados com o Fundo Monetário Internacional (FMI) contendo cláusulas que estabelecessem outra jurisdição (no caso, os Estados Unidos) como foro de arbitragem entre o Governo brasileiro e credores internacionais.

Prática diplomática brasileira

A defesa do princípio de igualdade jurídica entre os Estados é "um dos paradigmas da política externa brasileira". Revela, em última análise, a própria visão do País sobre o direito internacional. Essa posição encontra-se enraizada no início da atuação multilateral do Brasil, na II Conferência Internacional de Paz de Haia, em 1907. Em linha com as instruções de Rio Branco,[1043] Rui Barbosa

---

[1041] John Rawls, *The Law of Peoples*, Cambridge (Mass.), Harvard University Press, 1999, p. 199.

[1042] Rawls utiliza a categoria de povos com o objetivo de realçar seu modelo de justiça global.

[1043] Carlos Henrique Cardim (ed.), 'A Luta pela Igualdade entre as Nações', prefácio à obra *II Conferência da Paz da Haia, 1907 - A correspondência telegráfica entre o Barão do Rio Branco e Rui Barbosa, supra* nota 995, p. 29.

sustentou o reconhecimento, já nos primeiros esforços de codificação no século XX, da igualdade jurídica entre Estados soberanos a despeito de diferenças territoriais, econômicos, populacionais e militares.[1044] A partir dessa premissa retirava-se o corolário de que todos os Estados têm direito ao mesmo tipo de proteção perante o direito internacional, o que importava acesso em condições de igualdade em conferências internacionais, representação isonômica perante instâncias jurisdicionais e igualdade no exercício de direitos e deveres sob os princípios da boa fé e de *pacta sunt servanda*. Tal postulação parecia "ridícula" ou "revolucionária" às então potências europeias, que negavam, segundo doutrinas civilizatórias,[1045] a capacidade de países da América Latina e da Ásia estarem representados em condições de igualdade em tribunal permanente de arbitragem. Se aceita, essa posição impediria que nações como o Brasil elegessem, em termos igualitários, membros do tribunal arbitral ao qual deveriam submeter suas controvérsias, privilégio que ficaria restrito às grandes potências.[1046] O Brasil não renunciou ao tratamento igualitário, não só porque àquela altura já participava do concerto das nações em condições de igualdade,[1047] mas porque não poderia reconhecer-se como nação de segunda ou terceira ordem.[1048] Consolidava-se, então, um dos paradigmas da ação diplomática brasileira.[1049]

[1044] "Soberania importa igualdade". Rui Barbosa, II Conferência de Paz da Haia, sobre a Corte Permanente de Arbitramento, em 9/10/1907, *in* A. A. Cançado Trindade, *supra* nota 508, p. 54. "Nós propugnamos, para os povos, igualdade de direito, sustentando que todas as nações são iguais perante a lei das nações". *Idem*, p. 57.

[1045] Comentário de Paul-Henri-Benjamin d'Estournelles de Constant (1852-1924) a Rui Barbosa, no telegrama 89, de 05/9/1907. D'Estournelles de Constant, jurista, diplomata e político, foi delegado francês nas duas conferências de paz da Haia, em 1899 e 1907, e recebeu o Prêmio Nobel da Paz em 1909. In *II Conferência da Paz da Haia, 1907 - A correspondência telegráfica entre o Barão do Rio Branco e Rui Barbosa*, *supra* nota 995, p. 11.

[1046] Uma das propostas previa cinco categorias diferentes de países, cujos membros eleitos teriam mandatos distintos no tribunal (um a doze anos). Um dos critérios de distinção seria a força militar.

[1047] Rui Barbosa recordou a participação de árbitros brasileiros em disputas internacionais, como o Barão de Itajubá na arbitragem entre Reino Unido e Estados Unidos na questão do Alabama, em 1871, e o Barão de Arinos no tribunal franco-americano, de 1880. *In* A. A. Cançado Trindade, *supra* nota 508, pp. 55-56.

[1048] Telegrama 89 de Rio Branco, *supra* nota 995, p. 19. Nas instruções finais, Rio Branco condicionava a aceitação do documento final à consagração do princípio de igualdade soberana entre os Estados. Telegrama 163, *idem*.

[1049] Roberto de Abreu Sodré na XLIII Sessão Ordinária da AGNU, em 1988, in Luiz Felipe Seixas Corrêa (org.), *supra* nota 520, p. 492.

O predicado de Haia ecoou nas décadas seguintes, sobretudo no período que se seguiu ao primeiro conflito mundial. Em 1923, na V Conferência Internacional Americana, Afranio de Mello Franco sustentou que o princípio da igualdade jurídica entre os Estados era "dogma fundamental" tanto moral quanto jurídico, motivado por sentimento de eqüidade e impulsionado pelo valor da justiça no plano internacional.[1050] Clóvis Bevilaqua, ao defender a codificação do direito internacional, identificou no princípio de igualdade jurídica, junto da "democratização do mundo" e da "eliminação da preponderância da força nas relações internacionais", os "elementos constitutivos da ordem internacional (...) que estão a reclamar definições precisas dos direitos e dos deveres recíprocos dos Estados".[1051] Com a aprovação da Convenção sobre os Direitos e Deveres dos Estados, em 1933, ao final da VII Conferência Internacional Americana, o mesmo Afranio de Mello Franco destacou o reconhecimento nesse instrumento de que "os Estados são juridicamente iguais, desfrutam de iguais direitos e têm igual capacidade de exercê-lo", vez que "os grandes princípios jurídicos (...) decorrem da igualdade das soberanias e são a garantia permanente da paz entre as Nações".[1052]

Paradoxalmente, o processo de criação das Nações Unidas foi um momento crítico para a defesa do princípio de igualdade jurídica. A conjuntura de forças resultante da vitória dos países aliados se traduziu na imposição de um arranjo no novo Conselho de Segurança condizente com a posição das potências vencedoras. Na Liga das Nações, o Brasil reconhecia a necessidade de conciliar o princípio de igualdade com o imperativo de garantir eficácia aos órgãos competentes da comunidade internacional organizada.[1053] Não se furtava, porém, "a defender a tese da igualdade de tratamento entre os grandes

[1050] Discurso na Comissão de Armamentos da V Conferência Internacional Americana, em Santiago, em 21/4/1923. *In* A. A. Cançado Trindade, *supra* nota 508, p. 81.

[1051] Parecer do Consultor Jurídico do Itamaraty, Clóvis Beviláqua, sobre a Questão da Codificação Progressiva do Direito Internacional, em 25/1/1927, p. 90. Para Bevilaqua, o recurso à força militar apregoada pelas grandes potências na Liga das Nações era contrário ao espírito do Pacto. MRE, *Pareceres dos Consultores Jurídicos do Ministério das Relações Exteriores (1913-1934)*, MRE/Seção de Publicações, 1962, pp. 259- 261.

[1052] MRE, *Relatório Apresentado ao Presidente da República dos Estados Unidos do Brasil pelo Ministro de Estado das Relações Exteriores - 1933*, vol. III, Rio de Janeiro, Imprensa Nacional, 1939, pp. V-VIII.

[1053] MRE, *Relatório Apresentado ao Presidente da República dos Estados Unidos do Brasil pelo Ministro de Estado das Relações Exteriores - 1920/1921*, Rio de Janeiro, Imprensa Nacional, 1922, doc. nº 62, pp. 45-47.

e pequenos Poderes, no que concerne à composição do Conselho",[1054] onde os países americanos não estavam representados (essa foi uma das razões alegadas para a retirada do Brasil organização, em 1926).[1055] À luz da experiência anterior na Liga, a diplomacia brasileira foi pragmática na Conferência de São Francisco ao avaliar que a composição do CSNU e os poderes extraordinários conferidos a seus membros permanentes pelo art. 27 (3) da Carta seria um "preço a pagar" pelo objetivo maior de pôr em marcha um sistema de segurança coletiva sob a nova Organização capaz de assegurar a manutenção da paz e da segurança internacionais.[1056] Caberia principalmente à AGNU, nessa lógica, ser o "fórum internacional em que todos os membros da Organização são representados em igualdade de direitos".[1057]

A iniqüidade do poder de veto (e seu uso desmesurado e injustificado pelos membros permanentes) foi objeto de críticas constantes do Brasil. Em 1954, na AGNU, após lembrar que o derrogação pelo art. 27 (3) do princípio de igualdade jurídica entre os Estados (art. 2 (1)) foi exceção aceita devido à conjuntura excepcional do pós Guerra, o País criticou o uso abusivo do poder de veto pela então União Soviética (mais de sessenta vetos em pouco menos de uma década).[1058] Da mesma forma, o Brasil se opôs, no início dos 1970, à tentativa de potências nucleares de estender suas prerrogativas com base no argumento de que a representação excepcional de membros permanentes do CSNU deveria refletir-se em outros órgãos especializados da Organização, como o ECOSOC. Na visão brasileira, a regra do art. 27 era a única exceção admissível,

---

[1054] A. de Mello Franco, na XL Sessão do Conselho da Liga das Nações, em 10/6/1926. *In* A. A. Cançado Trindade, *supra* nota 508, p. 260.

[1055] A resistência ao ingresso do Brasil como membro permanente do Conselho (a Alemanha viria a ocupar essa posição) foi a principal razão dada pelo Presidente Artur Bernardes, em 1926, para a retirada do País da Liga. Cf. Eugênio Vargas Garcia, *O Brasil e a Liga das Nações (1919-1926): vencer ou não perder*, Porto Alegre, Editora da Universidade Federal do Rio Grande do Sul, 2000.

[1056] "Se considerado à luz do princípio da igualdade de todos os Estados perante a lei, o Art. 27 foi um preço muito alto pago por pequenos e médios países pela obtenção da Carta". P. Leão Velloso, I Sessão Ordinária da AGNU, em 1946. *In* Luiz Felipe Seixas Corrêa (org.), *supra* nota 520, p. 39.

[1057] Mário de Pimentel Brandão na VI Sessão Ordinária da AGNU, em 1951, in Luiz Felipe Seixas Corrêa (org.), *supra* nota 520, p. 75.

[1058] Ernesto Leme na IX Sessão Ordinária da AGNU, em 1954, *idem*, pp. 98-99.

dadas as circunstâncias, ao princípio de igualdade jurídica entre as nações.[1059] A presunção de que o sistema internacional fosse regido por relações verticais e desiguais de poder, e não horizontais e igualitárias, que estariam restritas às superpotências, estava na própria raiz dos problemas de eficácia do sistema internacional sob a égide das Nações Unidas.[1060]

A crítica à configuração desigual de poder em regimes multilaterais, como em matéria de segurança coletiva, fundamentava-se na defesa da igualdade entre os Estados.[1061] Era no mínimo contraditório que diante do crescimento do número de Estados Membros da Organização na esteira do processo de descolonização e da reinserção na comunidade internacional dos antigos países do Eixo (Alemanha, Áustria, Japão e Itália, por exemplo), o poder decisório continuasse a refletir a conjuntura imediata do pós Guerra. A expansão da agenda multilateral exigia a democratização das instâncias decisórias multilaterais. O art. 2(1) da Carta assegurava a participação dos Estados em condições de igualdade em conferências internacionais em matéria de direitos humanos, desarmamento, comércio e meio ambiente.[1062] A democratização do sistema multilateral tornava-se, assim, imperativo do princípio de igualdade entre os Estados.[1063] O princípio de igualdade soberana oferecia, assim, as bases conceituais a uma política externa independente em meio às tensões da bipolaridade na Guerra Fria, tendência que acentuava desigualdades ao invés de atenuá-las.[1064]

[1059] Mário Gibson Barboza na XXVI Sessão Ordinária da AGNU, em 1971, *idem*, p. 273; Ramiro Saraiva Guerreiro na XXXV Sessão Ordinária da AGNU, em 1980, *ibidem*, p. 376.

[1060] Antonio Francisco Azeredo da Silveira na XXX Sessão Ordinária da AGNU, em 1975, in Luiz Felipe Seixas Corrêa (org.), *supra* nota 520, p. 323.

[1061] Fernando Collor na XLV Sessão Ordinária da AGNU, em 1990, *ibidem*, p. 529.

[1062] Antonio Francisco Azeredo da Silveira na XXXI Sessão Ordinária da AGNU, em 1976, Luiz Felipe Seixas Corrêa (org.), *supra* nota 520, p. 332; e na XXXIII Sessão Ordinária da AGNU, em 1978, *idem*, p. 358.

[1063] Ramiro Saraiva Guerreiro na XXXVIII Sessão Ordinária da AGNU, em 1983, *ibidem*, p. 427.

[1064] Em 1961, Affonso Arinos referiu-se ao art. 2(1) da Carta como fundamento para a coexistência entre países de regimes políticos e econômicos distintos. A. A. de Mello Franco na XVI Sessão Ordinária da AGNU, em 1961, *ibidem*, pp. 155-156. Cf. também João Augusto de Araújo Castro na XVIII Sessão Ordinária da AGNU, em 1963, *ibidem*, pp. 182-183. Mesmo sob o regime militar, o Brasil denunciou a contradição entre o princípio de igualdade jurídica e a lógica de alinhamento subjacente à Guerra Fria. Cf. José de Magalhães Pinto na XXIII Sessão Ordinária da AGNU, em 1968, in Luiz Felipe Seixas Corrêa (org.), *supra* nota 520, p. 237.

A defesa do princípio de igualdade jurídica entre os Estado foi também utilizada para propugnar a correção de regimes *ratione materiae* estabelecidos sob a legítima justificativa de que determinados temas seriam objeto de preocupação da comunidade internacional como um todo,[1065] a exemplo de direitos humanos e meio ambiente. Em muitos casos, a derrogação especial do princípio de igualdade entre os Estados se reduzia à discriminação de desiguais, sem medidas voltadas à mitigação dessas desigualdades.[1066] Se os Estados são iguais perante a lei, seja qual for o modelo político, econômico e ideológico, um determinado regime multilateral deve ser aplicado em condições de igualdade a todos que dele participem. Em corolário, o princípio de igualdade entre os Estados exige que a individualização de casos e a discriminação de responsabilidades sejam acompanhados de premissa universalista como justificativa da criação de um regime especial. Do contrário, a relativização do princípio de igualdade em via única acentuaria ainda mais a desigualdade factual de poder entre os Estados.[1067]

A denúncia das desigualdades factuais e jurídicas entre os Estados é, assim, um dos traços fundamentais da política exterior brasileira.[1068] Inspirado na lição de Rio Branco e Rui Barbosa, que semearam o princípio da igualdade na origem de nossa tradição diplomática, o Brasil teve na busca pela promoção da igualdade entre as nações o esteio para sua inserção internacional sobre as bases do direito internacional e do multilateralismo, em oposição à força militar e à pretensa hegemonia civilizacional de poucos países. Ora contraface política da igualdade jurídica, ora imperativo moral do princípio de cooperação internacional, a luta pela mitigação das desigualdades entre os povos foi um dos eixos centrais da "visão valorativa do mundo" projetada pela diplomacia brasileira, a despeito das distintas ênfases e utilizações temáticas ao longo do tempo.

[1065] Mário Gibson Barboza na XXV Sessão Ordinária da AGNU, em 1970, *ibidem*, p. 261.

[1066] No debate sobre meio ambiente, países desenvolvidos buscavam estabelecer limites lineares para as obrigações impostas a países em desenvolvimento, sem levar em conta responsabilidades históricas e atuais. Já em matéria de direitos humanos, a individualização de casos segundo a gravidade e a urgência da situação não era acompanhada de critérios de universalidade que garantissem a análise da situação de direitos humanos em todos os Estados. "A cooperação que se pretende conseguir é uma cooperação horizontal entre Estados soberanos, em que não há lugar para subordinações ou hegemonias". Antonio Francisco Azeredo da Silveira na XXXII Sessão Ordinária da AGNU, em 1977, in Luiz Felipe Seixas Corrêa (org.), *supra* nota 520, p. 341.

[1067] Celso Amorim na XLVIII Sessão Ordinária da AGNU, em 1993, in Luiz Felipe Seixas Corrêa (org.), *supra* nota 520, p. 575.

[1068] L. F. Seixas Corrêa, 'Introdução da Primeira Edição', *supra* nota 520, p. 27.

Definição de Igualdade Jurídica no Direito Internacional Público

A exemplo do princípio de independência, o princípio de igualdade jurídica entre os Estados está associado ao desenvolvimento do conceito de soberania no direito internacional contemporâneo.[1069] Sua evolução fundamenta-se na visão de que o estabelecimento de uma ordem jurídica e política entre Estados soberanos implica o reconhecimento de prerrogativas iguais a atores independentes que participam de um mesmo sistema.[1070] A desigualdade de fato entre as nações é assim equilibrada por meio da proteção conferida pelo ordenamento jurídico de direitos abstratamente iguais a todos os Estados. Mas foi somente no início do século XX, que se deram as condições conjunturais para a aceitação do princípio de igualdade entre os Estados.[1071] Sua codificação, ao lado de outros princípios como a autodeterminação dos povos, representou a superação, no plano jurídico, de teorias políticas e sociais vigentes no século XIX e início do XX que preconizavam uma hierarquia civilizacional entre os povos, com desdobramentos sobre o universo de direitos e deveres reconhecidos pelo direito internacional.[1072] Para Estados e indivíduos, o resultado mais imediato dessa lógica era o arbítrio absoluto de alguns sobre os demais. Não por acaso, na raiz da escravidão, do colonialismo e do imperialismo residia a mesma negação da igualdade entre os povos enquanto sujeitos de direito na ordem internacional.

As origens positivas do princípio de igualdade jurídica entre os Estados se encontram na II Conferência de Paz de 1907. Devido em grande medida à atuação de Rui Barbosa, reconheceu-se formalmente na Conferência o princípio de igualdade jurídica dos Estados no direito internacional. A partir de

---

[1069] Sua origem remonta à formação do sistema westphaliano no século XVII. O direito romano não reconhecia a igualdade entre Estados. No direito internacional clássico, a cristandade estendia direitos recíprocos a outras nações cristãs, mas não ao resto do mundo "bárbaro". A extensão do princípio de igualdade a todos os Estados pressupõe, portanto, o reconhecimento de um mesmo estádio civilizatório entre os povos.

[1070] E. De Vattel, *supra* nota 445, §36. G.F. de Martens, *supra* nota 317, Livre IV, Chapitre II, para. 125, p. 232.

[1071] A. A. Cançado Trindade, *supra* nota 20, p. 120. Cf. também R. Fernandes, *Le principe de l'égalité juridique des Etats dans l'activité internationale de l'après-guerre*, Geneva, Impr. A. Kundig, 1921, pp. 18-19 e 21-22.

[1072] Os Estados eram classificados em nações civilizadas, semicivilizadas e selvagens. F. von Lizt, *Das Völkerrecht systematisch vorgestellt*, Berlin, Häring, 1913, 9a. ed., pp. 2-7.

então, Estados passaram a comparecer e participar em condições de igualdade perante instâncias jurisdicionais internacionais e organizações multilaterais, algo revolucionário à época. A visão política e moral que servira até então como sustentáculo para a ação indiscriminada de potências estrangeiras sobre jovens nações independentes tornava-se ilegal em face do princípio de igualdade. Sobre a base da igualdade, imbricaram-se outros princípios, como a não intervenção e a solução pacífica de controvérsias, cujos corolários seriam impossíveis de aplicação em um sistema jurídico que não reconhecesse a igualdade entre sujeitos de direito.

Não obstante as profundas transformações nas relações de poder,[1073] o princípio consagrado em 1908 permaneceu no cerne do sistema jurídico das décadas seguintes.[1074] Na Carta das Nações Unidas, a importância axiológica conferida ao princípio de igualdade jurídica se revela na parte preambular, onde aparece como garantia de direitos iguais entre nações grandes e pequenas. Mas a principal fonte normativa desse princípio é obtida do amálgama entre os conceitos de igualdade e soberania na expressão "igualdade soberana" inscrita nos art. 1o e 2(1).[1075] A inclusão dessa fórmula entre os princípios fundamentais da ordem jurídica inaugurada em 1945 visava consagrar um novo modelo de comportamento nas relações interestatais. A ênfase no conceito de igualdade foi motivada por uma exigência fundamental: todos os Estados são formalmente iguais, a despeito de diferenças reais em termos geográficos, econômicos, populacionais e militares, entre outros.[1076] Da mesma forma, consagrou-se o entendimento de que as Nações Unidas não se encontravam acima dos Estados, pois tal como reconhecido pela CIJ a Organização não seria um "super Estado".[1077] O princípio de igualdade soberana pressupunha, alternativamente, lógica de coordenação e de cooperação entre os Estados, em oposição a uma hierarquia entre os povos sob premissas raciais, culturais, militares ou civilizacionais.[1078]

[1073] A. A. Cançado Trindade, *supra* nota 20, p. 119; R. P. Anand, "Sovereign Equality of States in International Law", 197 *R.C.A.D.I.* (1986), 54.

[1074] A. A. Cançado Trindade, *supra* nota 20, p. 120.

[1075] Kelsen considera o art. 2(1) como repetição do art. 1 (6) da Carta. H. Kelsen, *supra* nota 184, pp. 52-53.

[1076] Albrecht Randelzhofer, *supra* nota 243, pp. 73-74.

[1077] *Reparation for injuries suffered in the service of the United Nations*, Advisory Opinion, I.C.J. Reports 1949, p. 179.

[1078] Albrecht Randelzhofer, *supra* nota 243, p. 73.

Uma vez positivado na Carta da ONU, o princípio de igualdade jurídica foi reproduzido nos principais instrumentos de integração regional. Na União Européia, o Tratado de Lisboa de 2007 introduziu, no art. 3 (2), o dever de respeitar a igualdade jurídica entre os Estados Membros, ao mesmo tempo em que estabeleceu, no art. 10, o princípio de igualdade como um objetivo a ser preconizado à ação externa da UE, em linha com a Carta das Nações Unidas. Na África, o Ato Constitutivo da União Africana estipula, como um dos princípios fundamentais, a "igualdade soberana e a interdependência entre os Membros da União" (art. 4º). Na OEA, a Carta de Bogotá foi além na tarefa de densificação do princípio ao consagrá-lo como direito decorrente da personalidade jurídica dos Estados.[1079] A existência de um Estado significa, portanto, igualdade de direitos e deveres sob a ordem jurídica interamericana.

A normatividade do princípio de igualdade soberana foi reforçada, igualmente, pela Declaração de Princípios de 1970.[1080] A principal inovação desse documento foi o reconhecimento explícito de que os Estados "são membros iguais da comunidade internacional", consagrando-se dessa forma *opinio iuris* no sentido de que não existem diferentes graus de personalidade jurídica entre Estados soberanos.[1081] Os trabalhos preparatórios da Declaração indicaram também a preocupação por parte de diversos Estados em evitar que a desigualdade *de facto* entre os Estados fosse de alguma forma juridicizada,[1082]

[1079] Artigo 10 - Os Estados são juridicamente iguais, desfrutam de iguais direitos e de igual capacidade para exercê-los, e têm deveres iguais. Os direitos de cada um não dependem do poder de que dispõem para assegurar o seu exercício, mas sim do simples fato da sua existência como personalidade jurídica internacional.

[1080] "The principle of sovereign equality of States - All States enjoy sovereign equality. They have equal rights and duties and are equal members of the international community, notwithstanding differences of an economic, social, political or other nature. In particular, sovereign equality includes the following elements: a. States are judicially equal; b. Each State enjoys the rights inherent in full sovereignty; c. Each State has the duty to respect the personality of other States; d. The territorial integrity and political independence of the State are inviolable; e. Each State has the right freely to choose and develop its political, social, economic and cultural systems; f. Each State has the duty to comply fully and in good faith with its international obligations and to live in peace with other States".

[1081] Marcelo G. Kohen, *supra* nota 446, p. 408.

[1082] UN Doc. A/6547, para. 59. Nas negociações da Declaração de 1970, a delegação iugoslava propôs um parágrafo nos seguintes termos: "all Members are equally obligated to share the burdens of membership to the extent of their respective capacities and in accordance with the provisions of the Charter".

em especial em áreas como contribuição financeira para organismos internacionais e participação em operações de manutenção da paz.

Se o movimento em defesa do princípio da igualdade formal no início do século XX tinha como pano de fundo a imposição de tratados desiguais, durante o processo de descolonização nas décadas de 1960 e 1970, o princípio de igualdade desempenhou importante papel preventivo ao resguardar direitos de países recém independentes em relação a potências mundiais. O princípio de igualdade assegurou o direito de novos Estados de ingressarem em organizações internacionais,[1083] bem como os habilitou a tomar parte de instrumentos convencionais sob a premissa de que a personalidade jurídica do Estado confere igualdade de direitos e deveres *vis-à-vis* de outros Estados igualmente soberanos, a despeito de desigualdades factuais. O princípio de igualdade formal entre os Estados tornou-se, assim, um dos sustentáculos dos esforços em favor de um sistema internacional mais justo. Sua positivação associou-se a um sentido de *rule of law* no sistema internacional.[1084] Tal como reconhecido por Weeramantry na CIJ,[1085] a transposição do conceito de Estado de Direito para o plano externo pressupõe a reprodução de imperativos existentes no plano doméstico, como a igualdade de direitos perante a lei.[1086]

A plena realização do princípio de igualdade entre as nações é prejudicada pela configuração atual da ordem internacional, que não logra garantir a aplicação universal do direito internacional em razão da inexistência de autoridades adjudicantes compulsórias, da fragmentação da ordem jurídica,[1087] da relação de coordenação e não de subordinação entre sujeitos e autoridades

---

[1083] O número havia saltado de pouco mais de 50 membros originários da ONU, em 1945, para mais de 110 no início de 1960. Atualmente, são 194 Estados Membros.

[1084] A *rule of law* "requires measures to ensure adherence to the principles of supremacy of law, equality before the law, accountability to the law, fairness in the application of the law, separation of powers, participation in decision-making, legal certainty, avoidance of arbitrariness and procedural and legal transparency." UN Doc. S/2004/616 (2004), para. 6. Cf. UN Doc. A/61/636-S/2006/980 (2006).

[1085] "Least of all can there be one law for the powerful and another law for the rest. No domestic system would accept such a principle, nor can any international system which is premised on a concept of equality". *Legality of the Threat or Use of Nuclear Weapons*, Advisory Opinion, I.C.J. Reports 1996, p. 226, Dissenting Opinion of Judge Weeramantry, p. 526.

[1086] Sobre a aplicação desses preceitos, cf. estudo preparado pela Áustria intitulado "The UN Security Council and The Rule of Law", disponível em http://www.geneva-academy.ch/RULAC/pdf/FINAL-Report-The-UN-Security-Council-and-the-Rule-of-Law.pdf.

[1087] UN Doc. A/CN.4/L.682 (2006).

estabelecidas, e da própria distribuição de poder nos principais órgãos do sistema, a exemplo da composição do CSNU. Mas ao invés da crítica ao princípio de igualdade, como parecem fazer crer alguns comentaristas,[1088] o aperfeiçoamento do sistema internacional deve passar por sua reafirmação, de forma a conferir maior eficácia e legitimidade ao direito internacional.

Conteúdo Normativo

O princípio de igualdade formal pode ser definido em termos da norma que prescreve a igual aplicação de direitos e deveres reconhecidos reciprocamente pelos Estados na ordem jurídica internacional.[1089] Tal como consagrado no art. 10 da Carta da OEA, a igualdade é um corolário da personalidade jurídica do Estado. Isso significa o reconhecimento mútuo tanto de capacidades inerentes à personalidade jurídica de um Estado soberano (cujo universo objetivo compreende desde a faculdade de assumir direitos e obrigações por meio de tratados internacionais segundo sua própria vontade autônoma, até o direito de proteger, inclusive pela força, sua integridade territorial), quanto do dever de cumprir, em boa fé, as obrigações existentes sob a ordem internacional.[1090]

O primeiro e mais imediato desdobramento desse princípio se observa na regra de igualdade dos Estados perante tribunais internacionais e na participação em organizações e conferências internacionais. Embora, na prática, os Estados com maiores capacidades de poder farão uso dessas vantagens em benefício próprio,[1091] o princípio de igualdade formal entre os Estados requer o respeito à aplicação desse universo normativo sem distinção entre os membros de uma organização, exceto na hipótese de que o próprio regime jurídico preveja exceções discriminatórias. Nas Nações Unidas, o princípio de igualdade formal implica o direito de igual participação nas atividades, funções e processos decisórios da Organização. Trata-se aí do princípio "um Estado, uma

---

[1088] E. Suy, 'The Concept of *Jus Cogens* in Public International Law,' *The Concept of Jus Cogens in International Law*, 2 Lagonissi Conference on International Law, 3-8 April 1966 (IUHEI, Geneva, 1967), p. 75.

[1089] Marcelo G. Kohen, *supra* nota 446, p. 408.

[1090] I. Brownlie, *supra* nota 133, p. 287.

[1091] Isso pode ocorrer tanto pela pressão sobre outros Estados, quanto como resultado da maior capacidade de cobrar o cumprimento, por parte de outros Estados, de direitos que lhe são devidos.

voz",[1092] onde os corolários densificadores do princípio de igualdade formal operam de forma a mitigar a desigualdade factual entre os Estados e contribuem para dotar as decisões dos órgãos onusianos de maior legitimidade e potencial eficácia.[1093] Esse subprincípio se reflete nas regras de procedimento para a deliberação e o processo de votação na Assembléia Geral e em outros órgãos coletivos das Nações Unidas.[1094]

Nessa mesma dimensão, o princípio de igualdade se desdobra no direito dos Estados de participarem em condições de igualdade na formação do direito internacional. Isso significa, *primo*, que todos os tratados internacionais têm formalmente o mesmo valor jurídico a despeito das respectivas partes contratantes. *Secondo*, que nenhum Estado se encontra em situação de alegar posição privilegiada em face dos demais para a formação de normas do direito consuetudinário (como se pensou durante muito tempo), a despeito dos diferentes graus de participação e de contribuição de uns e outros nos mais diversos fóruns e mecanismos internacionais.[1095] Mas o princípio de igualdade soberana está restrito às relações dos Estados, entre si ou no seio das organizações internacionais, excluindo-se, portanto, sua aplicação a povos e territórios sem soberania, a exemplo de regimes de mandatos, tutela, protetorados e territórios coloniais,[1096] cujos direitos e interesses estão protegidos por outros princípios de direito internacional, como a autodeterminação dos povos e a proibição do uso da força.

Outro corolário fundamental do princípio de igualdade é a regra de imunidade entre os Estados. Embora intimamente associada ao conceito de

---

[1092] Marcelo G. Kohen, *supra* nota 446, p. 410.

[1093] Um dos problemas em relação a essa regra é a situação de Israel, que não faz parte de nenhum grupo regional. Embora não haja previsão na Carta sobre mecanismos de coordenação e de representação política, trata-se de algo consolidado na prática dos órgãos onusianos. Para muitos, trata-se de uma violação ao princípio de igualdade formal inscrita no art. 2(1) da Carta. Cf. R. Jennings, *Opinion regarding the Exclusion of Israel from the United Nations Regional Group System* (for the Government of Israel), 4 November 1999.

[1094] Embora, nos termos da Carta, as resoluções da AGNU sejam recomendações, as mesmas podem vir a constituir elementos probatórios da prática e da *opinio iuris* dos Estados como fonte consuetudinária do direito internacional, em particular as resoluções adotadas com o objetivo de elaborar e desenvolver a normativa da Carta, a exemplo da resolução 2625.

[1095] Marcelo G. Kohen, *supra* nota 446, p. 410.

[1096] Marcelo G. Kohen, *supra* nota 446, p. 406.

soberania,[1097] o princípio de imunidade jurisdicional (*par in parem non habet iurisdictionem*) baseia-se no pressuposto de que não há relação de subordinação entre Estados que se encontram em condições de igualdade formal.[1098] *Contrario sensu*, a submissão de um Estado à jurisdição seja de entidade jurisdicional supranacional, seja do Poder Judiciário de outro Estado soberano, requer, como requisito de validade, a expressão de seu consentimento.[1099] A regra de imunidade absoluta tem-se desenvolvido progressivamente no passado recente no sentido de admitir derrogações recíprocas entre os Estados, de modo a distinguir ações relacionadas às atividade e aos interesses do Estado estrangeiro (*acta jure imperii*), de atividades cotidianas (*acta jure gestionis*) que, em princípio, não deveriam estar sob o manto protetivo absoluto da imunidade diplomática. Mas o tema é ainda controverso,[1100] pois tanto a prática[1101] quanto a opinião dos Estados estão distantes de convergir para um regime derrogatório do sistema vigente das Convenções de Viena sobre Relações Diplomáticas e Consulares, de 1961 e 1963.[1102] No Brasil prevalece, tradicionalmente, a tese de imunidade absoluta do Estado.[1103] Da mesma forma que o País reconhece a imunidade do Estado estrangeiro perante a jurisdição nacional, exige-se, por reciprocidade, que o Brasil usufrua de mesma imunidade no exterior. A fim de garantir a justiça e combater a impunidade, é facultado sempre aos Estados interessados o recurso ao instrumento da proteção diplomática como via ju-

---

[1097] Colin Warbrick, *supra* nota 465, p. 207.

[1098] Albert Bleckmann, *supra* nota 475, p. 87.

[1099] Em realidade, os Estados consentem à jurisdição de um Estado estrangeiro na maior parte dos casos. Cf. Colin Warbrick, *supra* nota 465, p. 209; e I. Brownlie, *supra* nota 133, p. 287.

[1100] Cf. o relatório da CDI sobre *immunity of State officials from foreign criminal jurisdiction*, ILC Report, A/71/10, cap. XI, paras. 190–250, bem como o relatório final preparado pela última relatora do tema na Comissão, *Fifth report on immunity of State officials from foreign criminal jurisdiction*, by Concepción Escobar Hernández, Special Rapporteur, UN Doc. A/CN.4/701.

[1101] Entre os precedentes mais importantes, mencionem-se a assinatura, no continente europeu, da Convenção Europeia Sobre a Imunidade do Estado, em 1972, e a aprovação, respectivamente, nos EUA, em 1976, do *Foreign Sovereign Immunities Act e* no Reino Unido, em 1978, do *State Immunity Act*.

[1102] I. Brownlie, *supra* nota 133, pp. 325-332.

[1103] Francisco Rezek, Ata da 5a Reunião, em 30/4/1987, 4a Reunião de Audiência Pública, Subcomissão da Nacionalidade, da Soberania e das Relações Internacionais, Comissão da Soberania e dos Direitos e das Garantias do Homem e da Mulher, *Diário da Assembléia Nacional Constituinte*, Suplemento, 27/5/1987, p. 36.

risdicional para a defesa dos interesses de particulares. A principal exceção à regra geral de imunidade absoluta reside no encaminhamento de reclamações trabalhistas, nas quais o Poder Judiciário brasileiro atua no sentido de "temperar e abrandar o princípio da imunidade absoluta de jurisdição do Estado Estrangeiro, atribuindo e reservando tal imunidade apenas aos atos de império, excluindo dessa proteção os atos de mera gestão, que decorrem das relações rotineiras entre o órgão diplomático e os súditos do país em que este atua".[1104]

Um terceiro efeito do princípio de igualdade formal se dá em matéria protocolar. Uma vez iguais perante a ordem jurídica, todos os Estados e seus representantes são considerados formalmente iguais para fins de precedência e participação em conferências internacionais. A fim de solucionar impasses específicos, aplicam-se regras especiais (*lex specialis*) desenvolvidas em matéria de cerimonial.[1105] Isso pode ser observado em solenidades oficiais pela regra de precedência entre Chefes de Missão Diplomática segundo critérios como a data de entrega de cartas credenciais, ou então pela ordem alfabética de distribuição de assentos em conferências internacionais e em órgãos das Nações Unidas.[1106]

Um quarto corolário densificador do princípio de igualdade entre os Estados é o regime de reciprocidade. Intimamente relacionado ao valor de justiça nas relações interestatais, a regra de reciprocidade consiste em recurso válido à disposição dos Estados para fazer valer o princípio de igualdade diante de um sistema jurídico carente de jurisdição universal obrigatória. Trata-se, em última análise, da única forma de exigir o cumprimento de direitos e obrigações em face de outros Estados no contexto de relações factualmente desiguais.[1107] Na lição de Decaux, a reciprocidade consiste em igualdade dinâmica obtida por reação, em oposição à igualdade estática formal, protegida

---

1104 STF, *Apelação Cível nº. 9696/89*, Relator: Ministro Sydney Sanches. Julgado em 31/05/1989.

1105 A importância do princípio de igualdade no cerimonial não deve ser subestimada, não só por razões subjetivas, como a percepção de poder em organizações internacionais ou de acesso junto a um determinado governo estrangeiro, mas também por razões práticas de exposição à opinião pública.

1106 Não é o fato de o Chefe de Estado ser monarca, Presidente ou Primeiro Ministro que determina a ordem de precedência, mas sim o fato de ser a mais alta autoridade de seu próprio país.

1107 Emmanuel Decaux, *La Réciprocité en droit international*, Paris, LGDJ, 1980.

pela norma do art. 2(1).[1108] Simma diferencia esse regime em reciprocidades positivas e negativas. O primeiro tipo estimularia a concessão mútua de vantagens jurídicas entre os Estados, ao passo que o segundo se voltaria a dissuadir e eventualmente punir o descumprimento de obrigações decorrentes da regra de reciprocidade.[1109] Outra categorização foi proposta por Virally em termos de regimes de reciprocidade formais e reais: o primeiro, essencialmente jurídico, encontraria previsão expressa em tratados bi, pluri ou multilaterais, enquanto o segundo, de fundamento consuetudinário, seria aplicado casuisticamente e estaria sujeito a considerações de natureza política e moral. Em todos eles, revela-se o ideal de justiça comutativa que remete ao valor subjacente ao princípio de igualdade formal entre os Estados.[1110]

O regime de reciprocidade é aplicado em vários domínios do direito internacional para proteger os interesses de um Estado em face de tratados desiguais, represálias e retorsões por parte de terceiros países ou ainda na hipótese da *exceptio non adimpleti contractus.* Em regimes multilaterais, a regra de reciprocidade está na gênese da cláusula facultativa de jurisdição obrigatória inscrita no art. 36 (2) e (3) do Estatuto da CIJ. Esse dispositivo estabelece o reconhecimento mútuo por parte dos signatários quanto à jurisdição da CIJ em demandas recíprocas perante o tribunal. Outra aplicação da regra de reciprocidade é encontrada no direito diplomático e consular, por meio dos regimes de imunidades e privilégios reconhecidos mutuamente entre os Estados por meio das Convenções de Viena de 1961 e 1963, respectivamente. Da mesma forma, é a regra da reciprocidade que enseja a aplicação de regimes multilaterais de comércio por meio da cláusula da nação mais favorecida no direito internacional do comércio, tal como inscrito no art. 1 do Acordo Geral de Tarifas e Comércio (GATT) da OMC.[1111]

[1108] A reciprocidade "não é uma igualdade estática, mas uma igualdade obtida por reação". Ela é uma "igualdade dinâmica". Celso D. de Albuquerque Mello, *supra* nota 3, p. 15. Cf. também Emmanuel Decaux, *supra* nota 1307, pp. 10, 17 e 51.

[1109] Bruno Simma, 'Reciprocity', in *Encyclopedia of public international law*, Amsterdam, North-Holland, 1984, pp. 400-404. Durante muito tempo, a regra de reciprocidade foi utilizada para justificar represálias. Atualmente, essa doutrina está superada à luz da proibição geral do uso da força nos termos da Carta das Nações Unidas.

[1110] Michel Virally, 'Le principe de réciprocité en droit international contemporain', 122 *R.C.A.D.I.* (1967-III), Leiden, Stijthoff.

[1111] Qualquer vantagem, favor, imunidade ou privilégio concedido por uma Parte contratante em relação a um produto originário de ou destinado a qualquer outro país, será imediata e

Em matéria consular, a regra de reciprocidade é aplicada pelo Brasil para regular o regime de concessão e exigência de vistos de turismo a estrangeiros. A reciprocidade exige, em benefício dos brasileiros, o mesmo tratamento dispensado a nacionais de outros países. Nos termos da Lei 6.815 de 1980, modificada pela Lei 12.964 de 2014, que constituem o chamado "Estatuto do Estrangeiro", a concessão, gratuidade, isenção ou dispensa dos vistos está sujeita ao "princípio da reciprocidade de tratamento a brasileiros e respeitados a conveniência e os interesses nacionais". Em matéria de dispensa de vistos de turista e de outros vistos temporários, a lei faculta ao Ministério das Relações Exteriores decidir pela dispensa "aos nacionais de país que assegure a reciprocidade de tratamento aos nacionais brasileiros, situação em que a dispensa poderá ser concedida, enquanto durar essa reciprocidade, mediante comunicação diplomática, sem a necessidade de acordo internacional".

Outra importante aplicação se dá em matéria de cooperação judicial, onde a regra de reciprocidade fundamenta o regime de extradição de estrangeiros. Segundo a lei brasileira, o ato da extradição é definido como a entrega de um indivíduo que se encontre sob a jurisdição brasileira a outro Estado que seja competente para processá-lo, julgá-lo e eventualmente puni-lo. A regra de reciprocidade põe em relevo a natureza signalagmática da cooperação judicial em matéria de extradição. Esse ato pressupõe, entre os requisitos formais, a existência de um tratado celebrado com o Brasil ou a promessa de reciprocidade pelo Estado requerente.[1112] Tal exigência revela a premissa de que a disposição de cooperar é um ato de igualdade de duas vias: de um lado, é reconhecida a jurisdição competente por parte de outro Estado soberano em relação a um indivíduo que se encontra sob a jurisdição brasileira; de outro, o mesmo interesse de cooperação subjacente a este ato pressupõe o compromisso por parte do Estado estrangeiro em cooperar com o Brasil sempre que a ocasião se ofereça.

---

incondicionalmente estendido ao produto similar, originário do território de cada uma das outras Partes Contratantes ou ao mesmo destinado.

[1112] A hipótese de promessa apenas enseja eventual extradição. "Tanto pode ser acolhida quanto rejeitada, sem fundamentação, pelo governo brasileiro". José Francisco Rezek, *Direito internacional público*, São Paulo, Saraiva, 8ª ed., 2000, p. 190.

Igualdade Formal e Não Discriminação entre os Estados

O princípio da igualdade não implica a aplicação necessária e absoluta da regra de reciprocidade como corolário do subprincípio de não discriminação entre os Estados.[1113] No direito doméstico, o princípio de igualdade pressupõe o direito de um indivíduo ou entidade a ser tratado de maneira similar ou idêntica, dadas as mesmas circunstâncias, à luz da norma aplicável. No direito internacional, porém, os entes são iguais porque são Estados e não o contrário.[1114] A medida do universo de direitos e deveres de cada Estado no plano externo é dada pelo direito internacional,[1115] cujas normas pressupõem a autonomia contratual de cada ente. O princípio de igualdade formal entre os Estados não proíbe eventual distinção de direitos e deveres, mas apenas prescreve sua aplicação e interpretação isonômica.[1116] É no âmbito de cada regime (bi, pluri ou multilateral) que o princípio de igualdade se aplica ao exigir que direitos e obrigações sejam interpretados e aplicados de forma igualitária entre as Partes. Não é possível nem mesmo afirmar a existência de um dever genérico, como regra densificadora do princípio de igualdade, consistente na obrigação de abstenção quanto a práticas discriminatórias.[1117] O que há são regimes específicos, estabelecidos via de regra por tratados internacionais, onde se estipulam direitos e obrigações de não discriminação.[1118] Fora disso, a única forma de assegurar tratamento não discriminatório é pela regra de reciprocidade. Sua aplicação por cada Estado soberano está sujeita, porém, a cálculos de ganhos e custos relacionados à sua imposição e à sua efetividade em face de outros Estados.

Tampouco há regra objetiva do direito internacional geral estipulando a obrigação de discriminação positiva em benefício de alguns países com base em desigualdades factuais, embora seja perfeitamente possível identificar um

---

[1113] Marcelo G. Kohen, *supra* nota 446, p. 408.

[1114] Colin Warbrick, *supra* nota 465, p. 205.

[1115] Albert Bleckmann, *supra* nota 475, p. 87.

[1116] A aplicação desarrazoada do princípio da reciprocidade não deve acarretar injustiças, seja em relação aos Estados, seja em relação a indivíduos. É daí que a aplicação do princípio da reciprocidade na seara dos direitos humanos está condicionada à observância da aplicação da norma mais favorável ao indivíduo. Vide a regra de *non-refoulement* para refugiados, por exemplo.

[1117] Colin Warbrick, *supra* nota 465, pp. 207-208.

[1118] O GATT prevê-se explicitamente o objetivo de eliminar tratamento discriminatório no comércio.

compromisso político subjacente ao sistema internacional contemporâneo nesse sentido.[1119] Tal como reconhecido pela CIJ no caso da *Plataforma Continental do Mar do Norte*, "eqüidade não implica necessariamente igualdade".[1120] Em outras decisões envolvendo limites marítimos, a CIJ voltou a repisar o entendimento de que desigualdades factuais não ensejam *ipso iure* direitos de discriminação positiva.[1121] A própria linguagem utilizada na resolução 2625 não permite opinião peremptória nesse sentido, pois o resultado positivado foi a reafirmação, em termos ainda mais claros, do reconhecimento da igualdade formal entre os Estados. Da mesma forma, a tentativa de criar um regime vinculante de discriminação positiva no bojo de uma "Nova Ordem Econômica Internacional" por meio da chamada "Carta de Direitos e Deveres Econômicos dos Estados" não parece ter logrado o objetivo inicialmente almejado, entre outras razões devido à própria manutenção da soberania individual dos Estados.[1122]

No direito internacional também há formas de "discriminação positiva", isto é, regimes voltados a remediar desigualdades factuais por meio do tratamento diferenciado. São casos em que a regra geral de reciprocidade dá lugar à aceitação de que alguns Estados terão benefícios desiguais em relação às demais partes de um mesmo regime. Na raiz dessa derrogação da regra geral de reciprocidade reside o objetivo de realizar o valor de justiça material subjacente ao próprio princípio de igualdade *lato sensu*. Não se trata, portanto, de flexibilizar o princípio da igualdade, mas antes de sua própria afirmação nos termos da lição aristotélica de isonomia formulada no tratamento de iguais como

---

[1119] Pedro Dallari, *supra* nota 2, p. 169.

[1120] "Equity does not necessarily imply equality". *North Sea Continental Shelf Cases (Federal Republic of Germany/Denmark; F.R.G./Netherlands)* (Judgment), ICJ Reports 1969, para. 91, p. 49.

[1121] No caso da *Plataforma Continental Tunísia e Líbia*, alegou-se que a aplicação do teste de *equitable principles* no estabelecimento da linha demarcatória deveria levar em conta seus efeitos para a distribuição de recursos naturais por parte dos Estados costeiros. Nessa lógica, a situação econômica dos Estados teria influência na conformação dos limites. A Corte, porém, rejeitou essa linha argumentativa. *Continental Shelf (Tunisia/Libyan Arab Jamahiriya)* ICJ Reports 1982, p. 77. Cf. também *Continental Shelf (Libyan Arab Jamahiriya /Malta)*, Judgment, I.C.J. Reports 1985, p. 41.

[1122] Países em desenvolvimento defendiam a necessidade de aporte de recursos financeiros por parte do mundo desenvolvido e reivindicavam a manutenção de sua soberania estatal em condições de igualdade formal. Países desenvolvidos resistiam a assumir qualquer compromisso vinculante na ausência de consentimento expresso, com base na mesma premissa de igualdade soberana.

iguais e de desiguais na medida de sua desigualdade,[1123] tal como aplicado pela CPJI no caso *Minority Schools in Albania*, de 1935.[1124] Por essa razão, ao longo das últimas décadas, o princípio da igualdade assumiu a dimensão de igualdade de oportunidades entre os Estados. Por um lado, esse fenômeno se traduziu em ações visando à promoção do desenvolvimento econômico e comercial em bases justas e equilibradas. Por outro, refletiu-se no esforço de democratizar o sistema internacional, com vistas a promover maior acesso de todas as nações, a despeito de dimensões econômica, militar, territorial, político-ideológica e populacional, nos mecanismos e processos decisórios dos órgãos multilaterais.

São vários, com efeito, os regimes internacionais específicos que prevêem tratamento diferenciado à luz da desigualdade factual entre os Estados com base em normas prescrevendo condições favoráveis de aplicação de direitos e obrigações para determinadas categorias de países. Um exemplo de prática de discriminação positiva se dá na diferenciação feita entre os países segundo níveis de riqueza *per capita* para fins de contribuição ao orçamento geral de organizações internacionais. Há inclusive crescente tendência de criar mecanismos com o objetivo de mitigar as desigualdades materiais entre os Estados.[1125] Em todos esses casos, as hipóteses de discriminação positiva são reguladas por dispositivos previstos em acordos relativos aos direitos e obrigações das Partes. No direito convencional, a Convenção das Nações Unidas sobre o Direito do Mar (CNUDM) justifica o tratamento diferenciado tanto por razões de desenvolvimento econômico para a exploração dos recursos naturais dos fundos marinhos, quanto pela circunstância geográfica (países sem litoral). Estados mediterrâneos (*landlocked*) têm direito a trânsito de acesso ao mar pelo território de um Estado vizinho.[1126] Já o regime relativo aos fundos marinhos estabelecido pela Parte XI da CNUDM prevê benefícios a países em desenvolvimento e àqueles sem saída para o mar decorrentes da exploração dos fundos marinhos para além dos limites da plataforma continental dos Estados costeiros. Em matéria ambiental, o regime de tratamento diferenciado expresso no

---

[1123] Celso D. de Albuquerque Mello, *supra* nota 3, p. 145.

[1124] "Equality in law precludes discrimination of any kind; whereas equality in fact may involve the necessity of different treatment in order to attain a result which establishes an equilibrium between different situations". *Minority Schools in Albania*, Advisory Opinion, PCIJ, Series A/B, No. 64, 1935, p. 19.

[1125] A UNIDO, por exemplo, foi criada em 1979 com o objetivo de promover a aceleração do desenvolvimento industrial em países em desenvolvimento (artigo 1º).

[1126] Cf. *Right of Passage* case, *supra* nota 154.

princípio de "responsabilidades comuns mas diferenciadas" também extrapola a questão dos níveis de desenvolvimento ao buscar critérios baseados nos níveis de emissão histórica de cada país. No âmbito do direito internacional comercial, há regimes preferenciais a países em desenvolvimento em que a exceção à cláusula da nação mais favorecida é interpretada como válida à luz do interesse geral de promover o desenvolvimento econômico e social em países de menor desenvolvimento relativo por meio de sistemas gerais de preferência (SGP).[1127] Desde o antigo GATT/1966, prevê-se que as relações entre comércio e desenvolvimento implicavam o reconhecimento de que nas relações comerciais entre países desenvolvidos e países em via de desenvolvimento haveria "uma ação coordenada em favor do comércio dos países em via de desenvolvimento e o reconhecimento do princípio da não reciprocidade" como derrogação ao regime geral de não discriminação.

Não obstante a explícita discriminação positiva existente em regimes específicos segundo níveis de riqueza e desenvolvimento ou de acordo com circunstâncias geográficas, não há um dever positivo geral de permitir o fluxo comercial por razões de discriminação positiva ou uma obrigação jurisdicionável de prestação de assistência técnica ou financeira imposta a determinada categoria de países. O que há são obrigações estabelecidas de contribuição para o orçamento de organizações internacionais ou de fundos de assistência e de promoção ao desenvolvimento aos quais cada Estado adere voluntariamente e cujo cálculo de participação resulta de processo deliberativo. Pressupõe, portanto, seu consentimento direto ou indireto, à luz dos poderes implícitos das organizações internacionais. Não por acaso, países desenvolvidos tendem a privilegiar contribuições a agências e mecanismos internacionais nos quais exercem maior controle decisório sobre cotas relativas ao destino e à execução das medidas amparadas por esses recursos.[1128]

Um ponto de inflexão se deu na Declaração do Milênio das Nações Unidas, de 2000. A partir de então ganhou força o reconhecimento político de que cabe à comunidade internacional organizada promover mecanismos de cooperação e assistência ao desenvolvimento. O art. 6 da Declaração reconhece, como

---

[1127] Estados Unidos, Japão e União Européia mantêm sistemas gerais de preferência. Uma das críticas ao SGP é que impõe contrapartidas cruzadas aos países em desenvolvimento beneficiários.

[1128] O Programa Mundial de Alimentos (PMA) foi originalmente criado para substituir, ainda que parcialmente, as atividades da FAO, onde tendem a prevalecer posições de países em desenvolvimento.

valor fundamental das relações internacionais do novo milênio, o princípio de igualdade de oportunidades para que indivíduos e nações possam beneficiar-se do desenvolvimento socioeconômico.[1129] Para isso, consagrou, no mesmo dispositivo, valores como a solidariedade internacional, definida em termos de distribuição eqüitativa dos custos relativos às ações necessária a lidar com os desafios globais,[1130] e a responsabilidade compartilhada, que implica o exercício do poder decisório de forma multilateral, no seio das Nações Unidas, de forma a permitir a participação de todos os Estados em condições de igualdade.[1131]

Obstáculos à Igualdade entre os Estados na Ordem Internacional

Em que pese à centralidade do princípio de igualdade jurídica entre os Estados, são muitos ainda os problemas associados à sua eficácia no direito internacional. A multilateralização das relações internacionais beneficiou países mais débeis, sobretudo do mundo em desenvolvimento, na defesa de seus interesses diante das grandes potências.[1132] A Declaração de Princípios de 1970 e outros instrumentos de direito internacional corroboram esse fenômeno. Não obstante, é notória a capacidade dos países mais poderosos, se não em determinar resultados segundo seus interesses como faziam há até muito pouco tempo, ao menos em influenciar ou obstar conseqüências desfavoráveis. Tal dado da realidade internacional expõe o contraste existente entre o princípio de igualdade - e até mesmo da noção de democracia - em âmbito externo e interno.[1133]

[1129] "Equality. No individual and no nation must be denied the opportunity to benefit from development. The equal rights and opportunities of women and men must be assured".

[1130] "Solidarity. Global challenges must be managed in a way that distributes the costs and burdens fairly in accordance with basic principles of equity and social justice. Those who suffer or who benefit least deserve help from those who benefit most".

[1131] "Shared responsibility. Responsibility for managing worldwide economic and social development, as well as threats to international peace and security, must be shared among the nations of the world and should be exercised multilaterally. As the most universal and most representative organization in the world, the United Nations must play the central role".

[1132] Albert Bleckmann, *supra* nota 475, p. 88.

[1133] Rui Barbosa denunciava em 1907 que um dos desafios ao princípio de igualdade formal entre os Estados era a tendência de que questões mais importantes fossem decididas a portas fechadas pelas grandes potências, sendo os demais países chamados apenas para subscrever o que ali se teria decidido, para conferir verniz de legitimidade aos olhos da opinião pública. Rui Barbosa, *in* A. A. Cançado Trindade, *supra* nota 508, p. 55.

É, com efeito, nos modelos de representação dos Estados em determinados órgãos do sistema internacional onde os obstáculos à realização do princípio da igualdade se fazem sentir de forma acentuada.[1134] Essa anomalia se observa nos níveis de representação dos Estados nos organismos do sistema econômico e financeiro internacional de Bretton Woods. No Fundo Monetário Internacional (FMI), o nível de contribuição financeira foi a medida utilizada para determinar a quota proporcional de poder decisório de cada Estado. Já no caso onusiano, há contradição ao princípio geral de igualdade formal no processo decisório.[1135] A mesma Carta consagra o princípio de igualdade soberana entre os Estados no funcionamento da AGNU e prevê um regime desigual de representatividade por meio de assentos permanentes com direito a veto no CSNU,[1136] como o principal órgão da Organização em matéria de paz e segurança internacionais.[1137] Essa derrogação do princípio de igualdade também se estende a outras áreas do direito onusiano, a exemplo da admissão de novos membros, da adesão de Estados não Membros ao Estatuto da CIJ, da suspensão ou expulsão de Membros da Organização ou ainda da execução de sentenças da CIJ.[1138] Na prática, esse regime especial derrogatório exclui os membros permanentes das principais sanções previstas no ordenamento jurídico internacional. Igualdade jurídica, de fato, dá-se em sua expressão máxima apenas entre os membros permanentes do CSNU. Como se viu, essa anomalia se justificou sob a ótica do realismo político prevalecente em 1945.[1139] Foi a partir de argumentos de natureza política - e não jurídica - baseados na necessidade de privilegiar suposta eficácia do sistema que vários internacionalistas

---

[1134] B. Boutros-Ghali, "Le principe d'égalité des Etats et les organisations internationales", 100 *R.C.A.D.I.* (1960), pp. 11-15.

[1135] Colin Warbrick, *supra* nota 465, p. 211; Marcelo G. Kohen, *supra* nota 446, p. 411.

[1136] Nos termos do art. 27 da Carta, é necessário haver os votos concorrentes dos membros permanentes do CSNU a fim de que suas decisões sejam vinculantes em face dos Estados Membros.

[1137] A Carta da ONU também reflete essa tensão entre a igualdade jurídica e a desigualdade de fato entre os Estados ao criar um processo decisório com base em dois órgãos principais, a saber, a AGNU e o CSNU.

[1138] K. Wolfke, 'The privileged Position of the great Powers in the International Court of Justice', 56 *Die Friedens-Warte*, (1961-1966), pp. 156-167.

[1139] Essa posição foi reconhecida pelos delegados dos Países Baixos e da Bélgica. Nations Unies, *Documents de la Conférence des Nations Unies sur l'Organisation Internationale*, San Francisco, 1945, t. IV, pp. 456-458 e p. 474.

justificaram essa discrepância em relação ao princípio de igualdade.[1140] Mas se o pragmatismo se justificava há sete décadas, atualmente sua aplicação mostra-se inadequada diante das transformações nas relações de poder entre os Estados, a começar pela expansão dos Membros das Nações Unidas. Para os críticos, esses regimes internacionais têm perpetuado um estado de coisas essencialmente desigual.[1141]

Outro problema se relaciona às capacidades de poder político e econômico no contexto de negociações internacionais, nas quais há a premissa de que os Estados têm o direito de participar em condições de igualdade.[1142] A crescente expansão de temas que compõem a agenda internacional implica tanto maior complexidade substantiva, quanto exige o aumento de capacidades dos Estados no exterior e nas capitais, exigindo recursos financeiros humanos no mesmo ritmo. A disponibilidade de meios materiais e humanos tem efeitos diretos sobre sua capacidade acompanhar processos negociadores concomitantes e de alta complexidade, o que se reflete, por sua vez, no resultado dos textos convencionais adotados. No âmbito de organizações multilaterais como as Nações Unidas, as desigualdades de fato se refletem na capacidade de alguns Estados de fazer-se representar em processos negociadores paralelos, com consultas ocorrendo concomitantemente em salas diferentes.[1143] A mesma disponibilidade de meios materiais e humanos também se faz sentir na capacidade de enviar representantes a processos negociadores nas mais diversas partes do globo, bem como em defender interesses em mecanismos de solução de controvérsias internacionais.[1144]

1140 Alegava-se que a falta de consenso no CSNU levaria à ineficácia do novo sistema de segurança coletiva. Albert Bleckmann, *supra* nota 475, p. 89. Cf. também J.L. Brierly, 'The Covenant and the Charter' (1946) 23 *B.Y.I.L.* 83, pp. 87-89. Warbrick defendeu a mesma linha, em favor do "political and military power of the permanent members". Colin Warbrick, *supra* nota 465, p. 211.

1141 Celso D. de Albuquerque Mello, *supra* nota 3, pp. 143-147.

1142 C.A. Colliard, "Egalité ou spécificité des Etats dans le droit international public actuel", in *Mélanges offerts à M. le Doyen Louis Trotabas*, Paris, LGDJ, 1970, pp. 529-558.

1143 Países da UE têm adotado a prática de estabelecer país coordenador responsável pelo acompanhamento de assuntos na agenda onusiana. O mesmo ocorre, em determinados casos, entre países do MERCOSUL.

1144 Com vistas a remediar essa situação, algumas iniciativas foram criadas no seio de organizações internacionais, a exemplo dos cursos de capacitação e apoio a países de menor desenvolvimento na UNCTAD.

Capítulo X
DEFESA DA PAZ

A paz é o propósito ulterior de uma sociedade de entes soberanos organizada sobre as bases ainda imperfeitas do direito internacional. Com a criação das Nações Unidas, a guerra foi proscrita do direito e cedeu lugar a um regime político e jurídico no qual a cooperação e a solução pacífica de controvérsias tornaram-se o caminho natural para o encaminhamento de conflitos no sistema internacional. A admissibilidade do uso da força foi relegada, mesmo quando decidida de forma coletiva, a circunstâncias excepcionais e como *ultima ratio*. Mas a paz vai além da mera ausência de conflito armado. Implica também universo de condições factuais no qual paz, desenvolvimento e direitos humanos são objetivos interligados. Ao contrário do que ocorre com a maioria dos princípios do art. 4º, porém, a formulação adotada pelo constituinte no inciso VI não corresponde *prima facie* a um princípio específico do direito internacional. Na Carta das Nações Unidas e em outros instrumentos convencionais, essa norma é um propósito fundamental a ser realizado na ordem internacional. O princípio de "defesa da paz" caracteriza-se, assim, por grande abertura hermenêutica[1145] à luz de dado inarredável da realidade: a impossibilidade de obter o fim colimado - a paz - com base exclusivamente na ação diplomática do Brasil.

Assembléia Nacional Constituinte

A inclusão no art. 4º do princípio de "defesa da paz", dispositivo de escopo marcadamente aberto, deveu-se tanto ao pacifismo predominante na Assembléia Constituinte, quanto à tradição de repulsa à guerra de conquista.[1146]

[1145] Manoel Gonçalves Ferreira Filho, *supra* nota 423, p. 21; Celso D. de Albuquerque Mello, *supra* nota 3, p. 148.

[1146] Francisco Rezek, *supra* nota 1312, p. 32.

A partir desse dispositivo previsto em constituições anteriores e constante desde os primeiros anteprojetos, emergiu, de forma clara e sistematizada, a convicção de que o Brasil deveria guiar-se pela defesa da paz em suas relações internacionais.[1147] Definido inicialmente em termos da repulsa à guerra, esse sentimento manifestou-se ora abstratamente em discursos e justificativas de emendas, ora em propostas concretas voltadas à regulação de aspectos específicos da política externa. Várias propostas foram apresentadas com o fim de manter, sob o marco do pacifismo,[1148] a vedação da guerra de conquista como baliza axiológica da diplomacia brasileira.[1149] Por motivos de concisão, prevaleceu o entendimento de que o sentimento de repúdio à guerra partilhado pelos constituintes estaria resguardado por princípios como a não intervenção.[1150] Mas se consolidou aspecto central da identidade internacional do Brasil: a luta pela em nossa ação diplomática.[1151]

1147 Ao apresentar emenda (00213) para incluir os princípios da "solução pacífica dos conflitos internacionais e da renúncia à guerra de agressão ou de conquista, como direito soberano da nação", Jairo Carneiro asseverou que "o Brasil é um povo pacífico e pacifista. O repúdio à guerra é vocação e determinação do seu povo. Somente em legítima defesa e vencidos todos os esforços para a solução por meios pacíficos, de um conflito, é que poderá o país exercer o direito de defesa". Segundo o relator, porém, o conteúdo já estava implícito no Anteprojeto.

1148 Cf. a emenda 26397 (rejeitada) apresentada na Comissão de Sistematização por Nelson Gibson, na qual opinava que "o Brasil é um país de índole pacífica. Este parágrafo reproduz o texto da Carta de 1946 e representa, perante o cenário internacional, a nossa postura favorável à negociação dos conflitos internacionais". Lúcio Alcântara defendia a inserção da proibição da guerra de conquista (emenda 25810, também rejeitada) por "sermos um povo pacifista, voltado à solução dos conflitos internacionais através das negociações. Por isso mesmo, creio ser da maior oportunidade que se repita, nesta Constituição democrática, o preceito que foi introduzido na Carta de 1946 vedando a guerra de conquista".

1149 "Desde a Constituição de Império (art. 102), é considerado que a declaração de guerra pressupõe negociações prévias que procurem evitá-la. A Constituição republicana de 1891 (art. 34) preconizou o recurso à arbitragem, cânone repetido na Lei Magna de 1934 (art. 4º), e retomado na de 1946 (art. 4º). Portanto, em uma longa tradição, o Direito Constitucional Brasileiro e avesso à espécie de beligerância que caracteriza o imperialismo". Justificativa à emenda 19736, que propunha reinserir dispositivo vedando a guerra de conquista.

1150 "O que se condena é a guerra de agressão, é a guerra de conquista. Porque, muitas vezes, o Estado participa de uma guerra *malgrè lui même*, porque ele é envolvido num conflito armado". Vicente Marotta Rangel, *supra* nota 384, p. 7.

1151 "A luta pela paz (...) deve ser uma das tarefas prioritárias da política externa brasileira". Brandão Monteiro, *Diário da Assembléia Nacional Constituinte*, Suplemento C, 27 de janeiro de 1988, p. 912.

Durante a Constituinte, outro elemento associado à noção de defesa da paz foi a preconização de políticas de desarmamento e desnuclearização. Havia profundo receio entre os constituintes quanto aos riscos para a paz mundial decorrentes da corrida armamentista naquele momento histórico.[1152] Para muitos, era preciso alçar essa tarefa a nível constitucional, fazendo-a figurar entre as regras a guiar o Brasil nas relações internacionais.[1153] No art. 26 do anteprojeto da Comissão de Soberania e dos Direitos indicavam-se áreas em que o Brasil deveria agir em favor da paz mundial: a "união de todos os Estados Soberanos contra a competição armamentista e o terrorismo"; o "desarmamento geral, simultâneo e controlado"; a "dissolução de todos os blocos político-militares" e o "estabelecimento de um sistema universal de segurança, com vistas à criação de uma ordem internacional capaz de assegurar a paz e a justiça nas relações entre os povos".[1154] Essa convicção associava-se também a propostas que proibiam a fabricação e o armazenamento de armas nucleares em território nacional,[1155] algo que viria a consagrar-se no art. 21, inciso XXIII, alínea "a" da Constituição Federal. [1156] As propostas de vedação de toda atividade nuclear para fins bélicos, bem como o armazenamento ou

[1152] A emenda 497, parcialmente aprovada, de Maurício Nasser, incluía entre os princípios constitucionais de relações internacionais a condenação ao armamentismo e à guerra, ao lado da condenação ao colonialismo sob todas as formas, à discriminação racial e ideológicas, ao terrorismo e à tortura.

[1153] Alguns chegaram a propor a vedação de exportar armamentos. A emenda 506 de Noel de Carvalho estabelecia os princípios de "defesa da paz, preservação da autodeterminação dos povos, do respeito às minorias; repúdio à guerra, à competição armamentista e ao terrorismo", e agregava, como imperativos: "§ 1o. - Fica vedada a fabricação de armamento bélico militar para fins de exportação. § 2o. - O Brasil não produzirá, nem mesmo a título experimental, qualquer artefato nuclear para fins militares ou como fonte energética. Justificativa: coerência com sua vocação pacifista". Em sua extensa justificativa, aduz, entre outras coisas, que "negócio amoral, onde não há valores, nem princípios, a venda de armas é incontrolável".

[1154] Esse texto deu lugar, na Comissão de Sistematização, ao princípio de "defesa da paz".

[1155] O tema havia sido objeto de emenda popular apresentada à Comissão de Sistematização pelas seções paulistas da Sociedade Brasileira para o Progresso da Ciência (SBPC/SP), da Sociedade Brasileira de Física (SBF/SP) e da Associação Brasileira de Antropologia (ABA/SP), a qual previa o dever do Brasil de "envidar esforços em prol do desarmamento nuclear mundial".

[1156] Art. 21, XXIII (a) estabelece que a exploração de serviços e instalações nucleares de qualquer natureza "em território nacional somente será admitida para fins pacíficos e mediante aprovação do Congresso Nacional".

estacionamento de armas nucleares no território brasileiro, coadunavam-se com posições defendidas pelo Brasil.[1157]

Em sua gênese no processo constituinte, a noção de defesa da paz esteve igualmente relacionada a outros conceitos das relações internacionais. Para alguns constituintes, haveria uma relação entre defesa da paz e a noção de neutralidade, o que justificaria a inclusão de dispositivo nesse sentido entre os princípios constitucionais que regem o Brasil no plano externo.[1158] Para outros, o compromisso do Brasil com a "luta pela paz da humanidade" deveria traduzir-se na inserção na Constituição do princípio de coexistência pacífica.[1159] Essa posição foi minoritária,[1160] prevalecendo a opinião de que a política

---

[1157] Cf. a emenda 11137 e 33372 apresentadas na Comissão de Sistematização, respectivamente, por Brandão Monteiro e Roberto Freire. Monteiro justificou sua proposta dizendo que "Como corolário da índole pacífica do povo brasileiro, a futura Constituição deve abrigar em seu texto a clara proibição de os Brasil participar de pactos militares que podem atrelar o País aos objetivos belicistas ou expansionistas de outras nações (...) A desnuclearização da América Latina, já consagrada no Tratado de Tlatelolco, de que o Brasil é signatário, deve também constar do texto constitucional, assim como a proibição da instalação de bases militares estrangeiras em território nacional, por ferirem a soberania do País". Freire argüia ser preciso "afirmarmos, entre outros, o compromisso de preconizarmos o desarmamento geral, simultâneo e controlado, na defesa da paz e no desenvolvimento de nossas relações internacionais".

[1158] Na emenda 00881, Sarney Filho sustentou que a "índole pacifica do povo brasileiro" justificaria introduzir, "no texto constitucional, o princípio da neutralidade do Brasil nos conflitos internacionais".

[1159] Na Subcomissão, o relator João Herrmann Neto defendeu a inserção do princípio de coexistência pacífica nos seguintes termos. Queremos a paz interna do nosso País, mas lutamos pela coexistência pacífica. Não com neutralidade, querendo dizer que não vamos mandar tropas amanhã, se forem necessárias, para algum lugar, mas lutamos pela paz entre os povos. Os brasileiros nascem agora com esse princípio constitucional, na luta pela paz da humanidade". João Herrmann Neto, *supra* nota 426, p. 4.

[1160] "Há, na Carta das Nações Unidas, um conjunto de regras que estabelece, em determinadas circunstâncias, formas jurídicas de aplicar as sanções hierárquicas e distintas contra determinados países. Se tivéssemos uma norma constitucional [neutralidade] que nos impedisse de ter essa responsabilidade, talvez nos auto-excluíssemos de um processo internacional do qual somos parte e do qual dificilmente poderemos ficar ausentes". Embaixador Flecha de Lima, *supra* nota 386, p. 11. Na mesma Subcomissão, Celso de Albuquerque Mello concordou com Flecha de Lima e acrescentou: "normalmente a neutralidade é imposta por meio de tratado, porque normalmente não adianta um país proclamar-se neutro se os demais não o reconhecerem como tal, ou seja, não respeitarem a sua neutralidade". Celso de Albuquerque Mello, *supra* nota 384, p. 5.

externa não deveria restringir-se a temas relativos à paz e à segurança internacionais, mediante a inclusão de dispositivo constitucional específico nessa matéria.[1161]

A defesa da paz foi, assim, outra inovação do constituinte brasileiro entre os princípios do art. 4º. Trata-se de uma reinterpretação de objetivos e normas jurídicas genericamente dispostas no direito internacional público e historicamente defendidas pelo Brasil que foram traduzidas, em meio à conjuntura brasileira de meados dos anos 1980, como mandamento de política externa. Tal como reconhecido na Constituinte, "nem a carta das Nações Unidas prevê esse dispositivo, mas a Constituição brasileira (...) fará com que todo cidadão brasileiro tenha como princípio de sua existência a luta pela paz".[1162]

A Defesa da Paz no Direito Internacional Contemporâneo

A paz, compreendida tanto como ausência da guerra quanto como o conjunto de condições necessárias ao desenvolvimento humano em sentido amplo, constitui o objetivo subjacente a uma ordem jurídica constituída de Estados igualmente soberanos. O desenvolvimento da direito internacional contemporâneo baseia-se nesse pressuposto: a existência de compromissos recíprocos, com regras de condutas obrigatórias entre entes soberanos, é condição necessária à preservação da paz e, em situações excepcionais, à regulação das hipóteses permitidas de uso da força (*ius ad bellum*).[1163] Da perspectiva voluntarista, a paz é essencialmente um objetivo estático e sujeito à vontade soberana e ilimitada dos Estados (razão pela qual sua manutenção advém primordialmente do cumprimento de obrigações internacionais conforme os princípios de boa fé e *pacta sunt servanda*). Já da perspectiva

---

[1161] Em parecer à emenda de Sarney Filho, o relator argüiu que "o princípio proposto [neutralidade] é por demais radical e não deveria figurar no texto rígido de uma Constituição, tendo em vista as eventualidades de casos concretos, que demandam tomadas de posições urgentes".

[1162] João Herrmann Neto, *supra* nota 426, p. 4.

[1163] "A necessidade da criação de algum organismo internacional destinado a manter a paz entre os Estados e assegurar o bem-estar geral foi sentida desde muito". Hildebrando Accioly, *supra* nota 456, vol. II, p. 11. Citem-se o tratado *De Monarchia* de Dante, de 1315, a *Utopia* de Thomas Morus, de 1518; a obra *Le nouveau Cynée* de Emeric Crucé, de 1623, e o *Projet pour rendre la paix perpetuelle en Europe*, do abade de Saint-Pierre, de 1712. Cf. Ch. Dupuis, 'Les antecedents de la Société des Nations', 60 *R.C.A.D.I.* (1937-II), pp. 5-109.

jusnaturalista, a paz, embora também estado ideal de coisas a ser realizado, resulta da conjunção de uma série de condições que, uma vez observáveis, convergem de forma dinâmica para esse fim ulterior.

No projeto de Paz Perpétua kantiano, a paz é vista não somente como a ausência da guerra, mas como estádio ulterior das relações internacionais a ser obtido mediante a existência de condições fundamentais alcançadas racionalmente pelo desenvolvimento da humanidade em seu conjunto. A fim de alcançar esse estado ideal de coisas, Kant enumerou medidas preliminares e definitivas (que chamou de artigos), entre as quais se destacavam a forma republicana de Governo e o apego ao direito internacional no seio de uma federação de Estados soberanos.[1164] Na mesma escola liberal, John Rawls sugeriu que a paz democrática entre os povos pode ser alcançada a partir dos pressupostos necessários a uma ordem justa obtidos pelo chamado "véu da ignorância" da posição primária.[1165] Entre povos bem ordenados,[1166] não haveria guerra. O uso da força ficaria restrito (i) à defesa da justiça em sociedades

---

[1164] No primeiro grupo, enumerou a conclusão de tratados de paz voltados ao equacionamento das causas mais profundas das disputas interestatais e não somente da mera cessação das hostilidades (art. 1º), a criação de Estados independentes (art. 2º), a extinção dos exércitos permanentes para além de necessidades estritas de defesa (art. 3º), a proibição de dívidas para o financiamento da guerra (art. 4º), o princípio de não ingerência (art. 5º) e a adequação dos recursos voltados à guerra segundo critérios de necessidade e proporcionalidade (art. 6º). No segundo grupo, chamado de artigos definitivos, Kant advoga a implantação de uma ordem jurídica de paz tanto no plano externo quanto doméstico, como alternativa ao estado de natureza hobbesiano. Para isso prescreve a forma de governo republicana com regimes representativos (art. 1º) e, externamente, federação de Estados sob a forma de uma liga de paz ou união federativa, sobre as bases de uma ordem jurídica com direitos e deveres recíprocos (art. 2º); e a conformação de um direito cosmopolita, que iria além do direito internacional positivo e lidaria com temas que estariam aquém das soberanias nacionais (art. 3º).

[1165] Os oito princípios são: (i) os povos são livres e independentes e os outros povos devem respeitar essa condição; (ii) os povos são iguais e participam em condições de igualdade em acordos recíprocos, (iii) os povos têm direito à autodefesa, mas não à guerra; (iv) os povos devem observar o dever de não intervenção; (v) os povos devem observar os tratados e seus compromissos (*pacta sunt servanda*); (vi) os povos devem observar certas restrições específicas relativas à conduta em conflitos armados (sob o pressuposto de que se trata de autodefesa); (vii) os povos devem honrar os direitos humanos e (viii) os povos devem assistir outros povos que vivem em condições desfavoráveis que os impedem de ter um regime político e social justo ou decente.

[1166] A estabilidade entre sociedades bem ordenadas é obtida pelas razões corretas (pressupostos de justiça) devido à natureza moral dessas sociedades, em oposição às razões incorretas do realismo político (equilíbrio de poder). J. Rawls, *The Law of Peoples*, Cambridge (Mass.), Harvard University Press, 1999, p. 44.

insatisfeitas e em face de estados fora da lei, (ii) à autodefesa ou (iii) à proteção dos direitos humanos nesses regimes.[1167] A paz rawlsiana, concebida em termos de ausência de conflitos entre povos liberais, resultaria de sociedades satisfeitas nas quais se combinam os dois valores básicos de liberdade e igualdade em termos de princípios que especificam direitos e liberdades fundamentais exercidos em condições mínimas de reciprocidade.[1168]

Esse paradigma liberal foi predominante na reconstrução da ordem internacional após a II Guerra Mundial. Além de representar o valor maior subjacente ao regime onusiano, a paz foi reconhecida como condição necessária ao bom funcionamento da ordem jurídica, política, social e econômica estabelecida pela Carta. Simbolizou, antes de tudo, o entendimento de que o objetivo de "preservar as gerações vindouras do flagelo da guerra" exige ambiente de paz e cooperação entre os Estados. A obtenção desse estado ideal de coisas tornou-se a função primordial das Nações Unidas.[1169] O novo regime representou transformação profunda do direito internacional. Como ocorreu ao final da I Guerra Mundial, os redatores da Carta também se orientavam pelo objetivo de prevenir a ocorrência de novo conflito em escala mundial.[1170] Mas o estabelecimento de uma nova ordem sobre os escombros da II Guerra exigia suprir lacunas e evitar as deficiências que levaram ao malogro da Liga das Nações.[1171] Embora já utilizado no Pacto da Liga, o conceito de manutenção da paz e da segurança internacionais do regime onusiano distinguia-se do paradigma anterior baseado em concepção estrita da paz e definida essencialmente como ausência da guerra.[1172] O propósito de suprimir a guerra das relações internacionais implicava não somente a proibição da guerra, tal como no Pacto Briand-Kellog, de 1928, mas também o estabelecimento de um sistema de paz

---

[1167] J. Rawls, *idem*, p. 51.

[1168] J. Rawls, *Political Liberalism*, VIII, paras. 12-13.

[1169] Jean-Pierre Cot, Alain Pellet, 'Préambule', *supra* nota 119, p. 293. A centralidade desse valor na nova ordem é explicada pelo contexto histórico em que a Carta foi redigida. Trata-se, na célebre expressão de Roosevelt em seu discurso de 1941, de "ganhar a paz após ter ganhado a guerra". Opinião semelhante era compartilhada pela então URSS, cujo representante em São Francisco, Molotov, reconhecia na paz o "objetivo histórico" da nova Organização. Cf. UNCIO, vol. I, p. 154.

[1170] A denúncia da "guerra" no preâmbulo da Carta é ecoada nos arts. 106 e 107.

[1171] Paulo Roberto C. Tarrisse da Fontoura, *O Brasil e as Operações de Manutenção da Paz das Nações Unidas*, Brasília, FUNAG, 2005, p. 35.

[1172] Celso D. de Albuquerque Mello, *supra* nota 3, p. 147.

e segurança que assegurasse a prevenção de ameaças e a repressão de atos de ruptura à paz e de agressão.[1173] A visão estática de paz sob a Liga era substituída, conforme o preâmbulo e o art. 1º da Carta, por outra definida em termos de um propósito a ser alcançado de forma dinâmica, com base no sistema de segurança coletivo e na realização de outros valores indissociáveis (direitos humanos[1174] e desenvolvimento).[1175] Essa nova formulação implicou noção mais ampla da paz, que vai além da mera ausência de conflito armado para lidar com as condições e os pressupostos necessários à sua promoção e, em última análise, à sua manutenção: as causas mais profundas de instabilidade.[1176]

Tais premissas se refletiram no universo de funções e normas de caráter preventivo e supressivo do regime da Carta em matéria de paz e segurança. São exigências permanentes de condutas exigidas dos Estados, de forma individual e coletiva, nos mais diversos campos, que incluem medidas preventivas com o objetivo de promover a paz e afastar ameaças, bem como de ações com o objetivo de restaurá-la em caso de ruptura.[1177] Esse universo de atividades vai desde a cooperação internacional para a promoção dos direitos humanos e do desenvolvimento socioeconômico, passando pela solução pacífica das controvérsias, a autodeterminação dos povos e a restrição do uso da força sob o regime excepcional da Carta, com vistas a garantir a manutenção da paz e da segurança internacionais.

Em sentido estrito do termo "paz", o regime da Carta estabelece mecanismos mais precisos para lidar com ameaças e rupturas à paz quando comparados à experiência da Liga das Nações. Trata-se do chamado sistema de segurança coletivo, cujas existência e efetividade são fundamentais para o encaminhamento tanto de situações que possam tornar-se ameaças, quanto de casos de ruptura da paz e da segurança internacionais. O regime inscrito nos Arts. 10 e 11 do Pacto da Liga deu lugar aos Arts. 1(1) e 2 (5) da Carta, baseado

---

1173 Rüdiger Wolfrum, *supra* nota 238, p. 46 Cf. também UNCIO VI, p. 359 Doc. 785, I/1/28.

1174 Mohammed Bedjaoui, 'Article 1 (commentaire général)', Alain Pellet & Mathias Forteau (eds.), *La Charte des Nations Unies, Commentaire article par article*, Paris, Economica, 3rd. ed., 2005, 313-326, p. 316

1175 Manfred Lachs, Vera Gowlland-Debbas, 'Article 1, Paragraphe 1', in Jean-Pierre Cot, Alain Pellet & Mathias Forteau (eds.), *La Charte des Nations Unies, Commentaire article par article*, Paris, Economica, 3rd. ed., 2005, 327-336, p. 335.

1176 Rüdiger Wolfrum, *supra* nota 246, p. 50.

1177 Hans Kelsen, *supra* nota 184, p. 13.

na proteção mútua e no dever de assistência em caso de agressão. No plano preventivo, a natureza dinâmica das relações internacionais traduziu-se em visão multifacetada sobre as condições necessárias para a realização do objetivo de manter a paz e a segurança internacionais. Nos termos do art. 1 da Carta, a nova ordem das Nações Unidas repousa sobre o tripé da paz, da igualdade e da liberdade entre os seres humanos e o desenvolvimento.[1178] A inclusão desse objetivo, transformado no princípio de cooperação, deveu-se ao entendimento prevalecente em São Francisco de que a criação de um sistema multilateral em matéria socioeconômica era necessária para manter a paz e a segurança. Buscava-se, com isso, sanar lacuna do regime anterior,[1179] pois a grave crise econômica e social do entre guerras serviu de campo fértil para o surgimento de movimentos totalitários que canalizaram a frustração e a insatisfação de povos em várias regiões do mundo.

A evolução do direito internacional nas décadas seguintes reforçou esse entendimento sobre o conceito de "paz" enquanto valor e objetivo subjacente à ordem jurídica, política, econômica e social inaugurada em 1945. Em âmbito interamericano, a Carta da OEA enunciou o objetivo da organização de "conseguir uma ordem de paz e de justiça" (art. 1º) e, como propósito fundamental, "garantir a paz e a segurança continentais" (art. 2 (a)).[1180] Reconheceu, ainda, como condições indispensáveis para a manutenção da paz e da segurança, a "democracia representativa" (preâmbulo) e o "desenvolvimento integral"[1181] (art. 30). Em âmbito europeu, o Ato Final de Helsinque da OSCE, de 1975, buscou criar condições para uma paz duradoura e verdadeira, livre de qualquer ameaça ou tentativa contra a segurança dos países signatários. Ao consignar a relação estreita entre paz e segurança, esse instrumento estabeleceu entre seus princípios diretores o respeito pelos direitos humanos como fator essencial para a paz, fim para o qual as partes se comprometem a cooperarem entre si de forma a diminuir as diferenças de desenvolvimento entre os países. Mais

---

[1178] Mohammed Bedjaoui, *supra* nota 1374, p. 319.

[1179] "O desenvolvimento é o novo nome da paz". Papa Paulo VI, *Populorum Progressio* — Carta encíclica sobre o desenvolvimento dos povos, de 26 de março de 1967.

[1180] O parágrafo preambular 7º recorda que "la Carta de la Organización de los Estados Americanos establece como propósito esencial de la Organización afianzar la paz y la seguridad del hemisferio".

[1181] "O desenvolvimento integral abrange os campos econômico, social, educacional, cultural, científico e tecnológico, nos quais devem ser atingidas as metas que cada país definir para alcançá-lo".

recentemente, o Tratado da União Européia, assinado em Lisboa em 2007, relacionou a execução da política externa e de defesa comum à promoção da paz, da segurança e do progresso na Europa e no mundo,[1182] ao prever o recurso pela política externa européia à cooperação internacional[1183] e à possibilidade de empregar "meios civis e militares"[1184] para "preservar a paz, prevenir conflitos e reforçar a segurança internacional".[1185] Na União Africana (UA), reformada sob o peso de décadas de guerras, inverteu-se a relação entre paz, direitos humanos e desenvolvimento ao consignar-se o entendimento de que o flagelo dos conflitos armados em África impedia o desenvolvimento socioeconômico e, por essa razão, a "promoção da paz, da segurança e da estabilidade" tornava-se pré-requisito à integração regional.[1186] A Carta da Associação das Nações do Sudeste Asiático (ASEAN), de 2007, também inscreve (art. 1º) o propósito de manter a paz e a estabilidade, e fortalecer os valores orientados pela paz. Entre seus objetivos, sobressaem os de assegurar que os países da ASEAN vivam em paz com o resto do mundo (art. 1 (4)) e de incrementar a resiliência regional por meio da cooperação nos campos político, de segurança, econômico, social e cultural (art. 1 (2)).[1187]

1182 Para isso estabeleceu, como o primeiro de seus objetivos, "promover a paz, os seus valores e o bem-estar dos seus povos" (art. 3º), para os quais contribuem "a solidariedade e o respeito mútuo entre os povos, o comércio livre e equitativo, a erradicação da pobreza e a protecção dos direitos do Homem, em especial os da criança, bem como para a rigorosa observância e o desenvolvimento do direito internacional, incluindo o respeito dos princípios da Carta das Nações Unidas" (art. 5º).

1183 Tais medidas devem ocorrer "em conformidade com os objectivos e os princípios da Carta das Nações Unidas, com os princípios da Acta Final de Helsínquia e com os objectivos da Carta de Paris".

1184 Na Declaração "13" sobre a política externa e de segurança comum, lê-se que "a União Europeia e os Estados-Membros continuam vinculados pelas disposições da Carta das Nações Unidas e, especialmente, pela principal responsabilidade que incumbe ao Conselho de Segurança e dos Estados seus membros na manutenção da paz e da segurança internacionais".

1185 As "disposições relativas à política comum de segurança e defesa" são parte integral da política externa comum (Protocolo relativo à Cooperação Estruturada Permanente, art. 42 do Tratado da União Européia).

1186 Parágrafo preambular 8º do Ato Constitutivo da União Africana. A UA tem como um de seus objetivos "promover a paz, a segurança e a estabilidade no continente" e, entre os princípios da organização, a "coexistência pacífica entre os Estados Membros e o direito de viver em paz e segurança".

1187 A Carta da ASEAN também prevê o propósito de preservar o Sudeste Asiático como zona livre de armas nucleares e de destruição em massa (art. 1 (3)).

Inúmeras resoluções adotadas tanto em âmbito multilateral quanto regional reconfirmaram, ao longo das décadas, o consenso de que a paz é o propósito fundamental da ordem jurídica, política, social, cultural e econômica. Entre os instrumentos de maior relevo, sobressai a Declaração do Milênio adotada pela AGNU, em 2000, em nível de Chefes de Estado e de Governo. Nesse documento, reafirmou-se a determinação de estabelecer paz justa e duradoura em todo o mundo de acordo com os propósitos e princípios da Carta (Art. 4). Incluíram-se ainda, entre os valores considerados como essenciais à ordem mundial do novo milênio, a tolerância, a ser promovida por meio de uma cultura de paz e de diálogo entre todas as civilizações,[1188] e a noção de responsabilidade compartilhada pelo desenvolvimento socioeconômico e pela manutenção da paz e da segurança no marco do multilateralismo onusiano (Art. 6). Cinco anos depois, na Cúpula Mundial de 2005, reiterou-se o compromisso com o estabelecimento de paz justa e duradoura sob o primado normativo da Carta (Art. 5),[1189] bem como se reconheceu, expressamente, que desenvolvimento, direitos humanos e paz e segurança são, de forma interligada e mutuamente benéfica, os pilares do sistema ONU (Art. 9).[1190]

O objetivo de manter a paz no plano internacional teve desdobramentos concretos nos mais variados domínios do direito internacional mediante iniciativas tanto nas Nações Unidas, quanto nos planos regional, plurilateral e bilateral. Segundo acepção estrita do conceito, o objetivo de manter a paz em face de ameaças ou de sua ruptura traduziu-se em diversas modalidades de ações empreendidas no âmbito do sistema de segurança coletiva do CSNU. Em que pese à regra do Art. 24, é bastante ampla a discricionariedade do Conselho ao examinar, sob o Capítulo VI ou VII da Carta, controvérsias e situações que

---

[1188] O preâmbulo prescreve a tolerância e o espírito de boa vizinhança. A origem dessa fórmula advém de proposta apresentada pelo representante da então União Sul-Africana em São Francisco, Marechal Jan Smuts. Cf. UNCIO III, p. 476, Doc. 2 (d) (1). Na prática das Nações Unidas, esse conceito foi interpretado de formas diversas. Em alguns casos, referia-se estritamente a um sentido geográfico imediato. Cf. res. A/RES/34/99 e A/RES/36/101. Em outros, como na Declaração de Princípios de 1970, em sentido mais amplo, como imperativo relacionado à interdependência entre os Estados.

[1189] No art. 5, enumeram-se os princípios fundamentais do direito internacional, nos termos da Declaração de 1970, com a benfazeja adição dos direitos humanos.

[1190] O Documento Final vai além ao veicular o reconhecimento de que, uma vez que os três pilares são indissociáveis, faz-se necessário um sistema de segurança coletiva efetivo e eficiente com pleno respeito aos propósitos e princípios da Carta (art. 72). Cf. também os arts. 12, 14, 24 (b) e 45, entre outros.

possam constituir ameaças à paz e à segurança internacionais.[1191] A prática do CSNU nessa matéria não é homogênea, sendo difícil identificar, em muitos casos, dispositivos precisos na parte operativa que servem como base jurídica para motivar cada resolução do órgão. Com base no Art. 34 da Carta, sobretudo nas primeiras décadas da Organização, foram estabelecidas missões de investigação ou acompanhamento por observadores internacionais de controvérsias e situações suscetíveis de provocar atritos entre as Nações, ou dar origem a conflitos que pudessem ameaçar a paz e a segurança internacionais.[1192] Outra importante manifestação dessa prática, muito similar a atividades de investigação, foram as missões de observação compostas por grupos de militares ou civis encarregados de fornecer ao CSNU informações, sob o princípio de imparcialidade, a respeito dos impactos de uma determinada situação para a paz e a segurança internacionais.[1193] No exercício de suas atribuições

---

1191 Benedetto Conforti, *supra* nota 240, p. 162.

1192 Em várias dessas ocasiões, o Conselho utilizou-se da faculdade de criar comissões específicas com esse objetivo (art. 29). Cf. S/RES/4 (1946) relativa à Questão Espanhola (relação entre o regime fascista na Espanha e a manutenção da paz e da segurança internacionais); S/RES/39 (1948), sobre a Questão Indo-Paquistanesa (comissão de três membros do CSNU para investigar e mediar a questão); S/RES/67 (1948) sobre a Questão Indonésia (envio de observadores militares); S/RES/132 (1959) sobre a Questão relativa ao Laos (criou-se subcomissão para examinar a infiltração de guerrilheiros no Laos); S/RES/189 (1964) sobre a Reclamação submetida pelo Reino do Camboja a respeito de atos de agressão, a partir do vizinho Vietnã, contra o território e a população civil cambojana; S/RES/203 (1965), sobre a Situação doméstica na República Dominicana (pedido de relatório ao SGONU sobre a situação no país caribenho); S/RES/209 (1965) relativa à supervisão da trégua entre Índia e Paquistão; S/RES/377 e S/RES/379 (1975) sobre o Saara Ocidental (convite ao SGONU para promover consultas com as partes e sugerir medidas apropriadas ao CSNU a respeito da questão); S/RES/404 (1977) sobre o Benin (criação de missão de três membros do CSNU para examinar reclamação sobre a presença de mercenários estrangeiros no país) e a S/RES/1161 (1998), que solicitou ao SGONU a reativação da Comissão Internacional de Inquérito das Nações Unidas para coletar informações sobre a venda e o fornecimento de armas às forças do antigo governo ruandês. Especificamente sobre a Questão Palestina, mencionem-se as resoluções: S/RES/48 (1948) (Comissão de Trégua composta por representantes de membros do CSNU); S/RES/50 (1948) (observadores militares na Palestina); S/RES/61 (1948) (criação de comissão composta de cinco membros do CSNU para auxiliar o mediador da ONU na Palestina e examinar eventuais rupturas de trégua entre árabes e israelenses); S/RES/100 (1953) (supervisão da suspensão de construções israelenses na zona desmilitarizada da Palestina); e S/RES/171 (1962) (supervisão da trégua na Palestina).

1193 Cf., por exemplo, a S/RES/619 (1988), que criou a UNIMOG, com o objetivo de supervisionar o cessar fogo entre Irã e Iraque; a S/RES/644 (1989), que criou a ONUCA, para observar a situação na América Central; as S/RES/653 e S/RES/656 (1990) que confere à ONUCA o mandato de monitorar o cessar fogo na Nicarágua; a S/RES/687 e S/RES/689 (1991), que criou

para encaminhar pacificamente controvérsias e situações em exame no órgão, o CSNU também recomendou termos e condições para a solução de questões determinadas, em linha com as faculdades previstas sob os Arts. 37 (2) e 39 da Carta.[1194] O CSNU recomendou, ainda, medidas provisórias previstas pelo art. 40, as quais, embora de natureza recomendatória (não obstante o fato de estarem sob o Capítulo VII), foram adotadas a fim de evitar a deterioração de uma determinada situação sem prejulgar direitos, reivindicações e posições das partes envolvidas. Entre as medidas provisórias mais comuns, destacam-se solicitações de cessar fogo no contexto de conflitos armados internacionais e domésticos,[1195] libertação de prisioneiros,[1196] abstenção de fornecer apoio

---

a UNIKOM para supervisionar a zona desmilitarizada entre Iraque e Kuaite após a Guerra do Golfo; a S/RES/693 (1991), que criou a ONUSAL com o mandato de observar a situação em El Salvador; a S/RES/846 (1993) que estabeleceu a UNOMUR, de observação na fronteira entre Uganda e Ruanda; e a S/RES/846, que criou a MONUA, de observação em Angola.

1194 Cf., por exemplo, a S/RES/42 (1948) relativa à implantação do plano de partilha da Palestina, nos termos da resolução 181-III da AGNU, a S/RES/95 (1951) sobre a eliminação das restrições de tráfego no Canal de Suez; a S/RES/138 (1960) que insta Israel a reparar a Argentina pelo seqüestro, por agentes israelenses no território argentino, do criminoso nazista Eichmann; a S/RES/242 (1967) que determina a desocupação por Israel de territórios árabes ocupados durante a guerra dos seis dias; a S/RES/264 (1969) que insta a África do Sul a retirar suas tropas do território da Namíbia; a S/RES/457 (1979) que requer a liberação imediata dos funcionários norte-americanos da Embaixada dos EUA em Teerã; a S/RES/502 (1982), relativa à Guerra das Malvinas, que determina o fim das hostilidades e solicitou que Argentina e Reino Unido buscassem uma solução diplomática para a controvérsia; a S/RES/637 (1989) que aprova o acordo da Guatemala de 1987 pela paz, democratização, desenvolvimento e justiça na América Central; a S/RES/699 (1991) sobre a obrigação de Israel respeitar o direito internacional humanitário em territórios árabes ocupados; a S/RES/649 (1990) que prescreve, como parte da solução para a questão cipriota, a criação de um zona federativa entre as comunidades grega e turca no Chipre; a S/RES/731 (1992) que insta o Governo líbio a buscar um acordo com os EUA, França e Grã-Bretanha a respeita da responsabilidade sobre o atentado contra aeronaves perpetrados por cidadãos líbios; e a S/RES/825 (1993) que insta a Coréia do Norte a respeitar o TNP.

1195 Cf. S/RES/27 (1947) relativa à guerra de independência da Indonésia, S/RES/50 (1948), sobre o conflito árabe-israelense, S/RES/104 (1954), na Guatemala, S/RES/164, na independência da Tunísia, S/RES/205 (1965) na República Dominicana, S/RES/210 (1965) sobre o conflito indo-paquistanês, as S/RES/233, 234 e 235 (1967) sobre a guerra dos Seis Dias, S/RES/502 (1982) sobre a Guerra das Malvinas, S/RES/514 (1982) sobre a guerra Irã-Iraque, S/RES/812 (1993) sobre a situação em Ruanda, S/RES/1097 (1997) sobre a violência na RDC e região dos Grandes Lagos, S/RES/1397 e S/RES/1435 (2002) sobre a violência entre Israel e Palestina.

1196 S/RES/63 (1948) sobre a Guerra de Independência da Indonésia.

(tropas, equipamentos e armamentos) às partes em conflito[1197] e retirada de tropas de um determinado território.[1198]

Sob o Capítulo VII da Carta, o CSNU recorreu à aplicação de medidas cogentes em face de ações consideradas ameaças ou ruptura da paz por parte de Estados e de atores não estatais (entidades, grupos e indivíduos).[1199] Ao contrário das recomendações sob os Arts. 37, 39 e 40, tais decisões se revestem de natureza obrigatória no direito internacional. Embora a prática do Conselho tampouco seja homogênea a respeito, a aplicação dessas medidas sujeita-se ao regime de sanções no direito internacional, que pressupõe a impossibilidade, a inadequação ou o esgotamento de outras vias pacíficas que poderiam evitar a imposição dessas medidas, bem como apego aos critérios de proporcionalidade e necessidade dos meios empregados. A força, vale dizer, mesmo quando utilizada como instrumento do sistema de segurança coletiva, só é admitida como *ultima ratio*.

Entre as medidas que não envolvem o emprego de forças armadas, o art. 41 enumera "a interrupção completa ou parcial das relações econômicas, dos meios de comunicação ferroviários, marítimos, aéreos, postais, telegráficos, radiofônicos, ou de outra qualquer espécie e o rompimento das relações diplomáticas".[1200] Essa lista, porém, não é exaustiva. Sob o princípio de "poderes implícitos" o Conselho pode recorrer a medidas de natureza diversa, a exemplo da criação de cortes internacionais penais *ad hoc* para a ex-Iugoslávia e Ruanda, na década

[1197] Cf. S/RES/50 (1948) sobre o Oriente Médio, S/RES/104 (1954) sobre a Guatemala, e S/RES/61 (1961) sobre a situação no Congo.

[1198] Cf. S/RES/143 (1960), que solicitou a retirada das tropas belgas no território congolês, e a S/RES/660 (1990) que solicitou a retração das tropas iraquianas a posições que se encontravam anteriormente.

[1199] Sobre o regime de sanções do CSNU, cf. Marcelo Baumbach, *Sanções do Conselho de Segurança: direito internacional e prática brasileira*, Brasília, FUNAG, 2014.

[1200] Havia, na antiga Liga das Nações, regime de sanções econômicas sob o art. 16 (1). Mas sua aplicação restringia-se à hipótese de uso da força à margem do regime previsto na Liga.

de 1990.[1201] A idéia central desse dispositivo[1202] é pressionar, sob o regime de sanções, o Estado ou grupos determinados a cessar e/ou modificar um comportamento contrário à manutenção da paz e da segurança internacionais. A aplicação pelo CSNU das sanções previstas pelo art. 41 aumentou significativamente após o fim da Guerra Fria.[1203] A partir de meados da década de 1990, o Conselho aprovou a aplicação de sanções sem o emprego da força em situações variadas, a exemplo de casos de guerras civis,[1204] violações graves e sistemáticas

---

1201 Seja pela gravidade das violações, seja pela extensão dos crimes cometidos, os mais importantes foram o Tribunal Penal Internacional para a ex-Iugoslávia (ICTY) foi criado pela S/RES/827 (1993) e o Tribunal Penal Internacional para Ruanda (ICTR), pela S/RES/955 (1994). Além disso, o CSNU participou da criação da Corte Especial para Serra Leoa pela S/RES/1315 (2000), com juízes nomeados pelo SGONU (3) e pelo Governo serraleonês, e do Tribunal Internacional para o Camboja. Segundo Conforti, a criação de tais institutos, os quais não são previstos na Carta, não deve ser explicada pela teoria dos poderes implícitos do Conselho, mas sim pela emergência de regras consuetudinárias amparadas na participação dos Estados nessas atividades e na *communis opinio* quanto à necessidade dessas medidas para manter a paz e a segurança internacionais. Benedetto Conforti, *supra* nota 240, p. 215. A criação de tribunais internacionais *ad hoc* pelo CSNU para lidar com as graves violações de direitos humanos e do direito internacional humanitário consagrou a noção, já prevista no art. 1(X) da Carta, de que a justiça é um elemento fundamental no restabelecimento da paz e da segurança internacionais no contexto de conflitos armados.

1202 Os objetivos subjacentes às sanções são: (i) compelir as lideranças do país-alvo a mudar o comportamento; (ii) servir de exemplo didático para outros atores internacionais se adaptarem às regras subjacentes; (iii) denegar recursos ao Estado ou grupo-alvo, impedindo-os de funcionar e, por consequência, de continuar colocando em prática as políticas que se quer combater; e (iv) criar crise de legitimidade para as lideranças, ameaçando-as com sua destituição. Cf. Marcelo Baumbach, *supra* nota 1399, p. 28.

1203 Até então, o principal precedente era o regime de sanções aplicada aos regimes segregacionistas (*apartheid*) na África austral (África do Sul e Rodésia). Entre as medidas aplicadas, mencionem-se a proibição de comércio, interrupção de serviços aéreos, fechamento de fronteiras e embargo de armas. Cf. S/RES/232 (1966), S/RES/253 (1968) contra a Rodésia do Sul, e S/RES/418 (1977), contra a África do Sul.

1204 Cf. S/RES/788 (1992) que impôs embargo à venda de armas à Libéria; S/RES/841 (1993), entre outras, sobre o embargo de armas e à venda de petróleo pela UNITA, em Angola; S/RES/1171 (1998) de embargo à venda de armas a forças não governamentais em Serra Leoa; e S/RES/1306 (2000), entre outras, sobre tráfico ilícito de diamantes em Serra Leoa.

dos direitos humanos,[1205] crises humanitárias,[1206] casos de agressão[1207] e terrorismo.[1208] O monitoramento sobre o cumprimento pelos Estados dos regimes de sanções estabelecidos sob o art. 41 ocorre normalmente por meio de Comitês criados especificamente para esse fim no CSNU.[1209] A atuação desses mecanismos volta-se não somente ao acompanhamento e à verificação da efetividade das medidas aplicadas, mas também à avaliação sobre eventuais impactos adversos das sanções sobre terceiros Estados e populações civis, hipótese que pode motivar a autorização pelo Conselho de derrogações específicas *ratione materiae*[1210] ou *personae*.[1211] Nesse processo, tem pesado cada vez mais a avaliação dos im-

---

1205 A S/RES/757 (1992) aplicou sanções à ex-Iugoslávia devido à intervenção na Bósnia-Herzegovina. Além do embargo econômico (comercial e financeiros), o CSNU suspendeu a cooperação científico-tecnológica e serviços aéreos com o país. O regime foi ampliado pela S/RES/820-B (1993), que interrompeu o tráfego terrestre, fluvial e marítimo. No ano seguinte, a mesma lógica orientou a aplicação, pela S/RES/1556 (2004), de embargo de venda e fornecimento de armas a entidades não governamentais e indivíduos no Sudão.

1206 Por ocasião da crise na Somália, a S/RES/733 (1992) proibiu a exportação de armas ao país.

1207 Um dos casos de maior relevância, por sua extensão e duração, foi o regime de sanções imposto ao Iraque de Saddam Hussein. Criado inicialmente pela S/RES/661 (1990), que impôs embargo às relações econômicas (comerciais e financeiras), à exceção da aquisição de medicamentos, esse regime, que foi renovado e reforçado resoluções subseqüentes, foi ampliado pela S/RES/670 (1990), que criou zona de exclusão área (*no fly zone*) no norte e no sul do território iraquiano. O regime de sanções ao Iraque (à exceção da venda de armas) foi suspenso após a retirada de Saddam do poder por intervenção militar que não contava com o aval do CSNU.

1208 Em matéria de prevenção e repressão a atos de terrorismo, cf. S/RES/1373 (2001), S/RES/1377 (2001), S/RES/1455 (2003) e S/RES/1456 (2003). Com relação a um grupo específico, cf. a S/RES/1390 (2002) com sanções contra o Talibã e a Al-Qaeda.

1209 "Treze comitês de sanções estavam ativos em 2012, enquanto que, em 2003, eram apenas quatro. Tal evolução numérica, por si só, já é evidência da crescente importância do tema no multilateralismo atual". Carlos Sérgio Sobral Duarte, no prefácio de Marcelo Baumbach, *supra* nota 1399, p. 13.

1210 Essa prática acentuou-se após a guerra do Golfo, no início da década de 1990. Por meio da S/RES/666 (1990), permitiu-se o fornecimento de alimentos ao Iraque por meio das Nações Unidas em coordenação com a Cruz Vermelha Internacional, entre outras agências humanitárias. Com base em relatório preparado pelo SGONU (S/22366), em 1991, no qual se afirmava que "the Iraqi people may soon face a further imminent catastrophe, which could include epidemic and famine, if massive life-supporting needs are not rapidly met", o CSNU lançaria o programa "oil for food" (S/RES/986 (1995)).

1211 Nos termos do art. 50 da Carta, um terceiro Estado que venha a ser prejudicado indiretamente pelos efeitos do regime de sanções tem a faculdade de levar o tema ao Conselho, para que sejam tomadas as medidas cabíveis e apropriadas para aliviar essa situação.

pactos de um determinado regime de sanções sobre o direito internacional humanitário e o direito internacional dos direitos humanos,[1212] cuja pode ser ameaçados por sanções excessivamente abrangentes, ou por sanções dirigidas contra indivíduos sem as cautelas e garantias necessárias.[1213] Se os primeiros regimes de sanções caracterizavam-se pela interrupção do intercâmbio de bens e serviços de um país com o exterior sob a lógica de isolamento total do Estado, assiste-se gradativamente à tendência de buscar sanções inteligentes, como congelamento de ativos (*asset freeze*), restrições de viagem (*travel ban*) e embargo de armas,[1214] atingindo não só Estados e seus funcionários, mas indivíduos e empresas privadas envolvidas em atividades consideradas como ameaças à manutenção da paz e da segurança internacionais.

Já entre as medidas que envolvem o uso da força, a prática do Conselho tem-se caracterizado por duas modalidades: (i) a criação de operações de manutenção da paz (OPAZ), que não correspondem a uma sanção propriamente dita, e (ii) a autorização concedida a Estados, individual ou coletivamente, inclusive no seio de organizações internacionais, ao emprego da força militar em face de uma determinada ameaça ou ruptura da paz e da segurança internacionais (art. 42). Há, entre ambas, diferença fundamental: no primeiro caso (OPAZ), o desdobramento de contingentes militares pressupõe, entre outros subprincípios, a aquiescência do Estado anfitrião, ao passo que, no segundo, a decisão do Conselho decorre dos poderes de polícia (forças aéreas, navais ou terrestres) conferidos ao órgão para manter ou restabelecer a paz e a segurança internacionais. Essa distinção é fundamental: o objetivo primordial de uma OPAZ é manter ou criar as condições da paz. Isso significa que o uso da força está restrito à autodefesa e, em casos excepcionais, ao cumprimento do mandato, que pode incluir a defesa de populações vulneráveis e o apoio a ações humanitárias,[1215] mas sempre sob o princípio de imparcialidade entre as partes em conflito. Há regras específicas em matéria de financiamento das OPAZ nos termos do art. 17 da Carta,[1216] mas o fornecimento de contingentes militares

---

[1212] Benedetto Conforti, *supra* nota 240, p. 191.

[1213] Marcelo Baumbach, *supra* nota 1399.

[1214] Cf. S/RES/2253 (2015) do CSNU, com sanções relativas à Al Qaeda.

[1215] Benedetto Conforti, *supra* nota 240, p. 187.

[1216] A questão é regulada no âmbito da AGNU. Cf. a resolução 55/235 (2001), intitulada *Scale of assessments for the apportionment of the expenses of United Nations peacekeeping*

pelos Estados Membros é voluntário. Inicialmente criadas com mandatos restritos de *buffer zones*,[1217] essas operações passaram a assumir responsabilidades crescentes de construção e de consolidação da paz, tais como proteção de civis, monitoramento de acordos entre as partes em conflito, implantação de plebiscitos, ações de DDR (desarmamento, desmobilização e reintegração de efetivos militares) e até mesmo a administração de territórios em países conflagrados.[1218] Transformaram-se em operações "multidimensionais" que congregam não só contingentes militares, como também civis e humanitários com funcionários de diversas agências das Nações Unidas sob a coordenação de um representante do SGONU no terreno. No contexto das OPAZ, paz e segurança, desenvolvimento socioeconômico e direitos humanos estão indissociados nos esforços de manter e consolidar a paz.[1219]

Já operações sob o comando dos Estados e autorizadas pelo CSNU para o uso da força podem ser consideradas como aplicação *stricto sensu* do art. 42 da Carta.[1220] Sobretudo no imediato pós Guerra Fria, há importantes precedentes

---

operations.

1217 Entre os casos clássicos desse tipo de operação, vale mencionar a ONUC, criada para atuar na região do Congo na década de 1960, a UNEF II, criada em 1973 como uma "buffer zone" entre Egito e Israel; a UNFICYP, criada em 1964 para entrepor-se entre gregos e turcos no Chipre; a UNDOF estabelecida em 1974 nas Colinas de Golã entre Israel e Síria; a UNIFIL, estabelecida em 1978 para a região do sul do Líbano; e a UNAVEM II e III, em Angola, que se colocava entre as forças da UNITA e do MPLA.

1218 Entre os casos mais importantes, vale mencionar a UNMIK (*UN Interim Administration in Kosovo*), criada pela S/RES/1244 (1999), com a função de organizar e supervisionar a instalação de instituições democráticas e autônomas no Kosovo; a UNTAET (*UN Transitional Administration in East Timor*), criada pela S/RES/1272 (1999) com o mandato de assegurar a ordem pública no território e apoio o Governo autônomo timorense, entre outras tarefas; e a UNTAC (*UN Transitional Authority in Cambodia*), criada pela S/RES/745 (1992) com a função de assistir as autoridades civis em atividades administrativas e na preparação das eleições no Camboja. As duas primeiras foram estabelecidas sob o Capítulo VII da Carta.

1219 Em seu relatório intitulado *Agenda for Peace*, o então SGONU Boutros-Ghali afirmou que as operações de manutenção da paz eram uma "invenção" da prática dos órgãos onusianos. *ILM*, 1992, p. 967, para. 46.

1220 Há casos complexos. A chamada UNPROFOR (*United Nations Protection Force*), criada pela S/RES/743 (1992) para a ex-Iugoslávia tinha entre suas atribuições, nos termos das demais resoluções do CSNU sobre a matéria (S/RES/761 (1992), S/RES/764 (1992), S/RES/779 (1992), S/RES/807 (1993) e S/RES/836 (993)), assegurar a segurança e o funcionamento do aeroporto de Sarajevo, a entrega de assistência humanitária, o monitoramento da retirada do exército iugoslavo da Croácia, a criação de *safe areas* por meio da defesa de cidades

desse tipo na prática do CSNU, isto é, operações militares, em geral multinacionais, que contaram com a autorização expressa do Conselho para o uso de meios militares ("all necessary means") diante de ameaças à paz, rupturas da paz e atos de agressão. Esses casos, que não se confundem com as funções e as características de uma OPAZ,[1221] são classificados por parte da doutrina como casos de "delegação de poderes"[1222] pelo Conselho a Estados, grupos de Estados ou a organizações regionais com o objetivo de manter a paz e a segurança internacionais. Pouco freqüentes durante a Guerra Fria,[1223] a via da chamada "imposição da paz" tornou-se mais comum, sobretudo em conflitos

bósnias e o controle de cessar fogo em áreas determinadas. Outro exemplo foi a UNOSOM (*United Nations Operation in Somalia*), estabelecida pela S/RES/751 (1992) com o mandato de monitorar o cessa fogo em Mogadício e acompanhar a entrega de ajuda humanitária a centros de distribuição. A missão foi ampliada (S/RES/814 (1993)) para assumir o mandato anterior de força multinacional sob o comando dos EUA. Após incidentes que causaram a morte de soldados paquistaneses, o CSNU aprovou a S/RES/837 (1993), com a tarefa de executar "any measure against all those responsible for the armed attacks", o que levaria a confrontos diretos, inclusive com morte de civis, contra partes do conflito. Esse incidente, que se afastava das atividades de manutenção da paz *stricto sensu*, ficou conhecido como a "travessia da linha de Mogadício".

1221 P. R. C. Tarrisse da Fontoura, *supra* nota 1371, pp. 200-201.

1222 Essa tese foi avançada por Danesh Sarooshi, *The UN and the Development of Collective Security: The Delegation by the UN Security Council of its Chapter VII Powers*, Oxford, Clarendon Press, 1999. Sarooshi sugere interpretação alternativa do art. 24 da Carta, na qual o Conselho pode subdelegar capacidades aos Estados sob certas condições: tais poderes não incluem a capacidade de decidir e determinar quais atos constituem ameaça ou ruptura da paz, e não há discricionariedade no exercício do uso da força. Na prática do CSNU, tem prevalecido a aceitação da delegação do uso da força, sobretudo em vista da letra morta do art. 43. Por essa razão, o exercício da autorização pelo CSNU do uso da força (*all necessary means*) deve ser interpretado restritivamente (*exceptio est strictissimae interpretationis*), o que implica a impossibilidade de interpretações implícitas e de afastamento dos termos e objetivos expressamente previstos na decisão. Além disso, a execução do mandato deve estar sujeita à supervisão e controle contínuo por parte do CSNU, seja por meio de relatório periódicos dos próprios Estados, seja do SGONU. Cf. Benedetto Conforti, *supra* nota 240, pp. 206-209.

1223 Entre os casos mais relevantes, mencionem-se a autorização dada pelo CSNU, em 1950, para o uso da força pela coalização liderada pelos EUA na península coreana (S/RES/83 e S/RES/834 (1950)) e, na Primeira Guerra do Golfo, em 1991, em que o CSNU autorizou coalização de Estados, liderada pelos EUA, para apoiar o Kuaite a liberar seu território ocupado por tropas iraquianas (S/RES/678 (1991)). Recorde-se, ainda, o bloqueio naval autorizado pelo Conselho pela S/RES/221 (1966), relativo à proibição de venda de petróleo à Rodésia.

armados não internacionais.[1224] A proliferação de forças multinacionais dessa natureza não ocorreu sem gerar críticas e preocupações quanto à maneira muitas vezes açodada com que foram criadas, com mandatos mal elaborados que negligenciavam as raízes da instabilidade e feitos sob medida para determinados países com maiores capacidades de poder político, econômico e militar, sem a supervisão das Nações Unidas.[1225]

Já segundo concepção dilatada do conceito de "paz", que se estende sobre medidas preventivas ou promotoras da paz e da segurança internacionais para além do sistema de segurança coletivo das Nações Unidas, esse objetivo desdobrou-se em universo bastante variado de iniciativas, visões e compromissos interestatais. No âmago desse processo reside a percepção de que a paz só pode ser mantida caso sejam tratadas as causas mais profundas de instabilidade e conflitos, as quais se associam à proliferação de armamentos, a baixos níveis de

---

[1224] Citem-se, entre os exemplos, a INTERFET (*International Force for East Timor*), criada pela S/RES/1264 (1999) e liderada pela Austrália com a tarefa de restaurar a paz no Timor Leste; a *Multinational Implementation Force* (IFOR), criada pela S/RES/1031 (1995) em substituição à UNPROFOR; a *Multinational Stabilisation Force* (SFOR) criada pela S/RES/1087 (1996) em substituição à IFOR; a S/RES/929 (1994), que autorizou intervenção francesa em Ruanda; a S/RES/940 (1994) que autorizou a intervenção e a liderança norte-americana no Haiti por meio da *Multinational Force in Haiti* (MFH); a S/RES/998 (1995) que autorizou a constituição de uma *Rapid Reaction Force* (RRF) na ex-Iugoslávia com contingentes de França, Países Baixos e Reino Unido; a S/RES/1080 (1996) que autorizou a criação de força multinacional no leste do então Zaire; a S/RES/1101 (1998), que criou a *Multinational Protection Force for Albania*, liderada pela Itália; a S/RES/1264 (1999), que criou a *Multinational Force in East Timor*; a S/RES/1386 (2001), que criou a *International Security Assistance Force in Afghanistan*; a S/RES/1464 (2003), que autorizou o uso da força pela França conjuntamente com forças da ECOWAS em Côte d'Ivoire; a S/RES/1484 (2003) que criou a *Interim Emergency Multinational Force* na República Democrática do Congo; a S/RES/1497 (2003) que criou a *Multinational Force in Liberia*; e a S/RES/1529 (2004) que criou a *Multinational Interim Force in Haiti*. Vale ainda mencionar a S/RES/816 (1993) que autorizou Estados Membros a usar, contra a ex-Iugoslávia, a força aérea individualmente ou por organização regional; e a S/RES/794 (1992) que autorizou os Estados Membros a cooperarem com outro Estado (EUA) a usar a força (*all necessary means*) a fim de assegurar ambiente seguro para operações de ajuda humanitária na Somália.

[1225] O quadro torna-se ainda mais grave quando a decisão do Conselho se dá *a posteriori*, como *fait accompli*, com o objetivo implícito de conferir legitimidade a intervenções à margem do direito internacional. Caso paradigmático foi a S/RES/1511 (2003), que autorizou força multinacional sob comando unificado a tomar todas as medidas necessárias para manter a segurança e a estabilidade no Iraque. Isso tudo após invasão da coalizão liderada pelos EUA, cujas forças já se encontravam no terreno.

desenvolvimento[1226] e a violações de direitos humanos.[1227] A chamada *Cultura da Paz*, conforme a Declaração e Programa de Ação sobre uma Cultura da Paz adotada em 1999 pela AGNU[1228] e reafirmada na Declaração do Milênio de 2000, baseia-se em visão ampla do conceito de paz, que vai além da mera ausência de conflitos armados.[1229] Tão ou mais importante que suprimir ameaças e rupturas da paz, a vertente preventiva da defesa da paz foi alçada ao topo das prioridades das ações de cooperação entre os Estados por meio de atividades preventivas (desarmamento, desnuclearização e solução pacífica de conflitos) e de medidas que contribuem, ainda que indiretamente, a esse objetivo, como a proteção e a promoção dos direitos humanos, o desenvolvimento e o respeito ao direito internacional.[1230]

A própria AGNU atuou, em diversas ocasiões, orientada pelo objetivo de promover a paz e prevenir o surgimento ou o agravamento de determinadas situações. Sendo o único órgão do sistema internacional com representatividade universal, a Assembléia Geral foi fundamental para transformar as Nações Unidas

---

[1226] Manfred Lachs, Vera Gowlland-Debbas, *supra* nota 1375, p. 335.

[1227] "Ainsi la paix prend ici un nouveau nom qui est l'égalité des peuples et leur liberté". Mohammed Bedjaoui, *supra* nota 1374, p. 316.

[1228] A/RES/53/243. "La paix n'est plus simplement l'absence de conflits, mais la création d'une véritable "culture de la paix"". Manfred Lachs, Vera Gowlland-Debbas, *supra* nota 1375, p. 336.

[1229] Sobre as bases do princípio de cooperação internacional, essa vertente requer que os Estados atuem com vistas a criar ou reforçar as condições essenciais para a promoção da paz. Nos termos do art. 1o da Declaração e Programa de Ação sobre uma Cultura da Paz "a culture of peace is a set of values, attitudes, traditions and modes of behaviour and ways of life based on: (a) Respect for life, ending of violence and promotion and practice of non-violence through education, dialogue and cooperation; (b) Full respect for the principles of sovereignty, territorial integrity and political independence of States and non-intervention in matters which are essentially within the domestic jurisdiction of any State, in accordance with the Charter of the United Nations and international law; (c) Full respect for and promotion of all human rights and fundamental freedoms; (d) Commitment to peaceful settlement of conflicts; (e) Efforts to meet the developmental and environmental needs of present and future generations; (f) Respect for and promotion of the right to development; (g) Respect for and promotion of equal rights and opportunities for women and men; (h) Respect for and promotion of the right of everyone to freedom of expression, opinion and information; (i) Adherence to the principles of freedom, justice, democracy, tolerance, solidarity, cooperation, pluralism, cultural diversity, dialogue and understanding at all levels of society and among nations; and fostered by an enabling national and international environment conducive to peace".

[1230] A. A. Cançado Trindade, *supra* nota 249, pp. 91- 92.

no repositório natural para o debate e o encaminhamento de questões que causavam a preocupação de Estados individual ou coletivamente.[1231] Atuando com base em suas capacidades de emitir recomendações (arts. 10, 11 e 14), as quais devem ser interpretadas como complementares àquelas do CSNU, à luz inclusive do art. 12,[1232] a AGNU tanto fez recomendações às partes para que buscassem a solução pacífica de uma determinada controvérsia, como indicou ela própria os termos para o encaminhamento de uma situação que pudesse representar ameaça ou ruptura da paz e da segurança internacionais. Inicialmente voltada à promoção de soluções pacíficas entre Estados,[1233] a AGNU passou a lidar com outros temas da agenda internacional em matéria de paz e segurança, como direitos humanos,[1234] crises em países específicos[1235] e apoio a processos de paz, como o Grupo de Contadora.[1236] Em que pese à natureza recomendatória e, *in extremis*, formadora do costume internacional enquanto expressão da *opinio iuris communis*, a ação da AGNU foi fundamental para garantir o tratamento de temas que,

---

[1231] Benedetto Conforti, *supra* nota 240, p. 217.

[1232] Para a CIJ, há "an increasing tendency over time for the General Assembly and the Security Council to deal in parallel with the same matter concerning the maintenance of international peace and security". *Supra* nota 819, para. 27-28.

[1233] Cf. A/RES/1947 (XV), que recomenda negociações para a solução da questão do Alto Adige entre Áustria e Itália; A/RES/1855 (XVII), de 1962, sobre a reunificação na península coreana; e A/RES/2504 (XXIV), de 1969, sobre o acordo entre a Indonésia e os Países Baixos. Com relação ao conflito árabe-israelense e a questão palestina, cf., entre outras, A/RES/2453 (XXIII-*A*), de 1968, A/RES/2535 (XXIV,B), de 1969; A/RES/177 (XLIII), de 1988; A/RES/2 (XLIV), de 1989; A/RES/68 (XLV), de 1990; A/RES/75 (XLVI), de 1991; A/RES/63 (XLVII), de 1992; e A/RES/42 (LIV), esta última relativa à solução pacífica da questão palestina.

[1234] Cf. A/RES/124 (XLII) sobre a tortura e o tratamento cruel de crianças na África do Sul; A/RES/7 e 138 (XLVI), de 1991, e A/RES/20 (XLVII), de 1992, sobre a situação de direitos humanos no Haiti; A/RES/139 (XLVII), de 1992, sobre a situação de direitos humanos em Cuba; A/RES/140 (XLVII), de 1992, sobre a situação de direitos humanos em El Salvador; A/RES/141 (XLVII), de 1992, e A/RES/234 (LVII), de 2002, sobre a situação de direitos humanos no Afeganistão, e A/RES/164 (LIII), de 1999, sobre direitos humanos no Kosovo.

[1235] Cf. A/RES/18 (XLVI), de 1991, sobre a situação no Camboja; A/RES/21 (XLVII), de 1992, sobre a retirada de forças militares estrangeiras dos Balcãs; e A/RES/113-A (LVII-A), de 2002, sobre a situação no Afeganistão.

[1236] Cf. A/RES/10 (XLIV), de 1989, A/RES/118 (XLVII), de 1992, e A/RES/94 (LIII), de 1999, sobre o processo de paz na América Central; e A/RES/10 (XXXVIII), de 1983, em apoio ao Grupo de Contadora.

apesar da relação direta com a paz e a segurança internacionais, não ingressavam na pauta do Conselho em razão de interesses de membros permanentes.[1237]

Importante avanço na defesa da paz deu-se em matéria de desarmamento e desnuclearização. O propósito de manter a paz e a segurança internacionais motivou a criação, com base na vontade soberana de Estados não nuclearizados, de "zonas livres de armas nucleares" em várias regiões do mundo, em linha com o regime criado pelo artigo VII do Tratado sobre a Não-Proliferação de Armas Nucleares (TNP), de 1968.[1238] Embora cada zona seja o resultado de circunstâncias regionais específicas, o que implica a existência de regimes jurídicos e estruturas de acompanhamento, esses mecanismos se caracterizam pelo compromisso recíproco dos Estados partes em proscrever a fabricação, o uso e até mesmo o trânsito de armamentos nucleares no interior de uma área geográfica delimitada.[1239] A criação de zonas desnuclearizadas obedece ao objetivo mais amplo de restringir, por meio de tratados acordados em âmbito pluri ou multilateral, a utilização de áreas

---

[1237] Cf. A/RES/1616 (XV), de 1961, sobre o conflito entre Cuba e Estados Unidos; A/RES/3160 (XXVIII), de 1973, A/RES/9 (XXXVII), de 1982, e A/RES/6 (XXXIX) sobre a controvérsia e o conflito armado entre Argentina e Reino Unido relativos às Ilhas Malvinas; A/RES/412 (XXXIV) sobre as negociações em relação a Gibraltar; A/RES/188 (XL), de 1985, que recomenda o fim do embargo unilateral aplicado à Nicarágua; A/RES/31 (XLI), de 1986), que recomenda aos EUA a respeitarem a decisão da CIJ de 27/6/ 1986 no caso relativo à intervenção na Nicarágua; A/RES/31 (XLI) sobre o bombardeio da Líbia pelos EUA; A/RES/240 (XLIV), de 1989, sobre a intervenção armada dos EUA no Panamá; A/RES/19 (XLVII), de 1992, e as várias outras subseqüentes, que solicitavam o fim do embargo econômico dos EUA contra Cuba.

[1238] O artigo VII do TNP consigna "o direito de qualquer grupo de Estados de concluir tratados regionais para assegurar a ausência total de armas nucleares em seus respectivos territórios". O assunto foi regulado pela via consuetudinária. Segundo a A/RES/ 3472 B (XXX), essas zonas são definidas como áreas que qualquer grupo de Estados, no livre exercício de sua soberania, tenham estabelecido em virtude de tratado ou convenção por meio dos quais se estabelecem (a) o estatuto da ausência total de armas nucleares ao qual a zona estará sujeita, incluindo o procedimento para sua delimitação e (b) um sistema internacional de verificação e controle a fim de garantir o cumprimento das obrigações previstas no estatuto. Em relatório de 1999, a Comissão de Desarmamento recomendou princípios e diretrizes para o estabelecimento de zonas livres de armas nucleares. Cf. *Report of the Disarmament Commission, Supplement* No. 42 (A/54/42), UN, New York, 1999, pp. 8-9.

[1239] Há cinco zonas livres de armas nucleares reconhecidas pela AGNU: (i) na América Latina e Caribe, estabelecido pelo Tratado de Tlatelolco, (ii) no Pacífico do Sul, pelo Tratado de Rarotonga, de 1985; (iii) no Sudeste Asiático, pelo Tratado de Bangkok, de 1995; (iv) na África, pelo Tratado de Pelindaba, de 1996, e (v) na Ásia Central, pelo Tratado sobre uma Zona Livre de Armas Nucleares na Ásia Central, de 2006. A AGNU também reconheceu, por meio da resolução 55/33, o *status* da Mongólia como país livre de armas nucleares.

além do alcance da jurisdição dos Estados para fins exclusivamente pacíficos. Entre os principais instrumentos convencionais que incorporam essa lógica, podem-se mencionar o Tratado da Antártida, de 1959;[1240] o chamado Tratado sobre o Espaço Exterior, de 1967,[1241] o Acordo da Lua, de 1979,[1242] e, no direito internacional do mar, o Tratado sobre a Proibição de Colocação de Armas Nucleares e Outras de Destruição em Massa, nos Fundos Marinhos e Leitos Oceânico, de 1971.[1243]

Embora originadas na Guerra Fria, tais zonas de paz refletem a visão de que a corrida armamentista, especialmente no campo das armas nucleares, é contrária à promoção e à consolidação da paz.[1244] Esses regimes internacionais revelam a *opinio iuris* prevalecente sobre o conceito de manutenção da paz calcada na lógica de cooperação entre os Estados. Essa convicção, presente,

---

1240 O art. V estabelece a proibição de explosões nucleares e do lançamento de lixo ou resíduos radioativos no continente antárctico. Prevê, ainda, que eventuais regras e compromissos estabelecidos pelos Estados Partes em outros regimes internacionais em favor da desnuclearização devem ser aplicados na Antártida (art. V (2)).

1241 O título é "Tratado sobre Princípios Reguladores das Atividades dos Estados na Exploração e Uso do Espaço Cósmico, inclusive a Lua e demais Corpos Celestes", cujo art. 4º dispõe sobre o compromisso dos Estados Partes de "não colocar em órbita qualquer objeto portador de armas nucleares ou de qualquer outro tipo de armas de destruição em massa, a não instalar tais armas sobre os corpos celestes e a não colocar tais armas, de nenhuma maneira, no espaço cósmico".

1242 Acordo que Regula as Atividades dos Estados na Lua e em Outros Corpos Celestes. O art. 3 prescreve que "não se colocarão em órbita da Lua ou em qualquer trajetória de vôo para a Lua, ou em torno dela, objetos portadores de armas nucleares e de qualquer outro tipo de armas de destruição em massa, nem instalarão ou usarão tais armas no solo ou no subsolo da Lua". O mesmo dispositivo prevê que "a Lua deve ser utilizada por todos os Estados-Partes exclusivamente para fins pacíficos" e proíbe (i) o recurso "ao uso ou ameaça de uso da força e a qualquer ato hostil ou ameaça de ato hostil", (ii) "o uso da Lua para a realização de tais atos ou a formulação de tais ameaças com relação à Terra, à Lua, às naves espaciais, à tripulação das naves espaciais e aos objetos espaciais artificiais", e (iii) "o estabelecimento de bases, instalações e fortificações militares, a realização de testes com qualquer tipo de armas e a execução de manobras militares".

1243 Além do compromisso de não instalar ou colocar nessas zonas quaisquer outros tipos de armas de destruição em massa, bem como estruturas especificamente destinadas a armazená-las, testá-las ou utilizá-las (art. I), esse tratado dispõe sobre o direito recíproco, entre os Estados signatários, de "verificar, mediante observações, as atividades dos demais Estados partes do Tratado no leito do mar, nos fundos marinhos e em seu subsolo, (...), desde que tal observação não interfira com as referidas atividades".

1244 Nos termos do Tratado Tlatelolco, de 1967, "o estabelecimento de zonas militarmente desnuclearizadas está intimamente vinculado à manutenção da paz e da segurança nas respectivas regiões".

sobretudo, entre países do mundo em desenvolvimento que não possuem armas de destruição em massa e que tampouco se sentem seguros sob o abrigo de outras potências armamentistas, foi fundamental para, se não os evitar, ao menos mitigar os riscos decorrentes da corrida armamentista nas décadas de 1970 e 1980. Na prática multilateral de direito internacional, essa dinâmica traduziu-se na ênfase crescente sobre a natureza pacífica da exploração de determinadas atividades e zonas determinadas (espaço exterior, continente antárctico e fundos marinhos). Tais atividades, além de exclusivamente pacíficas, deveriam orientar-se pelo benefício comum de todos os povos. A mudança de enfoque da confrontação para a cooperação contribuiu, ainda, ao avanço de agendas correlatas à promoção da paz, como o conceito de "patrimônio comum da humanidade" consignado em regimes que regulam áreas que não se encontram sob a soberania de nenhum Estado individualmente (fundos marinhos e espaço exterior, por exemplo).

Outro importante desdobramento deu-se a partir da relação causal e necessária entre o propósito de manter a paz e o dever de promover e proteger os direitos humanos. Já no primeiro parágrafo do preâmbulo da Declaração Universal dos Direitos Humanos, de 1948, lê-se que os direitos protegidos nesse instrumento consistem em "fundamento da liberdade, da justiça e da paz no mundo".[1245] No mesmo documento, o art. 26 (2) dispõe que o direito à educação é um instrumento para potencializar as atividades das Nações Unidas para a manutenção da paz[1246] e o art. 28 estabelece o direito a uma ordem social e internacional na qual os direitos e liberdades inscritos na Declaração possam ser plenamente realizados. No bojo do processo de codificação dos chamados "direitos humanos de terceira geração", em especial sob a idéia de "solidariedade internacional", ganhou força movimento favorável ao reconhecimento do "direito à paz".[1247] Esse esforço se traduziu, em 1984, na aprovação pela AGNU da chamada Declaração sobre o Direito dos Povos à Paz.[1248] Após reafirmar que o

---

[1245] O mesmo dispositivo é reproduzido, com ligeiras modificações, no parágrafo primeiro do Preâmbulo do Pacto Internacional sobre Direitos Civis e Políticos, de 1966.

[1246] Mais recentemente, o Estatuto de Roma do TPI consignou, no preâmbulo, o reconhecimento de que as mais graves violações do direito internacional dos direitos humanos e do direito internacional humanitário que foram tipificadas no instrumento, ameaçam a paz, a segurança e o bem-estar mundiais.

[1247] Philip Alston, 'Peace as a Human Right', *Security Dialogue*, October 1980, vol. 11, no. 4, 319-329.

[1248] A/RES/39/11, de 12 de novembro de 1984.

propósito principal das Nações Unidas é a manutenção da paz e da segurança internacionais, esse instrumento proclama o direito "sagrado" dos povos à paz e estabelece, como deveres correlatos dos Estados, a preservação e a promoção da paz por meio de políticas voltadas à eliminação da ameaça da guerra, em particular a nuclear, a renúncia ao uso da força nas relações internacionais e a solução pacífica das controvérsias.

Com base na Declaração de 1984, assistiu-se, nas décadas seguintes, à tentativa de codificação, no plano do direito internacional dos direitos humanos, de um direito humano à paz que, entre outras coisas, teria implicações para mecanismos de proteção.[1249] Esse processo ganhou força renovada no CDH a partir de 2008. Com base em estudo preparado pelo Comitê Assessor,[1250] foi estabelecido, em 2012, grupo intergovernamental encarregado de propor texto que pudesse servir de base para eventual declaração sobre o tema.[1251] As discussões não avançaram devido à resistência de Estados das mais variadas tendências fosse em relação à existência de um direito humano à paz objetivamente determinável,[1252] fosse pela oposição motivada por considerações estratégicas, vez que o debate sobre o tema incluía deveres correlatos em desarmamento e Estado Democrático de Direito, entre outros. Em que pese ao malogro da iniciativa, restou repositório de condutas preparado por especialistas, com obrigações em várias áreas.[1253] Não obstante, o direito humano à paz foi codificado em alguns regimes jurídicos regionais, como sua positivação como direito coletivo dos povos na Carta Africana sobre Direitos Humanos e

---

[1249] Jean-Pierre Cot & Alain Pellet, 'Préambule', *supra* nota 119, p. 303

[1250] A/HRC/20/31.

[1251] A/HRC/RES/20/15.

[1252] "Several delegations stated that a stand-alone "right to peace" did not exist under international law. In their view, peace was not a human right in and of itself: it was rather a goal that could be best realized through the enforcement of existing identifiable and distinguishable human rights". *Report of the Open-ended Inter-Governmental Working Group on the Draft United Nations Declaration on the Right to Peace* (A/HRC/WG.13/1/2) p. 6.

[1253] *Idem*, pp. 9-13.

dos Povos, de 1981, ainda sob a égide da OUA,[1254] e na Declaração dos Direitos Humanos da ASEAN, de 2012.[1255]

Os esforços em favor da paz conduziram também ao desenvolvimento na prática dos Estados de conceitos correlatos, como a noção de "coexistência pacífica".[1256] As raízes desse conceito remontam à ideologia marxista, tal como utilizado pelas lideranças da então U.R.S.S. para descrever o estádio das relações entre os blocos comunista e capitalista.[1257] A definição jurídica inicial desse conceito foi dada a partir da concepção soviética de direito internacional,[1258] como sendo o marco normativo fundamental para relações de competição e de cooperação entre Estados comunistas e capitalistas.[1259] Objetivamente, porém, o conceito de "coexistência pacífica" ganhou concretude normativa no acordo sobre o Tibet firmado pelos Primeiros Ministros de China e Índia,

---

[1254] Nos termos do art. 23, todos os povos têm direito à paz e à segurança nos planos doméstico e internacionais, sobre as bases dos princípios de amizade e solidariedade inscritos na Carta. Prevê, ainda, como obrigação imposta aos Estados, que seus respectivos territórios não sejam utilizados como bases para atividades subversivas ou terroristas contra outros Estados (art. 23 (2) (b)).

[1255] O art. 38 dispõe que o direito à paz é um direito individual e coletivo a ser garantido no marco da estrutura regional de segurança e estabilidade do mecanismo. Para esse fim, prescreve a obrigação dos Estados de promoverem a amizade e a cooperação em favor da manutenção da paz na região.

[1256] L. Focsanéanu, "Les 'cinq principes' de la coexistence et le droit international", 2 *Annuaire français de droit international* (1956), pp. 150-180.

[1257] Em discurso no XIV Congresso do Partido Comunista, em 1952, Stalin referiu-se à existência de "um equilíbrio de forças que colocou fim à guerra contra nós e que conduziu ao período de "coexistência pacífica" entre o Estado Soviético e os estados capitalistas". Anos depois, em 1957, Krushchev, buscou relacionar a expressão "coexistência pacífica" à escolha por Lenin da foice e do martelo como símbolos do labor pacífico e construtivo do comunismo, em oposição à espada.

[1258] Para Tunkin, o conceito de "coexistência pacífica" oferecia as bases de existência e, em última análise, de validade para as regras do direito internacional geral. As quatro décadas de relacionamento entre a U.R.S.S. e países ocidentais eram a prova de "peaceful co-existence, and therefore also general international law, are possible". G.I. Tunkin, "Co-existence and International Law", 95 *R.C.A.D.I.* (I-1958), 1, pp. 5-78.

[1259] F.I. Kozhevnikhow (ed.), *International Law*, Moscow, 1957, p. 7. Para além do universalismo da luta de classes, essa definição veiculava determinismo subjacente à ordem internacional, sob o entendimento de que o fim da lógica bipolar da Guerra Fria favoreceria o bloco comunista por meio da expansão dos países socialistas e da implosão doméstica do mundo capitalista. V.P. Gupta, 'The Asian Concept of "Peaceful Co-Existence"', 45 *Philippine Law Journal*, 1970, 623, pp. 624-625.

respectivamente Nehru e Chou En-lai, em Pequim, em 1954.[1260] Conhecido como *Panch Sheel*, esse instrumento, reforçado por Declaração Conjunta dos dois líderes em junho do mesmo ano, enumerou cinco princípios de coexistência pacífica: (i) respeito mútuo à integridade territorial e à soberania dos Estados; (ii) compromisso recíproco de não agressão; (iii) compromisso mútuo de não interferência nos assuntos domésticos; (iv) igualdade e benefício mútuo e (v) coexistência pacífica, sendo que este último serviria como norma guarda-chuva para os quatro anteriores.[1261] Segundo seus propugnadores, a aceitação desses princípios reforçava o sistema de segurança coletiva e expandia a "área da paz" no mundo, em oposição à lógica de destruição mútua entre as superpotências.[1262] Esse conceito deveria ser aplicado, sobretudo, na elaboração de normas de redução dos estoques de armamentos; na proscrição de testes, uso e manufatura de armas nucleares; na proibição da guerra de propaganda; na definição do crime de agressão e em outras normas orientadas pelo objetivo de preservar a paz.[1263]

A noção de "coexistência pacífica", em especial nos moldes propugnados pela URSS, foi recebida com profundo ceticismo no mundo ocidental. Isso ocorreu não só porque implicava visão confrontacionista sobre o relacionamento entre os Estados no plano externo,[1264] como também porque ia de encontro à ênfase colocada nas funções de controle da soberania estatal pelo direito internacional.[1265] Temia-se, ainda, que o conceito representasse tentativa de modificar o equilíbrio jurídico consagrado na Carta, da qual os propósitos e princípios inscritos nos Arts. 1 e 2 são a espinha dorsal. Politicamente, ademais, havia grande receio de que o conceito fosse instrumentalizado por movimentos nacionalistas no processo de descolonização sob o regime do princípio de

[1260] Em 1962, oito anos após a assinatura do instrumento, 1962, China e Índia travaram conflito armado pelo controle da região fronteiriça.

[1261] Os mesmos princípios foram reconhecidos pela doutrina soviética. Cf. F.I. Kozhevnikhow (ed.), *International Law*, Moscow, 1957, p. 17.

[1262] V.P. Gupta, *supra* nota 1459, pp. 625-626.

[1263] G. Tunkin, *supra* nota 1458, p. 59.

[1264] Cf. os comentários de John Hazard no encontro da Associação de Direito Internacional, em 1958, in International Law Association, *Report of the Forty Eighth Conference* (1958), 1959, pp. 417 *et seq*.

[1265] Edward McWhinney, '"Peaceful Co-Existence" and Soviet-Western International Law', 56 *American Journal of International Law* 951 (1962).

autodeterminação dos povos, uma vez que muitos países centrais do bloco capitalista ainda permaneciam, àquela altura, na condição de potências coloniais.

Diante da confrontação bipolar entre os blocos ocidental e comunista, o conceito de coexistência pacífica foi ligeiramente transformado na prática do Movimento dos Países Não Alinhados (NAM).[1266] A Declaração sobre a Promoção da Paz e da Cooperação Mundial, concluída na Conferência Ásio-Africana de Bandgung, de 1955, enumerou dez princípios sob a égide do objetivo de "live together in peace". Esse termo, retirado da Carta das Nações Unidas, correspondia ao conceito de "coexistência pacífica, mas sob lógica diferente: com base em "neutralismo ativo ou positivo",[1267] rejeitava-se a divisão do mundo em dois sistemas hostis entre si. O termo "coexistência pacífica" foi consagrado na prática diplomática dos países não alinhados na Declaração de Belgrado, em 1961, a qual confere ênfase à necessidade de promover a cooperação internacional para a promoção da paz entre Estados a despeito de seus respectivos sistemas políticos, sociais e econômicos.

O debate sobre o conceito de "coexistência pacífica" chegou à AGNU mediante resolução proposta pela URSS e aprovada, em 1957, que estipulava a elaboração de declaração sobre os "princípios de coexistência pacífica". O encaminhamento do tema sofreu resistência por parte de Estados de várias regiões do mundo, sobretudo do bloco ocidental, para os quais os princípios de coexistência pacífica nada mais eram que os mesmos princípios inscritos da Carta, com ligeiras modificações.[1268] Com vistas a aproximar posições sobre a questão, foi aprovada, em 1957, a resolução 1236 (XII) da AGNU. Intitulada *Peaceful and Neighbourly Relations Among States*, esse instrumento conclamava, por um lado, os Estados a desenvolverem relações pacíficas e tolerantes baseadas nos mesmos princípios enumerados no Acordo de *Panch Sheel* (respeito e benefício mútuos, não agressão, respeito recíproco à soberania estatal, igualdade e integridade territorial, e não intervenção nos assuntos domésticos). Por outro, inscrevia esse esforço no marco da Carta. A divergência so-

---

[1266] Trata-se, segundo Gupta, do conceito asiático de coexistência pacífica. V.P. Gupta, *supra* nota 1459, p. 623.

[1267] Segundo Chou En-lai, "in actual fact, for countries of different social systems to live together in peace is the same as peaceful co-existence". V.P. Gupta, *supra* nota 1459, pp. 626-627.

[1268] Na AGNU, o representante norte-americano, Henry Cabot, aduzia que "these principles, stated in another way, are what we are all committed to by our adherence to the charter of the United Nations".

bre o tema só foi solucionada por meio da Declaração sobre os Princípios de Direito Internacional de 1970, na qual, ao invés do termo "coexistência pacífica", consignou-se a fórmula de princípios que regem "as relações amistosas e de cooperação entre os Estados conforme a Carta da ONU".

Aparentemente superado, o conceito de "coexistência pacífica" parece ressurgir com a ascensão da China.[1269] O assunto reapareceu com ênfase na prática diplomática chinesa, em referências feitas sobre o tema por altas autoridades de Pequim[1270] e em justificativas de votos no CSNU. Mas para além de sua utilização política, não parece justificar-se, ao menos da perspectiva jurídica, a retomada do tema, sobretudo após o processo de codificação na Declaração de 1970. Embora seja fundamental preocupar-se com a manutenção da paz e com a proibição do uso da força à margem da Carta, bem como é necessário reconhecer a atualidade dos princípios fundamentais do direito internacional, vários dos quais consignados na lista dos princípios de *Panch Sheel*, não se deve interpretar a noção de "coexistência pacífica" como autorização para o descumprimento de obrigações internacionalmente previstas em temas como direitos humanos, tal como entendido pelo bloco comunista no passado.

Passados mais de setenta anos desde a criação das Nações Unidas, a avaliação sobre os esforços relacionados ao objetivo de manter a paz e a segurança internacionais são no mínimo contraditórios. Por um lado, houve certo êxito no objetivo de evitar novo conflito em escala planetária, tal como mencionado no preâmbulo da Carta. Por outro lado, assistiu-se, paralelamente à dissuasão entre as superpotências nucleares, à explosão de guerras de média e pequena intensidade tanto no plano das relações interestatais, quanto no interior de Estados soberanos. Os mesmos avanços bélico-tecnológicos que tornavam demasiado altos os riscos de um conflito total entre atores centrais do sistema internacional foram responsáveis pelo aumento vertiginoso de vítimas humanas em conflitos armados tradicionais, ao arrepio do direito internacional

---

[1269] Esse processo tem-se caracterizado pela crítica de internacionalistas chineses quanto à natureza do direito internacional contemporâneo. Cf. Wang Tieya, 'International law in China: historical and contemporary perspectives', 221 *R.C.A.D.I.* (1990-II), 195-369; e Xue Hanqin, *Chinese Contemporary Perspectives on International Law: History, Culture and International Law*, Martinus Nijhoff Publishers, 2012.

[1270] Em discurso pronunciado em junho de 2014 por ocasião do 60º aniversário do acordo de 1954, o Presidente Xi Jinping afirmou, tendo como pano de fundo a situação de segurança na Ásia, que "the Five Principles of Peaceful Coexistence have become the basic norms governing international relations as well as basic principles of international law".

humanitário.[1271] A avaliação ganha contornos mais críticos quando se tem presente que os próprios membros permanentes do Conselho envolveram-se em vários episódios que constituíam, na prática, ameaças, agressões ou atos de ruptura da paz. Ou então, mesmo quando não envolvidos diretamente, que atuaram no órgão para impedir o encaminhamento de soluções para situações em razão de alianças particulares ou interesses estratégicos.[1272] Tais casos colocam em xeque, em última análise, a premissa de que a guerra foi proscrita como meio de solução de controvérsias.[1273]

Apesar de suas inegáveis imperfeições, entre as quais a não execução do art. 43 da Carta, a arquitetura da manutenção da paz e da segurança internacionais criada pelas Nações Unidas permanece de grande atualidade. Foi com base no mesmo espírito realista que orientou a fundação do sistema de segurança coletivo em 1945 que foi possível encontrar alternativas criativas que garantiram a evolução interpretativa das funções do Conselho em face de situações concretas de ameaças ou rupturas da paz e da segurança internacionais.[1274] Após a queda do muro de Berlim, em 1989, assistiu-se a um período de convergência de posições no seio do CSNU, sobretudo entre membros permanentes, que permitiu a reativação de suas atividades no campo da segurança coletiva.[1275] Em várias ocasiões, as decisões do Conselho, mesmo quando coercitivas, foram de natureza não militar sob a hipótese prevista no art. 41 da Carta. O conceito de segurança coletiva ultrapassou os limites das hipóteses tradicionais de agressão interestatal para lidar com outros tipos de ameaças à paz e à segurança internacionais que se relacionam não só à segurança de Estados soberanos, mas igualmente de indivíduos.[1276] Ao mesmo tempo, as sanções aplicadas pelo CSNU foram aperfeiçoadas, sobretudo de natureza eco-

---

[1271] "Les instituts de polémologie font observer que le monde n'a connu que 26 jours de paix depuis le Seconde Guerre Mondiale". Mohammed Bedjaoui, *supra* nota 1374, p. 320.

[1272] No passado recente, recrudesceram ações militares carentes de autorização do CSNU. Frontalmente contrária à ordem jurídica vigente, essa dinâmica consiste, na prática, em retorno ao conceito anacrônico de "guerra justa", em princípio superado pelo regime onusiano. A expressão maior desse fenômeno são os chamados "ataques preventivos" e a "intervenção humanitária unilateral".

[1273] Mohammed Bedjaoui, *supra* nota 1374, pp. 322-323.

[1274] Manfred Lachs, Vera Gowlland-Debbas, *supra* nota 1375, p. 332.

[1275] B. Conforti, *supra* nota 240, pp. 170-171.

[1276] "Diplomatie préventive, maintien de la paix, rétablissement de la paix et consolidation de la paix sont donc étroitement liés", Manfred Lachs, Vera Gowlland-Debbas, *supra* nota 1375, p. 335.

nômica, de forma a resguardar a população civil de efeitos nocivos. A noção de "eficaz" inscrita no conceito de medidas coletivas assumiu também a dimensão das populações civis. Tal fenômeno hermenêutico permitiu adaptar o sistema de segurança coletivo à realidade internacional contemporânea sem, no entanto, afastar-se das premissas da ordem jurídica acordada em 1945.[1277]

Mesmo após a onda de unilateralismo após os trágicos atentados terroristas de 11 de setembro, o sistema de segurança coletivo serviu como importante *locus* deliberativo sobre novas ameaças à paz, em especial no que toca ao combate ao terrorismo e à proliferação de armas nucleares, químicas e bacteriológicas. Sob o impacto vertiginoso provocado pela velocidade dos novos meios de comunicação e de transporte em escala planetária, tais circunstâncias exigem esforço renovado de cooperação interestatal. A natureza dessas ameaças faz com que todos os Estados, a despeito de suas dimensões populacionais, territoriais, militares ou econômicas, estejam sujeitos às novas ameaças do início do século XXI.[1278] O aumento exponencial dos riscos à ordem internacional reforça a visão positiva e ampla do conceito de "paz", em favor de perspectiva preventiva, ao revelar que na raiz de grande parte de situações contrárias à paz e à segurança internacionais há desafios em matéria de desenvolvimento e de respeito aos direitos humanos.

Prática Diplomática Brasileira

Antes mesmo da inscrição do princípio de "defesa da paz" na Constituição, o compromisso com a manutenção da paz e da segurança internacionais já era traço característico da prática brasileira. Fosse no discurso diplomático, no qual se expressava a *opinio iuris* sobre o tema de forma genérica e específica, fosse na participação em iniciativas e operações, a defesa da paz foi elemento contínuo do costume brasileiro no século XX. A política exterior brasileira tinha um pressuposto fundamental: era do interesse nacional garantir ambiente externo de paz com outras nações. O uso da força, ainda que necessário em casos extremos,

---

[1277] Vale mencionar a Comissão de Construção da Paz, criada em 2005 na Cúpula Mundial. A CCP tem o mandato de promover a consolidação da paz em países recém egressos de conflitos armados por meio da manutenção das condições de segurança, da promoção da estabilidade política mediante processos democráticos e do impulso ao desenvolvimento sustentável. Gilda Motta Santos, *Comissão das Nações Unidas para Consolidação da Paz: perspectiva brasileira*, Brasília, FUNAG, 2009.

[1278] Manfred Lachs, Vera Gowlland-Debbas, *supra* nota 1375, p. 335.

impõe riscos aos interesses nacionais diante de realidade internacional complexa e muitas vezes desfavorável. Daí a preferência histórica do Brasil pela diplomacia, pelo diálogo e pela cooperação para evitar não só a guerra, mas também o desentendimento e o acirramento das diferenças entre os Estados.

A manutenção de relações pacíficas com outros Estados é a linha central sobre a qual se desenvolveu a lógica discursiva da política exterior brasileira.[1279] Como corolário do compromisso com a promoção da paz, ganhou força, nos primórdios do período republicano, a convicção de que aquilo que se chama hoje de multilateralismo se mostrava a via mais favorável à defesa dos interesses nacionais. Isso se verificou já na participação do Brasil nas primeiras conferências internacionais. Rio Branco vaticinou, no início do século XX, o enorme potencial das conferências internacionais para a promoção da paz entre os Estados. Ao contrário de conferências de paz anteriores, que tinham lugar no ocaso da guerra e eram organizadas em torno da imposição dos termos da paz pelo vencedor no campo de batalha, as novas conferências eram "meios de conciliar interesses opostos ou aparentemente contrários, encaminhando-os em seguida para o mesmo serviço do ideal do progresso na paz".[1280] Na II Conferência de Paz da Haia, em 1907, a tradição pacífica do Brasil e das nações sul-americanas foi argumento contrário à suposição, de potências européias, de que a composição do novo tribunal permanente de arbitragem correspondesse à força militar dos Estados. Para o Brasil, a defesa da paz, enquanto característica distintiva de um país, deveria ser utilizada em favor e não em detrimento da posição de um Estado na ordem internacional, ao lado do princípio de igualdade entre nações soberanas.[1281] Sem perder de vista a defesa intransigente do interesse nacional, a identidade internacional do Brasil asso-

---

[1279] "Quem quer preparar a paz ajusta as suas relações pela harmonia, pelo acordo, pela benevolência recíproca. Quem quer preparar a guerra atiça a inimizade e fomenta a discórdia". Quintino Bocayuva, sobre os Propósitos da Condução das Relações Exteriores do Governo Provisório, publicado no jornal O *Paiz*, no Rio de Janeiro, em 13/1/1892, in A.A. Cançado Trindade, *supra* nota 509, p. 53

[1280] A paz "se manifesta na inteligência com que se busca promover relações políticas mais íntimas, evitar conflitos e regular a solução amigável de divergências internacionais, harmonizando as leis do comércio entre os povos, facilitando, simplificando, estreitando os contatos entre eles". Barão do Rio-Branco na III Conferência Internacional Americana, no Rio de Janeiro, em 23/7/1906. MRE, *III Conferência Internacional Americana: Rio-Branco e Root – Discursos*, Rio de Janeiro, Imprensa Nacional, 1906, pp. 5-8.

[1281] Rui Barbosa na II Conferência de Paz da Haia, *in* A.A. Cançado Trindade, *supra* nota 508, p. 58.

ciava-se ao objetivo de propugnar a paz e o respeito ao direito internacional, em oposição à guerra e à força dos poderosos.[1282] Como a defesa da paz entre os Estados relacionava-se ao direito internacional, o apoio à progressiva codificação e expansão do *corpus iuris* internacional tornou-se a expressão natural do compromisso do País com a paz mundial.[1283]

Mas a defesa da paz não se confundiu com a neutralidade do Brasil.[1284] Embora presente como aspecto da prática diplomática em momentos específicos anteriores à criação das Nações Unidas, a condição de neutralidade jamais foi alçada a característica definidora ou princípio basilar de nosso costume internacional.[1285] Na República Velha, o Brasil optou pela neutralidade diante de conflitos opondo países com os quais mantínhamos – e interessava-nos manter - relações diplomáticas em normalidade. Assim foi na Guerra Hispano-americana do final do século XIX[1286] e na Guerra do Pacífico, envolvendo Bolívia, Chile e Peru, nas quais o Brasil agiu para evitar que as relações com esses países fossem utilizadas para o provimento de meios militares.[1287]

[1282] "Numa assembléia convocada para organizar a paz, não se podem classificar os votos segundo preparação dos Estados para a guerra". Rui Barbosa, *Obras Avulsas – I: A Conferência de Haia*, Rio de Janeiro, Casa de Rui Barbosa, 1962, pp. 11-13 e 15-17.

[1283] *A Codificação Americana do Direito Internacional- Documentos Officiaes* (Coligidos e publicados por ordem do MRE por Sylvio Romero-Filho), vol. II, Rio de janeiro, 1927, pp. 448-451. Importante expressão dessa visão consistiu na assinatura de tratados pacifistas no início do século XX, a exemplo do Tratado Especial entre Brasil, Argentina e Chile, de 1915.

[1284] Affonso Arinos de Mello Franco na XVI Sessão Ordinária da AGNU, em 1961, in Luiz Felipe Seixas Corrêa (org.), *supra* nota 520, p. 155.

[1285] "Em vez de uma Liga dos neutros, uma Liga de paz e de justiça. (...). A preocupação deve ser a de conservarmo-nos dignos da communidade de direito internacional do Ocidente". MRE. *Relatório Apresentado ao Presidente da República dos Estados Unidos do Brazil pelo Ministro de Estado das Relações Exteriores* - 1896. Rio de Janeiro, Imprensa Nacional. 1896, pp. 3-6.

[1286] MRE. *Relatório Apresentado ao Presidente da República dos Estados Unidos do Brazil pelo Ministro de Estado das Relações Exteriores* - 1898, Rio de Janeiro. Imprensa Nacional, 1898, pp. 13-15. O Governo brasileiro editou medidas para evitar o envolvimento de nacionais ou do acesso ao território nacional para a aquisição de equipamentos militares ou para atividades relacionadas ao conflito armado. *Circular do Ministério das Relações Exteriores aos Presidentes e Governadores dos Estados e Ministérios*, de 29/4/1898. *In* A.A. Cançado Trindade (org.), *supra* nota 991, pp. 220-224.

[1287] Nota do Governo Brasileiro, de 16/5/1904, à Legação do Peru, sobre a proibição do trânsito de armas com destino ao Peru pelo Amazonas. *In* A.A. Cançado Trindade, *Repertório da Prática Brasileira do Direito Internacional Público (Período 1899-1918)*, Brasília, FUNAG/ MRE, 2012, 2a. ed., p. 374.

Da mesma forma, o comprometimento com a manutenção da paz, mesmo sob a acepção de ausência de conflitos, não assumiu feições de um pacifismo irresponsável diante das realidades de poder da ordem internacional. Essa *opinio iuris* foi expressa na II Conferência da Paz em Haia por Rui Barbosa, que propugnou o compromisso geral com a proibição da guerra de conquista, mas reconheceu a hipótese do recurso à força como meio de restaurar a justiça e o direito.[1288] Foi em momentos críticos da história contemporânea que esse sentimento revelou-se nitidamente. Ao declarar fim da neutralidade em relação ao conflito que se desenrolava no continente europeu, o Brasil justificou o ingresso na I Guerra Mundial como ato necessário à defesa da paz e da ordem jurídica internacional que se encontrava ameaçada por atos de agressão,[1289] mas com a devida ressalva de não ter pretensões de expansão ou ocupação territorial.[1290] O ingresso do Brasil II Guerra Mundial ao lado dos países aliados também só ocorreu após atos de guerra praticados pela Alemanha contra o Brasil. O engajamento foi justificado como medida extrema de legítima defesa diante de atos de agressão por parte dos países do Eixo.[1291] Até então, o Brasil havia mantido neutralidade entre os beligerantes,[1292] mesmo após declarações de solidariedade americana aprovadas no Panamá (1939), Havana (1940) e Rio de Janeiro (1942),[1293] que demandavam o rompimento de relações diplomáticas com os países do Eixo.[1294]

[1288] *In Obras Completas de Rui Barbosa*, vol. XXXIV (1907), - tomo II: *A Segunda Conferência da Paz*, Rio de Janeiro, MEC, 1966, p. 97-98.

[1289] Nota da Embaixada do Brasil em Washington ao Secretário de Estado dos Estados Unidos, de 4/7/1917, sobre a revogação da neutralidade na I Guerra Mundial. MRE, *Guerra da Europa - Documentos Diplomáticos, Attitude do Brasil - 1918*, Rio de Janeiro, Imprensa Nacional, 1918, p. 226.

[1290] Resposta do Brasil, de 13/11/1917, por intermédio da Legação junto ao Vaticano, à carta de 1/8/1917 contendo a proposta de paz do Papa Bento XV. MRE, *Guerra da Europa - Documentos Diplomáticos, Attitude do Brasil -1914/1917*, Relatório do MRE, 1917-1918, vol. I, Rio de Janeiro, Imprensa Nacional, 1917, pp. 123-125.

[1291] A.A. Cançado Trindade, *supra* nota 517, pp. 385-386.

[1292] Cf. Regras Gerais de Neutralidade do Brasil estabelecidas pelos decretos-leis de janeiro e abril de 1941.

[1293] A III Reunião, no Rio, foi subseqüente ao ingresso dos Estados Unidos na guerra após *Pearl Harbor*.

[1294] Em linha com o que se havia acordado nas Conferências Internacionais Americanas anteriores, foi aprovado, em Havana, compromisso de assistência recíproca e de cooperação defensiva com base no reconhecimento de que "todo atentado de um Estado

Sob a égide da Carta, o compromisso do Brasil com a defesa da paz revelou-se *prima facie* no engajamento em operações de manutenção da paz.[1295] O Brasil participou do primeiro desdobramento de tropas sob a égide das Nações Unidas, a saber, a Força de Emergência das Nações Unidas (UNEF), criada em 1956 para manter a paz no Suez.[1296] O mandato da operação, um clássico exemplo de *buffer zone*, consistia em assegurar a paz durante a retirada das tropas estrangeiras (britânicas, francesas e israelenses) do território egípcio para os marcos limítrofes estabelecidos pelo armistício de 1948. A ação foi justificada pela opinião de que, "dentro da tradição diplomática brasileira, [o Brasil] tudo fizesse pelo resguardo da paz, pela garantia dos povos, para que se assegurasse a liberdade desses povos e a justiça internacional".[1297] Embora inovação jurídica consuetudinária na prática dos órgãos onusianos, o Brasil nutre convicção quanto à utilidade e necessidade das operações de manutenção da paz para a estabilidade internacional.[1298] Sob a égide dos princípios que orientam a criação dessas operações (imparcialidade entre as partes em conflito, uso da força somente em legítima defesa e no cumprimento do mandato e pedido ou consentimento do Estado anfitrião), o Brasil manteve o entendimento de que tais operações não se voltam à punição de agressores, mas a "impedir o desencadeamento de luta armada e assegurar o respeito à cessação de hostilidades",

não americano contra a integridade ou a inviolabilidade do território e contra a soberania ou independência política de um Estado americano será considerado como um ato de agressão contra os Estados" da região. Já como conseqüência das decisões adotadas na III Reunião do Rio de Janeiro, em janeiro de 1942, o Brasil rompeu relações diplomáticas com Alemanha, Itália e Japão.

[1295] O Brasil já participou de mais de 50 operações de paz e missões similares, tendo contribuído com mais de 33.000 militares, policiais e civis. Cf. Paulo Roberto Campos Tarrisse da Fontoura, *supra* nota 1371, pp. 209-273.

[1296] Em termos funcionais, a questão foi tratada pela AGNU em razão de impasse no CSNU devido aos vetos de França e Reino Unido. Foi convocada Sessão Especial de Emergência da AGNU para deliberar sobre o tema, que resultou na aprovação de duas resoluções, ambas com voto favorável do Brasil. A primeira determinava a cessação imediata das hostilidades na zona conflagrada; a segunda aprovava a constituição, sob os auspícios do SGONU, de Força de Emergência da ONU, sob a supervisão de uma Comissão Consultiva composta de sete países, entre os quais o Brasil. A participação brasileira baseou-se em aprovação do Congresso Nacional pelo Decreto Legislativo de 22/11/1956. *In* A.A. Cançado Trindade (org.), *supra* nota 530, pp. 362 e 368.

[1297] *In* A.A. Cançado Trindade (org.), *supra* nota 530, p. 365.

[1298] *In* A.A. Cançado Trindade, *supra* nota 530, pp. 374-375.

com vistas a criar "condições de paz que facilitem o encaminhamento das soluções pacíficas necessárias".[1299]

A ênfase tanto da *opinio iuris* quanto da prática brasileira em defesa da paz recai sobre os meios preventivos e promotores da chamada paz, isto é, na vertente de construção da paz. A premissa de que a força só deve ser utilizada como *ultima ratio* desdobra-se no esforço contínuo da diplomacia brasileira tanto em promover as condições para um ambiente de paz internacional (desenvolvimento socioeconômico e direitos humanos), quanto em pôr em marcha atividades preventivas como desarmamento, não proliferação, diálogo e cooperação, em oposição à ameaça e à confrontação no encaminhamento de soluções para as questões da agenda de paz e segurança internacionais. Desenvolvimento, direitos e humanos e paz – os três pilares do sistema das Nações Unidas – estão na base da defesa pelo Brasil de ações voltadas ao fortalecimento, restabelecimento ou, em alguns casos, a própria constituição das instituições do Estado em exame, como pressupostos de eficácia para a consolidação da paz.

Nessa ordem de idéias, o *locus* deliberativo privilegiado para a atuação da diplomacia brasileira em defesa da paz tem sido, na linha da tradição de Rio-Branco, os mecanismos multilaterais e regionais. O primeiro reflexo da primazia dessa vertente na prática brasileira dá-se na própria agenda de paz e segurança das Nações Unidas. Embora reconhecendo a possibilidade de uso da força como *ultima ratio* em situações extraordinárias, o Brasil defendeu sempre a necessidade de atacar as raízes mais profundas das causas de instabilidade e de conflitos armados.[1300] No tratamento de situações no marco do CSNU, a diplomacia brasileira favorece que os mandatos das operações autorizadas pelo órgão não se restrinjam à tarefa de garantir a cessação da violência, mas integrem atividades de promoção do desenvolvimento socioeconômico e dos direitos humanos. Essa visão multidimensional da paz refletiu-se no apoio do Brasil aos esforços de consolidação da paz em países egressos de conflito armado, sob a crença de que o fracasso da comunidade internacional organizada em manter a paz tende a deixar essas zonas mais vulneráveis a nova espiral de conflito e de violações dos direitos humanos. De forma tautológica, a conso-

---

[1299] *In* A.A. Cançado Trindade (org.), *supra* nota 530, p. 375.

[1300] O Brasil atuou na Conferência da Paz, em 1946, em defesa de tratamento equânime para a Itália, nação contra a qual havia guerreado anos antes. *In* A.A. Cançado Trindade (org.), *supra* nota 517, p. 402.

lidação da paz requer a superação dos desafios que estiveram na raiz do quadro de instabilidade e que se relacionam, muitas vezes, a temas como pobreza extrema, ausência de serviços básicos e falta de acesso à justiça. Essa moldura conceitual tem orientado a atuação do Brasil na Comissão de Consolidação da Paz (CCP).[1301] Para os arranjos específicos dos países que se encontram na agenda da Comissão, o Brasil tem propugnado pelo reforço dos vínculos da CCP com outros órgãos multilaterais, em especial o CSNU, de forma a garantir o tratamento abrangente e, em alguns casos, continuado das situações em exame.[1302] Sem promoção do desenvolvimento socioeconômico e respeito aos direitos humanos, toda paz será precária.

É, igualmente, no engajamento da diplomacia brasileira em temas como desarmamento e não proliferação nuclear que se podem retirar elementos do compromisso do Brasil com a defesa da paz no sistema internacional.[1303] O objetivo de limitar, em termos territoriais, o risco atômico, foi expresso por meio do apoio a iniciativas aprovadas regional e multilateralmente em matéria de desarmamento e desnuclearização. O Brasil esteve entre os doze países signatários originais do Tratado da Antártida, de 1959, que restringiu o uso do continente antártico apenas para fins pacíficos (art. 1º) e proibiu a realização de explosões nucleares e o depósito de material radioativo (art. 5º). O Brasil também votou favoravelmente à res. 1652 (XVI) da AGNU, que reconheceu o continente africano como zona desnuclearizada. Além disso, no plano discursivo (*opinio iuris*), o Brasil sempre expressou oposição à realização de testes nucleares, fosse porque estimulavam a corrida nuclear, fosse pelos riscos à contaminação da biosfera.[1304]

Em termos materiais, o Brasil sustenta *opinio iuris* quanto à existência de um dever imposto aos Estados nucleares de "respeitar zonas de paz e desnuclearizadas resultantes de acordo soberanos entre os países da região", bem como de obrigações "de Estados militarmente nuclearizados de não utilizar, ou ameaçar utilizar, armas nucleares contra Estados não-nucleares que sejam partes

---

[1301] O Brasil elegeu-se por aclamação para a presidência da CCP, em 2014. Além de presidir a Comissão, o Brasil também dirige os trabalhos da *Configuração Específica para a Guiné-Bissau* desde sua criação, em 2007.

[1302] Embaixador Antônio de A. Patriota, *O Brasil e a consolidação da paz*, artigo publicado em 28/1/2015, na Folha de S. Paulo.

[1303] San Tiago Dantas, na Conferência do Comitê das 18 Nações sobre o Desarmamento, Genebra, em 16/3/1962. San Tiago Dantas, *supra* nota 522, p. 205.

[1304] Discurso de San Tiago Dantas, *in* A.A. Cançado Trindade, *supra* nota 530, pp. 390-391.

de zonas desnuclearizadas".[1305] Para o Brasil, as zonas militarmente desnuclearizadas definem-se tanto pelos compromissos assumidos reciprocamente entre os Estados Partes em matéria de proscrição de armas nucleares, quanto pelos direitos subjetivos desses países oponíveis em face de terceiros Estados, em especial militarmente nucleares, aos quais correspondem deveres de abstenção em relação à zona desnuclearizada. Além do regime estabelecido pelo Tratado de Tlatelolco, um dos principais avanços nessa área foi a chamada Zona de Paz e Cooperação no Atlântico Sul (ZOPACAS). Iniciativa de caráter inovador e entre as de maior relevo entre aquelas propugnadas pela diplomacia brasileira, a ZOPACAS foi aprovada nas Nações Unidas (AGNU) com o objetivo não só de consignar regime de desnuclearização, como também de promover a cooperação no Atlântico Sul no tocante a outros temas da agenda de paz e segurança (operações de manutenção da paz) e de benefício comum (meio ambiente e manejo de recursos marítimos).[1306]

O Brasil atuou também para garantir que o compromisso com a proscrição do uso da energia nuclear para fins bélicos não obstasse a utilização dessa tecnologia para fins pacíficos. Essa premissa se desdobrou na defesa de que a aplicação de salvaguardas ocorresse de forma não discriminatória e universal, e que não afetasse o desenvolvimento cientifico e tecnológico para fins exclusivamente pacíficos, bem como que se evitasse ingerência indevida nos assuntos internos de Estados soberanos, em linha com os princípios de cooperação internacional, de igualdade soberana e de não intervenção. Nesse mesmo diapasão, o Brasil defendeu maior abertura no tratamento da matéria na agenda multilateral de forma a permitir que a participação dos Estados em foros negociadores se desse em bases não discriminatórias entre países militarmente nuclearizados e não nuclearizados.[1307] Nessa concepção, a defesa da paz é não só uma tarefa de todos os Estados, mas um direito igualmente compartilhado.

Como seria natural, o enfoque das preocupações do Brasil com a defesa da paz recaiu, tradicionalmente, em seus espaços geopolíticos mais imediatos. A essa preferência se aliava a percepção de que, sobretudo na América Latina e Caribe, estavam enraizadas práticas favoráveis à solução pacífica de controvérsias.[1308] Para o Brasil, a defesa da paz é antes de tudo um compromisso

---

[1305] Embaixador Sérgio Corrêa da Costa, *idem*, pp. 394-395.

[1306] Roberto de Abreu Sodré, *supra* nota 386, p. 16.

[1307] Sérgio Corrêa da Costa, *in* A.A. Cançado Trindade, *supra* nota 530, p. 395.

[1308] Ramiro Saraiva Guerreiro na XXXVI Sessão Ordinária da AGNU, em 1981, *idem*, p. 396.

compartilhado pelas nações do hemisfério interamericano. Nos primórdios da República, essa tendência se mostrou em relação às questões de limites,[1309] por meio do recurso voluntário à via pacífica do arbitramento em controvérsias internacionais e pela assinatura de acordos bilaterais fronteiriços que consolidaram os limites do território nacional.[1310] Revelou-se, no contexto de conferências internacionais americanas, na promoção do entendimento mútuo no marco do direito internacional. Mas a visão brasileira de paz não se restringia à mera ausência de conflitos armados, pois incorporava o imperativo de promover o desenvolvimento socioeconômico como condição fundamental para a manutenção da estabilidade regional.[1311]

Em perspectiva histórica, o Brasil privilegia mecanismos regionais para o encaminhamento de controvérsias na região. A despeito de tendências ideológicas as mais variadas ao longo do último século, a diplomacia brasileira atuou, de forma individual ou no contexto de mecanismos regionais e multilaterais, com o objetivo de manter ambiente de paz e prosperidade em seu entorno geográfico. Após precedentes de relevo no passado,[1312] caso paradigmático em defesa da paz regional foi a participação do Brasil no chamado Grupo de Apoio a Contadora, na América Central.[1313] Em linha com a Carta das Nações Unidas,

---

[1309] Quintino Bocayuva, *supra* nota 991, p. 53

[1310] MRE, *Relatório Apresentado ao Presidente da República dos Estados Unidos do Brasil pelo Ministro de Estado das Relações Exteriores – 1912/1913*, Rio de janeiro, Imprensa Nacional, 1913, pp. 71-88.

[1311] MRE. *Relatório Apresentado ao Presidente da República dos Estados Unidos do Brazil pelo Ministro de Estado das Relações Exteriores* - 1896. Rio de Janeiro, Imprensa Nacional. 1896, pp. 3-6.

[1312] Um dos casos de maior relevo foi a atuação brasileira em favor da paz entre Equador e Peru. Ainda na República Velha, diante do recrudescimento de escaramuças e de manifestações nacionalistas nos dois países, com tendências de conflagração aberta e ampla, Brasil, Argentina e Estados Unidos agiram para evitar a continuidade das hostilidades e criar ambiente de confiança para o encaminhamento do diferendo. Décadas depois, o Brasil foi um dos Estados Garantes do Protocolo de Paz, Amizade e Limites firmado em 1942, entre Peru e Equador, com relação à questão de limites entre os dois países. Esse acordo deu-se por meio da ação decisiva do Brasil para criar ambiente de confiança entre as partes e solucionar o impasse. Embora, mais uma vez, não fosse possível encerrar definitivamente a controvérsia, foi obtida a cessação das hostilidades e a desmilitarização da faixa de fronteira.

[1313] O Grupo de Contadora foi estabelecido em 1983 entre os Governos de Colômbia, México, Panamá e Venezuela para promover a paz na América Central, em especial El Salvador, Guatemala e Nicarágua, países nos quais o acirramento da guerra civil ameaçava desestabilizar toda a região. Como resultado, seria aprovada, em 1984, a Ata de Paz e Cooperação na América Central de Contadora. Em 1985, por ocasião da posse presidencial

o mecanismo de Contadora foi um arranjo para a encaminhamento político e diplomático da grave crise que assolava a América Central, em meio a práticas intervencionistas diretas e indiretas de potências estrangeiras.[1314] Com o copatrocínio da AGNU e do CSNU, esse mecanismo conduziu à aprovação do Acordo de Paz de Esquípulas, que lançou bases para pacificar a região.[1315] Esse mesmo paradigma de diálogo e concertação esteve na raiz das iniciativas brasileira em favor da criação de mecanismos na América do Sul. Um dos mais recentes, a UNASUL, que tem entre seus compromissos fundamentais o fortalecimento da democracia, tem prestado importante apoio à mediação de crises domésticas[1316] e entre países da região,[1317] evitando o recrudescimento de tensões e conflitos em zonas fronteiriças. A UNASUL serve como fórum para a proposição de medidas de construção de confiança, superando uma das principais dificuldades que estiveram na raiz de vários conflitos no continente.[1318] Laços históricos, culturais e linguísticos também motivaram a defesa da

---

de Alan García no Peru, Argentina, Brasil, Peru e Uruguai anunciaram a criação do Grupo de Apoio a Contadora, ou Grupo de Lima. Contadora tinha como seus principais objetivos o controle do tráfico de armas na região, a proibição da interferência militar estrangeira (especialistas ou do fornecimento de armamentos), a interrupção do apoio a grupos internos que causavam a instabilidade doméstica, o respeito aos direitos humanos e à democracia, e a criação de mecanismo para a verificação dos compromissos acordados. Ao justificar a participação do Brasil no mecanismo, Saraiva Guerreiro aduziu que "a América Latina tem as melhores condições de proximidade e afinidade cultural para prestar uma contribuição valiosa no sentido da solução pacífica dos problemas centro-americanos". Ramiro Saraiva Guerreiro na XXXVIII Sessão Ordinária da AGNU, em 1983, in Luiz Felipe Seixas Corrêa (org.), *supra* nota 520, p. 422.

1314 "The Court recalls to both Parties to the present case the need to co-operate with the Contadora efforts in seeking a definitive and lasting peace in Central America, in accordance with the principle of customary international law that prescribes the peaceful settlement of international disputes". *Nicaragua* case, *supra* nota 269, p. 145, paras. 290-291.

1315 A partir de 1990, o Grupo de Contadora passou a chamar-se Grupo do Rio e serviu como mecanismo para os países da região veicularem posições sobre temas como a situação nas ilhas Malvinas, em favor de solução pacífica entre Argentina e Reino Unido. Cf. Abreu Sodré, *supra* nota 386, p. 14.

1316 Mencionem-se a crise separatista do Pando, na Bolívia, em 2008, e o apoio à ordem constitucional no Equador por ocasião da sublevação da Polícia Nacional equatoriana, em 2010.

1317 Um dos casos mais importantes foi a crise entre Colômbia e Venezuela, em 2010.

1318 Entre os avanços de maior relevo por seu caráter preventivo e dissuasório, ganha destaque, no âmbito do Conselho Sul-americano de Defesa, a elaboração de Livro Branco, no qual os países da região compartilharam publicamente dados sobre gastos e organização de suas respetivas forças militares.

paz em países lusófonos, a exemplo tanto da participação brasileira em operações de paz em Angola, Guiné Bissau, Moçambique e Timor Leste, quanto no diálogo conduzido na CPLP para a pacificação interna em momentos de crise, como em Guiné Bissau.[1319]

É tarefa das mais difíceis exaurir a prática brasileira em matéria de defesa da paz. Retoricamente, é plausível supor que muitas das ações do Brasil no plano externo são explicadas remota ou indiretamente sob o ângulo da manutenção da paz e da segurança internacionais. Isso se aplica não só a atividades preventivas, como também sob outros princípios do art. 4º, cuja prática diplomática concorre para o objetivo mais amplo da paz internacional. A síntese consuetudinária da prática brasileira demonstra que o princípio da defesa da paz desdobrou-se, antes mesmo de sua positivação na Constituição de 1988, em termos de visão essencialmente preventiva por parte do Governo brasileiro, com ênfase na vertente de construção e consolidação da paz. A preponderância do viés preventivo nos esforços em favor da paz não impediu o Brasil de engajar-se, no limite de suas capacidades e à luz de cada conjuntura, no sistema de segurança coletiva das Nações Unidas. Em ambas dimensões, retira-se, como expressão maior do universalismo enraizado na identidade internacional do Brasil, a convicção de que ambiente internacional pacífico favorece os interesses nacionais. Por isso a ênfase conferida ao diálogo e à diplomacia como alternativas à confrontação e ao isolamento, sob o entendimento de que os últimos tendem a alienar parceiros e acentuar diferenças, tornando ainda mais improvável - e potencialmente mais custosa – a obtenção da paz.[1320]

Conteúdo Normativo da Defesa da Paz

A expressão "defesa da paz" não corresponde, *prima facie*, a nenhum princípio autônomo do direito internacional. Na Carta das Nações Unidas, o termo "paz" aparece ora isoladamente, ora inscrito na expressão "paz e segurança internacionais".[1321] Mas "paz", enquanto estado ideal de coisas colimado pela

[1319] Luiz Felipe Lampreia na LIII Sessão Ordinária da AGNU, em 1998, in Luiz Felipe Seixas Corrêa (org.), *supra* nota 520, p. 645

[1320] "A paz não se manterá se o preço que tivermos de pagar por ela for o isolamento". San Tiago Dantas, sobre o Reatamento de Relações Diplomáticas com a União Soviética, discurso na Câmara dos Deputados, em 23/11/1961. San Tiago Dantas, *supra* nota 522, pp. 70-71.

[1321] Hans Kelsen, *supra* nota 184, p. 13

ordem jurídica, é antes de tudo propósito a ser realizado pelos Estados.[1322] A busca pela paz pode ser interpretada em duas acepções que, embora associadas, expressam idéias distintas e por essa razão desdobram-se em corolários densificadores próprios.[1323] Em sentido estrito, o conceito de paz, tal como tradicionalmente desenvolvido no direito internacional, implica a ausência da guerra. Essa visão corresponde ao conceito de "paz negativa" e relaciona-se à fórmula "paz e segurança internacionais" utilizada na Carta.[1324] No curso dos *travaux préparatoires* na Conferência de São Francisco, o termo "paz internacional" referia-se à ausência do uso da força nas relações interestatais.[1325] Àquela altura, o conceito de paz aplicava-se somente no plano internacional, isto é, restringia-se às relações interestatais e excluía, via de regra, conflitos no interior de Estados soberanos, em linha com o princípio de não intervenção.[1326] Sob essa acepção, "paz" relaciona-se com "segurança", formando binômio conceitual indivisível: "paz e segurança internacionais". A noção de paz negativa veicula, assim, o imperativo de garantir sua manutenção, propósito que se desdobra nas funções repressivas das Nações Unidas e das obrigações daí decorrentes para os membros da comunidade internacional. Em sentido amplo, por sua vez, o conceito de "paz positiva" associa-se às condições jurídicas e factuais necessárias à manutenção da paz, para além da ausência da guerra.[1327] Nessa acepção, a defesa da paz implica ações de caráter preventivo para diminuir e atenuar as causas de tensão e conflito. Aí se incluem não só o respeito ao direito internacional, como também a promoção dos demais propósitos inscritos na Carta, em especial a promoção e a proteção dos direitos humanos e o desenvolvimento socioeconômico, que formam o tripé sobre o qual se imbrica a ordem jurídica internacional. O conceito de paz negativa

---

[1322] A manutenção da paz é "le but premier" da Organização. Jean-Pierre Cot, Alain Pellet, *supra* nota 119, p. 290. "The purpose of the United Nations is world peace". Hans Kelsen, *supra* nota 184, p. 19. "Le "but des buts" apparaît bien comme etant la paix". Mohammed Bedjaoui, *supra* nota 1374, p. 314.

[1323] Rüdiger Wolfrum, *supra* nota 246, p. 50.

[1324] O objetivo de "manter a paz e a segurança internacionais" é reproduzida nos arts. 2(6), 11 (1 e 2), 43 (1), 47 (1), 48 (1), 51, 52 (1), 73 (c), 84, 99 e 106.

[1325] UNCIO, vol. IV, pp. 748-9.

[1326] Hans Kelsen, *supra* nota 184, p. 19. Com a evolução do princípio de não intervenção, é possível que questão restrita à esfera doméstica seja interpretada como ameaça à paz e à segurança internacionais.

[1327] Rüdiger Wolfrum, *supra* nota 246, p. 50

não lida, portanto, com as causas da guerra, mas simplesmente com sua ocorrência, ao passo que a paz positiva implica o estabelecimento de condições específicas e sistêmicas necessárias à sua manutenção e à prevenção de atos que possam perturbá-la.[1328]

Sob a égide das Nações Unidas, a paz, em ambas as acepções, é obtida a partir das funções essenciais da Organização na área: a manutenção e a construção da paz, nos termos do preâmbulo e dos arts. 1 e 2.[1329] A primeira desdobra-se na dimensão promotora e preventiva da paz; a segunda, em termos funcionais, no sistema de segurança coletiva instaurado sob a Carta, no qual todos os Estados Membros têm a obrigação de contribuir para sua manutenção, seja por deveres de abstenção, como a proibição do uso da força,[1330] seja por deveres de cooperação para a eficácia das medidas coletivas aprovadas pela Organização, nos termos dos Arts. 1(1) e, em especial, 2(5). Embora o art. 1 distinga "a prevenção e remoção de ameaças à paz" da "supressão de atos de agressão e outras rupturas da paz", ambas são tarefas a serem realizadas sob o conceito de "medidas coletivas efetivas" (arts. 39 a 51).[1331] Essa formulação relaciona o direito individual de cada Estado a ter sua paz e segurança protegidas à obrigação *erga omnes* de cooperar à proteção desse mesmo direito dos demais Estados por meio do sistema de segurança coletiva.[1332] O termo "paz e segurança internacionais" aplica-se, por conseguinte, tanto à segurança individual dos Estados, isto é, à proteção de sua integridade territorial e soberana diante de ameaças de agressão, quanto à segurança coletiva.

Da perspectiva da paz negativa, a manutenção da paz e da segurança internacionais tem como premissa evitar a ruptura da paz e, eventualmente, restaurá-la por meio de ações que vislumbram, como *ultima ratio*, o recurso à força militar. A renúncia ao recurso unilateral à força (exceção da autodefesa proporcional e imediata) é acompanhada de mecanismo de segurança coletiva que prescreve a proteção a cada um dos Estados Membros em face de agressão,

---

1328 Manfred Lachs, Vera Gowlland-Debbas, *supra* nota 1375, p. 328.

1329 Manfred Lachs, Vera Gowlland-Debbas, *supra* nota 1375, p. 328.

1330 A proibição do art. 2(4) é o "cornerstone of peace in the Charter". C.H.M. Waldock, 'The Regulation of the Use of Force by Individual States in International Law', *R.C.A.D.I.* 81 (1952-II), 451-517, p. 492.

1331 Hans Kelsen, *supra* nota 184, p. 14; Mohammed Bedjaoui, *supra* nota 1374, p. 321.

1332 Manfred Lachs, Vera Gowlland-Debbas, *supra* nota 1375, p. 329; Jean-Pierre Cot, Alain Pellet, *supra* nota 119, p. 294.

com base em direitos e deveres recíprocos, e em processo deliberativo e decisório igualmente coletivo (Arts. 24 e 26).[1333] Nessa acepção de paz negativa, o primeiro corolário densificador do sistema de segurança coletivo é um dever de abstenção imposto pelo art. 2(4) da Carta, que proíbe a ameaça e o uso da força contra a integridade territorial ou a independência política de qualquer Estado. Trata-se aí da regra fundamental do direito internacional contemporâneo, que restringe as hipóteses de uso da força à legítima defesa, à autorização pelo CSNU e à solicitação de Estado soberano. O segundo corolário densificador, de maior complexidade, relaciona-se ao dever de cooperação com o sistema de segurança coletivo. Essa obrigação decorre, *prima facie*, dos arts. 2(5) e art. 25 da Carta que dispõem sobre o dever de assistência às ações aprovadas nas Nações Unidas e à execução das decisões emanadas do Conselho. Para a maior parte da doutrina, esse dever pode ser objetivamente determinado a partir da análise sobre a natureza compulsória de cada resolução aprovada pelo CSNU: se sob os Capítulos VI ou VII. No primeiro caso, seria de natureza recomendatória, pois expressaria apenas resultado almejado; no segundo, prescrição cogente.[1334]

A segunda acepção - "paz positiva" - advém de perspectiva mais ampla, que vai além da mera ausência de ameaças ou de ruptura da paz entre Estados soberanos. Ao invés de postura passiva (dever de não agressão), trata-se de exigência ativa, que requer a cooperação dos Estados nos mais diversos domínios das relações internacionais a fim de criar as condições indispensáveis à construção da paz. O objetivo de prevenir e suprimir ameaças e rupturas à paz tem sido promovido por meio de ações voltadas à redução do potencial desestabilizador em áreas específicas. Essa tarefa tem-se desdobrado no fortalecimento dos mecanismos de paz e segurança e, em perspectiva preventiva, no compromisso com a solução pacífica de controvérsias e no apoio a medidas e regimes que promovam o desarmamento, o desenvolvimento, os direitos humanos e a descolonização. As funções preventiva e protetiva em matéria de manutenção da paz e da segurança internacionais são não só complementares, como se reforçam mutuamente.[1335] Em última análise, a necessidade de recorrer, por meio do

---

[1333] Manfred Lachs, Vera Gowlland-Debbas, *supra* nota 1375, p. 328.

[1334] Marcelo Baumbach, *supra* nota 1399, p. 19. A recusa de um Estado em cooperar com recomendação do Conselho deve ser acompanhada de justificativa, pois o descumprimento pode afetar a efetividade da medida. Por essa razão, a recusa em cooperar com as recomendações do CSNU pode ser interpretada como ameaça à paz e à segurança internacional à luz do art. 39 da Carta.

[1335] Jean-Pierre Cot, Alain Pellet, 'Préambule', *supra* nota 119, p. 294.

sistema de segurança coletivo, a meios supressivos de ameaças e rupturas da paz decorre da impossibilidade de evitá-las por medidas preventivas.[1336]

A defesa da paz como objetivo maior subjacente à ordem internacional contemporânea pressupõe, ainda, o respeito e a aplicação do direito internacional.[1337] *Contrario sensu*, os demais princípios fundamentais (cooperação internacional, promoção e proteção dos direitos humanos, autodeterminação dos povos, não intervenção e solução pacífica de controvérsias, entre outros) consistem não somente em fins em si mesmos como normas autônomas do direito internacional, como também representam condições indispensáveis à manutenção da paz e da segurança internacionais. Tal como disposto na Declaração sobre o Direito dos Povos à Paz,[1338] a promoção da paz e da segurança internacionais requer a ação contínua dos Estados em relação a um universo materialmente definido que inclui, *inter alia*, a prevenção da guerra, a remoção de ameaças à paz (inclusive a questão nuclear), o respeito ao princípio do não uso da força, a solução de controvérsias pela via pacífica, o desenvolvimento de medida de construção de confiança, o desarmamento, a manutenção do espaço exterior para fins exclusivamente pacíficos, o desenvolvimento, a autodeterminação e a eliminação da discriminação racial.[1339] Nessa ordem de idéias, a defesa da paz assume a feição de em metaprincípio, uma vez que sua realização vai além da mera ausência da guerra ao exigir respeito ao direito internacional.[1340]

Em conclusão, a defesa da paz é mandamento por definição genérico e de baixa densidade normativa. Seu conteúdo vinculante consiste na proibição do recurso à força para além das hipóteses de exceção admitidas pelo direito internacional (a saber, a legítima defesa diante de ato de agressão, a autorização do Conselho de Segurança e o consentimento do Estado soberano) e no dever de cooperação com o sistema de segurança coletivo das Nações Unidas (Arts. 2(5) e 25 da Carta). Para além desse universo normativo proibitivo e obrigatório, o princípio de defesa da paz, como norma de conteúdo aberto, consiste

---

[1336] A utilização do sistema de segurança coletiva é "l'aveu d'un échec: elle ne joue qu'*a posteriori*". *Idem*, p. 297.

[1337] Rüdiger Wolfrum, *supra* nota 246, p. 49; Manfred Lachs, Vera Gowlland-Debbas, *supra* nota 1375, p. 335.

[1338] A/RES/39/11, de 12/11/1984. Mohammed Bedjaoui, *supra* nota 1374, p. 319.

[1339] Jean-Pierre Cot, Alain Pellet, 'Préambule', *supra* nota 119, p. 298.

[1340] Pedro Dallari, *supra* nota 2, p. 171.

nas faculdades reconhecidas ao Estado para propugnar e atuar em favor da manutenção da paz, segundo critérios de conveniência e oportunidade. Por essa razão, a função principal do princípio de defesa da paz é oferecer base normativa sobre a qual é possível justificar condutas em favor desse objetivo maior. Trata-se, sobretudo, de prescrição do constituinte à ação diplomática em favor do desarmamento e da desnuclearização; do arrefecimento de tensões pela ênfase no diálogo e na cooperação, em oposição à confrontação e ao isolamento; e da busca de soluções políticas para os conflitos.

A obtenção da paz como estado ideal de coisas almejado pelo constituinte independe, por força dos fatos, da atuação do Brasil individualmente.[1341] Tais esforços encontram limites na soberania e na vontade de terceiros Estados igualmente soberanos. Por isso a decisão sobre a ação diplomática em casos concretos sujeita-se à análise conjuntural de cada situação. Tal exercício implica, entre outras coisas, a ponderação constante das possibilidades à luz dos componentes factuais e jurídicos de cada caso, além dos interesses do Brasil. Esse processo pressupõe avaliação criteriosa de oportunidade e conveniência política que envolve elementos os mais variados, como o potencial de êxito da iniciativa, os eventuais custos de malogro, os interesses nacionais relacionados à situação, a proximidade geográfica e até mesmo a existência de mecanismos juridicamente previstos para o encaminhamento da questão. O caráter genérico e abstrato da defesa da paz revela, assim, uma compreensão essencialmente política e moral do constituinte: o compromisso do Brasil com a manutenção e a construção da paz é um dos elementos definidores de nossa índole nas relações internacionais. Essa convicção se reflete na primazia conferida à ação diplomática como meio mais seguro para a manutenção e a construção da paz.[1342]

[1341] Muitas vezes, o objetivo pode ser considerado atingido quando uma escalada na violência é evitada, embora não a paz propriamente dita, como ocorreu na participação do Brasil no Grupo de Apoio a Contadora.

[1342] "A paz (...) deixou de ser, no mundo de hoje, um ideal relativo e se tornou um ideal absoluto; e, para defendermos esse ideal, para fazermos com que a paz se consolide, se aprimore e deite raízes, ainda não se descobriu outro modo, senão o de conviver, o de debater e o de negociar". San Tiago Dantas, *supra* nota 522, pp. 70-73.

Capítulo XI
SOLUÇÃO PACÍFICA DOS CONFLITOS

O princípio de solução pacífica de controvérsias é a contraface lógico-normativa da proibição de os Estados recorrerem à guerra como meio legítimo de garantir direitos e reparar ofensas no plano internacional. Tal como em âmbito doméstico, o surgimento de litígios é dado inarredável das relações interestatais.[1343] Mas se no plano interno a constituição de um Estado pressupõe que conflitos intersubjetivos sejam equacionados pela via exclusivamente pacífica, no desaguadouro natural do Poder Judiciário, no plano externo inexiste autoridade que concentre o uso da força e detenha competência jurisdicional aplicável a todos os atores do sistema em condições de igualdade. O recurso e a eventual submissão a meios de solução de controvérsias dependem da vontade soberana dos Estados. É diante dessa realidade que se explica o equilíbrio buscado historicamente pelo Brasil entre o recurso às vias de solução pacífica para a defesa dos interesses nacionais e a preservação da autonomia em um sistema internacional carente de mecanismos supranacionais de escopos verdadeiramente universal e igualitário.

Solução Pacífica de Conflitos na Assembléia Nacional Constituinte

O compromisso do Brasil com a solução pacífica de controvérsias surge já no preâmbulo da Constituição Federal[1344] como algo associado à instituição de

---

[1343] Hildebrando Accioly, *supra* nota 456, vol. III, p. 12.

[1344] "Nós, representantes do povo brasileiro, reunidos em Assembléia Nacional Constituinte para instituir um Estado Democrático, destinado a assegurar o exercício dos direitos

um Estado Democrático de Direito. Compreendido como a contraface lógica da proibição do uso da força, o princípio de solução pacífica de conflitos consiste em dimensão indissociável do propósito mais amplo e subjacente à ordem internacional contemporânea de manter a paz e a segurança internacionais.[1345] Esse elemento define não só a política externa, mas também a ordem social propugnada pelo constituinte: a aversão ao uso da força à margem do Direito.

Em 1988, a solução pacífica de conflitos já era princípio tradicional do constitucionalismo brasileiro.[1346] Embora com redações diferentes, essa norma associa-se à positivação da renúncia à guerra de conquista em constituições anteriores. Na primeira lei magna da República, de 1891, o princípio de solução pacífica de controvérsias era deduzido do texto constitucional, que, por um lado, proibia a guerra de conquista (art. 88)[1347] e, por outro, circunscrevia a faculdade outorgada ao Congresso de autorizar o Governo a declarar a guerra à hipótese de não "lograr ou mallograr-se o recurso do arbitramento" (art. 34(11)). A Constituição de 1934 manteve a mesma sistemática (arts. 4º e 40 (b)) ao sujeitar a declaração de guerra à impossibilidade ou malogro de solução do diferendo por arbitramento.[1348] A Carta de 1946 seguiu essa lógica, porém sob condição mais ampla: o uso da força só seria admitido no caso de insucesso de meios pacíficos de solução pacífica.[1349] A Constituição de 1967 reproduziu a associação direta entre ambas as normas, só que de forma ainda mais explícita. O art. 7º propugnava, por um lado, que os conflitos internacionais fossem solucionados por negociações diretas, arbitragem e outros meios pacíficos, com a cooperação de organismos internacionais; por outro, vedava a guerra de

---

sociais e individuais, a liberdade, a segurança, o bem-estar, o desenvolvimento, a igualdade e a justiça como valores supremos de uma sociedade fraterna, pluralista e sem preconceitos, fundada na harmonia social e comprometida, na ordem interna e internacional, com *a solução pacífica das controvérsias*", preâmbulo da Constituição.

[1345] I. Brownlie, *supra* nota 133, p. 671.

[1346] Celso D. de Albuquerque Mello, *supra* nota 3, p. 148.

[1347] Art. 88 - Os Estados Unidos do Brasil, em caso algum, se empenharão em guerra de conquista, direta ou indiretamente, por si ou em aliança com outra nação.

[1348] Art. 4º - O Brasil só declarará guerra se não couber ou malograr-se o recurso do arbitramento; e não se empenhará jamais em guerra de conquista, direta ou indiretamente, por si ou em aliança com outra nação.

[1349] Art. 4º - O Brasil só recorrerá à guerra, se não couber ou se malograr o recurso ao arbitramento ou aos meios pacíficos de solução do conflito, regulados por órgão internacional de segurança, de que participe; e em caso nenhum se empenhará em guerra de conquista, direta ou indiretamente, por si ou em aliança com outro Estado.

conquista.[1350] Em que pese à ambigüidade no *caput* desse artigo,[1351] a referência ao envolvimento de organismos internacionais não tinha sentido restritivo, mas inclusivo: indicar novas vias de solução pacífica de controvérsias oferecidas por organismos internacionais dos quais o Brasil era parte (Nações Unidas e OEA).

Em linha com esses antecedentes, o princípio de solução pacífica de controvérsias fez-se presente em todo o processo deliberativo da Assembléia Constituinte.[1352] A necessidade de manter esse princípio entre os dispositivos do art. 4º foi opinião consensual entre os constituintes. Isso talvez explique as raras emendas específicas sobre o tema, que foram apresentadas, em sua quase totalidade, já na Comissão de Sistematização. A mais importante dessas propostas dizia respeito à conveniência de adotar o termo "controvérsias" ao invés de "conflitos", em conformidade com a norma correspondente do direito internacional contemporâneo. A modificação tinha a finalidade de promover "a otimização conceitual da matéria", na medida em que seria "de todo mais correta, pois as controvérsias, anteriores mesmo aos conflitos, já devem ser compostas pelos meios juridicamente previstos, no intuito de, inclusive, evitá-los".[1353] A emenda, porém, foi rejeitada não por razões substantivas, mas por coerência procedimental: o relator queria evitar a reabertura do debate sobre o texto.[1354]

O tema também surgiu na discussão sobre a conveniência de retomar a norma proibitiva da guerra de conquista, nos moldes de constituições

---

[1350] Esse dispositivo enumerava meios de solução pacífica consagrados em instrumentos como a Carta da ONU, com ênfase naqueles privilegiados na prática diplomática brasileira (negociações diretas e arbitragem).

[1351] Celso Albuquerque Mello identifica um problema de redação, na medida em que esse dispositivo enseja interpretação restritiva, no sentido de que "essa cooperação dá a impressão de que o Brasil não pode resolver o problema sem a intervenção deles". Celso de Albuquerque Mello, *supra* nota 384, p. 3.

[1352] Embora com versões distintas, essa norma esteve em todas as propostas nas diversas fases da Constituinte.

[1353] Emenda 29941 proposta por Marco Maciel. Com a mesma finalidade, José Moura propôs a emenda 00185 na Comissão de Sistematização, sob a justificativa de que "a terminologia correta é a proposta, controvérsias, e não conflitos como na fórmula objetada".

[1354] Em seu parecer, dizia que "o fato de termos indicado à aprovação emendas, ao dispositivo em pauta, com teor diferente ao da proposta, faz com que, por coerência, sejamos pela rejeição desta emenda".

anteriores.[1355] Propostas nesse sentido foram rejeitadas sob a justificativa de que o acréscimo estava implicitamente compreendido nos princípios de "solução pacífica dos conflitos" e "defesa da paz". Consolidavam-se, assim, entre os constituintes, duas percepções de grande importância para o entendimento sobre o significado dessa norma no direito brasileiro. *Primo*, que a proibição da força e a solução pacífica de controvérsias são duas faces normativas do mesmo valor juridicamente protegido na ordem internacional: a paz. *Secondo*, que a proscrição da guerra e seus corolários incluíam-se, para fins hermenêuticos, nos dois princípios mencionados.

Assistiu-se, ainda, à discussão sobre o *locus* normativo adequado no texto constitucional para o princípio de solução pacífica de controvérsias. Por meio da emenda de Roberto Balestra, foi invertida a ordem dos incisos VI e VII, de modo que a defesa da paz antecedesse a busca pela solução pacífica dos conflitos.[1356] Embora sem nenhuma conseqüência no plano formal, uma vez não haver hierarquia entre os princípios do art. 4º, essa modificação revelou percepção mais abrangente sobre a defesa da paz, objetivo cuja busca enquanto mandamento constitucional implica visão mais ampla que o mero dever de encaminhar controvérsias pelos meios formais previstos no direito internacional.

Preliminar semântica: Conflitos, Controvérsias e Litígios

Antes de iniciar a análise sobre o universo normativo correspondente ao princípio de solução pacífica de conflitos, é preciso esclarecer questão relativa à terminologia empregada no inciso VII do art. 4º da Constituição. No lugar de "controvérsias", tal como consagrado no art. 2(3) e no título do Capítulo VI da Carta das Nações Unidas, ou de "litígios", como empregado

[1355] Sob essa inspiração, Osvaldo Coelho propôs (ES 30234) a inclusão, entre os princípios de relações internacionais, "da renúncia à guerra de conquista, direta ou indiretamente, por si ou em conexão com outro Estado". Argüia tratar-se de norma fundamental para relações de amizade com outros Estados, sobretudo países limítrofes. Aduzia que "Princípio constante das Constituições brasileiras de 1946, 1967 e 1969, a expressa renuncia à guerra de conquista, no texto constitucional, representa importante passo para a manutenção de amistosas relações diplomáticas com outros Estados, principalmente aqueles com os quais o Brasil se limita geograficamente".

[1356] Emenda 00622, sob a justificativa de que "primeiro, deve-se procurar não se gerar conflitos, com a implantação de uma paz duradoura, e só usar a "solução pacífica dos conflitos" na resolução de cizânias".

no antigo Pacto da Liga das Nações, o constituinte brasileiro preferiu utilizar o termo "conflitos". Em termos semânticos, "conflito" significa um desentendimento agudo entre duas ou mais partes.[1357] Nas relações internacionais, o termo é utilizado mormente para situações em que há emprego da força (conflito armado, segundo terminologia do direito internacional humanitário). Trata-se de conceito com escopo mais restrito que "controvérsias" e "litígios" (um conflito pode ocorrer sem que haja uma controvérsia,[1358] como em ataques militares). Porém, o constituinte brasileiro parece ter preferido "conflito" por tratar-se de termo com conteúdo semântico supostamente mais aberto e amplo, relacionado não só às controvérsias jurídicas, mas também às mais diversas formas de desentendimento entre duas ou mais partes em relação a questões e situações nos mais diversos campos das relações internacionais. Embora impreciso, é com esse significado semântico - amplo e aberto - que se deve interpretar o termo "conflitos" inscrito no inciso VII do art. 4º da Constituição Federal.

Tampouco há relevância prática, nos dias atuais, suposta distinção entre controvérsias "jurídicas" e "políticas", algo que influenciaria o escopo de aplicação do princípio constitucional em exame. O termo "conflitos" utilizado pelo constituinte é semanticamente amplo e genérico o suficiente para referir-se a qualquer tipo de disputa existente no plano internacional, a despeito da matéria regulada e dos meios eventualmente utilizados para sua solução. Por conseqüência, todos esses termos (conflitos, controvérsias, contenciosos, diferendos, disputas e litígios, entre outros) podem ser utilizados indistintamente segundo o entendimento de que significam a existência de uma controvérsia de natureza política, jurídica ou econômica entre entes com personalidade ou capacidade reconhecidas pelo direito internacional. O fundamental é que tais conflitos só podem ser dirimidos por meios pacíficos, em oposição à alternativa do uso unilateral e discricionário da força.

[1357] Segundo Houaiss, conflito deriva do latim *conflictus,* relativo à idéia de choque, embate, combate, desavença, altercação e guerra. Significa "profunda falta de entendimento entre duas ou mais partes".

[1358] Hans Kelsen, *supra* nota 184, pp. 360-361.

Solução Pacífica de Controvérsias no Direito Internacional[1359]

A solução pacífica de controvérsias é princípio relativamente moderno do direito internacional público. Seu desenvolvimento ocorreu de forma concomitante à tendência de os Estados limitarem (e eventualmente proibirem) o uso unilateral e discricionário da força nas relações internacionais. Dada a ilegalidade da guerra, a via pacífica consiste na alternativa lógica e natural para dirimir controvérsias que emergem invariavelmente no plano externo. Embora a norma em si ainda não existisse de forma autônoma, alguns elementos essenciais do princípio de solução pacífica de controvérsias já podiam ser encontrados na obra de autores clássicos do *ius gentium*. A teoria de "guerra justa" de Vitoria baseava-se em lógica na qual a defesa, por via da força, dos direitos naturais dos povos indígenas violados por outros povos "bárbaros" deveria iniciar-se por meios pacíficos (argumentação e persuasão).[1360] Para o mestre espanhol, os deveres de examinar cuidadosamente a questão em disputa e de avaliar, pacificamente, as razões apresentadas pela contraparte seriam princípios obrigatórios a todas as nações.[1361] Esse sentido de progressividade entre os meios pacíficos e o recurso à força, como *ultima ratio*, foi reconhecido expressamente por Grotius, ao afirmar que a guerra se inicia quando malogram as soluções pacíficas.[1362] Foi Wolff o primeiro a reconhecer, de maneira ainda imperfeita, a existência de um princípio geral prescrevendo o recurso à solução pacífica de controvérsias como condição preliminar e necessária ao uso da força.[1363] O jusfilósofo germânico sustentava que os litígios entre as

---

[1359] Cf. J. Collier e V. Lowe, *The Settlement of Disputes in International Law*, Cambridge, Cambridge University Press, 1999; J.G. Merrills, *International Dispute Settlement*, Cambridge, Cambridge University Press, 3rd ed., 1998; R.V. Raman, *Dispute Settlement Trough the United Nations*, Oxford, Oxford University Press, 1977.

[1360] F. de Vitoria, *Sobre el poder civil, Sobre los indios, Sobre el derecho de la guerra* (trad. Luis Frayle Delgado), Madrid, Tecnos, 2007, pp. 135-136.

[1361] F. de Vitoria, *Idem*, p. 186.

[1362] H. Grotius, *supra* nota 931, livro II, capítulo 1, parágrafo 2. "There are three methods, by which independent nations may settle their disputed rights without coming to the decision of the sword". *Idem*, livro II, capítulo XXIII, parágrafos VI e segs. Esses metódos seriam negociações, acordo e algo que corresponderia a uma conferência plurilateral. H. Grotius, *idem*, livro II, capítulo XXV e conclusão.

[1363] Na obra, a descrição de procedimentos pacíficos para a solução de controvérsias antecede os comentários sobre *ius ad bellum* e *ius in bellum*. C. Wolff, *Ius Gentium Methodo Scientifica*

nações deveriam ser solucionados da mesma forma que contenciosos opondo indivíduos em âmbito doméstico, isto é, por vias amigáveis: tratados, mediação, arbitragem ou compromissos (*conventus et colloquia gentium*). No caso de uma nação recusar-se à busca da solução pacífica da controvérsia, surgiria o direito da contraparte de recorrer à guerra (*Kriegsrecht*) para a satisfação de seus interesses. Tal faculdade, porém, não advinha do fato de que inexistissem juízes entre nações soberanas, pois estas seriam seus próprios juízes (*vindicas*), mas da recusa em aceitar o deslinde do litígio por vias pacíficas, tal como prescrito pelo direito natural.[1364] Mas foi somente na segunda metade do século XIX, no início da codificação do direito internacional, que o princípio de solução pacífica de controvérsias assumiu contornos mais nítidos. Fosse pelos riscos à estabilidade da ordem internacional pelas rivalidades entre potências imperialistas, fosse pelo desequilíbrio de poder entre o intervencionismo dessas potências e nações mais fracas, sobretudo recém-independentes, o recurso a meios de solução pacífica, como a arbitragem, ganhou força na prática estatal como via adequada à defesa de interesses antes do recurso à guerra. Iniciava-se, assim, a transformação gradual de um direito internacional de coexistência para uma ordem de cooperação entre Estados formalmente iguais.

O primeiro esforço de codificação[1365] desse princípio ocorreu nas Convenções I e II de Haia sobre Solução Pacífica de Controvérsias Internacionais, de 1899 e 1907. O art. 1° de ambas as convenções consagrou o recurso às vias pacíficas de controvérsias como medida necessária para prevenir a guerra e manter a paz internacional.[1366] Em que pese ao revés da ten-

Pertractorum (A scientific method for understanding the Law of Nations) (trad. J. H. Drake e ed. J. B. Scott), Oxford, Clarendon Press, 1934.

[1364] C. Wolff, *idem*, § 572, p. 292.

[1365] A Declaração de Paris, celebrada em 1856 na mesma Conferência que pôs fim à Guerra da Criméia, já havia enumerado princípios fundamentais do direito internacional do mar. Sobre apresamento de embarcações, havia a previsão de que eventuais controvérsias fossem solucionadas por meios adjudicatórios.

[1366] Nos termos do art. 1o comum a ambas as Convenções, relativo à "manutenção geral da paz", "with a view to obviating as far as possible recourse to force in the relations between States, the Contracting Powers agree to use their best efforts to ensure the pacific settlement of international differences". Cf. *Carnegie Endowment for International Peace, The Proceedings of the Hague Peace Conferences: Translation of the Official Texts,* in James Brown Scott (ed.), *The Conference of 1899,* New York, Oxford University Press, 1920; e *idem, The Conference of 1907, Plenary Meetings of the Conference,* vol. 1, New York, Oxford University Press, 1920, p. 599.

tativa de estabelecer mecanismo de soluções de controvérsias obrigatório e de alcance universal, foi possível criar o arranjo jurídico da Corte Permanente de Arbitragem (CPA). Por meio da Convenção de 1907, estabeleceu-se sistema de meios e procedimentos para a solução de controvérsias, no qual agências facilitavam o recurso à CPA no contexto de litígios que não fossem solucionados por negociações diretas. Embora não tenha realizado plenamente seu propósito inicial (servir como fórum jurisdicional natural para dirimir controvérsias internacionais), a CPA cumpriu importante papel no avanço dos meios de solução pacífica de conflitos. Sua estrutura (árbitros, salas, biblioteca, pessoal administrativo e modelo de regras) foi utilizada, sobretudo em suas primeiras décadas de funcionamento, para dirimir divergências e lidar com demandas que, do contrário, só seriam satisfeitas pelo recurso à força.

A codificação do princípio de solução pacífica de controvérsias acelerou-se nas décadas seguintes à I Guerra Mundial. Tal fenômeno refletiu o idealismo de que o direito internacional poderia prevalecer sobre a força nas relações internacionais, constituindo a via natural para o encaminhamento de interesses conflitivos dos Estados. Sob essa inspiração, o Pacto da Liga das Nações, de 1919, buscava pôr em marcha sistema de solução de controvérsias como alternativa preventiva à guerra. Esse regime baseava-se no recurso obrigatório à intermediação do Conselho da Liga[1367] e, eventualmente, à arbitragem (arts. 12 e 13) no caso de um diferendo não "ser resolvido, de modo satisfatório, por via diplomática".[1368] Em 1922, o propósito de promover a solução pacífi-

[1367] O art. 15 do Pacto da Liga das Nações facultava o recurso unilateral ao Conselho, cuja mediação teria natureza obrigatória às partes na controvérsia, capacidades estas também estendidas à Assembléia.

[1368] Art. 12. Todos os Membros da Sociedade convêm que, se entre eles houver um litígio que possa trazer rompimento, o submeterão ao processo de arbitragem ou ao exame do Conselho. Convêm mais que, em nenhum caso, deverão recorrer à guerra antes de expirar o prazo de três meses depois da sentença dos árbitros ou do parecer do Conselho. Em todos os casos previstos neste artigo a sentença dos árbitros deverá ser dada num prazo razoável e o parecer do Conselho deverá ser lido nos seis meses, a contar da data em que tiver tomado conhecimento da divergência. Art. 13. Os membros da Sociedade acordam que, se houver entre eles um litígio suscetível, na sua opinião, de uma solução arbitral e se esse litígio não puder ser resolvido, de modo satisfatório, por via diplomática, será submetido integralmente à arbitragem. Entre os geralmente suscetíveis de solução arbitral, declaram-se os litígios relativos à interpretação de um Tratado, a qualquer ponto de direito internacional, à realidade de qualquer fato que, se fosse determinado, constituiria rompimento de um compromisso internacional, ou a extensão ou natureza da reparação devida pelo mesmo rompimento. O Tribunal de arbitragem ao qual a causa for submetida será o Tribunal designado pelas partes ou previsto nas suas Convenções anteriores. Os Membros da Sociedade comprometem-se a

ca de controvérsias como meio preventivo à guerra refletiu-se em resolução propugnando a celebração de tratados bilaterais e plurilaterais com o objetivo de estabelecer mecanismos de conciliação inspirados na Convenção de Haia de 1907.[1369] À época, porém, não havia linha divisória de legalidade clara entre meios de solução pacífica e outros meios de dirimir conflitos, como o próprio uso da força. O sistema da Liga seria, assim, apenas de *cooling off*, com procedimentos jurídicos que poderiam evitar conflito armado. Esse espírito orientou a conclusão de vários instrumentos convencionais na década de 1920.[1370] Nos tratados de Locarno, de 1925, que permitiram, entre outras coisas, a admissão da Alemanha na Liga, o recurso a meios pacíficos foi preconizado como alternativa à guerra para a solução de litígios. O mais importante desses acordos foi o Pacto Briand Kellog, de 1928, onde a proibição da guerra de agressão associava-se ao dever de solucionar disputas por vias exclusivamente pacíficas.[1371]

A criação de mecanismos que estimulam a solução pacífica de controvérsias está particularmente enraizada na tradição jurídica interamericana do século XIX e meados do XX. As origens desse processo remontam ao recurso

---

executar de boa fé as sentenças proferidas e a não recorrer à guerra contra todo Membro da Sociedade que com elas se conformar. Na falta de execução da sentença, o Conselho proporá as medidas que devam assegurar seus efeitos.

[1369] Os EUA promoveram, sob a presidência de Woodrow Wilson, em 1913 e 1914, a assinatura de vários "Tratados Pacifistas" (*Treaties for the Advancement of Peace*) que previam o estabelecimento de comissões de inquérito e conciliação para dirimir controvérsias de qualquer natureza no caso de não haver solução pelos meios diplomáticos. O Brasil foi um dos cerca de 30 países signatários desse tipo de instrumento com os EUA.

[1370] A Suíça assinou vários tratados de conciliação e arbitragem. Esses instrumentos não só ofereciam base convencional para dirimir controvérsias de forma pacífica por meio do recurso a instâncias jurisdicionais, como também se tornaram modelos para outros Estados. O tratado celebrado com a Alemanha, de 1921, fundamentou o caso de seqüestro e transferência forçada, em 1935, do alemão Bertold Jacob Salomon. Após tentativas frustradas de evitar o caso ao negar conexão dos fatos com a atuação da Gestapo, o Governo controle nazista concordou com o retorno de Salomon à Suíça e a causa perdeu seu objeto. Não obstante, Salomon foi expulso da Suíça, já em meio à II Guerra. Preso em Portugal, foi morto na prisão em Berlim, em 1944.

[1371] Assinado pelos Ministros de Relações Exteriores dos EUA e da França, esse instrumento tornou-se marco consuetudinário na matéria: o art. 1o, que contém a proibição do uso da força, é sucedido pela obrigação, prevista no art. 2, de buscar solução pacífica para quaisquer controvérsias existentes entre as Partes. Na Carta da ONU, porém, o parágrafo 2(3), relativo à solução pacífica de controvérsias precede o parágrafo 2(4) que estipula a proibição do uso da força. Na Declaração sobre Princípios do Direito Internacional, de 1970, retomou-se essa ordem e a proibição do uso da força foi sucedida pelo princípio de solução pacífica.

freqüente à arbitragem para dirimir controvérsias bilaterais, sobretudo em matéria fronteiriça, na seqüência do processo de independência.[1372] Vários instrumentos foram adotados como desdobramento natural da repulsa dos países da região ao recurso à guerra. Já na 1ª Conferência Internacional Americana, em Washington, em 1890, o recurso à arbitragem foi reconhecido como "princípio de direito internacional americano". Em 1923, por ocasião da 5ª Conferência Internacional Americana, foi assinado novo tratado de conciliação, que, por sua vez, foi ampliado pela Convenção Interamericana de Conciliação, de 1929. Posteriormente, a Convenção de Montevidéu de 1933 sobre os Direitos e Deveres dos Estados estabeleceu que "as divergências de qualquer natureza que, entre eles [Estados], se suscitem deverão ser resolvidas pelos meios pacíficos reconhecidos". No mesmo diapasão, o Tratado Antibélico firmado no Rio de Janeiro, em 1933, estipulava que "a solução de conflitos ou divergências de qualquer espécie, que se suscitem entre elas [as partes contratantes], será sempre obtida pelos meios pacíficos consagrados pelo direito internacional". Esse movimento levou, ainda, à assinatura, em 1936, do Tratado Interamericano sobre Bons Ofícios e Mediação, de 1936, que foi substituído pelo Pacto de Bogotá, de 1948, já no âmbito da OEA.

O princípio de solução pacífica de controvérsias se consolidou como norma basilar da ordem jurídica internacional no regime das Nações Unidas.[1373] Na Carta, essa norma aparece tanto como propósito, quanto como princípio fundamental. No art. 1(1), desponta o compromisso com a solução pacífica de controvérsias e situações a fim de manter a paz e a segurança internacionais. No art. 2(3), aparece como princípio autônomo e reconhecido como condição para a realização dos propósitos enumerados no dispositivo anterior. Na sistemática onusiana, essa norma se relaciona ainda com outros princípios fundamentais do direito internacional, em especial o art. 2(4),[1374] pois o prin-

---

1372 Além das arbitragens em que o Brasil esteve envolvido, vale mencionar a questão do barco *Eliza*, entre Estados Unidos e Peru, em 1863, e o litígio entre Argentina e Chile sobre a fronteira nos Andes, submetido à arbitragem da rainha Vitória, da Inglaterra, mas julgada pelo rei Eduardo VII, em 1901.

1373 Christian Tomuschat, 'Article 2(3)', in Bruno Simma (ed.), *The Charter of the United Nations – A Commentary*, München, C.H. Beck Verlag, 1995, 72-76, p. 99; Giorgio Bosco, 'New Trends on Peaceful Settlement of Disputes Between States', *North Carolina Journal of International Law and Commercial Regulation*, vol. 16, 1991, 235, p.236.

1374 Jean Charpentier e Baytah Sierpinski, 'Article 2, Paragraph 3', in Jean-Pierre Cot, Alain Pellet & Mathias Forteau (eds.), *La Charte des Nations Unies, Commentaire article par article*, Paris, Economica, 3rd. ed., 2005, 425-436, p. 425.

cípio de solução pacífica de controvérsias é o corolário lógico da proscrição do uso unilateral e discricionário da força como meio legítimo de defesa dos interesses nacionais na ordem externa (exceção à legítima defesa em caso de agressão). Tal como defendido por diversos Estados nos *travaux préparatoires* da Declaração de 1970, um corolário lógico do art. 33 (1) da Carta é o dever imposto às partes envolvidas em uma controvérsia de buscar a solução pacífica de disputas cuja continuidade pode tornar-se ameaça à paz e à segurança internacionais, mesmo na ausência de recomendação do CSNU a respeito.[1375]

A normatividade do princípio de solução pacífica de controvérsias ganhou força renovada nas décadas seguintes por meio de diversos instrumentos convencionais e consuetudinários. Mas o tema não atraiu muita atenção no processo preparatório da Declaração de Princípios de 1970.[1376] Os Estados demonstraram preferência por negociações diretas, embora coubesse às partes interessadas, em exercício discricionário, escolher os meios apropriados de solucionar controvérsias em linha com o princípio de liberdade de escolha. A principal inovação desse instrumento consistiu na afirmação de que o recurso ou o consentimento a um procedimento de solução de controvérsias livremente aceito não é incompatível com o princípio de igualdade soberana. Afastou-se a noção, ainda presente à época, de que o recurso a instâncias jurisdicionais seria derrogação da soberania estatal, bem como se consolidou o entendimento de que o princípio de solução pacífica de controvérsias não é contrário à igualdade soberana entre os Estados, mas antes expressão de seu exercício.[1377] Em nota menos positiva, a declaração não logrou avanços quanto à aceitação da jurisdição compulsória da CIJ, silenciando até mesmo sobre o papel protagônico da Corte em se tratando da interpretação de tratados multilaterais.[1378]

[1375] Christian Tomuschat, *supra* nota 1573, p. 99.

[1376] Isso se explica por visões discrepantes quanto à forma de avançar em sua codificação. Por isso a linguagem desse instrumento reproduziu, *grosso modo*, os dispositivos correspondentes da Carta. Gaetano Arangio-Ruiz, "Development of Peaceful Settlement and Peaceful Change in the United Nations System" (1965), *Proceedings, American Society of International Law* 124, p. 129; e R. Rosenstock, *supra* nota 248, p. 725.

[1377] Nos termos empregados pela delegação francesa no Comitê Especial, "in order to dispel certain misgivings and to remove any doubt on the matter, it would be advisable to specify clearly that a State's consent to submit a dispute to a judge or arbitrator or to any other means of pacific settlement is an act of its own free will and therefore, far from impairing its sovereignty, constitutes a supreme manifestation of its sovereignty. As the sovereignty of each State is subject to the supremacy of international law, the use of procedures recognized by international law for the settlement of disputes can in no way be regarded as incompatible with the principle of sovereign equality". Doc. A/5746, p. 100.

[1378] R. Rosenstock, *supra* nota 248, p. 725; P.-H. Houben, *supra* nota 254, pp. 710-714.

O processo de codificação desse princípio avançou com a Declaração de Manila sobre Solução Pacífica de Controvérsias Internacionais, de 1982.[1379] Na Parte I desse instrumento enumeram-se deveres dos Estados; na Parte II, as competências dos órgãos onusianos nessa área. A Declaração de Manila teve o mérito de identificar, com maior clareza, direitos e obrigações. No entanto, o conteúdo materialmente codificado não se distinguiu do que já existia no Capítulo VI da Carta. Tampouco avançou no tratamento de deficiências estruturais que prejudicam a eficácia desse princípio, em especial no tocante à universalidade do escopo jurisdicional da CIJ. Seu valor jurídico reside, sobretudo, na renovação da *opinio iuris* dos Estados em relação à centralidade do princípio de solução pacífica de controvérsias na ordem internacional contemporânea.[1380]

O princípio de solução pacífica de controvérsias constitui também pedra angular de mecanismos de integração regional, como a Organização dos Estados Americanos (OEA), a Liga Árabe,[1381] a então Organização da União Africana (OUA),[1382] o Conselho da Europa,[1383] a ECOWAS[1384] e a ASEAN.[1385] No contexto da Guerra Fria, o princípio de solução pacífica de controvérsias foi reafirmado na Ata Final da Conferência sobre Segurança e Cooperação na Europa (CESC) de Helsinque, em 1975[1386], bem como em documentos

---

[1379] Adotada pela Assembléia Geral das Nações Unidas por meio da resolução 37/10.

[1380] Ao enfatizar o papel de medidas preventivas para o deslinde de controvérsias e situações internacionais, esse instrumento reforça o dever implícito no art. 2(3) da Carta ao utilizar, reiteradamente, o verbo *should*. Christian Tomuschat, *supra* nota 1573, p. 100. O mesmo ocorreu, em 1985, por meio de apelo da AGNU para a observância do princípio de solução pacífica de controvérsias e, posteriormente, pela "Declaração sobre a Prevenção e Remoção de Controvérsias e Situações que possam Ameaçar a Paz e a Segurança Internacionais, e o Papel das Nações Unidas nesse Campo" (RES/43/51, de 1988).

[1381] Pacto da Liga Árabe, assinado no Cairo, em 1945.

[1382] Carta da OUA, assinada em Adis Abeba em 1963.

[1383] Tratado de Londres, assinado em 1949.

[1384] Art. 56 do Tratado da ECOWAS.

[1385] Tratado de Amizade e Cooperação no Sudeste Asiático de 1976.

[1386] Nos termos da Ata de Helsinque, os Estados "will endeavour to reach a peaceful, rapid and equitable solution of disputes among them, on the basis of international law, by means such as negotiation, inquiry, mediation, conciliation, arbitration, judicial settlement or other peaceful means of their own choice, including any settlement procedure agreed to in advance of disputes to which they are parties".

subseqüentes relevantes adotados nesse âmbito.[1387] Mais recentemente, o compromisso com a solução pacífica de controvérsias foi mantido nos instrumentos constitutivos da União Africana[1388] e da União Européia (UE). No caso da UE, o princípio de solução de controvérsias assume dupla dimensão. De um lado, é norma reguladora do relacionamento entre Estados Membros que, a um só tempo, renunciaram ao uso da força e reconheceram a jurisdição compulsória da Corte Européia de Justiça como foro natural para dirimir controvérsias entre si. De outro, constitui regra de conduta da UE no plano das relações com outros Estados, organizações internacionais e entidades reconhecidas pelo direito internacional.[1389]

Em linha com a tradição jurídica interamericana, o princípio de solução pacífica de controvérsias é um dos pilares fundamentais (senão o mais importante, ao lado da proibição do uso da força) da OEA.[1390] Para além da referência genérica do art. 3º que reproduz, em termos distintos, a linguagem do art. 2(3) da Carta das Nações Unidas, a Carta da OEA trata especificamente dos meios de solução pacífica de controvérsias no Capítulo VI. O art. 23 estabelece[1391] que controvérsias entre os Estados do hemisfério devem ser submetidas aos procedimentos enumerados no art. 25, a saber, negociações diretas, bons ofícios, mediação, investigação, conciliação, solução judicial e arbitragem, bem como quaisquer outros meios da escolha das partes.[1392]

A normatividade do princípio de solução pacífica de controvérsias também ganhou força por meio de compromissos recíprocos de reconhecimento *ex*

[1387] Cf., por exemplo, a Carta de Paris de 1990 para uma Nova Europa.

[1388] Art. 4 (e) do Ato Constitutivo da União Africana (UA), assinado em Lomé, Togo, em 11 de julho de 2000.

[1389] A EU pode atuar como parte litigante no contexto de sistemas de solução de controvérsias como aqueles da OMC ou da UNCLOS, como mediador em conflitos envolvendo terceiros países, ou ainda submeter opiniões *amicus curiae* a tribunais internacionais. Cf. Frank Hoffmeister, 'The European Union and the Peaceful Settlement of International Disputes', *Chinese Journal of International Law*; Mar/2012, Vol. 11 Issue 1, p. 77.

[1390] O art. 3 (i) estabelece que as "controvérsias de caráter internacional, que surgirem entre dois ou mais Estados americanos, deverão ser resolvidas por meio de processos pacíficos".

[1391] Nos termos da modificação feita pelo Protocolo de Cartagena das Índias, de 1985.

[1392] O art. 27 contém referência ao Tratado Americano de Soluções Pacíficas (Pacto de Bogotá), de 1948: "Um tratado especial estabelecerá os meios adequados para solução das controvérsias e determinará os processos pertinentes a cada um dos meios pacíficos, de forma a não permitir que controvérsia alguma entre os Estados americanos possa ficar sem solução definitiva, dentro de um prazo razoável".

ante da jurisdição compulsória de tribunais internacionais. O primeiro desses instrumentos foi aprovado em âmbito interamericano. Assinado no contexto da criação da OEA, em 1948, o Tratado Americano de Solução Pacífica (Pacto de Bogotá) contém cláusula facultativa de jurisdição obrigatória da CIJ para dirimir eventuais controvérsias que não tenham sido solucionadas por outros meios igualmente pacíficos entre os Estados signatários. O Pacto de Bogotá também avança no processo de codificação do princípio de solução pacífica de controvérsias ao regular detalhadamente características e etapas de cada procedimento previsto no art. 25 da Carta da OEA, bem como indica princípios gerais que regem a solução pacífica de controvérsias em âmbito interamericano. Outro instrumento adotado em âmbito regional foi a Convenção Européia para a Solução Pacífica de Controvérsias, de 1957, que se baseia na distinção entre controvérsias jurídicas, tal como definido no art. 36 do Estatuto da CIJ, e outras disputas de natureza política. Com relação às primeiras, os Estados Partes reconhecem a jurisdição compulsória da CIJ, embora seja facultado o recurso à conciliação antes que a questão seja submetida à Corte. Trata-se aí de reconhecimento *ex ante* da jurisdição compulsória da CIJ para controvérsias entre os signatários.[1393] Quanto às demais controvérsias, isto é, aquelas não enumeradas no art. 36 (2) do Estatuto, a Convenção Européia prescreve a possibilidade de recurso unilateral à conciliação e à arbitragem.[1394]

A centralidade do princípio de solução pacífica de controvérsias foi reconhecida na jurisprudência de tribunais internacionais. No caso *Nicaragua*, a CIJ não só reconheceu que o princípio de solução pacífica de controvérsias é complementar à proibição do uso da força e ao princípio de não intervenção, como declarou que o dever das partes de buscar solução por meios pacíficos a controvérsias é norma consuetudinária do direito internacional.[1395] No caso da

[1393] O compromisso estabelecido no Pacto de Bogotá (Art. XXXI) serviu como justificativa para o exercício da jurisdição da CIJ em caso envolvendo Honduras e Nicarágua, de 1988. Cf. *Border and Transborder Armed Actions (Nicaragua v. Honduras), Jurisdiction and Admissibility, Judgment, I.C.J Reports* 1988, p. 69.

[1394] Embora a Convenção não permita reservas quanto à jurisdição compulsória da CIJ para controvérsias jurídicas, é possível apresentar reservas aos dispositivos relativos à conciliação e arbitragem.

[1395] *Nicaragua* case, *supra* nota 269, p. 145, para. 290.

Plataforma Continental do Mar do Norte, a Corte declarou ser um princípio subjacente a todas as relações internacionais.[1396]

Nos dias atuais, olhar crítico sobre o sistema internacional permite identificar fatores que interferem na eficácia do princípio de solução pacífica de controvérsias. Os limites à eficácia do princípio em exame devem-se, sobretudo, à falta de um sistema de solução de controvérsias de escopo de aplicação genuinamente universal e ao qual estejam submetidos todos os Estados em condições de igualdade. O ceticismo quanto ao papel de instâncias jurisdicionais[1397] é alimentado por precedentes de descumprimento de decisões emanadas por órgãos jurisdicionais, sendo os casos mais preocupantes observados na CIJ.[1398] Problemas de efetividade não são novidade. Já no século XIX houve casos em que as partes se recusaram a executar laudo arbitral.[1399] A questão assume maior gravidade, porém, quando o descumprimento envolve membros permanentes do CSNU, que dispõem de poder de veto para barrar no órgão decisão contrária a seus interesses. Aí se revelam, explicitamente, os limites intrínsecos à execução de sentenças no plano internacional. Mesmo em regimes regionais que prescrevem a obrigatoriedade do recurso aos meios de solução pacífica de controvérsias, assiste-se a crise. No caso interamericano, como se já não bastassem problemas como número reduzido de ratificações e reservas que diminuíam seu escopo de aplicação, em especial quanto ao

---

[1396] Sobre a obrigação de proceder a negociações, a Corte declarou que "this obligation merely constitutes a special application of a principle which underlies all international relations, and which is moreover recognized in Article 33 of the Charter of the United Nations as one of the methods for the peaceful settlement of international disputes". *North Sea Continental Shelf* case, *supra* nota 1320, p. 47, para. 86.

[1397] A prática internacional oferece vários casos em que os Estados consideraram um conflito politicamente não justiciável quando sabiam, de antemão, que a satisfação ou a proteção de seus interesses dificilmente seria obtida pelo recurso a um dos meios enumerados no art. 33 da Carta. Shabtai Rosenne, *The International Court of Justice*, Leyden, Sijthoff, NV, 1957.

[1398] Cf. Aloysius P. Llamzon, 'Jurisdiction and Compliance in Recent Decisions of the International Court of Justice', *EJIL* (2007), Vol. 18 No. 5, 815–852.

[1399] Em 1831, Estados Unidos e Grã-Bretanha não executaram laudo proferido pelo rei da Holanda em controvérsia territorial por entenderem que o árbitro excedera seus poderes. Em 1898, a Colômbia recusou o pagamento de indenização determinada pelo presidente dos EUA em procedimento arbitral contra a Itália (o pagamento só ocorreu após o envio de uma esquadra italiana ao porto de Cartagena das Índias). Em 1909, a Bolívia recusou-se a aceitar laudo proferido pelo presidente da Argentina em litígio fronteiriço com o Peru. A recusa levou ao rompimento das relações diplomáticas entre Buenos Aires e La Paz.

reconhecimento da jurisdição da CIJ, houve casos de denúncia do Pacto de Bogotá por Colômbia e El Salvador.

Nada disso, porém, tem a ver com o direito, mas sim com realidades de poder. O recurso a meios políticos e jurisdicionais deve continuar a ser propugnado, em linha com o propósito de manter a paz e a segurança internacionais.[1400] Por força da abrangência praticamente universal da sobreposição desses instrumentos convencionais, bem como da adesão praticamente universal à Carta, a natureza positiva do princípio de solução de controvérsias assegura, nos dias atuais, o escopo de aplicação a todos os sujeitos de direito internacional público, aí incluídos tanto os pouquíssimos Estados não membros das Nações Unidas, quanto outras organizações internacionais.[1401]

Solução pacífica de controvérsias na prática diplomática brasileira

O recurso a meios de solução pacífica de controvérsias é uma constante na diplomacia brasileira. Tal compromisso foi sempre matizado pelo apego ao subprincípio de autonomia soberana da vontade. Essa característica, fundamental para a compreensão da *opinio iuris* e da prática estatal do Brasil, fez-se presente tanto na linha discursiva, quanto nas condutas adotadas em circunstâncias em que o País se viu envolvido em controvérsias internacionais nos últimos dois séculos.

No plano discursivo, o princípio de solução pacífica de controvérsias consiste em um dos parâmetros fundamentais da prática brasileira de direito internacional. No período imperial, o Governo brasileiro alinhou-se ao então

---

[1400] Em 1992, o então SGONU Boutros-Ghali descreveu a CIJ como um "under-used resource for the peaceful adjudication of disputes" e recomendou que "all Member States should accept the general jurisdiction of the International Court under Article 36 of its Statute, without any reservation, before the end of the United Nations Decade of International Law in the year 2000". UN Doc. No. A/47/277, *Report of the Secretary-General Pursuant to the Statement adopted by the Summit Meeting of the Security Council on 31 Jan 1992*, 17 June 1992, para. 38. No documento *In Larger Freedom*, Kofi Annan conclamou "those States that have not yet done so to consider recognizing the compulsory jurisdiction of the Court - generally if possible or, failing that, at least in specific situations". *In Larger Freedom: Towards Development, Security and Human Rights For All*, Report of the UN Secretary-General, para. 139, UN Doc. A/59/2005 (21 Mar. 2005). O SGONU renovou esse apelo em 2006, por ocasião do 60o aniversário da CIJ. UN Doc No. SG/SM/10414, 12 Apr. 2006.

[1401] Christian Tomuschat, *supra* nota 1573, p. 100.

incipiente processo de codificação desse princípio ao apoiar o compromisso de recorrer aos bons ofícios como meio preventivo à guerra. Em nota verbal por meio da qual formalizava a adesão do Brasil à Declaração de Paris sobre os Princípios do Direito Marítimo, de 1856, o então ministro dos Negócios Estrangeiros, que posteriormente viria a ser o Visconde do Rio Branco, expôs a opinião brasileira de que o recurso aos bons ofícios de "uma nação amiga" deveria ocorrer "sempre que as circunstâncias o permitam, antes de lançar mão das armas" a fim de solucionar as "dissenções internacionais".[1402] No Tratado de Paz e Amizade celebrado pelo Brasil e Paraguai, de 1872, que pôs fim formalmente ao conflito, previa-se expressamente (art. 18) a obrigação de recorrer aos bons ofícios para a solução de eventuais controvérsias no plano bilateral.[1403] Posição favorável ao desenvolvimento progressivo dessa norma foi mantida no período republicano,[1404] em linha com os dispositivos constitucionais então vigentes sobre a matéria. Em 1890, o Presidente Prudente de Moraes justificou a aceitação de tornar-se árbitro em contencioso fronteiriço entre Bolívia e Peru, um "melindroso encargo", com base no movimento crescente na região em favor da solução pacífica dos litígios sob o direito internacional.[1405] A mesma disposição inspirou a participação da delegação brasileira à I Conferência Internacional Americana, em Washington, entre 1889 e 1890: "dar ao princípio do arbitramento a mais extensa aplicação que fosse possível", tal como concretizado no Tratado Geral de Arbitramento adotado ao final da Conferência.[1406]

[1402] Hildebrando Accioly, *supra* nota 456, vol. III, p. 21.

[1403] Art. 18 – Se acontecer (o que Deus não permita) que sobrevenha alguma grave desinteligência entre as duas altas partes contratantes, recorrerão elas, antes do emprego da força, ao meio pacífico dos bons ofícios de uma nação amiga.

[1404] "A renúncia à guerra de agressão, a solução pacífica de todos os conflitos pela dilatação constante do princípio do arbitramento. Estes foram os ideais em que sempre se inspirou a política internacional do Brasil". Afranio de Mello Franco, 6ª sessão da I Comissão (Organização da Paz) da VII Conferência Internacional Americana, Montevidéu, 15/12 1933. *In* A.A. Cançado Trindade (org.), *Repertório da prática brasileira do direito internacional público* (período 1919-1940), 2ª. ed., Brasília, FUNAG, 2012, p. 108.

[1405] Câmara dos Deputados, *Mensagens Presidenciais* 1890-1910, Brasília, CD/Centro de Documentação e Informação, 1978, p. 130. *In* A.A. Cançado Trindade (org.), *supra* nota 991, p. 203.

[1406] Quintino Bocayuva, Relatório sobre a Posição do Brasil em relação ao Tratado Geral de Arbitramento Recomendado à Adoção pela I Conferência Internacional Americana, de 21/1/1891. *In* A. A. Cançado Trindade (org.), *idem*, pp. 211-212. O Brasil aderiu, posteriormente, à Convenção I de Haia de 1899 para a Solução Pacífica dos Conflitos

Em 1907, a ponderação entre o compromisso com a solução pacífica de controvérsias e a defesa dos interesses nacionais foi decisiva na posição adotada pelo Brasil na II Conferência de Haia.[1407] Sob a coordenação mantida entre Rio Branco e Rui Barbosa, o Brasil aceitou as competências da Corte Permanente de Arbitragem criado pela Convenção I de Haia de 1899, porém, com reserva aos dispositivos (art. 53, alínea 2 e parágrafos 1 e 2) que facultavam o acesso unilateral à arbitragem por outro Estado. Tal hipótese teria o condão de dispensar o consentimento expresso por meio de *compromis* mutuamente acordado.

Nessa mesma linha, o Brasil criticou, já sob o regime da Liga das Nações, "as restrições impostas ao princípio da arbitragem obrigatória, ou ao da extensão da jurisdição da Corte Permanente de Justiça Internacional (CPJI) a todos os conflitos jurídicos ou políticos suscetíveis de ser levantados entre os Estados". Entre as razões apresentadas para retirar-se da Liga, apontavam-se a composição inadequada do Conselho do Liga e o pequeno número de países signatários do Protocolo de Genebra para a Solução Pacífica de Conflitos Internacionais, que o País havia subscrito com entusiasmo. Não obstante, o Brasil mantinha seu apoio à codificação universal do princípio de solução pacífica de controvérsias, com vistas "ao estabelecimento universal de um regime de que já tínhamos sólidos fundamentos na América",[1408] bem como mantinha o reconhecimento à jurisdição da CPJI.

Até a eclosão da II Guerra Mundial, o Brasil atuou na vanguarda de esforço mais amplo, em curso, sobretudo, na Europa e no hemisfério interamericano, em favor da codificação do princípio de solução pacífica de controvérsias. O objetivo era fortalecer a ordem jurídica internacional por meio de um sistema de solução de controvérsias de alcance universal e baseado na autonomia da vontade. O Brasil dispunha-se a reconhecer a natureza compulsória de meios jurisdicionais, em especial a arbitragem, desde que tal compromisso se desse sobre bases recíprocas de igualdade. Expressão desse sentimento foi o Projeto de Código de Direito Internacional Público, redigido por Epitácio Pessôa, em 1912, na qualidade de presidente do Congresso de Jurisconsultos Americanos,

---

Internacionais, que instituiu a CPA. O Presidente Affonso Penna nomeou, como árbitros brasileiros, Rui Barbosa, Lafayette Rodrigues Pereira, Joaquim Nabuco e Clóvis Beviláqua.

1407 Mensagem do Presidente da República, Affonso Penna, 3/5/1908, sobre a II Conferência de Paz de Haia de 1907. *In* A.A. Cançado Trindade (org.), *supra* nota 1487, pp. 146-147.

1408 Afranio Mello Franco, XXXIII Sessão do Conselho da Liga das Nações, em Genebra, em 12/3/1925. *In* A.A. Cançado Trindade (org.), *supra* nota 1604, p. 59.

a pedido da Comissão Interamericana de Juristas. Embora esse documento não represente oficialmente a *opinio iuris* do Governo brasileiro, ali se revelam, na forma e na substância, o objetivo de institucionalizar os meios de solução pacífica de controvérsias.[1409] Em âmbito interamericano, o Brasil também apoiou a conclusão, em 1929, da Convenção Geral de Conciliação Interamericana e o Tratado Geral de Arbitramento Interamericano, instrumentos que constituíam "grande passo, na via da solução pacífica dos litígios interamericanos", que o Brasil assinara sem reservas.[1410] A diplomacia brasileira propugnava, ainda, a ratificação de ambos os tratados por todos os países americanos, "com a supressão de quaisquer reservas das partes contratantes".[1411] Ao cabo, essa prática tomou a forma de uma rede de instrumentos convencionais nos quais as partes reconheciam a obrigação mútua de submeter litígios ao arbitramento e outros meios pacíficos, como a conciliação.[1412] Em 1912, o Brasil já havia assinado trinta e um tratados de arbitramento com outros países.[1413] Em matéria de arbitragem, foram assinados instrumentos dessa natureza com Peru, em 1918 e Uruguai, em 1948.[1414] A disposição de ampliar o escopo de competências jurisdicionais obrigatórias manteve-se inalterada até a II Guerra Mundial. Prevalecia crença idealista de estabelecer ordem internacional sob a égide do direito e não da força, mesmo após o desligamento do País na Liga das Nações, em 1926. O maior símbolo desse compromisso foi a assinatura, pelo Brasil, da cláusula facultativa relativa à jurisdição obrigatória da CPJI que dispensava

---

[1409] Marcílio Toscano Franca Filho, Jorge Mialhe e Ulisses Job, *Epitácio Pessoa e a Codificação do Direito Internacional*, Porto Alegre, Sergio Antonio Fabris, 2013.

[1410] Exposição de Motivos do MRE (10/12/1929) ao Presidente Washington Luís sobre os Atos da Conferência de Washington de Conciliação e Arbitragem. *In* A.A. Cançado Trindade (org.), *supra* nota 1604, pp. 104-105.

[1411] MRE, *Relatório Apresentado ao Presidente da República dos Estados Unidos do Brasil pelo Ministro de Estado das Relações Exteriores - 1936*, vol. I, Rio de Janeiro, Imprensa Nacional, 1938, Anexo A, doc. nº 3, pp. 24-25.

[1412] Afranio de Mello Franco, *supra* nota 1604, p. 107.

[1413] "Entre estas contam-se dezenove países americanos, onze europeus e um da Ásia". Relatório do MRE referente ao período - maio de 1912/maio de 1913, sobre o Estado dos Tratados de Arbitramento Permanente Celebrados pelo Brasil. *In* A.A. Cançado Trindade (org.), *supra* nota 1487, pp. 130-131. Cf. também relatório do MRE referente ao período - maio de 1914/ junho de 1915. *In* A.A. Cançado Trindade (org.), *supra* nota 1487, pp. 130-131.

[1414] Em ambos, o escopo *ratione materiae* incluía tanto controvérsias jurídicas *stricto sensu*, quanto políticas.

compromisso ou acordo específico em controvérsia envolvendo Estados que aceitassem a mesma obrigação.

A partir de 1945, houve relativa inflexão na prática brasileira. O Brasil reafirmou, em âmbito multilateral[1415] e regional,[1416] compromisso com o princípio de solução pacífica de controvérsias. Fosse como recurso retórico na defesa do papel da ONU na manutenção da paz e da segurança internacionais, fosse para inscrever a conduta do Brasil no marco dos propósitos e princípios fundamentais inscritos na Carta, essa norma permaneceu como elemento central no discurso diplomático. Mas a exemplo do que ocorreu décadas antes na II Conferência de Haia e na Liga das Nações, o apego histórico à solução pacífica de controvérsias foi matizado com os princípios de igualdade soberana e de autonomia da vontade dos Estados. A síntese ponderada desses princípios se traduziu, já no início das atividades das Nações Unidas, em crítica sobre a natureza desigual do sistema de veto no CSNU, que contrariava o princípio de igualdade e debilitava a implantação de um sistema de solução de controvérsias de escopo verdadeiramente universal.[1417] O Brasil também se queixou da não-aceitação do princípio de jurisdição obrigatória da CIJ.[1418] Mas diante da resistência quanto ao reconhecimento do caráter compulsório da competência jurisdicional da CIJ, e tendo presente a afronta ao princípio de igualdade na composição do CSNU, cujos membros permanentes dispunham de poder de veto que os excluía, na prática, de eventual execução de sentenças da CIJ sob o Capítulo VII, o Brasil optou por preservar sua autonomia e não se comprometeu, após 1953, com a cláusula compromissória geral *ex ante* (art. 36 (2) do Estatuto da CIJ).[1419]

1415 João Carlos Muniz na II Sessão Ordinária da AGNU, in Luiz Felipe Seixas Corrêa (org.), *supra* nota 520, p. 47.

1416 João Neves da Fontoura, relatório sobre a Conferência de Bogotá. *In* A.A. Cançado Trindade (org.), *supra* nota 517, p. 343.

1417 João Carlos Muniz na II Sessão Ordinária da AGNU, em 1947, in Luiz Felipe Seixas Corrêa (org.), *supra* nota 520, p. 47.

1418 "Se o recurso obrigatório à Corte tivesse sido incluído na Carta, teríamos hoje em nossas mãos um poderoso instrumento para a promoção da solução pacífica de controvérsias. A ausência de tal cláusula relegou à Corte Internacional de Justiça um papel secundário quando, na verdade, ela deveria ter se tornado um dos órgãos mais importantes da Organização". *Idem*, p. 48.

1419 Em linha com a prática anterior relativa à CPJI, o Brasil se submeteu à cláusula facultativa de jurisdição obrigatória da CIJ por breve período, entre 1948 e 1953. Cf. *Declaration recognizing as compulsory the jurisdiction of the Court, in conformity with Article 36,*

É a sobre essa base conceitual que a diplomacia brasileira passou a agir, nos anos seguintes, nos fóruns multilaterais em que se avançavam e discutiam propostas relativas ao desenvolvimento dos meios pacíficos de solução de controvérsias. Em meados da década de 1950, debateu-se, na CDI e na VI Comissão da AGNU, projeto de Convenção sobre Processo Arbitral. Diante de tentativas inspiradas por "inocência universitária", Gilberto Amado, então membro da CDI, criticou o documento preparado pelo relator Georges Scelle, em razão de dispositivos que desvirtuavam o regime desenvolvido no direito consuetudinário. Em especial, o representante brasileiro levantou-se contra hipóteses do projeto que (i) permitiam "a estúrdia idéia da nulidade e revisão da sentença arbitral", (ii) tornavam obrigatória a submissão dos Estados sem a aquiescência das partes envolvidas na controvérsia e (iii) outorgavam capacidades hermenêuticas ao próprio tribunal arbitral para interpretar questões ausentes do compromisso arbitral. Em relação ao primeiro tema, Amado pontificava que o Brasil via no caráter definitivo da sentença arbitral aspecto fundamental do instituto da arbitragem, noção esta "indelevelmente ligada à integridade sacrossanta das nossas fronteiras e o respeito perene do direito nas nossas relações com outros Estados". Exceção a essa regra, só em caso excepcionais "estabelecidos parcimoniosamente no compromisso" arbitral, em conformidade com a vontade expressa dos Estados. Quanto ao segundo tópico, rejeitou a possibilidade de o tribunal arbitral ser *maître de sa compétence*, algo que contrariaria "flagrantemente os fundamentos essenciais da arbitragem e compromete as suas mais notáveis virtudes". Tratar-se-ia, na prática, de permitir atuação *ultra vires* da instância arbitral, algo incompatível com a natureza do instituto tal como desenvolvido na prática consuetudinária. Daí a contrariedade ao dispositivo que permitia ao tribunal determinar o direito aplicável, pois, ao contrário do que ocorre com a CIJ (Art. 38(1) do Estatuto), "na arbitragem as partes, de comum acordo, determinam o direito a ser aplicado. Se não há acordo, não há compromisso, não há arbitragem". Por fim, defendeu enfaticamente a natureza voluntária do recurso à arbitragem, em linha com o subprincípio do instituto: "a jurisdição específica do tribunal arbitral só existe em função da vontade das partes".[1420]

---

paragraph 2, of the Statute of the International Court of Justice, Rio de Janeiro, 12/2/ 1948, No. 237. UN, *Treaty Series/Recueil des Traités*, vol. 15, 1948, pp. 221-223.

1420 Gilberto Amado, VI Comissão da AGNU, X Sessão, sobre a Questão do Projeto sobre Processo Arbitral, em 25/11/1955. *In* A.A. Cançado Trindade (org.), *supra* nota 517, pp. 344-348.

Não obstante, o Brasil manteve, nas décadas seguintes, compromisso genérico com o princípio inscrito nos arts. 1(1) e 2(3) da Carta. Em 1957, Oswaldo Aranha renovou apoio às Nações Unidas como fórum competente para encaminhar e solucionar controvérsias,[1421] convicção reiterada, dois anos depois, por Augusto Frederico Schmidt.[1422] Mais de uma década depois, na mesma AGNU, Gibson Barboza caracterizou esse princípio como a "principal linha de atuação" da diplomacia brasileira.[1423] Saraiva Guerreiro, ao reafirmar o compromisso do Brasil com os princípios da Carta, deu ênfase à solução pacífica das controvérsias.[1424] Sarney, já na redemocratização, afirmou que o Brasil era paladino da solução pacífica de controvérsias e "defensor da negociação sobre as perigosas demonstrações de força".[1425] Celso Lafer realçou a associação intrínseca entre o princípio de solução pacífica de controvérsias e a renúncia à violência como base fundamental da ordem jurídica em âmbito interno e externo.[1426] No mesmo diapasão, Luiz Felipe Lampreia identificou, como inflexão lógico-jurídica da Carta, que as instituições multilaterais serviam como "fonte da legalidade e da legitimidade dos atos que garantem a paz e a solução pacífica de controvérsias".[1427]

O princípio de solução pacífica de controvérsias foi também utilizado na linha discursiva brasileira para o tratamento de temas específicos da agenda multilateral, no âmbito dos quais, muitas vezes, associava-se a outros princípios fundamentais do direito internacional. Na descolonização, o Brasil advogou a tese (duvidosa) de que o imperativo de solução pacífica de controvérsias seria ponto de equilíbrio entre o direito à autodeterminação dos povos e a

---

1421 Oswaldo Aranha na XII Sessão Ordinária da AGNU, em 1957, in Luiz Felipe Seixas Corrêa (org.), *supra* nota 520, p. 120.

1422 Augusto Frederico Schmidt na XIV Sessão Ordinária da AGNU, em 1959, in Luiz Felipe Seixas Corrêa (org.), *supra* nota 520, p. 136.

1423 Mário Gibson Barboza na XXVI Sessão Ordinária da AGNU, em 1971, *idem*, p. 276.

1424 Ramiro Saraiva Guerreiro na XXXIV Sessão Ordinária da AGNU, em 1979, *ibidem*, p. 362. Fê-lo novamente em 1980. Ramiro Saraiva Guerreiro na XXXV Sessão Ordinária da AGNU, em 1980, *idem*, p. 377.

1425 José Sarney na XL Sessão Ordinária da AGNU, em 1985, in Luiz Felipe Seixas Corrêa (org.), *supra* nota 520, p. 448.

1426 Celso Lafer na XLVII Sessão Ordinária da AGNU, em 1992, in Luiz Felipe Seixas Corrêa (org.), *supra* nota 520, p. 553.

1427 Luiz Felipe Lampreia na LIV Sessão Ordinária da AGNU, em 1999, *idem* p. 659.

proibição do uso da força.[1428] Em meio ao recrudescimento da Guerra Fria, o Brasil voltou a insistir no princípio de solução pacífica de controvérsias como meio adequado para reduzir tensões e encaminhar soluções a disputas opondo lados do espectro político, econômico e ideológico.[1429] Com inspiração nos Arts. 1(1) e 2(3), o Brasil também sugeriu emenda à Carta com o objetivo de incluir Capítulo intermediário sobre operações de manutenção da paz, entre os capítulos VI e VII.[1430] A própria participação nas então incipientes operações de manutenção da paz era justificada, dessa forma, pelo princípio de solução pacífica de controvérsias.[1431]

Em termos hermenêuticos, uma das expressões mais importantes da *opinio iuris* do Brasil na matéria diz respeito à relação necessária entre o princípio de solução pacífica de controvérsias, o uso da força e o princípio de não intervenção.[1432] A prioridade conferida aos meios pacíficos e o entendimento de que a força é *ultima ratio* foram utilizados no tratamento de várias situações quando o Brasil ocupou assento eletivo no CSNU.[1433] Celso Amorim definiu essa posição ao afirmar que o recurso à força só pode ocorrer como último recurso, quando a solução pacífica se mostra inviável ou são esgotados os meios previstos no Capítulo VI da Carta.[1434] A necessidade de exaurir os métodos de solução pacífica de controvérsias antes do recurso à força revela visão sistêmica que ultrapassa as relações intersubjetivas entre Estados e alcança o funcionamento dos órgãos principais das Nações Unidas. As atribuições do CSNU são

---

[1428] Mário de Pimentel Brandão na VI Sessão Ordinária da AGNU, em 1951, in Luiz Felipe Seixas Corrêa (org.), *supra* nota 520, pp. 77-78.

[1429] O Brasil advogou essa via para a solução pacífica do problema de Berlim. Affonso Arinos de Mello Franco na XVI Sessão Ordinária da AGNU, em 1961, *idem*, p. 155.

[1430] "A idéia era criar um marco jurídico progressivo e gradativo para o estabelecimento de operações de paz das Nações Unidas, entre os meios de solução pacífica de controvérsias e as ações coercitivas voltadas à manutenção da paz". Luiz Felipe Seixas Corrêa (org.), *supra* nota 520, pp. 198-199.

[1431] Sobre Suez, cf. Horácio Lafer na XV Sessão Ordinária da AGNU, em 1960, *idem*, p. 144.

[1432] Pedro Calmon, na Conferência de Chapultepec (México), em 23/2/1945, in A.A. Cançado Trindade (org.), *supra* nota 517, p. 317.

[1433] Intervenção do Representante do Brasil, sobre a Questão Egípcia, na 189ª Sessão do Conselho de Segurança da ONU, em Nova York, em 20/8/1947, in A.A. Cançado Trindade (org.), *supra* nota 517, pp. 329-330.

[1434] Celso Amorim na LX Sessão Ordinária da AGNU, em 2005, in Luiz Felipe Seixas Corrêa (org.), *supra* nota 520, p. 753. Cf. também discurso de Celso Amorim na XLIX Sessão Ordinária da AGNU, em 1994, *idem*, p. 587.

interpretadas em termos do dever de "impedir que uma controvérsia ou uma situação se transforme em uma ameaça à paz e à segurança internacionais".[1435] Mas essa hipótese excepcional de intervenção do CSNU deve limitar-se às situações em que "as partes se tivessem revelado incapazes de chegar a uma solução satisfatória ou tivessem esgotado os meios abertos pela via diplomática. Só então se poderia considerar a controvérsia, examinada à luz das circunstâncias, bastante grave para constituir, sem contestação possível, uma ameaça à paz e à segurança internacionais".[1436] A posição brasileira justifica-se com argumentos funcionais: "o Conselho de Segurança não é e não pode ser uma corte de justiça. É, por excelência, o órgão político e executivo da Organização das Nações Unidas. Nossas funções não são de ordem judiciária, e não nos reunimos aqui na qualidade de juízes internacionais", sob risco de prejudicar a eficácia da CIJ.[1437]

Foi sob essa lógica de progressividade e a partir de interpretação funcional que o Brasil defendeu, a partir de 1970, a necessidade de reforçar o papel das Nações Unidas em sua função de promover soluções de diferendos. Para tanto, aventou-se a reforma dos procedimentos do CSNU, cuja eficácia era prejudicada, em muitos casos, por sua paralisação decorrente de polarização entre as superpotências do período. Em discurso na AGNU, Gibson Barboza argüiu que as capacidades do Conselho já previstas na Carta em matéria de solução pacífica de controvérsia sob o Capítulo VI deveriam ser reforçadas. Para isso, sugeriu a institucionalização do processo de consultas entre as partes litigantes por meio do estabelecimento de comitês *ad hoc* constituídos sob os auspícios do Conselho com a finalidade de encaminhar, com algum grau de flexibilidade formal, soluções pacíficas a litígios internacionais na agenda da Organização. Evitar-se-iam, dessa forma, fosse o recurso às medidas do Capítulo VII, as quais só deveriam ser autorizadas como último recurso, fosse a percepção de ineficácia do órgão por parte dos Estados que ali buscavam, diante do malogro de negociações diretas, a reparação de ofensas.[1438] A associação entre o

---

[1435] *Idem*.

[1436] *Ibidem*, p. 331.

[1437] Intervenção do Representante do Brasil, sobre a Questão do Estreito de Corfu, na 125ª Sessão do CSNU, em Nova York, em 3/4/1947, in A.A. Cançado Trindade (org.), *supra* nota 517, pp. 333-334.

[1438] O Governo brasileiro sugeria "que o Conselho, valendo-se das faculdades que lhe confere o Capítulo VI da Carta, considere, em cada caso, a conveniência do estabelecimento de comitês *ad hoc* para a solução pacífica de controvérsias, integrados pelas partes de um

princípio de solução pacífica de controvérsias e a proibição do uso da força serviu ainda à defesa do desarmamento e da não proliferação.[1439] A corrida armamentista do início da década de 1980 expunha as dificuldades encontradas sob os regimes então existentes de conter e resolver os conflitos, em prejuízo da eficácia do sistema multilateral de solução de controvérsias.[1440] Da mesma forma, dificuldades encontradas pelas Nações Unidas em encaminhar solução duradoura para crises internacionais aumentava a percepção de ineficácia e reduzia as chances de recurso aos meios pacíficos.[1441]

Em se tratando dos litígios nos quais o Brasil esteve envolvido, verifica-se o mesmo esforço de equilibrar o compromisso com o princípio de solução pacífica de controvérsias e a defesa da autonomia soberana da vontade. É assim que se pode compreender a preferência histórica da diplomacia brasileira pela via das negociações diretas,[1442] cujo caso de maior significado foi o deslinde da questão do Acre, que resultou na incorporação do território ao Brasil, em 1903. Após a independência, em 1822, o País participou de comissões mistas[1443] (compostas de indivíduos das duas nacionalidades em igual número) criadas por instrumentos convencionais para encaminhar soluções a controvérsias bilaterais, em sua maior parte para julgar reclamações e demandas de

---

conflito, conjuntamente com outras delegações escolhidas pelo Conselho, mediante sugestão dos litigantes. Esses comitês teriam o mais amplo e mais flexível dos mandatos e funcionariam, sem atas e sem agenda predeterminada, sob a autoridade do Conselho de Segurança, com o objetivo de harmonizar e reconciliar as posições dos países em disputa". Mário Gibson Barboza na XXV Sessão Ordinária da AGNU, em 1970, in Luiz Felipe Seixas Corrêa (org.), *supra* nota 520, p. 264.

1439 Mário Gibson Barboza na XXV Sessão Ordinária da AGNU, em 1970, *idem*, p. 261. Celso Lafer, em 1992, repisou a lógica de que o desarmamento era corolário lógico de um sistema internacional regulado pelo direito. Celso Lafer na XLVII Sessão Ordinária da AGNU, em 1992, *idem*, p. 557.

1440 "Ramiro Saraiva Guerreiro na XXXVI Sessão Ordinária da AGNU, em 1981, in Luiz Felipe Seixas Corrêa (org.), *supra* nota 520, p. 392.

1441 Ramiro Saraiva Guerreiro na XXXVI Sessão Ordinária da AGNU, em 1981, *idem*, p. 399.

1442 Accioly menciona "a questão do Acre, resolvida em 1903, com a Bolívia; a da canhoneira *Panther*, em janeiro de 1906, com a Alemanha; a dos limites com o Peru; em 1909; a da fixação e liqüidação da dívida do Uruguai ao Brasil, em 1918 e 1928; a dos limites com o Paraguai, em 1927; a dos limites com a Colômbia, em 1928; a da ligação ferroviária com a Bolívia, em 1938". Hildebrando Accioly, *supra* nota 456, vol. III, pp. 14-15.

1443 Embora similar a um tribunal arbitral quanto a seu funcionamento, tais comissões consistiam de mecanismos bilaterais que não contavam com a atuação de terceira parte.

indenização submetidas por particulares (indivíduos e empresas) estrangeiros.[1444] Essa característica, que remonta ao Império[1445] e atravessa os mais diversos períodos da história nacional, é explicada pelos termos vantajosos à defesa dos interesses nacionais oferecidos pelas negociações diretas, sobretudo quando comparada a outros meios político-diplomáticos que envolvem a participação de terceiras entidades sobre as quais o País não pode exercer nenhum tipo de controle ou pressão. Explica-se, igualmente, pela contrariedade à submissão da soberania nacional a qualquer tipo de constrangimento externo, salvo quando amparado e fundamentado no direito.

Não obstante a preferência pela via das negociações diretas, há, sobretudo em fins do século XIX e início do XX, precedentes nos quais o Brasil aceitou à intercessão de terceiras partes em mecanismos político-diplomáticos.[1446] Em se tratando de bons ofícios, podem-se mencionar os casos relativos à interposição de Portugal para o restabelecimento das relações diplomáticas entre Brasil e Grã Bretanha, no contexto da Questão *Christie*, em 1864; os bons ofícios prestados pelo Ministro britânico no Rio de Janeiro para o restabe-

---

[1444] Nos termos do Tratado de Amizade com Portugal, de 1825, os dois países constituíram comissão mista para examinar demandas sobre incidentes ocorridos durante a independência (seqüestro e confisco de bens, ou apresamento de cargas e embarcações). Em 1826, o Governo imperial concordou, por meio de tratado com a Grã-Bretanha, com a criação de duas comissões mistas encarregadas de julgar questões relacionadas ao comércio ilícito de escravos no Oceano Atlântico. Tais comissões davam seguimento ao mecanismo acordado em 1817 por D. João VI, então rei de Portugal, com a Inglaterra. No contexto da Guerra Cisplatina, comissões mistas também foram estabelecidas com França (1828) e Grã-Bretanha (1829), com relação ao apresamento de navios estrangeiros por embarcações brasileiras no bloqueio ao Rio da Prata. Em 1842, nova comissão mista foi criada com os Estados Unidos para tratar do apresamento do navio norte-americano *John S. Bryan*, no Pará. Em 1858, Brasil e Grã-Bretanha instalaram comissão mista para solucionar questões pendentes desde a independência. Com a Argentina, foi criada comissão em 1867 para reclamações de produtores de chá mate no Alto Uruguai. Brasil, Argentina e Uruguai também estabeleceram comissão mista tríplice, em 1869, com o objetivo de solucionar demandas de particulares em relação ao embargo de produtos paraguaios na Argentina. Brasil e Paraguai instituíram, pelo tratado de paz de 1872, comissão mista para resolver reclamações de particulares em decorrência de prejuízos sofridos pela ação das forças militares de Solano López. Cf. Hildebrando Accioly, *supra* nota 456, vol. III, pp. 70-73.

[1445] Na Guerra do Paraguai, o Governo imperial recusou bons ofícios e mediação de terceiros países. Em 1864, recusou mediação do Uruguai, solicitada pelo Paraguai. A recusa foi justificada com o argumento de que o Brasil esperava solucionar a questão diretamente junto ao Governo paraguaio. Esse também foi o caso dos bons ofícios oferecidos por Peru, em 1866; Estados Unidos, em 1867; Bolívia e Chile, também em 1867. *Idem*, p. 31.

[1446] *Ibidem*, pp. 23-24.

lecimento das relações diplomáticas entre Brasil e Estados Unidos, no caso relativo ao naufrágio da baleeira *Canada*, em 1869; os préstimos do Governo britânico para a reaproximação entre Brasil e Portugal após desentendimento causado pela concessão de asilo em navios de guerra portugueses a revoltosos brasileiros, em 1894; em 1895, novamente com o auxílio de Portugal em nova controvérsia com a Grã Bretanha, que havia ocupado a ilha de Trindade; e, finalmente, em 1925, mediante solicitação formal conjunta, com os bons ofícios do Secretário de Estado norte-americano para a superação de divergências em questão limítrofe entre Brasil, Colômbia e Peru. Em matéria de mediação, há, no período pós-independência, dois precedentes, ambos com a interposição da Grã-Bretanha. O primeiro, entre Brasil e Portugal, relacionava-se ao reconhecimento da independência por Lisboa, a ser formalizado no Tratado de Paz e Amizade de 1825; o segundo, entre Brasil e Argentina, no contexto da guerra da Cisplatina, conduziu à convenção de paz de 1828 em que se reconheceu a independência da República Oriental do Uruguai.[1447]

Quanto a meios jurisdicionais, o Brasil concordou em submeter nove controvérsias à apreciação de juízo arbitral. Todas as arbitragens ocorreram antes da I Guerra Mundial e foram instituídas por meio de tratados firmados antes do reconhecimento das competências da Corte Permanente de Arbitragem. Três referiram-se a demandas de indenização relativas a incidentes navais.[1448] Outras duas consistiram nos tribunais arbitrais estabelecidos com Peru (1903) e Bolívia (1904) para a apreciação de reclamações de particulares brasileiros e desses países quanto a fatos ocorridos nos territórios reconhecidos pelo Tratado de Petrópolis,[1449] e, com peruanos, na zona fronteiriça do alto-Juruá e

---

[1447] Hildebrando Accioly, *supra* nota 456, vol. III, p. 31.

[1448] As três arbitragem foram (i) a controvérsia com os Estados Unidos relativa ao naufrágio da embarcação norte-americana *Canada* junto ao litoral potiguar, cujo laudo do árbitro do então representante diplomático britânico no Rio de Janeiro, de 1870, foi desfavorável ao Brasil; (ii) o pedido de indenização pela Suécia-Noruega em razão de abalroamento da embarcação norueguesa *Queen* pelo navio brasileiro *Pará* em Assunção, solucionada de forma favorável ao Brasil pelo árbitro português; e (iii) o incidente envolvendo embarcação norte-americana no contexto da Revolta da Armada, em 1893, contra o Governo do Marechal Floriano Peixoto, que não chegou a uma solução final, mesmo após acordo para submetê-la à arbitragem, em razão da desistência da reclamação pelo Governo de Washington, em 1902.

[1449] Esse tribunal arbitral foi criado pelo art. 2o do Tratado de Petrópolis e contou com um representante de cada país e o Núncio Apostólico no Rio de Janeiro como terceiro árbitro. Foram julgadas cem reclamações. Hildebrando Accioly, *supra* nota 456, vol. III, p. 89.

do alto-Purus.[1450] Nas demais, que sobressaem em razão da importância para a definição do território nacional, o Brasil viu suas pretensões favorecidas em três e desfavorecido em apenas uma em circunstâncias até hoje controversas. Em se tratando de arbitramento, a diplomacia brasileira preferiu sempre formato bilateral e específico para cada caso.[1451]

A primeira arbitragem dizia respeito a pedidos de indenização do Governo britânico pela prisão, no Rio de Janeiro, de oficiais da marinha inglesa da fragata *Forte*.[1452] O caso, em que o intervencionismo da "diplomacia das canhoneiras" mostrou sua face mais evidente,[1453] ficou conhecido como Questão Christie, em alusão ao representante britânico, William Dougal Christie. Submetido à arbitragem do Rei da Bélgica em 1863, mediante troca de notas após proposta inglesa, a controvérsia foi solucionada por sentença arbitral do mesmo ano, de forma favorável às posições brasileiras.[1454] A segunda ocorreu em 1889, quan-

---

1450 O tribunal arbitral foi instituído por meio de tratado firmado no Rio de Janeiro em 1904. Era composto de um membro de cada país e, como terceiro árbitro, o Núncio apostólico na capital brasileira. O mecanismo funcionou entre 1906 e 1910 e apreciou 91 reclamações. *Idem*, p. 90.

1451 O Brasil recusou arbitragem tripartite proposta pelo Governo de Lima para as questões de fronteira entre Brasil, Peru e Bolívia. Essa proposta, em que o Peru buscava também solucionar questões de fronteira com Colômbia e Equador, seria submetida ao rei da Espanha. Cf. Nota do MRE à Legação Peruana, de 11/4/1904, sobre a Solução Pacífica das Questões de Limites entre Brasil, Peru e Bolívia, *in* A.A. Cançado Trindade (org.), *supra* nota 1487, pp. 427-429. No Império (1868, 1870 e 1974), a diplomacia peruana havia tentado convencer o Brasil a participar de conferência tripartite com a Bolívia para resolver questões de limites na região entre os rios Javari e Madeira. Apesar da presença de militares peruanos no território em litígio, o Brasil atuou, sem deixar de defender pretensões nacionais, para encaminhar a questão ao ajuste de 1904, que previa negociações diretas do acordo definitivo concretizado no tratado de 1909. MRE, *Obras do Barão do Rio-Branco, Vol. V: Questões de Limites – Exposições de Motivos*, Rio de Janeiro, 1947, pp. 91-95 e 99.

1452 *Dispute between Brazil and Great Britain in the case of the Forte*, 18 June 1863, in *Reports of International Arbitral Awards (RIAA)*, United Nations publication, 2006, vol. XXIX, pp. 87-90.

1453 Dois oficiais ingleses, à paisana e alcoolizados, foram presos após agredirem policial na madrugada de junho de 1862. Apesar do flagrante desrespeito à ordem pública, Christie teve a ousadia de exigir indenizações do Governo imperial. Em ato de represália à justa recusa do Brasil em atender a tamanho despautério, esquadra inglesa fechou o porto do Rio de Janeiro e apreendeu embarcações brasileiras.

1454 O objeto da controvérsia não versava sobre o "dever que tem o Governo imperial de fazer executar as leis do seu país, mas tão somente se, no modo da aplicação dessas leis aos oficiais do *Forte*, houve, porventura, ofensa à marinha britânica". Comentários do então MRE, marquês de Abrantes. Hildebrando Accioly, *supra* nota 456, vol. III, p. 78.

do Brasil e Argentina acordaram, por meio de tratado firmado em Buenos Aires, em submeter à arbitragem do Presidente dos Estados Unidos a questão fronteiriça correspondente ao território de Palmas, na região dos Rios Uruguai e Iguaçu. A sucessão na presidência norte-americana, de Benjamim Harrisson por Grover Cleveland, não impediu este último de decidir a questão, em 1895, em favor do Brasil, sem que fosse necessário novo *compromis* entre os dois países.[1455] O terceiro caso referiu-se à questão do Amapá, envolvendo Brasil e França. Nos termos de tratado bilateral de 1897, os dois países concordaram em submeter a questão à arbitragem do Governo da Confederação Suíça. Em laudo arbitral de 1990, as pretensões brasileiras foram favorecidas em sua quase integralidade, consolidando os limites do Amapá.[1456] O único caso em que o Brasil foi desfavorecido em tribunal arbitral foi na questão do *Pirara*, relativa aos limites com a Guiana, então colônia britânica.[1457] Após longo período de negociações (1842 a 1901), a controvérsia foi submetida por tratado bilateral à arbitragem do rei da Itália.[1458] É pacífico não só na historiografia brasileira, mas também em insuspeita doutrina que se debruçou sobre o tema,[1459] que o laudo proferido desrespeitou direitos históricos (cartografia e direitos de sucessão de Estados) e atuais (ocupação efetiva) do Brasil sobre a área em litígio. Apesar da flagrante injustiça, em que o árbitro italiano atuou *ex aequa et bono* sem que essa capacidade lhe fosse reconhecida pelas partes, o Brasil respeitou a decisão à luz do princípio *pacta sunt servanda.*[1460]

[1455] *Award for the settlement of the disputed boundary between Argentina and Brazil at Uruguay and Yguazu Rivers*, decision of 5 February 1895, in *Reports of International Arbitral Awards (RIAA),* United Nations publication, 2006, vol. XXVIII, pp. 277-282.

[1456] *Arbitral award relating to the question of the boundaries between Brazil and French Guyana*, decision of 1 December 1900, in *Reports of International Arbitral Awards (RIAA),* United Nations publication, 2006, vol. XXVIII, pp. 349-378.

[1457] *The Guiana Boundary Case* (Brazil, Great Britain), 6 June 1904, vol. XII.

[1458] Ao longo das negociações que culminaram na assinatura do tratado, em 1901, o Brasil já havia aceitado diminuir suas pretensões, em que pese a títulos históricos ainda sob o reinado português, que havia estendido sua ocupação para além da margem ocidental do rio Rupunune. Segundo Joaquim Nabuco, "o Brasil entra no pleito não tendo a menor margem para perder, sem o seu território ficar diminuído; a transação que podia fazer, já a fez ao aceitar a linha do atual tratado". Joaquim Nabuco, Direito do Brasil, p. 7.

[1459] Cf. Hildebrando Accioly, *supra* nota 456, vol. III, pp. 81-89, onde são citados diversos estudos preparados por renomados internacionalistas do século XX, como Fauchille, La Pradelle, Politis e Hoijer.

[1460] O rei Vittorio Emanuele alegou não dispor de elementos comprobatórios dos títulos históricos de nenhum lado. Mas ao invés de declarar *non liquet*, o árbitro italiano

No tocante a instâncias judiciais,[1461] o único caso em que o Brasil esteve envolvido foi a questão relativa ao pagamento em ouro de títulos da dívida brasileira.[1462] O diferendo foi submetido à CPJI por meio de *compromis* firmado especificamente para esse fim pelos dois países no Rio de Janeiro, em 1927, nos termos do art. 40 do então estatuto da Corte. O objeto da controvérsia consistia na forma de pagamento pelo Governo brasileiro dos empréstimos (principal e juros) contraídos de credores franceses:[1463] se em ouro ou em papel moeda (francos), como se havia procedido até então em relação a títulos vencidos.[1464] Como questão preliminar, o Brasil aduzia que a CPJI não teria competência para julgar a controvérsia: por envolver Estado e particulares, tratava-se de questão atinente ao direito internacional privado e não às relações interestatais. Quanto ao mérito, o pedido era motivado por razões especulativas devido à desvalorização sofrida pelo franco desde o início da I Guerra e pela valorização do ouro. Com base em interpretação demasiado favorável aos credores, sob a alegação de que, em caso de dúvida em contratos dessa natureza, deveria ser aplicada a regra *contra proferentem*, a CPJI decidiu[1465] de forma favorável à França e determinou *le versement de la contre-valeur dans la monnaie du lieu du paiement, au cours du jour, de la vingtième partie d'une pièce d'or pesant 6 grammes 45161 au titre de 900/1000 d'or fin*. Em que pese o desequilíbrio da decisão, a sentença foi cumprida integralmente pelo Brasil, em linha com os princípios de boa fé e *pacta sunt servanda*, por meio do pagamento, em ouro e em mãos, aos portadores dos títulos da dívida.

---

decidiu, excedendo os poderes atribuídos pelo tratado de 1901, pela partilha "eqüitativa" do território contestado. O resultado, favorável à Grã-Bretanha, foi desequilibrado e injustificado à luz inclusive de propostas britânicas anteriores, que eram mais benéficas ao Brasil. Hildebrando Accioly, *supra* nota 456, vol. III, pp. 86-87.

1461 Excluem-se aí as controvérsias em matéria de comércio internacional e de direitos humanos nas quais o Brasil foi parte, respectivamente, na OMC e na Corte Interamericana de Direitos Humanos.

1462 *Cour Permanente de Justice Internationale - Affaire relative au paiement, en or, des emprunts fédéraux brésiliens émis en France* (*Brésil v. France)*, affaire n. 15, Série A/21, p. 126.

1463 O Governo francês, que desde 1924 fazia gestões em favor de credores seus nacionais, exerceu proteção diplomática.

1464 A dívida havia sido contraída no início do século XX com o objetivo de financiar a construção e a melhoria de infraestrutura. Os títulos foram emitidos em Londres, respectivamente, em 1909, 1910 e 1911.

1465 A decisão foi aprovada por nove votos favoráveis e dois contrários (juízes Epitácio Pessoa e Bustamante).

Com relação a terceiros Estados, o Brasil sempre atuou em favor da solução pacífica de controvérsias pela participação direta em mecanismos de natureza política e jurídica. No primeiro grupo, o Brasil, prestou bons ofícios em diversas ocasiões: em 1852, por meio de seu representante na Legação em Buenos Aires, em resposta a pedido formal do Governo da Confederação argentina; em 1909, para a solução da controvérsia entre Chile e Estados Unidos relativa ao caso da empresa *Alsop & Co.*; em 1910, ao lado de outros países, mediação para solução de controvérsia entre Equador e Peru;[1466] no final da década de 1930, para o restabelecimento das relações diplomáticas entre Peru e Uruguai após incidente em Lima envolvendo diplomata uruguaio;[1467] e, em 1934, por meio do Chanceler Afranio de Mello Franco para a resolução da disputa relativa a Letícia entre Colômbia e Peru. Houve outras oportunidades em que o Brasil ofereceu ou prestou bons ofícios, embora as controvérsias não tenham sido solucionadas por efeito direto da atuação brasileira.[1468] O Brasil também prestou mediação, ao lado da Argentina e Chile, para o conflito entre Estados Unidos e México, em 1914,[1469] bem como para a Guerra do Chaco, entre Bolívia e Paraguai, de forma conjunta com Argentina, Chile, Estados Unidos, Peru e Uruguai.

Em três ocasiões, no século XIX, o Brasil aceitou convite para atuar como árbitro. O primeiro deles, de relevo para a evolução do instituto de arbitragem no direito internacional, foi o caso *Alabama*, entre Estados Unidos e Grã-Bretanha. O objeto do litígio era a utilização, por forças confederadas, de navios corsários construídos em portos ingleses durante a Guerra de Secessão, entre

---

[1466] Brasil, Argetina e Estados Unidos. Mensagem do Presidente Hermes da Fonseca ao Congresso Nacional, de 3/5/ 1911. *In:* Câmara dos Deputados, *Mensagens Presidenciais 1910-1914,* Brasília, CD/Centro de Documentação e Informa*ção*, 1978, p. 19.

[1467] O resultado foi formalizado em ata assinada em 19/11/1930 pelos dois países, sob os auspícios do Brasil.

[1468] Mencionem-se as ofertas de bons ofícios aos Estados Unidos e Paraguai na controvérsia relativa à passagem do vapor *Water Witch* pelo rio Paraguai, em 1858; e aos três países beligerantes da Guerra do Pacífico (Bolívia, Chile e Peru). Em ambos os casos, a oferta não foi aceita pelas partes em conflito.

[1469] Nos termos do Protocolo assinado na Conferência de Niagara Falls, de 1914, foram resguardados direitos soberanos do México sobre a organização do Governo Provisório e outras medidas indispensáveis para o livre exercício da soberania nacional. *Mensagem do Presidente da República ao Congresso Nacional, de 3 de maio de 1915, relativo aos Bons Ofícios e Mediação de Brasil, Argentina e Chile para a Solução Pacífica da Controvérsia entre Estados Unidos e México*, in A.A. Cançado Trindade (org.), *supra* nota 1487, p. 438.

1861 e 1865. O Governo de Washington alegou que o Governo britânico, ao não respeitar o dever de neutralidade, seria responsável pelos danos causados por essas embarcações e deveria, portanto, pagar indenizações pelos prejuízos sofridos. Por meio de acordo firmado em 1871,[1470] os dois países concordaram em submeter a questão a tribunal arbitral composto por seus respectivos representantes e por árbitros designados por Brasil, Itália e Suíça.[1471] No segundo caso, o Brasil atuou como árbitro, ao lado de representantes dos dois países, em controvérsia entre Estados Unidos e França relativa ao pagamento recíproco de indenizações decorrentes dos danos havidos em uma série de eventos que abrangiam desde a Guerra de Secessão norte-americana e a incursão francesa no México, entre 1862 e 1867, até a guerra franco-prussiana, de 1870, e a Comuna de Paris, de 1871.[1472] O terceiro caso refere-se à participação do Brasil como árbitro nas comissões instituídas para lidar com as reclamações apresentadas, respectivamente, por Alemanha, Áustria-Hungria, Bélgica, França, Itália e Suíça em face do Chile pelos danos causados a nacionais desses países pelas forças armadas chilenas na Bolívia e no Peru.

A prática diplomática do Brasil em relação ao princípio de solução pacífica de controvérsias revela, portanto, a busca permanente pelo equilíbrio entre o nacionalismo e o universalismo na política exterior. Por um lado, o recurso a vias pacíficas denota a repulsa ao uso da força como meio legítimo para a defesa de interesses nas relações internacionais. Por outro, tanto a submissão apenas a meios aos quais haja consentido, quanto a preferência, no pós Guerra, por evitar o reconhecimento *ex ante* da competência de mecanismos jurisdicionais, refletem ceticismo diante de uma realidade internacional na qual o poder dos Estados sobrepõe-se, muitas vezes, ao direito e à justiça.[1473] É assim

---

1470 Esse acordo ganhou notoriedade por cláusulas relativas ao dever de neutralidade no direito internacional, as quais ficariam conhecidas como "regras de Washington". Hildebrando Accioly, *supra* nota 456, vol. III, p. 75.

1471 O laudo arbitral foi favorável às pretensões norte-americanas e condenou o Governo britânico ao pagamento de indenizações estimadas em US$15,5 milhões.

1472 A arbitragem foi instituída em 1880, encerrou-se em 1884 e teve como representante o barão de Arinos.

1473 As duas arbitragens com a Grã-Bretanha expõem as razões do ceticismo brasileiro em relação à submissão a meios que envolvem terceiras partes. Na Questão Christie, o Brasil encontrava-se vulnerável diante da força naval britânica, à época em seu zênite. Na segunda, sobre a Guiana, havia questão geoestratégica: pelo laudo arbitral, foi fechado ao Brasil o acesso à bacia do rio Essequibo, por meio da qual se pode chegar ao Mar do Caribe, e franqueado, à Inglaterra, o acesso à bacia do Amazonas.

que se compreende a decisão, no final do Império e no início da República, de somente submeter controvérsias à arbitragem após negociações diretas. Esta via permitiu encontrar alternativas para solucionar diferendos de forma amigável e acordar medidas para evitar o agravamento de cada situação, bem como serviu de etapa preparatória à celebração de *compromis* arbitral em relação a temas como determinação dos contornos precisos sobre o objeto do litígio, prerrogativas do árbitro e direito aplicável.[1474] Ainda assim, a submissão a procedimento arbitral foi, sempre, expressão da vontade autônoma do Brasil,[1475] tal como observado nos casos *Forte*[1476] e *Pirara*.[1477] Isso não impediu o reconhecimento, em regimes jurídicos específicos, sobretudo de natureza multilateral,[1478] da jurisdição *ex ante* de instâncias jurisdicionais, à luz sempre do subprincípio de reciprocidade que densifica o princípio de igualdade

---

[1474] "Sem compromisso, no seu sentido tradicional e verdadeiro, não há arbitragem". Gilberto Amado, VI Comissão da AGNU, X Sessão, sobre a Questão do Projeto sobre Processo Arbitral, em 25/11/1955. *In* A.A. Cançado Trindade (org.), *supra* nota 517, pp. 344-348.

[1475] A.A. Cançado Trindade, *supra* nota 508, pp. 206-210

[1476] O Governo brasileiro recusou, no curso das negociações diretas, a inclusão na controvérsia de demanda por reparação relativa ao naufrágio de embarcação inglesa no Rio Grande do Sul, fato que não guardava nenhuma relação com a prisão dos oficiais ingleses. Restringiu-se, ainda, o objeto da controvérsia apenas ao modo de aplicação das leis brasileiras e não à capacidade do Governo imperial de executá-las em território nacional em face de súdito estrangeiro. A magnitude desse ato, tomado sob a mira de canhoneiras, ganha cores vívidas quando se tem presente o regime de extraterritorialidade então vigente na Ásia sob os chamados *tratados desiguais*. O mais conhecido foi o tratado de Nanking, firmado em 1842 entre Reino Unido e China, ao final da Guerra do Ópio. Vários países (inclusive o Brasil) celebraram esse tipo de instrumento com o império chinês, no qual se excluía da jurisdição local, em matéria civil e penal, súditos estrangeiros sem que houvesse reciprocidade. Esse regime só foi eliminado após a II Guerra Mundial.

[1477] O exame das negociações ocorridas antes da celebração do tratado de 1901 que submeteu a controvérsia à arbitragem revela o cuidado de evitar, por meio do costume, a formação de pretensões britânicas. Em notas trocadas na década de 1840, o Brasil rejeitou a pretensão britânica de estender os limites de suas possessões até os rios Cotingo e Tucutu, valendo-se dos direitos históricos brasileiros. O Governo imperial buscou saída pacífica (desmilitarização provisória do território do Pirara) para a crise que ameaçava instalar-se na fronteira.

[1478] No plano bilateral, os únicos instrumentos convencionais válidos por meio do quais o País reconheceu *ex ante* a jurisdição da CIJ são a Convenção de Conciliação e Regulação Judiciária firmada com a Itália, em 1954 (Arts. 16-20) e o Tratado para a Solução Pacífica de Controvérsias com a Venezuela, de 1940, sendo que este país assinou, mas não ratificou o Pacto de Bogotá de 1948.

soberana, tal como se deu por meio da subscrição, sem reservas, do Pacto de Bogotá.[1479]

Mais recentemente, já no pós-Guerra Fria, o ceticismo brasileiro cedeu espaço para o reconhecimento de competências jurisdicionais *ratione materiae*. Na seara dos direitos humanos, isso ocorreu pelo reconhecimento *ex ante* da jurisdição de tribunais internacionais especializados, como a CtIDH e o TPI. O mesmo se pode dizer de mecanismos jurisdicionais comerciais, tal como o Órgão de Solução de Controvérsias (OSC) da OMC[1480] e do MERCOSUL.[1481] Em todos eles, o elemento comum é o exercício de competências jurisdicionais segundo critérios de igualdade entre as partes. Em perspectiva mais ampla, os valores universalista e soberanista da política exterior foram mutuamente ponderados à luz do compromisso maior da Constituição, respectivamente,

1479 A atuação brasileira em Bogotá foi decisiva para inscrever a natureza compulsória não só do recurso à CIJ, como de juízo arbitral obrigatório no caso de a Corte julgar-se incompetente. Relatório de João Neves da Fontoura sobre a Conferência de Bogotá de 1948, *in* A.A. Cançado Trindade (org.), *supra* nota 517, p. 343.

1480 Na área do direito do comércio internacional, pode-se dizer que o OSC é *l'état de l'art* em matéria de solução pacífica de controvérsias. O OSC opera sob critérios de previsibilidade e imparcialidade, à luz dos acordos que compõem a normativa substantiva e processual do sistema de solução de controvérsias da OMC.

1481 O escopo *ratione materiae* do mecanismo de solução de controvérsias vigente no MERCOSUL foi dado pelo Art. 1 (1) do Protocolo de Olivos, que prevê competências em relação a controvérsias relativas à "interpretação, a aplicação ou o não cumprimento do Tratado de Assunção, do Protocolo de Ouro Preto, dos protocolos e acordos celebrados no marco do Tratado de Assunção, das Decisões do Conselho do Mercado Comum, das Resoluções do Grupo Mercado Comum e das Diretrizes da Comissão de Comércio do MERCOSUL". Esse sistema foi regulado pelo Protocolo de Olivos, de 2002, e baseia-se em três etapas: negociações diretas entre as partes (prazo máximo de 15 dias), submissão da controvérsia a tribunal arbitral *ad hoc* e, eventualmente, recurso ao Tribunal Permanente de Revisão (TPR), que tem não somente funções recursais, mas também pode vir a ser instância única, no caso de escolha dos litigantes, e consultiva mediante solicitação do Conselho do Mercado Comum (CMC). Nos termos do princípio de eleição de foro inscrito no Protocolo, as partes litigantes podem, após o insucesso das negociações diretas, solicitar a intervenção do Grupo do Mercado Comum (GMC), submeter a controvérsia a um tribunal *ad hoc*, recorrer diretamente ao TPR ou ainda encaminhá-la ao OSC da OMC. A eleição do foro exclui, assim, a possibilidade de os litigantes recorrerem, em relação ao mesmo objeto da controvérsia submetida ao MERCOSUL, a outros mecanismos dos quais também façam parte. Tanto os laudos dos tribunais arbitrais *ad hoc*, quanto do TPR são obrigatórios às partes na controvérsia, sendo que aqueles exarados pelo TPR são definitivos e prevalecem sobre os primeiros. No plano formal, o reconhecimento do princípio de eleição de foro fez com que o mecanismo ganhasse tanto flexibilidade, quanto previsibilidade, contribuindo assim para a uniformização jurisprudencial do direito comunitário.

com a promoção e a proteção dos direitos humanos e com o desenvolvimento socioeconômico. Ainda assim, o exercício jurisdicional por parte de entidade internacional sujeita-se ao reconhecimento expresso da vontade soberana do Brasil quanto às suas competências e atribuições, nos termos de seus respectivos instrumentos convencionais constitutivos.[1482]

Conteúdo Normativo do Princípio de Solução Pacífica de Controvérsias

Juridicamente, a obrigação positiva de solucionar controvérsias internacionais por meios exclusivamente pacíficos[1483] reforça e complementa a obrigação negativa de abster-se da ameaça e do uso da força na ordem internacional.[1484] Materialmente, portanto, o princípio de solução pacífica de controvérsias é o desdobramento lógico-jurídico da proibição do uso da força nas relações internacionais.[1485] Na Carta das Nações Unidas, esse princípio geral assume dimensões normativas diversas. Nos termos do art. 1(1), um dos propósitos das Nações Unidas é "chegar, por meios pacíficos e de conformidade com os princípios da justiça e do direito internacional, a um ajuste ou solução das controvérsias ou situações que possam levar a uma perturbação da paz". A esse objetivo político, que Kelsen considera função da Organização,[1486] agrega-se o

---

[1482] Pode-se mencionar a assinatura sem reservas à CNUDM, de 1982, cujo mecanismo de solução de controvérsias, estabelecido na Parte XV em relação, materialmente, a diferendos sobre a aplicação e a interpretação de direitos e deveres previstos na Convenção (art. 279), enseja, nos termos do art. 287, a faculdade de recorrer à CIJ, à Corte Permanente de Arbitragem, ao Tribunal Internacional do Mar ou ainda a tribunal arbitral criado *in casu*. Ainda em relação a regimes específicos criados por tratados multilaterais, o Brasil é signatário das convenções sobre genocídio, direitos da mulher, discriminação racial e tortura, entre outras, que estabelecem a competência jurisdicional da CIJ quanto à sua interpretação e aplicação.

[1483] 2. Every State shall settle its international disputes exclusively by peaceful means in such a manner that international peace and security, and justice, are not endangered. Declaração de Manila de 1982 sobre Solução Pacífica de Controvérsias Internacionais.

[1484] Albrecht Randelzhofer, *supra* nota 243, p. 74.

[1485] P.-H. Houben, *supra* nota 254, p. 703; Jean Charpentier e Baytah Sierpinski, *supra* nota 1574, p. 425; L.M. Goodrich, E. Hambro e A.P. Simons, *Charter of the United Nations (Commentary and Documents)*, New York, Columbia University Press, 1969, p. 41; e I. Brownlie, *supra* nota 133, p. 671.

[1486] H. Kelsen, *supra* nota 184, p. 359.

princípio inscrito no art. 2(3), consistente na obrigação de "resolver suas controvérsias internacionais por meios pacíficos, de modo que não sejam ameaçadas a paz, a segurança e a justiça internacionais". De um lado, por conseguinte, as Nações Unidas devem funcionar como fórum para o encaminhamento de soluções para situações e controvérsias entre sujeitos de direito internacional público; de outro, a regra de solução pacífica de controvérsias é um dever exigido dos Estados - e em última análise da própria Organização e dos demais entes reconhecidos pelo direito internacional.[1487]

Para além das dimensões funcional (relativa às competências das Nações Unidas) e objetiva (dever imposto a sujeitos e entidades de direito internacional público), verificam-se outras duas distinções conceituais relativas ao princípio de solução pacífica de controvérsias sob a Carta, a saber: entre (i) ajuste (*adjustment*) e solução (*settlement*), e entre (ii) controvérsias (*disputes*) e situações (*situations*). Quanto à primeira, o termo "ajuste"[1488] veicula o propósito de buscar o enquadramento de uma questão segundo opções variáveis que não são, necessariamente, definitivas para o deslinde do tema. Na maior parte das vezes, o termo "ajuste" é utilizado na Carta em referências feitas ao tratamento de "situações". "Solução", a seu turno, acompanha normalmente o termo "controvérsias" e, nesse contexto, denota o desenrolar ulterior de uma questão envolvendo mais de uma parte interessada.[1489] É possível que o "ajuste" de uma determinada "situação" seja etapa anterior ou até mesmo posterior na "solução" definitiva da "controvérsia".[1490] Em que pese a essas diferenças semânticas, não parece haver implicação relevante no plano hermenêutico entre ambos os conceitos. "Ajuste" e "solução" têm o mesmo significado teleológico: levar a bom termo uma questão, em conformidade com os princípios de justiça e do

---

[1487] Na redação da Carta, a norma se voltava a controvérsias entre Estados. No parágrafo 1º da Declaração de 1970, o escopo *ratione personae* do art. 2(3) é restrito às "controvérsias com outros Estados". Já na Declaração de Manila de 1982, essa visão restritiva foi substituída pelo entendimento de que o princípio de solução pacífica de controvérsias aplica-se *ratione personae* a todos os sujeitos de direito internacional, inclusive regimes *de facto*, comunidades étnicas e movimentos de libertação nacional. Christian Tomuschat, *supra* nota 1573, p. 103.

[1488] Acomodação, acordo, cláusula, combinação, compromisso, enquadramento e acerte.

[1489] Cf. por exemplo os arts. 14, 33 (1), 36(1), 37 (2).

[1490] Essa foi a interpretação nos *travaux préparatoires* da Carta, na Conferência de São Francisco. U.N.C.I.O. Doc. 723, I/I, A, 19, pp. 7 e ss.; e U.N.C.I.O. Doc. 944, I/I/34 (I), p. 9.

direito internacional, tendo sempre presente o propósito subjacente de manter a paz e a segurança internacionais.[1491]

Igualmente presente na Carta,[1492] o binômio "controvérsias" e "situações" diz respeito a circunstâncias factuais e jurídicas distintas,[1493] tendo implicações normativas diferentes para o regime operado pelo princípio de solução pacífica de controvérsias. Toda "controvérsia" é uma "situação" em potencial, mas o contrário não é necessariamente verdadeiro. Uma crise humanitária no interior de um Estado pode representar uma situação que justifique a atenção de um órgão das Nações Unidas, sem que haja propriamente uma controvérsia envolvendo dois ou mais sujeitos ou entidades reconhecidas pelo direito internacional.[1494] Por força do princípio de não intervenção (art. 2(7) da Carta), o conceito de "controvérsias" exclui, via de regra, questões relacionadas à dimensão exclusivamente doméstica de um Estado soberano (com a ressalva explícita de que não "obrigará os Membros a submeterem tais assuntos a uma solução"), o que impede a aplicação do art. 33(1) para esse tipo de disputa.[1495] A única exceção é quando, embora se circunscreva à conjuntura doméstica de um Estado, a questão em exame tenha repercussões para a paz e a segurança internacionais. Nesse caso, é possível interpretá-la como hipótese de aplicação do conceito de controvérsia internacional. Uma situação também pode tornar-se uma controvérsia internacional no caso de uma terceira parte opor algum interesse juridicamente protegido em face do Estado concernido. Esse é o caso, por exemplo, de indivíduos com capacidade postulatória junto a tribunais internacionais de direitos humanos (CItDH e CEDH), ou mesmo de terceiros Estados que reivindiquem, com base em faculdades reconhecidas por

---

[1491] Manfred Lachs, Vera Gowlland-Debbas, *supra* nota 1375, pp. 330-331. Na Carta, os termos são utilizados para o encaminhamento de questões, situações e controvérsias tanto em órgãos políticos (CSNU e AGNU) quanto jurídicos (CIJ).

[1492] Cf., por exemplo, os arts. 1(1), 24, 35 (1) e 36 (1).

[1493] "It would be correct to speak of 'disputes and other situations', since any dispute is a situation whereas not every situation is a dispute". H. Kelsen, *supra* nota 184, p. 360.

[1494] Durante a redação da Carta, o critério para determinar se uma controvérsia "internacional" baseava-se na análise da dimensão transfronteiriça do caso em exame.

[1495] Christian Tomuschat, 'Article 33', in Bruno Simma (ed.), *The Charter of the United Nations – A Commentary*, München, C.H. Beck Verlag, 1995, 505-514, p. 507-8. Ver também H. Kelsen, *supra* nota 184, p. 376; Benedetto Conforti, *supra* nota 240, pp. 131-132.

dispositivos convencionais, o cumprimento de obrigações internacionais.[1496] Uma controvérsia pressupõe, portanto, como conceito geral, a existência de um desacordo entre dois sujeitos de direito internacional público a respeito de uma determinada questão de fato ou de direito, a despeito de suas implicações imediatas para a paz e segurança internacionais.[1497] Embora demasiadamente ampla, essa foi a definição dada pela CPJI no caso *Mavromatis*[1498] e reiterada em decisões da CIJ.[1499] O regime de solução pacífica de controvérsias inscrito no art. 2(3) está restrito intencionalmente a controvérsias internacionais, excluindo-se de seu escopo de aplicação as questões circunscritas aos assuntos internos dos Estados, nos termos do art. 2(7) da Carta. Além disso, enquanto o encaminhamento de "situações" é uma função da Organização à luz do propósito de manter a paz e a segurança internacionais, a obrigação imposta aos Estados Membros de buscar solução por meio pacíficos refere-se apenas às controvérsias com outros sujeitos de direito internacional.[1500] A apreciação de "situações" e de "controvérsias" por parte das Nações Unidas depende, por sua vez, dos respectivos mandatos e competências nos mais diversos campos do direito internacional.[1501]

Uma controvérsia é definida como o desentendimento sobre questão factual ou jurídica, ou ainda como conflito de visões ou interesses juridicamente

---

1496 Não há, na prática do CSNU, distinção entre "controvérsias" e "situações". Na própria Carta há referências ao termo "situação" com o objetivo implícito de abranger também "controvérsias" (art. 11 (3) e art. 14). No entanto, outros dispositivos referem-se apenas a controvérsias e não a outros tipos de situações, tal como se dá no art. 27(3) relativo ao processo de abstenção no CSNU.

1497 Christian Tomuschat, *supra* nota 1573, p. 102.

1498 "Dispute is a disagreement on a point of law or fact, a conflict of legal views or interests between two persons", in *Mavrommatis Palestine Concessions*, 1924, PCIJ, Series A, No. 2, p. 11.

1499 Cf. também *Right of Passage* case, *supra* nota 154, pp. 125 e ss., para. 148-9; *South West Africa* case, *supra* nota 584, pp. 319, para. 328; *Nuclear Tests (New Zealand v. France)*, Judgment, I.C.J. Reports 1974, para. 270-1. Cf. H. Kelsen, *supra* nota 458, p. 360.

1500 Nos termos dos arts. 11 (2) e 35 da Carta, qualquer Estado Membro tem o direito de trazer ao conhecimento do AGNU e do CSNU questão cujo debate considere pertinente.

1501 No caso da AGNU, a competência para apreciar e fazer recomendações quanto a situações e controvérsias está prevista nos arts. 11(3) e 14. Para o CSNU, essas competências decorrem do Capítulo VI, em especial os arts. 34 (capacidade de investigação), e os arts. 36, 37(2) e 38 (formular recomendações).

protegidos entre dois entes reconhecidos pelo *ius gentium*.[1502] Se tal divergência realmente existe ou não é uma questão a ser determinada no curso do processo de solução pacífica da controvérsia. A mera asserção por uma das partes sobre a existência de um litígio não é suficiente, porém, para provar sua existência. Da mesma forma *contrario sensu*, a negação pela contraparte tampouco implica sua inexistência.[1503] Não basta demonstrar que os interesses das partes são conflitivos, pois só há uma controvérsia juridicamente definida quando a pretensão encontra oposição objetivamente determinável pela contraparte.[1504] Isso não significa que tal oposição deva ser necessariamente explícita (*expressis verbis*), podendo ser inferida com base na análise das ações tomadas pela parte em relação ao objeto da controvérsia.[1505] A falha em responder a uma reclamação, por exemplo, por ser interpretada como prova da existência de uma controvérsia.[1506]

Durante muito tempo, discutiu-se na doutrina se haveria distinção entre controvérsias jurídicas e não jurídicas. O objetivo implícito ao debate era determinar as competências *ratione materiae* de órgãos políticos e jurisdicionais. Em vista da ambigüidade da Carta na matéria, alguns internacionalistas sugeriram que somente as controvérsias jurídicas poderiam ser submetidas à jurisdição da CIJ.[1507] Materialmente, seriam controvérsias jurídicas exclusivamente aquelas relacionadas à execução de tratados internacionais, ao desrespeito de direitos de terceiros Estados, à divergência quanto à aplicação e/ou interpreta-

---

[1502] *Mavrommatis* case, *supra* nota 1698, p. 6, para. 11.

[1503] Caso *Interpretation of Peace Treaties*, *supra* nota 950, p. 65, para. 74. Em outro caso, a CIJ rejeitou a alegação preliminar de não haver nenhuma controvérsia. Cf. *Land and Maritime Boundary* (Cameroon v. Nigeria), Preliminary Objections, Judgment, ICJ Reports 1998, p. 275 at pp. 316-17, para. 93

[1504] *South West Africa* case, *supra* nota 584, p. 319, p. 328.

[1505] "A disagreement on a point of law or fact, a conflict of legal views or interests, or the positive opposition of the claim of one party by the other need not necessarily be stated *expressis verbis*. In the determination of the existence of a dispute (...), the position or the attitude of a party can be established by inference, whatever the professed view of that party". *Land and Maritime Boundary* case, *supra* nota 1703, p. 315, para. 89.

[1506] *Application of the International Convention on the Elimination of All Forms of Racial Discrimination* (Georgia v. Russian Federation), Preliminary Objections, Judgment, ICJ Reports 2011, p. 70 at pp. 84-85, para. 30.

[1507] Essa visão se inspirava na fórmula dos acordos de Locarno, de 1925, nos quais os "litígios jurídicos" seriam definidos em termos de controvérsias nas quais "as partes se contestam reciprocamente um direito".

ção de um tratado e à ofensa aos princípios gerais do direito internacional.[1508] *Grosso modo*, uma controvérsia internacional seria política quando não fosse regulada pelo direito internacional.[1509] Essa visão restritiva foi minoritária.[1510] Dada a dificuldade de avaliar ou distinguir objetivamente uma modalidade da outra na prática estatal,[1511] a questão foi solucionada com base nas competências funcionais de cada órgão.[1512]

No direito internacional contemporâneo, o princípio codificado em termos gerais e abstratos no art. 1(1) e, sobretudo, no art. 2 (3) da Carta foi densificado em regras especiais no Capítulo VI, relativo ao regime de Solução Pacífica de Controvérsias vigente sob a égide das Nações Unidas.[1513] Nos termos do art. 33(1), esses meios incluem a negociação, o inquérito, a mediação, a conciliação, a arbitragem, a solução judicial, o recurso a entidades ou acordos regionais, e qualquer outro meio pacífico à sua escolha. É comum na doutrina distinguir os meios de solução pacífica de controvérsias em dois tipos, com base na natureza jurisdicional ou política de cada modalidade. De um lado, ficariam os meios chamados "diplomáticos", como a negociação direta, o inquérito, a mediação, a conciliação e os bons ofícios; de outro, a arbitragem e a atividade jurisdicional por parte de tribunais internacionais.[1514] Essa distinção, utilizada na Convenção Européia para a Solução Pacífica de Controvérsias, de 1957, foi codificada no art. 36 (2) do Estatuto da CIJ, no qual a jurisdição

---

1508 Hildebrando Accioly, *supra* nota 456, vol. II, p. 62

1509 Le Fur, 'Reconnaissance, determination et signification, en droit international, do domaine laissé par ce dernier à competence exclusive de l'Etat', *Revue du droit international*, vol. VIII, 1931, p. 107.

1510 Para Kelsen esse tipo de distinção é irrelevante, pois a natureza da controvérsia não é determinada pela materialidade jurídica, mas pelo procedimento buscado pelas partes. H. Kelsen, *supra* nota 184, p. 478.

1511 Gaetano Arangio-Ruiz, *supra* nota 1576, p. 128.

1512 Não haveria controvérsia que não pudesse ser formulada em termos jurídicos a fim de que seja submetida a um órgão jurisdicional. H. Lauterpacht, 'Régles générales du droit de la paix', 62 *R.C.A.D.I.*, (1937-IV), p. 165.

1513 H. Kelsen, *supra* nota 184, p. 363; Christian Tomuschat, *supra* nota 1695, p. 506.

1514 Para descrição pormenorizada de cada procedimento previsto no art. 33 (1) da Carta, cf. United Nations, *Handbook on the Peaceful Settlement of Disputes between States* (OLA/COD/2394), Office of Legal Affairs/Codification Division, New York, United Nations, 1992. Segundo Accioly, seriam meios diplomáticos as negociações diretas, os congressos e conferências, a consulta, os bons ofícios e a mediação; e, jurídicos, as comissões de inquérito, a conciliação e a solução judiciária. Hildebrando Accioly, *supra* nota 456, vol. III, p. 3.

compulsória da Corte, para efeitos de aplicação da Cláusula Raul Fernandez, é reconhecida para "todas as controvérsias de ordem jurídica que tenham por objeto: a) a interpretação de um tratado; b) qualquer ponto de direito internacional; c) a existência de qualquer fato que, se verificado, constituiria violação de um compromisso internacional; d) a natureza ou extensão da reparação devida pela ruptura de um compromisso internacional". Na prática, porém, a distinção entre meios diplomáticos e jurisdicionais se dá não tanto em razão da natureza jurídica do objeto da controvérsia, mas sim em virtude da forma e dos efeitos de cada mecanismo. Se os resultados de laudos arbitrais e sentenças judiciais são obrigatórios às partes, algo reconhecido de forma expressa no Pacto de Bogotá,[1515] o mesmo não se pode dizer daqueles decorrentes de meios políticos de solução de controvérsias, cuja execução depende da vontade das partes, ainda que sob os princípios de *pacta sunt servanda* e boa fé.

O art. 33 (1) da Carta reproduziu a obrigação imposta aos Estados pelo art. 2(3) de solucionar controvérsias por vias pacíficas como um estádio preliminar ("antes de tudo") - e igualmente preventivo (antes de eventual ação por parte dos órgãos competentes das Nações Unidas). A lógica desse dispositivo refletiu a distinção exposta anteriormente: de um lado, Estados e demais sujeitos e entidades com capacidades reconhecidas pelo direito internacional devem buscar a solução de suas controvérsias por meios exclusivamente pacíficos; no caso de malogro, a despeito da razão, os procedimentos previstos nos Capítulos VI e VII podem ser utilizados, como meios subsidiários, a fim de assegurar o propósito inscrito no art. 1(1) da Carta de salvaguardar a paz e a segurança internacionais. Em matéria de solução pacífica de controvérsias, portanto, o art. 33(1) distingue, de um lado, a responsabilidade primária dos Estados de solucionar controvérsias por meios exclusivamente pacíficos, a fim de evitar que se tornem ameaças à paz e à segurança internacionais e, por outro, a responsabilidade subsidiária dos órgãos competentes das Nações Unidas de zelar por esse propósito fundamental.[1516]

A linguagem utilizada no art. 33 da Carta gerou dúvidas quanto a seu significado para o direito internacional. Uma das questões dizia respeito à criação de eventual prevenção de foro, no sistema onusiano, para o tratamento de uma controvérsia internacional. Durante os trabalhos preparatórios da Conferência de São Francisco, debateu-se se a expressão "primeiramente"

[1515] Cf. artigo L do Pacto de Bogotá.

[1516] Christian Tomuschat, *supra* nota 1695, p. 506.

(*first of all*) impediria a ação do CSNU a qualquer tempo, antes da exaustão dos meios enumerados nesse parágrafo. Concluiu-se, na ocasião, que o único propósito da terminologia empregada seria o de assegurar que as partes fizessem esforço para solucionar eventuais disputas por meios pacíficos. Tal entendimento foi confirmado pela CIJ não só para o Conselho, como para a própria Corte.[1517] O CSNU teve resguardada sua competência para intervir, a qualquer tempo, em qualquer controvérsia que represente ameaça à paz e à segurança internacionais, nos termos de seu mandato, algo igualmente reconhecido pela CIJ.[1518] Por essa razão foi retirada a emenda que propunha a exclusão da expressão *first of all* daquele dispositivo, no entendimento de que as partes teriam o direito de recorrer ao CSNU no curso de negociações pacíficas mesmo em estádio preliminar.

Por muito tempo também se debateu se haveria sequência obrigatória entre os meios existentes à disposição dos Estados para a solução de uma controvérsia. Embora a enumeração feita no art. 33 (1) revele sentido de progressividade, não há, via de regra, lógica de prioridade ou de sucessão necessária entre os meios formalmente previstos pela Carta.[1519] As partes são livres para adotar e recorrer, a qualquer tempo, aos meios que julgarem adequados.[1520] Prevalece o princípio inscrito no art. 33 (1) de liberdade das partes na escolha do mecanismo,[1521] segundo o qual as diversas modalidades podem ser combinadas, ordenadas ou suplantadas segundo a vontade das partes envolvidas na disputa.[1522]

1517 "The jurisprudence of the Court provides various examples of cases in which negotiations and recourse to judicial settlement have been pursued *pari passu*. (...) Consequently, the fact that negotiations are being actively pursued during the present proceedings is not, legally, any obstacle to the exercise by the Court of its judicial function". *Aegean Sea Continental Shelf*, I.C.J. Reports 1978, p. 12, para. 29.

1518 *Nicaragua* case, *supra* nota 269, p. 440, para. 106.

1519 Uma das exceções se encontra na Convenção Européia para a Solução Pacífica de Controvérsias, de 1957, que estipula que os litígios jurídicos devem ser submetidos à CIJ após tentativa fracassada por conciliação.

1520 Essa regra geral pode ser derrogada, naturalmente, por meio de regimes especiais (*lex specialis*), a exemplo do que ocorre no Sistema de Solução de Controvérsias da OMC.

1521 A intenção dos Estados no momento de preparação da Carta, em 1945, foi de estimular as partes a buscarem primeiramente a solução por um ou mais meios previstos no artigo 33. No processo preparatório para a Declaração de 1970, prevaleceu novamente a interpretação de que não haveria nenhuma prioridade entre os meios enumerados pelo art. 33 (1).

1522 O Pacto de Bogotá estipula expressamente que "el orden de los procedimientos pacíficos establecido en el presente Tratado no significa que las partes no puedan recurrir al que

Negociações diretas são os meios mais comuns, mas não são os únicos nem necessariamente os mais eficazes para solucionar uma disputa. Recentemente, mecanismos político-jurisdicionais mais complexos, como na OMC, têm estabelecido lógica de progressividade como critério de admissibilidade do pedido.[1523]

O princípio de solução pacífica de controvérsias inscrito na Carta resguarda, portanto, a prerrogativa de autonomia das partes, em linha com os princípios de independência e igualdade soberana.[1524] Isso ocorre a despeito da advertência quanto à necessidade de efetividade das negociações inscrita na Declaração de Manila,[1525] que veio a corrigir a dubiedade na linguagem utilizada na Declaração de Princípios de 1970:[1526] no caso de malogro das negociações diretas, as partes de uma controvérsia são instadas a continuar a buscar a solução da disputa e, para isso, devem consultar-se sobre os meios mutuamente acordados para resolvê-la pacificamente. Em que pese à regra geral que requer o engajamento efetivo das partes nas negociações, corolário que já foi reconhecido pela CIJ[1527] e está inscrito em regimes convencionais, é, ainda

consideren más apropiado en cada caso, ni que deban seguirlos todos, ni que exista, salvo disposición expresa al respecto, prelación entre ellos".

1523 Na OMC, a instalação de uma controvérsia só é admitida quando se tenha esgotado a etapa de consultas diretas entre as partes. Somente assim será possível a abertura de um painel e, eventualmente, o recurso ao Órgão de Apelação como última instância recursal, em linha com o princípio de duplo grau de jurisdição.

1524 *Mavrommatis* case, *supra* nota 1698.

1525 Há dispositivos convencionais que estabelecem explicitamente a obrigação de adotar postura construtiva e efetiva no curso das negociações. Nos termos do art. XXII do GATT 1947, "each contracting party shall accord sympathetic consideration to, and shall afford adequate opportunity for consultation regarding, such representations as may be made by any other contracting party".

1526 A Declaração de Princípios de 1970 estabelece, no parágrafo 3º, que, no caso de um fracasso, as partes têm o dever de continuar a buscar a solução da controvérsia por outros meios pacíficos mutuamente acordados, o que pode ser interpretado como lógica seqüencial entre "etapas". C. Tomuschat, *supra* nota 1695, p. 508.

1527 "It is not so much the form of negotiation that matters as the attitude and views of the Parties on the substantive issues of the question involved". *South West Africa* case, *supra* nota 584, p. 346. "The Parties are under an obligation to enter into negotiations with a view to arriving at an agreement, and not merely to go through a formal process of negotiation of a sort of prior condition for the automatic application of a certain method of delimitation in the absence of agreement; they are under an obligation so to conduct themselves that the negotiations are meaningful, which will not be the case when either of them insists upon its

assim, bastante ampla a margem para posturas protelatórias em uma controvérsia. Para além de visões discrepantes quanto aos meios adequados para dirimi-la,[1528] o exame sobre a conveniência de recorrer a um procedimento está sujeito a enorme subjetividade. Tampouco há necessidade de exauri-los como condição para o exercício das prerrogativas sob o Capítulo VI.[1529]

Outro ponto de interesse diz respeito ao debate sobre a existência ou não de obrigação imposta às partes de buscar, inexoravelmente, a solução de toda e qualquer controvérsia existente em suas respectivas relações com outros sujeitos de direito internacional público. É pacífica a interpretação na doutrina internacionalista de que o preceito do art. 2(3) da Carta ("todos os Membros deverão resolver suas controvérsias internacionais por meios pacíficos") significa, tautologicamente, que somente meios pacíficos podem ser utilizados para a solução de controvérsias internacionais.[1530] Tanto na Declaração sobre Princípios de 1970, quanto na Declaração de Manila de 1982, que utilizam terminologia muito próxima à redação da Carta, o princípio geral é densificado em termos de que o dever imposto ao Estado consiste na obrigação de *settle its international disputes exclusively by peaceful means in such a manner that international peace and security, and justice, are not endangered.*[1531] A natureza compulsória recai sobre a proibição de utilizar outros meios que não sejam pacíficos, além do compromisso de buscar solução justa e tempestiva para controvérsias internacionais segundo os princípios de boa fé de cooperação

---

own position without contemplating any modification of it". *North Sea Continental Shelf*, *supra* nota 1320, p. 47, para. 85 (a).

[1528] Há vários exemplos nesse sentido. Na questão palestina, Israel defende que a controvérsia deve restringir-se às negociações diretas entre as partes. A mesma posição é defendida pela China em controvérsia no Mar da China Meridional com outros países do Sudeste Asiático, como Filipinas e Vietnã.

[1529] Apesar da previsão do art. 34 da Carta, há, em razão das funções sistêmicas desses órgãos, precedência do CSNU. Esse entendimento foi reconhecido implicitamente na *Declaration on the Prevention and Removal of Disputes and Situations Which May Threaten International Peace and Security and on the Role of the United Nations in this Field*, na qual o papel do CSNU é mencionado anteriormente à AGNU. GA res. 43/51, Dec. 5, 1988.

[1530] H. Blix, 'The Principle of Peaceful Settlement of Disputes', in *The Legal Principles Governing Friendly Relations and Co-operation among States*, M. K. Nawaz *et al.* (eds.), 1966, 45-68, pp. 45-50.

[1531] Art. 2 da Declaração de Manila, Anexo à A/RES/37/10.

internacional.[1532] Há autores que sustentam, no entanto, a existência de um dever geral e abstrato imposto a todos os sujeitos e entidades reconhecidas pelo direito internacional[1533] de buscar a solução de toda e qualquer controvérsia nas quais estejam eventualmente envolvidos. Segundo Tomuschat, tratar-se-ia de uma "obrigação de conduta", tal como definida pela CDI nos *Draft Articles on State Responsibility*.[1534] Por conseqüência, poder-se-ia falar de violação desse princípio, com seus respectivos efeitos no plano da responsabilidade internacional, no caso de uma das partes recusar-se persistentemente a aceitar a solução para controvérsia internacional em que esteja envolvida.[1535]

Não nos parece que a obrigação *erga omnes* de utilizar somente meios pacíficos para solucionar uma controvérsia implique o dever geral e abstrato de submeter-se a meio de solução de disputas (político ou jurisdicional),[1536] à exceção, naturalmente, da hipótese de haver consentimento prévio geral ou casuístico para isso. Há um dever geral de buscar a solução de uma controvérsia (art. 2(3)), em linha com os princípios de boa fé e de cooperação internacional (arts. 2(2) e 1(3)), e tal como reconhecido na Carta, nas Declarações sobre

---

[1532] "Art. 5 - States shall seek in good faith and in a spirit of co-operation an early and equitable settlement of their international disputes".

[1533] O escopo de aplicação *ratione personae* se estenderia não só para outros Estados, como menciona o art. 33 (1), mas também para os demais sujeitos e entidades do direito internacional. H. Kelsen, *supra* nota 184, pp. 364-365. Aí se incluiriam organizações internacionais e partes de conflitos armados, como regimes *de facto*, movimentos de libertação nacional e grupos armados em geral. C. Tomuschat, *supra* nota 1695, p. 507.

[1534] Christian Tomuschat, *supra* nota 1573, p. 101.

[1535] A CIJ deixou antever esse corolário ao afirmar que as partes têm a "obligation to seek a solution to their disputes by peaceful means in accordance with international law". *Nicaragua* case, *supra* nota 269, p. 149, para. 16. Cf. também Giorgio Bosco, *supra* nota 1573, p. 236.

[1536] Em opinião ainda mais restritiva, "the use of force by individual states as a means of settling disputes is impermissible. Peaceful settlement is the only available means. However, there is no obligation in general international law *to settle* disputes, and procedures for settlement by formal and legal procedures rest on the consent of the parties". Ian Brownlie, *supra* nota 133, p. 671. Na mesma linha, Malcolm N. Shaw, *International Law*, Sixth edition, Cambridge University Press, 2008, p. 1012. Outros autores consideram que essa obrigação se restringe às controvérsias que constituam ameaça à paz e à segurança internacionais. Cf. Alain Pellet, *Peaceful Settlement of International Disputes*, Max Planck Encyclopedia of Public International Law, Heidelberg and Oxford University Press, 2012, p.5.

Princípios de 1970 e de Manila de 1982,[1537] e pela própria CIJ.[1538] A razão para isso é o compromisso com a estabilidade do sistema internacional. Mas não há um dever passível de ser definido objetivamente por uma obrigação imposta a todos os Estados de submeter-se invariavelmente, isto é, em todas e quaisquer circunstâncias, a um meio de solução de controvérsia para a defesa de direito ou interesse juridicamente protegido, ou mesmo de reconhecer a existência de uma suposta controvérsia alegada por outra parte e submeter-se a um meio escolhido por esta última. O princípio do art. 2(3) não foi densificado em termos de um regime positivo em que os Estados se submetem compulsoriamente a procedimentos de aplicação universal e sobre bases igualitárias.[1539] A premissa jurídica segue sendo a igualdade soberana das nações, cujo corolário no contexto de sua ponderação com o princípio de solução pacífica de controvérsias é o direito à livre escolha dos meios.[1540] Por conseguinte, à exceção da expressão prévia do consentimento por meio de obrigação convencional específica, a exemplo do que se prevê na Parte XV, Seção I, art. 279 da CNUDM, ou de decisão nesse sentido do CSNU (possibilidade de que as partes sejam convocadas a resolver uma controvérsia pelos meios do art. 33 (1)),[1541] nenhum Estado pode ser obrigado, à luz do princípio de igualdade soberana (art. 2(1)), a reconhecer a competência ou a jurisdição de uma entidade política ou jurisdicional, ou mesmo de submeter-se a um procedimento específico para solucionar controvérsia para o qual não haja aquiescido.

[1537] Art. I (11) da Declaração de Manila: "States shall in accordance with international law implement in good faith all the provisions of agreements concluded by them for the settlement of their disputes".

[1538] As negociações devem ser conduzidas em boa fé, com "a genuine intention to achieve a positive result". *North Sea Continental Shelf cases, supra* nota 1320, para. 85. O princípio de boa fé implica "pay reasonable regard to the legal rights of the other". *Fisheries Jurisdiction (United Kingdom v. Iceland),* ICJ Reports 1974, p. 33.

[1539] Gaetano Arangio-Ruiz, *supra* nota 1576, p. 127.

[1540] "Art. 3 International disputes shall be settled on the basis of the sovereign equality of States and in accordance with the principle of free choice of means in conformity with obligations under the Charter of the United Nations and with the principles of justice and international law. Recourse to, or acceptance of, a settlement procedure freely agreed to by States with regard to existing or future disputes to which they are parties shall not be regarded as incompatible with the sovereign equality of States".

[1541] A versão oficial em português da Carta das Nações Unidas promulgada pelo Decreto 19.841/1945 utilizou o verbo "convidar" como tradução para *call upon* no original em inglês e *inviter*, em francês, no art. 33 (1).

O ponto de partida para a interpretação desse subprincípio é novamente a autonomia da vontade dos Estados, cujos limites externos são dados pelo propósito de manter a paz e a segurança internacionais. O princípio de livre escolha dos meios, alicerçado no princípio de igualdade soberana dos Estados (art. 2(1)), implica que o início de qualquer procedimento de solução pacífica de controvérsias requer o consentimento válido - *a priori* e geral ou *in casu* - das partes envolvidas. *In extremis*, e salvo na exceção de regime para o qual tenha aquiescido, o Estado não está obrigado a reconhecer a existência de uma controvérsia alegada por outra parte em decorrência de um suposto dever densificador do princípio de solução pacífica de controvérsias. Tampouco há dever de atingir definitivamente uma solução, pois nenhuma parte pode ser obrigada a submeter-se a meio de solução para o qual não tenha consentido apenas em decorrência do objetivo de buscar o deslinde do litígio.[1542] O regime do art. 33 (1) refere-se ao dever imposto aos Estados de que, caso haja controvérsia internacional, esta só poderá ser solucionada por meios pacíficos como corolário do propósito de manter a paz e a segurança internacionais.[1543] A regra fundamental, portanto, pode ser objetivamente definida da seguinte maneira: no caso de um Estado buscar a defesa de interesses juridicamente protegidos (reivindicar direitos e exigir satisfação de ofensas) em face de outros membros da comunidade internacional, essa faculdade só poderá ser exercida por vias pacíficas, pois, para além das exceções previstas na Carta, a intervenção foi proibida no direito internacional. Trata-se, nessa hipótese, de dever imposto como regra de conduta, nos termos propostos pela CDI, e não de mera recomendação oriunda dos arts. 1(1) e 2(3) da Carta. O eventual recurso e submissão a esses meios, porém, é faculdade soberana do Estado, e seu exercício dependerá de análise não só sobre questões jurídicas em cada caso, como também de considerações sobre as reivindicações envolvidas no litígio.[1544] A norma ora em exame apenas restringe a defesa de interesses juridicamente protegidos a meios pacíficos. Ao regular como *lex specialis* essa

[1542] *Railway Traffic between Lithuania and Poland*, Advisory Opinion of 15 October 1931, PCIJ Series A/B, No. 42, p. 108, p. 116.

[1543] No caso de não haver acordo quanto à existência de controvérsia, não há, em princípio, dever de submetê-la a mecanismo do art. 33 (1). Pode até mesmo haver o reconhecimento, mas não interesse em solucioná-la. Segundo Kelsen, se, no bojo da controvérsia, nenhuma das partes envolvidas desrespeitar a proibição do uso da força inscrita no art. 2(4) da Carta, não haveria, em princípio, ameaça à paz e à segurança internacionais. H. Kelsen, *supra* nota 184, p. 364.

[1544] Christian Tomuschat, *supra* nota 1573, p. 101.

norma geral, os arts. 33 e 37 veiculam o reconhecimento do direito subjetivo das partes à escolha dos meios apropriados para esse fim e circunscrevem o dever de observá-los apenas às partes de controvérsia cuja continuidade pode ameaçar a paz e a segurança.

Daí a importância das regras da Carta que facultam à parte que se sentir prejudicada a prerrogativa de levar unilateralmente a questão ao conhecimento da AGNU e do CSNU. Esse regime protege o valor de justiça no sistema internacional, que poderia ver-se atingido pela recusa, indisposição ou postura protelatória por parte de um Estado em buscar o deslinde de uma controvérsia.[1545] A recusa de umas das partes em buscar a solução da controvérsia pelos meios enumerados no art. 33 (1) pode constituir, em si mesmo, uma ameaça, a despeito do objeto em litígio. Nesse caso, nos termos do art. 37 (1), o Conselho poderá recomendar, a qualquer tempo, a solução da controvérsia e, para esse fim, indicar procedimentos e meios apropriados (art. 36(1)) se considerar que sua continuidade constitui ameaça à paz e à segurança internacionais.[1546] Recomendações ou convites do CSNU, nos termos do Capítulo VI, não detêm, porém, força obrigatória às partes envolvidas na controvérsia,[1547] embora haja um dever geral de boa fé e de cooperação (art. 25) a fim de evitar que a questão se torne uma ameaça.[1548] Isso porque a atuação das Nações Unidas sob o Capítulo VI não se dá enquanto corolário do princípio de juiz natural, mas sim à luz de sua função de guardiã da paz e da segurança internacionais.[1549] Em termos funcionais, o objetivo buscado pela ação do AGNU ou do CSNU não é *prima facie* garantir o deslinde definitivo de uma controvérsia, como no Poder Judiciário em âmbito doméstico, mas sim assegurar que a existência e a eventual continuidade do litígio não constituam ameaça ao propósito do art. 1(1).[1550] A efetividade do recurso dependerá de decisão favorável segundo as

---

1545 G. Bosco, *supra* nota 1573, p. 240.

1546 Na hipótese de haver recusa de algum lado, deve-se reconhecer a capacidade à contraparte de fazê-lo. Essa foi a interpretação prevalecente na Conferência de São Francisco. Cf. U.N.C.I.O. Doc. 433, III/2/15, p. 1.

1547 Gaetano Arangio-Ruiz, *supra* nota 1576, p. 127.

1548 J. Delbrück, 'Article 25', in Bruno Simma (ed.), *The Charter of the United Nations – A Commentary*, München, C.H. Beck Verlag, 1995, 407-418, p. 412.

1549 Gaetano Arangio-Ruiz, *supra* nota 1576, p. 126.

1550 A obrigação do artigo 33 existe independentemente de ação do CSNU ou de outro órgão, embora sob o parágrafo 2 do mesmo artigo o CSNU deverá, quando julgar necessário, chamar as partes a solucionar a disputa por esses meios, além da própria alternativa de a

regras de procedimento de cada órgão e à discricionariedade decisória sobre as circunstâncias do caso concreto.

Outro corolário do princípio de solução de controvérsias é o dever de abster-se de ações que possam agravar a situação factual que constitua o objeto litigioso, em especial aquelas de natureza coercitiva. Previsto na Declaração de 1970, o conteúdo dessa obrigação foi reforçado pelo art. 8 da Declaração de Manila, que reitera a proibição não só de atos que agravem a situação e de alguma maneira ameacem a paz e a segurança internacionais, mas também daqueles que possam dificultar ou impedir a solução da controvérsia.[1551] Se parece evidente que determinados atos são proibidos *prima facie* (a ameaça ou uso da força, e o desrespeito a obrigações do direito internacional dos direitos humanos e do direito internacional humanitário, bem como obrigações decorrentes do regime de *ius cogens* no direito internacional), há dúvidas quanto a ações que, embora em princípio permitidas sob o direito internacional, seriam objetivamente proibidas no caso de uma controvérsia.[1552] Segundo o regime aceito no direito internacional,[1553] a imposição de contramedidas não pode afetar o procedimento de solução pacífica de controvérsias vigente entre os Estados envolvidos e aplicável à controvérsia.[1554] Essa regra foi reconhecida em regimes especiais, como o sistema de solução de controvérsias da OMC,[1555]

---

controvérsia ser levada à atenção do CSNU sob o artigo 35. Há vários precedentes a esse respeito. Na resolução 27 (1947), o CSNU conclamou as partes envolvidas (Países Baixos e Indonésia) a "cessar as hostilidades" e "solucionar a controvérsia por meio da arbitragem ou por outro meio de solução pacífica". Conforti examina número expressivo de precedentes na prática do CSNU nessa matéria. Cf. Benedetto Conforti, *supra* nota 240, pp. 164-166.

[1551] "Art. 8. States parties to an international dispute, as well as other States, shall refrain from any action whatsoever which may aggravate the situation so as to endanger the maintenance of international peace and security and make more difficult or impede the peaceful settlement of the dispute, and shall act in this respect in accordance with the purposes and principles of the United Nations".

[1552] A imposição de contramedidas unilaterais seria permitida em determinadas circunstâncias, mesmo no curso de um procedimento de solução de controvérsias. Essa regra de exceção incluiria até mesmo atos como retorsão e represália. C. Tomuschat, *supra* nota 1573, p. 105.

[1553] *Draft Articles on Responsibility of States for Internationally Wrongful Acts*, os quais foram referendados pelos Estados da AGNU por meio da resolução 56/83, de 12 de dezembro de 2001.

[1554] *Materials on the Responsibility of States for Internationally Wrongful Acts*, United Nations Legislative Series, United Nations, New York, 2012.

[1555] *Marrakesh Agreement, World Trade Organization*, annex 2 (Understanding on Rules and Procedures governing the Settlement of Disputes), art. 3, para. 7, e art. 22.

no qual a autorização prévia do OSC é requisito formal para a eventual suspensão, por um Estado Membro, de concessões ou obrigações previstas pelos acordos multilaterais do comércio em resposta ao descumprimento, pela outra parte, de recomendações e/ou ordens emanadas de um painel ou do Órgão de Apelação. Exclui-se, portanto, a aplicação de contramedidas unilaterais.[1556] Embora seja possível afirmar que a regra proibitiva se aplica restritivamente à matéria da controvérsia, o que excluiria outras áreas das relações entre as partes envolvidas, persiste a obrigação de evitar qualquer ato que possa interferir ilegalmente no andamento do procedimento ou prejudicar a solução definitiva.[1557] É a partir do objeto da controvérsia - e do eventual regime específico ao qual se sujeita - que se pode verificar se um determinado ato, tal como uma contramedida, afeta o procedimento em curso.[1558]

Da mesma forma, o princípio de solução pacífica de controvérsias afasta, sob qualquer circunstância e de forma peremptória, o uso da força como meio legítimo para dirimir diferendos internacionais. O regime geral não só veda o recurso à força, como também obriga as partes a recorrerem exclusivamente a meios pacíficos para a defesa de interesses e a reparação de ofensas. A presunção interpretativa é contrária à força e favorável aos meios pacíficos, conforme a lição de Cançado Trindade.[1559] É sob essa régua que se pode caracterizar a ilegalidade de sanções impostas unilateralmente pelos Estados. À luz do princípio ora em exame, é excluída a hipótese de qualquer regime coercitivo[1560] que,

---

1556 *Report of the Panel*, United States–Sections 301–310 of the Trade Act of 1974, paras. 7.35–7.46.

1557 Nem mesmo a violação de um tratado internacional dá aso à recusa, como imposição de contramedida, da obrigação de submeter-se a procedimento de solução de controvérsia se previsto pela convenção que é o objeto litigioso. "In any event, any alleged violation of the Treaty by either party could not have the effect of precluding that party from invoking the provisions of the Treaty concerning pacific settlement of disputes". *United States vs. Iran*, *supra* nota 607, p. 28, para. 53.

1558 A CIJ declarou que dispositivos convencionais de solução de controvérsias devem ser observados não obstante o fato de que o tratado internacional no qual estão inseridos constitui o cerne da própria controvérsia (validade, por exemplo). *Appeal Relating to the Jurisdiction of the ICAO Council (India v. Pakistan)*, Judgment, I.C.J. Reports 1972, p. 46, para. 53.

1559 A. A. Cançado Trindade, *supra* nota 20, p. 132.

1560 O princípio "acarreta o compromisso do País não só com soluções não-violentas, mas, também com soluções que se eximam de qualquer traço de coação". Pedro Dallari, *supra* nota 2, p. 175.

embora em princípio não violento, é contrário à natureza pacífica dos meios admitidos pelo direito internacional (retorsão, represália, embargo e bloqueio, por exemplo).[1561] Distinta, porém, é a natureza de decisão legítima tomada por órgão competente do sistema multilateral.[1562] Nesse caso, eventuais sanções não significam necessariamente desrespeito ao princípio de solução pacífica de controvérsias.

Conclusão

A codificação do princípio de solução pacífica de controvérsias revela a convicção de que a existência de litígios é causa de instabilidade na ordem internacional. A fim de solucionar os inevitáveis conflitos que emergem na realidade intersubjetiva dos Estados, a alternativa à guerra é a via pacífica do entendimento sobre as bases do direito. Muitas vezes, controvérsias nem mesmo envolvem questões jurídicas de alto grau de complexidade. Outras requerem o recurso ao direito internacional para que seja encontrada solução inexistente no plano exclusivamente político. Em ambas, o respeito ao princípio de solução pacífica de controvérsias contribui à manutenção da paz e da segurança internacionais. O apego a essa norma confere maior previsibilidade às relações internacionais, diminuindo o potencial de conflitos, arrefecendo a rivalidade entre países vizinhos e reduzindo a exploração de tensões por razões internas na direção de um inimigo externo.

Juridicamente, porém, o princípio em exame não significa o dever de submeter, sempre e inexoravelmente, toda e qualquer controvérsia na qual o Estado esteja envolvido a um meio de solução pacífica, a despeito das circunstâncias factuais e jurídicas envolvidas em cada caso. A submissão a mecanismos de solução de contenciosos requer a expressão autônoma da vontade, *a priori* ou *in casu*. A prática diplomática brasileira, aliada ao universo normativo desse princípio no direito internacional, demonstra que o corolário fundamental desse princípio é a proibição da via armada para a defesa natural e a consecução dos interesses nacionais no plano externo.[1563] O recurso

---

[1561] Pedro Dallari, *supra* nota 2, p. 175.

[1562] *Idem*, p. 175.

[1563] Resguardam-se exceções em matéria de legítima defesa, de cuja importância o imbróglio entre Brasil e França, entre 1961 e 1963, relativo à captura ilegal de lagostas por embarcações francesas no litoral do nordeste brasileiro, deu provas concretas. O incidente tinha como

aos meios pacíficos não é, assim, obrigação, mas alternativa, potencialmente a menos custosa em termos humanos e materiais, para a defesa intransigente dos interesses nacionais. Na lição de Rio Branco, não há nada na constituição brasileira ou no direito internacional que obrigue o País "a aceitar o arbitramento somente porque um Governo estrangeiro diz que pertence ao seu país um território que entendemos ser nosso". Essa interpretação guiava-se pela preponderância dos termos mais favoráveis aos interesses brasileiros.[1564] Eis aí a régua hermenêutica de política exterior na intersecção entre a autonomia soberana da vontade e o compromisso com a solução pacífica de controvérsias.

objeto a captura illegal e em larga escala de lagostas, inclusive por meios predatórios de arrasto, mediante a justificativa de pesquisa científica. Após o apresamento pela Marinha de embarcações francesas, houve demonstrações de poder naval de lado a lado, inclusive com ameaça de agressão por parte da França, que deslocou força-tarefa na direção da costa brasileira.

[1564] Instruções ao Delegado do Brasil à II Conferência Internacional Americana (México, 1901-1902), sobre a Solução Pacífica das Controvérsias Internacionais, *in* A.A. Cançado Trindade (org.), *supra* nota 1487, pp. 433.

Capítulo XII
REPÚDIO AO TERRORISMO E AO RACISMO

O inciso VIII relativo ao princípio de repúdio[1565] ao terrorismo e ao racismo é outra inovação da Constituição de 1988. Sem analogia nem mesmo na constituição da África do Sul, cuja experiência motivou o constituinte brasileiro a repudiar o racismo, ou, em se tratando de terrorismo, em países que padeceram ou seguem sendo vítimas de ataques terroristas, a inscrição dessa norma na Constituição Federal é algo sem paralelo em textos constitucionais de outros Estados. A melhor técnica legislativa,[1566] que sugeriria a utilização de fórmulas já consagradas no direito internacional, cedeu lugar ao humanismo do legislador: o terrorismo e o racismo são incompatíveis[1567] com os valores consignados na ordem democrática inaugurada em 1988.[1568] São contrários não só à índole nacional, mas também ao modelo de organização interestatal propugnado pelo Brasil.

[1565] Houaiss sugere, como sinônimos de repúdio: abominação, antipatia, asca, asco, aversão, desamor, desgosto, desprezo, dificuldade, enjeitamento, enjoo, enojo, entejo, estranhamento, execração, fastio, horror, incha, jeriza, malquerença, náusea, nojo, objeção, ódio, ojeriza, pavor, quijila, quizila, quizília, rabidez, raiva, rancor, rechaço, recusa, rejeição, relutação, relutância, repelência, repugnância, repugno, repulso.

[1566] Celso D. de Albuquerque Mello, *supra* nota 3, p. 150.

[1567] "Repudiamos na Constituição ao terrorismo (aqueles atos praticados pelos que se opõem ao governo), mas não repudiamos o terror, isto é, os mesmos atos quando praticados pelos governos autoritários". Celso D. de Albuquerque Mello, *supra* nota 3, pp. 151-152.

[1568] A natureza repulsiva desses crimes é reforçada, em âmbito constitucional, pelo inciso XLIII do art. 5º, que considera o racismo crime inafiançável e imprescritível, sujeito à pena de reclusão, e insuscetível de graça ou anistia, por ele respondendo os mandantes, os executores e os que, podendo evitá-lo se omitirem.

A redação do inciso VIII do art. 4º resultou da convergência das temáticas de terrorismo e racismo na Constituinte.[1569] O *Projeto de Constituição (A)* já continha dispositivo com redação que incluía o "racismo" ao lado do terrorismo como objetos de "repúdio" pelo constituinte. A partir daí, houve o desmembramento do art. 4º em incisos específicos e o "repúdio ao terrorismo e ao racismo" foi mantido entre os princípios que regem o Brasil em suas relações internacionais.

Repúdio ao Terrorismo

Ao longo do século XX, indivíduos, grupos e entidades não estatais de diversos matizes políticos, ideológicos, religiosos e étnicos recorreram, sob alegações e motivações as mais variadas, a táticas violentas com o objetivo de constranger o poder público.[1570] Os exemplos são muitos, a despeito das opiniões e juízos que se possam fazer sobre o caráter dessas ações.[1571] Por mais distintas, inadmissíveis e muitas vezes contraditórias que sejam as alegações dos responsáveis por esses atos de violência, é possível extrair-lhes características comuns de práticas terroristas. Em primeiro lugar, são atos e atividades violentos realizados por entidades não estatais contra a população civil e não combatente. O terrorismo se caracteriza primordialmente, portanto, pela violação de direitos fundamentais protegidos pela ordem jurídica internacional, em especial do direito internacional dos direitos humanos e do direito internacional humanitário. Em segundo lugar, o juízo sobre a natureza dessas ações é subjetivo.[1572] O que uns entendem e denunciam como terrorismo, outros não, e vice-versa.[1573] As diferentes percepções sobre o fenômeno do terro-

---

1569 A emenda 497 de Maurício Nasser propunha a "condenação ao colonialismo sob todas as formas, à discriminação racial e ideológicas, ao terrorismo, à tortura, ao armamentismo e à guerra".

1570 Cf. Daniel Lazare, 'We Are All Terrorists', 29 *Radical Society* (2002), 13.

1571 Em décadas mais recentes, a intolerância e o ódio mostraram outra face: a violência do extremismo religioso.

1572 Caso paradigmático foi a caracterização de movimentos que lutavam contra o *apartheid* como "terroristas". Além do regime sul-africano, os EUA, sob Ronald Reagan, também incluíram o Congresso Nacional Africano (ANC), de Nelson Mandela, na lista de organizações terroristas, da qual só sairia em 2008.

1573 David Freestone, 'The principle of co-operation: terrorism', in C. Warbrick & V. Lowe (eds.), *The United Nations and the Principles of International Law*, London/New York, Routledge,

rismo estão na raiz das divergências sobre a definição do conceito no direito internacional público.[1574] A tendência à subjetividade acentua riscos de instrumentalização do conceito segundo interesses alheios e muitas vezes contrários a princípios de humanidade que legitimam o repúdio ao terrorismo.[1575] Em terceiro lugar, há uma desproporção de forças entre, de um lado, grupos não estatais responsáveis por atos terroristas e, de outro, Governos e/ou sociedades que, vitimadas pelos ataques, denunciam essas ações como sendo de natureza terrorista.[1576] Aí se expressa novamente o cerne da controvérsia verificada no processo de codificação do terrorismo como crime internacional. Em especial no tocante ao direto à autodeterminação dos povos, houve receio de que o conceito de terrorismo fosse utilizado para reprimir e privar movimentos de libertação nacional dos meios de força à sua disposição em face da opressão e/ou da ocupação estrangeira. Mas mesmo agindo sob a inspiração de objetivos legitimamente reconhecidos pelo direito internacional (autodeterminação dos povos) indivíduos e organizações podem incorrer em atos e atividades terroristas. Por fim, ações terroristas orientam-se (declaradamente ou não) pela intenção de seus perpetradores de disseminar o medo na população em geral a fim de constranger um Governo a determinada ação ou abstenção, ou ainda de expor as debilidades e a incapacidade do poder público de coibir a atuação de um grupo ou movimento, semeando sentimento de insegurança generalizado na sociedade. Se no plano doméstico atos e atividades terroristas vão de encontro a pressuposto fundamental do Estado de Direito (monopólio do uso da força pela autoridade pública), no plano externo o terrorismo viola valores fundamentais do direito internacional contemporâneo. É, pois, como

---

1994, 137-159, p. 138. Zeidan observa que "one man's terrorist is another's freedom fighter". Sami Zeidan, 'Agreeing to Disagree: Cultural Relativism and the Difficulty of Defining Terrorism in a Post-9/11 World', 29 *Hastings International & Comparative Law Review* (2005-2006), 215, p. 227.

[1574] Robert P. Barnidge Jr., 'Terrorism: arriving at an understanding of a term', in M. J. Glennon, S. Sur (org.), *Terrorisme et droit international – terrorism and international law*, Leiden/Boston, Martinus Nijhoff, 2008, p. 157.

[1575] "It is not surprising that "terrorism" is still not defined, because its very malleability serves multiple political interests through its varied opportunistic applications - such as deflecting criticism from official governmental figures and onto extremist "others," and to indicate particular practices as outside the scope of political negotiation and contestation". Sami Zeidan, *supra* nota 1773, p. 218.

[1576] O terrorismo seria "a arma do fraco". Celso D. de Albuquerque Mello, *supra* nota 3, p. 151.

imperativo de humanidade, que o repúdio ao terrorismo deve ser interpretado entre os dispositivos que regem o Brasil nas relações internacionais.

Assembléia Nacional Constituinte

Embora sem o mesmo ímpeto observado nas deliberações sobre racismo, a temática de terrorismo suscitou debate conceitualmente relevante na Assembléia Constituinte. Foram constantes, em formatos diversos, comentários e propostas que veiculavam o repúdio do constituinte ao terrorismo. O tema se fazia presente na Comissão Afonso Arinos, cujo anteprojeto propugnava (art. 6º, inciso III) que "o Brasil rege-se pelo princípio da defesa à paz e por repúdio à guerra, à competição armamentista e ao terrorismo". No anteprojeto da Subcomissão da Comissão da Soberania e dos Direitos e Garantias do Homem e da Mulher, o tema apareceu no art. 27, inciso III, entre os valores preconizados pelo Brasil na ordem internacional.[1577] A partir do primeiro e do segundo substitutivos apresentados na Comissão de Sistematização, foi recuperada a fórmula de "repúdio ao terrorismo" utilizada no projeto da Comissão Afonso Arinos.[1578] No Plenário da Constituinte, agregou-se o racismo, ao lado do terrorismo, entre as práticas que exigiam o repúdio do Brasil no plano internacional. Essa formulação se manteve na Comissão de Redação, consagrando-se a versão aprovada no inciso VIII do art. 4º.

Em termos materiais, a identificação do terrorismo como ato repugnante à índole brasileira revelou, mais uma vez, a dimensão pacifista e universalista da Constituinte. No processo legislativo que levou ao texto aprovado, as referências à prática de terrorismo associaram-se, na maior parte dos casos, à repulsa do País à guerra e, sobretudo, à corrida armamentista. Foram várias as propostas de emendas apresentadas com o objetivo de incluir, entre os princípios a reger o Brasil em suas relações internacionais, a "defesa da paz, repúdio à guerra, à competição armamentista e ao terrorismo".[1579] Para o constituinte, o repúdio

---

[1577] Art. 27 - Na ordem internacional o Brasil preconiza (...) III - a união de todos os Estados Soberanos contra a competição armamentista e o terrorismo.

[1578] Art. 5º - O Brasil fundamentará suas relações internacionais no princípio da independência nacional, na intocabilidade dos direitos humanos, no direito à autodeterminação dos povos, na igualdade dos Estados, na solução pacífica dos conflitos internacionais, na defesa da paz, no repúdio ao terrorismo e na cooperação com todos os povos, para a emancipação e o progresso da humanidade.

[1579] Cf. as emendas 00088, de Luiz Soyer, e a emenda 00119, de Vilson Souza. Ao justificar sua proposta, Vilson Souza apontou para a associação direta entre o comércio de armamentos

ao terrorismo era, ao lado do receio associado à corrida armamentista, corolário da índole pacifista da política exterior brasileira.[1580] Para além da convicção contrária à guerra e à corrida armamentista, o repúdio ao terrorismo mostrava-se medida necessária ao combate de ilícitos transnacionais.[1581] Na visão de vários constituintes, o comércio e o fornecimento ilegal de armas a grupos atuando em âmbito doméstico com finalidades "terroristas" relacionavam-se ao crescimento do tráfico internacional de drogas.[1582] Como pano de fundo histórico, havia não só o recrudescimento de práticas terroristas no Oriente Médio, como também o receio de que grupos qualificados de "subversivos", sobretudo na América Latina, fossem instrumentalizados segundo alianças

---

e os riscos à soberania nacional, na medida em que a existência de armas justificaria, aos olhos de seus potenciais perpetradores, "a prática do terrorismo nessas estações brasileiras". Na emenda 00163, na mesma Subcomissão, Brandão Monteiro propunha a "condenação da Tortura e de todas as formas de terrorismo". Agregava que "o terrorismo e o comércio internacional de drogas hoje dispõem de material bélico dotado do mais alto poder ofensivo". A mesma opinião foi reiterada na Comissão de Sistematização, onde vários constituintes preconizavam a "união de todos os Estados soberanos contra a competição armamentista e o terrorismo" (emenda 1P19546, de Gerson Peres). Cf. também as emendas ES 24262, de Siqueira Campos, e ES32072 de José Paulo Bisol. Outra emenda de interesse na Comissão de Sistematização foi a 1P11026, de Aluízio Campos: "a dominação política autoritária, a tortura, o terrorismo, a destruição ou poluição do meio ambiente, a discriminação sob qualquer forma (art. 11) e a competição armamentista são repudiadas pela soberania nacional".

1580 Marco Maciel sugeriu, sem sucesso (emenda ES29941), suprimir a expressão "repúdio ao terrorismo" "por desnecessidade diante do postulado do pacifismo anteriormente previsto".

1581 A relação entre terrorismo e tráfico de drogas foi reconhecida no inciso XLIII do art. 5º da Constituição, ao prescrever como "crimes inafiançáveis e insuscetíveis de graça ou anistia a prática da tortura, o tráfico ilícito de entorpecentes e drogas afins, o terrorismo e os definidos como crimes hediondos".

1582 Uldurico Pinto apresentou a emenda 00159 na Subcomissão com o objetivo de incluir a "defesa da paz, repúdio à guerra, à competição armamentista e ao terrorismo e proibição da propaganda belicista" entre os princípios de relações internacionais que definiriam "a índole pacifista e democrática do Estado de Direito e do povo brasileiros". No mesmo sentido, Vilson Souza advertiu, ao justificar a emenda 00392, de mesmo teor, que "o comércio sinistro e geralmente clandestino e sujo de armas semeia a morte e a miséria no Oriente Médio, na América Central e equipa o monstruoso comércio internacional de drogas". Essa proposta foi retomada na Comissão de Sistematização, onde Henrique Córdova propôs a emenda ES21787, por meio da qual o Brasil deveria subordinar-se "aos princípios da autodeterminação dos povos, da igualdade e cooperação entre os Estados, da solução pacífica dos seus conflitos, do repúdio ao terrorismo e ao narcotráfico, da busca e preservação permanentes da paz e da intangibilidade dos direitos humanos".

políticas e ideológicas.[1583] Curiosamente, o repúdio ao terrorismo aproximava, involuntariamente ou não, visões em princípio opostas de setores à esquerda e à direita do espectro político nacional. Tanto o chamado "terrorismo de Estado",[1584] denunciado por países do bloco socialista, quanto o terrorismo insurrecional ou revolucionário, criticado pelo mundo ocidental, justificavam o repúdio brasileiro. Consagrava-se a convicção[1585] de que nenhum tipo de ato terrorista, a despeito de sua alegada motivação ou alinhamento político-ideológico, era justificável aos olhos do Brasil.

O Conceito de Terrorismo no Direito Internacional

O terrorismo é prática constante ao longo do tempo, a despeito das transformações quanto aos meios empregados e das divergências quanto às suas justificativas. Suas raízes mais remotas podem ser encontradas em disputas religiosas da antigüidade, passando pelos períodos do "terror" na França, em 1794,[1586] até chegar às táticas de violência empregadas na Rússia e na Europa por anarquistas e outros grupos políticos em fins do século XIX e início do XX.[1587] Mas foi sobretudo no último século que o termo terrorismo passou a referir-se não só ao emprego ou à ameaça da violência com o objetivo de aterrorizar a população sob justificativas alegadamente políticas, mas também

---

[1583] "O 'repúdio ao terrorismo' é algo datado". Celso D. de Albuquerque Mello, *supra* nota 3, p. 150.

[1584] "Essa questão, hoje, é extremamente conturbada pelo exemplo concreto a que estamos assistindo na América Central, quando uma grande potência militar e econômica chega ao absurdo, por exemplo, de aprovar, através de leis internas do seu país, o terrorismo de Estado ou a guerra não-declarada com nação com a qual mantém plenas relações diplomáticas: é o caso dos Estados Unidos com relação à Nicarágua". Aluízio Bezerra, *supra* nota 389, pp. 8-9.

[1585] Em duas propostas na Comissão de Sistematização (emendas 1P00160 e 1P10722), Jamil Haddad buscou acrescentar a expressão "em quaisquer de suas formas" após a fórmula "repúdio ao terrorismo", sob a justificativa de que "a condenação ao terrorismo precisa ficar bem definida". Em seu parecer, o relator explicou a rejeição de ambas por questões formais e não substantivas ("embora concordando com o proponente da emenda no repúdio ao terrorismo "em quaisquer de suas formas", ficamos pela rejeição dela, pois ficamos pela aprovação de emenda supressiva do art. 10").

[1586] Sami Zeidan, *supra* nota 1773, p. 215.

[1587] Leandro de Oliveira Moll, *A Obrigação de Extraditar para a Repressão do Terrorismo: A Prática Brasileira à Luz do Direito Penal Internacional*, tese de doutorado apresentada à Faculdade de Direito da UERJ, Rio de Janeiro, 2010, p. 25.

a atos violentos motivados pelo propósito de constranger as autoridades públicas em relação a determinadas reivindicações.[1588]

Durante muito tempo, o terrorismo foi um fenômeno essencialmente doméstico, relacionado às lutas intestinas envolvendo grupos revolucionários. O tema passou a constituir questão de direito internacional a partir de meados do século XIX, com as primeiras demandas de extradição de acusados de atentados perpetrados com motivação política na Europa. Inicialmente, a questão do terrorismo foi tratada da perspectiva dos deveres de cooperação entre Estados soberanos para a repressão desses crimes.[1589] Com o surgimento do chamado "terrorismo internacional",[1590] caracterizado por elementos de conexão com mais de um ordenamento segundo critérios de territorialidade ou de nacionalidade (ativa ou passiva),[1591] surgiram as primeiras reações da comunidade internacional ainda no início do século XX. Antes da I Guerra Mundial, o tema foi tratado indiretamente no Tratado de Extradição e Proteção contra o Anarquismo, assinado na Cidade do México, em 1902. Em reação a atentados perpetrados na década de 1930,[1592] houve tentativa pioneira, mas infrutífera,[1593] na Liga das Nações, de avançar no processo de codificação e de punição do terrorismo internacional. Com base nas conclusões do chamado "Comitê para a Repressão Internacional do Terrorismo", criado sob os auspícios da Liga em 1934, foram aprovados, em 1937, dois instrumentos convencionais (Convenção de Genebra para a Prevenção e a Punição do Terrorismo e Convenção para a Criação de um Tribunal Penal Internacional) com o objetivo

---

[1588] Gilbert Guillaume, 'Terrorisme et droit international', *R.C.A.D.I.*, v. 215, III, 1989, 296.

[1589] Serge Sur, 'Le droit international au défi du terrorisme', in Michael J. Glennon, Serge Sur (Org.), *Terrorisme et droit international - terrorism and international law*, Leiden/Boston, Martinus Nijhoff, 2008, p. 4.

[1590] O caso mais conhecido foi o assassinato, em 1914, em Sarajevo, do Arquiduque do Império Austro-Húngaro, Francisco Ferdinando por nacionalista sérvio. O incidente ficou marcado como o estopim da I Guerra Mundial.

[1591] Leandro de Oliveira Moll, *supra* nota 1787, pp. 41-42.

[1592] O principal incidente foi o atentado contra o Rei Alexandre I, da Iugoslávia, perpetrado por nacionalistas croatas. O caso motivou pedido de extradição feito pelo França à Itália com base em tratado bilateral do século XIX. A justiça italiana denegou o pedido sob a justificativa de que se tratava de crime político.

[1593] As convenções jamais entraram em vigor.

de julgar responsáveis pelo crime de terrorismo internacional.[1594] Embora nunca tenha entrado em vigor, a Convenção de Genebra de 1937 já apontava para eixos fundamentais do regime de cooperação interestatal em matéria de repressão ao terrorismo: o dever de criminalizar o terrorismo nos respectivos ordenamentos jurídicos dos Estados Partes,[1595] a exclusão do terrorismo como hipótese de exceção de crime político em pedidos de extradição e o reconhecimento, como elemento definidor do crime, da intenção de provocar medo generalizado na população.[1596]

Nas décadas seguintes, o tema deixou de galvanizar a atenção da comunidade internacional. Somente a partir de meados da década de 1960, com o acirramento da bipolaridade na Guerra Fria, a agenda de combate ao terrorismo retomou impulso em reação a casos, cada vez mais freqüentes, de seqüestros de aeronaves comerciais. À época, a conduta carecia de tipificação em âmbito interno e tampouco permitia analogia com o crime de pirataria internacional. Diante dessa lacuna, a reação dos Estados tomou o formato de instrumentos convencionais que regulavam atos e atividades terroristas de forma indireta e setorial, com enfoque na cooperação jurídica internacional em matéria penal.[1597] O primeiro desses acordos foi a Convenção sobre Infrações e Outros Atos Cometidos a Bordo de Aeronaves, assinada em Tóquio, em 1963. Esse instrumento não desenvolve o conceito de terrorismo e busca essencialmente uniformizar legislações nacionais ao estender a jurisdição do Estado sobre as aeronaves em vôo segundo critérios relacionados ao território, à personalidade passiva e a princípios de proteção. Ao entrar em vigor, em 1969, a Convenção de Tóquio já estava superada conceitualmente[1598] por iniciativas adotadas na Organização de Aviação Civil Internacional (OACI), em especial a Convenção de Haia para a Supressão da Captura Ilícita de Aeronaves, de 1970, e a Convenção de Montreal para a Supressão de Atos Ilegais contra a Segurança da Aviação Civil, de 1971. Essa primeira etapa

[1594] M. Cherif Bassiouni, *International Crimes: Digest and Index of International Instruments, 1815-1985*, New York, Dobbs Ferry, Oceana, 1985, vol. 2, p. 44.

[1595] O art. 2 da Convenção de Genebra de 1937 enumera condutas antijurídicas a serem objeto de tipificação da legislação penal em âmbito doméstico.

[1596] O art. 1 (2) definia terrorismo como "criminal acts directed against a State and intended or calculated to create a state of terror in the minds of particular persons, or a group of persons or the general public".

[1597] Leandro de Oliveira Moll, *supra* nota 1787, p. 43.

[1598] David Freestone, *supra* nota 1773, p. 142.

permitiu, não obstante, avançar na codificação do crime de terrorismo internacional por dispositivos que definiam a natureza antijurídica da conduta como atos ilegais de força ou intimidação com a intenção de capturar ou controlar a aeronave em vôo.

Nos anos seguintes, surgiram casos de sequestros de industriais, políticos e diplomatas estrangeiros cometidos por grupos revolucionários que atuavam com o objetivo de obter concessões de autoridades governamentais. A questão gerou preocupação no âmbito da OEA, onde prevalecia posição política e ideológica alinhada ao bloco ocidental.[1599] Inicialmente, o tratamento do tema orientou-se pelos objetivos de salvaguardar pessoas protegidas pelo direito internacional e de lançar bases de cooperação judicial entre os Estados signatários a fim de punir responsáveis. O resultado mais imediato, em âmbito hemisférico, foi a *Convenção para Prevenir e Punir os Atos de Terrorismo Configurados em Delitos Contra as Pessoas e a Extorsão Conexa, Quando Tiverem Eles Transcendência Internacional*, de 1971. Embora assinada por número pequeno de Estados em razão de visões divergentes fosse sobre a extensão dos deveres ali estabelecidos, fosse sobre a natureza de quais atos constituiriam terrorismo, esse instrumento serviu como modelo para a *Convenção das Nações Unidas sobre a Prevenção e Punição de Crimes Contra Pessoas que Gozam de Proteção Internacional, inclusive Agentes Diplomáticos*, de 1973, e para a *Convenção das Nações Unidas contra a Tomada de Reféns*, de 1979.

A mesma reação ocorreu nas Nações Unidas a partir da inclusão, em 1972, de item dedicado ao terrorismo internacional na agenda da AGNU.[1600] Mas ao contrário do que se via na OEA, prevalecia na ONU posição dos países do chamado mundo asioafricano, que haviam obtido há pouco a independência e zelavam pelas prerrogativas de movimentos de libertação nacional no

---

[1599] Entre os incidentes mais graves, sobressai o seqüestro e posterior assassinato do então Embaixador da Alemanha Ocidental na Guatemala, Karl von Spreti, em 1970, pelo grupo guerrilheiro *Fuerzas Armadas Rebeldes* (FAR), de orientação marxista-leninista. As FAR já haviam sequestrado, em 1968, o Embaixador norte-americano no país, John Gordon Mein, bem como eram responsáveis por outros seqüestros de diplomatas e até mesmo do Chanceler guatemalteco, Alberto Fuentes Mohr. A organização surgiu durante a guerra civil e a repressão à oposição promovida pelos governos autoritários que se sucederam após o golpe de Estado, de 1954, com apoio dos EUA, contra o Presidente eleito Jacobo Árbenz Guzmán. Do lado do bloco socialista, países como Cuba e U.R.S.S. prestavam apoio a grupos que lutavam contra a ditadura guatemalteca por meio de armas, treinamento e recursos financeiros.

[1600] Ciro Leal M. da Cunha, *Terrorismo internacional e a política externa brasileira após o 11 de setembro*, Brasília, Fundação Alexandre de Gusmão, 2009, p. 32.

marco do direito à autodeterminação dos povos. Por conseqüência, a primeira resolução aprovada na AGNU, em 1972 (resolução 3034 (XXVII)), não só silenciava sobre a condenação ao terrorismo, como não indicava medidas para sua repressão, privilegiando o exame das causas profundas do terrorismo e a proteção do direito à autodeterminação.[1601]

A intensificação de atos terroristas para além das fronteiras nacionais a partir de fins da década de 1970 e início de 1980 motivou reação mais rigorosa e uniforme da comunidade internacional. À época, a preocupação com a escalada do terrorismo internacional associava-se aos riscos de acesso por organizações terroristas a armas de destruição em massa. Sob o impacto de incidentes como o sequestro do navio italiano *Achille Lauro*, em 1985, e o atentado a bomba contra o avião da empresa norte-americana *Pan Am*, que explodiu sobre *Lockerbie*, na Escócia, em 1988, o quadro normativo de prevenção e punição do terrorismo expandiu-se pela adoção de instrumentos jurídicos de natureza convencional e consuetudinária.[1602] Esse novo cenário refletiu-se, em primeiro plano, na AGNU, onde passaram a expressar-se de forma consensual dois elementos de *opinio iuris*: (i) condenação inequívoca ao terrorismo internacional a despeito de suas causas subjacentes e (ii) chamado à cooperação internacional para prevenção e punição.[1603]

Nesse diapasão, foram celebrados tratados setoriais de escopo global, como a *Convenção sobre a Proteção Física de Material Nuclear*, acordada em 1980 no âmbito da Agência Internacional de Energia Atômica (AIEA), a *Convenção para a Supressão de Atos Ilegais contra a Segurança da Navegação Marítima*, no âmbito da Organização Marítima Internacional (IMO), em 1988, o Protocolo à Convenção de Montreal, de 1988, e a *Convenção para a Marcação de Explosivos Plásticos para o Propósito de Detecção*, de 1991. Como regra geral nesses instrumentos, prevaleceu a lógica de regular o combate ao terrorismo de forma

---

[1601] A resolução era intitulada "Measures to prevent international terrorism which endangers or takes innocent human lives or jeopardizes fundamental freedoms, and study of the underlying causes of those forms of terrorism and acts of violence which lie in misery, frustration, grievance and despair and which cause some people to sacrifice human lives, including their own, in an attempt to effect radical changes".

[1602] Ben Saul, *Defining terrorism in international law*, Oxford, Oxford University Press, 2006, p. 131.

[1603] A partir de 1985, a AGNU adotou várias resoluções com esse entendimento, em especial a "condenação inequívoca e a qualificação criminal de todos os atos, métodos e práticas de terrorismo, cometidos em qualquer lugar e por qualquer pessoa". Cf. as resoluções 40/61, 42/129, 49/60, 54/110 e 55/158.

setorial, segundo temáticas específicas. Adotados no mais das vezes no âmbito de agências especializadas, tais instrumentos não ofereciam, porém, definição universalmente válida para o crime de terrorismo. O objetivo fundamental era reprimir o terrorismo em âmbito doméstico, isto é, garantir a observância por cada Estado, no âmbito de suas respectivas jurisdições, dos compromissos assumidos internacionalmente (esbarrando nos limites ao exercício de jurisdição extraterritorial).[1604]

Dada a ausência de visão consensual sobre o conceito de terrorismo internacional, em grande medida devido à influência de considerações políticas entre os grupos de interesses envolvidos mais diretamente com a questão, a alternativa setorial revelava pragmatismo político e oferecia solução mínima de compromisso em relação à tipificação de modalidades específicas de terrorismo.[1605] Além disso, é possível identificar nessas convenções setoriais aspectos comuns que indicavam um regime geral de combate ao terrorismo internacional, a saber, (i) a definição dos atos criminosos de forma bastante ampla,[1606] (ii) o compromisso assumido pelos Estados signatários de torná-los crimes puníveis em suas respectivas jurisdições, (iii) a obrigação reciprocamente aceita de exercer a jurisdição sobre tais crimes, de forma a estender ao máximo o escopo de eficácia normativa desse compromisso e assim evitar áreas de abrigo aos envolvidos na prática de terrorismo internacional e (iv) a aceitação do princípio *aut dedere aut judicare* quanto ao exercício de jurisdição sobre atos reconhecidos como criminosos pelas partes.[1607]

O fim da Guerra Fria inaugurou nova fase no debate sobre terrorismo. Sob o entendimento de que o terrorismo internacional constituía ameaça à paz e à segurança internacionais, o CSNU reagiu seguidamente a incidentes envolvendo práticas terroristas, inclusive pela aplicação de sanções a Estados,

---

[1604] David Freestone, *supra* nota 1773, p. 137.

[1605] Antonio Cassese, *International criminal law*, Oxford, Oxford University Press, 2008, 2. ed., p. 169. Ver, a respeito, M. C. Bassiouni, 'Crimes of terror violence', in M. C. Bassiouni (Org.), *International Criminal Law*, Ardsley, Transnational Publishers, vol. 1, 1999, 2. ed., pp. 765-770.

[1606] A Convenção de 1979 sobre Pessoas Protegidas é mais específica, mas o art. 7º da Convenção da AIEA de 1980 enumera oito atos criminosos e o art. 3o da Convenção da IMO de 1988 indica ao menos sete.

[1607] David Freestone, *supra* nota 1773, p. 143.

entidades e indivíduos.[1608] Em 1999, foi aprovada a Convenção Internacional para Supressão do Financiamento do Terrorismo. Criada com o objetivo de atingir a fonte de renda de organizações terroristas e assim prejudicar sua capacidade operacional, a Convenção se aplica de forma complementar aos demais instrumentos setoriais vigentes e avança na codificação do conceito de terrorismo. Além disso, ao realçar valores juridicamente protegidos (proteção de civis e não combatentes),[1609] a Convenção exclui a possibilidade de descumprir os compromissos assumidos (persecução penal ou cooperação internacional na área judicial) com base em exame subjetivo quanto à natureza alegadamente política do ato.

No plano consuetudinário, a superação da lógica bipolar permitiu a adoção pela AGNU de resoluções que condenavam de forma inequívoca o terrorismo internacional como atos "injustificáveis" "em todas as suas formas e manifestações", mitigando, dessa forma, a influência exercida pela defesa, por países de várias latitudes, da legitimidade de ações violentas executadas por movimentos de libertação nacional.[1610] Um dos marcos nesse processo foi a Declaração sobre Medidas para a Eliminação do Terrorismo Internacional, adotada por consenso em 1994, na AGNU. Esse instrumento afirma a condenação dos membros das Nações Unidas a todos os atos, métodos e práticas de terrorismo, bem como delineia elementos fundamentais do regime jurídico sobre terrorismo internacional, em especial: a natureza injustificável desses atos em qualquer circunstância, a despeito de considerações políticas, filosóficas, ideológicas, raciais, étnicas, religiosas ou de outra natureza invocada para justificá-la; e o fato de que tais atos criminosos com fins políticos são concebidos ou planejados no intuito de provocar um estado de terror na população em geral, em um grupo de pessoas ou em pessoas determinadas" (art. I (3)).[1611] A Declaração de 1994 enumera, sob o marco do respeito a padrões internacionais de direitos humanos, deveres de cooperação interestatal na prevenção e na punição do terrorismo internacional, entre os quais obrigações de abs-

[1608] Mencionem-se as resoluções 731 (1992), 748 (1992) e 883 (1993) contra a Líbia; resoluções 1044 (1996) e 1054 (1996) contra o Sudão, e resoluções 1267 (1999) e 1363 (2001) contra o Talibã e al-Qaeda.

[1609] Ao contrário do que ocorria no passado, a Convenção de 1999 passou a fazer referência explícita, em seu texto preambular e operativo, aos termos "terrorismo" e "atos terroristas".

[1610] Cf. a série de resoluções adotadas anualmente sobre o assunto a partir de 1989, a partir da A/RES/29 (1989).

[1611] A/RES/49 (1994).

tenção (organizar, instigar, facilitar, financiar, encorajar ou tolerar atividades terroristas em suas jurisdições - art., II (5) (a)), a regra *aut dedere aut judicare* (b) e o dever de não conceder asilo a solicitantes que tenham envolvimento em atos e atividades terroristas (f). Já em âmbito regional, na Cúpula das Américas de 1994, os Chefes de Estado da região declararam que atos de terrorismo constituíam violação sistemática e deliberada dos direitos individuais e um assalto na própria democracia.[1612]

Os ataques terroristas de 11 de setembro de 2001 tiveram impacto substancial no debate e na evolução do tema. Uma das primeiras reações ocorreu em âmbito interamericano. No mesmo dia dos ataques, Chefes de Estado da região divulgaram declaração conjunta em que condenavam o atentado e defendiam a necessidade de fortalecer a cooperação para combater essa chaga que havia colocado de luto o hemisfério e o mundo. Em 21 de setembro, os Ministros de Relações Exteriores dos países da OEA, sobre as bases do mandato previsto pelo art. 3º do Tratado Interamericano de Assistência Recíproca (TIAR), classificaram o atentado como um ataque a todos os países da região que justificava a aplicação do compromisso de autodefesa coletiva inscrito no art. 51 da Carta das Nações Unidas. Em junho de 2002, foi aprovada pela Assembléia Geral da OEA a Convenção Interamericana contra o Terrorismo, ratificada pelo Brasil em 2005.[1613] Embora não defina o crime de terrorismo, esse instrumento reforça o marco de cooperação de combate ao terrorismo nos campos judiciário e financeiro.

No âmbito das Nações Unidas, intensificou-se a tendência no CSNU de tratar o tema do terrorismo a partir da perspectiva de ameaças à paz e à segurança internacionais. Adotada em 28 de setembro, ainda sob o impacto dos ataques nos EUA, a resolução 1373 (2001) condenou, embora sem defini-las, todas e quaisquer formas de terrorismo e enumerou medidas de cooperação com vistas a prevenir a ocorrência de tais atos e punir os responsáveis, "numa

---

[1612] OAS, *First Summit of the Americas: Plan of Action* (9-11 December, 1994). Após duas conferências especializadas no Peru (1996) e na Argentina (1998), foi estabelecido o Comitê Interamericano sobre Terrorismo, a fim de desenvolver a cooperação para prevenir, combater e eliminar atos e atividades terroristas.

[1613] O impacto dos ataques de 11 de setembro motivou a adoção de uma série de instrumentos versando sobre terrorismo em organizações regionais como a União Africana, o Conselho da Europa e a Associação do Sul da Ásia para a Cooperação Regional (*South Association for Regional Cooperation - SAARC*).

espécie de "cartilha" antiterrorista supostamente vinculante".[1614] Sob a égide do princípio de cooperação internacional, sobressaíam nessa resolução o dever de abstenção de apoiar grupos terroristas; o estabelecimento de mecanismo de aviso prévio (*early warning*); a recusa de dar abrigo (*safe heaven*) àqueles que financiam, planejam, apóiam ou executam atos e atividades terroristas; a garantia de que tais atos sejam considerados crimes nas legislações nacionais e que os perpetradores sejam levados à justiça; a cooperação em investigações e processos penais; e a recomendação de que os Estados adiram aos instrumentos convencionais de combate ao terrorismo internacional.[1615]

Na prática do CSNU, o marco normativo em matéria de prevenção e repressão ao terrorismo internacional é a resolução 1566 (2004). Adotada sob o Capítulo VII da Carta, esse instrumento é interpretado por vários autores como fonte primária para a definição do conceito de terrorismo internacional. Nos termos do parágrafo operativo 1°, são condenados todos os atos de terrorismo, a despeito de sua alegada motivação, autores e conjuntura histórica, como uma das mais sérias ameaças à paz e à segurança internacionais. O enfoque, portanto, recai no ato e não no perpetrador. A resolução reafirma (parágrafo operativo 3°) que os atos que constituem terrorismo não são justificáveis em nenhuma circunstância por considerações de natureza política, filosófica, racial, étnica, religiosa ou similar. A decisão do CSNU (parágrafo operativo 2°) faz ainda um chamado aos Estados a cooperararam entre si nas tarefas de prevenção e de punição, em especial países cujos cidadãos estejam envolvidos em atos e atividades terroristas, em linha com o princípio *aut dedere aut judicare*.[1616] Outras resoluções do CSNU se somaram a essa tendência no órgão de moldar, a partir

---

[1614] Ciro Leal M. da Cunha, *supra* nota 1800, p. 42.

[1615] A resolução 1373 (2001) também criou o Comitê Antiterrorista (*Counter-Terrorism Committee*). Composto pelos 15 membros do CSNU, o Comitê tem com o mandato de supervisionar a aplicação das medidas determinadas pela resolução em apreço. Ciro Leal M. da Cunha, *supra* nota 1800, p. 43.

[1616] A linguagem utilizada pelo CSNU foi utilizada como referência normativa pelo Painel de Alto Nível estabelecido pelo então SGONU para acompanhar os resultados acordados na Cúpula do Milênio. Segundo as conclusões do painel, o crime de terrorismo consiste em qualquer ação, para além daquelas já especificadas pelas convenções existentes sobre aspectos do terrorismo, das Convenções de Genebra e da resolução 1566 (2004) do CSNU, que são realizadas com a intenção de causar a morte ou ferir gravemente civis e não combatentes, quando o propósito de tal ato, por sua natureza ou contexto, é de intimidar uma população, ou compelir um Governo ou uma organização internacional a fazer ou abster-se de algum ato. *Follow-up to the Outcome of the Millennium Summit*, U.N. General Assembly, 59th Sess., Agenda Item 55, p. 48, U.N. Doc. A/59/565 (2004).

de suas decisões, o regime jurídico de prevenção e de repressão ao terrorismo internacional. A resolução 1540 (2004), também adotada sob o Capítulo VII, estipula deveres de prevenção à aquisição de armas de destruição em massa por terroristas.[1617] Duas outras resoluções reforçaram a prática judicante e legiferante do CSNU nessa matéria:[1618] a resolução 1611 (2005), que, adotada em reação aos ataques terroristas perpetrados em Londres, considera qualquer ato de terrorismo como ameaça à paz e à segurança internacionais, e a resolução 1624 (2005), que estende a aplicação do regime previsto em decisões anteriores à prática de incitação ao terrorismo.

O terrorismo internacional foi objeto de apreciação por instâncias jurisdicionais internacionais em dois casos específicos. O primeiro refere-se ao atentado a bomba contra aeronave da *Pan Am*, em 1988. Com base na cláusula de jurisdição prevista pelo art. 14 Convenção de Montreal para a Repressão aos Atos Ilícitos contra a Segurança da Aviação Civil, de 1971, a Líbia ajuizou, em 1992, ação na CIJ contra os EUA e o Reino Unido com o objetivo de que lhe fosse reconhecido, em caráter cautelar (medidas provisórias), os direitos (i) de negar o pedido de extradição formulado pelo Governo norte-americano e (ii) de processar os acusados pelo atentado em sua jurisdição, nos termos do art. 7º do instrumento.[1619] Alegava, para tanto, que a Convenção lhe facultava essa prerrogativa em vista da legislação doméstica, que impedia a extradição de nacionais líbios.[1620] O recurso à CIJ tinha como pano de fundo a resolução 731 (1992) do CSNU, que havia condenado o atentado e exigido do Governo

---

[1617] A mesma resolução cria um Comitê no CSNU para examinar o cumprimento dessas medidas pelos Estados, que devem submeter relatórios periódicos sobre a execução dessas diretrizes.

[1618] Leandro de Oliveira Moll, *supra* nota 1787, pp. 69-70. Cf. Serge Sur, *supra* nota 1789, p. 32 .

[1619] Londres e Washington haviam rejeitado a proposta de que os acusados fossem julgados em território líbio.

[1620] Poucas semanas após a submissão da petição líbia à CIJ, o CSNU adotou a res. 748, sob o Capítulo VII, em que exortava a Líbia a cumprir com a res. 731 e criava regime de sanções que incluía proibição de ligações aéreas, embargo de armas e proibição de viagens internacionais para certos funcionários públicos. O regime de sanções à Líbia foi ampliado pela resolução 883 (1993), entre outras coisas pelo congelamento de bens no exterior e por embargo à aquisição de equipamentos utilizados na exploração de petróleo. O regime foi descontinuado pela res. 1506 do CSNU, após acordo entre os três países pelo qual o Governo líbio reconhecia a responsabilidade de agentes públicos nas ações e aceitava pagar indenizações com base na renúncia a qualquer forma de terrorismo. Há críticas por parte da doutrina quanto à ação do CSNU nesse caso, em particular no que toca à avaliação de que a postura do Governo líbio constituía, de fato, ameaça à paz e à segurança internacionais que justificasse o recurso ao Capítulo VII da Carta. Cf. Ben Saul, *supra* nota 1802, p. 228.

líbio cooperação completa e efetiva com relação às demandas para o estabelecimento da responsabilidade pelos atos terroristas. O pedido cautelar foi rejeitado pela CIJ, que considerou a medida inapropriada à proteção dos direitos invocados sob a Convenção, pois caberia à Líbia cumprir com as decisões do CSNU nos termos dos Arts. 25 e 103 da Carta.[1621] A Corte, porém, não se pronunciou sobre a natureza do crime de terrorismo internacional.[1622]

Mais recentemente, o tema voltou a ser examinado por instância judicial por meio da criação, pela resolução 1757 (2007) do CSNU, do Tribunal Especial para o Líbano (TEL). Essa decisão colocou em vigor os termos do acordo celebrado pouco antes entre o Governo libanês e o SGONU à luz da resolução 1664 (2006), que determinou a constituição de um tribunal internacional para julgar os responsáveis pelo atentado de 2005 que vitimou o então Primeiro Ministro do Líbano, Rafiq Hariri. De composição mista (juízes libaneses e estrangeiros indicados pelo SGONU), o Tribunal aplica, em princípio, a legislação penal libanesa quanto à definição do crime de terrorismo,[1623] porém utiliza padrões internacionais quanto às regras processuais e baseia-se, no plano acusatório, nas conclusões da Comissão Internacional Independente de Investigação (CIII) criada pela resolução 1595 (2005) do CSNU para auxiliar as autoridades libanesas na investigação do atentado. Da perspectiva jurisprudencial, a principal contribuição do TEL foi a definição dada ao crime de terrorismo internacional em tempos de paz. Em que pese à previsão expressa do Estatuto do Tribunal quanto à aplicação da lei libanesa, a Corte de Apelação recorreu ao direito internacional para obter definição para o crime de terrorismo em razão de sua natureza transnacional. Com base no entendimento de

---

1621 *Lockerbie* cases, *supra* nota 165, p. 3 (UK), p. 114 (US), par. 39-40 e 42-43.

1622 A demanda foi arquivada em 2003 mediante pedido formulado conjuntamente pelas partes. Cf. Guido Fernando Silva Soares, 'O terrorismo internacional e a Corte Internacional de Justiça', in Leonardo Nemer Caldeira Brant (org.), *Terrorismo e direito: os impactos do terrorismo na comunidade internacional e no Brasil (Perspectivas Político-jurídicas)*, Rio de Janeiro, Forense, 2003, p. 231.

1623 O art. 2º do Estatuto do Tribunal Especial para o Líbano, anexo à resolução 1757 (2007), estabelece a aplicação da legislação penal libanesa, cujo Código Penal (art. 314) define o crime de terrorismo omo "todos os atos realizados com a intenção de causar um estado de terror e cometidos por meios que possam criar perigo público" (tradução livre). Verificam-se aí três elementos fundamentais: (i) um ato criminoso; (ii) a intenção de "causar um estado de terror"; e (iii) a suscetibilidade de criar um perigo público, isto é, à população em geral. Como se vê, a *mens rea* do crime de terrorismo é um ato que é deliberado causado com uma intenção especial (*dolus specialis*) que não implica necessariamente a ocorrência de vítimas humanas diretas.

que *a widely accepted definition of terrorism has gradually emerged*[1624] no direito consuetudinário, o Tribunal definiu o crime de terrorismo em torno de três elementos: (i) perpetração de ato criminoso (assassinato, sequestro, tomada de reféns, incêndio e explosões dolosas, etc); (ii) intenção de semear o medo na população ou coagir direta ou indiretamente autoridades nacionais ou estrangeiras a tomar determinada ação ou abster-se de fazê-lo; e (iii) elementos transnacionais.[1625] Pela primeira vez, instância jurisdicional internacional reconheceu a existência do crime de terrorismo.

Ainda persiste, porém, lacuna quanto a um conceito acordado e pacificamente aceito de terrorismo internacional. Para superar essa deficiência, existe há mais de três décadas processo negociador nas Nações Unidas para a adoção de uma convenção abrangente sobre terrorismo internacional. Lançado originalmente pela Índia, em 1996, o projeto de convenção sobre a repressão de atividades terroristas adota formulação conceitual ampla.[1626] Apesar de algum avanço, sobretudo após os ataques nos EUA, em 2001, há ainda divergências em temas como ações de movimentos de libertação nacional, a questão do "terrorismo de Estado" e a relação de um instrumento dessa natureza com os regimes existentes que regulam aspectos da temática de terrorismo sob prismas específicos.[1627]

1624 *Interlocutory Decision on the Applicable Law: Terrorism, Conspiracy, Homicide, Perpetration, Cumulative Changing*, STL-11-01/I/AC/R176bis, 16 February 2011, parágrafo 83.

1625 A decisão gerou críticas na doutrina. Cf. Ben Saul, 'Legislating from a Radical Hague: The United Nations Special Tribunal for Lebanon Invents an International Crime of Transnational Terrorism', (2011) *Leiden Journal of International Law* 24 (3), p. 677.

1626 *Draft international convention on the suppression of terrorism*, (Annex to UN Doc A/C.6/51/6 (11 November 1996)). Em 2000, a Índia apresentou nova versão do documento intitulada *Draft comprehensive convention on international terrorism* (UN Doc A/C.6/55/1 (28 August 2000)), que desde então se tornou o documento de referência no processo negociador. Nos termos do art. 2º do projeto, o crime de terrorismo internacional é definido como "an offence within the meaning of the present Convention if that person, by any means, unlawfully and intentionally, causes: (a) Death or serious bodily injury to any person; or (b) Serious damage to public or private property, including a place of public use, a State or government facility, a public transportation system, an infrastructure facility or to the environment; or (c) Damage to property, places, facilities or systems referred to in paragraph 1 (b) of the present article resulting or likely to result in major economic loss; when the purpose of the conduct, by its nature or context, is to intimidate a population, or to compel a Government or an international organization to do or to abstain from doing any act".

1627 "Os pontos de maior impasse para a elaboração de uma convenção abrangente são a definição de terrorismo e o escopo da convenção – se deve ou não aplicar-se a movimentos

A prática internacional permite identificar, não obstante, progressiva unidade em torno do repúdio e da condenação ao terrorismo internacional. Os diversos instrumentos convencionais e consuetudinários existentes permitem retirar-lhes regime jurídico mínimo e obrigatório em matéria de terrorismo internacional.[1628] Naturalmente, a eficácia desse regime, que repousa sobre o princípio de cooperação internacional, é afetada pela inexistência de regime geral acordado e universalmente aplicável sobre o conceito de terrorismo.[1629] Por isso sua efetividade depende tanto do grau de engajamento e de coordenação das ações dos Estados no cumprimento dos deveres de prevenção e de repressão oriundos desses instrumentos, quanto da capacidade de órgãos multilaterais competentes de acompanhar a implantação desses compromissos no interior das jurisdições domésticas e no relacionamento interestatal. O exame da prática dos Estados na matéria é revelador, no entanto, de que os custos do descumprimento, sobretudo na esfera política, parecem reforçar a eficácia do regime em seu formato atual.[1630]

Repúdio ao terrorismo na prática diplomática brasileira

Expressões de repúdio ao terrorismo só começaram a aparecer com freqüência no discurso diplomático brasileiro a partir da década de 1970, em linha com a pouca atenção que o tema atraíra até então na agenda internacional. A mudança é explicada pela conjuntura externa e doméstica do período. Recrudescia a luta armada, inclusive por meio de ataques, seqüestros e assassinatos, por grupos não estatais opositores a regimes autoritários em países de ambos os lados do espectro político, econômico e ideológico da Guerra Fria. A esse quadro agregava-se a crescente força de ação, sob a retórica de autodeterminação, de movimentos extremistas radicais no contexto do processo de descolonização e de ocupação estrangeira. Em ambos, sobressaía o viés alegadamente político de ações violentas que vitimavam civis e não combatentes.

---

de libertação nacional e às forças armadas estatais". Ciro Leal M. da Cunha, *supra* nota 1800, pp. 160-161.

1628 L.G. Nascentes da Silva, *A estruturação de uma política internacional sobre anti-terrorismo sob a ótica da teoria dos regimes internacionais*, Dissertação (Mestrado) - IREL/UnB, Brasília, 2003, pp. 46-70.

1629 Sami Zeidan, *supra* nota 1773, p. 217. Cf. também *Follow-up to the Outcome of the Millennium Summit, supra* nota 1816.

1630 Ciro Leal M. da Cunha, *supra* nota 1800, p. 47.

No Brasil, as manifestações de repúdio a práticas terroristas eram motivadas pela conjuntura política do hemisfério e do próprio país. Assistia-se à multiplicação de seqüestros e ataques a instalações civis e militares por grupos considerados subversivos pelo regime militar. Em meio ao recrudescimento da repressão em âmbito interno, a um só tempo causa e conseqüência da radicalização de setores da oposição, o Governo brasileiro agiria de forma enérgica no plano externo para promover a condenação do terrorismo e a adoção de medidas de combate a essas práticas. Tratava-se, na visão brasileira, de "dever indeclinável dos Estados, dever reconhecido e proclamado, de há muito, no Direito Internacional, de cooperarem entre si, na tarefa de evitar e reprimir os atos de terrorismo em seu território, e de extraditarem os delinquentes que se venham homiziar sob a jurisdição de outra parte contratante". "A solidariedade na repressão ao terrorismo" constituía "o imperativo de uma obrigação do Estado".[1631]

No início da década de 1970, o Brasil esteve na linha de frente dos países que advogavam pelo estabelecimento de regime jurídico de prevenção e repressão ao terrorismo internacional.[1632] Na Comissão Geral da Assembléia da OEA, em junho de 1970, o país foi contrário à possibilidade de concessão de asilo diplomático em conexão com atos de terrorismo.[1633] Alegava que o instituto não poderia ser "conspurcado, violado, por atos que não se enquadram no espírito dessas Convenções [relativas ao asilo]". Conforme interpretação unânime do Conselho Permanente da OEA, tais atos consistiam em "crimes de lesa humanidade" e deveriam ser "objeto de caracterização jurídica e de repressão e sanção adequadas". Era preciso adotar "posição clara e enérgica" em face de incidentes que pululavam em toda a região.[1634] Nessa linha, o Brasil apoiou,

---

[1631] Mário Gibson Barboza no III Período Ordinário de Sessões da Assembléia Geral da OEA (Washington, DC), em 25/1/1971, in MRE, *Documentos de Política Externa*, vol. V (1971), p.13.

[1632] Representante do Brasil em sessão plenária da Assembléia da OEA de 1970 (Washington DC). *In* A.A. Cançado Trindade, *supra* nota 530, p. 406.

[1633] Essa posição havia sido defendida por San Tiago Dantas na II Reunião do Conselho Interamericano de Jurisconsultos, em 1953, sobre projeto de Convenção sobre Asilo Diplomático e Asilo Territorial. Cf. *San Tiago Dantas*, 10 *Boletim da Sociedade Brasileira de Direito Internacional* (1954) n.º 19/20, pp. 67-69 e 71-73.

[1634] Denunciava, ainda, que em determinadas situações tais atos constituíam violação do princípio de não intervenção. OEA, documento OEA/Ser. P/I-E.2, Asamblea General, *Actas y Documentos*, vol. II, 1970, pp. 278-280. *In* A.A. Cançado Trindade, *supra* nota 530, pp. 335-336.

em 1971, a convocação de reunião extraordinária da Assembléia da OEA para lidar com casos de seqüestro de diplomatas por grupos subversivos.

Essa posição teve eco também nas Nações Unidas, onde o debate ganhava força diante de sequestros de indivíduos, aeronaves e embarcações por grupos não estatais sob justificativas alegadamente políticas. Em 1972, além de reiterar a condenação à "violência indiscriminada e hedionda do terrorismo" e de defender avanços no processo de codificação do tema em âmbito multilateral,[1635] Gibson Barboza realçou elemento fundamental da *opinio iuris* do Brasil sobre a matéria: a recusa em aceitar "o terrorismo ou qualquer forma de violência como instrumento político legítimo".[1636] Viam-se "na ênfase dada ao problema das causas subjacentes as sementes de justificação com antecedência a atos de terrorismo, a ataques contra vítimas inocentes, a crimes perpetrados contra toda a humanidade".[1637] Mas ao mesmo tempo em que se condenavam ataques armados perpetrados por grupos subversivos, buscava-se circunscrever o tratamento do tema ao escopo do princípio de cooperação entre os Estados, de forma a evitar que se desse "margem a tentativas de incursão indébita em matéria de exclusiva jurisdição interna dos Estados",[1638] isto é, o debate sobre a situação doméstica em matéria de direitos humanos.

A denúncia do terrorismo internacional foi retomada na redemocratização. Em discurso na AGNU em 1986, Abreu Sodré incluiu, entre os temas que exigiam atenção especial da comunidade internacional, os direitos humanos, o problema das drogas e o terrorismo.[1639] Com o fim da Guerra Fria, o tema se tornou referência recorrente de manifestações pela diplomacia brasileira. Num primeiro momento, o repúdio do Brasil ao terrorismo foi manifestado sob a

---

[1635] Em especial, as Convenções de Montreal de 1971, de Haia, de 1970, e da Convenção sobre Crimes contra Diplomatas e Outras Pessoas Internacionalmente Protegidas, em 1973. J. Sette Câmara, na VI Comissão da AGNU, em 1/12/1977. *In* A.A. Cançado Trindade, *supra* nota 530, p. 276.

[1636] Mário Gibson Barboza na XXVII Sessão Ordinária da AGNU, em 1972, in Luiz Felipe Seixas Corrêa (org.), *supra* nota 520, p. 284.

[1637] Explicação de Voto proferida pelo Embaixador José Sette Câmara, sobre o item 92 da agenda – Medidas para Impedir o Terrorismo Internacional e Estudo de Suas Causas Subjacentes – da VI Comissão da AGNU, XXVII Sessão, em dezembro de 1972. *In* A.A. Cançado Trindade, *supra* nota 530, p. 401.

[1638] Mário Gibson Barboza na XXVII Sessão Ordinária da AGNU, em 1972, Luiz Felipe Seixas Corrêa (org.), *supra* nota 520, p. 284.

[1639] Roberto de Abreu Sodré na XLI Sessão Ordinária da AGNU, em 1986, Luiz Felipe Seixas Corrêa (org.), *supra* nota 520, p. 475.

perspectiva genérica de questões desagregadoras da nova ordem mundial que exigiam respostas prontas e adequadas da comunidade internacional.[1640] O terrorismo internacional constituía violação dos princípios fundamentais da Carta e afronta aos valores da civilização e da dignidade humana. Era necessário "condenar e combater o terrorismo, qualquer que seja a forma em que se dê ou os motivos que invoque".[1641] Não haveria justificativa aceitável à sua ocorrência.

Os ataques terroristas perpetrados contra os Estados Unidos, em setembro de 2001, motivaram repúdio imediato da diplomacia brasileira. Além de prestar solidariedade ao Governo e ao povo norte-americano, o Brasil condenou o terrorismo e renovou a proposta de convocação do órgão de consulta previsto pelo TIAR.[1642] Para além do enfoque estritamente militar, advogava-se pelo tratamento sistêmico do terrorismo internacional em suas conexões com o tráfico de drogas, o contrabando de armas e a lavagem de dinheiro. Embora sem jamais aceitá-lo como justificativa para o terrorismo, foi realçado o imperativo de promover o combate à pobreza como deficiência a ser sanada pelo processo de globalização. As soluções para o enfretamento do flagelo do terrorismo mundial deveriam ser buscadas no marco da cooperação internacional e do multilateralismo.[1643]

Em 2003, diante da decisão da aliança liderada pelos Estados Unidos de estender a chamada "guerra ao terror" para além das fronteiras do Afeganistão, o Brasil passou a expressar, com maior ênfase, receio quanto à tendência de que o legítimo interesse de combater o terrorismo internacional acarretasse no esvaziamento dos fóruns multilaterais para o encaminhamento de soluções para o problema.[1644] Ao lado de manifestações de repúdio ao terrorismo ("atos

---

[1640] Luiz Felipe Lampreia na L Sessão Ordinária da AGNU, em 1995, *idem*, p. 599.

[1641] Luiz Felipe Lampreia na LII Sessão Ordinária da AGNU, em 1997, Luiz Felipe Seixas Corrêa (org.), *supra* nota 520, pp. 629-630

[1642] Por um lado, denunciou os atentados como "uma agressão a toda a humanidade", em oposição "a tudo o que a ONU representa"; por outro, ponderou que a "luta contra o terrorismo não é, nem pode ser, um embate entre civilizações, menos ainda entre religiões". Fernando Henrique Cardoso na LVI Sessão Ordinária da AGNU, em 2001, Luiz Felipe Seixas Corrêa (org.), *supra* nota 520, p. 678.

[1643] Celso Lafer na LVII Sessão Ordinária da AGNU, em 2002, Luiz Felipe Seixas Corrêa (org.), *supra* nota 520, pp. 695-696.

[1644] Luiz Inácio Lula da Silva na LVIII Sessão Ordinária da AGNU, em 2003, in Luiz Felipe Seixas Corrêa (org.), *supra* nota 520, p. 704. Essa visão refletiu-se na explicação de voto do Brasil na aprovação da resolução 1566 (2004) do CSNU. O voto favorável devia-se, em primeiro plano, ao firme compromisso do Brasil ao combate ao terrorismo "em todas as

bárbaros" "contra inocentes e indefesos"), ganhava força ainda maior a tese de que o combate ao flagelo deveria ir além da repressão e lidar com "causas profundas" do problema. Diante do unilateralismo e de violações de direitos humanos na "guerra ao terror", o Brasil reforçou apelo para ações além da repressão por meio "da cultura do diálogo, da promoção do desenvolvimento e da defesa intransigente dos direitos humanos", no marco do direito internacional.[1645] A pobreza não poderia jamais justificar o crime de terrorismo; mas problemas econômicos, combinados com ausência de liberdades civis e políticas, "podem expor as comunidades a atitudes extremas de grupos fanatizados".[1646]

Vê-se que até meados da década de 1980, as expressões de repúdio ao terrorismo pela diplomacia brasileira relacionavam-se, em sua maior parte, a atos de violência (sequestros e assassinatos, por exemplo) contra pessoas protegidas pelo direito internacional, em especial pelas Convenções de Viena de 1961 e 1963 relativas a representantes diplomáticos e consulares. A partir de então, passa-se a observar a tendência, cada vez mais freqüente após a promulgação da Constituição de 1988, de manifestações de repúdio a ataques perpetrados contra a população civil em geral. Subjacente a essa mudança, residia a convicção que se consolidava na prática diplomática de repudiar todo e qualquer atentado terrorista que vitimasse civis e não combatentes, em linha com o desenvolvimento progressivo da matéria no direito internacional geral nas décadas subsequentes.

Da perspectiva jurídica, é possível retirar da prática diplomática elementos de *opinio iuris* quanto aos contornos do conceito de terrorismo internacional. Em primeiro lugar, sobressai o repúdio inequívoco e incondicional ao terrorismo, em todas as suas formas e manifestações, a despeito de alegada motivação. Na política externa brasileira, está consolidada a visão de que não

---

suas formas e sem qualificações". Criticava-se, no entanto, a tendência de expansão das competências do CSNU na gênese normativa do direito internacional. Esse era o caso, em particular, do "recurso excessivo" ao Capítulo VII. Embaixador Ronaldo Mota Sardenberg, Representante Permanente do Brasil junto às Nações Unidas, SC/8214, 8 October 2004, Security Council, 5053rd Meeting.

1645 Luiz Inácio Lula da Silva na Reunião de Cúpula do CSNU, em 2005, *in* Luiz Felipe Seixas Corrêa (org.), *supra* nota 520, p. 743-744.

1646 Celso Amorim na LX Sessão Ordinária da AGNU, em 2005, *in* Luiz Felipe Seixas Corrêa (org.), *supra* nota 520, p. 754.

há justificativa à perpetração de atos e atividades terroristas.[1647] Em segundo lugar, o mesmo vetor de repulsa ao terrorismo internacional se estende para a esfera de cooperação internacional em sentido amplo. Esse compromisso se expressa (i) pelo número de tratados bilaterais em matéria de cooperação judicial que ensejam a prevenção e o combate ao terrorismo,[1648] (ii) pela adesão do Brasil aos principais instrumentos convencionais existentes sobre a matéria em âmbito multilateral e regional (três assinadas no contexto da OEA[1649] e treze de escopo global[1650]), (iii) pela internalização de decisões tomadas por órgãos como o CSNU[1651] e (iv) pela participação em mecanismos internacionais

[1647] Nas duas últimas décadas, aumentou o número de notas emitidas pelo Itamaraty que veiculam o repúdio do Governo brasileiro a atentados terroristas. Sobressai, nesses documentos, "o veemente repúdio a todo ato de terrorismo, qualquer que seja sua motivação".

[1648] Em 2005, o Brasil havia negociado ou assinado acordos de cooperação em matéria criminal com 25 países.

[1649] Convenção para Prevenir e Punir os Atos de Terrorismo Configurados em Delitos Contra as Pessoas e a Extorsão Conexa, Quando Tiverem Eles Transcendência Internacional (Washington, 1971); Convenção Interamericana Contra a Fabricação e o Tráfico Ilícitos de Armas de Fogo, Munições, Explosivos e Outros Materiais Correlatos (Washington, 1997); e Convenção Interamericana Contra o Terrorismo (Bridgetown, 2002). Embora não haja, no MERCOSUL, marco jurídico conceitual para o terrorismo, o tema é regulado pelos acordos internacionais de cooperação judicial dos quais os países do bloco são signatários, entre os quais os mais importante são o Protocolo de Assistência Judiciária Mútua em Assuntos Penais, de 1996, o Acordo sobre Extradição, de 1998, e o Protocolo sobre Coordenação e Cooperação Recíprocas para a Segurança Regional, de 1999, que permitem, entre outras medidas de prevenção e de repressão ao terrorismo, a eventual extradição entre membros plenos e associados do Mercosul para facilitar a repatriação de fugitivos da justiça.

[1650] Convenção Relativa às Infrações e a Certos Outros Atos Cometidos a Bordo de Aeronaves (Tóquio, 1963); Convenção para a Repressão ao Apoderamento Ilícito de Aeronaves (Haia, 1970); Convenção para a Supressão de Atos Ilícitos Contra a Segurança da Aviação Civil (Montreal, 1971); Convenção sobre a Prevenção e Punição de Crimes Contra Pessoas que Gozam de Proteção Internacional, Inclusive Agentes Diplomáticos (Nova Iorque, 1973); Convenção Internacional Contra a Tomada de Reféns (Nova Iorque, 1979); Convenção sobre a Proteção Física de Materiais Nucleares (Viena, 1980); Protocolo para a Repressão de Atos Ilícitos de Violência em Aeroportos que Prestem Serviço à Aviação Civil Internacional (Montreal, 1988); Convenção para a Marcação de Explosivos Plásticos para Fins de Detecção (Montreal, 1991); e Convenção Internacional para a Supressão de Atentados Terroristas a Bomba (Nova Iorque, 1997), Convenção para a Supressão de Atos Ilícitos Contra a Segurança da Navegação Marítima (Roma, 1988) e seu Protocolo para a Supressão de Atos Ilícitos Contra a Segurança de Plataformas Fixas Localizadas na Plataforma Continental (Roma, 1988) e a Convenção Internacional para a Supressão do Financiamento do Terrorismo (Nova Iorque, 1999).

[1651] A resolução 1.373 do CSNU, por exemplo, foi à época prontamente internalizada no Brasil.

de combate ao terrorismo, como o Comitê Consultivo do Centro da ONU de Contraterrorismo (UNCTT), o Comitê Interamericano contra o Terrorismo da OEA (CICTE), o Foro Especializado em Terrorismo do MECOSUL (FET) e o Grupo de Trabalho Antiterrorismo do agrupamento BRICS.[1652] O Brasil também está engajado na conclusão das negociações sobre a Convenção Abrangente contra o Terrorismo Internacional, entre outras coisas para obter definição universalmente aceita e aplicável de terrorismo.[1653] Nesse processo, o Brasil mantém o entendimento de que o principal obstáculo à conclusão de instrumento com alcance universal é mais de natureza política que jurídica, uma vez ser possível extrair um "núcleo duro" de elementos em fontes do direito internacional geral já aplicáveis à matéria.[1654]

[1652] Telegrama ostensivo n. 714, de 27/09/2016, da SERE para a Delegação Permanente do Brasil em Genebra (DELBRASGEN), que transmite subsídios ao EACDH para a elaboração de relatório a respeito dos impactos negativos do terrorismo sobre o gozo de direitos humanos e liberdades fundamentais. O Brasil tem atuado para cumprir com suas obrigações de cooperação internacional antiterrorista em seus três aspectos essenciais, a saber, (i) troca de informações; (ii) controle e supervisão dos fluxos financeiros e de pessoas; e (iii) a cooperação judicial. Cf. Ciro Leal M. da Cunha, *supra* nota 1800, pp. 55-83.

[1653] "O Brasil defende a superação de impasses que dificultam a conclusão da negociação de uma convenção abrangente sobre terrorismo internacional, no âmbito da Sexta Comissão da AGNU, no entendimento de que contribuiria para aumentar a segurança jurídica e a coesão da comunidade internacional em seus esforços de contraterrorismo, além de facilitar a harmonização de iniciativas nacionais e regionais em matéria de devido processo legal, de cooperação jurídica internacional para a persecução de terroristas e de observância de direitos humanos na condução dos processos". *Idem*, parágrafo 29. "O Brasil apoia a elaboração da convenção abrangente, que deveria trazer uma definição de terrorismo largamente aceitável e também ampla, a ponto de englobar todas as manifestações possíveis de atos terroristas; aspectos de natureza étnica, ideológica, política ou religiosa não deveriam influir na cooperação antiterrorista. Ao mesmo tempo, deveria ser preservada e ampliada a rede de convenções setoriais, numa relação de subordinação ao instrumento abrangente a ser especificada. O Brasil não tem sido dogmático a respeito do teor da convenção abrangente: com o Grupo do Rio, mostra- se construtivo e flexível, disposto a acompanhar um consenso que acomode as divergências. Vale notar que o apoio brasileiro à convenção abrangente reflete a reserva com que o País vê a penetração do CSNU em assuntos de competência privativa da AGNU, onde a falta de consenso tem levado o CSNU a legiferar sobre terrorismo". Ciro Leal M. da Cunha, *supra* nota 1800, p. 161.

[1654] Em especial, o art. 2(1) da Convenção Internacional para a Supressão do Financiamento do Terrorismo, de 1999; o parágrafo operativo 3º da resolução 1566/2004 do CSNU e o parágrafo operativo 3º da resolução 49/60 da AGNU, de 1994, intitulada Declaração das nações sobre Medidas para Eliminar o Terrorismo Internacional.

No plano da prevenção, dimensão que é objeto de ênfase especial pela diplomacia brasileira, consolidou-se a interpretação de que o combate ao fenômeno do terrorismo internacional requer tratamento multidimensional que inclua fatores estruturais e sociais subjacentes à emergência dessas práticas. O primado do princípio de cooperação internacional (art. 1 (3) da Carta) implica o encaminhamento efetivo de desafios cuja perpetuação prejudica o combate ao terrorismo. O compromisso de prevenção traduz-se tanto na superação das condições conducentes ao terrorismo, que abrangem desde baixos índices de desenvolvimento, à perpetuação de conflitos internacionais e à emergência de crises humanitárias, quanto medidas para evitar a execução de atos terroristas, a exemplo de cooperação em inteligência, ação contra o recrutamento de combatentes terroristas estrangeiros e combate ao financiamento do terrorismo.

Já no tocante à repressão, o Brasil tem-se posicionado de forma a ponderar o respeito aos princípios fundamentais do direito internacional com os deveres indeclináveis dos Estados de coibirem tais práticas no âmbito de suas respectivas jurisdições e de cooperarem para a punição de responsáveis. A busca por maior equilíbrio entre medidas de prevenção e de repressão assume feições mais nítidas pela prioridade conferida à ratificação e aplicação de convenções internacionais contra o terrorismo, e à necessidade de privilegiar a juridicização das medidas de repressão ao terrorismo por meio da cooperação jurídica internacional nas esferas policial e judicial.[1655] No mesmo diapasão, a diplomacia brasileira tem zelado para que o combate ao terrorismo por meio de ações preventivas e repressivas paute-se pelo respeito estrito ao direito internacional, em especial no tocante (i) ao regime vigente de uso da força, (ii) à observância dos princípios de não intervenção e igualdade soberana entre as nações e (iii) ao respeito aos direitos humanos.

Conteúdo normativo

O conteúdo normativo do dispositivo em exame consiste, *prima facie*, no dever imposto pelo constituinte à diplomacia brasileira de repudiar o terrorismo internacional. Diante de atos e atividades terroristas, cumpre ao Brasil condenar tais práticas independentemente das alegações. Além dos valores subjacentes à Constituição, o terrorismo viola princípios consignados na Carta das Nações Unidas e outras normas fundamentais do direito internacional contemporâneo, sobretudo aquelas extraídas do direito internacional dos

---

[1655] *Supra nota* 1852, parágrafo 25.

direitos humanos e do direito internacional humanitário. No direito internacional, porém, o termo "terrorismo" tem sido utilizado com significados e sentidos diversos para referir-se a atos violentos sob influência de interesses e das circunstâncias em que é evocado. A polissemia do termo terrorismo explica os constantes equívocos e as divergências observadas em sua utilização, algo que dificulta a tarefa de retirar as dimensões jurídicas de conceito cuja natureza é intrinsecamente política. A questão se torna ainda mais complexa quando se tem em conta que o tópico tem sido tratado de forma diversa por meio de regimes setoriais, segundo cada temática.[1656]

Dada a ausência de marco normativo geral, universal e pacificamente acordado sobre o conceito de terrorismo internacional, o tratamento tópico da questão acarreta duas deficiências fundamentais. Em primeiro lugar, há sempre, implicitamente, lacuna normativa, uma vez ser praticamente impossível regular, via *lex specialis*, todos os aspectos da realidade internacional passíveis de atos e atividades terroristas.[1657] Essa impossibilidade fática se acentua ainda mais em vista do desenvolvimento constante de novas modalidades e tecnologias que tornam muitas vezes obsoleto o quadro normativo setorial anteriormente aplicável. Em segundo lugar, cresce o potencial de sobreposição e de eventual colisão entre os respectivos regimes jurídicos que lidam com a questão, mesmo quando apenas indiretamente.[1658] Agrega-se, ainda, a eventualidade de que regimes específicos derroguem parcialmente temáticas reguladas em outras searas do direito internacional, em especial do direito internacional dos direitos humanos e do direito internacional humanitário. Tendo presente essas dificuldades, cumpre analisar duas questões fundamentais: (i) quais atos podem ser considerados como terrorismo para fins de subsunção ao dispositivo em apreço; e (ii) em que medida o dever permanente de expressar o repúdio desdobra-se, além da própria proibição de apoiar direta ou indiretamente atos e atividades terroristas, em deveres correlatos de cooperação, punição e prevenção do terrorismo à luz dos marcos normativos convencionais e consuetudinários aplicáveis.

[1656] Segundo as Nações Unidas, havia, em 2016, 19 instrumentos convencionais sobre o assunto (http://www.un.org/en/counterterrorism/legal-instruments.shtml).

[1657] Michael P. Scharf, 'Defining Terrorism As the Peace Time Equivalent of War Crimes: A Case of Too Much Convergence Between International Humanitarian Law and International Criminal Law?' *7 ILSA Journal of International and Comparative Law* (2001), 391, p. 393.

[1658] Jennifer Trahan, 'Terrorism Conventions: Existing Gaps and Different Approaches', 8 *New England Journal of International and Comparative Law* (2002), 215-243.

A definição de terrorismo

O ponto de partida na busca da definição de terrorismo é o reconhecimento sobre a inexistência, no direito internacional contemporâneo, de conceito coerente e universalmente acordado para definir atos e atividades terroristas.[1659] Há, sim, quadro normativo de alcance praticamente universal composto por dispositivos de diferentes fontes (instrumentos convencionais, resoluções do CSNU e da AGNU, além de decisões de tribunais internacionais) das quais é possível retirar interpretações e padrões de conduta considerados obrigatórios de prevenção e de punição de atos e atividades terroristas.

Tem prevalecido, na doutrina especializada, a preferência por um conceito de atos e atividades terroristas que exclui, do pólo ativo, o chamado "terrorismo de Estado", comumente descrito como o envolvimento de Estados mediante a ação direta de agentes estatais ou, indiretamente, pelo apoio logístico, financiamento ou fornecimento de armas e equipamentos a grupos para a prática de ações violentas em terceiros países.[1660] A razão para a exclusão do "terrorismo de Estado" é que o eventual envolvimento direto ou indireto de Estados soberanos com o terrorismo já é regulado por outras áreas do direito internacional, em particular pelo *ius ad bellum* e *ius in bello*, além do regime de responsabilidade internacional dos Estados. Esse é o caso de ações perpetradas por forças de segurança em conflitos armados, que se encontram sob a égide do direito internacional humanitário, ou no cumprimento de suas funções em tempos de paz.[1661] Tal hipótese é explicitamente reconhecida em convenções recentes, como a Convenção Internacional sobre a Supressão de Atentados Terroristas com Bombas, de 1997 (art. 19), a Convenção Internacional para a Supressão de Atos de Terrorismo Nuclear, de 2005 (art. 4º) e na Convenção Internacional para a Supressão do Financiamento do Terrorismo, de 1999. O

[1659] Para os membros do Painel de Alto Nível sobre Ameaças, Desafios e Mudança das Nações Unidas, o objetivo de desenvolver uma estratégia abrangente de combate ao terrorismo tem sido prejudicado pela inabilidade dos Estados Membros em concordar sobre uma convenção antiterrorista que inclua uma definição sobre terrorismo internacional. *Follow-up to the Outcome of the Millennium Summit, supra* nota 1816.

[1660] David Freestone, *supra* nota 1773, p. 152. Cf. também Marcello Di Filippo 'The definition(s) of terrorism in international law', in B. Saul (ed.), *Research handbook on international law and terrorism*, Edward Elgar Publishing, 2014, 3, pp. 4-5.

[1661] Art. 21: "Nada do disposto na presente Convenção afetará outros direitos, outras obrigações e responsabilidades de Estados e indivíduos no âmbito do direito internacional, em particular dos propósitos da Carta das Nações Unidas, do direito humanitário internacional e de outras convenções relevantes".

anterior não obsta o exame sobre o eventual envolvimento de Estados soberanos e de seus agentes nessas práticas. Tampouco negligencia, como dado da realidade, que a obrigação de punir os responsáveis é prejudicada na hipótese de atos terroristas serem praticados mediante apoio direto e indireto, ou até mesmo a conivência, de terceiros Estados.[1662] Tais casos, porém, devem ser examinados sob o regime jurídico aplicável a ameaças e rupturas da paz e da segurança internacionais e à não intervenção nos assuntos domésticos,[1663] bem como à luz das regras pertinentes de legítima defesa em face de atos de agressão[1664] e, no caso de altas autoridades governamentais, do próprio direito internacional penal, em especial dos dispositivos do Estatuto de Roma do TPI aplicáveis a máximos responsáveis de crimes de guerra e crimes contra a humanidade. Sob essa lógica, o escopo do conceito jurídico de terrorismo internacional circunscreve-se ao direito internacional penal e aos regimes de cooperação internacional relacionados a medidas de prevenção, punição e eliminação do terrorismo internacional, com enfoque nos valores juridicamente protegidos, a saber, os direitos humanos das vítimas e os meios empregados na perpetração do terrorismo.[1665] Essa alternativa hermenêutica tem o condão de atenuar o exame invariavelmente subjetivo sobre a motivação alegada como justificativa para o cometimento de tais atos,[1666] afastando a hipótese de atribuir-lhes qualquer grau de legitimidade.[1667]

Em se aceitando que somente atos e atividades realizadas por entes e indivíduos a atuar em suas capacidades não estatais (em oposição a ação apoiada,

---

1662 David Freestone, *supra* nota 1773, p. 152.

1663 Cf. as resoluções 731 e 748 do CSNU que consideram a conduta da Líbia no caso *Lockerbie* como ameaça à paz e à segurança internacionais.

1664 David Freestone, *supra* nota 1773, p. 153.

1665 Marcello Di Filippo, *supra* nota 1860, p. 5.

1666 "Terrorism is, in most cases, essentially a political act". *2002 Report of the UN Policy Working Group on the UN and Terrorism* (A/57/273-S/2002/875, annex).

1667 Leandro de Oliveira Moll, *supra* nota 1787, p. 27. A subjetividade inerente a tais práticas torna virtual e paradoxalmente irrelevante o exame sobre a motivação política do ato na tarefa de caracterizar uma ação como terrorista. Terrorismo é ação violenta perpetrada por grupos, entidades e indivíduos que agem em capacidade não estatal, contra civis e não combatentes e em desrespeito ao direito internacional dos direitos humanos e ao direito internacional humanitário. Quaisquer sejam as justificativas, as alegações dos responsáveis não se sobrepõem aos interesses juridicamente protegidos pelo direito internacional, em especial a proteção da vida e da integridade física de civis em tempos de guerra ou em tempos de paz.

controlada, concertada ou direcionada por um Estado soberano),[1668] o exame sobre a definição de terrorismo no direito internacional passa a orientar-se por duas dimensões fundamentais, a saber, (i) direitos e interesses juridicamente protegidos em face da ameaça terrorista e (ii) a análise sobre a intenção particular (*dolus specialis*) para a caracterização da conduta antijurídica.[1669]

A Convenção das Nações Unidas sobre a Supressão do Financiamento do Terrorismo, de 1999, é um dos marcos na codificação do crime de terrorismo no direito internacional.[1670] A Convenção se aplica de forma complementar a outros regimes que lidam com o impacto do terrorismo em searas específicas[1671] e consagra a fórmula de que o terrorismo, para além de "ato que constitua delito no âmbito de e conforme definido em um dos tratados relacionados", é ato perpetrado "com intenção de causar a morte de ou lesões corporais graves a um civil, ou a qualquer outra pessoa que não participe ativamente das hostilidades em situação de conflito armado".[1672] A Convenção de 1999 oferece, dessa forma, conceito mínimo[1673] de terrorismo ao circunscrever o escopo material de sua aplicação a atos violentos que atentam contra a vida e a integridade física de civis e não combatentes, sejam como alvos específicos, sejam como vítimas aleatórias.[1674]

Tomado individualmente, no entanto, o primeiro aspecto não é suficiente para caracterizar o terrorismo internacional. A subsunção do fato à norma requer a existência de um elemento subjetivo, a saber, a intenção específica

---

[1668] Há, porém, grande número de autores que advogam pela inclusão do terrorismo de Estado entre as condutas típicas do terrorismo internacional. Cf. M.C. Bassiouni, 'Perspectives on international terrorism', in M.C. Bassiouni (ed.), *International Criminal Law*, vol. I, 3rd. ed., Martinus Nijhoff, 2008, 697, pp. 704-706; e Sami Zeidan, *supra* nota 1773, p. 215. A mesma visão conta com respaldo de muitos países, tal como se pode depreender da *opinio iuris* dos membros da Organização da Conferência Islâmica (OIC).

[1669] Marcello Di Filippo *supra* nota 1860, p. 8.

[1670] Antonio Cassese, *supra* nota 1805, p. 165.

[1671] Cf. Anexo da Convenção.

[1672] Cf. *Follow-up to the Outcome of the Millennium Summit, supra* nota 1816.

[1673] Segundo Di Filippo, optou-se na Convenção pela adoção de um "lowest common denominator approach". Marcello Di Filippo *supra* nota 1860, p. 8.

[1674] Outros instrumentos, sobretudo mais recentes, ampliam o escopo conceitual ao incluir ataques contra bens como infraestrutura, propriedades privadas e públicas, linhas de telecomunicação, ataques cibernéticos, redes de água e o próprio meio ambiente. O objetivo foi proteger a população em geral diante da ameaça terrorista.

(*dolus specialis*) de seus perpetradores de provocar o terror de forma geral e indiscriminada, mesmo quando o ato é dirigido especificamente a representante do poder público ou a determinado segmento da sociedade (grupos religiosos, étnicos ou políticos). O mesmo art. 1 (b) da Convenção das Nações Unidas sobre o Financiamento do Terrorismo toca na questão do *dolus specialis* ao referir-se à "intenção de causar a morte de ou lesões corporais graves", "quando o propósito do referido ato, por sua natureza e contexto, for intimidar uma população, ou compelir um governo ou uma organização internacional a agir ou abster-se de agir".[1675] O objetivo subjacente à prática do terrorismo não é um benefício direto, isto é, individual e particular, de seus executores, ou o cometimento de um crime comum contra a vida, como se dá muitas vezes com o assassinato de figuras públicas em meio a disputas políticas. O ato terrorista pressupõe a intenção de constranger e amedrontar, por quaisquer meios, toda uma população e/ou seu Governo.[1676] O alvo da ação terrorista, portanto, é antes a sociedade em geral e os interesses coletivos juridicamente protegidos, mesmo quando as vítimas imediatas são figuras públicas, pertencem a um grupo determinado (caso do terrorismo religioso, por exemplo) ou são apenas vítimas da fatalidade.

Dimensão objetiva do repúdio ao terrorismo: obrigações de punição e prevenção sob o marco do princípio de cooperação internacional

O universo normativo do princípio de repúdio ao terrorismo está relacionado diretamente ao princípio de cooperação internacional inscrito no art. 1(3) da Carta da ONU. Os vários regimes específicos que se complementam nas tarefas de prevenir e reprimir o terrorismo internacional enquanto crime transnacional baseiam-se no entendimento de que os Estados devem cooperar entre si no combate a essa prática que é contrária aos valores de humanidade

---

[1675] A resolução 1566 (2004) do CSNU faz referência explícita à intenção de causar a morte, ferir gravemente ou sequestrar indivíduos com o propósito de provocar um estado de terror no público em geral, num grupo de pessoas ou individualmente, intimidar a população ou compelir um governo ou organização internacional a agir ou abster-se uma ação. Igualmente, no plano doutrinário, as conclusões do Painel de Alto Nível de 2004 agregam à caracterização de atos e atividades terroristas a intenção de intimidar a população e/ou de compelir um Governo ou organização internacional a determinada ação ou abstenção.

[1676] A determinação do *dolus specialis* é aspecto complexo na caracterização do crime de terrorismo. Porém, as dificuldades relacionadas ao *dolus specialis* no terrorismo não são fenômeno isolado, mas comuns a tipos penais cuja determinação requer, como elemento probatório, a existência de vontade específica dos perpetradores, como é o caso do genocídio e da limpeza étnica, no campo do direito internacional penal.

consignados na Carta e à manutenção da paz e da segurança internacionais. Os respectivos escopos de aplicação dos vários instrumentos internacionais existentes visam a proporcionar a coordenação entre as jurisdições nacionais a fim de aumentar a efetividade das medidas preventivas e assegurar a punição dos responsáveis pelos tipos penais criados especificamente por cada convenção, de forma a criar regime o mais amplo possível para prevenir e punir o crime de terrorismo no interior dos respectivos Estados Partes sobre as bases de uma espécie de "jurisdição *quasi* universal" para a persecução dos delitos tratados pelas convenções.[1677]

A prevenção e, sobretudo, a punição dos crimes de terrorismo internacional pressupõem a sobreposição de jurisdições entre Estados igualmente soberanos por meio de deveres recíprocos. No plano objetivo das obrigações, o universo normativo correspondente ao princípio de repúdio ao terrorismo desdobra-se em deveres de repressão e de prevenção de atos e atividades terroristas, tal como desenvolvido nos vários regimes convencionais e no direito internacional geral.[1678] Há, porém, distinção quanto à natureza das obrigações de prevenção e de punição. No caso de medidas de prevenção, não se trata, à exceção de medidas especificamente acordadas, de obrigações de resultado como aquelas relativas à punição, uma vez que a própria ocorrência do terrorismo revela a incapacidade das autoridades públicas em evitá-las.[1679]

O universo das normas densificadoras desse princípio compreende, em sua quase totalidade, obrigações de fazer relacionadas à prevenção e à punição do crime de terrorismo.[1680] Em sua dimensão punitiva, o regime geral se caracteriza pelo: (i) compromisso de tipificar, no ordenamento doméstico, as condutas antijurídicas reconhecidas nos respectivos instrumentos convencionais que

---

[1677] Leandro de Oliveira Moll, *supra* nota 1787, p. 50.

[1678] Ciro Leal M. da Cunha, *supra* nota 1800, p. 44. Cf. também Jennifer Trahan, *supra* nota 1858, pp. 215-243.

[1679] Leandro de Oliveira Moll, *supra* nota 1787, p. 20. Por consequência, via de regra os Estados não podem ser responsabilizados pela ocorrência de atos e atividades terroristas. São exceções casos em que há flagrante negligência com a obrigação de *due diligence* ou, ainda pior, aquiescência explícita ou envolvimento do Estado para o cometimento de atos de terrorismo em terceiros países. Cf. Joaquín Alcaide Fernández, *Las actividades terroristas ante el derecho internacional contemporáneo*, Madrid, Tecnos, 2000, p. 94.

[1680] Leandro de Oliveira Moll, *supra* nota 1787, p. 17. Cf. também Linos-Alexandre Sicilianos, 'La responsabilité de l'État pour absence de prévention et de répression des crimes internationaux', in Hervé Ascensio, Emmanuel Decaux, Alain Pellet (Org.), *Droit international pénal*, Paris, Pedone, 2000, p. 115.

lidam com o crime de terrorismo em domínios específicos; (ii) pela obrigação de compartilhar com agências especializadas das Nações Unidas e terceiros países que tenham interesse legítimo, informações relacionadas às circunstâncias dos atos terroristas e dos supostos responsáveis, de forma a permitir a instrução do processo penal na jurisdição de terceiros Estados em relação às condutas antijurídicas tipificadas nos respectivos instrumentos convencionais; (iii) pelos deveres de deter suspeitos, apreender material e eventualmente investigar e punir a ocorrência de atos terroristas sob sua jurisdição; e (iv) pelos deveres acessórios relacionados à obrigação de extradição, que pode culminar, eventualmente, na entrega do indivíduo ao Estado demandante.[1681]

No campo da repressão, as obrigações estão ainda refletidas no subprincípio *aut dedere aut judicare*, que consiste nas tarefas de investigar, processar, julgar e eventualmente punir, na esfera penal, os supostos responsáveis por crimes de terrorismo que se encontrem sob a jurisdição estatal, ou então de extraditá-los a terceiros países que hajam solicitado formalmente a extradição desses indivíduos.[1682] A obrigação de julgar ou extraditar suspeitos e acusados de atos e atividades terroristas é um corolário lógico do objetivo de evitar a impunidade dos responsáveis.[1683] O êxito dessa estratégia depende não só do grau de adesão dos Estados aos vários regimes especiais em matéria de combate ao terrorismo, mas também da existência de tratados de extradição vigentes em âmbito global, regional ou bilateral, além do tratamento do tema dado no âmbito das jurisdições nacionais.[1684] Nesse ponto, surge questão das mais controversas relativas aos deveres de punição, a saber, o exame sobre a natureza alegadamente política de atos que possam ser considerados como crimes de terrorismo. Se aceita, tal hipótese ensejaria a chamada exclusão humanitária,

---

[1681] Jennifer Trahan, *supra* nota 1858, p. 220; e Joaquín Alcaide Fernández, *supra* nota 1879, pp. 95-105.

[1682] Há, nos instrumentos convencionais, enfoque sobre a dimensão punitiva do terrorismo internacional. Jennifer Trahan, *supra* nota 1858, p. 222.

[1683] No caso da Convenção da OEA de 1971 sobre Pessoas Protegidas, esse compromisso é ainda mais robusto, na medida em que a cláusula (art. 5o) relativa ao princípio *aut dedere aut judicare* estipula que, na hipótese de recusa da extradição em razão da nacionalidade do acusado ou por outro impedimento constitucional, persiste o dever de julgá-lo segundo as leis domésticas aplicáveis na matéria.

[1684] A punição do crime de terrorismo relaciona-se com os respectivos regimes de extradição vigentes, segundo os requisitos previstos pelas respectivas legislações nacionais, tanto da perspectiva procedimental, quanto material, em especial no tocante ao princípio de dupla incriminação ou incriminação recíproca. David Freestone, *supra* nota 1773, p. 147.

que consiste na opção, prevista em instrumentos internacionais,[1685] de que o Estado demandado possa responder negativamente a pedido de extradição com base na alegação de que se trata de um crime político. Nessa circunstância, o Estado demandado teria elementos de convicção que permitiriam supor que o pedido de extradição foi apresentado como sendo relativo a um crime comum, mas em realidade se volta ao propósito de processar, julgar e eventualmente punir uma pessoa em razão de sua raça, religião, nacionalidade ou opinião política, em violação, portanto, de princípios fundamentais como o devido processo legal e a ampla defesa. Trata-se da chamada "exceção de crime político",[1686] que frustraria a pretensão punitiva subjacente ao princípio *aut dedere aut judicare.*

A evolução conceitual do crime de terrorismo no direito internacional e na prática diplomática brasileira não permite regime derrogatório que exclua, da aplicação do regime preventivo e repressivo, atos e atividades de terrorismo praticadas sob justificativas políticas.[1687] A alegação de que houve motivação

---

[1685] Art. 5º da Convenção Européia sobre a Supressão do Terrorismo e art. 3º da Convenção Européia sobre Extradição.

[1686] Nos termos do art. 5º da Convenção Européia sobre a Supressão do Terrorismo, de 1977, a obrigação de extraditar é afastada no caso de o Estado demandado ter razões suficientes para crer que o pedido tenha sido motivado por perseguição ou punição de indivíduo em razão de raça, religião, nacionalidade ou opinião política, ou então que essa pessoa possa vir a ser prejudicada por tais motivos. O mesmo dispositivo exclui a obrigatoriedade da extradição em casos nos quais haja receio de que o extraditando esteja sujeito à tortura, à pena capital ou à prisão perpétua no caso de não haver a mesma previsão de pena na legislação doméstica do Estado demandado. David Freestone, *supra* nota 1773, pp. 139 e 150.

[1687] A mesma interpretação encontra eco no STF. "O repúdio ao terrorismo: um compromisso ético-jurídico assumido pelo Brasil, quer em face de sua própria Constituição, quer perante a comunidade internacional. Os atos delituosos de natureza terrorista, considerados os parâmetros consagrados pela vigente Constituição da República, não se subsumem à noção de criminalidade política, pois a Lei Fundamental proclamou o repúdio ao terrorismo como um dos princípios essenciais que devem reger o Estado brasileiro em suas relações internacionais (CF, art. 4º, VIII) (...) A Constituição da República, presentes tais vetores interpretativos (CF, art. 4º, VIII, e art. 5º, XLIII), não autoriza que se outorgue, às práticas delituosas de caráter terrorista, o mesmo tratamento benigno dispensado ao autor de crimes políticos ou de opinião, impedindo, desse modo, que se venha a estabelecer, em torno do terrorista, um inadmissível círculo de proteção que o faça imune ao poder extradicional do Estado brasileiro, notadamente se se tiver em consideração a relevantíssima circunstância de que a Assembléia Nacional Constituinte formulou um claro e inequívoco juízo de desvalor em relação a quaisquer atos delituosos revestidos de índole terrorista, a estes não reconhecendo a dignidade de que muitas vezes se acha impregnada a prática

política, religiosa ou de perseguição étnica deve restringir-se a um segundo plano, no exame de cada circunstância específica, e ainda assim como elemento de convencimento de que determinados atos e atividades violentas foram perpetrados com o intuito de aterrorizar a população em geral. Jamais, porém, deve servir como justificativa para causar a morte ou ferir gravemente a população civil e não combatente, pois tais atos violam regras fundamentais do direito internacional dos direitos humanos e do direito internacional humanitário. Esse entendimento foi consagrado na Convenção das Nações Unidas para a Supressão do Financiamento do Terrorismo, de 1999, cujo art. 14 veda a possibilidade de interpretar as condutas ali tipificadas como sendo de natureza política ou inspiradas por motivação política, e prescreve, nessa linha, que pedido de extradição não poderá ser recusado sob tais justificativas.[1688] No mesmo diapasão, a resolução 1566 (2004) do CSNU, adotada sob o Capítulo VII, refuta a possibilidade de justificar atos e atividades terroristas com base em considerações políticas, filosóficas, ideológicas, raciais, étnicas, religiosas ou similares.[1689]

No plano das faculdades, há, em instrumentos específicos, cláusulas que ensejam o exercício da competência jurisdicional segundo critérios além do territorial, como personalidade ativa e passiva e o princípio de proteção. A Convenção de Haia sobre Segurança estipula, para além do regime da Convenção de Tóquio, em seu art. 4º, que os Estados Partes podem exercer jurisdição como Estados de registro da aeronave, onde aterrissa a aeronave com um criminoso a bordo e da empresa ou do indivíduo arrendatário da aeronave. A mesma Convenção prevê a obrigação de os Estados exercerem jurisdição sobre responsáveis de atos terroristas no caso de não os extraditarem a terceiro país. A questão se torna complexa diante de presunções, criadas por legislações domésticas, que determinam o exercício de jurisdição extraterritorial

---

da criminalidade política". Extradição nr. 855, Rel. Min. Celso de Mello, julgamento em 9/4/2003, DJ 28/04/2003.

1688 Cf, de mesmo teor, o art. 5 da Convenção Internacional sobre a Supressão de Atentados Terroristas com Bombas, de 1997, e art. 6º da Convenção Internacional para a Supressão do Financiamento do Terrorismo; e o art. 6º, da Convenção Internacional para a Supressão de Atos de Terrorismo Nuclear, de 2005. Sobre o dever de cooperação judicial, cf. art. 11, da Convenção Internacional sobre a Supressão de Atentados Terroristas com Bombas, de 1997; art. 15, da Convenção Internacional para a Supressão de Atos de Terrorismo Nuclear, de 2005.

1689 O projeto de convenção ora em negociação nas Nações Unidas prevê cláusula da mesma natureza.

com base em critérios de personalidade passiva (exercício de competência jurisdicional segundo a nacionalidade da vítima).[1690] Mas na ausência de norma especial convencional derrogatória, prevalece a regra de que a jurisdição deve ser exercida prioritariamente pelo critério territorial. Qualquer exceção dependerá do consentimento expresso do Estado para que surtam efeitos vinculantes sobre sua jurisdição.

Já no tocante à prevenção, sobressai, em primeiro plano, os deveres de abstenção impostos aos Estados relacionados à permissão, organização, instigação ou apoio, de forma direta ou indireta, em seus respectivos territórios ou elementos sob sua jurisdição, como aeronaves e embarcações, para fins de preparação ou execução de ataques terroristas em terceiros Estados. Essa regra é corolário do princípio de não intervenção nos assuntos domésticos, tal como reconhecido de forma pioneira na Declaração da AGNU sobre os Princípios do Direito Internacional de 1970.[1691] A proibição do chamado *state sponsored terrorism*[1692] é uma responsabilidade *erga omnes* devida não só a outros Estados individualmente, mas à comunidade internacional como um todo, na medida em que a ocorrência de tais atos atenta contra o propósito de manter a paz e a segurança internacionais e pode ensejar a aplicação das sanções cabíveis sob o Capítulo VII. Além disso, há outros deveres de caráter preventivo, como a obrigação de coibir atividades preparatórias e a ocorrência de atos terroristas em seus respectivos territórios.[1693] A Convenção para a Marcação de Explosivos Plásticos para o Propósito de Detecção, de 1991, estabelece a obrigação de proibir e prevenir a manufatura de explosivos não marcados, bem como de destruí-los ou inutilizá-los em prazos determinados. A própria Convenção Internacional para Supressão do Financiamento do Terrorismo, de 1999, embora lide com questões punitivas, como deveres de investigação,

---

[1690] Na Convenção de Tóquio, a questão é tratada como forma de jurisdição opcional (art. 4º), sujeita à aquiescência de outros Estados, ao passo que na Convenção sobre Pessoas Protegidas e na Convenção da IMO, de 1988, o exercício da jurisdição segundo o critério de personalidade passiva é reconhecido reciprocamente. Já a Convenção sobre Reféns, que reconhece a hipótese de aplicação do critério de personalidade passiva, salvaguarda a discricionariedade de cada Estado em permiti-la sob sua respectiva jurisdição (art. 5 (1)).

[1691] Parágrafo operativo 9º: todo Estado tem o dever de abster-se de organizar, instigar, assistir ou participar de atos terroristas. Essa interpretação foi corroborada pela CIJ. *Nicaragua* case, *supra* nota 269, para. 191.

[1692] Ciro Leal M. da Cunha, *supra* nota 1800, p. 45.

[1693] Cf. as resoluções 49/60 e 51/210 da AGNU.

detenção e eventual extradição de terroristas, orienta-se pelo objetivo de prevenir atos e atividades terroristas por meio da redução da capacidade operativa de organizações terroristas.[1694]

No plano convencional, porém, os deveres reciprocamente acordados em matéria de prevenção normalmente não se relacionam à erradicação das circunstâncias conjunturais nas quais vicejam atos e atividades terroristas. Embora haja consenso quanto à necessidade de lidar com as causas mais profundas do terrorismo, observam-se divergências quanto à identificação das raízes do terrorismo internacional.[1695] Enquanto alguns Estados e especialistas enfatizam o peso do radicalismo religioso,[1696] outros apontam para baixos índices de desenvolvimento socioeconômico e/ou situações de injustiças de natureza política, a exemplo de regimes de ocupação, como ambientes propícios à origem de grupos radicais que fazem proselitismo do terrorismo de caráter religioso ou político.[1697] A análise da realidade internacional demonstra ser mais provável que, ao invés de causas mutuamente excludentes, tais fatores se somem para fazer com que determinadas circunstâncias se tornem propícias ao surgimento de grupos e práticas terroristas.

Em que pese não ser o objeto de exame do presente estudo, vale, ainda, breve comentário sobre a legislação brasileira, em especial a lei 13.260, de 2016. O legislador optou por definição de terrorismo em âmbito interno independente e potencialmente descolada da prática internacional. A experiência

---

1694 O art. 18, prevê, *inter alia*, os deveres de proibir a atividade de pessoas que "sabidamente encorajem, instiguem, organizem ou envolvam-se no cometimento" do crime de terrorismo; de exigir das instituições financeiras que atentem para transações suspeitas e evitem a abertura de contas bancárias não identificadas, entre outras coisas, e de cooperar com outros países em matéria de transferências financeiras internacionais.

1695 "Pelo menos no plano do discurso, existe amplo consenso em torno da necessidade de se atacar o flagelo do terrorismo. Divergem os países, entretanto, em relação a importantes aspectos do problema, tais como o papel a ser atribuído ao respeito aos direitos humanos no encaminhamento de medidas na área de contraterrorismo, bem como a definição das melhores estratégias para lidar com as causas do fenômeno." BRASIL, MRE, Delbrasonu para SERE, Telegrama no 1724, 23.07.2004.

1696 Michael Walzer, 'Five Questions About Terrorism', 49 *Dissent* (2002), 5, pp. 8-10.

1697 A resolução 42/159 da AGNU reconhece como causas freqüentes do terrorismo internacional "misery, frustration, grievance and despair", que conduzem as pessoas a buscarem mudanças de forma radical. Em suas conclusões, o painel de alto nível criado pelo SGONU identifica "environments of despair, humiliation, poverty, political oppression, extremism and human rights abuse", além de contextos de "regional and foreign occupation". *Follow-up to the Outcome of the Millennium Summit, supra* nota 1816.

de outros países indica que foram em geral problemáticas as tentativas de avançar a questão pela via exclusivamente do ordenamento doméstico.[1698] O exame das legislações nacionais nessa matéria tende a refletir divergências no plano internacional.[1699] A própria natureza transnacional do terrorismo, que envolve indivíduos atuando em vários países, fontes de financiamento no exterior e acesso a informações por via eletrônica, reforça a necessidade de tratamento internacional para a questão.[1700] Por isso a nova lei sobre terrorismo não deve ser interpretada como revogação das obrigações do Brasil assumidas em outros instrumentos convencionais, as quais se aplicam como *lex specialis* sempre que atos e atividades terroristas guardem elementos de conexão com a jurisdição de outros Estados.[1701]

Repúdio ao Racismo

O repúdio ao racismo é norma de elevado conteúdo axiológico para o direito constitucional e a política externa brasileira. O debate sobre o assunto na Assembléia Constituinte reverberava a conjuntural internacional naquele período sob o impacto dos regimes segregacionistas da África meridional. Na lógica sistemática da Constituição, associaram-se o imperativo de combater a persistência do racismo na ordem interna[1702] com o interesse de combater a discriminação racial alhures, em linha com a prática diplomática brasileira. Da perspectiva do direito internacional, porém, é possível dizer que o combate ao racismo já estaria regulado pelo dispositivo de prevalência dos direitos

---

[1698] David Freestone, *supra* nota 1773, p. 137.

[1699] Para exercício comparativo quanto à tipificação do crime de terrorismo em âmbito interno, cf. Ben Saul, *supra* nota 1802, p. 264; e Robert Kolb, 'The exercise of criminal jurisdiction over international terrorists', in Andrea Bianchi, (org.), *Enforcing international law norms against terrorism*, Portland, Hart, 2004, pp. 234-240.

[1700] Parece-nos mais adequada, sob a lógica de cooperação internacional, a lei 13.170 (2015), que "regulamenta a indisponibilidade de ativos relacionados a indivíduos e entidades listados nos regimes de sanções do Conselho de Segurança das Nações Unidas".

[1701] É no mínimo curioso que a lei doméstica seja mais restritiva em relação às razões que motivam tais atos (art. 1°) que o escopo normativo regulado por tratados internacionais de que o Brasil é parte.

[1702] O tema foi objeto de referência entre os direitos fundamentais inderrogáveis (art. 5o, inciso XLVV: a prática do racismo constitui crime inafiançável, sujeito à pena de reclusão, nos termos da lei).

humanos.[1703] A decisão do constituinte de estabelecer um comando específico vai, assim, além da promoção e da proteção dos direitos humanos, pois requer ação concreta: repúdio ao racismo.

Repúdio ao racismo na Assembléia Nacional Constituinte

O princípio de repúdio ao racismo deve ser compreendido à luz do debate sobre o assunto durante a Constituinte. O tema foi um dos tópicos que mais atraiu as atenções do legislador durante as deliberações sobre os princípios que deveriam reger o Brasil nas relações internacionais. Várias emendas foram propostas com o objetivo de proibir o estabelecimento ou a manutenção de relações diplomáticas com países acusados de políticas raciais discriminatórias.[1704] Nas audiências públicas da Subcomissão, o tema foi levantado no contexto da análise do regime de *apartheid* na África do Sul.[1705] Na Comissão da Soberania e dos Direitos e Garantias do Homem e da Mulher[1706] e, sobretudo,

[1703] Para Ribeiro Bastos e Ives Gandra, o dispositivo relativo ao repúdio ao racismo carece de "alcance jurídico", pois "na medida em que o artigo já proclama a fidelidade do Brasil aos direitos humanos, obviamente aí estaria incluído o próprio racismo". C. Ribeiro Bastos e I. Gandra Martins, *supra* nota 422, p. 459.

[1704] O art. 89 do anteprojeto da Comissão de Ordem Social, originado na Subcomissão dos Negros, Populações Indígenas, Pessoas Deficientes e Minorias, dispunha que "o País não manterá relações diplomáticas e não firmará tratados, acordos ou convênios com países que desrespeitem os direitos constantes da 'Declaração Universal dos Direitos do Homem', bem como não permitirá atividades de empresas desses países em seu território".

[1705] "Não é um paradoxo quando na nossa Carta colocamos que devemos respeitar os princípios de direitos humanos e, ao mesmo tempo, temos relações diplomáticas com países como a África do Sul, realmente um país com um governo desumano, no mais lato grau, talvez, e que discrimina irmãos nossos, já que o nosso sangue contém também sangue negro?" Roberto D'Ávila, *supra* nota 386, p. 10.

[1706] A emenda 00550 de José Genoíno propunha a inclusão do seguinte dispositivo entre os princípios de relações internacionais: § 1o. – O Brasil não manterá relações diplomáticas com país condenado pela Assembleia Geral da ONU por prática de discriminação racial.

na Comissão de Sistematização[1707] e no plenário da Assembléia Constituinte,[1708] vários constituintes propuseram a inclusão de dispositivos com o objetivo de coibir o estabelecimento de relações diplomáticas com países onde houvesse políticas segregacionistas.[1709] Em algumas dessas emendas, o escopo da norma

---

[1707] Na Comissão de Sistematização, o tema justificou emendas de Luiz Inácio Lula da Silva e José Genoíno. Na primeira (emenda 00612-1), Lula propunha acrescentar no art. 4º a disposição de que "O Brasil não manterá relações diplomáticas nem firmará tratados, acordos ou pactos com países que adotem políticas oficiais de discriminação de cor, bem como não permitirá atividades de empresas desses países em seu território". Na segunda (06638-7), Genoíno retomou a proposta anterior: "o Brasil não manterá relações diplomáticas com um País condenado pela Assembléia Geral da ONU, por prática de discriminação racial".

[1708] No plenário, coube a Benedita da Silva nova tentativa de emenda ao art. 4º, na forma de parágrafo único: "o Brasil não manterá relações diplomáticas e nem firmará tratados, acordos ou pactos com países que adotem políticas oficiais de discriminação racial". Em sua justificativa, aduzia que "o atual art. 4º do Projeto de Constituição da Comissão de Sistematização, diz que o Brasil fundamentará suas relações internacionais na intocabilidade dos direitos humanos; e portanto, um contra senso de deixar de acatar, a presente emenda que visa a resguardar o Brasil de manter relações com países totalitários que violentam e desrespeitam os direitos humanos". Em seu parecer, o relator defendeu a rejeição da emenda com base na comparação com outros regimes totalitários: "não acolhemos a Emenda. Assim como no Chile do General Pinochet, na África do Sul deve permanecer aberta a Representação do Brasil para ajudar a causa de liberdade e da igualdade entre os homens. Nós estaremos lá, quando chegar a hora da verdade e da justiça. Nenhum tratado, acordo ou pacto será aprovado pelo Congresso Nacional com países que adotem oficialmente a discriminação racial". O destaque 1738, embora aprovado por 265 favoráveis, 166 votos contrário e 21 abstenções, foi rejeitado por não ter recolhido o mínimo necessário à sua aprovação (280 votos). O mesmo ocorreu com a emenda 01359-7 de Haroldo Lima, para proibir o Brasil de manter relações diplomáticas "com países que adotem políticas segregacionistas".

[1709] Dispositivo desse teor constava do anteprojeto da Comissão da Ordem Social (artigo 89), mas havia sido suprimido na Comissão de Sistematização. As emendas 03462 e 03494 apresentadas, respectivamente, por José Carlos Sabóia e Sandra Cavalcanti, eram idênticas e propunham a inclusão de parágrafo estabelecendo que "o Brasil não manterá relações diplomáticas nem firmará tratados, acordos ou pactos com países que adotem políticas oficiais de discriminação de cor, bem como não permitirá atividades de empresas destes países em seu território". A justificativa idêntica em ambas as propostas, que resgatavam o art. 89 da Comissão da Ordem Social, era de que a dispositivo atendia "a legitima e histórica reinvindicação da comunidade negra brasileira e das populações negras de outros países, que, com justa razão, vêem no preceito forma eficiente para levar os países que oficializam a discriminação racial a renunciar a tal politica". Paulo Paim propôs emenda (32666) estabelecendo que "o Brasil não manterá qualquer espécie de relação com Países que professem a Discriminação Racial". Em sua justificativa, dizia que "É fundamental uma resposta concreta à toda forma de discriminação, que no plano internacional se manifesta pela inexistência de relação, a qualquer título, com governos que, oprime seu povo, que atenta contra os direitos humanos". Outro exemplo, a emenda 51, de Mário Maia previa

ultrapassava o plano estrito das relações do Brasil com outros Estados e incluía a proibição de relações com empresas desses países.[1710] Várias dessas propostas associavam a regra proibitiva a um marco decisório multilateral, em especial a AGNU. Conforme defendido por Plínio Arruda Sampaio no *Plenário* da Constituinte, o objetivo central dessas propostas era "estabelecer um parâmetro para nossa diplomacia: negociem, trabalhem, apóiem, façam alianças, mas V. Exas. têm um parâmetro. O parâmetro é a dignidade da pessoa, quando ela é afrontada oficialmente numa lei. Aí o Brasil não transige, aí o Brasil não perdoa, aí o Brasil não transaciona, e aí a *Real Politik* tem um limite: a dignidade da pessoa humana".[1711] Todas essas propostas foram rejeitadas. Prevaleceu parecer do relator no sentido de que "não se pode confundir relações econômicas e diplomáticas com questões domésticas nos países com os quais o País

que "Nas relações internacionais, o Brasil rege-se pelos princípios da defesa da paz, repúdio à guerra, condenação de toda forma de discriminação racial e colonialismos, e preservação e promoção dos direitos humanos. § Na defesa desses postulados, a Nação brasileira abster-se-á de manter relações diplomáticas com países que não adotem ou que flagrantemente os violem". Como justificativa, Maia alegava que "O Brasil, como vanguardeiro da luta contra esses preconceitos, não pode negar seu apoio às nações que lutam pela extirpação dessas nódoas sociais, inadmissíveis nos dias atuais".

1710 Cf. a emenda 00335 de Haroldo Lima, que visava incluir inciso com a seguinte redação: "X - o não estabelecimento de relações diplomáticas, nem a assinatura de tratados, acordos ou pactos com países que adotem políticas oficiais de discriminação de cor, bem como não permitir atividades de empresas desses países em seu território". No mesmo sentido, a emenda 18839, proposta por Carlos Alberto Caó e igualmente rejeitada, dispunha que "o Brasil não manterá relações diplomáticas e comerciais com países que adotem políticas de segregação racial nem admitirá que operem em território nacional empresas e instituições oriundas desses países". Em sua justificativa, aduzia que "as relações diplomáticas e comerciais do Brasil com países amigos devem estar vinculadas diretamente à questão maior que representa o direito e o respeito ao ser humano. A prática de segregação racial denigre o homem e avilta os seus valores morais e sociais, provocando desagregação entre as nações. Torna-se, pois, imperiosa, que de forma permanente conste do texto constitucional princípios maiores que torne obrigatório ao Estado brasileiro não manter relações com países que pratique este crime contra a humanidade". Alguns constituintes, como Pimenta da Veiga e Israel Pinheiro, concordavam com a proibição de manter relações diplomáticas com países segregacionistas, mas sugeriam a retirada da menção às empresas. Pinheiro argüia que "às vezes, a empresa, lá na África do Sul, é contra o *apartheid*, e aí a emenda do Deputado Plínio Arruda Sampaio está prejudicando empresas sul-africanas que são contra a política racial". Diário da Assembléia Nacional Constituinte, 27 de janeiro de 1988, p. 917.

1711 Plínio Arruda Sampaio, Diário da Assembléia Nacional Constituinte, 27 de janeiro de 1988, p. 916.

mantenha intercâmbio.[1712] Para tanto há o foro das entidades internacionais cujo poder de constrangimento é expressivo".[1713]

Embora nenhuma dessas emendas tenha sido aprovada, foi reforçada a convicção de que o combate ao racismo constituía via diretiva central da ação diplomática brasileira. Da mesma forma, a não aprovação de emendas que proibiam o relacionamento com Estados onde ocorresse esse tipo de violação indicava a preferência do constituinte pela via da persuasão, sobretudo em âmbito multilateral, como via propícia para a atuação do Brasil no combate ao racismo no plano internacional. O Brasil deveria repudiar práticas de discriminação racial como dever inerente à identidade internacional do País. Mas essa obrigação não implicava, por silogismo, romper relações diplomáticas com esses países. A existência de canais diplomáticos abertos pode contribuir para a superação de prática à qual o Brasil deve opor-se de modo irresoluto, em linha com o entendimento de que o isolamento pode ter o efeito de enrijecer ainda mais o regime discriminatório, em prejuízo potencial das vítimas dessas violações.[1714]

[1712] O destaque n. 521/87 - Emenda 1P06646-8, de autoria do constituinte José Genoíno, acabou sendo rejeitada por 52 votos contrários e 40 favoráveis.

[1713] No *Plenário*, Francisco Benjamim criticou "nações que interferem e que estão interferindo no dia-a-dia de outros povos que querem sua liberdade e sua independência", e afirmou que "o Brasil, que é um país amante da paz, não pode seguir essa linha, sob pena de estar inserindo um dispositivo casuístico, (...) um dispositivo que só vem aqui para faturar, não internamente, mas para dar aos outros o apetite internacional dentro da legislação maior brasileira. (...) É decisão de política governamental. E o Brasil já pratica, já faz; o Brasil a faz por um processo de retaliação diplomática, porque o Brasil não dispõe de representação diplomática na África do Sul. É a maneira como o Brasil se afirma dentro da resolução da ONU para condenar a política racista e a política do *apartheid*. Não podemos é introduzir na Carta Magna brasileira dispositivos que dizem respeito aos interesses de outros povos e de outras nações". Diário da Assembléia Nacional Constituinte, 27 de janeiro de 1988, p. 918.

[1714] Invocando o então Presidente José Sarney, que há pouco restabelecera as relações diplomáticas do Brasil com Cuba, Flecha de Lima aduziu que "o normal é ter relações com todos os Países; a exceção é não tê-las". E discorreu sobre a visita ao Brasil, meses antes, do Presidente do Congresso Nacional Africano (*African National Congress*), Oliver Tambo (Mandela estava encarcerado à época). "Ter relações diplomáticas com qualquer País não significa necessariamente que aprovemos ou desaprovemos os regimes neles instalados. (...) Tivemos aí o Sr. Oliver Tambo, Presidente do *African National Congress*, do partido de contestação do regime supremacista branco, aparteísta, na África do Sul. O Sr. Oliver Tambo pediu ao Brasil, justamente por ter relações diplomáticas, que intercedesse em favor de certas situações de violação flagrante de direitos humanos. Fizemos presentes àquele Governo as nossas preocupações. De modo que, como profissional, encaro com naturalidade essas relações diplomáticas. Isso faz parte do jogo diplomático". Paulo Tarso Flexa de Lima, *supra*

Essa visão foi descrita pelo relator do anteprojeto na Subcomissão, João Herrmann Neto, nos seguintes termos: "o normal é o Brasil manter relações com todos os povos, inclusive como porta de entrada de nosso princípio de coexistência pacífica e promoção dos direitos humanos, onde deles houver falta".[1715] Na visão do constituinte, caberia à diplomacia buscar a maneira mais adequada de demonstrar o repúdio da sociedade brasileira ao racismo em terceiros países.[1716] Da mesma forma, a rejeição de dispositivos proibindo operações comerciais com empresas de países onde houvesse prática discriminatória refletia não só o equilíbrio mais amplo prevalecente na Constituição entre os sentidos realista e universalista da política exterior, como também a posição tradicional do Brasil em sentido contrário à imposição de sanções unilaterais contra terceiros Estados, à luz do entendimento de que a atribuição no seio da comunidade internacional, em matéria de paz e segurança - aí incluídas as sanções impostas às mais graves violações dos direitos humanos - seria de competência exclusiva do CSNU.

O corolário fundamental a retirar-se da Assembléia Constituinte é que a prática de racismo é um tipo de violação de direitos humanos que vai de encontro a um valor particularmente caro à sociedade brasileira. O constituinte criou um regime especial no tocante ao racismo para a política externa. Não se trata de hierarquia, mas do entendimento de que a existência de dispositivo específico na Constituição determinando o repúdio do País ao racismo envolve reação firme e decidida da diplomacia brasileira em face de práticas de discriminação racial. Se no contexto mais amplo do princípio da prevalência dos

nota 386, p. 15. Sobre a mesma questão, Sarney Filho reconheceu ter sido "desaconselhado, inclusive, pelos próprios grupos de negros ligados à luta pelo [anti]-apartheid, na África do Sul", dizendo que o Brasil não deveria "jamais romper relações diplomáticas". Sarney Filho, Diário da Assembléia Nacional Constituinte, *supra* nota 362, p. 11.

[1715] João Herrmann Neto, *supra* nota 604.

[1716] "O mundo de hoje não oferece panorama, situação de opressão mais condenável, mais cruel do que a oferecida pela África do Sul. (...) Não podemos fazer, (...), é eleger na Constituição casos específicos para, de logo, estabelecer como perene e permanente a condenação da política desse ou daquele país. (...) Colocar isto no texto constitucional é um erro grave. Deixemos ao País, deixemos ao Governo, deixemos à nossa política externa a possibilidade de condená-la e de até cortar as relações políticas e comerciais, quando esta for a solução mais indicada. (...) aprovar-se a emenda defendida pelo Constituinte Plínio Arruda Sampaio, antes de defender os oprimidos, é fechar a estes a oportunidade de, dentro da opressão, terem uma clareira nas chancelarias internacionais de outros países (palmas), para que possam fazer chegar ao conhecimento do mundo a opressão de que são vítimas". Egídio Ferreira Lima, Diário da Assembléia Nacional Constituinte, 27/1/1988, p. 918.

direitos humanos o corolário para a ação diplomática se inscreve, via de regra, no princípio de cooperação internacional, no caso específico de racismo há um dever imposto pelo constituinte de que seja objeto de repúdio, como expressão da oposição decidida do Brasil a essa prática sob quaisquer circunstâncias.

Combate ao racismo no direito internacional

A proibição de discriminação racial no direito internacional contemporâneo tornou-se valor universalmente protegido somente a partir de meados da segunda metade do século XX.[1717] O repúdio a regimes discriminatórios com base na raça dos seres humanos relaciona-se com o impacto sobre a consciência da humanidade causado pela natureza hedionda dos crimes cometidos por regimes totalitários na II Guerra Mundial.[1718] Mas a discriminação de seres humanos com base em critérios étnicos e raciais existia muito antes dos regimes nazista e fascista do século XX e continuou em regimes racistas mesmo após as Nações Unidas[1719] por meio de práticas colonialistas e segregacionistas, como na África do Sul. O combate a essa prática é, assim, fenômeno recente no direito internacional diante de prática que esteve na raiz das maiores violações de direitos humanos: a desumanização do ser humano, na lição de Hannah Arendt, por critérios raciais e étnicos.

Com a criação das Nações Unidas, a urgência da questão racial em face de regimes coloniais e segregacionistas impulsionou o movimento de combate à discriminação racial em todo o mundo. Não há, porém, na Carta, referência explícita ao dever de combater o racismo. A aplicação dos preceitos ali estabelecidos é feita mediante interpretação extensiva e sistemática por meio da qual se reconhece o caráter inadmissível da discriminação racial como corolário

---

1717 A preocupação quanto a essas formas de discriminação influenciou a elaboração das Cartas dos tribunais de Nuremberg e de Tóquio, que incluíam, entre os tipos penais relativos aos "crimes contra a humanidade", a perseguição com base em critérios políticos, raciais ou religiosos.

1718 "O combate ao racismo, à discriminação racial, à xenofobia e à intolerância está na origem da criação da ONU". Silvio José Albuquerque e Silva, *Combate ao racismo*, Brasília, FUNAG, 2008, p. 19.

1719 Na Conferência de São Francisco, em 1945, o então Primeiro Ministro da África do Sul, Marechal Smuts, militar condecorado nas I e II Guerras, propôs texto de preâmbulo à Carta em que exaltava a dignidade da pessoa humana, a defesa das liberdades e a afirmação da igualdade dos seres humanos. Curiosamente, Smuts deixou o cargo para Daniel Malan, que foi o responsável pela implantação oficial do regime segregacionista do *apartheid* na África do Sul. Cf. Jean-Pierre Cot, Alain Pellet, *supra* nota 119, pp. 287-312.

lógico-jurídico dos valores consignados em dispositivos do preâmbulo ("fé nos direitos fundamentais do homem, na dignidade e no valor do ser humano, na igualdade de direito dos homens e das mulheres") e, em especial, do art. 1 (3) ("respeito aos direitos humanos e às liberdades fundamentais para todos, sem distinção de raça, sexo, língua ou religião"). Em linha com a temática mais ampla dos direitos humanos, o combate ao racismo e à discriminação racial ganhou força normativa com a aprovação da Declaração Universal dos Direitos Humanos, em 1948. Nesse instrumento, o princípio de igualdade jurídica e o subprincípio correlato de não discriminação foram reconhecidos como a base fundamental sobre a qual se erigia o edifício do direito internacional dos direitos humanos. Além da ampliação, pelo art. 2º, do escopo material de aplicação desse princípio em relação ao art. 1(3) da Carta,[1720] a DUDH proscreve qualquer forma de escravidão e servidão (art. 4º), declara solenemente o princípio de igualdade perante a lei e proíbe expressamente a discriminação e o incitamento à discriminação (art. 7º).[1721] O regime lançado pela DUDH se reproduziu, nas décadas seguintes, nos principais instrumentos de direitos humanos, em particular no Pacto Internacional de Direitos Civis e Políticos (arts. 2.1 e 26) e na Convenção Americana sobre Direitos Humanos (art. 1.1). No âmbito da Organização das Nações Unidas para a Educação, a Ciência e a Cultura (UNESCO), procedeu-se, também, a esforço de desconstrução teórica, científica e política das ideologias racistas presentes desde o final do século XIX e que estavam na raiz dos crimes contra a humanidade cometidos na II Guerra Mundial.[1722]

O combate ao racismo ganhou ímpeto na esteira da descolonização. O aumento do número de Estados Membros com o ingresso de ex-colônias do mundo asioafricano modificou a dinâmica de interesses da agenda das Nações Unidas nessa área. A denúncia de regimes segregacionistas passou a associar-se, política e juridicamente, com o princípio de autodeterminação dos povos. No bojo da ampliação e aprofundamento do direito internacional dos direitos

---

[1720] O princípio da não-discriminação inscrito no art. 2º passou a incluir raça, cor, sexo, língua, religião, opinião política ou de outra natureza, origem nacional ou social, propriedade, nascimento ou outra condição.

[1721] Podem-se mencionar, como normas diretamente relacionadas ao princípio de igualdade jurídica, o direito à participação e representação política em condições de igualdade (art. 21), a proibição de discriminação nas relações trabalhistas (art. 23) e o direito à educação igualitário (art. 26).

[1722] Cf. *Race et Histoire* de Claude Lévi-Strauss, publicada em 1952 pela UNESCO. A África do Sul retirou-se da UNESCO em 1955, em protesto às denúncias à política de *apartheid*.

humanos por meio da assinatura de vários instrumentos convencionais e consuetudinários entre as décadas de 1950 e 1970, o combate ao racismo assumiu posição de destaque mediante a concertação e a pressão dos países do mundo em desenvolvimento.[1723]

Aprovada em 1966, pela AGNU, após dezessete anos de negociações, e com entrada em vigor em 1969, a Convenção Internacional para a Eliminação de Todas as Formas de Discriminação Racial (ICERD) constitui, até hoje, o marco jurídico fundamental (*lex specialis*) para o tratamento do tema no direito internacional.[1724] A Convenção resultou de complexo processo negociador nas Nações Unidas. Em 1963, a AGNU havia aprovado a Declaração sobre a Eliminação de Todas as Formas de Discriminação Racial. Além de instar os Estados Membros à adoção de medidas práticas voltadas ao combate ao racismo no seio das jurisdições nacionais,[1725] a Declaração condenava todas as formas de discriminação racial não só por contrariarem os princípios da Carta e violarem as liberdades fundamentais consignadas na DUDH, mas também por constituírem obstáculo à paz e à segurança internacionais, em sinal do reconhecimento das competências do CSNU na matéria. Nos anos seguintes, sobre as bases da Declaração e do projeto preparado pela Subcomissão e referendado pela Comissão de Direitos Humanos, a AGNU examinou o projeto de texto da ICERD que foi aprovado, por unanimidade, em 1965. A discriminação racial foi reconhecida, em texto convencional, como violação à dignidade humana e obstáculo à manutenção da paz e da segurança internacionais.[1726]

Até o fim da Guerra Fria, os avanços obtidos em matéria de combate ao racismo e à discriminação racial, e, em última análise, do próprio direito

---

[1723] O combate ao racismo e à discriminação racial esteve na vanguarda não só da ação do CSNU em matéria de direitos humanos, como também do estabelecimento dos mecanismos multilaterais de monitoramento temáticos e sobre países específicos no âmbito das Nações Unidas.

[1724] A Declaração de Durban, de 2001, reconheceu a ICERD como o "principal instrumento internacional para a eliminação do racismo, da discriminação racial, da xenofobia e da intolerância correlata".

[1725] "Dentre as ações antidiscriminatórias propostas pela Declaração podem ser mencionadas: o incremento das medidas educativas; a revisão de políticas e legislações que têm por efeito criar e perpetuar a discriminação racial; o fim das políticas de segregação racial, especialmente o *apartheid*; a condenação da propaganda e das organizações baseadas em idéias ou teorias de superioridade racial; e a adoção de legislação contra a discriminação". Silvio José Albuquerque e Silva, *supra* nota 1918, p. 61.

[1726] *Idem*, p. 62.

internacional dos direitos humanos, associaram-se às ações tomadas pela comunidade internacional organizada contra a perpetuação do regime de *apartheid* na África meridional. O tema fez-se presente desde a primeira sessão da AGNU, em 1946. A primeira iniciativa de combate ao racismo nas Nações Unidas não se dedicou, porém, ao tratamento da população negra (africana ou afrodescendente), mas sim de indianos na África do Sul.[1727] Após a inserção de item sobre o assunto na agenda da AGNU, foi aprovada a seminal resolução 44 (1), já na primeira sessão da Organização, na qual se declarava que *the treatment of Indians in the Union [of South Africa] should be in conformity with the international obligations under the agreements concluded between the two Governments and the relevant provisions of the Charter.*[1728] Mas somente em 1952, com a aprovação da resolução 616 (VII) da AGNU, relativa à "questão do conflito racial na África do Sul como resultado das políticas do *apartheid* do governo da União da África do Sul", foi possível, de forma pioneira, que a natureza segregacionista do regime sul-africano se tornasse objeto autônomo de escrutínio e acompanhamento nas Nações Unidas. Além de repisar a opinião dos Estados no sentido de que o regime de *apartheid* baseava-se em doutrinas de discriminação racial (res. 395 (V)), a resolução declarava expressamente que tais políticas se voltavam à perpetuação e ao aumento da discriminação racial e eram inconsistentes com a Carta. O documento estabelecia ainda, com fulcro nos Arts. 55 (c) e 56 da Carta,[1729] Comissão Especial encarregada de examinar a questão racial na África do Sul. Embora o Governo de Pretória se negasse a cooperar com o mecanismo, superava-se, da perspectiva sistêmica, a barreira representada pelo domínio reservado dos Estados que impedia o

---

[1727] Por iniciativa da Índia, que à época sequer havia obtido integralmente a independência do Reino Unido, a AGNU rechaçou o argumento sul-africano de que a questão se inseria no domínio reservado (art. 2(7)). A objeção sul-africana foi rejeitada por 42 votos contrários, inclusive do Brasil, 8 favoráveis (Austrália, Bélgica, Colômbia, França, Grécia, Luxemburgo, Reino Unido e União da África do Sul) e 10 abstenções (Argentina, Canadá, Estados Unidos, Nova Zelândia, Países Baixos, Panamá, Peru, República Dominicana, Turquia e Venezuela). A medida tinha como questão subjacente a defesa pela Índia de seus nacionais.

[1728] Em 1950, a AGNU deu continuidade ao tema pela resolução 395 (V), em que se afirmava expressamente: "a policy of "racial segregation" (*Apartheid*) is necessarily based on doctrines of racial discrimination".

[1729] Entre 1952 e 1990, o *apartheid* foi objeto de condenação ininterrupta em todas as sessões da AGNU por contrariar os arts. 55 e 56 da Carta.

acompanhamento de órgãos multilaterais da situação de direitos humanos em um Estado Membro.[1730]

Em 1960, o massacre de manifestantes negros contrários ao regime de *apartheid* perpetrado por forças policiais sul-africanas elevou, por iniciativa de 29 Estados, a questão da segregação racial na África meridional à agenda do CSNU. Na resolução 134 (1960), o Conselho deplorou o *apartheid* e a discriminação racial na África do Sul, reconheceu que teriam sido tais políticas a causa de desentendimento entre os Estados Membros (o que justificava a atenção do órgão) e solicitou (*calls upon* e *invite*, respectivamente nas versões em inglês e francês do documento) o abandono das mesmas pelo Governo sul-africano. A despeito da linguagem conciliatória na parte operativa da resolução,[1731] o CSNU reconheceu implicitamente que regimes de segregação racial ampla e sistemática constituíam ameaça à paz e à segurança internacionais, interpretação inovadora à época na medida em que se reconhecia a capacidade do Conselho para lidar com temas de direitos humanos, em princípio circunscritos à esfera de domínio reservado dos Estados. Sobre essa base jurídica, o CSNU recomendou, na resolução 181 (1963), intitulada *Questions Relating to the Policies of Apartheid of the Government of the Republic of South Africa*, embargo à venda de armas e munições à Africa do Sul.

O combate ao racismo avançava em ritmo acelerado na AGNU, onde era maior a capacidade de pressão e influência dos países em desenvolvimento, sobretudo do continente africano, contra a continuidade do regime de *apartheid*. Em linha com decisões anteriores sobre o tema, a AGNU determinou, em 1962,[1732] por meio da resolução 1761 (XII) a aplicação de medidas específicas contra o *apartheid*, entre as quais o rompimento de relações diplomáticas e comerciais, e o estabelecimento de Comitê Especial, que posteriormente se tornaria o Comitê Especial contra o *Apartheid*, com mandato para acompanhar

---

[1730] Depois houve retrocesso em razão da postura de países ocidentais (Bélgica, Canadá, EUA, França e Reino Unido) que atuaram para diminuir o nível de pressão sobre Pretória. O Governo sul-africano reressou à Organização, em 1958. Silvio José Albuquerque e Silva, *supra* nota 1918, p. 43.

[1731] A resolução foi aprovada no CSNU por 9 votos a favor e 2 abstenções (França e Reino Unido).

[1732] Em agosto desse mesmo ano, varias delegações africanas solicitaram ao então SGONU U Thant gestões junto ao Governo sul-africano para a libertação de Nelson Mandela, que havia sido preso semanas antes sob acusações de sabotagem, crime passível de aplicação da pena de morte.

e relatar sobre a situação na África do Sul.[1733] Em 1966, em clara manifestação da *opinio iuris* majoritária na ONU, a resolução 2202 A (XXI) da AGNU tipificou o *apartheid* como crime contra a humanidade. A mesma dinâmica se seguiu nos anos seguintes, levando à criação, em 1967, pela Comissão de Direitos Humanos, do "Grupo de Trabalho *Ad Hoc* de Especialistas para Investigar as Acusações de Tortura e Maus-Tratos de Prisioneiros e Pessoas sob Custódia Policial na África do Sul", cujo mandato só se encerraria com o fim do regime de *apartheid*. Em sua dimensão normativa, o tema evoluiu ainda com a aprovação, em 1973, da Convenção sobre a Supressão e a Punição do Crime de *Apartheid*, que declarava a contrariedade dessa prática à Carta e reconhecia a natureza criminal da segregação racial em regimes da África austral.[1734] Em 1977, o CSNU finalmente aprovou, sob o impacto do "massacre de Soweto", a imposição de um embargo à venda de armas à África do Sul por meio da resolução 418 (1977). O alcance dessa decisão extrapolou os limites da questão racial, pois foi a primeira imposição a um Estado Membro de sanção dessa natureza sob o Capítulo VII da Carta. Por fim, após negar, em 1984, a validade do pleito e da constituição outorgada pouco antes pelo regime sul-africano por ser contrária à Carta,[1735] o Conselho aprovou a resolução 569 (1985). Além de reiterar a condenação ao *apartheid*, o CSNU estendeu o regime de sanções à África do Sul por meio da imposição, embora sem referência ao Capítulo VII, de boicote econômico que previa a suspensão de todo tipo de investimento no país, da interrupção na concessão de empréstimos de garantia às exportações à Africa do Sul, da proibição de transações com *krugerrands*, de novos contratos na área nuclear[1736] e da venda de computadores para a polícia e forças armadas sul-africanas.[1737]

[1733] No mesmo ano, a AGNU aprovou a combinação em item único (Políticas de *apartheid* do Governo da República da África do Sul) dos tópicos sobre tratamento de indianos na África do Sul e *apartheid*.

[1734] A Convenção foi adotada pela AGNU por 91 votos favoráveis (inclusive Brasil), quatro contrários (África do Sul, Estados Unidos, Portugal e Reino Unido) e 26 abstenções.

[1735] As resoluções 554 e 556, ambas de 1984, foram influenciadas pelas resoluções da AGNU 38/11, de 1983, e 39/2, de 1984. A res. 556 (1984) reconhece o sistema de *apartheid* como crime contra a humanidade.

[1736] Os supostos vínculos econômicos e militares entre o regime sul-africano e o Governo israelense, sobretudo na área nuclear, foi uma das justificativas para a aprovação, em 1975, da resolução 3379 da AGNU.

[1737] A resolução foi aprovada por 13 votos favoráveis e 2 abstenções (Estados Unidos e Reino Unido).

Durante esse período, assistiu-se também à evolução na interpretação do combate ao racismo no direito internacional por meio das atividades desempenhadas pelo Comitê para a Eliminação da Discriminação Racial (CERD). Criado pela ICERD, o CERD foi mecanismo pioneiro no direito internacional de direitos humanos, pois foi o primeiro órgão de tratado encarregado de acompanhar e monitorar o cumprimento pelos Estados Partes das obrigações previstas por seu instrumento constitutivo. Como apontou Albuquerque e Silva, sobressaem, entre as principais contribuições hermenêuticas do Comitê, (i) a validade do recurso pelos peritos a informações obtidas em outras fontes para além dos relatórios submetidos pelos Estados Partes e (ii) a obrigatoriedade de os Estados apresentarem relatórios periódicos sobre a situação e a implementação das obrigações e medidas de proteção previstas pela Convenção, a despeito de quaisquer alegações.[1738]

Sob o impacto concomitante do fim da Guerra Fria, em fins da década de 1980, da queda do regime de *apartheid* na África do Sul, em 1994, e dos resultados da Conferência de Viena, de 1993,[1739] o combate ao racismo no plano internacional ganhou impulso renovado com a expansão normativa do direito internacional dos direitos humanos. Em meio ao recrudescimento da xenofobia e da intolerância étnica e religiosa que estava na raiz de graves e sistemáticas violações de direitos humanos cometidas na ex-República da Iugoslávia e em Ruanda, o combate a regimes segregacionistas na África austral cedeu progressivamente espaço, entre as preocupações da comunidade internacional, à questão do combate ao racismo e à discriminação racial estrutural em todo o mundo.[1740] Após processo negociador na Subcomissão e na Comissão de Direitos Humanos na década de 1990,[1741] realizou-se, em 2001, a Conferência de Durban, na África do Sul. Documento de natureza consuetudinária, em que se expressa a *opinio iuris* majoritária dos Estados reunidos nas Nações

---

[1738] Silvio José Albuquerque e Silva, *supra* nota 1918, p. 46.

[1739] A Declaração e o Plano de Ação de Viena instaram os Estados a promover a "rápida e completa eliminação de todas as formas de racismo, discriminação racial, xenofobia e intolerância correlata".

[1740] Complementarmente ao CERD, que se volta precipuamente à avaliação dos Estados Partes e ao cumprimento das obrigações no marco da ICERD, foi criada, em 1993, no âmbito da antiga Comissão, relatoria especial sobre Formas Contemporâneas de Racismo, Discriminação Racial, Xenofobia e Intolerância Correlata, existente até os dias atuais no Conselho de Direitos Humanos.

[1741] Silvio José Albuquerque e Silva, *supra* nota 1918, p. 20.

Unidas, a Declaração e o Plano de Ação de Durban constitui, para além de sua natureza jurídica, verdadeiro "mapa do caminho" para a elaboração e a execução de programas e medidas voltadas ao combate ao racismo, à discriminação racial, à xenofobia e à intolerância correlata. O documento atualizou ainda os esforços em favor dos princípios de igualdade e de não discriminação diante de novas ameaças com base no reconhecimento, tal como propugnado pelo Brasil, da existência universal de práticas discriminatórias cuja gravidade e continuidade seguem a exigir atenção prioritária dos Governos nacionais.[1742]

Repúdio ao racismo na prática diplomática brasileira

Desde a criação das Nações Unidas, em 1945, o combate à discriminação racial é um dos aspectos centrais da prática diplomática brasileira. Embora com ênfases distintas ao longo do tempo, o combate ao racismo consiste, na visão brasileira, não só em corolário lógico da defesa dos direitos humanos, em linha com o preâmbulo e o art. 1º da Carta, mas também aspecto autônomo da ordem jurídica e política do pós-Guerra: na raiz das graves violações de direitos humanos cometidas durante a II Guerra Mundial residia a negação da igualdade com base em critérios raciais.

Já nas primeiras manifestações sobre os princípios que deveriam reger as Nações Unidas, a diplomacia brasileira denunciou a discriminação racial como prática contrária ao compromisso assumido pelos Estados em torno das liberdades fundamentais e da igualdade jurídica de todos os seres humanos, tal como consignado na Carta e na DUDH.[1743] Em termos procedimentais, o Brasil defendeu a legitimidade e a legalidade do tratamento do tema pelos órgãos competentes da Organização, algo que, para muitos Estados, e até mesmo para parte da doutrina, se inscrevia no escopo proibitivo de aplicação do princípio de não intervenção nos assuntos domésticos dos Estados.[1744] Em 1952, o Brasil apoiou a competência funcional da ONU para debater a discriminação racial na África do Sul, bem como emprestou apoio à resolução aprovada pela AGNU e instou o regime sul-africano a pôr fim às práticas discriminatórias do

[1742] Para análise pormenorizada da Declaração e do Plano de Ação de Durban, cf. Silvio José Albuquerque e Silva, *supra* nota 1918, pp. 176-196.

[1743] Ernesto Leme na IX Sessão Ordinária da AGNU, em 1954, in Luiz Felipe Seixas Corrêa (org.), *supra* nota 520, p. 102.

[1744] "A perseguição racial é contrária ao espírito e aos fins das Nações Unidas e o Brasil, com o mundo civilizado, a condena de forma mais veemente". Horácio Lafer na XV Sessão Ordinária da AGNU, em 1960, *in* Luiz Felipe Seixas Corrêa (org.), *supra* nota 520, p. 144.

apartheid. Na opinião brasileira, era preciso conciliar a esfera do domínio reservado dos Estados com os compromissos internacionais nessa matéria, nos termos inscritos na Carta.[1745] Essa prática diplomática convergiu, na década de 1960, à assinatura e ratificação (a primeira) pelo Brasil, da ICERD.[1746]

A repulsa à prática de racismo em terceiros países se revelou de forma mais nítida no tratamento dos regimes de *apartheid* na África meridional. A discriminação racial, sobretudo quando imposta de forma sistemática, foi caracterizada, em linha com a *opinio iuris* majoritária nas Nações Unidas, como "crime contra a humanidade"[1747] e contrária à nossa identidade internacional.[1748] Na opinião brasileira, a questão se relacionava ao direito dos povos à autodeterminação,[1749] cuja realização se via impedida por regimes segregacionistas na África do Sul e na Namíbia.[1750] Embora o Brasil favorecesse, em princípio, o encaminhamento dessas questões por vias pacíficas, a continuidade de regimes racistas representava ameaça à paz e à segurança internacionais, por duas razões. Primeiro, na medida em que a repressão a movimentos insurrecionais em defesa da autodeterminação dos povos e da libertação de povos sob regimes segregacionistas ensejava o recurso dessas populações à luta armada.[1751] Segundo, devido à recalcitrância desses regimes em cumprir com resoluções aprovadas pela AGNU e até mesmo pelo CSNU, sob o olhar complacente de potências externas.

[1745] MRE, *Relatório Apresentado ao Presidente da República dos Estados Unidos do Brasil pelo Ministro de Estado das Relações Exteriores - 1952*, MRE/Serviço de Publicações, pp. 21-22.

[1746] O Brasil também ratificou, em 1965, a Convenção 111 Relativa à Discriminação com Respeito ao Emprego e à Ocupação da OIT e, em 1968, a Convenção da UNESCO contra a Discriminação na Educação.

[1747] Araújo Castro, sobre a Questão do *Apartheid*, na XXV AGNU, em 8/10/1970. In *Araújo Castro*, Coleção Itinerários, Brasília, Editora Universidade de Brasília, 1982, pp. 122-125.

[1748] "O Brasil repudia frontalmente a política do *apartheid*, em todas as suas formas e manifestações. Assim fazendo, estamos sendo fiéis não só às nossas tradições, como a nossa história e a nós mesmos". *Idem.*

[1749] Affonso Arinos de Mello Franco na XVI Sessão Ordinária da AGNU, em 1961, *in* Luiz Felipe Seixas Corrêa (org.), *supra* nota 520, p. 155.

[1750] Ramiro Saraiva Guerreiro, no programa "A Voz do Brasil", em 12/12/1980, *in* A.A. Cançado Trindade (org.), *supra* nota 530, pp. 95-96.

[1751] MRE, *Intervenção da Delegação Brasileira sobre o Item 6 da Agenda* (Comissão de Direitos Humanos da ONU, XXXVI Sessão), 1980, Anexo I, pp. 163-166 (não-publicado, tradução do inglês). *In* A.A. Cançado Trindade (org.), *supra* nota 530, pp. 321-322.

Mesmo durante a ditadura, o racismo permaneceu como um dos elementos discursivos centrais de política exterior. No entanto, o regime militar aproveitava-se do então já tradicional combate a práticas discriminatórias raciais em outros países, sobretudo em regimes coloniais e segregacionistas, para propagar no exterior imagem favorável à situação de direitos humanos no plano interno.[1752] Entre outras coisas, argüia-se a existência no Brasil de uma "democracia racial", "onde muitas raças vivem e trabalham juntas e se mesclam livremente, sem medo ou favores, sem ódio ou discriminação", algo que seria, no entendimento do regime, até mesmo um exemplo a ser replicado em outros países.[1753]

É, aliás, a partir de premissas lusotropicalistas inspiradas na obra de Gilberto Freyre, que se explica, em grande medida, a principal nódoa na prática diplomática de combate ao racismo no plano internacional, a saber, a cumplicidade entre as décadas de 1950 e 1970 com o colonialismo português sob Salazar. Se no plano geral e abstrato dos fóruns multilaterais a diplomacia brasileira posicionava-se na vanguarda do combate ao racismo e na defesa do processo de descolonização, sob o entendimento de que "a dominação estrangeira é uma forma de negação de direitos humanos fundamentais, além de empecilho à paz e à cooperação mundial",[1754] no caso das colônias portuguesas o Brasil hesitava entre a defesa envergonhada de uma herança portuguesa e um silêncio conivente com a perpetuação de regimes discriminatórios dos povos lusófonos colonizados. Longe de restringir-se aos círculos da diplomacia brasileira,[1755] essa posição refletia um quase consenso existente nas elites sociais e políticas do País, que buscavam equilibrar o compromisso histórico com a descolonização e os laços que nos uniam com Portugal, nos mais diversos campos.[1756]

Devido, em grande parte, à persistência da diplomacia brasileira, foi possível proceder à reorientação do posicionamento do Brasil em relação ao

---

[1752] Silvio José Albuquerque e Silva, *supra* nota 1918, p. 70.

[1753] Juracy Magalhães na XXI Sessão Ordinária da AGNU, em 1966, *in* Luiz Felipe Seixas Corrêa (org.), *supra* nota 520, p. 221.

[1754] Ramiro Saraiva Guerreiro, *supra* nota 1950, p. 95.

[1755] Pelo contrário, o sentimento dos diplomatas brasileiros junto era, em geral, de discordância diante das instruções recebidas. Cf. Rafael Souza Campos de Moraes Leme, *supra* nota 829.

[1756] José Sarney no Senado Federal. *Diário do Congresso Nacional* (Seção II), Brasília, 13/9/1974, pp. 3710-3712.

colonialismo português.[1757] Com isso foi retomado o ímpeto da denúncia e do combate a regimes segregacionistas, posição amparada também na interpretação de que tais políticas contrariavam não só o direito internacional dos direitos humanos, mas também impediam a realização do direito à autodeterminação dos povos. Já em 1970, Gibson Barboza renovou a crítica às políticas de *apartheid*,[1758] algo mantido nos anos seguintes com o mesmo sentido condenatório a regimes racistas e favorável à emancipação de povos sob o jugo colonial ou ocupação estrangeira.[1759] Em 1975, logo após o reconhecimento pelo Brasil do Governo do Movimento Popular para a Libertação de Angola (MPLA), Azeredo da Silveira voltou a denunciar a persistência da opressão racial na África meridional, "não apenas tomada pela intranqüilidade e pelo temor, mas assolada pela violência e pelo morticínio" e defendeu a autonomia dos povos na África do Sul, Namíbia e Zimbábue.[1760] Em 1977, o mesmo Azeredo da Silveira justificou a participação do Brasil na Conferência de Apoio aos Povos do Zimbábue e da Namíbia e na Conferência Mundial de Ação contra o *Apartheid*, com base no "repúdio ao racismo e ao colonialismo", cuja persistência causava " apreensão" e desafiava "a consciência da humanidade".[1761] No mesmo diapasão, Saraiva Guerreiro condenou enfaticamente, em 1981, na mesma AGNU, "a prática institucionalizada do racismo" na África do Sul" por ser "incompatível com qualquer idéia de justiça e igualdade".[1762]

[1757] Cf. capítulo sobre o princípio de autodeterminação dos povos, em particular no tocante à prática diplomática brasileira durante o processo de descolonização das ex-colônias portuguesas na África.

[1758] Mário Gibson Barboza na XXV Sessão Ordinária da AGNU, em 1970, *in* Luiz Felipe Seixas Corrêa (org.), *supra* nota 520, p. 259.

[1759] Em 1975, o Brasil votou a favor do projeto de resolução adotado na XXX AGNU que qualificou o sionismo como forma de racismo e discriminação racial.

[1760] Antonio Francisco Azeredo da Silveira na XXXI Sessão Ordinária da AGNU, em 1976, *in* Luiz Felipe Seixas Corrêa (org.), *supra* nota 520, pp. 333-334.

[1761] "A discriminação, a segregação e o ódio racial constituem uma das expressões máximas da violação dos direitos da pessoa humana. As práticas do *apartheid* merecem condenação, tanto no plano ético e jurídico quanto no político, pois, além de ofenderem a consciência moral e transgredirem os direitos do homem, representam fator de perturbação da paz". Antonio Francisco Azeredo da Silveira na XXXII Sessão Ordinária da AGNU, em 1977, *in* Luiz Felipe Seixas Corrêa (org.), *supra* nota 520, pp. 344-345.

[1762] Ramiro Saraiva Guerreiro na XXXVI Sessão Ordinária da AGNU, em 1981, *in* Luiz Felipe Seixas Corrêa (org.), *supra* nota 520, p. 398. O mesmo Saraiva Guerreiro aludiu ao tema na

O repúdio a regimes segregacionistas foi mantido com a redemocratização. Em sua primeira participação na AGNU, em 1985, Sarney associou o sentimento "profunda, entranhada e intransigentemente antirracista do Brasil à fidelidade do país "ao credo universalista da democracia" e à formação multirracial da população brasileira.[1763] No ano seguinte, Abreu Sodré denunciou "o regime abominável de discriminação vigente na República da África do Sul" e advogou por "decisões inadiáveis, com vistas a tornar concretamente inviável a tentativa de Pretória de perpetuar aquele nefando Regime".[1764] Na década seguinte, o tema foi retomado por Celso Lafer, que denunciou a natureza odiosa das políticas de segregação racial, pois "o respeito aos direitos humanos e a igualdade de todos perante a lei são valores absolutos".[1765]

Ao longo desse processo, transformou-se igualmente a maneira pela qual o Governo brasileiro lidava, no plano internacional, com a persistência do racismo em âmbito interno. Embora tenha sido o primeiro Estado Parte a ratificar, já em 1966, a ICERD, o Governo brasileiro rejeitava a aplicação da Convenção sobre a realidade doméstica sob o argumento de que "a discriminação racial não existe no Brasil". Por consequência, não haveria "necessidade de adotar medidas esporádicas de natureza legislativa, judicial e administrativa a fim de assegurar a igualdade das raças".[1766] Nas décadas de 1970 e 1980, essa foi a interpretação predominante que orientou os relatórios apresentados periodicamente ao CERD, nos termos da obrigação prevista no art. 9º do ICERD. Em parte, a recusa em admitir a existência de racismo no Brasil era explicada pelo peso representado pelo regime de *apartheid* na África do Sul nesse debate. Nessa lógica, à qual se somava ainda o estádio embrionário do sistema de proteção e de promoção dos direitos humanos em âmbito multilateral,

---

AGNU em 1983 (*idem*, p. 423) e 1984 ("as Nações Unidas não podem transigir ou hesitar na total condenação do *apartheid*", *ibidem*, p. 433).

[1763] José Sarney na XL Sessão Ordinária da AGNU, em 1985, in Luiz Felipe Seixas Corrêa (org.), *supra* nota 520, pp. 448-449.

[1764] Roberto de Abreu Sodré na XLI Sessão Ordinária da AGNU, em 1986, *idem*, pp. 471-472. Em 1988, Abreu Sodré retomou a tese de Gibson Barboza e Azeredo da Silveira de que a perpetuação do *apartheid* consistia em ameaça à paz e à segurança. Roberto de Abreu Sodré na XLIII Sessão Ordinária da AGNU, *ibidem*, p. 495.

[1765] Celso Lafer na XLVII Sessão Ordinária da AGNU, em 1992, *in* Luiz Felipe Seixas Corrêa (org.), *supra* nota 520, pp. 558-559.

[1766] Primeiro relatório apresentado pelo Brasil ao CERD, em 1970. *In* Silvio José Albuquerque e Silva, *supra* nota 1918, p. 70.

somente casos de discriminação racial sistemática, isto é, regimes jurídica e politicamente segregacionistas como aqueles vigentes na África meridional, justificariam o escrutínio externo como regra de exceção ao regime geral de domínio reservado do art. 2 (7) da Carta. Longe de atitude isolada, o comportamento do Brasil era similar ao de outros Estados signatários da ICERD.[1767] A inconsistência jurídica e política de tal postura era, porém, flagrante. Em primeiro lugar, contrariava o princípio de igualdade entre os Estados, pois pressupunha que a aplicação das obrigações previstas na Convenção ocorreria de forma discriminatória e desigual entre as partes. Segundo, saía afetada a eficácia do instrumento, o que ia de encontro não só aos princípios de boa fé e de *pacta sunt servanda*, como também à defesa geral pelo Brasil de combate à discriminação racial em terceiros países.[1768] Por fim, revelava-se a recalcitrância de setores da sociedade e do Governo em reconhecer o racismo estrutural no país, mesmo como prática social e não juridicamente discriminatória.

Somente após o reexame crítico desse último aspecto foi possível ao Brasil modificar sua forma de engajamento com o CERD. Em 1995, quase uma década após a redemocratização do país, o Governo brasileiro apresentou novo relatório periódico em que "admitia a existência de discriminação racial no País e assumia a preocupação do Estado em desenvolver e implementar políticas destinadas à superação desse quadro".[1769] Para além do reconhecimento da discriminação racial como prática social no País, o Brasil passou a adotar postura de abertura ao diálogo com o Comitê, algo que se tornou, a partir de então, modelo para o engajamento brasileiro com outros mecanismos de proteção e promoção dos direitos humanos em âmbitos multilateral e interamericano.[1770]

Nas últimas décadas, o País esteve na linha de frente do movimento internacional de combate ao racismo e a práticas de discriminação racial. Em linha com o ânimo que inspirou a ordem constitucional de 1988, uma das

---

[1767] Silvio José Albuquerque e Silva, *ibidem*, pp. 49-50.

[1768] José de Magalhães Pinto na XXIV Sessão Ordinária da AGNU, em 1969, *in* Luiz Felipe Seixas Corrêa (org.), *supra* nota 520, pp. 250-251.

[1769] Silvio José Albuquerque e Silva, *supra* nota 1918, p. 74.

[1770] Entre os aspectos positivos desse processo, sobressai o diálogo mantido entre órgãos governamentais, como os Ministérios das Relações Exteriores, da Justiça e Secretarias de Direitos Humanos e de Promoção da Igualdade racial, e a sociedade civil organizada.

principais iniciativas do Brasil consistiu na proposta inovadora de buscar o reconhecimento pela comunidade internacional quanto à incompatibilidade entre democracia e racismo. Aprovada ainda na antiga Comissão, em 2000, sob iniciativa brasileira, a resolução 2000/40 reorientou o tema do combate ao racismo e à discriminação racial para o cerne jurídico e político da questão, a saber, o marco da igualdade dos indivíduos perante o Direito, com base no entendimento de que atos de violência racial não constituem expressões legítimas de opinião, pois são atos ilegais.[1771] Ao fazê-lo, aproximou o combate ao racismo dos esforços em favor da promoção universal da democracia, conferindo natureza substantiva transversal a debate em princípio circunscrito a questões formais relativas ao Estado de Direito (*rule of law*).[1772] Mediante propostas apresentadas pelo Brasil, a Declaração e o Plano de Ação de Durban de 2001 e o documento final da Conferência de Revisão de Durban de 2009 também incorporaram linguagem sobre a temática.

A participação do Brasil na Conferência Mundial de Durban, em 2001, na qual contou com numerosa delegação, consolidou, no período pós-ditadura, não só o compromisso inequívoco com o combate ao racismo e à discriminação racial, como também a liderança e legitimidade internacional da ação diplomática brasileira nessa matéria.[1773]

1771 O tema foi objeto de resoluções subsequentes e aprovadas por consenso, tanto na Comissão quanto no novo Conselho, a partir de 2006, sempre sob a liderança brasileira.

1772 Realizou-se, na 31ª sessão do CDH, em 2015, Painel sobre a Incompatibilidade entre Democracia e Racismo, com o objetivo de identificar desafios e boas práticas, em especial no tocante aos temas de i) direitos humanos e desafios aos valores democráticos em decorrência de movimentos extremistas; ii) o papel de governos, autoridades públicas e líderes na prevenção e eliminação do racismo; iii) governança transparente com vistas à prevenção e à eliminação do racismo.

1773 "O objetivo principal do Brasil era a construção de texto declaratório avançado que tratasse objetivamente das causas históricas do racismo e identificasse com clareza as vítimas dessas manifestações. Ao mesmo tempo, interessava ao Brasil que o Plano de Ação contivesse uma linguagem objetiva e prospectiva, que levasse à "adoção de propostas concretas de superação das formas tradicionais e contemporâneas de racismo, discriminação racial, xenofobia e intolerância correlata". Tanto nas questões do passado quanto nas relativas a temas contemporâneos, o Brasil deveria rejeitar propostas de "condenação seletiva de Estados", a qual "não seria politicamente viável nem permitiria a superação dos obstáculos criados por alguns países, até mesmo com invocação a particularidades culturais e religiosas". A lógica que embasava essa posição conciliatória era o reconhecimento de que o racismo, a discriminação racial, a xenofobia e a intolerância correlata eram problemas compartilhados por todos os Estados. Nesse sentido, afirmavam as instruções, "o elo que

Em conclusão, o combate ao racismo e à discriminação racial é um dos pilares sobres os quais se erigiu o arcabouço temático da política externa brasileira. Nele, nossa realidade interna se desdobra sobre o plano externo ao revelar os valores mais caros à nossa visão sobre o plano internacional. A eliminação do preconceito e da discriminação, hoje algo não apenas restrito à dimensão racial, mas também étnica, de gênero e de opção sexual, consiste em um dos aspectos temáticos prioritários da política externa brasileira na agenda de direitos humanos.

Conteúdo Normativo

A proibição de discriminação racial é corolário do princípio de igualdade jurídica. A começar pela reificação dos seres humanos pela escravidão, foi a violação ou, mais precisamente, a negação dessa premissa fundamental que conduziu aos mais distintos regimes discriminatórios por razões relacionadas à raça, etnia ou cor da pele. O princípio de igualdade dos seres humanos perante a norma jurídica, do qual a proibição da discriminação racial é um subprincípio, é, assim, a base sobre a qual se desenvolveu o regime de combate ao racismo no direito internacional.

Num primeiro plano, o combate ao racismo e à discriminação racial é regulado por meio de normas relativas ao princípio de igualdade e dignidade dos seres humanos. O art. 1(3) da Carta situa entre os propósitos das Nações Unidas a promoção e o estímulo do respeito "aos direitos humanos e às liberdades fundamentais para todos, sem distinção de raça, sexo, língua ou religião". A Constituição da UNESCO, por sua vez, além de reproduzir a linguagem da Carta, assinala no preâmbulo que "a grande e terrível guerra que acaba de chegar ao fim foi uma guerra tornada possível pela negação dos princípios democráticos da dignidade, da igualdade e do respeito mútuo dos homens" e pela propagação "do preconceito, da doutrina da desigualdade entre homens e raças". A Declaração Universal, de 1948, após reconhecer que "todas as pessoas nascem livres e iguais em dignidade e direitos" (art. 1º), consagra, no art. 7º, a proibição de discriminação racial ao estipular que "todos são iguais perante a lei e têm direito, sem qualquer distinção, a igual proteção da lei" e que "todos têm direito a igual proteção contra qualquer discriminação que viole a presente Declaração e contra qualquer incitamento a tal discriminação". A mesma

une a todos nessa Conferência deverá ser justamente a determinação de resolvê-los". Silvio José Albuquerque e Silva, *supra* nota 1918, p. 197.

linguagem foi reproduzida nos dois Pactos de Direitos Humanos de 1966, que fazem referência ao compromisso dos Estados de respeitar e garantir o gozo e o exercício dos direitos ali estabelecidos "sem discriminação alguma por motivo de raça, cor, sexo, língua, religião, opinião política ou de outra natureza, origem nacional ou social, situação econômica, nascimento ou qualquer condição". O art. 26 do Pacto de Direitos Civis e Políticos de 1966 vai além e reconhece expressamente o regime de não discriminação racial como elemento fundamental do princípio de igualdade jurídica e, nessa ordem de idéias, impõe aos Estados Partes os deveres de proibir práticas discriminatórias sob quaisquer justificativas e de garantir proteção efetiva contra sua eventual existência.[1774] Em termos similares, o art. 3º comum às Convenções de Genebra de 1949 estende o universo de proteção do direito internacional humanitário a todas as pessoas, sem "distinção de carácter desfavorável baseada na raça, cor, religião ou crença, sexo, nascimento ou fortuna, ou qualquer outro critério análogo".

Em segundo plano normativo, de maior grau de especialidade, o tema do combate ao racismo e à discriminação racial foi objeto de regulação específica, pela primeira vez, na Convenção sobre a Prevenção e a Punição do Crime de Genocídio, de 1948, onde se definiu o crime de genocídio como qualquer ato cometido com a intenção de destruir, no todo ou em parte, grupo nacional, étnico, racial ou religioso. Pouco depois, em 1958, foi assinada, no âmbito da Organização Internacional do Trabalho (OIT), a Convenção 111 Relativa à Discriminação com Respeito ao Emprego e à Ocupação, na qual, além de declarar que "a discriminação constitui uma violação dos direitos enunciados na Declaração Universal dos Direitos do Homem", definiu, no Art. 1(a), como práticas discriminatórias "toda a distinção, exclusão ou preferência fundada na raça, cor, sexo, religião, opinião política, ascendência nacional ou origem social, que tenha por efeito destruir ou alterar a igualdade de oportunidades ou de tratamento em matéria de emprego ou profissão". No mesmo diapasão, a UNESCO aprovou, em 1962, a Convenção contra a Discriminação na Educação, a qual, além de adotar definição com linguagem muito semelhante à DUDH, prescreveu o compromisso dos Estados de prevenir, remediar e

[1774] Art. 26 - Todas as pessoas são iguais perante a lei e têm direito, sem discriminação alguma, a igual proteção da Lei. A este respeito, a lei deverá proibir qualquer forma de discriminação e garantir a todas as pessoas proteção igual e eficaz contra qualquer discriminação por motivo de raça, cor, sexo, língua, religião, opinião política ou de outra natureza, origem nacional ou social, situação econômica, nascimento ou qualquer outra situação. Cf. também Silvio José Albuquerque e Silva, *supra* nota 1918, p. 271.

remover práticas discriminatórios, à luz dos princípios norteadores de não discriminação e de igualdade de oportunidades.[1775]

Outro importante avanço foi a Convenção sobre a Supressão e Punição do Crime do *Apartheid*, de 1973, onde se reconheceu o *apartheid* como crime contra a humanidade. O art. 2º da Convenção definiu o crime de *apartheid* como políticas e práticas de segregação racial que consistem em atos desumanos cometidos com o propósito de estabelecer e manter a dominação de um grupo racial de pessoas sobre outro, sistematicamente oprimido.[1776] A Convenção reconheceu, ademais, a responsabilidade penal de indivíduos, membros de organizações e representantes do Estado que cometam, incitam ou conspiram para a realização do crime de *apartheid* (art. 3), bem como concedeu a competência aos Estados Partes em processar e julgar indivíduos não nacionais responsáveis por tais crimes que se encontrem sob sua jurisdição, mesmo quando cometidos em territórios de um Estado que não seja signatário da Convenção (arts. 4 e 5).[1777]

Como *lex specialis*, o principal marco jurídico do direito internacional em matéria de combate ao racismo é a Convenção Internacional sobre a Eliminação de Todas as Formas de Discriminação Racial (ICERD). Materialmente, o vetor de repulsa ao racismo se desdobrou em normas específicas que tanto condenam e proíbem quaisquer práticas e regimes discriminatórios com base em critérios raciais, quanto estipulam obrigações com a finalidade de combatê-la como imperativo civilizatório entre as nações. De forma detalhada, o art. 1 (1) da ICERD define "discriminação racial" como "qualquer distinção, exclusão restrição ou preferência baseadas em raça, cor, descendência ou origem nacional ou étnica que tem por objetivo ou efeito anular ou restringir o reconhecimento, gozo ou exercício num mesmo plano, (em igualdade de condição), de

---

[1775] A Convenção estabelece (art. 7º) mecanismo de acompanhamento por meio da apresentação de relatórios periódicos pelos Estados Partes.

[1776] Entre as condutas típicas do crime de *apartheid* enumeradas no art. 2º incluem-se assassinatos, tortura, tratamento desumano e prisão arbitrária de indivíduos em razão de que pertencem a um determinado grupo racial; a imposição deliberada de condições de vida voltadas à destruição física de um grupo racial; a adoção de leis que discriminam indivíduos de um grupo racial no exercício de direitos políticos, civis, sociais, econômicos e culturais; a imposição de medidas que dividem a população com base em critérios raciais e criam áreas residenciais separadas segundo grupos raciais; a proibição de matrimônio inter-racial e a perseguição a pessoas contrárias ao *apartheid*.

[1777] Essa modalidade convencional de "jurisdição universal" jamais foi colocada em prática, nem mesmo durante a vigência do regime de *apartheid* na África do Sul, até 1990.

direitos humanos e liberdades fundamentais no domínio político econômico, social, cultural ou em qualquer outro domínio de vida pública". Há duas formas: uma explícita (discriminação direta) e outra indireta (efeitos contra um grupo determinado de pessoas decorrentes de fatores "aparentemente neutros" inseridos em dispositivos normativos ou constantes de práticas sociais).[1778] Em ambas, o cerne da discriminação consiste na violação do princípio de igualdade entre os seres humanos e de seu subprincípio de proibição da discriminação a partir de critérios relacionados à raça, cor ou etnia.

O regime jurídico da ICERD pode ser descrito em quatro dimensões normativas. A primeira é aquela em que se veicula a *opinio iuris* dos Estados quanto à natureza inadmissível de regimes discriminatórios baseados na raça dos seres humanos. Aí se observa a correspondência no direito internacional do princípio de repúdio ao racismo inscrito na Constituição: a condenação da discriminação racial, em todas as suas formas. Nos termos da Convenção, os Estados Partes condenam a discriminação racial (art. 2 (1)), em especial, "a segregação racial e o *apartheid*" (art. 3) e "toda propaganda e todas as organizações que se inspirem em idéias ou teorias baseadas na superioridade de uma raça" (art. 4). A segunda dimensão, que nada mais é que corolário lógico da condenação anterior, consiste na proibição expressa da discriminação racial. A mesma *vis directiva* subjacente à condenação da discriminação racial desdobra-se na inadmissibilidade de qualquer tipo de hierarquia racial entre seres humanos, vez que regimes discriminatórios vão de encontro *ipso facto* e *ipso iure* ao princípio de igualdade.[1779] Essa convicção é veiculada já no preâmbulo do ICERD, onde se consagra a relação direta entre o princípio de igualdade jurídica e a proibição de discriminação racial: "todos os homens nascem livres e iguais em dignidade e direitos e que todo homem tem todos os direitos estabelecidos na mesma, sem distinção de qualquer espécie e principalmente de raça, cor ou origem nacional". Por conseqüência, "todos os homens são iguais perante a lei e têm o direito à igual proteção contra qualquer discriminação e contra qualquer incitamento à discriminação". A proibição de discriminação racial não implica, no entanto, a impossibilidade de derrogações positivas, isto é, a criação de regimes particulares que, embora aplicados de for-

---

[1778] Silvio José Albuquerque e Silva, *supra* nota 1918, p. 63.

[1779] À luz da igualdade jurídica, a CERD consagra a *opinio iuris* de que "qualquer doutrina de superioridade baseada em diferenças raciais é cientificamente falsa, moralmente condenável, socialmente injusta e perigosa, em que, não existe justificação para a discriminação racial, em teoria ou na prática, em lugar algum".

ma discriminatória, são estabelecidos com o propósito de avançar e proteger grupos em circunstâncias históricas, culturais e socialmente desprivilegiadas, a exemplo do que ocorre com povos indígenas e autóctones, ou populações afrodescendentes em sociedades com passado escravagista. Essas medidas, comumente conhecidas como "ações afirmativas", são permitidas pela ICERD (art. 1 (4)) desde que se orientem pela promoção da igualdade racial, cuja realização pressupõe o objetivo de assegurar a igualdade factual. A terceira dimensão normativa da ICERD é o universo de obrigações impostas aos Estados em matéria de combate à discriminação racial. Em linha com a condenação e a proibição do racismo, a Convenção consagra o compromisso dos Estados em relação a deveres de ação (arts. 2 (1) (c), (d) e (e); 2 (2); 3; 4 (a) e (b); 5; 6 e 7) e de abstenção (arts. 2 (1) (a) e (b) e 4 (c)) no tocante às medidas necessárias à eliminação da discriminação racial sob suas respectivas jurisdições. Por fim, a quarta e última dimensão normativa refere-se às medidas de implementação e acompanhamento, que implicam o dever de cooperação com os mecanismos estabelecidos e previstos pela ICERD. Sobressai aí o papel do CERD, a quem cabe analisar relatórios submetidos periodicamente pelos Estados Partes e, extraordinariamente, recomendar medidas de ação preventiva, a exemplo de aviso prévio e procedimento urgente em relação a casos específicos.[1780]

A proibição da discriminação racial é também reconhecida e aceita pela comunidade internacional como norma peremptória (*ius cogens*) do direito internacional geral.[1781] A natureza universal, imperativa e não derrogável dessa proibição foi estipulada pela ICERD[1782] e, posteriormente, reforçada pela Convenção Internacional sobre a Supressão e a Punição do Crime de Apartheid,

---

[1780] Há ainda, nos termos do art. 14, o direito de petição individual, que enseja a capacidade processual direta das vítimas de discriminação racial de aceder ao CERD individual ou coletivamente. Embora cláusula facultativa, sujeita à reserva, o Brasil reconheceu, em 2002, a competência do CERD nessa área.

[1781] De acordo com o art. 1 da ICERD, o escopo da definição de discriminação racial inclui todas as formas de discriminação baseada na raça, cor, descendência ou origem étnica ou nacional.

[1782] O art. 2 do ICERD condena a discriminação racial e estabelece obrigações imperativas no sentido de adotar, por todos os meios apropriados e sem demora, uma política de eliminação de todas as formas de discriminação racial. Em particular, a Convenção estipula obrigações em âmbito tanto doméstico quanto externo de não engajamento em atos ou práticas de discriminação racial. Requer ainda dos Estados medidas efetivas, no plano interno, com o objetivo de "modificar, revogar ou anular as leis e qualquer disposição regulamentar que tenha como efeito criar a discriminação racial ou perpetuá-la onde já existir". Por fim, o instrumento declara expressamente que cada Estado Parte

de 1973, (cujo art. 1º declara o *apartheid* como crime contra a humanidade) e pela Convenção sobre Limites não Estatutórios de 1968, que também considera o *apartheid* crime contra a humanidade. No direito consuetudinário, a Declaração sobre a Eliminação de Todas as Formas de Discriminação Racial já havia reconhecido, em 1963, o imperativo de eliminar a discriminação racial em todas as suas formas e manifestações.[1783] Mas foi no Programa de Ação da Conferência Mundial para o Combate do Racismo e da Discriminação Racial, de 1978, em que se reconheceu expressamente a natureza peremptória da proibição da discriminação racial. Em 2002, a Comissão de Direitos Humanos reconheceu novamente a proibição da discriminação racial como norma peremptória da qual nenhuma derrogação é permitida.[1784] Finalmente, tanto a Declaração e o Programa de Ação de Durban, de 2001, quanto o Documento Final da Conferência de Revisão de Durban, de 2009, reiteraram a natureza universal, imperativa e não derrogável da proibição de discriminação racial.

No plano jurisprudencial, a natureza peremptória desse regime foi reconhecida pela CItDH, que declarou que o princípio de não discriminação e o direito de igualdade jurídica são normas de *ius cogens* aplicáveis a todos os indivíduos sob a jurisdição de um dado Estado, a despeito de sua condição migratória.[1785] A CIJ também reconheceu aspectos da natureza de *ius cogens* dessa norma, ainda que implicitamente.[1786] No plano doutrinário é igualmente

"por todos os meios apropriados - inclusive, se as circunstâncias o exigirem, com medidas legislativas -, proibir a discriminação racial".

1783 Cf. a resolução 1904 (XVIII) da AGNU, de 20/11/1963. Posteriormente, várias outras resoluções adotadas pela AGNU reforçaram a *opinio iuris* de que a discriminação racial é uma séria violação dos direitos humanos e atenta contra os princípios e propósitos inscritos na Carta das Nações Unidas.

1784 Art. 40 da resolução 2002/68 do CDH, *Racism, racial discrimination, xenophobia and related intolerance*, adotada por 37 votos favoráveis, 11 contrários e 5 abstenções. E/2002/23 - E/CN.4/2002/200, chap. VI.

1785 *Yean and Bosico Girls v The Dominican Republic*, Preliminary Objections, Merits, Reparations and Costs, Judgment of 8 September 2005, Series C No .130. Cf. também David Weissbrodt, *The rights of non-citizens: Final report of the Special Rapporteur*, UN Doc. E/CN.4/ Sub.2/2003/23, May 26, 2003.

1786 No caso *Barcelona Traction*, a CIJ referiu-se à proibição de discriminação racial como exemplo de obrigações *erga omnes*. *Barcelona Traction* case, *supra* nota 605, p. 32. No caso *Namibia*, a CIJ declarou que "to enforce distinctions, exclusions, restrictions and limitations exclusively based on grounds of race, colour or national ethnic origin" constituía "a denial of fundamental human rights and a flagrant violation of the purposes and principles of the Charter." *Namibia* case, *supra* nota 608, p. 57.

pacífico o reconhecimento da natureza peremptória da proibição da discriminação racial.[1787] Em uma das expressões mais importantes da *opinio iuris doctorum* sobre o assunto, o CERD declarou que *the prohibition of racial discrimination is a peremptory norm of international law from which no derogation is permitted.*[1788]

É pacífico, portanto, no direito internacional contemporâneo, o repúdio a quaisquer medidas adotadas no âmbito de um determinado ordenamento jurídico com a finalidade de limitar, condicionar, prejudicar, postergar ou impedir o gozo e o exercício de direitos humanos e liberdade fundamentais com base em critérios raciais e discriminatórios, à luz daquilo que é assegurado aos demais indivíduos sob a mesma ordem jurídica. Como regra geral, os direitos humanos garantidos sob diferentes instrumentos do direito internacional devem ser protegidos e promovidos pelos Estados sem qualquer forma de discriminação racial em razão do princípio da igualdade perante a norma jurídica.[1789]

[1787] J. Crawford (ed.), *The International Law Commission's Articles on State Responsibility: Introduction, Text and Commentaries*, Cambridge, Cambridge University Press, 2002, p. 188. I. Brownlie, *supra* nota 133, p. 515.

[1788] *Statement on racial discrimination and measures to combat terrorism*, A/57/18 (Chapter XI) (C.) (11 January 2002), para. 4.

[1789] O escopo da proteção estendida a não cidadãos advém do PIDCP (cf. General Comment No. 15 do Comitê de Direitos Humanos), do PDESC e da própria ICERD. Cf. também os dispositivos aplicáveis da Convenção sobre os Direitos da Criança, da Convenção sobre a Redução da Apatridia e a Convenção relativa ao Status das Pessoas Apátridas, além dos dispositivos pertinentes, de natureza consuetudinária, da Declaração e do Programa de Ação de Durban relativos a não cidadãos.

Capítulo XIII
COOPERAÇÃO ENTRE OS POVOS PARA O PROGRESSO DA HUMANIDADE

Cooperação, termo oriundo do latim *cooperatio*, significa o ato ou o efeito de cooperar e corresponde, semanticamente às ações de auxiliar ou colaborar. O princípio de cooperação preconiza a atuação coletiva e individual dos Estados em favor da realização dos propósitos fundamentais da ordem jurídica internacional: paz, desenvolvimento e direitos humanos. Trata-se de *vis directiva* às relações interestatais que surge "da necessidade que têm os povos, como indivíduos, de se relacionarem entre si".[1790] Embora polissêmico, o conceito de cooperação é utilizado no direito internacional em duas acepções fundamentais. Na primeira, como sinônimo de diplomacia, isto é, como o compromisso dos Estados de buscarem soluções para problemas e desafios no marco do direito internacional. Na segunda, o princípio de cooperação adquire contornos mais nítidos nos compromissos de auxílio mútuo de promoção do desenvolvimento socioeconômico *lato sensu*, de forma que custos e benefícios sejam compartilhados proporcional e igualitariamente na medida das condições, dimensões e estádios de desenvolvimento de cada Estado.

[1790] Rubens Ferreira de Mello, *Tratado de Direito Diplomático*, Ministério das Relações Exteriores, Serviço de Publicações, Rio de Janeiro, 1948, vol. I, p. 11.

Assembléia Nacional Constituinte

Embora com redação inovadora, o inciso IX do art. 4º não foi a primeira manifestação do princípio de cooperação internacional no constitucionalismo brasileiro. O art. 7º da Constituição de 1967 já fazia referência à "cooperação dos organismos internacionais de que o Brasil participe" para a resolução dos conflitos internacionais por meios pacíficos. O conceito de cooperação preconizava, então, a atuação do Brasil no marco de organizações internacionais que, como as Nações Unidas, foram criadas com a finalidade de promover a paz e o desenvolvimento.

No curso dos debates da Constituinte de 1988, o legislador brasileiro tinha em mente essa noção genérica do princípio de cooperação internacional: estimular o intercâmbio entre os povos de forma pacífica e em benefício mútuo, à luz dos objetivos mais amplos de promover o desenvolvimento socioeconômico e manter a paz e a segurança internacionais. O termo cooperação correspondia ora à idéia de diplomacia como meio pacífico para a defesa e a realização dos interesses nacionais nos planos bilateral, regional e multilateral, ora à noção de cooperação técnica como instrumento de promoção do desenvolvimento socioeconômico e de relações de amizade com outros países. Em sua primeira dimensão, a cooperação internacional se manifestou em propostas[1791] e comentários nos quais a prática da diplomacia nos mais diversos âmbitos era entendida como instrumento de promoção da paz e, sobretudo, do desenvolvimento.[1792] Nessa acepção política, a cooperação associava-se ao impulso

[1791] Na justificativa à emenda 00089 (rejeitada) que resgatava o art. 7º da Constituição de 1967 ("Os conflitos com outros Estados deverão ser resolvidos por negociações diretas, arbitragem e outros meios pacíficos, com a cooperação dos organismos internacionais de que o Brasil participe"), Farabulini Júnior argüia que "a afirmação de uma conduta pacífica subordinada à negociação e utilização do fórum internacional para solução das controvérsias, deter como complemento a renúncia ao aventureirismo bélico, bem como neutralidade obrigatória face ao conflito entre terceiros países. Trata-se de uma postura responsável a consciente destinada a merecer o reconhecimento entre as Nações que laboram no itinerário da paz e da concordância". De mesmo teor, a emenda 06503, rejeitada, de Antônio Carlos Konder Reis na Comissão de Sistematização.

[1792] O então Secretário Geral do Itamaraty, Embaixador Paulo Tarso Flecha de Lima, mencionou, como exemplos concretos dessa acepção política de cooperação internacional, "uma série de organismos e expressões de cooperação internacional", como as Nações Unidas e outras organizações multilaterais como o Banco Mundial, o FMI, o Banco Interamericano de Desenvolvimento (BID) e o então mecanismo do *GATT*, além de iniciativas de integração regional, arranjos plurilaterais como o Tratado da Antártida e iniciativas brasileiras conduzidas em âmbito multilateral, como a ZOPACAS. *Supra* nota 486, pp. 10-11.

dado pelo constituinte ao processo de integração,[1793] sob o entendimento de que organizações regionais corresponderiam ao que havia de mais avançado em matéria de cooperação internacional.[1794] Em se tratando da América do Sul, em particular, ganhava força a visão de que a cooperação internacional avançaria na medida em que o Estado Democrático de Direito se fortalecesse nos países do subcontinente após a derrocada dos regimes de exceção vigentes no Brasil, Argentina, Chile, Paraguai e Uruguai.[1795] Aí se incluía, também, a cooperação jurídica internacional por meio de institutos como a extradição.[1796] Já em sua vertente científica e tecnológica, as menções ao conceito de cooperação se orientavam pelo papel do Brasil na condição de receptor e de difusor de conhecimento nas relações com outros Estados.[1797]

A formulação do preceito de cooperação internacional evoluiu ao longo da Constituinte. O princípio já estava implícito no art. 19 do anteprojeto apresentado pela Subcomissão, pois a Declaração das Nações Unidas sobre os Princípios do Direito Internacional de 1970, mencionada nesse dispositivo, reconhece "o dever dos Estados de cooperarem uns com os outros de acordo com a Carta".[1798] Na Subcomissão, o tema também se refletiu, indiretamente,

---

[1793] "Todos os vínculos socioculturais impulsionam os povos de nossa América a um estreitamento de laços, eliminação de fronteiras cooperação cientifica e tecnológica – à realização enfim de um vasto mercado comum capaz de transcender as limitações e vicissitudes de cada estado-membro, abrindo espaço para as forças criativas da nossa herança comum". Justificativa à emenda 34239, rejeitada, apresentada por Marcondes Gadelha ao Primeiro Substitutivo do Relator na Comissão de Sistematização.

[1794] Francisco Rezek, *supra* nota 1312, p. 33.

[1795] "Ninguém mais duvida dos propósitos pacifistas, dos propósitos de cooperação, dos propósitos construtivos do Brasil. A sua dimensão continental, que por muitos anos foi fator de desconfianças e preocupação, hoje é um fator de agregação, um fator de cooperação, graças justamente à nossa transparência, ao pleno funcionamento das nossas instituições democráticas, que permitem não apenas visibilidade absoluta, mas também que debatamos, com descontração e desembaraço, essas questões tão relevantes". *Idem*, p. 15.

[1796] Ao propor emenda que proibia a concessão "de extradição por crime político nem, em caso algum, a de brasileiro", Alfredo Campos afirmava que seria "necessário, também, estabelecer os princípios fundamentais que orientam o indeferimento de extradição, instituto que visa à cooperação internacional na repressão da criminalidade". Justificativa à emenda 11353, apresentada na Comissão de Sistematização.

[1797] "As nossas formas de expressão diplomática, sejam comerciais, sejam de cooperação técnica, são também um dos vetores da nossa presença internacional". *Supra* nota 386, p. 15.

[1798] "Nas relações internacionais, o Brasil adotará atitude de coexistência pacífica e se regerá pelos princípios constantes da Carta da Organização das Nações Unidas, tal como explicitados na Resolução 2625 (XXV) da Assembléia Geral".

no comando para o Brasil favorecer, em sua política externa ("na convivência com Estados estrangeiros e participando de organismos multilaterais") "a codificação progressiva do direito internacional, os movimentos de promoção dos direitos humanos e a instauração de uma ordem econômica justa e equitativa". Identificavam-se aí três áreas materiais sobre as quais recairia, na visão do constituinte, o princípio de cooperação internacional. Mas foi somente a partir do primeiro substitutivo apresentado pelo relator na Comissão da Soberania e dos Direitos e Garantias do Homem e da Mulher, que o princípio de "cooperação com todos os outros povos para a emancipação e o progresso da humanidade" (alinhado ao objetivo de promover "o intercâmbio das conquistas tecnológicas e do patrimônio científico e cultural da humanidade") foi inscrito de forma autônoma entre os princípios regentes do Brasil nas relações internacionais.[1799] Em termos materiais, essa formulação veiculava um sentido teleológico de emancipação da humanidade. A noção de emancipação, retirada do art. 7º da Constituição portuguesa, associava-se, em interpretação sistemática e histórica da Constituinte, à visão de que a superação dos desafios do subdesenvolvimento exigia a solidariedade entre os povos não só para promover o progresso científico e tecnológico, mas também para fazer frente à dominação política e econômica.[1800] Após manter-se inalterada até a Comissão de Sistematização, essa redação foi modificada nas últimas fases do Plenário, com a retirada do termo "emancipação".[1801]

1799 Fase F - Substitutivo do Relator: "Art. 26 – A inviolabilidade desta Constituição rege as relações internacionais do Brasil, à luz dos princípios constantes de Declarações Internacionais de Direitos de que seja signatário, com ênfase nos seguintes (...) VII – o da cooperação com todos os outros povos para a emancipação e o progresso da humanidade". Redação sugerida por Jamil Haddad.

1800 "Cioso da sua própria soberania, o Brasil quer que seja respeitada também a dos outros povos, com direito deles de escolherem o caminho que melhor lhes pareça, segundo os princípios da coexistência pacífica, da solidariedade e da cooperação internacionais". Justificativa de Maurício Nasser à emenda 00021, rejeitada.

1801 Em esforço para adequar a redação do dispositivo à linguagem consagrada no direito internacional, houve proposta para referir-se simplesmente ao princípio de "cooperação entre os Estados", sem menção às noções de progresso ou emancipação". Emenda 21787, rejeitada, apresentada por Henrique Córdova ao Primeiro Substitutivo do Relator, na Comissão de Sistematização. Ainda na Comissão de Sistematização, Joaquim Francisco propôs emenda para suprimir o termo "emancipação", sob a justificativa de que seria "uma especificidade já contida no termo "progresso", que tem um sentido abrangente. Nesse sentido, "progresso" é entendido tanto no aspecto cientifico e tecnológico, quanto no aspecto humanístico. E, obviamente, já contém a "emancipação"". A emenda 24474 foi rejeitada pelo relator sob a alegação de que "infelizmente, o termo "progresso" vem

Em termos políticos, a inscrição desse princípio na Constituição refletiu aquele momento histórico. As deliberações revelam a atenção dedicada ao tema de ciência e tecnologia na Assembléia, poucos meses depois da criação do Ministério da Ciência e Tecnologia no Brasil, em 1985.[1802] Nota-se, ainda, influência tardia das raízes positivistas da República, em que a cooperação internacional, enquanto princípio de direito internacional, associa-se, no caso brasileiro, a um sentido teleológico de cunho altruísta, na qual a ação do Brasil em favor de terceiros países de menor desenvolvimento relativo torna-se um dever imposto pelo constituinte ao conjunto da sociedade brasileira, a despeito da eventual inexistência de dinâmica correspondente orientada para o Brasil a partir do mundo desenvolvido. A inclusão desse dispositivo na Constituição expressa a convicção do constituinte na interdependência entre os povos. Sob influência da Constituição portuguesa de 1974, a referência teleológica ao "progresso da humanidade" no inciso IX revela a índole universalista da identidade internacional do Brasil. O dispositivo consigna, assim, duas idéias. Primeiro, uma ordem internacional estável e fundada na cooperação mútua entre os Estados é benéfica à promoção e à realização dos interesses nacionais. Segundo, o desenvolvimento socioeconômico nacional relaciona-se ao progresso de outros povos, na convicção de que paz e desenvolvimento constituem binômio indissociável.

Cooperação Internacional no Direito das Gentes

A codificação do princípio de cooperação no direito internacional associou-se à progressiva interdependência entre os Estados. Esse processo não se deu com viés intervencionista, isto é, como conseqüência de um direito subjetivo de imiscuir-se nos assuntos domésticos de outro Estado soberano. Sob os

---

carregado de conotações de avanço científico, técnico e econômico, o qual avanço termina por acarretar, concordamos, inexoravelmente, a emancipação dos seres humanos das formas antigas de tutela, exploração e domínio. Não obstante, achamos de utilidade a manutenção do termo "emancipação", pelas notações libertárias, jurídicas e sociológicas que possui". No mesmo sentido, a emenda 29335, apresentada por José Egreja na Comissão de Sistematização, propunha a supressão da idéia de emancipação porque "o progresso da humanidade pressupõe todo um conjunto de fatores sociais, econômicos e políticos, entre os quais já se encontra a emancipação, que, assim, não deve constar, isoladamente, do texto". Embora inicialmente rejeitada, essa posição prevaleceu na redação final dada ao texto constitucional.

[1802] O Ministério da Ciência e Tecnologia (hoje também da Inovação, na sigla MCTI), foi criado pelo Decreto 91.146 de 15 de março de 1985, com base em demanda histórica da comunidade científica brasileira.

princípios de igualdade soberana e não intervenção, seu fundamento principal foi o entendimento de que os Estados - assim como os indivíduos - não vivem e subsistem isoladamente. Ao invés de lógica baseada na oposição excludente entre os interesses dos Estados, a cooperação pressupõe relações mutuamente benéficas e necessárias à obtenção de soluções tempestivas e eficazes para os desafios que afetam a todos as nações. Trata-se, em última análise, do reconhecimento de uma comunidade internacional juridicamente organizada como resultado da incessante relação entre os povos.

A positivação do princípio de cooperação no direito internacional é relativamente recente e relaciona-se ao surgimento das organizações internacionais.[1803] À exceção da cooperação bilateral em matéria de combate ao crime e à punição de criminosos, que remonta à antiguidade, bem como de ensaios embrionários em organizações especializadas, como a União Telegráfica Internacional (UTI)[1804] e a União Postal Universal (UPU),[1805] não se havia ainda desenvolvido, até a constituição da Liga das Nações e, sobretudo, até a criação das Nações Unidas, o valor da cooperação como instrumento de promoção do bem comum. Prevalecia fosse a lógica de balança de poderes, fosse a busca da hegemonia como meio de defesa e realização dos interesses nacionais. A ampliação das relações interestatais do plano bilateral para o multilateral mitigou a força da lógica de perdas e ganhos absolutos (jogo de soma zero) por meio de concessões recíprocas de direitos e deveres que a um só tempo fortaleciam o imperativo de relações pacíficas e potencializavam os benefícios de uma ordem internacional desenvolvida no marco da cooperação, a despeito de diferenças econômicas, políticas, militares, religiosas, culturais e ideológicas.[1806] A tarefa de promover o desenvolvimento socioeconômico e manter a paz e a segurança internacionais saía facilitada no contexto de instituições plurinacionais permanentes, nas quais a multiplicidade potencialmente conflituosa de

---

[1803] As atividades de cooperação internacional das Nações Unidas e outras organizações regionais expressam também a *opinio juris sive necessitatis* dos Estados. A. A. Cançado Trindade, *supra* nota 20, p. 105.

[1804] A UIT foi criada em 1865, em Paris, com o objetivo de uniformizar padrão universal de transmissão de dados telegráficos (código Morse). A UIT foi substituída pela União Internacional de Telecomunicações (UIT), que é uma agência especializada das Nações Unidas desde 1947.

[1805] A UPU foi criada em 1874 em Berna e se tornou agência especializada das Nações Unidas em 1948. O Brasil se tornou membro da UPU em 1877.

[1806] Benedetto Conforti, *supra* nota 240, p. 21.

interesses individuais pode ser mitigada e, em alguns casos, até mesmo elidida. Um consenso mínimo sobre propósitos fundamentais justificava, assim, a positivação do princípio de cooperação como meio efetivo para a consecução dos objetivos inscritos nas cartas constitutivas de organizações internacionais.

As origens positivas do princípio de cooperação internacional encontram-se na Liga das Nações. No primeiro parágrafo preambular do Pacto já se estabelecem duas premissas fundamentais sobre o significado e o escopo dessa norma: (i) o desenvolvimento da cooperação entre as Nações constituía propósito fundamental da organização, ao lado da garantia da paz e da segurança; e (ii) a renúncia à guerra de agressão era corolário lógico-jurídico desses objetivos.[1807] Essas premissas se relacionavam às funções principais da Liga: a manutenção da paz, a promoção da soluções pacíficas de controvérsias e a cooperação entre os Estados. Nos termos do art. 23 do Pacto, a cooperação sob a égide da Liga deveria ocorrer em questões trabalhistas, direitos humanos dos povos coloniais, ilícitos transnacionais, comércio internacional e saúde.[1808] Foram criadas várias comissões *ad hoc* na Liga para promover a cooperação social e econômica entre os Estados nesses domínios.[1809] Mais do que uniformizar procedimentos, a tarefa principal desses comitês, alguns dos quais

---

[1807] "As altas partes contratantes, considerando que, para desenvolver a cooperação entre as Nações e para lhes garantir a paz e a segurança, importa: aceitar certas obrigações de não recorrer à guerra".

[1808] "Art.23. Sob a reserva e em conformidade com as disposições das Convenções internacionais atualmente existentes ou que serão ulteriormente concluídas, os membros da Sociedade: (1) esforçar-se-ão por assegurar e manter condições de trabalho equitativas e humanas para o homem, a mulher e a criança nos seus próprios territórios, assim como em todos os países aos quais se estendam suas relações de comércio e indústria e, com esse fim, por fundar e sustentar as organizações internacionais necessárias; (2) comprometem-se a garantir o tratamento equitativo das populações indígenas dos territórios submetidos à sua administração; (3) encarregam a Sociedade da fiscalização geral dos acordos relativos ao tráfico de mulheres e crianças, ao comércio do ópio e de outras drogas nocivas; (4) encarregam a Sociedade da fiscalização geral do comércio de armas e munições com o país em que a fiscalização desse comércio é indispensável ao interesse comum; (5) tomarão às disposições necessárias para assegurar a garantia e manutenção da liberdade do comércio e de trânsito, assim com equitativo tratamento comercial a todos os membros da Sociedade, ficando entendido que as necessidades especiais das regiões devastadas durante a guerra de 1914 a 1918 deverão ser tomadas em consideração; e (6) esforçar-se-ão por tomar medidas de ordem internacional a fim de prevenir e combater moléstias".

[1809] Entre essas comissões, cujos mandatos foram assumidos pelo ECOSOC, havia comitês sobre ensino, cooperação intelectual, artes, educação superior, arquivos, bibliotecas, propriedade intelectual, ciências, relações internacionais, desarmamento, organizações estudantis, museologia, arqueologia, folclore, monumentos, juventude e cinema.

contavam com comissões nacionais, era promover o debate e o intercâmbio de boas práticas e experiências exitosas nessas áreas.

O princípio de cooperação internacional foi novamente utilizado como um dos fundamentos da ordem internacional propugnada na Carta Atlântica, subscrita por Roosevelt e Churchill, em 1942. Nesse documento, que foi o primeiro esboço da Carta das Nações Unidas, já se indicavam, de um lado, a necessidade de lançar as bases de um sistema de segurança coletivo em face das ameaças de agressão (parágrafo 8º); de outro, o objetivo de estabelecer fortes laços de cooperação em questões sociais e econômicas (parágrafo 5º).[1810] Essas mesmas premissas foram replicadas nas propostas de Dumbarton Oaks, em 1944,[1811] com uma diferença em relação ao modelo da Liga das Nações: propunha-se a criação, no seio da nova organização mundial, de um órgão principal encarregado da tarefa de promover o desenvolvimento socioeconômico, o Conselho Econômico e Social, cujo processo decisório seria por maioria e não unanimidade.

A Carta das Nações Unidas prescreveu, entre os propósitos fundamentais do art. 1º, "conseguir uma cooperação internacional para resolver os problemas internacionais de caráter econômico, social, cultural ou humanitário, e para promover e estimular o respeito aos direitos humanos e às liberdades fundamentais para todos, sem distinção de raça, sexo, língua ou religião". O objeto sobre o qual se volta a aplicação do princípio de cooperação no regime jurídico das Nações Unidas é aberto e genérico[1812] o suficiente para abranger todo o universo de relações pacíficas entre os Estados.[1813] Esse propósito se desdobra, *prima facie*, nas funções outorgadas aos órgãos onusianos. No tocante à Assembléia Geral, o Capítulo V da Carta estipula duas atribuições baseadas na capacidade normativa do órgão de fazer recomendações. Nos termos do art. 11 (1), a AGNU tem a capacidade de dispor sobre "princípios gerais de cooperação" e pode fazer recomendações em matéria de "manutenção da paz e da segurança internacionais, inclusive os princípios que disponham

[1810] Nos termos do para. 5º, os EUA e a Grã-Bretanha "desire to bring about the fullest collaboration between all nations in the economic field with the object of securing, for all, improved labor standards, economic advancement and social security".

[1811] A saber, manter a paz e a segurança internacionais, desenvolver relações amistosas entre as nações e promover a cooperação em asuntos econômicos e sociais.

[1812] B. Conforti, *supra* nota 240, p. 8.

[1813] H. Kelsen, *supra* nota 184, p. 27.

sobre o desarmamento e a regulamentação dos armamentos" tanto aos Estados Membros, quanto ao CSNU. A segunda atribuição, inscrita no art. 13, diz respeito à capacidade de a AGNU iniciar estudos e fazer recomendações com a finalidade de promover a cooperação internacional "no terreno político e incentivar o desenvolvimento progressivo do direito internacional e a sua codificação" (art. 13 (1)) e "nos terrenos econômico, social, cultural, educacional e sanitário e favorecer o pleno gozo dos direitos humanos e das liberdades fundamentais, por parte de todos os povos, sem distinção de raça, sexo, língua ou religião" (art. 13 (2)). Em ambos os campos, a legitimidade das ações da AGNU em matéria de cooperação internacional é justificada pela composição universal do órgão, em que os Estados estão representados em condições de igualdade formal, em linha com o art. 2 (1).[1814]

Em termos materiais, a Carta da ONU prescreve a cooperação internacional como o meio por excelência para a promoção do desenvolvimento econômico e social. Conforme disposto no capítulo IX, intitulado "Cooperação Econômica e Social Internacional", e no capítulo X, essa tarefa caberia, institucional e primordialmente, ao Conselho Econômico e Social (ECOSOC). Órgão principal do sistema, embora subordinado à AGNU, o ECOSOC tem a capacidade de iniciar estudos e relatórios, e fazer recomendações[1815] a respeito do amplo universo material de aplicação do princípio de cooperação internacional. Nos termos do art. 1(3) e, sobretudo, do art. 55 da Carta, esse domínio normativo corresponde não só ao desenvolvimento socioeconômico *stricto sensu*, como também à promoção dos direitos humanos, questões humanitárias e até mesmo à preservação do meio ambiente. O ECOSOC tem como função principal servir de fórum permanente para o estudo e o debate sobre esses temas, de forma a criar consensos em torno de medidas necessárias à realização desses objetivos por meio de conferências internacionais, instrumentos

---

[1814] Benedetto Conforti, *supra* nota 240, p. 8.

[1815] Artigo 62. 1 . O Conselho Econômico e Social fará ou iniciará estudos e relatórios a respeito de assuntos internacionais de caráter econômico, social, cultural, educacional, sanitário e conexos e poderá fazer recomendações a respeito de tais assuntos à Assembléia Geral, aos Membros das Nações Unidas e às entidades especializadas interessadas. 2. Poderá, igualmente, fazer recomendações destinadas a promover o respeito e a observância dos direitos humanos e das liberdades fundamentais para todos. 3. Poderá preparar projetos de convenções a serem submetidos à Assembléia Geral, sobre assuntos de sua competência. 4. Poderá convocar, de acordo com as regras estipuladas pelas Nações Unidas, conferências internacionais sobre assuntos de sua competência.

específicos que codifiquem o direito internacional ou ainda órgãos e agências especializadas criadas com mandatos específicos.

Ao longo do tempo, o conceito de desenvolvimento social e econômico, enquanto objeto de aplicação do princípio de cooperação internacional, expandiu-se e desdobrou-se em corolários densificadores a depender do campo de aplicação nas relações internacionais. A amplitude do escopo de aplicação do princípio de cooperação internacional levou à ampliação de iniciativas no âmbito do ECOSOC e à multiplicação de órgãos e mecanismos encarregados dessa tarefa dentro e fora do sistema onusiano. Isso se deu, principalmente, por meio da criação de organizações, entidades e programas formalmente vinculados ou não às Nações Unidas, mas com funções convergentes ao objetivo de promover a paz e o desenvolvimento. Entre as agências especializadas, podem-se mencionar o Banco Mundial,[1816] o Fundo Monetário Internacional (FMI),[1817] a Organização Mundial da Saúde (OMS),[1818] a Organização das Nações Unidas para a Educação, a Ciência e a Cultura (UNESCO),[1819] a Organização Internacional do Trabalho (OIT),[1820] a Organização Marítima

---

[1816] O Banco Mundial, como instituição do sistema de *Bretton Woods*, orienta suas atividades à redução da pobreza e melhoria das condições de vida em todo o mundo por meio do oferecimento de empréstimos a países em desenvolvimento com taxas de juro mais baixas que aquelas praticadas no mercado, ou até mesmo crédito a fundo perdido, para investimentos em educação, saúde e infraestrutura, por exemplo.

[1817] O FMI, que constitui também um dos eixos do tripé do sistema *Bretton Woods*, oferece assistência financeira a Governos nacionais com o objetivo de garantir o equilíbrio do balanço de pagamentos e assim promover o crescimento econômico e o emprego, sobretudo em países em desenvolvimento.

[1818] A OMS tem, nos termos do art. 2(a) de sua Constituição, de 1946, o mandato de "atuar como autoridade diretoria e coordenadora dos trabalhos internacionais no domínio da saúde", cujo conceito é definido em termos de "um estado de completo bem-estar físico, mental e social, e não consiste apenas na ausência de doença ou de enfermidade" (preâmbulo).

[1819] Nos termos do ato constitutivo da UNESCO, adotado em Londres, em 1945, "l'Organisation se propose de contribuer au maintien de la paix et de la sécurité en resserrant, par l'éducation, la science et la culture, la collaboration entre nations, afin d'assurer le respect universel de la justice, de la loi, des droits de l'homme et des libertés fondamentales pour tous, sans distinction de race, de sexe, de langue ou de religion, que la Charte des Nations Unies reconnaît à tous les peuples".

[1820] Embora a OIT tenha sido criada originalmente em 1919, a Constituição em vigor foi aprovada na Filadélfia em 1944. Nesse instrumento, onde se reconhece primeiramente que "a paz para ser universal e duradoura deve assentar sobre a justiça social", é estabelecido que a OIT se encarrega de promover a realização do amplo programa delienado na chamada Declaração de Filadélfia adotada por ocasião da 26ª sessão da Conferência Geral da OIT, de

Internacional (IMO),[1821] a Organização Meteorológica Mundial (OMM),[1822] a Organização Mundial de Propriedade Intelectual (OMPI),[1823] Organização de Aviação Civil Internacional (OACI),[1824] a Organização das Nações Unidas para o Desenvolvimento Industrial (UNIDO)[1825] e a União Postal Universal (UPU).[1826] Há ainda entidades que, embora independentes, também compõem a chamada "família ONU", como a UNAIDS,[1827] a Agência Internacional de

---

1944. Sobressai a função de promover os direitos trabalhistas por meio da formulação de regras a serem aplicadas nas respectivas jurisdições dos Estados em temas como liberdade de associação, regulamentação das horas de trabalho, fixação de uma duração máxima do dia e da semana de trabalho, recrutamento da mão-de-obra, luta contra o desemprego, garantia de um salário que assegure condições de existência convenientes, proteção dos trabalhadores contra doenças associadas às atividades profissionais, abolição do trabalho forçado e igualdade de oportunidades.

[1821] A *IMO*, no acrônimo inglês, conta com amplo marco regulatório para a promoção da segurança marítima - entendida aqui em seu sentido de *safety* e não de *security*, bem como promove a harmonização de procedimentos técnicos e de assistência técnica em matéria de navegação.

[1822] A OMM promove a cooperação internacional por meio do intercâmbio de informações, dados e técnicas meteorológicas a serem utilizados em campos como aviação, navegação, segurança e agricultura.

[1823] A OMPI promove a cooperação internacional por meio da expansão do direito internacional nessa área e da harmonização das legislações nacionais em matéria de proteção à propriedade intelectual.

[1824] A OACI, a exemplo da IMO em matéria de navegação, volta-se à criação de marco regulatório no setor aeronáutico civil, por meio da adoção de regras e procedimentos comuns a serem aplicados em todo o mundo. O princípio de cooperação é aí aplicado sobretudo para aumentar o grau de segurança (*safety*) na aviação civil.

[1825] A Constituição da UNIDO, criada em 1979, em Viena, sob o Capítulo IX da Carta, estipula, em seu art. 1º, que o objetivo primário da agência onusiana é a promoção do desenvolvimento industrial de países em desenvolvimento e a cooperação em âmbitos global, regional e nacional. A Declaração de Lima, adotada em 2013 no contexto da 15ª Conferência Geral da UNIDO, reconhece a erradicação da pobreza como um imperativo e reinterpreta o conceito de desenvolvimento ao afirmar que o objetivo da organização é promover e acelerar o desenvolvimento industrial de forma inclusiva e sustentável.

[1826] A UIP é o principal fórum para a cooperação entre os atores públicos e privados envolvidos com o serviço postal, de forma a criar uma rede eficaz para a entrega de produtos e serviços postais em todo o mundo.

[1827] O Programa Conjunto das Nações Unidas sobre HIV/AIDS, que conta com o copatrocínio de dez agências especializadas do sistema onusiano, se volta ao combate da proliferação do vírus HIV/AIDS, com enfoque em medidas preventivas, como campanhas de conscientização e de não-discriminação aos portadores do vírus, e de partilhamento de boas práticas no tratamento de pacientes, inclusive no que toca à alocação de recursos

Energia Atômica (AIEA)[1828] e a Organização Mundial do Comércio (OMC),[1829] entre outras, que se voltam, direta ou indiretamente à promoção da cooperação *lato sensu.*

A exemplo do modelo de comissões que já se havia esboçado na Liga das Nações, a AGNU também buscou realizar os propósitos fundamentais da organização por meio da cooperação internacional fazendo uso das competências previstas pelo art. 22 da Carta, que permite o estabelecimento de órgãos subsidiários de natureza permanente. Há um número grande de iniciativas nesse sentido, muitas das quais no formato de programas ou órgãos especializados com mandatos específicos que dão seguimento a recomendações anteriores do ECOSOC. A temática de direitos humanos tornou-se, por exemplo, assunto autônomo na agenda onusiana e extrapolou os limites institucionais do ECOSOC a partir da criação da antiga Comissão que foi substituída em 2005 pelo Conselho de Direitos Humanos. Podem-se mencionar, ainda, o Fundo das Nações Unidas para Crianças (*United Nations Children's Fund - UNICEF*),[1830] o Instituto das Nações Unidas para Treinamento e Pesquisa (*United Nations Institute for Training and Research - UNITAR*),[1831] a Conferência das Nações Unidas de Comércio e Desenvolvimento (*United Nations Conference of Trade*

1828 A AIEA é o principal fórum de cooperação política no campo nuclear e, no lugar de ter relações com o ECOSOC, mantém coordenação com as a atividades da AGNU e do Conselho de Segurança.

1829 A OMC, criada em 1994, consiste no principal fórum negociador e de solução de controvérsias em matéria de comércio internacional. Da perspectiva do princípio de cooperação internacional, a OMC reflete tanto sua dimensão política, na medida em que oferece espaço para o debate e o encaminhamento pacífico dos interesses nacionais nessa matéria, em contraposição à lógica de retaliação ou de protecionismo, como também o arranjo jurídico representado pelo Tratado de Marrakesh e seus vários acordos oferece marco normativo no qual o dever de cooperação imposto aos países desenvolvidos é densificado em regimes preferenciais ao comércio de países em desenvolvimento, por meio de regras e benefícios mais favoráveis.

1830 O UNICEF foi estabelecido emergencialmente na 1ª sessão da AGNU, em 1946, para assistir crianças e adolescentes sob risco de agressão e para sua reabilitação. O fundo ampliou sua atuação pelo fornecimento de assistência a governos nos mais diversos campos de cuidado à infância e adolescência, como saúde, nutrição, proteção social, educação e treinamento de profissionais. Cf. resolução A/RES/57 (1), de 11/12/1946.

1831 Resolução 1934 (XVIII) da AGNU, adotada em 11/12/1963. O *UNITAR* é financiado com contribuições voluntárias e volta-se à formação e à capacitação, nos mais diversos campos, de agentes públicos de países em desenvolvimento, em especial de países de menor desenvolvimento relativo

and Development - UNCTAD),[1832] o Programa das Nações Unidas para o Desenvolvimento (PNUD),[1833] indubitavelmente uma das experiências de maior êxito nos esforços no âmbito das Nações Unidas em matéria de cooperação para o desenvolvimento, e, mais recentemente, o Programa das Nações Unidas para o Meio Ambiente (*UNEP*).[1834] Em todos esses casos, o eixo jurídico fundamental foi o mesmo: utilizar o princípio de cooperação internacional para a execução de mandatos temáticos específicos, nas mais diversas áreas, de forma a promover o desenvolvimento socioeconômico em sentido amplo.

A ordem política do pós-Guerra teve efeitos diretos sobre o princípio de cooperação internacional. De um lado, o bloco ocidental que reunia países industrializados no continente europeu teve à sua disposição, a partir de 1948, a Organização para a Cooperação Econômica Européia (OEEC). Criada com a função de preparar o Programa de Recuperação Européia e supervisionar a execução dos recursos para o desenvolvimento europeu advindos do Plano Marshall, a OEEC tinha o mandato de promover a cooperação para a reconstrução produtiva na Europa, desenvolver o comércio regional por meio da redução de tarifas e da eliminação de barreiras, e aperfeiçoar as relações

---

[1832] A criação da UNCTAD tinha a finalidade de promover o comércio internacional e acelerar o avanço econômico de países em desenvolvimento, inclusive por meio de medidas favoráveis às exportações (art. 5º da Resolução 1785 (XVII), adotada em 8/12/1962 pela AGNU). Politicamente, buscava-se preencher a lacuna deixada no sistema de Bretton Woods em matéria de comércio internacional (preenchida apenas parcialmente pelo GATT/1947) devido, em grande medida, à decisão dos EUA de não ratificar a Carta de Havana, de 1949, que criava a Organização Internacional do Comércio. A UNCTAD, criada originalmente no formato de uma Conferência, tornou-se um órgão da AGNU por meio da resolução 1995 (XIX), de 30/12/1964.

[1833] O PNUD é responsável pela coordenação e pela oferta de grande número enorme de iniciativas de cooperação técnica para o desenvolvimento, nos termos do art. 55 (a) da Carta. O programa resultou da fusão de duas iniciativas pré-existentes nas Nações Unidas, a saber, o Programa Expandido de Assistência Técnica das Nações Unidas (*Expanded Programme of Technical Assistance - EPTA*) e o Fundo Especial das Nações Unidas (*UN Special Fund*). No lançamento do PNUD, o então SGONU birmanês U Thant disse que a nova iniciativa colocava as Nações Unidas na "front-line of a global war on want". Cf. Resolução 2093 (XX), de 20/12/1965.

[1834] O Programa foi estabelecido pela resolução 2997 (XXVII) da AGNU, intitulada "Institutional and financial arrangements for international environmental cooperation". O UNEP resultou da Conferência das Nações Unidas sobre o Ambiente Humano, realizada em Estocolmo, em 1972, e que representou a primeira iniciativa de maior fôlego na área ambiental em âmbito multilateral.

de trabalho.[1835] A crescente preponderância dada pelos EUA ao papel da OTAN, na qual se mesclavam cooperação econômica e militar, inclusive na vertente de cooperação técnica, levou à substituição da OEEC, em 1961, pela Organização para a Cooperação Econômica e o Desenvolvimento (OCDE), cuja composição original era de membros europeus com a adição de Estados Unidos e Canadá. Já do lado comunista, foi criado, em 1949, o Conselho para a Cooperação Econômica Mútua (COMECON). Sob a liderança da extinta União Soviética, o Conselho tinha o mesmo propósito da OEEC, só que da perspectiva comunista: promover o desenvolvimento por meio da chamada divisão socialista do trabalho, para a integração das economias planificadas dos países do bloco à luz do que se poderia chamar das respectivas "vantagens comparativas" (recursos naturais, proximidade geográfica com Moscou e nível tecnológico). Promovia-se a planificação econômica tendo a economia soviética como centro das relações de dependência no interior do bloco.

Em âmbito interamericano, o princípio de cooperação desempenhou papel central na construção do sistema jurídico da OEA. A cooperação é reconhecida no preâmbulo da Carta de Bogotá como exigência prática do objetivo comum de promover o progresso regional. A mesma lógica é repetida no art. 2º, onde se prescreve a cooperação como meio para o desenvolvimento econômico, social e cultural.[1836] Ao tratar dos princípios sobre os quais se funda a Organização, o art. 3º dispõe, implicitamente, sobre as duas dimensões do macroprincípio de cooperação internacional. De um lado, o princípio de cooperação se desdobra no estímulo à participação, em condições de igualdade, não discriminação e não intervenção, nos mecanismos de diálogo

---

[1835] A cooperação macroeconômica permitiu, em 1950, o estabelecimento, sob a OEEC, da União Européia de Pagamentos, que beneficiou o lançamento, em 1957, do mercado comum europeu. Ainda em 1952, foi criada a Agência Européia de Produtividade e, em 1957, a Agência Nuclear Européia e o Banco Europeu de Investimentos, todos sob a égide da OEEC.

[1836] Art. 2 Para realizar os princípios em que se baseia e para cumprir com suas obrigações regionais, de acordo com a Carta das Nações Unidas, a Organização dos Estados Americanos estabelece como propósitos essenciais os seguintes: (...) (f) Promover, por meio da ação cooperativa, seu o desenvolvimento econômico, social e cultural".

existentes sob a égide da OEA;[1837] de outro, na promoção do desenvolvimento socioeconômico.[1838]

Dadas as condições da região, a Carta da OEA foi além das Nações Unidas, ao menos no plano retórico, em matéria de desenvolvimento socioeconômico: dois capítulos inteiros são dedicados ao tema. O Capítulo VII trata do chamado "Desenvolvimento Integral", que, nos termos do art. 30, "abrange os campos econômico, social, educacional, cultural, científico e tecnológico" e é considerado condição indispensável para a paz e a segurança no hemisfério. Sempre com a premissa de respeito às prerrogativas soberanas e responsabilidades primárias de cada Estado na matéria,[1839] é reconhecido que a cooperação interamericana para o desenvolvimento integral (i) é responsabilidade comum e solidária dos Estados membros" (art. 31) que (ii) "deve ser contínua e encaminhar-se, de preferência, por meio de organismos multilaterais, sem prejuízo da cooperação bilateral acordada entre os Estados membros" (art. 33). Não obstante, o cumprimento dessa obrigação, isto é, a contribuição objetiva em termos de cooperação para o desenvolvimento integral, deveria ocorrer "de acordo com seus recursos e possibilidades e em conformidade com suas leis" (art. 32). Posto de outra forma, o dever objetivo de cooperação é mitigado pelas capacidades e leis de cada Estado, o que equivale a dizer que se encontra sujeito à vontade soberana de cada país. A OEA também criou, à semelhança do ECOSOC, o Conselho Interamericano de Desenvolvimento Integral (CIDI). Órgão ligado à Assembléia Geral da OEA, o CIDI tem (Capítulo XIII da Carta de Bogotá) a função de promover a cooperação na região para o desenvolvimento (art. 94). Para esse fim, o Conselho dispõe, teoricamente, de capacidade decisória para formular, estimular e analisar medidas de cooperação técnica (art. 95) nas várias áreas de que trata o Capítulo VII relativo ao desenvolvimento integral. Infelizmente, a efetividade das ações desempenhadas pelos órgãos e mecanismos da OEA, talvez de forma ainda mais acentuada que

---

[1837] Artigo 3 (e) Todo Estado tem o direito de escolher, sem ingerências externas, seu sistema político, econômico e social, bem como de organizar-se da maneira que mais lhe convenha, e tem o dever de não intervir nos assuntos de outro Estado. Sujeitos ao acima disposto, os Estados americanos cooperarão amplamente entre si, independentemente da natureza de seus sistemas políticos, econômicos e sociais.

[1838] Artigo 3 (k) A cooperação econômica é essencial para o bem-estar e para a prosperidade comuns dos povos do Continente.

[1839] Cabe a cada Estado definir as metas relacionadas a cada aspecto do desenvolvimento integral (art. 30), bem como a responsabilidade primária por seu próprio desenvolvimento (art. 33).

nas Nações Unidas, ficou aquém das expectativas, ao menos da perspectiva de latino-americanos e caribenhos.[1840] O principal mecanismo de cooperação é, ainda hoje, o Banco Interamericano para o Desenvolvimento (BID), onde tendem a prevalecer interesses de países doadores em decorrência do sistema de cotas que reflete proporcionalmente a participação de cada Estado no financiamento dos fundos utilizados para a cooperação regional.

Em paralelo a esse processo de aplicação do princípio de cooperação no contexto das funções desempenhadas por órgãos, agências e programas específicos para a promoção do desenvolvimento socioeconômico, a Declaração sobre Princípios do Direito Internacional, de 1970, retomou na AGNU o processo de codificação do princípio de cooperação internacional em sua acepção ampla. A Declaração avançou na matéria ao dispor explicitamente sobre o dever de os Estados cooperarem entre si como obrigação reciprocamente reconhecida à luz do objetivo de promover o desenvolvimento socioeconômico e manter a paz e a segurança. Esse dever se impõe a despeito de diferenças políticas, econômicas e sociais dos respectivos sistemas e modelos de organização estatal, em linha com os princípios de igualdade soberana e não intervenção.[1841] A declaração vai além, ainda, em relação à Carta, ao enumerar, de forma não exaustiva, áreas em que se exige a cooperação conjunta ou individual entre os Estados: manutenção da paz e da segurança internacionais (alínea a); respeito e observância dos direitos humanos (b); eliminação de todas as formas de discriminação e de intolerância religiosa (b); relações nos campos econômico, social, cultural, técnico-científico, educacional e comercial ((c) e (f)); e promoção do crescimento econômico no mundo, especialmente nos países em desenvolvimento.

Houve, no âmbito do Comitê Especial responsável pela redação da Declaração, o cuidado de assinalar que o princípio de cooperação internacional associava-se à igualdade soberana.[1842] O objetivo era evitar práticas discriminatórias, sobretudo em questões econômicas e comerciais. Os *travaux prépa-*

[1840] O CDI, que conta com mecanismos que funcionam de forma análoga às agências especializadas onusianas, como a Agência Interamericana para Cooperação e Desenvolvimento (AICD), está esvaziado politicamente e desempenha papel marginal no seio da OEA atualmente.

[1841] "The duty of States to co-operate with one another in accordance with the Charter - States have the duty to co-operate with one another, irrespective of the differences in their political, economic and social systems, in the various spheres of international relations, in order to maintain international peace and security and to promote international economic stability and progress, the general welfare of nations and international co-operation free from discrimination based on such differences".

[1842] UN Doc. A/6165, para. 52.

ratoires demonstram também a preocupação de grande número de delegações, sobretudo do mundo em desenvolvimento, de reforçar o compromisso de assistência técnica para a superação dos obstáculos ao desenvolvimento. Por isso o documento reconhece o princípio de cooperação como corolário do conceito de coexistência pacífica, em relação permanente com outros princípios do direito internacional. Ao mesmo tempo foi incluído o dever de cooperação dos Estados na promoção do respeito e observância dos direitos humanos e na eliminação de todas as formas de discriminação racial e de intolerância religiosa.[1843] Consolidava-se opinião consensual sobre a indissociabilidade entre desenvolvimento e paz e segurança.

Nesse mesmo contexto político de pressão crescente de países em desenvolvimento em relação ao cumprimento, por países industrializados, de deveres em matéria de cooperação internacional, a AGNU aprovou várias iniciativas para reforçar o compromisso de cooperação ao desenvolvimento socioeconômico. Em 1974, aprovou-se a Declaração sobre o Estabelecimento de uma Nova Ordem Econômica Internacional,[1844] em que se lê que o bem-estar político, econômico e social de gerações presentes e futuras dependia "mais do que nunca" da cooperação entre os membros da comunidade internacional sobre as bases da igualdade soberana e da remoção de desequilíbrios existentes entre as nações. Em demonstração explícita das expectativas do mundo em desenvolvimento, o art. 4º da Declaração determinava que a nova ordem econômica se fundasse em princípios como a mais ampla cooperação entre os Estados, de forma a que disparidades entre as nações fossem abolidas e a prosperidade garantida a todos.[1845]

[1843] A. A. Cançado Trindade, *supra* nota 249, p. 122.

[1844] Resolução 3201 (S-VI) da AGNU, de 1/5/ 1974. Nos termos do art. 1, "it has proved impossible to achieve an even and balanced development of the international community under the existing international economic order. The gap between the developed and the developing countries continues to widen in a system which was established at a time when most of the developing countries did not even exist as independent States and which perpetuates inequality".

[1845] Ahmed Mahiou, 'Declaration on the Establishment of a New International Economic Order', *United Nations Audiovisual Library of International Law*, New York, United Nations, 2011, p. 1. A Declaração estipulava a assistência de países desenvolvidos a países em desenvolvimento, bem como preconizava relações justas nos termos de trocas, o fortalecimento da cooperação Sul-Sul, a prestação cooperação ativa sem condicionalidades política ou militares, o acesso à ciência e tecnologia e a fundos por parte de instituições financeiras (leia-se FMI) para o desenvolvimento, e tratamento preferencial em todos os campos das relações econômicas.

No mesmo ano, mediante proposta do então Presidente mexicano Luis Echeverría na III Sessão da UNCTAD[1846] e depois patrocinada pelo G77, foi aprovada na AGNU a chamada Carta de Direitos e Deveres Econômicos.[1847] A Carta, em sua versão final, não só reafirmou o princípio de cooperação para o desenvolvimento como princípio fundamental das relações interestatais (Capítulo I (n)), como também posicionou esse princípio como o eixo central sobre o qual se imbricavam outros direitos e deveres, no entendimento de que a promoção do desenvolvimento, especialmente de países de menor desenvolvimento relativo, era responsabilidade comum de todos os Estados (art. 9).[1848] Isso se aplicava em relação a questões como exploração conjunta de recursos naturais compartilhados (Capítulo II, art. 3), cooperação sobre meio ambiente (Capítulo III)[1849] e, sobretudo, relações comerciais e econômicas (Capítulo II).[1850] Ao estipular a cooperação internacional para o desenvolvimento como objetivo e dever de todos os Estados (art. 17), a Carta instou, ainda, países desenvolvidos a criarem sistemas gerais de preferências em benefício de países em desenvolvimento (art. 18), bem como a estenderem tratamento preferencial a essas nações nos mais diversos campos da cooperação econômica

[1846] Na primeira edição da UNCTAD, em 1964, foi lançado o G-77, reunindo países latino-americanos e asioafricanos do movimento não-alinhado.

[1847] Resolução 3281 (XXIX) da AGNU, aprovada em 12/12/1974 por 115 votos favoráveis, 6 contrários e 10 abstenções.

[1848] Article 9 All States have the responsibility to co-operate in the economic, social, cultural, scientific and technological fields for the promotion of economic and social progress throughout the world, especially that of the developing countries.

[1849] O Capítulo III se intitulava "Common responsibilities towards the international community" e consignava princípios do regime de cooperação no meio ambiente, como a responsabilidade de todos os Estados com a proteção e preservação do meio ambiente para as gerações futuras (art. 30) e o uso dos fundos marinhos para fins exclusivamente pacíficos e com seus benefícios compartilhados de forma eqüitativa entre todos os Estados, tendo em conta os interesses e necessidades dos países em desenvolvimento (art. 29). Além disso, fazia chamado à cooperação dos Estados em favor de um regime normativo internacional na área do meio ambiente.

[1850] A Carta desenha um regime jurídico no qual o princípio de cooperação se desdobra nos deveres dos Estados de facilitar relações econômicas mais racionais e equitativas (art. 8), de levar em consideração os interesses de países em desenvolvimento nas relações econômicas (art. 24), de fortalecer e aperfeiçoar as organizações multilaterais voltada à promoção do progresso econômico (art. 11), e de promover a crescente liberalização do comércio internacional, inclusive por meio da remoção de barreiras (art. 14).

(art. 19).[1851] No ano seguinte, foi aprovada nova resolução da AGNU, intitulada Desenvolvimento e Cooperação Econômica Internacional. Em esforço de ir ainda além da Carta de Direitos e Deveres Econômicos de 1974, essa resolução prescreve longo receituário de medidas a serem adotadas tanto no contexto das relações bilaterais, quanto de organismos multilaterais, tendo sempre em vista o objetivo de promover, por meio da cooperação internacional, o desenvolvimento econômico em países subdesenvolvidos.[1852]

Outro marco na relação entre o princípio de cooperação e o desenvolvimento socioeconômico foi a Declaração sobre o Direito ao Desenvolvimento, aprovada em 1986, na AGNU.[1853] Além de reconhecer o direito ao desenvolvimento como direito humano inalienável individual e coletivo (art. 1 (1) e (2)), a Declaração reconhece que, embora a realização do direito ao desenvolvimento seja responsabilidade primária de cada Estado individualmente (art. 3 (1)), os Estados têm o dever de cooperar entre si para assegurar e eliminar obstáculos ao desenvolvimento socioeconômico (art. 3 (3)), entre outras coisas pela execução e formulação, de forma individual ou coletiva, de medidas e ações sustentáveis e necessárias, como a cooperação internacional, para promover esse objetivo (art. 4 (1) e (2)).

Diante dos resultados insatisfatórios proporcionados pelo processo tradicional de assistência técnica ao desenvolvimento nos moldes restritos à cooperação prestada por países desenvolvidos (a chamada cooperação norte-sul), as nações em desenvolvimento buscaram a assistência mútua. Esse processo, iniciado na UNCTAD, levou à adoção, em 1974, na AGNU, da resolução 3251 (XXIX), que estabeleceu unidade especial no PNUD para promover a cooperação entre países em desenvolvimento.[1854] Em 1978, dando seguimento a esse processo, foi

---

[1851] Previa-se até mesmo o dever de todos os Estados de cooperar para a obtenção de ajustes nos preços das exportações de países em desenvolvimento em relação aos preços de suas importações, de forma a equilibrar, de forma justa e equitativa, os termos de trocas (art. 28).

[1852] Resolução 3362 (S-VII) da AGNU, de 16/9/1975. O documento alude à cooperação em campos como comércio internacional; transferência de recursos para o financiamento ao desenvolvimento de países em desenvolvimento; reforma das instituições do sistema monetário internacional (em especial Banco Mundial e FMI); ciência e tecnologia; industrialização; agricultura; alimentação; restruturação de setores que lidavam com áreas socioeconômicas nas Nações Unidas e cooperação Sul-Sul.

[1853] Resolução 41/128 da AGNU, de 4/12/1986.

[1854] Em 2004, essa unidade foi renomeada como "Unidade Especial para Cooperação Sul-Sul (*Special Unit for South-South Cooperation - SU/SSC*). Cf. resolução 58/220 da AGNU, aprovada em 19 de fevereiro de 2004. Entre outras atribuições, a SU/SSC é responsável pelo

aprovado, em Buenos Aires, o Plano de Ação para a Promoção e Implantação de Cooperação Técnica para Países em Desenvolvimento.[1855] Surgia então o conceito de "Cooperação Sul-Sul", definido como o compromisso recíproco de países em desenvolvimento de auxiliar, na medida das capacidades individuais, outras nações no mesmo estádio ou em condições inferiores a promoverem o desenvolvimento socioeconômico. O enfoque da cooperação Sul-Sul recai não na disponibilidade de recursos financeiros,[1856] mas na disposição e no potencial de efetividade obtido a partir do compartilhamento de experiências exitosas no tratamento de problemas comuns, sem condicionalidades e contrapartidas cruzadas que normalmente acompanham a cooperação norte-sul.[1857]

Os mesmos temas, com as mesmas avaliações e os mesmos receituários, agregados de novas demandas, foram retomados nas décadas seguintes. A AGNU se tornou câmara de reverberação de posições e interesses dos países em desenvolvimento que não encontravam eco ou receptividade em outros mecanismos especializados do sistema internacional, como o Banco Mundial, o FMI e a então nascente Rodada Uruguai do GATT, nos quais prevaleciam interesses de nações industrializadas. Nesse esforço diplomático, o princípio de cooperação serviu como supra-arco normativo para a defesa do dever coletivo de promoção do desenvolvimento socioeconômico. Um dos exemplos mais paradigmáticos foi a Declaração sobre a Cooperação Econômica Internacional, em particular a Revitalização do Crescimento Econômico e o Desenvolvimento dos Países em Desenvolvimento, de 1990.[1858] Aprovada na AGNU no ocaso do bloco socialista, a resolução avaliou negativamente a promoção do desenvolvimento na década de 1980 e enumerou longa lista de medidas a serem adotadas em benefício das nações em desenvolvimento, entre

---

gerenciamento do Fundo das Nações Unidas para Cooperação Sul-Sul e o Fundo Pérez-Guerrero para Cooperação Econômica e Técnica entre Países em Desenvolvimento.

[1855] Esse documento enumera quinze áreas prioritárias para cooperação técnica e prescreve atenção particular a países de menor desenvolvimento relativo, sem acesso ao mar e pequenas ilhas-Estado.

[1856] A cooperação Sul-Sul permite a participação de países desenvolvidos de forma trilateral, por meio da provisão de recursos financeiros, humanos ou tecnológicos, por exemplo.

[1857] Em 2009, realizou-se em Nairóbi a Conferência de Alto Nível das Nações Unidas sobre Cooperação Sul-Sul, cujo documento final (*outcome document*) enfatiza o papel a ser desempenhado pelos Governos nacionais, entidades regionais e agências onusianas na execução da cooperação Sul-Sul, inclusive no formato triangular.

[1858] Resolução S-18/3 da AGNU, de 1/5/1990.

as quais o cumprimento por países desenvolvidos do compromisso de alocar 0,7% do PIB à ajuda oficial ao desenvolvimento (art. 27).[1859]

Em 2000, a Declaração do Milênio[1860] reiterou, entre os princípios fundamentais das Nações Unidas, a cooperação internacional para a solução dos problemas internacionais de caráter econômico, social, cultural e humanitário (art. 4), bem como reconheceu o princípio de cooperação internacional como meio para a realização dos objetivos do milênio no que toca ao desarmamento e à manutenção da paz e da segurança internacionais (art. 9), à proteção do meio ambiente (art. 21), à proteção de populações vulneráveis (art. 26)[1861] e à promoção do desenvolvimento socioeconômico, em especial pela coordenação com outras organizações internacionais que atuam nessa área, como o FMI, Banco Mundial e OMC (art. 30). Enraizava-se também o entendimento de que a erradicação da pobreza é *conditio sine qua non* à promoção dos direitos humanos.[1862] Essa mesma lógica de aplicação do princípio de cooperação internacional esteve na raiz de instrumentos nos anos seguintes, como a resolução sobre globalização e seus impactos para a realização dos direitos humanos, em 2000,[1863] a Declaração de Johannesburgo sobre Desenvolvimento Sustentável de 2002[1864] e o Consenso de Monterrey da Conferência Internacional para o Desenvolvimento que consignou, consensual e explicitamente, o compromisso dos países desenvolvidos em aumentar a cooperação financeira e técnica para o desenvolvimento, entre outras coisas pela disponibilização de 0,7% do PIB para ajuda oficial ao desenvolvimento e entre 0,15 a 0,20% para os países de menor desenvolvimento relativo.

[1859] Essas ações incluem demandas históricas e novos temas: a necessidade de solução para o problema da dívida externa (arts. 14 e 26), a criação de um sistema de comércio aberto e equitativo (art. 14), a erradicação da pobreza e da fome (art. 18), a diminuição das disparidades de renda (art. 18), o desenvolvimento sustentável em termos ambientais (art. 16), a coordenação de políticas macroeconômicas (art. 22), visão ampla do conceito de desenvolvimento humano como bem estar, que inclua saúde, nutrição, moradia, políticas populacionais, educação e serviços sociais (art. 25).

[1860] Resolução 55/2 da AGNU, de 8/9/2000.

[1861] "To strengthen international cooperation, including burden sharing in, and the coordination of humanitarian assistance to, countries hosting refugees and to help all refugees and displaced persons to return voluntarily to their homes, in safety and dignity and to be smoothly reintegrated into their societies".

[1862] Benedetto Conforti, *supra* nota 240, p. 244.

[1863] Resolução 55/102, da AGNU, intitulada *Globalization and its impact on the full enjoyment of all human rights*, de 4/12/2000.

[1864] A Declaração foi subscrita pela AGNU por meio da resolução 57/253, de dezembro de 2002.

Cooperação Política e Judicial

Em paralelo à aplicação do princípio de cooperação como eixo central da promoção do desenvolvimento socioeconômico *stricto sensu*, manteve-se, na prática do direito internacional, sua utilização na acepção política, isto é, como marco normativo para o encaminhamento, por vias pacíficas, de problemas e preocupações da comunidade internacional em órgãos e mecanismos de concertação política e diplomática. Isso se observou nos mais variados temas, como operações de paz, direitos humanos, não-proliferação, desarmamento, espaço exterior, regime antártico, direito do mar, saúde, trabalho, meio ambiente, ilícitos transnacionais e terrorismo.[1865]

No plano regional, um dos mecanismos de maior relevo foi a Organização para a Segurança e a Cooperação na Europa (OSCE). Criada em 1975, em Helsinque, no intento de promover diálogo e confiança entre os blocos ocidental e comunista, a OSCE estipula entre seus princípios constituintes a cooperação, definida em termos do compromisso de desenvolver, em condições de igualdade, o entendimento mútuo e a confiança, relações amistosas e de boa-vizinhança entre si, e o desenvolvimento e a paz, segurança e justiça internacionais.[1866] Com o fim da Guerra Fria, essa noção de cooperação foi reforçada pela Carta para a Segurança Européia, de 1999. Esse instrumento reiterou a função essencial da OSCE como meio de cooperação e de construção de confiança na Europa, e estabeleceu plataforma de cooperação em matéria de segurança, sob o entendimento de que o princípio de cooperação deve substituir a lógica da confrontação.[1867]

Mais recentemente têm ganhado força, sob a mesma lógica de obrigatoriedade, regimes de cooperação para o tratamento de desafios comuns em âmbito doméstico e internacional. Em termos normativos, o princípio de cooperação internacional, que nas primeiras décadas das Nações Unidas se havia voltado precipuamente à promoção do desenvolvimento socioeconômico em sentido estrito, passou a retomar sua acepção de cooperação política e

[1865] A. A. Cançado Trindade, *supra* nota 20, p. 113.

[1866] Nos termos da Ata Final de Helsinque, o compromisso com a cooperação entre os Estados Partes foi definido nos seguintes termos: "they will endeavour, in developing their co-operation as equals, to promote mutual understanding and confidence, friendly and good-neighbourly relations among themselves, international peace, security and justice".

[1867] A OSCE lida com controle de armamentos, medidas de construção de confiança, direitos humanos, minorias étnicas, democratização, terrorismo, economia e meio ambiente.

judicial entre os Estados para o encaminhamento de soluções para questões globais. Essa tendência ocorre tanto na cooperação para o desenvolvimento socioeconômico *lato sensu*, quanto em matéria de paz e segurança, abrangendo temas como não proliferação, meio ambiente, e combate ao crime organizado e ao terrorismo.

Uma das primeiras e mais importantes manifestações desse fenômeno ocorreu na utilização do princípio de cooperação entre os Estados para a punição dos responsáveis pelas mais graves violações do direito internacional humanitário e dos direitos humanos.[1868] A prática estatal nessa matéria consolidou-se pelo reconhecimento de uma norma geral aplicável em conflitos armados que pode ser definida em termos do dever imposto aos Estados de cooperar em processos de investigação e de judicialização de suspeitos e responsáveis por crimes de guerra e crimes contra a humanidade.[1869] A depender de cada regime, o dever de cooperação pode assumir o formato de cooperação em investigações, troca de documentos, detenção, judicialização ou extradição.[1870] O dever de cooperar para a punição de responsáveis pelos mais graves violações dos direitos humanos e do direito internacional humanitário foi objeto de resoluções aprovadas nos órgãos principais das Nações Unidas. No CSNU isso ocorreu

---

[1868] Robert G. Neumann, 'Neutral States and the Extradition of War Criminals', 45 *AJIL*, (1951), 495, p. 508.

[1869] Cf. Rule 161. International Cooperation in Criminal Proceedings, in Jean-Marie Henckaerts e Louise Doswald-Beck, *Customary International Humaniarian Law (Rules)*, Cambridge, Cambridge University Press, vol. I, 2005, p. 618 e ss.

[1870] Essa obrigação está inscrita em diversos instrumentos convencionais e consuetudinários, além de decisões de tribunais internacionais. No plano convencional, os respectivos arts. 88 e 19 dos Protocolos Adicionais I e II, de 1977, à Convenção de Haia sobre a Proteção dos Bens Culturais em Caso de Conflito Armado, de 1954, estabelecem o dever das partes de prestar assistência em procedimentos investigatórios e criminais em relação a crimes de guerra, inclusive extradição. A Convenção Internacional contra o Recrutamento, o Uso, o Financiamento e o Treinamento de Mercenários, aprovada na AGNU (A/RES/44/34, de 4/12/1989) e em vigor desde 2001 (o Brasil não é signatário) prescreve deveres de cooperação em matéria de prevenção (art. 6) e de implantação (art. 7) do regime acordado, entre outras coisas pela adoção de medidas que evitem e punam a preparação e a execução dessas atividades criminosas. Já a Convenção contra a Tortura inscreve não só o dever de cooperação em seu formato de extradição dos responsáveis (art. 8), como também o princípio *aut dedere aut judicare* (art. 7). Finalmente, o Capítulo IX do Estatuto do TPI dedica-se exclusivamente à cooperação internacional e o auxílio judiciário. Além de reconhecer a obrigação geral de cooperar com o TPI no inquérito e no procedimento (art. 86), o instrumento regula as formas de cooperação entre os Estados, as quais incluem, *inter alia*, a tramitação de pedidos de cooperação pelo Tribunal (art. 87) e por outros Estados (art. 90) sob a forma de entrega de indivíduos (art. 89), detenção (art. 91) e prisão preventiva (art. 92).

tanto em relação a temas gerais, como o dever de cooperar no contexto da proibição de tomada de reféns,[1871] como no tocante às atividades de tribunais *ad hoc*, como os tribunais penais internacionais criados para lidar com os casos da ex-Iugoslávia[1872] e de Ruanda.[1873] Vale notar que, no caso dessas instâncias jurisdicionais, o dever de cooperação foi consignado sob o signo do Capítulo VII da Carta das Nações Unidas. O mesmo fenômeno ocorreu na AGNU, que aprovou resoluções determinando a cooperação dos Estados em matéria de judicialização e punição dos responsáveis por crimes de guerra e crimes contra a humanidade,[1874] e na antiga Comissão de Direitos Humanos das Nações Unidas, onde, embora em nota menos peremptória (as resoluções utilizam o verbo *urge*), também se veiculou comando para os Estados cumprirem de boa fé os compromissos de cooperar para a judicialização dos responsáveis por esses crimes.[1875] A prática observada no direito internacional contemporâneo é contrária à exceção prevista em vários instrumentos bi ou plurilaterais em matéria de cooperação judicial que excluem os chamados "crimes políticos" das hipóteses de extradição. Em se tratando de crimes de guerra e crimes contra a humanidade, essa regra de exceção não se aplica, prevalecendo o dever de cooperação

---

[1871] Art. 6º da resolução S/RES/638 do CSNU, adotada em 31/7/1989.

[1872] "*Decides* that all States shall cooperate fully with the International Tribunal and its organs in accordance with the present resolution and the Statute of the International Tribunal and that consequently all States shall take any measures necessary under their domestic law to implement the provisions of the present resolution and the Statute, including the obligation of States to comply with requests for assistance or orders issued by a Trial Chamber under Article 29 of the Statute". Art. 4º da resolução S/RES/827, de 25/5/1993.

[1873] "Decides that all States shall cooperate fully with the International Tribunal and its organs in accordance with the present resolution and the Statute of the International Tribunal and that consequently all States shall take any measures necessary under their domestic law to implement the provisions of the present resolution and the Statute, including the obligation of States to comply with requests for assistance or orders issued by a Trial Chamber under Article 28 of the Statute, and requests States to keep the Secretary-General informed of such measures". Art. 2º da resolução S/RES/955, de 8/11/1994.

[1874] Em 1973, a AGNU aprovou resolução na qual dispunha sobre os princípios de cooperação internacional na detecção, detenção, extradição e punição de responsáveis por crimes de guerra e de crimes contra humanidade. Resolução 3074 (XXVIII), intitulada *Principles of International Co-Operation in the Detection, Arrest, Extradition and Punishment of Persons Guilty of War Crimes and Crimes Against Humanity.*

[1875] Cf. resolução 1988/47 da Comissão de Direitos Humanos.

refletido no compromisso de extradição.[1876] Mas persiste grau de debilidade no regime geral aplicável. Tal como observado pela CDI em 2013, há lacunas em relação à obrigação de processar ou extraditar responsáveis pelas mais graves violações do direito internacional humanitário, como no contexto de conflitos não internacionais e sob o regime da Convenção contra o Genocídio.[1877]

Nesse mesmo contexto de cooperação político-judicial, tem assumido importância o combate ao crime em âmbito internacional sobre as bases da cooperação interestatal. É verdade que a cooperação em matéria judicial sempre existiu e foi uma constante ao longo de todo esse período, da qual a prática de extradição é o reflexo mais evidente. No entanto, no bojo do processo de globalização e, principalmente, com as crescentes demandas de combate ao tráfico de drogas e de repressão a atentados terroristas, assistiu-se à escalada nos esforços de cooperação para combater e punir os responsáveis por esses crimes em âmbito doméstico e transnacional. Multiplicaram-se acordos e regimes em âmbito multi, pluri e bilateral voltados à simplificação de procedimentos e à agilização de métodos de cooperação entre autoridades policiais e judiciais em todo o mundo, sobretudo por meio dos chamados acordos de cooperação jurídica mútua (*mutual legal assistance*) e dos tratados de extradição, temas que serão objeto de análise à parte mais adiante, no subcapítulo sobre cooperação jurídica internacional.

Em matéria de terrorismo, o dever de cooperação é uma constante tanto em instrumentos convencionais específicos, quanto em resoluções do CSNU adotadas sob o Capítulo VII.[1878] Entre os acordos de escopo universal, o dever

---

[1876] Cf. art. VII da Convenção sobre Genocídio; o art. XI da Convenção Internacional sobre a Supressão e Punição do Crime de Apartheid e art. V da Convenção Interamericana sobre Desaparecimento Forçado. Essa regra está inscrita em tratados de extradição, a exemplo do existente entre Brasil e Peru (art. IV).

[1877] Segundo o Grupo de Trabalho sobre a Obrigação de Extraditar ou Processar da CDI, há "important gaps in the present conventional regime governing the obligation to extradite or prosecute which may need to be closed". Cf. U.N.G.A, *Report of the International Law Commission*, 65th Session, May 6–June 7, July 8–August 9, 2013, U.N. Doc. A/68/10, 132-133; GOAR 68th Sess., Supp. No. 10 (2013).

[1878] Em se tratando de resoluções do CSNU, um dos instrumentos mais importantes em relação ao tema de cooperação no combate ao terrorismo foi a resolução 1373 (2001), adotada sob o Capítulo VII da Carta. Nos termos do parágrafo operativo 2º, requer-se a prestação pelos Estados da maior assistência possível em relação a investigações e procedimentos criminais e judiciais relacionados ao financiamento e o apoio a atos terroristas, inclusive no tocante à obtenção de provas necessárias a esses procedimentos, de forma a assegurar que os responsáveis pelo crime de terrorismo sejam punidos.

geral de cooperação mútua para a punição do crime de terrorismo surgiu inicialmente na Convenção para a Supressão da Apreensão Ilegal de Aeronaves, de 1970, e foi reproduzido nos instrumentos subseqüentes em matéria de segurança da aviação. Além da obrigação de prestar a maior assistência possível,[1879] a Convenção de 1970 prescreve deveres de detenção, investigação e extradição dos responsáveis (arts. 6º, 7º e 8º) a todos os Estados em cujo território encontrar-se o perpetrador desses crimes, bem como de compartilhar as conclusões dessas investigações com o Estado de matrícula da aeronave (art. 8º) e o Conselho da OACI (art. 11). A Convenção para a Repressão aos Atos Ilícitos contra a Segurança da Aviação Civil, concluída em Montreal, em 1971, vai além da obrigação geral de prestar a maior assistência possível (art. 11) e determina, de forma preventiva (art. 12), que qualquer Estado, tendo razões para crer que crime dessa natureza possa ser cometido, deve fornecer informações relevantes em seu poder. Esse dever de cooperação para a prevenção do terrorismo foi ampliado pela Convenção sobre a Prevenção e Punição de Crimes contra Pessoas Internacionalmente Protegidas, inclusive Agentes Diplomáticos, de 1973, que dispõe sobre a obrigação de trocar informações e coordenar medidas administrativas, algo que seria replicado em outros instrumentos, como a Convenção Internacional contra a Tomada de Reféns, de 1979, na qual esse dever de cooperação (*assistance*) inclui expressamente a transmissão obrigatória de todos os elementos de prova que os Estados tenham em seu poder, sendo vedada a recusa de solicitações de assistência mútua sob a alegação de sigilo bancário.[1880] Finalmente, a Convenção Internacional para a Supressão do Financiamento do Terrorismo, de 1999, além de repisar deveres de prevenção e punição, estimula a criação de mecanismos de compartilhamento de informações e provas para a responsabilização penal, civil e administrativa de envolvidos com o crime de terrorismo (art. 12 (4)), bem como recomenda o recurso a canais de comunicação os mais eficientes possíveis (art. 18 (3) (a)).

Vale lembrar, como instrumento *ratione materiae*, a Convenção das Nações Unidas contra a Corrupção, de 2003, na qual se consignam deveres de prevenção e de punição ao crime de corrupção no âmbito de cada jurisdição

[1879] Art. 10 – Os Estados contratantes prestarão entre si a maior assistência possível em relação aos procedimentos criminais instaurados relativamente ao crime.

[1880] Cf. art. Artigo 12 (1) e (2).

nacional.[1881] Em especial, o Capítulo X da Convenção de Mérida dispõe sobre amplo regime de cooperação internacional. No mesmo diapasão, outros instrumentos foram criados sobre as bases do princípio de cooperação jurídica internacional, como a Convenção sobre a Prestação de Alimentos no Estrangeiro assinada em Nova York, em 1958; a Convenção sobre os Aspectos Civis do Seqüestro Internacional de Menores assinada em Haia, em 1980, e a Convenção das Nações Unidas contra o Tráfico Ilícito de Substâncias Entorpecentes concluída em Viena, em 1988.[1882]

O Princípio de Cooperação na Prática Diplomática Brasileira

O conceito de cooperação internacional é tradicionalmente concebido pela diplomacia brasileira como macroprincípio regulador de relações pacíficas entre Estados soberanos. A um só tempo corolário e premissa para a realização do propósito fundamental da ordem jurídica contemporânea (promover a paz e o desenvolvimento), o princípio de cooperação internacional se revelou na prática brasileira (i) pelo favorecimento de processos decisórios em condições de igualdade formal, (ii) pelo reconhecimento do dever de cumprir com decisões de órgãos multilaterais para cujos mandatos o País aquiesceu e, sobretudo, (iii) pelo recurso à cooperação para o desenvolvimento socioeconômico *lato sensu.*

Até sua positivação na Carta das Nações Unidas, o princípio de cooperação internacional foi interpretado e aplicado na prática diplomática brasileira por meio de referências aos objetivos de promover a solidariedade e a amizade do Brasil com outros Estados. Em acepção próxima do conceito utilizado hoje em sentido estrito, o princípio de cooperação se refletiu em termos como "amizade" ou "solidariedade". Bastante utilizado no século XIX e no início do XX em correspondências diplomáticas e instrumentos convencionais, o termo

---

1881 Nos termos preambulares, "a corrupção deixou de ser um problema local para converter-se em um fenômeno transnacional que afeta todas as sociedades e economias", fazendo-se "necessária a cooperação internacional para preveni-la e lutar contra ela".

1882 Em termos similares à Convenção contra a Corrupção, os Estados Partes reconhecem, no preâmbulo, que "a erradicação de tráfico ilícito é responsabilidade coletiva de todos os Estados" e concordam quanto à "importância de fortalecer e intensificar os meios jurídicos efetivos para a cooperação internacional em matéria penal para suprimir as atividades criminosas internacionais do tráfico ilícito".

"amizade" veiculava o significado de relações pacíficas[1883] e orientadas pelo objetivo de promover o benefício mútuo nos mais variados assuntos: temas consulares, questões de limites, comércio, serviços de correios e extradição.[1884]

No final do século XIX e na primeira metade do XX, o princípio de cooperação associou-se também à criação de instituições de caráter permanente que servissem, sobre bases do princípio de igualdade soberana, (i) como *locus* de encaminhamento pacífico de controvérsias, (ii) à promoção de interesses comuns e (iii) à defesa coletiva em face de ameaças extra regionais.[1885] O fortalecimento da ordem jurídica por meio de processos de codificação no seio de organizações multilaterais em âmbito global e regional oferecia, na visão brasileira, meio de cooperação adequado para promover relações pacíficas e mutuamente benéficas.[1886] Essa visão se traduziu no apoio à realização de conferências internacionais, tais como as realizadas no hemisfério americano

---

[1883] Ministro Macedo Soares na assinatura dos Tratados de Conciliação e Arbitragem, e de Assistência Judiciária (e Protocolo sobre Extradição), entre o Brasil e o Uruguai, em 1934. MRE, *Relatório Apresentado ao Chefe do Governo Provisório da República dos Estados Unidos do Brasil pelo Ministro de Estado das Relações Exteriores* (1934), vol. I, Rio de Janeiro, Imprensa Nacional, 1937, Anexo A, pp. 53-54.

[1884] Citem-se, por exemplo, o Tratado de Paz, Amizade e Aliança e sua Convenção Adicional firmados entre Brasil e Portugal, em 1825; os Tratados de Amizade, Navegação e Commercio ou, alternativamente, Amizade, Commercio e Navegação, celebrado pelo Brasil com França (1826), Grã-Bretanha (1827), Estados Unidos (1828), Argentina (1856), Paraguai (1856), Império Otomano (1858), Império da China (1881), Bolívia (1887), Japão (1895), Turquia (1918) e Afeganistão (1933), além de outros instrumentos como o Ajuste de Amizade e Limites com Venezuela, Nova-Granada e Equador, de 1852, e o Tratado definitivo de paz e amizade perpetua com o Paraguai, de 1872. Mesmo após a criação das Nações Unidas, em 1945, o termo "amizade" foi utilizado em instrumentos celebrados pelo Brasil com o significado de cooperação *lato sensu*, como aqueles assinados com Itália (Tratado de Amizade e Cooperação, de 1949), Portugal (Tratado de Amizade e Consulta, de 1953), Líbano (Tratado de Amizade, Comércio e Navegação, de 1954), Argentina (Convênio de Amizade e Consulta, de 1961), Uruguai (Tratado de Amizade, Cooperação e Comércio, de 1971), Paraguai (Tratado de Amizade e Cooperação, de 1975), Suriname (Amizade, Cooperação e Comércio, de 1976).

[1885] As reuniões em âmbito interamericano seriam centros "de cooperação e de harmonia". Joaquim Nabuco, Rio de Janeiro, 26/8/1906, III Conferência Internacional Americana, *in* A.A. Cançado Trindade, *supra* nota 508, pp. 408-411. Cf. também Rui Barbosa, em recepção ao Secretário de Estado dos EUA, Elihu Root, na III Conferência Internacional Americana em 1906. *Idem*, p. 559.

[1886] MRE, *Relatório Apresentado ao Presidente da República dos Estados Unidos do Brasil pelo Ministro de Estado das Relações Exteriores (1924/1925)*, vol. I, Rio de Janeiro, Imprensa Nacional, 1926, Anexo A, doc. nº 2, pp. 83-85.

que promoviam a institucionalização de mecanismos de integração, como o "Bureau Internacional das Repúblicas Americanas".[1887]

Na Liga das Nações, o Brasil atuou orientado pelas linhas gerais do princípio de cooperação internacional. Na assinatura do Tratado de Versailles, de 1919, a cooperação para o desenvolvimento foi reconhecida pelo Brasil como um dos propósitos fundamentais da Liga, ao lado da manutenção da paz e da solução pacífica de controvérsias.[1888] Sem incorrer em idealismo supranacional, a diplomacia brasileira sentenciava que a nova entidade não era "um Estado mundial, nem um super-Estado", mas "apenas um grande plano de coordenação e de cooperação traçado por povos fatigados de guerra, para assegurar no mundo o reino da democracia e da paz".[1889] Até mesmo a retirada do Brasil da Liga das Nações diante da não obtenção de assento no Conselho foi matizada pela continuidade da cooperação do País com os propósitos de paz, compromisso que ia além da participação nas atividades de uma organização internacional.[1890]

O Brasil propugnava, como forma de cooperação internacional, pela progressiva codificação do direito internacional. A existência de universo normativo de aplicação recíproca entre Estados soberanos era interpretada como corolário dos ideais de cooperação e amizade necessários à manutenção da paz

---

[1887] Nabuco defendia a conversão do Bureau "centro permanente de ação comum entre as Repúblicas deste continente, para tudo que diz respeito às suas relações e ao seu progresso". *Supra* nota 2085, pp. 408-411.

[1888] Parecer da Câmara dos Deputados favorável à ratificação pelo Brasil do Tratado de Paz de Versailles e do Pacto da Sociedade das Nações. de 1919. Diário do Congresso Nacional, vol. XXX, nº 160, 12/11/1919, pp. 3923-3928, in A.A. Cançado Trindade, *supra* nota 517, p. 114.

[1889] MRE, *Relatório Apresentado ao Presidente da República dos Estados Unidos do Brasil pelo Ministro de Estado das Relações Exteriores - 1920/1921*, Rio de Janeiro, Imprensa Nacional, 1922, doc. nº 62, p. 45. O mesmo sentido de cooperação, sob forte pragmatismo, orientou o apoio do Brasil ao ingresso Alemanha na Liga, sob a justificativa de "cooperar para a implantação definitiva na Europa da paz pela justiça". MRE, *Relatório Apresentado ao Presidente da República dos Estados Unidos do Brasil pelo Ministro de Estado das Relações Exteriores - 1925/1926*, vol. I, Rio de Janeiro, Imprensa Nacional, 1927, Anexo A, doc. nº 2, p. 119.

[1890] Nota do Governo Brasileiro ao Presidente do Conselho da liga das Nações, de 9/4/ 1928. MRE, *Relatório Apresentado ao Presidente da República dos Estados Unidos do Brasil pelo Ministro de Estado das Relações Exteriores - 1928*, vol. I, Rio de Janeiro, Imprensa Nacional, 1929, Anexo A, doc. nº 13A, pp. 65-66.

internacional.[1891] A codificação contribuía ao primado do direito (*rule of law*) sobre a força,[1892] em benefício da paz e da prosperidade econômica, em contraponto a práticas intervencionistas na região.[1893] Da mesma forma, a solidariedade e a cooperação hemisférica inspiravam instrumentos que consubstanciavam compromissos de defesa coletiva em caso de ataques a países da região por potências extrarregionais.[1894] A cooperação internacional desdobrava-se, nessa vertente, na coordenação dos instrumentos interamericanos de promoção da paz, em particular no direito à autodefesa em sua expressão coletiva.[1895]

O Brasil justificou seu engajamento na I Guerra Mundial sob o exercício inalienável do direito à autodefesa[1896] e sob o princípio de solidariedade e cooperação entre as nações americanas.[1897] No plano retórico, a participação brasileira pautou-se não só pela defesa dos interesses nacionais, como também pelo compromisso com a ordem jurídica e a solidariedade regional.[1898] Às vésperas da II Guerra Mundial, o princípio de cooperação internacional foi novamente utilizado na "defesa de nossa soberania e integridade territorial" dos países

---

1891 MRE, *Relatório Apresentado ao Presidente da República dos Estados Unidos do Brasil pelo Ministro de Estado das Relações Exteriores - 1924/1925*, vol. I, Rio de Janeiro, Imprensa Nacional, 1926, pp. III-IV.

1892 MRE, *Relatório Apresentado ao Presidente da República dos Estados Unidos do Brasil pelo Ministro de Estado das Relações Exteriores - 1923/1924*, vol. I, Rio de Janeiro, Imprensa Nacional, 1925, Anexo A doc. nº 24, p. 190.

1893 MRE, *Relatório Apresentado ao Presidente da República dos Estados Unidos do Brasil pelo Ministro de Estado das Relações Exteriores - 1933*, vol. III, Rio de Janeiro, Imprensa Nacional 1939, p. 129.

1894 MRE, *Relatório do Ministério das Relações Exteriores - 1938*, Rio de Janeiro, Imprensa Nacional, 1943, pp. 133-138.

1895 MRE, *Relatório Apresentado ao Presidente da República dos Estados Unidos do Brasil pelo Ministro de Estado das Relações Exteriores - 1924/1925, supra* nota 2091.

1896 Afundamento do vapor *Paraná* por submarinos alemães na costa francesa, em abril de 1917.

1897 O Brasil rompeu estado de neutralidade ao declarar "o estado de guerra contra o inimigo que conflagrou o mundo". Resposta do Presidente da República, Wenceslau Braz P. Gomes, de 3/11/1917, a mensagem de Woodrow Wilson, dos EUA. *In* A.A. Cançado Trindade, *supra* nota 508, p. 484.

1898 Nota da Embaixada do Brasil em Washington ao Secretário de Estado dos EUA, de 4/7/1917. MRE, *Guerra da Europa - Documentos Diplomáticos, Attitude do Brasil - 1918*, Rio de Janeiro, Imprensa Nacional, 1918, pp. 226-227.

da região em face da agressão externa.[1899] Foi mediante recurso ao princípio de cooperação que o Brasil defendeu a instalação de um regime comum em matéria de comércio e navegação em âmbito interamericano como forma de atenuar os efeitos da II Guerra Mundial sobre as economias da região, ao mesmo tempo em que se garantia espaço deliberativo a ser utilizado sob a égide do princípio de igualdade soberana.[1900]

Com a positivação do art. 1 (3) da Carta das Nações Unidas, o princípio de cooperação tornou-se elemento indissociável da visão de mundo propugnada pela diplomacia brasileira. O princípio de cooperação passou a exercer a função de macroprincípio a ser aplicado nas relações internacionais. Na linha do que já defendia para a antiga Liga das Nações, o Brasil entendeu que a nova organização mundial resultara da convergência de vontades entre nações soberanas que viam maior benefício na cooperação em favor da paz e do desenvolvimento, que na imposição da ordem pela força.[1901] A criação de uma organização como as Nações Unidas expandia espaços de atuação entre Estados em condições de igualdade no debate sobre questões da agenda internacional, solução de conflitos e coordenação de esforços em torno dos propósitos estabelecidos na Carta, em especial o desenvolvimento.[1902] Desde os primórdios da ONU, a diplomacia brasileira alertava para o fato de que a eficiência das Nações Unidas dependia, em última análise, da mesma vontade constitutiva de seus Estados Membros. A eficácia do princípio de cooperação internacional exigia esforço contínuo no sentido de buscar a superação de visões divergentes

---

[1899] "A cooperação de nossos Estados (...) deixa provada a existência de uma consciência comum em caso de ataque pela força ou de tentativas de influências alienígenas". MRE, *Relatório do Ministério das Relações Exteriores - 1938*, Rio de Janeiro, Imprensa Nacional, 1943, pp. 133-138.

[1900] *Diário de la Reunión de Consulta entre los Ministros de Relaciones Exteriores de las Repúblicas Americanas*, Panamá, nº 10, 04/10/1939, pp. 7-8, e nº 13,23/11/1939, pp. 35-37. *In* A.A. Cançado Trindade, *supra* nota 517, p. 344.

[1901] "A cooperação internacional pressupõe não somente a existência de um instrumento adequado para mobilizar as diversas formas de atividade coletiva, mas também um mínimo de acordo entre as diversas nações sobre questões fundamentais, como a natureza das relações internacionais e das relações entre o indivíduo e a comunidade. (...) A Organização das Nações Unidas é um instrumento propiciado por nações soberanas que voluntariamente aceitam certas restrições à sua liberdade de ação, em vista das vantagens decorrentes da cooperação". João Carlos Muniz na II Sessão Ordinária da AGNU, em 1947, in Luiz Felipe Seixas Corrêa (org.), *supra* nota 520, p. 47.

[1902] João Neves da Fontoura, discurso de assunção do cargo de Ministro das Relações Exteriores, 2/2/1946. *In* A.A. Cançado Trindade, *supra* nota 517, p. 322.

em órgãos como a AGNU e o ECOSOC.[1903] O Brasil também defendeu, mesmo que com dubiedade em meio à retomada do colonialismo no pós-guerra, que as Nações Unidas só seriam realmente eficazes nessa tarefa caso seus escopos de atuação e de validade fossem universais, superando a divisão entre vencedores e vencidos da II Guerra Mundial.[1904]

Objetivamente, um dos principais corolários político-jurídicos retirados pelo Brasil do princípio de cooperação foi o dever de os Estados cooperarem para a promoção do desenvolvimento socioeconômico, nos termos dos art. 1(3), 55 e 56 da Carta. A superação dos desafios do mundo em desenvolvimento era um dos objetivos fundamentais a serem perseguidos no seio da Organização por meio da cooperação internacional.[1905] A partir de então, paz e desenvolvimento tornaram-se binômio indissociável na prática diplomática brasileira sob a égide do princípio de cooperação. A própria manutenção da estabilidade da ordem internacional dependia da eficácia da cooperação internacional para a promoção do desenvolvimento socioeconômico em âmbito global.[1906]

Essa percepção sobre o princípio de cooperação internacional pautou as posições brasileiras durante o processo de criação da OEA. Os princípios que deveriam reger a conduta dos Estados Americanos no novo organismo, que seria "encarregado de promover a cooperação intelectual e moral entre os povos" da região,[1907] seriam a igualdade soberana, a independência, a inviolabilidade do território, a condenação da guerra, a solidariedade na defesa contra a agressão e a cooperação para a superação dos desafios do desenvolvimento, os quais "representavam não somente garantia, senão solidariedade e cooperação". Para o Brasil, o princípio de cooperação operaria como um metaprincípio, na medida em que "a cooperação proposta se resume na articulação desses princípios e desses dogmas que pensamos satisfazem a um entendimento comum".[1908]

1903 João Carlos Muniz, *supra* nota 2101, p. 49.

1904 Mário de Pimentel Brandão na VI Sessão Ordinária da AGNU, em 1951, *in* Luiz Felipe Seixas Corrêa (org.), *supra* nota 520, p. 77.

1905 João Neves da Fontoura na VII Sessão Ordinária da AGNU, em 1952, in Luiz Felipe Seixas Corrêa (org.), *supra* nota 520, p. 85.

1906 Mário de Pimentel Brandão na VIII Sessão Ordinária da AGNU, em 1953, *idem*.

1907 MRE, *Relatório da Delegação do Brasil à Conferência Interamericana sobre Problemas da Guerra e da Paz* (Chapultepec, México, 1945), MRE/Serviço de Publicações, pp. 9-11.

1908 Representante do Brasil na IX Conferência Internacional Americana, em Bogotá, março-maio de 1948. A.A. Cançado Trindade, *supra* nota 517, p. 45.

Sob a influência da doutrina Monroe, o princípio de cooperação em sua vertente de defesa coletiva hemisférica deu origem ao Tratado Interamericano de Assistência Recíproca (TIAR), de 1947. Mas na convicção de que os desafios em matéria de desenvolvimento e de paz e segurança eram indissociáveis, a diplomacia brasileira atuou para que o compromisso de solidariedade política e militar inscrito no TIAR fosse acompanhado do dever de cooperação econômica. Essa visão se traduzia, de um lado, na "posição inequívoca a favor do reforço da solidariedade pan-americana frente a ameaças de interferência nas relações interamericanas por parte de uma potência extracontinental"; de outro, na proposta "de contarem os países americanos com um "Protocolo Adicional de Assistência Econômica ao Tratado Interamericano de Assistência Recíproca", a chamada Operação Pan-Americana", que tornasse mais explícitas as obrigações de cooperação econômica presentes na Carta [da OEA] e estabelecesse meios adequados para sua efetiva execução, com a finalidade de fortalecer a solidariedade continental e o sistema interamericano".[1909] Para o Brasil, era preciso "dar forma contratual e obrigatória à cooperação econômica interamericana, sob a forma de um Protocolo Adicional de Assistência Econômica ao Tratado do Rio de Janeiro".[1910] A posição brasileira buscava recuperar um dos compromissos acordados na Conferência de Chapultepec, em 1945,[1911] a saber, a chamada "Carta Econômica das Américas", em que se reconheciam objetivos e princípios para a promoção do desenvolvimento socioeconômico da região no pós Guerra. A pretensão brasileira era reforçada pela lógica que inspirara a criação da Organização do Tratado do Atlântico Norte (OTAN), que foi acompanhada do Plano Marshall, e da chamada SEATO (*South East Asia Treaty Organization*), cujo instrumento constitutivo, assinado em Manila, em 1954,

[1909] Relato sobre a VII Reunião de Consulta dos Chanceleres Americanos, San José de Costa Rica, 1960. *In* MRE, *Gestão do Ministro Lafer na Pasta das Relações Exteriores (1959 –1961)*, Departamento de Imprensa Nacional, 1961, pp. 19 e 22.

[1910] Horácio Lafer na Comissão Geral da VII Reunião de Consulta dos Ministros das Relações Exteriores (OEA), em San José de Costa Rica, em 23/8/1960. In MRE, *Gestão do Ministro Lafer na Pasta das Relações Exteriores (1959-1961)*, Departamento de Imprensa Nacional, 1961, pp. 100-101.

[1911] "A mesma conferência, que criou o Tratado de Assistência Recíproca, na Resolução IX mandava organizar a "cooperação econômica"". *Idem*, pp. 100-101.

associava a cooperação econômica à solidariedade política e militar.[1912] O insucesso em obter o que propunha (Operação Pan Americana) devido à resistência dos EUA em replicar, ao menos com a mesma dimensão, a assistência oferecida à recuperação econômica na Europa, frustrou o Governo brasileiro e diminuiu o ímpeto de nossa atuação por meio da OEA nessa matéria.

Nesse período, também ganhou força na *opinio iuris* brasileira a visão de que o princípio de cooperação internacional se desdobrava no dever de engajamento e abertura, em condições de igualdade, em atividades de órgãos, agências especializadas e mecanismos estabelecidos em âmbito multilateral, em particular das Nações Unidas, com mandatos sobre questões relativas ao direito do mar,[1913] direitos humanos[1914] e refugiados.[1915] O Brasil interpretava o princípio de cooperação inscrito no art. 1(3) da Carta como um dever originado na própria vontade soberana do Estado em tornar-se parte de determinado instrumento ou regime internacional, em linha com os princípios de boa fé e de *pacta sunt servanda*. Sobressaía a convicção, para além do universo estritamente jurídico, de que a obtenção do estado ideal de coisas colimado pelos objetivos e propósitos consignados na Carta só seria possível caso os Estados cooperassem mutuamente nos termos prescritos por esses instrumentos convencionais ou consuetudinários. Mais do que isso, consolidava-se a interpretação de que a obrigação de cooperar com mecanismos supranacionais, mesmo aqueles de monitoramento, não era contrária, mas antes expressão da vontade soberana dos Estados.[1916]

[1912] Para Lafer, a proposta seria como "a NATO e a SEATO. Em ambos encontra-se a nota de cooperação econômica que falta ao Tratado de Quitandinha". *Ibidem*, p. 20.

[1913] Intervenção do Delegado do Brasil sobre a Questão dos Estados sem Acesso ao Mar, nos debates da V Comissão da I Conferência da ONU sobre Direito do Mar, Genebra, 10 de março de 1958.

[1914] Ernesto Leme na IX Sessão Ordinária da AGNU, em 1954, *in* Luiz Felipe Seixas Corrêa (org.), *supra* nota 520, p. 100.

[1915] A Convenção de Genebra de 1951 "impõe às Partes Contratantes a obrigação de cooperarem com o Alto Comissariado das Nações Unidas para os Refugiados, a fim de fazer com que seja facilitada a ação deste último no que concerne às aplicações dos positivos pactuados". Exposição de Motivos do MRE ao Presidente da República, Juscelino Kubitschek de Oliveira, sobre o Estatuto dos Refugiados das Nações Unidas, em 30/7/1957, 14 *Boletim da Sociedade Brasileira de Direito Internacional* (1958) nº 27/28, pp. 95-99.

[1916] J. C. M. de Almeida, nos *Travaux Préparatoires* dos Pactos Internacionais de Direitos Humanos da ONU, na III Comissão da AGNU, VIII Sessão, em 16/11/1953. *In* A.A.

As dificuldades encontradas em obter, em âmbito hemisférico, a cooperação para o desenvolvimento nos moldes do Plano Marshall não diminuiu a estratégia de utilizar as Nações Unidas como meio para promover esse objetivo. Até mesmo por falta de alternativa, o Brasil continuou a propugnar pelo reforço das capacidades da organização em matéria de cooperação sob o entendimento de que a ONU constituía, "com todas as suas sérias limitações, o melhor instrumento de negociação diplomática e o mais aperfeiçoado mecanismo para a manutenção da paz que até agora conseguimos estabelecer".[1917] Na década de 1960, essa estratégia se refletiu na proposta para a adoção, no ECOSOC, da "Declaração sobre Cooperação Econômica Internacional" com o objetivo de registrar "disposição sincera de cooperação internacional, em prol do atendimento das necessidades dos países subdesenvolvidos". Sob a premissa de que "a segurança econômica e social atingida por alguns está em risco, se essa segurança econômica e social não for atingida por todos", o Brasil defendeu, pela voz de Araújo Castro, o conceito de "segurança econômica coletiva".[1918]

A defesa da centralidade do tema de cooperação internacional nas Nações Unidas foi mantida mesmo após a ruptura democrática, em 1964. Além de referências ao princípio de cooperação em sua acepção ampla, isto é, como macroprincípio norteador das relações pacíficas entre os Estados,[1919] o Brasil manteve o apoio ao fortalecimento das capacidades da ONU em matéria de cooperação internacional para o desenvolvimento socioeconômico. Meses após o golpe de 1964, Vasco Leitão da Cunha reconheceu resultados "modestos, mas encorajadores (...) no tocante à cooperação técnico-econômica", e advogou a necessidade de "redobrar o esforço para atender às necessidades dos países subdesenvolvidos e ajudá-los a superar a subutilização de seus recursos naturais", sobretudo pela "estruturação do novo Programa de Desenvolvimento das Nações Unidas", que viria a constituir o PNUD.[1920] Poucos depois, em 1967, Magalhães Pinto denunciou o inadimplemento dos

Cançado Trindade, *supra* nota 517, p. 279.

[1917] Horácio Lafer na XV Sessão Ordinária da AGNU, em 1960, *in* Luiz Felipe Seixas Corrêa (org.), *supra* nota 520, p. 143.

[1918] João Augusto de Araújo Castro na XVIII Sessão Ordinária da AGNU, em 1963, *idem*, pp. 182-183.

[1919] Vasco Leitão da Cunha na XIX Sessão Ordinária da AGNU, em 1964, in Luiz Felipe Seixas Corrêa (org.), *supra* nota 520, p. 193.

[1920] Vasco Leitão da Cunha XX Sessão Ordinária da AGNU, em 1965 , *in* Luiz Felipe Seixas Corrêa (org.), *supra* nota 520, p. 210.

compromissos assumidos pelas economias industrializadas com a promoção do desenvolvimento do então chamado "terceiro mundo".[1921] Tratava-se, em suas palavras, da "cooperação organizada para a paz e no enunciado da obrigação universal da solidariedade para o desenvolvimento".[1922] Na visão brasileira, a multiplicação de agências e mecanismos multilaterais encarregadas de promover o desenvolvimento socioeconômico em áreas e segundo mandatos específicos era o resultado da cooperação insuficiente ou ineficaz no âmbito do ECOSOC à luz de suas prerrogativas sob o Capítulo IX da Carta.[1923]

Diante do progresso insatisfatório das décadas anteriores,[1924] o Brasil retomou, na década de 1970, o conceito de segurança econômica coletiva.[1925] Esse sistema seria complementar ao sistema político da segurança coletiva[1926] e baseava-se em dois postulados jurídico-políticos: o direito de todas as nações ao desenvolvimento socioeconômico e o dever de os países desenvolvidos eliminarem "obstáculos externos que (...) opõem à aceleração do crescimento dos países em fase de desenvolvimento".[1927] Esse regime estaria sujeito ao princípio de igualdade soberana, cabendo exclusivamente a cada Estado "a responsabilidade de determinar os rumos que deseja imprimir ao seu processo de desenvolvimento" a "as decisões sobre o aproveitamento de seus recursos naturais".[1928]

Esse mesmo conceito esteve na raiz de proposta pioneira de Gibson Barboza, em 1973, numa das mais firmes defesas pelo Brasil da relação intrínseca e indissociável entre o desenvolvimento socioeconômico e a paz e

---

1921 José de Magalhães Pinto na XXII Sessão Ordinária da AGNU, em 1967, *idem*, pp. 228-229.

1922 José de Magalhães Pinto na XXIV Sessão Ordinária da AGNU, em 1969, *idem*, p. 251.

1923 Mário Gibson Barboza na XXVII Sessão Ordinária da AGNU, em 1972, *ibidem*, pp. 287-288.

1924 Gibson Barboza na XXV Sessão Ordinária da AGNU, em 1970, *idem*, p. 262.

1925 O conceito da segurança coletiva afirmava, "de um lado, o solene direito de todas as nações ao desenvolvimento e, de outro lado, o consequente dever das nações desenvolvidas de cooperar para conferir substância a esse direito". Sérgio Armando Frazão, na II Comissão da AGNU (XXVI Sessão), em 1971. MRE, *Documentos de Política Externa*, vol. V (1971), pp. 243-244.

1926 L. F. Seixas Corrêa, *in* Luiz Felipe Seixas Corrêa (org.), *supra* nota 520, p. 294

1927 Mário Gibson Barboza na XXVI Sessão Ordinária da AGNU, em 1971, *idem*, p. 274.

1928 Intervenção do Representante do Brasil na 1ª Subcomissão (Temas Jurídicos e Políticos) da CEESI (Comissão Especial para Estudar o Sistema Interamericano e Propor Medidas para Sua Reestruturação), sobre o Projeto de Reformas ao TIAR, em 24/10/1974. *In* A.A. Cançado Trindade, *supra* nota 530, pp. 165-166.

a segurança internacionais.[1929] A segurança econômica coletiva era a "contrapartida econômica da segurança política" para que o desenvolvimento e o progresso social possam tornar-se componentes básicos da noção de paz e segurança.[1930] Na convergência concreta desses dois propósitos, o princípio de cooperação internacional operaria como pedra de toque em proposta visionária: a criação, sob os auspícios das Nações Unidas, de "operações de paz econômica" para prevenir ou solucionar "situações críticas".[1931] O Brasil propunha, ainda, em meio ao acirramento de tensões entre as superpotências nucleares, política de *détente* na qual "o entendimento e a cooperação" seriam "alternativas para o isolamento suspicaz e o conflito latente".[1932] Ao optar pela revalorização das Nações Unidas, e até mesmo do ECOSOC,[1933] como fórum competente para o encaminhamento dos desafios enfrentados pela comunidade internacional,[1934] a diplomacia brasileira buscava, por meio da força normativa do princípio de cooperação, não só proporcionar a convergência das atividades da organização nos campos da paz e segurança e do desenvolvimento socioeconômico, como também garantir espaços para a participação efetiva e tanto quanto possível autônoma do Brasil e de países em desenvolvimento no processo decisório internacional.

Nessa mesma linha interpretativa quanto à natureza indissociável entre desenvolvimento e paz e segurança, o Brasil defendeu a aplicação do princípio de cooperação para solucionar problemas concretos da realidade internacional, na convicção de que "a cooperação é mais eficaz do que o antagonismo".[1935] À luz de "princípios de harmonia de interesses, de entendimento pacífico e de cooperação esclarecida que esta Organização erigiu como bases para a convivência internacional",[1936] o Brasil se dispunha a "ajudar a cons-

---

[1929] Gibson Barboza na XXVIII Sessão Ordinária da AGNU, em 1973, *in* Luiz Felipe Seixas Corrêa (org.), *supra* nota 520, p. 302.

[1930] *Idem*, p. 304.

[1931] *Ibidem*, 304-305.

[1932] *Ibidem*, p. 299.

[1933] *Ibidem*. p. 304

[1934] *Ibidem*, p. 292.

[1935] Antonio Francisco Azeredo da Silveira na XXIX Sessão Ordinária da AGNU, em 1974, *in* Luiz Felipe Seixas Corrêa (org.), *supra* nota 520, p. 312.

[1936] *Idem*, p. 317.

truir o futuro das nações livres" do colonialismo, em especial as novas nações africanas.[1937] Defendia também que "maior esforço de cooperação internacional (...) nos planos econômico e social poderá prestar contribuição decisiva para a paz" no Oriente Médio.[1938] Ao mesmo tempo, tornavam-se mais acentuadas a insatisfação e a crítica do Brasil à recusa de países desenvolvidos em reconhecer ou cumprir com os deveres de cooperação em matéria de desenvolvimento socioeconômico, sobretudo no contexto de negociações comerciais e financeiras.[1939]

Na *opinio iuris* do Brasil, o princípio de cooperação no direito internacional oferecia as bases sobre as quais deveriam desenvolver-se relações internacionais horizontais entre Estados soberanos, sem lugar para "subordinações ou hegemonias". Mais que mero compromisso moral, o Brasil entendia que a Carta das Nações Unidas incitava os estados "a cooperar e a harmonizar (...) interesses de acordo com determinados parâmetros definidos nos seus Propósitos e Princípios. Tal cooperação pressupõe a busca de pontos de convergência em benefício de todos os países envolvidos".[1940] Em sentido amplo, o princípio de cooperação correspondia, assim, ao dever de cooperar para que as soluções dos problemas mundiais fossem encontradas de forma pacífica e no marco do direito internacional. Mantendo sempre a premissa quanto à natureza indissociável entre paz e desenvolvimento,[1941] foi com base nessa concepção de cooperação internacional que o Brasil atuou no tratamento dos mais diversos temas que compunham a agenda internacional, então já em progressiva expansão, não só em matéria de desenvolvimento socioeconômico *stricto sensu*,[1942] mas

---

[1937] *Ibidem*, p. 312

[1938] *Ibidem*, p. 315.

[1939] Antonio Francisco Azeredo da Silveira na XXX Sessão Ordinária da AGNU, em 1975, *idem*, pp. 323 e 326.

[1940] Antonio Francisco Azeredo da Silveira na XXXII Sessão Ordinária da AGNU, em 1977, *ibidem*, p. 341.

[1941] Ramiro Saraiva Guerreiro na XXXV Sessão Ordinária da AGNU, em 1980, *in* Luiz Felipe Seixas Corrêa (org.), *supra* nota 520, p. 375.

[1942] "A justiça social e o progresso econômico são essenciais ao sistema de garantias entre os Estados, e, portanto, inseparáveis dos objetivos da paz e da segurança". Antonio Francisco Azeredo da Silveira na XXXII Sessão Ordinária da AGNU, em 1977, *idem*, pp. 347-348

também em temas como direitos humanos,[1943] comércio internacional,[1944] espaço exterior,[1945] meio ambiente[1946] e a abolição do *apartheid.*[1947]

A questão da energia nuclear é uma área em que se percebe, com clareza, a utilização do princípio de cooperação na política exterior. Por meio do recurso ao princípio de cooperação, o Brasil buscou assegurar acesso à tecnologia nuclear em condições de autonomia e igualdade, ao mesmo tempo em que defendia mecanismos de controle multilaterais que garantissem a natureza pacífica de sua utilização e evitassem a proliferação das armas nucleares".[1948] No processo negociador que levou à conclusão, em 1967, do Tratado de Não Proliferação de Armas Nucleares (TNP), o Brasil denunciou a tentativa de institucionalizar "status" discriminatório de dependência entre potências nucleares e não nucleares.[1949] Esse equilíbrio buscado na questão nuclear assumiu contornos mais precisos no arranjo alcançado entre os países da América Latina no Tratado de Tlatelolco, de 1967. Iniciativa originalmente brasileira, esse instrumento definia "com precisão (...) os direitos e deveres inerentes ao conceito de zona militarmente desnuclearizada", ao mesmo tempo em que garantia a utilização pacífica da tecnologia nuclear por meio de salvaguardas não discriminatórias.

Em outra vertente, a crescente frustração com a falta de avanços por meio de mecanismos tradicionais de cooperação para o desenvolvimento levou o Brasil a promover, de forma inovadora, formas de cooperação entre países em

---

[1943] "A cooperação, à qual a Carta das Nações Unidas nos estimula, pressupõe como requisito básico o respeito à identidade nacional e à soberania dos Estados. A Carta coloca o tema dos Direitos do Homem precisamente no campo da cooperação internacional e, nesse âmbito, faz de sua promoção uma das tarefas importantes da Organização". *Idem*, p. 346

[1944] Mário Gibson Barboza na XXVIII Sessão Ordinária da AGNU, em 1973, *ibidem*, p. 303.

[1945] Mário Gibson Barboza na XXVIII Sessão Ordinária da AGNU, em 1973, *idem*, p. 305.

[1946] "O quadro normativo e operacional adotado em Estocolmo fornece as bases para uma ampla cooperação internacional na preservação do meio ambiente, indicando critérios racionais capazes de nortear a ação soberana dos Estados na exploração de seus recursos naturais, nos termos das prioridades e planos nacionais, sem interferências indevidas". Mário Gibson Barboza na XXVII Sessão Ordinária da AGNU, em 1972, *ibidem*, p. 287.

[1947] Representante do Brasil na 37ª Sessão da Comissão de Direitos Humanos, em 13/2/1981. *In* A.A. Cançado Trindade, *supra* nota 530, p. 323.

[1948] Antonio Francisco Azeredo da Silveira na XXXII Sessão Ordinária da AGNU, em 1977, *in* Luiz Felipe Seixas Corrêa (org.), *supra* nota 520, p. 345

[1949] João Augusto de Araújo Castro, na Comissão do Desarmamento, sobre o Projeto do TNP, em 8/2/1968. MRE, *Documentos de Política Externa*, vol. II (1967-1968), Brasília, MRE, pp. 61-68.

desenvolvimento: a chamada cooperação sul-sul.[1950] Essa posição se pautou pelo entendimento de que a cooperação internacional "deve ser um esforço continuado, construtivo e criador".[1951] Ao reconhecer a cooperação como dever jurídico objetivamente definido[1952] na Carta, a diplomacia brasileira buscou ampliar sua atuação para além da posição de país demandante para prestador de cooperação. A lógica subjacente à cooperação sul-sul pautava-se pela convicção de que o fortalecimento e, em muitos casos, o lançamento de relações entre países em desenvolvimento nos mais diversos campos estimulava o desenvolvimento.[1953] Ia-se além da noção de cooperação *stricto sensu*, na medida em que essa proposta baseava-se no potencial de desenvolvimento nas nações do chamado sul econômico e político de forma autônoma. Essa insatisfação motivou também o apoio do Brasil à proposta do G-77 para o reconhecimento do direito ao desenvolvimento como direito humano (A/RES/41/128). Na visão brasileira, "a existência legal do direito ao desenvolvimento deriva da própria Carta das Nações Unidas que cria para os Estados-Membros uma obrigação positiva de promover a cooperação internacional".[1954]

O princípio de cooperação internacional foi ainda utilizado pelo Governo brasileiro como recurso jurídico e político no combate a ilícitos transnacionais. Na conjuntura da época, essa iniciativa voltava-se, sobretudo, ao combate do terrorismo, ao qual correspondiam, na visão do regime, ações de grupos subversivos que atuavam na região. Para o Brasil, a solução da questão passava pela "cooperação internacional contra o terrorismo – cooperação baseada na prevenção, sanção e repressão deste tipo de criminalidade".[1955] Esse princípio

---

1950 Azeredo da Silveira na XXXIII Sessão Ordinária da AGNU, em 1978, *in* Luiz Felipe Seixas Corrêa (org.), *supra* nota 520, pp. 357-358.

1951 Antonio Francisco Azeredo da Silveira na XXXII Sessão Ordinária da AGNU, em 1977, *idem*, p. 347.

1952 Maurício C. Magnavita, no Comitê Especial da ONU sobre o Fortalecimento da Eficácia do Princípio do Não-Uso da Força, em 6/9/1978. *In* A.A. Cançado Trindade, *supra* nota 530, p. 89.

1953 "É chegada a hora de realizarmos, no âmbito das relações Sul-Sul, amplo esforço de diversificar e alargar as bases de entendimento e cooperação". Saraiva Guerreiro na XXXV Sessão Ordinária da AGNU, em 1980, *in* Luiz Felipe Seixas Corrêa (org.), *supra* nota 520, p. 384.

1954 "O direito ao desenvolvimento é a própria síntese de um amplo grupo de direitos humanos". Representante do Brasil na 37ª Sessão da Comissão de Direitos Humanos, em fevereiro de 1981. *In* A.A. Cançado Trindade, *supra* nota 530, p. 322.

1955 Espedito de Freitas Resende, na VI Comissão da AGNU, em 5/10/1972. *In* A.A. Cançado Trindade, *supra* nota 530, p. 403.

geral se desdobrava "no dever indeclinável dos Estados (...) de cooperarem entre si, na tarefa de evitar e reprimir os atos de terrorismo em seu território, e de extraditarem os delinquentes que se venham homiziar sob a jurisdição de outra parte contratante".[1956]

Ainda no período anterior à redemocratização, duas iniciativas deram aplicação concreta ao princípio de cooperação internacional em âmbito sul-americano. A primeira foi o projeto de construção da usina hidrelétrica de Itaipu por meio de empresa binacional constituída com o Paraguai.[1957] Muito provavelmente a obra máxima de cooperação internacional no contexto de nossas relações bilaterais, a usina de Itaipu, enquanto fenômeno jurídico, atendeu não só ao princípio de cooperação internacional, mas também ao de igualdade factual, na medida em que tratou capacidades distintas de financiamento da obra na medida das desigualdades dos estados dos Estados Partes.[1958] Outra obra de relevo conduzida sob o princípio de cooperação foi a Organização do Tratado de Cooperação Amazônica (OTCA), criada em 1978. De caráter igualmente inovador, a OTCA obedece a subprincípios que densificam seus propósitos cooperativos, a saber, o desenvolvimento sustentável da Amazônia sob a soberania exclusiva dos países da região;[1959] a igualdade absoluta das partes;[1960] e a natureza complementar e associada da organização *vis-à-vis* de outros mecanismos de integração regional.[1961]

[1956] Mário Gibson Barboza no III Período Ordinário de Sessões da Assembléia Geral da OEA (Washington DC), em 25/01/1971. MRE, *Documentos de Política Externa*, vol. V (1971), pp. 12-14.

[1957] Trata-se de regime jurídico inovador, que estabelece condomínio entre os dois países com base em arranjo no qual as *holdings* do setor elétrico do lado brasileiro (*Eletrobrás* - Centrais Elétricas Brasileiras S.A.) e paraguaio *Ande* (*Administración Nacional de Eletricidad*) encontram-se em igualdade de direitos e obrigações.

[1958] "O Tratado de Itaipu, pelo equilíbrio harmonioso de suas cláusulas e sua leal disposição de cooperação mútua, está impregnado da filosofia de igualdade entre os contratantes, da equivalência de benefícios para ambos e de idênticas responsabilidades para os seus signatários". Mário Gibson Barboza na Cerimônia de Troca dos Instrumentos de Ratificação do Tratado de Itaipu, em Assunção, em 13/8/1973. MRE, *Documentos de Política Externa*, vol. VII (1973), pp. 163-165.

[1959] Antonio F. Azeredo da Silveira, na 1ª Reunião Preparatória sobre Cooperação Multilateral na Região Amazônica, 28/11/1977. MRE, *Resenha de Política Exterior do Brasil*, no. 15 (out./dez. 1977), pp. 53.

[1960] *Idem*, pp. 53-54.

[1961] *Ibidem*, p. 54.

A crítica à ineficácia dos mecanismos multilaterais de promoção do desenvolvimento socioeconômico foi mantida nos anos seguintes.[1962] Essa percepção acentuou-se em relação a questões financeiras, econômicas e comerciais em órgãos como o ECOSOC, UNCTAD, GATT, FMI e Banco Mundial, entre outras razões devido à cada vez mais crítica situação da economia brasileira na década de 1980.[1963] A diplomacia brasileira manteve a convicção no potencial das Nações Unidas como fórum adequado para a cooperação entre os Estados no tratamento dos desafios comuns. Ingressavam, porém, na agenda brasileira, outras formas de cooperação, como o combate ao tráfico de drogas.[1964] Um dos casos mais paradigmáticos nesse período foi a criação, por iniciativa brasileira, da ZOPACAS. Embora voltada precipuamente ao objetivo de afastar a presença de armas nucleares no Atlântico Sul e evitar, entre outras coisas, indesejável corrida armamentista na região,[1965] o mecanismo lançava bases para a promoção do desenvolvimento socioeconômico por meio da união de esforços, reforçando a dimensão positiva e indissociável entre paz e desenvolvimento.[1966]

Após a redemocratização e em conjuntura externa mais favorável após a queda do Muro de Berlim, foram realizados ajustes na aplicação do princípio de cooperação internacional na prática diplomática brasileira. Manteve-se, na linha discursiva, visão crítica quanto ao funcionamento das instituições de cooperação internacional, tanto no domínio econômico, financeiro e comercial, quanto no campo político. Mas a retórica "terceiro-mundista" cedeu lugar a postura mais aberta ao diálogo entre o mundo desenvolvido e o mundo em desenvolvimento.[1967] No campo econômico e comercial, a linha favorável à globalização foi utilizada como reforço ao imperativo de cooperação em favor do crescimento econômico em todo o mundo sob a premissa de que paz

---

[1962] Roberto de Abreu Sodré na XLII Sessão Ordinária da AGNU, em 1987, in Luiz Felipe Seixas Corrêa (org.), *supra* nota 520, p. 481.

[1963] João Figueiredo na XXXVII Sessão Ordinária da AGNU, em 1982, *in* Luiz Felipe Seixas Corrêa (org.), *supra* nota 520, p. 410.

[1964] Roberto de Abreu Sodré na XLI Sessão Ordinária da AGNU, em 1986, *in* Luiz Felipe Seixas Corrêa (org.), *supra* nota 520, p. 475.

[1965] Cf. acima capítulo sobre o princípio de defesa da paz.

[1966] Roberto de Abreu Sodré na XLI Sessão Ordinária da AGNU, em 1986, *in* Luiz Felipe Seixas Corrêa (org.), *supra* nota 520, p. 476.

[1967] Essa reorientação pode ser percebida a partir do pronunciamento de Fernando Collor de Mello na XLV Sessão Ordinária da AGNU, em 1990. *In* Luiz Felipe Seixas Corrêa (org.), *supra* nota 520, pp. 519-529.

desenvolvimento eram indissociáveis.[1968] Retomava-se, embora com adaptações, o caminho da cooperação no marco do multilateralismo e do direito internacional.[1969] O fim da Guerra Fria levou também a diplomacia brasileira a recorrer ao princípio de cooperação internacional, em sua acepção ampla, para reforçar suas credenciais de ator global, responsável e com capacidades de articulação e diálogo junto a países das mais diversas dimensões de poder e características culturais e religiosas na busca por soluções para problemas globais.[1970] Isso se observou, sobretudo, em temas como não-proliferação, direitos humanos e meio ambiente. A expressão maior dessa linha de atuação foi a realização da Conferência das Nações Unidas sobre Meio Ambiente e Desenvolvimento no Rio de Janeiro, em 1992,[1971] na qual a codificação convencional do princípio de desenvolvimento sustentável permitiu, sob a égide da cooperação entre os povos, a superação da lógica excludente entre desenvolvimento e preservação ambiental. No mesmo diapasão, o conceito de responsabilidades comuns, mas diferenciadas refletiu o dever de cooperação imposto aos países industrializados, sem negligenciar que o êxito de qualquer esforço de cooperação em âmbito global nessa matéria exigia o compromisso dos países do mundo em desenvolvimento.

O encorajamento à expansão e ao aprofundamento da ordem jurídica internacional por meio do fortalecimento ou da criação de regimes regulatórios sobre temas específicos foi acompanhado pela ênfase no princípio de cooperação compreendido em termos opostos à lógica punitiva baseada em políticas de isolamento.[1972] Ao dever de cooperação imposto aos Estados para a obtenção do estado ideal preconizado na Carta correspondia, na visão do Brasil, o dever de incentivar o cumprimento dessas obrigações por vias pacíficas e cooperativas, relegando medidas repressivas a último recurso. Quanto mais universal o escopo do direito internacional sob a égide do multilateralismo, maior

---

[1968] "Não existirá paz e segurança enquanto persistirem as disparidades que deformam o sistema internacional". *Idem*, p. 559.

[1969] Fernando Collor na XLVI Sessão Ordinária da AGNU, em 1991, *idem*, p. 539.

[1970] Celso Lafer na XLVII Sessão Ordinária da AGNU, em 1992, *supra* nota 520, p. 553.

[1971] "A Declaração do Rio, a Agenda 21, a Declaração sobre Florestas, a Convenção sobre Clima e a Convenção sobre a Biodiversidade definem um quadro jurídico para a cooperação internacional". Celso Lafer na XLVII Sessão Ordinária da AGNU, em 1992, *in* Luiz Felipe Seixas Corrêa (org.), *supra* nota 520, p. 560.

[1972] "Na visão brasileira, o relacionamento entre os Estados deve ser preponderantemente orientado por estímulos - e não desestímulos - à cooperação". *Idem*, p. 557.

seria o potencial de eficácia do princípio de cooperação. A lógica de confronto subjacente ao sistema bipolar da Guerra Fria deveria ceder lugar à lógica da cooperação. Para o Brasil, a "nova agenda internacional" deveria estar "baseada na participação e na cooperação universal para a paz e o desenvolvimento".[1973]

Essa concepção esteve na raiz do posicionamento brasileiro nos mais diversos temas da agenda internacional. Em matéria de direitos humanos, o princípio de cooperação se manifestava pela noção de "diálogo construtivo".[1974] No comércio internacional,[1975] pelo favorecimento de uma ordem mais aberta e justa, "sem discriminações ou imposições" aos países em desenvolvimento, "evitando-se a fragmentação das relações econômicas em blocos estanques".[1976] Essa dinâmica também se refletiu no esforço de construção da "confiança mútua" com outros Estados, fosse por meio de "processos latino-americanos de integração, que, para além dos aspectos mercantis, expressam de forma concreta um projeto político voltado para a cooperação e a solidariedade internacionais", fosse pela Comunidade dos Países de Língua Portuguesa e pela ZOPACAS.[1977] O Brasil estava "sintonizado com as duas principais forças a mover o mundo: a liberdade política e econômica e a cooperação por meio da integração e do comércio" e, por essa razão, buscava "ampliar o diálogo e a cooperação com nações amigas de todo o mundo, desenvolvidas e em desenvolvimento".[1978] Embora já não sob a mesma retórica de direito/dever, ainda se mantinha a defesa da relação indissociável entre paz e desenvolvimento.[1979] Era preciso "promover coordenação mais ampla de políticas macroeconômicas, estimular a integração regional, fornecer uma cooperação melhor e mais eficaz nas áreas de saúde, saneamento, educação, administração da justiça e outras áreas de grande impacto social".[1980]

1973 Celso Amorim na XLIX Sessão Ordinária da AGNU, em 1994, *idem*, p. 588.

1974 Celso Amorim, XLVIII Sessão Ordinária da AGNU, em 1993, *in* Luiz Felipe Seixas Corrêa (org.), *supra* nota 520, p. 572.

1975 Luiz Felipe Lampreia na LI Sessão Ordinária da AGNU, em 1996, *idem*, p. 616.

1976 Celso Amorim na XLVIII Sessão Ordinária da AGNU, em 1993, *idem*, p. 575.

1977 *Ibidem*, p. 577.

1978 Luiz Felipe Lampreia na LI Sessão Ordinária da AGNU, em 1996, *idem*, pp. 612-613.

1979 Luiz Felipe Lampreia na L Sessão Ordinária da AGNU, em 1995, *ibidem*, p. 603.

1980 *Ibidem*, p. 605.

Em matéria de interpretação e aplicação do princípio de cooperação internacional, a principal mudança ocorrida na prática diplomática brasileira a partir da década de 1990 ocorreu em relação ao papel das Nações Unidas na promoção do desenvolvimento socioeconômico. No bojo da criação da OMC, em 1994, e sob efeito das expectativas com a globalização, o Brasil passou a aceitar que as Nações Unidas concentrassem seus recursos em funções consideradas "essenciais: a manutenção da paz e da segurança internacionais, a promoção da justiça e do direito internacional, a cooperação para o desenvolvimento sustentável, a proteção dos direitos humanos e a prestação de assistência humanitária".[1981] As questões relacionadas à cooperação econômica, financeira e comercial ficariam relegadas, precipuamente, a organismos e agências especializadas como a OMC, o FMI, o Banco Mundial e a UNCTAD.[1982] Ao mesmo tempo, a experiência exitosa em matéria de cooperação nuclear na região, em especial o regime do Tlatelolco e a *Agência* Brasileiro-*Argentina* de Contabilidade e Controle de Materiais *Nucleares* (*ABACC*), foi utilizada para fortalecer as credenciais do País como ator global responsável[1983] e para propagar modelo de integração comercial e em temas como infraestrutura, cooperação científica e tecnológica e combate ao narcotráfico.[1984]

A expectativa quanto aos efeitos positivos para a ordem internacional do processo de liberalização dos fluxos de comércio, investimentos e pessoas foi posteriormente ponderada com a defesa de uma "globalização solidária" em contraposição a uma "globalização assimétrica".[1985] Era assim retomada a defesa pelo Brasil do reforço das ações da comunidade internacional organizada, com a cooperação decisiva das economias desenvolvidas, em favor da promoção do desenvolvimento econômico em países menos favorecidos. Isso significava a necessidade de que as negociações comerciais beneficiassem concretamente

---

[1981] Luiz Felipe Lampreia na LII Sessão Ordinária da AGNU, em 1997, *in* Luiz Felipe Seixas Corrêa (org.), *supra* nota 520, p. 631.

[1982] *Idem*, p. 640.

[1983] "Esperamos dos Governos que ainda não o fizeram, a adesão ao TNP, ao CTBT e aos demais instrumentos e mecanismos pertinentes". *Ibidem*, p. 643.

[1984] Vice-Presidente da República, Marco Maciel, por ocasião da Sessão Plenária da Cúpula do Milênio. *In* Luiz Felipe Seixas Corrêa (org.), *supra* nota 520, p. 667.

[1985] "A globalização só será sustentável se incorporar a dimensão da justiça". Fernando Henrique Cardoso na LVI Sessão Ordinária da AGNU, em 2001, *idem*, p. 683.

os países em desenvolvimento[1986] e que instituições como o Banco Mundial e bancos regionais assumissem o papel de promotores mais ativos do desenvolvimento. O macroprincípio de cooperação foi igualmente utilizado para o encaminhamento de questões humanitárias (inclusive as relacionadas a questões de saúde e pobreza), de meio ambiente, direitos humanos, desarmamento e não proliferação, e da ameaça recrudescente do terrorismo.[1987] As novas realidades de poder tornavam urgente, por sua vez, a reforma das principais instâncias decisórias internacionais, a exemplo do CSNU, pois o déficit de legitimidade dessas instituições prejudicava a eficácia do princípio de cooperação internacional.[1988] Nas palavras de Celso Lafer, em 2002, "a cooperação deve ser nosso *modus operandi*".[1989]

Nos anos seguintes, houve renovada intensificação das críticas à falta de avanços no campo do desenvolvimento socioeconômico por meio dos mecanismos de cooperação multilaterais. No caso da OMC, o Brasil recorreu ao princípio de cooperação para defender o fim do protecionismo imposto pelas economias desenvolvidas ao ingresso de bens produzidos em países em desenvolvimento.[1990] A diplomacia brasileira também fez uso do princípio de cooperação internacional para lançar mecanismos inovadores, como os agrupamentos BRICS e IBAS, este último, reunindo três grandes democracias do mundo em desenvolvimento, além da maior aproximação com países africanos e árabes.[1991] Sobre a questão do terrorismo, foi recuperada a indissociabilidade entre paz e desenvolvimento, pela ênfase na necessidade tanto de haver "maior cooperação internacional para o combate ao terrorismo", quanto de "eliminar suas causas profundas".[1992] O Brasil mantinha, não obstante, seu

---

[1986] Em especial, pela eliminação de barreiras protecionistas nos países desenvolvidos. *Ibidem*, pp. 684-685.

[1987] O Brasil propunha "renovada colaboração nas áreas de segurança, inteligência, cooperação policial e judicial" no combate ao terrorismo, no marco das Nações Unidas. Celso Lafer na LVII Sessão Ordinária da AGNU, em 2002, *idem*, pp. 695-696.

[1988] *Idem*, p. 697.

[1989] *Ibidem*, p. 695.

[1990] Luiz Inácio Lula da Silva na LVIII Sessão Ordinária da AGNU, *idem*, p. 706.

[1991] *Idem*, p. 706.

[1992] "Apesar de não haver vínculo automático entre pobreza e terrorismo, problemas socioeconômicos severos - em particular, quando combinados com a ausência de liberdades

compromisso inquebrantável com o princípio de cooperação no marco do multilateralismo.[1993]

Vê-se, pelo longo exame acima, que o macroprincípio de cooperação internacional permite inserir virtualmente qualquer ação de política exterior nos limites de seu escopo normativo. Não obstante, é possível identificar linhas centrais na prática diplomática sobre as quais esse princípio foi interpretado e aplicado pelo Brasil. O primeiro deles é que o princípio de cooperação corresponde à defesa do diálogo em condições de igualdade entre os Estados para a busca de soluções a desafios comuns. É assim que se retira uma das máximas fundamentais da *opinio iuris* do Brasil na matéria: a indissociabilidade entre paz e desenvolvimento. O segundo traço de normatividade é a visão de que ao princípio de cooperação internacional correspondem direitos e deveres acordados segundo a autonomia da vontade dos Estados. Isso pode ser observado com maior nitidez em questões relacionadas ao desenvolvimento socioeconômico, a exemplo dos compromissos de cooperação técnica, ou de acesso a mercados para produtos do mundo em desenvolvimento. Por fim, e ainda sob a égide do conceito de desenvolvimento socioeconômico inscrito na Carta, identifica-se a obrigação de todos os Estados, a despeito de grau de desenvolvimento ou de viés ideológico, de cooperar, de boa fé e segundo o princípio de *pacta sunt servanda*, com órgãos, mecanismos e regimes convencionais em áreas como direitos humanos, direito internacional humanitário, direito do mar, meio ambiente, terrorismo, corrupção e paz e segurança. Em outras palavras, o princípio de cooperação se densifica no dever de cumprir com as decisões dos órgãos para cujos mandatos os Estados tenham aquiescido e com os vários arranjos estabelecidos por meio de acordos pluri ou bilaterais de cooperação. Sob essa terceira dimensão, a centralidade do conceito de cooperação para as relações internacionais do Brasil se revela nas mais de três centenas de tratados bilaterais firmados que têm esse macroprincípio como eixo sobre o qual se estabelecem parâmetros, compromissos e objetivos para a realização de atividades, trocas de informações e promoção de políticas nos mais diversos campos. O universo de matérias tratadas nesses instrumentos engloba temas tão variados que correspondem à quase totalidade de assuntos da política exterior, tais como promoção de investimentos, assuntos financeiros,

civis e políticas – são fatores que podem expor as comunidades a atitudes extremas de grupos fanatizados". Celso Amorim na LX Sessão Ordinária da AGNU, em 2005, *idem*, p. 754.

[1993] Luiz Inácio Lula da Silva na LXI Sessão Ordinária da AGNU, em 2006, *ibidem*, p. 764.

educação, cooperação técnica, agricultura, ciência e tecnologia, inovação, saúde, comércio, energia, formação e capacitação de servidores públicos, consultas políticas, meio ambiente, espaço exterior, pesca, defesa, recursos hídricos, cultura, esportes, infraestrutura, desenvolvimento social, erradicação da fome e da pobreza, cooperação judicial, combate a ilícitos transnacionais, segurança regional e regime alfandegário.

Conteúdo Normativo do Princípio de Cooperação Internacional

A principal dificuldade encontrada na definição do princípio de cooperação internacional decorre de seu amplo escopo de aplicação. Essa abrangência normativa já é percebida na Carta das Nações Unidas. Ao lidar com as competências da Assembléia Geral, o artigo 13 parece distinguir entre, de um lado, a cooperação internacional no campo político e na codificação do direito internacional, e, de outro, a cooperação nas searas econômica, social, cultural, educacional e dos direitos humanos.[1994] Essa distinção não aparece, porém, no preâmbulo,[1995] no artigo 1° (que trata dos propósitos das Nações Unidas) e tampouco nos capítulos XI e X que lidam, como *lex specialis*, com a temática de cooperação internacional em sua vertente de desenvolvimento social e econômico. A expressão cooperação no campo político (alínea a) relaciona-se às relações internacionais propriamente ditas, ao passo que a cooperação nos demais campos (alínea b) diz respeito à cooperação entre os Estados com o objetivo de promover avanços em relação aos temas ali indicados no contexto das jurisdições domésticas dos Estados.[1996] Daí a menção específica no parágrafo 2

[1994] Artigo 13. 1. A Assembléia Geral iniciará estudos e fará recomendações, destinados a: a) promover cooperação internacional no terreno político e incentivar o desenvolvimento progressivo do direito internacional e a sua codificação; b) promover cooperação internacional nos terrenos econômico, social, cultural, educacional e sanitário e favorecer o pleno gozo dos direitos humanos e das liberdades fundamentais, por parte de todos os povos, sem distinção de raça, sexo, língua ou religião. 2. As demais responsabilidades, funções e atribuições da Assembléia Geral, em relação aos assuntos mencionados no parágrafo 1(b) acima, estão enumeradas nos Capítulos IX e X.

[1995] Há referências implícitas no preâmbulo: "promover o progresso social e melhores condições de vida dentro de uma liberdade ampla" será alcançada, tautologicamente, por meio do emprego de "um mecanismo internacional para promover o progresso econômico e social de todos os povos", entre outras coisas.

[1996] Hans Kelsen, *supra* nota 184, p. 22.

às funções e atribuições da AGNU nessas áreas, nos termos dos Capítulos IX e X. Já o cotejamento do artigo 1(3) com o artigo 13 (1) (a) expõe uma relação de fim e meios entre, de um lado, a resolução dos "problemas internacionais de caráter econômico, social, cultural ou humanitário",[1997] além da promoção e o "respeito aos direitos humanos e às liberdades fundamentais", e, de outro, o princípio de cooperação internacional como via juridicamente estabelecida para o encaminhamento desses temas.

Não obstante a dificuldade conceitual de separar o que seria cooperação no campo estritamente político da cooperação nas demais searas do direito internacional, pode-se definir o princípio de cooperação internacional em termos de um macroprincípio da ordem jurídica contemporânea. Por um lado, a cooperação enquanto dever de buscar o diálogo político decorre da proscrição do uso unilateral da força e do imperativo de solução pacífica de controvérsias. Por outro, a cooperação internacional é o meio por excelência acordado entre os Estados para a realização de fins e objetivos comuns nas mais diversas áreas, segundo processos baseados no princípio de igualdade soberana, a despeito de desigualdades factuais, visões ideológicas, sistemas econômicos e regimes políticos existentes. O princípio de cooperação internacional funciona, dessa forma, como instrumento fundamental para atingir os propósitos estabelecidos no Preâmbulo da Carta, quais sejam: "preservar as gerações vindouras do flagelo da guerra", "manter a paz e a segurança internacionais" e "promover o progresso social e melhores condições de vida dentro de uma liberdade ampla".[1998]

Cooperação política em mecanismos e organismos internacionais

O princípio de cooperação internacional corresponde, primeiramente, ao dever imposto aos Estados de apenas defenderem posições e interesses pela via do diálogo e do intercâmbio pacífico de opiniões como imperativo lógico dos objetivos de manter a paz e a segurança internacionais e de promover o desenvolvimento socioeconômico. É esse o significado do conceito de "cooperação internacional no terreno político" inscrito no art. 13 (1) (a) da Carta das Nações Unidas e em vários instrumentos convencionais e consuetudinários. É natural que os Estados tenham opiniões divergentes não só em relação

---

[1997] Curiosamente, a referência ao campo "humanitário", mencionado como um problema a ser resolvido com base no princípio de cooperação no artigo 1(3), não foi reproduzido no artigo 13 (1).

[1998] H. Kelsen, *supra* nota 184, p. 20

a temas de responsabilidade comum da agenda internacional, como também sobre seus interesses particulares. Em vista desse dado da realidade, o princípio de cooperação opera como a exigência de que tais diferenças e a busca por soluções a problemas comuns sejam tratadas no marco do direito internacional, sob a aplicação recíproca de princípios como a igualdade soberana entre as nações, não intervenção e proibição do uso da força. É nesse sentido que se pode dizer que o princípio de cooperação internacional significa ulteriormente o marco de respeito mútuo no qual deve dar-se a interação entre Estados soberanos diante da existência de opiniões e interesses distintos.

O princípio de cooperação se desdobra em regimes de cooperação no contexto das atividades de órgãos multilaterais e regionais, além de mecanismos pluri e bilaterais.[1999] Toda e qualquer organização ou regime multi e plurilateral tem, como pressuposto, a cooperação entre seus membros como meio apropriado à realização dos fins estabelecidos em seus respectivos instrumentos constitutivos. Nessa acepção, cooperar significa tanto o estímulo ao diálogo e ao entendimento, quanto deveres de cumprimento das decisões emanadas pelos órgãos competentes *ratione materiae* e *ratione personae* do sistema internacional. Tal como consolidado na prática diplomática brasileira, o dever de cooperação é inerente à própria lógica jurídica subjacente à criação de organizações internacionais,[2000] na medida em que se explica pela vontade expressa *a priori* pelo Estado de assumir obrigações por meio de um instrumento convencional ou consuetudinário. Nessa segunda dimensão densificadora, o princípio de cooperação associa-se, no plano da validade, aos princípios de *pacta sunt servanda* e de boa fé.[2001] Isso se aplica inclusive em se tratando de temas que dizem respeito a questões que se encontram, em princípio, adstritas ao domínio reservado dos Estados.[2002] Nessa hipótese, o dever de cooperação opera como uma derrogação parcial e válida, baseada no consentimento dos próprios Estados, do princípio de não intervenção inscrito no art. 2 (7) da Carta da ONU. Mas essa exceção é circunscrita aos limites impostos à capacidade

[1999] Segundo os *travaux préparatoires* da Conferência de São Francisco, ao lidar com as hipóteses de acessão e adesão de Estados às Nações Unidas, entendia-se que subsistia a obrigação de Estados não Membros de cooperarem com as ações para a manutenção da paz e da segurança internacionais, a despeito de um vínculo convencional expresso a esse respeito. Cf. U.N.C.I.O., vol. 7, p. 267.

[2000] Benedetto Conforti, *supra* nota 240, p. 159.

[2001] A. A. Cançado Trindade, *supra* nota 20, p. 113.

[2002] Benedetto Conforti, *supra* nota 240, p. 8.

desses órgãos de criar normas obrigatórias e de interpretá-las em relação ao respectivo universo de direitos e obrigações acordados pelos Estados-Partes de cada regime convencional ou mecanismo multilateral.

No âmbito das Nações Unidas, o princípio de cooperação em sua acepção política se aplica concretamente no contexto das funções dos órgãos onusianos. Nos termos do art. 2 (5) da Carta, os Estados têm a obrigação de dar "assistência em qualquer ação a que elas [Nações Unidas] recorrerem de acordo com a presente Carta e se absterão de dar auxílio a qualquer Estado contra o qual as Nações Unidas agirem de modo preventivo ou coercitivo". No caso da AGNU, o dever de cooperação é matizado pela natureza recomendatória das decisões adotadas no órgão, nos termos dos arts. 10, 11, 13 (1) e 14 da Carta. Em se tratando de questões relacionadas à manutenção da paz e da segurança internacionais, e à solução pacífica de controvérsias, o dever de cooperação é estimulado – e não juridicamente exigido à luz das funções da AGNU. No tocante à cooperação econômica e social internacional, o art. 56 da Carta é explícito ao consignar o compromisso dos Estados a agirem em cooperação com as Nações Unidas e fora dela para a realização do amplo universo de objetivos inscritos no art. 55. A densificação desse compromisso é dada por meio de normas específicas que regulam deveres e direitos nos mais diversos campos, como visto acima no caso de agências especializadas, programas e órgãos subsidiários.

Já em relação ao Conselho de Segurança, o princípio de cooperação inscrito nos arts. 1 (3) e 2 (2) é densificado pelo regime do art. 25 da Carta, que prescreve o dever de respeito às decisões do órgão. São comuns resoluções do CSNU que demandam expressamente a cooperação para a realização de atividades ou objetivos determinados, os quais podem ser investigações em territórios de Estados soberanos ou a cooperação com tribunais internacionais *ad hoc* criados sob o art. 41.[2003] A recusa dos Estados em cooperarem com as decisões do Conselho[2004] pode ser interpretada como ameaça à paz e à segurança

---

[2003] Cf. as resoluções 827, relativa à cooperação com o Tribunal Penal Internacional para a ex-Iugoslávia e a resolução 955, sobre a cooperação com o Tribunal Penal Internacional para Ruanda.

[2004] Cite-se, por exemplo, a recusa de Israel, em 1968, de permitir a entrada do Representante do SGONU em territórios árabes ocupados com o mandato de investigar as condições de vida e de segurança de seus habitantes, conforme determinado pela resolução S/RES/259 do CSNU, de 27/9/1967.

internacionais, nos termos do art. 39 da Carta.[2005] Nessa vertente política, relacionada às funções de manutenção da paz e da segurança internacionais, uma das principais expressões do conceito de cooperação internacional tem-se dado nas chamadas operações de manutenção da paz. Como regra geral à luz do art. 17, todo membro é obrigado a contribuir com sua parcela proporcional às operações de manutenção da paz.[2006]

A mesma regra de cooperação se aplica às organizações internacionais que estabelecem a cooperação entre seus princípios fundamentais. Esse é o caso tanto de organizações regionais com mandatos amplos, como a OEA, como de entidades com competências específicas, como agências especializadas, organizações internacionais independentes e programas das Nações Unidas.[2007] São os respectivos instrumentos constitutivos que estabelecem normas que dão densidade ao princípio de cooperação em termos de deveres e direitos de participação no processo deliberativo, fornecimento de informações (relatórios) e oferecimento de meios em matéria de cooperação técnica em cada organização. O dever de cooperação política também se observa em regimes específicos, como órgãos de tratados estabelecidos por protocolos adicionais a pactos e convenções do direito internacional dos direitos humanos, que prescrevem mecanismos de informações e apresentação de relatórios avaliativos e recomendatórios. Em âmbito regional, iniciativa auspiciosa em matéria de cooperação política é o recém-criado Conselho Sul-Americano de Defesa da UNASUL.[2008]

A extensão e a obrigatoriedade do dever de cooperação imposto aos Estados em cada regime específico, inclusive no que toca à capacidade interpretativa desses órgãos, dependem dos limites e competências estabelecidos em seus respectivos instrumentos constitutivos, segundo princípios de *pacta*

[2005] Várias resoluções do CSNU sobre o Iraque aludem ao dever de cooperação com as Nações Unidas, sobretudo em matéria de inspeção nuclear. Cf., por exemplo, a resolução S/RES/1441, de 8/11/2002.

[2006] A proporção dessa obrigação é regulada por uma escala de contribuições decidida no âmbito da AGNU, na qual se leva em consideração, entre outras coisas, o nível de desenvolvimento de cada país e a maior responsabilidade imposta aos membros do CSNU. Cf. a resolução A/RES/55/235, de 23/12/2000.

[2007] Cf., por exemplo, o regime de salvaguardas da AIEA. O art. XII do Estatuto da Agência estabelece direitos de inspeção e deveres recíprocos de abertura e de fornecimento de informações por parte dos Estados.

[2008] Ana Patrícia Neves Abdul-Hak, *O Conselho de Defesa Sul-Americano: objetivos e interesses do Brasil (CDS)*, Brasília, FUNAG (Coleção CAE), 2013.

sunt servanda e boa fé.[2009] Ainda nessa concepção política, a interação pacífica entre os Estados propugnada pelo princípio de cooperação internacional pode ser realizada por meio de mecanismos de diálogo e concertação política. Um dos mais paradigmáticos, por sua amplitude temática, é o modelo existente entre MERCOSUL e União Européia. No plano das relações bilaterais o Brasil mantém igualmente vários mecanismos de diálogo e cooperação com outros sujeitos de direito internacional público.

Cooperação Internacional para a Promoção do Desenvolvimento

A área de aplicação por excelência do princípio de cooperação se dá no campo econômico e social, cujo universo material é tão amplo quanto o próprio conceito de desenvolvimento socioeconômico.[2010] Nos termos do art. 55 da Carta, os Estados se comprometem a cooperar, em conjunto ou separadamente, com o objetivo de promover "(a) níveis mais altos de vida, trabalho efetivo e condições de progresso e desenvolvimento econômico e social; (b) a solução dos problemas internacionais econômicos, sociais, sanitários e conexos; a cooperação internacional, de caráter cultural e educacional; e (c) o respeito universal e efetivo dos direitos humanos e das liberdades fundamentais para todos, sem distinção de raça, sexo, língua ou religião".

O compromisso de promover o desenvolvimento adquire forma concreta por meio de acordos multi, pluri e bilaterais que estipulam direitos e deveres recíprocos com base na autonomia da vontade dos Estados Partes. Até esse estádio normativo, o dever de cooperação é ainda demasiado genérico e abstrato para criar uma relação jurídica sinalagmática objetivamente determinável, isto é, deveres objetivos aos quais correspondam deveres subjetivos e exigíveis

---

[2009] Exemplo de cooperação política é a Organização para a Proibição de Armas Químicas (OPAQ). Nos termos da Convenção Internacional sobre a Proibição do Desenvolvimento, Produção, Estocagem e Uso de Armas Químicas e sobre a Destruição das Armas Químicas Existentes no Mundo, de 1993, o objetivo de eliminar esse armamento é buscado pelo equilíbrio entre compromissos e deveres de cooperação política. O compromisso com a manutenção da paz é expresso por meio dos deveres e proibições inscritos no art. 1º da Convenção. O princípio de cooperação permite esclarecer "qualquer questão que seja colocada com relação ao objetivo ou propósito das disposições" da Convenção ou à sua implementação (art. XI (1)).

[2010] "The problems of development were first considered in an isolated form, that is, mainly in their economic aspects. Toward the middle of the 80's, under pressure from the Western World, they were connected to the problem of respect for human rights. From the beginning of the 90's, they have been intertwined with ecological problems, an intertwining which is leading to the notion (...) of "sustainable development". B. Conforti, *supra* nota 240, p. 241.

juridicamente entre os Estados. O compromisso de cooperação internacional só é obrigatório na medida dos recursos, da disponibilidade e das leis de cada país, pois a responsabilidade primária da promoção do desenvolvimento é de cada Estado individualmente.[2011] Somente nesse último estádio densificador, o dever de cooperação, ao qual corresponde o direito de beneficiar-se dela, assume normatividade concreta. Esses acordos estabelecem faculdades, obrigações e até mesmo proibições que regulam o comportamento dos Estados no sentido de apoiarem-se em áreas como combate a ilícitos transnacionais, realização da justiça, comércio internacional, direitos humanos, proteção do meio ambiente, luta contra epidemias e fome, saúde, educação, cultura, trabalho, estabilidade do sistema financeiro internacional, não proliferação ou cooperação técnica *stricto sensu.*[2012]

O dever de prover cooperação, na medida das capacidades e dos compromissos assumidos por cada Estado, não é, porém, acompanhado do dever de receber cooperação internacional. Da mesma maneira que não se pode exigir de outros Estados, de forma individual ou conjunta, a responsabilidade primária de promover o desenvolvimento em países de menor desenvolvimento relativo, ao menos com base apenas no princípio inscrito no art. 1(3) da Carta, pois essa responsabilidade recai primordialmente sobre esse mesmo Estado, tampouco se pode admitir a faculdade de terceiros Estados imporem ou determinarem medidas para o desenvolvimento de outros países. Quando cotejado com os demais princípios, o dever de cooperação internacional é matizado pela medida do que foi acordado em cada programa ou ação específica. A elaboração e a execução de medidas de cooperação voltadas à promoção do desenvolvimento socioeconômico, nos mais diversos planos, pressupõem, por conseguinte, a participação em condições de igualdade jurídica entre Estados provedores e beneficiários na determinação dos termos do processo de cooperação.

No âmbito das Nações Unidas, a promoção do desenvolvimento socioeconômico como objeto de aplicação do princípio de cooperação internacional é perseguida, sobretudo, no âmbito da AGNU. Isso pode ocorrer diretamente, nos termos do art. 60 da Carta, ou pelas agências especializadas e programas estabelecidos sob o art. 22. A AGNU e o ECOSOC têm funções essencialmente

---

[2011] Cf. art. 32 da Carta da OEA.

[2012] Exemplo concreto foi o compromisso dos Estados desenvolvidos, primeiramente em 1970 e reiteradamente até o Consenso de Monterrey, de 2002, de prover 0,7% do PIB em ajuda oficial ao desenvolvimento.

normativas, conforme os arts. 13 e 62 (1) e (3) da Carta. Ambos funcionam como fóruns deliberativos e de produção de regras que, embora não disponham de obrigatoriedade jurídica *prima facie*, indicam, como fontes que veiculam *opinio iuris* no direito internacional, regimes por meio de declarações ou esboços de instrumentos convencionais a serem posteriormente ratificados. As atividades de assistência técnica estão previstas no art. 66 (2), que enseja a prestação pelo ECOSOC de serviços solicitados pelos Membros e pelas entidades especializadas. Em termos operacionais, a aplicação do princípio de cooperação como meio concreto de promover o desenvolvimento socioeconômico ocorre por meio das atividades dos programas subordinados à autoridade da AGNU e do ECOSOC. Dada a subordinação funcional do ECOSOC, a decisão que permite formalmente a condução dessas atividades por meio desses programas tem-se dado cada vez mais no âmbito da própria AGNU.[2013] O financiamento de cada programa obedece a lógica autônoma e, em muitos casos, as contribuições são voluntárias.

O princípio de cooperação para a promoção do desenvolvimento socioeconômico é também aplicado no contexto das atividades das chamadas agências especializadas e outras organizações internacionais. Embora vinculadas ao chamado sistema ONU, nos termos dos arts. 57, 59 e 63 da Carta, essas entidades têm personalidade jurídica independente e atribuições nos mais variados campos. Criadas com composições e instrumentos constitutivos próprios, nos quais se estabelecem formas de financiamento, natureza jurídica dos processos decisórios, marcos de competência e formas de representação, essas organizações funcionam tanto para o debate e o encaminhamento de questões de interesse comum, como também para a harmonização de regras e procedimentos, a codificação progressiva do direito internacional e a prestação de atividades de cooperação técnica, inclusive de treinamento e capacitação. Embora organizações autônomas, as agências especializadas se relacionam com as Nações Unidas, via de regra, por meio de acordos celebrados sob os arts. 57 e 63 (1) da Carta, os quais não só buscam a coordenação, como também permitem a supervisão, em determinadas condições, dessas atividades pelo ECOSOC e, principalmente, pela AGNU.[2014] Tal previsão enseja, por exemplo, a capacidade da AGNU e do ECOSOC de emitir recomendações à coordenação entre as agências (arts. 58 e 60 da Carta), solicitar relatórios (art. 64) e examinar os orçamentos dessas organizações (art. 17 (3)).

[2013] Benedetto Conforti, *supra* nota 240, p. 248.

[2014] Benedetto Conforti, *supra* nota 240, p. 251.

Cooperação Técnica

Em matéria de desenvolvimento socioeconômico, uma das áreas mais importantes é a chamada cooperação ou assistência técnica, que confere caráter concreto ao princípio de cooperação internacional. Em termos jurídicos, essa vertente do princípio de cooperação é um desdobramento do compromisso de prestar assistência ao desenvolvimento. A densificação do compromisso genérico de prestação de cooperação técnica se dá mediante a celebração de acordos específicos nos quais direitos e obrigações são dispostos segundo cada circunstância específica. Há, portanto, um dever de prestar cooperação em sentido amplo, tal como reconhecido em várias resoluções da AGNU.[2015] Mas a densificação desse princípio em normas objetivas se dá por meio de compromissos acordados entre os Estados no contexto de um processo político no qual prevalecem relações de poder ou, em termos estritamente jurídicos, a vontade soberana dos Estados. O dever de cooperação internacional consiste, objetivamente, no compromisso reciprocamente acordado entre Estados de atuarem de forma individual e conjunta a fim de promover a paz e o desenvolvimento socioeconômico ao redor do globo, algo por definição subjetivo. Essa vertente pode ocorrer de forma direta ou indireta, isto é, pelo próprio Estado que financia a operação, ou por um terceiro Estado, agência internacional ou até mesmo entidade privada. Dada a amplitude do conceito de desenvolvimento socioeconômico, a cooperação técnica pode assumir diversas modalidades, como o financiamento de obras de infraestrutura, capacitação técnica de profissionais e quadros do Estado, desenvolvimento de capacidades em setores específicos da sociedade, implantação de programas sociais ou intercâmbio de experiências exitosas. Esse fenômeno político e jurídico refletiu-se no desenvolvimento do conceito de cooperação técnica (em inglês *technical assistance*).

A prestação de cooperação técnica entre os Estados desenvolveu-se, nas últimas décadas, a partir de duas vertentes. A primeira consiste na modalidade tradicional de cooperação Norte-Sul no sentido de países desenvolvidos para países em desenvolvimento. Também denominada "ajuda oficial ao

[2015] Cf. acima a evolução da matéria no âmbito da AGNU, onde foram aprovadas a Declaração sobre Princípios do Direito Internacional, de 1970; a Declaração sobre o Estabelecimento de uma Nova Ordem Econômica Internacional, de 1974; a Carta de Direitos e Deveres Econômicos, também de 1974; a Declaração sobre o Direito ao Desenvolvimento, de 1986; a Declaração sobre a Cooperação Econômica Internacional, em particular a Revitalização do Crescimento Econômico e o Desenvolvimento dos Países em Desenvolvimento, de 1990; e, sobretudo, o Consenso de Monterrey sobre a ajuda oficial ao desenvolvimento.

desenvolvimento" (ODA) nos termos utilizados pelo Comitê de Assistência ao Desenvolvimento da OCDE, essa modalidade pressupõe maior controle sobre os estádios da ação de cooperação técnica pelos países cooperantes. A segunda vertente, que surgiu da crítica ao modelo Norte-Sul, é a modalidade Sul-Sul entre países em desenvolvimento. Esse formato pauta-se pelos interesses dos países beneficiários, tais como a não imposição de condicionalidades, o objetivo de fortalecer ou criar capacidades institucionais duradouras, de forma a evitar ou romper relações de dependência; a participação efetiva (lógica de apropriação) de governos e sociedades dos países beneficiários na formulação, execução e acompanhamento dos programas; e, finalmente, a lógica de execução compartilhada das iniciativas, o que pressupõe o envolvimento direto de contrapartes nos países beneficiários, em oposição à prática de utilizar consultores estrangeiros.

O respeito às prioridades indicadas pelo país beneficiário é um subprincípio que densifica o princípio de cooperação internacional em sua vertente de assistência técnica ao desenvolvimento.[2016] Na *opinio iuris* brasileira, esse subprincípio é retirado da ponderação recíproca entre os princípios de cooperação internacional, igualdade soberana e não intervenção. Nessa lógica, cada iniciativa de cooperação técnica implantada ao abrigo do princípio de cooperação é reflexo da convergência de vontades e visões entre parceiros, em contraposição à instrumentalização ou à imposição de vontades que vai de encontro, *ipso iure* e *ipso facto*, aos fundamentos dessa norma no direito internacional.

No caso brasileiro, toda ação de cooperação técnica, em sentido ativo ou passivo, pressupõe a existência de um tratado celebrado entre o Brasil e ente estrangeiro na matéria. A contraparte pode ser uma organização internacional[2017]

[2016] "O Governo brasileiro realiza periodicamente (anualmente, a cada dois anos, ou outro período acordado entre as partes), com cada país parceiro, reuniões intergovernamentais onde se definem as áreas prioritárias e linhas de atuação dos programas bilaterais de cooperação técnica, bem como projetos prioritários e compromissos de alocação de recursos. Essa definição é realizada a partir das prioridades de desenvolvimento do País. Os países parceiros definem suas prioridades no campo da cooperação para o desenvolvimento no marco de suas políticas de relações exteriores, as quais também podem refletir metas e compromissos assumidos internacionalmente para o desenvolvimento internacional". MRE, *Diretrizes para o desenvolvimento da cooperação técnica internacional multilateral e bilateral*, 4ª ed., Brasília, ABC, 2014, p. 16.

[2017] O Brasil celebrou, em 1964, acordo-quadro de cooperação técnica com as Nações Unidas (*promulgado pelo Decreto n.º 59.308*/1966) que serve como marco normativo para iniciativas de cooperação técnica desenvolvidas com as várias agências especializadas onusianas,

ou um terceiro Estado. São esses instrumentos, denominados usualmente de Acordos-Base ou Acordos-Quadro, que estabelecem marcos gerais para a realização de iniciativas de cooperação técnica e que delineiam questões como áreas de atuação, responsabilidades recíprocas entre as partes, entes competentes em cada ordenamento pela execução dos objetivos de cooperação indicados no acordo-base, inclusive no tocante às formas de financiamento, e modalidades para eventual solução de controvérsias em relação à interpretação e à aplicação dos termos negociados. Nos termos das competências privativas estipuladas pela Constituição nessa matéria, são formalmente válidos apenas os instrumentos celebrados pelo Poder Executivo, ou por ente que disponha de plenos poderes concedidos *ex ante* ou *in casu* para fazê-lo. Como todo instrumento convencional, esses acordos exigem aprovação do Congresso Nacional na forma prevista em lei.[2018] Ao abrigo desses instrumentos são elaborados, pelas entidades designadas pelas partes, programas, projetos e outras atividades específicas de interesse mútuo em matéria de cooperação técnica. Os atos complementares aos acordos-quadro que dão forma às iniciativas de cooperação técnica são chamados de ajustes complementares ou programas executivos.[2019] Esses instrumentos determinam ações concretas de cooperação técnica (custos relacionados, entidades responsáveis pela execução das medidas, prazos e mecanismos de acompanhamento). Quando os próprios acordos-quadro já dispõem sobre o dispêndio de recursos financeiros para iniciativas de cooperação, esses atos complementares dispensam nova aprovação do Congresso Nacional, pois se voltam à execução de obrigações já autorizadas.

---

como AIEA, *ONU-Mulheres, OMPI, UNODC, OACI, PNUD, OIT, FAO, UNESCO, UPU, UIT, OMM, FNUAP, UNIDO, OMS/OPAS, UM/Habitat*, UNICEF e OMS/OPAS. Além disso, o Brasil mantém acordos básicos de cooperação técnica com a OEA, o BID e a União Européia, por exemplo. Para a lista desses acordos, cf. sítio eletrônico da Agência Brasileira de Cooperação (ABC), do MRE.

[2018] "No Brasil, o ato internacional necessita, para a sua conclusão, da colaboração dos Poderes Executivo e Legislativo. Segundo a vigente Constituição brasileira, celebrar tratados, convenções e atos internacionais é competência privativa do Presidente da República (art. 84, VIII), sujeitos ao referendo do Congresso Nacional, a quem cabe, ademais, resolver definitivamente sobre tratados, acordos e atos internacionais que acarretem encargos ou compromissos gravosos ao patrimônio nacional (art. 49, I)". MRE, *supra* nota 2216, p. 16.

[2019] "O MRE, por intermédio da ABC, conduz a negociação dos atos complementares e o encaminhamento das providências necessárias para sua celebração, a qual se dá entre os governos centrais dos países cooperantes (no caso da cooperação técnica recebida do exterior bilateral) ou entre o Governo brasileiro e organismos internacionais (no caso da cooperação técnica recebida multilateral)". MRE, *supra* nota 2216, p. 14.

Cooperação Jurídica Internacional

Outra área que tem despertado interesse é a cooperação jurídica internacional, em especial para fins de combate ao crime. Essa modalidade se justifica pelo interesse comum dos Estados de evitar que a soberania sirva de empecilho à realização da justiça ou de manto protetor à impunidade, algo contrário aos propósitos de manter a paz e promover o desenvolvimento social e econômico *lato sensu*. Mas como não há, no direito internacional, derrogação válida ao princípio de soberania na ausência de consentimento, o propósito de realização da justiça no interior de cada Estado é operacionalizado pelo princípio de cooperação, que se torna via natural de combate ao crime transnacional. Sob essa lógica, a igualdade soberana é vista não como obstáculo, mas como ferramenta de complementariedade jurisdicional. Ao invés de derrogação, a cooperação internacional manifesta-se como expressão da igualdade soberana, tal como interpretado pela CPJI no caso *Lotus*, em 1928.[2020]

O potencial conflito entre o interesse geral de realizar a justiça e os distintos valores juridicamente tutelados em cada país é superado, no direito internacional contemporâneo, pelos regimes *ratione materiae* e *ratione personae* que promovem a cooperação jurídica entre os Estados. São esses regimes que densificam o princípio de cooperação internacional em sua dimensão de cooperação jurídica por meio de subprincípios e regras que regulam aspectos e procedimentos que permitem a assistência mútua entre os Estados. A base normativa que dá sustentação jurídica a essa modalidade de cooperação internacional é aspecto determinante não só para a validade formal dos atos realizados ao amparo de cada regime, mas também para a eficácia das medidas e procedimentos tomados nessa área. Dado que a maior parte desses regimes é codificada por meio de instrumentos convencionais, os acordos celebrados entre os Estados fornecem a fonte normativa primária para a determinação das faculdades, obrigações e proibições específicas e legalmente objetivas em matéria de cooperação jurídica internacional.

As formas mais tradicionais de cooperação jurídica internacional dão-se na modalidade judicial, quais sejam, a carta rogatória, a homologação de sentença

---

[2020] Na ausência de consentimento expresso, prévia ou *in casu*, das autoridades competentes do Estado estrangeiro, as forças de segurança de um Estado não podem agir sob a jurisdição estrangeira. Isso não impede os Estados de exercer jurisdição para além de suas fronteiras, mas tão simplesmente que o exercício dessas prerrogativas só encontra limites em regras proibitivas, em especial aquelas relativas à soberania de outro Estado. Caso *Lotus*, *supra* nota 494, para. 45.

estrangeira, a extradição e a transferência de presos.[2021] Hodiernamente, esse campo da cooperação expandiu-se consideravelmente. Acompanhando o processo de integração entre os Estados, o universo de cooperação jurídica internacional passou a abranger uma variedade de procedimentos e diligências que se voltam não somente à realização da justiça em âmbito doméstico, como também no plano transnacional. Além da extradição e da assistência jurídica mútua, foram elaboradas outras formas de promover a cooperação jurídica como regimes de execução de sentenças estrangeiras, transferência de procedimentos penais, arresto ou congelamento de bens, e intercâmbio de informações entre as forças de segurança, por exemplo.[2022]

A quase totalidade dos Estados mantém, atualmente, ampla rede de acordos convencionais concluídos em âmbito bilateral, plurilateral ou multilateral em matéria de cooperação jurídica mútua (*mutual legal assistance*) e extradição. A prática internacional indica que os instrumentos existentes nessa área obedecem a alguns pontos cardeais, entre os quais o princípio de reciprocidade,[2023] a regra de especialidade,[2024] a premissa de que o crime é tipificado no ordenamento jurídico de ambos os Estados,[2025] o princípio da competência da autoridade requerente,[2026] o respeito aos direitos humanos e a redução, por meio da codificação de regimes detalhados, da margem discricionária do

---

[2021] Em se tratando de cooperação jurídica na espécie judicial, a evolução nas formas de colaboração interestatal deu ensejo a classificação entre cooperação direta, em que o conhecimento é do próprio juiz de primeiro grau, e cooperação indireta, na qual é exigida a apreciação pelo chamado juízo de delibação, isto é, de órgão colegiado como o Superior Tribunal de Justiça, no caso brasileiro.

[2022] M.C. Bassiouni, *Introduction to International Criminal Law*, Dordrecht, Martinus Nijhoff Publishers, 2nd rev. ed., 2012, pp. 499-500.

[2023] Compromisso de executar a mesma medida solicitada quando o Estado requerido for demandante.

[2024] A utilização dos elementos probatórios obtidos por meio da cooperação jurídica prestada pelo Estado requerido deve restringir-se ao procedimento penal que instruiu a demanda pelo Estado requerente, sendo vedado, via de regra, seu uso em outros processos.

[2025] Também chamado no Brasil de "princípio de dupla incriminação".

[2026] Apenas a autoridade competente pode solicitar o pedido de cooperação jurídica a outro Estado. Embora plenamente justificável da perspectiva doméstica, na qual a análise sobre as competências associa-se ao exame da validade dos atos, essa regra é de menor relevância no plano internacional, uma vez que cada Estado é soberano para indicar as autoridades competentes para a execução de medidas de cooperação internacional acordadas com terceiros países.

Estado requerido para justificar recusa a pedidos de cooperação.[2027] A maior agilidade proporcionada pelos chamados acordos de assistência mútua não dispensa, no entanto, a aplicação dos métodos e formalidades previstos para a tramitação e a execução dos pedidos de cooperação internacional. A observância das disposições e dos limites previstos em cada acordo é requisito formal para a validade, tanto em âmbito externo quanto interno, das ações de cooperação internacional conduzidas ao abrigo de cada regime, inclusive no tocante às competências constitucionais dos entes que mantêm relações com Estados estrangeiros e organizações internacionais.

Em geral, as convenções *ratione materiae* concluídas com o objetivo de promover a cooperação jurídica internacional (seja em sua modalidade de assistência mútua, seja especificamente em relação à prática de extradição)[2028] contêm cláusulas que estipulam o dever de cooperação entre as partes.[2029] As convenções multilaterais tendem igualmente a incluir dispositivos prevendo a prevalência da aplicação de regimes bilaterais ou regionais específicos de cooperação na hipótese de conflito com as obrigações acordadas multilateralmente.[2030] Isso se deve ao critério de especialidade (*lex specialis*) aplicado em regimes de cooperação jurídica acordados bilateralmente, na medida em que esses últimos permitem maior adequação às necessidades e particularidades

[2027] Cf., por exemplo, o art. 13 da Convenção Relativa à Citação e à Notificação no Estrangeiro dos Actos Judiciais e Extrajudiciais em Matéria Civil e Comercial, assinada em Haia, em 1965. Boister menciona também o chamado *evidence treshold* (limite da prova), segundo o qual o pedido de cooperação jurídica deve ser substanciado o suficiente com elementos que demonstrem as acusações contra o acusado. Essa regra, no entanto, não foi codificada na Convenção para o Combate ao Crime Organizado. Cf. N. Boister, *An Introduction to Transnational Criminal Law*, Oxford, Oxford University Press, 2012, pp. 202-206.

[2028] O art. I do Acordo de Extradição do Mercosul dispõe expressamente sobre a obrigação recíproca de conceder a extradição.

[2029] O art. 2 (1) da Convenção Contra o Tráfico Ilícito de Entorpecentes e Substâncias Psicotrópicas estipula expressamente que "o propósito desta Convenção é promover a cooperação entre as Partes a fim de que se possa fazer frente, com maior eficiência, aos diversos aspectos do tráfico ilícito de entorpecentes e de substâncias psicotrópicas que tenham dimensão internacional". Esse compromisso é codificado em regime convencional próprio de cooperação jurídica internacional nos art. 5, 6, 7 e 9 da Convenção. Cf. também o art. 18 (6) da Convenção das Nações Unidas para o Combate ao Crime Organizado Transnacional; art. 43 (1) da Convenção das Nações Unidas contra a Corrupção; o art. 1º do Protocolo de Las Leñas do MERCOSUL e o art. 1 (3) do Protocolo de Assistência Mútua em Assuntos Penais do MERCOSUL.

[2030] UNODC, *Manual on Mutual Legal Assistance and Extradition*, Publishing and Library Section, 2012, p. 23.

dos Estados individualmente, em se tratando do objetivo de prevenir e combater o crime.

O equilíbrio entre a agilidade e o respeito aos requisitos formais que garantem a validade dos atos praticados em matéria de cooperação jurídica entre os Estados tem sido obtido pelo modelo de autoridade central.[2031] Trata-se do ente, via de regra não jurisdicional, designado por cada Estado com competência para receber pedidos de cooperação jurídica de Estado estrangeiro e dar-lhes seguimento, direta ou indiretamente, no plano doméstico, em matéria cível,[2032] administrativa, trabalhista, fiscal ou penal. No caso brasileiro, prevalece a designação *par défaut* do Poder Executivo para exercer essa função, em linha com o art. 84 (VII) da Constituição,[2033] seja pelo Ministério da Justiça em matéria cível, nos termos do parágrafo 4º do art. 26 do novo Código de Processo Civil,[2034] seja pelo Ministério das Relações Exteriores. A indicação de

---

2031 O art. II da Convenção de Nova York sobre a Prestação de Alimentos no Estrangeiro, de 1958, já dispunha sobre a designação de "autoridades administrativas ou judiciárias que exercerão em seu território as funções de Autoridades Remetentes" (parágrafo I) e de um organismo público ou particular que exercerá em seu território as funções de Instituição Intermediária" (II). No entanto, a doutrina tende a reconhecer que o instituto da autoridade central, em sua acepção atual, foi codificado pela primeira vez, em âmbito multilateral, nos arts. 2 a 6 da Convenção Relativa à Citação e à Notificação no Estrangeiro dos Actos Judiciais e Extrajudiciais em Matéria Civil e Comercial, assinada em Haia, em 1965. Cf. também o art. 18 (13) da Convenção das Nações Unidas para o Combate ao Crime Organizado Transnacional; o art. 4º da Convenção Interamericana sobre Cartas Rogatórias, de 1975; o art. 2º do Protocolo de Las Leñas do MERCOSUL; o art. 6º da Convenção da Haia sobre os Aspectos Civis do Seqüestro Internacional de Menores; o art. XI da Convenção Interamericana sobre o Cumprimento de Sentenças Penais no Exterior; o art. 46 (13) da Convenção contra a Corrupção; e o art. III do Protocolo de Assistência Mútua em Assuntos Penais do MERCOSUL.

2032 A cooperação internacional em matéria processual cível foi regulada no Código de Processo Civil, de 2015. Nos termos do art. 26, a cooperação jurídica nessa área obedece aos subprincípios de devido processo legal, igualdade de tratamento entre nacionais e estrangeiros; publicidade processual, existência de autoridade central, espontaneidade na transmissão de informações a autoridades estrangeiras, reciprocidade na ausência de instrumento convencional. Além disso, é dispensada a aplicação do princípio de reciprocidade para homologação de sentença estrangeira e vedada a cooperação para atos contrários à ordem pública brasileira.

2033 A prática nessa matéria tem confirmado essa tendência, embora haja exceções, a exemplo dos acordos de assistência mútua firmados pelo Brasil com Portugal e Canadá, nos quais o Ministério Público Federal foi designado como autoridade central do lado brasileiro.

2034 "O Ministério da Justiça exercerá as funções de autoridade central na ausência de designação específica".

autoridade central tem o efeito não só de garantir maior celeridade na tramitação de pedidos de cooperação internacional, aspecto que adquire importância cada vez maior diante da atuação em nível global de redes criminosas transnacionais, como também enseja a coordenação, em âmbito doméstico, das ações *ratione materiae* a partir de visão abrangente da cooperação jurídica executada com terceiros Estados. Dessa forma, garante-se equilíbrio sistêmico entre o interesse de realização da justiça no caso individual e o universo mais amplo das relações interestatais, com respeito aos princípios de não intervenção e igualdade soberana entre as nações.

Em matéria de prevenção e repressão ao crime, a cooperação entre os Estados pode assumir diversos formatos e ocorrer em várias etapas da investigação, da judicialização e até mesmo da execução da pena. Embora se trate de área tradicional em matéria de cooperação internacional, com práticas que remontam à antiguidade como a extradição,[2035] o tema tem atraído maior atenção em virtude da importância assumida pelo combate a ilícitos transnacionais e à aplicação da justiça em todo o mundo. Na prática, esse fenômeno implica esforço de convergência normativa entre ordenamentos nacionais de diferentes tradições jurídicas. O objetivo é garantir maior efetividade a procedimentos que visam à punição de condutas antijurídicas que podem não ser percebidas da mesma maneira em diferentes regiões do globo. Tendo sempre presente a relação não derrogatória entre os princípios de cooperação e igualdade soberana entre as nações, a assistência jurídica internacional, sobretudo em matéria criminal, está associada à regulamentação adotada no plano doméstico na esfera penal. Por essa razão, a quase totalidade dos acordos de cooperação na área criminal consagra a regra de que a execução dos compromissos assumidos sujeita-se à regulação da matéria no ordenamento jurídico dos Estados requerentes, o que significa dizer, na prática, que o cumprimento das demandas de cooperação internacional sujeita-se à legislação do Estado no pólo passivo da relação.[2036]

Os chamados tratados de assistência mútua consistem em prática cada vez mais comum no direito internacional contemporâneo. Esse fenômeno foi motivado pelo interesse de agilizar demandas a respeito de informações,

---

[2035] D. Stigall, 'Ungoverned Spaces, Transnational Crime, and the Prohibition on Extraterritorial Enforcement Jurisdiction in International Law', *Notre Dame Journal of International and Comparative Law*, Vol 3, 2013, p. 19.

[2036] Cf., por exemplo, o art. 48 da Convenção das Nações Unidas contra a Corrupção.

procedimentos e diligências diversas em matéria penal no âmbito de jurisdição estrangeira e cuja tramitação tomava tempo excessivo por meios tradicionais como a carta rogatória.[2037] Esses instrumentos convencionais regem a cooperação jurídica nos mais diversos planos, seja como o próprio objeto do tratado, seja como regime operativo criado no contexto de instrumento temático. Além das dezenas de tratados bilaterais firmados pelo Brasil em matéria de extradição, vigem também acordos celebrados em âmbito multilateral, regional e plurilateral. Embora haja semelhanças, como se observa nas Convenções das Nações contra o Crime Transnacional e contra a Corrupção (respectivamente arts. 18 e 46), cada instrumento estabelece regime próprio de cooperação jurídica internacional cujos contornos de obrigatoriedade são individualmente especificados nos termos acordados pelos Estados Partes.

A chamada cooperação jurídica internacional tem-se desenvolvido bastante em processos de integração, na qual a cooperação judicial é uma modalidade ao lado da cooperação em questões administrativas, fiscais e policiais. No âmbito da UE, o princípio de cooperação jurídica foi incorporado aos objetivos enumerados no Tratado de Maastricht, cujo art. K.1 (6) e (7) reconhece expressamente a cooperação judicial em matéria cível e criminal, respectivamente, como áreas de interesse comum dos membros da União. Em se tratando de cooperação em matéria penal, o marco normativo europeu é a Convenção do Conselho da EU sobre Assistência Mútua em Questões Criminais, de 2000, que tem natureza complementar a acordos anteriores vigentes, em especial a Convenção Européia sobre Extradição, de 1957, e a Convenção do Conselho da Europa sobre Assistência Mútua em Questões Criminais, de 1959, às quais se agregaram os protocolos adicionais de 1978.[2038] Sob o novo regime, o princípio de cooperação é descrito como o dever de prestar, com a brevidade possível, a cooperação solicitada segundo procedimentos específicos relativos a prazos e condições para o atendimento do pedido (art. 4).[2039]

[2037] Além do precedente europeu, de 1959, as Nações Unidas aprovaram, em 1990, um modelo de Tratado de Assistência Mútua em Questões Criminais, com dispositivos padrões a serem utilizados em tratados bilaterais nessa área. Cf. anexo à resolução 45/117 (1990) da AGNU, aprovada em 14/12/1990.

[2038] A convenção de 1959 abrangia ampla gama de medidas em matéria de cooperação em assuntos criminais. A convenção, porém, facultava aos Estados recusar pedidos relacionados a interesses essenciais do país e a crimes políticos sob o argumento de segurança nacional.

[2039] O descumprimento desse dever só é admitido nas hipóteses previstas pelas própria Convenção e no caso de o pedido contrariar princípios fundamentais do direito vigentes no ordenamento doméstico (art. 4 (1)). A Convenção de 2000 vai além, ainda, ao

Em âmbito hemisférico, embora já houvesse dispositivos sobre a tramitação de cartas rogatórias e pedidos de extradição no Código de Bustamante, a cooperação jurídica internacional foi impulsionada a partir da celebração, em 1975, da Convenção sobre Cartas Rogatórias e de seu protocolo adicional de 1979, além das Convenções Interamericanas de 1975 e 1979, respectivamente sobre Obtenção de Provas no Exterior e Medidas Cautelares, as quais não foram ratificadas pelo Brasil. Esse impulso foi retomado pela conclusão da Convenção Interamericana sobre Assistência em Matéria Penal, de 1992; e a Convenção Interamericana sobre o Cumprimento de Sentenças Penais no Exterior, de 1993. Nos anos seguintes, a promoção da cooperação jurídica internacional teve reflexos também no MERCOSUL, com a assinatura do Protocolo de Cooperação e Assistência Jurisdicional em Matéria Civil, Comercial, Administrativa e Trabalhista, em Las Leñas, 1992;[2040] do Protocolo de Assistência Mútua em Assuntos Penais, assinado em San Luís, em 1996;[2041] e do Acordo de Extradição do MERCOSUL, de 1998.[2042]

Um dos desdobramentos mais importantes em matéria de cooperação jurídica foi a Convenção das Nações Unidas para o Combate ao Crime Organizado Transnacional, de 2000, e seus três protocolos adicionais em

---

buscar a máxima simplificação e agilidade no trâmite de documentos e na execução de procedimentos em matéria de cooperação policial e judicial no combate ao crime. Nos termos do art. 6 da Convenção de 2000, os pedidos de cooperação judicial passaram a ser tramitados, via de regra, diretamente entre as autoridades judiciais competentes em cada Estado para, respectivamente, iniciar e executar as cartas rogatórias, devendo os pedidos serem retornados pelos mesmos canais (art. 6 (1)). Mencionem-se, ainda, o uso de tele e videoconferências (arts. 10 e 11) e, em casos específicos, o trâmite pelas vias tradicionais, isto é, pelas autoridades centrais (art. 6 (2)).

[2040] O preâmbulo consagra o objetivo "de promover e intensificar a cooperação jurisdicional em matéria civil, comercial, trabalhista e administrativa, a fim de assim contribuir para o desenvolvimento de suas relações de integração com base nos princípios do respeito à soberania nacional e à igualdade de direitos e interesses recíprocos".

[2041] Lê-se no preâmbulo que "a intensificação da cooperação jurídica em matéria penal contribuirá para aprofundar os interesses recíprocos dos Estados Partes no processo de integração".

[2042] No preâmbulo desse instrumento, os Estados reafirmam o desejo "de acordar soluções jurídicas comuns com vistas ao fortalecimento do processo de integração" e, nesse contexto, destacam "a importância de contemplar tais soluções em instrumentos jurídicos de cooperação em áreas de interesse comum como a cooperação jurídica e a extradição" e declaram-se "convencidos da necessidade de simplificar e agilizar a cooperação internacional para possibilitar a harmonização e a compatibilização das normas que regulam o exercício da função jurisdicional dos Estados Partes".

matéria de combate ao Tráfico de Pessoas, Tráfico de Armas e Imigração Irregular. Além de obrigações expressas de cooperação, a importância dessa Convenção se revela no número de Estados Partes (187 em fevereiro de 2017), o que implica escopo de aplicação virtualmente universal, em complementariedade aos tratados bilaterais existentes. Sob a premissa de respeito estrito aos princípios de soberania estatal e não ingerência (art. 4º), esse instrumento deita as bases para o combate ao crime organizado por meio de compromissos recíprocos que se estendem, a um só tempo, tanto à repressão dos crimes ali previstos em âmbito interno (crime organizado, lavagem de dinheiro e corrupção), quanto à cooperação entre os Estados Partes por meio de medidas específicas. De forma a promover maior agilidade e eficiência na tramitação dos pedidos de cooperação ao abrigo da Convenção de Palermo, adotou-se, como regra geral,[2043] o modelo de autoridade central designada pelas partes como ente responsável e competente para a execução das medidas de cooperação solicitadas por Estado estrangeiro e para o encaminhamento a outros órgãos, em âmbito doméstico, para a execução dos pedidos recebidos (art. 18 (13)). Sempre à luz das competências vigentes em cada ordenamento nacional, a Convenção consolidou universo normativo de faculdades[2044] e obrigações[2045]

[2043] Nos termos do mesmo dispositivo, essa regra geral não afeta, porém, o direito de qualquer Estado Parte de exigir que os pedidos sejam remetidos por via diplomática e, em caso de urgência, e se os Estados Partes nisso acordarem, por intermédio da Organização Internacional de Polícia Criminal.

[2044] São permitidas medidas de cooperação como a extradição de criminosos (art. 16), a transferência de pessoas condenadas (art. 17), a realização de investigações conjuntas (art. 19) e de técnicas especiais de investigação (vigilância eletrônica ou outras formas de vigilância e operações de infiltração) (art. 19), e a transferência de processos penais (art. 20). Além disso, são estimulados a coleta, o intercâmbio e a análise de informações sobre a natureza do crime organizado (art. 28); o compartilhamento de informações entre as autoridades competentes de cada país, mesmo na ausência de pedido prévio (art. 18 (4)), e a assistência técnica para a extradição e a cooperação judiciária (art. 29).

[2045] O art. 18 da Convenção dispõe sobre o dever recíproco de prestar "toda a assistência judiciária possível nas investigações, nos processos e em outros atos judiciais relativos às infrações previstas" pela Convenção, o que inclui uma ampla gama de ações que podem ser solicitas pelo Estado requerente. Nos termos do art. 18 (3), a cooperação judiciária inclui recolher testemunhos ou depoimentos; notificar atos judiciais; efetuar buscas, apreensões e embargos; examinar objetos e locais; fornecer informações, elementos de prova e pareceres de peritos; fornecer originais ou cópias certificadas de documentos e processos pertinentes, incluindo documentos administrativos, bancários, financeiros ou comerciais e documentos de empresas; identificar ou localizar os produtos do crime, bens, instrumentos ou outros elementos para fins probatórios; facilitar o comparecimento voluntário de pessoas no Estado Parte requerente; prestar qualquer outro tipo de assistência compatível com o

em matéria de cooperação jurídica, além do compromisso da criminalização, no âmbito interno, das condutas ali indicadas.[2046]

Na ausência de instrumentos convencionais, é prática recorrente dos Estados a tramitação de pedidos de cooperação jurídica com base no princípio de reciprocidade. Utilizado tradicionalmente em matéria de extradição, essa norma opera com base na presunção de que, na inexistência de acordo prévio e vigente com obrigações reciprocamente estabelecidas, a cooperação prestada por um Estado em matéria jurídica será igualmente atendida na eventualidade de que esses mesmos Estados se vejam em situação oposta no futuro. Dada a própria aplicação casuística dessa modalidade, a cooperação jurídica com base no princípio de reciprocidade é formalizada por meio de instrumentos formais das relações diplomáticas entre os Estados, como troca de notas e memorandos de entendimento firmados com esse propósito. Vale dizer que o princípio de reciprocidade é, em geral, um dos fundamentos dos múltiplos regimes convencionais existentes não só em âmbito bilateral, por tautologia, como também em instrumentos pluri e multilaterais,[2047] na medida em que reflete a aplicação consentânea do princípio de igualdade soberana na área de cooperação jurídica.

---

direito interno do Estado Parte requerido. Prevê também a obrigação de que as autoridades competentes ao menos analisem pedidos recebidos para confisco de bens provenientes de atividades criminosas (art. 13), bem como o dever de prestar cooperação técnica em matéria de programas de investigação e de formação (art. 29).

[2046] Os pedidos de cooperação jurídica devem assumir um formato (*letter of request*) com informações específicas (art. 18 (14) e (15)) e só podem ser recusados sob condições excepcionais (art. 18 (21)), hipótese na qual é exigida a devida fundamentação pelo Estado requerido (art. 18 (22)). Por iniciativa da diplomacia brasileira, foi aprovada, em 2011, na 6ª Conferência das Partes da Convenção Contra a Corrupção, resolução que consagrou interpretação permissiva à troca de provas e informações, nos âmbitos civil e administrativo. Esse aspecto não era obrigação sob a Convenção da ONU, diferentemente do que se havia estabelecido em matéria criminal. "Na prática, a resolução abre caminho para que pedidos de cooperação internacional elaborados por instituições brasileiras, como AGU, CGU e o Ministério Público, na condução desses processos, possam ser atendidos por outros países. A resolução também melhora as condições em que o Brasil pode ajuizar ações civis diretamente em tribunais estrangeiros, com o objetivo de recuperar ativos decorrentes de corrupção". Nota nº 426 do Ministério das Relações Exteriores, de 6 de novembro de 2015.

[2047] A Convenção das Nações Unidas contra o Crime Organizado Transnacional dispõe expressamente sobre a exigência de reciprocidade em matéria de cooperação jurídica no art. 18 (1). Países como Índia e Rússia fizeram reservas específicas à Convenção com o objetivo de explicitar a exigência de reciprocidade para o cumprimento das obrigações assumidas *vis-à-vis* dos demais Estados Partes.

A exigência de marcos jurídicos acordados entre os Estado deve ser interpretada como reforço e não como impedimento à realização da justiça por meio da cooperação jurídica internacional. Essa lógica foi codificada em diversos instrumentos convencionais que dispõem sobre o compromisso de cooperação jurídica entre os Estados.[2048] O sentido interpretativo a ser dado ao princípio de cooperação em sua vertente jurídica deve ser o mais amplo possível, de forma a favorecer o objetivo ulterior consistente na realização da justiça. No entanto, a teleologia aplicada ao processo hermenêutico dessa norma jamais deve perder de vista o imperativo de observar, estritamente, tanto os marcos jurídicos imediatos, isto é, cada regime de cooperação internacional específico, como também outros princípios aplicáveis no processo de codificação da cooperação no direito internacional, como os princípios de igualdade soberana e não intervenção. Do contrário, corre-se o risco de que o interesse de realização da justiça, por definição aplicada de forma casuística, dê azo à manipulação política por terceiros Estados de dados e informações segundo interesses não necessariamente relacionados ao valor de solidariedade subjacente à lógica de assistência jurídica mútua.[2049] O caminho mais seguro para evitar a contaminação tanto no plano doméstico, quanto externo da ordem jurídica não é outro senão o apego estrito aos termos acordados entre os Estados nessa matéria no contexto de relações interestatais reguladas pelo direito e não por simples relações de poder.

[2048] Vide o art. 7 (1) da Convenção Contra o Tráfico Ilícito de Entorpecentes e Substâncias Psicotrópicas.

[2049] Os riscos de desrespeito aos regimes de cada modalidade de cooperação jurídica internacional ganham cores mais vivas diante de incidentes envolvendo casos de espionagem internacional.

Capítulo XIV
CONCESSÃO DE ASILO POLÍTICO

A etimologia oferece a melhor introdução ao conceito de asilo político.[2050] É com o significado da não entrega do perseguido que se encontra sob a proteção de algum tipo de organização (social, política ou religiosa) que o instituto se desenvolveu ao longo do tempo.[2051] Em linha com a tradição jurídica latino-americana, o instituto tem longa trajetória na prática diplomática brasileira, amparado sempre em princípios de humanidade como justificativa para a concessão do benefício. Ausente em constituições anteriores, a inclusão do asilo político na Constituição de 1988 consolidou o compromisso histórico da sociedade brasileira com a proteção de estrangeiros perseguidos por convicções políticas e religiosas.

Asilo político na Assembléia Constituinte

A inclusão do instituto do asilo político entre os princípios do art. 4º é mais uma inovação da Carta de 1988.[2052] Mas conceitos correlatos já vigiam

---

[2050] "Asilo deriva del nombre griego *asylon* formado por la partícula privativa *a*, que significa *no* y de la palabra *asylao*, que equivale a quitar, arrebatar, sacar, extraer. Y eso quiere decir el asilo: un refugio del que no se puede sacar, extraer a la persona en él refugiada". Luís Carlos Zarate, *El Asilo en el Derecho Internacional Americano*, Bogotá, Editorial Iqueima, 1958, p. 21. Cf. também Maria-Teresa Gil-Bazo, 'Asylum as a General Principle of International Law', 27 *International Journal of Refugee Law* (2015), issue 1, Oxford, pp. 20-21.

[2051] A prática é tão antiga quanto a humanidade. Egídio Reale, "Le droit d'asile", (1938) 63(1) *R.C.A.D.I.*, 473-601, pp. 475–476.

[2052] A inclusão do asilo político entre os princípios do art. 4º é mais um exemplo de inspiração na constituição portuguesa de 1976, cujo art. 33 garante "o direito de asilo aos estrangeiros e aos apátridas perseguidos ou gravemente ameaçados de perseguição, em consequência da sua actividade em favor da democracia, da libertação social e nacional, da paz entre os povos, da liberdade e dos direitos da pessoa humana".

desde a Constituição de 1934, no rol de direitos e garantias fundamentais.[2053] À exceção da Constituição do Estado Novo, de 1937, as demais leis fundamentais brasileiras proibiam expressamente a extradição de estrangeiro por "crime político ou de opinião".[2054] Foi a partir dessa perspectiva subjetivista que o processo deliberativo sobre asilo político se associou, no início da Assembléia Constituinte, às discussões sobre direitos e garantias fundamentais:[2055] como instrumento de proteção a indivíduos que buscavam o benefício por motivo de perseguição filosófica, religiosa ou política.[2056] Nessa lógica inicial, o instituto constituía direito subjetivo de indivíduos em face do poder público e não faculdade soberana do Estado.[2057]

Ao longo da Constituinte, o dispositivo relativo ao asilo político foi retirado do rol dos direitos e garantias fundamentais (que viria a constituir o atual art. 5º) e, no Plenário, foi inserido no art. 4º como princípio de relações internacionais. Ao justificar a emenda que promoveu essa mudança, Chagas Neto afirmou que "o asilo político, diplomático ou territorial, não constitui

---

[2053] Pedro Dallari, *supra* nota 2, p. 180.

[2054] Prevista em circular do Barão do Cairu de 1847, a exceção de crime político à extradição se reproduziu nas Constituições de 1934 (art. 113, para. 31), de 1946 (art. 141, para. 33), de 1967 (art. 150. para 19) e de 1969 (art. 153, para 19). Artur de Brito Gueiros Souza, 'Direito de Asilo ao Estrangeiro Perseguido', in Carolina Valença Ferraz, Glauber Salomão Leite (Org.), *Direito à diversidade*, São Paulo, Editora Atlas, 2015, 525, pp. 536-537.

[2055] Cândido Mendes, *supra* nota 374, p. 67.

[2056] O anteprojeto apresentado pela Subcomissão dos Direitos e Garantias Individuais incluía, entre direitos e garantias individuais, o seguinte dispositivo (§ 29): "têm direito de asilo os perseguidos em razão de suas atividades e convicções políticas, filosóficas ou religiosas, bem como em razão da defesa dos direitos consagrados nesta Constituição". Agregava-se ainda (§ 30) que "a negativa de asilo e a expulsão do refugiado ou estrangeiro que o tenha pleiteado subordinar-se-ão a amplo controle jurisdicional".

[2057] "Estabelecemos também o direito de asilo, que é um pouco diferente. Segundo a tradição latino-americana, sempre foi respeitado o direito do refugiado, do sujeito perseguido por suas convicções religiosas, políticas, ser abrigado no país recipiente. Mas a expressão corrente nas Nações Unidas é de que precisava haver um temor justificado de que ele estava sendo perseguido por razões políticas ou religiosas etc. Mas essa expressão inglesa *well founded fear* é uma expressão nebulosa e dá margem de interpretação ao país recipiente. Estabelecemos que, num primeiro momento, o país do primeiro asilo, o Brasil não discutiria se ele veio por razões econômicas, por simples imigração ou se veio por razões políticas, mas ele ficaria sob custódia até que se apurassem as verdadeiras razões. Mas não poderia o Brasil negar-lhe o direito de asilo". Lysâneas Maciel, 12ª Reunião Ordinária da Subcomissão dos Direitos e Garantias Individuais da Comissão da Soberania e dos Direitos e Garantias do Homem e da Mulher, 13/5/1987, *supra* nota 374, p. 23.

direito ou garantia de brasileiro ou estrangeiro residente, matéria objeto do artigo 5º, mas princípio que tem a ver com as relações internacionais do Brasil, matéria versada no artigo 4o. A contradição decorrente da colocação do dispositivo é manifesta".[2058] Prevalecia a concepção de que a concessão de asilo é faculdade discricionária do Poder Executivo e não direito subjetivo de indivíduos estrangeiros em face do Estado brasileiro.[2059] Não obstante, a inserção do dispositivo na Constituição obedecia à lógica universalista e humanista que orientou a formulação de outros princípios de relações internacionais. A referência ao asilo político associava-se à redemocratização em curso à época,[2060] servindo como síntese entre a experiência particular brasileira e o desenvolvimento normativo do instituto no direito internacional, sobretudo em âmbito latino-americano.

O Instituto de Asilo Político no Direito Internacional

O conceito de asilo em acepção ampla refere-se ao direito humano de buscar e usufruir de proteção sob a jurisdição de um Estado estrangeiro em razão de perseguição sofrida pelo indivíduo em um determinado país.[2061] É com esse sentido genérico, da perspectiva dos direitos subjetivos em face do Estado responsável pela perseguição, que se originou o instituto do asilo *lato sensu* no direito internacional, tanto sob as modalidades de asilo político (diplomático ou territorial *stricto sensu*), quanto de refúgio.[2062] Tomado nesse sentido amplo, como gênero de proteção concedida ao estrangeiro perseguido no exterior, o

---

2058 Emenda 2T01189-0.

2059 Manteve-se a regra proibitiva da extradição de estrangeiros por crime político ou de opinião entre os direitos e garantias fundamentais consagrados no art. 5º, a exemplo das constituições anteriores.

2060 Pedro Dallari, *supra* nota 2, p. 182.

2061 Guy S. Goodwin-Gill, 'The 1967 Declaration on Territorial Asylum', *United Nations Audiovisual Library of International Law*, New York, United Nations, 2012.

2062 Em 1999, realizou-se, na Cidade do México, sob os auspícios da OEA, o chamado "Seminario Regional sobre Acciones Prácticas en el Derecho de los Refugiados". Nos termos do parágrafo 6 da Parte II da "Declaração de Tlatelolco sobre Ações Práticas no Direito dos Refugiados na América Latina e no caribe", "los términos "asilo" y "refugio" (...) son sinónimos, porque extienden la protección a extranjeros que la ameriten. El asilo es la institución genérica que permite la protección del Estado a las víctimas de persecución, cualquiera que sea el procedimiento, por medio del cual en la práctica se formalice dicha protección, sea el régimen de refugiados según la Convención de 1951 Relativa a el

instituto é uma constante na história do direito das gentes. Práticas análogas a essa concepção genérica de asilo podem ser encontradas no Egito Antigo, na *polis* grega, na *civitas* romana e na tradição das três principais religiões monoteístas (judaísmo, cristianismo[2063] e islamismo). Ao longo dos séculos, esse tipo proteção foi concedido ao estrangeiro não só por convicções políticas ou religiosas, mas também como expressão de solidariedade em sociedades das mais diversas culturas, religiões e ideologias políticas.[2064] Prática intersocial de natureza axiológica, o asilo veicula sentimento de humanidade em relação ao estrangeiro mesmo quando as opiniões e convicções políticas e religiosas do asilado não são majoritárias ou compartilhadas na sociedade asilante.

No Ocidente, o asilo político ganhou contornos de norma consuetudinária no contexto da formação dos Estados Nacionais com fronteiras internacionalmente reconhecidas e embaixadas permanentes, após o Congresso de Westphalia, em 1648. Vigia, então, a modalidade de proteção sob o instituto do *jus quarteriorum* ou *la franchise des quartiers.*[2065] Ao contrário do que ocorre atualmente, era vedada à época a concessão de asilo diplomático a responsáveis por delitos políticos em vista do interesse compartilhado entre monarcas soberanos de inibir o crime de lesa majestade. Mesmo após o desuetudo do *jus quarteriorum*, em fins do século XVII, entre outras razões pelo abuso observado nessa prática, a lógica em relação a perseguidos políticos só

Estatuto de los Refugiados y su Protocolo de 1967 o, el de asilados según los Convenios Interamericanos en la materia".

2063 "É o asilo eclesiástico, praticado largamente na Idade Média. E reivindicado ainda hoje pela Santa Sé com fundamento no *Codex Juris Canonici* promulgado por Benedito XV, a 19 de maio de 1918". Parecer de M. Franchini-Netto sobre Asilo diplomático concedido pela Embaixada do Brasil na Guatemala ao Dr. Francisco René Bobadilla Palomo, ex-Ministro da Agricultura, Pecuária e Alimentação do governo Lucas Garcia, deposto do poder pela Junta Militar chefiada pelo General Efrain Rios Montt. *In* Antônio Paulo Cachapuz de Medeiros (org.), *Pareceres dos consultores jurídicos do Itamaraty*, Brasília, Senado Federal, 2004, p. 339.

2064 Para um panorama histórico do instituto, cf. United Nations, General Assembly, *Question of Diplomatic Asylum*, Report of the Secretary-General, UN Doc. A/10139 (Part II), 22 September 1975; E. Reale, *supra* nota 2251, pp. 473-601; M. J. Gibney, R. Hansen (eds.), *Immigration and Asylum: from 1900 to the Present*, 3 vols., Santa Barbara, ABC - Clio, 2005; e Maria-Teresa Gil-Bazo, *supra* nota 2250, pp. 20-23.

2065 No século XVI, edito de Carlos V de Espanha consagrou o direito de conceder asilo diplomático sob o regime de extraterritorialidade das missões permanentes. E. Reale, *supra* nota 2251, p. 513; Pierre-Marie Dupuy, 'La position française en matière d'asile diplomatique', *Annuaire français de droit international*, v. 22, 1976, 743-755, p. 743.

se inverteu no final do século XVIII e início do XIX, quando o asilo, em sua vertente territorial, foi outorgado na França a indivíduos perseguidos em outros países por denunciarem ou insurgirem-se contra regimes absolutistas.[2066] Nas décadas seguintes, a prática de conceder asilo político foi impulsionada na esteira de casos envolvendo figuras notáveis como intelectuais, escritores e lideranças políticas que buscavam, sob a proteção do instituto, ambientes que lhes propiciassem não só maior liberdade de pensamento, como garantias à integridade física diante da perseguição alhures.[2067] A proteção a perseguidos políticos se generalizou no direito europeu por meio de tratados com cláusulas que excluíam crimes políticos da obrigação de extraditar indivíduos ao Estado requerente.[2068] Essa prática se estendeu nos séculos XIX e XX,[2069] passando por insurreições populares e conflitos civis em várias regiões do globo[2070] e pela rivalidade política e ideológica da Guerra Fria,[2071] até chegar a nossos dias, quando parece adquirir ímpeto renovado.

[2066] Nos termos do art. 120 da Constituição *montagnarde* de 1793, "le peuple français donne asile aux étrangers bannis de leur patrie pour la cause de la liberté. Il le refuse aux tyrans".

[2067] Entre os casos mais célebres, mencionem-se o asilo de Victor Hugo nas ilhas Jersey; de Karl Marx em Londres; do último rei da Prússia, Guilherme II, nos Países Baixos, após a I Guerra Mundial; e de Trotsky no México, após sua expulsão do Partido Comunista soviético sob a liderança de Stalin.

[2068] Há exemplos de instrumentos dessa natureza celebrados por países europeus como Bélgica e Suíça.

[2069] Há muitos precedentes de concessão de asilo político nos séculos XIX e primeira metade do XX. Accioly alude, em 1863, ao asilo concedido na Embaixada peruana no México a correligionários do Presidente mexicano deposto Benito Juárez; em 1865, na representação norte-americana no Peru, ao General Canseco e, em 1867, ao General Vivanco na legação francesa; em 1891, ao asilo na Embaixada argentina em Santiago ao Presidente chileno Balmaceda; em 1908, em Assunção, a legação argentina concedeu asilo ao Presidente paraguaio Ferreira; em 1915, no Haiti, a legação francesa outorgou asilo ao Presidente Guillaume Sam; e, em 1933, a legação argentina em Santiago deu asilo a outro Presidente chileno, Juan Esteban Montero.

[2070] Vários países latino-americanos, inclusive o Brasil, outorgaram asilo político em suas missões diplomáticas em Madri em meio à guerra civil espanhola.

[2071] Um dos casos mais conhecidos foi o asilo diplomático concedido pelos Estados Unidos ao Cardeal Joseph Mindszenty. Preso pelos comunistas em 1949 e libertado pela revolução húngara de 1956, o cardeal buscou asilo após a restauração do regime pelas tropas soviéticas. Mindszenty passou 16 anos na embaixada norte-americana em Budapeste. Sua saída em direção a Viena, Áustria, só foi possível graças aos bons ofícios prestados pelo Papa Paulo VI. Em nossa região, houve concessão de asilo político em Embaixadas de vários países (Argentina, França, México, Suécia e Suíça) na capital chilena durante o regime do General Augusto Pinochet.

No direito internacional contemporâneo, a referência normativa mais importante em matéria de asilo *lato sensu* é a Declaração Universal de 1948, cujo art. XIV (1) estabelece que "todo homem, vítima de perseguição, tem o direito de procurar e de gozar asilo em outros países". O mesmo dispositivo limita o direito de asilo ao determinar, no inciso (2), que essa faculdade "não pode ser invocada em caso de perseguição legitimamente motivada por crime de direito comum ou por atos contrários aos objetivos e princípios das Nações Unidas". Aí já se observam dois elementos fundamentais do instituto: (i) a perseguição do indivíduo no âmbito de jurisdição estrangeira[2072] e (ii) a vedação da concessão do benefício em casos de crime comum e condutas contrárias a normas fundamentais do direito internacional. A consignação do direito a buscar e usufruir do asilo não significou, porém, a criação de dever correspondente dos Estados de conceder a proteção, ao menos no tocante à espécie de asilo político. O exame dos *travaux préparatoires* do instrumento indica que os Estados não tinham intenção de assumir obrigação jurídica ou moral na matéria.[2073] Pelo contrário, prevaleceu entendimento de que o texto não criava a obrigação de conceder asilo.[2074] O direito humano se restringia à busca pela proteção em jurisdição estrangeira e ao eventual gozo desse benefício. A concessão da proteção permanecia prerrogativa discricionária do Estado, à qual correspondia o dever imposto a terceiros Estados de respeitar o asilo eventualmente concedido.[2075]

[2072] O art. XVI (1) da DUDH não restringe o instituto do asilo à perseguição política. Trata-se de perseguição em geral, não só de forma individualizada, tal como se observa no caso do asilo político, mas também genérica por motivos de raça, religião, nacionalidade, grupo social, opiniões políticas ou ainda pelo risco de grave e generalizada violação de direitos humanos, como se dá na espécie análoga de refúgio.

[2073] Embora o texto originalmente proposto pela Comissão estabelecesse que "everyone has the right to seek *and be granted*, in other countries, asylum from persecution" (UN doc. A/C.3/285/Rev.1, in UNGAOR Part 1 (3ª Sessão, 1948), 'Annexes', p. 24), prevaleceu a proposta britânica que retirava a referência explícita à obrigação estatal de conceder o benefício. UNGAOR Part 1 (3ª Sessão, 1948), *Summary Records of Meetings*, 121st Meeting (3 Nov. 1948), pp. 330–301.

[2074] Muitos países justificaram o apoio dado à emenda britânica com base nesse entendimento. UNGAOR Part 1 (3ª Sessão, 1948), *Summary Records of Meetings*, 122nd Meeting (4 November 1948), p. 345. A principal voz dissonante no processo negociador foi o delegado francês René Samuel Cassin. Ao criticar a concepção restritiva da proposta britânica, Cassin defendia que o direito de asilo só teria significado se implicasse o correspondente dever de concessão pelo Estado. *Idem*, pp. 342, 343 e 347.

[2075] Em tom crítico, Lauterpacht observa que o direito subjetivo do art. XIV da Declaração era "artificial to the point of flippancy", na medida em que carecia do dever correlato imposto

O asilo político foi objeto de nova codificação pela via consuetudinária por meio da Declaração sobre o Asilo Territorial adotada pela AGNU, em 1967.[2076] Após longo processo deliberativo iniciado em 1949, no âmbito da CDI,[2077] com passagem pela Comissão de Direitos Humanos[2078] e pelas III e VI Comissão da AGNU, o instrumento foi aprovado em plenário sob a perspectiva de um direito humano de vítimas de perseguição motivada por razões políticas e religiosas. O resultado normativo refletido na declaração pautou-se pelo equilíbrio entre as intenções tanto de ir além do que se havia consignado no art. XIV da DUDH, quanto de evitar a imposição de uma obrigação de resultado aos Estados, isto é, do dever de concessão do benefício ao demandante de asilo como contraprestação objetiva. A saída encontrada no processo intergovernamental que permitiu sua adoção foi restringir o escopo de aplicação do instrumento à modalidade territorial, que se baseia no direito soberano de cada Estado decidir, discricionariamente, sobre a admissão de estrangeiros em seu território.[2079] Não obstante sua natureza *prima facie* não compulsória, a Declaração de 1967 delineou, de forma consensual,[2080] importantes aspectos do regime geral de asilo territorial: (i) o dever dos Estados de respeitar a concessão de asilo nos termos do art. XIV da DUDH,[2081] (ii) a faculdade

aos Estados de assegurar o benefício da proteção. H. Lauterpacht, *International Law and Human Rights*, London, Stevens & Sons Ltd, *1950*, p. 422.

2076 Resolução2312 (XXII) da AGNU, de 14/12/1967.

2077 Incluído na lista provisória de temas encaminhados para codificação já na primeira sessão da CDI (A/925, para. 23), o "direito de asilo" jamais foi objeto de exame apropriado pelos membros da Comissão.

2078 O tema foi incluído na agenda da CDH em 1956 e, em 1957, a França sugeriu pela primeira vez declaração sobre o assunto como direito estendido a "every person whose life, physical integrity or liberty is threatened, in violation of the principles of the Universal Declaration" (E/CN.4/L.454 e Rev.1).

2079 Guy S. Goodwin-Gill e Jane McAdam, *The Refugee in International Law*, Oxford, Oxford University Press, 3rd. ed., 2007, p. 362.

2080 No relatório submetido pela VI Comissão à AGNU com o projeto de declaração, lê-se que havia "a well-balanced consensus" e que a Declaração "achieved its purpose of serving as a guide for State practice it might eventually, through the unification of such practice, lead to the establishment of new customary rules of international law, creating new obligations for States", in UN Doc. A/6912, para. 14, de 30/11/1967.

2081 Art. 1 (1) "Asylum granted by a State, in the exercise of its sovereignty, to persons entitled to invoke article 14 of the Universal Declaration of Human Rights, including persons struggling against colonialism, shall be respected by all other States".

discricionária em qualificar as razões para a concessão do benefício,[2082] (iii) o impedimento ao exercício do direito por responsáveis de crimes contra a paz, crimes de guerra e crimes contra a humanidade,[2083] (iv) a restrição imposta ao asilado de engajar-se em atividades contrárias aos propósitos e princípios das Nações Unidas e (v) a reprodução do princípio de *non-refoulement* codificado na Convenção de Genebra de 1951 sobre o estatuto dos refugiados.[2084]

Ainda em âmbito multilateral, reiterou-se, na Declaração de Viena sobre Direitos Humanos e seu Programa Ação, de 1993, o direito de "qualquer pessoa, sem distinção", de "procurar e obter, noutros países, asilo contra as perseguições de que seja alvo, bem como de regressar ao seu país".[2085] Poucos depois, em 2000, a então Subcomissão de Direitos Humanos, órgão de consultas da antiga Comissão de Direitos Humanos, adotou a resolução intitulada *The Right to Seek and Enjoy Asylum*, em que, após expressar preocupações quanto às dificuldades encontradas por indivíduos perseguidos em obter acesso efetivo à proteção no território do Estado asilante, fez um chamado de respeito

---

[2082] Art. 1(3) "It shall rest with the State granting asylum to evaluate the grounds for the grant of asylum".

[2083] Art. 1 (2) "The right to seek and to enjoy asylum may not be invoked by any person with respect to whom there are serious reasons for considering that he has committed a crime against peace, a war crime or a crime against humanity, as defined in the international instruments drawn up to make provision in respect of such crimes".

[2084] Em paralelo às negociações da Declaração sobre Asilo Territorial, havia movimento favorável à codificação do instituto de asilo político por meio de convenção global. Com base em iniciativa do *Carnegie Endowment for International Peace* e do ACNUR, em 1971 e 1972, e depois revisto na III Comissão, a AGNU aprovou, em 1975, a convocação de Conferência Internacional sobre Asilo Territorial com o objetivo de preparar convenção multilateral sobre o assunto (res. 3456(XXX)). Entre as propostas, sobressaía dispositivo formulado por especialistas no qual a natureza discricionária do instituto de asilo era acompanhada do dever dos Estados de utilizarem "seus melhores esforços" para a concessão da proteção ("art. 1 - Each Contracting State, *acting in the exercise of its sovereign rights, shall use its best endeavours* in a humanitarian spirit to grant asylum in its territory"). A Conferência não logrou êxito em razão da falta de consenso entre os Estados. *Report of the United Nations Conference on Territorial Asylum*, UN doc. A/CONF.78/12, (21 Apr. 1977). Os vários projetos de convenção foram compilados em Atle *Grahl*-Madsen, *Territorial Asylum*, Swedish Institute of International Law, Almqvist & Wiksell, Stockholm,*1980, anexos.* Cf. Guy S. Goodwin-Gill e Jane McAdam, *supra* nota 2279, p. 364; P. Weis, 'The Draft Convention on Territorial Asylum', 50 *BYIL* 176 (1979).

[2085] Declaração de Viena e Programa de Ação, UN doc. A/CONF.157/23 (12 Jul. 1993), para. 23.

ao princípio de *non-refoulement* consagrado na Convenção de Refugiados de 1951.[2086]

O tópico foi regulado igualmente de forma genérica e subjetiva dos direitos humanos (asilo *lato sensu*) em âmbito regional. A Carta Africana sobre os Direitos Humanos e dos Povos estabelece (art. 12) o direito de todo indivíduo, quando perseguido, de buscar e obter asilo em outros países de acordo com convenções internacionais aplicáveis e com os respectivos ordenamentos jurídicos dos Estados Partes.[2087] O mesmo instrumento regula os direitos do asilado ao estipular (art. 23), em vista dos objetivos de fortalecer a paz, a solidariedade e as relações de amizade entre os países da região, que ao direito subjetivo de asilo contrapõe-se a vedação de engajamento do asilado em atividades subversivas contra seu país de origem ou de qualquer outro Estado parte, bem como requer que os Estados não permitam que seus territórios sejam utilizados como bases para atividades subversivas ou terroristas contra a população de qualquer outro Estado parte do instrumento.

Já o direito comunitário europeu afasta-se do conceito de asilo político *stricto sensu*, prevalecendo acepção genérica e subjetiva do asilo. Ali, chegam a confundir-se o asilo político em sua modalidade territorial e o estatuto de refugiado. Ausente da Convenção Européia sobre Direitos Humanos de 1950,[2088] o instituto foi codificado na Carta de Direitos Fundamentais da União Européia, onde se proclama que "o direito de asilo deve ser garantido" (art. 18) e, em linha com o princípio de *non-refoulement*, ninguém pode ser entregue a um Estado onde enfrente sério risco de pena de morte, tortura ou outro tratamento ou pena desumana e degradante (art. 19).[2089] *Grosso modo*, o regime europeu

---

[2086] "1. Urges all States to respect the principle of non-refoulement within their obligations under the Convention relating to the Status of Refugees and the Protocol thereto and other human rights instruments and to safeguard and give effect to the right of everyone to seek and enjoy in other countries asylum from persecution and to take practical measures to ensure that refugees and asylum-seekers are treated with dignity and with full respect for their fundamental human rights". Resolução 2000/20 da Subcomissão de Direitos Humanos, intitulada *The Right to Seek and Enjoy Asylum*, de 18/8/2000.

[2087] "Every individual shall have the right, when persecuted, to seek and obtain asylum in other countries in accordance with the law of those countries and international conventions".

[2088] Guy S. Goodwin-Gill e Jane McAdam, *supra* nota 2279, p. 366.

[2089] Cf. *Directive 2013/32/EU of the European Parliament and of the Council on common procedures for granting and withdrawing international protection*, 26 June 2013; e *Policy Plan on Asylum - An Integrated Approach to Protection Across the EU*, COM(2008) 360 final, Brussels, 17.6.2008.

reconhece o asilo *lato sensu* como direito fundamental daqueles que necessitam de proteção devido a perseguição ou a sérias ameaças sofridas em seus próprios países, nos termos da Conven*ção de Genebra de 1951 sobre o Estatuto dos Refugiados.* Mas em que pese à ênfase na dimensão subjetiva do instituto, o direito ao asilo territorial na UE restringe-se à possibilidade de o indivíduo demandá-lo e não de obtê-lo como contraprestação obrigatória.[2090] A concessão do benefício ocorre mediante ampla margem de discricionariedade dos Estados no momento de aplicar as regras comunitárias relativas à política imigratória comum. Além disso, o procedimento de solicitação do benefício restringe-se ao território dos Estados Membros (fronteira, águas territoriais e zonas de trânsito). Exclui-se expressamente a submissão de demandas de asilo em representações diplomáticas dos Estados Membros.[2091] Além de revelar visão contrária ao instituto de asilo diplomático, essa norma restringe, na prática, o escopo de aplicação do regime à modalidade de asilo territorial e de refúgio nos termos codificados pela Convenção de Genebra de 1951 e seu Protocolo de 1967.

É no direito latino-americano onde mais se avançou no processo de codificação do instituto de asilo político *stricto sensu*, isto é, como conceito jurídico autônomo que se distingue de outras espécies de proteção concedida ao estrangeiro vítima de perseguição, como o refúgio. O asilo político foi codificado pela primeira vez na América Latina[2092] por meio do Tratado sobre Direito Penal Internacional assinado em Montevidéu, em 1889, com o objetivo de promover a cooperação judicial em matéria penal entre os países da região. Nesse instrumento já são tratados como regimes jurídicos distintos o asilo *lato sensu*, referente ao estrangeiro que se encontra no território de outro país e que pode ser objeto de expulsão e extradição entre as partes (art. 5), e o asilo político *stricto sensu*, cuja concessão é considerada direito "inviolável" dos Estados

---

[2090] Guy S. Goodwin-Gill e Jane McAdam, *supra* nota 2279, p. 367.

[2091] O art. 3 (1) estipula que "this Directive shall apply to all applications for international protection made in the territory, including at the border, in the territorial waters or in the transit zones of the Member States, and to the withdrawal of international protection", ao passo que o art. 3 (2) prescreve que "this Directive shall not apply to requests for diplomatic or territorial asylum submitted to representations of Member States.

[2092] No plano consuetudinário, vale mencionar, como antecedentes, as chamadas "Regras de Lima", de 1965, e as "Regras de La Paz", de 1908, sucedidas pelas "Regras de Assunção", de 1922. Foram documentos subscritos pelo corpo diplomático nessas capitais, que enumeravam posições comuns em relação a casos de concessão de asilo diplomático em meio à instabilidade política. Cf. a respeito, no subcapítulo abaixo sobre a prática diplomática brasileira e UN, *Question of Diplomatic Asylum*, *supra* nota 2264, paras. 26-32.

(art. 15). Entre os deveres da nação asilante, o tratado estipulava a obrigação de impedir que os asilados utilizassem o território de asilo para atentar contra a paz pública de outro país (art. 16) e, na hipótese de asilo diplomático, prescrevia o dever imposto de dar conhecimento ao Governo local que, a seu turno, poderia exigir a retirada do perseguido de seu território com a maior brevidade possível.[2093] Excluíam-se explicitamente das hipóteses de concessão de asilo político os desertores e, implicitamente, perseguidos por crimes comuns, cuja entrega era obrigatória (art. 17).

No contexto da VI Conferência Internacional Americana, em 1928, foi celebrada a Convenção sobre Asilo. Instrumento relativamente curto (quatro artigos), a Convenção de Havana se deveu à intenção das partes de codificar e harmonizar práticas de um regime geral aplicado na região, em particular a modalidade de asilo diplomático (asilo concedido em legações, navios de guerra, acampamentos ou aeronaves militares que se encontrem em território estrangeiro e que são protegidos pela inviolabilidade diplomática). A convenção proibia a concessão de asilo a criminosos comuns e desertores, que deveriam ser entregues ao governo local, e no caso de asilo territorial, mediante sua extradição (art. 1), mas reconhecia o dever recíproco de respeitar o asilo político "como um direito [do Estado] ou por tolerância humanitária" (art. 2). Em matéria de asilo diplomático, a convenção avançou na codificação do instituto ao restringir a concessão a "casos de urgência e pelo tempo estrictamente indispensável" à segurança do asilado (art. 2 (1)) e ao conferir ao representante do Estado asilante o direito de exigir garantias para que o asilado deixasse o país, respeitando-se sua inviolabilidade. (art. 2 (3)).[2094]

Em seguida, no contexto da VII Conferência Internacional Americana, em 1939, foi assinado em Montevidéu o Tratado sobre Asilo e Refúgio Político. O instrumento regula, em capítulos distintos, os institutos de asilo político e de refúgio. Quanto à primeira espécie, o tratado estabelece regime jurídico para o asilo diplomático concedido em "embaixadas, legações, navios de guerra, acampamentos ou aeronaves militares". Enumeram-se regras similares à Convenção de Havana de 1928, porém de forma ainda mais específica, tais

---

[2093] O art. 17 agrega que "El jefe de la Legación podrá exigir, a su vez, las garantías necesarias para que el refugiado salga del territorio nacional respetándose la inviolabilidad de su persona".

[2094] O artigo 2º replica o dever de comunicar o Governo local do Estado do asilado (2) e o direito do Estado de exigir que o asilado seja posto fora do território nacional dentro do mais breve prazo (3), bem como impõe o dever ao Estado asilante de não permitir atos do asilado contrários à tranqüillidade pública (5).

como (i) a concessão de asilo político "exclusivamente aos perseguidos por motivos ou delitos políticos e por delitos políticos concorrentes em que não proceda a extradição" (art. 2); (ii) a proibição de conceder asilo a desertores e a réus processados ou condenados por crimes comuns em tribunais ordinários (art. 3); (iii) o dever imposto aos representantes diplomáticos de comunicar a concessão de asilo ao Governo local (art. 4); (iv) a proibição de o asilado praticar atos que alterem a tranquilidade pública ou que participem ou influam em atividades políticas, com risco de perder a proteção (art. 5) e (v) o direito do Governo local de exigir a retirada do asilado de seu território, ao mesmo tempo em que o representante diplomático pode exigir garantias para resguardar a integridade do indivíduo nesse processo, caso contrário "a evacuação pode ser postergada até que as autoridades locais as ofereçam". O Tratado de Montevidéu de 1939 reconhecia, ainda, a capacidade discricionária do Estado asilante em determinar a natureza política das causas que motivam a concessão da proteção, o chamado direito à qualificação.[2095] Em que pese ao pequeno número de ratificações, esse instrumento consolidou o entendimento de que a concessão de asilo político era direito soberano dos Estados e não obrigação de proteção em relação ao indivíduo.[2096]

O ressurgimento de casos de asilo político no início da Guerra Fria motivou novo esforço de codificação em âmbito interamericano, agora sob os auspícios da OEA. Era necessário tornar ainda mais específicos os regimes jurídicos aplicáveis às modalidades diplomática e territorial de asilo, esta última como instituto distinto do refúgio (espécie normativa de proteção que àquela altura já havia sido objeto de codificação própria, em âmbito multilateral, por meio da Convenção das Nações Unidas relativa ao Estatuto dos Refugiados, de 1951). Sobre as bases dos instrumentos convencionais anteriores, foram assinadas em Caracas, em 1954, a Convenção sobre Asilo Político e a Convenção sobre Asilo Diplomático. Entre os aspectos mais importantes de ambas as convenções, que serão examinadas amiúde adiante, vale mencionar (i) a obrigação do Estado territorial de respeitar a concessão do benefício; (ii) a positivação do instituto como direito discricionário dos Estados e não como obrigação juridicamente exigível por parte dos indivíduos; (iii) o direito de qualificação

---

[2095] "La calificación de las causas que motivan el asilo corresponde al Estado que lo concede".

[2096] A principal deficiência do Tratado de Montevidéu, de 1939, foi não criar obrigação positiva de conceder o salvo conduto à retirada do asilado. Francisco Clementino de San Tiago Dantas, supra nota 1833, p. 73.

do delito pelo Estado asilante; e (iv) a regra de que o instituto não está sujeito a um regime de reciprocidade entre os Estados.

O tema foi tratado novamente de forma ampla e genérica em âmbito hemisférico na Convenção Americana de Direitos Humanos, de 1969. O art. 22, dedicado ao "direito de circulação e de residência" dos indivíduos, prescreve, em seu parágrafo 7, que "o direito de buscar e receber asilo em território estrangeiro, em caso de perseguição por delitos políticos ou comuns conexos com delitos políticos e de acordo com a legislação de cada Estado e com as convenções internacionais", bem como estabelece a garantia de que "em nenhum caso o estrangeiro pode ser expulso ou entregue a outro país, seja ou não de origem, onde seu direito à vida ou à liberdade pessoal esteja em risco de violação por causa da sua raça, nacionalidade, religião, condição social ou de suas opiniões políticas" (parágrafo 8). Saía-se reforçada a dimensão subjetiva do instituto, mas restrito à faculdade de buscar proteção junto a jurisdição estrangeira em face do Estado onde é vítima de perseguição e de não de exigência enquanto obrigação de resultado (concessão do asilo) por parte do Estado asilante.

A importância conferida ao asilo na América Latina também se revela pelo número de constituições que fazem referência ao instituto. Além do Brasil, Bolívia, Colômbia, Costa Rica, Cuba, República Dominicana, Equador, El Salvador, Guatemala, Honduras, Nicarágua, Paraguai, Peru e Venezuela reconhecem o direito de asilo em suas constituições, embora com redações diferentes. Em alguns casos, como o cubano,[2097] o nicaraguense[2098] e o paraguaio,[2099] a referência é feita ao asilo político *stricto sensu*, enquanto espécie normativa autônoma com status de norma constitucional. Em outros, o reconhecimento

---

[2097] "Art. 13 - La República de Cuba concede asilo a los perseguidos por sus ideales o luchas por los derechos democráticos, contra el imperialismo, el fascismo, el colonialismo y el neocolonialismo; contra la discriminación y el racismo; por la liberación nacional; por los derechos y reivindicaciones de los trabajadores, campesinos y estudiantes; por sus actividades políticas, científicas, artísticas y literarias progresistas, por el socialismo y la paz".

[2098] No art. 5º da Constituição da Nicarágua de 1987, a concessão de asilo para as pessoas que sofrem de perseguição política foi incluído entre os princípios que fundamentam a nação. O texto constitucional nicaragüense vai além, ainda, ao estipular no art. 42 que o instituto de asilo "ampara únicamente a los perseguidos por luchar en pro de la democracia, la paz, la justicia y los derechos humanos".

[2099] O art. 43 da Constituição do Paraguai de 1992 reconhece o asilo a "toda persona perseguida por motivos o delitos políticos (...) así como por sus opiniones o por sus creencias".

é feito por meio de referências genéricas ao direito de asilo, com remissão a leis e tratados que regem a matéria.[2100]

A aplicação do asilo político *stricto sensu* na América Latina pode ser explicada pela evolução do Estado de Direito na região.[2101] Na raiz dessa derrogação reciprocamente reconhecida de soberania reside o histórico de instabilidade política e social desde a independência em muitos Estados latino-americanos. A grande maioria dos casos de concessão de asilo político em sua modalidade diplomática deu-se em momentos de ruptura da ordem constitucional e tinha como beneficiários figuras públicas vinculadas a regimes depostos. Já na África, o instituto do asilo político foi reconhecido, sobretudo, como instrumento de apoio às lutas pela independência e contra o neocolonialismo, a exemplo do que se observa nas Constituições de Angola[2102] e de Moçambique[2103], ambas redigidas sob influência brasileira e portuguesa. Em outras regiões, sobretudo no mundo ocidental desenvolvido, é baixo o grau de adesão ao instituto,[2104] embora haja precedentes de concessão de asilo diplomático na prática de países europeus[2105] e dos Estados Unidos,[2106] e até mesmo referências explícitas

---

2100 O art. 36 da Constituição da Colômbia estabelece que "se reconoce el derecho de asilo en los términos previstos en la ley". De forma semelhante, o art. 28 da Constituição de El Salvador estipula que o país "concede asilo al extranjero que quiera residir en su territorio".

2101 *Asylum (Colombia v. Peru),* Judgment, I.C.J. Reports 1950, vol. I, p. 25. Cf. também F. C. de San Tiago Dantas, *supra* nota 1833, p. 67.

2102 Artigo 71.º (Direito de asilo) 1. É garantido a todo o cidadão estrangeiro ou apátrida o direito de asilo em caso de perseguição por motivos políticos, nomeadamente de grave ameaça ou de perseguição, em consequência da sua actividade em favor da democracia, da independência nacional, da paz entre os povos, da liberdade e dos direitos da pessoa humana, de acordo com as leis em vigor e os instrumentos internacionais. 2. A lei define o estatuto do refugiado político.

2103 Artigo 20 (Apoio à liberdade dos povos e asilo) 1. A República de Moçambique apoia e é solidária com a luta dos povos pela libertação nacional e pela democracia. 2. A República de Moçambique concede asilo aos estrangeiros perseguidos em razão da sua luta pela libertação nacional, pela democracia, pela paz e pela defesa dos direitos humanos.

2104 Celso D. de Albuquerque Mello, *Curso de direito internacional público*, Rio de Janeiro, Editora Renovar, 2000, 12a ed., v. II, p. 1025.

2105 Há muitos exemplos na prática diplomática francesa. Não obstante, a França mantém a posição oficial de "qu'à l'inverse de l'asile territorial, l'asile diplomatique ne constitue pas un droit, mais une pratique humanitaire, laissée à la discrétion du pays qui l'accorde". Pierre-Marie Dupuy, *supra* nota 2265, p. 748.

2106 Embora não sejam parte da Convenção de Caracas de 1954, os EUA têm histórico de concessão de asilo diplomático. O caso mais recente diz respeito ao ativista chinês de

ao asilo em constituições.[2107] Nesses países, prevalece o entendimento de que o instituto de asilo político *stricto sensu* restringe-se à modalidade territorial segundo a prerrogativa estatal de decidir sobre o ingresso de estrangeiros no território. O asilo diplomático seria, nessa lógica, afronta ao princípio de não intervenção, em particular ao exercício da jurisdição, bem como contrário ao regime de privilégios e imunidades inscrito no art. 41 (1) e (3) da Convenção de Viena sobre Relações Diplomáticas, de 1961.[2108] Nessa lógica, a concessão de asilo diplomático justificaria protestos na medida em que pressupõe dúvidas quanto ao correto funcionamento das instituições democráticas do Estado territorial.[2109]

O instituto de asilo político também foi examinado por tribunais internacionais e outros órgãos jurisdicionais. Em precedente paradigmático na matéria, a CIJ tratou do tema em dois casos relacionados entre si, relativos à concessão de asilo diplomático pela Colômbia em sua Embaixada em Lima a nacional peruano.[2110] No primeiro caso, a controvérsia se referia à interpretação da Convenção de Havana sobre Asilo, de 1928, obrigatória a ambas as partes. A Corte, porém, deu parecer contraditório. Por um lado, entendeu que o Peru não havia demonstrado que os atos de que o asilado era acusado antes da concessão do asilo constituíam crimes comuns.[2111] Por outro, após negar à Colômbia a prerrogativa de qualificar o delito como direito juridicamente oponível ao

---

direitos humanos Chen Guangcheng na Embaixada norte-americana em Pequim, em 2012.

[2107] Na Itália, a Constituição estabelece que terá direito ao asilo no território italiano o estrangeiro que tenha impedido o "exercício efetivo" de sua "liberdade democrática" em seu país de origem.

[2108] Artigo 41 - 1. Sem prejuízo de seus privilégios e imunidade tôdas as pessoas que gozem dêsses privilégios e imunidades deverão respeitar as leis e os regulamentos do Estado acreditado. Têm também o dever de não se imiscuir nos assuntos internos do referido Estado. (...) 3. Os locais da Missão não devem ser utilizados de maneira incompatível com as funções da Missão tais como são enunciadas na presente Convenção em outras normas de direito internacional geral ou em acordos especiais em vigor entre o Estado acreditado.

[2109] Celso D. de Albuquerque Mello, *supra* nota 2304, p. 1024.

[2110] Respectivamente, *Asylum* case, *supra* nota 2301, p. 266; e *Haya de la Torre (Colombia v. Peru)*, Judgment, I.C.J. Reports 1951, p. 71.

[2111] Haya de la Torre era acusado pelo Governo peruano de liderar a Aliança Popular Revolucionária Americana, responsável pela rebelião militar de 3/10/1948. A Corte restringiu-se a afirmar que o Peru não teria demonstrado que a rebelião militar constituía crime comum. *Asylum* case, *supra* nota 2301, pp. 281-282.

Peru,[2112] considerou que o asilo não havia sido concedido em conformidade com o art. 2(2) da Convenção, relativo a crimes políticos. Após desentendimentos entre ambos os países quanto à sentença exarada, a Corte viu-se novamente compelida a lidar com o assunto para determinar o curso de ação a ser dado ao imbróglio, em especial, se a execução da sentença de 1950 implicava ou não a obrigação de o Governo colombiano entregar *Haya de la Torre* às autoridades peruanas.[2113] Mais uma vez, a decisão da Corte foi insatisfatória. Embora reafirmasse o entendimento da sentença anterior no sentido de que o asilo havia sido concedido de forma irregular à luz das obrigações impostas ao Estado asilante pela Convenção de 1928, a Corte determinou que, naquele caso, o asilado deveria ser tratado como criminoso político e, consequentemente, a Colômbia não estava obrigada a entregá-lo às autoridades peruanas. Por outro lado, ao repisar novamente a interpretação de que o asilo teria sido concedido de forma irregular, determinou que o Governo colombiano deveria pôr fim àquela situação,[2114] o que não implicava, porém, a entrega do asilado.[2115]

Em que pese à negativa explícita da Corte em indicar o curso de ação a ser aplicado à controvérsia[2116] e a despeito de sua negativa quanto à existência de uma prática consistente na matéria que comprovasse norma consuetudinária de escopo global, o caso consolidou, no plano jurisprudencial, interpretação sobre aspectos centrais do instituto no direito interamericano. Em primeiro lugar, reconheceu-se a natureza jurídica, ainda que restrita ao regime convencional vigente na América Latina, do asilo político como tipo de proteção estendida pelo Estado asilante ao estrangeiro.[2117] Segundo, a Corte reconheceu

---

[2112] *Asylum* case, *supra* nota 2301, p. 275.

[2113] O pedido principal da Colômbia à CIJ consistia em "to adjudge and declare that Colombia is not bound, in execution of the said Judgment of November 20th, 1950, to deliver M. Victor Raul Haya de la Torre to the Peruvian authorities".

[2114] *Haya de la Torre* case, *supra* nota 2310, p. 82.

[2115] "The Court has thus arrived at the conclusion that the asylum must cease, but that the Government of Colombia is under no obligation to bring this about by surrendering the refugee to the Peruvian authorities". *Haya de la Torre* case, *supra* nota 2310, p. 82.

[2116] "The Court should make a choice amongst the various courses by which the asylum may be terminated. (...) A choice amongst them could not be based on legal considerations, but only on considerations of practicability or of political expediency; it is not part of the Court's judicial function to make such a choice. *Haya de la Torre* case, *supra* nota 2310, p. 79.

[2117] "Any grant of asylum results in, and in consequence logically implies, a state of protection". *Asylum* case, *supra* nota 2301, p. 281.

diferenças fundamentais entre as modalidades de asilo diplomático e asilo territorial, em especial que a primeira consiste em derrogação da soberania do Estado territorial.[2118] Terceiro, a Corte decidiu que a concessão do asilo não deveria servir como óbice à realização da justiça em casos de crime comum.[2119] Por fim, mas não sem menos importância, a Corte favoreceu a aplicação da regra de *non-refoulement* em casos de asilo político na modalidade territorial ao afirmar que eventual entrega do asilado seria contrária ao espírito que animou a evolução consuetudinária e convencional do instituto na região, mesmo na hipótese de a proteção ter sido concedida irregularmente.[2120] Prevalecia a interpretação de que a concessão do instituto se voltava precipuamente à salvaguarda da inviolabilidade física e moral do asilado em face de perseguição sofrida no Estado territorial.

O regime jurídico do instituto também foi examinado pelo sistema interamericano. Na Comissão Interamericana de Direitos Humanos, em caso envolvendo pedido de interpretação sobre as obrigações impostas pela Declaração Americana sobre Direitos Humanos,[2121] prevaleceu interpretação de que a política norte-americana de interceptar embarcações haitianas em águas internacionais era contrária ao disposto no art. XXVII da Declaração, não obstante o fato de que os EUA não fossem partes da Convenção de Genebra de 1951 sobre o Estatuto dos Refugiados.[2122] Mais recentemente, a Corte Interamericana de Direitos Humanos reconheceu que a denegação do benefício de asilo *lato sensu* pode acarretar violação da regra de *non-refoulement*. No caso *Pacheco Tineo, que lida com pedido de refúgio e não de asilo político stricto sensu, a Corte*[2123]

[2118] "In the case of diplomatic asylum, the refugee is within the territory of the State where the offence was committed. A decision to grant diplomatic asylum involves a derogation from the sovereignty of that State". *Asylum* case, *supra* nota 2301, p. 275.

[2119] *Asylum* case, *supra* nota 2301, p. 284.

[2120] *Haya de la Torre* case, *supra* nota 2310, p. 81.

[2121] O caso havia sido levado à Suprema Corte dos EUA, que entendeu que o art. 33 da Convenção de 1951 não se aplicava às ações norte-americanas em alto mar porquanto não poderia ter efeitos extraterritoriais. Cf. *Sale v. Haitian Ctrs. Council*, 113 S. Ct. 2549 (1993), pp. 18-21.

[2122] *Comité Haitiano de Derechos Humanos et al. contra Estados Unidos*, Caso 10.675, Comissão Interamericana de Direitos Humanos (CIDH), 13 de março de 1997. Informe No. 51/96, Inter-Am. C.H.R., OEA/Ser.L/V/II.95 Doc. 7. rev. en 550 (1997), para. 188.

[2123] CtIDH. *Caso familia Pacheco Tineo vs. Estado Plurinacional de Bolivia*. Excepciones Preliminares, Fondo, Reparaciones y Costas. Sentencia de 25 de noviembre de 2013. Serie C No. 272.

rejeitou a tese de que o art. 22 (7) estabelece dever de outorgar o benefício ao demandante de refúgio, mas reconheceu a obrigação de que a solicitação deve ser tramitada com respeito ao devido processo legal. Nessas condições, determinou que a denegação do benefício e a expulsão dos demandantes de asilo territorial eram incompatíveis com o direito de buscar e de receber asilo e com o princípio de *non-refoulement*.[2124] A Corte também interpretou que o art. 22 (7) sobre asilo abrange direitos individuais que requerem deveres correspondentes dos Estados, em especial oferecer-lhes acesso a procedimentos que permitam o trâmite das demandas de asilo.

Já em âmbito europeu, o Tribunal de Justiça da União Européia (TJUE) reconheceu a natureza específica e distinta do asilo político e do refúgio. A questão surgiu em consulta submetida ao TJUE pelo Tribunal Administrativo Federal alemão (*Bundesverwaltungsgericht*) a respeito da relação entre ambos os institutos à luz da regra estabelecida pelo art. 1(f) da Convenção de 1951.[2125] Em especial, o tribunal alemão buscava determinar se estrangeiros excluídos do benefício de refúgio na hipótese do art. 1(f) manteriam, ainda assim, a faculdade de demandar asilo nos termos previsto pela constituição alemã.[2126] Em sua resposta, o TJUE foi taxativo: o asilo pode ser concedido a pessoas excluídas do estatuto de refugiado.[2127] A denegação ou perda do estatuto de refugiado não prejudicava, por conseguinte, o direito de demandar asilo político.

2124 *Idem*, paras. 197-199, p. 65. Trata-se de interpretação sistemática e teleológica da Convenção Americana, onde se reconhecem, no art. 22 (7) o direito de buscar e receber asilo e, no art. 22 (8), a proibição de expulsar ou entregar o estrangeiro a outro país, seja ou não de origem, onde seu direito à vida ou à liberdade pessoal esteja em risco de violação.

2125 "As disposições desta Convenção não serão aplicáveis às pessoas acerca das quais existam razões ponderosas para pensar: (a) Que cometeram um crime contra a paz, um crime de guerra ou um crime contra a Humanidade, segundo o significado dos instrumentos internacionais elaborados para prever disposições relativas a esses crimes; (b) Que cometeram um grave crime de direito comum fora do país que deu guarida, antes de neste serem aceites como refugiados; (c) Que praticaram atos contrários aos objetivos e princípios das Nações Unidas".

2126 O art. 16a (1) da *Grundgesetz für die Bundesrepublik Deutschland* prescreve que *Politisch Verfolgte genießen Asylrecht* (perseguidos políticos gozam do direito ao asilo, em tradução livre).

2127 "Member States may grant a right of asylum under their national law to a person who is excluded from refugee status" pursuant to Article 12(2) of the directive, provided that that other kind of protection does not entail a risk of confusion with refugee status within the meaning of the directive". CJEU, C-57/09 and C-101/09 *Bundesrepublik Deutschland v B and D*, Judgment (Grand Chamber), Nov. 9, 2010, I, p. 11061, para. 121.

Em termos doutrinários, prevalece a opinião de que o instituto de asilo *lato sensu* consiste em um tipo de proteção concedida pelo Estado a estrangeiros no contexto de suas prerrogativas soberanas. Nessa ordem de idéias, a noção subjetiva de um direito de asilo refere-se à faculdade objetivamente reconhecida aos indivíduos de buscar o benefício da proteção alhures, mas não de obter ou de exigi-la como contraprestação objetiva do Estado asilante. Na doutrina clássica do direito internacional, o asilo, entendido como a busca de proteção sob outra soberania, era reconhecido como direito natural. Essa faculdade do indivíduo era temperada, porém, com a soberania do Estado asilante, a quem caberia a tarefa de ponderar a compaixão com aqueles em fuga com seus interesses, os quais prevaleceriam na decisão de admitir ou não o ingresso de estrangeiros em seu território.[2128] Ao longo do século XX, manteve-se a visão de que o instituto circunscrevia-se à prerrogativa do Estado asilante em relação aos indivíduos sob sua jurisdição territorial, embora cada vez mais matizada com o pressuposto de que a legitimidade da concessão do benefício fundamentava-se em princípios de humanidade.[2129] É ainda majoritária a opinião contrária ao reconhecimento de um dever de acolhimento pelo Estado que recebe a demanda de asilo,[2130] à exceção dos deveres correlatos ao princípio de *non-refoulement* no caso da proteção estendida sob a jurisdição territorial do Estado asilante. O efeito dessa linha doutrinária tem sido o abandono, na prática, do debate sobre as espécies de asilo com base nas diferentes modalidades de proteção ao estrangeiro perseguido, sendo reconhecido apenas o asilo territorial, *stricto sensu* ou sob a modalidade de refúgio nos termos da Convenção de Refugiados de 1951.

A doutrina internacionalista (sobretudo norte-americanos, europeus, asiáticos e os antigos soviéticos) é histórica e majoritariamente avessa à concessão do asilo político na modalidade diplomática.[2131] O ato é considerado abuso de

---

[2128] C. Wolff, *supra* nota 1706, pp. 147-148; E. de Vattel, *supra* nota 445, liv. I, ch. XIX, §§229–30; e H. Grotius, *supra* nota 931, iii. 20. xli.

[2129] J. Bassett Moore, *A digest of international law*, Washington, Govt. print. off., 1906, vol. II, p. 757. A concessão de asilo reside na *undisputed rule of international law* de que o Estado detém controle exclusivo em seu território sobre exclusão, admissão, expulsão e proteção de estrangeiros *vis-à-vis* da jurisdição de outros Estados. Felice Morgenstern, 'The Right of Asylum', 26 *British Yearbook of International Law* (1949), p. 327.

[2130] G.S. Goodwin-Gill e J. McAdam, *supra* nota 2279; C. Harvey 'The right to seek asylum in the EU' (2004) 1 *European Human Rights Law Review*, 17-36.

[2131] Pierre-Marie Dupuy, *supra* nota 2265, p. 744.

privilégios e imunidades, intervenção nos assuntos domésticos ou obstrução à administração da justiça.[2132] *In extremis*, alguns internacionalistas aceitam apenas a concessão de asilo diplomático como ato inspirado em princípio de humanidade, mas não como regime jurídico.[2133] É apenas na doutrina latino-americana, e, sobretudo, na América do Sul, onde há visão amplamente favorável à concessão de asilo político em suas modalidades diplomática e territorial, como prerrogativa do Estado asilante justificada por critérios de humanidade.[2134] Alguns doutrinadores vão além e sustentam que a concessão de asilo político, inclusive em sua modalidade diplomática, seria não só prerrogativa do Estado, mas direito individual.[2135]

O instituto do asilo político perdeu importância na agenda internacional após a Guerra Fria. A queda do muro de Berlim e a progressiva distensão entre pólos ideológicos fez com que muitos pensassem que o asilo cairia em desuso. Paradoxalmente, as próprias virtudes e deficiências da globalização renovaram a atualidade do instituto em anos recentes. Novos casos de concessão de asilo político voltaram a ocorrer em regimes políticos os mais variados. A despeito da eventual instrumentalização do instituto segundo interesses dos Estados asilantes, verifica-se que, no cerne da questão, persiste o debate sobre a perseguição sofrida pelos demandantes em seus próprios países ou em terceiros Estados devido a opiniões, convicções ou posturas políticas e religiosas.[2136] Mas o instituto do asilo político tende a perder peso nas relações internacionais em se mantendo a dinâmica observada nas últimas décadas. A expansão contínua

---

[2132] G. F. de Martens, *supra* nota 317, livre VII, chap. V, para. 220; L. Delbez, *supra* nota 142, p. 204, P. Fauchille, *Traité de droit international public*, vol. 1, Paris, Rousseau Ed., 1926, pp. 78-79; e C. De Visscher, *Théories et réalités en droit international public*, 3rd ed., 1960, Paris, Editions A. P. Pedone, pp. 233-234.

[2133] L. Oppenheim, H. Lauterpacht, *International Law*, vol. I, 8th ed., London/New York, Longmans, Green, 1955, p. 797.

[2134] C. Calvo, *Le droit international théorique et pratique*, 5th ed., Paris, Durand et Pedone-Lauriel, 1896, vol. III, para. 1523; J. J. Caicedo Castilla, 'El derecho de asilo', *Revista española de derecho internacional*, vol. X, 1957, 446.

[2135] J. M. Yepes, 'El Derecho de Asilo', *Universitas*, No. 15, 1958, Bogotá, Pontificia Universidad Javeriana, pp. 20-21; e Q. Alfonsín, 'Naturaleza del Derecho de Asilo Diplomático', *Revista Jurídica Argentina "La Ley"*, vol. 83, p. 911.

[2136] O ressurgimento do asilo político se deu, em vários casos, no contexto de indivíduos que alegavam perseguição política em países reconhecidamente democráticos, como nos casos de Edward Snowden (Estados Unidos) e Julian Assange (Estados Unidos, Reino Unido e Suécia).

de mecanismos supranacionais de proteção dos direitos humanos garante o acesso de indivíduos a meios de proteção externos, dispensando a intermediação de outro Estado que estará sempre sujeita à influência de interesses e cálculos políticos diversos daqueles relacionados exclusivamente à proteção do indivíduo. O fortalecimento do Estado Democrático de Direito torna cada vez mais desnecessária a concessão do benefício sem que isso seja interpretado como intervenção indevida nos assuntos domésticos de outros Estado soberano. Essa dinâmica tem-se refletido no aumento inversamente proporcional e incomparavelmente maior no volume de demandas de reconhecimento da situação de refúgio. Mesmo na América Latina, o refúgio tem-se consolidado como tipo por excelência de asilo *lato sensu*, para além do universo cada vez mais reduzido do asilo político.[2137]

Prática diplomática brasileira

O Brasil tem longa tradição em matéria de asilo político. O primeiro precedente envolvendo o País, ainda que indiretamente, ocorreu no Império, em relação ao asilo concedido em 1865 pela legação dos Estados Unidos em Lima ao general peruano Canseco. Após divergências entre o Governo peruano e a representação norte-americana, o corpo diplomático acreditado em Lima reuniu-se e elaborou documento conhecido como as "regras de Lima", cujo segundo ponto reproduzia instruções transmitidas pelo Governo imperial ao representante brasileiro: o benefício do asilo só poderia concedido com a máxima reserva e somente pelo período necessário à segurança do asilado, finalidade à qual o agente diplomático deveria envidar seus melhores esforços junto às autoridades locais.[2138] Em 1908, já no período republicano, em meio a insurreição popular na Bolívia, diplomatas de Brasil, Estados Unidos e França em La Paz subscreveram documento no qual se colocavam de acordo sobre um regime comum a ser aplicado pelos três países a demandantes de asilo nas respectivas legações diplomáticas. Esse instrumento estabeleceu as chamadas "Regras de La Paz", como a documentação do asilado, o fornecimento

---

[2137] Em dados consolidados de 2017, a Convenção de Genebra sobre o Estatuto dos Refugiados contava com 145 Estados Partes. A Convenção de Caracas sobre Asilo Diplomático é válida para apenas 14 Estados que ratificaram o instrumento, ao passo que a de Asilo Territorial tem apenas doze ratificações.

[2138] Miguel Franchini Netto, *Imunidades Diplomáticas (Do Direito de Asilo)*, São Paulo, 1942, pp. 77-79.

de justificativa para o pedido de proteção, a aquiescência pelo beneficiário de que as autoridades locais seriam informadas sobre a concessão do benefício e, como deveres do asilado, abster-se de manter relações com o exterior, receber visitas somente mediante autorização do Estado asilante e deixar as premissas da missão diplomática tão logo lhe fosse solicitado. Alinhavam-se posições fundamentais da *opinio iuris* do Brasil sobre o instituto de asilo político.

O primeiro caso de asilo político envolvendo diretamente o Brasil ocorreu na República da Espada: a concessão do benefício por Portugal a rebeldes da Revolta da Armada, em 1894. Diante da iminente vitória das forças navais legalistas, o contra-almirante Saldanha da Gama, líder revoltoso ao lado de Custódio de Mello, refugiou-se com outros 492 rebeldes nas corvetas portuguesas *Mindello* e *Affonso de Albuquerque*, fundeadas na baía da Guanabara. A ação contou com a aquiescência do comandante português Augusto de Castilho[2139] e foi classificada por Floriano Peixoto como abuso do direito de asilo.[2140] Após a denegação dos pedidos de restituição dos rebeldes, considerados desertores e declarados traidores à pátria, e sujeitos, portanto, à lei militar, o caso se tornou ainda mais complexo após as duas embarcações se dirigirem ao Rio da Prata. Em notas de repúdio transmitidas em 1894 pelo Governo republicano à Legação portuguesa, que culminaram na suspensão das relações diplomáticas entre os dois países, é possível extrair elementos centrais da *opinio iuris* do Brasil sobre o instituto de asilo político. Primeiro, o Brasil reconhecia a natureza humanitária do asilo segundo princípios reconhecidos pelas nações civilizadas, porém negava sua aplicação no caso por se tratarem de criminosos[2141] responsáveis por ataques à população civil.[2142] O Governo republicano refutava a hipótese de crime político por se tratarem de desertores e fugitivos da justiça, algo que impedia tanto a concessão do asilo, quanto a

---

[2139] Castilho teria concedido o asilo sem consultar seu superior hierárquico no Brasil, Conde de Paraty, Encarregado de Negócios de Portugal.

[2140] Nota do Governo Brasileiro, de 5/4/1894, à Legação Britânica, sobre Caso de Concessão a Insurgentes de Asilo a Bordo de Navios de Guerra Portugueses. MRE, *Relatório Apresentado ao Vice-Presidente da República dos Estados Unidos do Brazil pelo Ministro de Estado das Relações Exteriores* - 1894, Rio de Janeiro, Imprensa Nacional, 1894, Anexo n 1, doc. n. 42, pp. 57-58.

[2141] Resposta do MRE, de 15/3/1894, a Nota da Legação Portuguesa, sobre Caso de Concessão a Insurgentes de Asilo a Bordo de Navios de Guerra Portugueses. MRE, *supra* nota 2340, doc. n. 35, p. 48.

[2142] Nota do MRE, de 13/5/1894, à Legação de Portugal. *Idem*, doc. n 45, p. 63.

aplicação da regra de exceção prevista em tratado de extradição vigente entre os dois países. Nessa mesma ordem de idéias, o Brasil denunciava que o asilo concedido aos rebeldes constituía interferência indevida nos assuntos internos de um Estado soberano, na medida em que influenciava o desenrolar do conflito e obstruía a aplicação da justiça no país.[2143] Na visão brasileira, a regra de exceção de crime político só teria validade no que se poderia chamar de "território real" e não em "território fictício", tal como navios de guerra. Por fim, em vista da evasão de rebeldes na Argentina e no Uruguai, o Brasil invocou a responsabilidade internacional de Portugal em razão da incapacidade de seus representantes em evitar que os asilados só desembarcassem em porto do território do Estado asilante.[2144] A controvérsia foi solucionada pelos bons ofícios do Reino Unido, após o reconhecimento por Portugal de que o asilo havia sido concedido "para obedecer a sentimentos de humanidade, e não para prestar auxílio aos revoltosos brasileiros", sob condições "fundadas em princípios do direito internacional".[2145]

Décadas depois, o Brasil se encontrou novamente nos dois pólos de aplicação do instituto de asilo. Em meio aos distúrbios que levaram ao fim da República Velha e à ascensão de Vargas ao poder, em 1930, legações diplomáticas no Rio de Janeiro concederam asilo a brasileiros que buscavam proteção pelo receio de perseguição do novo regime. Vargas manteve-se fiel ao instituto e concedeu salvo-condutos para a saída do país em segurança dos asilados.[2146] Em outros casos, coube ao Brasil conceder a proteção do asilo em representações diplomáticas no exterior. Em 1930, foi concedido asilo na Embaixada em Lima ao peruano José Leguía, um dos filhos do ex-presidente do Senado do Peru, Roberto Leguía, após golpe liderado pelo Coronel Luis Miguel Sánchez

---

[2143] O asilo concedido por Portugal havia ocorrido "com detrimento da soberania territorial e da justiça pública, em questão do domínio interno, a que era e devia conservar-se estranho". *Idem*, p. 63.

[2144] *Idem*, p. 65.

[2145] Nota do MRE, de 16/3/1895, à Legação Britânica, sobre o Restabelecimento de Relações Diplomáticas entre Brasil e Portugal. MRE, *Relatório Apresentado ao Vice-Presidente da República dos Estados Unidos do Brazil pelo Ministro de Estado das Relações Exteriores*, Rio de Janeiro, Imprensa Nacional, 1895, Anexo n I, doc. 5, pp. 16-17.

[2146] O precedente foi objeto de loas em sessão do Conselho da Liga das Nações, em 1936. League of Nations, *Official Journal*, 96th session of the Council, January 1937, pp. 130 e ss.

Cerro. Diante da resistência peruana em conceder salvo conduto,[2147] surgiu controvérsia entre os dois países na qual o Governo brasileiro pautou-se por três elementos centrais: (i) uma vez concedido o asilo diplomático, a entrega às autoridades locais era sustada; (ii) se a justiça do Estado territorial tivesse acusações de crime comum contra o asilado, deveria tramitar o pedido por meio do regime de extradição vigente; e (iii) a qualificação do delito é prerrogativa do Estado asilante.[2148] Ainda na década de 1930, o Brasil concedeu asilo durante a guerra civil espanhola, sob a justificativa de "fazer prevalecer as praxes consagradas do Direito Internacional, defendendo o princípio da inviolabilidade diplomática e, com ele, o das pessoas asiladas na sede da Embaixada do Brasil", pois na raiz dessa prática encontravam-se princípios de humanidade não discriminatórios.[2149]

A diplomacia brasileira manteve tradicionalmente a convicção de que a concessão de asilo diplomático era vedada a criminosos comuns. O benefício era restrito a crimes políticos e, ainda assim, consistia em hipótese excepcional amparada em sentimento de humanidade. Ao derrogar da soberania do Estado territorial, a concessão do instituto só era permitida se utilizada de forma extraordinária, criteriosa e com duração necessária à proteção do asilado, cuja integridade física e moral se visse ameaçada. A hipótese de sua utilização para obstruir o exercício da justiça foi repelida pelo Governo brasileiro. Clóvis Bevilacqua, então consultor do Itamaraty, lecionou em parecer de 1925, "que o direito internacional não autoriza a concessão de asilo àqueles que se acham sob a ação da justiça"[2150] e, em outro parecer, de 1931, que "os agentes diplomáticos não têm o direito de dar asilo aos criminosos de direito comum". Bevilácqua vaticinou, ainda, que a concessão de asilo a políticos era um direito

---

[2147] O novo governo se negava a conceder o salvo conduto para a retirada em segurança do asilado do território peruano, pois o acusava de ter cometido toda sorte de crimes, em sua maioria delitos comuns.

[2148] Em 1932, nova proteção foi outorgada na representação brasileira em Havana ao General e ex-Presidente cubano Mario García Menocal, ali refugiado após tentativa frustrada de golpe militar contra o General Gerardo Machado Morales. Menocal deixou a Embaixada brasileira para exilar-se nos Estados Unidos.

[2149] Relatório do MRE relativo ao ano de 1938, sobre o Princípio da Inviolabilidade Diplomática e a Guerra Civil Espanhola. *In* A.A. Cançado Trindade, *supra* nota 1604, p. 197.

[2150] MRE, *Pareceres dos Consultores Jurídicos do Ministério das Relações Exteriores* (1913-1934), MRE/Seção de Publicações, 1962, pp. 306-307.

dos Estados, cujo desrespeito pelo Estado territorial "constitui delito internacional, ato inamistoso de irrecusável gravidade".[2151]

A importância do tema à época motivou a inclusão do regime jurídico do instituto de asilo no regulamento do serviço diplomático brasileiro. Nos termos do art. 10 do Decreto n. 24.113, de 1934, era permitido aos Chefes de Missão diplomática conceder o benefício do asilo segundo alguns critérios: (i) restrição àqueles "Estados em que as convenções, leis ou usos admitirem o asilo de políticos no edifício das Missões diplomáticas"; (ii) concessão "pelo tempo estritamente necessário para que o asilado se ponha por qualquer maneira em segurança"; (iii) o dever de comunicar imediatamente o Governo do Estado territorial ou de nacionalidade do asilado; (iv) direito de exigir garantias para que o asilado deixasse o país no caso de relação pelo Governo local; (v) dever de zelar "por que os asilados não pratiquem atos contrários à tranqüilidade pública"; e, como normas proibitivas, a vedação de concessão de asilo "a indivíduos, ainda que brasileiros, desertores de terra ou mar, ou acusados de delitos ou crimes comuns ou por êles condenados" e de "oferecer asilo, bem como conduzir à sede da Missão quem pretender aí asilar-se".[2152]

A lógica de inviolabilidade da missão diplomática, que remetia ao cada vez mais em desuetudo princípio de extraterritorialidade, foi progressivamente abandonada e passou-se a admitir a concessão do asilo em bases exclusivamente humanitárias. O Brasil ainda não reconhecia expressamente, porém, o asilo como direito soberano do Estado asilante. Havia receio quanto ao efeito restritivo dessa prática à jurisdição do Estado territorial, em especial quanto aos riscos de que a proteção fosse concedida a criminosos comuns - ou opositores ao regime - que poderiam utilizar o benefício para evadir-se da justiça.[2153] Em parecer de 1940 sobre a concessão de asilo em missões diplomáticas

---

[2151] MRE, *idem*, pp. 546-547.

[2152] O regime transcrito reproduzia aquele da Convenção de Montevidéu de 1933.

[2153] Em nota circulada às missões diplomáticas, em 1938, lia-se que "no tocante ao asilo em legações ou embaixadas, o governo do Brasil entende que, em princípio, o mesmo não constitui um direito, embora a prática o tenha admitido, em certas circunstâncias, como medida razoável, determinada por motivos puramente humanitários". Agregava, porém, que não "admitiria a concessão de asilo a criminosos de direito comum, especialmente se já devidamente processados ou condenados, nem a desertores de terra ou mar", nem "a indivíduos que tenham praticado atos que, embora visando fins políticos constituam principalmente delitos de direito comum, ou atos que representem francas manifestações de anarquismo ou visem a subverter as bases da organização social comum aos Estados civilizados, ou, finalmente, atos de terrorismo tais como se acham definidos no art. 1º, § 2º,

a combatente de Estado beligerante em território inimigo, o então consultor jurídico do Itamaraty, Sebastião do Rêgo Barros, sentenciou que o asilo "justifica-se por sentimento de humanidade" e restringe-se a "criminosos e aos perseguidos políticos".[2154] Essa interpretação levava em consideração não só a recusa de Estados não americanos em reconhecer o instituto, como também os marcos convencionais aos quais o Brasil se vinculava, em especial o Tratado de Direito Penal de Montevidéu de 1889, a Convenção de Havana de 1928 e o Tratado sobre Asilo e Refúgio Político de Montevidéu de 1939, que restringiam a concessão da proteção a criminosos e perseguidos políticos.

Com o fim da II Guerra Mundial e a subseqüente criação das Nações Unidas e da OEA, intensificou-se a concessão de asilo pelo Governo brasileiro. Em idos da década de 1950 e 1960, houve vários casos de concessão de asilo político pelo Brasil a perseguidos em terceiros países, sempre segundo critérios de humanidade e à luz da conjuntura do Estado territorial.[2155] Com a crescente instabilidade política na região, esse processo envolveu perseguidos políticos em nações que passavam por rupturas da ordem política, social e jurídica,[2156] como Argentina,[2157] Bolívia, Cuba,[2158] Haiti e Venezuela.[2159] Mencione-se, ainda, o asilo diplomático concedido, em 1959, ao General Humberto Delgado na Embaixada brasileira em Lisboa durante a ditadura salazarista. O pedido de salvo conduto foi atendido, não obstante Portugal não se submeter a regi-

---

da Convenção Internacional assinada em Genebra", de 1937. MRE, Circular nº 1.231/1938. M. Franchini-Netto, Parecer de 25/3/1983 sobre Asilo diplomático na América Latina. *In* A. P. Cachapuz de Medeiros (org.), *supra* nota 2263, p. 395.

[2154] "É um direito de exceção, de natureza estrita, que se não pode interpretar por extensão ou analogia, e só existente em virtude de tratados". MRE, *Pareceres dos Consultores Jurídicos do Ministério das Relações Exteriores* (1935-1945), Depto. de Imprensa Nacional, 1961, pp. 343-344.

[2155] MRE, *Relatório do Ministério das Relações Exteriores - 1957*, MRE/Seção de Publicações do Serviço de Documentação, p. 63.

[2156] MRE, *Relatório do Ministério das Relações Exteriores - 1957*, MRE/Seção de Publicações do Serviço de Documentação, p. 65.

[2157] No caso argentino, foram concedidos asilos diplomáticos e territoriais a correligionários do ex-presidente Juan Domingo Perón após o golpe de 1955, promovido pela *Revolución Libertadora*.

[2158] O asilo foi concedido a perseguidos pelo regime do ditador Fulgencio Baptista.

[2159] No caso venezuelano, os pedidos de asilo se relacionavam à instabilidade política e à repressão de opositores que caracterizou os últimos anos de mandato do então Presidente Marcos Pérez Jiménez.

me convencional do instituto. Em todos esses casos, o Governo brasileiro agiu com prudência e discrição a fim de evitar, tanto quanto possível, que a concessão do benefício fosse interpretada como intervenção nos assuntos internos.[2160] Isso implicava apego estrito aos marcos convencionais sobre a matéria e diligências necessárias para impedir que a proteção do asilo fosse utilizada de forma indevida pelos asilados.[2161]

O compromisso do Brasil com o instituto foi renovado em 1961 por Afonso Arinos de Melo Franco. O primeiro caso diz respeito à concessão de asilo territorial a militares revoltosos portugueses que haviam tomado navio de guerra de seu país e demandado proteção ao Governo brasileiro em águas internacionais próximas ao mar territorial brasileiro.[2162] O segundo refere-se à concessão de asilo diplomático na Embaixada brasileira em Havana a cubanos perseguidos pelo regime castrista após a revolução em 1959 e a malfadada tentativa de invasão da Baía dos Porcos, em 1961. Com apego ao regime jurídico que regulava o instituto e gestão junto ao Estado territorial, o Governo brasileiro agiu para obter o salvo-conduto dos asilados.[2163] Um dos asilados cubanos, ex--soldado de Fulgêncio Baptista, veio ao Brasil e o benefício se transformou em asilo territorial.[2164] O caso então motivou pedido de extradição submetido por Cuba ao STF. Em decisão paradigmática sobre a matéria, a Corte indeferiu a entrega do indivíduo sob o argumento de que faltavam "plenas garantias" para "o julgamento a que seria submetido o extraditando".[2165]

Nesse período, a *opinio iuris* da diplomacia brasileira caracterizou-se pelos seguintes elementos: (i) o instituto se justificava no direito internacional por princípios de humanidade; (ii) a concessão de asilo político é restrição

---

[2160] MRE, *Relatório do Ministério das Relações Exteriores – 1957*, MRE/Seção de Publicações do Serviço de Documentação, p. 63.

[2161] Parecer do Consultor Jurídico do MRE, Hildebrando Accioly, sobre Caso de Violação de Asilo Territorial, MRE/Consultoria Jurídica, Documento SJ/l.603, Parecer 601.34(41)(42), de 21/6/1957, pp. 1-3. *In* A.A. Cançado Trindade, *supra* nota 517, pp. 303-304.

[2162] Álvaro Lins, *Missão em Portugal*, Lisboa, Centro do Livro Brasileiro, 1974.

[2163] Encarregado de negócios da Embaixada do Brasil em Havana, Carlos Jacyntho de Barros, em telegrama de 28/4/1961.

[2164] A concessão do asilo foi justificada porque o indivíduo "se encontrava em perigo de ser privado de sua liberdade por motivos políticos". STF, Pedido de Extradição n. 232, Min. Rel. Victor Nunes, Acórdão de 9.10.1963, p. 41.

[2165] *Idem*, pp. 43-44.

à soberania do Estado territorial;[2166] (iii) o benefício só pode ser concedido a crimes políticos, excluindo-se os responsáveis por crimes comuns;[2167] (iv) embora direito discricionário do Estado asilante, a concessão da proteção deve ser exercida de modo criterioso e excepcional;[2168] e (iv) apesar de a qualificação do asilado ser da competência do Estado asilante, a concessão do benefício deve ser ponderada com o dever de não intervenção nos assuntos domésticos do Estado territorial.[2169] O instituto pressupunha "um justo equilíbrio" entre regime derrogatório de jurisdição do Estado territorial e o respeito à soberania desse Estado no exercício de suas prerrogativas jurisdicionais.[2170]

Essa preocupação se revelou no processo negociador para as duas Convenções de Caracas sobre Asilo Político, de 1954. Embora defendesse o direito de qualificação pelo Estado asilante, conforme posicionamento histórico, o Governo brasileiro receava estimular a prática na região em momento crítico da confrontação ideológica da Guerra Fria.[2171] Por isso, hesitava em aceitar o dever de concessão de salvo conduto pelo Estado territorial. A preferência recaía na ponderação entre a soberania do Estado territorial e o espírito de humanidade a instruir a concessão do instituto, a ser solucionada, em proposta então defendida pelo Brasil, não pelo dever de concessão do salvo conduto, mas pelo recurso obrigatório à arbitragem internacional pelos Estados envolvidos.[2172] Mas uma vez decidida a obrigatoriedade da concessão do salvo conduto, o Brasil passou a adotá-la, de boa fé e em linha com o princípio de

---

[2166] "Restrição que se vai progressivamente tornando menos aceitável à medida que se estabiliza a vida institucional dos Estados". Francisco Clementino de San Tiago Dantas, *supra* nota 1833, p. 67.

[2167] Parecer do Consultor Jurídico do MRE, Levi Carneiro, sobre o Asilo Político e Caracterização de Crime Político, de 14/12/1949. MRE, *Pareceres dos Consultores Jurídicos do Ministério das Relações Exteriores* (1946-1951), MRE/Seção de Publicações, 1967, p. 359.

[2168] MRE, *Relatório do Ministério das Relações Exteriores - 1956*, MRE/Seção de Publicações do Serviço de Documentação, p. 49.

[2169] Francisco Clementino de San Tiago Dantas, *supra* nota 1833, pp. 67-68

[2170] *Idem*, p. 72.

[2171] Havia receio quanto a seu abuso e o "risco do seu emprego como meio de intervenção política de um Estado nos negócios internos do outro". *Idem*, p. 73.

[2172] Posição do Brasil na II Reunião do Conselho Interamericano de Jurisconsultos, em 1953. *Ibidem*, p. 73.

pacta sunt servanda, como regra fundamental do regime de asilo político em sua modalidade diplomática.[2173]

Com o golpe de 1964 e o surgimento de casos de perseguidos políticos que buscavam proteção sob a jurisdição de terceiros Estados, o Brasil passou a matizar o compromisso retórico com o asilo político. A fim de evitar que o benefício fosse concedido a indivíduos considerados criminosos pelo regime militar, o discurso pautou-se pela ponderação entre a ênfase conferida ao histórico brasileiro nessa área e a crítica à concessão do benefício a criminosos comuns e terroristas, tal como eram qualificados muitos dos opositores ao regime militar.[2174] À época, havia negociações nas Nações Unidas sobre instrumento multilateral de escopo global para codificar o regime jurídico do instituto de asilo político para além da Declaração sobre Asilo Territorial de 1967.[2175] Esse esforço do regime militar adquiriu contornos mais nítidos em reunião da Comissão Geral da Assembléia Geral da OEA, em 1970, quando se tratou da concessão de asilo diplomático a responsáveis por atos de terrorismo. A crítica à concessão de asilo a perseguidos políticos foi justificada pela diplomacia brasileira como meio de defesa do regime jurídico do instituto, que vedava a extensão do benefício a criminosos comuns e responsáveis por crimes contra a humanidade, em particular terrorismo. Sob essa lógica, e à luz do histórico do Brasil na área, defendeu-se o imperativo de "preservar a instituição do direito de asilo na pureza dos princípios humanitários que a inspiram" em face da ameaça de que fosse "conspurcado, violado, por atos que não se enquadram no espírito dessas Convenções" de Caracas de 1954, a saber, atos de terrorismo "evidentemente de inspiração externa" e "de caráter nitidamente extremista" os quais, "praticados em diversos países americanos, afetam a paz e a segurança interna dos Estados e representam ameaça à paz e à segurança do continente e perturbam o normal desenvolvimento das relações internacionais". Por essa razão, esses crimes de lesa humanidade "não podem merecer o abrigo do asilo diplomático".[2176]

[2173] Parecer do Consultor Jurídico do MRE, Hildebrando Accioly. MRE/Consultoria Jurídica, Documento SJ/1.653, Parecer 922.31(42) (88), de 15/1/1959, pp. 1-2. *In* A.A. Cançado Trindade, *supra* nota 517, pp. 298-299.

[2174] José Sette Câmara, sobre a Questão do Asilo Diplomático, na VI Comissão da XXX AGNU, 3/11/1975. *In* A.A. Cançado Trindade, *supra* nota 530, p. 334.

[2175] *Idem*, pp. 334-335.

[2176] Intervenção do Representante do Brasil na Comissão Geral da Assembléia Geral da OEA de 1970 (Washington DC), em 26/6/1970. *In* A.A. Cançado Trindade, *supra* nota 530, pp. 335-336. Cf. também Mário Gibson Barboza no III Período Ordinário de Sessões da Assembléia Geral da OEA (Washington DC), em 25/1/1971. MRE, *Documentos de Política Externa*, vol. V, 1971, Brasília, p.14.

O mesmo esforço de matizar o histórico do Brasil com as contingências políticas do regime de exceção replicava-se no tratamento de casos concretos. Um dos episódios mais paradigmáticos foi a busca de asilo diplomático por opositores do regime em representações diplomáticas no Rio de Janeiro, após o golpe militar, em 1964. Na Embaixada da Bolívia, mais de vinte pessoas receberam asilo do governo do então presidente Víctor Paz Estenssoro, que sofreria, ele próprio, um golpe meses depois. Após resistência inicial, em que denunciou a instrumentalização política do instituto, o governo militar aquiesceu em conceder o salvo conduto para a saída do território nacional dos asilados com destino ao país asilante (Bolívia). Outro caso de relevo foi a concessão de asilo territorial pelo Uruguai a João Goulart, em abril de 1964. Na condição de asilado, Jango submeteu-se ao regime da Convenção de Caracas que exigia comunicações às autoridades locais a respeito de atividades e deslocamentos no país.[2177]

Já no período de distensão, o Brasil concedeu asilo diplomático, em 1982, na Embaixada brasileira na Guatemala ao ex-ministro da Agricultura, Pecuária e Alimentação guatemalteco, Francisco René Bobadilla Palomo, após a deposição do Presidente Lucas Garcia por junta militar. O Brasil negou-se a entregar o asilado às autoridades locais sob o argumento de que "reconhecer o direito de asilo político, e limitá-lo depois pela vontade do Estado asilado, é negar a própria essência do princípio jurídico". Para o então Consultor Jurídico do Itamaraty, Franchini-Netto, a concessão do benefício era não só válida porquanto pautada por considerações humanitárias, mas também porque havia obedecido às hipóteses permitidas e ao rito estabelecido pela Convenção de Caracas, o que outorgava ao Brasil o direito de obter o salvo-conduto pelas autoridades locais. Sentenciava "que negar-se o Estado territorial a respeitá-lo constitui delito internacional, ato inamistoso de irrecusável gravidade".[2178]

Após a redemocratização, o asilo político manteve-se como aspecto contínuo na prática diplomática brasileira sob as mesmas premissas consagradas no direito interamericano. Em parecer de 1988, o então consultor jurídico do

---

[2177] Após doze anos no país vizinho, o ex-mandatário renunciou ao benefício, pouco antes de morrer, diante de mudanças na legislação uruguaia após o golpe de 1973 que instalou junta militar no Uruguai. Isso não o impediu de participar da chamada "Frente Ampla", movimento lançado em 1966 que reuniu também o ex-Presidente Juscelino Kubitschek e Carlos Lacerda, em defesa da restauração da democracia no Brasil.

[2178] Parecer de M. Franchini-Netto, in Antônio Paulo Cachapuz de Medeiros (org.), *supra* nota 2263, pp. 355-356.

Itamaraty e hoje juiz da CIJ, Cançado Trindade, reconheceu a concessão do benefício como direito soberano do Estado asilante em caso relativo à Coréia do Sul. Em Nota circulada entre as Embaixadas residentes em Seul, o Governo sul-coreano havia estipulado que "o asilo político não pode ser concedido por Missões diplomáticas ou consulares" no contexto dos Jogos Olímpicos que teria lugar naquela capital e que caberia informar "imediatamente" o Ministério de Assuntos Estrangeiros coreano sobre qualquer caso de solicitação de asilo. Segundo Cançado Trindade, era "facultado à Chancelaria coreana (...) formular as recomendações que julgasse oportunas às Embaixadas em Seul", mas "não era facultado à Chancelaria coreana tentar estabelecer restrições de asilo diplomático, prerrogativa e direito do Estado asilante". Por consequência, "era facultado às Embaixadas em Seul, mesmo durante as atuais Olimpíadas, conceder asilo diplomático, após exame criterioso de cada possível pedido, à luz das normas e regras básicas do direito convencional e consuetudinário sobre a matéria".[2179]

Nos anos seguintes, o Brasil continuou a conceder o benefício em situações excepcionais.[2180] Após a promulgação da Constituição, um dos primeiros casos foi o asilo concedido ao ex-ditador paraguaio Alfredo Stroessner e a seus familiares, em 1989, após golpe de Estado. O benefício foi concedido no formato territorial no dia seguinte (4/2/1989) à deposição de Stroessner do poder. Em 5/2, Stroessner partiu para o Brasil acompanhado do filho, Gustavo Stroessner Mora, e de sua esposa. Concedido inicialmente em caráter temporário, o asilo territorial foi transformado em permanente. O episódio guarda características de interesse para a análise da matéria. Em primeiro lugar, a concessão do benefício foi articulada não só por seus familiares,[2181] como contou também contou com o envolvimento do novo regime paraguaio, que atuou em favor

[2179] MRE, Parecer CJ/138, *O Caso das Restrições da Chancelaria Coreana à Concessão de Asilo Diplomático por Ocasião da Olimpíada de Seul*, de 22/9/1988, pp. 2-3.

[2180] Em episódio ocorrido em 2000, a concessão de asilo diplomático na Venezuela tornou-se desnecessária após a obtenção de garantias à saída do território venezuelano de solicitante do benefício. MRE, *Resenha de Política Exterior do Brasil*, n. 86, 1° semestre de 2000, Brasília, Gráfica do MRE, 2000, pp. 234-235.

[2181] Stroessner havia buscado evadir-se para os EUA, mas a Embaixada norte-americana em Assunção lhe negou visto para ingressar no país. Segundo relato da então Encarregada de Negócios norte-americana em Assunção, Rose Likins, "os EUA mantêm-se firmes na posição de negar esse visto", entre outras razões "pela inconveniência de receber um homem que "tergassed our Ambassador", em alusão a incidente, ocorrido em 14/1/1987, em que a polícia paraguaia atacou residência privada onde o ex-Embaixador Taylor comparecera para encontro político". Despacho Telegráfico nr. 543 para Brasemb Washington, de 13.03.1989.

da concessão do benefício e facilitou a retirada do país do ex-Presidente, então detido em instalação militar.[2182] Vale dizer que o Paraguai não havia ratificado a Convenção de Caracas de 1954 sobre Asilo Territorial. Alfredo e Gustavo Stroessner foram indiciados, nos meses seguintes, em processos judiciais no Paraguai por malversação de fundos públicos e, no caso do pai, por violação de direitos humanos.[2183] No caso de Gustavo, houve pedido de extradição indeferido pelo STF sob o entendimento da "inextraditibilidade de estrangeiros por delitos políticos ou de opinião".[2184]

Quando já se encontrava em território brasileiro, Stroessner também motivou reclamação do Governo paraguaio em razão de declarações à imprensa relacionadas à realidade política de seu país, as quais teriam causado "desconforto" no país vizinho.[2185] Em gestão junto ao Itamaraty, o então Embaixador

---

2182 Já na etapa final das negociações sobre a concessão de asilo político e dos preparativos para a partida de Stroessner do território paraguaio, o então Embaixador do Brasil em Assunção, Orlando Soares Carbonar, foi recebido em 5/2 pelo novo Presidente Andres Rodríguez, no Quartel General do Exército paraguaio. Ao relatar o encontro, o Embaixador Carbonar observa: "foi-me entregue, na ocasião, a carta pela qual o Coronel Gustavo Stroessner, em nome de seu pai, solicitava a concessão de asilo (...), após o que apresentei, munido de mapa, o roteiro e destino final (Itumbiara) que propúnhamos para a viagem e instalação temporária do ex-presidente. Imediatamente aceitos por meus interlocutores, solicitei, também, a aquiescência do ex-Presidente para esses pontos, o que se obteve após rápida consulta por intermédio de seu genro". Telegrama nr. 212 de Brasemb Assunção, de 15.02.89.

2183 No início de 1990, a Embaixada brasileira em Assunção informava que "no caso de Alfredo Stroessner, os processos seguem com morosidade, não parecendo haver disposição do Governo - que mantém o Poder Judiciário sob tutela - de fazê-los avançar". Telegrama nr 52 de Brasemb Assunção, de 18.01.1990.

2184 Para o STF, a inextraditibilidade de estrangeiros por crimes políticos "reflete, em nosso sistema jurídico, uma tradição constitucional republicana. Dela emerge, em favor dos súditos estrangeiros, um direito público subjetivo, oponível ao próprio Estado e de cogência inquestionável. Há no preceito normativo que consagra esse *favor constitutionis*, uma insuperável limitação jurídica ao poder de extraditar do Estado brasileiro". STF, Extradição nr. 524, Ementa, Rel. Min. Celso de Mello, Julgamento 31.10.1990, DJ 08-03-1991.

2185 Em entrevista ao jornal britânico "The Independent", em 25.04.1990, Stroessner, ainda que sob a ressalva de que "seu caráter de refugiado político no Brasil o obrigasse a ser muito cuidadoso e a evitar declarações sobre os assuntos internos do Paraguai, não deixou de assinalar que "inexistiam razões para uma revolução no Paraguai" e que sua continuidade no poder "era necessária", pois havia se mantido por vários mandatos na Presidência "porque o povo insistia". Telegrama nr. 348 de Brasemb Assunção, de 26.04.1990. As declarações foram utilizadas no debate político interno e motivaram moção de repúdio aprovada pelo Congresso Nacional paraguaio, na qual se recomendava ao Poder Executivo que "pela via diplomática, se procurasse impedir que fatos como esse se repetissem, o que implicava uma mácula perturbadora de nosso processo de transição à democracia". Telegrama nr. 364 de Brasemb Assunção, de 28.04.1990.

paraguaio Juan Esteban Aguirre buscou a cooperação do Governo brasileiro para "que se procurasse evitar, no futuro, novas manifestações daquela natureza por parte de Stroessner".[2186] O então Secretário-Geral de Política Exterior, embaixador Marcos Azambuja, "aduziu não lhe parecer que as palavras de Stroessner violassem as regras do direito de asilo de acordo com as estipulações da Convenção sobre Asilo Territorial de Caracas (1954) (...) pois não eram tão graves ou desestabilizadoras, e nem o próprio ex-Presidente representava ameaça ao Governo paraguaio".[2187] Em 1999, o Brasil concedeu novamente asilo político a um ex-Presidente paraguaio, Raúl Cubas Grau, após sua renúncia ao cargo. Em meio a grave crise institucional no país vizinho iniciada em 1997 e que já havia causado, entre outras coisas, o assassinato do Vice-Presidente Luis Maria Aragaña, vitimado por atentado, Cubas enfrentava processo de impeachment por denúncias de corrupção.

Em 20 de abril 2005, o Brasil também concedeu asilo diplomático ao ex-presidente do Equador Lúcio Gutiérrez em meio à instabilidade política e social que conduziu à sua retirada do poder e à instalação na presidência do então vice-presidente, Alfredo Palácio.[2188] Em nota sobre o episódio, o Itamaraty informou que Gutiérrez se encontrava "na Embaixada do Brasil em Quito, onde solicitou asilo diplomático".[2189] O documento recordou que a concessão de asilo político era "tradição regional e instituto do Direito Internacional

---

[2186] A entrevista também motivou o Embaixador brasileiro em Assunção, Orlando Carbonar, a comparecer à Chancelaria paraguaia, onde o Chanceler Argaña pediu que, "da forma que lhe parecesse melhor, [fizesse] compreender ao General Stroessner a inconveniência de qualquer tipo de declaração a órgãos de imprensa". Telegrama 350 de Brasemb Assunção, de 27.04.1990.

[2187] Agregou, ainda, que se deveria levar em conta que "de acordo com a natureza mais liberal do mundo de hoje, concede-se ao asilado maior latitude de expressão" e que "um Governo democrático como o paraguaio poderia facilmente absorver aquelas declarações". O próprio Embaixador Aguirre, "falando informal e pessoalmente também considerava o episódio sem importância e as declarações do ex-Presidente inócuas". Despacho Telegráfico nr. 277 para Brasemb Assunção, de 11.05.1990.

[2188] Gutiérrez havia sido deposto em moção do Congresso equatoriano que o acusava de "abandonar o posto", em meio a manifestações que exigiam sua renúncia, entre outras coisas após haver determinado a dissolução da Corte Suprema do país andino. Vale lembrar que o próprio Gutiérrez, então Coronel, havia participado de um golpe militar anos antes que retirou da presidência Jamil Mahuad.

[2189] Após sua destituição do cargo, a procuradoria equatoriana emitiu ordem de prisão de Gutiérrez em razão da repressão policial às manifestações populares que, dias antes, haviam tomado as ruas de Quito.

Público" e que se esperava "solução pacífica que assegurasse a normalidade institucional" no país andino.[2190] O caso foi encaminhado de forma expedita por ambos os lados e, pouco após o pedido brasileiro, o Governo equatoriano concedeu salvo conduto para a retirada de Gutiérrez do país em aeronave militar brasileira com destino a Brasília, nos termos da Convenção de Caracas de 1954. Em junho daquele mesmo ano, porém, Gutiérrez renunciou ao benefício do asilo e retirou-se do país.[2191]

Em 2012, o Brasil concedeu asilo diplomático ao senador boliviano Roger Pinto Molina sob alegação de perseguição política.[2192] Embora imediatamente informado sobre o benefício por meio de Nota Verbal enviada pela Embaixada brasileira em La Paz, o Governo boliviano não reconheceu a obrigatoriedade do regime da Convenção de Caracas de 1954: o país vizinho havia assinado, mas não ratificado o instrumento.[2193] Para as autoridades locais, a proteção

---

[2190] Na mesma ocasião, o então Embaixador Brasil em Quito, Sérgio Florêncio, declarou que "O asilo político não significa qualquer juízo de valor em relação ao asilado, não significa qualquer sentimento positivo ou negativo em relação asilado e o nosso objetivo é o contribuir para a superação de uma crise política".

[2191] Em nota divulgada pelo MRE em 8/6/2005, lia-se que "O Senhor Lucio Gutiérrez, que teve seu asilo territorial no Brasil concedido em 28 de abril passado, comunicou hoje, dia 6 de junho, ao Ministério da Justiça, que renunciou ao "status" de asilado. Trata-se de decisão pessoal, sobre a qual o Governo brasileiro não tem o que opinar. O Senhor Lucio Gutiérrez está livre para deixar o Brasil no momento em que desejar, nada impedindo que retorne ao País, em qualquer tempo, na condição de turista". Gutiérrez, porém, chegou meses depois à Colômbia, onde lhe foi concedido novo asilo político, agora sob modalidade territorial.

[2192] Nos termos da nota publicada pelo MRE em 8/6/2012, "O Governo brasileiro decidiu conceder asilo ao nacional boliviano Roger Pinto Molina, à luz das normas e da prática do Direito Internacional Latino-Americano e com base no artigo 4º, inciso X, da Constituição Federal". Opositor do Presidente Evo Morales, Molina havia solicitado encontro com diplomatas brasileiros em La Paz sem mencionar o motivo. Quando já se encontrava no interior da Embaixada, demandou primeiramente refúgio e, em seguida, asilo político sob a alegação de sofrer perseguição do Governo boliviano. Aludia às quase duas dezenas de ações cíveis e penais movidas contra si pelo Poder Público local. Dizia, ainda, sofrer perseguição de grupos paramilitares.

[2193] A posição boliviana ia de encontro à prática desse país na matéria, haja vista à concessão de asilo diplomático a brasileiros na Embaixada boliviana no Rio de Janeiro, em 1964. Além disso, a assinatura pela Bolívia da Convenção de Caracas de 1954 implica dever de boa fé com o regime codificado. Curiosamente, em julho de 2013, os Chefes de Estado dos países membros do MERCOSUL (inclusive a Bolívia, como país associado) subscreveram a "Decisão sobre o Reconhecimento Universal do Direito de Asilo Político", em "solidariedade com os Governos de Equador, Bolívia, Nicarágua e Venezuela, que ofereceram asilo humanitário ao Sr. Edward Snowden"". Esse documento (i) reafirma "o direito inalienável de todo Estado de conceder asilo", direito que "não deve ser restringido nem limitado em

estendida pelo Governo brasileiro era não só ilegítima (não se reconhecia o direito à qualificação pelo Estado asilante), como também ilegal (obstruía a aplicação da justiça a criminoso comum sob a jurisdição local). O Presidente Evo Morales negava-se, ainda, a conceder salvo-conduto para a retirada em segurança do asilado do território boliviano.[2194] Em meio à tensão crescente em torno do caso, o Brasil atuou para evitar que o asilado utilizasse a proteção do asilo diplomático na Embaixada brasileira para fins de manifestação política.[2195] Em vista da intransigência do Governo boliviano em conceder o salvo-conduto e após quase um ano e meio de tratativas para o encaminhamento político da questão,[2196] o caso teve desfecho inusitado com a retirada em sigilo de Molina do território boliviano.[2197]

Em que pese às nuances observadas ao longo do tempo, é possível retirar da prática diplomática brasileira um mesmo eixo central sobre o qual repousam aspectos centrais do compromisso do Brasil com o asilo político. Em primeiro lugar, o Brasil se pauta pela natureza humanitária do instituto no direito internacional. São os pressupostos de humanidade que permitem derrogar do regime geral de soberania jurisdicional do Estado asilado. *Contrario sensu*, a diplomacia brasileira repeliu a concessão do benefício a criminosos comuns

sua extensão em nenhuma hipótese"; (ii) sublinha "que os Estados não têm o direito de impedir seus cidadãos de solicitar asilo, nem tampouco de impedir a implementação desse direito fundamental por qualquer meio", agregando ainda que "é fundamental assegurar que seja garantido o direito dos asilados de transitar com segurança ate o país que tenha concedido o asilo"; e, por fim, (iii) repudia "as ações que possam restringir a possibilidade dos Estados de conceder e implementar de forma plena o Direito de Asilo e, nesse sentido, repudia (...) toda tentativa de pressão, intimidação ou criminalização de um Estado ou de terceiros sobre a decisão soberana de qualquer nação de conceder asilo".

2194 Alegava que essa decisão só poderia ocorrer com a anuência do Poder Judiciário local.

2195 Após alguns episódios, as visitas ao asilado restringiram-se a familiares, advogados e serviços médicos.

2196 "O Governo brasileiro ofereceu proteção ao Senador Roger Pinto em estrito cumprimento a suas obrigações estabelecidas na Convenção de Caracas sobre Asilo Diplomático. Durante o período em que o Senador esteve asilado na Embaixada do Brasil em La Paz, o Governo brasileiro agiu sempre no respeito à soberania boliviana, sem deixar de buscar - por intermédio de mecanismo específico que se reuniu diversas vezes ao longo dos últimos 5 meses - solução negociada e juridicamente sólida que garantisse o trânsito seguro do Senador para o território brasileiro". Antonio de Aguiar Patriota por ocasião da transmissão de cargo, em 28/8/2013.

2197 Uma vez em território brasileiro, Molina solicitou refúgio ao Conselho Nacional de Refugiados (CONARE).

e a responsáveis por graves violações de direitos humanos. Segundo, o direito de qualificação da conduta do demandante de asilo é prerrogativa do Estado asilante a ser respeitada pelo Estado territorial. Tal premissa foi observada ao longo de toda a história diplomática brasileira, a despeito da orientação política e ideológica do governo de turno, tanto no pólo passivo quanto ativo do benefício. Terceiro, ao ato de concessão de asilo corresponde o dever do Estado territorial de expedir salvo conduto à retirada do asilado sempre que solicitado pelo Estado asilante. Mesmo em momentos de grande instabilidade institucional e polarização política, o Governo brasileiro consentiu com essa regra do regime de asilo político. A recusa em oferecer as garantias necessárias à retirada do asilado enseja, na *opinio iuris* brasileira, responsabilidade internacional por parte do Estado territorial, sobretudo quando parte nas Convenções de Caracas. Quarto, deve-se ter apego estrito aos deveres de vigilância para que o asilado não extrapole os direitos resguardados pelo benefício da proteção e incorra em atos contrários à estabilidade e à paz pública do Estado territorial. A insistência do asilado em desenvolver atividades contrárias ao regime jurídico do instituto pode levar, em última instância, à retirada do benefício. Por fim, mas não sem menos importância, são necessários respeito absoluto ao regime jurídico do instituto e máxima prudência na concessão do benefício. O asilo político foi visto sempre como medida extraordinária, a ser aplicada em casos de fundado receio à integridade física e moral do perseguido e sempre com o cuidado para não incorrer em violação injustificada ao exercício jurisdicional de outro Estado. Foi pelo apego estrito a esses princípios que o instituto de asilo político jamais afetou de maneira irremediável as relações do Brasil com outros Estados. Em matéria de asilo político, como em tantas outras na diplomacia, a prudência e a discrição são imperativas no exame da concessão da proteção a súdito estrangeiro.[2198]

Conteúdo Normativo

A concessão de asilo político é definida como o ato pelo qual um Estado soberano outorga, de forma discricionária, a proteção de sua jurisdição a indivíduo de outra nacionalidade em razão de alegada perseguição em Estado estrangeiro por motivo de crime político ou de convicção política, religiosa ou

---

[2198] Clóvis Beviláqua, *Direito Público Internacional: a síntese dos princípios e a contribuição do Brasil*, 2. ed., Rio de Janeiro, Editora Freitas Bastos, 1939, vol. I, p. 366.

ideológica.[2199] Há, portanto, três elementos fundamentais no instituto jurídico de asilo político: (i) o direito do Estado de conceder a proteção ao demandante estrangeiro; (ii) o fundado receio de ameaça grave e iminente à integridade física e moral do indivíduo em decorrência da perseguição sofrida; e (iii) a natureza política dessa perseguição.

Concessão de asilo: direito ou dever do Estado?

O asilo político é um benefício concedido de forma discricionária e extraordinária pelo Estado asilante à luz de suas prerrogativas soberanas. O direito subjetivo dos indivíduos restringe-se à faculdade de buscar e eventualmente usufruir da proteção concedida.[2200] Enquanto direito do Estado, há duas dimensões. No plano externo, o asilo político é uma faculdade reconhecida aos Estados de conceder a proteção, sob suas respectivas jurisdições, a estrangeiros perseguidos por razões de natureza política. Essa proteção tem fundamento no exercício da jurisdição territorial do Estado (asilo territorial) ou, no caso do asilo diplomático, em regimes convencionais e consuetudinários, como na América Latina. Já no plano interno, o asilo é ato discricionário do Poder Executivo segundo as competências privativas estabelecidas na Constituição que conferem à Presidência da República a prerrogativa de proceder a um exame por natureza subjetivo sobre a conduta específica do demandante de asilo e sobre o funcionamento da ordem política e jurídica de outro Estado soberano.[2201]

É majoritária a *communis opinio doctorum* de que a concessão do asilo político é uma faculdade reconhecida entre Estados soberanos[2202] e não um

---

[2199] "Le terme 'asile' désigne la protection qu'un Etat accorde sur son territoire ou dans un autre endroit relevant de certains de ses organes à un individu qui est venu la rechercher". Institut de Droit International, *L'asile en droit international public (à l'exclusion de l'asile neutre)*, Session de Bath, 11 septembre 1950. Cf. também Maria-Teresa Gil-Bazo, *supra* nota 2250, p. 10; e Hildebrando Accioly, *Tratado de Direito Internacional Público*, 2ª. edição, Rio de Janeiro, 1956, p. 480.

[2200] Parecer sobre a Proteção dos Refugiados no Direito Internacional e no Direito Interno. Determinação da Condição de Refugiado: Condições. Reserva Geográfica: Levantamento pelo Brasil. A. P. Cachapuz de Medeiros (org.), *Pareceres dos consultores jurídicos do Itamaraty - Antônio Augusto Cançado Trindade*, Brasília, Senado Federal, Conselho Editorial, 2004, p. 298.

[2201] "A concessão de asilo político a estrangeiro é ato de soberania estatal de competência do Presidente da República". STF, Extradição nº 524/DF, Rel. Min. Celso de Mello, DJU 08.03.1993.

[2202] Guy S. Goodwin-Gill e Jane McAdam, *supra* nota 2279, p. 357.

dever[2203] ou mesmo um direito subjetivo dos indivíduos a ser garantido pelo Estado asilante. A concessão do asilo se relaciona com os poderes soberanos de um Estado em relação ao ingresso e à permanência de estrangeiros em seu território ou em área protegida sob o manto da inviolabilidade diplomática.[2204] É uma prerrogativa do Estado asilante oponível em face de outros Estados com base no reconhecimento de que, no exercício de sua própria soberania, o Estado pode conceder asilo político ao estrangeiro sem a necessidade de justificar as razões da decisão às autoridades do Estado de nacionalidade ou do território onde se considera haver perseguição ao asilado. Ao mesmo tempo em que expressa a soberania do Estado asilante, no entanto, a concessão do asilo é também derrogação da soberania do Estado territorial. Esse regime foi codificado pelas duas convenções de Caracas de 1954. Nos termos do art. II da Convenção sobre Asilo Diplomático, "todo Estado tem o direito de conceder asilo, mas não se acha obrigado a concedê-lo, nem a declarar porque o nega". O mesmo dispositivo agrega que o todo Estado é livre para "admitir em seu território as pessoas que julgar conveniente". No mesmo diapasão, a Convenção sobre Asilo Territorial é explícita ao reconhecer (art. I), que "todo Estado tem direito, no exercício de sua soberania, de admitir dentro, de seu território as pessoas que julgar conveniente, sem que, pelo exercício desse direito, nenhum outro Estado possa fazer qualquer reclamação". Esse direito é reforçado por meio da regra (art. II) segundo a qual "o respeito que, segundo o Direito Internacional, se deve à jurisdição de cada Estado sobre os habitantes de seu território, deve-se igualmente, sem nenhuma restrição à jurisdição que tem sobre as pessoas que nele entram, procedentes de um Estado, onde sejam perseguidos por suas crenças, opiniões e filiação política ou por atos que possam ser considerados delitos políticos".

O instituto baseia-se na presunção de que a decisão de conceder o benefício é tomada com base em elementos que, embora políticos e subjetivos, são reconhecidos *a priori* como válidos e legítimos para a regra de exceção ao exercício da soberania pelo Estado territorial. Essa faculdade, denominada na doutrina de *direito à qualificação em relação à natureza política da conduta*,[2205] está

[2203] Guy S. Goodwin-Gill e Jane McAdam, *supra* nota 2279, p. 358.

[2204] Artur de Brito Gueiros Souza, *supra* nota 2254, p. 529.

[2205] "The power of the State granting asylum to determine whether the asylee is a political offender or the victim of political persecution is essential to the continued existence of the institution of asylum, since asylum is granted at times of domestic upheaval and political unrest, when sectarian passions brand as the worst of criminals anyone who endeavours

enraizada na prática latino-americana.[2206] Ausente da Convenção de Havana de 1928, o direito à qualificação foi codificado no art. 2º da Convenção de Montevidéu de 1933,[2207] no art. 3º do Tratado sobre Asilo e Refúgio Políticos, de 1939,[2208] e no art. 4º da Convenção de Caracas, de 1954.[2209] Trata-se de prerrogativa soberana do Estado asilante.[2210] Nem a concessão, nem a denegação do pedido criam dever ao Estado asilante de justificar a decisão às autoridades estrangeiras ou ao próprio solicitante, mas tão somente de eventualmente informá-las sobre a concessão do benefício. A qualificação do beneficiário como asilado não é definitiva e pode ser revogada unilateralmente a qualquer momento, sem justificativa formal. Do mesmo modo, a concessão não enseja responsabilidade internacional do Estado asilante sempre que o ato ocorrer segundo os regimes específicos de asilo diplomático ou territorial.[2211]

Embora faculdade discricionária do Estado, a concessão do asilo político obedece a lógica axiologicamente humanitária.[2212] Uma vez em desuetudo a regra de extraterritorialidade e sendo inadmissível a hipótese de a inviolabilidade da missão diplomática ser utilizada como meio de obstrução à justiça, a admissão do instituto de asilo político é explicada pela legitimidade reconhecida à ação do Estado asilante para proteger a integridade física e moral de um indivíduo que se encontra ameaçado em outro país devido a convicções

---

to overthrow the government or change the institutions". Comitê Jurídico Interamericano, *New Articles on Diplomatic Asylum*, Rio de Janeiro, 19 de outubro de 1959, documento CJI.49.

2206 M. Franchini-Netto, Parecer de 25/3/1983 sobre Asilo diplomático na América Latina. Conveniência e oportunidade da elaboração de circular com informações e instruções aos postos no continente. *In* A. P. Cachapuz de Medeiros (org.), *supra* nota 2263, p. 392.

2207 "Artigo 2º – Compete ao Estado que dá asilo, a qualificação do delito político".

2208 Art. 3 "La calificación de las causas que motivan el asilo corresponde al Estado que o concede".

2209 Artigo 4º. Compete ao Estado asilante a classificação da natureza do delito ou dos motivos da perseguição.

2210 A regra codificada no art. IV da Convenção de Caracas sobre Asilo Diplomático superou definitivamente as dúvidas existentes até então.

2211 "Tout Etat qui, dans l'accomplissement de ses devoirs d'humanité, accorde asile sur son territoire n'encourt de ce fait aucune responsabilité internationale". Institut de Droit International, *supra* nota 2399.

2212 Nos termos da lei 5.655 de 2009, o asilo político é um ato discricionário do Estado, podendo ser diplomático ou territorial, a ser outorgado como "instrumento de proteção à pessoa".

políticas ou religiosas.[2213] Se a regra positivada no direito convencional não implica obrigação de proteção, pois é faculdade e não dever do Estado asilante, o regime jurídico relativo ao instituto prescreve que a concessão do asilo obedecerá ao propósito de salvaguardar direitos e garantias do solicitante.[2214] Do contrário, a concessão da proteção, sobretudo na modalidade diplomática, constituiria violação à regra de não intervenção nos assuntos internos inscrita no art. 2(7) da Carta da ONU, e, em sua modalidade territorial, desrespeito ao princípio de cooperação que prescreve o compromisso de assistência mútua no combate à criminalidade.

Já em dimensão interna, o Poder Executivo detém margem discricionária absoluta quanto à faculdade de conceder asilo político a cidadão estrangeiro, seja na modalidade diplomática ou territorial.[2215] Não há, para além da faculdade de demandar asilo, direito subjetivo do estrangeiro em face do Poder Público de exigir a concessão do benefício (obrigação de resultado), e tampouco há dever de justificar decisão favorável ou contrária ao pedido de asilo. O anterior não obsta, porém, eventual controle *a posteriori* sob lógica proibitiva, isto é, na hipótese de concessão de asilo a indivíduos impedidos de beneficiar-se da proteção, a saber, responsáveis por graves violações do direito internacional dos direitos humanos e do direito internacional humanitário (crimes de genocídio, crimes de guerra, crimes contra a humanidade, tortura e terrorismo). A decisão do Estado asilante de conceder a proteção consiste em exercício de ponderação entre o interesse de proteger os direitos fundamentais de não nacionais ameaçados no âmbito da jurisdição estrangeira e o exame criterioso da conjuntura política, social, histórica e jurídica de outro país igualmente soberano. Daí que a concessão da proteção implica juízo, mesmo que implícito, quanto ao funcionamento das instituições de um terceiro Estado. Essa tarefa ocorre casuisticamente, mediante exame por definição subjetivo a respeito do caso concreto (natureza humanitária) à luz da conjuntura social, política e jurídica de outro Estado soberano.[2216]

[2213] ICJ, Asylum Case, *Pleadings, Oral Arguments, Documents*, vol. I, p. 139.

[2214] "L'asile peut être accordé à tout individu menacé dans sa vie, son intégrité corporelle ou sa liberté par des violences émanant des autorités locales ou contre lesquelles celles-ci sont manifestement impuissantes à le défendre, ou même qu'elles tolèrent ou provoquent". Institut de Droit International, *supra* nota 2399.

[2215] Celso D. de Albuquerque Mello, *supra* nota 3, p. 164.

[2216] Parecer de M. Franchini-Netto, *in* A. P. Cachapuz de Medeiros (org.), *supra* nota 2263, p. 348.

A concessão de asilo político é, por definição, medida extraordinária, restrita a casos extremos e em circunstâncias de fundado receio à inviolabilidade física e moral de um indivíduo perseguido por suas convicções diante da inexistência, em jurisdição estrangeira, de garantias mínimas à proteção de direitos fundamentais. Sua utilização, que tem o efeito de obstar a aplicação imediata da jurisdição local, deve ser algo invariavelmente excepcional, admissível apenas enquanto medida extrema para a salvaguarda de direitos humanos ameaçados. Jamais, porém, como extravagância fundada na ficção da extraterritorialidade ou de uso irresponsável da soberania estatal. Ao outorgar o benefício, o Estado asilante faz exame por definição subjetivo da alegada perseguição de que é vítima o demandante. Ato dessa natureza acarreta alto potencial de politização e de dano às relações diplomáticas entre Estado asilante e asilado. A solução encontrada para evitar que a concessão do instituto desse azo a interpretações de que constituiria violação ao princípio de não intervenção foi o regime codificado em ambas as convenções de Caracas: por um lado, é dispensada a necessidade de justificar a decisão soberana de conceder asilo; por outro, o asilado é impedido de praticar ou promover atos de sabotagem ou de proselitismo político contrários ao Estado territorial. O sentido de precaução no ato da concessão do benefício faz-se assim particularmente necessário no caso de asilo político porquanto o ato importa hipótese derrogatória da jurisdição territorial ou pessoal de outro Estado soberano. No caso de asilo diplomático, a inobservância desses preceitos implicaria violação repreensível ao princípio de não intervenção, usurpando privilégios e imunidades mutuamente reconhecidos entre os Estados. Já em sua modalidade territorial, afronta ao dever de cooperação no combate à criminalidade e na realização da justiça. Somente com boa fé e com base na premissa de que a concessão do asilo político orienta-se por princípios de humanidade é que se justifica a admissibilidade dessa medida extraordinária no direito internacional.

Direitos do asilado e deveres correlatos do Estado

Embora o cerne do instituto de asilo político resida nas faculdades discricionárias do Estado asilante de conceder o benefício, o substrato da proteção aos direitos humanos que confere legitimidade e, em última análise, validade não só regional, mas global ao instituto, implica a existência de uma esfera de direitos e garantias juridicamente protegidos ao asilado, em linha com o direito convencional (art. 22 (7) e (8) da Convenção Americana de Direitos Humanos) e consuetudinário (art. XIV (1) e (2) da Declaração Universal de

Direitos Humanos). Concretamente, esse universo subjetivo de direitos consiste na faculdade de os indivíduos buscarem e usufruírem do benefício da proteção e, no caso de asilo territorial, de não serem entregues ou devolvidos a outro país onde haja ameaça à sua integridade física e moral, nos termos do princípio de *non-refoulement*.

O primeiro campo de direitos garante a proteção do asilado em face das autoridades do Estado responsável pela perseguição política. Ao garantir o direito de buscar e desfrutar do asilo político sob a proteção de um Estado estrangeiro, o instituto cria obrigações de comportamento ao Estado territorial em que se considera haver perseguição. Sobressai aí o dever imposto às autoridades locais de abster-se de atos que possam afetar o direito do indivíduo de buscar a proteção e de usufruir o gozo pacífico desse direito, em conformidade com as obrigações impostas ao asilado.[2217] A esse respeito, podem-se mencionar, a título meramente sugestivo, pois se trata de algo por natureza subjetivo e que só pode ser avaliado *in casu*, entre as proibições, a pressão política, econômica ou militar sobre o Estado asilante e seus representantes; atos de sabotagem ou de assédio às áreas sob proteção diplomática em que se encontra o asilado; e a intimidação, ameaça ou chantagem do poder público sobre familiares ou conhecidos do asilado, com o objetivo de persuadi-lo a renunciar à proteção de que goza sob a jurisdição do Estado asilante. Além disso, o Estado territorial tem a obrigação de conceder salvo conduto para a retirada do asilado do país, caso solicitado pelo Estado asilante. O instituto também implica direitos subjetivos do asilado em face do Estado asilante, embora em nível mais reduzido. Todo indivíduo tem direito a buscar e a solicitar a proteção, mas não a recebê-la como contraprestação obrigatória e certa por parte do Estado estrangeiro. A submissão dessa demanda tampouco enseja o direito de o demandante ter conhecimento sobre as razões pelas quais o pedido foi indeferido. Até a concessão do asilo, a proteção é mera expectativa de direito. No caso de asilo territorial, o estrangeiro ou apátrida permanece submetido à legislação que regula a condição de estrangeiros em território nacional; em se tratando de asilo diplomático, o demandante segue sujeito à jurisdição territorial do Estado asilado até a formalização do benefício.

Uma vez concedido o asilo político, o indivíduo tem direito a gozar da proteção segundo a legislação vigente para cada modalidade. Nos termos dos arts. VII e VIII da Convenção sobre Asilo Territorial são resguardados ao beneficiário

---

[2217] Guy S. Goodwin-Gill e Jane McAdam, *supra* nota 2279, p. 358.

o exercício da liberdade de expressão, de reunião e de associação.[2218] Ao direito de gozar de forma pacífica da proteção do asilo territorial contrapõem-se deveres de abstenção de manifestações subversivas em relação ao chamado "Estado suplicante", à luz do princípio de não intervenção. É vedado ao asilado o exercício dessas liberdades para promover propaganda ou incitação ao emprego da força e da violência contra o governo do Estado asilado. A liberdade de locomoção pode ser restringida pelo Estado concedente, a pedido de terceiros países, podendo ficar o asilado "sob vigilância", a "distância prudente de suas fronteiras" ou "internado" a critério das autoridades locais (art. 8º). Embora sem codificação na Convenção de Caracas de 1954, o Estado asilante deve observar o princípio de *non-refoulement* reconhecido pelo art. 2 da Declaração sobre Asilo Territorial de 1967 e pelo art. 22 (8) da Convenção Americana sobre Direitos Humanos. No caso de asilo diplomático, o asilado está sujeito a regime restritivo de suas liberdades fundamentais, sempre a critério do Estado asilante. Isso se deve à obrigação imposta pelo art. XVIII da Convenção sobre Asilo Diplomático, que estipula que "a autoridade asilante não permitirá aos asilados praticar atos contrários à tranquilidade pública, nem intervir na política interna do Estado territorial". A utilização do asilo para outros fins que não aqueles necessários à a integridade física e moral do asilado pode desvirtuar o instituto e, portanto, afrontar a jurisdição do Estado territorial.

Hipóteses para a concessão de asilo político

Segundo normas convencionais que regulam a matéria (art. II da Convenção sobre Asilo Territorial e art. I da Convenção sobre Asilo Diplomático), o regime vigente em âmbito interamericano reconhece duas hipóteses para a concessão de asilo político: (i) por perseguição política ou religiosa e (ii) por delito político. Em ambos os casos, o chamado direito de qualificação é ato discricionário do Estado asilante que dispensa justificativa perante a autoridade estrangeira e o próprio solicitante.

A primeira possibilidade ocorre em casos de perseguição por convicções políticas ou religiosas.[2219] Nessa hipótese, a qualificação da demanda recai não

---

[2218] Essa regra foi observada pelo Governo brasileiro no asilo territorial concedido a Stroessner.

[2219] O art. II da Convenção sobre Asilo Territorial prescreve o dever de respeito à jurisdição de cada Estado "sobre as pessoas que nele entram, procedentes de um Estado, onde sejam perseguidos por suas crenças, opiniões e filiação política ou por atos que possam ser considerados delitos políticos". Já o art. I da Convenção sobre Asilo Diplomático estipula que "será respeitado pelo Estado territorial" o "asilo outorgado (...) a pessoas perseguidas por motivos ou delitos políticos".

só sobre os fatos que motivaram o pedido de asilo, mas também sobre o funcionamento das instituições políticas e judiciais de outro Estado. Salvo nas hipóteses de exceção que vedam a concessão do asilo, basta a convicção formada pelo Estado asilante de que há fundado receio de ameaça grave e iminente ao requerente de asilo em decorrência de perseguição motivada por atividades ou convicções políticas e religiosas no âmbito de jurisdição estrangeira.[2220] Mesmo quando acusado de crime comum por autoridade estrangeira, o demandante pode qualificar-se como beneficiário da proteção porque é vítima de perseguição política.[2221] A qualificação envolve exclusivamente a existência de riscos graves e iminentes à integridade física e moral do demandante diante da perseguição politicamente motivada. Isso implica juízo não só sobre a motivação das acusações em cada caso específico, como também sobre as condições de o demandante ter assegurados direitos e garantias fundamentais,[2222] isto é, análise sobre o funcionamento do Estado Democrático de Direito em jurisdição estrangeira.[2223] Há vários precedentes em que a concessão do asilo político baseou-se apenas na avalição dos riscos à sua integridade, a despeito dc exame sobre a natureza política do crime do qual o asilado é acusado,[2224] prevalecendo o direito à qualificação pelo Estado asilante.

[2220] Para a concessão do benefício, não é necessário que o asilado seja perseguido ou acusado de algum delito específico no momento em que submete a demanda de proteção. Basta que as circunstâncias configurem a existência de um perigo à vida ou à liberdade no presente ou em futuro imediato. Carlos Torres Gigena, *Asilo diplomatico: su práctica y teoría*, Buenos Aires, La Ley, 1960.

[2221] Nos termos do art. III da Convenção sobre Asilo Diplomático, "Não é lícito conceder asilo a pessoas que, na ocasião em que o solicitem, tenham sido acusadas de delitos comuns, processadas ou condenadas por esse motivo pêlos tribunais ordinários competentes, sem haverem cumprido as penas respectivas; nem a desertores das forças de terra, mar e ar, *salvo quando os fatos que motivarem o pedido de asilo, seja qual for o caso, apresentem claramente caráter político*" (grifo nosso).

[2222] Luiz Pinto Ferreira, *Comentários à Constituição brasileira*, São Paulo, Saraiva, 1989, v. 1, p. 56.

[2223] "O Estado de Direito se configura, em sua plenitude, mais do que pela realização de eleições livres e pluralistas, pelo exercício diuturno da Justiça". J. A. Lindgren Alves, *supra* nota 612, p. 3.

[2224] Cf., a esse respeito, o caso do asilado cubano Arsênio Pelayo Hernandez Bravo, que foi objeto de pedido de extradição indeferido pelo STF em 1961. "Não houve, da parte do Itamarati, ou do nosso representante diplomático em Havana, classificação, como político, do delito atribuído ao extraditando. Nem isto era necessário, bastando que se considerasse o asilando como perseguido". STF, Pedido de Extradição n. 232, Relator Victor Nunes, DJ de 9.10.1963, p. 49.

A segunda hipótese de concessão de asilo político admitida pelas duas convenções de Caracas de 1954[2225] consiste na possibilidade de o Estado asilante considerar como sendo de natureza política os delitos de que o demandante de asilo é perseguido, acusado ou réu em jurisdição estrangeira. Há ampla margem discricionária na qualificação da conduta e das circunstâncias persecutórias pelas autoridades estrangeiras. Ao menos no que toca ao instituto do asilo político *stricto sensu*, parece-nos inadequado sustentar classificação *a priori* sobre a natureza política de ilícito ocorrido em jurisdição estrangeira. Em que pese à relevância do debate sobre o conceito de "crime político ou de opinião" na hipótese de exceção à extradição de estrangeiros do território nacional,[2226] o exame sobre a natureza política do delito para fins de concessão de asilo está inexoravelmente sujeito à subjetividade na qualificação da conduta em jurisdição estrangeira.[2227] Isso se deve porquanto o exame implica juízo sobre circunstâncias tanto factuais do crime imputado, quanto conjunturais de outro Estado soberano (aspectos históricos, sociais, culturais, econômicos e igualmente políticos) que ultrapassam os limites objetivos do direito positivo.[2228] A objetividade nesse exercício é antes elemento para a formação do convencimento para a concessão do benefício, que exigência imposta pelo instituto jurídico de asilo.[2229] Ademais, a avaliação subjetiva sobre as garantias à defesa e às liberdades fundamentais oferecidas ao solicitante em jurisdição estrangeira é sopesada com os interesses nacionais no contexto das relações com o país onde se dá a perseguição política do indivíduo.

A rigor, para fins de concessão de asilo político, a qualificação sobre a natureza política do crime ou sobre a real existência de perseguição ao demandante

---

[2225] Lê-se, no art. II da Convenção sobre Asilo Territorial, que o asilo pode ser concedido a "atos que possam ser considerados delitos políticos" e, no art. I da Convenção sobre Asilo Diplomático, a "pessoas perseguidas por motivos ou delitos políticos".

[2226] Há várias teorias sobre a matéria na seara do direito penal. Cf. Celso D. de Albuquerque Mello, *supra* nota 3, p. 184; Nélson Hungria, 'A criminalidade política no direito brasileiro', in *Revista Forense*, v. 188, Rio de Janeiro, mar./abr., 1960, p. 10; e Artur de Brito Gueiros Souza, *supra* nota 2254, pp. 538-542.

[2227] Parecer do Consultor Jurídico do Ministério das Relações Exteriores, Levi Carneiro, sobre a Questão do Asilo Político e Caracterização de Crime Político, 14/12/1949. MRE, *Pareceres dos Consultores Jurídicos do Ministério das Relações Exteriores* (1946–1951), MRE/Seção de Publicações, 1967, p. 361.

[2228] *Idem*, p. 361.

[2229] Tatiana Waisberg, 'Asilo Político, Refúgio e Extradição – Considerações sobre a Jurisprudência Constitucional Brasileira', *Revista de Direito Constitucional e Internacional (RDCI)*, v. 22. N. 86, jan./mar., 2014, 381, pp. 383-384.

de asilo só encontra limites jurídicos objetivos nas hipóteses impeditivas de concessão do benefício aos responsáveis por graves violações de direitos humanos e do direito internacional humanitário.[2230] Não se trata de cerceamento ao direito discricionário do Estado em conceder asilo, mas sim de restrição aos demandantes de obter a proteção estendida pelo instituto junto a um Estado estrangeiro.[2231] A lógica que orienta a imposição de limites objetivos à concessão do asilo político remete aos valores de humanidade subjacentes ao instituto no direito internacional contemporâneo, a saber, a proteção da dignidade e dos direitos e garantias fundamentais. As considerações de humanidade que garantem o direito de buscar e gozar do asilo em outro Estado (art. XIV da DUDH) são as mesmas que impedem responsáveis por tortura, terrorismo, agressão, crimes de guerra, genocídio, crimes contra a humanidade, mesmo quando a conduta que motiva o pedido de asilo não coincida com tais crimes,[2232] de serem beneficiários da proteção.[2233]

A discricionariedade conferida ao Estado no momento de conceder a proteção do asilo sob a justificativa de crime político é sopesada com o dever de não obstar a realização da justiça em jurisdição estrangeira. Essa hipótese implicaria não só cumplicidade repugnante com criminosos comuns, mas também inadmissível violação da regra de não intervenção. O exercício dessas faculdades deve ocorrer de forma necessariamente excepcional e somente nos casos em que haja convicção de que, em jurisdição estrangeira, o arbítrio sobrepõe-se às garantias e direitos fundamentais consagrados no direito internacional dos direitos humanos e no direito internacional humanitário.[2234]

2230 Por exemplo, os crimes tipificados pelo Estatuto de Roma do TPI obstam a concessão de asilo político.

2231 Nos termos do art. 1(2) da Declaração das Nações Unidas sobre Asilo Territorial de 1967, o direito de buscar e gozar do asilo não pode ser invocado por uma pessoa contra a qual pesam sérias razões para considerá-la como responsável por crimes contra a paz, crime de guerra e crimes contra a humanidade.

2232 Essa regra pode ser retirada também de analogia com os impedimentos à extradição previstos na legislação nacional, nos termos do art. 6o da lei n. 2.889 de 1956.

2233 O art. 5º (2) do Acordo de Extradição do MERCOSUL estipula que "não serão considerados delitos políticos, em nenhuma circunstancia": (a) atentar contra a vida ou causar a morte de um Chefe de Estado ou de Governo ou de outras autoridades nacionais ou locais ou de seus familiares; (b) genocídio, crimes de guerra ou delitos contra a humanidade, em violação às normas do Direito Internacional; e (c) atos de natureza terrorista.

2234 "Asylum cannot be opposed to the operation of justice. An exception to this rule can occur only if, in the guise of justice, arbitrary action is substituted for the rule of law". *Asylum* case, *supra* nota 2301, p. 284.

Modalidades de Asilo Político

Com base na prática estatal e no direito convencional, há duas modalidades de asilo político *stricto sensu*,[2235] a saber, (i) o asilo territorial, que pode ser concedido ao indivíduo no território nacional; e (ii) o asilo extraterritorial ou diplomático, concedido a estrangeiros em representações diplomáticas, além de outras áreas sob proteção diplomática e consular, e cuja inviolabilidade é protegida pelas Convenções de Viena de 1961 e 1963, respectivamente.

Asilo territorial

O asilo territorial é a modalidade na qual o Estado concede a proteção de sua jurisdição territorial ao indivíduo perseguido no exterior por razões políticas.[2236] Essa espécie do instituto de asilo foi consagrada pela via consuetudinária no art. XIV (1) da DUDH. Ao contrário do asilo diplomático, o asilo territorial não implica derrogação *prima facie* da soberania de Estado estrangeiro. Sua admissibilidade fundamenta-se no exercício da soberania pelo Estado asilante em relação aos indivíduos que se encontram sob a jurisdição territorial. A concessão de asilo territorial consiste em exercício da discricionariedade de que dispõe o Estado soberano para decidir sobre o ingresso de estrangeiros no território nacional. Sujeito ao mesmo regime geral do instituto do asilo político, que veda a concessão do benefício em casos de crimes comum ou atos contrários aos propósitos e princípios das Nações Unidas (terrorismo, tortura, crimes de guerra e crimes contra a humanidade, entre outras das mais graves violações ao direito internacional dos direitos humanos e ao direito internacional humanitário), o asilo territorial só pode ser concedido em caráter excepcional. Do contrário, a concessão implicaria desrespeito ao dever de cooperação internacional inscrito no art. 2 (3) da Carta, que inclui o dever de cooperar no combate à criminalidade.

[2235] Para Marotta Rangel, a expressão "asilo político" "deveria ser evitada, (...) por não usufruir da precisão dos termos asilo diplomático e asilo territorial". Parecer sobre o Projeto de Convenção Interamericana sobre Desaparecimento Forçado de Pessoas. A questão do asilo político. Remissões a outros instrumentos. As Regras Mínimas para o Tratamento de Prisioneiros. Conveniência de Protocolos Adicionais à Convenção Americana sobre Direitos Humanos, Vicente Marotta Rangel, em 15/2/1991. *In* Antônio Paulo Cachapuz de Medeiros (org.), *Pareceres dos consultores jurídicos do Itamaraty*, Volume IX (1990-2000), Brasília, FUNAG, 2004, p. 28.

[2236] Artur de Brito Gueiros Souza, *supra* nota 2254, p. 530.

O asilo territorial foi objeto de regulação específica no âmbito da OEA por meio da Convenção de Caracas sobre Asilo Territorial, de 1954. Essa modalidade de asilo baseia-se no direito dos Estados, no exercício de suas respectivas soberanias, "de admitir dentro de seu território as pessoas que julgar convenientes, sem que, pelo exercício desse direito, nenhum outro Estado possa fazer qualquer reclamação" (art. 1º). A essa faculdade agrega-se o dever recíproco de respeitar a jurisdição exercida por cada Estado contratante sobre as pessoas que ingressem em seus respectivos territórios quando "procedentes de um Estado, onde sejam perseguidas por suas crenças, opiniões e filiação política ou por atos que possam ser considerados delitos políticos" (art. 2º). O mesmo dispositivo convencional associa, como dever correlato do Estado asilante, a proibição de violar a soberania alheia por meio de "atos de um governo ou de seus agentes contra a vida ou a segurança de uma pessoa, praticados em território de outro Estado", nem mesmo na hipótese de "ter a perseguição começado fora de suas fronteiras ou de obedecer a motivos políticos ou a razões de Estado". A essa faculdade associam-se deveres objetivamente definidos em obrigações de fazer (respeitar a tutela concedida por outro Estado ao asilado, que se encontra sujeito à sua jurisdição) e de abstenção (proibição de qualquer tipo de violação da soberania do Estado concedente de asilo). Uma vez concedido o asilo territorial, fica o Estado asilante desobrigado de cumprir com deveres assumidos com terceiros países para a extradição de indivíduos protegidos pelo instituto que se encontrem sob sua jurisdição (art. 3º). Mas essa decisão é soberana e pode a qualquer tempo ser revogada por ato discricionário da mesma natureza daquele que formalizou o *status* de asilado, que passa a sujeitar-se ao regime geral de extradição vigente entre os dois países.

O asilo territorial pode ser extinto segundo as hipóteses previstas na legislação brasileira e nas normas internacionais que regem a matéria.[2237] O primeiro caso é o de naturalização do estrangeiro, situação em que o instituto perde seu objeto pela criação de vínculo de nacionalidade entre Estado e indivíduo. Segundo, pela saída não autorizada do asilado do território do país concedente. Nesse caso, não só a proteção estendida pela jurisdição estatal é prejudicada, como sua continuidade para além das fronteiras pode criar situações de potencial sobreposição de soberanias, indo de encontro ao espírito que norteou tanto o desenvolvimento progressivo do instituto, quanto sua codificação no direito internacional. Por fim, o asilo pode ser extinto pela renúncia do

---

[2237] Celso D. de Albuquerque Mello, *supra* nota 2304, pp. 1024-5.

benefício, pela revogação unilateral da proteção (ato discricionário do Estado asilante) ou ainda pela morte do asilado.

Asilo diplomático

O asilo diplomático consiste na proteção outorgada em embaixadas e outras áreas invioláveis a pessoas perseguidas por motivos ou delitos políticos em território estrangeiro. Nessa hipótese, o asilado se encontra em área cuja invasão é vedada às autoridades locais sem autorização prévia do Estado asilante. Nos termos do art. I da Convenção de Caracas sobre Asilo Diplomático, de 1954, esses domínios correspondem a "legações,[2238] navios de guerra e acampamentos militares". Tal como o asilo territorial, o asilo diplomático é prerrogativa soberana do Estado asilante. O art. II da Convenção Caracas sobre Asilo Diplomático de 1954 é explícito ao reconhecer que a concessão da proteção é faculdade discricionária de cada Estado e não obrigação.[2239] Como tal, dispensa qualquer tipo de justificativa tanto na concessão quanto na denegação do benefício. O instrumento reconhece ainda como prerrogativa do Estado asilante a tarefa de determinar a natureza política do crime e as razões para a alegada perseguição do indivíduo, isto é, o chamado direito de qualificação (art. IV).

A ampla margem de discricionariedade conferida ao Estado asilante[2240] é limitada pela natureza, por definição precária e provisória, do asilo diplomático. Em primeiro lugar, o asilo diplomático deve ter caráter urgente, isto é, deve responder a uma ameaça grave e iminente à inviolabilidade física ou moral do demandante.[2241] À luz da prática consuetudinária, a urgência se manifesta de forma mais clara em situações de ruptura ou instabilidade política e social em Estado estrangeiro. Isso ocorre, por exemplo, quando há golpes de Estado e o novo governo promove a perseguição de figuras políticas ligadas ao regime

---

[2238] O parágrafo segundo do art. 1º da Convenção define "legações" como "a sede de toda missão diplomática ordinária, a residência dos chefes de missão e os locais por eles destinados para esse efeito".

[2239] A discricionariedade é tamanha em matéria de asilo diplomático que o rompimento de relações diplomáticas não tem o efeito de obstar as prerrogativas reconhecidas ao Estado asilante (art. XIX). Nem mesmo a regra de reciprocidade se aplica ao direito de concessão de asilo político, uma vez que "toda pessoa, seja qual for sua nacionalidade, pode estar sob proteção" do asilo (art. XX).

[2240] Pierre-Marie Dupuy, *supra* nota 2265, p. 753.

[2241] *Asylum case*, *supra* nota 2301, pp. 281-282.

anterior; quando as autoridades locais não têm a capacidade de assegurar a ordem pública; sob estado de sítio, em que são suspensos direitos e garantias fundamentais dos indivíduos;[2242] ou ainda em circunstâncias de conflito civil, com a perda do controle da ordem pública pelas autoridades competentes. A avaliação sobre a urgência de cada caso concreto é prerrogativa discricionária do Estado asilante (art. VII), ainda que tomando em consideração as informações fornecidas pelo Estado territorial, cujas autoridades competentes devem ser comunicadas tão logo concedido o benefício.[2243] Em segundo lugar, aplica-se a mesma regra que proíbe a concessão da proteção a acusados ou condenados por crimes comuns e a desertores, salvo quando os atos que motivaram a demanda de asilo sejam de natureza política.[2244] O exame sobre a perseguição e, por conseqüência, sobre os riscos iminentes à integridade física e moral, pode sobrepor-se à consideração sobre a natureza política do crime do qual o demandante de asilo é eventualmente acusado. Em terceiro lugar, o asilo diplomático deve estender-se pelo tempo estritamente indispensável, pois a proteção busca garantir a integridade do asilado até o momento em que sejam afastadas as ameaças ou que se possa retirar o asilado do país em segurança (Arts. V e VI). Uma vez concedida a proteção, o asilado não pode ser entregue ao Estado asilado na ausência de condições mínimas e satisfatórias quanto ao tratamento a ser reservado ao beneficiário. Em não havendo acordo quanto a este ponto, cumpre ao Estado asilado conceder as garantias necessárias para a saída do asilado para território estrangeiro, entre as quais a expedição imediata

---

[2242] Nos termos do art. III do projeto de Protocolo Adicional às Convenções de Havana (1928), Montevidéu (1933) e Caracas (1954), preparado no âmbito da IV Reunião do Conselho Interamericano de Jurisconsultos da OEA, "são casos de urgência, entre outras coisas, aquêles em que existir instabilidade política ou social, ou quando o indivíduo fôr perseguido por pessoas ou multidões que tenham escapado ao contrôle das autoridades; ou quando se encontrar em perigo de ser privado da vida ou da liberdade por motivos de perseguição política e não possa fazer uso de todos os meios legais que lhe garantam um processo normal; ou quando se encontrem suspensas, total ou parcialmente, as garantias constitucionais". Cuarta reunión del consejo interamericano de jurisconsultos, Santiago de Chile, 24/8 a 9/9/1959, Actas y documentos / I-II.

[2243] O sentido de urgência do asilo diplomático pode ser mitigado sempre que o exame das informações relativas ao caso assim o exigirem, ou em razão da percepção de que há riscos, mesmo que mediatos, para a segurança individual do asilado. Na prática diplomática brasileira, a análise da urgência é feita sempre em consulta com a Secretaria de Estado das Relações Exteriores.

[2244] Nesse caso, o Estado demandado deve tomar as providências necessárias para que o indivíduo seja entregue às autoridades competentes (art. III).

de salvo-conduto,[2245] sempre que solicitado pelo Estado asilante (Arts. V, XI, XII e XIII).[2246] A concessão de salvo-conduto não significa a aquiescência do Estado territorial à natureza política do crime do qual o asilado é acusado ou da motivação da perseguição. Por isso não tem efeito lógico-jurídico para além do necessário à retirada em segurança do asilado do território.[2247] A concessão de salvo-conduto é mero cumprimento da obrigação estipulada na Convenção de Caracas. Uma vez tenha alcançado o território do Estado asilante, o asilo diplomático pode converter-se automaticamente em asilo territorial para fins da situação jurídica do estrangeiro.

No tocante aos deveres do beneficiário do asilo diplomático, não é demais insistir na obrigação de observar fielmente o regime da Convenção de Caracas de 1954, que veda a utilização das áreas sob inviolabilidade diplomática para fins de manifestação política ou de qualquer outra natureza. Essa regra é fundamental na medida em serve como ponto de equilíbrio entre a concessão do benefício pelo Estado asilante e a aceitação tácita dessa derrogação da soberania pelo Estado territorial. O desrespeito dessa obrigação pelo asilado justifica a retirada do benefício e sua entrega às autoridades locais. Além disso, o chefe de Missão diplomática pode determinar, a qualquer tempo, antes ou depois da concessão do benefício, a retirada do demandante de asilo que se encontre em área protegida pelo regime da Convenção de Viena de 1961, sem incorrer o Estado asilante em responsabilidade jurídica em decorrência dessa decisão em relação ao demandante de asilo. Ao contrário do asilo territorial, a regra de *non-refoulement* não se aplica ao asilo diplomático, pois esse princípio do direito internacional dos refugiados pressupõe exercício de jurisdição territorial pelo Estado asilante.

2245 Até mesmo regimes ditatoriais, como o brasileiro durante o período militar e o chileno sob a Junta Militar sob Pinochet, concederam salvo-conduto para a retirada de asilados em missões diplomáticas.

2246 A codificação da obrigação de o Estado territorial conceder o salvo-conduto solicitado pelo Estado asilante dirimiu as dúvidas surgidas por ocasião do exame pela CIJ na controvérsia envolvendo Colômbia e Peru entre 1949 e 1950. Na ocasião, a Corte teve interpretação restritiva do regime anterior sob a Convenção de Havana de 1929 e considerou que o salvo-conduto só seria obrigatório no caso de o Estado territorial exigir a retirada do asilado de seu território. Por essa razão, negou o pedido colombiano de que fosse declarada a obrigação de o Governo peruano expedir o salvo-conduto. Cf. *Asylum* case, *supra* nota 2301, pp. 278-279.

2247 O STF reconheceu "o princípio da qualificação unilateral dos motivos da perseguição, que compete ao Estado asilante, e não ao territorial". STF, Pedido de Extradição n. 232, Voto do Relator Victor Nunes, DJ de 9.10.1963, p. 49.

Vale, por fim, breve comentário sobre a relação entre asilo diplomático e inviolabilidade das missões diplomáticas. Inicialmente, a existência do instituto no plano normativo associou-se ao princípio de igualdade soberana dos Estados ao pressupor a ficção jurídica, em linha com a teoria da extraterritorialidade vigente até o início do século XX, de que as legações diplomáticas e outras áreas sob a jurisdição do Estado no exterior constituiriam extensão territorial da soberania estatal.[2248] Posteriormente, a teoria da extraterritorialidade foi progressivamente abandonada[2249] e a concessão passou a ser admitida em bases exclusivamente humanitárias como hipótese excepcional de derrogação da soberania do Estado asilado em relação aos indivíduos que se encontrassem sob sua jurisdição em razão de perseguição política. Mas há tempos é majoritária entre países ocidentais visão contrária à existência de regra de direito internacional geral permissiva à concessão do asilo diplomático. No limite, essa espécie de asilo seria apenas ato de liberalidade da soberania estatal,[2250] mas jamais instituto de escopo universalmente válido no direito internacional contemporâneo. Não são as imunidades diplomáticas que justificam o regime de concessão de asilo diplomático. O fundamento jurídico da proteção é única e exclusivamente o caráter humanitário do instituto à luz de juízo subjetivo sobre a situação específica do demandante de asilo em Estado estrangeiro. A medida é, portanto, restrita a situações excepcionais e, tal como reconhecido pela CIJ,[2251] não pode representar óbice à aplicação da justiça pelo Estado asilado. A finalidade da proteção estendida às legações diplomáticas (possibilitar o desempenho das funções dos agentes diplomáticos) é incompatível com a subtração de fugitivo da justiça local.[2252] É indubitável, porém, que a inviolabilidade das missões diplomáticas impede que as instalações protegidas pela Convenção de Viena de 1961 invadidas pelas autoridades locais para a retirada

2248 Sob essa justificativa, juristas europeus admitiam a modalidade de asilo diplomático no século XIX. Sobre essa mesma ficção jurídica da extensão do território do Estado asilante, a doutrina latino-americana passou a justificar a legalidade da concessão de asilo em fins do século XIX e início do XX. Essa tese prevaleceu no I Congresso Sul-americano de Direito Internacional Privado, realizado em Montevidéu, em 1888.

2249 P. Fauchille, *supra* nota 2332, p. 78.

2250 Pierre-Marie Dupuy, *supra* nota 2265, p. 749.

2251 *Asylum* case, *supra* nota 2301, p. 284. Cf. também Gerald Fitzmaurice, 'The Law and Procedure of the International Court of Justice', *BYIL*, 1950, 32, p. 35.

2252 Felice Morgenstern, case, *supra* nota 2329, p. 239.

do asilado sem assentimento prévio do chefe da missão diplomática.[2253] Há, assim, potencial de controvérsias entre Estados que reconhecem o instituto de asilo diplomático e outros que negam sua existência no direito internacional. Diante de eventual divergência entre Estado asilante e asilado a respeito da concessão do benefício, deve haver consultas com o objetivo de dirimir a questão de forma mutuamente aceitável. Mas no caso de persistirem divergências, o Estado asilado deve expedir salvo conduto para a retirada com segurança do asilado da jurisdição territorial, em vista da prevalência dos princípios de humanidade subjacentes ao instituto. Impõe-se, portanto, extrema prudência, pois se expõe a inviolabilidade da missão diplomática e eleva-se o potencial de tensão com o Estado territorial.

Asilo e refúgio

Sem pretensão de esgotar a questão, cabe ainda breve distinção entre os institutos de asilo político na modalidade territorial e o estatuto de refugiado.[2254] Como se disse, ambos constituem formas de proteção estendidas pelo Estado sob o conceito de asilo *lato sensu* consagrado no art. XIV da DUDH, com o objetivo de garantir a integridade física e moral de estrangeiro sob ameaça grave e iminente no exterior. Ao menos no que toca ao desenvolvimento normativo em âmbito latino-americano, porém, os institutos têm origem histórica autônoma e distinta. Em ambos os casos há um componente essencial: a perseguição. São os direitos humanos dos beneficiários que justificam a concessão do benefício nas duas hipóteses. No caso de asilo político, a perseguição ocorre, em geral, de forma individualizada, devido às convicções políticas ou religiosas do demandante. No caso de refúgio, a perseguição é sistemática, mas genérica, em razão do pertencimento do demandante a um determinado grupo étnico, cultural, religioso e até mesmo político, ou ainda em virtude

---

[2253] Houve casos de desrespeito à regra de inviolabilidade das missões diplomáticas, com a retirada à força do asilado. Em 1915, a Embaixada francesa em Port-au-Prince foi invadida e o ex-Presidente haitiano Guillaume Sam foi assassinado. Um dos casos mais paradigmáticos ocorreu na Embaixada francesa em Phnom Penh, quando o regime do Khmer Rouge exigiu do único diplomata francês no posto a lista de asilados cambojanos. Cf. Pierre-Marie Dupuy, *supra* nota 2265, pp. 745-746, e p. 749.

[2254] Cf. também H. Gros Espiell, *El Derecho Internacional Americano sobre Asilo Territorial y Extradición en sus Relaciones con la Convención de 1951 y el Protocolo de 1967 sobre Estatuto de los Refugiados, Asilo y Protección Internacional de Refugiados en América Latina*, México, UNAM, 1982, p. 43 e pp. 64-65.

de fundados temores por grave e generalizada violação dos direitos humanos. Mesmo que o demandante não seja individualmente perseguido por professar determinada doutrina, portanto, basta haver receio pelo indivíduo de que seja objeto de perseguição sistemática para ter direito a ver reconhecido seu estatuto de refugiado.

Para além de constituírem formas de proteção de estrangeiros reconhecidas pelo direito internacional, a principal semelhança entre ambos os institutos reside nas hipóteses de exclusão do benefício, as quais se relacionam às próprias premissas que fundamentam o conceito de asilo *lato sensu* no direito das gentes, a saber, os princípios de humanidade subjacentes à concessão do benefício. É por essa razão que se veda a concessão do asilo e a declaração do estatuto de refugiado a responsáveis pelas mais graves violações dos direitos humanos e do direito internacional humanitário, pois tal hipótese seria contrária à *vis directiva* axiológica que orienta o desenvolvimento dessas modalidades de proteção no direito internacional contemporâneo.

Mas a existência de critérios objetivos para o reconhecimento do refúgio e não para a concessão do asilo político não é obra do acaso. Embora um e outro se voltem à proteção do estrangeiro perseguido, cada instituto tem natureza distinta. O refúgio é ato declaratório do Estado que reconhece o estatuto de refugiado ao demandante do benefício. O asilo político é ato constitutivo da proteção jurídica sob a jurisdição do Estado asilante. O vínculo de proteção entre o asilado e o Estado asilante só se forma a partir da concessão do benefício com ampla margem de discricionariedade sob o direito à qualificação.[2255] No refúgio, a questão central consiste no reconhecimento de determinados critérios indicativos de uma condição pré-existente do demandante, conforme os requisitos estipulados pela Convenção de Genebra de 1951 e pela Lei 9.724 de 1997.[2256] No asilo político se trata de avaliação por definição subjetiva não só sobre o indivíduo, como sobre a conjuntura política e social de outro Estado soberano. Por fim, o reconhecimento do estatuto de refugiado é

[2255] Tatiana Waisberg, *supra* nota 2429, p. 391.

[2256] Art. 1º: Será reconhecido como refugiado todo indivíduo que: I- devido a fundados temores de perseguição por motivos de raça, religião, nacionalidade, grupo social ou opiniões políticas encontre-se fora de seu país de nacionalidade e não possa ou não queira acolher-se à proteção de tal país; II- não tendo nacionalidade e estando fora do país onde antes teve sua residência habitual, não possa ou não queira regressar a ele, em função das circunstâncias descritas no inciso anterior; III- devido a grave e generalizada violação de direitos humanos, é obrigado a deixar seu país de nacionalidade para buscar refúgio em outro país.

antes obrigação internacionalmente reconhecida pelo Estado e sua obtenção um direito humano do indivíduo, nos termos estabelecidos na Convenção de Genebra de 1951 e em seu Protocolo Opcional de 1977. Já no caso de asilo político, trata-se de faculdade discricionária do Estado asilante, reconhecendo-se apenas ao indivíduo o direito de buscar e de eventualmente usufruir, de forma pacífica, do benefício segundo regime a ser estipulado pelas autoridades do país asilante. O uso impreciso dos conceitos de asilo e refúgio pode induzir a interpretações e aplicações que dificultam o acesso ao trâmite administrativo correspondente para a concessão da proteção. Mas mesmo com regimes jurídicos distintos, o universo de proteção do demandante de refúgio é fortalecido pela *vis directiva* constitucional do princípio de concessão de asilo político, cominado com o princípio de prevalência dos direitos humanos.

Conclusão

A inserção do dispositivo relativo à concessão de asilo político no art. 4º revela a aversão do constituinte à perseguição política.[2257] No entanto, o instituto de asilo político aparenta progressivo desuetudo. No plano convencional, restringe-se a número reduzido de países latino-americanos, em sua maioria da América do Sul. A asilo territorial tornou-se obsoleto diante do desenvolvimento normativo do instituto de refúgio, a única espécie do gênero de asilo inscrito no art. XIV da Declaração Universal de 1948 a aplicar-se efetivamente com escopo universal. O asilo diplomático perde legitimidade política com o avanço do Estado Democrático de Direito na região.[2258] Dada sua manutenção no texto constitucional, não obstante, cumpre ater-se fielmente aos marcos jurídicos codificados no direito interamericano e ter presente a prática diplomática brasileira na matéria, pois são essas as fontes que oferecem garantias mínimas de respeito ao ordenamento jurídico em relação ao instituto de asilo político.

[2257] "O asilo político constitui um dos princípios pilares da ordem constitucional brasileira, indicando a censura à perseguição estatal por motivos políticos". Tatiana Waisberg, *supra* nota 2429, p. 381.

[2258] Lê-se no preâmbulo do Acordo de Extradição do Mercosul, de 1998, que "a evolução dos Estados democráticos" tende "à eliminação gradual dos delitos de natureza política como exceção à extradição".

CONSIDERAÇÕES FINAIS

A importância dos princípios de relações internacionais se manifesta, *prima facie*, na decisão do legislador de elencá-los entre os princípios fundamentais da República. Na lição de José Afonso da Silva, as normas do Título I da Constituição Federal fornecem os princípios político-constitucionais que revelam as opções fundamentadoras da ordem política, jurídica e social do Brasil. É nesse contexto de forte conteúdo axiológico que os princípios de relações internacionais adquirem o sentido de *vis directiva* da política exterior brasileira.

Na Assembléia Nacional Constituinte, a escolha dos princípios que teriam status de norma constitucional obedeceu a um objetivo implícito: conferir equilíbrio político e ideológico à ação diplomática brasileira. O particularismo inerente ao imperativo primário de defesa dos interesses nacionais foi harmonizado com a vocação universalista de nossa política externa. A convicção kantiana de que há relação causal entre democracia no plano interno e a construção de uma ordem internacional pacífica e solidária foi conjugada com profundo sendo de realismo, sob a premissa de que o arbítrio é ainda determinante no curso das coisas no plano externo.[2259] A busca permanente pelo equilíbrio entre ambas as dimensões é a síntese teleológica dos princípios que compõem o art. 4º da Constituição.

O *ethos* universalista da identidade internacional do Brasil se expressa em princípios como prevalência dos direitos humanos, defesa da paz, concessão do asilo político, repúdio ao terrorismo e ao racismo e cooperação entre os povos para o progresso da humanidade. Esses dispositivos consagram visão de mundo interdependente, na qual nosso processo de desenvolvimento político

---

[2259] "Bem menores somos do que nos presume o patriotismo fátuo; mas somos já muito maiores do que nos figura o patriotismo cético, pessimista ou negligente". Rui Barbosa, sobre a II Conferência de Paz da Haia, em 31/10/1907. *In* A. A. Cançado Trindade, *supra* nota 508, p. 66.

e socioeconômico associa-se ao progresso de outras nações e à existência de uma ordem internacional estável e pacífica. A vertente concreta dessa alteridade internacional está inscrita no parágrafo único do art. 4º, a nossa "circunstância" orteguiana no mundo: o objetivo de promover a integração regional em uma "comunidade latino-americana de nações".

Desse idealismo surge, como eixo da política exterior, o compromisso do Brasil com o respeito ao direito internacional e com a promoção do multilateralismo. Se o Estado de Direito é a quintessência da democracia no plano interno, o multilateralismo é a correspondência da *rule of law* no plano externo.[2260] Os princípios fundamentais do Título I expõem a centralidade da democracia e da justiça social na sociedade brasileira juridicamente organizada sob a égide da lei fundamental. A inserção dos princípios de relações internacionais nesse trecho do texto constitucional revela a convicção de que a força do direito, em oposição ao direito da força, é o caminho mais seguro para o alcance de uma ordem internacional mais justa e equilibrada entre as nações.[2261] O apego ao multilateralismo, sobretudo da ordem jurídica inaugurada sob a Carta de São Francisco, é, assim, a expressão maior do universalismo democrático na política exterior, pois a institucionalidade das relações de poder no seio das Nações Unidas é o mais próximo que se chegou de um sistema de freios e contrapesos composto de Estados soberanos em condições de igualdade jurídica no plano externo.

O constituinte não negligenciou, porém, o estado de coisas no sistema internacional, que ainda se caracteriza, na perspicaz observação de Alexandre Parola, como uma ordem injusta.[2262] É com a realidade do "ser", e não apenas mirando o mundo ideal do "dever ser", que se defronta diuturnamente a *praxis* diplomática. Diante dessa constatação fática, o legislador prescreveu igualmente princípios enraizados dogmática e politicamente na ordem westphaliana, como a independência nacional, a igualdade soberana, a não intervenção

---

[2260] "O Brasil identifica, no multilateralismo, uma expressão internacional da democracia". Antônio de Aguiar Patriota, Apresentação da Terceira Edição, *A Palavra do Brasil nas Nações Unidas - 1946 a 2011*, Brasília, FUNAG, p. 16.

[2261] Sobre o idealismo a animar vários constituintes brasileiros, "o papel do Brasil poderia firmar-se como uma Nação líder, não pela força, pela pujança econômica, mas uma Nação líder pelo apoio aos oprimidos, por uma nova visão da realidade mundial, por uma nova opção de desenvolvimento da comunidade internacional". Sarney Filho, *supra* nota 2228, p. 13.

[2262] Alexandre G. L. Parola, *A Ordem Injusta*, Brasília, FUNAG, 2007.

e a autodeterminação dos povos. A positivação desses princípios na lei fundamental tem raízes na experiência sócio-histórica brasileira: passamos pelo colonialismo, padecemos do intervencionismo externo, tivemos ciclos de prosperidade econômica dependentes de alhures e muitas vezes assistimos a nossos interesses serem frustrados pela disputa por poder entre as nações.

A existência de normas marcadas por viés universalista e nacionalista cria uma tensão permanente da qual se podem retirar algumas injunções para a política exterior brasileira. A primeira delas é a exigência de ponderação contínua entre o vetor da soberania, que sopra do interior do Estado para o exterior, e o vetor do internacionalismo, que de forma incessante tanto impõe constrangimentos quanto promove avanços em âmbito doméstico. Essas forças contrárias se refletem, de um lado, em princípios constitucionais de relações internacionais que limitam a esfera normativa sobre a qual cada Estado tem competências exclusivas e invioláveis; de outro, em princípios que se voltam à remoção ou à superação dessas barreiras. A tensão entre ambas as dimensões é resolvida por meio da aceitação de direitos e obrigações densificadores de cada princípio que são concebidos política e juridicamente como resultado da autolimitação da soberania nacional pelo legislador pátrio, na premissa de que a validade desse universo normativo repousa na vontade expressa pelo Brasil enquanto sujeito de direito internacional público.

A segunda dessas injunções é que esse universo normativo do art. 4º corresponde a uma unidade axiológica na qual a aplicação e a interpretação de cada princípio estão necessariamente associadas à eventual aplicabilidade de outros princípios a uma mesma ação da diplomacia brasileira. Vez que não há hierarquia formal entre princípios de mesma estatura constitucional e internacional, impõe-se ao intérprete o dever constante de interpretar cada norma de forma conjugada às demais. Além de ter presentes as potenciais injunções de outros princípios igualmente aplicáveis a um mesmo caso em exame, devem-se harmonizar, sempre que possível, os subprincípios e regras densificadoras de cada princípio e, em caso de antinomias, ponderá-los como mandados de otimização à luz das circunstâncias fáticas e jurídicas de cada caso específico. Somente mediante o sopesamento e a ponderação entre os princípios constitucionais de relações internacionais, mesmo na hipótese de prevalência *in casu*, conforme a lição de Alexy, é possível garantir o equilíbrio necessário a um estado ideal de coisas capaz de sintetizar, no bojo da ação diplomática, o complexo feixe de interesses juridicamente protegido pelo art. 4º.

A terceira dessas injunções, talvez a de maior complexidade para o Direito, é a impossibilidade (e até mesmo inadequação) de afastar a natureza intrinsicamente política[2263] dos princípios do art. 4º.[2264] Nas relações internacionais, o peso da política é sobremaneira maior que no plano doméstico, pois "não existe questão mais política do que a das relações internacionais do estado".[2265] A própria AGNU reconheceu a natureza *prima facie* política dos princípios fundamentais do direito internacional.[2266] A dimensão primordialmente política implica que a normatividade de cada princípio é proporcionalmente definida pelo grau de densificação dessas normas tal como analisado pormenorizadamente em cada um dos capítulos anteriores. Para além dessas balizas jurídicas, os fins últimos colimados pelos princípios constitucionais relacionam-se, da perspectiva doméstica, à realização do interesse nacional como síntese da tensão entre o particularismo e o universalismo da política exterior brasileira.

A existência de parâmetros que demarcam a atuação Estado em função do desenvolvimento dessas normas no âmbito do direito internacional e da interpretação conferida pelo Brasil a respeito dessas normas não significa visão rígida e estratificada sobre a aplicação desses princípios. Essa hipótese equivaleria à aceitação de um atavismo radical e intrínseco à diplomacia brasileira como corolário lógico da existência de princípios constitucionais regulando as ações do Brasil nessa matéria. Pelo contrário, a interpretação e aplicação desses princípios pode - e deve - evoluir ao longo do tempo à luz do desenvolvimento progressivo dessas normas no direito internacional e da análise, pela diplomacia brasileira, dos elementos fáticos envolvidos em cada situação específica à luz dos interesses nacionais. Esse processo, por sua vez, está sujeito à permanente transformação das premissas ideológicas e até mesmo axiológicas no seio da

---

2263 "Questões constitucionais não são, originariamente, questões jurídicas, mas sim questões políticas". Konrad Hesse, *A Força Normativa da Constituição* (trad. Gilmar Mendes Ferreira), Porto Alegre, Sergio Antonio Fabris, 1991, p. 9.

2264 Carl Schmitt considera a Constituição "decisão política fundamental". Para o autor alemão, somente os dispositivos constitucionais de grande relevância política integram a Constituição política positiva. As demais normas, embora postas na Constituição, seriam leis constitucionais.

2265 Celso D. de Albuquerque Mello, *supra* nota 3, p. 9.

2266 A preparação da Declaração de 1970 foi confiada a Comitê criado especialmente para esse fim, com especialistas e representantes dos Estados. Argumentou-se que não caberia à CDI lidar com "problemas tão controvertidos do ponto de vista político" quanto os aspectos políticos e jurídicos dos princípios fundamentais do direito internacional. M. Sahovic, *supra* nota 262, p. 263.

por si só bastante complexa sociedade brasileira. Na prática, isso significa imperativo imposto à diplomacia brasileira de buscar, de forma permanente, não só cotejar sua ação à luz dos mandamentos constitucionais em matéria de relações exteriores, mas também otimizá-los à luz de cada circunstância de modo a evitar, tanto quanto possível, que o compromisso com o direito internacional não prejudique a realização dos interesses nacionais determinados democraticamente em âmbito interno.[2267]

A positivação de princípios na lei fundamental tampouco deve afastar visão crítica quanto à eficácia normativa do direito internacional, nem induzir à suposição de que o poder real foi substituído pelo direito como elemento preponderante nas relações internacionais. No plano externo, talvez de forma ainda mais acentuada que no plano doméstico, a existência de uma ordem jurídica se justifica, em última análise, pelo objetivo de resguardar direitos e garantias fundamentais dos Estados e indivíduos, pois do contrário prevaleceriam na realidade factual não os compromissos e regras mutuamente acordados, mas apenas os interesses e as vontades dos mais fortes. Mas essa mesma razão que justifica politicamente a existência do direito internacional contemporâneo também serve para explicar suas deficiências. A dificuldade em fazer prevalecer o direito sobre o poder é a razão principal pela qual a ordem jurídica internacional ainda carece de meios jurisdicionais de escopo universal, ou de um regime de sanções aplicável de forma igualitária entre os Estados. Ao invés de um mundo pós-nacional formado de Estados com sociedades pós-modernas,[2268] vivemos ainda entre a luta pela hegemonia do pós-Guerra Fria e uma ainda improvável balança de poder multipolar. O compromisso brasileiro com o direito não deve, portanto, sugerir confiança absoluta na eficácia da ordem jurídica internacional como meio por excelência para a proteção dos interesses nacionais no exterior.[2269]

[2267] "A generalidade destes princípios possibilita que a Constituição cumpra o seu papel de lei maior concreta e fundamental do Estado, sem amarrar a sociedade a modelos inflexíveis e definitivos". Carmem Lúcia Antunes Rocha, *supra* nota 20, p. 29.

[2268] "In this post-modern paradise (as Robert Kagan calls it) it has been easy to forget that force matters. Unfortunately it matters more than anything else. (...) foreign policy is about war and peace, and countries that only do peace are missing half of the story - perhaps the most important half". Robert Cooper, *The Breaking of Nations - Order and Chaos in the Twentieth-First Century*, London, Atlantic Books, 2003, p. 162.

[2269] "The objective of a world ruled by law rather than force, though unattainable in the short term, should remain a long-term goal. But it should not allow wishful thinking to become a substitute for the tough-minded policies required to deal with a world containing gruesome threats, including, perhaps, threats to civilization itself". Robert Cooper, *idem*, p. 171.

É por isso que o apego do Brasil ao direito internacional não se explica somente por sentimento idealista, isto é, exclusivamente pela visão de que a paz é possível entre Estados democráticos que privilegiam formas de cooperação, ou porque os benefícios da inter-relação econômica entre os Estados arrefecem a competição pelo poder. A opção pelo fortalecimento do direito internacional é também imperativo realista à ação externa do Brasil. A sociedade brasileira abdicou democraticamente de perseguir um projeto nacional baseado no poder militar ao renunciar, ao longo de sua trajetória constitucional-internacionalista, à guerra de conquista e, mais recentemente, ao domínio e uso da energia nuclear para fins bélicos. A consignação dessas normas como eixos de nossa identidade internacional não eliminou, mas mitigou o paradigma do poder militar na política exterior e condicionou, *ipso iure* e *ipso facto*, a defesa de nossos interesses à existência e à eficácia de um sistema internacional orientado pela cooperação entre Estados no marco de normas acordadas mutuamente no direito internacional.[2270]

Em suma, os princípios constitucionais de relações internacionais denotam que o compromisso idealista do Brasil com o direito internacional deve ser ponderado à luz das realidades de poder da ordem internacional. O viés universalista revela a convicção de que a existência de uma ordem jurídica internacional em que o Direito prevaleça sobre a Força é-nos benéfica. Nossa vocação pacifista não se confunde, porém, com negligência de nossos interesses e responsabilidades. Ela revela apenas o entendimento de que será melhor para a realização dos interesses nacionais um sistema internacional estável e pacífico, em que assimetrias reais de poder são mitigadas pela igualdade da participação nos fóruns decisórios. Da perspectiva não só dos interesses nacionais, mas, sobretudo, do ordenamento jurídico brasileiro, essa dinâmica reforça o apego à Carta da ONU e ao progressivo desenvolvimento do direito internacional.[2271] Mas esse compromisso é matizado pela convicção de que o ordenamento jurídico internacional, em seus moldes atuais, não oferece ainda as garantias necessárias à plena defesa dos interesses nacionais em condições de igualdade e de justiça com outras nações. Daí o cuidado do constituinte, em linha com a

---

[2270] "Da participação do Brasil na Conferência da Haia sob a liderança de Ruy Barbosa derivam pelo menos dois paradigmas seguidos desde então pela diplomacia brasileira: o paradigma da singularidade do Brasil e o paradigma do respeito ao Direito Internacional". L. F. de Seixas Corrêa, 'Introdução', *A Palavra do Brasil nas Nações Unidas - 1946 a 1995*, Brasília, FUNAG, 1995, p. 17.

[2271] A. A. Cançado Trindade, *supra* nota 20, p. 128.

melhor tradição legislativa desde o início da República, de resguardar o devido espaço à ação diplomática brasileira para a defesa intransigente da soberania e da independência nacionais diante da contínua instabilidade das relações internacionais.

Nessa espiral axiológica, em que direito e política amalgamam-se a tal ponto que se torna impossível discerni-los, o universalismo e o particularismo nacionalista passam a constituir uma mesma unidade ontológica. Ressurge aí, quem sabe, nossa herança barroca como elemento definidor de nossa nacionalidade. Antíteses em princípio irreconciliáveis como as que caracterizam nossa visão de mundo convivem e se inter-relacionam. Embora nem sempre de forma harmônica, essas tensões exigem da política exterior síntese permanente na qual não há espaço nem para o vira-latismo, nem para o chauvinismo. Se o apego cego ao direito internacional poderá negligenciar o predomínio do poder nas relações internacionais, a inobservância irresponsável de nossos compromissos jurídicos poderá retirar do Brasil o atributo da legitimidade conquistado pela opção histórica de nossa sociedade em privilegiar o diálogo e a persuasão como instrumentos primordiais da ação diplomática brasileira.[2272] Trata-se, em última análise, de síntese surpreendentemente racional, sobretudo para sociedade de contrastes tão fortes como a nossa, entre direito e política, idealismo e realismo, particularismo e universalismo.[2273]

[2272] Luiz Felipe Lampreia, *supra* nota 562, p. 54.

[2273] "Algumas das principais dicotomias que caracterizam o processo de formulação de política externa no Brasil: nacionalismo e internacionalismo; realismo e idealismo; pragmatismo e utopia; reivindicação e invenção; ocidentalismo e terceiromundismo; universalismo e particularismo; fatalismo e esperança; subjetivismo e objetivismo; democracia e autoritarismo; continuidade e mudança; e assim por diante. Essas dicotomias refletem as ambivalências das múltiplas e muitas vezes contraditórias dimensões do Brasil. Mas não obscurecem jamais a escala de valores éticos mediante a qual a diplomacia brasileira se propõe a apreciar os fatos e distinguir o real do irreal, a ilusão da realidade. (...) A qualidade ética do discurso brasileiro se manifesta em formulações permanentemente voltadas para a realização no plano internacional dos objetivos de liberdade e igualdade inerentes à condição humana". *In* L. F. Seixas Corrêa (org.), *supra* nota 520, p. 27.

BIBLIOGRAFIA

Livros

Hildebrando Accioly, *Tratado de Direito Internacional Público*, vols. I, II e III, São Paulo/Brasília, Quartier Latin/FUNAG, 2009.

Silvio José Albuquerque e Silva, *Combate ao racismo*, Brasília, FUNAG, 2008.

R. Alexy, *A Theory of Constitutional Rights*, trans. by Julian Rivers, New York, Oxford University Press, 2010.

P. Alston (ed.), *The United Nations and Human Rights - A Critical Appraisal*, Oxford, Oxford University Press, 1992.

A. Álvarez, *Exposé de motifs et Déclaration des grands principes du droit international moderne*, 2ème. ed., Paris, Eds. internationales, 1938.

José Augusto Lindgren Alves, *Os Direitos Humanos na Pós-Modernidade*, São Paulo, Ed. Perspectiva, 2005.

J. A. Lindgren Alves, *Relações internacionais e temas sociais: a década das conferências*, Brasília, Funag/IBRI, 2001.

E. Jiménez de Aréchaga, *Derecho Constitucional de las Naciones Unidas: comentario teórico-práctico de la Carta*, Madrid, Escuela de Funcionarios Internacionales, 1958

Eduardo Jiménez de Aréchaga, *El Derecho Internacional Contemporáneo*, Madrid, Ed. Tecnos, 1980.

Raymond Aron, *Paix et Guerre entre les Nations*, Paris, Calmann-Lévy, 8e ed., 1962 (réimp. 1985).

O.Y. Asamoah, *The Legal Significance of the Declarations of the General Assembly of the United Nations*, Manchester, Manchester University Press, 1996.

O.Y. Asamoah, *The Normative Role of the General Assembly of the United Nations*, The Hague, M. Nijhoff, 1966.

Humberto Ávila, *Teoria dos Princípios*, 7a ed., Malheiros, São Paulo, 2007.

Rui Barbosa, *Obras Completas de Rui Barbosa*, Rio de Janeiro, Ministério da Educação e Cultura, 1966.

Luís Roberto Barroso, *Interpretação e Aplicação da Constituição*. São Paulo: Saraiva, 1996.

Luís Roberto Barroso, *O Direito Constitucional e a Efetividade de suas Normas*. Rio de Janeiro: Editora Renovar, 2a ed., 1993.

M. Cherif Bassiouni, *International Crimes: Digest and Index of International Instruments, 1815-1985*, New York, Dobbs Ferry, Oceana, 1985.

M. C. Bassiouni (Org.), *International Criminal Law*, Ardsley, Transnational Publishers, vol. 1, 1999, 2. ed.

M.C. Bassiouni, *Introduction to International Criminal Law*, Dordrecht, Martinus Nijhoff Publishers, 2nd rev. ed., 2012.

Celso Ribeiro Bastos, *Hermenêutica e Interpretação Constitucional*. São Paulo: Celso Bastos Editor/Instituto Brasileiro de Direito Constitucional, 1997.

Celso Ribeiro Bastos e Ives Gandra Martins, *Comentários à Constituição do Brasil*, v. 1, 2ª ed., São Paulo, Saraiva, 1997.

Marcelo Baumbach, *Sanções do Conselho de Segurança: direito internacional e prática brasileira*, Brasília, FUNAG, 2014.

C. Bevilaqua, *Direito Público Internacional* (A Synthese dos Princípios e a Contribuição do Brasil), Rio de Janeiro, Livr. Fr. Alves, 1911.

Clóvis Beviláqua, *Direito Público Internacional: a síntese dos princípios e a contribuição do Brasil*, 2. ed., Rio de Janeiro, Editora Freitas Bastos, 1939.

Federiga Bindi (ed.), *The Foreign Policy of the European Union: assessing Europe's role in the world*, Washington D.C., Brookings Institution Press, 2010.

Joram Mukama Biswaro, *The role of regional integration in conflict prevention, management, and resolution in Africa: the case of African Union*, Brasília, FUNAG, 2013.

N. Bobbio, *Teoria do Ordenamento Jurídico* (trad. Cláudio di Cicco e M.C.C.J. Santos). São Paulo/Brasília: Polis/UnB, 1989.

N. Boister, *An Introduction to Transnational Criminal Law*, Oxford, Oxford University Press, 2012.

Paulo Bonavides, *Curso de Direito Constitucional*. São Paulo: Malheiros, 1994, 5a ed.

J. Brierly, *The Law of Nations*, Oxford, Clarendon Press, 1963.

Antonio Remiro Brotons, *La acción exterior del Estado*, Madrid, Technos, 1984.

Antonio Remiro Brotóns y otros, *Derecho Internacional*, Valencia, Editorial Tirant lo blanch, 2007.

Ian Brownlie, *Principles of Public International Law*, Oxford, Oxford Press, 6th ed., 2003.

Carlos Calvo, *Le droit international théorique et pratique*, 5th ed., Paris, Durand et Pedone-Lauriel, 1896.

Irene Pessôa de Lima Câmara, *Em nome da democracia: a OEA e a crise haitiana - 1991-1994*, Coleção Curso de Altos Estudos do Instituto Rio Branco, Brasília, IRBR/ FUNAG, 1998.

J.J. Gomes Canotiho, *Direito Constitucional e Teoria da Constituição*, Coimbra, Almedina, 2002, 6ª.ed.

J.J. Gomes Canotilho, *Direito Constitucional*. Coimbra: Almedina, 1993, 6a ed.

J.J. Gomes Canotilho e Vital Moreira, *Constituição da República Portuguesa Anotada*. Coimbra: Coimbra, 1993, 3a ed.

J.J. Gomes Canotilho, *Fundamentos da Constituição*. Coimbra: Almedina, 1991.

Carlos Henrique Cardim (ed.), *II Conferência da Paz da Haia, 1907 - A correspondência telegráfica entre o Barão do Rio Branco e Rui Barbosa*, Centro de História e Documentação Diplomática. Brasília, FUNAG, 2014.

Genaro Carrió, *Princípios Jurídicos y Positivismo Jurídico*, Buenos Aires, Abeledo-Perrot, 1970.

A. Cassese e Joseph Weiler (eds.) *Change and Stability in International Law-Making*, Berlin, De Gruyter, 1988.

Antonio Cassese, *International criminal law*, Oxford, Oxford University Press, 2008, 2a ed.

A. Cassese, *Self-Determination of Peoples — A Legal Reappraisal*, Cambridge, University Press, 1995.

José J. Caicedo Castilla, *El Derecho Internacional en el Sistema Interamericano*, Madrid, 1970.

Bin Cheng, *General Principles of Law as Applied by International Courts and Tribunals*, London, Stevens, 1953.

João Ernesto Christófolo, *Solving antinomies between peremptory norms in public international law*, Zürich, Schulthess Verlag (Collection Genevoise), 2016.

J. Collier e V. Lowe, *The Settlement of Disputes in International Law*, Cambridge, Cambridge University Press, 1999.

Fábio Konder Comparato, *Muda Brasil! Uma Constituição para o desenvolvimento democrático*, São Paulo, Editora Brasiliense, 1986.

B. Conforti, *Diritto internazionale*, 4ed. Napoli, Ed. Scientifica, 1992.

Benedetto Conforti, *The Law and Practice of the United Nations*, 3a ed. rev., Leiden/ Boston, Martinus Nijhoff, 2005.

Robert Cooper, *The Beraking of Nations - Order and Chaos in the Twentieth-First Century*, London, Atlantic Books, 2003.

Luiz Felipe Seixas Corrêa (org.), *O Brasil nas Nações Unidas*, 2ª ed., Brasília, FUNAG, 2007.

Jean-Pierre Cot, Alain Pellet & Mathias Forteau (eds.), *La Charte des Nations Unies, Commentaire article par article*, Paris, Economica, 3rd. ed., 2005.

J. Crawford, *Creation of States in International Law*, Oxford, Clarendon Press, 1979.

J. Crawford (ed.), *The International Law Commission's Articles on State Responsibility: Introduction, Text and Commentaries*, Cambridge, Cambridge University Press, 2002.

José Cretella Júnior, *Comentários à Constituição brasileira de 1988*, Rio de Janeiro, Forense Universitária, 1998.

Vezio Crisafulli, *La Constituzione e le sue disposizioni di principio*, Milão, Giuffrè, 1952.

Ciro Leal M. da Cunha, *Terrorismo internacional e a política externa brasileira após o 11 de setembro*, Brasília, Fundação Alexandre de Gusmão, 2009.

P. Dailler & A. Pellet, *Droit international public*, Paris, LGDJ, 1999.

Pedro Dallari, *Constituição e Relações Exteriores*. São Paulo: Saraiva, 2002.

Ivo Dantas, *Princípios Constitucionais e Interpretação Constitucional*. Rio de Janeiro: Lumen Juris, 1995.

San Tiago Dantas, *Política Externa Independente*, Rio de Janeiro, Civilização Brasileira, 1962.

Emmanuel Decaux, *La Réciprocité en droit international*, Paris, LGDJ, 1980.

L. Delbez, *Les principes généraux du droit international public*, 3ème ed., Paris, LGDJ, 1964.

P. Derevitzky, *Les principes du droit international*, Paris, Pedone, 1932.

Nguyen Quoc Dinh, *Droit International Public*, 2e éd. (revue et augmentée par P. Daillier et A. Pellet), Paris, LGDJ, 1980.

A. Sampaio Dória, *Princípios Constitucionais*. São Paulo, Ed. São Paulo, 1926.

R. Dworkin, *A Matter of Principle*, Clarendon Press, Oxford, 1986.

R. Dworkin, *Law's Empire*, London, Fontana Press, 1986.

R. Dworkin, *Taking Rights Seriously*, Cambridge, Harvard University Press, 1978.

H. Gros Espiell, *El Derecho Internacional Americano sobre Asilo Territorial y Extradición en sus Relaciones con la Convención de 1951 y el Protocolo de 1967 sobre Estatuto de los Refugiados, Asilo y Protección Internacional de Refugiados en América Latina*, México, Unam, 1982.

Ruy Samuel Espíndola, *Conceito de Princípios Constitucionais*, São Paulo, Ed. Revista dos Tribunais, 2002.

Eduardo Espínola, *A Constituição dos Estados Unidos do Brasil de 18 de setembro de 1946*, Rio de Janeiro, Freitas Bastos, 1952.

Josef Esser, *Grundsatz und Norm in der richterlichten Fortbildung des Privatrechts*, Tübingen, J.C.B. Mohr (Paul Siebeck), 1956.

P. Fauchille, *Traité de droit international public*, Paris, Rousseau Ed., 1926.

Joaquín Alcaide Fernández, *Las actividades terroristas ante el derecho internacional contemporáneo*, Madrid, Tecnos, 2000.

Regina Maria Macedo Nery Ferrari. *Normas Constitucionais Programáticas - Normatividade, Operatividade e Efetividade*. São Paulo: Ed. Revista dos Tribunais, 2001.

Luiz Pinto Ferreira, *Comentários à Constituição brasileira*, São Paulo, Saraiva, 1989.

Manoel Gonçalves Ferreira Filho, *Comentários à Constituição brasileira de 1988: arts. 1º a 43*, São Paulo: Saraiva, 2000, v.1.

Manoel Gonçalves Ferreira Filho, *Curso de direito constitucional*, São Paulo, Saraiva, 10a ed.

Christiano Sávio Barros Figueirôa, *Limites exteriores da plataforma continental do Brasil conforme o direito do mar*, Brasília, FUNAG, 2014.

Paulo Roberto Campos Tarrisse da Fontoura, *O Brasil e as Operações de Manutenção da Paz das Nações Unidas*, Brasília, XXXVII Curso de Altos Estudos do Instituto Rio Branco, FUNAG, 1999.

Miguel Franchini Netto, *Imunidades Diplomáticas (Do Direito de Asilo)*, São Paulo, 1942.

Hans-Georg Gadamer, *Reason in the Age of Science* (trad. Frederick G. Lawrence), Cambridge, The MIT Press, Massachusetts, 1992.

Hans-Georg Gadamer, *Truth and Method* (trad. Joel Weinshheimer e Donald G. Marshall), Nova York: 1993, 2nd. ed.

Mary Ann Glendon, *A World Made New - Eleanor Roosevelt and the Universal Declaration of Human Rights*, New Yok, Random House, 2001.

Eugênio Vargas Garcia, *O Brasil e a Liga das Nações (1919-1926): vencer ou não perder*, Porto Alegre, Editora da Universidade Federal do Rio Grande do Sul, 2000.

M. J. Gibney, R. Hansen (eds.), *Immigration and Asylum: from 1900 to the Present*, 3 vols., Santa Barbara, ABC – Clio, 2005.

Carlos Torres Gigena, *Asilo diplomatico: su práctica y teoría*, Buenos Aires, La Ley, 1960.

Guy S. Goodwin-Gill e Jane McAdam, *The Refugee in International Law*, Oxford, Oxford University Press, 3rd. ed., 2007.

L.M. Goodrich & E. Hambro, *Commentaire de la Charte des Nations Unies,* Neuchâtel, Eds. de la Bâconnière, 1946.

Eros Roberto Grau, *A Ordem Econômica na Constituição de 1988 (Interpretação e Crítica)*. São Paulo: RT, 1990.

H. Grotius, *De Iure Belli et Pacis (On the Law of War and Peace)* (William Whewell ed. & trans.), London, John W. Parker, 2009.

Jeroen Gutter, *Thematic Procedures of the United Nations Commission on Human Rights and International law: In Search of a Sense of Community*, Antwerpen/Oxford, Intersentia, 2006.

L. Hannikainen, *Peremptory Norms (Jus Cogens) in International Law: Historical development, Criteria, Present Status*, Helsinki, 1981.

H. Hannum, *Autonomy, Sovereignty, and Self-Determination: The Accommodation of Conflicting Rights*, Philadelphia, University of Pennsylvania Press, 1990.

Hurst Hannun & Eileen F. Babbit (eds.), *Negotiating Self-Determination*, Lanham, Lexington Books, 2006.

Xue Hanqin, *Chinese Contemporary Perspectives on International Law: History, Culture and International Law*, Martinus Nijhoff Publishers, 2012.

Jean-Marie Henckaerts e Louise Doswald-Beck, *Customary International Humaniarian Law (Rules)*, Cambridge, Cambridge University Press, 2005.

Breno Hermann, *Soberania, não intervenção e não indiferença : reflexões sobre o discurso diplomático brasileiro*, Brasília, FUNAG, 2011.

Konrad Hesse, *A Força Normativa da Constituição* (trad. Gilmar Mendes Ferreira). Porto Alegre: Sergio Antonio Fabris, 1991.

C. Wilfred Jenks, *The Common Law of Mankind*, London, Stevens, 1958.

Hans Kelsen, *The Law of the United Nations (A Critical Analysis of its Fundamental Problems)*, New York, Frederick A. Praeger, Lawbook Exchange Edition, 2011.

H. Kelsen, *Principles of International Law* (1967) (2nd ed., R.W. Tucker ed.), New York, Holt, Rinehart & Winston, 1996.

Henry Kissinger, *World Order*, New York, Penguin Books, 2014.

R. Kolb, *Ius contra bellum, Le droit international relatif au maintien de la paix*, Bruxelles, Bruylant, 2e édition, 2009.

R. Kolb, *Théorie du ius cogens international, Essai de relecture du* concept, Publications de l'Institut Universitaire de Hautes Études Internationales, Presses Universitaires de France, 2011.

F.I. Kozhevnikhow (ed.), *International Law*, Moscow, 1957.

S. Krasner, *International Regimes*, Ithaca, London, Cornell University Press, 1983.

Celso Lafer, *Paradoxos e Possibilidades*, Rio de Janeiro, Nova Fronteira, 1982.

Karl Larenz, *Richtiges Recht: Grundzüge e. Rechtsethik*, München, C.H. Beck Verlag, 1979.

H. Lauterpacht, *International Law and Human Rights*, London, Stevens & Sons Ltd, *1950.*

H. Lauterpacht, *International Law Being the Collected Papers of Hersch Lauterpacht* (ed. E. Lauterpacht), Vol. I (General Works), Cambridge, University Press, 1970.

Rafael Souza Campos de Moraes Leme, *Absurdos e milagres: um estudo sobre a política externa do Lusotropicalismo (1930-1960)*, Brasília, FUNAG, 2011.

Álvaro Lins, *Missão em Portugal*, Lisboa, Centro do Livro Brasileiro, 1974.

F. von Lizt, *Das Völkerrecht systematisch vorgestellt*, Berlin, Häring, 1913, 9a. ed.

Hélio Lobo, *O Tribunal Arbitral Brasileiro-Boliviano*, Rio de Janeiro, Imprensa Nacional, 1910.

G.F. de Martens, *Précis du droit des gens moderne de l'Europe fondé sur les traités et l'usage*, Gottingue, de Dieterich, 1821 (3eme ed. rev. et augm).

M. McDougal, H. Lasswell e L Chen, *Human Rights and World Public Order*, Yale University Press, 1980.

A.D. McNair, *The Law of Treaties*, Oxford, Oxford University Press, 1961.

Antônio Paulo Cachapuz de Medeiros (org.), *Pareceres dos consultores jurídicos do Itamaraty*, Brasília, Senado Federal, 2004.

Antônio Paulo Cachapuz de Medeiros (org), *Pareceres dos consultores jurídicos do Itamaraty - Antônio Augusto Cançado Trindade*, Brasília, Senado Federal, 2004.

Celso D. de Albuquerque Mello, *Direito Constitucional Internacional*, Rio de Janeiro: Editora Renovar, 2003, 2a. ed.

Celso D. de Albuquerque Mello, *Curso de direito internacional público*, Rio de Janeiro, Editora Renovar, 2000, 12a ed., 2 vols.

Celso Antônio Bandeira de Mello, *Curso de Direito Administrativo*, São Paulo: Malheiros, 1994.

Rubens Ferreira de Mello, *Tratado de Direito Diplomático*, Ministério das Relações Exteriores, Serviço de Publicações, Rio de Janeiro, 1948.

Gilmar Ferreira Mendes. *Jurisdição Constitucional*. São Paulo: Saraiva, 1996.

G.F. Mendes, I.M. Coelho e P.G.G. Branco, *Curso de Direito Constitucional*, São Paulo, Ed. Saraiva, 5a ed, 2010.

J.G. Merrills, *International Dispute Settlement*, Cambridge, Cambridge University Press, 3rd ed., 1998.

T. Meron, *Human Rights Law-Making in the United Nations – A Critique of Instruments and Process*, Oxford, Oxford University Press, 1986.

Francisco Cavalcanti Pontes de Miranda, *Comentários à Constituição da República dos Estados Unidos do Brasil*, Rio de Janeiro, Ed. Guanabara, 1936.

Francisco Cavalcanti Pontes de Miranda. *Comentários à Constituição de 1967, com a Emenda n. 1, de 1969*, tomo 1, 2ª edição, São Paulo, RT, 1970.

Jorge Miranda, *Manual de Direito Constitucional*, 2a ed., Coimbra, Coimbra Ed., 1993, t. II.

Leandro de Oliveira Moll, *A Obrigação de Extraditar para a Repressão do Terrorismo: A Prática Brasileira à Luz do Direito Penal Internacional*, tese de doutorado apresentada à Faculdade de Direito da UERJ, Rio de Janeiro, 2010.

L.Oppenheim (ed.) *The Collected Papers of John Westlake on Public International Law*, Cambridge: Cambridge University Press, 1914.

L. Oppenheim, H. Lauterpacht, *International Law*, vol. I, 8th ed., London/New York, Longmans, Green, 1955.

A. Orakhelashvili, *Peremptory Norms in International Law*, Oxford University Press, 2006.

Alexandre G. L. Parola, *A Ordem Injusta*, Brasília, FUNAG, 2007.

J. Pauwelyn, *Conflict of Norms in Public International Law – How WTO Law relates to other Rules of International Law*, Cambridge University Press, 2003.

Alain Pellet, *Peaceful Settlement of International Disputes*, Max Planck Encyclopedia of Public International Law, Heidelberg and Oxford University Press, 2012.

L. Rodrigues Pereyra, *Princípios de Direito Internacional*, Rio de Janeiro, Ed. J. Ribeiro dos Santos, 1902 e 1903, Vols. I e II.

J. Pictet, *Développement et principes du droit international humanitaire*, Geneva, Paris, Inst. H.-Dunant, Pedone, 1983.

Paulo Roberto Lyrio Pimenta. *Eficácia e aplicabilidade das Normas Constitucionais Programáticas*, São Paulo: Max Limonad, 1999.

Flávia Piovesan, *Direitos Humanos e Direito Constitucional Internacional*, 4a. ed., São Paulo, Max Limonad, 2000.

MS. Rajan, *United Nations and Domestic Jurisdiction*, 2nd ed., London, Asia Publishing House, 1961.

R.V. Raman, *Dispute Settlement Trough the United Nations*, Oxford, Oxford University Press, 1977.

John Rawls, *The Law of Peoples*, Cambridge (Mass.), Harvard University Press, 1999.

Joseph Raz, *The Morality of Freedom*, Oxford, Oxford University Press, 1988.

José Francisco Rezek, *Direito internacional público*, São Paulo, Saraiva, 8a. ed., 2000.

A. Gómez Robledo, *El Ius Cogens Internacional, Estudio histórico-crítico*, México, Universidad Nacional Autónoma de México, 2003.

Carmem Lúcia Antunes Rocha, *Princípios Constitucionais da Administração Pública*, Belo Horizonte, Del Rey, 1994.

Shabtai Rosenne, *The International Court of Justice*, Leyden, Sijthoff, NV, 1957.

Shabtai Rosenne, *The Law and Practice of International Court (1920-1996)*, 4 vols., 3rd. ed., The Hague, 1997.

Ch. Rousseau, *Principes généraux du droit international public*, Vol. I, Paris, Pedone, 1944.

Gilda Motta Santos, *Comissão das Nações Unidas para Consolidação da Paz: perspectiva brasileira*, Brasília, FUNAG, 2009.

Danesh Sarooshi, *The UN and the Development of Collective Security: The Delegation by the UN Security Council of its Chapter VII Powers*, Oxford, Clarendon Press, 1999.

Ben Saul, *Defining terrorism in international law*, Oxford, Oxford University Press, 2006.

G. Scelle, *Précis de droit des gens — principes et systématique*, Paris, Rec. Sirey, 1934.

G. Schwarzenberg, *A Manual of Public International* Law, 1960, 4th ed.

C. Sepúlveda, *Las Fuentes del Derecho Internacional Americano*, México, Ed. Porrúa, 1975.

Malcolm N. Shaw, *International Law*, Sixth edition, Cambridge University Press, 2008.

José Afonso da Silva, *Aplicabilidade das Normas Constitucionais*. São Paulo: Malheiros Editores, 2007, 7a ed., p. 29.

José Afonso da Silva, *Curso de direito constitucional positivo*, São Paulo, Revista dos Tribunais, 1989, 5a ed.

José Afonso da Silva, *Curso de Direito Constitucional Positivo*. São Paulo: Malheiros, 9ª ed.

Virgílio Afonso da Silva (org.), *Interpretação Constitucional*. São Paulo: Malheiros Editores, 2005.

L.G. Nascentes da Silva, *A estruturação de uma política internacional sobre anti-terrorismo sob a ótica da teoria dos regimes internacionais*, Dissertação (Mestrado) – Instituto de Relações Internacionais da UnB, Brasília, 2003.

Bruno Simma (ed.), *The Charter of the United Nations – A Commentary*, München, C.H. Beck Verlag, 1995.

G. Sperduti, *Il dominio riservato*, Milano, Giuffrè, 1970.

Lenio Luiz Streck, *Hermenêutica jurídica e(m) crise: uma exploração hermenêutica da construção do direito*. Porto Alegre: Livraria do Advogado Editora, 2011, 10a ed.

J. Sztucki, *Jus cogens and the Vienna Convention on the Law of Treaties*, Wien - New York, 1974.

M. Thirlway, *International Customary Law and Codification*, Liden: Sijthoff, 1972.

Ann Van Wynen Thomas e A.J. Thomas A.J. Thomas, *Non-Intervention: The Law and its Import in the Americas*, Dallas, Southern Methodist University Press, 1956.

Ch. Tomuschat, (ed.), *Modern Law of Self-Determination*, Dordrecht, Nijhoff, 1993.

A. A. Cançado Trindade, *Direito das Organizações Internacionais*. 5a. ed. Belo Horizonte: Del Rey, 2013.

A.A Cançado Trindade, *Evolution du droit international au droit des gens - L'accès des particuliers à la justice internationale: le regard d'un juge*, Paris, Pédone, 2008.

A. A. Cançado Trindade, *International Law for Humankind: Towards a New Jus Gentium*, The Hague Academy of International Law Monographs, Martinus Nijhoff, 2010.

A. A. Cançado Trindade, *O Direito Internacional Contemporâneo em um Mundo em Transformação*, São Paulo/Rio de Janeiro, Editora Renovar, 2002.

A.A. Cançado Trindade, *O Estado e as Relações Internacionais: O Domínio Reservado dos Estados na Prática das Nações Unidas e Organizações Regionais*, Brasília, Ed. da Universidade de Brasília, 1979.

A. A. Cançado Trindade, *Princípios do Direito Internacional Contemporâneo*, Brasília, Edit. Universidade de Brasília, 1981.

A. A. Cançado Trindade, *Princípios do Direito Internacional Contemporâneo*, 2ª ed. (revista e atualizada), Brasília, FUNAG/MRE, 2017.

A.A. Cançado Trindade (org.), *Repertório da Prática Brasileira do Direito Internacional Público (Período 1889-1898)*, Brasília, FUNAG/MRE, 2012, 2a. ed.

A. A. Cançado Trindade (org.), *Repertório da Prática Brasileira do Direito Internacional Público (Período 1899-1918)*, Brasília, FUNAG/MRE, 1986.

A. A. Cançado Trindade (org.), *Repertório da Prática Brasileira do Direito Internacional Público (Período 1919-1940)*, 2ª. ed., Brasília, FUNAG/MRE, 2012.

A.A. Cançado Trindade (org.), *Repertório da Prática Brasileira do Direito Internacional Público (Período 1941-1960)*, Brasília, FUNAG/MRE, 2012, 2a. ed.

A.A. Cançado Trindade (org.), *Repertório da Prática Brasileira do Direito Internacional Público (Período 1961-1981)*, Brasília, FUNAG/MRE, 2012, 2a. ed.

A. A. Cançado Trindade, *Tratado de Direito Internacional dos Direitos Humanos*, Vol. III, Porto Alegre, S.A. Fabris Ed., 2003.

Otávio Augusto Drummond Cançado Trindade, *O Mercosul no direito brasileiro*, Belo Horizonte, Del Rey, 2007.

E. de Vattel, *Le droit des gens (ou Principes de la loi naturelle appliqués à la conduite et aux affaires des nations et souverains)*, Paris, J. P. Aillaud, 1835.

Pablo Lucas Verdú, *La Constitución Abierta y sus "enemigos"*. Madrid: Universidad Complutense e Ediciones Beramar, 1993.

Charles de Visscher, *Problèmes d'interprétation judiciaire en droit international public*, Paris, Editions A. Pédone, 1963.

C. De Visscher, *Théories et réalités en droit international public*, 3rd ed., 1960, Paris, Editions A. P. Pedone.

Charles de Visscher, *Theory and Reality in Public International Law*, Princeton, Princeton University Press, 1957.

F. de Vitoria, *Sobre el poder civil, Sobre los indios, Sobre el derecho de la guerra* (transl. Luis Frayle Delgado), Madrid, Tecnos, 2007.

Christina Voigt, *Sustainable Development as a Principle of International Law - Resolving Conflicts between Climate Measures and WTO Law*, Leiden, Martinus Nijhoff Publishers, 2009.

C. Warbrick & V. Lowe (eds.), *The United Nations and the Principles of International Law*, London/New York, Routledge, 1994.

C. Wolff, *Ius Gentium Methodo Scientifica Pertractorum (A scientific method for understanding the Law of Nations)* (transl. J. H. Drake and ed. J. B. Scott), Oxford, Clarendon Press, 1934.

Jesús María Yepes. *Les Problèmes Fondamentaux du Droit des Gens en Amérique. Le Problème de L'Intervention.* Paris 1935.

Luís Carlos Zarate, *El Asilo en el Derecho Internacional Americano*, Bogotá, Editorial Iqueima, 1958.

J. Zourek, *L´interdiction de l´emploi de la force en droit international*, Leiden/Genève, Sithoff/Institut H.-Dunant, 1974.

Capítulos de Livros

G. Abi-Saab, 'Summary Record of the Discussion on the Concept of *Jus Cogens* in Public International Law,' *The Concept of Jus Cogens in International Law*, 2 Lagonissi Conference on International Law, 3–8 April 1966, Geneva, IUHEI, 1967.

José Augusto Lindgren Alves, ´A Declaração Universal dos Direitos Humanos no Discurso Diplomático Brasileiro´, in A. Giovannetti (org.), *60 Anos da Declaração Universal dos Direitos Humanos: Conquistas do Brasil*, Brasília, FUNAG, 2009.

Luiz Olavo Baptista, 'Solução de divergências no Mercosul', in Maristela Basso (org.), *Mercosul: seus efeitos jurídicos, econômicos e políticos nos Estados membros*, 2. ed., Porto Alegre, Livraria do Advogado, 1997.

Robert P. Barnidge Jr., 'Terrorism: arriving at an understanding of a term', in Michael J. Glennon, Serge Sur (Org.), *Terrorisme et droit international – terrorism and international law*, Leiden/Boston, Martinus Nijhoff, 2008.

Mohammed Bedjaoui, 'Article 1 (commentaire général)', Alain Pellet & Mathias Forteau (eds.), *La Charte des Nations Unies, Commentaire article par article*, Paris, Economica, 3rd. ed., 2005, 313-326.

Albert Bleckmann, 'Article 2(1)', in Bruno Simma (ed.), *The Charter of the United Nations – A Commentary*, München, C.H. Beck Verlag, 1995, 78-89.

H. Blix, 'The Principle of Peaceful Settlement of Disputes', in *The Legal Principles Governing Friendly Relations and Co-operation among States*, M. K. Nawaz *et al.* (eds.), 1966, 45-68.

Celio Borja, 'Apresentação', in *Constituição Federal - Anteprojeto da Comissão Afonso Arinos: índice analítico comparativo*, Rio de Janeiro, Editora Forense, 1987.

Miguel Nogueira de Brito, 'Originalismo e Interpretação Constitucional', in Virgílio Afonso da Silva (org.), *Interpretação Constitucional*. São Paulo: Malheiros Editores, 2005, p. 55 e ss.

Jean Charpentier e Baytah Sierpinski, 'Article 2, Paragraph 3', in Jean-Pierre Cot, Alain Pellet & Mathias Forteau (eds.), *La Charte des Nations Unies, Commentaire article par article*, Paris, Economica, 3rd. ed., 2005, 425-436.

R. S. Clark, 'The 'Decolonisation' of East Timor and the United Nations Norms on Self-Determination and Aggression', in *International Law and the Question of East Timor*, London, CIIR, IPJET, 1995, 90.

G. Cohen-Jonathan, "Le rôle des principes généraux dans l'interprétation et l'application de la Convention européenne des droits de l'homme", in *Mélanges en hommage à L. E. Pettiti*, Brussels, Bruylant, 1998, 192.

C.A. Colliard, 'Egalité ou spécificité des Etats dans le droit international public actuel', in *Mélanges offerts à M. le Doyen Louis Trotabas*, Paris, LGDJ, 1970, 529-558.

Jean-François Dobelle, "Article 1, Paragraphe 2", in Jean-Pierre Cot, Alain Pellet & Mathias Forteau (eds.), *La Charte des Nations Unies, Commentaire article par article*, Paris, Economica, 3rd. ed., 2005, 340.

K. Doehring, "Self-Determination" *in* B. Simma (ed.), *The Charter of the United Nations: A* Commentary, New York: Oxford University Press, 1994, 70.

Felix Ermacora, 'Article 2(7)', in Bruno Simma (ed.), *The Charter of the United Nations - A Commentary*, München, C.H. Beck Verlag, 1995, 139-154.

A. Favre, "Les principes généraux du droit, fonds commun du droit des gens", in *Recueil d'études de droit international en hommage à P. Guggenheim*, Geneva, IUHEI, 1968.

Marcello Di Filippo 'The definition(s) of terrorism in international law', in B. Saul (ed.), *Research handbook on international law and terrorism*, Edward Elgar Publishing, 2014, 3.

G. Fitzmaurice, 'The Future of Public International Law', in *Livre du Centenaire 1873-1973 du Institut de Droit International* - Evolution et perspectives du Droit international, Basel, Editions S. Karger, 1973, 233.

G. Fitzmaurice, 'Some Problems Regarding the Formal Sources of International Law', *Symbolae Verzijl: preésenteées au professeur J. H. W.Verzijl à l'occasion de son LXX-éme anniversaire*, The Hague, Nijhoff, 1958, 153-176.

David Freestone, 'The principle of co-operation: terrorism', in C. Warbrick & V. Lowe (eds.), *The United Nations and the Principles of International Law*, London/New York, Routledge, 1994, 137-159.

George Rodrigo Bandeiro Galindo, 'Revisiting Monism's Ethical Dimension', in James Crawford e Sarah Nouwen (eds), *Select Proceedings of the European Society of International Law*, Oxford, Hart, 2012, 141-54.

Gilbert Guillaume, 'Article 2, paragraphe 7', ", in Jean-Pierre Cot, Alain Pellet & Mathias Forteau (eds.), *La Charte des Nations Unies, Commentaire article par article*, Paris, Economica, 3rd. ed., 2005, 485-509.

Dominic McGoldrick, 'The Principle of non-intervention: human rights', in Colin Warbrick and Vaughan Lowe, *The United Nations and the Principles of International Law, Essays in Memory of Michael Akehurst*, London/New York, Routledge, 1994, p. 96.

Marcelo G. Kohen, 'Article 2, Paragraphe 1', in Jean-Pierre Cot, Alain Pellet & Mathias Forteau (eds.), *La Charte des Nations Unies, Commentaire article par article*, Paris, Economica, 3rd. ed., 2005, 399-423.

Erin Janne, 'National Self-Determination: a Deadly Mobilizing Force', in Hurst Hannun & Eileen F. Babbit (eds.), *Negotiating Self-Determination*, Lanham, Lexington Books, 2006, 12.

Manfred Lachs, Vera Gowlland-Debbas, 'Article 1, Paragraphe 1', in Jean-Pierre Cot, Alain Pellet & Mathias Forteau (eds.), *La Charte des Nations Unies, Commentaire article par article*, Paris, Economica, 3rd. ed., 2005, 327-336.

Celso Lafer, ´A Constituição de 1988 e as relações internacionais: reflexões sobre o art. 4º´, in: Heleno Taveira Torres (org.), *Direito e poder nas instituições e nos valores do público e do privado contemporâneos: estudos em homenagem a Nelson Saldanha*, 2005.

Vaughan Lowe, ´The principle of non-intervention: use of force´, in Colin Warbrick and Vaughan Lowe, *The United Nations and the Principles of International Law, Essays in Memory of Michael Akehurst*, London/New York, Routledge, 1994, 68.

H. Mosler, 'General Principles of Law', in R. Bernhardt (ed.), *Encyclopedia of Public International Law*, Amsterdam, North-Holland, 1984, VII.

J.A. Randelzhofer, 'Der normative Gehalt des Friedensbegriffs im Völkerrecht der Gegenwart', in J. Delbrück (ed.), *Völkerrecht und Kriegsverhütung*, Berlin, Duncker und Humblot, 1979, 13-39.

Alf Ross, 'La notion de "compétence nationale" dans la pratique des Nations Unies´, in *Mélanges offerts à Henry Rollin*, Paris, Pédone, 1964, 284.

Gilberto Vergne Saboia, ´Apresentação à 2ª edição´, in A. A. Cançado Trindade, *Repertório da prática brasileira do direito internacional público* (período 1919-1940), 2ª. ed., Brasília, FUNAG, 2012, 8.

Albrecht Randelzhofer, 'Article 2', in Bruno Simma (ed.), *The Charter of the United Nations - A Commentary*, München, C.H. Beck Verlag, 1995, 72-78.

Joseph Raz, 'Authority and Justification', in Joseph Raz, (ed.), *Authority*, New York, New York University Press, 1990, 115-141.

Mary Robinson, 'Foreword', in *The Princeton Principles on Universal Jurisdiction*, Princeton University Press, Princeton, 2001.

Gilberto Vergne Sabóia, 'Significado Histórico e Relevância Contemporânea da Declaração Universal dos Direitos Humanos para o Brasil', in A. Giovannetti (org.), *60 Anos da Declaração Universal dos Direitos Humanos: Conquistas do Brasil*, Brasília, FUNAG, 2009.

J.-A. Salmon, 'Les antinomies en droit international public', in Ch. Perelman (ed.), *Les antinomies en droit*, Bruxelles, Bruylant, p. 289.

Galina G. Shinkaretskaya, 'Content and Limits of "Domaine Reservée', in G.Tunkin and R.Wulfrum (eds) *International Law and Municipal Law,* Berlin: Duncker & Humblot, 1988, 121–31.

Bruno Simma, 'Reciprocity', in *Encyclopedia of public international law*, Amsterdam, North-Holland, 1984, 400-404.

I. Sinclair, 'Principles of International Law concerning Friendly Relations and Cooperation among States', in M.K.Nawaz (ed.), *Essays in International Law in Honour of Krishna Rao*, Leyden: Sithoff, 1976, 109.

I. Sinclair, 'The Significance of the Friendly Relations Declaration', in C. Warbrick & V. Lowe (eds.), *The United Nations and the Principles of International Law*, London/New York, Routledge, 1994, 1-32.

Guido Fernando Silva Soares, 'O terrorismo internacional e a Corte Internacional de Justiça', in Leonardo Nemer Caldeira Brant (Org.), *Terrorismo e direito: os impactos do terrorismo na comunidade internacional e no Brasil (Perspectivas Político-jurídicas)*, Rio de Janeiro, Forense, 2003, 231.

L.B. Sohn, 'The Development of the Charter of the United Nations: the Present State", in *The Present State of International Law and Other Essays*, (International Law Association Centenary 1873-1973), Deventer, Kluwer, 1973, 53.

Artur de Brito Gueiros Souza, 'Direito de Asilo ao Estrangeiro Perseguido', in Carolina Valença Ferraz, Glauber Salomão Leite (Org.), *Direito à diversidade*, São Paulo, Editora Atlas, 2015, 525.

Serge Sur, 'Le droit international au défi du terrorisme', in Michael J. Glennon, Serge Sur (Org.), *Terrorisme et droit international - terrorism and international law*, Leiden/Boston, Martinus Nijhoff, 2008, 4.

E. Suy, 'The Concept of *Jus Cogens* in Public International Law,' in *The Concept of Jus Cogens in International Law*, 2 Lagonissi Conference on International Law, 3–8 April 1966 (IUHEI, Geneva, 1967), 72.

Christian Tomuschat, 'Article 2(3)', in Bruno Simma (ed.), *The Charter of the United Nations - A Commentary*, München, C.H. Beck Verlag, 1995, 72-76.

A.A. Cançado Trindade, 'La jurisprudence de la Cour Internationale de Justice sur les droits intangibles', in Daniel Prémont (ed.), *Droits intangibles et états d'exception* (ed. D. Pémont), Bruxelles, Bruylant, 1996, pp. 53-89.

A.A. Cançado Trindade, 'O Legado da Declaração Universal dos Direitos Humanos", in A. Giovannetti (org.), *60 Anos da Declaração Universal dos Direitos Humanos: Conquistas do Brasil*, Brasília, FUNAG, 2009.

A. A. Cançado Trindade, 'Parecer: O Caso do Timor-Leste (1999): O Direito de Autodeterminação do Povo Timorense', 1 *Revista de Derecho de la Universidad Católica del Uruguay* (2000), 63-83.

A. A. Cançado Trindade, 'The Interpretation of the International Human Rights Law of Human Rights by the Two Regional Human Rights Courts', in *Contemporary International Law Issues: Conflicts and Convergence* (Proceedings of the III Hague Conference, July 1995), The Hague, ASIL/NVIR, 1996, 157.

A. Verdross, "Les principes généraux de droit dans le système des sources du droit international public", in *Recueil d'études de droit international en hommage à Paul Guggenheim*, Geneva, IUHEI, 1968.

M. Virally, 'Une pierre d'angle qui résiste au temps: avatars et pérennité de l'idée de souveraineté', in Lorenzo Meyer, *Les relations internationales dans un monde en mutation*, Genève, IUHEI et Leyde, Sijthoff, 1977.

M. Virally, "Le rôle des 'principes' dans le développement du droit international", Recueil d'études de droit international en hommage à Paul Guggenheim, Geneva, IUHEI, 1968, pp. 531-554.

Colin Warbrick, 'The principle of sovereign equality', in Colin Warbrick and Vaughan Lowe, *The United Nations and the Principles of International Law, Essays in Memory of Michael Akehurst*, London/New York, Routledge, 1994, 204-229.

Rüdiger Wolfrum, 'Preamble', in Bruno Simma (ed.), *The Charter of the United Nations - A Commentary*, München, C.H. Beck Verlag, 1995, 45-48.

Rüdiger Wolfrum, 'Article 1', in Bruno Simma (ed.), *The Charter of the United Nations - A Commentary*, München, C.H. Beck Verlag, 1995, 49-56.

Artigos em Publicações Acadêmicas

Reynolds Aaron, 'Peaceful Co-existence and Peaceful Cooperation', 4 *Political Studies* (1956), 295.

G. Abi-Saab, "Cours général de droit international public", 207 *R.C.A.D.I.* (1987), 247.

M. Akehurst, 'The Hierarchy of the Sources of International Law' (1974-75) 47 *BYIL*, 279.

Q. Alfonsín, 'Naturaleza del Derecho de Asilo Diplomático', *Revista Jurídica Argentina "La Ley"*, vol. 83, p. 911.

L. Alexidze, 'Legal Nature of *Jus Cogens* in Contemporary International Law' (1981-III) 172 *R.C.A.D.I.*, p. 262.

R. Alexy, 'On the Structure of Legal Principles' (2000) 13:3 *Ratio Juris*, 294.

Philip Alston, 'Peace as a Human Right', *Security Dialogue*, October 1980, vol. 11, no. 4, 319-329.

S. James Anaya, 'Indigenous Rights Norms in Contemporary International Law' (1991) 8 *Arizona Journal of International and Comparative Law*, 29.

Gaetano Arangio-Ruiz, "Development of Peaceful Settlement and Peaceful Change in the United Nations System" (1965), *Proceedings, American Society of International Law* 124.

G. Arangio-Ruiz, '*Le domaine réservé*, l'organisation internationale et *le* rapport entre droit international et droit interne', *R.C.A.D.I.*, vol. 225, *1990*, 9.

G. Arango-Ruiz, 'The Normative Role of the General Assembly of the United Nations and the Declaration of Principles of Friendly Relations', 137 *R.C.A.D.I.* (1972-III), 419-742.

E. Jimenez de Arechaga. 'International Law in the Past third of a Century, 159 *R.C.A.D.I.*, (1978-I), 32.

Jean-Bernard Auby, 'Globalisation et droit public' (2002) 14 *European Review of Public Law*, 1219-1247.

Luiz Alberto Moniz Bandeira, 'O Barão de Rothschild e a questão do Acre', *Revista Brasileira de Política Internacional*, vol.43, no.2, Brasília, Jul./Dez. 2000.

Luís Roberto Barroso, 'A Efetividade das Normas Constitucionais Revisitada'. Revista de Direito Administrativo. Rio de Janeiro: Renovar, n. 197, jul./set. 1994, 30-60.

Luís Roberto Barroso, 'Princípios Constitucionais Brasileiros', Revista Trimestral de Direito Público. São Paulo: Malheiros, n.1, 1993, 169.

Andrea Bianchi, 'Assessing the effectiveness of the UN Security Council's anti-terrorism measures: the quest for legitimacy and cohesion', *European Journal of International Law*, v. 17, n. 5, 2007, 903-917.

H. Blix, 'The Helsinki Declaration on Principles Guiding Relations Between States in Europe', 31 *Revue egyptienne de droit international* (1975), 4

José Souto Maior Borges, 'Pró-dogmática: por uma hierarquização dos princípios constitucionais', *Revista Trimestral de Direito Público*. São Paulo: Malheiros, n. 1, 1993.

Giorgio Bosco, 'New Trends on Peaceful Settlement of Disputes Between States', *North Carolina Journal of International Law and Commercial Regulation*, vol. 16, 1991, 235.

J.L. Brierly, 'The Covenant and the Charter' (1946) 23 *B.Y.I.L.*, 83.

Alberto Cassese, 'Modern Constitutions and International Law' (1985-II) 192, *R.C.A.D.I.*, 331-475.

J. J. Caicedo Castilla, 'El derecho de asilo', *Revista española de derecho internacional*, vol. X, 1957, 446.

B. Cheng, 'United Nations Resolutions on Outer Space: 'Instant International Customary Law', 5 *Indian Journal of International Law* (1965), 36.

Luigi Condorelli, 'La Comission internationale humanitaire d'établissement des faits: un outil obsolète ou un moyen de mise en œuvre du droit international humanitaire?', *IRRC*, No. 842, June 2001, 393-406.

C.R. Craven, 'The European Community Arbitration Commission on Yugoslavia', (1995) 66 *BYIL*, 333.

Czaplinsky & G. Danilenko, 'Conflicts of Norms in International Law', (1990) 21 *Netherlands Yearbook of International Law*, 6.

E. David, 'Quelques réflexions sur l'égalité économique des Etats', 10 *Revue belge de droit international* (1974), 399-423.

L. Delbez, *Les principes généraux du contentieux international*, Paris, LGDJ, 1962.

Ch. Dupuis, 'Les antecedents de la Société des Nations', *R.C.A.D.I.*, 60 (1937-II), 5-109.

Pierre-Marie Dupuy, ´La position française en matière d´asile diplomatique´, *Annuaire français de droit international*, volumen 22, 1976, 743-755.

Pierre-Marie Dupuy, 'Reviewing the difficulties of codification: on Ago's classification of obligations of means and obligations of result in relation to State responsibility', *European Journal of International Law*, v. 10, n. 2, 1999, 374.

R. Dworkin, 'Judicial Discretion', (1963) 60 (21) *The Journal of Philosophy*, 624-638.

R. Dworkin, 'Hard Cases', (1965) 88 (6) *Harvard Law Review*, 1057-1109.

José Eduardo Faria, 'A Eficácia do Direito na Consolidação Democrática', in *Lua Nova*, n. 30, 1993, São Paulo, CEDEC, p. 62.

Gerald Fitzmaurice, 'The Law and Procedure of the International Court of Justice, *British Yearbook of International Law*, 1950, 32.

L. Focsanéanu, "Les 'cinq principes' de la coexistence et le droit international", 2 *Annuaire français de droit international* (1956), 150-180.

J.P.A. François, 'La Convention européenne pour le règlement pacifique des différends', *European Yearbook* VI (1958), 54.

Louis-Érasme Le Fur, 'La théorie du droit naturel depuis le XVIIe siècle et la doctrine moderne', *R.C.A.D.I.* 18 (1927-III), 259-442.

Louis-Érasme Le Fur, 'Reconnaissance, determination et signification, en droit international, do domaine laissé par ce dernier à competence exclusive de l'Etat', *Revue du droit international*, vol. VIII, 1931.

Flávio Alberto Gonçalves Galvão, 'Sistema, Hierarquia de Normas e Princípios Constitucionais no Direito'. Revista dos Tribunais. Caderno de Direito Constitucional e Ciência Política. São Paulo: RT, ano 3, n. 13, out./dez/, 1995, 94.

H.-P. Gasser, 'Collective economic sanctions and international humanitarian law – An enforcement measure under the United Nations Charter and the right of civilians to immunity: an unavoidable clash of policy goals?', *Zeitscrift für ausländisches öffentliches Recht und Völkerrecht*, Vol. 56, 1996, 871-904.

Maria-Teresa Gil-Bazo, 'Asylum as a General Principle of International Law', 27 *International Journal of Refugee Law* (2015), issue 1, Oxford, 3-28.

D.R. Gilmour, 'The Meaning of "Intervene" within Article 2(7) of the UN Charter - An Historical Prospective', in *ICLQ*, 1967, 330.

Gilbert Guillaume, 'Terrorisme et droit international', *R.C.A.D.I.*, v. 215, III, 1989, 296.

P. Guggenheim, "Les principes de droit international public", 80 R.C.A.D.I. (1952), 5-189.

V.P. Gupta, 'The Asian Concept of "Peaceful Co-Existence"', 45 *Philippine Law Journal*, 1970, 623.

E. Hambro, 'Some Notes on the Development of the Sources of International Law", 17 *Scandinavian Studies in Law* (1973), 93.

Hurst Hannun, 'The Status of the Universal Declaration of Human Rights in National and International Law', 25 *Georgia Journal of International and Comparative Law* (1995/96), 287.

C. Harvey 'The right to seek asylum in the EU' (2004) 1 *European Human Rights Law Review*, 17-36.

Frank Hoffmeister, 'The European Union and the Peaceful Settlement of International Disputes', *Chinese Journal of International Law*; Mar/2012, Vol. 11 Issue 1, 77.

P.-H. Houben, 'Principles of International Law Concerning Friendly Relations and Co-Operation Among States", 61 *AJIL* (1967), 703.

Kamrul Hossain, 'Jus Cogens and Obligations under the UN Charter', (2005) 3 *Santa Clara Journal of International Law*, 72.

C. W. Jenks, 'The Conflict of Law-Making Treaties', (1953) 30 *BYIL*, 401.

R. Y. Jennings, 'General Course on Principles of International Law', 121 R.C.A.D.I. (1967), pp. 327-600.

M. Lachs, "Le vingt-cinquième anniversaire du traité régissant les principes du droit de l'espace extra-atmosphérique, 1967-1992", 184 Revue française de droit aérien et spatial (1992), No. 4, pp. 365-373.

Celso Lafer, 'A Constituição de 1988 e as Relações Internacionais: reflexões sobre o art. 4o e sua relevância para os direitos humanos', *Revista da Academia Brasileira de Direito Constitucional*, n. 7, Curitiba, 2005.

Celso Lafer, 'Diplomacia e transparência: o arquivo do Itamarati', *Acervo - Revista do Arquivo Nacional*. Brasília, Imprensa Nacional, v. 4, n. 2, jul./dez. 1989, v. 5, n.1, jan./jun. 1990.

Celso Lafer em 'Direitos humanos e democracia nos planos interno e internacional'. *Política Externa* 3 (2): 68-76, set/out/nov, 1994.

Daniel Lazare, 'We Are All Terrorists', 29 *Radical Society* (2002), 13.

Luiz Felipe Lampreia, 'Os Direitos Humanos e a Inserção Internacional do Brasil', in *Boletim da Sociedade Brasileira de Direito Internacional*, Ano LI (Jan./Dez. 1998), Nos 113/118, Brasília/Rio de Janeiro, SBDI/Ed. da UnB, 1998.

H. Lauterpacht, 'Régles générales du droit de la paix', *R.C.A.D.I.*, 62, (1937-IV).

Aloysius P. Llamzon, 'Jurisdiction and Compliance in Recent Decisions of the International Court of Justice', *EJIL* (2007), Vol. 18 No. 5, 815–852.

R. McCorquodale, 'Self-Determination: A Human Rights Approach', (1994) 43 *I.C.L.Q.*, 858.

M. McDougal, 'International Law, Power and Policy: A Contemporary Conception', 82 *R.C.A.D.I.* (1953), 140.

A.D. McNair, 'International Legislation' (1934) 19 (2) *Iowa Law Review*, p. 178.

Edward McWhinney, '"Peaceful Co-Existence" and Soviet-Western International Law', 56 *American Journal of International Law* (1962), 951.

Celso Antônio Bandeira de Mello, 'Eficácia das Normas Constitucionais Sobre Justiça Social', Revista de Direito Público. São Paulo: RT, ano XIV, vol. 57/58, jan./jun. de 1981

Celso Antônio Bandeira de Mello, 'Pró-Dogmática: Por uma hierarquização dos princípios constitucionais". Revista Trimestral de Direito Público. São Paulo: Malheiros, n. 1, 1994, pp. 140-146.

Felice Morgenstern, 'The Right of Asylum', 26 *British Yearbook of Internatinal Law* (1949), 327.

J.J. Caicedo Perdomo, 'La teoría des ius cogens en derecho internacional a la luz de la convención de Viena sobre el derecho de los tratados', (enero-junio de 1975) *Revista de la Academia Colombiana de Jurisprudencia*, 261.

Anne Peters, 'Supremacy Lost: International Law Meets Domestic Constitutional Law', (2009) 3 *Vienna Online Journal on International Constitutional Law* 170.

Paulo Roberto Lyrio Pimenta, 'As Normas constitucionais programáticas e a reserva do possível', in Revista de Informação Legislativa. Brasília a. 49 n. 193 jan/mar 2012.

L. Preuss, 'Article 2, Paragraph 7 of the Charter of the United Nations and Matters of Domestic Jurisdiction', *R.C.A.D.I.* 74, (1949-I), 550-653.

Kenneth C. Randall, 'Universal jurisdiction under international law', *Texas Law Review*, No. 66 (1988), 785.

Egídio Reale, "Le droit d'asile", (1938) 63(1) *R.C.A.D.I.*, 473-601.

P. Reuter, 'Principes de droit international publi', 103 *R.C.A.D.I.* (1961), pp. 429-656.

Lourenço José Ribeiro, 'Análise da Constituição Política do Império do Brasil', *Arquivos do Ministério da Justiça*, Rio de Janeiro, n. 142, abr./jun., 1977, ano 34.

H. Rolin, "Les principes de droit international public", 77 *R.C.A.D.I.* (1950), pp. 309-479.

R. Rosenstock, "The Declaration of Principles of International Law Concerning Friendly Relations: A Survey", 65 *American Journal of International Law*, 1971.

Ch. Rousseau, 'De la compatibilité des normes juridiques contradictoires dans l'ordre international', (1932) 39 *Revue Générale de Droit International Public.*

Charles Rousseau, 'L'indépendance de l'État dans l'ordre international', *R.C.A.D.I.* 73 (1948-II), 213.

Ch. Rousseau, "Principes de droit international public", 93 *R.C.A.D.I.* (1958), pp. 369-549.

M. Sahovic, 'Codification des principes du droit international des relations amicales et de la co-operation entre les Etats', *R.C.A.D.I.* 137 (1972-III), 243-310.

Ben Saul, 'Legislating from a Radical Hague: The United Nations Special Tribunal for Lebanon Invents an International Crime of Transnational Terrorism', (2011) *Leiden Journal of International Law* 24 (3), p. 677.

O. Schachter, 'General Course in Public International Law', 178 *R.C.A.D.I.*, (1982-V), 113.

Michael P. Scharf, 'Defining Terrorism As the Peace Time Equivalent of War Crimes: A Case of Too Much Convergence Between International Humanitarian Law and International Criminal Law?' *7 ILSA Journal of International and Comparative Law* (2001), 391.

G. Schwarzenberger, "The Fundamental Principles of International Law", 87 *R.C.A.D.I.* (1955), pp. 195-385.

E. Schwelb, 'Some Aspects of International *Jus Cogens* as formulated by the International Law Commission,' (1967) 61 *American Journal of International Law*, p. 959.

Gary L. *Scott* e Craig L. *Carr*, 'The ICJ and Compulsory Jurisdiction: The Case for Closing the Clause', 81 *AJIL* (1987), p. 57.

Anna Segall, 'Economic sanctions: legal and policy constraints',*International Review of the Red Cross*, No. 836, Geneva, dez. 1999.

José Afonso da Silva, 'Os Princípios Constitucionais Fundamentais', *Revista do Tribunal Regional Federal 1a Região*, Brasília, v. 6, n. 4, p.17-22, out/dez 1994.

Kryzysztof Skubiszewski, 'Resolutions of the General Assembly', in *Annuaire de l'Institut de Droit International*, vol. 61-I (1985), 29-358.

Anne-Marie Slaughter, 'Judicial Globalization' (2000) 40 *Virginia Journal of International Law*, 1103-1119.

Blaine Sloan, 'General Assembly Resolutions Revisited' 58 *B.Y.I.L.* (1987), pp. 39-50.

Louis B. Sohn, 'The Human Rights of the Charter', 12 *Texas International Law Journal* (1977), 129.

M. Sørensen, "Principes de droit international public", 101 *R.C.A.D.I.* (1960), pp. 1-251.

D. Stigall, 'Ungoverned Spaces, Transnational Crime, and the Prohibition on Extraterritorial Enforcement Jurisdiction in International Law', *Notre Dame Journal of International and Comparative Law*, Vol 3, 2013, 19.

Ana Lucia de Lyra Tavares, 'A Constituição brasileira de 1988: subsídios para os comparatistas', *Revista de Informação Legislativa*, n. 109, jan./mar. 1991, ano 28, p. 82.

Ruti Teitel, 'Comparative Constitutional Law in a Global Age' (2004) 117 *Harvard Law Review*, 2570.

H. Thierry, 'L'évolution du droit international. Cours général de droit international public', 222 *R.C.A.D.I.* (1990), pp. 123-185.

Wang Tieya, 'International law in China: historical and contemporary perspectives', 221 *R.C.A.D.I.* (1990-II), 195-369.

D. Touret, 'La Déclaration universelle des droits des peuples', 55 *Revue de droit international de sciences diplomatiques et politiques* (1977), 288-298.

Jennifer Trahan, 'Terrorism Conventions: Existing Gaps and Different Approaches', 8 *New England Journal of International and Comparative Law* (2002), 215-243.

A. A. Cançado Trindade, *International Law for Humankind: Towards a New Jus Gentium - General Course on Public International Law – Part I*, 316 R.C.A.D.I. (2005), 104.

A.A. Cançado Trindade, 'Reflexiones sobre las Declaraciones Universal y Americana de Derechos Humanos de 1948 con Ocasión de su Cuadragésimo Aniversario', *Revista del Instituto Interamericano de Derechos Humanos* (1989), n. especial, pp. 121-129.

G. Tunkin, 'Co-existence and International Law', 95 *R.C.A.D.I.* (I-1958), 1.

A. von Verdross, 'Jus Dispositivum and Jus Cogens in International Law,' (1966) 60 *American Journal of International Law*, 60.

E.W. Vierdag, 'The Time of the "Conclusion" of a Multilateral Treaty: Art. 30 of the Vienna Convention on the Law of Treaties and Related Provisions', (1989) 60 *BYIL*, p. 100.

Michel Virally, 'Le principe de réciprocité en droit international contemporain', *R.C.A.D.I.*, 1967-III, v. 122, Leiden: Stijthoff, 1967.

M. Virally, 'Reflexions sur le "jus cogens"', (1966) 12 *Annuaire français de droit international*, p. 27.

M. Virally, ´Panorama du droit international contemporain, Cours général de droit international public´, *R.C.A.D.I.*, 1983-v.

B. Vitanyi, "La signification de la 'généralité' des principes de droit", 80 Revue générale de droit international public (1976), pp. 536-545.

C.H.M. Waldock, 'The Regulation of the Use of Force by Individual States in International Law', *R.C.A.D.I.* 81 (1952-II), 451-517.

Tatiana Waisberg, 'Asilo Político, Refúgio e Extradição – Considerações sobre a Jurisprudência Constitucional Brasileira', *Revista de Direito Constitucional e Internacional (RDCI)*, v. 22. N. 86, jan./mar., 2014, 381.

Michael Walzer, 'Five Questions About Terrorism', 49 *Dissent* (2002), 5.

Q. Wright, 'Is Discussion Intervention?', *AJIL* 50 (1956), 102-110.

J. M. Yepes, 'El Derecho de Asilo', *Universitas*, No. 15, 1958, Bogotá, Pontificia Universidad Javeriana, 20.

Sami Zeidan, 'Agreeing to Disagree: Cultural Relativism and the Difficulty of Defining Terrorism in a Post-9/11 World', 29 *Hastings International & Comparative Law Review* (2005-2006), 215.

Outras publicações

Carnegie Endowment for International Peace, The Proceedings of the Hague Peace Conferences: Translation of the Official Texts, James Brown Scott, ed. *The Conference of 1899* (New York, Oxford University Press, 1920).

Croix Rouge, 'Conférence Diplomatique sur la Reaffirmation et le Développement du Droit International Humanitaire applicable dans les conflits armés – Résumé des travaux de la quatrième session', 703 *Revue internationale de la Croix Rouge* (juillet de 1977), pp. 381-418.

H. Gros Espiell, *The Right to Self-Determination*, U.N. Doc. E/CN.4/Sub.2/405/Rev.1, (vol.I), 20 June 1978.

MRE, *Obras do Barão do Rio-Branco, Vol. V: Questões de Limites – Exposições de Motivos*, Rio de Janeiro, 1947.

Guy S. Goodwin-Gill, 'The 1967 Declaration on Territorial Asylum', *United Nations Audiovisual Library of International Law*, New York, United Nations, 2012, (disponível em www.un.org/law/avl).

A. Kilangi, *'Introductory note' to General Assembly Resolution 1803 (XVII) of 14 December 1962, Permanent Sovereignty over Natural Resources* (http://untreaty.un.org/cod/avl/ha/ga_1803/ga_1803.html).

Institut de Droit International, *L'asile en droit international public (à l'exclusion de l'asile neutre)*, Session de Bath, 11 septembre 1950.

International Law Association, *Committee on International Human Rights Law and Practice*, 'Final Report on the Exercise of universal jurisdiction in respect of gross human rights offences', 2000.

R. Jennings, *Opinion regarding the Exclusion of Israel from the United Nations Regional Group System* (for the Government of Israel), 4 November 1999.

Ahmed Mahiou, 'Declaration on the Establishment of a New International Economic Order', *United Nations Audiovisual Library of International Law*, New York, United Nations, 2011.

MRE, *Diretrizes para o desenvolvimento da cooperação técnica internacional multilateral e bilateral*, 4ª ed., Brasília, Agência Brasileira de Cooperação, 2014.

MRE, *Pareceres dos Consultores Jurídicos do Ministério das Relações Exteriores* (1913-1934), MRE/Seção de Publicações, 1962.

MRE, *Pareceres dos Consultores Jurídicos do Ministério das Relações Exteriores* (1935-1945), Departamento de Imprensa Nacional, 1961.

MRE, *Pareceres dos Consultores Jurídicos do Ministério das Relações Exteriores* (1946–1951), MRE/Seção de Publicações, 1967.

Nations Unies, *Documents de la Conférence des Nations Unies sur l'Organisation Internationale*, San Francisco, 1945.

OEA, *Proyecto e Informe del Comité Jurídico Interamericano, Instrumento sobre Casos de Violaciones al Princípio de No Intervención*, Recomendaciones e Informes: documentos oficiales. Rio de Janeiro, GB, 1961.

UN, "Fragmentation of International Law: Difficulties Arising from the Diversification and Expansion of International Law", Report of the ILC on the works of its fifty-fifth session, A/CN.4/L.644, Chapter X, 2003.

UN, *Final Report of the Committee on Formation of Customary (General) International Law*, International Law Association, London Conference, 2000.

ONU, *In Larger Freedom: Towards Development, Security and Human Rights for All*, Report of the Secretary-General, 21 March 2005 (A/59/2005).

UN, *Report of the Special Committee on Enhancing the Effectiveness of the Principle of Non-Use of Force in International Relations*, GAOR, 36th session, suppl. n. 41 (A/36/41), 1981.

UN, *Report of the International Law Commission on the Draft articles on Responsibility of States for Internationally Wrongful Acts, with commentaries*, Yearbook of the International Law Commission, 2001, vol. II, Part Two.

UN, *Report of the Secretary-General Pursuant to the Statement adopted by the Summit Meeting of the Security Council on 31 Jan 1992*, UN Doc. No. A/47/277, 17 June 1992.

UN, General Assembly, *Question of Diplomatic Asylum*, Report of the Secretary-General, UN Doc. A/10139 (Part II), 22 September 1975.

UN, *Handbook on the Peaceful Settlement of Disputes between States* (OLA/COD/2394), Office of Legal Affairs/Codification Division, New York, United Nations, 1992.

UNHCR, *Principios y Criterios para la Protección y Asistencia a los Refugiados, Repatriados y Desplazados Centroamericanos en América Latina*/II. Evaluación de la Puesta en Práctica de las Disposiciones de Dicho Documento, San José, Costa Rica, UNHCR, 1994.

UNODC, *Manual on Mutual Legal Assistance and Extradition*, Publishing and Library Section, 2012.

Elihu Root, 'The Real Monroe Doctrine', in *Proceedings of the American Society of International Law at Its Annual Meeting*, (1907-1917), Vol. 8 (APRIL 22-25, 1914), pp. 6-22.

Senado Federal, *Diário da Assembléia Nacional Constituinte*, Suplemento, 27 de Maio de 1987, Brasília, Gráfica do Senado Federal.

Senado Federal, *Diário da Assembléia Nacional Constituinte*, Suplemento, 25 de junho de 1987, Brasília, Gráfica do Senado Federal.